2017
中国反侵权假冒年度报告

中国反侵权假冒年度报告编辑委员会

中国商务出版社

编 辑 说 明

一、《2017 中国反侵权假冒年度报告》是在全国打击侵犯知识产权和制售假冒伪劣商品工作领导小组领导下，由全国打击侵犯知识产权和制售假冒伪劣商品工作领导小组办公室会同其成员单位及省级领导小组办公室组成编委会组织审定，由中国产学研合作促进会反侵权假冒创新战略联盟成立编辑部负责编辑的一部集政策宣传、普法教育和开展国际交流于一体的重要年度材料，同时也是一部内容较为全面的资料查询工具书。

二、《2017 中国反侵权假冒年度报告》全面系统记述了 2016 年度中国反侵权假冒工作的概况，全书设综述、部门篇、司法篇、地方篇、行业篇、案例篇、政策法规篇、大事记等 8 个栏目，内容系统全面，资料翔实可靠，真实、全面地记录和分析上一年度中国反侵权假冒工作所取得的成果及发展状况。

三、本报告具有权威性、指导性和实用性的特点，是一部能够帮助国内外社会各界以最快捷的方式了解 2016 年度中国反侵权假冒工作成果和中国知识产权保护状况的史料性参考书。

四、本报告所涉及的单位名称、撰稿人职务均以截稿日期为准。

五、本报告承蒙全国打击侵犯知识产权和制售假冒伪劣商品工作领导小组成员单位和各省、自治区、直辖市、计划单列市及新疆生产建设兵团等有关单位大力支持；厦门大学知识产权研究院积极参与了编辑工作；其他各商协会、企业、法律服务机构和广大作者也给予了大力帮助，在此谨向各方表示衷心的感谢。

六、由于水平有限，编撰时间较紧，本报告存在不足、缺憾之处在所难免，敬请广大读者提出批评指正，以利于今后年度报告编辑工作的改进。

《2017 中国反侵权假冒年度报告》编辑部

2017 年 6 月

《2017 中国反侵权假冒年度报告》编辑委员会

刘　超　中国贸促会法律事务部副部长
洪云峰　中国反侵权假冒创新战略联盟理事长

委　员

张　晶　全国打击侵权假冒工作领导小组办公室
孙　勇　全国打击侵权假冒工作领导小组办公室
彭增田　全国打击侵权假冒工作领导小组办公室
刘方保　中央综治办综治三室
高　玮　工业和信息化部科技司
张　鹏　公安部经济犯罪侦查局
王　淮　司法部律师公证工作指导司
黄敏捷　财政部行政政法司
张嘉陵　环境保护部土壤司
方晓华　农业部农产品质量安全监管局
邱忠义　商务部市场秩序司
蒽晶文　文化部文化市场司
李　晋　国家卫生计生委监督局
韩春燕　中国人民银行征信管理局
黄建华　海关总署政法司
李亚兵　国家税务总局稽查局
王春晔　国家工商总局商标局
周志勇　国家质检总局执法督查司
赵　杰　国家新闻出版广电总局版权管理司
高天兵　国家食品药品监管总局稽查局
周景莉　国家林业局场圃总站
王志超　国家知识产权局专利管理司
冯　艳　国家网信办网络综合协调管理和执法督查局
王　韬　国家邮政局市场监管司
赵　钊　最高人民法院知识产权庭
李　虎　最高人民检察院侦查监督厅
沈佩兰　中国贸促会法律事务部
蒙　洁　北京市打击侵权假冒工作领导小组办公室
朱文军　天津市打击侵权假冒工作领导小组办公室
冯　毅　河北省打击侵权假冒工作领导小组办公室
闫青堂　山西省打击侵权假冒工作领导小组办公室
吕秀山　内蒙古自治区打击侵权假冒工作领导小组办公室
李庆勇　辽宁省打击侵权假冒工作领导小组办公室

董　清　吉林省打击侵权假冒工作领导小组办公室
张乃民　黑龙江省打击侵权假冒工作领导小组办公室
徐建春　上海市打击侵权假冒工作领导小组办公室
殷亚亮　江苏省打击侵权假冒工作领导小组办公室
赵　赛　浙江省打击侵权假冒工作领导小组办公室
张　志　安徽省打击侵权假冒工作领导小组办公室
唐　薪　福建省打击侵权假冒工作领导小组办公室
黄　军　江西省打击侵权假冒工作领导小组办公室
石光亮　山东省打击侵权假冒工作领导小组办公室
刘　静　河南省打击侵权假冒工作领导小组办公室
何　浏　湖北省打击侵权假冒工作领导小组办公室
刘文慧　湖南省打击侵权假冒工作领导小组办公室
张元琴　广东省打击侵权假冒工作领导小组办公室
邓文娟　广西壮族自治区打击侵权假冒工作领导小组办公室
陈永忠　海南省打击侵权假冒工作领导小组办公室
左登江　重庆市打击侵权假冒工作领导小组办公室
陈礼春　四川省打击侵权假冒工作领导小组办公室
杨文莉　贵州省打击侵权假冒工作领导小组办公室
蔡文杰　云南省打击侵权假冒工作领导小组办公室
麻江江　陕西省打击侵权假冒工作领导小组办公室
林素巧　西藏自治区打击侵权假冒工作领导小组办公室
李永明　甘肃省打击侵权假冒工作领导小组办公室
李文利　青海省打击侵权假冒工作领导小组办公室
杨文军　宁夏回族自治区打击侵权假冒工作领导小组办公室
李　琰　新疆维吾尔自治区打击侵权假冒工作领导小组办公室
俞明权　新疆生产建设兵团打击侵权假冒工作领导小组办公室
李秀庚　大连市打击侵权假冒工作领导小组办公室
牛德军　青岛市打击侵权假冒工作领导小组办公室
王一波　宁波市打击侵权假冒工作领导小组办公室
郑　瑾　厦门市打击侵权假冒工作领导小组办公室
张泽新　深圳市打击侵权假冒工作领导小组办公室

行业专家

（排名不分先后）

田力普　国家知识产权局原局长、中国知识产权研究会会长
马恩中　全国打击侵权假冒工作领导小组办公室原副主任
李振中　全国打击侵权假冒工作领导小组办公室原副主任

郭　江　北京慧聪国际资讯有限公司首席执行官
叶季青　北京知金链网络技术有限公司总经理
李海明　北京版信通技术有限公司执行董事
殷秩松　北京东方雍和国际版权交易中心有限公司董事长
张　杰　厦门安妮股份有限公司董事长
张泽华　厦门物之联智能科技有限公司董事长
滕　达　厦门市美亚柏科信息股份有限公司董事长
车正国　金门酒厂（厦门）贸易有限公司董事长
倪　良　杭州南宋御街文化传媒有限公司 CEO
林先锋　杭州尚尚签网络科技有限公司联合合伙人
张　青　杭州拾贝知识产权服务有限公司副总经理
陈智锋　杭州尼迹光电科技有限公司董事长
孙新弦　浙江清华长三角研究院杭州分院知识产权研究中心副主任
孙佳恩　商业秘密网知识产权保护平台董事长
孙宏宇　沈阳安创信息科技有限公司总经理
俞　昊　贵州省文化产业投资管理有限公司总经理
玄正罡　中防验证（北京）网络服务平台股份有限公司副总经理
秦　龙　中云文化大数据科技有限公司董事长
姚继贤　德汇投资管理有限公司董事长
陶筑成　江中药业股份有限公司安保总监
祖明军　金天国际集团董事局主席
孙洪占　三河陆桥质检印务有限公司总经理
张秋龙　北京山天大蓄知识产权代理股份有限公司董事长
曹来禧　北京中誉威圣知识产权代理有限公司董事长
刘　伟　北京顺城凯隆知识产权代理有限公司高级合伙人
余秀旸　浙江裕阳知识产权代理有限公司董事长
潘德山　QCAC 国际—上海骏麒知识产权服务有限公司董事长
艾　勇　深圳市安盾知识产权服务有限公司董事长
辜晋生　广州创品知识产权服务有限公司董事长兼总经理
郑水园　北京观韬（厦门）律师事务所主任
顿明月　北京大成律师事务所高级合伙人
郭素平　锦天城（北京）律师事务所合伙人
张雪峰　北京市京师律师事务所合伙人
赵　虎　北京市中闻律师事务所合伙人
易永锋　湖南中奕律师事务所主任
徐　琳　北京市天理律师事务所执行主任
官永久　企业管理出版社副社长
魏建玲　商务部国际商报专栏主编

《2017 中国反侵权假冒年度报告》编辑部

编　　辑：《2017 中国反侵权假冒年度报告》编辑部

地　　址：北京市朝阳区安定路35号安华发展大厦9层

邮　　编：100029

电　　话：010－84109061

传　　真：010－84109021

网　　址：www.cx312.com

邮　　箱：caasa@cx312.org

微信公众号：反侵权假冒联盟

北京市打击侵犯知识产权和制售假冒伪劣商品工作领导小组

高度重视　健全机制

- 市领导小组成员单位36家
- 近三年来考核成绩名列前茅2015年获得中央考核各省（区、市）中唯一的100分
- 在全国率先成立北京知识产权法院
- 连续五年开展各区打击侵权假冒工作年度绩效考核
- 列入市政府督办项目 市政府“放管服”改革要点纳入首都综治考核
- 纳入我市促进外贸稳定增长及加快知识产权首善之区建设重点任务

区域协作

梳理跨区域、跨部门协作文件31份，联动机制5大类14项及6项跨区域执法协作行动，牵头制定《京津冀晋蒙五省（区、市）打击侵权假冒区域协作共同指引》；在中国打击侵权假冒工作网主页率先设立“京津冀打击侵权假冒区域协作”专栏。

两法衔接

- 行政执法部门2016年向公安机关移送涉嫌犯罪案件59件，比上年增长一倍。
- 检察机关监督行政执法机关移送涉嫌侵权假冒案件超过上年监督数的4倍
- 监督公安机关立案是上年监督数的2倍。
- 全年采集行政处罚案件信息6702件，首次实现案件网上移送。

- 建立首个省级制售假冒伪劣商品和侵犯知识产权行政处罚案件信息公开三级清单，涵盖9家市级部门28项、16个区22项案件信息。
- 2016年 9家行政执法部门主动公开打击侵权假冒行政处罚案件相关信息3382件。

宣传共治

中国打击侵权假冒工作网采用信息178条，全国打击侵权假冒工作简报采用7条。制作北京市打击侵权假冒工作专报13期,利用北京市打击侵权假冒工作网等渠道发布信息1240余条，制作公益宣传片《侵权假冒　露头就打》，获《2016中国反侵权假冒年度报告》“优秀稿件奖”。

突出重点　严厉打击

互联网领域的侵权假冒案件201件　破获 179 件

抓获犯罪嫌疑人 170 人

清理网上侵权假冒相关有害信息331.5万条

农村和城乡接合部市场假冒伪劣专项治理

制定《北京市农村和城乡接合部市场监管执法实施方案》，农业部门在密云举行“2016年北京市假劣种子销毁活动”，对5年来没收的玉米、西瓜、小麦等十多个品种共2万公斤假劣种子进行销毁处理。连续5年开展“打击侵犯品种权和制售假劣种子专项行动”和“种子打假专项治理行动”。

持续开展中国制造海外形象维护“清风”行动

制定《北京市年度“清风”行动实施计划》，海关、邮政部门密切协作，查获邮递渠道侵犯知识产权商品1700余批次。海关将商务部门提供的第一批160余家“双自主”出口企业列为海关知识产权保护的重点对象。北京国检局推出出入境物品质量安全追溯监管系统，实现了对9个商品大类、409种商品的追溯监管。

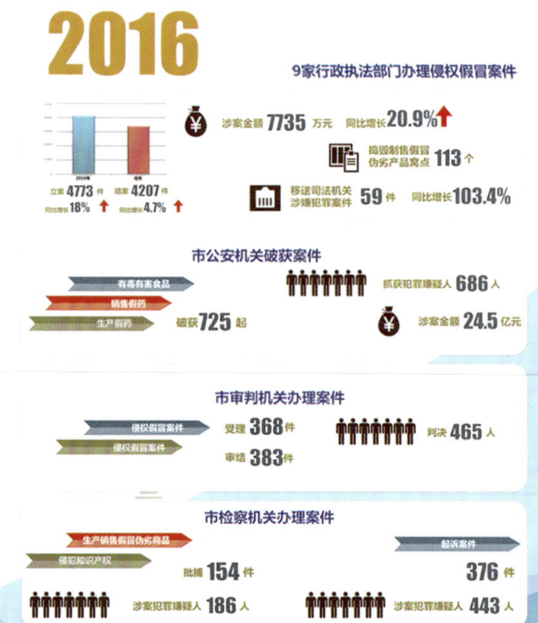

上海市打击侵犯知识产权和制售假冒伪劣商品工作领导小组

2016年度工作成果

行政执法

立案查处案件3570件
涉案金额约1.7亿元
捣毁(取缔) 窝点53个

公安机关

侦破案件670件
抓获犯罪嫌疑人1125人
发起集群战役12件

检察机关

受理批捕案件308件
488人
受理公诉案件574件
829人

审判机关

受理一审知识产权刑事案件
158件
判决生效122件180人
受理一审其它案件523件
判决生效419件564人

机制完善　基础扎实

两法衔接

全年共享案件6506件，移送480件。

信息公开

全年打击侵权假冒行政处罚案件2737件。

宣传共治

报送原创工作信息1702条，编发综合分析5篇、简报6期

重点突出　打击有力

查处商标违法案件998件
没收违法物品12.9万件
移送涉嫌商标犯罪案件15件
捣毁制假售假窝点17个

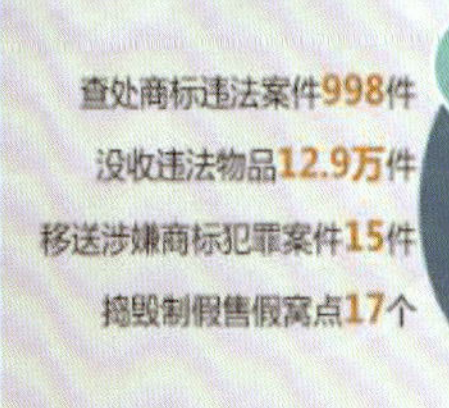

组织34次集中执法行动
检查商品60余万种
涉及专利商品1千余件
查处纠纷257件
结案253件

派出执法人员2.6万余人次
检查相关场所约2万家次
立案处罚251起案件
取缔相关无证经营场所300处
清除地下非法音像制品批发窝点17个

3. 加强文化市场、著作权领域综合化执法

4. 加强质量维权专业化执法

办结质量执法案件1569件，增长近1倍
“红盾质量维权行动”
完成30类1400余批次商品质量抽检

对20余项食品安全飞行检查
10多项药品、器械、化妆品专项治理
立案查处1112件，移送公安机关70件

5. 加强食品药品卫生领域网格化监管

6. 加强农资领域常态化监管

整顿农资市场32个次
检查农资经营企业4418家次
市场检查覆盖率达到100%以上

全国产品防伪溯源验证公共平台

全国产品防伪溯源验证公共平台（简称“验证平台”），是在全国“双打办”和国家质检总局指导下，由中国防伪行业协会和中国反侵权假冒创新战略联盟共同发起，联合相关行业商、协会和联盟，以及知名企业共同搭建的第三方具有公信力的权威、公正、公益性服务平台。

平台利用互联网+、大数据、先进的防伪溯源验证等信息技术手段，将分散在各防伪企业、行业和地方追溯平台的信息进行整合，统一防伪溯源查验入口，提高社会公信力，为消费者提供便捷权威的验证服务，为品牌企业提供有效的保护手段，为政府部门提供假冒情况监测、假冒态势分析等数据信息服务，为电商平台防伪追溯提供有力支撑。

平台已实现六大战略合作行业和十大平台对接，接入占防伪行业80%的防伪溯源信息系统查验量，覆盖食品、农产品、烟草、酒类、婴幼儿产品、药品、保健品、化妆品、服装鞋帽箱包、电子电器、建材家居、汽车零配件以及各类票证等众多领域。实现每年新增超过500亿的赋码量。已形成服务地方政府电商监管数据平台，对接200余个县域。

APP下载（二维码链接）

官方微信公众号

拾贝网

利用大数据、云计算等技术整合知识产权行业资源，搭建的创新型互联网综合服务平台，为各大电商平台、应用市场、行业、科技园区、高校及国内国际权利人提供确权、维权、管理、交易、金融全方位的知识产权解决方案。

服务体系

吸纳全球知识产权领域资深、专业的机构，包括知识产权司法鉴定机构、国内外知识产权代理机构、律所等数百家机构入驻，与拾贝知识产权专家团队共同构成拾贝服务体系，为拾贝平台权利人提供全方位的专业服务。

服务理念

通过建立统一规范的服务标准，设立高要求的服务质量把控准则，让用户畅享诚信且高质量的无忧服务。已为阿里巴巴、奇虎360、慧聪网、全国产品溯源验证公共平台等数十万权利人提供了优质服务。

管家

知识产权管家

通过海量数据监测，精准解决客户包括商标专利的基础数据检索与托管需求，并提供知产预警、知产诊断、商业决策等衍生服务。

交易

知识产权交易平台

以商标为试水切入点，打造的知识产权交易平台，并将逐步推出专利、版权交易市场，满足不同品类知识产权交易的客群需求。

金融

知识产权金融服务

根据知识产权特殊性推出企业级消费信贷、质押融资、证券化、保险、股权投融资（基金）等多项金融产品。

中国防伪行业协会

China Trade Association for Anti-counterfeiting

中国防伪行业协会(China Trade Association for Anti-counterfeiting)，英文简称(CTAAC)，成立于1995年3月，是中国防伪行业第一家经中华人民共和国民政部登记注册，具有独立法人资格的国家一级社会团体，业务主管部门为国家质量监督检验检疫总局，是由全国从事防伪技术及防伪技术产品研制、开发、生产、应用的企事业单位、大专院校、科研院所和国内著名的防伪技术专家自愿组成的全国性组织。

中国防伪行业协会的主要职能：

(一)宣传贯彻国家关于防伪打假工作的方针政策和法律、法规，积极向党和政府反映国内外团体人士对防伪打假工作中重大问题的意见和建议。

（二）协助政府部门研究制定我国防伪行业发展战略、发展规划、年度计划、法律、法规、政策，开展对防伪行业的监督规范工作。

（三）经政府有关部门授权，承担全国工业产品生产许可证办公室防伪技术产品审查部、防伪技术评审机构、境外防伪技术产品注册登记备案核查等工作；开展防伪技术产品使用备案注册、防伪技术核查评定等工作并定期向社会公告。

（四）经政府主管部门同意和授权，对行业的情况进行统计、收集、分析，发布行业信息；制定并监督执行行规行约，规范行业行为，维护公平竞争。

（五）组织防伪行业新产品、新技术、新工艺、新材料的研究、开发、推广、监制工作；联合科研院所、大专院校、专家承担国家相关科学领域重大项目攻关任务，建立产品与公共安全领域防伪产业技术创新战略联盟，帮助会员增强自主创新能力，提高企业核心竞争力和可持续发展能力。

（六）推动防伪技术商品化、产业化、国际化进程；在科技成果转化过程中，协调知识产权保护、专利技术转让等重大工作。经政府有关部门批准，组织开展防伪科技奖励活动。

（七）开展国际交流活动，配合相关部门组织防伪技术产品国家标准的制修订；提出相关建议，跟踪国际防伪标准技术发展。

（八）接受政府委托承办或根据市场和行业发展需要，组织国内外行业的先进产品和先进技术的展览（销）会和技术交流，为企业走向国际市场服务，提供信息咨询、维权、培训服务等。

（九）主办《中国品牌与防伪》杂志；出版其它专业技术资料；建设中国防伪行业协会网站；

（十）反映会员要求，协调会员关系，维护会员合法权益。

（十一）发展行业和社会公益事业，把遵循市场法则与发扬社会主义道德结合起来，爱国、敬业、诚信、守法、贡献，当好中国特色社会主义事业的建设者。

（十二）承担政府部门委托的其它工作任务等。

CTAAC

China anti-counterfeiting industry association's purpose is

Service

协调

Coordination

发展

Development

厦门大学知识产权研究院简介

厦门大学知识产权研究院是根据2008年5月国家知识产权局与福建省人民政府签订的《共同推进海峡西岸经济区知识产权发展合作议定书》和省部会商要点的精神，由厦门大学与福建省知识产权局共建成立的集科研、教学、国际交流与社会服务于一身的多功能、高层次的知识产权研究平台和人才培养基地。自2008年7月30日成立以来，厦门大学知识产权研究院秉承厦门大学“自强不息、止于至善”的校训，充分发挥厦门大学作为综合性大学的学科交叉优势，依托厦门大学法学院、管理学院和经济学院的科研力量，同时通过自主引进专门的高层次知识产权科研人才，已经初步形成了学科优势明显、布局合理的知识产权教学与研究团队。

研究院目前有专、兼职研究人员40余人，其中教授13人（含博士生导师10人），并聘请中国知识产权法学研究会会长刘春田教授、德国马普创新与竞争研究所所长Reto M.Hilty教授、原德国马普创新与竞争研究所所长Joseph Straus教授、原台湾政治大学智慧财产研究所所长刘江彬教授等国内外著名学者担任客座或者名誉教授。同时，林秀芹、丁丽瑛、刘晓海、郭懿美等教授在知识产权理论、制度与实务研究方面取得了丰硕的研究成果。近年来，研究院承担了国家社科基金项目，国家自然科学基金项目，教育部、司法部、国家知识产权局和世界知识产权组织等机构的研究课题达50多项，并承担了《福建省知识产权战略纲要》《厦门市实施知识产权战略总体规划与顶层设计》的起草工作。

自成立以来，研究院已经分别设立了知识产权法专业和知识产权管理专业的硕士点和博士点；2014年开始招收在职法律硕士生、台湾知识产权博士生；2015年设立了“理工知识产权双学士创新实验班”，建立了全方位、多层次的知识产权人才培养体系。2014年在国家知识产权局支持下开始举办国际大学生知识产权冬（夏）令营。研究院还积极开展知识产权在职培训工作，承担了来自全国各地政府部门、企事业单位的知识产权培训工作。

研究院期待与国际组织、政府、企业和研究机构通力合作，为推进我国知识产权强国的建设做出更大的贡献。

目　　录

综　述

部门工作

司法工作

地方工作

行业工作

典型案例

政策法规

附　录

Contents

Overview

Department Work

Judicial Work

Local Work

Work of Industrial Association

Typical Cases

Policies and Regulations

Appendix

综　　述

Overview

全国打击侵权假冒工作综述

2016年，在全国打击侵犯知识产权和制售假冒伪劣商品工作领导小组的统一领导下，各地区、各成员单位认真贯彻落实党中央、国务院决策部署，积极践行新发展理念，围绕法治化、国际化、便利化营商环境建设，深入开展打击侵权假冒工作，取得新的成效。全国共查处侵权假冒违法犯罪案件20余万件，抓获犯罪嫌疑人2.2万人，审查起诉2.1万人，生效判决1.8万人。

一、抓住突出问题，持续开展重点领域整治

（一）深入开展互联网领域侵权假冒治理

一是严查网络案件。国家工商总局开展网络市场监管专项行动，打击网络商标侵权、销售假冒伪劣商品、虚假宣传等违法行为，共检查网站网店191.8万个次，责令整改网站1.95万个次，查处案件1.34万件。开展“红盾质量维权行动”，部署网络交易商品质量专项抽检。国家质检总局以日用消费品、家装建材等为重点，组织电子商务产品质量国家监督抽查，开展执法打假集中行动，对25类产品进行违法线索排查。国家新闻出版广电总局牵头开展“剑网2016”专项行动，查处网络文学等侵权盗版案件514件，涉案金额2亿元，并加强重点网站版权监管，指导大型视频、音乐、文学网站自查整改。文化部查处违法违规互联网文化产品和经营单位。国家知识产权局加大电子商务领域专利执法力度，依法办理专利违法案件。

二是加强基础管理。工业和信息化部强化域名、IP地址等管理，落实网络实名制，规范境内接入服务，处置违法违规网站2 000余个。国家互联网信息办公室处置侵权假冒有害信息355万条，及时阻断违法信息传播渠道。

三是强化寄递监管。国家邮政局推动落实收寄验视、实名收寄、过机安检“三项制度”，查处违法违规行为4.6万次；会同公安部、国家安全部制定发布《禁止寄递物品管理规定》，禁止寄递侵权假冒商品。海关总署开展跨境邮件快件重点执法，严查跨境侵权案件。

四是完善协调机制。国务院同意建立由国家工商总局牵头的网络市场监管部际联席会议制度。国家网信办牵头成立了互联网信息内容行政执法部际协调机制。国家新闻出版广电总局建立网络文学作品版权监管“黑白名单”制度，推动网络服务商建立通知删除和上传审核等机制，进一步规范网络音乐、云存储空间、网络转载新闻作品的版权秩序。

（二）不断加强农村和城乡结合部市场监管

一是全程追溯打击。农业部会同有关部门，从生产、流通到使用环节全程溯源打击，查处农资案件2.4万起，查获假劣农资9 000吨，涉案金额5.5亿元。

二是强化监督抽检。农业部全面开展监督抽查，抽查种子、农药、肥料等企业和使用单位17.4万个次，吊销生产经营许可140余个，取缔无证经营单位125个。国家工商总局开展“红盾护农”行动，查处农资市场违法案件2.5万件，案值近1.6亿元。国家林业局对16个省、自治区、直辖市开展林木种苗质量监督抽查，通报不合格企业128家。

三是完善责任体系。国家质检总局通过暗访摸排、稽查建议、约谈政府负责人等多种措施，推动农资重点区域整治，查办农资质量违法案件1 307起，案值1.4亿元。

（三）有序推进中国制造海外形象维护“清风”行动

一是推进出口商品质量提升。国家质检总局以输往非洲、中东商品为重点，检验3.2万批次，查处不合格商品1 000余批次，不合格率明显下降。在132个产业集聚地区建立质量安全示范区共治机制。

二是打击进出口领域侵权行为。海关总署加强重点航线监控，以输往拉美国家的药品、汽车配件、玩具等为重点，强化风险分析研判，提高打击精度。部署8个重点口岸开展出口电动平衡车知识产权保护专项行动。全国海关查获侵权商品3 073万件，核准知识产权海关保护备案申请8 673件。

三是发挥驻外经商机构作用。驻外使馆经商处结合中国品牌商品展，大力宣传“清风”行动，对诋毁“中国制造”现象进行主动交涉。江苏开展“出口品牌提升”专项行动，大力宣传扶持出口名牌。

（四）巩固和扩大软件正版化成果

一是督促落实工作责任。国家新闻出版广电总局会同工业和信息化部、财政部、国资委、国管局等部门，完善长效机制，编制《正版软件管理工作指南》，加强计算机软硬件采购源头管理，推进中央企业软件正版化工作。

二是加大督促检查力度。全国打击侵权假冒工作领导小

组办公室组织13个督查组，抽查了32个中央部门和13个省份。创新督查方式，通过技术手段对江苏、安徽、山东省级政府机关进行全面检查。

二、突出民生保障，大力加强日常监管执法

（一）严肃查处侵权盗版行为

国家工商总局部署查处“同仁堂”“庆丰包子”等商标侵权案件，共立案查处商标侵权假冒案件2.8万余件；打击商标恶意注册行为，共处理案件8 000余件。浙江开展了G20杭州峰会特殊标志保护专项行动。国家新闻出版广电总局开展“秋风2016”专项行动，收缴侵权盗版出版物420余万件；开展印刷复制发行专项督查和高校及其周边复印店专项治理行动，取缔无证照复印店499家。对《湄公河行动》等国产优秀电影、2016年春节联欢晚会以及奥运会等体育赛事进行专项保护。北京查办了“8・08”特大制售盗版少儿类出版物案，查扣图书350余万册。文化部开展交叉执法检查，抽查了2 789家文化市场经营单位。国家知识产权局深入开展“护航”“闪电”专项行动，快速调处专利纠纷，查处假冒专利行为，办理案件近4.9万件。

（二）不断加强重点商品监管

国家质检总局以儿童用品、家用电器、钢材等为重点，深入开展“质检利剑”专项行动，查处案件3.6万余起；开展消费品质量提升行动，专项抽查空气净化器、智能手机、烟花爆竹等产品，并向社会公布结果；开展强制性认证产品“双随机”抽查。国家食品药品监管总局针对疫苗、化妆品、中药饮片、医疗器械等重点商品开展专项整治，查处案件1.8万余件，涉案金额近2亿元。国家卫生计生委将消毒产品纳入国家监督抽检范围，监督抽查消毒产品3 721件。环境保护部督促开展分类销毁，防止侵权假冒商品再次流入市场。

（三）着力规范燃油市场秩序

国家工商总局组织东部11省市开展成品油质量抽检，抽检5 538个批次。环境保护部加强油品质量抽查，并将发现的问题及时转交地方依法查处。国家税务总局开展地方石油炼化企业专项检查，及时发现并追补税款。

三、加强协作联动，深入推进区域部门合作

（一）跨区域合作取得突破

全国打击侵权假冒工作领导小组办公室召开长三角、京津冀、泛珠三角地区打击侵权假冒工作会议，印发会议纪要，推动开展区域协作，建立信息共享、线索通报、证据移转、案件协查等协作机制。长三角地区五省市开展政企大数据合作，由阿里巴巴电商平台推送涉嫌违法犯罪线索，联合开展电商领域区域整治“云剑”行动。国家质检总局开展出口摩托车口岸、采购市场与产地的信息通报与联合打假行动。

（二）跨部门合作更加紧密

公安部强化与行政执法部门协作，与版权、烟草等部门联合督办重大案件。海关总署会同工商部门开展地理标志商标保护合作，与专利执法部门开展进出口环节专利保护执法合作。国家邮政局与民航等部门建立信息互通机制，查处寄递侵权假冒商品行为。上海、广东、福建等自贸试验区建立知识产权综合执法体系。

（三）两法衔接取得重大进展

全国打击侵权假冒工作领导小组办公室、最高人民检察院牵头推进两法衔接信息共享平台与制度机制建设，编印全国打击侵权假冒两法衔接文件汇编，制定印发《打击侵权假冒行政执法与刑事司法衔接信息共享系统使用管理办法》。海关总署、国家质检总局加快本部门执法信息系统与全国两法衔接平台对接。29个省、自治区、直辖市建成两法衔接平台，28个省级平台实现与中央平台对接，录入案件信息34万件，协作效能稳步提升。

四、强化改革创新，不断提升司法保护水平

（一）严厉打击刑事犯罪

公安部坚持将危害群众健康、威胁公共安全、妨碍创新发展的侵权假冒犯罪作为主攻方向，突出信息化建设主线，构建数据化实战攻坚格局，实现专项行动常态化、常态打击专业化，形成协同侦控、合成围剿的强大声势，抓获犯罪嫌疑人2.2万人。组织28个省、自治区、直辖市160余个城市开展打击涉烟经济犯罪集中收网行动，缴获烟机219台及其他设备769台，假烟、走私烟238万条，制假原料2 682吨，案值15.5亿元，各项战果系历年打击涉烟犯罪之最。重庆侦破“8・06”特大侵犯著作权案，全链条摧毁游戏编程、运营、广告、支付平台研发、资金结算转移产业链，涉案金额3 000余万元。

（二）提高司法保护水平

最高人民检察院开展危害食品药品安全犯罪专项立案监督活动，发挥刑事检察职能，开展诉讼监督，打击侵权假冒犯罪。严查徇私舞弊、失职渎职行为。上海检察机关在知识产权刑事诉讼中推广“权利人告知”工作，保障权利人

知情权、参与权和诉讼权。最高人民法院积极推进知识产权民事、行政和刑事案件审判“三合一”改革，加强对北京、上海、广州知识产权法院指导，积极发挥知识产权司法保护职能。

五、着眼互利共赢，广泛开展国际交流合作

（一）加强磋商谈判与交流合作

汪洋副总理出席中美战略与経济对话和中美商贸联委会，就加强知识产权保护阐述中方立场，国际社会给予积极评价。加强中欧合作，及时回应欧盟关注，召开中欧互联网知识产权研讨会，取得良好效果，推动延续中欧知识产权合作项目。商务部推动中欧地理标志协定谈判取得实质性进展，中日韩自贸协定、区域全面经济伙伴关系（RCEP）等协定中知识产权谈判进展顺利。召开中美、中欧、中俄、中日知识产权工作组会议，参加 WTO、APEC、金砖国家等国际组织会议，推动建立知识产权合作机制。国家知识产权局等与世界知识产权组织共同举办“一带一路”高级别会议。上海市有关部门参加美国驻华大使知识产权圆桌会议，多层面加强交流。

（二）推进跨境执法协作

海关总署与美、欧、俄、日、韩等开展 7 次知识产权联合执法行动，查获侵权商品数量 10 万余件。国家质检总局与沙特阿拉伯签署合作计划，共同打击制售假冒伪劣商品违法行为。公安部会同国际刑警组织和欧美执法部门，围绕 21 起重点跨国案件开展线索通报、协查取证、联合行动、司法协助等多层面合作，取得积极效果。

（三）开展知识产权海外维权

商务部提供知识产权保护预警服务，建立海外知识产权服务机构名录和案例库、海外维权案件信息报送平台等，会同中国贸促会在知名国际展览会上设立中国参展企业知识产权服务站。国家知识产权局、中国贸促会联合在国际展会上开展快速维权服务。

六、注重标本兼治，持续推进法规机制建设

（一）完善相关法律法规

国务院法制办会同有关成员单位，推进《反不正当竞争法》《专利法》《著作权法》等法律修订工作。国家工商总局推动《消费者权益保护法实施条例》修订工作，制定出台《互联网广告管理暂行办法》《流通领域商品质量监督管理办法》等规章。最高人民法院出台《关于审理侵害专利权纠纷案件应用法律若干问题的解释（二）》。

（二）推动信用体系建设

国家发展改革委、人民银行、全国社会信用体系建设部际联席会议成员单位推进全国信用信息共享平台建设，汇集基础信息、行政许可和处罚信息、红黑名单信息，“信用中国”网站公开信息 6 800 多万条。国家工商总局基本建成并运行国家企业信用信息公示系统，累计访问量达 319 亿人次。商务部在 8 省（市）开展商务诚信体系建设试点。国家质检总局加快推进质量诚信体系建设。

（三）完善绩效考核体系

中央综治办将打击侵权假冒工作作为平安中国建设和暗访检查的重要内容。全国打击侵权假冒工作领导小组办公室牵头对地方绩效考核工作进行改革，完善考核办法，优化考核设计，制定现场考核工作指引。各成员单位联合组成 16 个考核组，赴各地开展打击侵权假冒工作绩效考核。各地高度重视，精心准备，普遍开展了基层市县考核，充分发挥了考核“指挥棒”作用。

七、调动各方参与，积极构建社会共治格局

（一）大力加强宣传教育

全国打击侵权假冒工作领导小组办公室印发了《关于做好 2016 年打击侵权假冒宣传工作的通知》，举办互联网领域侵权假冒治理网络专题展。中央宣传部协调中央媒体做好宣传报道，解读政策法规，宣传典型经验，增强全社会知识产权保护意识。司法部将知识产权法规宣传纳入法治宣传教育第七个五年规划和“法律六进”主题宣传活动。农业部开展放心农资下乡进村宣传周，组织技术专家下基层，指导农民识假辨假。各有关成员单位在国际消费者权益日、全国知识产权宣传周、打击和防范经济犯罪宣传日、海关法制宣传日、诚信兴商宣传月、全国“质量月”、全国网络诚信宣传日等关键时点，组织开展销毁侵权盗版及非法出版物等活动，及时曝光典型案例。文化部、海关总署、国家工商总局、国家质检总局、国家知识产权局、最高人民法院、最高人民检察院等分别发布了知识产权典型案例。

（二）深入开展政企合作

公安部等部门深化与大型电子商务企业协作，完善网络侵权线索研判查处等机制。海关总署推广知识产权保护联络人制度，对出口加工企业订单知识产权状况提供预确认服务。

（三）发挥行业自律作用

商务部推动相关行业协会、商会，开展“诚信经营”示范创建活动。国家质检总局深入开展企业产品质量承诺，

将承诺产品范围扩展到6个行业、百余种产品。国家新闻出版广电总局推动成立中国网络文学版权联盟。

（四）持续推进信息公开

全国打击侵权假冒工作领导小组办公室督促各地区加强侵权假冒行政处罚案件信息公开，加大考核力度，充分发挥社会监督作用。国家税务总局等完善制度规定，加大信息公开力度，对违法分子形成了有力震慑。

（撰稿人：彭增田）

部门工作

Department Work

中央综治办打击侵权假冒工作报告

2016年，中央综治办全面贯彻党的十八大和十八届三中、四中、五中、六中全会精神，深入学习贯彻习近平总书记系列重要讲话精神，按照中央关于打击侵权假冒违法犯罪活动的决策部署，充分发挥调查研究、组织协调、督导检查、考评、推动职能作用，促进打击侵权假冒工作深入开展。

一、进一步加强工作部署

2016年中央政法工作会议、全国社会治安综合治理工作会议分别对做好依法惩治知识产权侵权行为作出部署，要求总结设立知识产权法院的成功经验，探索运用简易程序审理简单的知识产权案件，完善知识产权案件审理机制，研究知识产权市场价值司法认定办法，加大对知识产权侵权行为惩治力度，防止权利人赢了官司、丢了市场。

二、进一步加大协同配合工作力度

督促各级综治组织与当地打击侵权假冒工作领导小组及其办公室等部门通力协作、密切配合。加大统筹协调力度，不断完善齐抓共管、协作配合的长效工作机制。将打击侵权假冒工作纳入综治工作年度计划，注重发挥综治体制机制优势，充分调动各综治成员单位做好打击侵权假冒工作的积极性和主动性。积极参加全国双打办组织开展的督导检查、绩效考评等工作，结合社会治安综合治理有关专项行动，不断加大打击侵权假冒工作的推进力度。

三、继续将打击侵权假冒违法犯罪活动纳入综治工作（平安建设）考核评价体系

2016年，中央综治办继续将打击侵权假冒违法犯罪活动作为社会治安综合治理工作的重要内容，纳入综治工作（平安建设）考核评价体系，分值确定为最高减2分，由全国打击侵权假冒工作领导小组办公室打分。同时，配合制定年度绩效考核办法，积极参加专项检查、考核等活动。通过实施综治考评工作，推动各级党委、政府将打击侵权假冒违法犯罪活动纳入当地经济社会发展大局统筹谋划推进，各地对打击侵权假冒违法犯罪活动的重视程度进一步提高，工作机制进一步完善，工作成效更加显著。

四、继续将制假贩假作为全国群众安全感调查的重要内容

在中央综治办每年组织的全国群众安全感调查中，将制假贩假违法犯罪现象纳入调查范围，80万样本量覆盖了全国333个市（地、州、盟）。通过对调查结果的分析研判，结合社会治安重点地区和突出治安问题排查整治工作，推动制假贩假严重地区进行重点整治。

五、继续将侵权假冒违法犯罪活动纳入明查暗访范围

2016年11月下旬至12月底，中央综治办组织全国打击侵权假冒工作领导小组办公室、公安部经侦局、治安局、刑侦局等10个部门50余人组成8个暗访组，围绕包括侵权假冒在内的社会治安问题，对全国31个省（区、市）及新疆生产建设兵团进行了暗访督查。将暗访中发现的个别地区和单位存在的侵权假冒等突出问题，通报各地各相关部门，要求限期整改；同时将暗访结果纳入年底综治考评，有力推动了各地打击侵权假冒工作的深入开展。

六、继续将打击侵权假冒工作纳入基层平安创建体系

督促各级综治组织将打击侵权假冒工作作为基层平安创建的重要内容，推动各地因地制宜、有的放矢地组织开展打击整治专项行动。按照专群结合、依靠群众等要求，充分发挥基层综治中心、网格化组织重要作用，落实举报奖励制度，并通过现代信息技术，把打击侵权假冒工作触角进一步延伸到社区（村）、网络、家庭。推动各地认真贯彻执行中央15部委印发的中综办〔2015〕27号文件关于推进落实寄递物流安全管理“三个100%”制度（寄运物品100%先验视、后封箱，寄递物流活动100%实名制，邮件快件100%通过X光机安检）的要求，努力切断侵权假冒物品的运输渠道。进一步组织动员平安建设志愿者、综治协管员、治安信息员等各种群防群治力量和广大人民群众参与打击侵权假冒工作，整合各种资源力量，凝聚工作合力，形成人人参与、全社会支持打击侵权假冒工作的良好局面。

中央综治办继续把打击侵权假冒违法犯罪活动纳入综

治工作（平安建设）考核评价指标体系，会同有关部门，采用评估、督导、考核、激励、惩戒等措施，促进工作开展。认真抓好综治领导责任制的落实，对侵权假冒违法犯罪活动等问题突出的地区和单位通过定期通报、约谈、挂牌督办等方式，引导其分析主要原因，找准症结，研究提出解决问题的措施，限期进行整改。对因重视不够、打击防范措施不落实而导致侵权假冒等违法犯罪现象严重、治安秩序严重混乱或者发生重特大案（事）件的地区，依法实行一票否决权制，并追究有关领导干部的责任。

（撰稿人：刘方保）

工业和信息化部打击侵权假冒工作报告

一、健全相关法律法规

一是组织专家研究《反不正当竞争法》《电子商务法》等法律草案，并参加了国务院法制办召开的相关立法协调会议，配合研究反不正当竞争执法机制等问题。

二是配合国家食品药品监督管理总局，开展《药品管理法》《化妆品卫生监督条例》修订工作。

二、配合农业部等有关部门开展农资打假工作

一是会同发改委、农业部等部门联合发布了《关于做好2016年春耕化肥供应工作的通知》，要求各相关单位组织好化肥生产、储运、销售和农化服务等工作，保障化肥的稳定供应和价格基本平稳，支持农业生产再获丰收。

二是会同农业部等六部门联合发布了《2016年全国农资打假和监管工作要点》。从严格生产经营许可、深化专项治理行动、加强互联网领域农资打假、开展质量监督抽查、严厉查处违法犯罪案件、完善协调联动机制、推进农资信用体系建设等11个方面对全年全国农资打假和监管工作提出工作要求。

三是积极开展农药产品生产批准证书监督抽查、农药行政许可、农药生产企业资质查询库完善等工作。委托27个质检站对全国31个省份的2 681个农药产品进行监督抽查，截至2016年底，共颁发农药产品生产批准证书共11批2 251个，换发农药产品生产批准证书共8批5 154个，新核准农药生产企业共2批15家，农药原药企业延续核准共4批24家，农药制剂企业延续核准备案共6批154家，农药企业迁址更名备案共6批25家，农药企业原址更名备案共9批96家，农药企业迁址备案共8批24家，自愿放弃农药制剂企业生产资质共7批27家。

四是利用网络、期刊等媒体手段，采取新闻报道、部长信箱答复、在线交流等形式，解答公众疑问，宣传农资打假政策，引导行业健康有序发展。

三、推进软件正版化工作

一是配合新闻出版广电总局版权司，共同起草、印发并宣传和贯彻落实《正版软件使用管理指南》。

二是加大对出厂前计算机预装正版操作系统软件的监督管理力度，做好计算机生产企业和操作系统软件提供商预装正版操作系统的组织、协调与监督检查等工作，预装率达到98%以上。

四、配合有关部门严厉打击网络侵权假冒

一是积极配合国家新闻出版广电总局、国家食品药品监督管理总局、国家工商行政管理总局等相关管理部门完善法律法规，联合出台了《网络出版服务管理规定》《互联网信息搜索服务管理规定》《食品药品投诉举报管理办法》《互联网广告管理暂行办法》《整治虚假违法广告部际联席会议工作制度》等相关文件，健全了互联网领域侵权假冒工作治理工作的法律法规依据。

二是按照“积极利用、科学发展、依法管理、确保安全”的方针，加强和改进互联网行业管理，强化域名、IP地址、网站等互联网基础资源管理，严格落实网络实名制，规范境内接入服务市场，为相关部门开展互联网领域侵权假冒治理工作提供有效保障。

三是积极配合中央网信办、国家新闻出版广电总局、国家食品药品监督管理总局、国家工商行政管理总局等部门积极开展“打击网络侵权盗版剑网2016专项行动”“扫黄打非”“整治虚假违法广告专项行动”等各类互联网领域侵权假冒专项治理工作。截至2016年10月底，部省两级通信主管部门配合共处置违法违规网站2 000余个。

（撰稿人：高玮）

司法部打击侵权假冒工作报告

2016年，根据全国打击侵权假冒工作领导小组部署，司法部结合工作职能，积极部署，扎实推进，打击侵权假冒工作取得了良好成效。

一、打击侵权假冒工作指导力度不断加大

一是与打击侵权假冒相关行政执法部门和司法机关积极沟通协调，加强对侵权假冒刑事案件和民商事案件律师辩护代理工作的指导与监督。二是指导部分省（区、市）发布知识产权诉讼典型案例和非诉讼案例，指导全国律协知识产权专业委员会于11月评选出2016年度十佳优秀知识产权案例，为律师代理相关案件提供参考。

二、知识产权保护法律服务工作进一步加强

一是组织律师就修订《反不正当竞争法》等提出立法建议，就个人所得税立法改革建议等进行专项课题研究，开展知识产权业务专项培训，提高知识产权法律服务能力。二是指导各地结合实际，采取多种措施，组织广大律师为知识产权密集型企业提供优质高效法律服务，提高企业知识产权保护意识，防范企业法律风险。如浙江省司法厅积极参与浙江省知识产权宣传巡回演讲活动，组织律师为浙江企业开展“一对一”公益服务，帮助企业在创新发展中做好知识产权保护工作；重庆市司法局健全完善知识产权保护协作机制，组织专业法律服务团深入大型骨干企业和创新创业企业，为知识产权创造、应用、管理和保护“一条龙”法律服务，创新开发知识产权维权平台并投入使用。三是指导部分省市加强知识产权公证服务。如指导河北省司法厅于5月印发《关于公证服务知识产权保护的指导意见》，并举办全省公证业务培训班，全面推进公证服务知识产权保护工作。

三、打击侵权假冒相关法治宣传工作取得成效

一是加强对打击侵权假冒法治宣传工作的指导。印发2016年全国普法依法治理工作要点，对打击侵权假冒法治宣传工作作出部署。以“六五”普法总结验收为契机，加大对打击侵权假冒法治宣传的检查、督促力度，对开展打击侵权假冒法治宣传工作成绩突出的单位和个人进行了表彰。把打击侵权假冒法律法规的宣传列为全国“七五”普法规划重要内容。3月25日，中共中央、国务院转发的《中央宣传部、司法部关于在公民中开展法治宣传教育的第七个五年规划（2016—2020年）》明确提出：“大力宣传市场经济领域的法律法规，推动全社会树立保护知识产权、平等交换、公平竞争、诚实信用等意识”。二是突出普法重点对象开展相关法律法规宣传教育。指导各地普法职能部门，结合《关于完善国家工作人员学法用法制度的意见》等的贯彻落实，把《商标法》《专利法》《刑法》等打击侵权假冒相关法律法规纳入领导干部和公务员尤其是相关职能部门执法人员的法治培训规划，组织法律知识讲座、法律法规政策培训研讨班等，邀请专家讲解打击侵权假冒相关法律知识。加大对企业经营管理人员的打击侵权假冒相关法律法规宣传教育力度，努力提高企业经营管理人员打击侵权假冒的法律意识。三是依托法律进机关、进乡村、进社区、进学校、进企业、进单位活动，通过播放普法公益广告、举办法律咨询、散发宣传品等多种形式，开展打击侵权假冒专项法治宣传和服务。以全国知识产权宣传周为契机，集中开展打击侵权假冒主题法治宣传教育活动。如与全国普法办在中国普法网和中国普法官方微博、微信、手机客户端开展了为期2周的知识产权专题宣传活动，张贴公益广告，制发知识产权法律法规图解、知识产权理论研究和案例解读专题文章等14篇；在与中央网信办联合举办的“尊法学法守法用法”百家网站暨微信公众号法律知识月赛活动中，设置了知识产权相关题目20个，广大网民踊跃参与答题，取得了很好的宣传效果。

（撰稿人：王淮）

财政部打击侵权假冒工作报告

一、做好打击侵权假冒经费保障工作

中央财政在商务部2016年部门预算中安排打击侵犯知识产权和制售假冒伪劣商品专项工作经费，用于支持领导小组办公室开展工作。同时，在相关中央国家机关部门预算中安排经费，保障打击侵权假冒相关工作的顺利开展。

二、深入推进软件正版化工作

2016年5月，财政部、全国人大常委会办公厅、政协全国委员会办公厅、国管局、中直管理局联合印发实施了《中央行政单位通用办公设备家具配置标准》，明确规定了台式计算机（含预装正版操作系统软件）和便携式计算机（含预装正版操作系统软件）的配置数量上限、价格上限、最低使用年限和性能要求等配置标准，积极推进软件正版化工作。

三、配合制定电子商务法

电子商务法由全国人大财经委负责牵头起草。财政部先后参加了起草小组第二次会议和起草领导小组会议，并就财经委的草案谈论稿和国务院法制办的草案研提了意见。

（撰稿人：黄敏捷）

环境保护部打击侵权假冒工作报告

环境保护部作为打击侵犯知识产权和制售假冒伪劣商品工作领导小组成员单位，高度重视侵权假冒商品环境无害化销毁工作，按照《国务院关于进一步做好打击侵犯知识产权和制售假冒伪劣商品工作的意见》和相关文件的要求，相继制定并发布了《关于做好侵犯知识产权和假冒伪劣商品环境无害化销毁工作的通知》《关于进一步做好侵犯知识产权和假冒伪劣商品环境无害化销毁工作的通知》和《拟销毁的侵犯知识产权和假冒伪劣商品分类处理指南》，加强侵权假冒商品分类处理的指导，着力促成各省建立并完善该项工作的部门协调和信息共享机制，防止侵权假冒商品再次流入市场，保障其销毁过程的环境无害化。

一、继续做好侵权和假冒商品环境无害化销毁的日常工作

为进一步做好收缴的侵权和假冒商品环境无害化销毁工作，按照《关于做好侵犯知识产权和假冒伪劣商品环境无害化销毁工作的通知》要求，环境保护部督促各地及时报送侵权和假冒商品无害化销毁情况。截至2016年底，各地共销毁各类侵权和假冒伪劣商品约1 000余吨，涉及药品、烟酒、食品、日用品、农资及农产品、出版物、家电、消防产品等。

二、进一步加强对侵权和假冒商品分类处理的指导

按照2014年环境保护部印发的《关于进一步做好侵犯知识产权和假冒伪劣商品环境无害化销毁工作的通知》，环境保护部积极督促各省对收缴的侵权假冒商品进行分类销毁，防止侵权假冒商品销毁过程中的二次污染，防止收缴的侵权假冒商品再次流入市场。

三、继续做好打击侵权假冒工作的现场绩效考核

按照《国务院关于进一步做好打击侵犯知识产权和制售假冒伪劣商品工作的意见》和《关于开展打击侵权假冒绩效现场考核的通知》要求，双打领导小组办公室于2016年1—2月组织赴各省、自治区、直辖市和新疆生产建设兵团进行现场考核。环境保护部参与了江西、辽宁、江苏、黑龙江四省的现场绩效考核，并电话了解了北京、河北、宁

夏、西藏等多个省（市、自治区）的情况。配合双打办完成《2016年度打击侵权假冒绩效现场考核工作指引》。

四、继续做好车用燃油假冒整治行动

2016年，为贯彻落实《大气污染防治行动计划》有关提升油品质量的要求，环保部按照部工作部署，委托第三方检测机构对长三角区域和京津冀区域车用燃料品质进行调查，取得积极成效。长三角区域抽取12个城市73家加油站的车用燃油样品80份，其中58份汽油样品中不合格样品1份，合格率98.3%；22份柴油样品中不合格样品2份，合格率90.9%。京津冀区域抽取5个核心城市66家加油站的样品66份，其中22份车用汽油样品，全部合格；43份车用柴油样品中不合格样品13份，合格率70%；1份普通柴油样品，不合格。现已将有关调查结果转交油品经营单位所在省市依法予以查处。

（撰稿人：张嘉陵）

农业部打击侵权假冒工作报告

2016年，按照党中央、国务院统一部署，农业部会同最高人民法院、最高人民检察院、工业和信息化部、公安部、国家工商总局、国家质检总局、全国供销合作总社等全国农资打假专项斗争部际协调小组成员单位，及时部署，认真履责，强化督导，深入开展农资打假专项治理行动。围绕种子、农药、肥料、兽药等主要农资产品，各地、各部门坚持突出重点与整体推进相结合，集中整治与日常监管相结合，不断完善农资监管体系，规范农资经营秩序，全面推进放心农资下乡进村，前移农资监管关口，严厉打击制售假冒伪劣农资行为，进一步规范农资市场秩序，为农业生产和农产品质量安全提供了有力保障。全国各级农业、工商、质检等部门出动执法人员251万人次，检查农资企业132万个，整顿市场43.2万个，查处案件5.1万起，涉案金额6.2亿元。农业部监测显示，全年“两杂”种子、农药、肥料、兽药、饲料合格率分别为98.9%、85.8%、94.3%、96.6%、96.3%，同比稳中有升，继续保持较好水平。据中消协统计，农用生产资料投诉量为8 647件，占比仅为1.32%。

一、加强部门协作配合，统一部署打假工作

2016年2月，农业部、最高人民法院、最高人民检察院、工业和信息化部、公安部、国家工商总局、国家质检总局、全国供销合作总社八部门召开全国农资打假专项治理行动电视电话会议，农业、工商、质检等部门领导在会上分别对各自系统的农资打假和监管工作进行了全面动员和部署，明确了任务，提出了要求。会后，农业部等六部门联合印发了《2016年全国农资打假和监管工作要点》。农业部制定《2016年农资打假工作实施方案》，开展春、秋两季农资打假专项行动，对热点地区、果菜茶中草药产区和互联网领域实施重点监管。工业和信息化部等十部门联合发布《关于做好2016年春耕化肥供应工作的通知》，充分保障春耕时节化肥稳定供应和价格平稳。工商、质检部门在全国深入开展“红盾护农”“质检利剑”等行动，公安部将农资打假纳入“2016年打假‘利剑’行动”重点内容，持续开展系列专项打假，依法保护农民权益。

二、积极探索监管模式，不断完善工作机制

各地、各部门积极落实中央部署和要求，各省均建立了农资打假联席会议制度，案件协查与行刑衔接机制逐步完善，农资打假工作联动优势进一步体现。全国80%的市、99%的县成立了农业综合执法机构。农资打假工作从季节性、运动式专项打击转变为常态化、专业化日常监管，执法能力与规范化程度进一步提升。在10个省份启动假劣农资销毁试点工作，与当地环保、财政等部门配合，探索建立假劣农资销毁机制，对查处的假劣农药、兽药、肥料、饲料、种子等农资产品集中存放、定期销毁。农资领域信用体系建设进程加快，工商部门开展诚信经营农资示范店创建活动，农业部积极引导行业协会开展信用评价工作，并研究起草了农资领域失信惩戒备忘录，国家发展改革委、中国人民银行、农业部等29个部门已联合发布。

三、加大案件查处力度，严厉打击违法行为

各地、各部门“严抓、严打、严查”，采取挂牌督办、集中办案、联合办案等方式，严厉打击假劣农资坑农害农行

为。一是严抓违法案件。农业部门紧抓线索，深挖源头，查处了一批制售假劣农资的大要案，2016 年移送公安大要案 121 件，同比增幅明显，向社会公布了 19 起农资打假大要案、16 起种子违法案件和 10 起兽药典型案例，有力地震慑了违法犯罪分子。二是严打刑事犯罪。各部门持续开展农资打假保春耕、“红盾护农”及“质检利剑”等执法行动，对于假劣农资坑农害农案件，紧抓线索、深挖源头，坚决打击、毫不手软，依法查处了一批制售假劣农资大案要案。各级公安机关侦破涉嫌制售假劣农资罪、制售伪劣产品罪、假冒注册商标罪等农资类制假售假案件 499 起，抓获嫌疑人 726 名。各级检察机关共批准逮捕涉嫌生产、销售伪劣农药、兽药、化肥、种子罪案件 23 件 39 人，起诉 30 件 61 人。各级法院一审审结生产、销售伪劣农资案件 46 件，生效判决人数 65 人，其中被判处五年以上有期徒刑的 15 人。三是严管职务犯罪。各级检察机关严肃查办农资打假领域职务犯罪，对放任包庇制售假冒伪劣农资违法犯罪的徇私舞弊、失职渎职行为，发现一起、查处一起，坚决打掉“保护伞”。

四、强化属地管理责任，督促工作有效落实

各部门进一步落实农资打假属地管理责任，推动各地有效开展农资打假专项治理。一是实施绩效考核。全国双打办将农资打假纳入全国双打考核，国家质检总局将农资打假纳入全国质量考核，农业部把农资打假工作纳入对各省的延伸绩效考核范围，以重大案件查办和信息公开为考核重点，强化各省（区、市）农资打假工作责任落实。二是实行案件督办。农业部对投诉举报和大要案查办工作开展定期督导，及时掌握案件查办进展情况。对地方上报的大要案详细资料，进行统一评估，并给予适当经费补助，鼓励地方查办大要案。公安部挂牌督办农资类制假售假大要案件 28 起。三是开展督导检查。针对重点地区和重点领域，农业部组织开展专项督导检查，及时发现并解决基层农资打假工作中存在的问题，提出整改要求，指导各地农资打假向纵深推进。

五、充分发挥部门职能，实施农资监督抽查

农业部共抽查种子 2 218 批次、农药 5 475 批次、肥料 192 批次、饲料 6 525 批次、兽药 15 198 批次、船用产品生产和检修企业 1 182 家。检查兽药企业和使用单位 16.4 万个次，吊销兽药生产许可证 6 个、经营许可证 132 个，取缔兽药无证经营单位 125 个。查处假劣渔船船用产品近 2 万台件。对 43 家企业的 1 800 台套在用农机产品开展质量调查，督促 23 家农机企业对问题产品实施整改。工业和信息化部积极开展合成氨、磷铵行业准入工作和农药生产批准证书产品监督抽查检测工作，对全国 30 个省份的 2 681 个农药产品进行监督抽查。国家工商总局组织部分省市开展肥料质量抽检，加大肥料市场监管力度。国家质检总局强化农资国家监督抽查，全年抽查了 2 331 批次产品，抽查合格率为 93.1%，并通过官方网站等平台向社会公布抽查结果。

六、着力加强科技支撑，促进监管信息化建设

依托两法衔接信息平台，推进农资打假案件信息查询和共享。农业部完善“金农工程”系统，基本实现省市县三级信息报送统计。大力推进农资产品电子追溯制度，启动实施种子追溯编码标识制度和农药质量追溯试点，兽药二维码追溯系统已经覆盖到经营环节。省级农资监管网络平台、移动执法监管平台和农资销售监管平台发展很快，多数省份正在加快推进。江苏、湖北、浙江等省试点开展了“农资溯源”管理系统和“放心农资”网。工业和信息化部积极完善农药产品生产批准证书和农药生产企业资质查询库，方便监管部门、经营者、消费者查询，促进农药行业信息交流。全国供销合作总社稳步推进农资物联网应用试点工作，创新农资经营服务体系。

七、扩大宣传培训服务，推进放心农资下乡

农业、工商、质检等部门积极开展放心农资下乡进村宣传活动，引导和鼓励优秀农资生产企业、农资服务商下乡，公开质量承诺，展销优质农资。全国农业部门共出动执法和科技人员 7.8 万人次，发放宣传资料 556 万份，举办培训 5 700多场，展销放心农资货值 1.6 亿元。质检部门组织开展“进千村、入千户、抽千样”农资打假下乡行动，共进入乡村 2.3 万个、农户 4.7 万家，抽检样品 8 779 批次，组织宣传活动 1 990 次，发放宣传资料 69 万份，接受咨询和投诉 4.4 万件。农业部与中央电视台、中央人民广播电台等媒体合作，制作“农资打假保春耕”“3·15 农资打假宣传日”系列节目，宣传打假维权和农资购买使用知识。供销部门大力推进农资供给侧结构性改革和农资经营服务创新，通过统防统治、配方施肥和社会化服务等方式，推动放心农资使用，共向社会供应安全优质化肥 18 474 万吨、农药 176 万吨、农膜 101 万吨。

（撰稿人：方晓华）

商务部打击侵权假冒工作报告

2016年，商务部按照全国打击侵权假冒工作领导小组部署，大力推进商务综合行政执法工作，加快推进诚信体系建设，深入开展知识产权国际交流合作，取得积极成效。

一、健全商务执法体制，加强事中事后监管

推动商务综合行政执法体制改革。会同中编办在北京、忻州等10个城市开展执法体制改革试点，召开全国商务综合行政执法体制改革试点工作会议进行部署。举办2016年第一期全国商务综合行政执法培训班，明确各地重点工作任务，加强对试点工作指导，促进各地执法交流。建立试点工作月报制度，开展中期评估与考核，加强绩效管理。指导试点城市总结改革成效，汇总形成可复制可推广的改革经验。研究确定年度商务综合行政执法工作要点。制作微视频宣传片、开设微信公众号，加强宣传。

提高监管水平推动信息共享。牵头商务部“双随机、一公开”工作，协调相关司局制定“一单、两库、一细则”，完成年度改革目标。部署地方开展“双随机、一公开”监管改革工作。推动行政许可与行政处罚“双公示”，汇总形成商务部行政许可和行政处罚目录，制定信息公示工作制度。推动监管执法信息共享，印发了《部门间监管执法信息共享指引（试行）》。改版商务执法业务管理系统，建立顺畅的案件受理、办理及转办督办机制，提高执法信息化水平。

二、推进商务诚信建设，建立健全长效机制

支持8省市开展商务诚信体系建设试点。目前，试点地区平台建设进展顺利，建立了政府和市场信用信息交换共享机制，整合了行政管理、市场化综合信用评价、第三方专业评价有关信息，为社会公众信用信息查询使用和政府分类监管提供了有力支持。上海平台实现了政府部门间的信用信息共享，整合了20个行业、5.2万余家企业的信用信息，并与找钢网、红星美凯龙等平台及相关协会进行了信息对接。江苏平台与省公共信用信息系统建立共享机制，接入200余万工商企业、400余万个体工商户基本信息；与常熟服装城、东方丝绸市场等批发零售市场以及行业商协会对接信用信息，涵盖5 000余家市场主体。浙江平台汇集了199万家省内企业信用数据，3 000万家国内企业信用数据；不断细化平台功能，开发了电商监测、行业监管、外资对接、互动参与等功能。广东平台归集了5 690万条数据，覆盖近300万家企业，涉及进出口、电商、物流、零售等领域，整合了质监、工商等13个政府部门的数据；以场景使用类服务为主，开发上线了移动端APP应用。

2016年，商务部会同中央宣传部、中央文明办等17个部门和80个全国性商协会，以“诚信促消费”为主题，开展“诚信兴商宣传月”活动。活动将线上线下宣传相结合，诚信宣传教育与扩大消费相结合，首次举办“诚信网络展”，宣传诚信文化，普及信用知识，展示部门、地方和商协会信用建设成果，观展人数达数十万人次。举办首届“信用消费进万家”主题日活动，积极组织线上线下商家参与，商家信用消费额翻倍增长。

三、开展双边交流对话，助力企业海外维权

商务部成功召开中美、中欧、中俄、中日、中韩等一系列政府间双边知识产权工作组会议。牵头中日韩、区域全面经济伙伴关系（RCEP）、中国－格鲁吉亚等多个自贸协定以及中国－欧亚经济联盟经贸合作伙伴协定的知识产权章节谈判，积极推动自贸区战略，推动我国与“一带一路”沿线国家的知识产权合作。扎实推进中欧地理标志协定谈判。完成中美战略经济对话、中美商贸联委会、中欧高级别战略和经贸高层对话、中英财金对话、中法财金对话项下的知识产权议题磋商，在执法等方面达成多项成果。

商务部推进实施中美、中欧知识产权合作项目，组织开展赴美知识产权司法交流、赴欧知识产权法律交流，宣传商务部打击假冒侵权成果，增加互利互信。与欧盟驻华代表团共同举办了中欧互联网知识产权保护研讨会和创新政策圆桌会议，就网络知识产权保护等相关问题进行交流。积极推动落实与金砖国家的知识产权合作，通过了《金砖国家知识产权合作机制工作大纲》，正式建立金砖国家知识产权合作工作机制。与知识产权局等部门联合召开了“一带一路知识产权高级别会议”，取得良好效果。

通过中国保护知识产权网及时全面地发布知识产权最新动态，加强预警和维权援助信息平台建设。先后在德国汉诺威消费电子、信息及通信博览会（CeBIT）、奥芬巴赫第一届中国箱包欧洲展和柏林国际电子消费展（IFA）上设立

知识产权服务站，为参展企业提供帮助。加强对海外知识产权贸易壁垒的研究，指导我国企业应对美国 337 调查取得积极成效。

（撰稿人：邱忠义）

文化部打击侵权假冒工作报告

2016 年，按照全国打击侵权假冒领导小组确定的重点工作和任务分工，文化部以整治互联网文化市场为重点，强化文化市场行政执法，加强文化市场监管，进一步推进文化市场打击侵权假冒工作。

一、重点打击网络侵权，加强互联网文化市场监管

（一）查处网络表演、网络游戏市场

印发第二十五批违法违规互联网文化活动查处名单，重点整治含有宣扬暴力、色情和危害社会公德内容的网络表演活动，依法查处 23 家网络文化经营单位共 26 个网络表演平台。部署第二十六批违法违规互联网文化活动查处工作，北京、天津、辽宁、江苏、安徽、福建、河南、湖北、湖南、广东、重庆、四川、陕西等地行政处罚 26 家违规经营单位。部署 7 省（区）对 2004 年以来发布的 425 款非法游戏进行全网筛查，开展“回头看”工作。

（二）开展网络文化市场“双随机一公开”抽查工作

完善互联网文化市场“双随机一公开”基本制度设计，组织实施网络文化市场“双随机一公开”抽查工作。根据《关于推广文化市场随机抽查　规范事中事后监管工作的实施方案》，2016 年 9 月，随机抽查 200 家网络游戏运营单位，并组织北京、上海、广州、深圳、杭州等地文化市场综合执法机构同步实施，开展网络游戏“双随机一公开”抽查工作，行政处罚 36 家，责令改正 71 家。

（三）贯彻《艺术品经营管理办法》，部署艺术品市场案件查办工作

2016 年 3 月，举办艺术品市场管理与执法研讨活动，梳理执法案由，部署重点地区案件查办工作。北京、天津、辽宁、上海、江苏、浙江、安徽、广东、福建、四川、贵州、广西、甘肃等地查办了一批艺术品案件。

（四）开展网络文化市场、演出市场以案施训活动

确定 23 个案件牵头单位，开展 30 个案件的以案施训。举办网络文化执法以案施训研讨活动，培训各地网络文化执法骨干 260 人次。开展演出市场执法以案施训，扩展施训领域；案件类型由擅自从事类转为禁止内容类，紧紧围绕中心进行施训；施训范围覆盖全国绝大部分省份。

据统计，2016 年，全国各级文化行政部门和文化市场综合执法机构共出动执法人员 925 万余人次，受理各类举报投诉 1.96 万件，办结案件 4.74 万件，罚款 1.56 亿元，有力震慑了违法经营分子，确保文化市场平稳有序运行。

二、加强明察暗访，加大市场监管力度

（一）开展专项整治

加强 G20 杭州峰会保障工作，印发《关于加强 G20 期间文化市场安全生产工作的通知》，举行浙江及周边毗邻地区 G20 峰会文化市场安全保障工作专题会议，充分发挥浙江及周边毗邻地区 G20 峰会文化市场安全保障协作机制作用，为 G20 杭州峰会圆满召开营造了良好的社会文化环境。

（二）加强暗访抽查

组织 15 个暗访抽查组，对 15 个省（市）45 个地市 92 个县（市）区的文化市场进行了暗访抽查，抽查 2 789 家文化市场经营单位。印发文化市场暗访抽查情况的通报，重点加强对互联网上网服务营业场所、游艺娱乐、出版物等市场的打击侵权假冒工作。

（三）开展交叉执法检查工作

为掌握文化市场监管状况，查找文化市场综合执法工作的问题和不足，加强执法交流与协作，派出 5 个检查组 37 名检查人员，赴 10 个省（区、市）36 个地市 40 个区县开展交叉检查，重点对各门类文化市场监管情况、综合执法案件办理情况、举报督办办理情况、暗访抽查整改情况等进行专项检查。

（四）开展 12318 文化市场统一举报电话检查工作

对全国 362 个市（地）的举报电话进行“点对点”检查，其中 42 个市（地）已将 12318 举报电话整合至市政府

12345举报平台，17个市主动适应同城一体化的要求，实现12318举报自动转接。18个市（地）未实现“多城同号”举报电话的自动转接，11个市（地）存在无法拨通、忙音等问题。印发抽查通报，督促有关地区改进12318举报电话受理工作。

三、加强重大案件管理

（一）评选文化市场十大案件和重大案件

依据《文化市场重大案件管理办法》的规定，整理各地上报的2015年9月至2016年8月结案的近300个案件，根据上报案件的特点，综合考虑市场门类、地区、社会影响等因素，评出2015—2016年全国文化市场十大案件和100个重大案件，并对办案单位给予奖励。其中包括李某印刷厂侵犯著作权案和朱某某侵犯著作权案等约10件重大案件中涉及知识产权保护。

（二）开展新闻宣传工作

以12318举报电话检查、第二十五批（网络表演）和第二十六批（网络游戏）违法违规互联网文化活动查处、网络表演市场查处结果、G20杭州峰会保障、网络游戏市场“双随机一公开”、河北白洋淀低俗表演查处等为重点，依托央视、新华社、人民日报、光明日报等中央新闻媒体，开展了7个批次的新闻宣传工作。其中，在网络表演整治的新闻宣传工作中，央视《新闻联播》播出了“文化部查处多家违规网络直播平台”的报道，主流商业网站广泛深入报道，在全社会和行业内产生了较大的社会影响。

（撰稿人：蒽晶文）

国家卫生计生委打击侵权假冒工作报告

2016年，国家卫生计生委认真贯彻落实全国打击侵犯知识产权和制售假冒伪劣产品工作领导小组全体会议精神，按照领导小组办公室的部署安排和工作要求，积极落实打击侵权假冒工作任务，取得了一定成效。

一、开展全国消毒产品监督抽检

2016年2月5日，按照国务院办公厅《关于印发2016年全国打击侵犯知识产权和制售假冒伪劣产品工作要点的通知》的要求，国家卫生计生委印发《2016年国家监督抽检计划》，在全国部署开展对内镜自动清洗消毒机、手消毒剂等消毒产品及相关生产、经营使用单位抽检工作。据统计，国家层面以第一类消毒产品中用于医疗器械的高水平消毒剂、灭菌剂和皮肤黏膜消毒剂为重点共监督抽检生产企业42家，消毒产品102件。地方层面以手消毒剂、内镜自动清洗消毒机、抗（抑）菌制剂、湿巾和卫生湿巾为重点共监督抽检消毒产品3 619件，立案查处不合格产品98件，罚款28.51万元。

二、大力推进实施“双随机”抽查工作

“双随机一公开”抽查机制是中央推进政府监管体制机制改革、加强事中事后监管的一项重要举措。国家卫生计生委高度重视，制定“双随机”抽查工作实施方案，建立检查对象名录库和监督执法人员名录库，开发了“双随机”抽查信息系统。2016年，在辽宁、上海、河南、云南开展了“双随机”抽查试点工作。北京、陕西等地积极探索在日常监督检查中推行“双随机”工作机制，取得良好效果，为2017年全面实现“双随机一公开”抽查机制，开展消毒产品监督抽检工作探索了经验，奠定了良好的工作基础。

三、探索改进监管模式，加大案件查处力度

探索建立消毒产品监管信息平台，加强消毒产品事中事后监管，推进社会信用体系建设。在深入调查研究的基础上，组织编制消毒产品卫生安全评价报告备案工作规范和数据集，为监管信息平台建设打下基础。依法查处浙江佩洁尔医疗科技有限公司提供虚假材料获得卫生许可案，撤销了该公司“佩洁尔牌PM-F800D型风机盘管式等离子体空气消毒器”等8个消毒产品的卫生许可批准文号。组织河南省、福建省等9省市卫生计生委查办部分企业违法使用药品名称命名消毒产品案件。

（撰稿人：李晋）

中国人民银行打击侵权假冒工作报告

良好的社会诚信环境是完善市场经济体制、创新社会治理的重要手段，推进社会信用体系建设对于改善市场信用环境、整顿和规范市场经济秩序、打击侵权假冒行为有重要意义。党中央、国务院高度重视社会信用体系建设，习总书记在多个场合提出要加强社会诚信建设，十八届三中、四中、五中、六中全会提出加快推进社会信用体系建设，褒扬诚信、惩戒失信的工作要求。

人民银行发挥社会信用体系建设部际联席会议牵头作用，贯彻落实党中央、国务院的工作部署，履行“管理征信业，推动社会信用体系建设”的职责，健全工作机制，加强信息公开和共享，构建守信联合激励和失信联合惩戒机制，以试点推进地方信用建设，完善金融信用信息基础数据库，开展诚信教育宣传活动，营造良好社会诚信环境。

一、完善社会信用体系建设部际联席会议机制

经请示国务院同意，社会信用体系建设部际联席会议（以下简称“联席会议”）增补了国家统计局、国家旅游局、中国民用航空局、科技部、中国贸促会、新华社等6个部门作为成员单位。目前，联席会议由发展改革委、人民银行牵头，成员包括中央、政府部门、公检法、国务院直属单位等46个部门。

2016年，发展改革委、人民银行组织召开了全国社会信用体系建设工作会议，交流示范城市创建经验，讨论社会信用体系建设中存在的重要问题。召开了三次联席会议，部署构建守信联合激励和失信联合惩戒机制、重点领域诚信建设等重点工作。不定期召开联络员会议、专项会议，在工作层面建立了多层次的沟通机制，研究部署、督促落实各项工作。

二、健全社会信用体系建设规章制度

2016年，中央全面深化改革领导小组4次会议研究信用建设相关工作，审议通过了6个改革文件，进一步健全社会信用体系建设顶层设计。出台《中共中央办公厅国务院办公厅印发〈关于加快推进失信被执行人信用监督、警示和惩戒机制建设的意见〉的通知》《国务院关于加强政务诚信建设的指导意见》《国务院办公厅关于加强个人诚信体系建设的指导意见》。

联席会议各成员单位落实国务院工作部署，加强制度建设，健全信用建设法律支撑。发展改革委、人民银行向国务院上报2015年社会信用体系建设年度工作报告，印发《2016年社会信用体系建设工作要点》。发展改革委、人民银行、中央网信办等9部门印发《关于全面加强电子商务领域诚信建设的指导意见》，推进重点领域诚信建设。人民银行联合商务部发布设立外商投资征信机构有关事宜公告，出台《企业征信机构备案管理办法》。安监总局、食品药品监管总局、海关总署、知识产权局等部门针对违法失信事件高发领域，先后出台了部门规章和指导性文件，健全行业诚信建设制度。

三、加强信息归集、公开、共享与应用

依托联席会议制度，推动各地方、各部门健全在行政履职中掌握的社会成员的信用记录，加强信息归集和系统建设，为部门共享、应用政务信息奠定基础。建设了全国信用信息共享平台和“信用中国”网站，搭建信息共享与公开的渠道。

平台已归集37个部门和所有省区市各类消息7.4亿条，实现了信息查询、公示、异议处理、联合奖惩等功能，已有28个省（区市）建立了省级信用信息共享平台。网站归集各地区、各部门可公开的信用信息，大力开展行政许可和行政处罚信息“双公开”，为社会公众提供“一站式”查询服务，截至2016年末，公开各类信息6 800多万条，累计访问量超过1.3亿人次，日访问量超过130万人次。同时，国家人口信息基础数据库以及各部门、各地区信用信息系统都归集了大量信息。

四、构建守信联合激励和失信联合惩戒机制

2016年6月，国务院印发《关于建立完善守信联合激励和失信联合惩戒制度加快推进社会诚信建设的指导意见》，部署运用信用激励和约束手段，构建政府、社会共同参与的跨地区、跨部门、跨领域的守信联合激励和失信联合惩戒机制。

发展改革委、人民银行贯彻落实国务院要求，联合最高人民法院、环保部、财政部、安监总局、食品药品监管总局、质检总局等部门签署了失信被执行人、安全生产、环境保护、财政性资金、食药管理、产品质量、电子商务、税收

等8个联合惩戒合作备忘录，着力解决危害公共利益、公共安全、人民群众反映强烈、对经济社会发展造成重大负面影响的重点领域失信问题。签署了A级纳税人、优秀青年志愿者、海关高级认证企业3个联合激励备忘录。通过签署联合奖惩合作备忘录，加强信用记录和信用报告应用，在行政许可、项目审批、市场准入、注册登记、从业人员管理等市场监管和公共服务过程中，对诚实守信者实行优先办理、简化程序，对失信者予以限制，实现行政管理的精准化。

五、以试点推进地方信用体系建设

引导、推进各地积极探索，加强经验总结，更好地发挥政府的示范带头作用，切实加强地方信用体系建设，形成诚实守信的区域信用环境。2016年，发展改革委、人民银行批复了北京市海淀区等32个城市（城区）创建社会信用体系建设示范城市的工作方案，借助第三方机构开展对20个示范创建城市的评估。组织联席会议成员单位开展《社会信用体系建设规划纲要（2014—2020年）》落实情况的中期评估，组成11个督察组赴天津、河北等22省、自治区、直辖市开展社会信用体系建设情况的督查。

六、全面推进中小企业和农村信用体系建设

人民银行持续推进中小企业和农村信用体系建设。2016年，行领导赴广西田东现场调研农村信用体系建设，加强对工作经验的总结与宣传，引导各地加强经验学习。推动各分支行进一步建立健全中小微企业和农户信用信息征集、信用评价和应用制度，完善信用风险分担与补偿机制，健全信用激励机制，引导金融机构发展免担保、免抵押的信用贷款业务，降低中小微企业和农户的融资交易成本，提高融资的可获得性，从机制上缓释融资难、融资贵和信用风险突出问题，为改善中小微企业和农户的金融服务水平提供信息支持。截至2016年末，全国累计补充完善未与银行发生信贷关系的中小企业信息261.14万户，建立农户信用档案1.72亿户，累计有47.16万户中小企业、9 248万农户获得银行信贷，余额分别达到10.5万亿元、2.7万亿元。

七、持续推进金融信用信息基础数据库建设

人民银行不断完善金融信用信息基础数据库，扩大数据库覆盖范围，优化征信产品与服务渠道。数据库已基本覆盖所有从事信贷业务的机构，信息网络遍布全国银行类金融机构的信贷营业网点，截至2016年末，共收录9.12亿自然人及2 210万户企业和其他组织信息。

金融信用信息基础数据库是我国重要的金融基础设施，商业银行“逢贷必查”，有助于提高信贷效率、防范信贷风险。部分行政、司法部门在依法履职和开展民事活动中也开始采用数据库提供的信用报告。数据库的广泛应用使得“褒扬诚信、惩戒失信”的理念深入人心，社会信用环境不断改善。

八、积极开展诚信文化教育宣传活动

人民银行联合教育部、发改委等部门推动各地将诚信文化教育纳入大中小学国民教育体系，目前已通过开展必修课和选修课、诚信讲座、诚信班会，建立诚信教育基地、诚信实习基地、诚信示范基地等多种形式，与全国所有省、自治区、直辖市2 867所院校建立诚信合作，人民银行各分支行编写大中小学征信读本共计96本，其中征信宣传教育类正式出版物31本。

利用“信用记录关爱日”“征信专题宣传月（周）”等全国征信专项宣传活动，组织金融机构、征信机构等开展以诚信文化建设为主题的社会调查、辩论赛、微电影征集、演讲比赛等各类宣传活动，据不完全统计，全国累计举办各类宣传活动近6万场，2 800余家各类新闻媒体参与了宣传报道，共计向社会投放各种宣传资料8 210万份，覆盖15.9万个金融机构网点、380余家征信机构和评级机构，累计参加宣传人数突破830万人。

（撰稿人：韩春燕）

海关总署打击侵权假冒工作报告

2016年是“十三五”规划的开局之年，也是深化知识产权领域改革、加快知识产权强国建设的关键一年。全国海关深入贯彻落实党的十八大和十八届三中、四中、五中、六中全会精神，按照党中央、国务院关于知识产权工作的决策

部署和《新形势下加快知识产权强国建设的若干意见》的要求，在全国打击侵犯知识产权和制售假冒伪劣商品工作领导小组和国务院知识产权战略实施工作部际联席会议的组织领导下，紧扣国家知识产权战略和创新驱动发展战略，严格知识产权保护，在专项整治、机制创新、执法协作、服务企业、国际合作、宣传等各个方面都取得了明显成效。

一、执法情况

2016年中国海关进一步提升执法效能，持续加大知识产权边境保护力度，全年共采取知识产权保护措施1.95万余次，实际扣留进出境侵权嫌疑货物1.74万余批，涉及货物4 205.82万余件。查扣侵权嫌疑货物呈现以下特点：

（一）以海关依职权主动查扣为主

2016年海关依职权主动查扣的侵权嫌疑货物批次约占全年扣留批次总数的99%，涉及货物3 855.78万余件，约占扣留货物总量的91.67%；海关依申请扣留侵权嫌疑货物50批次，涉及货物350.04万余件，约占扣留货物总量的8.33%。（见附件图1）

（二）以侵犯商标专用权货物为主，侵权专利权货物持续增多

2016年海关查扣的知识产权类型包括商标专用权、专利权、著作权等，其中涉及涉嫌侵犯商标权的货物高达4 145.64万余件，占侵权嫌疑货物总量的98.56%（见附件图2）。但专利权保护货物批次较去年同期增长82.76%，案值同比增长26.33%。

（三）大多数涉嫌侵权货物在出口环节被查获

2016年中国海关在出口环节扣留侵权嫌疑货物1.68万余批，占扣留总批次的96.20%；扣留的出口侵权嫌疑商品为4 161.67万余件，占全部扣留商品总数的98.95%。（见图3）

（四）海运和邮递是查获侵权嫌疑商品的主要渠道

2016年海关在海运渠道查扣侵权嫌疑商品近3 940.13万余件，占全年扣留商品数量的93.68%。在进出境邮递渠道共查扣侵权嫌疑商品1.42万余批，占全年扣留批次的81.33%。（见附件图4）

（五）查获的侵权嫌疑商品以消费类为主

2016年中国海关扣留的侵权商品以烟草、化妆、个人护理产品等产品为主。与2015年相比，扣留侵权药品类、食品饮料类商品的数量有较大幅度增长，全年共扣留侵权药品类商品139.24万余件、食品饮料类商品31.67万余件，分别增长近37倍和26倍。医疗器械、珠宝首饰、手表等类别侵权嫌疑商品则呈下降趋势，分别同比下降99.79%、89.85%和83.21%。（见附件图5）

（六）查扣涉嫌侵犯国内企业自主知识产权商品数量持续增长

全国海关持续加强对境内企业的自主知识产权保护，服务和支持企业“走出去”战略。全年共查扣涉嫌侵犯自主知识产权货物757.85万余件，同比增长13.20%。

（七）进口环节查处侵权假冒案件呈上升趋势

2016年中国海关进口环节查处侵权假冒商品数量较去年同期增长33.60%，侵权商品价值同比增长536.89%。中国海关在进口环节查处的侵权违法行为连续十年呈增长态势。

二、专项整治

在开展日常执法的同时，中国海关还根据党中央和国务院部署，结合执法现实情况，适时开展专项整治，着力打击危害性强、国际国内反响大的侵权行为，切实净化口岸环境，维护市场经济正常秩序。

（一）深入开展“中国制造”海外形象维护“清风行动”

根据国务院的部署，在2015年以查处输往非洲、阿拉伯国家侵权商品为重点开展行动取得阶段性成果基础上，重点针对输往墨西哥、阿根廷等拉美国家侵权商品开展专项行动，持续加大对出口侵权货物违法活动的打击力度，遏制了侵权违法活动多发高发态势。上海海关查办出口至拉美国家的案件29起，查获侵权商品约41万件，涉案金额约244万元；宁波海关查获输往墨西哥、阿根廷等国家的侵权案件33起，查扣各类侵权货物约581万件，涉案金额约592万元。

（二）开展出口电动平衡车知识产权保护专项行动

针对我国出口电动平衡车行业面临的侵权和无序竞争情况，部署开展为期一个半月的专项行动，引导企业保护自主知识产权。行动期间全国海关共计查获涉嫌侵权电动平衡车28批次，涉及商品数量12 766台，价值逾人民币1 300万元。其中深圳海关查获案件12起，宁波海关查获案件8起，天津海关查获案件5起，黄埔海关查获案件2起，上海海关查获1起，涉及发明专利、实用新型专利、外观设计专利等权利。

（三）继续推进互联网领域侵权假冒专项治理

加强打击跨境电子商务零售进出口中的侵权假冒行为，开展互联网侵权商品跨境邮递、快件运输渠道的专项执法，

促进新兴贸易业态健康发展。2016 年全国海关查获的邮递、快件渠道的侵权案件批次数约占全部案件批次数的 87%，有效遏制了邮递和快件渠道“蚂蚁搬家”式侵权假冒多发高发态势。

（四）强化大要案的线索经营和查处

对案值高、社会影响大、直接影响国内消费者生命财产安全的案件，进行深挖扩线和重点查处，拓展执法广度和深度。如海关总署通过部门合作，从一起通过国内某电商平台销售假冒汽车润滑油案件中，敏锐发现侵权线索，及时召集杭州、宁波、广州、黄埔、天津等海关组成专案组，对进口假冒润滑油进行专项打击，共查获假冒润滑油 80 吨，案值约 950 万元人民币。并向公安机关通报海关新掌握的案件线索，公安机关在海关的支持配合下，捣毁仓库窝点 5 个，抓捕犯罪嫌疑人 11 人，查扣假冒润滑油 11 万桶。

（五）加强案件信息公开

加大对违法企业曝光力度，全年累计在海关门户网站和“信用中国”政府网站公开知识产权行政处罚案件信息 1 900件。将知识产权行政处罚与企业信用管理工作对接，对因进出口侵权货物受到处罚的企业，依法降低信用等级。厦门海关将知识产权守法状况纳入自贸试验区企业便利措施评价标准体系，采取侵权行为一票否决制，提高企业守法意识。

三、执法协作

海关作为国家知识产权保护体系的重要组成部分，自觉融入国家知识产权保护的整体格局，注重与公安、商标、专利等主管部门和地方政府开展协作，大力推进知识产权区域海关执法合作，构筑全方位的知识产权保护体系。

（一）认真做好“两法衔接”工作

参与全国打击侵权假冒平台建设，加强与公安机关刑事执法协作，全国一半以上直属海关实现了与地方“两法衔接”平台对接。全年全国海关共向公安机关通报涉嫌犯罪案件线索超过 200 起。南京海关向江苏省公安厅通报查获出口侵权假冒名牌眼镜名牌 6 345 副的案件线索，公安机关根据线索抓获犯罪嫌疑人；黄埔海关与安徽蚌埠公安机关联合破获特大销售出口侵权休闲鞋案，查获侵权休闲鞋37 050双，该案被列为公安部部级督办专案；上海海关查办假冒“蝴蝶牌 BUTTERFLY 及图形”“SINGER”商标专用权缝纫机头系列案并移送公安机关，当事人被判处有期徒刑一年零六个月，责任单位和责任人被处以 12 万元罚金。

（二）深化与国内其他执法部门的合作

全国海关认真落实海关总署与工商总局在商标权执法领域的合作协议，探索建立地理标志行政保护的执法联动机制。广东分署与广东省知识产权局签署执法合作备忘录，试点专利执法部门为海关提供快速鉴定制度。江门海关与江门市中级人民法院、公安局、工商局、知识产权局共同签署《关于建立知识产权信息共享协作机制的意见》。深圳海关参与起草《深圳市建设国家知识产权示范城市工作计划》。南京海关联合江苏省外经贸厅、江苏省进出口商会，对江苏省 2014—2016 年度重点培育和发展的 315 个国际知名品牌企业的发展状况及品牌产品出口情况等，分片区进行了问卷调查和实地调研。

（三）建立知识产权区域海关执法合作机制

北京、天津、石家庄海关召开京津冀海关知识产权行政执法协作研讨会，签署《京津冀海关加强知识产权保护执法协作的意见》，构建知识产权行政执法协作联系配合机制。上海、南京、杭州、宁波海关构筑区域海关知识产权立体执法网络。东北、珠三角、海西等地区海关以区域通关一体化改革为契机，强化信息交流、情报共享、案件协查，着力防范侵权假冒商品口岸漂移。2016 年 8 月，青岛、北京海关通过开展信息交换、执法协作，在通关一体化框架下采取执法联动机制，成功在首都机场查获侵犯威海某权利人专利权玻璃钢鱼竿 250 副。

四、机制创新

海关总署及各直属海关狠抓制度建设，创新机制体制，严格规范执法，加强科技支持，进一步夯实知识产权海关保护工作基础。

（一）做好知识产权海关保护顶层设计

制定海关总署关于贯彻落实知识产权强国建设若干意见的工作方案，从工作目标、重点任务、工作要求等做出具体部署，切实推动知识产权强国建设、加强知识产权海关保护，谋划“十三五”期间知识产权海关保护方向和措施，为企业开展自主创新、参与国际竞争提供优质公共服务。

（二）建立健全执法规范制度

出台知识产权海关保护行政处罚案件处罚幅度标准，明确了知识产权案件案值计算和行政处罚幅度，进一步规制行政裁量权；细化了知识产权海关保护工作操作流程，有效推进了全国海关知识产权保护执法的规范化和标准化；积极研究、解决自由贸易试验区知识产权海关保护相关问题。

（三）探索知识产权保护新举措

拱北海关与横琴新区管委会、横琴国际知识产权交易中心共同制定了《知识产权“易保护”便捷担保协作规定》，探索知识产权“易保护”模式，被广东省政府确认为中国（广东）自由贸易试验区第二批可复制、可推广的改革创新成果。厦门海关与工商、法院、公安、检察、仲裁委和自贸区管委会签订《关于建立中国（福建）自由贸易试验区厦门片区知识产权保护协作机制的意见》，建立自由贸易试验区多方协作的知识产权保护机制。

（四）强化科技支持

不断深化“科技强关”理念，将创新科技应用嵌入知识产权执法全过程，改造升级知识产权海关保护系统，实现案件办理全程无纸化和流程可追溯。在海关监管现场推广使用“知识产权海关保护移动查询”系统，便利执法人员即时核查货物知识产权状况。

五、服务企业

把为企业提供优质知识产权服务作为海关转变职能、简政放权的重要抓手。持续强化对自主创新型企业的服务，助力供给侧结构性改革，助推我国实现“从制造大国向创造强国转变、从中国产品向中国品牌转变”这一总体目标。

（一）积极培塑知识产权优势企业

研究“出口知识产权优势企业培塑计划”，提出知识产权保护直通车、企业知识产权战略规划指导、进出口快速通关、地方政府相关配套优惠等系列制度建议。持续推广海关与辖区企业的知识产权保护联络人制度，在企业开展自主创新、转变经营方式等方面提供个性化服务。拱北海关与格力电器股份有限公司、中山长虹电器有限公司等16家关区重点自主知识产权企业签署了加强知识产权海关保护合作备忘录，建立健全重点辅导制度、情况通报制度等多项制度，构建海关和关区自主知识产权企业互动交流的重要平台。青岛海关与12家企业建立“一对一”客户服务机制，为优质品牌企业提供知识产权政策宣讲、通报侵权案件信息、听取企业意见和建议等服务举措。石家庄、沈阳、哈尔滨、武汉、成都、重庆、海口、福州、合肥等海关充分发挥知识产权企业主管地海关的职能，加强对辖区自主知识产权的保护，为企业提供个性化指导与服务。

（二）减轻企业维权成本

实现知识产权海关保护备案申请全程无纸化。全年新增各类知识产权备案8 844件，同比增长55%。暂停收取备案费政策全面落地，全年共为企业节省费用约710万元。积极引导国内自主知识产权企业在海关备案，鼓励企业寻求知识产权海关保护。截至2016年底，在海关总署备案的中国企业的知识产权达27 873项，占全部生效备案的52.51%。

（三）深入推广知识产权状况预确认制度

厦门、南京、广州、拱北、汕头、江门、黄埔、天津、北京等海关积极帮助企业先行确认订单知识产权状态，避免企业因信息不对称产生侵权，保障进出口企业快速通关。湛江海关帮助辖区企业预确认商标“global”“home touch”等10余个，涉及出口的货物10余批次，这些贴标加工货物出口直接为企业带来上百万元的收入。

（四）推动行业组织自律管理

海关总署指导中国机电产品进出口商会成立电动平衡车分会，并会同中国反侵权假冒创新战略联盟进一步加强行业自律与规范管理，把管理和服务的对象由单个企业转为行业，推动行业健康发展。拱北海关与中国中山（灯饰）知识产权快速维权中心签订合作协议，建立海关与中山（灯饰）知识产权快速维权中心合作机制，并设立海关知识产权保护工作室，创新运用“窗口受理—后台服务”这一工作模式，通过“快速维权中心”将海关服务延伸至产业前沿，为占国内市场70%和国际市场40%的灯饰产品提供知识产权海关保护服务。

（五）探索关企合作新模式

在与邮政部门建立传统协查机制的基础上，杭州海关受海关总署委托，与阿里巴巴集团签署合作备忘录，利用电商平台大数据追溯侵权邮包来源，锁定平台售假源头，共同开展互联网侵权治理。协议签订以来该关共向阿里巴巴集团通报侵犯知识产权线索5批次，涉及邮包1 737个，阿里巴巴集团从中查实并关闭侵权店铺35家。厦门海关查获某外贸综合服务企业发生多起侵权案件情况后，主动约谈企业负责人，分析该企业在进出口环节应承担的侵权法律责任，帮助其建立企业风险控制体系，对代理进出口的商品开展侵权风险排查，将企业引入规范经营轨道，获得企业“真诚服务为企业，严格把关促发展”的感谢和赞誉。广州海关加强与承担展会工作的商务部门和省市国际贸易促进委员会合作，主动入驻“广交会”开展服务，宣传知识产权法律和政策，协助解决企业遇到的涉外知识产权纠纷，为企业海外市场布局提供支持。

六、国际合作

2016年，中国海关积极在中欧领导人会晤、中俄总理定期会晤、中美战略经济对话等机制下推进知识产权海关保护国际合作，海关服务国家对外交往大局的作用日益突显，国际合作层面层级和平台不断提升，知识产权海关保护国际影响力不断增强。

（一）开展跨境执法

2016年中国海关与美国海关针对汽车配件、药品等危害生命安全健康的重点商品开展了两次联合行动；与俄罗斯海关针对跨境电子商务领域侵权多发高发态势，开展了邮递快件渠道联合行动，部署上海、黄埔、青岛等多个口岸海关参与国际刑警组织、世界海关组织开展的区域性联合行动。广东省内海关深化粤港海关在知识产权案件信息情报互换、风险分析互助、联合执法行动等执法互助合作项目内容。广州海关与韩国海关开展合作，首次通过权利人传递信息的方式，截获出境退运的涉嫌侵权邮包。

（二）积极参与全球治理

在多边框架下研究和制定知识产权保护国际规则，策划和推动打击侵权假冒执法行动，派遣经认证的知识产权专家代表世界海关组织执行全球项目。建立与各国驻华使馆海关专员紧密沟通机制，举办多种形式交流活动，专门召开知识产权海关保护国际合作交流座谈会，欧盟、德国、英国、意大利、俄罗斯、日本、韩国等国家、地区驻华海关、商务专员及日本贸易振兴机构、欧盟商会等代表参加。为非洲海关官员开展三期知识产权执法培训，培训非洲海关官员105人次，进一步提升中国海关知识产权保护的影响力和话语权。

（三）拓展国际海关合作的深度和广度

将知识产权海关保护国际合作纳入中美战略经济对话、中美商贸联委会、中欧领导人会晤、中俄总理定期会晤等机制，不断提升层级。中欧、中俄海关知识产权合作项目获得实质性进展；中日韩三国海关知识产权保护“零假冒”计划修订并实施；落实国家“一带一路”发展战略，对非洲、阿拉伯、南美等国家海关提出合作倡议。

七、对外宣传

2016年中国海关继续坚持“一手抓执法，一手抓宣传”，在不断加大打击力度、提升执法威慑力的同时，注重通过宣传教育，提升全社会的知识产权保护意识，引导公众树立“尊重知识产权”和“守法便利”的理念。

（一）创新宣传形式

各地海关积极探索利用微信推送、微视频拍摄等新媒体平台，提高知识产权宣传的时代性和针对性。上海海关制作以知识产权海关保护为主题的微视频《当买买买的“国际巨星”遇上海关》在海关总署官方微信平台“海关发布”推送，引起热烈反响。拱北海关借助“拱关青年”“天天微校”等微信平台，先后制作发布《知识产权海关保护·成语新解》《鉴系列》等4期知识产权海关保护微信，内容生动活泼，通俗易懂，宣传海关正能量。宁波海关利用“阿拉甬关”微信公众号宣传媒介开展多形式的宣传，展示近年来宁波海关打击知识产权侵权的成果，宣传海关知识产权保护的政策法规和特色工作。

（二）建设宣传阵地

青岛海关建成“中国海关知识产权保护展示中心（青岛）”并对社会开放。杭州海关充分发挥关区内设立的各海关知识产权保护展示厅宣传作用，主动邀请辖区企业、商户现场参观。全年接待各类参观团体110余批次，6 000余人次，获得东盟参与“一带一路”建设各国高级官员、美国驻沪总领馆高级商务专员、中宣部全国“培育核心价值，建设诚信社会”现场会代表、中国公共外交协会团等参观团体的一致赞誉。

（三）加大宣传力度

海关总署和各地海关利用“4·26”知识产权宣传周、“8·8”海关法制宣传日和“12·4”国家宪法日等重要时间节点，集中开展形式多样、内容丰富的知识产权海关保护宣传活动。部分海关启动“诚信兴商宣传月”“海关知识产权服务日”“保护知识产权边境行”等主题宣传活动，取得良好社会效果。福州、厦门、昆明等海关组织公开销毁侵权商品，宣传侵权假冒对社会公众的危害。上海、南京、杭州、广州、深圳、黄埔等海关通过新闻媒体开展以案说法，教育企业守法经营和尊重知识产权。各地海关注重在日常执法中运用各类媒体开展知识产权保护宣传教育，采取在报关大厅设置法律咨询台，宣传知识产权海关保护法律政策、执法动态和典型案例；通过海关12360服务平台，普及海关知识产权保护常识、解答热点疑难问题、接受社会各界意见与建议；与媒体建立常态化联络机制，及时曝光典型案例等举措，营造保护知识产权的良好氛围。

（撰稿人：黄建华）

附件

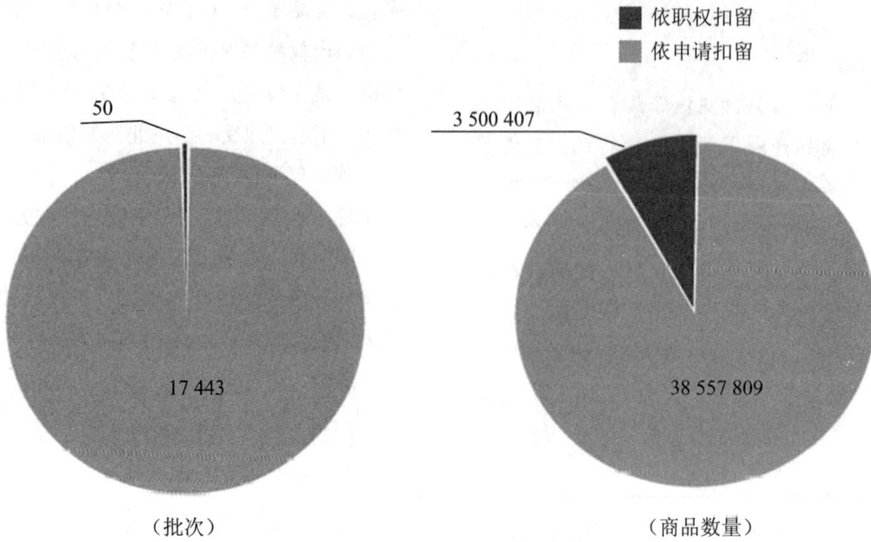

图 1　2016 年中国海关知识产权执法统计

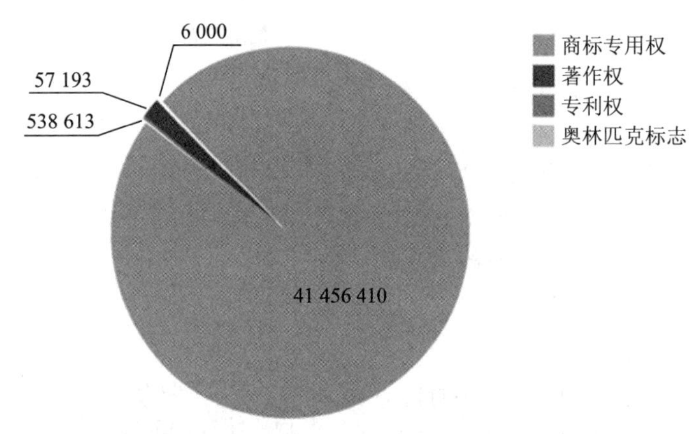

图 2　2016 年中国海关保护权利类型统计表（商品数量）

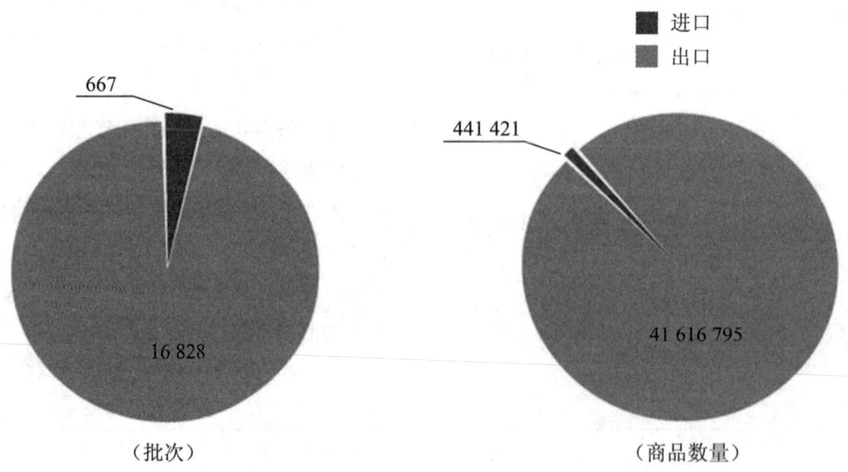

图 3　2016 年海关进出口查获侵权货物统计表

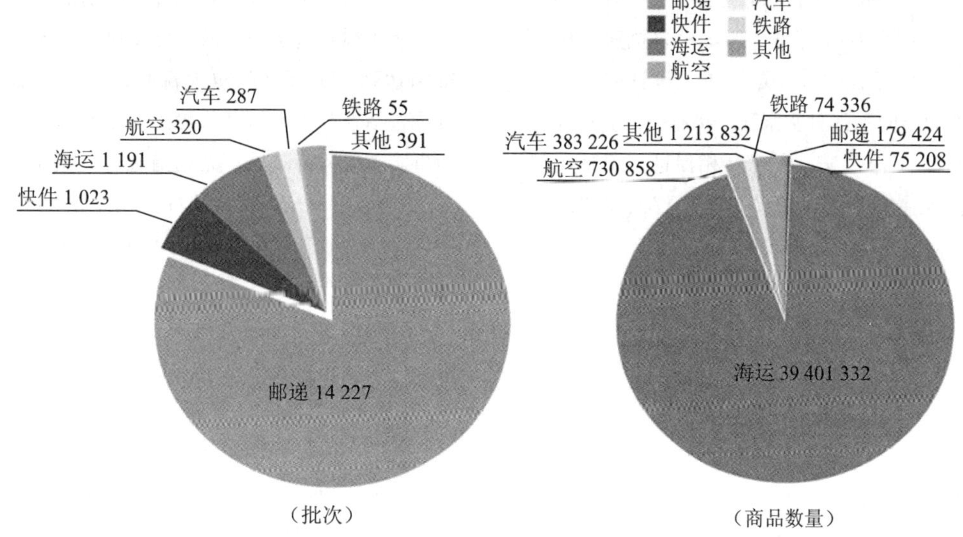

图 4　2016 年扣留侵权货物运输方式统计表

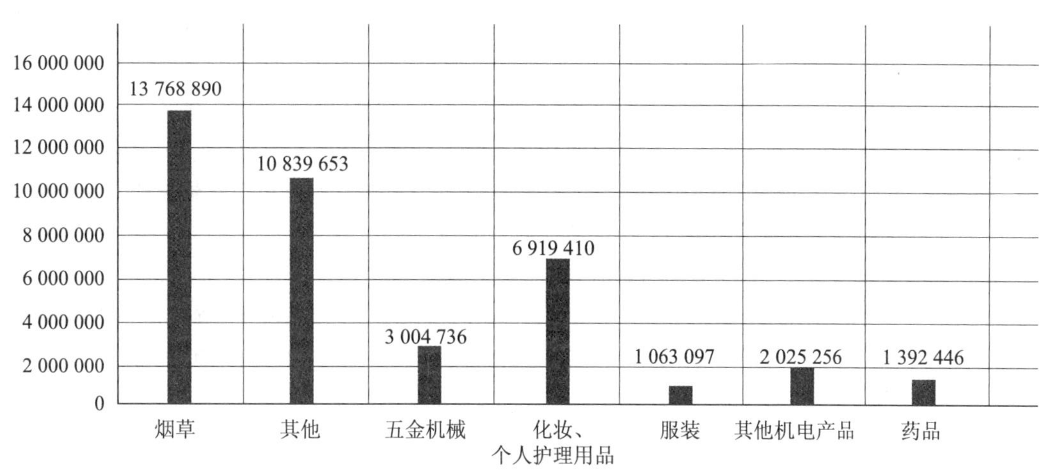

图 5　2016 年海关扣留主要侵权商品数量统计表

国家税务总局打击侵权假冒工作报告

2016 年，全国税务机关认真贯彻落实全国打击侵权假冒工作要点和领导小组全体会议精神，充分发挥税收职能作用，积极落实打击侵权假冒工作任务，在共同打击侵权假冒行为、规范市场秩序和推进社会诚信体系建设等方面发挥了重要作用。

一、精心部署，服务打击侵权假冒工作大局

根据国务院双打工作部署，为加强双打相关税收执法监管工作，更加扎实参与和推进“十三五”期间双打总体工作，更好地服务经济社会发展大局，税务总局专门下发了《国家税务总局关于加强打击侵犯知识产权和制售假冒伪劣商品相关税收工作的通知》，着重部署各地税务机关加强开

展双打相关税收工作。一是在工作总体把握上，要认识到双打工作的重要性，将加强双打工作与落实税收执法工作部署相结合，服务大局、提升站位。二是在工作具体开展方面，要以风险管理为导向加强日常监管，将有关行业税收专项整治纳入“双打”工作范畴，实现互相促进。三是在部门协作方面，要积极主动参与本地区打击侵权假冒部门协作体系，与相关部门紧密配合，形成执法合力。通过精心部署，确保了各地税务机关参与“双打”相关工作有序、有效、有力开展。

二、重拳出击，加强车用燃油税收专项整治

根据2016年工作要点以及全国双打办《关于继续做好车用燃油重点整治工作的函》所提工作要求，税务总局组织各地继续开展成品油消费税检查，继续将成品油经销行业的虚开案件作为打击虚开增值税专用发票的重点内容之一，加大对油商、油贩的整治工作，严查车用燃油相关侵权假冒涉税违法犯罪行为。总局先后重点部署了山东等12个省（区、市）对地方石油炼化企业开展税收专项检查，在查中通过掌握工艺流程，开展实地查验并依据质检部门的油品检验数据，重点抓好两类问题：涉案企业通过变换、混淆产品名称将消费税应税油品按非应税油品出售，或将高税率（单位税额）产品变更为低税率产品销售而偷逃消费税。截至2016年底，各地税务机关在地方石油炼化企业专项检查中共查补税款31.33亿元，有力规范了税收秩序，加强了车用燃油双打专项整治的执法合力。

三、主动作为，推进税收相关信用体系建设

各地税务稽查部门以重大税收违法案件信息公布和推动实施联合惩戒为抓手，严厉惩治和震慑税收失信者，推动社会信用体系在税收领域的塑建和发展。

一是公布重大税收违法案件信息。2016年税务总局完善了重大税收违法案件信息公布制度，将涉案金额、性质和影响达到一定标准的重大税收违法案件信息向社会公布，具体包括企业基本信息、相关负责人信息、重大税收违法行为事实和税务行政处理处罚措施等。截至2016年底各级税务机关共对外公布重大税收违法案件信息1 092件，曝光案件信息让税收违法犯罪者无所遁形，极大地加强了对不法行为的震慑作用。

二是推动多部门开展对税收违法犯罪行为联合惩戒。税务机关公布重大税收违法案件信息后，工商、质监、海关等20余个相关部门对当事人实施多达18项联合惩戒措施，对其任职资格、行政许可、政府采购、高消费、融资信贷和评优评先等予以多方面的限制，真正使税收违法当事人“一处失信，处处受限”。

四、强基固本，加强打击侵权假冒相关日常税收监管

一是组织部署各地税务稽查部门配合各成员单位开展工作，认真查处打击侵权假冒行动中涉及的税收违法行为，对于在税收征管中发现和有关成员单位转交的双打案件的涉税违法行为线索，依法组织税务检查；涉嫌犯罪的，按规定移送公安机关。通过日常加强税收监管，增加了双打工作的打击力度、广度、精度，在领导小组成员单位合力提高侵权假冒行为违法成本的指导思想下，从保证财政收入和整顿税收秩序的角度开展围追堵截，堵塞有关侵权假冒行为的牟利空间，整治侵权假冒生存土壤。

二是探索发挥税务机关在打击互联网领域侵权假冒案件查办中线索发现、协助核查等职能作用，将税收违法案件涉及侵权假冒问题转交成员单位进行查处。

（撰稿人：李亚兵）

国家工商行政管理总局打击侵权假冒工作报告

2016年，按照国务院和全国打击侵权假冒工作领导小组统一部署，全国工商和市场监管部门充分发挥市场监管主力军作用，突出重点领域整治，加大案件查处力度，不断加强长效机制建设，持续保持打击侵权假冒的高压态势，有力维护了公平竞争的市场环境。

一、加强组织部署，扎实推进打进侵权假冒工作

根据《2016年全国打击侵犯知识产权和制售假冒伪劣商品工作要点》，国家工商总局制定下发了《2016年全国工商和市场监管部门打击侵权假冒工作要点》，推动落实打击

侵权假冒各项工作任务。进一步完善商标及打击侵权假冒案件数据统计有关工作，建立了工商系统打击侵权假冒工作季度通报制度。各地工商和市场监管部门结合本地工作实际和特点，在突出国家工商总局确定的重点工作基础上，进一步细化本地打击侵权假冒的重点和关键，打击侵权假冒工作取得良好成效。2016 年，全国工商系统共立案查处侵权假冒案件4.9万件，办结案件4.5万件，涉案金额5.6亿元。

二、切实加强商标专用权保护工作，加大商标违法案件查处力度

继续开展保护“迪士尼”商标专用权行动，召开了迪士尼注册商标专用权保护工作会议。加强对地方商标行政执法工作的指导，商标局先后部署并协调查处“中国黄金”“同仁堂”“少林药局”“庆丰包子”“周黑鸭”“峨眉牌”等商标侵权案件。积极协调并配合做好北京冬奥会及北京世园会的知识产权保护工作。不断完善商标行政执法信息共享平台建设，利用信息化手段加强商标监管工作。2016 年，全国工商系统共立案查处商标侵权假冒案件2.8万余件，涉案金额3.5亿余元，移送司法机关203件。上海市工商部门累计立案查处各类侵犯迪士尼商标专用权案件112件。浙江工商部门部署开展了G20杭州国际峰会特殊标志保护专项行动。广东工商部门加强广交会商标权保护，对接受的267宗商标侵权投诉全部依法处理。湖北省工商部门创新推进“订单式”打假，先后开展“白云边”“京山桥米”等专项打假行动。陕西省工商部门开展保护“延长石油”商标专用权专项行动，清除涉嫌侵犯“延长”商标专用权的加油站点23家。贵州部署开展了打击假冒名优白酒违法行为专项整治工作。哈尔滨市场监管局组织开展保护俄罗斯“爱莲巧”巧克力商标专用权专项行动，查扣涉嫌侵权巧克力过万块。南京市工商局查处淘宝卖家假冒“耐克”“新百伦”鞋等商标案件，涉案金额400万元。成都市工商部门开展打击侵犯“苹果”商标专用权专项行动，查处案件33起。福建莆田工商局查处某物流公司涉嫌侵犯“阿迪达斯”“耐克”等商标专用权系列案件，涉案金额796.5万元。

三、突出市场监管整治重点，不断净化市场环境

（一）切实加强网络市场监管

积极推进线上线下一体化监管，组织开展2016网络市场监管专项行动，依法打击网络商标侵权和销售假冒伪劣商品、网上虚假宣传、刷单炒信等违法行为。“双十一”前夕，国家工商总局召开规范网络集中促销活动行政指导座谈会，阿里巴巴、京东、百度等15家网络经营企业参会。专项行动期间共检查网站网店191.8万个次，责令整改网站1.95万个次，查处网络违法案件1.34万件。加大对网上销售仿冒高知名度商标、涉外商标商品的查处力度，严厉打击网上滥用、冒用、伪造涉农产品地理标志证明商标的行为。山西、宁夏、黑龙江分别加强对“汾酒”“中宁枸杞”“五常大米”等品牌线上线下集中整治行动，立案调查相关违法案件237件。

（二）积极推进中国制造海外形象维护“清风”行动

组织各地集中查处侵犯“峨眉牌”注册商标专用权违法行为，保护柴油机出口企业合法权益，四川省工商部门会同企业积极开展异地维权，查扣准备出口的侵权柴油机千余台。新疆工商部门在边境口岸地区主要经营场所等区域设置维权提示牌，维护境外消费者权益。进一步健全海外维权工作机制。

（三）切实维护商标确权领域公平竞争秩序

坚持打击商标恶意注册行为，对涉嫌恶意抢注的案件开通快速审理通道，及时依法予以驳回、不予核准注册或宣告无效。共处理各类攀附他人商标商誉的案件和恶意独占公共资源、大量或多次抢注他人商标等扰乱商标注册管理秩序的案件八千多件。

（四）集中整治仿冒、虚假宣传等侵犯知识产权的不正当竞争行为

以互联网领域不正当竞争等为重点，集中整治社会关注度高、反映强烈的仿冒、虚假宣传等突出问题。2016年共查处侵犯知识产权不正当竞争案件5 710件，案值1.1亿元。研究起草《查处重大仿冒不正当竞争案件的协调机制》，统一执法尺度。召开中欧反不正当竞争研讨会，增进国际交流，提升执法水平。

（五）认真开展农资打假专项工作

印发《关于开展2016年红盾护农行动的通知》，继续部署全国工商系统依法履职，严厉查处销售假劣农资坑农害农违法行为，保障春耕生产顺利进行。向部分地方拨付了红盾护农行动专项经费，加大对地方工作的支持力度。2016年共查处农资市场违法案件近2.5万件，案值近1.6亿元。

（六）全面加强广告日常监测监管

积极运用大数据技术全面加强广告日常监测，传统媒体广告监测系统监测范围已覆盖全国31个省（区、市）的4 000余家媒体，月均监测广告近500万条次。互联网广告监测中心投入试运行，对193万余条广告进行监测记录，派发违法广告案件线索1.13万条次。切实加大广告行政执法力度，开展网络市场监管、互联网金融广告等专项整治行

动。2016 年共查办广告违法案件 2.3 万余件。

（七）进一步推进成品油市场监管

下发了《国家工商总局关于进一步加强成品油市场监管工作的通知》，积极推动成品油市场监管工作长效机制建设。组织开展部分重点省份特别是东部 11 省（市）流通领域成品油质量抽检，共抽检成品油样品 5 538 个批次，涉及加油站 2 812 座，抽检指标不合格 293 个批次，批次不合格率为 5.29%。2016 年共查处成品油市场违法案件 3 593 件，案值 0.63 亿元。哈尔滨市场监管局查处了某公司经销不合格成品油案件，查获劣质成品油 5 800 吨，已移送公安机关。

（八）积极开展红盾质量维权行动

部署各地突出商品质量监管重点，加强对线上线下商品质量的一体化监管，加大对网络交易商品质量的抽检力度。将儿童用品列为监管重点，2015 年 6 月至 2016 年 5 月，全国工商系统在儿童用品质量监管工作中，共检查经营主体 46.7 万户次，查处违法案件 5 579 件，案值达 1 004 万元。部署开展网络交易商品质量专项抽检，针对十大主要电商平台共计抽检商品 503 批次，总体不合格商品检出率为 34.7%，对于抽检中发现的不合格商品已责成相关省市工商和市场监管部门严格依法查处。

四、着力推进建章立制，不断完善打击侵权假冒长效机制建设

（一）进一步做好法律法规规章修订工作

配合国务院法制办积极推进《反不正当竞争法》修订工作，目前国务院常务会议已通过，并决定提请全国人大常委会审议。积极推动《消费者权益保护法实施条例》立法，现已上报国务院。制定出台《互联网广告管理暂行办法》《流通领域商品质量监督管理办法》等规章，为加强事中事后监管提供法治保障。

（二）积极推进建立与商事制度改革相适应的打击侵权假冒工作机制

加快推进国家企业信用信息公示系统建设，推动将商标注册信息、商标侵权假冒、违法商标代理行为等信息纳入公示系统。以 38 部门联合签署《失信企业协同监管和联合惩戒合作备忘录》为基础，积极推进部门间开展信息共享和失信联合惩戒。2016 年国家企业信用信息公示系统日均访问量 6 244.6 万人次、日均查询量 3 128.4 万人次；截至 2016 年底，累计访问量达 319 亿人次，累计查询量 157.7 亿人次。推进商标数据库开放，引导地方工商、市场监管部门运用商标数据库信息加强商标监管工作。2016 年底，上海市工商局已率先将上海企业所拥有的 60 余万商标注册归集到相应企业名下。

（三）大力推进跨区域商标执法协作

商标局组织召开商标行政执法区域协作座谈会，推动在京津冀、长三角、泛珠三角区域开展商标区域执法协作。苏鲁豫皖工商部门召开第 17 届淮海经济区商标保护协作会议。北京市工商局房山分局联合河北省任丘市工商局，查处了一起涉嫌侵犯“壳牌”“美孚”润滑油等商标专用权案件，彻底捣毁从加工、包装到仓储一条龙的制假生产线，涉案金额 256 万元，目前案件已移送公安机关。

（四）加强跨部门商标执法协作

各地工商部门在打击侵权假冒工作中，进一步强化跨部门协作，不断完善行政执法与刑事司法衔接工作机制，提升监管合力。2016 年，全国工商系统依法向司法机关移送涉嫌犯罪案件 293 件，涉案金额 1.6 亿元。广东省工商局进一步紧密与香港海关联系，核查涉及广东的案件线索 15 件。四川省工商局与四川省高院联合发布《关于建立商标专用权保护协作机制的意见》。江苏省工商局与法院通过建立知识产权巡回审判厅、商标知识产权纠纷诉调对接办公室等机制加强协作。

（五）进一步落实行政处罚信息公示工作

各地贯彻落实《企业信息公示暂行条例》和《工商行政管理行政处罚信息公示暂行规定》，认真做好打击侵权假冒行政处罚案件信息公开工作，积极通过国家企业信用信息公示系统做好公示工作，公开率达 100%，准确率和及时率不断提高。

五、加强打击侵权假冒国际合作交流，保障中外企业和消费者的合法权益

（一）大力推进马德里商标国际注册工作

积极开展马德里商标国际注册的宣传和培训，引导国内企业增强商标意识，强化品牌国际化战略。2016 年，中国马德里商标国际注册量为 3 015 件，在马德里联盟成员中位列第五，比 2015 年提升 1 位，累计达 22 271 件；指定中国的马德里申请量为 21 238 件，继续位居马德里联盟第一位，累计达 24.5 万件。与世界知识产权组织在青岛共同举办了“马德里国际商标注册体系成立 125 周年”纪念活动。

（二）不断深化商标领域国际交流和合作

国家工商总局与有关国家、地区和国际组织签署了 30 个知识产权领域合作谅解备忘录，地域涵盖亚洲、欧洲和南北美洲。特别是与尼泊尔、以色列、捷克等国有关部门签署的合作谅解备忘录，将有力推动与一带一路沿线国家知识产

权合作。在合作谅解备忘录及中外合作项目框架下，积极开展高层互访、专题研讨、人员培训、信息交流、案件协助处理等形式多样的务实合作和交流，涵盖商标申请异议评审程序、打击商标恶意申请、地理标志注册与保护、商业秘密保护、商标商号等商业标记冲突等内容。

（三）建立健全企业商标海外维权机制

大力支持我国企业实施走出去战略，深化同主要国家商标主管部门、经贸、海关等部门的合作，积极研究建立商标海外维权信息平台，积极帮助企业在海外维权。2016年，先后与非洲知识产权组织、墨西哥工业产权局、欧盟知识产权局等机构就我企业商标在境外被抢注的有关情况进行交流并表达中方关切，协助解决相关企业在境外遇到的知识产权纠纷。

六、加强打击侵权假冒成果宣传，切实做好舆情应对工作

建立工商系统打击侵权假冒工作季度通报制度，宣传交流各地查办侵权假冒案件情况、查处侵权假冒典型案例、开展打击侵权假冒先进工作经验。积极做好“4·26”全国知识产权宣传周宣传工作，国家工商总局领导在国新办新闻发布会就2015年中国知识产权发展状况发布相关情况，并回答了中外记者关心问题。编纂发布《中国商标战略年度发展报告（2015）》，在局属媒体上以专刊、专栏、微信公众号形式宣传知识产权宣传周主题内容和，公布商标侵权典型案例。各地通过媒体、网站、微信公众号等多种渠道，广泛宣传工商和市场监管部门开展打击侵权假冒工作的措施和成效。及时对重大敏感问题、媒体热议问题进行舆情监测并积极应对，2016年国家工商总局已受理媒体相关采访45批次，涉及电商平台售假、农资打假、商标侵权等多项重要工作，向国务院客户端、中国政府网、《今日头条》客户端等累计推送打击侵权假冒工作信息近百条。

（撰稿人：王春晔）

国家质量监督检验检疫总局打击侵权假冒工作报告

2016年，国家质量监督检验检疫总局认真贯彻落实党中央、国务院决策部署，按照《国务院办公厅关于印发2016年全国打击侵犯知识产权和制售假冒伪劣商品工作要点的通知》总体要求。坚持质量为本、安全第一、改革当先，着力提升质量供给水平，着力提升质量安全监管水平，着力提升服务经济社会发展水平，全面开展打击侵犯知识产权和制售假冒伪劣商品工作。2016年，全国质检系统共立案查处侵权假冒违法案件17 131起，涉案金额6.93亿元，向公安机关移送案件103件，捣毁造假窝点2 847个，公开“双打”案件信息6 009件。出入境检验检疫部门共检验大宗出口商品503 499批次，货值264.6亿美元，检查不合格大宗出口商品6 533批次，货值6.87亿美元。

一、贯彻国务院“双打”工作部署，开展“质检利剑”专项执法打假行动

按照2016年全国“双打”工作要点和质检总局抓质量、保安全、促发展、强质检“十二字”方针的总体部署。以提高发展质量和效益为中心，围绕维护消费品安全出重拳，突出重点产品、重点领域、深入开展“质检利剑”打假行动。印发了《2016年“质检利剑”行动工作方案》，坚持以查办大案要案推动各个专项行动的工作模式，狠抓打击力度、共治力度和宣传力度，保持执法打假高压态势。重点抓好五个专项行动：

一是围绕确保消费品安全，以儿童用品、家用电器、电子产品、食品相关产品为重点，开展消费品“质检利剑”专项行动，共检查生产企业15 243家次，查办质量违法案件2 573件，涉案金额达6 221.5万元。质检总局共督查督办涉及消费品质量违法案件121件。

二是围绕节能环保，以轮胎、内饰、座椅、制动器衬片、行驶记录仪等产品为重点，开展汽车及其配件、汽柴油等“质检利剑”专项行动，共查办案件340件，涉案金额1 145.8万元。

三是围绕供给侧结构性改革，抓好去产能决策部署，开展建材产品“质检利剑”专项行动。以钢材、水泥、卫生陶瓷、电线电缆、防水卷材为重点，严查无证生产、不符合标准、以假充真、以次充好等违法行为；严查生产国家明令

淘汰产品行为，打击非法生产地条钢和用地条钢轧制建筑钢材的违法行为，淘汰了一批落后产能，初步统计淘汰炼钢 1 209 万吨，钢 1 220 万吨。

四是围绕巩固农业基础地位，开展农资“质检利剑”专项行动，查办农资案件 1 307 起，货值 1.42 亿元，减少农业生产损失 2 034 万元。继续开展“进千村，入千户，抽千样”行动，共进入乡村 23 469 个，进入农户 46 521 个，组织宣传活动 1 990 次，向农民发放宣传资料 69 万份，接受农民咨询和举报共 43 917 起。

五是围绕保障民生计量，开展加油机、电表、气表、水表“质检利剑”专项行动。从各地开展“质检利剑”行动的情况看，有三个突出特点：第一整治了一批重点产品的突出质量问题。如湖北省质监局开展汽车产业执法打假与质量提升活动，向社会公布汽车产品存在的 10 类质量问题，集中约谈了 105 家汽车及零部件生产企业和经销企业。第二严查彻办了一批大案要案，曝光了一批典型案例。质检系统查办案件数量呈现快速上升的趋势。第三充分凸显了技术执法的作用质检。质检总局执法司印发了空气净化器、童车等 4 种消费品技术执法参考，促进基层质监部门执法打假水平的提升。江苏省质监局出台了大力推进稽查技术执法的意见。可以说，“质检利剑”行动成为质监部门执法打假工作的有力抓手和闪亮品牌。

二、深化重点区域整治

按照形成多元共治质量问题工作格局要求，各地完善地方政府负总责，企业负主体责任，监管部门各负其责的责任体系。全国有 14 个省级局共确定 76 个省级重点区域开展集中整治，通过执法检查、派员督查、暗访摸排、稽查建议书、约谈重点区域政府负责人等措施推动重点区域整治工作深入开展。执法司对河北清河县羊绒制品、广东潮州不锈钢制品等 5 个重点地区进行督查。通过整治，一些重点区域企业取证数、抽查合格率明显上升，投诉举报数、违法案件数明显下降。河北省区域整治上升为省委省政府推进质量强省战略实施的重要举措，省政府专门进行部署，确定 19 个重点整治的区域，专门召开现场会进行全面推进，取得明显成效。

三、扎实推进电子商务产品质量监管

按照“风险监测、网上抽查、源头追溯、属地查处、信用管理”的要求，坚持突出消费品重点，点面结合，坚持组织部署与重点督查相结合，切实加大电商产品执法打假工作力度。

一是以日用消费品、农资产品、家装建材等产品为重点，充分发挥电商执法中心的作用，针对消费者投诉多、价格不合理、媒体曝光的产品，主动组织进行线上摸排收集线索，每季度和“双十一”期间组织全国执法打假集中行动。全国共查办案件 554 起，涉案金额 1 963.15 万元。其中，执法司督查督办了深圳锋达通通讯设备有限公司等 3 家手机生产企业涉嫌存在质量违法案件。浙江、上海、广东、湖南等地质监部门查处了一批电子商务领域典型案件。

二是健全落实源头追溯、属地查处工作机制，出台了《质量技术监督电子商务产品执法协查工作规范》，初步形成全国质监系统电商产品执法协查工作机制，加强跨区域多部门执法联动。如杭州市质监局开展 17 次协查，涉及问题产品链接 169 条，协同广东、江苏等地质监部门查办了一批互联网制假售假窝点。浙江省质监局线上线下结合，多级联动，组织开展云和木制玩具等区域电子商务产品质量落地查处专项，助推区域电子商务产品质量的规范提升。

三是搭建电子商务产品打假维权协作网平台，通过与名优产品生产企业、电商平台企业等相互协作，开展名优产品打假维权协作活动。

四、加大强制性产品认证领域的打击力度

一是组织开展了 CCC 获证产品“双随机”市场抽查。2016 年国家认监委组织北京、浙江、河南质监局和天津、深圳市场监管委，在电商平台及生产企业对儿童用品、小家电产品、溶剂型木器涂料、消防产品和智能手机产品开展“双随机”CCC 认证市场抽查工作，共计抽查产品 312 批次，合格 281 批次，合格率为 90.06%。

二是对国家监督抽查涉及 CCC 目录内产品开展质量分析。共分析国家监督抽查涉及 CCC 目录内产品 3 个批次，涉及 CCC 目录内产品 1 698 个，包括室内加热器、电源适配器、吸油烟机、储水式电热水器、电冰箱、家用洗衣机等 25 个品种，合格率为 90.27%。对在监督抽查中发现属强制性产品认证目录范围内但未获 CCC 认证的产品，向企业所在省质监局发风险预警通知，要求按有关程序进行办证和依法进行处理。

三是对食品农产品的“同线同标同质”企业及产品的 HACCP 认证开展专项监督检查。对辽宁、山东、广东、厦门、宁夏五地的“三同”企业及产品进行了现场检查和抽样检验，覆盖八类产品，涉及 HACCP 认证机构 13 家，检查企业 46 家，发现各类问题 109 个。

五、加大标准侵权盗版打击力度

2016 年，在全国范围内开展打击侵权盗版专项行动 12

次，收缴盗版标准图书3万余册，采取多种方式，追究侵权盗版案件22起。

一是协调民政部曝光“离岸社团”“山寨社团”。对长期以来以“中国标准化教育协会”“国家标准化管理研究院”等注册在境外的机构使用虚假备案信息注册非法网站，违规使用ISO商标、违规开展标准培训等情况开展调查工作，并及时将相关材料提交民政部民间组织管理局。民政部民间组织管理局及中国社会组织网已在其第五、第六批“离岸社团”“山寨社团”名单中向社会曝光。

二是深入研讨标准推广和版权保护工作的关系。国家质检总局、国家版权局、国家标准委在深圳市联合举办了标准推广与版权保护推进会。探讨了《标准化法》修订和标准推广过程中标准公开与版权保护的关系，交流了标准公开与版权保护工作中的新情况，分享了标准版权保护理论研究成果，并就进一步促进标准推广、保护标准版权进行了深入的交流研讨。全国人大财经委、国家版权局版权管理司、全国双打办、公安部治安管理局、国家质检总局、国家认监委政策与法律事务部和部分标准化研究院的代表及中国政法大学、上海大学、律师事务所的学者共40余人参加了此次会议。

六、行政执法与刑事司法衔接进一步完善

按照进一步加大行政执法与刑事司法衔接的要求，质检总局加快了12365信息化平台与全国双打办“两法衔接”平台对接，在与全国双打办、最高检多次沟通的基础上发函确认。平台对接后，质监部门办理的所有移送案件将上传到全国双打办平台，司法部门可经授权登录进行查看，将解决地方局信息多头录入的问题，同时便于检察、监察机关可随时调阅质监部门办理的案件，将解决有案不移、有案难移情况。

七、加快质量诚信体系建设

一是加快推进全国企业质量信息用档案数据库建设。推进和完善以统一社会信用代码实名制为基础的全国企业质量信用档案数据库建设，指导各级质监部门加强对企业质量信用信息的采集、报送和应用。截至2016年底，数据库系统累计采集26万家企业的118万条相关质量信用信息记录。

二是完善信用奖惩机制。与26个部门联合签署《关于对严重质量违法失信行为当事人实施联合惩戒合作备忘录》，共提出31项联合惩戒措施，推动在质量领域建立跨部门失信联合惩戒机制，使严重质量违法失信企业“一处违法、处处受限”。

三是继续开展质量信用发布工作。质检总局办公厅印发《关于做好2016年度企业质量信用报告有关工作的通知》，联合各有关行业协会（联合会）继续组织省质监（市场监管）部门动员本省、行业企业，编写并主动向社会发布企业质量信用报告，自觉接受社会监督，引导企业牢固树立“质量第一、诚信为本”的理念。

八、积极推进行政处罚案件信息公开

质检总局办公厅印发《2016年在全国质检系统政务公开要点》，明确由总局执法司牵头开展质检执法案件信息公开工作，总局有关司局对质检案件信息公开工作进行了专题研究，并根据研究的内容，针对质检案件信息公开后可能引发媒体炒作、行政复议等情况，特别是检验检疫案件公开的牵头司局、案件公开的范围、是否出台专门规定等问题在总局全面征求意见。制定了《质检部门行政处罚案件信息公开处罚实施意见》（征求意见稿）。截至2016年底，已形成报批稿。2016年按照全国“双打”工作要求，质检系统共公开“双打”行政处罚案件6 009起。

九、扎实推进质检12365系统信息化平台推广应用

2016年，加快推进12365系统“执法管理”“信息采集”“统计分析”和“应急指挥”系统修改完善和应用工作。

一是进一步完善12365系统“执法管理”平台。根据质监部门体制调整，同时为方便易用和满足不同地方局的需求，质检总局对12365“执法管理”平台进一步修改完善，召集6个省局21个地市局、县局代表对执法管理平台软件进行修改完善，力求信息化建设顺应体制改革。

二是12365“信息采集”平台在全国质检两局部署应用。“信息采集”平台是为保障各地质检两局受理群众咨询、投诉、举报等业务，强化质检12365统计分析、风险预警、督查督办工作。12365系统“信息采集”平台在15个省（区、市）质监局和14个直属检验检疫局部署上线，其中3个省（区、市）质监局和7个直属检验检疫局已在工作中投入应用。

三是12365“单兵”系统更趋完善。2016年3月11日，质检总局开展“局长接线日”活动。活动当天，全国各地质检两局共受理业务4 062起，接到举报232起、投诉465起、咨询2 860起，分别受理举报208起、投诉412起、咨询2 550起，查处涉嫌违法案件87起。

四是开通了12365举报投诉咨询网站。为畅通群众诉求，质检总局开发了12365网站，各地质检两局可在网上统一受理群众咨询、投诉和举报工作。同时，还可以在网上公布执法打假典型案例；公开全国各地质检两局“双打”案件信息公开网址；发布企业产品质量承诺有关信息，供消费者查询。

五是扎实做好12365热线服务质量工作检查。2016年，质检总局继续对各地质检两局12365值守情况进行检查，根据检查情况在系统内进行通报。并将对质监部门打分结果纳入全国双打办对各省政府“双打”绩效考核。

十、深入开展企业产品质量承诺

为深入推进企业标准自我声明工作落实，开展了企业产品质量承诺工作，具体做法如下：由生产企业向社会公开采用的标准，并承诺产品符合自我声明的标准，接受广大消费者的维权监督，更要接受质检执法部门对企业履行承诺情况的检查，有利于形成优胜劣汰、优质优价的市场环境。4月14日，质检总局执法司联合阿里巴巴、京东、苏宁、1号店、唯品会5大电商在北京召开新闻发布会，共同发布产品质量承诺平台与5大电商平台成功联网。消费者可通过电商平台消费过程中方便查询承诺企业有关信息，充分行使“知情权、监督权、参与权和表达权”，有力地维护广大消费者和重质量守信义企业的合法权益，促进产品质量和质量诚信水平的不断提升。

十一、加强国际合作，强化进出口领域监管

一是建立出口假冒伪劣商品海外打假维权监测网，探索建立跨境执法协作机制。将我驻外使馆商务处、出口企业、行业维权组织、海外销售我国正规商品的销售网点、商品维修站点等纳入监测网，发现假冒违法线索时，向进口方质检部门施加压力，要求其同步调查假冒伪劣违法案件。2016年出口商品海外打假维权网增加了沙特、缅甸、越南和孟加拉国4个国家，计划到2020年扩大到50个国家。

二是积极推动检验检疫电子证书国际合作，与美国、俄罗斯、澳大利亚、荷兰、泰国等12个国家签署了合作协议。截至2016年底，全国质检系统已上传各类证书超过1 100万份，57个国家和地区的460多名政府官员使用该系统核查证书信息。2016年，相关国家使用该系统共查获伪造证书31份。深圳检验检疫局捣毁特大制售伪造检验检疫证书窝点3个，收缴伪造检验检疫印章87枚、假冒检验检疫证书1 800余份，以及大量制假设备，相关嫌疑人已交由警方处理。

三是发布实施《国外地理标志产品保护办法》，保障国外在华保护的地理标志产品享受与国内地理标志产品同等待遇。2016年3月，根据法国驻华大使馆经济处的举报，福建省质监局破获了法国吉洛酒庄地理标志侵权案。

（撰稿人：周志勇）

国家新闻出版广电总局打击侵权假冒工作报告

2016年，国家新闻出版广电总局（国家版权局）按照全国打击侵权假冒工作领导小组的部署要求，进一步加大对侵权假冒行为的打击力度，扎实推进政府机关和企业使用正版软件工作，取得了显著的工作成效。

一、打击侵权假冒工作

（一）积极进行双打工作部署

2016年6月2日，按照国务院办公厅《关于印发2016年全国打击侵犯知识产权和制售假冒伪劣商品工作要点的通知》的要求，总局印发《2016年全国新闻出版（版权）打击侵权假冒工作要点》，下发通知到各省、自治区、直辖市新闻出版广电局（版权局）和北京市、天津市、上海市、重庆市文化市场执法总队，结合新闻出版和版权职能，对2016年打击侵权假冒工作进行了部署，要求开展重点领域专项整治、强化对重点环节执法监管、夯实工作管理制度、加强基础能力建设四项重点任务。

（二）组织开展印刷复制发行专项督查

为确保2016年全国“两会”期间印刷复制发行市场稳定，2月23日至27日，总局组成4个检查组，对北京、福建、江西、甘肃4个省（市）的26家印刷企业、13家实体

书店、4家出版物批发市场和4个书报刊亭进行了专项检查。检查发现17家印刷发行企业存在违规承印出版物、违规销售漫画卡通和写真类出版物等问题。对现场查到的问题，检查组会同地方管理执法部门当即暂扣相关产品及资料，制作询问笔录，确定证据链条，并要求当地执法部门限期作出行政处罚。

（三）组织开展部分重点城市高校及其周边复印店专项治理行动

针对部分高校及其周边复印店盗印行为日益猖獗的情况，总局会同教育部、国家工商行政管理总局等部门，部署各地于春、秋两季开学前后，开展高校及其周边复印店盗版复印活动专项治理行动，共查处从事非法复印活动复印店1 662家，取缔无证照复印店499家，收缴侵权盗版出版物31万余册。其中湖南根据网上巡查线索，对一家在网上销售盗印出版物的复印店给予行政处罚；吉林、辽宁、内蒙古、广东等地对高校校区内盗印教材的多家复印店均进行了行政处罚。

（四）组织开展“秋风2016”专项行动

2016年6月至11月，总局部署各地开展“秋风2016”专项行动，将打击侵权盗版工作纳入专项行动统一部署。截至10月，各地收缴侵权盗版出版物420余万件，查办侵权盗版案件1 344件。江苏、北京联合查处了“10・26”特大网络销售侵权盗版图书案，打掉了2个制售盗版图书犯罪团伙，共抓获涉案人员42人。此案系近年来破获的通过淘宝网销售盗版图书数量最多、案值最高的案件，涉案盗版图书数量120万册，案值5 200余万元。北京查办了“8・08”特大制销涉嫌侵权盗版少儿类出版物案，一举打掉5处仓储窝点，暂扣涉嫌侵权盗版少儿类出版物946种，350余万册，案值9 100余万元。此案系近年来破获的数量最多、案值最高、涉少儿出版物种类最全、影响最为恶劣的制售侵权盗版少儿类非法出版物案。山东、广东、江苏等地均查办多起涉案10万册以上的侵权盗版案件。

（五）组织开展“剑网2016”专项行动

2016年7月至11月，总局会同国家互联网信息办公室、工业和信息化部、公安部开展为期半年的打击网络侵权盗版“剑网2016”专项行动。突出整治未经授权非法传播网络文学、新闻、影视等作品的侵权盗版行为，重点查处通过智能移动终端第三方应用程序（APP）、电子商务平台、网络广告联盟、私人影院（小影吧）等平台进行的侵权盗版行为，进一步规范网络音乐、网络云存储空间、网络转载新闻作品的版权秩序，营造网络版权良好生态。专项行动期间，各级版权执法部门查处了一批大案要案。江苏查处的“BT天堂”盗版视频案，提供一万多部影视剧的BT种子，日均PV量300万，通过广告联盟投放广告获利90多万元，抓获站长袁某飞；重庆查处的“8・06”盗版游戏案，涉案金额3 000多万元，抓获犯罪嫌疑人8名；重庆查处的“10・19”盗版游戏案，涉案金额2 500多万元，抓获犯罪嫌疑人2名；上海查处的刘某某盗版动漫作品案，涉案金额1 800万元，抓获犯罪嫌疑人4名。

（六）组织开展打击网络文学侵权盗版专项整治

按照中央领导同志批示要求，强化对网络文学版权保护工作，开展网络文学版权专项整治。一是加大网络文学案件的查办。组织地方执法部门先后查处了江苏苏州“风雨文学网”、重庆“269小说网”、四川双流“轻之文库”网、广西南宁“皮皮小说网”等一批侵犯著作权案，震慑了违法犯罪分子。二是制定规范性文件。11月4日，国家版权局办公厅印发《关于加强网络文学作品版权管理的通知》，对加强网络文学版权管理提出工作要求。《通知》按照不同类型网络服务商在传播文学作品时的特点、功能和作用，分别针对网络内容提供商和网络服务提供商提出不同的工作要求和注意义务，建立网络文学作品版权监管“黑白名单”制度，要求网络服务商建立侵权处理机制、版权投诉机制、通知删除机制和上传审核机制等四项工作机制。

（七）科学强化版权重点监管工作

一是针对春晚、国产电影、奥运会等开展专项保护。2016年2月4日，国家版权局办公厅下发《关于禁止未经授权通过网络传播中央电视台2016年春节联欢晚会的通知》，对“央视2016春晚”网络传播进行专项保护。在中秋国庆期间，会同电影局先后对《陆垚知马俐》《王牌逗王牌》《湄公河行动》等国产优秀电影进行专项保护。在奥运会、欧洲杯期间，会同中央电视台对奥运会、欧洲杯相关节目进行专项保护。专项保护在互联网领域取得了较好的效果，维护了权利人的合法利益。二是加强重点网站版权监管。国家版权局继续加强对20家大型视频网站、20家大型音乐网站、8家网盘、20家大型文学网站的版权重点监管，指导被监管网站认真开展自查整改、建立健全自律工作机制，主动下线授权到期和无授权文件的作品。截至10月底，已公布7批共计284部热播、热映的重点作品预警名单，得到广大权利人和视频网站的积极支持和肯定；同时，国家版权局不断强化监管工作机制，进一步完善公示、约谈、警示制度，积极推动权利人及组织与网络服务商建立版权保护合作机制。三是开展网络广告联盟版权监管。公布第一批与网络广告联盟有关侵权盗版网站“黑名单”，推动国内主要网络广告联盟开展行业自律，切断专门从事侵权盗版的小网站的非法利益链条，从根本上遏制小网站侵权盗版势头，有效净化网络版权环境，维护网络版权产业的正常秩序。

（八）加大侵权盗版案件督办及通报力度

2016 年，总局会同有关部门对江苏苏州“3·11”印刷盗版图书案等 24 起重大案件进行了挂牌督办。其中，江苏苏州查办的“12·15”邹某等人侵犯著作权案，涉案金额达 3 000 余万元，主犯邹某已被依法批捕；广东查办的“12·23”制作批销盗版图书案，共缴获盗版图书约 22 万册，涉案金额 1 098 余万元，抓获犯罪嫌疑人 13 名；河南郑州查办的“1·26”瑞特彩印务有限公司非法盗印案，共查获盗版图书 2 万多册，涉案金额达 85 万余元。加大案件信息公开力度，截至 10 月底，各级版权执法监管部门共立案查办案件 599 件，案件信息公开 277 件。3 月 14 日，总局印发了《关于 2016 年两会印刷复制发行专项督查情况的通报》，将此次专项检查的情况及各地执法部门对 11 家印刷企业、6 家发行单位和 1 家内部资料性出版物编制单位的处罚结果向全国进行了通报。

（九）做好知识产权宣传工作

在“4·26 全国知识产权宣传周”期间，总局组织全国 31 个省（区、市）同时举行侵权盗版及非法出版物集中销毁活动，集中销毁各类侵权盗版和非法出版物 1 418 万件；与 WIPO 中国办事处等部门联合举办“中国网络版权保护大会”“数字环境下的影视产业版权保护圆桌会议”，发布了“2015 年度全国打击侵权盗版十大案件”和“2015 年中国网络版权保护年度报告”；与中央电视台《热线 12》栏目联合制作以“网络版权保护”为主题的“聚焦世界知识产权日”特别节目，举办“版权相关热点问题媒体培训班”，积极拓展版权宣传工作渠道，通过网站、微博、微信以及公益宣传海报等方式，扩大版权工作社会影响，提高社会公共版权意识，营造保护版权良好舆论氛围。12 月 5 日，与 WIPO 联合举办国际版权论坛，颁布中国版权金奖，并举办中国音乐版权保护论坛、粤港澳版权保护交流合作论坛、互联网创新高峰会、中国电影版权精品交流会、中国艺术品版权保护与贸易主题论坛、中国当代艺术品版权成果拍卖会等各种丰富多彩的主题活动。

（十）开展 2015 年度版权执法奖励工作

为进一步调动版权相关执法部门查处侵权盗版案件的积极性和主动性，充分发挥查处侵权盗版案件先进典型的引导、示范作用，从 1 月开始，国家版权局开展 2015 年度查处侵权盗版案件有功单位及个人的评选工作。4 月 20 日，国家版权局下发了《关于奖励 2015 年度查处侵权盗版案件有功单位及有功个人的决定》，对在 2015 年度查处侵权盗版案件工作中做出突出贡献的 195 家有功单位及 215 名有功个人给予奖励。

（十一）开展执法监管培训

一是开展执法监管培训师资选聘工作。4 月 25 日，国家版权局办公厅下发《关于公布第一批全国版权执法监管培训师资库人员名单的通知》，将各地版权执法监管经验丰富的 50 名同志列入第一批全国版权执法培训师资库。二是扩大版权、印刷复制监管培训范围。2016 年，版权执法监管培训班共举办 6 期，印刷复制发行管理培训班举办 1 期，对全国所有省份的 1 400 余名基层执法监管人员进行了培训。培训方式和手段的创新，提高了培训的针对性和有效性，同时充分发挥执法监管培训师资库的力量，利用一线执法人员的经验，进一步提高培训工作的实战性，扩大培训覆盖范围，取得了较好的培训效果。

（十二）推动打击侵权盗版社会共治

总局推动中国版权协会与 33 家网络文学企业于 2016 年 9 月发起成立中国网络文学版权联盟，号召网络文学服务提供商树立和强化版权保护意识，尊重网络文学著作权人的合法权益，自觉抵制各类侵权盗版行为，营造健康文明的行业环境。同时，推动中国作家协会、中国音像与数字出版协会于 2016 年 6 月发布《网络文学行业自律倡议书》，号召全体网络文学从业者把社会效益和社会价值放在首位，坚持培育和弘扬社会主义核心价值观，加强行业自律，规范行业发展，自觉主动为包括青少年在内的读者营造良好的阅读环境。

二、推进使用正版软件工作

（一）加强研究部署，明确目标任务

为贯彻落实汪洋副总理重要批示精神，3 月 11 日总局局长蔡赴朝同志主持召开了推进使用正版软件工作部际联席会议第五次全体会议，全面总结了 2015 年推进使用正版软件工作，从完善长效机制、创新工作方法、加强督促检查、规范市场秩序、做好宣传培训等五方面明确了 2016 年推进使用正版软件工作任务。向国务院报送了《关于 2015 年推进使用正版软件工作情况的报告》，向各省（区、市）印发了《关于印发〈2015 年推进使用正版软件工作总结〉和〈2016 年推进使用正版软件工作计划〉的通知》。

（二）加强指导协调，推进长效机制建设

按照国务院办公厅关于印发的《2016 年全国打击侵犯

知识产权和制售假冒伪劣商品工作要点》和推进使用正版软件工作部际联席会议《2016年推进使用正版软件工作计划》要求，积极推进各地完善软件正版化工作长效机制。向各省（区、市）印发了《关于做好2016年推进软件正版化有关工作的通知》，指导各省（区、市）完善软件正版化工作责任制度、加强计算机软硬件采购源头管理，督促各省（区、市）开展软件使用情况全面自查，健全软件正版化工作责任人信息库、落实软件正版化工作主体责任。

（三）创新督查方式，加强督促检查

8月下旬至9月上旬，会同部际联席会议各成员单位组织了十个督查组，随机抽查了32家中央和国家机关，以及10个省（市）的60家省级机关、20家国有企业和20家金融机构软件正版化工作，共抽查计算机1 316台。实现了对中央和国家机关软件正版化工作检查全覆盖。首次利用中国版权协会、中国版权保护中心和北京印刷学院等第三方专业机构资源，以及软件检查工具等技术手段改进督查方式，对安徽、江苏、山东3个省的省级政府机关软件正版化工作检查全覆盖，共检查单位155家、计算机6 554台，提高了督查效率，扩大了督查的深度和广度。

（四）研究编制指南，推进软件使用管理规范化

广泛深入调研了政府机关和企事业单位的正版软件管理需求和各地各部门正版软件管理经验做法，在反复征求各地各部门和推进使用正版软件工作部际联席会议各成员单位意见和建议的基础上，编制了《正版软件管理工作指南》，并向中央和国家机关、各省（区、市）印发了《关于印发〈正版软件管理工作指南〉的通知》，为各地各部门提供了可行性、操作性较强的正版软件管理工作制度范本和台账范本，为推进各地各部门软件正版化工作规范化标准化奠定了重要基础，成为各地各部门规范软件使用管理的重要抓手。

（五）开展国产软件应用试点，推广使用国产软件

8月组织召开了国产软件应用试点启动会，在贵州黔西县、山西平顺县和宁夏盐池县开展了国产软件应用试点工作，加大国产软件应用推广力度，指导参与试点的政府机关加强软件正版化工作制度建设和软件使用管理台账建设，建立健全软件正版化工作长效机制。

（六）加强宣传培训，营造良好舆论氛围

会同部际联席会议成员单位举办了4期政府机关软件正版化工作培训班，对6个省的全部省级机关软件正版化工作责任人进行了培训。会同国资委、银监会、全国工商联和新闻出版总署信息中心举办了4期企业软件正版化工作培训班。组织编写了《软件正版化专刊》。策划制作了以漫画形式展示的软件正版化工作公益宣传海报。通过国家版权局网站和微博、微信等方式及时宣传软件正版化工作成果。推广各地各部门典型经验做法，营造使用正版软件良好舆论氛围。

（撰稿人：赵杰）

国家食品药品监督管理总局打击侵权假冒工作报告

一、严厉打击各类违法违规行为，规范市场秩序

食品药品监管总局按照全国双打办的要求，积极落实打击侵权假冒工作各项任务，查处了一批重大食品药品违法案件，维护了人民群众饮食用药安全。2016年，全国各级食品药品监管部门共查处涉及打击侵权假冒的生产销售假劣药品案件2.4万件，涉案货值2.5亿元，移送司法机关1 873件，捣毁制售假劣药品窝点336个；查处生产销售不合格标准的医疗器械案件4 428件，涉案货值9 972万元，移送司法机关27件。

（一）严厉打击销售假药类案件

组织查处情节严重、性质恶劣的山东济南非法经营疫苗系列案件，对涉案的药品生产经营企业和个人开展调查，对45家存在非法经营疫苗行为的药品经营企业予以行政处罚并向社会公布。指导相关省局查处湖南怀化“7·08”生产销售假药案、娄底“11·16”潘某团伙利用互联网销售假药案、吉林“9·22”特大制售安宫牛黄丸假药案等重大案件。指导各地关注非法制售、使用肉毒素类产品线索，彻查案件产品来源和流向，组织做好案件查处和风险控制工作。

（二）加强对各类药械制假行为的打击力度

针对进口医疗器械注册造假、经营未经注册医疗器械等突出问题，组织22个省（区、市）局查办深圳某公司涉嫌经营未取得医疗器械注册证的产品案，对发现的进口企业注册造假等违法行为依法予以查处。指导黑龙江、上海、海南等省局，做好违法制售注射用透明质酸钠、隐形眼镜、体外诊断试剂等医疗器械案的查处和风险控制等工作，彻底查清涉案产品来源和流向，捣毁制假网络。

（三）积极开展对化妆品制假售假行为的整治

内蒙古自治区局查处朱丽娜（JULINA）系列违法化妆品汞含量超标案件，查控产品流向，并向相关省（区、市）局通报，追究涉案人员的责任，取得了重要成果。组织有关省局依法查处13个品种化妆品申报注册资料造假的违法行为。开展互联网稽查打假，针对某些电商平台违法销售化妆品案件较为提出的问题，指导相关省局加强监督和指导，督促其切实履行电商平台的主体责任。

二、开展集中整治，重点打击药品、医疗器械流通领域的违法违规行为

为规范药品、医疗器械流通秩序，严厉打击违法经营行为，食品药品监管总局部署开展了药品、医疗器械流通领域的集中整治，重点打击药品流通领域十种违法行为和医疗器械流通领域八种违法行为，要求省级食品药品监管部门认真汇总、分析企业自查和整改的情况，统一培训检察人员，组织精干力量采取异地交叉检查方式，有针对性、有重点地实施监督检查。食品药品监管总局还对各地开展集中整治工作进行了检查，对企业自查整改情况进行了抽查。各级食品药品监管部门果断处置检查中发现的问题，坚决采取措施惩处违法企业。集中整治工作取得了显著成效，有力净化了药品、医疗器械流通经营环节。

三、大力推进食品药品监管法制建设

一是制定发布了《食品药品投诉举报管理办法》，2016年3月1日起实施。进一步畅通投诉举报渠道，明确投诉举报处理职责，推进社会公治，加大打击食品药品违法行为的力度。

二是积极推进《药品管理法》的修订。食品药品监管总局会同相关单位围绕重点问题进行专题研究和交流，反复修改完善，目前已形成《药品管理法》修订草案第三稿。进一步健全法律责任制度，完善假劣药定义，加强刑事责任、民事责任、行政责任的有机衔接，加大行政处罚力度。

三是继续配合国务院法制办开展《化妆品监督管理条例》（修订草案送审稿）修订工作。与法制办保持密切沟通，召开国际研讨会，配合法制办有关问题进行认真研究。

四是起草完成《药品医疗器械保健食品特殊医学用途配方食品广告审查管理办法（送审稿）》，正按程序积极推进。在深入调研的基础上，启动《食品药品行政处罚案件信息公开实施细则（试行）》修订工作，目前正在修订中。

四、深入推进行政执法与刑事司法的衔接工作

食品药品监管总局会同公安部、高检院建立了食品药品行刑衔接联席会议机制，并于2016年1月召开联席会议，对实践中存在的疑难问题进行了研究，取得了积极效果。各地也正在行刑衔接方面积极探索，开创了联合办公、网络平台合作等有效工作模式，提高了办案的质量和效率。

（撰稿人：高天兵）

国家林业局打击侵权假冒工作报告

一、深入学习宣传贯彻《种子法》，全面推进依法治种进程

新修订的《种子法》于2016年1月1日正式实施。新修订《种子法》修改的内容多，涉及的范围广。进一步明确了林木种苗管理机构法律地位，赋予了林木种苗管理机构的行政执法权；完善了林木种苗扶持政策，对品种选育、生产、示范推广、种质资源保护、种子储备给予扶持，并将林木种子采种机械纳入农机具补贴范围；加大了对林木种质资源的保护，与境外企业合作研究利用种质资源以及占用林木种质资源都要经过批准和同意；完善了种子生产经营许可、标签、档案、品种审定与保护等项制度，使得林木种苗各项工作有法可依；加大了违法处罚力度。《种子法》是林

木种苗工作的根本大法，是开展林木种质资源收集保存开发利用和监督管理、林木品种选育审定、品种保护、林木种苗生产经营使用、种苗市场监管、种苗质量监督等各项工作的法律依据。因此，围绕贯彻实施《种子法》，国家林业局开展了以下工作：

（一）印发《关于学习宣传贯彻落实〈种子法〉的通知》

《通知》要求各地抓紧制定贯彻落实《种子法》实施方案，加快完善新修订《种子法》配套法规、标准，加强新修订《种子法》宣传培训工作，抓紧梳理各级种苗站的机构职能，理顺职责，完成执法委托，确保种苗执法监管不“缺位”。据此，全国31个省（区、市）均制定并上报了宣传贯彻《种子法》的实施方案。河北、河南、江苏、广西、海南、宁夏6省和龙江森工已经根据《种子法》完成了林木种苗行政执法委托工作。云南省人大常委会于2016年9月26日审议通过了《云南省林木种子条例》，北京、内蒙古、辽宁、吉林、黑龙江、浙江、福建、江西、山东、湖南、广东、四川、宁夏、新疆14个省（区、市）以及龙江森工、新疆兵团启动了《种子法》地方实施条例或实施办法的制修订工作。

（二）广泛深入宣传《种子法》

《种子法》实施当日，林业局在《中国绿色时报》发表题为《我国林木种苗事业迎来转型升级新时代》评论员文章，就《种子法》修改主要变化和如何贯彻实施问题对张永利副局长进行了专访；2016年1月4日，在《中国绿色时报》刊印专版，详细解读了新修订《种子法》主要规定。2016年3月、4月和6月，在林业局《参考》上刊发了《安徽省多措并举狠抓林木种苗质量管理》《海南省迅速完成执法委托工作》《精心准备　多措并举　各地再掀宣传贯彻〈种子法〉的新高潮》三期专讯。林业局印制了《种子法》宣传画50 000余张，并与全国人大农委一起编写了《种子法导读》，免费发放给各地学习。各地也采取丰富多彩、生动活泼、群众喜闻乐见的形式，开展形式多样的学习宣传普及活动。在报刊、网站等媒体上发布解读文章和报道3 000余篇，推送各类宣传信息5万余条；通过“送法下乡”“3·15周”等户外宣传活动，提供群众咨询10万余人次，发放各类宣传材料100多万份。

（三）加大修订后的《种子法》培训力度

2016年1月和9月，林业局分别在湖南长沙和北京举办了两期《种子法》专题培训班。培训班上邀请了全国人大农委、局政法司、北京林业大学及相关人员全面解读新修订《种子法》各项规定，介绍行政审批改革及行政执法、行政处罚相关内容，解读行政处罚法、行政复议法、行政诉讼法、行政许可法等相关法律。各省（区、市）种苗站负责人和相关人员200多人参加。各地也加大了新修订《种子法》的宣传培训力度，去年全国28个省（区、市）共举办各类培训班200多期，培训各级种苗管理人员10 000余人次。2016年7月29日，在国家林业局绿色大讲堂上邀请了全国人大农委副主任刘振伟专题解读新修订《种子法》。

（四）修订完善《种子法》配套法规

以国家林业局令印发《林木种子生产经营许可证管理办法》《主要林木目录（第二批）》。以规范性文件印发了《国家林业局关于印发〈林木种子生产经营档案管理办法〉的通知》《国家林业局关于印发〈林木种子包装和标签管理办法〉的通知》《国家林业局关于实行林木种子生产经营许可制度有关事项的通知》。同时，启动了《林木种子储备管理办法》的起草工作，开展调研，并完成初稿。

二、严厉打击假冒伪劣种苗违法行为，加强林木种苗市场监管和质量管理工作

（一）组织开展了全国林木种苗质量监督抽查工作

2016年，林业局委托国家级林木种苗质量检验机构对北京、河北、山西、内蒙古、辽宁、安徽、江西、山东、河南、湖北、广西、海南、重庆、贵州、西藏、青海等16个省（区、市）的林木种苗质量进行重点抽查，抽查内容包括：林木种子、苗木质量情况；林木种苗生产经营许可证、标签、档案、自检等制度执行情况；林木种子来源情况；县级以上地方林业主管部门按《种子法》规定确定采种林和在林木种子采收季节向社会公告采种期情况；造林作业设计中是否对种苗质量和林木良种提出要求以及执行情况。共抽查134个县、370个单位。抽查结果显示，林木种子样品合格率为86.0%，苗圃地苗木苗批合格率为91.2%，造林地抽查合格率为84.0%。2016年9月1日下发了《国家林业局关于2016年全国林木种苗质量抽查情况的通报》，对综合排名靠后的河南、海南2个省份进行了约谈。同时部署其他省、森工（林业）集团、新疆生产建设兵团进行自查。

（二）组织各地开展执法检查工作，打击制售假冒伪劣种苗

组织各地开展了不同形式的执法检查，严厉打击生产销售假冒伪劣林木种苗行为，进一步落实“两法衔接”平台建设，共查处生产销售假冒伪劣林木种苗的典型案件19件，罚没金额5.5万元，公开案件信息19件。继续督促各地贯彻执行好《国家林业局公开制售假冒伪劣商品和侵犯知识

产权行政处罚案件信息工作实施细则》，下发了《关于做好打击林木种苗侵权假冒案件数据统计工作的函》，要求各地按照全国打假办的要求，调整案件数据统计方式，及时上报查办案件情况。按时向全国打假办上报种苗案件查处情况及打假工作总结。林业局获得了《2016 年度中国反侵权假冒年度报告》优秀稿件奖。

（三）组织开展宣传培训工作，提高种苗执法队伍素质和工作能力

2016 年 7 月上旬，在河北举办了林木种苗行政执法和质量管理人员培训班，培训省级种苗执法人员 150 余人。培训内容包括林木种苗行政处罚和执法程序，解读行政强制法、行政许可法、行政处罚法、国家赔偿法等相关法律，通报 2016 年全国林木种苗质量抽查情况，讲解林木种苗许可、档案等制度，邀请国家海关总署专家介绍林木种苗进出口政策和规定。2016 年 7 月下旬，在国家林业局管理干部学院举办了“互联网 + 种苗”培训班。主要目的是加快促进种苗花卉产业升级转型发展，进一步掌握互联网思维，了解先进技术，拓展经营模式，塑造种苗企业品牌。全国 40 多家林木种苗龙头企业参加了培训。

（四）全国林木种苗质检员网络培训平台正式上线

林木种苗质量检验人员是林木种苗质量管理的关键岗位，是林木种苗质量管理的第一道关口，因此加强种苗质量检验人员培训，提高检验人员理论水平和实际操作能力至关重要。为此，林业局历经 3 年时间组织开发了全国林木种苗质检员网络培训平台。目的是统一学习内容，统一操作方法，提高学习效率，便于检验人员自由的学习，降低基层培训工作成本。2016 年 9 月 26 日，在国家林业局管理干部学院举行了启动仪式，学习平台正式运行，同时对省级平台管理员进行了培训。

三、完成林木种子生产经营许可证调度和核发工作

林木种子生产经营许可制度是《种子法》规定的一项重要制度，是从事林木种苗生产经营的准入制度，也是保证林木种苗质量的重要环节。按照《林木种子生产经营许可证管理办法》规定，2016 年 3 月中旬，林业局对各地林木种子生产经营许可证发放及管理情况进行调度，全国持证生产者近 20 万个，其中国家林业局核发 199 个。

四、召开全国林木种苗工作会议

2016 年 5 月 12 日，林业局在广西召开了全国林木种苗工作会议。会议回顾总结了“十二五”林木种苗及打击侵权假冒工作，谋划和部署“十三五”林木种苗和打击侵权假冒工作，表彰了 61 个林木种苗战线全国生态建设突出贡献奖先进集体和 98 个先进个人。张永利副局长出席会议并做了重要讲话。会议强调要完善以《种子法》、行政法规、地方性法规为主体，部门规章、地方政府规章、规范性文件和标准规范相配套的法律法规标准体系，依法对林木种苗生产、经营和使用进行全过程监督管理。建成国家、省、市、县 4 级林木种苗行政执法体系，建设国家、省、市、县 4 级林木种苗质量检测机构。加强种苗执法、质量检验人员培训，建立一支素质高、能力强、公正公平的种苗执法和质检队伍，逐步实现林木种苗执法和质量监督常态化。

五、进一步加强林业植物新品种保护执法能力建设

（一）组织开展贯彻实施《林业植物新品种保护行政执法办法》活动

新修订的《种子法》增加了“植物新品种保护”一章，并规定县级以上人民政府农业、林业主管部门负责处理侵犯植物新品种权行为，同时加大了对违法行为处罚的力度。根据新修订的《种子法》，林业局于 2015 年 12 月 30 日印发了《林业植物新品种保护行政执法办法》。为此，林业局组织开展了贯彻实施《林业植物新品种保护行政执法办法》活动，要求各省区明确执法机构、培训执法人员、集中打击侵犯植物新品种权行为，进一步打击侵犯林业植物新品种权行为，切实保护品种权人和林农的合法权益。

（二）加强林业植物新品种测试机构能力建设，为行政执法提供技术保障

测试机构不仅承担着审查申请品种的任务，还承担着鉴定侵权纠纷品种的任务，测试机构能力是其履行上述功能的关键。林业局先后建立了 1 个植物新品种测试中心、3 个分中心、2 个分子测定实验室和 5 个专业测试站，这些测试机构能否满足林业植物新品种保护快速发展的需要，能否保障植物新品种保护科学规范，直接关系到我国植物新品种保护工作健康发展。为此，林业局启动了林业植物新品种测试机构能力评估工作。通过评估，有效地推动新品种测试的科学、规范、高效运转。

（三）组织编制测试指南，为品种审查和侵权鉴定提供科学依据

按照 UPOV 对品种测试的要求，品种测试需依据相应的测试指南进行。为此，林业局组织国内相关科研院所起草不

同植物种（属）的测试指南（标准）37项，准备相关合同，明确技术路线和技术关键，保证测试指南的质量。同时，组织专家，对油茶、油桐属、罗汉松属、红豆杉属、黄栌属、忍冬属、白蜡树属、榉属8个已完成的测试指南进行了审查。

（四）组织专家研究林业植物新品种保护考核指标

为了配合全国双打办做好打击侵犯林业植物新品种权行为，组织相关专家，进一步讨论完善了考核各省份打击林业植物新品种权工作考核体系，力求完整、准确评价各地“双打”情况，有效促进保护林业品种权工作。

（五）指导品种权人积极维权，营造较好的市场氛围

仔细解答品种权人的各种维权咨询，认真解释《条例》《细则》及《执法办法》的有关规定，指导利害关系人积极维权。同时，对各省林业部门在实施《执法办法》过程中的疑问，及时解答，认真指导，努力促进各地营造较好的新品种市场氛围。

（六）举办植物新品种保护班

2016年11月举办了全国林业植物新品种保护培训班，来自全国林业系统人员、科研人员和相关企业代表120名人参加了培训。邀请法律专家、育种专家、管理机构相关人员及外国测试专家讲授了植物新品种保护的相关内容，提高了大家的保护意识。

（撰稿人：周景莉）

国家知识产权局打击侵权假冒工作报告

2016年国家知识产权局制定《2016年全国知识产权系统执法维权工作方案》，组织开展各类专项行动，强化执法队伍建设，加强快速维权与维权援助工作，积极推进全系统不断加大打击侵权假冒工作力度。全年办理专利侵权假冒案件总量达到4.9万件，同比增长36.5%。办理难度较大的纠纷案件的比重不断增长，各类案件结案率维持在95%以上，办案效率不断提升，重点领域执法办案力度显著加大，各地区执法办案工作普遍加强。

一、制度建设不断加强

印发《关于严格专利保护的若干意见》，提出全面加强专利保护监管、加快建立快速协同保护体系、推进行政执法与民事保护优势互补、深化维权援助举报投诉机制、加强信息公开与社会信用体系建设工作、积极拓展执法交流合作、强化制度保障等严格专利保护的具体措施。为创新专利保护体制机制，进一步加大打击侵权假冒力度，强化专利执法手段，充分发挥专利行政执法的优势和特点，切实严格专利保护提供政策依据。修订《专利行政执法操作指南》，印发《专利侵权行为认定指南（试行）》《专利行政执法证据规则（试行）》《专利纠纷行政调解指引（试行）》，细化侵权判定、假冒认定、证据规则、调解指引等执法办案依据，进一步提高专利行政执法工作的规范性、科学性和协调性。印发《专利行政执法案卷评查办法（试行）》《专利行政执法证件与执法标识管理办法（试行）》系列政策文件，完善执法维权绩效考核等政策指标，切实加强执法监督，有效规范专利行政执法人员的执法行为，显著提升执法办案质量，提升全系统执法办案工作的规范化水平。积极配合《专利法》修订工作，为《专利法》修改涉及专利行政保护部分提出建议与意见。

二、办案工作力度不断加大

（一）深入开展知识产权执法维权“护航”专项行动

在知识产权局统一部署下，地方知识产权局积极组织集中检查、集中整治、集中办案活动，大力打击专利侵权假冒行为，快速调处专利纠纷，为营造公平有序的市场环境发挥了重要作用。进一步完善执法协作与联合执法机制，积极开展跨地区执法办案调度工作，合理配置执法资源，有效推进各地执法办案工作协同发展。

（二）大力推进电子商务领域专利执法维权专项行动

2016年初，印发了《关于深化电子商务领域专利执法维权协作机制的通知》，指导有关地方知识产权局建立电子商务领域专利保护机制。设立中国电子商务领域专利执法协作调度（浙江）中心，建立了全国性的电子商务领域专利执法维权协调机制。截止到2016年11月底，共办理电商案件 10 819 件，电子商务领域的专利执法办案力度持续加大，办案效率不断提升，有效维护了权利人的合法权益，营造了良好的电子商务环境。

（三）继续推进展会执法维权工作

选择在全国范围内具有较大影响的大型展会，指导、支持有关地方知识产权局和知识产权维权援助中心进驻并设立举报投诉维权援助工作站，积极开展展会专利执法维权工作。继续指导广东省局组织各有关市局进驻广交会等重大展会开展知识产权保护工作，第 119、第 120 届广交会期间，共办理案件 1 000 余件，有效维护了权利人合法权益。指导其他各地方局积极进驻当地大型展会，受理和办理各类展会专利侵权与假冒专利案件，全面加大展会执法维权力度，有效维护了展会交易秩序。积极探索建立海外展会知识产权快速维权工作机制，派员入驻法兰克福国际汽车配件展览会开展知识产权快速维权工作，为我国企业海外参展保驾护航。

（四）不断强化执法办案工作责任制

要求各地方局建立以执法办案工作为核心的执法工作责任制，提升执法工作的规范性、主动性。定期督导、巡查各省级局及承担专项执法任务的市级局执法工作情况，各省级局对辖区内各地执法工作进行全面督导。强化案件督办机制，提高案件督办效率。

三、办案能力建设持续加强

大力实施专利行政执法能力提升工程，建立课程规范、考试严格的培训机制。组建执法培训师资库与执法办案骨干库。组织编写执法培训系列教材、习题集与典型案例集，分层次、分区域组织举办 15 期上岗培训班，1 657 人参加上岗培训，并组织两期全国能力提升提高班。同时组织制作、发放执法证件、执法标识，保证执法人员持证上岗，开展执法证年检工作。完善专利行政执法案件报送系统，实现各级专利行政执法案件信息实时汇总、分析和上报；维权援助举报投诉系统投入使用，并开展维权援助举报投诉系统的培训。

四、快速协同保护机制建立不断加快

印发《国家知识产权局关于开展知识产权快速协同保护工作的通知》。加快建立快速协同保护体系，畅通从授权、确权到维权的全链条快速保护通道，扩大知识产权快速授权、确权、维权覆盖面，推进快速保护由单一专业领域向多领域扩展。开展集快速审查、快速确权、快速维权于一体，审查确权、行政执法、维权援助、仲裁调解、司法衔接相联动的产业知识产权保护工作，建立快速协同保护体系，使知识产权保护通道更加通畅和快速，促进产业结构调整和转型升级。2016 年以来新批设了镇江丹阳（眼镜）、阳江（五金刀剪）、厦门（厨卫）、温州（服饰）、郑州（设计服务业）、重庆（汽车摩托车）、汕头（玩具）7 家知识产权快速维权中心（目前全国知识产权快速维权中心已达到 15 家）。

五、维权援助工作进一步深化

截至 2016 年底，全国知识产权维权援助工作体系已经初步形成。年初建立全国知识产权维权援助与举报投诉网站（www. 12330. gov. cn）以及 12330 知识产权维权援助微信公众号，各维权中心通过 12330 热线电话、网络、书面等方式积极接收各类知识产权举报投诉案件，向相关行政执法部门积极转交案件线索，并做好案件的跟踪、反馈工作。配合地方局深入开展电子商务领域专利执法维权专项行动；积极入驻大型展会，设立举报投诉工作站。有序组织专利侵权判定咨询工作，为专利行政执法工作提供专业支持。

六、诚信体系建设有序推进

印发《国家知识产权局关于开展知识产权系统社会信用体系建设工作若干事项的通知》。认真落实社会信用体系建设部际联席会议精神，积极参与知识产权保护社会信用体系建设，深入开展知识产权保护社会信用评价办法研究制定工作。完成信用信息共享平台项目（二期）知识产权局部分初步设计方案编制工作。

七、执法宣传工作力度持续加大

持续更新国家知识产权政府网站“执法维权”“12330”及“执法数据”等专栏，编制执法信息刊物。协同组织开展“加强专利行政执法”重点宣传报道活动，利用报纸、网站、微信等宣传资源，报道执法工作经验和成效，反映创新主体对加强专利行政执法保护的意见，介绍专家学者和地方领导对专利执法工作的认识，提升了各界对专利行政执法工作的支持力度。

（撰稿人：王志超）

国家互联网信息办公室打击侵权假冒工作报告

2016年，为贯彻落实《国务院办公厅关于加强互联网领域侵权假冒行为治理的意见》精神，按照全国打击侵权假冒工作领导小组办公室总体安排，国家互联网信息办公室积极开展互联网领域打击侵权假冒工作，大力清理整治网上侵权假冒违法违规信息，持续开展正面宣传引导，督导互联网企业落实主体责任，积极推动完善相关立法，努力构建长效治理机制，取得了积极成效。

一、依法依规清理处置网络侵权假冒信息

国家互联网信息办公室对于网民举报的侵权假冒信息及时依法依规处置，加强对门户网站、搜索引擎、云盘、微博、微信、贴吧、论坛、博客、移动客户端等重点环节的治理，督促网络服务提供商完善管理手段，及时采取有效措施处理侵权假冒信息，维护网络空间正常秩序，营造良好网络生态。全年共受理涉侵权假冒有害信息举报5.5万件次，清理处置网络侵权假冒信息355万余条，及时阻断违法违规信息传播渠道。

二、加强正面宣传引导

国家互联网信息办公室组织中央和地方新闻网站、主要商业网站通过新闻报道、典型案例等形式，开展多元化、常态化的打击侵权假冒工作宣传报道。2016年重点宣传了《国务院打击侵权假冒出重拳　这些领域将加强治理》《国家知识产权局局长：加大力度打击各种侵权行为》《双链监管社会共治——中国发力整治网络侵权假冒行为》等一批重点综述、解读稿件，释出权威信息，反映工作亮点，及时回应社会关切，引导广大网民关注并参与到网上打击侵权假冒工作中来。同时，集中曝光典型案件，增强网民守法维权意识。

三、督促网站落实主体责任

为进一步督促网站切实履行主体责任，主动加强内容管理，7月中旬，国家互联网信息办公室成立8个检查组，对北京地区主要商业网站、客户端主体责任落实情况进行检查，侵权假冒信息是重点检查内容之一。通过检查，发现问题并督促网站整改，完善相关制度，强化源头管理，及时处置网络侵权假冒信息，把好网络信息传播“第一关”。

四、拓展完善投诉举报渠道

国家互联网信息办公室将侵权假冒信息列为举报投诉类别之一，畅通投诉举报渠道，公布电话、网站、电子邮箱、微信等投诉举报方式，鼓励广大网民积极提供举报线索，自觉抵制、主动投诉网络侵权假冒行为。2016年专项行动开展期间，根据网友举报依法核查处置了一批侵权假冒网站平台。

五、推动完善打击网络侵权假冒相关立法

国家互联网信息办公室积极配合参与立法机关对《网络安全法》《电子商务法》等重要法律法规进行制定修订。2016年，国家网信办还制定出台了《互联网信息搜索服务管理规定》《移动互联网应用程序信息服务管理规定》《互联网直播服务管理规定》等规范性文件；会同工商总局、新闻出版广电总局制定出台《互联网广告监督管理暂行办法》《互联网等信息网络传播视听节目管理办法》等部门规章规定，进一步推进依法治网。

六、推进互联网诚信体系建设

国家互联网信息办公室将打击侵权假冒作为互联网诚信体系建设的重要内容，进一步完善网站管理人员失信网络黑名单制度，加强与相关部门的衔接配合，完善联合惩戒制度，督促地方网信部门加强与相关部门的衔接配合，推动各地互联网诚信体系建设的协调联动，加强线上线下联动，为打击侵权假冒工作营造良好的网上信用环境。

（撰稿人：宿海涛）

国家邮政局打击侵权假冒工作报告

2016 年，国家邮政局认真贯彻全国打击侵权假冒工作领导小组各项工作部署，着力完善邮政市场监管法律体系和工作机制，加强监管执法，强化宣传教育，不断提升邮政业打击侵权假冒工作水平，着力营造安全、有序、规范的市场环境，服务全国打击侵权假冒工作大局。

一、推动落实三项制度，夯实安全管理基础

以推动落实寄递渠道安全管理收寄验视、实名收寄、过机安检"三项制度"为主线，结合安全监管"绿盾"工程建设，加强顶层设计，强化信息技术手段支撑，大力促进行业安全管理能力提升。研究制定《邮件快件实名收寄实施办法》及相关标准规范，研究开发"企业版"实名收寄信息系统和"公共版"APP，在顺丰等 11 家企业和浙江等 4 个省（区）试点应用，委托国务院发展研究中心完成推进实名收寄制度评估。制定出台《邮件快件微剂量 X 射线安检设备配置管理办法（试行）》，指导监督各地做好安检设备配置与使用管理工作。截至 2016 年 10 月底，全国寄递企业已配备 X 光机 6 890 台，投入经费约 8.3 亿元。修订出台《禁止寄递物品管理规定》及禁寄物品附录，将侵犯知识产权和假冒伪劣物品列入其中，严格执法监管，堵塞管理漏洞。

二、加强市场监管，强化重点领域治理

加强市场检查，对于寄递渠道涉假案件，认真查找原因，理清责任，凡属寄递企业管理责任落实不到位导致问题发生的，依法严厉处罚。自 2016 年 6 月起至 12 月底集中开展快递市场清理整顿专项行动，重点查处包括未经许可经营快递业务、未按规定办理变更手续等在内的九类违法行为。充分发挥消费者申诉和市场监管衔接联动机制，就服务质量等问题先后约谈申通、快捷、韵达、天天、宅急送等品牌企业总部，依法维护邮政市场秩序。指导寄递企业强化与大型电商平台合作，加强对违法寄递行为的预警监测和事前风险防范。加强邮政市场行政执法信息化建设，在国家邮政局网站开设执法信息公开专栏，实现在线实时公开。各级邮政管理部门 2016 年执法检查 11.6 万次，查处违法违规行为 2.3 万次，办理邮政市场行政处罚案件 4 600 多件。

三、加强部门协作，提高执法效能

将打击侵权假冒工作列为邮政市场监管常态化项目，并与中央综治办紧密配合，将该项工作纳入对各省（区、市）寄递渠道安全管理综合治理考核评价体系，考核结果纳入全国综治工作考评体系，以此推动落实寄递渠道安全管理综合治理、属地管理。充分发挥寄递渠道安全管理部门协作机制作用，主动加强与地方公安、海关、商务、工商、质检等相关部门沟通协调，及时了解掌握当地侵权假冒活动情况以及侵权假冒企业"黑名单"，督促寄递企业严格落实收寄验视制度，有针对性做好重点防范工作。会同相关部门加大寄递渠道打击侵权假冒联合执法检查力度，尤其针对代收货款业务中食品药品类涉假行为和网购恶意刷单行为，继续开展专项整治活动。打击互联网领域相关寄递侵权假冒商品行为，要求寄递企业与电商客户逐一签订安全保障承诺书，认真进行资格审查，监督电商客户落实不得非法寄递侵权假冒商品的承诺。加强跨境电商寄递渠道监管，建立与海关、民航等部门信息互通机制，配合有关部门依法查处利用寄递渠道非法进出口侵权假冒商品行为。

四、加强教育培训，营造良好氛围

结合行业实际，广泛开展寄递渠道安全宣传教育活动，提升用户依法安全用邮意识。制作了寄递安全公益广告片和动漫宣教片，在邮政管理部门网站、寄递企业门户网站和营业场所、中央电视台等媒体循环播放。充分利用"3·15"消费者权益保护日、"4·26"知识产权日、"双十一"电商促销等重要节点，通过政府门户网站、行业内外主流媒体等途径，联合相关部门开展保护知识产权、消费维权、寄递渠道安全等方面普法宣传，曝光典型案例，扩大社会影响。各级邮政管理部门在市场监管业务培训中，把打击侵权假冒作为一项重要内容，不断提升邮政市场监管人员和寄递企业从业人员的认识水平和工作能力。

（撰稿人：王韬）

中国国际贸易促进委员会打击侵权假冒工作报告

2016年，中国国际贸易促进委员会认真贯彻全国打击侵权假冒工作电视电话会议精神、领导小组第十次全体会议精神，根据全国打击侵权假冒工作领导小组部署，结合贸促会工作特点，将“双打”各项工作安排落实于日常业务工作中，取得积极成效。

一、大力拓展与充分发挥驻外机构职能作用

按照代表处增设规划，稳步、有序推进代表处的全球筹建布局工作。2016年，贸促会增设驻印度、印尼、波兰三个代表处，驻外代表处达20个，覆盖了我国主要经贸往来国家与地区。通过增设代表处、增派专业人员等方式，进一步提升贸促会提供知识产权服务和配合打击侵权假冒的水平。2016年，各驻外代表处积极利用靠前优势参与中国制造海外形象维护“清风”行动，推动建立跨境执法交流协作机制，参与经贸摩擦预警与应对工作。通过加大当地信息通报预警、案件应对法律援助服务帮助我国企业增强知识产权守法意识与维权能力。驻墨西哥代表处经努力获得了墨西哥经济部国际贸易事务局的认可，成为对华墨经贸摩擦调查中永久、天然的“利害关系人”；驻加拿大代表处与加拿大西蒙弗雷泽大学比迪商学院的杰克·奥斯汀亚太商务研究中心联合开展题为“中资企业社会责任”的社会调查；贸促会驻美国代表处在华盛顿举办“中国知识产权保护现状”研讨会，配合美国中国总商会举办了“中美知识产权对话及中国品牌走出去”论坛。

二、不断健全境外展览知识产权服务与权益保护体系

中国贸促会作为出国展览项目的审批单位，一直关注展会知识产权问题。贸促会印发《关于加强境外展会知识产权工作的方案》和《关于加强组展单位境外展会知识产权工作的意见》，加强展前、展中、展后各环节服务，展会开展前向组展单位发出通知，告知重点防范产品列表以及其他知识产权保护注意事项，要求组展单位和参展企业切实采取措施，对展品进行专利检索和预警排查，避免展出涉及侵权的产品、图片和样品。与当地执法部门建立展前信息沟通机制，加强沟通，通报贸促会加强境外展会知识产权工作的打算和举措，了解中国展商遭受侵权投诉的有关情况，听取对方意见建议，进一步加强展会知识产权合作的工作措施。继续举办出国展览知识产权培训班，设立境外展会知识产权服务站等，加强展会现场咨询和纠纷应对等法律服务，避免出现境外展会知识产权纠纷激化的情况。分别在知识产权问题高发的德国汉诺威消费电子、信息和通信博览会、汉诺威工业博览会、柏林消费类电子产品展览会上设立知识产权服务站，开展法律调解和咨询服务，在促进中国参展企业知识产权状况得到改善的同时，推动德方执法机构的工作方式更加缓和，未再发生展品因侵权被查抄的情况。

三、坚持开展知识产权基础培训工作

充分利用贸促会在知识产权领域的专业优势，推动建立外经贸企业知识产权辅导体系，继续在全国范围开展面向贸促机构和企业的知识产权培训，帮助企业建立起知识产权战略管理制度，引导企业规范经营、加强行业自律，帮助企业在海外合理布局知识产权。2016年组织法律培训10场，培训贸促系统、预警机构、重点行业企业约2 220人次。有针对性地完成重点行业、重点国别、重点领域（“一带一路”、知识产权、自贸实验区）法律培训，使贸促系统法律工作负责人、预警机构代表和行业企业相关人员对知识产权保护、经贸摩擦应对和法律风险防范工作进一步深化认识。

四、加强国际交流与合作

充分借助贸促会与对口机构建立的合作关系及合作机制，拓展商事法律包括知识产权的交流与合作，成功举办中国－西亚北非商事法律合作国际研讨会、中国－东盟商事法律合作研讨会、中国－南亚东南亚商事法律合作研讨会、中国－拉美商事法律合作研讨会，向外方宣传我保护知识产权与打击侵权假冒的政策法规，拓展贸促会知识产权服务合作新领域。贸促会各驻外代表处、各地方与行业分会，积极拓展并强化既有的联络优势，加强与有关方面的联络与合作工作。贸促会驻美代表处积极配合中国总商会在纽约举办“中美知识产权对话及中国品牌走出去”论坛，贸促会驻法代表处和《欧洲时报》共同举办“一带一路战略与法国投资环境——法国中资企业与中文媒体”座谈会，取得了很好的舆论效果。另外，贸促会正积极申请成为世界知识产权组织（WIPO）长期观察员，提升知识产权国际话语权。

五、发挥社会组织作用推动社会共治

发挥知识产权服务中心公共服务职能，配合政府相关部门，加强知识产权普及教育和调查研究，着力拓展旨在提高我国企业知识产权守法意识和维权能力的服务。利用平台优势，组织完成了贵办委托的打击侵权假冒社会公众问卷调查，获得了一手高质量基础数据和相关结论。应主要企业要求，贸促会积极筹备在中国国际商会的框架内成立中国智能短途交通专业委员会，扶持该新兴行业健康发展。

（撰稿人：张红根）

司法工作

Judicial Work

公安部打击侵权假冒工作报告

2016年，公安部坚持将打击侵权假冒犯罪作为一项重点工作，组织全国公安机关坚持打击主业，突出信息化建设主线，积极构建数据化实战攻坚格局，全力服务创新驱动发展战略。

一、持续高压严打

2016年初即研究下发《关于扎实推进2016年打击侵权假冒犯罪工作的通知》和《2016年打击侵权假冒犯罪工作统计评估办法》，全面、科学部署常态化条件下的打防工作格局，准确引导各地工作方向，努力实现专项行动常态化、常态打击专业化。切实发挥部局统筹指挥督导职能，挂牌督办89起重大侵权盗版案件，明确专人予以全程督导，推动各地重点突破。据统计，2016年，全国公安机关共破获各类侵权假冒犯罪案件17 225起，抓获犯罪嫌疑人22 060名，涉案总金额46.26亿元。

二、推进战役攻坚

坚持将危害群众健康、威胁公共安全、妨碍创新发展的侵权假冒犯罪作为主攻方向，优化情报导侦机制下的集群战役主战模式，先后组织各地围绕190余个跨区域、产业化制假售假犯罪网络发起战役攻势，形成协同侦控、合成围剿的强大声势。其中，2016年8月，公安部经侦局指挥山东、广东、江苏、福建、辽宁、北京、安徽、甘肃、吉林、浙江、河南11省市公安机关，联合侦破一起制售假冒品牌运动鞋服案，抓获23名主犯，打掉生产、仓储、销售窝点20处，现场缴获假冒“耐克”“阿迪达斯”“纽巴伦”等品牌运动鞋服21万余件，货值3 000余万元。特别是2016年7月、12月，公安部先后两次指挥28个省区市的161个城市公安机关开展数据化作战集约打击涉烟经济犯罪集中收网行动，共发起62起集群战役，破案755起，抓获嫌犯1 815名；捣毁各类犯罪窝点893个，其中，假烟生产窝点106个、烟机拼装窝点13个、仓储窝点730个、原材料加工窝点44个；缴获烟机219台及电烫机等其他设备769台，假烟、走私烟238万余条，烟叶、丝束、盘纸等制假原料2 682吨，货值15.5亿元，各项战果系历年打击涉烟经济犯罪之最。

三、强化部门协作

主动强化与各行政执法部门协作配合，先后与版权、烟草部门联合挂牌督办重大案件8起，其中，重庆“8·06”特大互联网侵犯著作权案等案件具有很强的典型示范意义。全力投入农村和城乡接合部市场假冒伪劣专项整治、防霾产品整治、车用燃油专项整治、清风行动，积极参与2016年度打击侵权假冒绩效现场考核等重点工作，切实发挥公安打假主力军作用，有效促进“两法衔接”。据统计，2016年，全国公安机关共受理行政移送涉嫌犯罪案件占公安机关受理案件总数18.4%，刑事司法、行政执法的协作效能稳步提升。

四、深化国际合作

坚持以合作促宣传、谋主动，先后与国际刑警组织、欧盟反欺诈办公室（OLAF）等国际组织和欧盟机构，以及美国、英国、阿联酋、马来西亚、中国台湾、中国香港等24个国家和地区执法机构开展案件合作与执法交流，增进互利互信。积极参与第27届中美商贸联委会、第八轮中美战略与经济对话等高层对话机制，以及中美、中俄、中日、中欧等双多边知识产权工作组磋商对话，宣传我方主张。会同国际刑警组织在江苏连云港共同举办中国及中亚地区知识产权保护大会，推动与“一带一路”沿线国家执法合作。充分利用中美刑事执法联合联络小组（JLG）等平台，围绕21起重点案件深化、创新知识产权刑事执法合作，打造执法合作亮点，策应对外工作大局。2016年4月，会同柬埔寨警方，就浙江夏某贵等人跨境制售假冒注册商标农药案开展国际执法合作。在干拉省大金欧市成功抓获主犯夏某某，并联合柬埔寨警方捣毁位于昂斯诺市的假农药生产、仓储窝点，一举摧毁这一跨境生产销售假农药的犯罪链条。

五、夯实工作基础

继续深化与阿里巴巴等电商企业协作机制，组织浙江经侦总队开发完善“淘数据”侵权假冒线索甄别、研判软件，2016年，主动发现并向各地公安机关输送涉假线索1 175条，组织各地公安机关立案542起，破案487起，抓获犯罪嫌疑人860名，捣毁各类涉假窝点1 397个，涉案金额 30.5 亿元，大数据服务、支撑打假实战已初见雏形；组织遴选各地公安机关优秀打假技战法 54 件，总结推广基层经验；面向一线执法干警举办“知识产权刑事执法培训班”，就假冒专利案件办理、版权法律法规理解与适用、商标案件办理实务等结合重点案件邀请专家授课，多举措推动提升一线侦查办案能力和执法规范化水平。指导各地紧密结合执法办案实践，加强情报信息研判预警，各地先后报送犯罪形势调研文章等 150 余篇，为实战打击提供丰富理论指引。

六、教育宣传，营造良好社会氛围

选取节点，围绕“6·11”特大互联网假冒专利案、中美跨国假冒汽车安全气囊案、打击假烟犯罪“5·12”行动等重点案事件开展集中宣传，掀起舆论高潮。组织全国公安机关结合“3·15”消费者权益保护日、“4·26”知识产权宣传周、“5·15”防范和打击经济犯罪宣传日等，开展形式多样的宣传活动，剖析典型案例，讲解法律常识，征集案件线索，争取社会各界广泛参与。

（撰稿人：张鹏）

最高人民检察院打击侵权假冒工作报告

2016 年，全国检察机关认真贯彻落实中央的决策部署，按照《深入实施国家知识产权战略行动计划（2014—2020)》的目标要求，加强对市场经济秩序的司法保护，依法履行各项检察职能，在打击侵权假冒犯罪、依法开展检察监督、推动行政执法与刑事司法衔接机制建立和完善等方面均取得显著成效。

一、2016 年检察机关打击侵权假冒工作情况

（一）充分履行批捕、起诉职能，依法惩治侵犯知识产权和制售假冒伪劣商品犯罪

2016 年，全国检察机关共批准逮捕生产、销售伪劣商品犯罪案件 3 277 件 5 374 人，提起公诉 9 023 件 14 446 人。其中批捕生产、销售伪劣产品罪 842 件 1 624 人，起诉 975 件 2 348 人；批捕生产、销售假药罪 980 件 1 487 人，起诉 3 453件 5 172 人；批捕生产、销售劣药罪 1 件 2 人，起诉 2 件 3 人；批捕生产、销售不符合安全标准的食品罪 551 件 928 人，起诉2 173 件 3 367 人；批捕生产、销售有毒、有害食品罪 862 件 1 259 人，起诉 2 341 件 3 416 人；批捕生产、销售不符合标准的医用器材罪 4 人，起诉 7 件 27 人；批捕生产、销售不符合安全标准的产品罪 18 件 31 人，起诉 41 件 51 人；批捕生产、销售伪劣农药、兽药、化肥、种子罪 23 件 39 人，起诉 30 件 61 人；起诉生产、销售不符合卫生标准的化妆品罪 1 件 1 人。

2016 年，全国检察机关共批准逮捕侵犯知识产权犯罪案件（涉及知识产权犯罪案件是指包括刑法分则第三章第七节侵犯知识产权罪、数罪中含侵犯知识产权罪和他罪中含侵犯知识产权行为的案件）2 251 件 3 797 人，提起公诉 3 863件 7 059 人。其中，批捕假冒注册商标罪 1 037 件 1 911 人，起诉 1 684 件 3 259 人；批捕销售假冒注册商标的商品罪 873 件 1 330 人，起诉 1 486 件 2 470 人；批捕非法制造、销售非法制造的注册商标标识罪 167 件 264 人，起诉 294 件 556 人；批捕侵犯著作权罪 66 件 97 人，起诉 182 件 307 人；批捕销售侵权复制品罪 4 件 5 人，起诉 2 件 3 人；批捕侵犯商业秘密罪 22 件 36 人，起诉 25 件 57 人；批捕数罪中含侵犯知识产权罪 17 件 27 人，起诉 18 件 45 人；批捕他罪中含侵犯知识产权行为 65 件 127 人，起诉 170 件 360 人。

（二）深化重点领域突出问题专项治理

2016 年，全国检察机关持续深入开展“危害食品药品安全犯罪专项立案监督活动”，以消除监督空白院为重要目标，将打击食品药品领域的侵权假冒案件作为重点之一。2016 年，检察机关通过专项立案监督活动已经建议行政执法机关移送涉嫌危害食品药品安全犯罪案件 1 591 件 1 769 人，监督公安机关立案侦查 826 件 997 人。立案侦查相关领域失职渎职的行政执法人员涉嫌犯罪案件 14 件 23 人，促进严格执法、依法行政。经检察机关监督的案件，已有 845 件 994 人被提起公诉，同期有 800 件 940 人被法院做出有罪判决。

在专项活动中，为推进重大案件的办理，最高人民检察院还单独或者联合有关部门，对数十起危害食品药品安全领

域的案件挂牌督办，取得了良好效果。

（三）积极推进行政执法与刑事司法衔接工作

最高人民检察院积极推进建立健全“两法衔接”工作机制，进一步推动各地加强“两法衔接”信息共享平台的有效利用。积极参与推进“健全行政执法与刑事司法衔接机制”改革任务，对检察机关开展两法衔接工作状况、存在的主要问题进行了专题调研，向有关部门报送了《检察机关推进两法衔接工作评估报告》。与全国双打办密切联系配合，于2016年11月联合发布了《打击侵权假冒行政执法与刑事司法信息共享系统管理使用办法》。2016年“两会”结束后，最高人民检察院相关部门承办了多份全国人大代表和政协委员提出的关于“完善行政执法与刑事司法衔接机制”的建议、议案答复工作，人大代表、政协委员对检察机关的办理工作、沟通及答复均给予了肯定。

（四）健全完善制度机制，加大司法保护力度

2016年7月，最高人民检察院发布了《关于充分发挥检察职能依法保障和促进科技创新的意见》，并专门召开新闻发布会，进一步向社会公众释放检察机关加强对知识产权司法保护的信号。围绕服务和促进科技创新，检察机关重点通过依法惩治侵犯商标权、侵犯著作权、假冒专利、侵犯商业秘密的犯罪，会同有关部门完善法律法规、出台司法解释，依法履行批捕起诉职务来打击侵权假冒犯罪；重点通过强化对涉及知识产权案件的法律监督，加强对公安机关办理侵权假冒犯罪案件立案和侦查活动的监督、对人民法院刑事审判活动的监督、对涉及科技创新的民事、行政案件的审判和执行活动的监督等来为科技创新保驾护航；重点通过推进侵权假冒领域行政执法与刑事司法衔接机制建设，特别是建立完善侵权假冒信息共享平台，来实现行政执法与司法优势互补、有机衔接。

（五）开展宣传交流，扩大司法保护影响力

全国检察机关组织开展各种宣传活动，产生了广泛而积极的社会影响。最高人民检察院在《检察日报》、正义网等开设专栏进行重点宣传知识产权的有关内容，并在2016年5月发布了“2015年度中国检察机关保护知识产权十大典型案例”。在知识产权司法保护的国际交流与合作方面，2月派员赴西班牙参加了《中欧海关2014—2017年知识产权合作行动计划》，6月赴俄罗斯参加了中俄检察机关圆桌会议，就知识产权的跨区域合作展开交流；与来访的英国版权执法司司长并就版权有关问题进行工作会谈，与美方开展了知识产权会谈交流；按照“中国—欧盟知识产权合作第三年度行动计划”，10月在上海、广州举办了以“中欧检察官知识产权刑事执法”为主题的交流活动。

二、存在的问题

（一）打击侵权假冒犯罪的专业化建设仍有待进一步加强

构建专业化办案组织体系是贯彻落实我国创新驱动发展战略、构建全方位知识产权保护体系的客观需要。从司法实践情况来看，专门的知识产权检察机构办案成效显著，研究成果不断，得到了权利人的高度认可，对推动刑事诉讼顺利进行起到了较好作用，侦查机关及法院也予以高度评价。但面对侵权假冒犯罪出现的网络化发展、隐蔽性强、跨国跨区域扩张等新特点和发展趋势，检察机关仍然要进一步强化专业化建设，加快高层次专业人才培养。

（二）行政执法与刑事司法衔接工作机制建设有待进一步健全完善

我国对知识产权实行行政保护和司法保护的“双轨制”保护体系，行政执法部门承担了打击大量侵权假冒违法行为的职责。但涉嫌犯罪案件的移送、行政执法机关与司法机关的协作、执法司法信息的互通等工作仍然存在“肠梗阻”现象。同时，“两法衔接”信息共享平台也存在信息录入不及时不全面、运营使用成效不足等问题。这些既需要进一步加大行政执法机关与司法机关间的协作配合力度，在完善联席会议、信息通报、备案审查等工作机制上下功夫，也需要提高信息共享平台的使用效率，让建设好的平台真正用起来。

（三）执法司法机关在打击侵权假冒犯罪的法律适用、数额认定等方面存在一定的认识分歧

随着信息科技、信息网络的发展，侵权假冒犯罪的隐蔽性、专业性、区域化等特征越来越凸显，侵权假冒产品与正品的界限越来越模糊，犯罪的专业化分工越来越精细，新型的犯罪手段、犯罪方式层出不穷，这些都给打击犯罪都带来了挑战。而立法的滞后性，执法司法标准的不统一也给形成打击犯罪合力带来了困难。因此，应当以现实的司法实践为基础，考虑到打击犯罪前瞻性的需要，进一步健全完善法律规定，增加适应新型犯罪模式的相关内容，扩大刑法的保护范围。同时，要协调现行《刑法》与其他相关法律的相关规定，增加法律之间的协调性，弥合彼此之间的内在冲突，形成健全的知识产权保护法律体系。要密切执法司法人员的协作配合，统一在追诉犯罪、法律适用方面的认识，形成执法司法合力。

（撰稿人：李虎）

最高人民法院打击侵权假冒工作报告

2016 年，人民法院在以习近平同志为核心的党中央坚强领导下，在各级人民代表大会有力监督下，全面贯彻党的十八大和十八届三中、四中、五中、六中全会、中央政法工作会议和全国科技创新大会精神，深入学习贯彻习近平总书记系列重要讲话精神和治国理政新理念新思想新战略，牢固树立“四个意识”，切实贯彻实施国家知识产权战略和国家创新驱动发展战略，紧紧围绕“努力让人民群众在每一个司法案件中感受到公平正义”目标，忠实履行宪法和法律赋予的审判职责，全面实施“司法主导、严格保护、分类施策、比例协调”知识产权司法保护基本政策，以执法办案为重心，积极发挥司法保护知识产权主导作用，深化知识产权审判体制改革，加强审判监督指导，深入推进司法公开，着力打造审判队伍建设，充分展示人民法院知识产权司法保护的良好形象，为服务国家创新发展大局，建设知识产权强国和世界科技强国提供了有力的司法保障。

一、发挥审判职能，公正高效审理知识产权案件

习近平总书记在全国科技创新大会上提出到新中国成立 100 年时建成世界科技强国的伟大目标。要实现这一目标，归根到底要依靠创新驱动，推动新技术、新产业、新业态蓬勃发展。完善的知识产权保护制度是激发创新原动力的基本保障，而司法一直都是保护知识产权最有效、最根本、最权威的手段。2016 年，人民法院充分发挥司法保护知识产权的主导作用，以民事审判为基础，行政审判和刑事审判并行发展，公正高效地审理大量知识产权案件。2016 年，人民法院共新收一审、二审、申请再审等各类知识产权案件 177 705 件，审结 171 708 件（含旧存，下同），比 2015 年分别上升 19.07% 和 20.86%。

（一）妥善审理知识产权民事案件，维护权利人合法权益

2016 年，人民法院加强知识产权民事审判工作，严格保护知识产权，给权利人提供充分的司法救济。2016 年，地方各级人民法院共新收和审结知识产权民事一审案件 136 534件和 131 813 件，分别比 2015 年上升 24.82% 和 30.09%，一审结案率为 83.18%，同比上升 0.52%。其中，新收专利案件 12 357 件，同比上升 6.46%；商标案件 27 185件，同比上升 12.48%；著作权案件 86 989 件，同比上升 30.44%；技术合同案件 2 401 件，同比上升 62.23%；竞争类案件 2 286 件（含垄断民事案件 156 件），同比上升 4.81%；其他知识产权民事纠纷案件 5 316 件，同比上升 71.87%。全年共审结涉外知识产权民事一审案件 1 667 件，同比上升 25.62%；审结涉港澳台知识产权民事一审案件 1 130件，同比上升 291.99%。地方各级人民法院共新收和审结知识产权民事二审案件 20 793 件和 20 334 件，同比分别上升 37.57% 和 35.33%；共新收和审结知识产权民事再审案件 79 件和 85 件，同比分别下降 31.30% 和 25.44%。

2016 年，最高人民法院新收知识产权民事案件 369 件，审结 383 件，新收和审结与去年同比基本持平。其中，新收和审结二审案件 7 件和 11 件；新收和审结申请再审案件 319 件和 331 件；新收提审案件 32 件，审结 32 件。

2016 年，人民法院审结的具有较大社会影响的知识产权民事案件有：礼来公司诉常州华生制药有限公司侵害发明专利权纠纷案，松下电器产业株式会社与珠海金稻电器有限公司、北京丽康富雅商贸有限公司侵害外观设计专利权纠纷案，上海晨光文具股份有限公司与得力集团有限公司、济南坤森商贸有限公司侵害外观设计专利权纠纷案，北京庆丰包子铺与山东庆丰餐饮管理有限公司侵害商标权与不正当竞争纠纷再审案，江苏省广播电视总台、深圳市珍爱网信息技术有限公司与金阿欢侵害商标权纠纷再审案，杭州大头儿子文化发展有限公司与央视动画有限公司侵害著作权纠纷案，河北省林业科学研究院、石家庄市绿缘达园林工程有限公司与九台市园林绿化管理处等侵害植物新品种纠纷再审案等。

（二）妥善审理知识产权行政案件，发挥监督促进职能作用

人民法院按照建设社会主义法治国家的目标，严格适用新修订的行政诉讼法，充分发挥司法对知识产权授权确权和行政执法行为的监督作用，严格规范知识产权行政执法行为，积极促进行政机关依法行政。2016 年，地方各级人民法院共新收知识产权行政一审案件 7 186 件，其中，专利案件 1 123 件，商标案件 5 990 件，著作权案件 37 件，其他行政案件 36 件。审结一审案件 6 250 件，其中，涉外、涉港澳台案件 2 394 件，占 38.30%。在审结的一审案件中，判

决维持具体行政行为的4 241件，判决撤销的1 263件。地方各级人民法院新收知识产权行政二审案件3 233件，审结3 069件，同比分别上升44%和31.77%。其中，维持原判2 560件，改判418件，发回重审7件，撤诉49件，驳回20件，其他方式结案15件。

2016年，最高人民法院新收和审结知识产权行政案件355件和352件，与去年基本持平。其中，新收申请再审案件282件，审结283件。

2016年，人民法院审结的具有较大社会影响的知识产权行政案件有：迈克尔·杰弗里·乔丹与国家工商行政管理总局商标评审委员会、乔丹体育股份有限公司商标争议行政纠纷再审案，国家知识产权局专利复审委员会、诺维信公司与江苏博立生物制品有限公司发明专利权无效行政纠纷再审案，拉菲罗斯柴尔德酒庄与国家工商行政管理总局商标评审委员会、南京金色希望酒业有限公司商标争议行政纠纷再审案等。

（三）妥善审理知识产权刑事案件，惩治侵犯知识产权犯罪

2016年，人民法院坚持宽严相济刑事政策，依法运用各种刑事制裁措施，严厉惩治和震慑侵犯知识产权犯罪，保护权利人合法权益，维护合法有序的社会经济秩序。2016年，地方各级人民法院共新收涉知识产权刑事一审案件8 352件，同比下降23.9%。其中，侵犯知识产权罪案件3 799件，其中，侵犯注册商标犯罪案件3 565件，侵犯著作权罪案件195件，同比下降22.67%；涉及侵犯知识产权的生产、销售伪劣商品罪案件2 765件，同比下降29.55%；涉及侵犯知识产权的非法经营罪案件1 567件，同比下降18.51%；涉及侵犯知识产权的其他案件221件，同比上升3.27%。

地方各级人民法院共审结涉知识产权刑事一审案件8 601件，同比下降20.43%，一审结案率为89.06%，同比基本持平；生效判决人数10 431人，同比下降18.13%；给予刑事处罚10 334人，同比下降17.85%。其中，审结侵犯知识产权罪案件3 903件，生效判决人数5 167人；涉及侵犯知识产权的生产、销售伪劣商品罪案件2 855件，生效判决人数3 032人；涉及侵犯知识产权的非法经营罪案件1 551件，生效判决人数1 790人；涉及侵犯知识产权的其他罪名案件292件，生效判决人数442人。在审结的侵犯知识产权罪案件中，假冒注册商标罪案件1 793件，生效判决人数2 604人；销售假冒注册商标的商品罪案件1 543件，生效判决人数1 823人；非法制造、销售非法制造的注册商标标识罪案件311件，生效判决人数420人；假冒专利罪案件5件，生效判决人数1人；侵犯著作权罪案件207件，生效判决人数274人；销售侵权复制品罪案件4件，生效判决人数2人；侵犯商业秘密罪案件40件，生效判决人数43人。

地方各级人民法院共新收涉知识产权的刑事二审案件787件，同比基本持平；审结812件，同比上升3.83%。

2016年，人民法院审结的具有较大社会影响的知识产权刑事案件有：汪紫平侵犯商业秘密犯罪案，沈靓等假冒注册商标等犯罪案，邓丰成、程先荣等假冒注册商标和销售假冒注册商标的商品犯罪案，彭梵侵犯商业秘密犯罪案。

2016年，人民法院知识产权案件审判工作呈现出下列四个新特点：

案件数量再创新高。2016年，人民法院新收知识产权民事、行政和刑事案件数量大幅增加，其中，一审案件152 072件，比2015年上升16.80%。知识产权民事一审案件上升幅度最为明显，达到24.82%。北京、上海、江苏、浙江、广东五省市法院收案数量一直保持高位运行态势，新收各类知识产权案件数合计107 011件，占全国法院的70.37%。其中，广东同比上升22.36%，上海同比上升20.74%。山东、福建新收各类知识产权案件同比增幅也均在20%以上。其他一些省份也一改往年案件数量偏少的状况，如贵州法院随着工业强省、城镇化带动战略的推进，案件数量增长迅猛，同比上升了58.20%。重庆法院的知识产权案件数量也大幅攀升，全年新收知识产权案件同比上升57.85%。湖南、安徽法院知识产权一审案件数量也增长迅速，分别同比上升52.02%和45.4%。

审理难度逐步增大。知识产权案件尤其是技术类案件涉及复杂技术事实认定，案件审理难度大。2016年，涉及高精尖技术的专利案件，涉及新技术合作开发、技术成果应用纠纷等技术类案件明显增加，无疑增加了事实查明和分析判断的难度。2016年，山东法院技术合同案件收案同比上升119%；上海知识产权法院审结的一审案件中，涉及专利、计算机软件、技术秘密等技术类案件占95%以上。北京法院审结的“含核苷酸类似物的复合物或盐及其合成方法”发明专利权无效行政纠纷案涉及马库什权利要求等复杂的医药化学问题。除了技术类案件以外，一些商标纠纷案件涉及知名品牌利益保护，一些著作权纠纷案件涉及互联网新技术，一些垄断及不正当竞争纠纷涉及市场竞争秩序维护，社会关注度高，案件事实复杂难辨，法律适用新奇特殊，这些使知识产权审判不断面临新挑战。如北京法院审理的“枭龙”商标行政纠纷案涉及枭龙战机，腾讯公司“宫锁连城”作品纠纷案涉及信息网络传播权解释，奇虎诉百度不正当竞争纠纷案涉及robots协议等。

审判质效稳中向好。一是再审率大幅下降。2016年，地方各级人民法院审结的知识产权民事一审案件虽然同比上升30.09%，但是二审案件的改判发回重审率为5.94%，与上一年基本持平，再审率下降45%。知识产权行政二审案件的改判发回重审率为13.85%，同比下降1.56%。二是案件调撤率大幅上升。地方各级人民法院民事一审案件调解撤诉率达到64.21%，二审案件调解撤诉率达到27.44%，取得了良好的法律效果和社会效果。上海法院知识产权民事案件调撤率为73.92%；山东法院知识产权民事一审案件调撤率达到69.70%。天津三级法院上下联动，积极发挥司法能动性，在查清案件事实的基础上，圆满调解了涉齐白石作品的数百起著作权纠纷案，使双方当事人历经十余年的纠纷全部得以化解。江西法院创新调解方式，引导20多家文化传媒公司与集体管理组织签订著作权许可使用合同，化解了社会矛盾，规范了版权市场秩序，降低了社会成本。三是结案数量大幅上升。重庆法院审结一、二审知识产权案件同比上升62.74%；湖南法院审结知识产权一审案件同比上升48.79%；广东法院审结知识产权民事案件同比上升42.82%；江苏法院审结知识产权民事一审案件同比上升30.8%。

赔偿力度有所提升。人民法院逐步探索将市场价值作为知识产权赔偿数额计算的参考，依法加大对关键核心技术和知名品牌的保护力度。通过对律师费等诉讼合理支出在赔偿额中单独计算和推进适用惩罚性赔偿等措施，使赔偿数额与知识产权市场价值相适应。北京市高级人民法院审结的松下电器产业株式会社与珠海金稻电器有限公司、北京丽康富雅商贸有限公司侵害外观设计专利权纠纷案，全额支持松下株式会社300万元的赔偿请求。北京知识产权法院在“紫玉”商标侵权上诉案和书生公司系列侵犯著作权上诉案中，也全额支持权利人的赔偿额请求。与此同时，严厉惩处诉讼不诚信行为，对提供伪证、虚假陈述、故意逾期举证、毁损证据、妨碍证人作证等不诚信诉讼行为，依法给予程序和实体制裁。北京市高级人民法院在青岛科尼乐机械公司专利侵权案中，对拒不履行法院生效保全裁定的当事人处以五十万元的罚款。

二、推进司法改革，科学完善知识产权审判体系

2016年是“十三五”规划的开局之年，也是人民法院全面深化司法体制改革的攻坚之年。人民法院锐意改革、勇于创新、精准发力、定向施策，积极推进知识产权司法体制机制改革，推动知识产权司法保护体系和能力向现代化迈进。

（一）大力推进知识产权法院建设

2016年，北京、上海、广州知识产权法院各项工作有序开展，司法职能有效发挥，全体法官凝心聚力，依托司法科技创新和制度创新，努力推进专业化、精细化、法治化建设，改革成效和标杆作用逐步显现，司法公信力和国际影响力持续增强，展示了中国知识产权司法保护的新形象。知识产权法院率先进行司法改革，形成院、庭长办案常态化机制，转变审判委员会职能，探索审判委员会参加案件审理的方式，成效良好。2016年，三家知识产权法院共受理知识产权民事和行政案件17 268件，审结14 896件，结案率86.26%。北京知识产权法院大力推进案例指导研究基地建设工作，上海知识产权法院积极服务上海科技创新中心建设，广州知识产权法院大力加强知识产权市场化研究，树立了中国法院知识产权审判的新形象。最高人民法院知识产权审判庭深入调查研究知识产权法院在改革发展中遇到的困难和问题，完成《知识产权法院设立及工作情况》，积极推进“知识产权法院建立重大问题研究”课题项目的调研工作，为建立知识产权上诉机制提供实践指引。

（二）全面深入推进“三合一”改革工作

2016年，知识产权审判“三合一”工作取得重大进展与突破。除知识产权法院暂不执行“三合一”以外，“三合一”工作在全国法院全面推开。7月5日，《最高人民法院关于在全国法院推进知识产权民事、行政和刑事案件审判“三合一”工作的意见》印发。7月7日，最高人民法院在江苏省南京市召开全国法院知识产权审判工作会议暨全国法院推进知识产权审判“三合一”工作会议，全面部署推进“三合一”工作，“三合一”工作迈上新台阶。目前，最高人民法院正在有关部门就知识产权刑事司法实施方案进行积极沟通，以期尽快会签相关文件，全面推进“三合一”工作，提高知识产权司法保护的整体效能。

（三）筹划设立知识产权专门审判机构

最高人民法院知识产权庭拟订在南京、苏州、武汉、成都等地设立知识产权专门审判机构及其案件管辖的具体方案。2017年初，上述四个专门审判机构相继挂牌，开始受理案件。南京知识产权法庭、苏州知识产权法庭分别以南京中院和苏州中院知识产权庭为基础组建，按独立机构模式运行，在省内分别跨区域管辖专利等技术类知识产权一审民事案件等。武汉知识产权审判庭实行“三合一”，除管辖武汉市辖区知识产权民事、行政和刑事案件外，还跨区域管辖湖北全省有关专利等技术类一审知识产权民事和行政案件。成

都知识产权审判庭跨区域管辖四川省内专利等技术类一审知识产权民事、行政案件。

（四）优化技术事实查明机制

完善的技术事实查明机制对知识产权案件公正裁判具有极其重要的作用。最高人民法院已经出台了《关于知识产权法院技术调查官参与诉讼活动若干问题的暂行规定》，正在抓紧制定知识产权法院技术调查官选任工作指导意见。上海市高级人民法院制定《关于知识产权民事诉讼中涉及技术事实司法鉴定的操作指引》，完善多元化技术事实查明机制。北京知识产权法院成立技术调查室，制定《技术调查官管理办法》，该院2016年技术类案件收结比率同比上升27.5%。广州知识产权法院从行政机关、院校、科研机构等单位聘请29名专家，组成技术专家咨询委员会，为案件审理提供专业意见。该院2016年共有88件案件启用技术专家或技术调查官，案件调撤率达64.7%。贵州省高级人民法院与贵州省科技厅合作，聘请科学技术咨询专家，为案件中涉及的专门性技术问题提供咨询意见以查清技术事实。四川省高级人民法院遴选电子信息技术、机械制造、医药、植物新品种等领域的专家进入知识产权技术专家库，丰富技术事实认定体系。

（五）健全多元化纠纷解决机制

近年来，人民法院的知识产权案件呈现逐年增长的趋势，“案多人少”的矛盾日益突出。因此，健全和加强多元化纠纷解决机制建设，对提高知识产权司法质量和效率具有重要的现实意义。北京法院加强与北京市保护知识产权举报投诉服务中心、中国互联网协会调解中心等相关单位的对接，充分调动行政调解、行业调解、人民调解组织的力量，推进纠纷的和解解决。上海知识产权法院与中国互联网协会调解中心、上海市软件行业协会、上海市生物医药行业协会、市工商联民商事人民调解委员会、东方公证处等10家社会组织和机构建立诉讼与非诉讼相衔接的多元化纠纷解决合作机制，推进诉前调解、诉调对接，形成优势互补、资源共享的多元化纠纷解决机制。2016年，该院经双方当事人同意进入诉前调解的案件96件，调解成功23件。福建法院注重发挥行业协会和科技专家的专业技术优势，实施委托调解、行业调解、科技专家调解，发挥协同解决知识产权纠纷作用，公正、有效地解决了一大批案件。

三、强化监督指导，切实保障司法裁判标准统一

统一司法裁判标准是提升司法公信力，树立司法权威的重要手段。2016年，人民法院继续加强司法解释和司法政策的制定工作，完善审判监督和审判管理工作机制，不断提高知识产权审判工作水平，确保司法裁判标准的统一。

（一）加强司法解释和司法政策的制定工作

制定《最高人民法院关于审理侵害专利权纠纷案件应用法律若干问题的解释（二）》。该解释由最高人民法院审判委员会于2016年1月25日通过，自2016年4月1日起施行。该解释进一步完善了专利侵权判定规则，明确权利要求的选择、权利要求解释、近似外观设计、间接侵权、抵触申请抗辩、标准实施抗辩、生产经营目的、合法来源抗辩、赔偿数额的计算、专利法第四十七条的适用等法律应用问题，将有效促进专利法的正确适用。

制定《最高人民法院关于审理商标授权确权行政案件若干问题的规定》。该规定由最高人民法院审判委员会于2016年12月12日通过，自2017年3月1日起施行。该规定针对司法实践中存在的突出问题，在2010年发布的《关于审理商标授权确权行政案件若干问题的意见》基础上制定，主要涉及审查范围、显著特征判断、驰名商标保护、著作权、姓名权等在先权利保护等实体内容，以及违反法定程序、一事不再理等程序内容，对商标授权确权行政案件所涉及的重要问题和审判实践中的难点问题进行了明确。该规定是最高人民法院总结审判实践经验、完善商标授权确权法律适用标准的重要举措，对倡导诚实信用理念、形成良好的商标申请和注册秩序、统一裁判标准具有重要意义。

制定《中国知识产权司法保护纲要（2016—2020）》。该纲要共分为前言、成就回顾、指导思想、基本原则、主要目标、重点措施和结束语七个部分，为未来五年人民法院知识产权司法保护明确指导思想和目标，确定保护原则和措施，规划发展路径和蓝图。该纲要着力补齐短板，提出了知识产权司法保护的努力方向和解决方案，从根本上破解司法保护良性发展的瓶颈问题。该纲要是最高人民法院第一次就专门审判领域制定发布保护纲要，是最高人民法院贯彻落实中央精神的具体举措，是加强产权保护和将经济发展新理念融入知识产权司法保护工作中的集中体现，是贯彻落实习近平总书记系列重要讲话精神和治国理政新理念新思路新战略，是指导知识产权司法保护实践的重要成果。该纲要于2017年“4·26”期间发布。

此外，最高人民法院正在抓紧研究《最高人民法院关于审查知识产权与竞争纠纷行为保全案件适用法律若干问题的解释》《最高人民法院关于充分发挥司法保护知识产权主导作用加快知识产权强国建设若干问题的意见》，通过完善司法解释和司法政策更好地监督指导全国知识产权司法

保护工作。

（二）加强审判指导和审判调研工作

推动法律编纂修订工作。积极参与民法典、专利法、著作权法、反不正当竞争法、种子法、商标法实施条例等法律法规的编纂修订工作，提出修改意见并建议将知识产权纳入民法典。最高人民法院专门成立跨部门专利法修改调研小组，积极开展调研，系统总结专利法实施30年来司法实践中积累的经验，深入研究专利审判中遇到的困难和问题，向国务院法制办提出了专利法修改的总体方案以及具体条文修改意见。

加强法律适用的专题研究。最高人民法院开展“商业模式等新形态创新成果的知识产权保护办法”专题调研工作，对审理电影作品和以类似摄制电影的方法创作的作品民事纠纷案件适用法律问题以及著作权集体管理制度的相关问题进行调研，配合全国工商联开展民营企业知识产权保护专题调研，参与“标题党”整治工作，为净化网络环境提供法律支持。北京市高级人民法院在调研的基础上形成并发布《北京市高级人民法院关于网络知识产权案件的审理指南》，对商标、专利授权确权案件出台了审判参考问答。上海市高级人民法院对“商标多重许可中的法律问题”“涉深层链接的著作权侵权问题”“计算机软件专利权保护”开展调研。江苏省高级人民法院开展“供给侧结构性改革可能引发的法律问题及司法应对”调研，完成《关于侵犯商标权纠纷案件相关审理问题的调研报告》《技术创新背景下的专利案件裁判尺度》等调研报告。湖南省高级人民法院完成《知识产权案件技术事实查明机制研究》《知识产权行政保护与司法保护的冲突和协调研究》等课题。贵州省高级人民法院完成《黔茶知识产权保护问题研究——模式、问题及对策》调研报告及贵州省重点课题《非物质文化遗产保护》。吉林省高级人民法院积极开展朝医朝药调研，以推进中医药的知识产权保护。

重视与行政机关的沟通交流。最高人民法院知识产权审判庭与国家知识产权局专利复审委员会开展业务交流，进一步明确和统一专利授权确权纠纷解决的法律规则；与商标评审委员会开展业务交流，就商标保护相关法律适用问题进行深入沟通和研讨；与农业部种子局共同启动植物新品种保护司法解释修订的调研工作。北京市高级人民法院与国家工商行政管理总局商标局、商标评审委员以及国家知识产权局专利复审委员会会多次召开专题研讨会，对具体法律适用问题进行研讨。内蒙古法院与文化市场行政管理部门沟通协调，尝试从源头解决涉卡拉OK经营者著作权纠纷系列案件，初步形成呼和浩特地区版权使用费的三级收费标准。

发挥案例指导作用。最高人民法院知识产权审判庭定期发布典型案例，编辑出版《知识产权审判指导》《中国知识产权指导案例评注》。筛选出北京奇虎科技有限公司诉腾讯科技（深圳）有限公司等滥用市场支配地位纠纷案等十个案例，作为最高人民法院发布的第16批指导性案例，该批案例已经于2017年3月6日发布。最高人民法院知识产权案例指导研究（北京）基地总结案例指导工作的经验，积极开展案例指导研究工作。

四、落实司法公开，营造良好司法保护法治环境

“正义不仅要实现，还要以看得见的方式实现。”2016年，人民法院全面深化司法公开，着力构建开放、动态、透明、便民的阳光司法机制，实现司法公开的转型升级，让公开更规范、更实效、更贴心、更均衡。

（一）加强司法公开，促进司法公正

努力做好重大案件的庭审公开。最高人民法院在“4·26”期间公开审理“乔丹”商标争议行政纠纷案，陶凯元副院长担任审判长，通过全媒体对案件的审理和宣判进行了直播。来自美国、欧盟、日本、韩国等国家的驻华使节以及美国全国商会代表到庭旁听了案件的庭审。新华社、中央电视台和新加坡联合早报等20余家中外媒体记者全程旁听案件审理并进行现场报道，中国法院网、最高人民法院官方微博等对案件庭审全程无缝隙直播。仅新浪法院频道全程直播累计观看人数超过150万，覆盖人数达9 800万人次。该案的审理向国内外各界人士展现了中国法院公开透明、公正司法、平等保护中外双方当事人合法权益的良好风貌。

积极做好裁判文书公开。人民法院不断完善知识产权裁判文书公开上网管理机制，对于适宜公开的裁判文书，督促将裁判文书及时上网，接受全社会的监督，以公开促公正，让人民群众切实感受到司法的公平正义。

不断推进审判流程公开。在中国审判流程信息公开网及时推送知识产权案件流程信息，保障当事人和人民群众的知情权、监督权。

（二）加强交流与合作，提升司法形象

最高人民法院以“中国知识产权司法保护国际交流（上海）基地”为平台，健全知识产权司法保护的国际和区际交流，加强与国际组织、其他国家之间的交流合作。派员参加中美法治对话、中欧知识产权对话及工作组会议、自由贸易区知识产权章节谈判以及中瑞、中美、中澳、中俄知识

产权工作组会议等各类对外工作会议并提交书面意见。派员赴美国及欧洲出访，参加越南河内召开的“UPOV公约下植物育种者权利的执行”研讨会和在韩国召开的中国知识产权保护制度说明会。上海市高级人民法院成功举办“中欧法官论坛——创新驱动与知识产权司法保护”国际会议，全年接待来自十多个国家、地区及国际组织的官员、司法机构人员和企业代表。重庆市高级人民法院与西南政法大学知识产权学院共同举办多期“中国知识产权法官讲坛”，上海知识产权法院与华东政法大学、同济大学建立合作共建机制，与上海对外经贸大学和上海政法学院建立法律服务志愿者机制。

（三）拓宽宣传渠道，实现宣传常态化

最高人民法院继续开展“4·26”世界知识产权日宣传周活动，形成知识产权司法宣传常态化。组织中央媒体“知识产权司法保护浙江行”，召开媒体见面会和新闻发布会，发布《中国法院知识产权司法保护状况（2015）》（中英文）、2015年中国法院十大知识产权案件和五十件典型知识产权案例及《最高人民法院知识产权案件年度报告（2015）》。地方各级人民法院也积极拓宽宣传渠道，富有成效地开展工作。江苏省高级人民法院在其新浪微博、微信公众号同步开设“知产视野”栏目，交流总结全省重大疑难知识产权案件的裁判经验。浙江省高级人民法院成立“浙江法院新闻网·知之汇”子网，发布全省知识产权动态等信息，网站年点击量逾19万次。广东省高级人民法院规定参与评选优秀庭审的案件均应通过网络进行直播，快播公司著作权行政处罚纠纷、“非诚勿扰”商标侵权纠纷等受到社会广泛关注的重大案件庭审均通过广东法院网进行了视频直播。上海知识产权法院开通中英文版互联网站和官方微博、公共微信平台，接受媒体专访，在新华社、中央电视台等媒体刊发稿件156篇。陕西省高级人民法院“4·26”期间通过网络视频直播对五起社会关注度高的新型疑难和重大典型知识产权案件进行了集中公开宣判，西安日报和人民法院报相继予以报道。

五、加强队伍建设，全面提升司法审判队伍素质

队伍建设是知识产权司法保护的基础和保障。必须深刻把握党和国家工作大局对知识产权审判队伍建设提出的新要求，坚持全面从严治党，按照党中央《关于新形势下加强政法队伍建设的意见》要求，努力打造一支信念坚定、司法为民、敢于担当、清正廉洁的知识产权审判队伍。

（一）加强思想政治建设，提升政治素养

知识产权审判队伍建设始终坚持党的领导，牢固树立“四个意识”，深入学习贯彻习近平系列重要讲话精神，坚定不移走中国特色社会主义法治道路，在思想上政治上行动上始终同以习近平同志为核心的党中央保持高度一致。积极开展“两学一做”学习教育活动，注重从中华优秀传统文化中汲取道德人文素养，弘扬社会主义先进文化和人民司法优良传统，自觉践行并坚决捍卫社会主义核心价值观。

（二）加强履职能力建设，提高专业水平

提升履职能力，是知识产权司法队伍建设的重要目标。必须大力加强履职能力建设，不断提升审判专业水平，着力培养一批讲大局、懂法律、懂技术、具有国际视野的复合型知识产权法官队伍，以适应知识迅速更新、实践快速发展的新形势。最高人民法院组织全国法院知识产权法官业务培训，陶凯元副院长为学员作专题讲座。北京市高级人民法院将年度集中培训与专题讲座相结合，拓宽业务培训的渠道。北京知识产权法院发挥资深法官的传帮带作用，对青年法官进行形式多样内容丰富的专业培训。上海市高级人民法院举办“法经济学高级研修班”“法经济学·反垄断高级研修班”，提升法官理论水平和业务能力。安徽省高级人民法院将新业务规范、新审判理念列入集体学习内容，利用部门微信群拓展“八小时”以外学习平台。海南省高级人民法院提出“一条主线、两个结合、三型党支部、四种意识、五大发展、六个原则”的工作方法，使各项工作整体推进。

（三）加强司法作风建设，树立良好形象

打铁还需自身硬，队伍强则事业兴，司法廉洁建设是队伍建设的重要环节。全国法院要坚持标本兼治，深入推进党风廉政建设和反腐败斗争，坚持从严教育、从严管理、从严监督，以零容忍态度惩治司法腐败，确保司法公正廉洁。大力加强自身建设，锤炼对党忠诚的政治品格，锻造严于律己的过硬作风，从违法违纪案件中汲取教训，及时发现和纠正不正当的苗头倾向，切实做到防微杜渐。注重家庭教育，形成廉洁家风，强化亲情助廉措施，让家人当好审判队伍的“守门员”。

（撰稿人：李嵘）

地方工作

Local Work

北京市打击侵权假冒工作报告

2016年是“十三五”规划开局之年，也是落实党的十八大和十八届三中、四中、五中、六中全会精神、协调推进“四个全面”的重要一年。在全国打击侵犯知识产权和制售假冒伪劣商品工作领导小组的正确领导下，北京市按照中央统一部署，结合首都实际，创新开展工作，较好地完成了打击侵权假冒各项工作，为建设国际一流的和谐宜居之都、优化法治化营商环境、维护安全放心的消费环境做出了积极贡献。

一、进一步完善统筹协调机制

（一）不断健全工作机制

北京市打击侵权假冒工作领导小组按期进行调整，增补成员单位，市级成员单位达到36家。加强基层建设，推动16个区健全工作机制，落实打击侵权假冒机构、编制和经费，连续5年对各区打击侵权假冒工作开展绩效考核，并纳入首都综治考核体系。打击侵权假冒工作连续两年列入市政府督办项目，首次列入全市“放管服”改革工作要点，纳入市促进外贸稳定增长及加快知识产权首善之区建设的重点任务。

（二）深化京津冀协作机制

加强统筹协调。牵头三地工商、质监、食药监、文化、知识产权、农业、国检、海关、公安、检察、审判等11个部门协作，签署跨区域、跨部门协作文件31份，建立5大类14项联动机制，开展6项跨区域执法协作行动。在京召开打击侵权假冒京津冀协作第二次会议，协助全国双打办筹备京津冀晋蒙五省（区、市）打击侵权假冒工作区域协作座谈会。

完善信息共享。在中国打击侵权假冒工作网首页率先设立“京津冀打击侵权假冒区域协作”专栏，展示三地打击侵权假冒工作成果，实现三地工作信息共享，推动工作经验交流。

推进执法协作。协调市食药监局、公安局、工商局、质监局、文化执法总队等重要执法部门加强区域合作，倡议制定《京津冀晋蒙五省（区、市）打击侵权假冒区域协作共同指引》，将协作范围扩大到山西、内蒙古，明确今后一段时期区域协作的重点任务和落实措施。各部门开展系列执法协作行动，大兴、通州、房山、密云、平谷、延庆等区以不同形式加强与津冀相邻市、区、县的沟通协作，共同推进京津冀跨区域协作。

（三）积极推动“两法衔接”

打击侵权假冒领域“两法衔接”连续第二年列入《北京市行政执法与刑事司法衔接工作计划》。市双打办聚焦“两法衔接”前沿，联合行业组织开展打击侵权假冒“两法衔接”涉案物品检验鉴定、保管处理等措施的调研。食药监等行政执法部门和公安机关加强与检、法部门的沟通，及时研究、解决证据规格等法律适用问题。市高级法院发布《关于在打击侵犯知识产权和制售假冒伪劣商品工作中完善行政执法与刑事司法衔接机制的通知》，要求全市法院切实提高对“两法衔接”工作的认识，充分发挥审判职能作用，依法严厉打击侵权假冒行为。丰台工商分局会同区检察院、公安分局制定了《不起诉案件移送行政处罚办法（试行）》，弥补刑事案件不起诉后行为人违法行为未受处罚的漏洞。工商、食药监、文化执法及版权、海关等行政执法部门全年向公安机关移送涉嫌犯罪案件59件，比上年增长一倍。检察机关监督行政执法机关移送涉嫌侵权假冒案件超过上年监督数的4倍，监督公安机关立案是上年监督数的2倍。持续推动北京市打击侵权假冒“两法衔接”信息共享平台高质量使用运行，强化案件信息采集和案件移交，全年采集行政处罚案件信息6 702件，首次实现案件网上移送。全国双打办《关于打击侵权假冒行政执法与刑事司法衔接工作进展情况的通报》对北京市“两法衔接”工作给予积极肯定。

（四）扎实推进案件信息公开

推进“打击侵权假冒行政处罚案件信息公开”连续第三年列入北京市政府信息公开工作要点。完成首个省级制售假冒伪劣商品和侵犯知识产权行政处罚案件信息公开三级清单，涵盖9家市级部门28项、16个区22项案件信息。工商、质监、食药监、农业、园林绿化、知识产权、文化执法、海关、国检等9家行政执法部门主动公开打击侵权假冒行政处罚案件相关信息3 382件，依法公开案件名称、被处罚者姓名或单位名称，主要违法事实和处罚种类、依据、结果等，突出警示、震慑作用，放大打击效果。

（五）健全统计及信息报送机制

印发《关于做好2016年打击侵权假冒数据统计和信息报送工作的通知》，健全覆盖成员单位和各区的案件统计和信息报送长效机制，并列入基层督查、考核内容。采取调研走访、信息约稿等方式，挖掘市级各相关部门和各区基层“双打”工作的创新点和闪光点。全年共向各成员单位和各区采集打击侵权假冒信息802条，制作北京市打击侵权假冒工作专报13期，择优上报信息178条，全部被中国打击侵权假冒工作网采用，被全国打击侵权假冒工作简报采用7条，领先各省区市。市双打办获《2016中国反侵权假冒年度报告》“优秀稿件奖”。对接《国际商报》，及时宣传报道最新工作进展情况。

二、不断强化打击监管力度

（一）继续保持高压打击态势

2016年，全市行政执法部门对侵权假冒行为共立案4 773件，同比增长18%；办结案件4 207件，同比增长4.7%；涉案金额7 735万元，同比增长20.9%；捣毁制售假冒伪劣产品窝点113个；移送司法机关涉嫌犯罪案件59件，同比增长103.4%。公安机关共破获侵权假冒案件725件，抓捕犯罪嫌疑人686人，涉案金额9.3亿元。检察机关共批捕侵权假冒案件154件，涉案犯罪嫌疑人186人；审查起诉案件376件，涉案犯罪嫌疑人443人。审判机关共受理侵权假冒刑事案件368件，审结383件，生效判决人数465人。

（二）成员单位监管力度持续加大

工商部门办结商标侵权及假冒伪劣商品案件数量、移送司法案件数量均同比大幅增长。

文化执法部门承担文化部督办的督办案件，按期回复率100%。

市版权局开展全市政府机关和企业软件正版化检查验收及考核工作。

市知识产权局专利行政执法案件总量为786件，比上年增长19.4%。

农业部门开展打击侵犯品种权和制售假劣种子的系列执法活动，基本实现了全市种子经营单位检查的全覆盖。

园林绿化部门启动种苗质量“双随机”抽查，抽查结果通过局政务网进行数据公开。

食药监部门协调京津冀及周边省区市相关部门开展食用农产品区域联合专项整治。

质监部门在质检总局部署的10类消费品专项执法的基础上，增加社会普遍关注的学生装（校服）和车用汽柴油为重点产品。

环保部门加强对环境无害化销毁能力单位的监督指导，全年共销毁侵权假冒商品108.985吨。

（三）各区“双打”工作不断创新

西城区积极实施提升生活性服务业品质的品牌建设工程，密切政企协作，依法保护老字号和驰（著）名商标；海淀区结合非首都功能疏解，整治有形市场，压缩侵权假冒的生存空间；朝阳区工商部门打破“8小时内”监管工作模式，对重点区域开展错峰执法行动，对“8小时外”高峰经营时段强化监管；丰台区定期开展部门联合执法，形成监管合力；昌平区、顺义区积极开展展会的知识产权保护和执法活动；中关村自主创新示范园区围绕北京市服务业扩大开放综合试点，建设知识产权维权快速通道，实施中关村知识产权领军企业培育计划，提高中关村示范区的知识产权保护水平。

三、认真开展专项整治行动

（一）启动为期三年的互联网领域侵权假冒行为治理

贯彻落实国务院办公厅《关于加强互联网领域侵权假冒行为治理的意见》，制定《北京市互联网领域侵权假冒行为治理方案》，明确监管重点、落实企业责任、加强执法协作、健全长效机制等重点任务，市领导小组办公室统筹协调工商、食药监、质监、知识产权、文化执法、公安、网信、邮政管理、海关等执法部门与电子商务自营企业、第三方平台企业、跨境电商企业、传统商业网上商城、物流寄递企业、服务类平台等各类企业开展互联网领域治理经验交流，探索强化政企协作、创新网络打假工作方式。全市行政执法部门办理互联网领域的侵权假冒案件201件，公安机关破获案件179件，抓获犯罪嫌疑人170人。

食药监部门印发了《北京市网络食品经营监督管理办法》，贯彻《网络食品安全违法行为查处办法》，启动了打击利用互联网销售假药专项行动，加强了对互联网领域涉药行为的监测和排查。

文化执法部门会同市公安局网安总队、朝阳公安分局破获北京亿梦春田文化有限公司线上线下结合销售盗版侵权图书案，刑事拘留4人。

工商部门召集京东、天猫、国美在线、亚马逊等本市11家主要电商平台，就“双十一”活动期间的消费者权益保护工作、商品质量等进行行政指导。

市高级人民法院发布了《涉及网络知识产权案件审理指南》，涉及网络著作权、商标权、不正当竞争纠纷中的热点、难点问题；协调北京知识产权法院参加中欧互联网知识

产权保护（电子商务）研讨会，就打击互联网侵权方面的实践问题与国际同行进行交流。

多家北京互联网企业联合国内同行共同发起成立“中国互联网企业知识产权保护战略联盟”，落实企业责任，加强政企协作，构建多方参与的打击侵权假冒工作新格局。

（二）强化农村和城乡接合部市场监管执法

启动农资打假专项行动，农业部门举行“2016 年北京市假劣种子销毁活动”，对 5 年来没收的玉米、西瓜、小麦等十多个品种共 2 万公斤假劣种子进行销毁处理。市种子管理机构连续 5 年开展“打击侵犯品种权和制售假劣种子专项行动”和“种子打假专项治理行动”。平谷区组织执法检查活动，检查农资服务体系建设单位及农资经营门店，发现问题责令整改；昌平区开展“放心种子下乡进村宣传周”主题宣传活动；丰台区对前期排查摸底锁定的 5 个销售假兽药经营摊点集中展开收网执法，当场查扣兽药 79 种，共计 780 盒（瓶），没收违法所得 1 176.50 元，罚款21 213.5元。

（三）持续开展中国制造海外形象维护“清风”行动

按照全国打击侵权假冒工作领导小组《中国制造海外形象维护“清风”行动方案》要求，结合北京市实际，制定《北京市 2016 年度“清风”行动实施计划》，以向拉美地区出口商品为重点开展专项整治。把打击外贸领域的侵权假冒行为纳入市促进外贸稳定增长的重点任务。

海关、邮政部门密切协作，采取加强验视、“两查一考核”、集中收寄等手段加强邮递渠道的监管，打击通过蚂蚁搬家等方式出口侵权假冒商品违法行为，查获邮递渠道侵犯知识产权商品 1 700 余批次。海关将商务部门提供的第一批 160 余家“双自主”出口企业列为海关知识产权保护的重点对象。

北京国检局推出出入境物品质量安全追溯监管系统，通过加施追溯标识，实现了对 9 个商品大类、409 种商品的追溯监管，让假冒伪劣产品无处藏身。

四、积极开展“双打”宣传工作

（一）加强统筹部署

印发《2016 年北京市打击侵权假冒工作宣传方案》，将宣传工作列入各区绩效考核，并作为成员单位年终自查总结的必备内容。

（二）利用重要时间节点集中宣传

“4·26 世界知识产权日”期间，知识产权部门召开新闻发布会，发布《2015 年北京知识产权保护状况》白皮书，开展了以“知识产权运营，助力创新创业”为主题的微访谈活动；文化执法部门举办了“2016 全国侵权盗版及非法出版物北京主会场集中销毁活动”，销毁侵权盗版等非法出版物 60 万件；市高级人民法院发布了中英文双语版知识产权司法保护年度“十大典型案例”和“十大创新性案例”，花如中、上海度深电子商务咨询服务有限公司侵犯著作权案成功入选最高人民检察院发布的“检察机关保护知识产权十大典型案例”；各区也开展了多种形式的知识产权普法宣传活动。

（三）利用新媒体创新宣传方式

制作北京市打击侵权假冒公益宣传片《侵权假冒，露头就打》在北京电视台、各区电视台播放，联系重点商业街区大屏幕进行滚动播放，并上传至中国打击侵权假冒工作网、中国打击侵权假冒工作网北京站、北京市打击侵权假冒工作网显著位置，供网民下载观看，利用政务微博、微信等新媒体平台开展宣传。利用北京市打击侵权假冒工作网等渠道发布信息 1 240 条，集中公布 10 家执法部门的监督举报电话，畅通举报渠道，接受社会监督。侵权假冒案件通过网络进行庭审直播。发布《北京市中小学知识产权教育读本》，评选首批 12 家知识产权教育试点示范学校。指导重点网站转载有关知识产权保护相关稿件，在微博、博客、论坛等互动环节组织推送、跟帖。

（撰稿人：蒙洁）

天津市打击侵权假冒工作报告

按照全国打击侵权假冒工作领导小组和市政府统一部署，天津市打击侵权假冒工作领导小组各成员单位深入贯彻落实 2016 年全国打击侵权假冒工作要点，创新工作举措，完善工作机制，加大整治力度，打击侵权假冒工作取得了明显效果，侵权假冒违法犯罪行为得到了有效遏制。截至 2016 年底，全市各行政执法和刑事司法单位共出动执法人员 65 062 人次，检查企业29 642户，立结案1 571件。检察部门批捕34件60人，提起公诉41件81人；法院共立有关侵权假冒案46件，审结案件32件61人，法定审限内结案率100%。

一、突出重点，专项整治取得实效

各有关部门按照国家和天津市的统一部署，针对具有全局性、普遍性的侵权假冒新情况、新问题开展了重点治理，遏制了区域性系统风险发生。

（一）开展互联网领域侵权假冒专项治理

各成员单位强化打击互联网领域侵权假冒工作合力，开展打击网络侵权盗版“网剑2016”专项行动和电商领域专利维权“闪电”行动。不断充实完善属地重点关注网站，截至2016年底，共梳理出56家网站，实现重点巡查监控。同时对多家属地社会网站的版权侵权问题进行抽查，重点检查网站保护数字版权和网站存在的侵权盗版情况。落实上下游企业责任，邮政快递企业全面落实实名寄递、收寄验视等管理规定。

（二）开展农村和城乡接合部市场整治

成立了以农委牵头，市公安、市市场监管委、市工信委、市供销等部门参加的农资打假领导小组，建立了农资打假联席会议制度，将各项监管行动量化细化，切实落实了监管责任。2016“红盾护农”行动开展以来，累计发放宣传资料18.7万份，排查隐患55处，并及时通报，整改到位；组织专家进入农药企业进行现场考核总计36次，进入企业成品库进行现场抽样19次；检查各类农资生产经营单位15 518家，立案查处44起，查获各类假劣农资近14吨，货值23.02万元，罚款21.22万元。2015—2016年度农药生产批准证书产品质量监督抽查中，天津的产品无不合格项，无违禁添加成分，产品质量全部为合格，维护了广大农民群众的利益，确保了农业生产的顺利进行。

（三）开展中国制造海外形象维护“清风行动”

针对天津口岸货物实际情况，加强对出口货物的查验力度，特别对出口至非洲、阿拉伯、拉美和“一带一路”沿线国家和地区的侵权高风险商品的监管。以知识产权权利人和国内外市场反应强烈、情节严重、影响恶劣的案件为打击重点。积极开展专项风险分析和联合研判工作，并结合口岸特征和企业分布等因素，运用风险分析手段，加大对出口侵权高风险商品的布控力度。截至2016年底，天津海关先后对108批次的进出口货物、物品采取了知识产权海关保护措施，中止放行侵权嫌疑货物、物品264.4万件，涉案金额2 357.6万元。立案查扣侵犯知识产权案件52起、查获侵权货物、物品57批次，197.7万件，货值727.6万元。

四是深入推进软件正版化工作。天津市推进使用正版软件工作联席会议成员单位协调配合、通力合作，截至2016年底，天津市市、区两级政府总计864个机关，56 959台计算机，拥有正版操作系统软件52 646个、办公软件42 522个、杀毒软件56 751个。天津市16家新闻出版行业企业、20家勘查设计企业、39家国有企业、36家金融机构、9家证券机构，10家保险机构基本完成软件正版化工作。现已建立市、区两级政府机关的软件正版化责任部门及责任人“信息库”，实现了政府机关软件正版化工作成果与具体责任人挂钩，将政府监管软件正版化工作任务落实到部门、责任到人。2016年以来，组织开展打击网络侵权盗版及出版物集中无害化销毁、印刷复制企业及出版物发行市场专项整治等活动，进一步巩固了天津市软件正版化工作成果。

二、省市协作，京津冀协同机制逐步完善

2016年，天津市打击侵权假冒工作领导小组进一步推进京津冀一体化打击侵权假冒工作，并于7月初在天津召开京津冀（暨华北）地区打击侵权假冒区域协作座谈会，出台了《2016打击侵权假冒领域京津冀协作工作座谈会会议纪要》和《关于印发〈京津冀晋蒙五省（区、市）打击侵权假冒区域协作共同指引〉》等文件，全面落实工作例会、专题会议、信息交流、专项整治、长效机制、培训宣传、部署落实、部门协作、基层协作、成果交流等十项工作机制，京津冀打击侵权假冒区域合作工作取得了显著成效。

市知识产权局经过与三地知识产权局的协商和共同努力，3月29日“京津冀知识产权发展联盟”在北京正式宣布成立，天津40家企业6家服务机构成为联盟的首批会员单位。2016年4月，京津知识产权维权援助武清联合工作站、京津冀家具行业知识产权维权援助联合工作站，以及天津市知识产权维权援助自行车行业、医药行业工作站挂牌成立。新设立的知识产权维权援助分中心、工作站，可为企事业单位和个人提供知识产权纠纷的智力援助和服务，提供知识产权法律法规咨询、专利法律状态查询等服务，受理知识产权侵权、违法行为的举报投诉，承担举报投诉有关案件的移交移送等。这四家知识产权维权援助分中心、工作站的成立标志着天津市知识产权维权援助体系基本建立。

市场监管委为落实京津冀地理标志产品示范区建设交流研讨会达成的五项共识，推进区域地理标志产品品牌的服务体系建设，与北京市质量技术监督局、河北省质量技术监督局协商，起草了《关于建立京津冀地理标志保护公共信息共享服务平台方案》。

市检察院为贯彻落实京津冀协同发展国家战略，更好地

服务和保障区域经济社会发展，天津市检察机关与北京、河北检察机关联合制定了《京津冀检察机关服务和保障京津冀协同发展的合作框架意见》。

三、重拳出击，侵权假冒行为得到有效遏制

2016年，市高级人民法院受理侵权假冒刑事案件46件，审结32件，61人，法定审限内结案率100%。其中受理侵犯知识产权类刑事案件28件，审结21件47人，受理制售假冒伪劣商品类刑事案件18件，结案11件14人。

市各级检察机关依法对侵权假冒类案件及时捕、诉，2016年共批准逮捕侵权假冒类案件34件60人，提起公诉侵权假冒类案件41件81人，有效打击了该类犯罪；还开展了“危害食品药品安全犯罪专项立案监督活动”，积极开辟监督渠道，主动发现监督案件线索，受到了最高人民检察院的肯定与表彰。

市各级公安部门坚持以“打经典集群，创精品战役”为目标，取得了良好效果，共成功发起集群战役2起，参与外省市集群战役77起，破获案件102起，抓获犯罪嫌疑人133人，涉案金额4 319万元。特别是成功侦破公安部督办的汪某等销售假冒品牌轴承案、大港徐陆陆等生产销售假美容医疗器械案、南开杨龙非法销售假药案等多起重大案件，成功在天津市范围内掀起接连不断的打假高潮，有效地维护了市场经济秩序，有力地打击了侵权假冒行为。

四、部门协作，推进两法衔接和案件信息公开工作

天津市打击侵权假冒工作领导小组制定下发了《天津市依法公开制售假冒伪劣商品和侵犯知识产权行政处罚案件信息监督管理办法（暂行）》，有力推动了打击侵权假冒领域两法衔接和案件信息公开工作。市各级检察机关深入贯彻落实《天津市人民检察院与公安机关、行政执法机关加强工作联系，建立行政执法与刑事司法相衔接工作机制座谈会纪要》精神，大力推进两法衔接信息共享平台建设。2016年底，全市共建立了市级“两法衔接”信息平台，区级“两法衔接”信息平台全覆盖，已实现与中央平台有效对接。检察机关依托信息平台，督促行政执法机关依法及时移送案件，并不断完善监督机制，努力形成对侵权假冒违法犯罪的打击合力，截至2016年底，天津市各级检察机关共审查行政执法部门办结的行政处罚案件800余件。其中，市市场监管委查处侵权假冒案件471件，案件全部公开。

五、加强宣传，宣传打击侵权假冒形式多样

市政府新闻办根据相关文件要求，制订了双打宣传报道方案，2016年中央主要驻津新闻单位和天津新闻单位共刊播天津市“双打”工作的新闻消息410余篇。同时适时召开新闻发布会，4月26日，在市政府新闻发布厅召开了“天津市2015年知识产权发展状况和知识产权保护状况新闻发布会”，共计有20家媒体的22名记者采访了发布会。

市文广局在全市各级播出机构报道打击侵权假冒信息120余次，天津电台《行风坐标》栏目每周定期开设了部门领导或主管人员上线专题。市版权局充分利用2016书香天津·春季书展、“4·26”世界知识产权宣传周等契机与市民面对面开展版权宣传活动。

市网信办协调多家市属主要新闻网站和商业网站，全方位、多层次、多角度、立体式普及识假辨假常识，宣传打击侵权假冒政策措施和工作成效，推介诚信企业和放心产品，依法曝光重点案件、侵权假冒企业及产品“黑名单”，形成强大的舆论声势。2016年专项行动开展以来，属地网站共转发发布相关稿件2 000余条（次）。

市双打各成员单位通过微博、北方网和中国打击侵权假冒工作网等网络平台进行信息公开和宣传报道。知识产权局官方微博粉丝达11万余人。天津市全年在北方网刊发“双打”消息100余条，在中国打击侵权假冒工作网上刊发工作动态和新闻约100余条。在人民网天津视窗、新华网天津频道、天津网、今晚网等网站也广泛刊发消息，有力推动了“双打”信息公开工作，保障群众的知情权和监督权。定期组织“公仆走进直播间”双打专题行动等活动，加大正能量宣传力度，积极营造正面舆论氛围。

（撰稿人：朱文军）

河北省打击侵权假冒工作报告

2016年，河北省打击侵权假冒工作在省委省政府坚强领导下，按照全国双打办统一部署，以依法治理、打建结

合、技术支撑、统筹协作、社会共治总要求为统领，以重点领域区域治理、重点行业监管、重点机制建设为突破口，真抓实干，攻坚克难，全省打击侵权假冒工作取得了明显成效。

2016 年，全省行政执法部门共查处侵权假冒违法案件 4 368起件，办结案件 4 287 件，涉案金额 1.65 亿元；移送司法机关案件 49 件，涉案金额 7 262 万元；捣毁（取缔）制假售假窝点 106 个。公安机关共破获涉嫌侵权假冒犯罪案件 1 211 件，抓获犯罪嫌疑人 1 306 人，涉案金额 5.1 亿多元。检察机关共批准逮捕侵权假冒犯罪案件 286 件、385 人，审查起诉 693 件 915 人。审判机关共受理侵权假冒案件 526 件，审结 518 件 657 人。

河北省除了按照全国双打办的部署完成各项专项行动外，还结合本省侵权假冒违法犯罪季节特点，组织 10 个部门、针对五类商品开展了为期三个月的夏秋季集中执法集中处置行动，形成打击侵权假冒的浩大声势，产生了很好的效果和反响，受到国家绩效考核组的好评。

一、围绕重点领域，开展四大专项行动

（一）持续开展互联网领域侵权假冒治理

全省工商系统结合消费者投诉举报和日常巡查，开展网络交易行为监管专项行动，通过线上线下联动，共清查本地企业个体工商户网站（网店）及网络商品交易平台服务网站 10 余万家（户），查办违法经营案 716 件。其中邢台打掉一个通过网络制售假药犯罪团伙，涉及 20 多个省市、400 余人，该案被公安部和国家食药监总局列为督办案件。版权部门开展“剑网 2016”行动，对重点网站、连锁网吧以及网络经营接入服务等重点场所和环节进行日常监管和执法检查，查处“指导网”“云腾网”等一批网络盗版侵权案件。全省文化系统以打击网络侵权为重点，查办案件 36 件，吊销文化网络许可证 3 家。食品药品监督管理部门在打击利用互联网销售假药专项行动中，查处互联网领域制售假冒药品案 3 件并移送公安部门。省通信管理局加强电商网站监管，已备案网站达到 4 427 个，完成全部存量网站电子化上传工作，依法关闭违法违规网站 342 个，注销备案 11 个，列入黑名单 5 个。

（二）继续开展农村和城乡接合部市场整治

按照全国双打办的工作部署，全省农业系统检打相结合，组织开展了农资打假专利治理行动，着重对社会反映强烈的制售假劣农资重点地区、重点市场进行检查，共检查农资经营单位 5.8 万个（次），查处销售假劣农药、兽药、化肥、饲料案件 568 件。省质监部门认真开展“质检利剑农资打假下乡”活动，对全省化肥、农药生产企业开展专项检查，共查处生产假冒伪劣农资案件 66 件，捣毁制假窝点 12 个。工商部门组织开展了“红盾护农”专项行动，严厉查处坑农害农农资违法行为，共抽检农资样品 5 500 批次，查办案件 1 050 件，涉案金额 802 万元。林业部门加强林业种苗市场监管，开展林木种苗“二证一签”执法检查、苗木生产经营单位资质清查，完成 24 个树种（品种）、76 个苗批质量抽检。省邮政管理部门以农村邮政快递网点为重点，组织开展专项执法检查，共查处案件 252 件，执法数量位列全国邮政系统第二，有力支持了农村市场整治。

（三）开展中国制造海外形象维护“清风”行动

石家庄海关印发了《2016 年石家庄海关“清风”行动工作方案》，明确以服装、鞋帽、箱包、电子产品为重点，针对美国和拉美国家等出口目的国，从货运、旅检、快件等渠道全面加强风险分析和布控，特别是对高风险商品和企业加强布控查验，查获出口侵权商品案件 2 起，案值 2 万元，没收侵权商品 191 件。河北检验检疫部门突出重点，加大对大宗进出口商品质量查验力度，完成查验 5.3 万批次，检出不合格品 190 批次。省邮政管理局强化收寄监管，推动寄递企业落实收寄验视、实名收寄、过机安检等措施，斩断侵权假冒商品跨境流通渠道。同时主动做好涉外展会知识产权保护和外商投诉调查处理，努力维护中国制造形象。

（四）开展夏秋季集中执法集中处置行动

根据省领导批示，结合本省侵权假冒违法犯罪季节特点，8—10 月，组织公安、农业、工商、质监、食药监、知识产权、邮政、环保、检察、审判 10 部门，集中时间、集中力量，针对日用消费品、装饰装修材料、学生用品、食品药品、农资 5 类商品，开展为期 3 个月的集中执法集中处置行动。期间，各部门统一行动，组合出拳，集中整治制假售假重点区域、重点对象，严厉打击违法犯罪行为。共作出行政处罚 2 400 多件，移送司法 17 件，铲除窝点 84 个，责令整改网站 270 家，建议关闭 125 家，曝光典型案件 45 件，销毁涉案物品 7 批；发起跨省集群战役 8 次，查破刑事案件 154 起，抓获 190 人，涉案金额 4 305 万元，捣毁制假售假“黑作坊、黑窝点”193 个；对违法经营者形成雷霆震慑，在全省引起强烈反响。

二、瞄准薄弱环节，加强行业监管

全省各级行政执法单位紧紧围绕关系国计民生的重点商品、突出问题，找准薄弱环节，按照职责分工，采取部门单独执法和联合执法相结合的方式，加强行业日常监管，深入开展执法专项检查。工商部门围绕市场热点，开展了以保

护知识产权为重点的专项行动，查处商标侵权案件433件、"傍名牌"案件35件。全省质监系统针对建材、汽配产品、汽柴油和儿童用品等重点产品，开展"质检利剑"行动，加大对生产加工领域违法行为的打击力度，共检查生产企业1 126家，查处违法案件450件，捣毁制假窝点11个。食药监部门在全国率先开展药品流通专项整治行动，严厉打击药品经营中的违法违规行为，切实保障公众用药安全，共立案查处药品批发、零售企业1 151家，撤销CSP认证1个，注销、吊销经营许可64个，办结假劣药品、医疗器械案114件，移送公安机关26件，捣毁窝点3个。知识产权部门加大专利行政执法力度，积极做好知识产权维权援助工作，积极净化全省专利市场环境，共调处专利侵权纠纷638件，查处假冒专利406件，行政处罚33件。版权部门开展持续三个月的印刷复制发行专项检查，重点检查印刷复制各类出版物、印刷品、光盘、计算机软件及包装装潢、商标标识标签企业，共查案31起，移送司法6起，挂牌督办1起，办案数较上年增长29%。文化市场管理部门加大了对重点市场、新兴市场的监管力度，加强执法检查，责令整改1 491家，停业整顿28家，办结案件100件，捣毁窝点4个。

三、强化司法打击，严保高压态势

针对制假售假犯罪新特点，全省各级公安机关不断总结、创新战法，充分发挥集群战役指挥协调优势，深度应用信息化研判，汇集各方资源条件，合力开展集约打击和集中整治。全年开展专项打击行动10余项，发起跨省集群战役14次，查破案件1 211件，抓获犯罪嫌疑人1 306人，案值5.1亿元。其中，在公安部统一指挥和6省公安机关大力协助下，查破邢台"6·25"制售假烟集群大案，抓获犯罪嫌疑人17人，捣毁窝点11个，查获假烟11万余条，案值3 100万元。检察机关以法治为引领，加强对侵权假冒刑事犯罪案件监察工作，通过提前介入、引导取证、对进入批捕起诉环节的案件依法快捕快诉等方式，继续严厉打击侵权假冒犯罪，全年批准逮捕案件286件、385人，审查起诉693件、915人。审判机关精准把握侵权假冒案件打击重点，畅通侵权假冒案件立、审、执快速通道，重点对5类犯罪从严打击、5类人员从重判罚，判决生效518件、657人，74人被判5年以上徒刑，重刑率11.4%，审限内结案率99.6%。对藁城赵某某假冒注册商标案等10起大案进行公开审判，20名被告人被判有期徒刑，并处最高14万元罚金，彰显了法律威严。

四、完善协作机制，实行联防联治

（一）完善"两法衔接"机制

成立由副省长任组长，省检察院检察长、省法制办主任任副组长的全省"两法衔接"领导小组，为"双打"领域"两法衔接"提供了强大后盾。截至2016年底，"双打"领域"两法衔接"平台录入案件7 602件，其中侵权假冒案件2 251件，占同类案办结数的85.9%；网上移送涉嫌犯罪案31件，其中侵权假冒类21件，占同类案件年内移送数的51.2%。

（二）搞好案件信息公开

截至2016年底，省、市两级政府和156各县区政府网站均开设了案件信息公开专栏，并与各级执法部门网站相关栏目实现链接，9个执法部门共计公开"双打"案件2 571件，占应公开案件的86.65%，对推进严格执法起到了积极促进作用。

（三）继续深化京津冀区域协作

2016年7月《京津冀打击侵权假冒区域协作共同指引》获得通过，为区域联动打假提供了基本遵循。截至2016年底，京津冀三地工商、海关、食药监、知识产权等部门已经建立有关联动机制，签署协作文件，联合开展专项协作行动。张家口、唐山、廊坊等市农业部门也与毗邻京津县区开展种子、农药联动执法，京津冀打击侵权假冒区域协作步入常态化。

（四）完善监管法规制度

省政府颁布了《河北省食品小作坊小餐饮小摊点管理条例》，出台了《河北省人民政府关于加快知识产权强省建设的实施意见》，启动了《河北省奥林匹克知识产权保护规定》立法工作，并对《河北省专利保护条例》进行了修订，为打击侵权假冒工作增添了制度保障。

五、强化宣传教育，建立诚信体系

（一）做好宣传发动和舆论引导

充分利用电视、广播、报刊、网络等媒体，大力宣传打击侵权假冒政策措施、工作进展和成效，营造社会共治的良好氛围。在"3·15国际消费者权益日""4·26世界知识产权日"等重要节点，举办放心农资宣传周、违法出版物集中销毁、品牌创新与转型发展等宣传活动500多场，发放资料百万余份，销毁违法出版物23万册。主动召开新闻发布会，省政府新闻办共召开3场相关新闻发布会，分别介绍了全省打击侵权假冒工作、食品药品领域打假监管和"3·15"消费维权情况。

（二）开展诚信体系建设

加快全省公共信用信息共享平台建设和信息整合，归集信息859万条；发挥金融信用信息数据库作用，为金融机构、政府部门和社会各界月均提供企业、个人信用报告93万次。建成全省市场主体信用信息公示系统，发布信息30.4万条；开展部省级《饲料质量安全管理规范》示范企业创建和质量诚信创建等活动，116家企业入选“中国质量诚信企业”，树立了河北省企业诚信形象。

（三）推动行业和企业自律

指导省家具协会设立知识产权维权援助中心，提升家具业知识产权维权能力；强化企业主体责任，将打击侵权假冒列为寄递企业安全生产重要内容，要求企业签订责任书，强化企业主体责任；根据企业需求开展“送法进企”活动，为企业提供知识产权管理、维权和法律风险防范指导，加快培育竞争优势。

六、强化措施保障，推进工作开展

省委、省政府对打击侵权假冒工作十分重视，2016年，分管省领导两次召开会议研究部署工作，6次对“双打”工作作出明确批示，提出具体意见要求，多次跟踪工作进展，指导推进工作，为做好全省“双打”工作提供了坚强领导。省双打办认真履行职责，2016年内，结合河北实际，分别就年度总体工作、互联网侵权假冒治理、农村城乡接合部市场监管执法、2016“清风”行动、夏秋集中执法集中处置等重大行动制发专项方案，进行全面安排部署。先后组织对各市工作开展解读督查和年终考核，并将结果通报各市，14次向省政府和全国双打办请示报告工作、提出措施建议，认真做好信息汇总报送工作，全年编发工作简报24期，被国家采用2篇；向中国打击侵权假冒网主站报送信息191篇，被采用129篇；通过打击侵权假冒网河北子站，主动发布信息390条。

（撰稿人：冯毅）

山西省打击侵权假冒工作报告

2016年，在山西省委省政府的高度重视和正确领导下，在全国双打办的悉心指导和大力帮助下，山西省深入贯彻落实全国打击侵权假冒工作领导小组的安排部署，结合山西工作实际，目标明确，狠抓落实，统筹兼顾，突出重点，措施得力，效果明显。以法律为依据，以机制为抓手，以创新为动力，以考核为手段，依法打击，打建结合，上下联动，部门协作，加强宣传，营造氛围，全年工作扎实有效，影响深远，亮点纷呈，成效显著。

一、统筹推进，突出重点，全年工作成绩斐然

2016年，全省上下突出食品药品、农资、家用电器、建筑材料、汽车配件、儿童用品等“六大重点产品”，紧紧围绕互联网领域、农村和城乡接合部、中国制造海外形象维护“清风”行动、软件正版化等“四大重点领域”，车用燃油市场、药品和医疗器械、生产流通领域质量和侵犯知识产权行为等“四项日常监管重点”，着重关注生产、运输、加工、消费“四个重点环节”，从群众关心，舆论关注的突出问题入手，大力开展专项整治活动，全面覆盖，不留死角，真抓实抓，办案程序严，查处力度大，切实维护了消费者和经营者的合法权益，提高了依法监管水平和执法工作效率，营造了法治化市场环境，受到社会的广泛关注和一致好评。全省行政执法机关共立案侵权假冒案件1 571件，办结1 504件，涉案金额426万余元，捣毁制假售假窝点29个。全省各级公安机关破获制假售假案件300起，抓获犯罪嫌疑人234人，涉案金额1亿元。全省检察机关批捕案件69件90人，审查起诉案件191件283人。全省审判机关受理271件，审结212件，判决562人。

（一）精准发力，重拳出击，继续推进互联网领域侵权假冒专项治理行动

根据全国双打办委托第三方调查显示，网购仍然是侵权假冒商品的高发区，约占侵权假冒总量的60%。按照全国打假办的统一部署，2016年，省双打办制定印发了《山西省打击互联网领域侵犯知识产权和制售假冒伪劣产品工作方案》，部署在全省范围内集中开展互联网领域侵权假冒专项治理行动，并取得阶段性成果。

省工商部门积极开展“红盾网剑”和“网上农资打假”

等专项整治。一是线上线下一体化监管工作稳步推进。全省工商系统成立了网络市场监管线上线下一体化监管工作领导小组。七个市局和部分县局成立了网监机构。建立和完善了网络市场监管工作运行机制，形成了上下联动、齐抓共管、共同推进的工作格局。制定出台了《山西省工商局网络经营者电子标识申请管理办法》，为顺利推进“亮照亮标”工作打下制度基础。二是网络市场监管服务系统进一步健全。建成山西省网络交易诚信系统，进一步完善数据搜索、主体建库、执法取证等功能建设。指导 13 个市（区）1 663 户网络经营者提交了电子标识申请，有力地推动了网络经营主体“亮照亮标”工作。三是网络市场监管专项行动取得新成果。全省共检查网络经营主体 8 231 家，清查网络销售信息 1 017 条，责令删除违法经营信息 226 条，实地检查网站经营者 816 户；下达《限期改正通知书》7 份，清理外卖网站问题供应商 72 户，删除团购网站不实商品信息 9 条；立案查处严重违法行为 8 件，结案 8 件（其中查处移动社交平台微商违法案件 4 件、逾期拒不“亮照亮标”案件 3 件、“百度外卖”逾期拒不审查餐饮供应商资质案件 1 件）。先后指导第三方平台经营主体审查和登记档案 3 000 余份，约谈电商 13 家，下达行政指导意见书 121 份。帮助向日葵信息技术服务有限公司在辖区内设立 6 个“乐村淘”区域电商管理中心、80 个电商村级体验店，促进了农产品上线和消费品下乡。

省网信办成立“清理网上侵犯知识产权和制售假冒伪劣商品违法违规信息工作小组”，牵头组织山西省网上侵权假冒违法违规信息的清理工作，强化 24 小时值班和敏感有害信息线索巡查工作力量。加强对网络搜索引擎监测，对晋 ICP 备案的违法违规网站，按国家有关法律法规予以查处，授权属地网信办对假冒网站负责人进行约谈，限时关停整改；对境外接入的违法违规网站，依法报请国家网信办进行封堵。累计删除属地网站涉嫌侵权、假冒、盗版信息 32 条。查处 1 家涉侵权假冒行为的网站“章光 101”，向中央网信办举报假冒“山西农业大学信息学院”“山西网络广播电视台”“阳泉网络广播电视台”3 家境外接入的违法违规网站。

省文化厅通过“不发通知、不打招呼、不听汇报、直奔一线”的检查方式开展暗访抽查活动，对学校周边、城郊接合部、城中村“九小场所”、农村乡镇等违法行为高发地区的互联网上网服务场所、歌舞娱乐场所及出版物等文化经营场所进行全面排查整治，重点查处违规接纳未成年人、擅自设立或者擅自从事互联网上网服务经营活动以及存放易燃易爆物品、封堵门窗、消防通道和安全出口等存在安全隐患的行为。

省新闻出版广电局加强网络版权环境治理，在 7 月至 11 月与省网信办、省通信管理局、省公安厅共同组织开展第十二次打击网络侵权盗版专项治理“剑网行动”，突出整治未经授权非法传播网络文学、新闻、影视等作品的侵权盗版行为，重点查处通过智能移动终端第三方应用程序（APP）、电子商务平台、网络广告联盟、私人影院（小影吧）等平台进行的侵权盗版行为，进一步规范网络音乐、网络云存储空间、网络转载新闻作品的版权秩序。

省邮政局针对互联网领域侵权假冒行为特点，狠抓企业“实名制登记 + 收寄验视 + 过机安检”三个 100% 制度落实，拒绝寄递侵权假冒商品，督促全省 2 753 家寄递企业加强对电子商务企业等协议客户的资格审查，并与协议客户签署不得寄递侵权假冒商品的承诺书。全省 2 753 家寄递企业全部与客户签订承诺书，从源头上杜绝假冒侵权产品进入寄递渠道。

（二）统一部署，全面协作，集中开展农村和城乡接合部市场假冒伪劣专项整治

农村和城乡接合部仍然是假冒伪劣商品易发高发的重灾区，侵害的对象是农民和流动人口等弱势群体，危害极大。2016 年，省领导小组办公室按照全国双打办的要求，制定了《山西省农村和城乡接合部市场假冒伪劣专项整治方案》，在全省范围内集中开展农村和城乡接合部市场假冒伪劣专项整治，有关成员单位雷厉风行，积极响应。

农业部门开展了“夏季百日行动暨农产品质量安全执法检查活动”，以强化农业投入品执法检查、落实农产品产地监管、提高农产品质量安全为重点，强化与市县农产品检测机构的配合，确保农产品检测与案件查处“无缝衔接”，通过检打联动，有力地提高了农业执法效率。1—10 月，全省共查处各类违法案件 922 起，移送司法机关 4 件，查获假劣种子、农药、化肥、兽药、饲料共 55. 4 万公斤，货值 372. 85 万元，进一步推动了农资市场秩序持续好转，有力保障了春耕生产安全。

工商部门重点治理县及县以下区域的农资批发市场、集贸市场、销售门市，依法查处侵犯他人商标权和制售假冒伪劣种子、化肥、农药、地膜、农机具等违法犯罪行为。对全省 10 个市、80 多个县的农资市场进行了抽检，共抽检农资商品 590 批，经检验，合格 560 余批，合格率为 80%。

省质监局印发了《关于深入开展 2016 年农资专项执法打假工作的通知》，深入开展“农资打假下乡”活动，精心组织了“进千村、入千户、抽千样”的“三千”活动，积极宣传农资识假、消费维权知识，引导农民消费，并建立了农资案件举报、处置、反馈的快速通道。开展农资“质监利剑”行动以来，共出动执法人员 6 530 人次，进村 1 679

个，入户 2 742 户，发放宣传资料 40 460 份，接受群众投诉咨询 1 700 余人次，查办农资违法案件 11 起，涉案金额 50 余万元。

（三）源头严控，积极融入“一带一路”战略，继续开展中国制造海外形象维护“清风”行动

为严厉打击出口侵权假冒商品违法行为，维护正常的进出口贸易秩序，促进对外贸易健康发展。山西省制定了《2016 年山西省中国制造海外形象维护“清风”行动实施计划》印发全省，结合山西省产品出口特点和国别情况，明确 2016 年山西省重点针对出口拉美国家和地区、“一带一路”沿线国家，加强对生产源头、流通渠道和进出口环节的监管，建立健全跨境执法协作机制，创新执法监管方式，严厉查处跨境制售侵权假冒商品违法行为。

太原海关制定下发了《2016 年太原海关“清风”行动工作方案》，为“一带一路”沿线国家和山西省开展的“山西品牌中华行”“山西品牌丝路行”“山西品牌网上行”活动保驾护航。通过突出打击重点、推进区域联动执法、深化部门执法协作、强化对侵权企业的信用管理手段，持续加大对出口侵权货物违法活动的打击力度，遏制侵权违法活动多发、高发态势，扩大了山西优质品牌商品的影响力和市场认可度、占有率，提升了中国制造商品形象，遏制、打击了市场侵权假冒伪劣行为。同时，加强关企联系配合，通过口岸海关合作打击侵犯“太钢”知名品牌的侵权商品，查获侵权钢板 20 吨，货值 32.8 万元，为“太钢”品牌发展续力助航，有力维护了“中国制造”的国际形象。

省检验检疫局认真贯彻落实商务部、外交部等 9 部委联合下发《关于开展打击对非洲出口假冒伪劣和侵犯知识产权商品专项治理的通知》的有关要求，采取五项措施确保输非产品装运前检验工作健康发展。2016 年 1—9 月检验危化产品 248 批，货值 799.44 万美元。

（四）巩固成果，扩大战果，进一步推进软件正版化工作

全面落实《政府机关使用正版软件管理办法》的有关规定，制定印发了《山西省 2016 年推进使用正版软件工作实施方案》，进一步巩固政府机关使用正版软件工作成果，不断推进省属国有企业、银行系统、民营企业使用正版软件，推广使用国产优秀软件。

第一，加强政府机关使用正版软件工作长效机制建设。一是用制度保障正版软件的落实，不断完善工作协调、经费保障、软件采购、日常监督、资产管理、审计考核和年度报告等工作制度，全面加强使用正版软件工作长效机制建设；二是督导检查促进正版软件的使用，重点检查主要领导和分管部门的责任落实情况，具体检查责任部门落实工作责任、推进使用正版软件工作的情况，软件安装、使用情况，软件资产管理和长效机制的建立情况；三是强化责任考核，确保正版软件的使用，明确各单位软件正版化工作责任部门和责任人的工作职责，将软件正版化工作成果巩固情况与具体责任人挂钩。

第二，逐步推进省属国有企业和全省银行系统、民营企业使用正版软件工作。以软件资产管理为重点，组织抓好调查摸底、资金落实、软件采购、督促检查、资产管理、信息报送等关键环节；督促企业建立软件资产台账，规范软件使用管理；组织召开省属国有企业使用正版软件工作培训会议、银行系统企业软件正版化工作协调会议等，不断加快推进民营企业软件正版化工作，使山西省软件正版化工作出现了整体推进的工作态势。

第三，在山西省平顺县启动一铭操作系统和金山办公软件等国产软件应用试点，山西省平顺县成为国务院推进使用正版软件部际联席会议确定的全国三个国产软件应用试点县之一。

（五）持之以恒，久久为功，常态化日常监管工作成绩显著

2016 年，各市、各部门除完成国家规定动作外，结合山西省实际，在紧扣重点专项整治任务的同时，狠抓日常建设，细化阶段性工作目标，定期开展巡查整治，加大市场检查和产品抽查力度，点面结合，不留死角，成效显著。

一是查处制售假劣药品和医疗器械违法行为。

省食药监局按照国家总局《关于整治药品流通领域违法经营行为的公告》和《关于整治医疗器械流通领域经营行为的公告》，以查处小、散、远和城乡接合部区域案件为突破口，主动发现问题，设法挖掘线索，有力地推动了全省案件查处工作。全省共出动执法人员 220 475 人次，检查药品、医疗器械生产经营使用单位 84 442 家次，责令整改 11 888家，停业整顿 44 家，捣毁窝点 25 个，吊销药品许可证 4 家，查处各类违法违规案件 2 708 起，罚款、没收违法所得 1 219.30 万元。通过严罚重处，全省药品、医疗器械生产经营秩序得到进一步好转。

二是加强生产流通领域质量监管。围绕产业结构升级，深入开展建材专项整治行动。

省质监局联合八个部门转发国家质检总局《关于印发〈2016—2017 年全国建材市场秩序专项整治工作要点〉的通知》，加强建设工程使用的钢筋、水泥及其制品等大宗建材产品质量的监管，加强对装饰装修材料、涂料、电线电缆、低压电器、散热器等直接涉及民生的建材产品的执法检查。

在全省范围内组织开展了打击取缔“地条钢”专项行动。通过专项行动，加大了国家产业政策的执行力度，保持了对“小水泥”“地条钢”“瘦身钢筋”的高压打击态势，将建材专项整治进一步引向深入。

省工商局以家用电器、装饰装修、儿童用品、汽车用品等为重点，开展流通领域商品质量监管和日常监督检查，共抽查检验3 876组重点商品，对979组不合格商品向社会进行了公示。严厉查处假冒伪劣及质量不合格商品，查办案件1 466件，涉案金额1 035.7万元。

三是依法严格查处侵犯知识产权行为。

省工商局继续以涉农商标、涉外商标、地理标志商标为重点，对商标侵权行为保持高压打击态势；重点查办跨区域、大规模、社会公众反映强烈的商标侵权案件。严厉打击各类侵犯“汾”酒系列注册商标专用权行为。截至9月底，全省共查处侵权假冒汾酒注册商标专用权案件43件，罚款57万余元，其中移送司法机关1件，案值5.4万元。

省知识产权局以电商领域、展会、民生领域、重大项目等为切入点，不断加强专利行政执法保护工作，多次组织太原市知识产权局、省知识产权维权援助中心对市内主要超市、医疗器械及建材等市场开展执法检查，共计检查商品千余件，发现大量案件线索。截至2016年底，共查办专利侵权假冒案件48件。通过执法检查，市场环境得到净化，进一步提高了全社会的知识产权保护意识。

省新闻出版广电局坚持日常巡查与抽查暗访相结合，突出图书报刊音像市场、交通枢纽、集市景区、数码电脑城等重点部位的监管，多批次地组织各级版权管理、文化市场行政综合执法等相关部门开展全省出版物市场清查行动，严格依法依规查办各类侵权盗版违法案件。全省各类较大侵权盗版案件查办数量达到50起。

省检验检疫局持续开展“绿蕾”行动。围绕“管得住、检得出、检得准、检得快”的要求，严厉打击非法邮寄和携带植物种子种苗以及逃漏检等违法行为。截至10月底，从旅客携带物中截获有害生物59种次。

省林业厅以查处无证、无签生产林木种苗，未经权利人授权，盗用授权品种专利和地理标志等进行营利性种植、生产和销售的侵权行为为切入点，深入推进“双打”工作。截至2016年底，全省累计核发林木种子生产经营许可证3 160套，标签3万张。并抽检了11个市23个县30个单位36批苗木的保障性国有苗圃和重点工程造林的苗木质量。

（六）直面问题，迅速行动，严厉打击成品油市场两大顽疾

“土炼油”和“黑加油站、黑加油点、黑加油车”（简称“三黑”）是成品油市场屡禁不止的两大顽疾，在给消费者造成损害、扰乱市场秩序的同时，也带来了严重的环境污染和安全隐患。2016年7月、10月《南方周末》和《经济参考报》连续对山西的“土炼油”“三黑”情况进行报道，针对存在的问题，山西省委、省政府高度重视。省领导批示后，省双打办迅速召集会议，会同相关部门研究处置方案，成立成品油市场专项治理工作小组，协调推进工作落实。

经过4个月的大力整治，共排查出违法生产加工经营“土炼油”企业和个体户47家。其中，违法生产加工企业14家、违法生产加工经营个体户20家，收集废机油个体户13家。共下达《责令改正违法行为决定书》责令停产整改企业14家，取缔清理个体户33家，立案查处企业3家，个体户1家，刑事拘留3人。查处黑加油站（点）536处，黑加油车107辆，查封不达标油品2 900余吨，查封加油设备270余件，罚款100余万元，行政拘留71人，移送公安机关立案8件。有力地净化了成品油市场，对违法犯罪行为起到了震慑作用。

二、真抓实干，注重创新，山西“双打”亮点纷呈

2016年，全省“双打”工作坚持打击与保护相结合，坚持专项整治与日常监管相结合，坚持治标与治本相结合，坚持阶段目标与长效机制相结合，组织有力、行动有效、重点突出、常态跟进、成效喜人。回顾全年工作，亮点突出，特点鲜明。

（一）加强组织建设

山西省委、省政府深刻认识“双打”工作的重要性、紧迫性和艰巨性，将“双打”工作纳入全省经济社会发展的总体战略部署统筹考虑，把“双打”工作列为全省目标责任考核和平安山西建设考核的重要内容。各市人民政府打击侵权假冒领导小组和省级各成员单位在全省目标责任考核的“指挥棒”指引下，高度重视“双打”工作，认真落实打击侵权假冒目标责任，真正做到了人员、工作责任、经费的三落实。省级各成员单位都落实了专人负责“双打”工作责任，实行联络员所在处室牵头相关业务处室配合的工作机制。大同市经编制部门批准，将打击侵权假冒领导小组办公室作为常设专职机构予以单列。全省11个市都把“双打”工作经费列入财政预算管理。各级领导的重视、机构人员的落实和职责任务的明确，是山西打击侵权假冒工作水平提升的重要保障，更是山西工作的一大特点。

（二）注重顶层设计和机制建设

一是建立绩效考核机制。发挥好绩效考核“指挥棒”

的作用，以省领导小组名义制定了《2016年度各市打击侵犯知识产权和制售假冒伪劣商品工作绩效考核办法》，印发了《2016年度各市打击侵权假冒现场绩效考核工作手册》，组成6个组分别由6名副厅级领导带队，对全省11个市年度打击侵权假冒工作进行考核。考核结果由省打击侵权假冒领导小组办公室向省考核办提供具体得分，作为减分事项进入对各市目标责任考核的总评分。同时，考核结果也列入省综治办对各市社会综合治理的考核内容，把单项的工作纳入到全省经济社会统一考核的范畴，提升了“双打”工作的分量。

二是完善两法衔接机制。以制度建设为抓手，加强行政执法机关与公安机关之间的线索通报、案件移送和受理，强化检察院对案件移送、受理、立案的监督机制，确保行政执法与刑事司法衔接工作有关制度落到实处。省领导小组办公室修订了《山西省打击侵权假冒领域行政执法与刑事司法衔接信息共享平台管理办法（试行）》，制定了《山西省打击侵权假冒领域行政执法与刑事司法衔接信息共享平台应用考核办法》。省人民检察院牵头与省人民法院、公安、农业、林业、文化、商务、工商、质监、新闻出版广电、食药、知识产权、海关等建立了行政执法与刑事司法衔接工作机制；省食药监局与省公安厅、省检察院、省高院、省食安办共同出台了《山西省食品药品行政执法与刑事司法衔接工作办法实施细则》。机制的建立，保障了行政机关与司法机关能够就“双打”工作进行有效沟通，从而形成打击合力。

三是构建区域合作机制。针对不法分子制假售假更加隐蔽、手段不断翻新的新情况，为有效防范和化解系统性区域性风险，充分发挥打击侵权假冒工作统筹协调机制作用。省双打办与北京、天津、河北、内蒙古打击侵权假冒工作领导小组办公室共同制定《京津冀晋蒙五省（区、市）打击侵权假冒区域协作共同指引》，深化部门执法协作，拓展了京津冀晋蒙五省（区、市）打击侵权假冒工作的广度和深度；太原海关印发了《关于开展中美海关知识产权联合执法行动的通知》，制定对输美商品、输港货物监管和查验的具体措施。长治市知识产权办公室与冀鲁豫三省11个市签署了跨地区知识产权行政执法章程，加强区域执法协作。

四是建立政企协作机制。制定出台了《山西省构建政企协作打击侵权假冒工作机制方案》，明确省、市双打领导小组办公室要建立打击侵权假冒协调工作机制；省、市双打领导小组成员单位之间，建立打击侵权假冒会商工作机制；行业协会建立联系企业、沟通政府的打击侵权假冒联系沟通工作机制；龙头和品牌企业内部建立维权打假工作机制；省、市负责宣传工作的双打成员单位，与行政执法和刑事司法部门、行业协会、企业、社区、其他社会组织要建立打击侵权假冒宣传工作机制。“五位一体”工作机制的建立，形成了社会共建、共治、共享新局面。

（三）高度重视打建结合

“双打”工作的目的不仅在于“打”，更在于“建”，不仅要严厉打击处罚现有的侵权假冒现象，更要积极树立正面导向，通过品牌的力量，在全社会形成重品牌、重品质、重正版、重形象的良好氛围。继续开展山西品牌中华行，“品牌行”是推动山西经济转型升级，实现“品牌兴省”的客观要求。截至2016年，累计行程10.4万公里，共组织近千家（次）在全国31个省会城市和港澳地区举办了38站活动，累计展出面积4.6万平方米，前37站（不含杭州站）现场销售4 007万元，签订销售合同33.34亿元，参展企业新增连锁加盟店600余家，百余种名优特产品进入全国200余家大中型超市。

按照省政府的要求，在中华行的基础上开展以“走丝绸之路、促合作共赢”为主题“山西品牌丝路行”活动。2015—2016年两年间累计行程9.76万公里，共组织273家（次）企业先后在匈牙利布达佩斯、吉尔吉斯斯坦比什凯克、俄罗斯莫斯科、意大利米兰、泰国曼谷、韩国首尔、波兰华沙、澳大利亚墨尔本、印度孟买参加了集中展示展销，累计展出面积5 280余平方米。前八站（不含印度孟买）共成交8.75亿元人民币，其中现场销售363.8万元，签订贸易合同（意向采购）6.98亿元，对外投资类合同及意向1.81亿元。

（四）大力营造舆论氛围

在营造社会舆论和提高全民素质上下功夫，多形式、全方位、立体式开展工作，开展“3·15消费者权益保护日”“4·26知识产权宣传周”“5·15防范和打击经济犯罪宣传日”“全国海关法制宣传日”“12·4国家宪法日”“全国质量月”“诚信兴商宣传月”等活动，收到了良好的效果。

一是省双打办与省委宣传部联合制定了全年宣传工作实施方案，充分利用电视、广播、报刊、网络等大众媒体，大力宣传打击侵权和假冒伪劣的政策措施、工作进展和成效，山西日报、山西广播电视台、山西新闻网、黄河新闻网等主流媒体专门开设了“双打”宣传专栏，及时报道“双打”资讯。同时，充分利用户外电子屏、公交车载移动电视、建筑物围挡等户外宣传媒介，广泛宣传打假工作的重要意义、典型案例等，提高了广大公众抵制假冒伪劣商品、维护自身权益的意识。

二是积极开展集中宣传教育实践活动。省新闻出版广电局在“4·26知识产权宣传周”期间，积极开展版权宣传进媒体、进机关、进企业、进校园和全省知识产权街头集中宣传“四进一集中”活动。太原、晋城、阳泉等市利用公交移动媒体和城市核心区域的楼宇LED播出版权宣传片达1 750余次。吕梁市组织专人在网吧开设宣传专栏，张贴版权宣传海报300余张；大同市利用短信平台开展针对性宣传，发送3 000条以保护版权为主题的宣传短信给全市出版、发行、印刷、网吧等重点部位。太原市印制18万册《小学生漫画版权读本》发放给全市十县（区）各小学学生，做到版权宣传从娃娃抓起；朔州、晋城、阳泉、运城等市纷纷在城市广场、图书馆门前、主要街区以摆放宣传展板、发放宣传资料、现场解答问题等多种方式，宣传法律知识。

三是利用新媒体，组织网上正面宣传报道，积极引导网上舆论。指导协调各市新闻办和有关部门在当地主流媒体和门户网站，对“双打”工作进展、阶段性成果、发现的问题及处理情况等信息进行公开，组织黄河新闻网、山西新闻网等网站刊发相关宣传报道稿件。同时，向中国打击侵权假冒工作网及时报送“双打”工作有关信息。

四是加强工作简报编发和信息交流。省领导小组办公室向全国打假办报送工作信息260余条，其中170余条信息被全国打击侵权假冒工作网采用。全国双打办有三期简报专刊报道山西打假工作。

五是加强业务培训。省双打办加强对行政执法部门和地市的业务培训，省农业厅、省林业厅和晋城市分别组织“两法衔接”信息共享平台管理人员集中培训，省双打办技术人员到会进行实操讲解和演示，大大提高了工作人员的素质。

（撰稿人：闫青堂）

内蒙古自治区打击侵权假冒工作报告

2016年，内蒙古自治区打击侵权假冒工作按照国家的统一部署，认真贯彻落实依法治区战略，打防并举，全面推进。为学习和传达2016年全国打击侵权假冒工作电视电话会议精神，自治区打击侵权假冒工作领导小组召开了由自治区各成员单位、各盟市、各旗县（区、市）参加的全区打击侵权假冒工作电视电话会议，认真总结2015年全区打击侵权假冒工作，对2016年自治区打击侵权假冒工作进行了全面工作部署，下发了《自治区2016年打击侵犯知识产权和制售伪劣商品工作要点》，要求各盟市、各成员单位要按照工作要点，把打击侵权假冒工作纳入重要议事日程，加强组织领导，落实工作责任，加强监督检查，确保把各项工作落到实处。由于工作部署及时，监督有力，措施得当，有效地推动了全区打击侵权假冒工作顺利开展，并取得了新的成果。

全年全区行政执法机关共查办侵权假冒违法案件3 554件，办结4 719件、金额1 275.54万元。公安机关破案87件，抓获犯罪嫌疑人127人，涉案金额1 389.47万元。检察机关共批捕涉嫌犯罪案件55件、79人，起诉91件、153人。审判机关受理刑事案件25件，审结17件，判决22人。

一、着力推进专项整治行动

根据全国打假侵权假冒工作部署，及时制定工作方案，组织开展各专项行动。

（一）集中开展互联网领域侵权假冒专项治理行动

认真贯彻落实《国务院办公厅关于加强互联网领域侵权假冒行为治理的意见》精神，以自治区人民政府办公厅名义印发《关于加强互联网领域侵权假冒行为治理的实施意见》，加强互联网领域侵权假冒行为治理，营造开放、规范、诚信安全的网络交易环境，扭转互联网领域侵权假冒多发、高发态势，促进自治区电子商务健康发展。自治区工商局在全区范围内开展了2016“红盾网剑”专项行动，集中整治一批非法主体网站，严厉查处网络商标侵权和销售假冒伪劣商品等违法行为，有效净化网络市场环境，全区已有1.48万户涉网企业、1.82万户平台网店纳入管理。自治区版权局等四部门联合开展“剑网2016”打击网络侵权盗版专项工作，召开了全区“剑网2016”专项行动电视电话会议，制作打击网络侵权盗版专项行动公益广告，运用多部门网络专项治理协作机制，针对网络音乐、网络云存储空间等重点领域进行全面清查，共办理版权案件31起，移交公安机关2起。自治区质监局对河北省清河县109家电商店铺销售的鄂尔多斯、鹿王等内蒙古品牌羊绒制品进行了网上抽样，送检样品78个批次，其中羊绒衫不合格占85.7%，羊绒线不合格占97.56%。由此，国家质检总局执法监督检查司开出当年首份行政执法稽查建议书，建议邢台市人民政府组织有关部门对清河县电商店铺销售的羊绒制品开展调查，并开展集中整治。各属地网站建立举报部门，向社会公布举报电话，配备专职人员，受理网民关于属地本网站所有侵权假冒的举报，对网民举报的不良信息在规定时间内进行审核和删除，并及时向网民反馈举报处置结果。

（二）全面开展农村和城乡接合部市场假冒伪劣专项整治

印发了《关于印发 2016 年内蒙古自治区打击农村牧区和城乡结合部市场假冒伪劣行为工作方案的通知》，围绕重要节庆时点和春耕、夏种等重要时段，针对农村牧区市场侵权假冒易发多发的商品，从生产源头、流通渠道和消费终端三个方面大力整治，加强全链条监管，严厉打击违法犯罪，保障农村牧区市场安全。质监部门共出动执法人员 3 857 人次，检查农资生产经销企业 1 848 家，立案 85 起，涉案货值 39.62 万元，罚款、没收违法所得 46.82 万元；农牧业部门对 9 个盟市、31 个旗县、38 个乡镇的 25 个集中种子交易市场、506 个种子经营门店进行了抽检，有力打击侵权套牌、未审先推等违法行为，并将全区检查情况进行了通报。开展了“放心农资下乡进村宣传周”活动，发放了如何识别真假农资、推广农畜产品安全生产知识等宣传资料，传授农资识假辨假常识，普及法律法规知识，提高农牧民质量安全意识和维权能力。

（三）持续开展中国制造海外形象维护“清风”行动

制定印发了《2016 年内蒙古自治区中国制造海外形象维护“清风”行动实施计划》，对全区开展 2016 年中国制造海外形象维护“清风”行动工作目标、工作重点、保障措施、工作步骤等进行了部署。要求各部门、各地区充分认识“清风”行动重要性和必要性，加强对专项行动的组织领导，逐级落实工作责任，结合实际重点针对出口拉美国家的重点商品和领域，有序开展专项整治，加强对生产源头、流通渠道和进出口环节的监管，严厉查处跨境制售侵权假冒商品违法行为，维护中国制造的良好形象。在“清风”行动中，质监系统以羊绒制品为重点对辖区内 70 多家羊绒生产企业进行监督抽查，抽样 48 家企业 87 个批次产品。针对民族工艺品抽查了 18 家民族工艺品店，涉及 20 个批次内蒙古地区生产的皮革装饰画、皮笔筒、皮酒壶制品等；海关开展为期一个月的“中美知识产权保护联合执法”行动，打击输美侵权假冒商品的违法行为，按规定销毁一批侵权物资；出入境检验检疫部门重点对出口拉美国家的重点商品和主要企业进行了专项检查，共检查 51 家出口企业，涉及氢氧化钠、番茄酱等十余个品种，出口国涉及巴西、哥伦比亚等 12 国。

（四）深入推进软件正版化工作

制定了《内蒙古自治区推进政府机关使用正版软件工作考核评价实施细则》，政府机关软件正版化工作正式纳入自治区党委政府对盟市厅局党政领导班子年度考核指标；全面开展全区国有企业软件正版化工作，制定了《推进自治区直属企业使用正版软件工作实施方案》及《软件正版化工作进度安排表》，按照“一企一策”的方式，分户下达各企业软件正版化年度推进目标；建立自治区、盟市、旗县三级机关单位软件正版化工作具体责任人数据库，推动各级机关单位部门责任人切实抓好本机关单位使用正版软件；强化培训，全年共组织举办各类版权培训班 5 次，参训人员超过 300 余人次，有效提升了基层版权执法队伍的业务水平和执法能力。

二、强化行业日常监管

（一）加强药品和医疗器械监管

严肃查处药品生产经营企业制售假药劣药案件，加强对跨省区药品、化妆品、医疗器械等违法案件查处的督查督办。共立案查处有关案件 25 起，涉案货值 2 亿多元。

（二）加强车用燃油监管

严格成品油批发零售资质管理，严肃查处销售伪劣油品等违法行为。质监系统查办汽柴油违法案件 9 起，取缔 1 家无经营资质加油点。工商系统查处不合格成品油案件 24 件，案值 54.74 万元。

（三）加强重点商品市场监管

以建筑材料、汽车配件等商品为重点，深入推进集中整治。工商系统认真开展 2016 年度流通领域商品质量抽检测工作，完成儿童用品等 17 类商品 1 085 批次抽检，对不合格商品生产企业和有关经销商，要求按照相关法律法规主动采取召回、下架、退市等措施，并及时进行了处罚。文化部门突出节假日、重大活动等监管，对全区 270 多家文化市场经营场所开展交叉执法监督和明察暗访，发出通报 10 期，整改回复报告 10 期。农牧业部门对 2016 年种子生产田转基因情况进行检查，共检查 623 份样品，取样点数 5 100 个，代表制种面积 11 万亩，对检测不合格的玉米种子田进行了铲除处理。

（四）查处侵犯知识产权行为

严肃查处恶意抢注商标行为，开展印刷复制发行专项检查，严肃查处侵犯植物新品种、地理标志等知识产权的违法行为。工商部门对涉嫌侵犯“中国黄金”“周黑鸭”等注册商标案件及时处理，对伊利集团反映的假冒伊利“巧脆棒”（雪糕）注册商标投诉进行了研究和解答，及时处理了荷兰米拉尼有限公司上海代表处反映呼伦贝尔市民心食品有限公司侵犯其“风车”注册商标专用权问题等。知识产权部门先后入驻“中国（满洲里）北方国际科技博览会”等展会，设立知识产权执法维权咨询服务台，为展会提供知识产权举报投诉与维权服务。展会期间，共查处假冒专利案件10件，保障了展会的顺利举办。林业部门开展了林木种苗行政执法专项行动，深入到生产经营单位、种苗基地、苗圃、造林地等，进行了植物新品种权摸底调查，在全区范围内未发现侵犯植物新品种权案件及被侵权情况。

（五）强化侵权假冒商品环境无害化销毁工作

按照环保部办公厅《关于做好侵犯知识产权和假冒伪劣商品环境无害化销毁工作的通知》精神，组织开展了有关打击侵权假冒商品无害化销毁工作，将侵权假冒商品环境无害化销毁工作纳入重要议事日程，加强执法部门的协作，指导相关执法部门分类处理收缴的侵权假冒商品，杜绝露天焚烧，简单填埋，随意堆放倾倒等不规范行为。共计无害化销毁侵权假冒商品4.98吨，涉及啤酒、化妆品等8大类商品。

三、积极推动“两法衔接”、行政处罚信息公开工作

（一）积极推动打击侵权假冒“两法衔接”

为了推动“两法衔接”信息共享平台的应运工作，印发了《关于做好2016年打击侵权假冒相关工作的通知》，并对自治区各成员单位，各盟市、各旗县（区、市）打击侵权假冒办相关工作人员再次进行了应用培训。要求自治区、盟市和旗县三级行政执法部门和刑事司法部门，将打击侵权假冒行政执法与刑事司法衔接相关信息录入信息共享平台，并针对个别部门、个别地区工作进展缓慢问题进行了督促和通报。在2016年度绩效考核中，增大了“两法衔接”信息共享平台应用考核的分值，进一步推进了全区的“两法衔接”工作。

（二）全力推进行政处罚案件信息公开

及时印发文件，督促各部门、各盟市依法主动公开的行政处罚案件相关信息。针对各级行政执法部门行政处罚案件信息公开工作进展缓慢，个别部门依然没有公开行政处罚案件信息的情况，自治区打击侵权假冒办召开联络员会议进行再布置和督促，并根据各部门提供的门户网站网址进行了全面监督检查，并对各行政执法部门信息公开工作情况进行了通报。目前，各行政执法部门按照要求公布了本部门行政处罚案件信息公开门户官方网站，按要求依法公开了本系统行政处罚案件相关信息。

四、努力推动跨区域跨部门协作

按照跨区域、跨部门协作要求，建立有关工作机制。一是由自治区打击侵权假冒办牵头，会同自治区农牧业厅等13个部门，建立了《内蒙古自治区打击侵犯知识产权和制售假冒伪劣商品领域行政执法与刑事司法衔接工作机制》；二是自治区食药监管局会同自治区公安厅、自治区检察院、自治区高级人民法院印发了《关于加强食品、药品领域行政执法与刑事司法衔接工作的意见》；三是会同北京市、天津市、河北省、山西省印发了《京津冀晋蒙五省（区、市）打击侵权假冒区域协作共同指引》。为推进打击侵权假冒跨区域、跨部门联合执法奠定了良好基础。

五、开展形式多样的宣传教育工作

印发《2016年内蒙古自治区打击侵权假冒工作宣传方案》，明确了指导思想，指出了宣传重点和宣传方式，提出了工作要求。要求自治区各部门、各地区主动加强与宣传部门的沟通联系，研究制定年度宣传工作方案，充分利用广播、电视、报纸等各类新闻媒体和微博、微信、移动客户端等新技术手段，扩大宣传覆盖面，统筹做好宣传报道。

全区新闻媒体根据打击侵权假冒宣传工作要求，坚持正确的舆论导向，坚持正面宣传为主，策划了一系列新闻宣传。内蒙古日报、北方新报等媒体围绕“3·15”消费者权益日，共计发稿100余篇。内蒙古新闻网全年转载关于“3·15”国际消费者权益日相关稿件110余篇，“4·26”世界知识产权日相关稿件19篇，“5·15”打击和防范经济犯罪宣传日相关稿件19篇，“8·8”海关法制宣传日相关稿件7篇，“12·4”国家宪法日相关稿件31篇，全国网络诚信宣传日相关稿件33篇。内蒙古广播电视台蒙汉语广播电视各新闻节目总播发打击侵权假冒宣传近160条，制作专题5期。通过开展形式多样的宣传教育，为全社会营造了打击侵权假冒、自觉抵制假冒伪劣商品的良好氛围。

按照全国打击侵权假冒办工作部署，分别按周、按月、按季度及时更新发布工作动态、政策法规、地方风采、识假辨假、典型案例及图片新闻等相关信息300余条，并做好日常维护工作，保障了内蒙古地方子站正常运行。

六、督促做好绩效考核相关工作

（一）做好全国打击侵权假冒工作领导小组对全区的绩效考核工作

全国双打办2016年度省（区、市）打击侵权假冒绩效考核办法通知下发后，自治区立即召开打击侵权假冒领导小

组成员会议，就2016年度打击侵权假冒绩效考核内容、评分标准、承担部门、考核方式等向各有关成员单位进行部署，要求各有关成员单位一定要提高认识，高度重视打击侵权假冒绩效考核工作。要求各成员单位之间、成员单位内部之间、各成员单位与上级部门之间要加强协调配合；工作内容上要查漏补缺；工作方法上要注重细节；要完善各项工作机制。针对历年绩效考核中存在的问题，按照考核项目，逐项逐条对照，做实做细，一定要通过绩效考核查找出工作中的不足和问题，增强做好工作的信心。

（二）强化对各盟市打击侵权假冒工作的绩效考核

印发了《关于开展2016年度盟市打击侵犯知识产权和制售假冒伪劣商品违法犯罪活动绩效考核的通知》，对各盟市打击侵权假冒工作绩效考核进行部署，对各盟市进行实地绩效考核，同时结合日常考核，圆满完成了2016年度盟市绩效考核工作。

2016年自治区打击侵权假冒工作迈上了一个新的台阶。自治区打击侵权假冒工作领导小组办公室作为牵头部门，将继续发挥牵头作用，认真履职尽责，组织、协调各部门、各地区积极主动开展各项工作，齐心协力，通力合作，推动全区打击侵权假冒工作向更深入开展。

（撰稿人：吕秀山）

辽宁省打击侵权假冒工作报告

2016年，辽宁省认真贯彻落实全国打击侵权假冒工作领导小组决策部署和省委、省政府工作安排，加强统筹协调，创新工作举措，加大整治力度，狠抓督查落实，取得了明显成效。全年各级行政执法部门共立案查处侵权假冒案件3 616件，涉案金额1 950.2万元；全省公安机关共查处侵权假冒案件2 220件，涉案金额7.8亿元；全省检察机关审查起诉侵权假冒案件394件670人；全省法院审结侵权假冒案件38件，判决79人。侵权假冒违法犯罪行为得到了有效遏制，社会各方面给予了积极评价。

一、强化组织领导，完善制度机制

辽宁省委省政府对打击侵权假冒工作高度重视，将其作为维护市场秩序、维护公平竞争、维护群众利益的重要内容，列入全省重点工作，2016年初，省领导亲自主持召开了省打击侵权假冒工作领导小组会议和全省打击侵权假冒工作电视电话会议，贯彻部署全年工任务。省领导小组坚持每季和重要工作部署前召开省领导小组成员单位联络员会议，及时统一思想，明确阶段性工作重点。积极推动省际跨地区、跨部门执法协作及信息共享互认机制，与吉林、黑龙江两省联系沟通，建立了《东北三省打击侵权假冒工作联动机制》为进一步推进“两法衔接”平台应用和信息公开工作，印发了《关于进一步做好打击侵权假冒领域两法衔接及行政处罚案件信息公开工作的通知》，明确了各地政府和有关部门的职责，确定了定期检查通报和督导考评制度。各市也分别在工作中积极探索有效的长效机制，鞍山市完善了《鞍山市打击侵权假冒工作定期通报制度》，营口市制定了《建立与完善营口市打假侵权领域行政执法与刑事司法衔接工作机制的实施意见（试行）》，盘锦市编制了联络员会议、重大案件督办、年度考核等八项工作制度手册。

二、突出整治重点，强化工作落实

（一）狠抓重点专项整治工作

辽宁省各部门各地区紧紧围绕专项整治开展工作。

在打击互联网领域侵权假冒工作中，网信部门严格按照标准对网站所有栏目、频道进行筛查，对网站服务器、防火墙等软硬件设施实施严格检查。文化部门着力打击网络文化经营中的侵权假冒及危害国家文化安全行为；工商部门制定网络监管条线“红盾网剑”考核方案，定期召开专项行动推进会，严查网络交易非法主体网站；质监部门强化“网上发现、线索通报、源头追溯、属地查处”机制，在全系统内组织了摸排工作，加强了属地查处力度。新闻出版广电部门强化网络交易平台监管，规范网络音乐版权和云存储空间版权，积极推动音乐网站版权自律和相互授权，遏制利用网络云存储空间侵权盗版行为；通信管理部门突出“网站备案率”和“备案信息准确率”两个关键指标，强化域名、IP和网站实名管理。

在农村和城乡接合部市场监管执法整治中，公安部门以农资涉假案件为工作重点，集中时间、集中警力，突出打击，坚决维护农业生产安全和农民群众利益；农业部门坚持监督管理与服务相结合，加强农资质量抽检，并与公安、工商等部门建立了联合执法协作机制，加强种子、农药、肥料等农业投入品专项执法；海洋渔业部门围绕涉及渔民生命财产安全的救生、消防、通导等重要设备，实行渔船、船厂和产品生产企业协调行动，开展整治清查；畜牧部门围绕兽药、饲料生产经营重点，突出重点区域、重点市场、重点产品、重点季节的集中整治。

在中国制造海外形象维护“清风”行动中，工商部门加强日常监管，严厉打击涉外侵权假冒违法行为，沈阳市工商局查处了沈河区某珠宝饰品店销售假冒卡地亚饰品案，案值2.58万元。检疫检验部门严格源头管理，确保货物溯源，以查处伪造或变造检验检疫证书为重点，加强产品原产地标记和空白证书管理。海关部门充分利用海关查获的案件、通关作业、国际海关互助渠道交换的情报等信息，对敏感线路、敏感商品主动进行风险分析，加大查验力度。

（二）推进行政执法与刑事司法衔接工作

辽宁省建立了涵盖省市县三级的“两法衔接”信息共享平台，实现了与中央对接，认真落实领导小组印发的《辽宁省打击侵犯知识产权和制售假冒伪劣商品工作行政执法与刑事司法信息共享平台管理办法（试行）》，2016年8月，为进一步推进工作，又印发了《关于进一步做好打击侵权假冒领域两法衔接工作的通知》，确定了定期检查通报和督导考评制度，加大了在考核中的分值比例，并于10月份，针对各地区“两法衔接”平台应用情况进行了通报。截至2016年底，全省2016年度“两法衔接”平台录入案件总数3 368件，处罚案件2 358件，结案2 827件。其中，从全省行业上看：省工商、省食药、省知识产权部门录入结案比率较高；从各地看：丹东、锦州、营口录入结案比率较高。

（三）落实行政处罚案件信息公开

认真落实《辽宁省制售假冒伪劣商品和侵犯知识产权行政处罚案件信息公开管理办法》，相关部门分别完善了各自实施办法，8月份，省领导小组又印发了《关于进一步做好打击侵权假冒领域信息公开工作的通知》，并强化了工作落实，同时，两次下发《省打击侵权假冒工作领导小组办公室关于开展信息公开督查的通知》，并对督查情况进行通报，推动行政执法部门依法、主动、及时公开案件信息。2016年，全省公开行政处罚案件信息2 637余件，较2015年增加1 000多件。其中工商部门案件信息全部公开。

（四）强化业务培训和绩效考评

为进一步推进打击侵权假冒工作，提升业务人员素养，省领导小组办公室克服困难，组织了专家组分赴省内14个市，对市县（区）打击侵权假冒成员单位工作人员进行了业务轮训，全省近3 000人参加了培训。自2012年起，辽宁省就将打击侵权假冒工作纳入了省政府对各市的绩效考评工作中，2013年起又将其纳入社会管理综合治理考核评价体系，考核评价工作有力地促进了工作。2016年，省领导小组在组织部门考核的基础上，又组织省公安厅、省农委、省文化厅等7个考评组，由厅局级领导带队赴14个市和14个县（区）进行现场考核。

三、加强行政执法，加大监管力度

全省各部门认真落实《2016年辽宁省打击侵犯知识产权和制售假冒伪劣商品重点工作实施方案》，以开展专项整治活动为载体，扎实推进打击侵权假冒工作，较好地维护了市场秩序和广大群众的利益，净化了市场环境。

发展改革部门积极推进守信联合激励和失信联合惩戒，全力做好行政许可和行政处罚等信用信息公示工作。

农业部门严格实施农资监管，严厉打击违法违规行为。海洋渔业部门实行渔船、船厂和产品生产企业协调行动，严厉打击船用产品生产、经销、使用环节的假冒伪劣行为。

环境保护部门完善侵权假冒商品环境无害化销毁工作部门协作共享机制，着力抓好无害化销毁工作。

林业部门加强林木种苗质量管理，打击制售和使用假冒伪劣林木种苗行为。

文化部门以网络（手机）游戏、音乐、动漫为重点，组织查处互联网文化产品和经营单位违法违规行为。

卫生部门加强辖区内湿巾、抗菌制剂等产品监管检查力度，完善手持执法终端使用。

工商部门以网络交易监管、红盾护农、商标专用权保护为重点，深入开展专项行动。

质监部门围绕食品相关产品、小家电、日用化工、五金电料等消费品和种子、化肥、农药等农资产品，组织专项检查。

检验检疫部门积极开展“清风行动”，严厉预防打击辖区内假冒伪劣商品出口。新闻出版广电部门积极开展互联网打盗维权、推进软件正版化、印刷业源头等专项治理工作。

畜牧部门围绕兽药、饲料生产经营深入开展执法检查，加强查处和清缴力度。

食品药品监管部门着力开展农村食品销售，加强网络订餐食品安全监管，推进“行刑”“行管”衔接和识假辨假宣传工作。

知识产权部门加强了互联网领域的专利执法保护，强化对电商领域发生的专利侵权假冒案件进行查办。

国地税部门强化税警协作，加大查处力度，遏止虚开、伪造、变造发票等违法行为。

烟草部门坚持联合机制，加强市场核查，持续保持卷烟打假高压态势。

四、强化司法打击，震慑违法犯罪

公安机关始终坚持民意导向，立足挖源头、摸链条、打团伙、摧网络，以开展专业化打击和建设为主线，不断加大对侵权假冒犯罪的打击力度。据统计，2016 年，辽宁省公安机关共立各类侵权假冒案件 568 起，破案 559 起。其中，10 起大要案件被公安部列为部督案件，抓获犯罪嫌疑人 474 名，捣毁各类制假售假窝点 86 个，成功发起全国性集群战役 14 起，公安部专门下发贺电及嘉奖令予以通报表扬，中央、省级媒体多次集中报道辽宁省打击侵权假冒工作成果。

检察机关依法及时批准逮捕、审查起诉严重侵犯知识产权和制售假冒伪劣商品犯罪的案件。对危害食品药品安全犯罪专项立案监督，对于有重大影响的案件，及时予以督办。截至 12 月底，全省检察机关共受理提请批捕侵权假冒案件 213 件 340 人。其中，受理侵犯知识产权案件 36 件 58 人；受理制售假冒伪劣商品案件 177 件 282 人。共批捕侵犯知识产权案件 17 件 25 人，制售假冒伪劣商品案件 87 件 134 人。审查起诉侵犯知识产权案件 32 件 69 人，制售假冒伪劣商品案件 283 件 468 人。

各级法院充分发挥审判职能作用，做好相关案件的审判工作，从稳定社会的高度，对这类危害人民群众切身利益的犯罪，根据其行为违法性、社会危害性依法予以打击。全省各级法院共受理生产销售伪劣商品及侵犯知识产权案件 56 件，审结 48 件、112 人。有力震慑了犯罪分子，维护了社会经济秩序，保护了人民群众的合法利益，取得较好的法律效果和社会效果。

五、规范管理使用，巩固软件正版化成果

全省软件正版化工作以规范管理和维护，加强软硬件采购源头管理为重点，推进政府机关软件正版化工作规范化、标准化。同步推进企业软件正版化，指导企业建立健全相关制度。省版权局组织召开了三期省直机关软件正版化业务培训会议，省直 184 家单位软件正版化工作的部门负责人和技术人员参加会议，80 家省直机关单位的正版化工作负责人，参加由国家版权局举办的 2016 年第三期政府机关软件正版化工作培训班。派出四个检查组，开展省市县三级政府机关软件正版化督导检查。联合省国资委组织召开了全省国有企业软件正版化工作推进会议，组成两个督查组对 26 家省属国有企业进行了实地督导检查，有力地推进了软件正版化工作。

六、加大宣传力度，营造良好氛围

辽宁省各地区各部门利用多种渠道、发挥各级各类媒体作用，通过多种形式大力宣扬辽宁省在打击侵权假冒方面采取的措施、取得的成果，同时广泛宣传识假辨假知识，提高人民群众的自我防范、自我保护意识和能力，取得实效，广大群众对打击侵权假冒工作有了较深的认识。中央、省级媒体多次集中报道辽宁省打击侵权假冒工作成果。辽宁日报刊发《建材产品执法打假宣传活动全省铺开》《国家联动抽查木质产品　辽宁省合格率 88.3%》《认可日质监部门教市民“识假辨假”》等多篇报道。辽宁广播电视台《辽宁新闻》《第一时间》《说天下》《今晚播报》等栏目以及各栏目官方微博、“辽宁号”新闻客户端同步播发、推送相关报道，先后播发了《辽宁省举办中美知识产权保护高级研讨会》《辽宁省集中开展打击整治假冒伪劣消防产品专项行动》等重点报道近百篇。

公安机关坚持宣传贯穿工作始终，充分利用舆论宣传工具，广泛利用报纸、杂志、电视、互联网和“5·15 侵权假冒宣传日主题活动”，开展了形式多样的宣传活动。

省农委举行了放心农资下乡进村宣传周活动，组织执法人员、农技人员深入各场镇开展现场宣传咨询。

新闻出版广电部门积极组织版权宣传，举办了“侵权盗版及非法出版物集中销毁活动”及绿书签系列宣传行动。

沈阳海关加强对外宣传，投入专项经费制作了知识产权宣传展板、宣传标语展架，印制了宣传手册、宣传袋发放给各业务现场。

（撰稿人：李庆勇）

吉林省打击侵权假冒工作报告

2016年，吉林省打击侵犯知识产权和制售假冒伪劣商品工作领导小组认真学习党的十八大和十八届五中、六中全会精神，贯彻落实国务院和省委省政府的决策部署，全省各地、各部门开展重点领域治理，认真加强日常监管，持续推进“两法”衔接和信息公开，积极推动跨区域、跨部门执法协作，取得了新的成效。据统计，2016年，全省行政执法部门查处侵权假冒案件1 396件、办结案件1 411件（含旧案结案），案值2 273.36万元；公安机关侦破涉嫌侵权假冒犯罪案件428件，抓获犯罪嫌疑人498人，涉案金额14 093.55万元；检察机关批准逮捕侵权假冒案件57件103人，审查起诉146件306人；审判机关受理侵权假冒案件200件，审结181件，判决387人。

一、深入贯彻落实“双打”工作部署，强化重点领域治理

（一）认真贯彻全国“双打”领导小组工作部署

深入贯彻全国“双打”工作电视电话会议精神，及时组织召开省领导小组全体会议，统一思想，契合行动，总结经验，部署工作，并适时印发了2016年“双打”工作要点。吉林省在2016年度全国打击侵权假冒工作绩效考核中获得98.91分，在2015年全国第五名的基础上，又取得位次前移的好成绩。为全省平安吉林建设工作发挥了积极作用。省双打办认真组织相关单位参加2016年全国“双打”工作电视电话会议，省领导小组全体成员、各单位联络员近百人参加了分会场会议，全省各市（州）、县（市、区）相关单位近2 300人参加了各地分会场会议。

（二）持续推进长效机制建设

认真落实案件查办月报制度，及时准确上传“中国打击侵权假冒工作网吉林站”工作动态、典型案例、识假辨假等信息2 145条，编发简报28期，向全国双打办上报重要综合信息9篇，相关内容分别被全国双打办简报和中国打击侵权假冒工作网采纳。发布2016年行政执法部门公开处罚案件信息1 411件。积极推进行政执法与刑事司法有效衔接，全年录入平台行政处罚案件1 439件、移送案件67件。切实推动“两法”平台与工商部门“全国信用信息平台”对接，实现信息共享。同时，还建立了《东北三省打击侵权假冒工作联动机制》，推动三省在打击侵权假冒领域执法信息互通。

（三）深入抓好重点领域治理

全省各地、各部门加强互联网领域侵权假冒治理，强化农村和城乡接合部市场监管执法，持续开展中国制造海外形象维护“清风”行动，深入推进软件正版化工作。

在互联网领域专项整治中，全省公安机关破获互联网领域涉嫌侵权假冒犯罪案件62起，抓获犯罪嫌疑人87名，打掉犯罪团伙14个，涉案金额3 000余万元。全省文化市场综合执法机构查处网络游戏、利用手机传播有害信息等案件7起，吊销许可证9家。省工商局组织开展“2016网络市场监管专项行动”，检查网站、网店1 911次，删除违法商品信息27条，查处网络违法案件34件，罚款、没收违法所得125.2万元，关停网站14个。省食药监局成立专门互联网稽查执法队伍，查办违法案件13件，相关案件处理得到国家食品药品监管总局肯定。省新闻出版广电局集中组织开展“剑网2016”专项行动，立案查处互联网领域侵权案件40件，罚款总计28万元。省通信管理局强化网站备案管理，对5 282个网站进行电话拨测，拨通率为93.15%，准确率为96.55%，完成2016年网站备案信息拨测工作。吉林市累计查处网络违法案件5件，案值112.26万元，罚款、没收违法所得114.203 1万元。辉南县查处2起涉及非法下载影视作品案件，总计13 000余部，关闭涉案服务器4部。

在强化农村和城乡接合部市场监管执法专项整治中，全省各级农业部门深入开展“农资打假专项行动”和“放心农资下乡进村宣传周”活动，入农户倒查14 000余户次，查获违法农资产品29.4万公斤，涉案金额7 000余万元，共扦取种子样品10 724份，抽查农药样品210个，进一步保障了备耕农资产品质量安全。对农业部交办的2起案件进行了直接查办和处罚，收到良好效果。省工商局深入开展“农资打假百日行动”，共发出督办函8个，对72件农资案件进行了督办。省质监局扎实开展“质检利剑”专项行动，累计出动执法人员1 886人次、检查企业489家，对投诉举报和免费检测中发现的案源线索实施倒序追溯。辽源市相关部门深入两县两区10个乡镇、52家种子、农药等生产经营单位，实地检查企业5 046个次，累计立案查处假劣农资案件64件，结案57件，整顿市场1 019个（次）。

在开展中国制造海外形象维护“清风”行动中，加大

进出口商品质量监管力度，吉林出入境检验检疫局共检验出口拉美国家商品 628 批次、货值 2 749.7 万美元。其中，不合格商品 8 批次、货值 16.4 万美元；出口商品批次合格率为 98.7%，货值合格率为 99.4%。省商务厅加强对外投资合作企业业务监管，坚决打击制假侵权行为，并适时在商务厅网站发布对外投资合作领域不良信用记录企业信息。长春海关共办理侵犯知识产权案件 2 起，查获侵权物品 1 502件，涉及品牌 6 个，案值总计 2 万元。延吉海关、珲春海关加强跨境执法合作，收效明显。

在深入推进软件正版化工作中，省新闻出版广电局建立了机关单位软件正版化工作联系、沟通机制，软件正版化工作形成常态。组织 85 家省级机关单位软件正版化工作负责人进行培训，对依然存在问题的单位督促整改完善。继续推进相关企业软件正版化工作，与省国资委配合，对 11 家国有企业推进使用正版软件工作进行督导，下发整改通知。各相关企业建立了软件管理制度，对部分企业负责人进行了工作约谈。规范和整治了政府采购中标项目供货单位采购环节预装软件版权秩序。

二、强化行业日常监管，依法开展侵权假冒整治

（一）打击专利侵权假冒行为

省科技厅部署专利行政执法维权“护航”和电子商务领域“闪电”专项行动，督导长春、吉林两个省级维权援助中心和四个分中心快速处理电子商务领域举报投诉案件并及时转交。全省共调处专利侵权纠纷案件 79 件，结案 79 件，查处假冒专利 6 件。开展展会知识产权维权援助工作，设立 12330 知识产权举报投诉咨询台，各维权援助中心受理投诉案件 51 件，接听 12330 咨询电话 500 余个。

（二）打击侵犯著作权行为

全省各级版权执法机关对印刷复制企业和校园周边销售盗版教材行为开展集中治理，配合“扫黄”“打非”部门开展“秋风 2016”专项行动。全省共查处涉及版权侵权的行政处罚案件 68 件，移送司法机关案件 1 件，行政处罚 62.4 万元，收缴各类盗版制品近 5 000 件，关闭服务器 10 台。全省共有 15 个单位和 12 名个人（专案组）获得国家版权局 2015 年度查处侵权盗版有功单位和个人奖励，省版权局版权处获得有功单位一等奖。

（三）打击侵犯注册商标专用权和侵权假冒不正当竞争行为

省工商局开展商标印制和商标监管抽查工作，打击虚假宣传、傍名牌、限制竞争为重点的专项执法行动，全省共查办傍名牌案件 45 件，罚款、没收违法所得 32 万元。强化流通领域商品质量监管，查办商品质量案件立案 399 件，罚罚款、没收违法所得 249.16 万元。向社会发布抽检信息 26 条（次）。开展儿童及学生用品专项整治行动，全省共检查规范市场主体 7 599 户次，立案 50 件，案值 6.28 万元，开展行政约谈 23 次。组织开展成品油市场专项整治，全省共检查加油站 2 053 个次，查处成品油案件 42 个，案值 49.11 万元。

（四）打击制售假劣种苗和林业植物新品种权保护

省林业厅对全省 2016 年春季造林使用苗木质量进行检查，苗木抽检 26 个单位、5 个主要造林树种，共抽检 69 个苗批；抽检吉林省林木种子调制储备中心和延边州林木种子管理站共 3 个品种的库存种子，经检测 4 个种批全部合格。抽查 19 个县（市）、6 个国有森工局和 1 个省直单位的 5 个树种、69 个苗批，苗木质量全部合格。被抽查的 26 个单位中，发证率为 100%。

（五）开展药品和医疗卫生领域整治

省食药监局严厉打击食品药品违法犯罪行为，查处食品药品侵权假冒案件 324 件、捣毁制售窝点 13 个。完成国家食药监总局挂牌督办的 9 起案件。及时查处非法经营疫苗案，并移送公安机关处理，受到国家食药监总局督办组高度评价。成功告破“9·22”假药案件、使用不合格工业明胶制售皮冻案和“10·26”永吉特大假药案等大要案。省卫生计生委组织各级监督机构进行消毒产品抽检，备案消毒产品共 24 个，检查案件 42 家（件），不合格 3 件，立案查处 1 家，下达监督意见书 21 份，行政处罚 1 家。

（六）加强车用燃油监管

省商务厅牵头，联合省工商局、质监局、环保厅、公安厅、法制办等部门开展成品油市场全面整顿，组成 2 个联合执法检查组，分赴 9 个市（州）的 28 个县（市、区）和城乡接合部，以及高速路和国（省）道，严查柴油购销台账，堵塞进油渠道漏洞，共抽查加油站 83 家，现场抽取油样 70 份（柴油 61 份、汽油 9 份），其中，合格的 55 份，不合格的 15 份。同时，设立并公布举报投诉电话，进一步发挥社会舆论监督作用。

（七）开展文化市场专项整治行动

全省文化市场综合执法机构共出动 13 万余人（次），动用车辆 2 600 余台（次），检查经营单位 7 000 余家（次），警告 357 家（次），责令改正 1 704 家（次），行政处罚 200 余家（次），行政罚款 171 万余元，停业整顿 131

家，受理举报案件近160个，立案调查377件，办结案件343件。清理歌舞娱乐场所歌曲点播系统共52家；查处含有侵权盗版、色情暴力等禁止内容的动漫游戏产品5起；收缴光碟5 800余张。

（八）开展“质检利剑”专项整治工作

省质监局组织省市县三级质监部门联合开展消费品“质检利剑”专项行动，以儿童用品、家用电器、电子产品、食品相关产品为重点，严查生产不符合国家强制性标准、未按要求取得生产许可证或强制性认证、标识欺诈等违法行为。摸底排查儿童玩具（毛绒）生产企业1家、家具生产企业6家基本情况。全省质监系统共出动执法人员7 422人（次），检查企业2 117家，案值23.37万元。

（九）开展进出口环节执法行动

吉林检验检疫局组织开展出口商品质量品牌提升行动，积极推动帮扶出口食品企业内外销“同线同标同质”，26家企业先后登陆“同线同标同质”公共信息服务平台。长春海关围绕重点口岸、重点业务环节和重点贸易国别开展立体知识产权保护网络。延吉海关举办关区知识产权培训，邀请5家知识产权代理公司、2家权利人对15个知名品牌的真伪鉴别进行讲解，共100余人（次）参加培训。

（十）开展渔需物资市场打假治劣专项整治

省水利厅严把水产苗种关口，全省累计出动渔政执法人员1947人（次），检查水产原（良）种场和水产苗种生产企业659家（次），排查渔业生产企业和渔民合作社1 319户（次），组织快检辅助筛查124次，发现的问题得到及时整改。国家抽检吉林省3个地区5家养殖企业的所有水产苗种样品，抽检合格率均达到100%。全省组织联合执法检查51次，排查农资经营店926户（次），打假护渔取得积极效果。

（十一）开展打击发票违法犯罪专项行动

省税务系统严厉打击各类印制、兜售假发票和侵权假冒涉税违法犯罪行为，会同相关部门捣毁制售假发票窝点1个，缴获作案机器1台。检查企业1 162户，发现发票违法556户，违法发票2 091份，涉案金额25 240.69万元；在开展“成品油”税收专项整治中，全省共查补入库税款13 053.02万元、罚款72.75万元。

（十二）建立完善侵权和假冒伪劣商品环境无害化处理机制

省环保厅建立打击侵权假冒伪劣商品环境无害化销毁工作机制，提出无害化销毁指导意见。全省共计销毁侵权装饰材料、家用电器、调料等生活用具182桶（台、件），侵权盗版及非法出版物5万张（册），假冒药品33 261剂（次），均达到环境无害化销毁要求。及时公布具备承担侵权假冒伪劣商品销毁任务能力单位名单。加强销毁过程中的环境监测，杜绝产生二次污染。

三、注重基层能力建设，切实形成打击合力

全省各地区加强联合执法打击力度，积极推进社会共治。吉林市食药监局及时向市公安部门移交案件线索，成功破获并办结1起涉及全国20多个省市制售假药（含精神药品）特大案件，涉案金额近3 000万元。松原市公安局与市工商、质监、食药监等部门建立联络机制，获取有价值线索5条，其中1条线索涉嫌生产销售假冒“撒可富”化肥案，主犯被公安机关抓获。辽源市文广新局牵头组织开展2016“清源”“净网”“护苗”“秋风”“扫黄打非”和“绿书签”等专项行动，收缴各类非法出版物10 000余张（盘）。通化市公安局发起打假“利剑”行动7次，立案59起，涉案金额4 162万元。

四、加大刑事打击力度，不断强化司法保护

全省公安机关侦破部督案件20起，发起集群战役32起，打掉犯罪团伙24个，捣毁窝点184处，缴获假冒伪劣商品5万余件，涉案金额1.4亿余元。对此，公安部2次发来贺电祝贺，公安部党委副书记、副部长黄明对吉林省公安机关打假工作给予充分肯定。

全省检察机关开展危害食品药品安全犯罪专项立案监督活动，严查侵权假冒犯罪案件背后的玩忽职守、帮助犯罪分子逃避刑罚等职务犯罪。批准逮捕生产、销售假药罪12件24人，审查起诉28件92人；批准逮捕生产、销售有毒、有害食品罪20件33人，审查起诉40件54人。

全省法院发挥审判职能作用，严厉打击农资造假和危害药品安全违法犯罪行为，受理侵犯知识产权类案件31件，审结29件55人；受理制售假冒伪劣商品类案件169件，审结152件332人。

五、积极开展普法宣传，营造社会共治氛围

全省各地、各部门结合实际制定年度宣传工作方案，通过组织开展“金质惠农”“放心农资下乡进村宣传周”“质量月”“科技周”和举办培训班、新闻发布会等形式，报道工作进展，剖析典型案例，进行普法宣传，强化法律意识。《国际商报》以“吉林省‘双打’营造创新发展好环境”为题重点介绍了吉林省的做法与经验。通过电视台、电台、网络等新闻媒体，以及运用新媒体客户端，围绕“3·15国

际消费者权益日”“4·26 世界知识产权日”“5·15 防范和打击经济犯罪宣传日”和“12·4 国家宪法日”等重要时点，集中销毁侵权盗版出版物，开展集中普法宣传活动，震慑违法犯罪行为，提升全民识假打假意识，推进社会共治。

（撰稿人：梁礼林）

黑龙江省打击侵权假冒工作报告

2016 年，黑龙江省认真贯彻《国务院办公厅关于打击侵犯知识产权和制售假冒伪劣商品工作要点的通知》和省委省政府关于优化经济发展环境的工作部署，围绕实施“五大规划”和发展十大重点产业的中心工作，创新监管方式和手段，坚持打建结合标本兼治，依法从严惩处影响创新发展、妨碍公平竞争和侵犯消费者权益的侵权假冒违法犯罪，为保持经济持续健康发展提供有力保障。全省行政执法部门查处侵权假冒案件 2 296 件，涉案金额 1 423 万元；公安机关破获案件 244 起，抓获嫌疑人 378 人，涉案金额 1.53 亿元；检察机关审查起诉 85 件 144 人；审判机关审结 122 件 172 人。

一、加强组织领导，强化责任落实

省委省政府高度重视打击侵权假冒工作，在省委《关于制定黑龙江省国民经济和社会发展第十三个五年规划的建议》中明确提出“实行严格的知识产权保护制度，建立鼓励创新的统一透明、有序规范的市场环境”；省领导亲自部署开展黑龙江省五常大米品牌保护工作；省政府副省长、打击侵权假冒工作领导小组组长在国务院、全国双打办有关文件及黑龙江省请示报告上多次批示，听取相关部门工作汇报，分析研判形势，研究工作措施，部署全省工作。省双打办加强组织协调，召开联络员会议，通报工作进展，总结交流情况，形成打击合力；印发黑龙江省 2016 年打击侵权假冒工作要点、打击侵权假冒宣传工作计划和信息报送制度，并组织开展督促检查。各地各部门强化责任落实，坚持一把手负总责，分管领导直接抓，职能部门具体组织实施，指定专人负责，实行工作问责制和责任追究制，建立了一级抓一级，层层抓落实的工作机制。

二、突出重点领域，加强专项整治

（一）加强互联网领域侵权假冒治理

省政府印发了《黑龙江省关于加强互联网领域侵权假冒行为治理的实施意见》，各地各部门制定了具体行动计划，部署开展打击网上销售假冒伪劣商品和网络盗版侵权行为。

省工商局重点检查第三方交易平台落实管理制度和入驻网店实名制情况，严厉打击未依法进行网上“亮标亮照”、利用互联网销售假冒伪劣商品、侵犯驰著名商标专用权和企业名称专用权和利用互联网发布虚假违法广告等违法行为，促进网络交易市场健康有序发展。按照“依法管网、以网管网、信用管网、协同管网”原则，针对省内依法登记的网络商品经营者经营的休闲服、羽绒服、内衣、床上用品等网购热销、消费者反映问题集中的重点商品，有针对性地开展了网络商品抽检。截至 2016 年底，完成 205 个非法主体网站的核查工作，其中 16 家非法主体网站提请省通信管理局依法责令关闭，4 家非法网站报国家工商总局协调相关部门处理。查处涉及商标侵权、虚假宣传、不正当竞争、刷信等各类违法案件 7 件。

省版权局开展印刷复制发行监管专项行动，将网上书店纳入发行管理范围，在推动网上书店发展的同时，加大对网上书店监管的力度。制定网络发行出版物监管制度，完善与主要网上书店的沟通机制、约谈机制。

省委网信办注重加强黑龙江省互联网违法和不良信息举报中心建设，开通了举报电话和举报邮箱。实行 24 小时全天候值班制度，重点监看“两微一端”。全网监测网络信息，特别是微博、微信、QQ 群、贴吧、论坛、博客、社区等互动环节搜集关于侵权假冒相关的信息。发挥现有技术平台功能，对全网信息进行专项巡查，确保侵权假冒相关内容信息无遗漏。

黑龙江通信管理局组织企业加大网络信息拨测力度，拨测网站 4.3 万余个，拨测网站页面链接 274 多万条；定期通过现有技术平台下发关键字 30 余个。加强垃圾短信息治理工作，充分发挥垃圾短信收发端监控管理系统作用，及时对垃圾短信举报数据进行分析，调整垃圾短信拦截策略，通过

动态监测机制和例会通报制度，及时上报垃圾短信相关工作情况。

黑龙江邮政管理局严厉打击邮件、快件渠道非法寄递进出口侵权假冒商品行为。在全省范围内开展防范和查处快递参与空包刷信用专项整治行动，要求各寄递企业依法规范快件收寄行为，督促各地邮政管理部门严查参与空包刷信用等违法行为。加强与工商部门的沟通协调，共同查处空包刷信用等违法行为，净化市场秩序，维护消费者合法权益。

（二）强化农村和城乡接合部市场监管执法

各地各有关部门围绕重要节庆时点和春耕、夏种等重要时段，针对农村市场侵权假冒易发多发的商品，从生产源头、流通渠道和消费终端三个方面大力整治，加强监督检查，严厉打击违法犯罪，维护农村市场秩序。

省农委组织开展了“农资打假专项治理行动”“农药市场交叉执法检查”和“放心农资下乡进村宣传周”等活动。全省农业执法部门共出动执法人员 1.52 万人（次），检查农资企业 1.9 万个（次），农资市场 2 979 个（次），受理举报案件 48 件，查处各类违法案件 567 件，涉案人数 184 人，没收违法农资货值 39 万元。完善农资打假与监管新机制，以“绿剑”农业执法护农行动为载体，与工商“红盾”、质监“春雷”、物价“稳物价保春耕”行动相结合，有计划，有组织，分阶段地对农药等农资生产、经营企业进行了全面检查，共检查农资商店 411 家，抽查农药样品 62 个。组织开展秋冬季种子企业督查行动、春季种子市场治理整顿行动和夏季种子生产田巡查行动，从源头上控制伪劣种子的流通，确保农业生产用种安全。

省畜牧兽医局健全农资打假领导与岗位责任制度，开展饲料兽药打假专项治理行动，出动执法人员 5 153 人次，立案 55 起，罚没款 14.1 万元。推进兽药监管网络信息化建设，开展兽药生产、经营环节二维码可追溯工作。推进农资领域信用体系建设，对企业实行诚信分类监管。落实检打联动机制，兽药质量监督抽检 360 批，合格率 98.33%。

省林业厅开展植物新品种执法检查，共检查种子包装标签 1 700 多份，建立健全种子生产经营档案 210 个。对全省林木种苗生产、经营业户实行动态管理，加大林木种苗质量监督检测工作力度和植物新品种保护力度，严格落实省、市、县三级种苗质量检验制度，5 个地市的林木良种基地被检种子质量情况合格率均为 100%。

各地工商和市场监管部门以种子、肥料、农药、农机具及零配件等为重点商品，强化巡查和专项检查，集中开展农资市场打假整治行动，重点打击无照经营、超范围经营，掺杂使假、以次充好、假冒商标、虚假宣传等坑农害农违法经营行为。共检查农资市场 638 个，检查农资经销业户 24 777 户（次），查处农资案件 649 件，解决农民消费纠纷 437 件。开展农资商品质量抽查检验工作，共抽检化肥 1 151 个批次，不合格 88 批次。

质监系统依托“春雷行动”，开展“质检利剑”农资专项执法检查，严厉打击涉农产品违法行为。重点检查与专项抽查相结合、随机抽查与定点检查相结合、群众举报与突击检查相结合，以化肥、农药、农用油、农膜、农机配件为重点产品，化肥大市场、农资集散地等为重点区域，检查农资产品质量、执行标准、标识标注、定量包装。共出动执法人员达 1 167 人次，农资打假下乡 1 510 次，入户抽样 198 次，发放材料 16 700 余份，受理农民咨询 718 次。

黑龙江邮政管理局大力整治农村假冒伪劣商品快件，积极推进“快递下乡”工程，督促各市地加大对违法收寄剧毒农药的企业网点的整治力度，要求寄递企业在收寄种子苗木、肥料、饲料过程中，严格实行收寄验视制度，杜绝违禁品流入，要求快递农村网点，也要张贴禁限寄指导目录，同时要求企业做好用户宣传工作，引导用户合理寄递、依法寄递，切实保障农产品进城寄递渠道安全稳定。

（三）持续开展中国制造海外形象维护“清风”行动

突出进出口、重点专业市场等重点环节，以及出口规模大、涉及人身健康安全的重点商品，加强部门执法协作，严厉打击跨境制售侵权假冒商品违法犯罪行为。

黑龙江检验检疫局以市场采购地、出口口岸和互市贸易区为重点区域，以跨境电商及输非输中东产品、旅客携运商品、儿童用品、食品相关产品等敏感商品为重点，加强与工商（市场监管）、海关等部门的交流合作，组织开展集中整治，加强监管执法。畅通举报投诉渠道，完善监督处置机制，增强自律管理能力，及时发现和掌握违法犯罪线索，加强预警监测和事前风险防范，增强精准打击能力。利用中俄区域合作中与俄方相关部门建立的信息沟通机制，广泛收集假冒侵权信息。充分利用假冒伪劣商品海外监测网，协助绥芬河中俄边民互市贸易区、黑河中俄边民互市贸易区和黑龙江俄速通国际物流有限公司，收集假冒侵权信息，做好“中国品牌”海外维权试点工作和跨境执法合作机制试点工作，维护中国商品在俄罗斯市场的形象。

黑龙江邮政管理局加强对从事国际业务的寄递企业监管力度，以落实收寄验视、实名收寄、过机安检为抓手，突出进出口、跨境电商等重点环节检查，加强对农副产品、药品等限制寄递物品的管控。联合省综治办、财政厅联合下发《寄递企业安检机财政补贴方案》，切实推动市（地）级以上分拨中心实现快件过机安检，实现对出境快件100%过机安检。

（四）深入推进软件正版化工作

新闻出版广电部门制定《黑龙江省2016年推进使用正版软件工作实施方案》并组织落实。一是开展督促检查。通过定期巡查、督查的方式，围绕采购资金落实、软件安装使用和软件资产管理等长效机制建设和落实情况进行专项检查，及时发现问题，提出具体整改要求。二是推进企业软件正版化工作。会同省国资委，督促省联合产权交易所实现了软件正版化。三是加强审计监督。对各级政府部门采购计算机办公设备特别是预装正版操作系统、落实办公软件采购经费等进行严格审核。将政府机关软件采购资金管理使用和软件资产管理情况纳入审计内容，对正版软件的采购预算、采购过程、采购资金账簿、软件资产管理相关制度进行严格审计。四是开展考核评议。制定《黑龙江省政府机关软件正版化考核办法》，全面落实各部门软件正版化责任，确立了第一责任人和直接责任人，开展政府机关软件正版化考核评议工作，确保责任落实到位。

三、突出重点产品，强化监管执法

（一）开展五常大米品牌保护专项行动

省工商局会同公安厅、质监局，采取省市县三级联动、工商质监公安三部门联动、宣传规范打击三位一体的方式，着眼线上线下齐管、省内省外联动，深入开展专项行动。组成联合督导组，分赴齐齐哈尔、大庆、牡丹江、七台河、鹤岗等重点地区，检查粮食批发市场7家，大型超市4个，粮油专卖店43户，发现涉嫌销售假冒五常大米相关案件线索10件，及时将案件线索交给当地工商、质监部门并跟踪督办。

（二）开展“防霾产品”专项整治

各级工商（市场监管）部门以县城、乡镇等为重点区域，突出与消费安全密切相关的大气污染防护用品等重点商品和经营企业，开展集中整治。共出动执法人员1 543人次，检查各类市场经营主体3 373户次，责令27户不规范的经营户限期整改，对6家经销高仿商品的商户进行了立案查处。

（三）开展保护“迪士尼”注册商标专用权专项行动

全省工商系统开展监督检查，依法打击侵犯“迪士尼”注册商标专用权和非法印制“迪士尼”注册商标的违法行为。全省共出动执法人员16 762人次，检查经营主体16 291户次，受理投诉举报3件，行政指导67次，下达责令整改通知书25份。

（四）开展保护俄罗斯“爱莲巧”注册商标专用权专项执法行动

哈尔滨市市场监督管理局根据商标权利人“红十月”莫斯科糖果厂股份公司投诉，组成19个执法组，对哈市50多家登记在册的俄罗斯商品经营主体进行了全面排查。确定19家涉嫌违法销售侵权假冒“爱莲巧”巧克力的经营主体，共立案17起，查扣假冒侵权“爱莲巧”巧克力1.2万块，案值达15万元。震慑了违法商家，维护了公平竞争、健康有序的市场秩序。

（五）开展“剑网2016”专项行动

省版权局重点查处未经授权非法传播网络文学、新闻、影视等作品的侵权盗版行为，以及通过智能移动终端第三方应用程序（APP）、电子商务平台、网络广告联盟、私人影院（小影吧）等平台进行的侵权盗版行为，维护网络版权秩序。对齐齐哈尔市建华区“疯趴”私人影院侵犯著作权案依法督办，责令当事人停止侵权行为，没收违法所得1 500元，罚款人民币33 500元，并及时向公安机关移送案件线索。

（六）开展“秋风2016”专项行动及非法出版物集中销毁活动

积极组织开展出版物市场集中清查，严厉打击假媒体、假媒体机构和假记者，进一步明确了新闻出版、广电、公安、交通、邮政、网信、通信等管理部门的职责和治理重点，进一步规范新闻传播秩序。组织开展形式多样的“4·26”知识产权宣传周活动，对侵权盗版及非法出版物举行集中销毁。

（七）开展保护专利权专项行动

省知识产权局以黑龙江省优势产业领域为重点，以大型商场、商品批发市场、农机大市场为突破口，开展“护航”“闪电”和展会保护专项行动，进一步净化省专利市场环境。共查处各类专利违法案件510件，同比增长4.3%。做好知识产权维权援助工作，省知识产权维权援助中心共接听“12330”电话421个，办理维权援助事项8项。

（八）整治文化市场

各级文化行政部门和综合执法机构开展“清朗”“秋风”“暑假”文化市场专项整治，确保文化市场平安有序发展。哈尔滨、大庆、鸡西、双鸭山等地结合“4·26”世界知识产权日宣传活动，召开侵权盗版及非法出版物进行集中销毁活动大会，打击文化市场侵权盗版行为。全省共出动执法人员243 814人次，检查各类文化经营单位105 294家次，办结各类案件644件。

（九）开展食品药品专项整治

省食品药品监管局针对社会关注、百姓关心的食品药品安全问题，以及容易发生假冒侵权行为的重点品种、重点区域、重点环节，扎实开展农村食品安全治理，保持对食品安全违法违规行为严惩重处的常态。针对高风险品种、多组分生化药、中药饮片、中药提取物等药品生产企业开展专项检查，严厉查处行业“潜规则”。开展“非法回收”药品专项整治、无菌和植入性医疗器械监督检查、美容场所化妆品等专项整治，依法严厉打击违法犯罪行为。全省立案查处案件1 823起，罚款247.35万元，责令停产停业4家，捣毁窝点21处，移送案件32件。

（十）开展消毒产品专项检查

省卫生计生委在全省范围开展湿巾、卫生湿巾、抗（抑）菌制剂、手消毒剂等消毒产品生产、经营、使用单位监督检查和产品抽检工作。一是湿巾、卫生湿巾监督抽检。检查生产、经营单位各10家，抽检产品20种，产品抽检合格率为95%。二是抗（抑）菌制剂监督抽检。检查生产、经营、使用单位各10家，抽检产品15种，抽检合格率为73.33%。三是手消毒剂监督抽检。抽检手消毒剂产品8种抽检合格率为100%。

（十一）开展质监利剑专项执法行动

质监系统突出农资、建材、汽车配件、电机产品和地理标志等重点产品，深入开展“质检利剑”专项执法行动，取得显著成效。共出动执法人员15 413人，检查单位4 681家，查处案件38件，查获涉案产品金额22.846万元，结案30件，罚没款9.083万元。通过开展“清新居室”行动，严厉查处无证生产、违反国家强制性标准、制售假冒伪劣装饰装修材料的违法犯罪行为，加大对装饰装修材料、涂料、电线电缆、低压电器、散热器等涉及民生产品的执法检查。开展消费品“利民行动”，以空气净化器、电饭煲、建材、车用汽柴油等17种产品为重点，加强执法检查。

四、强化刑事打击，严惩违法犯罪

（一）开展“集群战役”

公安机关牢固树立“为国打假、为民打假”工作理念，深入推进公安部“利剑”打假等专项行动，配合食药监、烟草、食盐等部门，依法侦办了毒豆芽、毒馒头、毒生姜、假蓝莓、假药、伪劣化肥、农药、兽药、假种子、假烟、假酒及假盐等一大批关系民生安全的制假售假案件，切实保护人民群众合法权益不受侵害。全省共立侵权假冒违法犯罪案件265起，破案244起，抓获嫌疑人378人，涉案金额1.53亿元，捣毁窝点35处，有效遏制了违法犯罪活动，极大震慑了违法犯罪份子。

（二）强化检察监督

全省检察机关充分发挥法律监督职责，依法、公正、高效审查批捕、起诉侵犯知识产权和制售假冒伪劣商品相关的犯罪案件，有效发挥刑事诉讼惩治和震慑的功能。2016年，共受理审查逮捕涉嫌侵犯知识产权刑事犯罪案件20件39人，批准逮捕17件35人；受理移送审查起诉此类犯罪33件70人，提起公诉25件36人。受理审查逮捕涉嫌生产销售伪劣商品犯罪53件111人，批准逮捕29件56人，受理移送审查起诉此类犯罪94件208人，提起公诉60件108人，有力地打击了侵权假冒犯罪行为。

（三）依法开展审判

各级法院充分发挥审判职能，加强协作配合，创新工作举措，依法保障民生、促进创新发展、规范市场秩序，扎实推进打击侵权假冒工作。全省一审新收侵权假冒犯罪案件141件211人，审结122件172人。知识产权宣传周期间，发布侵权假冒典型案例，通报知识产权审判工作情况，扩大司法审判社会预防效果。

五、广泛宣传报道，完善长效机制

（一）围绕重要时段节点，开展集中宣传

围绕“两节”“两会”“3·15”“4·26”“12·4”食品安全宣传周、备耕春耕等重要时段节点和农时季节组织省内主要媒体开展集中开展宣传。黑龙江广播电视台《新闻在线》《龙视直播间》等节目发表打击侵权假冒报道90余篇，重点报道了“假盐窝点”“假调味品”等关乎民生方面的饮食制假、造假、售假的新闻。陆续推出了“真假虫草”“真假肉串”“鱼目混珠的肉丸”“市场上的假盐”等一系列辨别方法。揭露了哈尔滨假冒中盐案、呼兰区假药案、哈尔滨假冒调料产品案、东宁市假冒美容针剂案等。

（二）主动发布新闻，通报工作进展

省政府8次召开以打击侵权假冒为主要内容的新闻发布会，各有关单位分管负责人通报全省消费维权、知识产权保护、加快知识产权强省建设、中秋国庆食品安全专项行动等情况。省法院召开新闻发布会，通报2015年度黑龙江省知识产权审判工作情况，发布知识产权司法保护十大典型案例。

（三）组织网上正面宣传报道，积极引导网上舆论

东北网围绕“知识产权”主题开设专栏报道打击侵权

假冒工作，组织策划“2016 年全国知识产权宣传周黑龙江省活动”专题报道，充分发挥了舆论引导作用。省公安厅在龙警网设立了打击侵权假冒违法犯罪举报平台，向社会公布了线索举报电话，建立了经保微信公众号，注重线索搜集。省法院依托黑龙江法院网，落实侵权假冒案件审判流程、裁判文书公开制度，对依法需要上网公开的裁判文书全部公开。

（四）建立区域协作机制

牵头起草了《东北三省打击侵权假冒工作联动机制》，以辽打假办联发〔2016〕3 号文件印发。推动辽宁、吉林、黑龙江省在打击侵权假冒领域建立案件线索通报、跨区域案件协查、联合执法、主办协办、公安提前介入和执法工作动态交流机制，为东北老工业基地全面振兴创造良好的市场环境。

（五）推动行政处罚案件信息公开

制定《黑龙江省行政处罚案件信息公开实施办法》，从公开内容、权限、程序、方式及管理监督等方面作出明确规定并强化督导落实，要求各地各部门按照“谁立案、谁处罚、谁录入、谁公开”的原则，依法公开所有适用一般程序查处的假冒侵权结案案件。2016 年，各级行政执法部门共办结行政处罚案件 2 296 件，其中适用一般程序、不涉及商业秘密和个人隐私的 1 896 件，已依法全部公开。

（撰稿人：张乃民）

上海市打击侵权假冒工作报告

2016 年，上海市积极贯彻落实国家打击侵权假冒工作要求，结合本市“四个中心”和具有全球影响力的科技创新中心建设目标，依法严厉惩处影响创新驱动发展、妨碍公平竞争和侵害消费者合法权益的侵权假冒违法犯罪行为，积极营造法治化、国际化、便利化营商环境，为本市经济社会健康发展提供有力保障。坚持创新引领、打建结合，不断完善长效机制，完善事中事后监管措施，推进形成社会综合治理侵权假冒现象的氛围，取得了明显成效。

开展互联网领域侵权假冒综合治理、中国制造海外形象维护“清风”行动、迪士尼知识产权保护工作等重点专项工作，推进软件正版化建设。行政执法部门、公安机关密切协同，形成合力，加强市场监管，整肃市场秩序，优化经济发展环境。检、法机关依法履职，为推进本市法治化营商环境建设，依法开展打击侵权假冒工作提供了强力支撑。各区县强化工作部署，提升工作的计划性，措施的严密性，执法的规范性，打击的精准性，方案细密，责任到人。

2016 年，全市行政执法部门共立案查处侵权假冒案件 3 570件，同比上升 12.9%，涉案金额约 1.7 亿元，同比上升 34.9%，捣毁（取缔）制假售假窝点 57 个，执法力度进一步加大，市场秩序进一步规范。公安机关全年侦破侵权假冒案件 670 件，同比下降 45.5%，抓获犯罪嫌疑人 1 125 人，同比下降 45.7%，发起集群战役 12 件。检察机关共受理批捕案件 308 件，同比下降 33%；受理公诉案件 574 件，同比下降 23.2%。审判机关受理一审知识产权刑事案件 158 件，同比下降 33.9%；受理一审假冒伪劣产品犯罪案件 523 件，同比上升 51.6%。总体上看，侵权假冒违法犯罪蔓延的趋势得到了有效遏制。

一、重点专项提升执法威力

根据国家和本市打击侵权假冒工作部署，有针对性地加强重点领域侵权假冒综合治理。

（一）开展互联网领域打击侵权假冒专项整治

出台《本市互联网领域侵权假冒治理的实施意见》，深化“科技 + 制度 + 保护 + 诚信”互联网治理模式。

一是加强源头监管。从严审批 38.72 万个网站，关闭违规网站 948 家。网站备案准确率 93.27%，再创新高。落实网站自行亮照和网店实名制，网络交易平台亮照率达 90%，完成 4.8 万个网站主体信息核实工作。

二是加强技术管控。建设完成互联网数据中心（IDC）信息安全管理系统，运用技术方法加强域名监测、有害信息检测和过滤、黑名单网站轮巡，实现对违法违规网站“一键断网”功能，对网站的监测、预警、处置能力显著提升。

三是加强重点领域监管执法。加强网络监测执法，检索网站 2.7 万次，发现侵权假冒线索上千条。清理网上无证餐饮单位 6 万余户次，实现网络订餐第三方平台与政府监管信息对接共享。开展名优产品打假维权，招聘、旅游网站严重违规失信等专项整治。开展“剑网行动”，累计监测影视作品万余部，音频作品120万首、图文作品112万个。布控海、陆、空、邮检各口岸，加强跨境电子商务产品质量安全监管。

四是开展长三角互联网打假“云剑行动”。制定本市长三角区域打击侵权假冒“2016－长三角云剑行动”方案，并召开专题会议部署相关工作。依托电子商务平台，加强对侵权假冒违法犯罪行为的线索收集、证据确认；依托权利人双月恳谈会等机制，发动社会力量参与对侵权假冒违法犯罪行为的打击，提高成案率；依托长三角区域执法协作机制，探索完善跨区域、跨部门执法联动机制，提升区域内打击侵权假冒工作的能力和水平。行动期间，破获相关案件121起，抓获犯罪嫌疑人220名，战果显著。

（二）持续开展“清风行动”专项整治

针对出口拉美和“一带一路”沿线国家和地区，进行重点严控并布置开展专项打击。共查办侵权案件206件，查获侵权产品500多万件。

一是深化关区联动。与南京、杭州、宁波等海关加强横向联系，构筑区域知识产权立体执法网络，完善风险联防联控机制。

二是深化关警协作。海关与市公安局签订《加强知识产权保护协作备忘录》，向公安机关通报案件线索20件，移送案件2件。

三是深化关企合作。落实上海海关企业协调员制度、关企知识产权保护机制，提升对权利人的服务保护工作水平。

四是深化海关国际合作。与美国、欧盟、亚太地区等开展海关知识产权保护执法交流，加强案件线索通报、核查信息反馈、联合风险分析等领域的协作，实施精准布控，部署联合打击，提升参与知识产权保护国际事务的能力。

五是严把出口检验关。重点对出口到“一带一路”沿线国家和地区的工业商品开展检验检疫工作，实施装运前检验1 249批，检出不合格211批，有效维护了上海口岸出口产品质量信誉。

（三）开展迪士尼知识产权保护工作

结合迪士尼乐园开园热点，部署迪士尼知识产权保护工作。

一是完成全国迪士尼商标专用权保护培训任务。推进形成迪士尼商标案件查处、信息共享、线索提供的跨区域保护联动机制。

二是强化服务保障工作。制定《关于充分履行市场监管职能做好上海迪士尼乐园和度假区服务保障工作的方案》，开展商标保护、消费维权、广告执法等工作，有效保障迪士尼开园和运营。

三是落实属地监管责任。指导浦东新区执法部门梳理迪士尼侵权风险点，提高执法工作的指向性。建立侵权查处快速反应机制，组成专门的园区执法队伍，驻区开展监管执法工作，保障迪士尼乐园核心区域良好的知识产权保护环境。立案查处侵犯迪士尼注册商标专用权案件112件，没收侵权商品1 729件，罚款7万多元。

（四）深入推进软件正版化

召开全市使用正版软件工作会议，对本市正版软件工作进行新一轮动员部署，明确了完善长效机制、严格工作督查、加强市场监管、强化宣传培训4项工作措施。

一是加强建章立制。市级机关按照中央与市政府要求，完善软件正版化工作管理制度，确保资金、人员有保障，任务、措施有落实。对工作基础相对薄弱的区，采取“一对一”重点扶持，增强正版意识，健全责任制度，提升工作效率。

二是加强服务基层。依托版权工作站开展工作培训，紧贴企业需求，实地解决难题。在世界知识产权日前夕，主动上门为徐汇软件园等软件企业开展知识产权保护专题培训，结合具体案例，解析法律法规，指导软件资产管理、开展有效维权等工作，取得积极成效。

三是加快管理平台建设。启动本市软件正版化信息系统建设，对正版软件全寿命周期的使用情况进行技术监控，统一政府机关软件使用管理技术标准。建成电子政务内网软件资源中心平台，推动扩大国产软件应用范围。开展国家版权局软件正版化监管数据平台建设试点，探索可复制、可推广的经验。2016年，对20家政府机关、6家金融机构以及20家国有企业开展软件正版化工作检查。9月份，国家督查组来沪开展专项督查，对上海软件正版化工作予以高度肯定。

（五）开展小商品市场综合整治

一是突出打击重点。结合“十三五”发展目标，以问题清单为导向，梳理易发侵权风险点，突出涉外高知名度商标、驰名商标、著名商标等知名品牌保护。

二是开展常态化执法。运用轮班执法、跨区域执法、不定时执法相结合的手段，构建高频率、高效率执法保护模式。

三是强化市场制度建设。建立入驻商铺管理档案，督导商铺履行诚信经营、杜绝假冒伪劣商品承诺。评定本市2016年度“销售真牌真品，保护知识产权”承诺单位，目前本市承诺单位共达277家。对售假经营者实行清退制度。

四是积极引导转型发展。黄浦、闵行、普陀、松江等区结合区内市场发展规划，促进业态调整，促进市场布局优化。关闭一批低端、初级市场，培育规范化市场，上海市已有6家专业市场入选第一批国家级知识产权保护规范化市场，数量占全国总数的五分之一。

二、行政执法保持打击压力

坚持日常监管和长效机制建设相结合，维护市场公平竞争，遏制制售假劣行为。

（一）加强商标领域全过程监管

全面监管生产加工领域、销售流通领域商标侵权行为，对互联网平台、商标印制环节及各类服务活动中擅自使用他人注册商标的行为，加强日常监管和执法检查，并及时公布商标侵权典型案例，震慑违法分子。加强与商标权利人的沟通协作，多次开展真伪商品商标执法鉴别知识培训。查处商标违法案件998件，没收违法物品12.9万件，移送涉嫌商标犯罪案件15件，捣毁制假售假窝点17个。

（二）加强专利领域靠前式执法

以高新技术产品、工业设计产品等作为重点，加大主动查处力度。组织34次集中执法行动，整治专利标识标注不规范及涉嫌假冒专利行为，检查商品60余万种，涉及专利商品1千余件。查处假冒专利案件及调处专利纠纷257件，结案253件。派出专利行政执法人员入驻“上交会”、“工博会”等41个大型国际展览会，现场处理涉嫌专利侵权纠纷300件，在国际客商云集之地打造上海知识产权保护形象名片。

（三）加强文化市场、著作权领域综合化执法

派出执法人员2.6万余人次，检查音像、图书、印刷、网络等相关场所约2万家次，立案处罚251起案件，取缔相关无证经营场所300处，清除地下非法音像制品批发窝点17个。组织对图书报刊发行重点市场开展突击检查，加强网络售书平台和网络书店在线巡查，并督促落实相关管理措施。开展印刷企业分类监管试点，形成试点经验并在全市部署推广，提高了对本市印刷企业的监管效能。积极受理著作权利人举报投诉，受理相关举报投诉76件，立案52件，作出行政处罚42件。

（四）加强质量维权专业化执法

铸造质检利剑打假“品牌”，创设质检利剑专项督查、微信平台、师资培训、专项比武系列“子品牌”，助推市场监管体制从“物理整合”向“化学融合”转变。强化执法工作，开展“4+X”专项打假行动，推进质检利剑春、夏、秋、冬四大战役。办结质量执法案件1 569件，案件量同比增长近1倍，在强力打击下，举报投诉率、企业质量违法行为发生率双双下降。开展消费维权“红盾质量维权行动”，对儿童用品、装饰装修材料、汽车配件等与消费安全相关的产品，完成30类1 400余批次商品质量抽检，实现安全风险早发现、早预警、早防范、早处置。通过交叉执法、指定管辖等手段，强化抽检结果的后续监管，开展追溯经销源头打击工作，提升了消费满意度。

（五）加强食品药品卫生领域网格化监管

构建食品药品网格化监管体系，遍布全市，深入街区。开展对互联网第三方订餐平台、畜禽水产品、校园及周边食品安全等20余项食品安全飞行检查。开展疫苗产品、冷藏冷链经营企业、滋补保健类中药材10多项药品、器械、化妆品专项治理。共立案查处食品药品违法案件1 112件，移送公安机关70件。组织对隐形眼镜护理液、卫生湿巾、专业清洗消毒设备等产品进行监督检查，督促生产经营单位警钟长鸣，保障消毒产品卫生质量，维护市民生命健康安全。

（六）加强农资领域常态化监管

开展“农作物农资打假”、“放心农机下乡进村”、“毒鼠强”专项整治、“兽用疫苗质量安全”等专项执法工作。整顿农资市场32个次。检查农资经营企业4 418家次，市场检查覆盖率达到400%以上。对兽药饮料生产、经营、使用环节进行全方位监管，并对经营环节开展追溯试点。深入农业生产一线强化宣传，提升农民识假辨假能力，增强质量意识和维权意识。

（七）加强车用汽柴油生产流通环节监管

对成品油经营企业进油渠道加强源头管理，严格执行实名登记和购买查验制度，坚决防止成品油流入非法渠道。开展多部门合作，共同推进本市普通柴油质量升级，油品含硫量率先在全国达到国四标准。同时，对油料销售环节、使用环节开展监督检查，确保质量升级工作要求落实。全年对160批次车用汽、柴油产品质量进行了监督抽查，查办违法案件2起。

三、司法打击彰显震慑力

公安机关协同各警种部门一体化作战，秉持“专项行动常态化、常态打击专项化”的理念，以打开路，联动打击，形成对侵权假冒犯罪行为的有力震慑。

一是强化大要案件攻坚。以打假“利剑”、“清水蓝天”等专项行动为牵引，组织精干力量重点攻坚。对食品药品等民生领域的大要案件实施挂牌督办。侦破危害食品药品安全犯罪案件379起，抓获犯罪人员624人。

二是坚持全过程全链条打击。针对跨区域侵权假冒犯罪线索，紧扣人流、物流、信息流开展侦查经营工作。2016年7月，市公安局会同相关部门从一条假烟线索入手开展侦查经营，在沪、闽两地收网本市首例制售成品烟机案，成功捣毁一个辐射沪、闽、辽、粤多省市制售烟机、假烟犯罪网络，抓获犯罪嫌疑人7人，缴获成品烟机19台，配件241台（件），假烟原料及半成品烟支210公斤。

三是突出重点区域整治。加强与市场监管部门、属地街镇的沟通协调，开展滚动排摸，对侵权假冒违法犯罪案件多发区域持续开展清查整治行动，从根本上铲除滋生侵权假冒犯罪的土壤。

四是进一步密切行刑衔接。市公安局与海关、工商、食药监等行政执法部门健全线索移送、联合执法、交流培训等工作衔接机制。开展联合执法40余次，清查涉假重点场所30多处，收到移送案件线索30条，从中破案10余起。

五是进一步深化警企合作。在曼联2016国际冠军杯中国赛上海站期间，对相关门店及比赛场馆周边开展重点巡查打击。曼联足球俱乐部为此专门发函致谢。

针对侵权假冒违法犯罪行为，检察机关惩治、预防双管齐下。

一是推进知识产权集中管辖改革。推动新成立的市检三分院发挥集中管辖优势，承担本市知识产权犯罪二审、基层院案件指导等工作，完善市院、分院、基层院三级联动的知识产权专业办案模式。

二是统一类型案件执法标准。联合公安、法院，共同制发《关于办理知识产权刑事案件若干问题的意见》，深化知识产权类犯罪办案指引，提升该类案件办理质效。

三是完善专业化办案模式。为知识产权类案件开设快速办理“绿色通道”，积极协调跨区域查处侵犯知识产权违法犯罪活动。走访辖区高新技术企业，贴近需求，提供专业化的知识产权保护法律服务。

四是集中展示精品案件办理成效。在“3·15”“4·26”主题活动前夕，组织全市集中公诉侵犯知识产权犯罪案件61件106人，形成打击震慑力。向社会发布《上海知识产权检察白皮书（2012—2015》及典型案例。对“狂人公司”特大销售假冒注册商标的商品案，组织全国和市人大代表听庭评议，彰显检察机关在服务保障上海科创中心建设上所作的努力。

五是完善权利保护机制。要求全市8个基层检察机关及时向涉案知识产权权利人送达《被害人诉讼权利义务告知书》，维护其知情权、参与权、诉讼权，凸显司法保护知识产权的主导作用。做法获得最高人民检察院领导的肯定。

法院依法及时受理、审判侵权假冒犯罪案件。

一是推进司法改革。发挥知识产权法院案件审理的示范作用，整合民事、行政、刑事审判资源。指导自贸试验区知识产权庭，围绕知识产权司法保护主题，深入分析审判活动特征，研究保护工作特点，预判司法保护趋势，更好地为知识产权审判工作和自贸试验区建设服务。

二是加强判例指引。严格把握事实关、证据关和法律关，贯彻宽严相济的刑事政策，依法严惩主犯、累犯，探索轻微侵权假冒犯罪案件刑事和解，保护人民群众财产利益。高度重视财产刑的适用和执行，剥夺犯罪分子再次实施侵权假冒犯罪的经济能力。

三是引导全民守法。落实案件庭审、听证、审判流程、裁判文书和执行的信息公开制度。利用中国法院裁判文书网、上海法院知识产权司法保护网等平台，开展社会宣传。“4·26”知识产权宣传周期间，网络视频直播知识产权案件审理过程，提升民众关注度、参与度，社会效果良好。

四、社会共治发挥合力

市打击侵权假冒工作领导小组认真履行牵头职能，成员单位积极参与，主动作为，合力共推，形成政府高效监管、行业自觉自律、社会高度参与的良好局面。

（一）强化打击侵权假冒牵头工作

一是加强行政处罚案件信息公开工作。首先，做到应公开尽公开；其次，做到处罚决定书全文公开；再次，把市、区两级行政处罚案件信息集中公开于市级网站，通过链接，在“中国上海”门户网站、全国打击侵权假冒工作网均能查询打击侵权假冒工作成果，提升了信息公开工作的社会效力。全年累计公开相关信息2 717条。

二是积极推进行政执法与刑事司法有效衔接。推动信息共享平台升级改造，推进实现本市平台与中央平台的实时对接功能。协调相关部门出台两法衔接工作指导意见，细化刑事责任追诉标准，提升可操作性。

三是加强打击侵权假冒工作的统筹协调。加强工作信息报送：市领导小组办公室全年向全国打击侵权假冒工作网整理报送原创工作信息1 702条。开展工作督导：每季度对行政处罚案件信息公开、两法衔接案件录入及工作进展信息进行通报，强化常态化管理措施落实。组织年度考核：年末对全市16个区县开展打击侵权假冒工作现场考核，制定评分细则对区县工作进行打分，听取区县年度打击侵权假冒工作汇报，实地检查属地市场，推动各项工作部署落地。新增上海市通信管理局、市贸促会等作为成员单位，进一步完善本市打击侵权假冒工作组织领导体系。

（二）提升打击侵权假冒工作社会参与度

一是加强打击侵权假冒工作社会宣传。在2016商务情况通报会、市外资协会早餐会等涉外场合，积极宣传本市打击侵权假冒工作举措和成效。主动与媒体沟通，召开重大案件新闻发布会、通气会，发布了一批具有社会影响力的大案要案，对社会公众起到了警示教育作用。结合“3·15”消费者权益保护日、“4·26”知识产权宣传周、“5·15”打击和防范经济犯罪宣传日、食品安全宣传周、税收宣传月等主题，发布典型案例，宣讲识假辨假知识，引导社会自觉抵制侵权假冒现象。

二是加强行业自律引导。开通“企业产品质量安全承诺”平台，将儿童家具等7种产品纳入质量承诺范围，并组织对承诺企业开展双随机执法检查，督导企业坚守行业底线。签订《互联网信息服务自律管理承诺书》《上海自媒体联盟自律公约》等文书，引导企业履行自律承诺。

三是加强政企合作。定期召开权利人恳谈会，开展“访企问需、访企送计”，提升对侵权假冒违法犯罪行为的精准打击能力。

（三）加强知识产权领域联合保护

一是完善执法合作机制。市工商、市质量技监、市食品药品监管等12家行政执法部门分别与长三角地区及重要城市建立执法合作交流机制，签订打击侵权假冒合作协议，形成优势互补，提高跨省市执法协作效率和水平。

二是提升法律服务质量。引导“两公律师”在知识产权保护工作中发挥积极作用，“3·15”“4·26”主题活动期间，组织律师开展公益法律咨询服务活动。在长江经济带、长三角地区，推动知识产权保护法律职业共同体建设。

三是加大自有品牌出口保护力度。加强海外维权服务基地建设，妥善解决国际贸易知识产权纠纷，做好自有品牌应诉案件跟踪服务。其中，“美钢企对上海宝钢集团337调查案”取得阶段性胜利，法官裁决：支持中国钢铁行业提出的终止反垄断调查的动议。加大自主品牌外贸出口企业资金扶持力度，鼓励企业开展境外商标及专利注册、收购和维权，受益企业家数增长到50家。引导权利人企业完善海关备案信息，为合法授权品牌实现快速通关提供便利。

四是积极开展知识产权保护国际交流。参加首次在上海举办的美国大使知识产权圆桌会议，交流本市在行政、司法一体化打击违法犯罪、保护知识产权方面的经验做法。

五、开拓创新激扬活力

坚持技术创新、制度创新、机制创新，打建结合，为经济社会健康发展注入新的活力。

（一）完善信用体系建设

一是开展社会信用立法。推动国内首部社会信用地方法规立法，对市场遵守法定义务或履行约定义务开展征信监管。加强信用约束，从源头杜绝假冒伪劣产品。

二是推进事中事后监管平台建设。将其与公共信用信息平台结合，综合政府部门信用监管资源，完善对失信行为的跨部门联合惩戒机制。

三是加快追溯体系建设。在全国率先建成“食品安全信息追溯”平台，实现食品和食用农产品来源可追溯、去向可查证、责任可追究。本市1.7万户餐饮单位的信息已纳入“诚信上海”APP的“信用地图”。

四是推广以商务信用为核心的新型流通治理模式。开通“上海商务诚信网”，首批归集了5.2万家企业商务信用。通过“信用+追溯”，改革酒类流通事中事后监管流程。2016年，公安机关在沪、苏两地同步收网，抓获销售假冒“茅台”“五粮液”等名酒品牌犯罪嫌疑人60余人，捣毁生产、加工窝点1个、仓库4个，售假门店30家，营造了安心消费环境。

（二）深入推进长三角区域执法协作

市知识产权局推进江浙沪知识产权保护区域合作，联合发布长三角地区年度知识产权发展和保护状况白皮书及十大典型案件。市农委推进长三角地区农产品质量安全防控平台建设，建立健全联席会议制度和联防联控体系。市新闻出版局举办长三角区域新闻出版合作交流会议，在推动产业发展、优化行政服务、净化市场环境等方面达成合作意向。上海海关加强与南京、杭州、宁波等海关的并区合作，以区域通关一体化改革为契机，构筑区域海关之间知识产权立体执法网络，形成打击侵权与风险防控的合力。市工商、市质量技监、市食品药品监管等12家行政执法部门分别与长三角地区及重要城市建立执法合作交流机制，签订打击侵权假冒合作协议，增强跨省市执法协作效率和水平。

（三）出台保护知识产权鼓励创新政策

出台《关于加强知识产权运用和保护支撑科技创新中心建设的实施意见》，建设亚太地区知识产权中心城市，推进完善知识产权的保护、运用、管理体制机制，助推企业产业真正做强。出台《上海检察机关服务保障科技创新中心建设的意见》，树立平等保护、鼓励创新的司法观念，积极营造鼓励探索、允许试错、宽容失误的司法氛围，立足检察职能，综合运用打击、预防、监督、教育、保护等手段，提供“一站式、全覆盖”检察服务保障措施。

（四）推进打击假冒伪劣涉案物品检验平台建设

依托市质量监督检验技术研究院、市食品药品检验所和出入境检验检疫部门，揭牌成立上海市打击假冒伪劣涉案物品检验中心。在全国尚属首例。发挥本市检验鉴定资源集聚优势和检验机构行业优势，强化对假冒伪劣涉案物品的权威认定，为执法司法有效衔接提供有力支撑。

（撰稿人：徐建春　廖涛）

江苏省打击侵权假冒工作报告

2016年，江苏省深入贯彻落实国务院打击侵权假冒决策部署，按照全国打击侵权假冒工作领导小组办公室工作要求，紧紧围绕经济转型升级、保障改善民生和维护公平正义，坚持打建并举、标本兼治，打击侵权假冒工作取得了明显成效，促进了市场环境进一步优化。2016年7月，江苏省在全国领导小组第十次会议上专题汇报了开展“清风”行动的做法和成效。2016年12月，国家第13考核组现场考核江苏省打击侵权假冒工作，对江苏省工作给予了充分肯定。主要从八个方面开展工作。

一、加强组织领导，任务部署落实到位

江苏省政府高度重视打击侵权假冒工作，省领导多次作出批示，经常听取情况汇报、提出要求。省政府专门召开领导小组会议部署工作，省政府办公厅印发全年打击侵权假冒工作要点。省领导小组办公室会同各成员单位，分解落实工作任务，组织专项督查，督促指导和推进各地工作。制定全省打击侵权假冒绩效考核办法，组织打击侵权假冒工作绩效考核，苏州、扬州、南京、淮安、无锡得分位居全省前列，昆山位居省管县第一。南京、常州、淮安、盐城、扬州、泰兴、沭阳等地方政府及时调整领导小组成员，确保打击侵权假冒工作持续高效开展。苏州市政府制定打击侵权假冒领导小组工作制度，明确了市级29家成员单位的工作职责。徐州市人大常委会通过加强两法衔接工作决定，全国第一家以地级市人大决定的形式推动两法衔接工作。

二、突出重点领域，集中开展专项整治

针对侵权假冒由线下向线上、由国内向国外转移的趋势，江苏省深入调查研究，坚持问题导向，在全国率先制定互联网打假、“清风”行动工作方案。在中国制造海外形象维护“清风”行动方面：江苏省以出口拉美国家和地区商品为重点，在完善工作机制、坚持源头治理、严把出口环节和强化维权援助四个方面进行综合治理。江苏检验检疫局探索建立覆盖驻外使馆和进口国监管部门的跨境执法协作机制，南京海关强化风险布控和一线监管，工商、质监等部门强化源头治理，知识产权和商务部门做好维权援助，全省共受理涉及“清风”行动举报投诉1 504件，查处生产企业侵权假冒案件334件，查处经营企业侵权假冒案件185件，公安机关立案查处侵权假冒违法犯罪案件161件。在互联网集中治理方面：工商、质监、公安、网信和通信管理等部门针对互联网领域突出问题，加强信息沟通和执法协作，推进综合治理。在长三角五省市联合开展互联网打假“云剑”行动，利用阿里巴巴、苏宁云商等大型电商平台打假线索，省公安厅、省工商局等部门积极查办案件，全省共网上检查网站（网店）78 876个次，实地检查网站（网店）经营者11 130个次，责令整改网站648个次，查处各类网络交易领域违法案件539件，公安机关破获犯罪案件48件。省工商局在全国率先成立由局长任组长的推进线上线下一体化监管工作领导小组，以网络交易平台和网络商标侵权、售假等突出问题为整治重点，深入开展红盾网剑专项行动。无锡、苏州两市与国家电子商务产品质量中心合作，采用“神秘买样”方式开展实物抽样。淮安市建设寄递行业安全监管信息平台，实现寄递物品追溯功能。

三、服务创新发展，推进知识产权保护

省工商局以涉外商标、高知名度商标为重点，共查处侵犯商标专用权案件1 215件，移送司法机关10件，捣毁窝点17个。省版权局加大对侵权盗版网站、智能移动终端等平台的监管力度，共查处行政案件56起，移送刑事案件10起。省知识产权局以侵权案件高发地、制造业集中地、专业市场、战略性新兴产业、互联网等为重点，支持苏宁云商等15家电商平台加强知识产权监管，建立健全知识产权侵权、假冒投诉处理机制，加强知识产权侵权假冒违法行为打击力

度。农业、质监、工商等部门积极配合，着力从生产源头、流通渠道和消费终端三个方面大力整治，全省共出动执法人员68 762人次，检查企业45 651个次，整顿市场5 118个次，受理举报案件217件，立案查处各类违法案件1 118起，查获违法农资260万公斤，涉案金额1 000万元。知识产权、工商、商务等部门推进展会知识产权保护，在2016中国（昆山）品牌产品进口交易会、2016亚洲户外用品展览会、第六届亚洲自行车展、中国江苏国际新能源电动车及零部件交易会、第七届中国（泰州）国际医药展、第九届国际发明展览会等展会现场发放中、英文宣传画册、海报等宣传资料万余份，解答侵权纠纷的投诉方式、处理流程、注意事项等咨询事项。苏州市加强对重点出口企业和涉外会展的指导，构建全国首家“护航外向行”涉外商事法律服务平台。

四、保障消费安全，打击制假售假和“正版正货”承诺并举

围绕食品、药品、化妆品、农资、建材、机电、汽车配件等重点商品，全省各级行政执法部门加强市场巡查和产品抽检，深挖生产源头和销售网络，深入开展质检利剑、红盾护农、剑网行动、护航行动、绿茵行动、云剑行动等联合整治，共立案查处各类侵权假冒案件近1.7万件，办结1.52万件，始终保持对侵权假冒行为的高压严打态势。另一方面，江苏省大力推进“正版正货”承诺活动，进一步营造放心消费、安全消费的市场环境。2016年全省新认定15家省级“正版正货”示范创建街区，5家省级“正版正货”示范创建行业，188家“正版正货”承诺企业，使得全省省级“正版正货”示范创建街区总数达80家，“正版正货”示范创建行业协会总数13家，“正版正货”承诺企业3 000余家。6月，江苏省有6家“正版正货”示范创建街区被确定为国家知识产权保护规范化培育市场，截至2016年底，江苏省已有17家国家知识产权保护规范化培育市场，入选数量居全国前列。

五、强化司法打击，保持对侵权假冒违法犯罪震撼力

省公安厅统筹推进打击侵权假冒工作，经侦、治安、食药环、网安等部门协调配合，共发起全国性集群战役19起，成功收网10起，承办公安部督办案件68起，捣毁侵权假冒窝点941个，缴获假冒伪劣商品166万件，涉案金额8.78亿元。省检察院突出打击侵犯驰名商标、战略新兴产业和现代服务业知识产权等犯罪，建立健全重大案件挂牌督办、跟踪指导等制度，上下联动做好案件办理工作，共批捕侵权假冒282件，提起公诉838件。省法院坚持执法办案第一要务，将庭长编入合议庭共同办案，集中审判力量审理好重大、疑难复杂和新类型案件，共受理各类知识产权案件1.2万件，审结8 336件。

六、查办大案要案，提高打击侵权假冒的影响力

近年来，江苏省积极推进行政执法和刑事司法衔接，加强跨部门、跨地区联合执法，对侵权假冒违法犯罪行为实施全链条打击。重点办理一批情节严重、影响恶劣的侵权假冒犯罪案件，加强对重点案件、新型案件的研究和督办，查办了一批全国有影响力的重大案件，多次获得国家相关部门表彰。2016年，江苏省法院系统三件案例入选中国法院50件典型知识产权案例，公安系统四起案件编入全国公安机关打击侵权假冒犯罪技战法选编，工商系统一起案件入选全国工商市场监管系统十大典型案例，文化系统一起案件被评为全国文化市场综合执法十大案件，版权系统八起案件入选全国“剑网2016”专项行动典型案件。省版权局、省网信办等多家单位被评为全国查处侵权盗版案件有功单位。南京、苏州市设立知识产权审判庭，跨区域集中管辖知识产权案件的做法被写入2017年两会最高人民法院工作报告。

七、坚持标本兼治，长效机制建设取得新进展

一是大力推进两法衔接工作。2016年10月，省检察院主抓的全省两法衔接信息共享平台升级改造完成，省领导小组办公室在此基础上建成中间平台，与全国打击侵权假冒中央平台成功对接。二是积极推进行政处罚案件信息公开工作。省领导小组办公室会同工商、质监、食品药品等10个行政执法部门，进一步完善信息公开相关制度，全省案件信息公开7 801件，无锡、苏州、淮安、扬州四市实现了案件信息网上集中公开。三是加强跨区域、跨部门执法协作。省领导小组办公室专门召开会议，推进长三角互联网打假执法协作，组织开展长三角“云剑”行动。省公安厅在长三角联席会议上接收阿里巴巴提供的20条案件线索，已立案查处9起，抓获犯罪嫌疑人7名，发起集群战役1起，捣毁生产销售窝点8个，涉案金额6 200万元。省工商局积极发挥华东六省一市商标协作网、长三角协作网、淮海经济区协作网等区域协作机制作用，定期以座谈、协查函、信息通报等方式加强协作。四是推进软件正版化工作。省版权局积极推动省级机关和各市完善软件正版化工作考核和责任制度，制定省属企业推进使用正版软件工作计划，推动省属企业和各

地国有企业软件正版化工作。五是推动完善侵权假冒商品处置机制。省环保厅在“江苏环保”网站公布具有环境无害化销毁能力的单位名单，各地按照侵权假冒商品分类处理指南，组织开展集中销毁活动。

八、加强宣传引导，营造社会共治氛围

省领导小组办公室会同省委宣传部制定宣传工作方案，坚持正面引导为主。各地在“3·15”、“4·26”、“5·15”等重要时点，组织新闻媒体，解读政策措施，宣传工作成效，树立正面典型，曝光违法犯罪。4月15日，江苏、浙江和上海两省一市政府知识产权联席会议办公室，在南京联合召开2016年长三角地区知识产权发展与保护状况新闻发布会。省工商局公开发布商标侵权十大典型案例。省法院公开发布知识产权司法保护蓝皮书和知识产权案件年度报告。省版权局公开发布版权执法十大案件。南京海关组织开展知识产权海关保护在线访谈。省农委组织开展“放心农资下乡进村”宣传周活动。省打击侵权假冒领导小组办公室连续两年举办全省打击侵权假冒工作培训班，对互联网打假、“清风”行动、两法衔接、案件信息公开等重点工作进行专题培训。南京、苏州等地在地铁沿线和公交站台制作灯箱广告宣传打击侵权假冒工作成果。

（撰稿人：殷亚亮）

浙江省打击侵权假冒工作报告

2016年度，浙江省打击侵权假冒工作领导小组在省委省政府的领导下，认真贯彻落实全国双打领导小组及其办公室各项工作部署，加强部门协调和配合，采取一系列有效措施，全面推进全省打击侵权假冒工作，开展了“2016—云剑行动”、“2016—长三角云剑行动”、“2016浙江红盾网剑”等专项行动，互联网领域打假成效明显。2016年，全省行政机关共立案侵权假冒案件28 488起，办结案件27 304起，涉案金额31 363.05万元，移送司法机关825起，捣毁制假售假窝点356个。公安机关破获案件1 573起，涉案金额18 239.8万元，抓获犯罪嫌疑人1 420人。检察机关审查起诉案件1 311起2 267人，批捕案件401起695人。法院受理打击侵权假冒案件1 202起，审结案件1 196起，判决2 116人。

一、高度重视打击侵权假冒工作

浙江省委省政府高度重视打击侵权假冒工作。2016年3月17日，组织召开了全省打击侵犯知识产权和制售假冒伪劣商品工作电视电话会议，总结浙江省打击侵权假冒领域所做的主要工作，要求全省打击侵权假冒工作部门要提高技术推动、共治共管、打扶并重三个认识，以“云剑行动”和“两法衔接”为抓手，突出互联网领域整治重点，抓好10个方面重点工作，构建浙江省“双打”工作新格局。

二、完善打击侵权假冒工作制度

2016年初，省双打办起草印发《2016年度浙江省打击侵犯知识产权和制售假冒伪劣商品工作考核办法》，对各地打击侵权假冒工作开展考核，促进各地打击侵权假冒工作落实。8月，省双打办印发了《浙江省加强互联网领域侵权假冒行为治理三年行动计划（2016—2018）》，结合浙江省实际，提出11项具体举措，为今后三年全省治理互联网侵权假冒行为，提出了行动指南。省法制办积极推动《浙江省食品安全若干规定》《浙江省农产品质量安全规定》和《浙江省实施〈中华人民共和国消费者权益保护法〉办法》等打击侵权假冒行为类法规出台。

三、推进打击侵权假冒“两法衔接”平台建设

根据全国双打办工作部署，加快推进全省打击侵权假冒“两法衔接”信息平台建设，根据浙江省信息化建设实际，在全国创新开展“两法衔接”信息平台与行政执法办案系统进行对接，将全省行政执法案件信息直接导入“两法衔接”信息平台，解决了信息重复报送、信息报送不及时等问题。截至2016年底，信息平台建设已初步完成。

四、形成打击侵权假冒行为合力

根据浙江省互联网经济快速发展实际，省双打办继续牵头组织开展“2016—云剑行动”。突出头部人员打击、集群

战役开展、浙商品牌保护“三个重点”，以“打源头、摧网络、破大案”为目标，对互联网领域产、供、销全链条、全环节实行一体化、全程化打击。行动期间共破获假冒伪劣犯罪案件257起，抓获犯罪嫌疑人474名，货值2.76亿元。

为解决浙江省互联网领域侵权假冒案件向外省转移的现象，下半年，在全国双打办的指导下，联合上海、江苏、安徽、江西双打办，共同组织“2016—长三角云剑”，协调五省（市）公安、工商等部门，利用阿里巴巴提供的案件线索，开展集中打击，开创全国区域联合打击互联网领域侵权假冒行为先河。打击专项行动期间，长三角五省（市）共破假冒伪劣犯罪案件149起，抓获犯罪嫌疑人219名，涉案金额1.1亿元。在全国双打办主任会议和全国打击侵权假冒工作培训会上，浙江省两次就“长三角云剑”行动做交流发言。

工商部门紧紧围绕“市场秩序净化行动”工作要求，协调省政府专题召开“商标品牌战略2016浙江行动”工作部署电视电话会议，出台《浙江省“十三五”商标发展规划》，明确未来五年，商标品牌监管工作主要任务和阶段要求。开展2016浙江“红盾网剑”专项执法行动，对网络交易市场中的“二大重点主体、五大类重点商品和七大类重点违法行为”进行有力打击。开展G20杭州国际峰会特殊标志保护、“迪士尼”注册商标等重点商标专项保护行动，重点查处一批违法行为。出台《关于进一步加强商业秘密保护工作的若干意见》和《关于在全省开展商业秘密保护指导示范站（点）建设工作的实施意见》，开展“护密维权”指导站（点）、示范站（点）的规范化创建和提质创优，完成“护密维权”指导站（点）3 301家创建任务。截至三季度，全省工商行政管理部门共查处各类商标违法案件2 536件，案值0.87亿元，罚款0.5亿元，移送司法机关40起42人次。

公安机关牢固树立“长期作战、强力遏制”战略思路，全力推进完善常态化条件下的打防工作格局，制定全省2016年打击侵权假冒工作方案，突出大要案件侦办、互联网打假、浙商品牌保护以及跨区域跨国境协作等工作重点。为营造G20峰会良好氛围，主动发起集群战役11起，参战省外发起战役75起，与阿里巴巴集团搭建数据查询专线，开发数据研判软件，为全国公安机关侵权假冒犯罪案件侦办提供强有力的数据支持。破获宁波“3·31”特大跨境生产、销售假冒注册商标农药案，现场查获假冒农药20余吨，假冒“杜邦”“先正达”等国际知名品牌商标标识60余万件，查扣制假生产流水线7条，现场抓获主犯于某。全年绩效继续走在全国前列。

版权部门认真开展打击网络侵权盗版专项治理“剑网行动”，截至2016年11月底，全省共立案查处21件，行政处罚共15.2万元。印发《2016年版权行政执法工作方案》，落实执法责任，严格执法程序，加大执法力度。及时迅速处理国家版权局的案件移转函，做到件件有落实。扎实推进软件正版化工作，召开省市县三级政府机关软件正版化工作培训，做好对部分市、县政府机关软件正版化监督检查工作，联合省财政厅等部门对温州台州两市的政府机关软件正版化工作进行实地检查。

知识产权部门在全国率先开展电商领域专利保护专项行动，设立了全国唯一的电子商务领域专利执法维权协作调度中心，现场处理电商平台专利侵权投诉案件8.8万起；断开、删除、关闭侵权链接5.5万个。组织开展2016年度打击假冒专利行为专项行动，出动行政执法人员1 800余人次，查处涉嫌假冒专利行为和专利标识不规范案件1 300余起。与省高院联合开展知识产权民事纠纷诉调对接工作，成立宁波市知识产权综合运用和保护第三方平台，开展知识产权运用和保护工作。

文化部门切实加强文化市场监管，围绕保障G20峰会顺利召开，开展打击有害非法出版物和网络淫秽色情非法信息等多项专项整治行动。共受理违法案件3 453件，对1 858个机构和个人作出行政处罚决定，罚款1 161万元，向公安机关移送案件54件。

质监部门全年组织开展5次侧重于不同领域的“蓝剑系列”专项执法行动。共出动执法人员7 500人次，检查企业1 438家，查处违法案件108起。

农业部门围绕保障G20峰会和农产品质量安全示范省创建工作，开展“绿剑”3+X执法行动，全省共出动执法人员5.6万人次，检查各类主体3.3万家次，查获假劣农资745.5吨，立案查处违法行为1 101起。

林业部门严厉打击无证无签和侵权假冒植物新品种违法行为，开展全省林木种苗质量检查，对全省216个生产单位，56个树种，529个苗批开展自查，并对杭州、宁波等9个市县进行了监督抽查。

食药监部门以微整形、减肥药等产品为重点，加大对互联网领域发布虚假药品、保健食品等违法信息行为查处力度，开展全省食品安全隐患大抽查大排查大整治严打击专项行动。全省共查处食品药品违法案件1.13万件，涉案金额0.87亿元，罚没款3.03亿元，移送公安机关677件。

卫生计生部门加大消毒产品生产企业、经营使用单位监督检查力度，全年抽检湿巾、卫生湿巾和手消毒剂共35批次。

杭州海关全年共查扣涉嫌侵权货物354万件，货值1 394万元，成功保护了21个国家及地区的知识产权；隶属义乌海关查办的出口侵权打火机案获评“全国海关2015年知识产权保护典型案例”，关区知识产权保护工作走在全国直属海关前列。引导省内自主知识产权在海关总署备案1 421项，占备案总数的30.36%，新增自主知识产权备案数量保持全国之首。

宁波海关大力开展中美海关知识产权联合执法行动，破获“输往南美的出口假冒知名品牌消费品大案”和“特大跨境生产、销售假冒美国注册商标农药案”。积极开展“电动平衡车”知识产权保护专项行动，查获“电动平衡车”知识产权案件5起，涉案金额约1 195万元，查扣各类侵权货物1.4万件。周密部署开展“清风”专项行动，查获输往墨西哥、阿根廷等拉美国家的侵权案件29起，查扣货物约187万件，涉案金额约499.8万元。

浙江检验检疫局以出口非洲及“一带一路”沿线国家商品质量和跨境电子商务领域为重点，加强跨境电商领域“双打”工作，共监管进出口跨境电子商务商品4 594万件、涉案金额39亿元，出动执法人员5 764人次，稽查企业3 496家，结案103起，涉案金额905万元。

宁波检验检疫局扎实开展“中国制造”海外形象维护“清风”行动，查获假冒产地、假冒认证证书案件5起，涉案金额64万美元。全年立案354件，罚款123万元。

邮政部门结合快递行业旺季安全生产检查，对未严格执行收寄验视制度，违规收寄侵权假冒产品的企业，依法严肃处理。

人民银行杭州中心支行持续完善金融信用信息基础数据建设，为打击侵权假冒提供支撑。个人和企业两大征信系统共收录了我省3 690万自然人和142万户企业及其他组织的信用信息，月均查询量427万次。

省贸促会充分发挥调解、仲裁、商标主持等业务优势，帮助企业解决涉及知识产权的贸易纠纷。全年共办理商标、FDA认证、海关知识产权保护案件92件、服务企业41家。涉及美国、新加坡、马来西亚等26个国家与地区。

司法部门将知识产权集中宣讲活动与“法律六进”活动相结合，累计组织巡回演讲1 000余场次，受益企业7万余家。全省律师共代理知识产权诉讼案件2 386件，办理知识产权非诉法律事务1 243件，涉及标的4.5亿元。

环保部门会同公安、农业等部门建立侵权假冒商品环境无害化销毁工作联络人制度、信息公开制度和无害化信息报送制度。公示危险废物处置单位143家，无害化销毁过期药品0.95吨、假劣药械2.2万盒、电子废物2 789件、一般固体废物7 509件。各类侵权假冒商品的销毁方式均符合环保要求。

检察机关扎实履行对侵权假冒犯罪案件的批捕、起诉和诉讼监督职能，加大查处行政执法人员在办理侵权假冒工作中的失职渎职等涉嫌犯罪行为，在全省检察机关部署开展了打击破坏环境资源与危害食品药品安全犯罪专项立案监督活动。与省高级法院、公安厅、农业厅、食药局联合会签下发关于打击生产、销售注水肉、过期食品等案件的会议纪要，对两法衔接的工作程序和法律适用问题进行了明确，为全省顺利开展两法衔接工作提供了法律支撑。

法院充分发挥刑事司法职能，依法从严从快打击侵权假冒犯罪，完善知识产权刑事案件审判机制，统一知识产权案件裁判尺度，提高审判质量和效率，形成保护合力。

国资、财政、监察、综治、发改、经信、税务、通信管理等部门都在自身职责范围内有效开展了打击侵权假冒工作。

五、营造打击侵权假冒工作良好氛围

省双打办制定年度宣传工作计划，统筹全省各部门宣传工作。各级政府及部门通过电视、报纸、广播、网络积极向社会开展宣传工作，公开宣传打击侵权假冒政策、成效和典型案件。12月8日，省双打办联合省公安厅组织召开“2016—云剑行动”新闻发布会，对2016—云剑行动”开展情况及经典案例进行了发布，中新社、新华网、浙江日报、浙江卫视等35家国内、省内主流媒体进行了广泛报道。省知识产权局与省司法厅、省律协启动2016年知识产权宣传巡回宣讲活动，组织了百名知识产权律师，开展公益讲座22场，受益群众2 000余人。省版权局开展“加强知识产权保护运用加快知识产权强国建设”为主题的“4·26”知识产权宣传周活动，主办浙江省第四届“知识产权杯”创意设计大赛，开展侵权盗版及非法物品集中销毁活动，全省集中销毁各类侵权盗版等非法物品94万余件。海关系统充分发挥“中国海关知识产权保护展示厅”的宣传作用，组织东盟参与“一带一路”建设各国高级关员、美国驻沪总领馆高级商务专员、中宣部全国现场会代表等，共计110余批次，6 000余人次进行现场参观。

（撰稿人：赵赛）

安徽省打击侵权假冒工作报告

2016 年，安徽省打击侵权假冒工作领导小组坚持“尽早谋划安排、扎实组织实施、强化过程督导、务求工作实效”的工作理念，不断强化各项工作落实，取得了较为明显的成效。

一、强化组织领导，提升工作连续性

因安徽省领导变化，2016 年安徽省打击侵权假冒工作领导小组主要负责人先后历经三次调整。但无论领导如何变化调整，安徽省打击侵权假冒工作的组织领导依然得到不断强化，工作的连续性不断提升。

（一）工作谋划早

每年底，安徽省都会就来年的工作进行预先谋划安排；年初，结合全国可能开展的工作，在广泛征求多方意见的基础上，再次谋划安排，反复征求意见建议，统一认识，为年度工作开展奠定思想基础。每年安徽省年度打击侵权假冒工作要点都早于全国要点印发实施，2016 年安徽省印发的时间比全国的早近一个月。由于谋划安排早，工作一直处于连续状态，为安徽省深入推进打击侵权假冒工作提供了可靠保障。

（二）工作部署实

每年无论是年度工作要点，还是阶段性工作安排，安徽省在贯彻全国精神的前提下，结合安徽省实际进行部署。每项工作开展均严格根据省领导小组制定的工作规则，按照年初有目标、年中有督查、年末有考评的方法步骤组织实施，明确各成员单位工作职责，强化跨区域、跨部门协同联动机制，采取简报与通报、明查与暗访相结合的方式促进工作开展。各市、县均按照全省统一部署抓好工作落实，形成了全省上下一体、部门联动、区域互动的工作格局。

（三）工作氛围浓

为营造打击侵权假冒工作氛围，安徽省通过定期召开新闻发布会、在媒体开设专栏、编印简报等形式，优化舆论环境。2016 年以来，通过编发 19 期简报、向全国打击侵权假冒网报送 655 条信息等途径，全面反映安徽省工作开展情况。据不完全统计，全省共有 60 多家新闻媒体和网站的 300 多名记者参与了打击侵权假冒工作采访报道。通过开设专栏、推出专题等形式，全方位、多层次、立体化宣传了安徽省打击侵权假冒工作，仅省级新闻媒体在重要版面、时段、主要频道刊播的打击侵权假冒相关稿件就达 2 000 多条、图片 200 多幅。

二、强化重点整治，提升工作针对性

2016 年，按照全国统一部署，结合安徽省实际，对重点领域集中开展整治。结合每个整治领域的不同特点，分别施策，提升针对性工作力度，成效明显。

（一）持续开展互联网领域侵权假冒治理

通过开展“2016 红盾网剑”专项行动，对全省网络交易食品药品、儿童用品等重点商品的假冒伪劣行为开展集中整治；严厉打击邮件、快件渠道非法寄递进出口侵权假冒商品行为，加强网站备案、网际协议地址（IP 地址）和域名管理。截至年底，全省通信管理部门通过“ICP/IP 备案管理系统”共处理备案数据 62 030 条，核查 IP 地址 33 批次、11.16 亿条，其中越界 IP 地址 573 万条、漏报 IP 地址 52.1 万条。省网信办组织市县网宣办精干力量，加强对属地重点网站监看，建立群组，互通信息，共同研判，排查清理各类有害信息 2 000 余条。

（二）持续强化农村和城乡接合部市场监管

全省围绕重要节庆和春耕、夏种等重要时段，针对农村市场侵权假冒易发多发商品，加强市场监督检查。农业部门对全省农资市场、农资经营户进行了清理和登记造册，共出动执法人员 82 806 人次，检查农资生产经营企业 82 270 家次，整顿市场和经营单位 14 356 家次，查处农资违规生产经营行为 268 起，涉案金额 120 多万元。全省质监系统在春季农资打假期间，出动执法人员 3 850 余人次，下乡进村 749 个，入户数 2 168 个，抽样 549 批次，查处制售假冒伪劣农资案件 21 起，货值 22 万余元。

（三）持续开展中国制造海外形象维护“清风”行动

2016 年，安徽省组织有关单位组成考察团组，对部分“一带一路”国家进行考察，实地查看当地市场，了解安徽省商品在国外的销售质量情况。合肥海关开展侵权风险参数清理工作，根据进出口商品变化情况，有针对性地调整了相关风险参数。安徽出入境检验检疫局先后制定了案源分析会制度、“双随机”抽查监管机制和案件案源案例通报制度，出台了行政处罚裁量权使用规则和基准，上线运行了12365投诉举报系统。

（四）持续推进软件正版化工作

省版权局通过印发《安徽省政府机关软件正版化工作考评细则》，加强对政府机关软件正版化的考评；印发《关于进一步加强计算机软硬件采购源头管理工作的通知》，规定政府机关购置计算机硬件设备必须配置和采购正版软件；积极开展政府机关软件正版化工作“回头看”，全省新购各类正版软件3 000余套；建立基础数据库，分别采集并建立了省、市、县三级政府机关近8 000个单位和110家企业软件正版化工作责任人信息数据库。

三、强化法制建设，提升工作长效性

2016年，安徽省着眼长远，标本兼治，认真从体制机制上查找漏洞，积极推动各项工作纳入制度化、法制化轨道，打击侵权假冒工作的法律基础、治本措施不断得到完善。

（一）加强有关法律法规制修订工作

在有关部门的努力下，省政府制定出台了《安徽省重大行政执法决定法制审核规定》；《安徽省药品和医疗器械使用监督管理办法》《安徽省消费者权益保护条例（草案）》已经施行；《安徽省产品质量鉴定组织单位管理暂行办法》《安徽省医疗器械经营监督管理办法实施细则》等规范性文件通过合法性审查。省人大内司委经过多方调研，已将加强两法衔接工作作为今后立法的研究方向。

（二）加强行政处罚裁量基准完善工作

根据《安徽省人民政府办公厅关于建立行政处罚裁量权基准制度的指导意见》，省食品药品监管局对食品药品行政处罚裁量适用规则及行政处罚裁量基准进行修订，完善了行政处罚裁量基准动态调整机制，其他有关行政执法部门也开展了相应的制修订工作。

（三）加强执法试点推进工作

全省在2015年试点工作的基础上，继续突出重点，选取重大行政执法决定法制审核、行政执法公示等8类行政执法重要领域开展试点，确定省林业厅、省工商局等4个省直部门、15个市共计19个试点单位。各试点单位制定和实施试点工作方案，试点工作稳步推进，取得阶段性成果。

（四）加强信用体系建设工作

完善省公共信用信息共享服务平台和统一社会信用代码交换系统，积极扩大公共信用信息共享交换范围，推动建立守信联合激励和失信联合惩戒。启动全省商务诚信公共服务云平台建设，建立一套商务信用管理制度和商务信用标准体系，推进实现市场主体规范自律。开展诚信示范企业认定，省领导小组审定省级诚信示范企业45家，并及时对外公布。

（五）加强案件信息公开工作

按照《安徽省人民政府办公厅关于印发2016年政务公开重点工作任务分工的通知》（皖政办〔2016〕79号）要求，制定《2016年安徽省制售假冒伪劣商品和侵犯知识产权行政处罚案件信息公开工作方案》，将各级政府、省直有关单位案件信息公开情况纳入省政府年度考核范畴。省领导小组办公室组织编印《行政处罚案件信息公开文件汇编》，并发至各市和各成员单位。省工商局、省文化厅、省农委等成员单位相应出台了具体实施细则，从公开范围和方式、保密审查、监督与责任追究、数据报送等各个方面对案件信息公开进行规范。

四、强化两法衔接，提升工作时效性

安徽省一直非常重视行政执法与刑事司法衔接工作，2014年9月率先在全国建成省市县一体高效运行的两法衔接系统。2016年以来，安徽省围绕提升两法衔接工作时效性，重点抓了三个方面的工作。

（一）突出抓好两法衔接宣传培训

安徽省坚持针对性、实用性原则，增强培训效果。各地各部门利用多种形式开展两法衔接业务培训，加大培训“杠杆”撬动力度，全面提高执法司法队伍案件移送、办理等业务能力和素质。2016年11月，省双打办分别依托合肥、阜阳、宣城等地，分片开展业务培训，讲授《双打领域两法衔接现状与平台实务操作》，受训人数达300余人。5月、9月份省环保厅、省农委分别组织全省环保两法衔接暨平台操作培训班、全省农产品质量监管骨干暨农资打假两法衔接业务培训，受训人数达220人。2016年以来，全省各级各相关部门开展两法衔接培训班20个，受训1 100人次，其中省级3期（次）、市级17个（包含13次延伸到县区）。

（二）突出抓好两法衔接监督检查

2016年6月，安徽省开展两法衔接业务督查工作，采取非现场普查方式，并印发《关于安徽省打击侵权假冒行政执法与刑事司法衔接的情况通报》（皖打假办字〔2016〕8号），总结各市打击侵权假冒领域两法衔接在机制建设、平台应用、部门协作、宣传培训等方面取得的阶段性成效，对各市平台联通、行政处罚案件录入情况进行督查，指出存在的普遍问题，提出整改落实方向。9月，针对各市整改落实情况，省领导小组办公室又以专刊简报形式刊载各地两法衔接平台联通率、案件录入率情况，促进两法衔接更加密切。截至2016年底，全省行政执法机关通过信息共享平台实时录入侵权假冒行政处罚案件7 532条，移送案件63件。公安机关立案侦查60件，检察机关审查起诉26件，法院作出有罪判决24件。结合安徽省质量工作建设，将各地市两法衔接平台联通率、案件录入率（平台两率）做为质量工作（2015—2016）考核指标。

（三）突出抓好两法衔接部门联动

全省各级公安机关与行政执法机关会签专项协作协议，创设首办联络员工作制度，就重大案件及时沟通，推进部门合作交流。行政执法机关在执法办案中可就刑事立案追诉标准，刑事证据固定和保全等问题咨询公安机关、检察机关，公安机关、检察机关也就案件办理中的专业性问题咨询行政执法机关，确保及早发现涉嫌犯罪案件，及早启动刑事追究程序。结合全省检察机关开展“破坏环境资源犯罪专项立案监督活动”和“危害食品药品安全犯罪专项立案监督活动”，拓展现有平台应用，建立环保部门与公安、检察机关线上线下协作机制。

五、强化保护意识，提升工作创新性

安徽省一直重视打建结合工作，通过实施创新驱动，更好的保护企业、知识产权权利人的合法权益，优化创新环境，激发社会的创新创业活力，推动产业结构优化升级和发展方式转变。

（一）深入实施创新驱动战略

安徽省持续推进加强知识产权保护，加快创新型省份建设，推进大众创业、万众创新，建立健全全省科技创新“1+6+2”政策体系，实施重大科技专项123个，新建国家级众创空间24个，新获授权发明专利13 765项，增长95.2%。截至2016年底，安徽省万人发明专利拥有量达6.31件，区域创新能力连续4年位居全国第九位。

（二）深入实施质量品牌工程

在推动企业提质创牌上，安徽省的质量品牌升级工程如今已成效初显。4家企业荣获第二届中国质量奖提名奖，全省累计已达7个，这一数量居中部省份第一。2016年，全省培育名牌申报企业1 189家，申报安徽名牌产品1 432个；申报省政府质量奖企业48家，13家企业入围，最终5家企业被省政府授予安徽省政府质量奖。截至年底，安徽省共有安徽名牌1 329个、安徽省政府质量奖13个。

（三）深入实施创新能力培育

安徽省积极组织实施企业技术中心培育计划，开展行业技术中心创建工作，5家入选国家技术创新示范企业。截至年底，安徽省国家技术创新示范企业已达20家，省技术创新示范企业拟认定36家。在全省范围内积极推进试点企业知识产权管理制度建设，树立全省工业企业知识产权培育工程的标杆，3家企业荣获工信部“工业企业知识产权运用标杆”称号。开展自主知识产权新产品的培育工作，已经认定具有自主知识产权的省级新产品383个。省领导小组积极开展诚信示范企业认定工作，截至2016年底已有133家企业被评定为全省诚信示范企业。

（四）深入实施创新工作方式

安徽省作为长三角一体化的打击侵权假冒工作牵头单位，积极协调推进区域一体化工作。2016年，在做好年度工作部署落实的基础上，安徽省创新工作方式，重点推进政府与企业合作打击侵权假冒工作计划。安徽省领导小组办公室会同长三角其他省市，与阿里巴巴集团合作开展了“2016—长三角云剑”行动，这在全国属于首创。“2016—长三角云剑”行动中，公安系统破获立案侦查并收网5起案件，抓获嫌疑人10名，捣毁存储和销售窝点11处。推动长三角地区有关部门开展跨区域合作，农业部门签订了《长三角农产品风险防控体系建设合作备忘录》；质监部门签订了《深化泛长三角区域认证监管业务一体化暨“两学一做”合作共建备忘录》，统一推进江浙沪皖赣名牌产品互认工作；海关部门建立了长三角区域海关法治工作联系会议制度；信用办共同启动长三角国家信用建设区域合作示范创建等。

据不完全统计，2016年，全省打击侵权假冒领域各级行政执法部门共立案6 818件，办结6 160件，涉案金额4 040.535万元，捣毁制假售假窝点18个，移送司法机关58件，案件公开6 160件。公安机关共破获案件283件，抓获犯罪嫌疑人392人，涉案金额2.6374亿元；检察机关共批准逮捕案件126件、179人，审查起诉327件、617人；法院系统对于犯罪情节严重、影响恶劣的侵权假冒犯罪案件坚决依法从严惩处，共受理案件262件，审结案件231件，判决489人。

安徽省多项工作位居全国前列，省公安厅获公安部嘉奖令1次、公安部贺电5次，打假工作绩效暂列全国第二位；全省法院系统在全省建立“三级联动、三审合一、三位一体”的知识产权审判模式；省检察院根据安徽实际，创新出台了《服务保障安徽创新发展意见》。省知识产权局专利管理处被国家评为先进集体；安徽新媒体集团有限公司获得“全国版权示范单位”称号，时代出版传媒股份有限公司获得2016年“中国版权金奖”等。

（撰稿人：张志　祖书君）

福建省打击侵权假冒工作报告

2016年，福建省各地、各有关成员单位按照国务院、全国打击侵权假冒领导小组部署，结合当地实际开展了一系列集中整治行动，大力推动长效机制建设，做了大量卓有成效的工作。

一、高度重视，周密部署

（一）省政府高度重视打击侵权假冒工作

2016年3月17日，全国打击侵权假冒工作电视电话会议刚结束，省政府时任分管领导即召开全省各设区市、县（市、区）电视电话会议，要求全省各级各有关部门特别是双打领导小组各成员单位要认真学习领会、迅速传达贯彻，并对2016年福建省“双打”工作做出部署，提出了具体的工作要求。

（二）将“双打”工作列为综治考核一项重要内容

省委、省政府每年将打击侵权假冒工作列入对设区市党政领导综治（平安建设）考评范畴，根据省综治办部署，省双打办专门下发了年度打击侵犯知识产权和制售假冒伪劣商品工作绩效考核办法，组织对全省9个设区市、平潭综合实验区开展工作考评，推动打击侵权假冒工作向纵深发展。

（三）全力保障工作开展

各地、各有关成员单位结合自身实际，从人力、财力、物力等各方面给予保障，扎实有序推进打击侵权假冒工作。省财政每年都有省“双打”工作预算经费，全省工商系统、农业部门等也有专门打假经费等，从而有效地保障了福建省“双打”工作有序开展。

二、加强统筹，强化协调

省商务厅认真履行双打办职责，竭尽全力做好打击侵权假冒的统筹、协调和组织实施工作。

一是牵头起草了《2016年全省打击侵犯知识产权和制售假冒伪劣商品工作要点》等文件，经征求各成员单位意见后，并经省政府同意后印发。

二是加强与各成员单位协调配合，推动相关成员单位之间建立重大案件沟通协调机制以及行政处罚案件信息公开制度；推动“双打”成员单位接入福建省“两法衔接”平台，强化行政执法与刑事司法衔接，杜绝以罚代刑，形成“双打”的高压态势和强大工作合力。

三是认真做好打击侵权假冒工作的上传下达、信息报送工作。截至目前，共向全国双打领导小组工作子站提供信息660多条，同时做好月度统计报表上报工作，被全国双打办简报采用了5条，保质保量地完成了全国领导小组下达的工作任务。

三、省市联动、政企合作

近年来，在省委、省政府的统一部署下，全省各地及相关职能部门迅速行动起来，深入开展打击侵权假冒专项工作，取得了重要的进展：查处了一大批侵犯知识产权行为的案件，查获了大量侵犯知识产权的商品和假冒伪劣商品，抓获了一大批涉嫌侵犯知识产权和制售假冒伪劣商品的犯罪嫌疑人，成效显著。尊重知识产权的正气得到了弘扬，制售假冒伪劣商品行为的邪气受到了抑制，有力打击了侵犯知识产权和制售假冒伪劣商品等违法犯罪行为人的嚣张气焰。

福建省莆田市政府与阿里巴巴集团合作开展“中国质造”系列活动，在配合阿里巴巴多次开展线上线下联合打击仿冒鞋的过程中，创造性地提出“互联网+”政企合作模式，以政府、平台、行业三方联动，政府背书、地方工厂好货直供、阿里巴巴集团倾斜平台资源促销，打造特色区域品牌，带动产业链全面健康升级，形成了“堵疏结合”的治理思路，树立了政企合作的典范。这一做法在2016年9月广州召开的全国打击侵权假冒专项工作会上做了经验介绍。

四、锻炼队伍、凝聚合力

福建省双打领导小组各成员单位本着高度的责任心和强烈的使命感，认真履行职责，深入开展相关工作。同时，各部门之间精诚团结、积极合作，集中开展了多次不同形式不同规模的联合执法行动，有效形成了打击侵权假冒的高压态势。特别是公安机关、检察院等与有关成员单位密切配合，打团伙，端窝点，极大地震慑了犯罪分子。福州海关着力加强与知识产权局、工商局、版权局、邮政局、法院等相关部门协作配合，在信息共享、执法培训、侵权认定、社会宣传、整治行动等方面，开展执法协作，提高执法效能，形成打击和保护合力。并与相关部门联合发布了《关于建立福建自贸实验区知识产权行政执法与海关保护协作机制的意见》。此外，还以“泛珠”四省（福建、广东、广西、海南）海关区域通关一体化实施为契机，积极参与区域内11个直属海关的知识产权保护执法联动，推进案件线索和有关信息数据共享，共同推动执法统一性建设。省食品药品监管局牵头召开了磋商会，省食安办、省消委会、省内11家食品行业协会和20家龙头食品生产企业代表共40余人参加。审议研究《福建省推进食品生产领域食品安全社会共治的十项意见》，探讨建立政企协三方合作的食品安全社会共治机制的思路和方法，进一步贯彻实施福建省建设“食品放心工程”三年行动方案。各部门既能单独作战，又能迅速有效地组成“集团军”实现大规模作战，使全省打击侵权假冒工作得到增强，达到了锻炼队伍，凝聚合力的良好效果。

五、抓实效，全面加大打击力度

2016年，福建省各行政执法部门加大执法力度，严厉打击侵犯知识产权和假冒伪劣商品行为。截至2016年10月，全省农业、工商、质监、药监、知识产权、海关等行政执法机关共查办侵权假冒违法案件5 329件，移送司法机关111件；公安机关破案2 473件，抓捕犯罪嫌疑人1 627人；检察机关共批捕涉嫌犯罪案件175件、311人，起诉604件、950人；审判机关受理刑事案件724件、审结556件、生效判决830人。无论是立案、批捕、判决数都比2015年有较大的增加。

六、抓整治，积极开展专项行动

针对工作中的薄弱环节和群众关心的问题，各部门开展形式多样的专项整治。

省质监局围绕儿童用品、食品相关产品、家用电器、电子产品、汽车及其配件、汽柴油、建材、农资生产、销售企业积极开展“质检利剑”专项行动。全省质监系统查办案件2 029起，其中大要案23起，移送公安机关6起，查获涉案产品货值4 200余万元。

省新闻出版广电局深入开展打击网络侵权盗版“剑网2016”专项行动。组织全省98家重点互联网出版、发行、音视频、游戏、APP开发运营、VR运营等企业开展版权自查自纠，对网站传播的作品情况进行全面摸底，理清各类文学、影视、音乐、游戏等授权作品40余万件，主动下架未经授权作品6 000多件，公布网络文学、影视、音乐、游戏、动漫等重点作品版权保护白名单42件，引导相关互联网企业建立健全内部版权管理机制，主动与权利人建立作品授权使用关系，规范作品转载使用传播行为。

省食药监局针对食品药品领域的突出问题，开展了药品专项行动、防风行动、冷冻冷藏肉类专项行动、农村食品安全“扫雷”行动、飞行检查等，有效打击了生产销售假劣食品药品违法违规行为。严格落实国家食品药品监督管理总局对涉嫌山东疫苗案的核查处置要求，迅速组织全省各地对涉疫苗问题进行查处，省食药监局立案查处了莆田圣泰药业有限公司向山东疫苗案件嫌疑人销售疫苗违法行为，并依法吊销其药品经营许可证。

省通信管理局在源头上推进互联网领域侵权假冒的治理工作。一是做好网站备案审核等基础管理。2016年，共审核网站备案8.4万个，清理不准确备案信息7万条。二是加强网站备案日常监督管理。按照“谁接入谁负责”“谁运营谁负责”的原则，加强对网站备案真实性核验、IP地址基础资源的管理，严肃查处虚假备案、未备案网站及黑名单网站接入行为，不断提高全省网站备案率。2016年，共检测通报未备案网站数据37批次，严格实行落实情况周通报制度。三是开展网站备案信息抽测评估工作。对网站备案数据分析阶段、分类型进行抽测评估，进一步提升福建省网站备案信息准确率。截至2016年底，福建省共接入备案网站20.7万个，列全国第七位；网站备案率99.99%，列全国第二位；网站备案主体信息准确率达90.12%，比去年提升了1.27个百分点，高于全国平均水平。

省文化厅大胆探索，积极推进综合执法检查，一是抓好“双随机”抽查。全省先后组织了720多批次、抽取执法人员2 610人次、检查经营单位6 000家次，有效地改进了文化市场检查方式。在2016年度全国文化市场综合执法形势分析会上福建省做了经验交流。二是抓好重点市场监管。在网吧、娱乐场所、互联网文化企业，艺术品、演出市场等方面加强监管。截至12月5日，全省出动执法人员13万多人次，检查互联网上网场所、娱乐场所等各类文化经营单位49 679家次，受理举报案件115件，办结案件572个，警告303家次，罚款350多万元，责令停业整顿52家，移交案件2件，吊销许可证6家。

七、抓重点，开展薄弱领域整治

大力推进农村和城乡接合部市场假冒伪劣专项整治工作。2016年，全省农业、工商、质监等部门共出动执法人员6.15万人次，检查农资企业3.06万个次，抽检农资2 497批次，通报抽检结果三期，公开曝光了161批次非法农资产品及其生产经营单位，重点监控了19家农资企业，集中销毁假劣农资26.7吨，立案查处农资违法案件819起，移送公安机关立案查处3起，涉案金额891.56万元。

省农业厅与公安、工商、质监、海洋与渔业和供销等十个部门联合召开了全省农资打假专项治理行动视频会议，全面部署全省农资打假专项治理行动，印发了《2016年福建省农资打假专项治理行动实施方案》《关于开展农资打假保春耕专项行动的通知》《关于开展2016年秋冬季农资打假保安全促增收专项行动的通知》等一系列文件，扎实有序地组织开展农资打假工作，确保农民施上放心肥、种上放心种、用上放心药。

省工商局组织开展八闽红盾护农—春季打假保春耕和保夏护秋农资打假行动。集中整治社会普遍关注、农民、消费者反映集中的农资市场热点、难点问题，增加红盾护农行动的针对性和有效性。2016全省共组织抽检化肥720批次，检出不合格79批次。全系统计立案查处各类农资违法案件326件，案值170.57万元，罚没款191.11万元；受理农村消费者申诉举报咨询63件，涉案金额85.03万元。

八、抓震慑，严厉查处大案要案

全省各级行政执法、司法保护部门集中优势兵力，主动出击，查处了一批侵权假冒情节突出、国内外影响较大的案件，极大地提高了打击侵权假冒工作的针对性和实效性。公安机关切实发挥打击职能，战果明显。2016年会同相关部门打团伙、端窝点、切断产业链，共开展联合执法796次，查获价值6.2亿元的假冒伪劣商品，打掉制假窝点627个。在打击互联网领域侵权假冒、农村和城乡接合部专项整治和“清风”行动中，主动出击，共立案411起，破案335起。根据公安部、省公安厅的统一部署，漳州、泉州、南平等地对“5·12”涉烟经济犯罪集群战役开展统一收网行动，共打掉制售假烟犯罪团伙11个，捣毁制售假窝点34个，抓获犯罪嫌疑人48名，缴获卷接烟机、滤嘴棒成型机8台以及电烫机、压膜机等其他制假设备46台，假烟23万多条，制假原材料11.6吨，包材32万件（套），涉案金额1.81亿余元，取得显著战果。国务委员、公安部部长郭声琨签发嘉奖令对福建省公安机关通令嘉奖。

九、抓制度，积极搭建“两法衔接”平台

（一）建立部门协作规范和案件移送标准程序

省委、省政府办公厅为此专门出台了《关于完善福建省行政执法与刑事司法衔接工作机制的意见》，建立了行政执法机关、公安机关、检察机关和审判机关信息共享、案情通报、案件移送相关制度。

（二）加强“两法衔接”平台信息共享工作

为了推动行政执法部门与司法机关之间将案件信息互通共享、开展执法协作，省委、省政府办公厅2015年又出台了《福建省行政执法与刑事司法衔接信息共享平台工作办法》，有力地推动了福建省打击侵权假冒领域“两法衔接”工作。2016年，省检察院制定了《福建省检察机关行政执法与刑事司法信息衔接共享平台管理办法（试行）》，依托信息平台，督促行政执法部门依法及时移送案件，并不断完善监督机制，努力形成对侵权假冒违法犯罪的打击合力。截至2016年底，平台共接入成员单位近2 300家，录入行政处罚案件信息近38万多件（其中包括非侵权假冒行政处罚案件），涉嫌犯罪案件信息1 700多件。

（三）积极开展平台业务培训工作

福建省检察院还会同省法制办组织对全省行政执法机关、公安机关、检察院、法院3 000多名工作联络员进行了平台应用培训，厦门市检察院也举办了市区两级工作人员培训。

十、抓统筹，着力推进信息公开

（一）制定实施意见

2014年4月，福建省就已经印发了《福建省依法公开制售假冒伪劣商品和侵犯知识产权行政处罚案件信息实施意见（试行）》，从公开的权限、公开的程序和方式、建立工作机制和管理制度等三方面提出10点工作方法和两项监督保障措施。这对于规范福建省公开侵权假冒行政处罚案件信息，推动行政处罚案件信息公开，保护消费者权益，提高行政执法水平，维护公平的市场经济秩序，起到了积极的作用。

（二）加强检查监督

为了督促福建省10个行政执法部门做好信息公开工作，省双打办加强统筹协调，召开了工作推进会议，进一步明确各部门责任，监督检查各有关行政执法部门做好案件信息公开工作，同时要求各部门对本系统市县一级案件信息公开的工作加强指导和督促。省双打办还对各有关部门信息公开情况进行了通报。2014年全国双打办考核通报福建省公开率不足20%，到2016年10月，福建省农业、文化、海关、工商、质监、新闻出版广电、食药监、林业、知识产权等行政执法部门行政处罚案件基本都做到应公开尽公开。

十一、抓影响，强化宣传教育工作

省双打办及时转发了全国双打办《关于做好2016年打

击侵权假冒宣传工作的通知》，并要求各成员单位、各地要围绕“双打”重点工作、专项行动、重要活动等通过召开新闻发布会、在线访谈、宣传周等多种方式，积极开展多元化、常态化的宣传教育工作，推动社会共治，引导全民守法。一是重要节点加强宣传。利用“3·15”国际消费者权益日、“4·26”知识产权宣传周等重要节点，全省集中开展打击侵权假冒宣传活动，各成员单位以文字、图片等形式开展宣传活动，展示打击侵权假冒工作成果。通过上述宣传活动，使广大群众增强了识假辨假能力，提高了自我防范意识，自觉抵制侵权和假冒伪劣产品，形成了强有力的社会监督氛围。二是形式多样开展宣传。省新闻办专门召开新闻通气会进行安排部署，要求在各级各类媒体开设专题专栏，大力宣传打击侵犯知识产权和制售假冒伪劣产品专项行动的重大意义、工作进展、主要成效和先进典型。先后在福建日报、人民邮电报、第一财经日报、海峡都市报、东南卫视等主流媒体刊发各类稿件300多篇（条），为打击侵犯知识产权和制售假冒伪劣产品专项行动营造了良好的社会舆论氛围。另外，充分利用电视、广播、报刊、网络等各类新闻媒体，通过曝光违法违规行为，加强对侵犯知识产权和制售假冒伪劣产品不法行为的舆论监督，适时曝光一批群众关注、影响恶劣的典型案件，取得了良好社会效果。省双打办2015年4月正式开通了中国打击侵权假冒工作网福建子站，网站设有政策法规、工作动态、地方风采、识假辨假、典型案例、图片新闻等栏目，搭建了“双打”宣传的网络平台。子站累计发布各类信息1 300多条。三是举办企业维权打假实战培训。2016年9月，省双打办邀请专家讲授有关打假实战案例。专家们充分发挥各自领域优势，分享经验，理论与实际相结合，与学员共同探讨互联网环境下知识产权保护的困境及应对策略、知识产权的有效保护与维权打假的多种路径，以及如何共同打造尊重知识产权、鼓励企业积极升级创新的生态环境。省双打办领导小组成员单位联络员、各设区市双打办负责人，省内各类企业代表共100多名人员参加了培训。学员纷纷表示参加此次培训增长了知识、开阔视野，受益匪浅，培训取得了良好的效果。

（撰稿人：唐薪）

江西省打击侵权假冒工作报告

打击侵权假冒工作事关人民群众切身利益，事关经济长远发展，事关江西形象。省委、省政府始终把打击侵权假冒工作摆在重要位置，作为新常态下转变政府职能、优化市场秩序的重要举措来抓。江西省打击侵权假冒工作领导小组在省委省政府的正确领导下，积极落实国家打击侵权假冒工作要求，以建设法治化营商环境为主线，坚强组织领导，完善机制建设，加强宣传引导，坚持打防扶并举，取得较好效果。2016年，江西省行政执法部门共查处打击侵权假冒案件3 524起，涉案金额2 979万元。公安机关破获侵权假冒案件65起，抓捕犯罪嫌疑人101人，涉案金额1.3亿元。检察机关共批捕侵权假冒案件116起146人，起诉178起276人。各级法院审理侵犯侵权假冒刑事案件59件，审结60起115人。打假成绩受到公安部贺电表扬，江西省5个单位和10名个人受到国家版权局奖励和表彰。宝洁公司、金龙鱼等多家知名企业致信感谢，美国庄臣公司专程到访答谢。

一、加强领导，强化共治共管形成打假合力

打击侵权假冒工作决不可单打独斗，一定要发挥合力，实现共治共管。

（一）领导重视

省政府专门组织召开全省打击侵权假冒工作电视电话会议和全省领导小组会议，研究部署各项工作任务，对全省各级打击侵权假冒工作的组织领导、机构建设、工作职责，任务目标，以及共管共建作了明确要求，并及时印发了全年打击侵权假冒工作要点。省检察院、省公安厅成立打假专门机构和专业队伍，省知识产权局增设省专利行政执法监察总队。省财政厅安排打击侵权假冒工作专项经费，有力保障打假工作需要。

（二）加强绩效考核

省领导小组办公室年初定工作计划，年中召开会议，通报工作情况，年末对各设区市打击侵权假冒工作进行绩效考核，考核成绩纳入省“平安建设”综治工作的考评。各成

员部门相应制定考核机制。省环保厅制定侵权假冒商品无害化处理考评机制。省公安厅、省农业、工商、质监、食药监、新闻出版广电等部门开展了不同形式的督查督办行动。各设区市制定打击侵权假冒工作绩效考核办法，工作任务层层分解，工作落实到具体单位，责任落实到具体人员。

（三）加强信息共享

以省社会公共信用信息平台、省企业信用监管警示系统和省“法媒银”平台为依托，通过大数据和信息化手段强化和规范事中事后监管，对企业进行信息公示、分类警示、联动监管，形成“一处违法、处处受限”信用约束倒逼机制，构建“企业自治、行业自律、政府监管、社会监督”共治格局，做到惩戒违法者、警示经营者、保护消费者、约束执法者。

（四）加强区域协作

印发了《关于进一步推进打击侵权假冒工作联动协作机制建设的通知》，推动“长三角”四省一市以及本省跨区域跨部门在打击侵权假冒领域中的组织协调指挥、执法信息互通、执法联动协作等方面的协作。根据长三角互联网领域联合打假专项行动（“2016—长三角云剑”行动）方案，推进政企合作，及时掌握侵权假冒商品商流、物流、现金流、信息流的记录。依托阿里巴巴集团推送的涉假线索，联合省公安、工商等部门制定了具体的实施侦办行动方案，跨区域、跨部门、政企合力打击侵权假冒工作取得新突破。

二、加大民生领域打假力度，保障群众消费安全

（一）开展日常消费领域专项行动

全省以生活日用小商品、食品、药品、农资、建材市场等为重点积极开展市场监管专项整治活动。工商、质检等多部门主动作为，先后开展“红盾网剑”、“质检利剑”、红盾护农等专项行动，查办侵犯商标权案件130起，办结案件96起，涉案金额131万元；查办其他销售假冒伪劣商品案件115起，办结案件48起，涉案金额78万元。移送公安机关案件2起。食药监部门发挥了“尖刀”、“利剑”的作用，全省食药监系统立案643起，办结571起，涉案金额618.7万元，吊销许可证4家，捣毁制售侵权假冒黑窝点7个，移送公安11起，依法逮捕16人。质检局先后出动执法监管人员13 360人次，检查企业2 313家次，查办假冒侵权违法案件247起，案值265万元，有力震慑了制售假冒伪劣食品药品违法活动。

（二）大力保障农林生产

通过开展农资打假春季、秋季专项整治和夏季百日整治行动，以及植物新品种权保护专项行动。2016年，农林部门共出动执法人员2.8万人次，检查生产经营单位1.2万家次，受理举报和发现问题625起，立案613起，没收假劣种子10.9吨，假劣肥料18吨，假劣农药3.8吨，假劣饲料和饲料添加剂3.3吨，假劣兽药492公斤。

（三）下大力治理互联网领域

按照《江西省加强互联网领域侵权假冒行为治理工作实施方案》，以第三方交易平台、大型购物网站和团购网站为重点目标，以电子产品、儿童用品、汽车配件、服装、化妆品和农资为重点商品，以销售假冒伪劣商品和侵犯注册商标专用权行为为重点对象，开展打击互联网领域侵权假冒专项行动。共查办各类网络案件89起。审核备案数据15 915条，审核通过15 460条，审核拒绝455条。注销空壳网站2 467个，注销空壳主体1 361个，查处各类违法违规网站24个，有力的净化了互联网领域，保障了网上消费安全。

（四）严控货物出口关

大力开展“清风”行动，重点针对出口到墨西哥、阿根廷等拉美国家侵权假冒商品开展专项行动，持续加大对出口货物侵权假冒伪劣违法活动的打击力度。同时注重打防结合，不断加强与行业协会及出口重点企业的合作，确保出口产品的质量安全，有效维护了“江西制造”、“中国制造”的形象。

三、遏制侵权盗版，保护知识产权

（一）深入查处侵权行为

深入推进“剑网2016”和“秋风2016”行动，监管网站8万余家，立案查办侵权案件84件，同比增长121%。出动执法人员27万人次，检查各类文化经营单位8.9万家次，责令整改380家次，办结案件749件，罚款305万元。进一步完善商标行政执法案件审理机制和办案责任制，加大打击仿冒商标违法行为力度。加大对重大案件的查处力度，查处了一批具有较大影响和典型意义的案件，有3起案件入选文化部2016年全国文化市场重大案件。积极贯彻落实《江西省推进特色型知识产权强省建设实施意见》，开展知识产权“双打”、“护航”专项行动，全省专利行政执法案件量达300件。省知识产权局、省工商局、省新闻出版广电局与华南城电子商务示范基地等9家首批江西省电商知识产权保护合作单位逐一签订了《电商知识产权保护合作备忘录》，加强在电商领域知识产权保护的执法协作。

（二）不断加强渠道关口监管

海关部门加强对入境商品的检查，从入口源头对盗版侵权商品进行封堵。加强对邮政企业严格落实收寄验视制度的监管，从邮寄渠道遏制了盗版侵权商品的流通扩散。

（三）不断巩固软件正版化成果

按照《2016 年江西省推进使用正版软件工作实施方案》，开展了软件使用情况专项自查和督查，层层部署抓好落实。下发了《关于做好推进民营企业使用正版软件工作有关事项的通知》，有效推进江西省民营企业软件正版化工作。

四、深化“两法衔接”工作，提高司法震慑力

（一）进一步深化“两法衔接”工作

省领导高度重视“两法衔接”工作，成立由省领导任组长的江西省推动“两法衔接”工作协调小组，建设全省“两法衔接”信息共享平台，从制度、机制和流程上进一步理顺完善行政执法与刑事司法的衔接配合。先后印发出台了《江西省行政执法与刑事司法衔接工作办法》《公安机关受理行政执法机关移送案件的规定》《关于检察机关和政府法制机构加强行政执法监督工作协作配合的若干意见》《联合打击危害食品药品安全犯罪活动联席会议工作制度》等相关文件，从部门协作、联动机制保障上为打击违法犯罪提供了有力支撑。

（二）强化刑事司法打击

加大对侵权假冒案件的刑事打击力度，加强涉嫌犯罪案件的侦办，积极构建整体推进、重点突破、集中力量打大仗的常态化打击侵权假冒工作格局。全省检察机关充分发挥检察职能作用，积极开展打击侵权假冒严重危害民生的刑事犯罪活动，依法快捕快诉侵权假冒犯罪案件。全省审判机关切实履行审判职能，公正、高效审理侵权假冒相关案件，审限内结案率达 100%，为打击侵权假冒工作提供了强有力的司法保障。

五、加强宣传引导，浓厚打假氛围

（一）注重宣传工作整体策划

宣传部门定期整理宣传素材和采访线索，协调中央和省内主流媒体大力宣传报道，围绕重点工作任务发布新闻通稿。省政府新闻办与各成员单位建立信息发布制度。积极拓宽工作信息发布渠道，利用“江西发布”政务微博、微信、网上新闻等多种形式加强对外宣传。及时向社会通报江西省开展打击侵权假冒工作情况，宣传相关政策，积极回应社会关注的热点和问题，引导行业、企业、民众积极参与打击侵权假冒工作。

（二）突出重要时节集中宣传

江西日报、江西广播电视台、大江网和今视网等省内主流新闻媒体，抓住“3·15 消费者维权日”、“4·26 世界知识产权日”、“5·15 打击和防范经济犯罪宣传活动”、“9 月诚信兴商宣传月”活动和“12·4 法制宣传日”等重要时间节点，对江西省打击侵权假冒工作进行深入的宣传报道，积极营造侵权假冒可耻，诚信守法光荣的氛围。

（三）面向基层开展宣传培训

举办放心农资下乡进村宣传周和放心农资下乡进村示范县创建等系列活动，发放农资识假辨假资料 280 多万份，悬挂宣传标语 2.9 万余条。通过江西人民广播电台惠农直播室栏目，举办农资打假专题访谈节目，解答了广大农民朋友的疑惑。省打击侵权假冒领导小组办公室通过组织举办“两法衔接”工作的业务培训会，有效提高各地基层执法人员业务素质。

（撰稿人：黄军）

山东省打击侵权假冒工作报告

2016 年，山东省按照全国打击侵权假冒工作要求，全面贯彻落实国务院领导指示精神，紧抓供给侧结构性改革主线，统筹协调、突出重点、集中开展专项整治，严厉打击侵权假冒违法犯罪，努力推进长效机制建设，全省打击侵权假冒工作有新认识、新思路、新行动、新成效。

一、加强领导，扎实推进打击侵权假冒各项工作

山东省委、省政府高度重视打击侵权假冒工作，将其作为建设创新型省份，改善营商环境，促进经济社会平稳较快发展的重要举措，充分发挥各级打击侵权假冒工作领导小组

办公室职责，健全工作机制，完善绩效考核，推动各项专项整治行动扎实深入开展。

（一）制定全年工作要点，明确任务分工

按照国家统一部署，认真制定了《2016 年全省打击侵犯知识产权和制售假冒伪劣商品工作要点》，并根据要点专门下发了《关于贯彻落实工作要点任务分工的通知》，结合山东实际，将密切关系民生的农资市场、软件市场、文化市场及药品领域、互联网领域、食品药品安全、制售假劣烟酒等作为整治重点，从生产、运输、加工、消费等各环节明确部门职责，落实任务分工，部署开展专项整治，推进建设长效机制，确保全省打击侵权假冒工作稳步有序推进。

（二）充分发挥领导小组作用，加强部署督导

省打击侵权假冒领导小组多次召开专题会议，听取有关部门汇报，研究部署专项行动，各成员单位加强对各市打击侵权假冒工作的督导，确保各项工作措施落实到位。3 月份，召开全省打击侵权假冒工作电视会议，传达学习汪洋副总理讲话精神，总结交流经验，领导小组组长、副省长到会讲话，对下步工作做出部署安排，进一步统一了思想认识，推动全省打击侵权假冒工作深入开展。11 月份，又召开了省领导小组全体成员会议，围绕着抓好年底重点工作、迎接全国绩效考核、谋划下步工作进行了专题研究部署，推动全年打击侵权假冒工作取得扎实成效。

二、突出重点，各类专项行动取得明显成效

（一）深入开展互联网领域侵权假冒专项治理行动

各成员单位全面贯彻落实《国务院办公厅关于加强互联网领域侵权假冒行为治理的意见》（国办发〔2015〕77 号），加强互联网领域侵权假冒行为治理，突出食品药品、农资、家用电器、建筑材料、汽车配件、儿童用品、烟草等重点商品，加强协作执法，落实企业责任，推进综合治理。省新闻出版广电局积极开展打击网络盗版专项治理“剑网行动”，重点整治未经授权非法传播网络文学、影视、新闻等作品的侵权盗版行为，重点查处通过智能移动终端第三方应用程序（APP）、电子商务平台、网络广告联盟、私人影院（小影吧）等平台进行的侵权盗版行为，进一步规范网络音乐、网络云存储空间、网络转载新闻作品的版权秩序。省工商局部署开展了 2016 网络市场监管专项行动，集中整治一批违法网站。省质监局积极开展电子商务产品质量风险监测和监督抽查，构建“网上抽查、源头追溯、属地查处”的电子商务产品质量监督机制。省知识产权局制定下发了《关于做好电子商务领域专利执法维权工作的通知》，指导各市做好电子商务领域专利执法维权工作，并积极参加全国知识产权系统电子商务领域专利执法维权协作，派出专人参与处理电子商务领域专利案件。省邮政管理局组织开展了邮政业打击侵权假冒专项检查。各成员单位的共同努力，营造了开放、规范、诚信、安全的网络交易环境，促进电子商务健康发展。

（二）不断强化农村和城乡接合部市场整治

根据全国领导小组《关于印发农村和城乡接合部市场假冒伪劣专项整治方案的通知》要求，省农业厅积极会同有关部门自 2 月下旬开始启动全省农资打假专项治理行动，部署禁限用农药专项整治行动。省林业厅组织开展了林木种苗质量大检查，全省共抽取 48 个县、384 个批次苗木进行检查，苗木质量全部达到国家或地方质量标准。省质监局深入开展春、秋两季农资打假“质检利剑”行动，共出动执法人员 6 788 人次，检查农资生产企业 613 家，查获假冒伪劣农资产品货值 19.5 万元。

（三）持续开展中国制造海外形象维护“清风”行动

根据《“清风”行动方案》，省商务厅积极组织优势品牌企业拓展海外市场，扩大中国制造市场美誉度，在香港开展了鲁港品牌创意设计及国际推广系列活动，在美国、阿根廷、秘鲁开展了出口农产品质量安全示范区和渔业、农产品品牌企业推介活动。山东出入境检验检疫局建立“清风行动”绩效考核指标体系，将输非商品不合格检出率、出口商品侵权假冒案例数量纳入年度绩效考核指标。海关系统积极推进“中国海关知识产权保护基地（青岛）”建设，制定《青岛海关处置侵权货物工作规程》《青岛海关办理知识产权案件操作指引》等制度，规范关区执法，提高知识产权办案执法水平。省贸促会充分用好现有国际商会会员单位和原产地签证企业库，帮助企业建立健全知识产权自查制度。

（四）深入推进软件正版化工作

省新闻出版广电局出台了《2016 年山东省推进使用正版软件工作实施方案的通知》《山东省推进党政机关使用正版软件工作考评实施细则》，对山东省软件正版化的工作责任、经费保障、软件采购、软件使用、软件资产管理等提出了明确要求。7 月份组成 5 个组督查组，对 47 家省政府部门、直属机构逐一检查，发现问题逐一整改。省国资委加强国企软件正版化建设，特别是重点围绕正版软件集中采购和软件资产管理两个关键环节，建立健全使用正版软件工作的长效机制。

三、严格执法，日常监管进一步加强

（一）全面推进成品油专项整治

按照《山东省人民政府办公厅关于印发全省成品油生产经营企业整治行动方案的通知》要求，省经信委牵头成立成品油监管联席会议，在全省集中开展成品油生产经营企业专项整治行动，并由13个成员单位分别牵头13个督导验收小组对各市整治工作开展指导。省质监局综合运用监督检查、执法打假、行政约谈等手段，开展为期半年的成品油生产企业专项整治，组织了全覆盖的监督抽查和企业调查。同时，对全省炼油企业的管理体系、装备工艺、质量控制、生产许可和进销台账全面检查，提出发展、改进、提升、创新的意见建议和措施办法。

（二）强化生产流通领域质量监管

省工商局强化流通领域商品质量抽检，组织实施了纸制品、服装、童装抽检，立案查处经营不合格商品案件96件，罚没款101万元。省质监局在“质检利剑”专项行动中，将空气净化器、电饭煲、智能马桶盖、智能手机、儿童纸尿裤、儿童玩具、婴幼儿童装、厨具、床上用品、家具等消费者普遍关注10类消费品列为执法重点，在全省范围内组织开展了重点消费品专项执法打假行动，重点检查生产企业1 005家，查办案件46起，涉案货值79.28万元，进一步净化了市场环境。

（三）加大知识产权侵权查处力度

3月22日，省政府令第296号公布了《山东省专利纠纷处理和调解办法》。省知识产权局围绕重点领域积极开展知识产权执法，积极推动知识产权保护规范化市场培育和专利纠纷调解试点工作。省工商局加强对注册商标专用权的保护，以驰名商标、著名商标、涉外商标、地理标志商标为重点，加大对商标侵权违法案件的查处力度，查处商标侵权假冒案件370件，结案351件，罚没金额354.15万元。

（四）持续推进打击侵权假冒卷烟工作

省烟草专卖局充分发挥“政府领导、部门联合、多方参与、密切协作”的联合打假长效机制作用，深入开展烟草市场集中整治，始终保持卷烟打假高压态势。截至2016年底共查获涉烟案件2.23万起，查获非法卷烟3.41亿支，总案值1.33亿元。

四、重拳出击，始终保持对侵权假冒违法犯罪的高压态势

（一）不断强化侵权假冒案件侦办力度

全省公安机关坚持严打方针，因地制宜，突出重点，多轮次集中开展专项整治，凸显凌厉攻势。截至2016年底，全省共立侵犯知识产权类和制售伪劣商品类案件659起，破案378起，抓获犯罪嫌疑人760名，涉案金额2.1亿元。

（二）进一步加强侵权假冒案件检察监督

全省检察机关依法严格履职，强化组织领导，不断深化与公安、行政执法机关的协作配合。2016年共受理审查逮捕制售假冒伪劣商品犯罪案件283件522人，批准逮捕174件305人；受理审查逮捕侵犯知识产权犯罪案件89件125人，批准逮捕56件80人。受理审查起诉制售假冒伪劣商品犯罪案件473件1 012人，提起公诉283件564人；受理审查起诉侵犯知识产权犯罪案件171件351人，提起公诉96件210人。建议行政执法机关移送涉嫌侵权假冒犯罪案件41件48人，移送后公安机关已立案19件23人。监督公安机关立查涉嫌侵权假冒犯罪案件78件81人。

（三）依法开展侵权假冒案件审判

各级法院突出打击重点，依法公正高效地审理侵权假冒犯罪案件，综合运用多种刑罚手段，进一步加大财产刑的判处力度，确保用足、用好罚金、没收财产等刑罚手段，不断强化对侵权假冒违法犯罪的打击力度。全省法院共受理侵犯知识产权犯罪案件306件571人，审结285件，判决生效458人（包括旧存案件）。

五、广开渠道，打击侵权假冒宣传更趋多样化

（一）开展常态化宣传

省委宣传部按照省领导关于加强我省打击侵犯知识产权工作宣传的指示精神，整理汇总各单位相关工作新闻线索下发给省主要新闻单位，并在新闻通气会上专题作出强调部署，指导新闻媒体宣传报道我省各地各部门打击侵权假冒的工作成效和创新经验，解读我国我省打击侵权假冒相关政策法规，加强舆论监督，曝光反面典型，为动员全社会参与和支持打击侵权假冒工作营造了良好的舆论氛围。

（二）加强集中宣传教育

省法院连续15年启动“4·26世界知识产权日”宣传周活动，发布《2015年山东法院知识产权保护报告》（白皮书）和《2015年度山东法院知识产权审判十大案例》。各媒体在“3·15”消费者权益日、“4·26”专利日等重要节点，开通举报热线、受理群众投诉，对侵权假冒问题进行集中报道和曝光，营造出了浓厚的舆论氛围。

六、探索创新，努力构建打击侵权假冒长效工作机制

（一）深入推进联合执法制度化、常态化

针对打击侵权假冒执法行动涉及部门多、执法难度大的实际，各行政执法部门主动与公安部门加强联系协调，建立起“联合执法、检打联动、以打促建、打建结合”的新型执法工作机制。省里专门成立整顿和规范农资市场经济秩序工作协调小组，统筹协调农业、公安、工商、质监等农资打假执法行动，每年分春秋两季联合开展农资打假。省质监局与公安厅建立起案件移送、信息通报、联合执法等七项制度，促进了联合执法各项措施的落实。潍坊安丘市在农资打假中大胆探索，将近年来行之有效的联合执法机制固化下来，由农业部门牵头成立综合执法大队，农业、工商、质监、公安抽调人员共同参与设立若干中队，采取分片承包村镇的形式开展联合执法。

（二）扎实推进“两法衔接”和行政处罚信息公开

省打击侵权假冒工作领导小组办公室与省检察院密切配合，协调推进“两法衔接”各项工作。省领导小组办公室大规模组织了全省各节点单位的业务培训，通过归纳讲授、案例演示等方式，培训了各级打击侵权假冒成员单位对案件的录入、办理、跟踪、移送等操作技能。省检察院组织全省侦监部门举办打击侵权假冒领域“两法衔接”平台培训，指导各级院及时配备软硬件设施，安排专门人员，快速启用信息平台。省打击侵权假冒“两法衔接”信息共享平台累计录入案件7 300件；所有已做出行政处罚的案件信息均在指定网站公开，做到了应公开尽公开。

（三）进一步加强督查落实和绩效考核

从2014年起，我省把对各市打击侵权假冒工作的绩效考核方式，由以前的自评为主改为自评基础上的现场考核，由领导小组办公室组织各成员单位，分8个组对全省17市开展全面现场考核，更加注重打击侵权假冒各项措施的实际效果，有力推动了各市打击侵权假冒工作的扎实开展。11月中旬，省领导小组专门召开全体会议，对年底前各项工作进行全面梳理，研究提出了抓好年底收尾工作的具体措施，以深化各类专项整治行动为抓手，查漏补缺，整体推进，确保2016年山东省打击侵权假冒工作圆满收官。

（撰稿人：石光亮）

河南省打击侵权假冒工作报告

2016年，按照国务院、省委、省政府打击侵权假冒工作部署和要求，河南省把打击侵权假冒工作作为经济新常态下转变政府职能、强化事中事后监管的重要内容，加强组织领导，注重宣传推动，突出工作重点，强化工作措施，扎实推进各项工作任务，打击侵权假冒工作取得积极成效，侵权假冒违法犯罪行为得到了有效遏制。在全国打击侵权假冒工作领导小组第十次全体会议上，河南省作了专题发言，得到汪洋副总理的充分肯定；在全国打击侵权假冒领导小组办公室主任会议上，河南省又做了典型发言，获得全国各省市同行们的肯定和一致好评。具体做了以下几个方面的工作：

一、加强组织领导，统筹推进打击侵权假冒工作

（一）成立常设机构，健全工作机制

河南省在全国率先单列常设了打击侵权假冒工作领导小组办公室，定岗定编定员，工作经费列入财政预算，有效解决了职责不明、人员不专、力度不大等问题。省市县三级均成立了领导小组和办公室，鹤壁市、平顶山市单列常设了领导小组办公室，开封、周口、驻马店等市明确了编制，加挂了打击侵权假冒工作领导小组办公室牌子；省领导小组办公室建立健全了例会、督查、统计、通报、协调等一系列工作制度，报请省政府印发打击侵权假冒工作方案，召开省领导小组全体成员会议、打击侵权假冒工作电视电话会议，明确工作重点和任务分工，层层压实责任、传导工作压力。全省统一领导、各地政府负责、部门依法监管、各方联合行动的工作格局已经形成。

（二）强化督查考核，推动工作落实

河南省把加强督导考核作为推动工作的重要手段，10月份，省领导小组办公室、省检察院组成联合督查组，对部分省辖市“两法衔接”平台建设运行、行政处罚案件信息

公开等工作开展了专项督查，督查结果上报省政府并向全省通报。12 月份，省领导小组办公室组织 10 个督查组，对全省各省辖市、省直管县（市）2016 年打击侵权假冒工作进行督查考核，考评结果纳入政府社会管理综合治理考核成绩并在全省通报。

（三）加强统筹协调，推进执法协作

省领导小组办公室充分发挥统筹协调职能，相关职能部门按照分工各负其责、密切配合，开展执法协作，形成工作合力。针对豫北、豫东等地制售假冒安钢钢材、损害安阳钢铁集团利益问题，省领导小组办公室牵头协调组织宣传、国资、公安、质监、工商等部门，开展打击制售安钢钢材违法犯罪行为专项行动，并会同省公安厅赴商丘、永城等市开展专项督办，震慑了违法犯罪分子。积极探索跨区域、跨部门执法协作，推动农业、公安、工商、质监、供销、监察等部门建立农资打假协作制度，推动河南出入境检验检疫局、郑州海关建立关检合作机制，推动三门峡、运城、渭南 3 市建立跨省打击侵权假冒联席会议制度暨执法合作机制，推动濮阳市、焦作市建立晋冀鲁豫四省部分省辖市执法协作机制。

二、落实国家部署，扎实推进专项整治活动

按照全国统一部署，2016 年，河南省重点开展了互联网领域侵权假冒专项整治、农村和城乡接合部市场假冒伪劣专项整治、软件正版化、中国制造海外形象维护“清风”行动等专项整治行动。

（一）加强互联网领域侵权假冒专项整治

省政府办公厅印发《河南省互联网领域侵权假冒行为治理实施方案》（豫政办〔2016〕89 号），决定用 3 年左右时间，在全省范围内集中开展互联网领域侵权假冒行为的治理行动。

省双打办对互联网领域侵权假冒行为治理任务进行了细化，制定印发了涉及 23 个部门的 63 项行动计划。各地、各成员单位根据职责分工，制定了本地、本单位互联网领域侵权假冒行为治理实施方案，深入开展互联网领域侵权假冒行为专项治理。

全省公安机关共破获互联网涉嫌侵权假冒类犯罪案件 268 起，抓获犯罪嫌疑人 325 名，发起涉网集群战役 18 起，案值 3.8 亿余元。郑州发起的网络制售假冒“好想你”品牌枣制品案集群战役，涉及湖北、江苏、上海等 8 省市，案值 1 亿余元；商丘发起的网络销售假冒品牌钢卷尺案集群战役，涉及福建、上海、山东等 7 个省市，案值 1 000 余万元。

省版权局、省网信办、省通信管理局、省公安厅等部门在全省开展打击网络侵权盗版专项治理“剑网行动”，突出整治未经授权非法传播网络文学、新闻、影视等作品的侵权盗版行为。

省邮政管理局加强对邮政、快递企业的市场监管，督促企业严格执行收寄验视制度，针对利用网络交易中通过邮寄、快递渠道运输的日用消费品、化妆品、电器产品等重点商品，开展专项执法检查。对相关部门公布的打击侵权假冒领域列入“黑名单”企业交寄的邮件、快件予以重点查验。

通信系统清理未备案网站 3 206 个，清理空壳网站 17 761个，空壳主体 4 260 个，在配合省委网信办等部门开展“净网”“护苗”“固边”“清朗”等专项行动中，共关闭违法违规网站 3 074 个，有害链接 4 万条。

全省各级工商部门共网上检查网站（网店）65 643 个次，实地检查网站、网店经营者 23 111 户次，删除违法商品信息 250 条，责令整改网站（网店）320 个次，已提请关闭网站 138 个次，责令停止平台服务的网店 10 个次，查处各类违法案件 164 起，罚款、没收违法所得 351.67 万元。

省文化厅对网络文化经营单位依法经营情况进行巡查和行政指导，立案查处违规违法网站 8 个。

食品药品监管部门向工商、通信等部门移送药品、医疗器械、保健食品及其他类违法广告 306 条；公告严重违法药品、医疗器械、保健食品广告 5 条；在全省范围内暂停销售严重违法广告品种 1 个。

河南出入境检验检疫局加强对跨境网络交易中邮包、快件的监管，严厉打击通过快递等方式出口侵权假冒商品违法行为，在进境 EMS 邮件中连续检出三批来自澳大利亚的属禁止进口固体废物废手机屏幕（含电路板），截获非法邮寄入境的植物种子种苗 167 批、68.97 公斤，从中检出有害生物 45 种、23 次。

鹤壁市查办的网络销售“永天牌黄精蝮蛇丸”等假药案，涉及 10 个省份、涉案金额达 3 000 多万元，已经公安部发起集群战役。全省共侦办互联网涉烟大要案件 26 起，其中漯河“12·5”案件，涉及 20 个省、涉案金额 6 000 余万元。

（二）深入开展农村和城乡接合部市场假冒伪劣专项整治

省政府建立了农资打假联席会议制度，在春耕、夏收、秋播等重要农时季节，组织开展集中整治。农业、工商、质监、公安、工信、供销、畜牧等部门组成督查组，督促各地加强农资打假，严查制假售假行为，净化农资市场秩序。

省农业厅加强关键季节重点种子市场督导检查，组织肥

料产品市场监督抽检，共查获假劣农资 94.9 万公斤，货值 1 036.6 万多元，查处假劣农资案件 792 件。

质监部门检查农资生产企业 142 家，检查化肥生产企业 70 家，查办案 8 起，查处无证企业 2 家，化肥 60 余吨，查处不按复合肥生产工艺生产复合肥 2 000 余吨。工商部门检查农资市场 716 个、农资经营户 44 277 户，取缔无照经营 187 户，查办农资案件 2 788 件，案值 1 001 万元，罚款、没收违法所得 898 万元。工信部门查处经销未备案产品、标签包装不规范等 62 起（户），查处不合格种子 2 370 公斤，劣质肥料 20 吨。

（三）继续推进软件正版化工作

省政府建立了软件正版化工作联席会议制度，省版权局组织开展了政府机关软件使用情况摸底调查，加强软硬件采购源头管理，建立健全软件正版化工作责任制度，落实软件正版化工作主体责任，会同省政府国资委共同推进省管企业软件正版化工作，建立软件资产管理制度，开展使用正版软件自查整改工作。省工信委开展了全省软件行业基本情况调研工作。省领导小组办公室、省版权局联合对省直机关和国有大型企业软件正版化工作进行了督查。

（四）有序开展中国制造海外形象维护“清风”行动

2016 年，重点针对出口拉美国家的假冒伪劣商品开展专项整治。

河南出入境检验检疫局强力推进国家级出口食品农产品示范区域建设，帮助南阳成功创建全国首个出口食品农产品质量安全示范市。按照出口食品生产企业备案、出口质量许可等要求，对省内大宗出口产品的获证生产企业进行全面检查，对 8 家蜂蜜加工企业实施质量安全约谈和承诺、出口蜂蜜掺杂使假项目检测，对 43 家出口养蜂基地重新进行备案。加强重点商品监管，共检出不合格出口食品、化妆品 167 批，不合格率 1.4%，退运销毁 456 批。

郑州海关对进出境旅客、进出口企业加大维护中国制造国际形象宣传力度，在全关区开展为期一个月的“中美海关知识产权联合执法行动”，加强对输美商品的监管和查验。

省食品药品监管局综合运用日常检查、暗访检查、飞行检查和不良反应监测等手段，重点针对出口拉美国家和地区的药品、化妆品，切实加强质量安全监管，分步有序开展专项整治。

省邮政管理局加强对跨境网络交易中邮件监管，重点打击以“海外代购”和“蚂蚁搬家”等方式出口侵权假冒商品违法行为。

三、突出工作重点，强化行业日常监管

在认真开展国家统一部署的专项整治活动的同时，全省及有关行政执法部门组织开展了 50 余次专项行动，加强行业重点监管，严厉打击侵权假冒违法犯罪。

（一）切实加强车用燃油市场监管

配合全省大气污染防治攻坚战，省商务厅牵头组织公安、环保、国土、工商、安监等部门开展成品油市场专项整治，查封违法违规加油站 8 700 余家，罚没油品 1 519 吨、收缴加油机 980 台、处理涉案人员 2 849 人、刑事拘留 491 人，有效堵住了劣质油品流通渠道。为防止黑加油站点死灰复燃，省商务厅在农村及偏远地区加快布局正规加油站点，填补市场空白，确保成品油市场供应。

省国税局加强成品油生产和经销企业的检查，严查成品油虚开案件和混淆产品名称少缴消费税问题。

省工商局查办成品油市场违法行为 474 起，案值 467 万元。

（二）查处侵犯知识产权违法行为

工商部门开展了保护“迪士尼”“金龙鱼”“口福”注册商标专用权专项行动，共查处商标侵权假冒违法案件 1 222件，案值 988 万元；没收销毁侵权商品 14 371 件，没收销毁侵权商标标识 13 458 件；查办商标违法案件 317 件，案值 239 万元。在打击傍名牌行动中，共立案查处“傍名牌”案件 997 件，结案 981 件，案值 858.34 万元，吊销营业执照 8 户、捣毁制假窝点 12 个、移送司法机关处理案件 3 起。

知识产权部门开展知识产权执法维权“护航”专项行动，累计受理侵权假冒案件 1 285 件，结案 1 020 件。其中，专利侵权案件立案 523 件，结案 348 件；假冒专利案件 762 件，结案 762 件。

郑州海关立案查处一起出口汽车用集成电路“放大器”涉嫌侵犯美国德州仪器公司“Texas Instruments”商标专用权案件，该案货值达 704 万元，是近年来郑州海关查获的涉案货值最大的一起知识产权案件。

（三）严厉打击涉烟违法犯罪

省双打办牵头组织省烟草专卖局、公安厅、工商局、邮政管理局、郑州海关等部门，开展了为期 2 个月的打击涉烟违法犯罪专项行动和“百日攻坚”行动，2016 年，全省共计查处假烟案件 5 493 起，其中 5 万元以上案件 157 起，捣毁大型烟机窝点 9 个，其他制假窝点 118 个，收缴大型烟机 14 台，其他制假设备 69 台，查获假烟 10 749.47 万支，刑事拘留 471 人，逮捕 243 人，判刑 210 人，进一步遏制了制售假冒卷烟势头，外流假烟数量和涉及河南省的假烟案件数

量进一步下降。公安机关延伸发起 11 起全国性集群战役，创造了近年来全省打击涉烟犯罪的最大战果，得到公安部等国家部委的高度赞扬，公安部部长郭声琨签发了嘉奖令。

（四）加强重点商品和行业监管

工商部门深入开展了“红盾质量维权行动”，突出涉及国计民生的重点商品抽检监测力度。质监部门扎实推进“质检利剑”行动，检查单位（企业）16 465 个，查办案件 1 341 起，货值 7 774 万元。大案要案 42 起，移交公安部门 9 起，捣毁窝点 148 个，案值 2 418 万元。

食品药品监管部门查处违法案件 12 662 起，罚款、没收违法所得 7 839 万元。其中查处案值 50 万元以上案件 9 起，捣毁制假售假窝点 33 个，移送公安机关 392 起。盐业部门查处各类盐业违法案件 5 610 起，查获违法盐产品1 402 吨，其中大要案 14 件，查获违法运输车辆 14 车，端掉窝点 25 个，破获团伙 1 个，移交司法机关 51 人。

税务部门查处发票违法用户 2 288 户，查处和缴获各类非法发票 66 万余份，查补税收 18 亿余元。

郑州海关、省公安厅、省食品药品监管局联合开展打击冷冻肉品走私集中行动。漯河市查处一起特大走私冻品牛肉案，抓获犯罪嫌疑人 5 名，现场查获走私印度冻品牛肉近 200 吨。经初步查证，该犯罪团伙共走私冷冻肉品 7 000 余吨，案值 1.5 亿余元。

驻马店市查办“朱东东涉嫌假冒注册商标案”，查获假冒旺旺食品 1 220 件，货值 200 余万元。

此外，省发展改革委、卫计委、工信委、环保、林业、畜牧、法制办、贸促会、人民银行郑州中心支行等部门按照各自职责分工，扎实开展打击侵权假冒工作。各省辖市、省直管县（市）按照省领导小组及办公室安排部署，突出重点，打防结合，严厉查处重大案件，有力震慑了违法犯罪分子。

四、抓好关键环节，推进行政执法与刑事司法衔接

（一）强化行政执法与刑事司法衔接

省级“两法衔接”信息共享平台已于 2015 年建成投用并与国家总平台联网。2016 年，推动所有省辖市、县区建立“两法衔接”信息共享平台，并重点在提升平台应用水平上下功夫。省领导小组办公室、省检察院多次联合开展督查调研，完善平台功能，制定管理办法，促进规范管理，对推进不力的市县点名通报，推动全省信息平台互联互通，省、市、县信息共享平台基本实现了互联互通。2016 年，信息共享平台共向全国平台推送 13 759 个打击侵权假冒案件，全省检察机关从两法衔接信息平台发现监督线索 240 件、256 人。

（二）强化刑事打击和司法保护

全省公安机关深入挖掘线索资源，对重点地区、重点行业、重点领域侵权假冒犯罪发起不间断多轮次打击，全省共破获侵权假冒伪劣类犯罪案件 1 091 起，抓获犯罪嫌疑人 1 314名，案值 6.5 亿余元；发起集群战役 24 起，案值 5.3 亿元。全省检察院共批准逮捕涉嫌侵权假冒犯罪案件 236 件、349 人，提起公诉 782 件、1 155 人。省法院继续开展集中审判“假农药、假化肥、假种子”犯罪案件活动，全省法院共受理侵权假冒犯罪案件 1 271 件，审结 1 201 件，判决 1 540 人。

（三）强化信息公开工作

河南省始终把行政处罚案件信息公开工作作为打击侵权假冒工作的重要内容来抓，省领导小组办公室加强了对信息公开工作的监督检查和情况通报，将案件信息公开工作列入年度重点考核内容。全省各级行政执法部门认真贯彻执行《中华人民共和国政府信息公开条例》《河南省依法公开制售假冒伪劣商品和侵犯知识产权行政处罚案件信息工作监督管理办法》，进一步完善和落实侵权假冒案件信息公开管理制度，按照“公开要求清楚、内容清楚、程度清楚、程序清楚”的要求，利用各级政府门户网站、部门网站、“信用河南”网站、“信用中国”网站，开设“双公示”专栏，多渠道及时公开案件信息，2016 年已公开案件 10 860 件。11 月，省领导小组办公室举办了业务培训会，进一步提升平台信息录入、统计分析能力，各地、各成员单位业务骨干共 150 余人参加了培训。省质监局等部门、安阳市等省辖市也举办了案件信息公开等业务培训。

五、加强宣传教育，营造打击侵权假冒工作良好氛围

省领导小组办公室会同省委宣传部印发了《河南省 2016 年打击侵权假冒工作宣传方案》，两次召开新闻发布会，通报打击侵权假冒工作开展情况及取得的成效，发布典型案例。在“中国打击侵权假冒网”河南子站、省商务厅官网累计发布打击侵权假冒信息 900 余条。在“4·26”世界知识产权日、“3·15”国际消费者权益日、“5·15”打击和防范经济犯罪宣传日期间，省领导小组成员单位、各省辖市都组织了不同形式的宣传咨询活动，向群众讲解识假、辨假常识，通过媒体向社会发布打假和消费维权案例，扩大

宣传效果。河南电视台、电台开设了新闻专栏，组织专家解读、评论，在线访谈等，做好打击侵犯假冒日常宣传报道。河南商报围绕知识产权保护刊出了系列报道，大河网围绕侵权假冒发布信息2 000余条。商丘、鹤壁、焦作、漯河、平顶山、濮阳等省辖市通过微博、微信等新媒体，构筑多渠道、广覆盖的宣传格局，取得了良好宣传效果。

（撰稿人：刘静）

湖北省打击侵权假冒工作报告

2016年，湖北省打击侵权假冒工作全面贯彻落实全国打击侵权假冒工作电视电话会议精神，按照国务院决策部署及全国打击侵权假冒工作领导小组工作要求，围绕全局推动重点工作，加强组织领导，深化协作配合，加大监管力度，提升执法水平，有效遏制了侵权假冒违法行为，净化了市场环境，提高了执法司法效率，打击侵权假冒工作取得了新成效。全省共查处侵权假冒行政案件28 578件，捣毁窝点389个，调处专利案件1 072件。公安机关共立涉假案件661件；检察机关批准逮捕115件85人，提起公诉142件288人；审判机关审结生产、销售伪劣商品犯罪案件64件95人，审结侵犯知识产权犯罪案件53件81人。

一、抓组织增合力，不断完善制度建设

2016年，湖北省打击侵权假冒工作领导小组办公室认真履行牵头职责，统筹协调各成员单位，加强对各市州领导小组办公室工作指导，积极开展打击侵权假冒工作。组织省、市、县93个分会场收听收看了2016年全国打击侵权假冒工作电视电话会议。省政府强化对“双打”工作的领导，召开了全省打击侵权假冒工作电视电话会议，贯彻落实全国会议精神和国务院决策部署，对全省“双打”工作进行全面部署。结合湖北实际，省政府办公厅制定印发了《2016年湖北省打击侵犯知识产权和制售假冒伪劣商品工作要点》，加强组织领导，明确任务分工，落实工作责任。各相关职能部门结合实际，制定了打击侵权假冒工作要点和专项行动方案，在全省形成“上下联动、齐抓共管、综合治理”的工作格局。

二、抓重点强整治，深入推进专项行动

（一）全面深入推进互联网专项整治

湖北省打击侵权假冒工作领导小组印发了《关于贯彻落实国务院办公厅关于加强互联网领域侵权假冒行为治理的实施意见》的通知，加强跨部门、跨地域执法协作，提升监管能力和技术水平，遏制互联网领域侵权假冒行为多发高发势头，净化互联网交易环境。全省工商以开展网络交易监管基层示范工商点为抓手，深入开展专项行动，确保取得实效。系统共开展网上检查网站、网店53 627个次，实地检查网站、网店经营者11 153个次，删除违法商品信息4 078条，责令整改网站1 419个次，查处网络交易违法案件877件，罚款、没收违法所得3 854.7万元。网信部门全年共投放各类公益广告和宣传片1 000多条次，受理各类举报1 200余条，拦截查删相关有害信息15条。新闻出版广电部门开展了“剑网2016”专项行动，累计查处侵权盗版案件21件，移送司法机关9件，有效震慑了日益猖獗的侵权盗版行为。

（二）深入开展农村和城乡接合部专项整治

农业部门大力开展农资打假和打击侵权假冒工作，制定了《2016年全省农资打假专项治理行动实施方案》，明确2016年农资打假和打击假冒侵权工作的“重点对象”“重点领域”“重点时节”“重点单位”等。全省共出动执法人员近8万人次，检查生产经营企业5.6万多家，立案查处1 200多起，涉案金额3 900余万元。进一步净化了农资经营环境，保护了广大农民的合法权益，保障了农业生产安全。林业部门加强源头治理和市场执法检查。全省共查处无证生产、经营户45家。其中，责令限期整改，补办生产、经营许可证30家；取缔2家。没收并销毁假劣苗木80万株，假劣种子约500公斤。工商部门组织开展红盾护农“保春耕”“保夏种”“保秋播”系列活动，细化安排，推动红盾护农深入开展，严厉打击坑农害农损农行为。依法加大农资市场执法办案力度，查处农资市场假冒伪劣、虚假标注、掺杂使假、以次充好、虚假广告等违法行为。共检查农资经营者64 739户次，检查市场4 322个次，查处涉农案件2 710件

(其中1件移送司法机关)，案值1 717.54万元，罚款、没收违法所得1 170.13万元。受理消费者涉农投诉1 511件，涉案金额1 050.74万元。在全国农资市场监管工作会议上，湖北省就“红盾护农”工作情况作了交流发言，得到总局领导充分肯定。

(三) 持续开展“清风”行动，维护“湖北制造”海外形象

武汉海关在关区范围继续深入开展“清风”行动。专项行动期间共查办输往美洲国家的涉嫌侵权案件2起，案值96.4万元，查获涉嫌侵权货物、物品109 494件。同时，武汉海关首次参加了中美海关知识产权联合执法行动，以假冒汽车配件、药品、消费电子产品以及商标标识等为重点，对邮递、快件、货运渠道所有输美商品开展风险分析和查缉。查获涉嫌侵权案件1起，案值54.4万元，查获涉嫌侵权货物109 095件，有效地维护了关区健康的出口贸易秩序。检验检疫部门在树立质量品牌行动中，以开展消费品质量提升专项行动、湖北出口食用菌、随州专用汽车、出口小龙虾、湖北农产品出口企业等领域为工作重点，加强统筹协作，不断加大打击出口假冒伪劣商品的工作力度。对89家进口汽车经营单位进行了监管，对辖区内的进口汽车用盘式制动器衬片产品共抽检12个批次，涉及奔驰、宝马、沃尔沃等5个品牌5个进口汽车4S店。襄阳市共检验检疫进出口货物不合格25批，货值1 108万美元，其中出境12批，货值572万美元；入境13批，货值536万美元。对入境不合格出具对外索赔证书10批，获赔金额3 541美元。

(四) 软件正版化工作有序推进成效显著

按照《2016年湖北省软件正版化督查实施方案》，认真组织成员单位开展好政府机关和企业软件正版化督查检查，累计对11个市州政府的66家市直机关、22家市属国企、17家省属国企的软件正版化工作进行了督查检查，对39家省直部门软件正版化工作进行了“回头看”，还对银行、保险、证券行业和外资企业的软件正版化工作进行了专项检查，累计实地抽检办公计算机1 200多台次，有力地推动了工作落实。9月，国务院督查组对湖北省推进使用正版软件工作情况进行了督查，督查组对湖北省在推进使用正版软件工作给予了高度评价，特别是对各级主要领导的高度重视、各成员单位的密切配合、职责分工、创新工作方法、政策落实、加强国产软件研发指导、健全工作机制等方面给予了充分肯定。

三、抓创新强手段，持续加大打击力度

湖北省公安部门按照公安部“捣窝点，摧网络，斩链条，毁末端”的集群作战理念，针对湖北省跨地域、产业化、网络化制假侵权犯罪。全省公安部门共立涉假类案件1 216起，破案1 036起，抓获犯罪嫌疑人1 177名，摧毁各类制假售假犯罪团伙445个，捣毁生产、储存、销售窝点515个，收缴制假设备557套(件)，缴获假药品、假食品和伪劣商品60余万件，涉案金额近6亿余元。向公安部申报集群战役23起，其中成功收网集群战役18起，被公安部列为部督案件33起。有力打击了涉假类犯罪，有效保障了民生。卫计部门坚持“突击打”与“反复打”相结合，坚持教育与惩处相结合，加大打击力度，对非法行医行为“零容忍”，重拳打击，发现一起、查处一起。共查处非法行医案件372件，没收违法所得25.2万元，罚款189.6万元，没收药品器械168件，移送司法机关66人，有效遏制了非法行医违法活动。食药监部门开展药品流通领域违法经营行为集中整治。围绕药品批发、零售环节，加大检查力度。共检查批发企业737家，零售企业9 563家。吊销许可证6家，注销许可证18家，责令整改2 944家，立案处罚1 131家，移交公安机关案件6件，查处挂靠走票案件48件，非法经营回收药品案件46件，清退挂靠经营人员217人，罚款766万元。质监部门扎实开展执法打假“亮盾行动”，开展了农资、汽车、建材、计量、车用燃油等重点产品专项执法行动。共查办案件1 389件，货值19 182万元，共处罚款3 035.2万元，向公安机关移送案件15件。地税部门加大发票违法犯罪的打击力度。共检查企业1 191户，查处违法企业572户，查处非法发票4 729份，涉票金额13 809.39万元，查补税款7 234.82万元，加收滞纳金517.03万元，处以罚款848.98万元，移送其他部门案件4个。工商部门共受理商标侵权投诉534件，查处商标侵权案件1 319件，案值1 410.36万元。邮管部门狠抓寄递渠道收寄验视、实名收寄、过机安检“三个100%”安全制度的落实。

四、抓平台促运行，有效强化司法协作

2016年6月，湖北省两法衔接信息共享平台与中央平台对接并上传相关数据，全面实现“两法衔接”信息平台省市县三级联通。省检察院积极牵头，将该项工作继续向深度和广度推进。一是加快推进三级信息平台建设，已建成省市县三级联通的两法衔接信息共享平台，实现了行政执法与刑事司法信息共享、涉刑案件网上办理、网上监督、网上移送。截至2016年底，省、市、县三级平台共接入行政执法机关超过3 300家，录入行政执法案件73 914件。其中，通过平台移送涉刑案件1 183件，涉案金额61亿元。二是进

一步完善两法衔接机制建设。全省各地都建立了两法衔接工作联席会议制度，形成了线上案件查看、线下核查、监督案件移送等一系列两法衔接工作机制，提高了工作效率。三是充分发挥绩效考核作用，省直机关两法衔接工作已经纳入省政府责任制效能建设年度目标考核，并将工作考核分值由5分增至10分，有效提高了对两法衔接工作的重视程度。

五、抓宣传造氛围，构建保知打假新格局

深入开展法治宣传教育，提高全社会保护知识产权和识假辨假能力，推动社会共治。湖北省委宣传部组织省直主要媒体认真做好打击侵犯知识产权和制售假冒伪劣商品宣传报道工作，加大对电商领域、农村市场的舆论监督力度，推出了大量有力有效的报道。例如，4月30日，湖北卫视和电视公共频道《湖北新闻》在“壮丽‘十三五’竞进湖北篇”栏目推出综述报道“高新企业：手握知识产权参与全球竞争”；4月25日—29日，湖北之声《湖北新闻》推出“千手万手护发展”系列报道，其中播发的报道《优化法制环境，服务经济发展》《打击防范、服务发展两手抓，湖北省公安机关多措并举促发展》；8月10日，湖北日报在2版刊发报道《深化知识产权机制改革提升高新产业竞争实力湖北省出台加快知识产权强省建设意见》；9月3日，湖北卫视和电视公共频道《湖北新闻》播发报道《湖北出台新政加快知识产权强省建设》等报道，均收到了良好的宣传效果。省主要媒体（湖北日报、湖北卫视、湖北之声）共刊播报道200余篇（条）。4月22日，省法院召开湖北法院知识产权司法保护状况新闻发布会，发布湖北法院2015年知识产权司法保护十大典型案例。通过典型案例发布，明晰法律规则，促进全社会知识产权保护意识提升。湖北省法院审理的4件案件入选最高法院评选的“2015年中国知识产权十大案例”和“五十件典型案例”。工商部门结合“3·15国际消费者权益保护日”“4·26知识产权宣传周”“三下乡”等节点，充分运用电视、报刊、电子显示屏、网络等媒介，组织开展主题宣传、服务指导、业务培训、执法检查、专题会议等5大类共30余项活动。林业部门通过印制大量宣传资料、悬挂横幅、制作展板、实地宣讲等活动，并充分利用网络、报纸杂志、电视等各种媒体，加强《种子法》宣传。全省共培训750人次，出动巡回宣传车480台次，张贴标语6 000余条，悬挂横幅320余幅，发放宣传资料20 000余份。武汉海关开展“4·26知识产权宣传周”，组织隶属海关、办事处在各自辖区内以进出境旅客、加工贸易企业、高新技术企业、行业进出口龙头企业为重点对象，通过播放宣传幻灯片、设置咨询台、发放宣传手册、组织关企座谈会、送法下企业等多种形式，大力宣传侵权假冒对经济发展的深层次危害，营造了尊重、保护知识产权的良好舆论环境。3月，质监部门召开“扶优治劣打假，服务供给改革，保障消费权益”——执法打假“亮盾行动”新闻发布会，向社会公布了执法打假十大典型案例，受到社会广泛好评。3月31日，省领导对执法打假工作作出重要批示：望继续加大力度，查处假冒伪劣产品，提升湖北省产品质量，维护消费者权益，防止工作一阵风，搞形式主义。持之以恒抓紧、抓实。知识产权局通过开展执法维权专项行动，不定期在政府网站、报纸等各类媒体宣传包括专项行动的进展情况，及时报道宣传执法工作中的方法措施、工作安排和典型案例，大力营造声势，扩大行动影响。湖北省知识产权局局长到湖北省政府门户网站接受在线访谈，就知识产权强省建设支撑湖北创新发展与广大网民进行交流。4·26世界知识产权日期间，全省举办专题宣传活动，就如何维权等热点问题，直面市民交流，宣传效果明显。网信部门积极在网上宣传打击侵权假冒相关法律法规及标准体系建设情况，加大对专项行动的宣传力度，设立举报投诉热线电话、电子信箱，公布侵权盗版案件举报奖励办法，充分调动群众的参与性和积极性，鼓励社会各界积极提供案件线索，形成“人民战争”的良好社会局面。全年共投放各类公益广告和宣传片1 000多条次，受理各类举报1 200余条。

六、抓落实补短板，促进“双打”工作全面发展

一是大力推动信息公开工作。推动全省打击侵权假冒行政处罚案件信息集中公开，将省有关成员单位、各市州相关信息公开网址在中国打击侵权假冒工作网湖北站进行连接，提升打击侵权假冒执法办案透明度和公信力。

二是完善行政执法与刑事司法衔接工作。印发《关于进一步加强行政执法与刑事司法衔接工作的通知》，进一步部署打击侵权假冒数据统计及信息报送工作，提高案件信息质效，强化部门合作，促进信息共享。

三是强化打击侵权假冒数据统计信息报送及宣传工作。印发《关于进一步加强打击侵权假冒数据统计和信息报送工作的通知》，建立健全全省打击侵权假冒工作数据信息报送情况通报制度，并将信息报送工作纳入对市州打击侵权假冒工作年度绩效考核重要内容。加强中国打击侵权假冒工作网湖北站的运行维护，通过网站大力宣传湖北省打击侵权假冒工作成效，交流工作经验，上报信息300余篇，全国双打办采用52篇。

（撰稿人：衡光力）

湖南省打击侵权假冒工作报告

2016 年，湖南省打击侵犯知识产权和制售假冒伪劣商品工作贯彻落实党的十八大和十八届二中、三中、四中、五中全会精神，落实省委、省政府有关工作部署，大力夯实基础，突出治理重点，严格日常监管，有效打击违法犯罪，为维护公平竞争的市场秩序和诚信友善的营商环境提供了坚实保障。

2016 年，全省各级各部门积极落实国务院“双打”工作部署，完善工作机制，创新工作举措，加大打击力度，侵权假冒违法犯罪行为得到了有效遏制。

一、完善机制，基础工作稳步推进

湖南省在抓好会议部署、督促检查、绩效考核等日常工作的同时，特别注重三个方面的工作。

（一）注重以综治考评为导向，压实工作任务

2016 年初，省综治办将“双打”工作纳入市州综治考评，尽管在各市州综治考评中只占 1 分，但也极大地调动了各市州“双打”工作积极性。考评细则下发后，各市州分管领导主动来省双打办对接工作，每个市州安排了 1～2 名干部专职负责“双打”工作。11 月初，患难时参照全国双打办的考核办法，由 4 个成员单位分管领导带队，赴全省 14 个市州进行工作考评，全面、系统、深入地了解 14 个市州“双打”工作开展情况以及存在的主要问题。

（二）注重以机构建设为抓手，完善工作机制

湖南省不断完善覆盖省、市、县三级的“双打”工作机制，借鉴北京、河南、吉林等兄弟省份的做法，向省编办申请成立湖南省双打办常设机构并核定一定数量的编制。截至 2106 年底，省编办同意在省知识产权局增设一名副处长为省双打办专职负责人，专门负责“双打”工作。湖南省“双打”工作的机构建设，人员队伍的综合素质和业务能力基本能适应“双打”工作要求。

（三）注重以宣传培训为措施，营造工作氛围

“双打”工作涉及面广、关乎民生，需要全省各级各部门的重视和支持，需要全社会的广泛参与和关注。在宣传方面，除了通过新媒体、新闻发布会、举报投诉电话、印发宣传资料等方式进行宣传外，湖南省还公布了湖南省 2015 年打击侵权假冒工作十大典型案例。这些案例的公布，引起了全社会的极大反响，有力震慑了侵权假冒违法犯罪行为，提升了社会公众对“双打”工作的认识。在培训方面，湖南省坚持“引进来”和“走出去”相结合的方式，联合省质监局、长沙海关等成员单位组织开展“双打”业务培训，邀请全国双打办领导、兄弟省份专家讲课。同时，选派省公安厅、省农委、省文化厅等成员单位的有关人员赴兄弟省份学习“双打”工作先进经验。

二、突出重点，专项治理成效突出

全省各有关部门，围绕互联网领域侵权假冒治理、农村和城乡接合部市场监管执法、中国制造海外形象维护“清风”行动、软件正版化等重点领域，开展专项整治，取得了切实成效。

在加强互联网领域侵权假冒治理方面，工商部门以清理整治网络经营主体、重点领域网络违法广告等为重点，开展网络市场监管集中整治行动，在网上检查网站、网店 2.2 万次，实地检查网站、网店经营者 1 197 次，删除违法商品信息 489 条，责令整改网站 7 个。公安机关成立情报中心，依托大数据应用平台，利用多种方式采集整合情报信息资源，及时发现和掌握违法犯罪线索，增强精准打击能力。新闻出版广电、网信、公安等部门，在全省范围内开展打击网络侵权盗版“剑网行动”，巡查各类网站、私人影吧 1 026 家，对 80 家主要网站使用作品的情况进行监管，删除涉嫌侵权作品 2 000 余件，提请相关部门关闭侵权盗版网站 25 个，立案查处各类侵犯著作权案件 56 件，有力震慑了网络侵权盗版违法犯罪行为。

在强化农村和城乡接合部市场监管执法方面，农业部门开展春季农资打假省、市、县三级联合行动，对 86 起不规范经营行为进行督促整改，对 17 起违法经营行为进行立案查处。工商部门开展 2016 年“红盾护农”行动，抽取农资样品 356 组，不合格样品 29 组，对抽检不合格产品予以立案查处。质监部门围绕重要节庆时点和春耕夏种等重要时段，针对农资市场侵权假冒易发多发的商品，部署实施了“两节两会”期间专项执法行动和“质监利剑”行动，查办案件 110 件，实施缺陷产品召回 21 批次，涉及缺陷产品 10 万余件。其中，对缺陷农机产品实施召回在全国尚属首次。

在持续开展中国制造海外形象维护“清风行动”方面，

长沙海关建立"清风行动"动态信息报送制度，加强对案件线索的查办和布控，对输往拉美、非洲的出口商品开展重点查验，查获办结知识产权案件7起，涉案物品2万余件。检验检疫部门通过日常检验监管、投诉举报、舆情监测等方式，加强了对输非商品的质量监控。

在深入推进软件正版化工作方面，新闻出版广电部门实地检查16家省直机关软件正版化工作开展情况，有针对性地提出了整改意见。新闻出版广电局会同审计厅进一步加强对政府机关软件采购资金管理使用和软件资产管理情况的审计监督。2016年7月，5家省直单位因正版软件管理制度缺失或软件配置失当，被通报批评。

三、狠抓经常，行政执法扎实有力

2016年，省综治办将打击侵权假冒工作纳入市州综治考评，极大地调动了各级保护知识产权的积极性，行政保护力度不断增强。

知识产权部门开展知识产权执法维权专项行动4次，聚焦重点产品、重点区域和重点时节，出动执法人员968人次，检查经营主体1 665户，检查商品43 687件。专利行政执法案件立案3 617件，结案3 595件，查处假冒专利3 036件，结案3 036件，年度案件数量排名全国第四。

工商行政管理部门部署开展保护商标专用权、红盾质量维权、红盾护农和"打假护牌"等整治行动，出动执法人员53 258人次，查处各类假冒侵权案件4 014件，案值3.8亿元，罚款7 640.86万元，向公安机关移送侵权假冒案件6件。其中查处商标侵权案件682件，案值1 181.31万元，罚款1 081.37万元。

版权管理部门积极落实印刷复制生产源头治理、出版物市场治理、打击网络侵权盗版等重点工作，加强行政执法和市场监管。

各级文化市场综合执法部门办理上级督办侵权假冒文化娱乐、网络游戏、音乐、动漫等违法案件9件。

农业部门农资打假立案1 086件，办结945件，网上公布783件，移送公安机关3件，罚没款613万余元，捣毁窝点11个。

林业部门开展造林苗木林木种子生产、经营许可证、质量合格证、检疫证、种子标签"四证一签"清理行动，从源头上把好良种壮苗生产关。针对侵犯林业植物新品种权开展专项执法行动，全省共抽查59个单位（个人）、8个树种、352个苗批，合格率达到97.7%。对全省统一调剂的树种，共抽查了7个树种、26个种批，合格率达到96%。

质量技术监督部门开展各类执法行动12次，2016年出动执法人员28 225人次，检查企业11 150家，查办案件1 901件，涉案金额5 813万元，捣毁制假窝点64个，移送公安机关案件15件。有针对性地开展了地理标志产品保护工作检查，全省开展地理标志产品专项检查50余次，对61个地理标志产品展开了专项检查，检查地理标志产品生产企业287家，抽查地理标志产品1 500余批次，其中责令生产条件不符或产品质量达不到要求的企业整改500余次，立案查处违法企业29家。

食品药品监督管理部门以饮食用药安全为中心，大力开展食品药品"四小"整规、农村食品安全专项治理行动，全省立案查处食品药品违法案件13 666件，案值超4亿元，责令停产停业73家，吊销许可证8家，捣毁制假售假窝点118个；移送司法机关644件，抓获犯罪嫌疑人837人。

海关部门重点打击通过"海外代购"方式进行进口侵权商品和"蚂蚁搬家"出口侵权商品的违法行为。全年共查处知识产权案件4起，涉案物品2万余件。

四、严厉打击，司法保护作用明显

公安机关加大对侵犯知识产权和制售假冒伪劣商品犯罪行为的打击力度，经侦、治安部门共侦破相关刑事案件621起，抓获涉案人员1 383人。关注民生领域，实行数据化导侦，延伸打击犯罪产业链条，破获了包括公安部督办的衡阳"3·13"生产、销售假冒注册商标商品案、梁海军等人制售假酒案等8起重大案件。强化知名品牌保护，破获了假冒"雀巢"品牌宠物食品案和"双菱"螺纹钢案件，维护了公平竞争的市场秩序。联合新闻出版、工商、质检等行政部门，出动警力3 000余人次，深入开展"剑网2016"打击网络侵权盗版和网上打假专项行动，开展联合执法110余次，破获"1.80诚信合击"网络游戏侵犯著作权案等各类侵权盗版违法犯罪案件46起，核查各类线索1 200余条。积极将"50度红坛酒鬼酒"、"白沙和天下"等产品列入全国公安打假溯源机制首批重点产品名录，通过在情报信息平台中设立经侦预警积分管理专栏，与阿里巴巴等电商平台协作，有效提升知识产权案件侦办水平。

检察机关强化侦捕诉衔接机制，在提前介入、案件讨论、补充侦查等多方面，加大侦查监督与公安机关、公诉部门的协调与配合，实行侦捕诉信息共享和相互备案制度，有力促进办案质量和效率的提高。准确把握政策法律界限，宽严相济，有效化解社会矛盾。2016年，全省检察机关共监督行政执法机关移送侵犯知识产权和制售假冒伪劣商品犯罪案件85件，监督公安机关立案侵犯知识产权和制售假冒伪劣商品犯罪62件。批准逮捕涉嫌侵犯知识产权犯罪案件

179 件 412 人，共起诉涉嫌侵犯知识产权犯罪案件 351 件 689 人。

人民法院充分发挥知识产权民事、刑事和行政审判职能，司法保护知识产权主导作用发挥明显。2016 年，全省法院共受理知识产权案件 4 726 件，其中民事案件 4 599 件、刑事案件 98 件、行政案件 29 件，审结 3 641 件，结案率为 77.04%，判决人数 121 人。先后完成了《〈专利法〉第四次修改关于专利纠纷调解救济机制的研究》、《新商标法实施情况》等多项重大课题或调研报告，编撰了 3 期《知识产权、环境资源和涉外商事审判动态》业务指导专刊。在知识产权案件中，积极适用诉前禁令、证据保全、证据妨碍制度，探索建立惩罚性赔偿制度，提高侵权法定赔偿上限。指导的张家界中港国际旅行社有限公司侵害“港中旅”商标权及不正当竞争案、长沙慧吉电子商务有限公司侵害“雅漾”商标权及不正当竞争案入选中国法院 50 件典型知识产权案例。

（撰稿人：刘文慧）

广东省打击侵权假冒工作报告

2016 年，广东省根据《国务院办公厅关于印发 2016 年全国打击侵犯知识产权和制售假冒伪劣商品工作要点的通知》要求，在省政府领导下，落实全国打击侵权假冒工作领导小组的统一部署，加大生产源头治理力度，加强市场监督管理，强化刑事司法打击，努力推进诚信体系建设，建立健全长效治理机制，打击侵权假冒工作取得显著成效。据统计，2016 年，全省打击侵权假冒各主要行政执法部门共立案查处侵权假冒案件 25 112 件；公安机关侦破侵权假冒案件 2 156 件，检察机关批准逮捕侵权假冒犯罪案件 1 228 件 2 272人，起诉 2 622 件 4 159 人；法院系统受理相关刑事案件 2 738 件，审限内结案率 100%。在国家知识产权局 2016 年发布的《中国知识产权发展状况报告》中，广东知识产权保护指数再居全国第一。

一、狠抓部署，强化组织领导

省委省政府高度重视打击侵权假冒工作。2016 年 3 月 17 日，广东省组织收看收听全国打击侵权假冒工作电视电话会议，随后，省领导立即亲自主持召开全省电视电话会议，部署全省打击侵权假冒工作。省政府办公厅转发了《国务院办公厅关于印发 2016 年全国打击侵犯知识产权和制售假冒伪劣商品工作要点的通知》。2016 年 12 月 1 日，在广州召开全省知识产权工作会议暨专利奖表彰大会。省打击侵权假冒工作领导小组办公室充分发挥组织协调作用，加强同各部门的协作配合，推动落实全国打击侵权假冒重点工作，推动广东省打击侵权假冒工作深入开展。

二、重拳出击，严厉查处侵权假冒案件

工商系统共查处侵权假冒案件 4 938 宗，案值 4 944 万元，罚款 5 073 万元，移送司法机关案件 55 件，捣毁窝点 129 个，公开 2 510 宗案件。

质监系统（不含深圳、顺德）共查处案件 3 065 件，涉案金额 3 050 万元，下达行政处罚 5 703 万元。取缔窝点 75 个，其中大案要案 35 件，移送公安机关案件 7 件。

食品药品监管系统共立案查处“四品一械”违法案件 19 748 件，其中食品 13 932 件，保健食品 123 件，药品 4 186件，医疗器械 445 件，化妆品 1 062 件，责令停产停业 45 件，吊销生产经营许可证件 28 张，捣毁窝点 715 个，共移送公安机关案件 542 件，罚没款合计 20 242.74 万元，其中涉案金额百万以上案件 23 件，千万以上的案件 3 件。

全省文化市场综合执法机构共受理举报 1 596 件，立案调查各类违法违规案件 1 536 件，办结案件 1 228 件，移交案件 29 件。

海关系统共查获涉嫌侵权货物 2 699 批次，涉及侵权嫌疑货物 1 403.2 万件，货值人民币 3 551.1 万元。

三、强化监管，深入开展重点领域治理

（一）大力加强互联网打击侵权假冒专项整治

省政府办公厅转发了《国务院办公厅关于加强互联网领域侵权假冒行为治理意见》。工商系统开展 2016 网络市场监管专项行动，全省共网上检查网站 25 682 个次，实地检查网站、网店经营者 3 976 个次，删除违法商品信息 186

条，责令整改网站144个，已提请关闭网站11个，查处各类网络交易违法案件432件，罚没款677.53万元。2016年3月30日至4月1日，联合省商务厅指导省网商协会在广州琶洲保利世贸博览馆举办的“2016（广州）国际电子商务博览会”。2016年8月12日，省版权局、省互联网信息办公室、省通信管理局、省公安厅联合召开全省打击网络侵权盗版“剑网2016”专项行动工作会议，部署开展专项行动，处理国家版权局移转案件12件。文化综合执法系统过滤封堵网上违法信息28万余条，关闭违法空间、微博微信账号4 600余个，解散违法通信群组1.9万余个。省知识产权局积极参加全国电子商务领域专利执法维权协作调度专项行动，集中办理特大电子商务平台专利案件。

（二）强化农村和城乡接合部市场监管执法

工商部门共检查农资经营户53 425户次，检查农资商品市场389个次，立案查处各类农资违法经营行为1 016件，货值438.27万元，罚没款424.19万元；受理投诉举报47宗。

省农业厅组织开展主要农资产品监督抽查，部署开展农药、兽用抗菌药、瘦肉精、生猪屠宰、生鲜乳、农资打假6大专项行动，保障农业生产安全和食用农产品质量安全。

2016年3至10月，省农业厅、省经信委、省工商局、省安监局在全省范围内开展农药专项联合整治行动，共摸底排查农药生产单位49家、农药经营单位17 709家、农药使用单位（规模以上）10 575家、城郊等重要地段农药使用种植户702 491户，并进行了建档立卡，登记造册；共清理了无证经营农药单位215家，清理挂靠经营农药单位998家。

省农业厅、省经济和信息化委、省工商局、省质监局、省海洋渔业局和省供销社六部门于2016年11月联合组成4个工作组，分赴各地市开展农资打假和农产品质量安全监管执法督导检查。

省林业厅组织开展打击侵犯林业植物新品种权专项行动，对全省已授权林业植物新品种的单位和个人进行全面调查摸底，并对全省14个地级市的种苗行政执法和种苗质量情况进行抽查。

（三）持续开展中国制造海外形象维护“清风行动”

海关系统加大对输往拉美国家侵权货物的监管力度，强化情报分析，在重点口岸部署专项查缉行动。据统计，自“清风”行动开展以来，广东省内海关已经查扣进出口侵权货物4 507批次，查获侵权货物数量逾3 135.9万件，制止侵权货物输往97个贸易国家或地区。检验检疫系统狠抓输非商品检出率，不断提升出口商品质量，严厉打击进出口假冒伪劣行为。广东检验检疫局以出口打假为首要目标，以口岸、航线和采购地为重点，开展中国品牌海外打假维权试点，整合出口商品质量提升、打假、维权和反不正当竞争职能，逐步建立跨境执法打假体系，树立“中国品牌”的海外形象，2016年1至10月，共查获进出口假冒伪劣商品案件79件（含假检验检疫证书案2宗），已实施行政处罚52件，移送公安机关案件2件，涉案金额数千万元，罚款90.3万元。

（四）加强车用燃油监管

工商系统全面推进成品油市场专项整治，制定印发《2016—2017年度广东省流通领域汽油、柴油商品质量抽查检验实施方案》，1月至9月，全省工商（市场监管）部门共检查经营户5 822户次，抽检加油站点632座、油库75座；共抽检汽柴油1 350组，责令整改加油站79座，查处成品油案件94件，案值238.22万元，罚没款219.98万元，查扣涉案油品79.55吨。国税系统部署开展了车用燃油侵权假冒专项整治工作，认真开展地方石油炼化企业专项稽查、成品油消费税检查，加大对油商、油贩的整治工作，严查车用燃油涉税违法犯罪行为，截至2016年11月，共对294户地方石油炼化企业进行了税收专项检查，共计查补收入2 201.25万元。同时，根据前期检查情况，选取其中体量较大、出现异常风险提示的14户地方炼化企业开展重点检查。

（五）加强食品药品和医疗器械监管

省食品药品监管局联合公安机关进一步深入开展打击食品非法添加违法犯罪“清源行动”；联合检察机关、公安机关开展打击药品违法犯罪“雷霆行动”；组织开展打击保健食品非法添加违法行为“蓝剑行动”；在全省全面启动食品药品网格化监管工作；集体约谈国家食品药品监管总局通报中涉及广东省化妆品的生产企业共88家。省食品药品监管局积极组织对全省范围内食品药品抽检工作，其中：全年抽样任务26 063批，药品监督抽检任务17 500批，医疗器械监督抽检任务1 312批，保健食品监督抽检任务1 860批，完成国家保健食品风险监测520批，化妆品监督抽检任务4 552批，化妆品风险监测任务600批。公安机关共立食药类犯罪案件1 263起，刑事拘留2 218人，逮捕1 199人，涉案金额共计3.5亿元。

（六）大力查处侵犯知识产权行为

工商系统共查处商标侵权案件3 564件，案值4 120万元，罚没款4 242万元，移送司机法机关51件，捣毁窝点124个，公开案件信息1 979件。知识产权局系统共受理各类专利案件2 688件，结案2 542件；其中受理专利纠纷案件1 816件，结案1 670件；查处假冒专利案件立案872件，结案872件。全省各市在4月26日前后集中组织销毁了由文化、新闻出版、版权、海关、公安、工商、城管等职能部门查缴的大量违法盗版音像制品，并公开销毁80余万件侵权盗版及非法出版物。公安机关共侦破影像制品类刑事案件603起，刑事拘留796人，查处治安案件1 224起，治安拘留5 007人，清查出版物市场3.3万多家、印刷复制等企业8 947家，捣毁销售侵权盗版出版物窝点385个、印刷复制侵权盗版出版物窝点21个，缴获非法出版物、非法音像制品133万多册（张）。

（七）深入推进软件正版化工作

省版权局转发了国家版权局、国务院国有资产监督管理委员会《关于做好推进地方国有企业使用正版软件工作有关事项的通知》；与省工商联联合下发《全国工商联办公厅国家版权局办公厅关于做好推进民营企业使用正版软件工作有关事项的通知》；部署了全省各地级以上市企业软件正版化工作，印发了2016年度全省推进企业使用正版软件工作督办企业名录共168家；转发了推进使用正版软件工作部际联席会议办公室印发的《正版软件管理工作指南》，供各地参照执行；分别举办2016年度广东省政府机关软件正版化工作培训班和2016年度广东省企业软件正版化工作培训班。

四、协作配合，加强部门协同和司法保护

（一）推进行政执法与刑事司法衔接

省委政法委、省检察院牵头召开全省行政执法与刑事司法衔接工作第四次联席会议，新将17家单位纳入联席会议，省“两法衔接”成员单位已扩充至42家。广东省“两法衔接”信息共享平台自2013年12月正式运行以来，已录入案件8万余件，实现了案件移送、跟踪监控、预警提示、监督管理、案件查询、统计分析等8项主要功能，初步实现“网上移送、网上受理、网上监督”。广东省“两法衔接”信息共享平台与中央平台实现数据对接，共向中央平台导入打击侵权假冒案件数据1万条。

（二）完善跨区域跨部门执法协作机制

2016年9月1日，在全国打击侵权假冒办公室组织下，泛珠三角地区打击侵权区域合作工作片会在广州召开。福建、湖南、广东、广西、海南、四川、贵州、云南八省（自治区）打击侵权假冒工作办公室，根据会议议定内容，签订《泛珠三角地区打击侵权假冒工作协作协议》。8月18日，粤港保护知识产权合作专责小组第十五次会议在广州召开。9月14日，海关总署广东分署与广东省知识产权局签署了专利保护合作协议；海关系统积极开展与香港和澳门的知识产权保护合作共查获涉及香港、澳门的侵权货物354批次、货物90 933件，货值超813万元。省国税局、省公安厅、省地税局共同制定下发《广东省警税联合执法工作指引》，建立和完善了税警协作制度。

（三）大力推进侵权假冒行政处罚案件信息公开

省政府办公厅印发了《广东省人民政府办公厅关于印发广东省贯彻落实国务院办公厅2015年政府信息公开工作要点分工方案的通知》《广东省人民政府办公厅关于修订重点领域信息公开专栏建设规范的通知》，督导规范政务公开工作，省政府对各地各部门落实情况开展监督检查，并通过省政府办公厅《政务工作情况通报》的方式进行督促整改。全省各执法部门高度重视打击侵权假冒行政处罚案件信息公开工作，严格依照要求，及时、准确、全面地公开行政处罚案件信息。工商系统公开案件信息1 979宗。质监系统共公开“双打”案件信息351件，移送公安机关案件7件。食品药品监管系统公开“四品一械”行政处罚案件信息9 795条次，食品药品抽检信息57期。

五、打建结合，健全长效治理机制

（一）强化监督考核机制

2016年6月14日，省政府与各地市政府签署《知识产权保护责任书》。9月28日，省政府办公厅印发《广东省各级人民政府打击制售假冒伪劣商品违法行为工作责任制考核细则》。省综治办将打击侵权假冒工作纳入2016年综治工作（平安建设）考核范围。

（二）加强法规制度建设

2016年7月28日《广东省市场监管条例》颁布，并于2016年10月1日起施行，该条例将近年来深入推进政府职能转变、行政审批制度改革、商事登记制度改革、社会信用体系和市场监管体系建设的实践成果，进行固化，是全国首部也是唯一一部市场监管领域的综合性法规。

（三）加快诚信体系建设

各地各部门结合全省开展的建设社会信用体系和市场监管体系工作，以打击侵权假冒为突破口和重要抓手，建立信用信息共享机制，建立失信黑名单制度和失信惩戒办法，加大对失信行为的惩处和披露力度，加大对守信者的支持服务。

（四）加强知识产权保护服务

省司法厅出台《广东省保全证据公证办证指引》，广州、深圳、佛山、东莞等地成立知识产权纠纷调解人民调解

组织。省知识产权局组织进驻广交会等大型展会开展专利保护工作，快速调解专利侵权纠纷 1 000 余件，共推动成立中山（灯饰）、东莞（家具）、顺德（家电）、花都（皮革皮具）、阳江（五金刀剪）、汕头（玩具）6 家国家级知识产权快速维权中心。

（五）营造社会共治氛围

各地各部门以“3·15”、“4·26”、“5·15”等重要节点为契机，充分利用各类媒体，通过召开新闻发布会、开展宣传咨询、公开集中销毁侵权假冒物品和曝光典型案例等活动，宣传报道打击侵权假冒工作成果。各部门在“4·26”知识产权宣传周期间组织开展60多项形式多样、内容丰富的宣传活动。召开了“2015 年广东省知识产权保护状况”、“广东法院知识产权司法保护状况（2015 年）”、“战略性新兴产业专利信息及预警报告”、“2015 年度广东保护著作权十大事件”及“2015 年版权行政管理部门查处的典型版权案件”等新闻发布会。省法院向媒体公布十大知识产权典型案例。省农业厅开展“2016 年广东省放心农资下乡进村宣传周”活动。

（撰稿人：毕赓）

广西壮族自治区打击侵权假冒工作报告

2016 年，在全国打击侵犯知识产权和制售假冒伪劣商品工作领导小组和自治区党委、政府的正确领导下，广西各地各有关部门按照国家的统一部署，加强组织领导，周密安排部署，积极开展打击侵犯知识产权和制售假冒伪劣商品工作，取得了较好的成效。全年各行政执法部门共查处侵权假冒案件 7 061 起，结案 6 457 件，移送司法机关 218 件。公安机关破获案件 246 起，抓获犯罪嫌疑人 282 人，检察机关批捕涉嫌侵权假冒犯罪案件 87 件、155 人，起诉 94 件、187 人。审判机关审结案件 52 件，生效判决 73 人。现将有关工作情况报告如下：

一、领导高度重视，加强组织协调

自治区党委、政府高度重视打击侵权假冒工作，自治区副主席、自治区打击侵权假冒工作领导小组组长亲自主持召开年度领导小组全体会议，专门请 14 个市分管副市长（各市双打工作领导小组组长）列席会议，研究通过了 2016 年广西打击侵权假冒工作要点和有关制度性文件，对案件信息公开、侵权假冒领域重点整治等事项进行了专门部署，要求各部门积极做好相关工作。自治区打击侵权假冒工作领导小组办公室认真履行职责，积极做好统筹协调工作，先后于 4 月、9 月、11 月召开领导小组联络员会议，传达全国打击侵权假冒工作领导小组会议精神，研究落实互联网领域专项整治、行政执法与刑事司法衔接、行政处罚案件信息公开、东盟博览会联合执法、食糖打假和年终绩效考核等工作。全区各级各部门层层落实自治区打击侵权假冒工作领导小组总体部署，明确工作职责，细化目标任务，加强协作配合，确保组织领导有力，各项措施得到落实。

二、周密安排部署，开展重点领域专项整治

根据全国打击侵权假冒工作领导小组和自治区政府年度工作部署，我区积极组织开展双打重点领域专项整治活动。

（一）组织开展中国—东盟博览会联合打假行动

按照自治区领导的要求，由自治区双打办牵头组织 16 个相关部门进驻第 13 届中国—东盟博览会现场开展联合执法。展会期间共检查展位 2 000 多家次，查扣疑似假药1 005 盒（瓶）、疑似问题化妆品 1 337 盒（瓶、支）、疑似问题食品 637 袋。受理展会专利侵权纠纷 2 起，查处假冒专利案件 3 起。查处违规展位 16 起，清理“会虫”95 例。免费检测珠宝约 1 200 批次，检测红木约 850 批次。成功调解消费者投诉 21 起，没收了一批假冒伪劣商品。通过严查重打，有力维护了中国—东盟博览会一类展会的良好形象。

（二）开展互联网领域侵权假冒专项治理

各部门结合本系统特点，开展了一系列针对性整治行动。工商部门开展了为期六个月的网络市场监管专项行动，严厉查处和打击网络销售侵权假冒伪劣商品违法行为，积极营造良好网络市场消费环境。期间共在网上检查网站、网店 16 612 个，实地检查网站、网店经营者 3 078 个，删除违法

商品信息114条，责令整改网站86个，立案查处违法案件112件，罚没款401.4万元，有效维护了网络交易市场秩序和消费者合法权益。网信部门加强重点环节管控，开展"招聘网站严重违规失信"专项整治工作，整治网络招聘不诚信和侵权行为。共拦截相关有害信息4万余条，查删侵权信息数量约100条，关闭违法违规账号1.34万个，移交公安机关线索100余条，对8个违规网站、2个违规微信公众号进行约谈。新闻出版广电部门开展规范网络音乐版权和打击利用云盘传播淫秽色情信息专项整治行动，遏制利用网络云存储传播淫秽色情信息的势头；公安机关破获"3·28"互联网制售假烟网络案件等特大涉烟犯罪案件，摧毁了多个涉及全国多地的非法经营卷烟犯罪网络。

（三）开展中国制造海外形象维护"清风行动"

按照全国双打办统一部署，2016年自治区重点针对出口东盟和非洲的商品开展专项整治。南宁海关根据关区各口岸业务特点量身定制"清风"行动执法侧重点，沿边、沿海口岸重点关注一般贸易、边民互市贸易、边境小额贸易等渠道未申报品牌的混装商品，其他口岸重点关注邮递渠道收件人、寄件人联系方式不详的包裹和出境旅客携带物品等，取得成效明显。"清风"行动期间，共采取知识产权海关保护措施245批次，货值人民币1 315.3万元，货物数量24.8万件。检验检疫部门制定了《出口商品质量提升工作方案》，明确打击进出口假冒伪劣商品的管理规定，严厉打击进出口假冒伪劣商品行为。期间共完成假冒伪劣商品行政处罚立案数15起、移送公安机关1起。同时，精准帮扶出口商品企业。针对企业存在的产品质量不合格问题，深入企业生产现场调研质量安全管理问题，帮助企业查找问题、分析原因，确定整改方案，抓好产品质量提升，提高出口商品质量，促进企业健康发展。

（四）开展农村和城乡接合部市场假冒伪劣专项治理

农业、工商等部门以种子、化肥、农药为重点监管对象，以县（市）区及乡（镇）集散地和经营门店、具有多次违法行为记录的经营户以及乡村流动商贩为治理重点，加大对生产基地、区域交界处、游商活跃区的检查力度。共出动执法检查人员7.17万人次，检查企业7.14万个次，整顿市场1.98个万次，查获假劣产品200多万公斤，涉案金额1 562万元。通过整治，有效打击了农村和城乡接合部市场假冒伪劣行为。

三、强化刑事打击，着力查办大案要案

2016年，我区公安系统持续严厉打击侵权假冒犯罪，狠抓打击质量和声势，维护市场经济秩序和社会稳定大局，成功侦破公安部经侦局督办案件4起、公安部治安局督办案件6起，成功发起"打假"集群战役3起，积极配合外省发起的打假集群战役核查、收网55起，全力围剿了团伙性、跨区域的假冒伪劣犯罪。集中攻破了一批大案要案，形成社会震慑，营造严打假冒伪劣犯罪的社会氛围。比较典型的案例如：河池公安机关破获晏行亮、黄金标等人销售假冒注册商标的商品案，抓获犯罪嫌疑人5名，捣毁在柳州市的3个生产窝点、储存仓库及南宁市1个生产窝点及2个储存仓库，依法扣押假冒"桂山"牌小包装海藻食用碘盐40余吨、尚未使用的"食用碘盐包装袋5万多个及制假工具一批。经初步统计，该案涉及假冒劣质食用盐共计800多吨，涉案金额达600余万元。又如柳州公安机关成功破获1起特大假冒国内制糖企业注册商标案件，共抓获犯罪嫌疑人7名，查处涉案窝点5个，扣押封存涉案假冒注册商标白糖500余吨，并循线溯源，深挖源头，梳理出涉及全国10余省（市）涉嫌销售假冒（走私）白糖犯罪线索，涉及金额10多亿元，在向公安部经侦局汇报同意后，由自治区发起集群战役，在全国10余个省（市）展开对涉嫌销售假冒（走私）白糖犯罪的全覆盖集群打击。

四、加强日常监管，营造良好市场环境

（一）开展农资打假专项整治

精心部署农资打假工作，重点查处种子、农药和肥料经营违法行为，各级农业部门共查处案件1 359起，结案1 187起，查获假劣产品215万公斤，涉案人数1 429人，涉案金额900万元。

（二）严惩重处食品药品违法行为

食药监部门严厉查处山东济南非法经营疫苗系列案。涉及我区的9条案件线索全部办结，抓获犯罪嫌疑人6人；查处违法生产销售银杏叶提取物及制剂系列案、玉林市场中药饮片系列案件，吊销6家企业的《药品生产许可证》；查处"覃公本草茶"、"黑骨藤长寿茶"等非法添加有毒有害食品原料案，移交公安机关刑拘1人，网上通缉3人。

（三）加大商标专用权保护力度

工商部门大力推进商标品牌战略实施，持续推动商标注册和评审便利化，严厉打击恶意抢注商标行为。以保护注册商标专用权为核心，以商品批发零售市场为重点，加大对商标专用权的保护力度，有计划、有重点地开展商标维权打假行动，查处了一系列商标侵权案件。

（四）开展"质检利剑"专项执法行动

质监部门以农资、10类重点消费品、婴幼儿产品、计

量器具等为重点开展专项执法打假行动，查办侵权假冒案件102起，涉案金额253万元，捣毁假冒伪劣窝点3个。

（五）加强版权执法和推进软件正版化工作

各级新闻出版部门以“剑网行动”为推手，以查办案件为重点，进一步加大案件的督办、查办力度，全年共查处著作权案件13起，办结著作权行政案件9起，在办著作权刑事案件4起，其中网络著作权刑事案件3起，均已进入司法程序。持续巩固软件正版化工作成果，注重长效机制建立，加强督促检查和工作宣传，确保该项工作取得成效。

（六）开展林木种苗打假专项行动

组织全区林业部门全面开展打击制售假劣林木种苗和保护植物新品种权专项行动。重点检查种苗集散地、种苗交易市场等林木种苗生产、经营比较集中区域，严查以次充好、以假乱真、坑害林农的违法行为。检查苗圃1 936个，种苗市场395个，查处无证生产经营单位19个。

（七）开展文化市场专项督查检查行动

全区各级文化部门加强市场监管，以县城乡镇互联网上网服务场所和各类文化市场为重点，深入开展监管执法，确保文化市场安全稳定。共检查文化市场经营单位8.6万家次，责令改正1 049家次，立案调查744件，没收非法音像（电子）出版物4.9万张。

（八）开展知识产权执法维权“护航”专项行动

在全区开展重点民生领域、陶瓷、汽车及机械零配件等优势产业领域、中国—东盟跨境贸易及电子商务新兴领域产（商）品为重点的专利执法专项行动。共办理各类专利案件534件，其中调处专利侵权纠纷案件33件，查处假冒专利案件501件，办案总量较去年同期增长20.8%。

（九）依法快捕快诉违法犯罪

各级检察机关充分发挥职能作用，对于公安机关提请批准逮捕、移送审查起诉的相关案件，在加强对证据的审查，准确把握批捕、起诉条件的同时，坚决依法快速批捕、起诉侵权假冒犯罪案件。共批捕案件87个，审查起诉案件94个。

（十）快审快判侵权假冒案件

审判机关充分发挥刑事审判职能作用，坚持标本兼治、综合治理、打防并举的方针，依法审判了一批侵权假冒犯罪大案要案。对涉及食品药品等民生领域的案件进行了集中宣判，积极回应社会期盼。审结双打案件52个，73人被判处有期徒刑、无期徒刑等刑罚。

此外，自治区卫生计生委开展消毒产品专项治理；自治区环保厅指导开展全区侵权假冒商品环境无害化销毁工作；自治区国税、地税局开展税收和发票使用情况专项整治；其他成员单位也开展了卓有成效的工作。

五、强化工作监督，推动行政处罚案件信息公开

召开打击侵权假冒工作会议，重点部署推动全区打击侵权假冒工作领域行政处罚案件信息公开工作。针对各部门侵权假冒案件信息公开渠道不一，监管难度较大的现状，通过督查考核等手段推动各部门将行政处罚信息录入侵权假冒领域两法衔接信息平台，再利用技术手段对录入的案件进行集中公示。自2014年7月开展此项工作以来，已在广西两法衔接信息平台首页公示侵权假冒行政处罚案件信息13 000余条，统一了双打领域侵权假冒案件公开的口径，是全区双打工作的一大亮点。

六、注重打击成效，加大工作宣传力度

充分利用中国打击侵权假冒工作网广西子站和广西打击侵权假冒工作信息平台做好对外宣传工作，全年发布新闻动态信息200余条，展示了全区打击侵权假冒工作成效。继续完善广西打击侵权假冒工作信息平台结构和布局，加大工作宣传力度，打击侵权假冒工作信息平台被自治区政府办公厅评为2016年12个政府优秀网站案例之一。开展2016年度打击侵权假冒工作业务培训，提高双打工作业务部门人员工作水平。各市各部门采取各种有效形式大力宣传自治区打击侵权假冒工作措施和取得的成效，提高公众自觉抵制假冒伪劣商品、重视知识产权保护的意识。

七、加强绩效考核，推进工作全面落实

（一）开展年度重点工作督查

2016年6月，自治区双打办联合自治区检察院、版权局开展案件信息公开和版权领域执法督查，督查组深入检查了行政执法部门案件，并对重点案件的查办工作提出了合理化建议。2016年11月，自治区双打办组织工商、农业、食药监等部门赴桂林、柳州和来宾开展双打领域重点工作督查。督查组深入到县、乡（镇），对各市双打重点领域专项整治情况和案件信息公开以及两法衔接等工作进行督查，以督查推进工作全面落实。

（二）开展年终双打绩效考核

2016年12月，自治区双打办召开年度双打工作考核协

调会，对考核工作进行了详细部署，16 个区直部门组成 7 个考评小组分赴全区 14 个市进行双打绩效考核。通过考核，全面推进双打工作步入常态化、正规化。

（撰稿人：邓文娟）

海南省打击侵权假冒工作报告

2016 年海南省认真按照全国打击侵权假冒工作领导小组办公室要求，在省政府的统一领导下，采取了一系列有效的措施，积极推进全省打击侵犯知识产权和制售假冒伪劣商品工作的落实。据初步统计，2016 年行政执法部门共立有关侵权假冒案件 1 151 件，办结有关侵权假冒案件 1 173 件，出动执法人员 113 080 人次，检查经营主体 84 378 家次，捣毁制假售假窝点 114 个。全省公安机关立案 60 起，破案 40 起，抓获犯罪嫌疑人 45 人，参与协查涉嫌省外普通线索 17 起，参与协查省际集群战役案件线索 11 起。检察机关依法批捕侵犯知识产权和制售假冒伪劣商品案件 27 件 33 人，审查起诉该类犯罪案件 14 件 21 人。全省法院共受理涉及侵权假冒和知识产权案件 82 件，判决 19 人。较好地维护了海南省市场秩序的安全稳定。

一、高度重视，周密部署工作任务

省委、省政府高度重视打击侵权假冒工作，将其作为促进创新驱动、加快转型升级、建设平安海南的重要手段。省政府领导多次就相关工作给出指示、批示。在全省商务工作会议上，首次专门安排“双打”工作突出的市县做经验交流发言。海南省组织省、市、县三级领导小组全体成员，收听收看全国打击侵权假冒工作电视电话会议，为了进一步贯彻汪洋副总理讲话精神，省政府专门召开全省电视电话会议，部署全年打击侵权假冒工作。省政府办公厅印发了《2016 年海南省打击侵犯知识产权和制售假冒伪劣商品工作要点》，为细化工作，省领导小组办公室制定下发《贯彻落实 2016 年海南省打击侵权假冒重点工作任务督导推进表》，将今年的重点任务细化分解为 42 项具体工作，明确了责任单位、责任人和时间进度。为了确保各项工作任务落实到位，省领导小组办公室全年 4 次对全省 18 个市县打击侵权假冒专项行动、行政处罚案件信息公开和“两法衔接”信息共享平台运行使用等工作进行督查，有力地推动了各项工作开展。各地和各成员单位结合自身实际，精心谋划，组织有力。制定下发了一系列文件、方案，确保了全省打击侵权假冒工作部署落实到位。

二、突出重点，扎实推进打击侵权假冒各类专项行动

（一）开展农村和城乡接合部市场专项整治，扎紧涉假流向农村篱笆

一是加强对涉农重点商品监管。省农业厅成立了以厅长为组长的农资打假工作领导小组，印发了实施方案，使专项行动目标明确、措施落实、重点突出。明确农药、种子、肥料为打假的重点产品，先后开展了农药抽检、农药定性检测、农产品农药残留检测、春季蔬菜种子市场专项检查、农机检测等一系列专项整治活动。有针对性地开展了市县联合交叉执法，全省共出动农业执法人员 9 824 人次，检查农资生产企业、门店 12 335 家次，立案查处案件 76 起。

二是加强生产源头治理。省质监部门组织开展“进千村、入千户、抽千样”行动。突出服务国家（省）级农业综合标准化示范区（县、基地），对使用量较大的化肥产品开展免费检测活动。开展能效标识专项执法检查，共出动行政执法人员 200 人次，检查销售企业 115 家。海南出入境检验检疫局深入生产企业，对产品的原料来源、原料安全控制、生产工艺、产品质量、专用标志管理和使用等进行了专项监督检查；对在售的地理标志产品进行了专项监督检查。

三是加强流通领域监督检查。开展红盾护农行动，加强农资市场主体准入监管。实行“先照后证”，放宽农资市场主体准入门槛，增强农资市场主体活力。加强农资市场经营的事中、事后监管，对 28 大类商品进行抽检，共抽检商品 429 批次。督促农资经营户全面建立“两账两票、一卡一书”自律制度。对农资经营业户分片定员定户网络监管，保持日常监管到位和常态化。食药部门聚焦任务清单，抓住主要矛盾，盯紧关键环节，以“发现问题、消灭问题”为主线，采取一系列事半功倍的措施，积极转变工作方法，创新执法方式，开展了集中消毒餐饮具、销售病死猪肉、琼中

绿橙专项整治等行动，并在省内主要媒体上发布专项整治结果公告。

（二）持续开展互联网领域打击侵权假冒专项整治，维护正常的电子商务秩序

省工商部门积极开展各类专项整治，规范网络经营行为。依托省工商局网络市场监管平台，对网络经营主体进行了全面排查、备案登记。完成国家工商总局下发的1 743个网络市场主体核查，并将500多家本省网络市场主体导入网监业务系统；网上检查网站、网店152 359个（次），实地检查网站、网店2 065个（次），删除违法信息585条，责令整改网站79个（次），责令停止平台服务的网店13个（次）。

开展“剑网2016”专项行动，在省内主要媒体上公布了网络侵权盗版的举报方式。组织南海网、天涯在线、凯迪网络等省内大型网络企业开展打击网络侵权盗版自查自纠活动。省通信管理局加强网站备案管理，推进网络实名制。已完成真实性核验材料电子化上传的网站1 309家，网站备案率100%。对1 113家网站备案信息准确率进行核查，核查比率超过80%。

省食药监部门大力推广使用国家食药总局委托海南省开发的“全国食品安全监督抽检信息查询系统（食安查APP）”应用软件。查询并收集省食药监测网数据，及时发现问题，采用信息化监管手段，加强对违法广告的监测，提高打击假冒伪劣产品的效率。根据互联网销售假药特点，与阿里巴巴集团达成共识，开展网络打假合作。

省公安机关通过网络主动摸排发现公安部督办重大生产、销售假药案，涉及全国15个省及海南省17个市县，彻底捣毁了该团伙的制假窝点及销售网络，抓获团伙成员4名，涉案金额302万元。获得公安部贺电。

（三）积极推进“清风”行动专项整治工作

海口海关通过强化日常监管与开展专项打击活动，充分发挥“海关监控中心”职能，强化风险监控，及时发布旅检、邮递渠道知识产权保护情况分析报告和侵权高风险提示信息，提高侵权案件查发率。为加强海关业务现场知识产权办案人员对侵权物品的鉴别能力，与中国外商投资企业协会优质品牌保护委员会合作开展培训工作。大力强化自主民族品牌保护工作，走访海南本土企业开展知识产权海关保护需求调研。海南出入境检验检疫局将对输非产品的监管与服务“一带一路”结合起来，主动融入大格局中，通过创新对非检验监管模式等一系列举措，不断提升辖区内企业输非产品质量安全。各市县按照全省统一部署，以出口规模大、涉及人身健康安全的电子产品、化妆品、纺织品、日用品、药品等为重点，对主要生产区域开展集中整治。有力地打击了海南省出口侵权假冒商品违法行为，维护了正常的进出口贸易秩序。

（四）扎实开展“百日风暴”烟草市场专项整治行动

主要以“堵源头、断渠道、清市场、破网络”为重点，对海南省范围内的港口、铁路、机场等主要部位及海口、三亚等地区的旅游市场进行全面的清理检查，出动公安、工商、烟草稽查人员13 950人次，开展专项检查1 211次，查获各类涉烟案件585件，案值达4 879.7万元。海南省连续查获两宗涉烟走私大要网络案件，填补了海南省查获走私烟大要案件零的空白。查获走私烟数量是2015年的1.9倍。出动人次、检查次数、抓捕追刑力度也超过历次卷烟市场集中清理整治专项行动。

三、执法维权，进一步加大知识产权保护力度

（一）多管齐下加强专利保护

一是开展农资、医疗器械市场知识产权联合执法活动，展会知识产权执法维权行动，规范了市场知识产权管理制度，建立了知识产权保护联动机制、举报投诉服务机制和市场内部化解纠纷的自律机制。

二是例行巡查和重点检查相结合。每月至少开展一次执法巡查，共查处假冒专利行为27件，结案19件。深入市县及城乡接合部开展专利行政执法21次，依法检查商品20万余件，查处涉嫌假冒专利、标识标注不规范案件43件。

三是联合执法与区域协作执法相结合。省知识产权局联合省工商局、文体厅、海口海关等单位执法部门，开展知识产权联合执法检查，排查了玩具、小家电、图书音像制品及进口食品等商品1万余件。主动联合广东、广西知识产权局开展“粤、桂、琼三省区专利行政联合执法”，并向广东、广西知识产权局移送二年来海南省假冒专利案件线索。

四是加强专利执法规范化建设。根据现行的有关法律、法规，以及国家知识产权局印发的《专利行政执法指南》，统一规范执法程序和执法文书。

（二）突出重点领域强化版权执法

一是加大对印刷复制企业的源头治理。各级版权执法部门开展打击违规非法印刷联合行动，进一步加强对印刷复制企业的监管。

二是开展图书、软件、音像制品市场集中检查整治。以查缴违禁非法出版物为重点，进行全方位监控、高密度清查。

三是开展“秋风”专项行动。对辖区报刊批发市场、铁路和邮政系统报刊发行企业，商场、广场等人口密集区和交通枢纽的报刊销售点进行了集中全面检查。全省共查办出版（版权）案件23件，查缴各类非法出版物156 799件。

（三）严厉打击侵犯注册商标专用权行为

一是积极引导商标注册，全省累计有效商标注册量45 861件，比海南省开展商标战略实施前的2009年底增长约200%，商标注册量取得了突破性进展。建立驰名、著名商标和地理标志商标的资源储备库，强化大数据分析管理能力增强企业的品牌竞争力。

二是大力开展商标富农工作，促进了农业增效、农民增收。重点引导农业优势产业和拳头产品打造优势商标品牌，指导企业培育农产品和地理标志商标。

三是注重加强注册商标管理信息化水平。研发建设全省注册商标数据库，逐步实现全省注册商标查询、公示、统计、监管和横向交流等信息化功能，全面提升海南省工商系统注册商标监管服务信息化水平。

四是组织开展保护“迪士尼”注册商标专用权、假冒“琼中绿橙”地理标志商标、查处涉嫌侵犯“宗申”注册商标电动三轮车等专项行动，查处商标侵权案件141件，结案135件，案值635.3万元。

（四）筑牢政府机关软件正版化成果

建立了“推进使用正版软件厅际联席会议”制度，省政府办公厅印发了《海南省政府机关使用正版软件工作考核细则》。组织督查组对正版化工作推进较慢的市县进行了督导检查。对19个市县政府和75个省直部门开展软件正版化工作情况进行了考核。努力推进企业软件正版化工作，省政府办公厅印发了《关于进一步做好企业软件正版化有关工作的通知》。举办企业软件正版化培训班，对纳入今年软件正版化工作的企业信息部门负责人及工作人员进行培训，指导开展软件正版化工作。

（五）依法加强对农林业植物新品种保护

省农业、林业部门深入开展植物新品种打击侵权假冒工作。

一是加强覆盖性检查，省农业部门共出动农业执法人员9 824人次，检查农资生产企业、门店12 335家次，立案查处案件76起，行政处罚41余万元。

二是加强执法检查督导，农业部门分春秋两季派出工作组对打击假种子专项行动开展督查，林业部门组织对18个县重点工程造林苗木质量开展核查，对452个苗圃办理“两证”手续情况进行核验。投入专项资金40万，开发建设了海南省林木种苗综合管理平台。

三是广泛宣传发动。农业部门结合开展“放心农资下乡进村”、“冬春季农资打假”等活动，充分利用媒体、广播栏目等宣传方式，围绕《农产品质量安全法》、《海南经济特区农药管理若干规定》、《种子法》等，广泛开展农业法律法规知识宣传活动。林业部门抓住每年造林用苗量的关键时期，加大宣传力度，发放各类宣传材料2万余份。

四、重拳出击，保持高压严打态势

（一）强化侵权假冒案件侦办力度

为拓宽案源，及时发现犯罪，海南省公安机关通过多种形式，广辟线索来源。一是通过新闻媒体及时向社会公布举报电话，广泛发动社会群众举报线索。二是主动上门联系有关行政执法部门积极移交案件线索。三是充分发挥职能作用，坚持情报导侦，从已破及在侦案件中认真梳理线索，拓宽案源，利用技侦手段对重要线索进行长线经营、扩线深挖。四是拓展两法衔接信息共享平台功能，开发网上线索移送流程，行政执法部门将日常监管和行政执法过程中，发现的线索主动通过平台系统移送公安部门，进一步拓宽了案源渠道。

（二）加强侵权假冒案件检察监督

全省检察机关坚持“整体推进、突出重点、衔接有力、务求实效”的原则，上下联动做好案件办理工作，开展“破坏环境资源犯罪专项立案监督活动”和“危害食品药品安全犯罪专项立案监督活动”。先后多次深入到有关行政执法部门走访、座谈，交流工作信息。坚持重大案件挂牌督办制度，对督办后各地拟不批准逮捕的案件，要求向省院备案审查，防止案件流失和打击不力。

（三）依法开展侵权假冒案件审判

海南法院依法履职，切实审判好侵犯知识产权、假冒伪劣商品案件。一是在案件受理上，保证及时受理、及时立案；二是在案件审理上，全部案件均在审限内结案，并依法从重、从快打击侵权假冒违法犯罪行为，保持强大的司法威慑力。全年审结知识产权刑事案件13件判决19人、知识产权民事案件66件、知识产权行政案件3件。并不断推进海南省知识产权审判民事、行政、刑事“三合一”改革。编辑出版《海南法院知识产权审判指导案例》，统一全省各法院裁判尺度。

五、探索创新，努力构建长效工作机制

（一）积极推进工作制度机制建设

省政府印发了《海南省企业失信行为联合惩戒暂行办法》、《海南省人民政府办公厅关于在行政管理事项中应用信用记录和信用报告的实施意见》。海南省与泛珠三角地区八省市签署了《泛珠三角地区打击侵权假冒工作协作协议》，就建立日常协作制度、工作联动机制、联合开展跨区域专项整治、推动长效机制建设等方面，达成了共识。为明确食品药品安全刑事案件入罪标准与量刑规范化，统一司法尺度，制定了《关于〈食品药品行政执法与刑事司法衔接工作办法〉的实施细则》。省食药监局与公安机关、检察机关联合印发了《严厉打击有毒有害食品药品违法犯罪联席会议制度》，与省高级人民法院、人民检察院设立重大案件联合督办室，联合印发了《食品药品违法犯罪案件联合督办工作制度》，解决了长期以来立案少、量刑低、屡罚屡犯、屡打不净的窘况。

（二）扎实推进"两法衔接"和行政处罚信息公开

省领导小组办公室与省检察院密切配合，协调推进"两法衔接"各项工作。全年建议行政执法机关移送公安机关案件5件，监督公安机关立案13件。为提高覆盖全省320多个节点的两法衔接系统应用效率，组织了全省各节点单位的业务培训活动18场次。举办了全省两法衔接工作培训班，通过归纳讲授、案例演示等方式，培训了各级打击侵权假冒成员单位对案件的录入、办理、跟踪、移送等操作技能，确保两法衔接平台基础数据录入工作的连续性。2016年，省"两法衔接"信息共享平台累计录入案件1 151件，占立案数量的比例达到100%；所有已做出行政处罚的案件信息均在指定网站和两法平台公开，做到了应公开尽公开。

（三）进一步加强督查落实和绩效考核

省领导小组办公室组织各成员单位，分6个组对全省18个市县开展全面现场考核，更加注重打击侵权假冒各项措施的实际效果，有力推动了各市县打击侵权假冒工作的扎实开展。领导小组办公室充分发挥协调督导职能，积极开展专项督导，与主要行政执法部门进行座谈，了解掌握进度情况；建立情况通报制度，每季度对各市县两法衔接平台基础数据录入情况进行定期通报。通过严格的责任制和定期督导措施，保证了两法衔接和信息公开工作的扎实推进。

六、重视宣传教育，营造良好"双打"氛围

（一）加强宣传

省双打办和成员单位充分利用电视、广播、报刊、网络等传播媒体，结合"放心农资下乡进村宣传周"、保护知识产权宣传周、国际消费者权益日、全国法制宣传日、防范经济犯罪宣传日等活动，大力宣传打击侵权和假冒伪劣的政策措施，工作进展和成效，解读相关法律法规和政策，普及识假防骗知识，宣传注重创新、诚信经营的企业，曝光典型案例，震慑犯罪分子，教育引导社会公众自觉抵制侵权和假冒伪劣。

（二）主动发声

各成员单位结合工作实际，不定期召开新闻发布会和媒体通气会，向中央驻琼媒体和省内媒体通报双打工作进展情况。以"新消费　我做主"为主题，开展了形式多样的"3·15"宣传活动。组织消费者普及有关法律法规知识活动32场，开展大型咨询活动84场，组织重要新闻发布会2次，消费者参与活动数量达17万余人。组织召开"海南法院知识产权司法保护新闻发布会"，发布了《海南法院知识产权司法保护状况（2015年）》白皮书和《海南法院知识产权司法保护典型案例》。省食药监局及时主动召开新闻发布会，通报专项整治进展，向主流媒体曝光了9个追究刑事责任的危害食品药品安全案件。彰显海南食药监管部门改革创新，真抓实干，落实"四个最严"，捍卫全省人民舌尖上安全的坚强决心。

（三）有声有色

知识产权保护宣传周期间，组织举办宣传、咨询、培训、讲座、执法等活动20余场次，发放宣传材料近12 000份，接待咨询群众2 000余人次。中央和省内主要新闻媒体，国家知识产权局等网站对相关活动的报道累计达100余次。新浪微博"海南知识产权宣传周"话题累计浏览量6.2万次，"微信转发接力，共促海南知识产权发展"活动共引起6 000余人次点赞转发。成功举办海南省首届"知识产权与创新创业论坛"。全省公安机关在重大案件抓捕行动中采取媒体全程跟踪报道等方式，弘扬正气，有效打击违法犯罪分子的嚣张气焰。

（撰稿人：陈永忠）

重庆市打击侵权假冒工作报告

2016 年，根据国务院对打击侵权假冒工作的部署，重庆市委、市政府高度重视，严格落实，各区县（自治县）人民政府、各部门和有关单位认真组织，积极行动，以打击各种侵权假冒行为为抓手，以促进创新、保障民生，防止群体性、系统性风险为目标，工作取得了显著成效。全市各级行政机关共立案查处案件 4 000 余件，捣毁窝点 96 个，涉案金额 4.5 亿元。公安机关共立涉假刑事案件 346 件，破案 262 件，发起全国集群战役案件 17 起，公安部督办案件 29 起，起诉 215 人，有效遏制了侵权假冒行为。

一、立足贯彻落实责任，切实加强组织领导

一是市政府组织召开全市打击侵权假冒工作会议，全面部署 2016 年国务院有关打击侵权假冒工作。2016 年 3 月 17 日，时任重庆市人民政府领导组织召开全市打击侵权假冒工作电视电话会，市打击侵权假冒工作有关部门和单位分管负责人，38 个区县（自治县）人民政府及万盛经开区政府分管负责人及打击侵权假冒工作领导小组成员单位相关负责人共计 1 500 余人参会。会议传达了全国打击侵犯知识产权和制售假冒伪劣商品工作电视电话会议精神，部署落实互联网领域、农村和城乡结合部市场、中国制造海外形象维护“清风”行动以及推进软件正版化等重点领域治理工作，行政执法与刑事司法衔接、行政处罚案件信息公开等长效机制建设工作，信息报送、宣传等基础性工作。

二是市打击侵权假冒工作领导小组办公室充分发挥组织协调作用，研究部署、推动落实打击侵权假冒有关重点工作。市打击侵权假冒工作领导小组办公室先后于 6 月、9 月、11 月、12 月召开领导小组联络员专题会，研究部署季度工作要点和专项重点工作。印发了《2016 年打击侵权假冒工作要点》《重庆市加强互联网领域侵权假冒行为治理实施方案》《重庆制造海外形象维护“清风”行动方案》等工作文件，强化重点工作的制度建设。按照全国打击侵权假冒工作领导小组办公室的要求，积极统计和报送有关数据报表和工作信息，专项工作情况及进展，同时派出 5 个检查组，对全市打击侵权假冒工作开展督促检查，确保各项工作目标落到实处。

三是市级各成员单位、各区县（自治县）人民政府积极贯彻落实国务院和重庆市政府有关工作部署，形成横向到边、纵向到底的工作格局。市打击侵权假冒工作领导小组成员单位结合自身职责，通过制定工作方案、下发工作要点、明确任务分工等形式，从上到下进行工作部署和落实。各区县（自治县）人民政府积极落实主体责任，结合本地实际扎实推动有关工作，全市一盘棋的工作格局基本形成。

二、不断完善长效工作机制，狠抓大要案查处

一是加强协同配合，不断健全完善两法衔接工作机制。建成覆盖全市的两法衔接信息共享平台，实现了市级平台与中央平台的实时对接。印发《重庆市打击侵犯知识产权和制售假冒伪劣商品工作行政执法与刑事司法衔接信息共享平台管理暂行办法》，对联网单位职责及分工、案件移送、录入规范、信息查询、运行安全等方面做了全面细致的规定，进一步增强了工作规范性和可操作性。组织开展“行政执法与刑事司法衔接重点问题解读”专题培训，不断提升工作人员的能力素质。组织现场检查组，对全市两法衔接工作开展情况进行督促检查，确保全市两法衔接工作取得实效。

二是强化社会监督，推动行政处罚案件信息公开。印发《重庆市依法公开制售假冒伪劣商品和侵犯知识产权行政处罚案件信息工作监督管理办法》，落实市级有关部门和区县（自治县）人民政府的主体责任，对行政处罚案件信息公开的内容、程序、方式以及规范管理等内容作出明确规定。组织现场检查组，对全市行政处罚案件信息公开工作开展情况进行检查，确保按照一般程序处理的行政处罚案件信息及时，如期向社会公布，接受社会的监督。截至 2016 年底，全市农业、商贸流通、工商、质监、食药监、农业、林业和知识产权行政执法部门均公开了行政处罚案件信息公开的网站，按照一般程序处理的行政处罚案件信息均按时向社会公布。

三是狠抓大要案查处，形成打击侵权假冒高压态势。在互联网领域整治行动中，破获渝中“8·06”互联网侵犯著作权案、渝北周某侵犯著作权案，北碚唐某侵犯著作权案等多起部督大要案件，其中破获的“8·06”互联网侵犯著作权案，涉案金额达 3 000 余万元，全链条摧毁涵盖游戏编程、运营宣传、支付平台研发、资金转移的犯罪网络，市领导对本案批示肯定，部局发来贺电表彰。在农村和城乡结合

部专项整治中，破获的合川罗某等人制售假冒“鸽牌”电缆电线案，打掉4个制假团伙，捣毁窝点7处，抓获犯罪嫌疑人12名，涉案金额2 000余万元。破获的江北梁某制售假冒红蜻蜓牌食用油案，在外省打掉制假窝点，抓获犯罪嫌疑人6名，涉案金额500余万元。在开展中国制造海外形象维护“清风”行动中，破获“威尼珂公司侵犯商业秘密案”，打掉一个长期向南非、缅甸、土耳其、马来西亚、埃及等多个亚非拉国家出口侵权产品的犯罪团伙，涉案金额达1 000余万元，本案已通过公安部国际合作局向相关国家发出国际协查。

三、坚持日常执法和专项治理相结合，不断改善市场环境

（一）严格知识产权保护

一是打击仿冒他人知名商品特有名称、包装、装潢，侵犯他人注册商标专用权行为。共查处各类商标违法案件202件，案值1 205万元，罚款、没收违法所得381.5万元，有效维护了商标权利人和消费者合法权益。开展了保护迪士尼注册商标专用权专项执法行动，保护中国黄金 china gold 及图商标侵权专项执法行动，“六个核桃”注册商标专用权及不正当竞争等一系列专项执法行动，有效净化了市场环境。

二是加强版权执法监管。共处理投诉举报521起，取缔游商24家，收缴非法出版物15万余册、非法报刊5.5万余份（册）、非法医疗广告刊物1.1万余册，查处违规报刊和记者站8家。取缔关闭非法网站211个，删除各类网络有害信息5万余条，查处案件30起，抓获犯罪嫌疑人11人。

三是巩固和推进软件正版化。建立重庆市推进使用正版软件工作委办局联席会议制度，明确联席会议制度的主要职能、成员单位、各成员单位职责、工作规则及要求。召开专题会议研究部署软件正版软件工作。对15个区县及农商行、商社集团等9家市属重点国有企业总部及125个分部开展软件正版化督促检查。开展正版软件与信息安全专题培训13期。出台有关制度，开展政府机关软件采购资金管理使用和软件资产管理情况审计。

四是加强专利行政执法和维权援助。立案调处专利侵权纠纷案件282件，调处其他专利纠纷案件47件，查处假冒专利案件186件，合计办理案件515件，执法办案量较去年增长40%以上，成绩显著，有效维护了专利权人的合法权益，营造良好创新环境。

五是查处侵犯农业植物新品种权违法行为。开展打击侵犯品种和制售假劣种子春季、夏季、秋季及冬季专项检查，没收假劣种子13.4公斤，没收违法所得21.6万元，处罚款39.6万元。立案查处生产经营假劣种子案件107件，办结89件，处罚款48.3万元。

六是开展林木种苗打假、查处侵犯植物新品种权违法行为。开展林木种苗质量监督抽查，抽查了永川、铜梁等10个区县的20家苗圃单位（企业）54个苗批和14家造林单位23块造林地的苗木质量。开展林木种苗执法检查，对黔江、永川等6区县开展执法检查。全市新办林木种苗生产经营许可证188份、换证282份，14个区县接受了国家和市的林木种苗质量抽检。

（二）治理假冒伪劣商品

一是依法查处假劣农资。全市农业、工商、质检等部门出动执法人员8.3万人次，检查农资生产经营企业7.6万家次，发放宣传资料97万份，受理农资消费投诉126件，查处农资违法案件555件，移送司法机关28件，查获伪劣农资19.8万公斤，涉案金额达3 990万元。

二是严厉查处生产销售假劣药品违法行为，开展消毒产品抽检。查处各类药品和医疗器械违法案件1 799件，移送涉嫌犯罪案件62件。监督检查消毒产品相关单位57家，产品82件，有效维护了人民群众用药安全。

三是开展生产源头打击制售假冒伪劣产品行为和生产领域质量安全风险排查整治。共查办各类质量技术监督违法案件2 281起，其中立案处罚案件2 150起，查获假冒伪劣产品货值1.4亿余元，共查获大要案311件，移送公安机关案件6起。

四是开展侵权假冒商品环境无害化销毁工作。公布了首批20家具备侵权和假冒伪劣商品环境无害化销毁能力单位，为无害化销毁工作提供了有力保障。共计销毁侵犯知识产权及假冒伪劣商品6次，加强对承担销毁任务单位的全程监控，加强销毁过程中的环境监测，严防二次污染。

（三）严厉打击刑事犯罪

一是严查侵权假冒犯罪案件。公安机关共立涉假刑事案件346件，破案262件，发起全国集群战役案件17起，公安部督办案件29起，起诉215人。我市公安机关5个集体5名个人受到公安部、国家知识产权局、国家版权局、烟草总局通报表彰。

二是依法履行检察监督职能。2016年，全市检察机关共监督行政执法机关移送侵权假冒案件40件，监督公安机关立案1件。共批准逮捕侵犯知识产权以及制售假冒伪劣商品犯罪共37件57人，审查起诉114件179人，检察监督职能得到充分发挥。

三是侵权假冒刑事案件均得到依法审判。全市各级法院

共审结106件侵权假冒刑事案件，其中生产、销售伪劣产品罪9件16人，生产、销售假药罪58件67人，生产、销售不符合安全标准的食品罪4件5人，生产、销售有毒、有害食品罪5件12人；假冒注册商标罪9件23人，销售假冒注册商标的商品罪17件27人，非法制造、销售非法制造的注册商标标识罪3件6人，侵犯著作权罪1件4人。前述所有案件均在法定审限内审结，取得了良好的法律效果和社会效应。

（四）加强宣传，营造氛围，提高社会公众意识

制定出台重庆市《2016年打击侵权假冒工作宣传方案》，对市属各新闻单位打击侵权假冒宣传报道工作进行部署。印发《第十届中国专利周重庆地区宣传工作实施方案》，对市属各新闻单位打击侵权假冒宣传报道提出进一步工作要求。召开2015年重庆知识产权保护状况白皮书新闻发布会。中国打击侵权假冒工作网重庆子站定期宣传我市打击侵权假冒工作进展及成效，普及识假辨假知识。在“3·15消费者权益保护日”“4·26世界知识产权日”“12·4法制宣传日”等时间节点，精心设计论坛讲座、广场咨询、执法检查、法律维权等各种知识产权宣传活动。通过宣传，极大提升全社会对打击侵权假冒工作的支持和关注，营造了良好的社会氛围。

（撰稿人：左登江）

四川省打击侵权假冒工作报告

2016年，四川省围绕国务院的决策部署狠抓落实，打击侵权假冒工作任务明确、重点突出、推进有力，取得了新成效。

一、四大专项治理持续推进，取得新成效

针对热点难点问题，持续开展四大专项治理行动，实施集中打击，遏制重点领域侵权假冒。

（一）持续推进农资和农村市场专项治理行动

突出重要节庆、重要时段，从生产源头、流通渠道和消费终端入手，集中整治未经许可生产经营、有效成分含量不足、标识不符等侵权假冒违法行为。农业系统牵头开展农资打假暨农产品质量安全专项整治行动，查办案件2 245件，移送司法机关23件，取缔不合格屠宰企业1 160家，收缴假劣农资194.1吨，涉案金额4 967万元。质监系统深入开展“质检利剑”农资打假专项行动，实施“进千村、入千户、抽千样”农资打假下乡活动，健全省市县三级联动执法工作机制，以农资电商产品和化肥、农机为重点，强化执法监管，共开展专项督查督办47次，整治重点区域154个，查处假劣农资案件195件，涉案金额127.5万元。省工商局持续开展“红盾护农”专项行动，加强农资产品抽检，进一步完善农资信用体系，加快农资监管信息化建设，整顿农资市场2 451个（次），查处农资案件547件，取缔无照经营户29户。

（二）持续推进互联网领域侵权假冒治理专项行动

省政府出台《关于加强互联网领域侵权假冒行为治理的实施意见》，明确针对重点商品，实施综合治理。版权系统牵头开展“剑网2016”专项行动，重点整治未经授权非法传播网络文学、网络新闻、网络影视作品行为，查处涉案作品近万部的“轻之国度”和“轻之文库”网站侵犯著作权案。工商系统开展网络市场监管专项行动，查办网络交易违法案件797件，罚款835.7万元。质监系统结合“质量对标提升行动”，开展电子商务重点产品质量提升行动。省知识产权局与浙江等省（市）协同开展电子商务领域专利执法维权“闪电”行动。四川出入境检验检疫局加强跨境电子商务检验检疫监督管理。省网信办加强网站巡查监看，清理和拦截侵权假冒信息520条、关闭假冒违规网站30家。省邮政管理局强化寄递管理，通过“寄递e通”、加盖“三章”、实施快递实名制和小包装物品现场验视，解决寄递物流环节侵权假冒难题。

（三）持续推进中国制造海外形象维护“清风”行动

省领导小组办公室组织相关部门针对出口拉美、非洲国家的重点商品开展侵权假冒专项治理。四川出入境检验检疫局加强对汽车及零部件、化工品、粮食等重点出口商品和相关重点出口企业监管，受理报检输往非洲商品201批，检出不合格商品9批，货值87.8万美元；推进出口产品质量安全示范区和出口质量安全示范企业建设，截至2016年底，

全省已建成2个国家级出口工业产品质量安全示范区、6个国家级出口农产品质量安全示范区、3个省级出口工业产品质量安全示范区、2个省级出口农产品质量安全示范区，8家出口企业获评中国出口质量安全示范企业，通过示范引领，产生了良好的示范带动作用，促进了出口产品质量安全水平稳步提升。商务厅牵头组织开展"万企出国门"活动，通过在境外举办或参加对外贸易及对外投资领域的135项博览会、展览会、推介会、论坛和考察等活动，新增进出口实绩企业1 059家、境外网点227个，集中展示展销了四川特色、名牌商品，树立了四川企业、产品和品牌的良好形象。省知识产权局加强与广东、浙江等地政企合作，探索推进进出口环节专利执法维权工作。省市工商、质监、公安、出入境检验检疫等部门协调开展打击假冒"峨眉牌"柴油机工作，维护四川省企业合法权益。

（四）持续开展软件正版化巩固提升行动

全面巩固省市县三级政府机关软件正版化工作成果，健全完善软件正版化长效机制。省政府出台《政府机关使用正版软件工作考核细则（试行）》，健全完善政府机关软件正版化考核评议和责任追究制度，各级政府把软件正版化工作纳入政府工作督查的重要内容。省版权局推进企业软件正版化，指导全省新闻出版行业企业建立软件正版化长效机制，现场检查省属重点企业集团软件正版化工作，对市属国有企业开展重点督查。

二、日常监管力度不减，针对性更强

执法成员单位日常监管与专项治理相结合，相关领域打击侵权假冒工作力度持续加强。

（一）治理制售假冒伪劣商品违法行为

省食品药品监管局组织开展药品流通领域专项整治、校园食品安全整治、啤酒刮码治理、农村地区食品药品安全检查等集中执法行动，查办了国家食药监总局挂牌督办的南充蛇胆追风丸假药案。省工商局开展"红盾春雷行动"，专项整治防霾产品，强化成品油市场监管，实施儿童用品、装饰装修材料、汽车配件等商品的质量抽检10 051个批次，网络交易商品抽检141个批次，钢材质量专项抽检310个批次，立案查处抽检不合格商品案件2 168件，责令经营者下柜退市不合格商品货值金额310.89余万元。省质监局组织开展"儿童类消费品质量安全呵护天使行动"，查办了涉案童车9 000余辆、金额110余万元的两件典型案件；开展钢材专项整治行动，集中清理检查省内30家钢铁生产企业，约谈其中12家企业；开展刺绣产品专项执法检查和节日消费品大检查。林业厅开展年度林木种苗质量监督抽查和林业植物新品种权现状及实施情况摸底调查。卫生计生系统对47家手消毒剂、内镜自动清洗消毒机、卫生湿巾、抗（抑）菌制剂生产企业，545家经营单位和1 771家使用单位进行监督检查，查处违法行为。

（二）实施严格的知识产权保护

工商系统加大商标专用权保护力度，办理商标违法案件732件，查处了成都某主题乐园侵犯"迪士尼"注册商标专用权案和达州某商家侵犯中国黄金集团公司"中国黄金China Gold及图"注册商标专用权案等典型案件。文化系统开展版权保护专项整治行动，查办相关案件20件，责令整改98家，吊销许可证13家。版权系统强化版权执法监管，查办了成都黑糖私人影吧、头等舱私人影院、美映咖啡和电影影吧侵权盗版案。省知识产权局强化泸州2016中国国际酒业博览会、成都春季全国糖酒商品交易会等10余个重点展会的知识产权保护，处理专利侵权投诉10余起，责令7件涉嫌侵权展品撤出展区；培育了四川金恒德国际汽车汽配用品城和成都万贯五金机电市场2家国家级知识产权规范化市场。

三、刑事打击和司法保护改革创新，有新突破

司法成员单位保持高压打击态势，对犯罪行为实施全链条打击，充分发挥刑事打击在惩治与震慑侵犯知识产权犯罪、司法审查在保护知识产权中的重要作用。

（一）案件侦办力度加大

公安厅制定《2016年打击侵权假冒犯罪工作统计评估办法》，将打击侵权假冒工作纳入对各市（州）公安机关的年度绩效考核。把制售窝点、批发销售团伙、组织策划者、窝点"老板""技术员"作为打击重点对象，积极开展针对重点领域、行业的清查整治。提请公安部发起涉嫌制售假冒品牌打印机耗材、"5·12"涉烟犯罪专项打击等7起集群战役，成功收网4起，共抓获犯罪嫌疑人38名，打掉制假窝点36个，查处终端销售窝点25个，捣毁制作假酒生产线4条，缴获包装材料及商标标识10万余件，以及大量制假工具，涉案物品价值7 000余万元。

（二）检察监督持续强化

检察机关认真履行批捕、审查起诉职能，依法严厉打击生产销售伪劣产品、假药、有毒有害食品等生产销售伪劣商品犯罪和假冒注册商标、侵犯著作权等侵权知识产权犯罪。建议行政执法机关移送涉嫌犯罪的侵权假冒案件248件，监督公安机关立案21件。继续开展危害食品药品安全犯罪专项监督活动，自2015年3月开展专项活动以来，全省检察

机关建议行政执法机关移送危害食品药品安全涉嫌犯罪案件 301 件 319 人，监督立案 16 件 17 人。

（三）司法审判效能提升

省高级人民法院发布《关于审判工作服务保障知识产权强省建设的指导意见》，从充分发挥司法保护知识产权的主导作用、提高知识产权司法保护的及时性和有效性、切实保障当事人的胜诉权益、积极营造激励自主创新的司法环境等 10 个方面推进知识产权审判工作；建立全省知识产权审判专家库，全面推进知识产权审判“三合一”改革试点，全省知识产权案件审判效率和质量明显提升。知识产权司法保护效能明显提高，打击假冒伪劣犯罪震慑力加大。

四、制度机制建设不断完善，促进长效治理

各成员单位夯实工作基础，将制度机制建设作为推进侵权假冒长效治理的关键环节，不断创新完善。

（一）“两法衔接”力度加大

省依法治省领导小组印发《关于进一步加强行政执法与刑事司法衔接工作的意见》，对全省进一步加强“两法衔接”工作提出四项明确要求。省检察院、省法制办加强省市县三级“两法衔接”信息共享平台的应用管理，推进侵权假冒涉嫌犯罪案件网上办理，全省行政执法机关通过平台移送侵权假冒领域涉嫌犯罪案件 346 件。

（二）社会信用体系建设不断推进

截至 2016 年末，全省所有市（州）均建立了小微企业信用记录数据库，为 40.7 万户小微企业、497.7 万农户建立信用档案，入库信息 726.9 万条，初步实现相关领域信用记录全覆盖。积极推进部门联合奖惩机制建设，司法、金融、交通等领域共联合限制失信被执行人 643 名。在旅游、食品、药品等领域及时披露违法失信行为。

（三）制度机制不断完善

省领导小组办公室组织开展侵权假冒行政处罚案件信息公开专项检查。省食品药品监管局、省通信管理局联合出台《关于加强第三方平台网络订餐管理的指导意见》，从严格市场准入、规范平台接入、确保服务质量等 8 个方面加强第三方平台网络订餐管理。省版权局在全省范围内全面实施著作权作品免费登记。林业厅制发《四川省林木种子生产经营许可证管理办法》。农业厅建成省级农产品质量安全网格化移动监管信息平台，加快完善农产品质量安全基层监管、检测和综合执法体系。省知识产权局制定完善知识产权海外维权、知识产权维权援助与举报投诉、电商和展会专利执法等多项机制。省质监局倡导新都化工、金赛瑞化工和美丰化工等农资企业主动承诺产品质量，公开产品标准规范。环境保护厅强化侵权假冒商品无害化销毁分类指导。

（四）区域和部门协作持续拓展

积极参与泛珠三角地区打击侵权假冒协作，省领导小组办公室签署《泛珠三角地区打击侵权假冒工作协作协议》。省知识产权局签署《泛珠三角区域深化知识产权合作协议》和《粤川知识产权合作协议》，通过省际专利行政执法协作机制向广东、福建、浙江等省（市）移送 21 件涉嫌假冒专利案件。公安机关核查公安部及省外经侦部门移交案件线索 2 200 余条。成都、德阳、绵阳三市积极探索推进知识产权综合行政执法和跨区域跨部门执法试点。省法院、省工商局联合制发《关于建立商标专用权保护协作机制的意见》。

五、宣传引导继续加强，推进社会共治

强化统筹，省领导小组办公室、省委宣传部制发全年宣传工作要点。各成员单位注重发挥宣传教育和信息公开对惩戒违法者、警示经营者、约束执法者的积极作用，围绕“3·15”“4·26”“5·15”等关键时点集中开展宣传报道，通过各种传播渠道发布信息和普及相关知识。省知识产权局发布《2015 年四川省知识产权保护典型案例》，省高院发布《2015 年四川法院知识产权司法保护十大典型案例》，省工商局公布“红盾春雷行动 2016”十大典型案件，全省三级法院精选典型案例进行公开开庭审理，成都中院开通“司法智慧助力创新”微信平台。案件信息公开有长足进展，据省级有关执法部门报送数据统计，全年全省公开 8 572 件侵权假冒行政处罚案件信息，保障了社会公众知情权、参与权和监督权。

（撰稿人：陈永春）

贵州省打击侵权假冒工作报告

2016年贵州省认真贯彻党中央、国务院和全国打击侵犯知识产权和制售假冒伪劣商品（以下简称打击侵权假冒）工作领导小组的工作部署，加强统筹协调、突出整治重点、打防打建结合、创新工作方式，深入推进全省打击侵权假冒工作。

2016年全年，贵州省行政执法机关立案5 790起，结案5 630起，涉案金额1 553.64万元；移送案件8起，涉案金额907万元，捣毁窝点3个。贵州省公安机关破获侵权假冒案件534件，抓获犯罪嫌疑人413人，涉案金额101 829万元；检察机关批捕案件73起127人，审查起诉案件109件179人；审判机关受理案件143件，审结137件，判决228人。贵州省行政处罚案件信息公开4 003件。

一、加强统筹部署，增强协助服务力度

（一）统筹部署全省打击侵权假冒工作

制定并印发《关于加强互联网领域侵权假冒行为治理的意见》和《2016年贵州省打击侵犯知识产权和制售假冒伪劣商品工作要点》，贯彻落实党中央、国务院工作部署，统筹推进全省打击侵权假冒工作。

（二）履行协助服务职责

贵州打击侵权假冒工作领导小组办公室推动完善打击侵权假冒工作机制建设；组织召开打击侵权假冒工作联络员会议，研究推进打击侵权假冒工作的措施；组织召开两法衔接工作会议，制定《贵州省打击侵犯知识产权和制售假冒伪劣商品工作领导小组办公室关于推进行政执法与刑事司法衔接工作的通知》，组织赴海南、安徽学习考察，推进两法衔接工作。加强信息的收集、处理、交流及应用，修订《贵州省打击侵权假冒工作信息报送和应用管理办法》，共收集、处理信息1 000多条，整理上报200多条；加大对市（自治州）的信息宣传经费的支持，支持市（自治州）信息宣传工作经费45万元；完成两法衔接信息共享平台的建设及运行，推进行政处罚案件信息公开；组织开展对市（自治州）的年度绩效考核，随机抽查县（市、区）工作情况；开展重点工作的督促与检查，并督促市（自治州）开展对市级有关部门和县级工作情况的督查；开展调查研究，深入了解习酒等省内知名企业知识产权保护情况。

二、严格知识产权保护

（一）打击侵犯商标专用权及仿冒特有标识、侵犯商业秘密行为

省工商局制定《2016年打击侵犯知识产权和制售假冒伪劣商品工作方案》，部署推进打击侵权假冒工作。工商部门推进商标品牌战略实施，落实商标注册便利化措施；加强广告日常监测，查处各类广告违法案件83件；深入开展“红盾网剑”专项行动，网上检查19 000余次；开展保护“迪士尼”商标专用权、“中国石化”商标专用权专项行动；深化打击“傍名牌”专项行动；开展打击假冒名优酒专项行动；开展展会、交易会知识产权保护。2016年全省工商系统查办案件1 202件，罚款、没收违法所得984.28万元，为贵州省经济社会健康有序发展提供了保障。

（二）加强版权执法监管

新闻出版广电（版权）部门开展打击网络侵权盗版“剑网2016”专项行动；组织开展2016年“两节”“两会”出版物市场及网络环境监管工作，开展集中整治行动1 927次，收缴各类非法出版物75.9万件；开展“扫黄打非·固边、护苗、清源、净网、秋风2016”五大专项行动，打击云盘传播淫秽色情信息专项整治行动，开展全省高校及中小学校校园及周边复印店专项治理行动；组织开展印刷行业监管专项行动，检查出版市场（书店）45个（家），印刷复印单位1 260家（其中印刷企业590），给予劝诫和警告5家，给予行政处罚10家（发行单位），共没收非法出版物6.5万册，罚款7.1万元。

（三）推进软件正版化

省新闻出版广电局（版权局）制定《贵州省2016年推进使用正版软件工作实施方案》，推进使用正版软件工作并组织实施；健全软件正版化责任人数据库；组织召开软件正版化工作会议，对推进软件正版化工作进行部署和专项业务培训；加大推进国产操作系统软件试点工作力度，试点范围从原有的4个县扩大至15个县（区）。

（四）加强专利行政执法

科技厅（知识产权局）制定印发《贵州省2016年知识产权执法维权“护航”专项行动方案》，深入实施专利执法县级区域全覆盖、专利执法精品案件和专利执法能力提升三

大重点工程；重点加强互联网、城乡接合部、展会、专业市场、进出口商品和专利密集型企业等六大领域知识产权保护；制定专利违法行为失信标准，将专利违法行为纳入社会信用体系征信范围。全年查处专利假冒侵权案件 2 797 件，同比增长 107.8%。

（五）开展林木种苗打假，加强植物新品种保护

林业厅制定并印发 2016 年度打击侵权假冒工作要点，强化质量抽查，提升林木种苗质量，配合国家林业局完成对贵州省 10 个县的林木种苗质量抽查工作；组织开展全省林木种苗质量抽查工作，抽查了全省 8 个市（州）42 个县（市、区）109 个生产经营和使用单位的苗木质量，种子样品合格率为 93.7%，苗木苗批合格率为 95.5%；开展执法检查，组织开展专项执法行动，制定并印发了《贵州省今冬明春林木种苗执法专项行动工作方案》。

（六）加强文化市场治理

文化部门依法打击文化市场领域各类违法违规经营行为，检查场所近 9 万次，办结各类案件 759 件，罚款 212.3 万元，停业整顿 69 家次，查处黑网吧（无证）145 家，吊销营业执照 28 家；查办文化市场大案要案 7 起，其中，贵阳市南明区查处的“某某网吧非法经营罪案”获文化部全国“十大案件”奖，贵州省文化稽查总队查处的“某某科技股份有限公司擅自从事经营性互联网文化活动案”、黔东南州凯里市查处的“利用微信贩卖淫秽色情视频案”、贵阳市息锋县“4·25”王某某销售淫秽光盘案获文化部全国“重大案件”奖。

（七）加强互联网备案及网站管理

通信管理部门加强互联网网站备案管理，提升网站备案准确率，贵州省备案网站 4.6 万余个，备案主体 3.7 万个；清理整顿互联网接入服务企业所接入的网站，清理空壳网站 7 900 个；配合处置违法违规网站 170 个。

三、治理假冒伪劣商品

（一）推进农资打假

贵州省农委制定《农业系统 2016 年全省农业执法工作要点》《2016 年全省农资打假与监管工作意见》《2016 年省农委打击侵犯知识产权和制售假冒伪劣农资工作要点》；组织开展春季种子市场督导检查及种子质量监督抽查、春秋季复混肥市场抽检排查检打联动工作；加大假劣兽药查处，组织对农业部公布的假兽药及贵州省兽药例行抽检发现的假劣兽药系列执法工作；加强农产品质量监督抽样，开展农产品质量安全专项治理行动。全省农业部门出动执法人员 10.89 万人次、检查农资市场 3.36 万场次，检查企业 2.06 万家次，立案查处农业行政违法案件 689 件，结案 634 件，移送司法机关 3 件，捣毁农资制假窝点 3 处，受理群众举报投诉案件 61 件，及时公开行政处罚案件信息 698 件，收缴假冒伪劣农资产品 82.57 吨，违法农资货值 69.63 万元，涉案金额 360.76 万元。发放执法宣传资料 170.28 万份。

（二）严厉打击食品药品假冒违法行为

食品药品监管部门狠抓药品流通领域专项整治，查处违法行为，撤销 GSP 证书 1 家，收回 GSP 证书 3 家。食品药品监管部门加强医疗器械监督管理，集中排查 16 家定制式义齿生产企业，开展打击非法制售和使用透明质酸钠行为专项行动，开展医疗器械经营企业冷链管理监督检查工作，开展医疗器械流通领域违法经营行为专项整治，开展无菌和植入性医疗器械检查，加强药品注册工作管理；加强重点领域食品药品监督工作，加强药品生产监督管理；加强食品生产源头治理，开展食用植物油塑化剂、复原乳标签标识、中秋节月饼、原料生产加工食品、“端午节”食品、肉制品兽药残留、豆制品、食品标签标识、保健食品、食品添加剂专项检查；加强农村食品药品安全监管；加强食品药品日常监督管理，完成药品抽验共计 4 012 批次。

（三）开展生产源头假冒伪劣整治和质量风险排查

质监部门组织开展消费品、汽车汽配及汽柴油、建材、农资“质检利剑”行动。查处消费品案件 309 起，货值 485 万元；查处汽车汽配及汽柴油案件 145 起，货值 315 万元；查处农资案件 111 起，货值 50 万元；查处建材案件 415 起，货值 5.39 亿元。查处大案要案 47 起，其中汽柴油专项执法行动查处大要案 16 起，货值 179 万元；查获的“生产销售假冒机动车润滑油黑窝点”案，涉及长城、美孚、壳牌等多个品牌，货值 340 余万元，涉案产品 1 013 件。同时，积极推进电子商务执法打假工作，检查涉及电商产品生产企业 20 余家。推进区域整治，以生产企业较为集中的福泉市作为贵州省化肥重点整治区域，以复混肥、磷肥为重点产品，积极开展区域整治工作，检查化肥生产销售企业 143 家（次），抽取化肥样品 41 个，查处农资违法案件 10 起。

（四）推进侵权假冒商品销毁无害化

贵州省环境保护厅制定《2016 年加强侵权和假冒伪劣商品销毁环境监管有关事宜的通知》，部署侵权和假冒伪劣商品销毁环境管理工作，发布危险废物处置和废弃电器产品处理资质企业等具备无害化销毁单位信息，收集侵权和假冒伪劣商品销毁情况 293 条次。

（五）加强关口检查

贵阳海关开展8次针对关区出口加工企业的清查行动；利用H2010通关系统、HZ2011综合业务管理平台、HL海廉系统对进出口货物数据进行跟踪和分析；加大对进出口货物开箱检查的频率，加强对旅客携带物品的查验。

（六）严控寄递环节

邮政部门严把收寄验视关，实行先验视后封箱，实名登记，累计检查邮政、快递公司及网点2 489家。

四、严厉打击刑事犯罪

（一）强化刑事打击

公安机关深化打击破案，开展一系列破案工作，发起集群战役4起、协战3起，获批部级督案件4起，截至2016年12月，全省共立侵权假冒和非法经营案1 470起，破案1 243起，抓获犯罪嫌疑人1 174名，涉案金额42.25亿余元；强化情报导侦，充分运用经侦“一库两平台”和各类情报技术手段，通过情报数据库碰撞信息，扩展线索，串联并案，精准打击。

（二）开展侵权假冒犯罪案件移送和立案监督

检察机关加强案件移送和侦查监督，通过提前介入、座谈、走访调研等形式，加强案件移送引导，提高办案质量，全年检察机关批捕案件73起127人，审查起诉案件109件179人。

（三）依法打击侵权假冒刑事犯罪行为

审判机关严格法律规定，推进侵权假冒刑事案件审判，全年审判机关受理案件143件，审结137件，判决228人。

五、推动打防结合与打建结合

（一）推进行政执法建设

一是政府法制办改进监管方式，严格行政执法人员资格管理；开展行政执法案卷评查；完善行政执法程序。二是农委强化综合执法示范窗口的引领作用，开展示范窗口创建工作。三是文化厅加强文化市场技术监管与服务平台应用和文化市场综合执法业务培训。四是科技厅（知识产权局）加强执法培训建设和执法指导；加强执法制度建设。五是食品药品监管局加大示范创建活动，在全省选择3个市（州）、10个县（市、区、特区）、100个乡镇（街道、社区）开展食品安全示范创建活动。六是公安厅举办全省公安机关经侦指挥员培训班。七是林业厅启动《贵州省林木种苗管理条例》修订工作，举办全省林木种苗执法骨干培训班。

（二）推进社会信用建设

贵州省发展改革委、人民银行贵阳中心支行制定印发了《贵州省2016年社会信用体系建设工作要点》，着力推进社会信用建设。贵州省发展改革委制定印发《个人信用体系建设试点方案的通知》，在白云区、清镇市、西秀区开展个人信用体系建设试点工作；推进“贵州信用云”建设；建成贵州省公共信用信息平台，实现信用数据的实时共享交换，累计归集信用信息数据2 020万条。

（三）加强企业技术创新工作中自主知识产权的保护

经济和信息化委在省级企业技术中心认定工作中更加注重企业自主知识产权的产出能力，14家企业技术参与了国家、行业和地方标准的制定，主持或参与制定的标准共计50项。

（四）整治广播电视领域侵权假冒行为

新闻出版广电部门加强视听节目监管，对8家未经批准的视听节目网站（“野猴影视”、“七汉影视”、“6070.TV”、“126disk”等）进行核查，提请依法关闭，并纳入黑名单管理；开展了打击治理“黑广播”违法犯罪专项行动，查处12家“黑广播”。

六、推进部门协同和司法保护

（一）推进行政执法与刑事司法衔接工作

省检察院组织召开了“省检察院与行政执法机关两法衔接工作座谈会”，探讨推进行政执法与刑事司法衔接工作。省领导小组办公室建成并运行贵州省打击侵权假冒领域行政执法与刑事司法衔接信息共享平台，各级行政执法部门录入行政案件1 600余件。

（二）推进行政处罚案件信息公开

省领导小组办公室及各成员单位推进行政处罚案件信息公开，开展信息公开督查，全省各级行政执法部门公开行政处罚案件4 003件。

七、开展多样化宣传教育

（一）常态化宣传常抓不懈

一是省领导小组办公室制定年度工作宣传方案，建成并运行贵州省打击侵权假冒网。二是新闻出版广电部门、新闻办、网信办等推进常态化宣传，贵州广播电视台《贵州新闻联播》及有关频率频道共播出《省质监局开展“12365局长接线日”活动》、《3·15消费者维权——加强维权意识培养》、《零度调查：追查歲货充电宝》、《被侵权，“都匀大妈”烦透了》等保护知识产权、打击侵权假冒专项行动、打击预防经济犯罪的相关新闻报道数百条。

（二）重点领域宣传毫不放松

一是“诚信贵州”微信公众号共推送社会信用体系建设有关图文信息2 000余条。二是各级农业行政主管部门开展了形式多样的“放心农资下乡进村宣传周”活动，开展现场咨询培训活动600多场，咨询群众20.22万人（次）。三是新闻出版广电（版权）部门组织开展2016年侵权盗版及非法出版物集中销毁活动，销毁2015年以来所查缴的各类盗版音像制品、盗版软件，以及非法书报刊、电子出版物等100万件；销毁各类侵权盗版及非法出版物139.5万件。四是商务部门以“诚信促消费”为主题开展宣传活动，各级各部门组织各类宣传活动500余场次，提供咨询服务约8万人次。五是林业部门举办宣传活动353次，发放宣传资料14.7万份，接收咨询约2.9万次。六是人民法院发布贵州省黔东南州三穗县人民法院依法审结的典型案例，并通过微信、微博、网易新闻等网络媒体进行发布。

（撰稿人：周朝胤）

云南省打击侵权假冒工作报告

2016年，云南省认真贯彻落实全国打击侵权假冒工作电视电话会议和汪洋副总理重要讲话精神，按照全国打击侵权假冒工作领导小组的统一部署和有关要求，紧紧围绕2016年打击侵权假冒工作要点，加强组织领导，突出工作重点，强化工作措施，扎实推进各项工作，全省打击侵权假冒工作取得了积极成效。据统计，2016年，全省行政执法部门共立案查处侵权假冒案件6 628件，办结6 391件，涉案金额20 541万余元；全省公安机关共立案查处涉嫌侵权假冒犯罪案件1 264起，破案896起，抓获涉案人员1 073名，捣毁制贩假冒伪劣窝点72个，打掉犯罪团伙32个，抓获上网逃犯34名，缴获假冒伪劣侵权商品12余万件，涉案金额36 204余万元。全省办理涉外侵权假冒案件5起，办理部省督办案件24起，参与部局批准的集群战役28起，成功收网28起；检察机关批准逮捕侵犯知识产权和生产销售伪劣商品案件71件126人，审查起诉75件137人。各级法院共受理侵权假冒案件77件，审结案件52件，生效判决人数105人。

一、加强领导，为统筹推进各项工作夯实基础

省委、省政府高度重视打击侵权假冒工作，将其作为国务院部署的重要任务，作为云南省整顿和规范市场秩序、促进经济发展和产业转型升级、维护人民群众切身利益的重要抓手，统筹推进全省打击侵权假冒工作。

（一）认真贯彻落实全国“双打”会议精神

2016年1月11日，云南省召开了2016年全省打击侵权假冒工作领导小组全体会议，贯彻落实全国打击侵权假冒工作领导小组第九次全体会议精神，全面总结2015年全省打击侵权假冒工作，对2016年重点任务进行了研究部署，制定印发了《关于印发2016年云南省打击侵权假冒工作任务分解的通知》。3月17日，云南省组织各州市、各成员单位参加了2016年全国打击侵权假冒工作电视电话会议。全国电视电话会议后，云南省接着组织召开了全省打击侵权假冒工作电视电话会议，省领导对贯彻落实全国电视电话会议精神、做好云南省2016年工作提出了具体要求。各州市、各成员单位认真贯彻落实会议精神，高度重视，加强领导，认真落实，扎实推进了打击侵权假冒各项工作。

（二）将烟草部门纳入全省打击侵权假冒工作领导小组成员单位

按照全国考核组对云南省2015年打击侵权假冒工作进行现场考核时提出的提高工作覆盖面的要求，结合云南是烟草种植大省，烟草打假工作在全省打击侵权假冒工作中占有相当比重的实际，增补省烟草专卖局为省打击侵权假冒工作领导小组成员单位，丰富了打击侵权假冒工作内涵，提升了打击侵权假冒工作的覆盖面和整体水平。

（三）加强工作考核

云南省将打击侵权假冒工作写入了省委省政府制定实施的《关于加强法治建设创建平安云南的意见》，纳入法治平安建设的五大安全保障内容之一，并纳入综治维稳考核内容及全省先进平安县（区、市）考核，加大考核权重，推进工作落实。

二、打建结合，为形成打击侵权假冒高压态势提供支撑

云南省在推进打击侵权假冒工作中，既扎实开展各项专项整治，对侵权行为、犯罪分子实施沉重的打击和清理，又注重标本兼治，从体制机制上着手，促使各项工作制度化、法制化。

（一）加强立法，为做好打击侵权假冒工作提供保障

将云南省实施《中华人民共和国促进科技成果转化法》若干规定《云南省出版管理条例（修订）》《云南省文化市场管理条例》等一批地方性法规，以及《云南省名牌产品认定和管理办法》等省政府规章列入了立法计划，为依法开展打击侵权假冒工作提供了制度保障。

（二）加强知识产权保护工作

制定出台了《云南省举报投诉专利违法行为奖励办法（试行）》，进一步规范了专利违法行为的举报投诉，激励社会公众参与知识产权保护，严厉打击知识产权违法行为。中国（云南）知识产权维权援助中心及各工作站积极开展维权援助工作，受理维权援助案件申请并移交专利管理部门3件。组织维权志愿者在高校、公园、商业地带等开展维权服务活动。全力办理专利违法案件，通过联合执法、展会执法、当事人请求、诉调衔接机制、专利违法举报投诉等各种方式和渠道，全省专利侵权纠纷及假冒专利案件立案超过200件。

（三）推进全省社会信用体系建设

省发改委、人民银行昆明中心支行等部门联动协调推进《云南省贯彻落实社会信用体系建设规划纲要（2014—2020年）任务分工》和《云南省社会信用体系建设三年重点工作（2014—2016）》的贯彻落实。推进“信用云南”网站建设及与国家信用信息共享平台的对接，推进行政许可和行政处罚信息上网公示。积极推进征信系统建设，不断扩大金融信用信息基础数据库的覆盖面和信用报告在金融机构信贷领域、经济社会多领域的广泛应用。

（四）推进软件正版化工作

持续深入开展政府软件正版化工作，积极推进云南省大中型企业软件正版化工作，建立软件正版化长效机制。制定下发了《2016年云南省软件正版化工作实施方案》，组织召开了两次全省推进使用正版软件工作联席会议联络员会议，举办了2016年全省州市县级政府机关软件正版化工作培训班、全省民营企业软件正版化培训班。开展了云南省州市软件正版化工作专项督查工作。

（五）加强区域协作

参加了泛珠三角地区打击侵权假冒专项工作片会，签订了《泛珠三角地区打击侵权假冒工作协作协议》，推动建立区域间、部门间执法协作机制，促进区域经济互动和协调发展。

（六）健全体制机制

进一步发挥省打击侵权假冒工作领导小组及办公室协调作用，牵头相关执法监管部门建立线索通报、案件协办、联合执法等工作机制，对跨区域、跨部门的重大侵权假冒犯罪案件进行督办，积极联系广东省、山东省打击侵权假冒工作领导小组办公室，转办侵权假冒云南白药集团股份有限公司商品案件。认真执行运行数据统计和信息报送制度，认真开展中国打击侵权假冒工作网云南子站的运行维护。

三、打防结合，为实施创新驱动发展战略提供有力保障

云南省结合实施创新驱动发展战略，加强知识产权保护工作，优化打击侵权假冒法治环境，让侵权假冒无处藏身。

（一）加强行政执法与刑事司法的衔接

云南省认真贯彻执行《中共云南省委办公厅云南省人民政府办公厅转发省法制办等部门〈关于行政执法与刑事司法衔接工作的规定〉的通知》，制定了《云南省行政执法与刑事司法衔接信息共享平台管理办法》《云南省行政执法与刑事司法衔接工作考核办法》，并推动“两法衔接”工作纳入党政工作考核。开展破坏环境资源和危害食品药品安全犯罪专项立案监督活动，督促行政执法机关及时移送涉嫌犯罪案件并监督公安机关及时立案侦查。省检察院牵头建立了公安、边防、食药监、环保、海关、法院等单位和部门共同参与的联席会议制度，强化案件数据信息通报，有效拓宽了监督渠道。

（二）推进案件信息公开工作

按照全国打击侵权假冒工作关于案件信息公开工作的要求及《云南省制售假冒伪劣商品和侵犯知识产权行政处罚案件信息公开监督管理办法（试行）》，各执法成员单位严格落实行政处罚案件信息公开部门责任制，主动及时公开应公开的案件信息。省领导小组办公室加强督促检查，印发了《云南省打击侵犯知识产权和制售假冒伪劣商品工作领导小组办公室关于推进案件信息公开工作的通知》，推进全省案件信息公开工作的落实。

（三）扎实开展展会知识产权维权工作

在第四届南博会暨第24届昆交会上开展了知识产权维

权援助和现场法律服务。省知识产权部门在展会期间巡视、检查各展区展位 15 000 余个，检查商品 5 万余件，其中专利产品 1 000 余件，发现专利标注标识不规范产品 20 件，办理专利侵权纠纷案件 2 件。提高了展会举办方、参展方及公众的知识产权保护意识，营造了展会知识产权保护的良好氛围。

（四）营造社会共治氛围

全省各州市、各成员单位结合工作实际，组织开展了一系列宣传和培训教育工作，同时，加强知识产权保护和打击侵权假冒舆论宣传工作，结合“3·15 消费者权益保护日”、“4·26 世界知识产权宣传周”、“食品安全宣传周”等时间节点，充分运用电视、报纸、广播等新闻媒体，通过公益短信、出动宣传车、设立普法宣传咨询点等多种形式开展宣传，让广大群众充分认识侵犯知识产权的危害性，提高知识产权保护意识，自觉抵制侵犯知识产权和制假售假行为。宣传部门组织新闻媒体，以正面宣传为主，充分发挥舆论监督作用，加大曝光力度，持续做好宣传报道，积极发挥省级主流媒体的舆论引导作用，营造了良好舆论氛围。云南日报先后刊出打击侵权和假冒伪劣商品工作相关消息、通信、评论等稿件共 50 余篇。云南广播电视台新闻频率已采制播发相关稿件共计 120 多篇（次）。云南广播电视台新闻中心在 3 个电视栏目及新媒体平台共发布有关打击侵权假冒工作的新闻报道 72 条、电视访谈节目两期（每期时长 15 分钟）。云南网积极发挥新媒体的宣传优势，充分运用官方微博、微信、移动客户端等新兴技术手段开展宣传，共发布相关文章 80 余篇，云南网稿件受到国内大多数主流媒体的积极转载，在全国范围内产生了广泛积极的影响力，取得良好的传播效果。省版权局加强版权保护宣传活动，与云南电视台七彩公交频道合作，从 2016 年 1 月 9 日开始每天滚动在七彩公交频道 12 点 26 分等八个时段播出“保护版权，尊重创作”的公益宣传片，共滚动播出 200 天。做好边疆少数民族地区版权宣传工作，在《云南日报》、《德宏团结报》开辟专栏宣传版权法律法规。参加全省侵权盗版及非法出版物集中销毁云南主会场活动，现场发放各类“保护版权、促进创新发展”宣传品 1 万余份（册）。举办云南省“4·26 世界知识产权日”版权主题宣传活动。

四、打惩结合，为铲除滋生侵权假冒土壤提供动力

2016 年，云南省打击侵权假冒工作领导小组各成员单位结合职能职责，强化日常监管，加强综合治理，紧紧围绕推动经济转型升级、保障和改善民生等重点热点问题，开展了一系列专项整治。深入推进了打击互联网领域侵权假冒、打击农村和城乡结合部假冒伪劣商品、中国制造海外形象维护“清风”行动、农资打假专项治理、打击制售假劣种苗和侵犯植物新品种权、“质检利剑行动”、红盾护农、中药提取物生产和使用专项检查、重点旅游地区餐饮食品安全专项整治、面膜类化妆品专项检查、知识产权“护航”、打击涉烟违法犯罪、打击制贩假盐等专项行动，严厉查处各类侵权假冒违法犯罪行为，切实保护了群众利益，净化了市场环境，保持了严厉打击侵权假冒的高压态势。

农业部门开展农资打假专项治理行动，从源头上保障农产品质量安全。共出动执法人员 124 723 人次，印发宣传资料 411.4 万份，检查企业 161 079 家，整顿市场 28 089 个，查处案件 1 859 起，查获假劣农资 3 115 台件，100 907 公斤，货值金额 621.62 万元。

林业部门开展打击侵犯林业植物新品种权和制售假冒伪劣林木种苗专项整治活动，共查处种苗违法案件 3 起，涉案类型 3 类，涉案苗木 119 株，涉案金额 16 650 元，有力打击了林木种苗违法行为，维护了林木种苗生产、经营、使用者的合法权益。

文化部门认真开展文化市场监管，强化案件查处，共立案查处侵权假冒案件 59 件，办结 54 件，涉案金额 10.27 万元。

卫生部门开展了医疗机构专项整治，共检查医疗机构 5 000户，对存在问题的医疗机构下达整改《卫生监督意见书》710 余份。开展消毒产品生产企业专项整治，监督抽检了 9 家消毒产品生产企业的 14 个消毒产品。还开展了非法制售和使用注射用透明质酸钠行为专项行动。

工商部门开展了商标专用权保护、红盾质量维权等工作，共立案查处侵权假冒案件 441 件，案值 599.71 元，罚款、没收违法所得 492.58 万元，其中，立案查处侵犯商标权案件 223 件，案值 270.5 万元，罚款、没收违法所得 215.2 万元；立案查处假冒伪劣商品案件 218 件，案值 329.21 万元，罚款、没收违法所得 257.3 万元；查处网络违法案件 71 件，罚款、没收违法所得 263 万元。

质监部门开展针对儿童用品、食品相关产品、电子产品等消费品，汽车及其配件、汽柴油，建材，农资，加油机等产品的“质检利剑行动”，各级质监职能部门出动执法人员 2.1 万人次，检查企业 9 420 多家次，立案查处 1 262 起，较去年同期增长 9%，捣毁黑窝点 19 个，货值 1.7 亿元，移送公安机关 3 起。

食品药品监管部门加强“四品一械”（食品、药品、保健食品、化妆品、医疗器械）监管，全省共计查处生产销

售假冒伪劣食品案件936件、生产销售假药案件76件、生产销售劣药案件158件、生产销售不符合标准医疗器械案件126件、生产销售假冒伪劣化妆品案件75件，移送公安机关案件15件，捣毁窝点7个，涉案金额2 000余万元。

新闻出版广电（版权）部门扎实开展版权执法专项治理行动，查办图书类侵权盗版案件46件，音像类侵权盗版案件3件。开展打击网络侵权盗版“剑网2016”专项行动，积极开展版权保护宣传活动。

知识产权部门加强执法能力建设，全力办理专利违法案件，通过联合执法、展会执法、当事人请求、诉调衔接机制、专利违法举报投诉等各种方式和渠道，全省专利侵权纠纷及假冒专利案件立案超过200件。

此外，云南省还结合突出问题和边境打击侵权假冒工作实际，创新开展了两项工作：

一是开展了打击“黑心棉”及劣质床上用品违法犯罪行为专项行动。在充分调研的基础上，制定下发了《联合开展打击“黑心棉”及劣质床上用品违法犯罪行为专项行动工作方案》。从生产、销售、使用各个环节着手，共捣毁黑心棉窝点23个，查扣“黑心棉”成品692床、“黑心棉”婴幼儿抱被307床、“黑心棉”原料5.82吨。加强学校学生床上用品质量安全工作，编印下发了《云南省高等学校学生公寓规范化管理手册》，将学生床上用品集团采购等相关文件汇编入册，对学生床上用品质量安全工作进行明确规定。加强对医疗卫生机构使用纤维性用品、医疗废物管理的监督检查，共检查医疗卫生机构4 217家，出动卫生监督员6 114人次，车辆1 927辆次。通过专项整治的开展，有效维护了消费者权益，切实保障了人民群众健康安全。

二是开展了云南边境贸易出口商品质量管理工作。制定下发了《云南省加强边境贸易出口商品质量管理工作方案》，结合边境贸易质量安全问题突出领域，开展了整治出口采购市场、口岸打假行动和堵截非法出口货物三个专项整治工作。对全省3 000多家有出口产品的生产企业加强执法检查和产品抽查。完成边境贸易进出口商品行政处罚案件17件，涉及不合格商品案值9.4万元人民币，罚款金额4.2万元人民币。严抓口岸查验，规范边民互市出口秩序，严厉打击出口侵权假冒行为，对不法商贩形成震慑，切实和维护云南省边境地区出口商品质量和声誉。

（撰稿人：蔡文杰）

陕西省打击侵权假冒工作报告

2016年，陕西省认真学习贯彻党的十八大和十八届三中、四中、五中全会精神，积极贯彻落实全国打击侵权假冒工作领导小组的决策部署，以规范市场秩序，净化市场环境，确保消费安全为目标，紧扣主题，把握主线，加强组织领导，及时安排部署，集中开展专项整治，加大打击力度，加强日常监管，强化措施落实，积极推进行政执法与刑事司法的衔接，大力开展宣传教育活动，各项工作取得积极成效。

一、总体工作情况

2016年，陕西省按照全国打击侵权假冒工作领导小组办公室和省委省政府总体工作部署，认真落实各项工作要求，深入开展各项整治活动，加强日常监管，强化措施落实，认真履行职责，主要特点：一是各级政府对打击侵权假冒工作的重要性认识不断提高，对打击侵权假冒工作领导不断加强，工作体系初步建立，打击侵权假冒工作的基础不断得到巩固和加强。二是全省行政执法与刑事司法衔接平台初步建成，行政执法与刑事司法衔接工作机制初步建立。三是把打击侵权假冒工作全面纳入各级政府年度目标责任考核体系，保证全省打击侵权假冒工作的持续有力开展。四是各项专项整治活动的扎实开展，有力地打击了侵权假冒违法犯罪，市场环境得到了进一步净化。五是宣传活动形式多样，丰富多彩，社会舆论氛围初步形成。截至2016年底，2016年全省各级行政执法机关出动执法人员16.36万人次，检查各类生产经营主体单位3.76万户次，检查超市、商店等批零市场、集贸市场4.18万个次，查处案件1.08万个，移送司法机关立案134件，涉案金额2 685万元。全省公安机关共立案侵权假冒案件313起，破案184起，参与集群战役26起，抓获犯罪嫌疑人273名，提请逮捕63人，移送起诉76人，涉案金额1.44亿元。全省检察机关共批捕侵犯知识产权犯罪案件21件27人，审查起诉18件29人；批捕生产销售伪劣商品犯罪案件86件144人，审查起诉149件264

人。全省法院系统共受理侵权假冒犯罪案件193件，涉及被告人319人，其中侵犯知识产权案件25件，占全部案件数的12.95%，生产销售伪劣商品案件168件，占全部案件数的87.05%。审结案件176件，惩处犯罪分子295人，结案率91.19%。

二、主要做法和成效

陕西省按照全国打击侵权假冒工作领导小组办公室要求，及时制定印发了《陕西省2016年打击侵权假冒工作方案》、《陕西省加强互联网领域侵权假冒行为治理方案》和《陕西省2016年打击侵权假冒宣传工作方案》，全省各级各部门高度重视，围绕打击侵权假冒工作主要目标和任务，积极开展专项整治，重点有以下几方面：

（一）针对重点领域持续开展专项整治

一是强化农村和城乡接合部监管执法。围绕春耕、夏收、秋播等重要时段，加强市场监管执法。农业部门对全省农资市场、农资经营户进行了清理登记，共出动执法人员4.15万人次，检查生产经营企业3.65万个/次，整顿农资市场8 100个/次，查获各类违法农资5.64万公斤，查处违法案件2 300起（查处426件、结案426件），涉案金额1 100.5万元。质监部门重点查处化肥产品有效养分含量不足、虚假标识，无证生产化肥、农药以及在草甘膦制剂生产过程中以铵盐冒充异丙胺盐等违法行为，共出动执法人员7 960人次，进村1 040个，进入农户2 254户，检查农资生产企业240家，农资经销企业和门店425家，抽样800多个，共查处各类农资违法、违规案件110件，有效地规范了我省农资市场秩序，维护了农民的合法权益。

二是积极开展互联网领域侵权假冒治理。强化网络交易监管执法，对网络交易食品药品、儿童用品等重点商品的假冒伪劣行为开展集中整治。打击邮政、快件渠道非法寄递进出口侵权假冒商品行为，加强网站备案、网际协议地址和域名管理。省工商局以大数据等新信息技术为支撑，加强事中事后监管，提高对网上侵权假冒违法犯罪线索的发现、收集、甄别和挖掘，增强精准打击能力，共检查网站、网店6 544个，删除违法商品信息74条，责令改正网站125个，提请关闭网站5个，责令停止平台服务网店4个，关闭平台服务网店4个，查处网络违法案件49件，罚没款100万元。省通信管理局依法对互联网站实行实名制管理，截至11月，共受理网站备案信息2.82万条，审核通过2.65万条，审核通过率94%；对33个未备案网站停止了接入服务处理，查处空壳网站357个，网站备案率达到99%以上，网站备案主体信息准确率为92.3%。省邮政管理局切实加强寄递渠道安全规范管理，在全省寄递渠道全面实行“收寄验视+实名验视+过机安检”“三个100%”制度，共出动执法人员3056人次，检查收寄场所1 508处，企业执行收寄验视制度1 412处；查处违法违规行为208次，下达整改通知164次，办理行政处罚案件65起，罚款30.9万元。

三是深入推进软件正版化工作。强化使用软件正版化工作长效机制建设，省市县各级机关部门紧紧围绕工作协调、经费保障、软件采购、日常监管、资产管理、审计监督和年度检查考核报告等重要环节，进一步建立健全规章制度。省版权局联合省财政厅、省国资委、省审计厅组成检查组，积极贯彻落实《陕西省2016年推进使用正版软件工作实施方案》，对30家省级机关、10家国有企业进行了实地检查，现场检查电脑650台，对检查中发现的问题，检查组当面反馈并要求立即整改，明确责任人和完成时限，通过检查，全省政府机关和国有企业使用正版软件工作质量得到明显提高；举办了省级机关软件正版化工作培训班和版权行政执法工作培训会，培训人员达200余人，同时组织各市（区）文广新局软件正版化工作人员和执法人员45人，参加全国软件正版化和执法工作培训，有力地推进了正版化工作的开展。2016年，国家软件正版化督导组对我省6家政府机关和4家省属国有企业进行检查，均给予了充分肯定。截至12月份，全省各级财政共投入正版软件采购资金418.3万元，其中用于采购正版操作系统146.83万元、办公软件218.22万元，杀毒软件53.24万元；全省国有企业新采购正版软件2 633套、采购金额35.70万元，投入软件升级及维护金额736.01万元。

四是持续开展中国制造海外形象维护“清风”行动。西安海关对进出境旅客、进出口企业加大维护中国制造国际形象宣传力度，为“清风”行动营造舆论环境；省食品药品监管局重点针对出口拉美国家和地区的药品、化妆品，综合运用日常检查、暗访检查、飞行检查和不良反应监测等手段，切实加强质量安全监管，分步有序开展专项整治。省邮政管理局加强对跨境网络交易中邮件监管，重点打击以“海外代购”和“蚂蚁搬家”等方式出口侵权假冒商品违法行为。

（二）强化行业日常监管和执法检查，不断加大打击和惩处力度

一是加强药品和医疗器械监管。全省食品药品监管部门严肃查处药品生产经营企业制售假药劣药案件，加强对跨省份违法案件的查办，及时依法处置“问题疫苗”，对涉案人员和企业进行摸排，并与省公安厅、省卫计委召开联席会议，启动行刑衔接联动机制，对涉案嫌疑人和药品批发企业

展开联合调查，并对4家涉案企业依法给予从重处罚，相关责任人已全部被公安机关立案侦查。省卫计委制定印发了全省药品和医疗器械抽验计划，认真开展药品、医疗器械抽验工作，并在省局网站向社会发布药品质量公告4期、医疗器械质量公告1期。截至年底，全省立案查办各类食品药品案件6 240件，涉案金额1 388.3万元，移送司法机关案件134件，责令停业整顿54个，吊销药品经营许可证11家，捣毁制假售假窝点35个。

二是严厉查处侵犯知识产权行为。全省工商系统以涉外商标、驰名商标和商标印制企业为重点，组织开展拉网式摸底排查，立案查处了西安顺宝行汽车服务有限公司销售不合格汽车配件案、李家茂销售标注有“泰山”字样的轻钢龙骨等一批侵犯商标专用权案，保护了消费者和企业的权益。省版权局组织开展了侵权盗版及非法出版物集中销毁活动和印刷复制发行监管专项行动，加强对网络发行的监管。全省文化部门加强对网吧、娱乐、演出、艺术品市场的监管力度，为社会创造了良好的文化环境。省知识产权局制定《2016年陕西省知识产权系统执法维权工作方案》，以电商、展会为重点，集中查处食品药品、家用电器、建筑材料、汽车配件、儿童用品等涉及民生领域，电子信息、航空航天、新能源汽车、3D打印等高新技术领域，以及大型商业场所的专利侵权假冒行为，共办理专利行政执法案件726件，同比增长41%。

三是开展成品油专项整治。省商务厅联合省公安、工商、环保、质监等部门，对全省成品油市场进行了为期半年的专项整顿，推动国V油品在我省全覆盖。在专项整治中，检查了中石油、中石化、延长壳牌公司等5家经营企业，67座油库，78个加油站，共抽取油样194组，查处无证经营加油站12座，黑加油点3处，捣毁黑窝点30多处；查处销售非国V油品加油站18座，查扣流动加油车18辆、非国V油品运输车3辆，责令9座加油站停业限期整改，查扣不合格成品油60余吨；对115座加油站油品进行了抽样检查，对其中25个油样不合格的站点进行了处罚；现场整改82处，下达限期整改意见书112份。严厉打击了以次充好、掺杂使假违法行为，规范了成品油市场经营秩序。

四是加强日用消费品质量安全监管。全省质监系统深入开展儿童用品、食品相关产品、电子产品等“质检利剑”专项行动，共出动执法人员5 260人次，检查超市270家，儿童用品批发商铺359家，检查生产企业75家，累计抽样195批次，对检查中发现个别产品个别批次存在标识标志不规范的儿童用品经销企业，及时下发整改通知书，对抽样检查中发现不合格产品及时进行查处。开展以汽车配件市场、4S店、修理厂为重点区域，以三无、以旧充新汽车配件为重点的报废汽车及汽车配件专项治理，共出动执法人员845人次，检查企业、门店256家，查处“三无”配件案件9起。在全省校园开展打击毒校服、毒文具、毒跑道专项行动，共抽查检查服装、鞋帽企业52家，检查学校、幼儿园等60所，没收“黑心棉”被褥1 500床。

（三）切实加强法规制度建设，建立长效机制

一是积极完善制度建设。2016年，陕西省各级各相关部门，高度重视打击侵权假冒工作制度和机制建设。省农业厅制定了《关于加强农产品质量安全专项整治和农资打假信息统计报送工作的通知》，省食药监局制定了《食品药品日常监管与稽查衔接工作制度》，省知识产权局与省高院签订了《关于建立知识产权（专利）纠纷诉调对接工作机制的会议纪要》，与省检察院、省公安厅联合印发了《关于加强知识产权行政执法与刑事司法衔接工作的意见》。省双打办制定下发《陕西省2016年度市（区）打击侵权假冒工作绩效考核办法》，详细规定了考核指标、组织方法和评分标准，并对各市（区）打击侵权假冒工作进行考核，有力推动了全省打击侵权假冒工作的深入开展。

二是积极推进行政处罚信息公开。省发改委（省信用办）加强信用共享平台建设，积极推进行政许可、行政处罚信息公开。2016年3月、11月，行政许可、行政处罚信息公示专栏在“信用陕西”和“陕西省政府”网站全面开通，推动了全省省市县三级政府有关部门及时公示信息，为各级行政执法机关公开案件开通了权威通道。

三是积极推进行政执法与刑事司法衔接。省行政执法部门积极加强与公安、检察等部门沟通，完善行政执法与刑事司法衔接工作机制。省食药监局与省公安、省检察机关召开2次食品药品案件行刑衔接联席会议，对食品药品犯罪行刑衔接工作进行了分析研讨，进一步加强信息交流共享、联合执法办案、线索移交移送等工作衔接，向公安部门移送食品药品违法犯罪案件134起，协助公安机关检验、鉴定涉案产品150余批次。2016年，省双打办以完善两法衔接平台建设和制度建设为抓手，积极与平台建设单位沟通，协调推动工作。铜川市建成行政执法与刑事司法衔接信息共享平台，市检察院对26个实施衔接的行政执法单位联络员进行了培训，目前铜川市两法衔接信息平台运行正常，成效明显。

（四）开展丰富多彩宣传活动，营造良好的舆论氛围

2016年，全省各级各部门，围绕全国双打宣传工作重点，结合自己工作实际，开展了丰富多彩、形式多样的打击侵权假冒宣传活动。各级各成员单位利用“诚信兴商宣传月”、“世界知识产权日”、“3·15消费者权益日”、“食品安全宣传周”、“放心农资下乡进村宣传周”等重要活动，通过电视、广播、报刊、网络等传播渠道，大力宣传打击侵权假冒的法规政策、专项整治进展、典型案件剖析、工作机制建设等方面的做法和成效。2016 年 4 月，省政府新闻办公室召开新闻发布会，省知识产权局就 2015 年陕西省知识产权保护状况进行介绍和解读，并与省工商局、省版权局共同回答记者的提问；省食品药品监管局集中公布了 10 起重大食品安全违法案件，曝光一批侵权假冒典型案例；省公安厅集中公布了 10 起重大食品药品安全犯罪典型案件，曝光一批侵权假冒违法企业，以案释法，开展警示教育，对不法分子形成强大震慑；省双打办利用商务厅分布在西安、宝鸡、咸阳、渭南等社区 275 块 LED 电子显示屏，多次播放打击侵权假冒公益宣传片《李逵打假》，受到社区群众和全国双打办的肯定。

（撰稿人：麻江江）

西藏自治区打击侵权假冒工作报告

2016 年，在自治区党委、政府的高度重视下，在全国双打办的关怀指导下，在各成员单位的积极参与和共同努力下，西藏自治区打击侵权假冒办公室严格按照全国双打办的安排部署和西藏自治区党委、政府的具体要求，建立健全打假机制，认真组织开展一系列专项整治活动，取得了一定成效，西藏打击侵权假冒工作实现了新的突破。

一、高度重视，层层落实打假责任

打击侵权假冒工作事关民生，事关经济的健康发展。为切实做好 2016 年度全区打击侵犯知识产权和制售假冒伪劣商品工作，西藏自治区党委、政府始终坚持全区一盘棋的原则，根据 2016 年 3 月全国打击侵权假冒工作电视电话会议精神，紧密结合西藏实际，制定印发了西藏自治区 2016 年度打假工作要点和计划，并层层进行任务分工，落实责任。自治区打击侵权假冒工作领导小组办公室负责统筹协调并督查督办，确保每一项工作都落在实处。相关职能部门按照工作要点和任务分工重点开展依法监管工作。各地（市）根据部署以及属地管理原则全力开展打击侵权假冒工作。在自治区党委、政府的高度重视下，全区上下形成了既有统一领导，又有分工负责的工作格局，切实增强了打击侵权假冒工作的整治合力。

二、因地制宜，认真开展专项整治行动

2016 年，根据国家打假办的部署，西藏自治区先后组织开展了打击互联网领域侵权假冒、农牧区和城乡接合部侵权假冒、车用燃油以及旅游纪念品市场等多项专项整治行动。为确保每一个专项整治行动取得实效，真正惠及民生，西藏打击侵权假冒工作办公室都会根据全国双打办的要求结合西藏实际，制定行动方案，积极督查督办各地（市）落实情况，并及时总结专项整治行动取得的成效和不足。此外，西藏自治区还紧密结合实际，重点针对西藏打造世界著名旅游目的地，于 2016 年 7 月牵头组织工商、食品药品监管以及公安等部门参与旅游市场打击侵权假冒专项整治行动；重点针对学校周边“三无”商品组织开展了“护学”专项整治行动。

在积极组织开展各项专项整治行动的同时，西藏打击侵权假冒工作办公室还着重针对协调机制不完善、工作制度不健全等实际问题，及时制定完善相关工作制度。2016 年上半年，西藏打击侵权假冒工作办公室就制定实施了《西藏自治区打击侵权假冒行政执法与刑事司法衔接信息共享平台运行管理办法（试行）》。相关制度的建立和工作机制的健全，为西藏自治区开展打击侵权假冒工作奠定了坚实的基础。2016 年度西藏打击侵权假冒工作取得了新的突破。

三、各负其责，切实做好重点领域监管工作

为切实做好西藏打击侵权假冒各项工作，在西藏双打办的组织协调下，各成员单位紧密配合，积极参与，各负其责，重点领域监管工作取得了一定成效。

公安机关铁拳出击。2016 年，共破获侵权假冒刑事案件 5 起，涉案金额 169.922 8 万元，抓获犯罪嫌疑人 7 人。收缴假烟 2 897 条，查获假酒 69 件，查获无任何标示的冷冻肉制品 390 千克。端掉黑作坊、黑窝点 18 个，封存销毁大量存放过期变质副食品的仓库 1 个。此外，根据公安部经侦局和治安局集群战役线索，协助湖北、浙江、重庆等省市

对8起生产销售假冒伪劣产品等开展了调查取证等工作。

农牧林等部门积极开展护农行动。2016年全区共开展农资打假专项治理行动和农产品质量安全整治41次，出动执法人员693人次，检查各类农资市场、经营网点、门市部、个体经营户、饲料加工企业、屠宰场、种养殖基地321个（家），查处过期兽药、牧草种子共计2.33公斤。

质监部门认真开展重点领域执法检查。2016年全区质监部门共出动执法人员2 577人次，检查企业（作坊）和超市925家，现场处理32起违法案件，罚款5.6万元。其中，检查农资兽药销售店28家；检查农资产品达189种；检查重点消费品企业和商家228家；没收无强制性认证标示及编号的家用电器和儿童玩具20余个，货值4 500元。

国资委主抓企业知识产权保护。重点针对企业的实际，建立完善从产品设计、原材料采购、生产加工、关键工序控制、出厂检验到售后服务的全过程监督，努力做到在产品的生产过程中既不侵犯他人知识产权，也保护好自有知识产权不受他人侵犯，积极维护企业品牌信誉。

拉萨海关积极开展清风行动。拉萨海关以吉隆口岸为重点，加强对侵权假冒商品的重点监控。2016年在进出口货运渠道查获侵犯知识产权案件34起，涉案金额20.6万元，罚没侵权货物1.3万件（个）。

政府法制部门全面筑牢行政执法根基。在积极开展行政执法培训的同时，对全区具有行政执法权限的四十个区直单位的3 402项行政权力清单进行了合法性审查，重点对自治区工商、质监、食品药品监管等打击侵权假冒行政执法事项法律依据做了详细审查，确保每一项行政执法行为有法有据。同时加强了对各执法部门“双随机、一公开”工作的指导和部署。

新闻广电部门积极推进相关工作。重点开展“剑网2016”专项行动，加强对重点门户网站的监管，严厉打击网络未经许可转载、非法传播他人作品的侵权盗版活动；认真组织开展网络视听节目侵权和被侵权自查工作，确保互联网视听节目内容合法、导向正确；扎实推进西藏软件正版化工作，并组织开展专项督查。2016年共对30个区直单位、48个地（市）直机关和29个县的87家县直机关的软件正版化工作进行了专项督查，实地检查计算机635台。

工商监管扎实推进。全区工商系统严厉查处滥用“特供”等标识行为，持续开展“红盾护农”专项行动，积极开展打击“傍名牌”专项执法行动，认真开展流通领域儿童用品质量专项整治等。2016年，共查处侵权假冒案件34件，案值21.38万元，罚款29.17万元。

食品药品监管部门严厉打击侵权假冒违法犯罪行为。重点针对“四品一械”加强市场监督检查，2016年立案16起，其中食品1起、药品15起，罚没款33.445万元。认真开展了问题疫苗的全面排查，加强了对全区食品药品经营企业、学校食堂安全专项监督检查，确保了食品安全。

发改委积极推进“信用西藏”建设。以“信用西藏”平台建设为重点，积极开展了“信用体系”建设，大力推进行政许可、行政处罚七日公示，并联合相关部门建立了包括西藏打击侵权假冒工作在内的跨部门信息共享考核制度和联合奖惩制度。

出入境检验检疫部门扎实开展打击侵权假冒工作。西藏自治区出入境检验检疫部门结合实际，确定了以口岸为突破口，以边民互市和边境小额贸易商品为目标，以进出口食品、小家电、纺织品、汽车配件等商品为重点，狠抓重点环节监管，有效把好全区进出口侵权假冒这个关口。2016年，查获假冒伪劣商品货值2.32万元。

文化执法总队积极整顿文化市场。2016年全区共出动文化执法人员5 485人次，车辆961车次，检查各类文化经营场所6 212家次，查缴违禁文化产品3 546件（其中违禁歌曲光碟390张，淫秽光碟58张，盗版光盘2 675张、盗版图书48册、违法卫星电视接收器195套，删除电脑存储违禁歌曲180首）。

检察、财政、高法、科技等部门认真履职。区检察院充分发挥组织协调作用，进一步加强了打击侵权假冒领域行政执法与刑事司法衔接工作，并围绕全区打击侵权假冒重点领域履职尽责。自治区财政厅积极强化全区打击侵权假冒的经费保障。自治区高级人民法院发挥审判职能，2016年共受理打击侵权假冒案件4起，判决9人，有效地震慑了犯罪分子。自治区科技厅进一步加强了对西藏知识产权保护工作力度。

此外，自治区环保部门认真落实假冒伪劣商品无害化销毁工作，自治区文化厅、司法厅、国税局、中国人民银行拉萨中心支行等部门也结合部门职责和各自工作实际，开展了形式多样、富有成效的打击侵权假冒工作，有效地保护了群众利益，维护了社会稳定，取得了良好整治成效。

（撰稿人：林素巧）

甘肃省打击侵权假冒工作报告

2016年，在省委、省政府的正确领导下，在全国双打领导小组办公室的精心指导下，甘肃省认真贯彻国务院决策部署和各级领导的指示要求，围绕营造法治化营商环境、保障民生安全，加强监管、强化工作落实和执法打击，打击侵权假冒工作取得新进展新成效。全省各级行政执法部门共立案6 372件，办结6 134件，捣毁制假售假窝点57个，向司法机关移交案件292件。公安机关破获侵权假冒犯罪案件189件，抓获犯罪嫌疑人177人；检察机关依法审查起诉侵权假冒案件100余件，审查起诉犯罪嫌疑人150余人；人民法院依法判决侵权假冒案件95件134人，有力保障了全省经济社会持续健康发展。2016年，甘肃省打击侵权假冒工作绩效考核得分92.78分。

一、加强领导，扎实推进工作落实

省委、省政府高度重视打击侵权假冒工作，分管领导亲自过问双打工作，重点工作亲自部署、亲自抓，跟踪督导落实。省政府办公厅印发《2016年甘肃省打击侵犯知识产权和制售假冒伪劣商品工作要点》，明确任务，靠实责任。省双打领导小组加强组织领导和统筹协调，推动各项工作有力开展。领导小组各成员单位和14个市州，按照各自职能，各司其职，各尽其责，协同配合，联打共治，查处了大量侵犯知识产权和假冒伪劣商品行为案件，抓获了一批涉嫌侵犯知识产权和制售假冒伪劣商品的犯罪嫌疑人，有力地维护了市场秩序。省财政拨付专项工作经费，保障“双打”工作开展和基础建设。省综治办继续将打击侵权假冒工作纳入全省社会综合治理目标责任之中，与综治工作同部署、同考核，推动打击侵权假冒工作向纵深发展。省双打领导小组办公室加强督导检查，推动各项工作落实，9月26日，在兰州举办了全省打击侵权假冒行政执法和刑事司法衔接推进工作研讨会，推动制度机制完善落实；11月份，组织省打击侵权假冒工作领导小组8个成员单位，有针对性地对6个市（州）2016年打击侵权假冒工作开展情况进行了督查推进。

二、突出重点，积极开展专项整治

（一）整治互联网领域侵权假冒

甘肃省于2016年11月出台了《贯彻落实国务院办公厅关于加强互联网领域侵权假冒行为治理意见实施方案》。2016年，省双打办着力抓落实工作，依据《全国打击侵犯知识产权和制售假冒伪劣商品工作要点》部署，突出在治理网上销售假冒伪劣商品、打击网络侵权盗版、加强网站监管等方面下功夫。

省工商管理局成立了网监处，专门对网络市场和商品交易进行监管，2016年检查网店490个，认定网店308个，查处了一批网络侵权假冒案件。

省委宣传部联合新闻出版广电局查处非法网络媒体、非法学术性期刊，打击网上网下侵权盗版活动，集中整治了盗版重大题材出版物、畅销出版物、教材教辅以及网络侵权转载新闻作品等行为。

省委网信办专门成立了打击网上侵权假冒专项行动工作组，负责网站监管和整治工作。2016年实地检查新闻网站、商业网站、院校网站13家，约谈存在问题网站法人9人次，查处各类有害信息285条。督促省内主要新闻网站、重点商业网站落实主体责任，要求每月至少自查自纠一次，从源头上杜绝有害信息传播。

省通信管理局严格互联网网站备案管理，建立了全省未备案网站快速联动处理机制，2016年审核备案网站主体11 394个，处理未备案网站153个。

林业部门加大对各类种苗信息网站的监督，对散布虚假信息、交易假劣林木种苗、侵犯植物新品种权，蒙蔽广大苗农的网站依法进行了关闭。

质监部门加强了对电子商务领域专利行政巡查工作，查处电子商务领域假冒专利案件13起，移送电商平台处理。

版权局部门开展了为期半年的“剑网2016”专项行动，对未经授权的非法传播网络文学、新闻、影视等作品的侵权盗版行为进行重点整治。

公安机关针对网上售假犯罪活跃的新情况，积极调整打击思路，经侦、网安等警种密切配合，合力打击网络违法犯罪。2016年5月，天水市武山县公安部门多警种联合破获了一起利用“微信”、“QQ”等即时通信工具进行销售，利用支付宝等网络支付工具进行结算，通过快递运输发货的新型贩卖假烟案件，抓获犯罪嫌疑人3名，截获假冒“软中华”“玉溪”“大重九”“贵烟”等品牌卷烟110余条，货值76万余元，有力地震慑了网络违法犯罪。

（二）开展农村和城乡接合部市场整治

整顿规范农村和城乡市场，一直是甘肃省打击侵权假冒的重点工作，2016 年，省双打办依据全国打击侵权假冒工作安排，重点作了安排部署。全省相关职能部门紧盯农村和城乡接合部商品集散地、商品批发市场、展销会、乡镇（村）集贸市场、小食品店、杂货店不放松，以农村居民日常生活和农业生产紧密相关的食品药品、小家电、日用化工、五金电器等消费品和化肥、农药、种子等农资产品为重点整治对象，坚持集中整治与日常监管相结合，不断查处犯法行为。

工商部门突出节日市场监管整治和红盾护农工作，出动执法人员 862 人（次），检查各类经营门店 1 406 户（次），加油、加气站、液化气灌装站 53 户（次），农药经营户 14 户（次），快递公司 64 户（次），对 14 户超范围经营农药的经营户下发预警通知单，对 29 户没有落实“三个 100%”（100% 收寄验视、100% 实名收寄、100% 过机安检）的快递公司发出整改通知书。

农牧部门突出重点产品、重点市场、重点区域、重点单位，开展了“打假、护农、保粮、增收”专项治理行动，查获假劣种子、肥料、农药、饲料、兽药、渔机具、农机及零配件等各类农资 113.1 万公斤、2 993 盒（件、瓶、袋、罐）、419 台件，查办农资违法案件 608 起，案值 5 万元以上大要案 27 起，移送司法机关 10 起，涉案金额 1 961 万元，有力震慑了涉农违法行为，有效地维护了农民群众的合法权益。

食品药品监管部门持续开展了农村食品市场“扫雷”专项整治行动，针对农村和城乡接合部市场食品经营卫生条件差、销售过期变质食品、从业人员不进行健康体检、散装食品管理不规范、经营者不能严格落实索证索票制度等难点问题，开展了有针对性的专项整治行动，有效遏制了这些问题的存在和发生。

质监部门组建 3 个督查组对全省春季农资专项执法打假工作进行了督查，督办了 3 起在农资产品质量违法案件，其中酒泉市金塔县曹军涉嫌销售假劣云天化“三环”磷酸二铵化肥案，向总局执法督查司进行了专门汇报。

林业部门集中力量，对种苗生产基地，种苗交易市场开展专项检查。

（三）持续推进软件正版化工作

2016 年，甘肃省持续用力推进软件正版化工作，制定了《2016 年甘肃省推进使用正版软件工作实施意见》，对甘肃省党政软件正版化工作成果的巩固、企业软件正版化工作的协调推进、长效机制的完善、软件市场秩序的维护等提出了具体的办法措施。省新闻出版广电局加大检查督导，推动工作落实，上半年各市州完成了党群机关软件正版化工作任务。下半年，在广泛督查调研的基础上，起草了《甘肃省软件正版化工作实施意见》《甘肃省软件正版化考核实施方案》，年底已报省政府办公厅审核，这两个文件印发实施后，将对甘肃省软件正版化成果巩固，企业软件正版化工作协调推进起到积极的作用。省政府国资委全力推进省属国有企业软件正版化工作，出台了省属监管企业软件正版化组织实施工作原则、意见。省公共资源交易局出台了《正版软件政府集中采购管理办法》，对相关单位采购计算机时必须配套采购正版软件做了硬性规定，这一举措，从源头上有效防止盗版软件进入政府机关。

（四）持续开展中国制造海外形象维护“清风”行动

甘肃检验检疫局加强对甘肃省输非和阿拉伯国家重点商品的检测力度，年内未发生出口非洲和阿拉伯国家不合格商品。兰州海关建立了关区“清风”行动组织领导、工作协调、执法评估和奖惩机制；与省内行业协会、出口企业建立了保护知识产权协作机制。关区法制部门通过知识产权保护业务风险信息提示等手段，加强对假冒药品、食品、服装鞋帽、汽车配件和手机等重点商品的监管和查缉力度，特别对出口发生侵权较高国家的货物加强了监控，提高了对存在侵权风险的出口货物的查验比例。酒泉、庆阳等市州结合甘肃省“一带一路”建设和“向西开放”工作，对辖区内从事商品出口的企业进行详细调查摸底，建立辖区出口企业名册，加强对出口“一带一路”沿线国家重点商品的质量管控，引导出口企业培育品牌、发展品牌，依法经营、自主创新，确保了出口企业自觉维护知识产权、发展自主品牌，提升对外贸易竞争力，维护“中国制造”海外形象。

三、强化行业职能，加强重点商品监管和知识产权保护

依据国务院工作部署和甘肃省实际，2016 年省双打办进一步强化监管部门职能，加强对重点领域、重点行业和重点商品的治理工作。

（一）严厉打击食品药品化妆品医疗器械违法生产经营行为

全省食品药品监管部门继续坚持“源头严防、过程严管、后果严惩”的监管思路，不断强化监管措施和手段，大力整治食品药品安全问题。全省查处生产销售假冒伪劣食品立案 1 742 件，结案 1 620 件，罚款、没收违法所得 1 604.72万元；生产销售假药立案 404 件，结案 379 件，罚

款、没收违法所得 118.90 万元；生产销售劣药立案 1 747 件，结案 1 740 件，罚款、没收违法所得 602.37 万元；生产销售不符合标准的医疗器械立案 199 件，结案 184 件，罚款、没收违法所得 251.02 万元。移送司法机关涉刑案件 260 件，捣毁窝点 44 个，案件信息公开 4 183 件。

（二）整治假冒伪劣商品

工商部门制定印发了《2016 年流通领域商品质量抽查检验工作计划》，对与人民群众日常生活密切相关的家用电器、电子产品、服装鞋帽、建筑材料、家居用品等 9 大类 38 个品种的商品全年实施了监控抽检。落实广告监管制度，加大对虚假宣传、欺骗和误导消费者广告和非法集资广告的查处、打击力度。加大对市场、商场、超市等行业商品质量的监管整治。全年查处销售假冒伪劣商品案件 423 件，查处各类经济违法案件 5 943 件，罚款、没收违法所得 1 892.6 万元。其中，农资案件 294 起，侵犯消费者权益案件 341 起，违法广告案件 186 起，无照经营案件 1 708 起，案件信息公开数为 678 件。有效遏制了各类侵权假冒违法行为，营造了公平竞争、放心消费的市场环境。

质监部门组织开展了 2016 年“质检利剑”行动，推进“企业产品质量承诺”和“生产标准自我公开”。联合农牧、公安、商务、工商等部门，开展了 7 项专项整治，办理各类案件 299 件，其中大案要案 13 起，移送司法机关 11 起，捣毁黑窝点 6 个，省局挂牌督查督办各类投诉举报案件 16 件，公开行政处罚案件信息 152 条。兰州市质监局查办了甘肃河石木业发展有限公司未取得工业产品生产许可证，擅自生产、销售不符合强制性标准的细木工板案，货值 38 万元，捣毁了加工窝点，并在省内媒体进行了公布。

省卫生计生委加强对全省 88 家消毒产品生产企业和 1 911家消毒产品经营、使用单位的监督和抽查，对 15 家消毒产品生产、经营、使用单位进行了行政处罚，责令下架整改不合格消毒产品 56 种，曝光了 39 种不合格消毒产品相关信息，发动社会力量进行监督。

（三）查处侵犯知识产权行为

工商部门以高知名度商标、涉外商标、地理标志和农产品商标为重点，打击商标侵权行为；配合网监部门打击利用互联网侵犯注册商标专用权行为；积极建立和完善区域性商标保护协作机制，加大跨省区商标专用权保护力度。全年办理侵犯商标权案件 157 件，侵犯商业秘密案件 1 件。印发了《2016 年全省商标工作安排》，部署了五项商标重点工作。开展了“甘肃商标馆”调研筹建，完成了“甘肃商标网”改版。编印了《甘肃省驰名、著名商标名录（2013—2015）》《商标注册申请指南》《甘肃省注册商标一览表》《甘肃省 2015 年商标申请注册一览表》等。指导基层设立了“商标品牌指导站”、建立了企业“商标联络员”。

知识产权部门开展了执法维权“护航”专项行动，制定了《2016 年甘肃省知识产权系统执法维权“护航”专项行动方案》，加强对市州专利执法的督导检查，推动酒泉、嘉峪关、白银、张掖、临夏、定西等市州对大型超市、专业市场进行了专项执法检查，查处假冒专利案件 300 余件。深入开展知识产权维权援助工作，全省各级专利执法部门受理各类专利案件 468 起，专利行政执法案件信息公开 254 起。

农牧部门深入贯彻《种子法》和《植物新品种保护条例》，以甘肃省玉米制种基地为监管重点，开展了一系列专项检查和集中整治侵犯品种权活动，全省查处无证生产、经营、超范围经营种子企业（个人）16 家，没收种子 1 535 公斤，货值 207 万元。并加强案件督查督办，公开曝光违法案件，对涉种违法行为保持了高压态势。

新闻出版广电部门加强出版、印刷发行市场监管。部署开展了为期半年的“剑网 2016”专项行动，对未经授权非法传播网络文学、新闻、影视等作品的侵权盗版行为进行了重点整治。组织开展了印刷复制发行执法检查、打字复印企业整治等行动，下架各类图书 452 种、1.4 万册，收缴非法音像制品 2.01 万件，查扣违规出版物 1.17 万册，约谈整改违规印刷发行企业 143 家，行政处罚 64 家，取缔非法销售报刊摊点 1 家，向公安部门移交涉嫌犯罪案件 3 起。组织开展“秋风 2016”专项行动和年度侵权盗版及非法出版物集中销毁活动，销毁各类非法出版物 60 万件。

（四）打查并举净化文化市场

省委宣传部严密封堵和查缴各类非法政治性出版物，查处取缔各种形式的非法报刊、翻盗版光盘和非法加印标识标签印刷品及互联网侵权盗版等行为，全省查缴各类非法出版物 460 余万件。联合省新闻出版广电局组织开展了“2016 清源、固边、秋风、护苗、净网”等专项行动 20 多次，检查音像店、书报店、网吧、歌舞娱乐场所及印刷企业 100 多家次；检查高校周边打字复印店 120 余家，对 13 家存在问题的单位进行调查处理；集中整治报刊亭（摊）和非法报刊，依法关闭非法设立的新闻类网站、网站频道，严惩实施诈骗活动的不法分子。组织开展了 2016 年度全国性非法出版物集中销毁活动，全省各地共销毁非法违禁出版物 35 万册（张），其中宗教类及政治性违禁出版物 9 万册、非法图书 20 万册、非法光盘 6 万张。

文化部门开展了文化市场大排查，检查文化经营单位 42 903 家次，处理投诉举报 219 起，责令整改 1 278 家，立案 151 起，结案 133 起，警告 442 家次，罚款 235 000 元，停业整顿61家，吊销许可证5家，有力净化了文化市场。

（五）进一步整治车用燃油市场

在2015年车用燃油集中整治的基础上，2016年，结合推进油品质量升级，再次部署了整治工作。省商务厅联合省发改委、公安、环保、交通、工商、质监、安监、国税、地税十部门，部署了2016年全省成品油市场专项整治工作，在上半年和下半年，两次集中整治甘肃省成品油市场，重点对无证无照、证照不齐、偷税漏税、超范围经营成品油；私设乱建加油站；销售质量未达标油品；掺杂使假、缺斤短两、以次充好；违规、违法贩运油品等问题。全省商务、发改、公安、环保、交通、工商、质监、安监、国税、地税十部门共出动执法人员1 271人次、车辆452台次，检查车次378辆、经营网点226个，查获非配置油品291吨、土炼油185吨，拆除油罐11个，关闭无证经营网点70个。有力打击了成品油违法行为，规范了甘肃省品油市场经营秩序。

（六）开展兰洽会打假专项行动

从2014年开始，省双打办组织开展兰洽会展品检查工作，着力保护参展展品知识产权和消费者权益，打击利用会展兜售侵权假冒和劣质产品行为。2016年兰洽会期间，省双打办组织省工商局、省食品药品监督管理局、省质监局、省知识产权局开展了为期7天的打击侵权假冒专项行动，受理处治投诉举报34起，登记检索涉嫌假冒专利产品105件，查处假冒专利案件14件；责令下架产品6个品种；查扣国家严禁销售的保护野生动物制品等12批次；查扣假冒、变质食品1 498盒（袋）、三无、假冒保健品478袋、三无、假冒化妆品725盒（瓶）；假茅台酒7瓶，有效地维护了展会秩序，保障了兰洽会商品展览展销活动的顺利进行。

（七）深入打击虚假发票等违法犯罪行为

全省税务机关主动应对涉税违法犯罪高发态势，大力整治虚假发票“买方市场”，省国税局查办发票违法案件1 221起，缴获发票47万余份，捣毁制售假发票窝点2个，打掉发票违法犯罪团伙3个，缴获作案机器84台。省地税部门查处非法发票1 073份，涉案金额8 533.02万元。公安机关立案63起，抓获犯罪嫌疑人12人；检察机关审查起诉侵权假冒刑事案件1起，审判机关依法判决刑事案件3起，有效遏制了发票违法犯罪活动。

省邮政管理局把打击利用邮路制假售假列为邮政业安全监管的常态化工作，督查市州邮政管理部门和寄递企业落实收寄验视、实名收寄制度，严防利用邮路制假售假。2016年6月，天水市邮政管理局依据寄递企业举报，与公安部门联合，破获了一起利用寄递渠道贩卖假烟案，案值6万余元。

人民银行兰州中心支行立足征信和金融监督管理，着力抓了征信宣传教育和金融信用信息基础数据库推广应用，推动建立了信用信息共享平台，“信用甘肃”网站已上线试运行。

环境保护部门加强对侵犯知识产权和假冒伪劣商品环境无害化销毁的管理，将一批假冒品牌硒鼓、墨盒、家电及假烟假酒、食品药品、化妆品、假发票，集中在省、市、州固体（危险）废物处置中心进行了无害化处置，杜绝了销毁过程中的二次污染，并有效防止这些假冒商品再次流入市场，危害消费者。

四、加强司法打击，震慑违法犯罪

（一）加大对侵权假冒案件的侦办力度

全省公安机关认真贯彻全国“双打”工作电视电话会议精神，继续以“破案、断网、端窝”为主攻方向，运用集群战役为主战模式，组织开展破大案、捣窝点、打团伙、抓逃犯行动，对侵权假冒违法犯罪实施全链条打击，全年破获制售假冒伪劣商品类犯罪161起，抓获犯罪嫌疑人144人，涉案金额774.03万元；破获侵犯知识产权类犯罪28起，抓获犯罪嫌疑人33人，涉案金额4 148.3万元。

（二）进一步加强侵权假冒案件检察监督

各级检察机关认真履行法律监督职能，加强同行政执法机关、公安机关密切协作，严厉打击侵权假冒犯罪活动。全年批捕涉嫌侵犯知识产权案件10件12人，批捕涉嫌生产销售伪劣商品案件38件49人。审查起诉涉嫌侵犯知识产权案件23件37人，审查起诉涉嫌生产销售伪劣商品案件77件114人，与2015年同期相比，各项数据均有下降。

（三）依法开展侵权假冒案件审判

全省各级法院充分发挥审判职能作用，坚决打击侵权假冒违法犯罪行为，依法严惩犯罪分子。全省法院共受理侵权假冒刑事案件116件，审结95件，134人被依法惩处。其中受理生产、销售伪劣商品刑事案件83件，审结75件，判处刑罚102人；受理侵犯知识产权刑事案件33件，审结20件，判处刑罚102人。在依法适用主刑的同时，加大罚金刑的适用与执行力度，并通过采取追缴违法所得、收缴犯罪工具、销毁侵权产品等措施，从经济上剥夺犯罪分子再次犯罪的能力和条件。

五、加强督查，两法衔接和案件信息公开工作有序推进

2016年，省双打办围绕贯彻落实全国打击侵权假冒工

作领导小组办公室《关于打击侵权假冒行政执法与刑事司法衔接工作进展情况的通报》精神和“全国打击侵权假冒两法衔接业务培训班”工作安排，加强督导检查，全力推进“两法衔接”和行政处罚案件信息公开工作。进一步整改“两法衔接”和案件信息公开工作存在的问题，完善机制、强化制度落实。

（一）举办研讨会，推进“两法衔接”制度机制落实

9月26日，省双打办报请省委常委、省政府领导、省打击侵权假冒工作领导小组组长批准，在兰州举办了打击侵权假冒行政执法和刑事司法衔接推进工作研讨会。全省打击侵权假冒工作领导小组32个成员单位和14个市（州）双打办的负责人和相关人员参加了会议。研讨会传达学习了全国打击侵权假冒工作领导小组办公室通报、《全国打击侵权假冒工作领导小组第十次全体会议纪要》和省委常委、省政府领导、省打击侵权假冒工作领导小组组长关于推进全省“两法衔接”工作的指示要求。围绕如何推进全省行政执法与刑事司法衔接工作、提高打击侵权假冒违法犯罪工作合力进行了交流发言。会议编印了交流发言材料，印发了会议纪要，对下一步衔接工作作了安排部署。省政府法制办指导各地、各部门，深入落实“两法衔接”工作联席会议制度，并将“两法衔接”工作纳入政府依法行政目标责任考核评价体系。省高级人民法院与检察院、公安机关及相关行政执法部门建立了沟通协调机制，与检察院、公安机关建立了“三长”联席会议。组织知识产权、版权、工商等部门召开了《知识产权司法保护工作座谈会》，积极探索甘肃省知识产权司法保护的横向联动问题。全省各地公安机关积极加强与工商、质监、税务、农资、食药监等行政执法部门的协调联系，扩大案件线索来源，增强工作合力，并适时与有关部门联合开展重点区域的专项清查行动，及时发现并侦破了一批案件。各部门不断加强跨区域协查协作，延伸联合打击违法犯罪链条。甘肃省“两法衔接”联席会议制度、专项工作联络员制度等制度得到有效落实，行政执法机关和司法机关协作机制进一步加强，定期通报情况，研究重要问题。2016年，全省行政执法机关移送案件284件，公安机关受理145件，检察机关依法监督移送涉嫌犯罪线索28件。4月份，兰州市公安局经侦支队联合工商部门查办了一销售假冒品牌运动鞋案，涉案金额近百万元。

（二）加强问题整改，推进“两法衔接”信息共享系统建成运行

甘肃省“两法衔接”信息共享系统于2015年11月份建成使用，2016年3月，省“双打”办对平台系统建设运用情况进行了督查，针对问题进行了整改。下半年，通过会议讲评、现场检查督促等方式，推进“两法衔接”信息共享系统建设运用工作。截至年底，甘肃省“两法衔接”信息共享系统运行良好，与中央平台实现了案件信息数据互通，全省各级行政执法机关录入行政处罚案件信息3 640条、移送公安机关案件信息108条，上报中央平台信息2 105条。

（三）签订目标责任书，推进行政处罚案件信息公开

2016年省双打领导小组继续与省农牧、林业、文化、工商、质监、新闻出版广电、知识产权、食品药品、兰州海关9个行政执法部门签订了行政处罚案件信息目标责任书，建立了案件信息公开管理、督查、考核责任制，省双打办进一步落实案件信息公开情况统计、通报制度，使案件信息公开工作趋于常态化，全年全省打击侵权假冒行政执法立案6 372件、办结6 134件、公开5 797件，公开率达到95%以上。

六、广泛宣传，营造打击侵权假冒工作氛围

2016年，省双打领导小组对宣传工作重点作了安排部署，省双打办制定印发了《2016年甘肃省打击侵权假冒宣传工作方案》，各级宣传部门在春节、两会、国庆和消费者权益日、世界知识产权日等重要时间节点，充分发挥传统媒体、新兴媒体优势，集中开展宣传教育活动，及时报道打击侵权假冒工作成效和典型案例，引导群众增强识假辨假和抵制侵权假冒意识，营造全社会打击侵权假冒的氛围。

省委宣传部召开省内新闻媒体宣传工作会议，专门部署打击侵权假冒宣传工作，制定了“共筑诚信、德润陇原”诚信“红黑榜”发布工作方案，2015年以来组织举办了五场诚信“红黑榜”发布会，引导社会诚信，净化社会风气。

省双打办公室积极开展打击侵权假冒上情下达、信息传递工作，本年度共向全国双打工作领导小组办公室上报各类信息164余条、综合信息100条、编发简报14期、月度统计表12期，其中128条动态信息、75条综合信息被采用，全国“双打”工作简报编发甘肃省工作一期。积极与各类新闻媒体加强联系，及时报道了甘肃省打击侵权假冒的工作动态和成效。认真维护管理中国打击侵权假冒工作网甘肃子站，适时发布政策、信息，向全国公众呈现了甘肃打击侵权假冒工作的举措和动向。

省新闻出版广电局把打击侵权假冒宣传作为广播影视宣传工作的一项重要内容，纳入日常宣传总体规划，召开宣传例会、编发《宣传提示》，要求宣传双打工作做到长流水、不断线。在4月21日非法出版物销毁活动现场，组织了万人签名活动，省委常委、宣传部长梁言顺等领导参加了签名活动。省广电总台广播、电视新闻中心通过主干新闻节

目《甘肃新闻》《全省新闻联播》，新闻综合广播、交通广播、经济广播、丝路明珠网等资讯类节目中播出打击侵权假冒新闻消息370多条；甘肃日报刊发相关稿件150篇（条）；省内各主要新闻门户网站发布相关稿件1 000余篇，中国甘肃网开设了“知识产权周”和“关注3·15”两个专题，营造了良好的网上舆论氛围。

省委网信办部署了网络宣传工作，省内各重点新闻网站媒体共发布报道打击侵权假冒新闻专题、新闻报道短消息快报、重点新闻报道3 000余条。

各市州和省双打领导小组各成员单位以各种方式解读政策法规、宣传打击侵权假冒工作。农牧系统开展了“放心农资下乡进村宣传周”活动。工商系统编印《消费维权蓝皮书》，开展3·15系列宣传活动和以“新消费我做主”为主题的系列宣传咨询服务活动。食品药品监管部门在甘肃日报、人民网等媒体建立“食品药品话安全”、“食品安全第一播报”等宣传专栏，开展食品药品安全知识“大讲堂”。省知识产权局通过短信、微信、微博推送、户外墙体和电子大屏广告宣传知识产权保护工作。省公安厅在兰州东方红广场组织开展了以“防范风险，护航发展”为主题的宣传活动，利用打击侵权假冒专题展板、宣传手册和现场讲解等形式，全方位、多角度地揭示侵权假冒违法犯罪的危害，警示全社会防假、打假，不给侵权假冒提供滋生土壤。省高级人民法院通过发布甘肃省知识产权司法保护白皮书和甘肃省知识产权十大典型案例，召开知识产权司法保护研讨会，开展中德法官知识产权司法工作访问交流、知识产权案件庭审观摩、知识产权审判进机关、进企业、进校园、进科研、进乡村等活动，宣传甘肃省“加强知识产权保护运用、加快知识产权强国建设”工作。兰州市开展了兰州晚报热线接听等宣传活动。嘉峪关市在主要街道、商业聚集区、居民集聚区以图片、展板、典型案例展示等方式宣传防骗识假知识，增强群众防假意识。庆阳市采取设立咨询服务台、印发宣传资料、出动宣传车、悬挂横幅等有效形式，解读国家打击侵权假冒的法律法规和政策文件，培育全社会的知识产权保护意识和法规意识，市政府副市长王谦、市政府副秘书长安定祥亲临现场参与宣传。

（撰稿人：李永明）

青海省打击侵权假冒工作报告

2016年，青海省打击侵犯知识产权和制售假冒伪劣商品工作全面贯彻党的十八届三中、四中、五中、六中全会精神，按照国务院、全国双打办和省委省政府的具体部署和要求，紧紧围绕“保障和改善民生，深化改革创新，健全长效机制，加快完善现代市场体系、建设法治化营商环境”这一主题，贯彻落实国家和省政府决策部署，及时部署开展各项工作，认真履行工作职责，加强部门沟通协调，加大联合执法力度，推动打击侵权和假冒伪劣商品工作顺利开展。各成员单位创新工作思路、采取有力措施，结合本部门工作实际，明确各领域打击侵权假冒工作目标，以互联网领域、品牌保护、农资、食品、药品、卷烟、成品油市场为重点，采取专项整治，暗访抽查，质量检验，曝光违法企业、典型案件等手段，抓好重点市场、商品整治。严厉打击利用黑窝点生产、通过互联网宣传、邮寄和快递等渠道经营销售假农资、假药、食品、卷烟，以及滥用冒用伪造商标、开展虚假广告宣传和侵犯林业植物新品种权等违法行为，形成了齐抓共管的良好局面，打击各类侵犯知识产权和制售假冒伪劣商品违法行为取得显著成效。

一、加强组织领导

结合青海省打击侵犯知识产权和制售假冒伪劣商品工作任务、形势以及人员变动情况，省打假办及时调整全省打假工作领导小组成员单位，做到了领导重视、机构健全、机构和人员“双落实”的工作格局。制定印发了《2016年青海省打击侵犯知识产权和制售假冒伪劣商品工作要点》等文件，对全省开展打击侵权假冒整治工作进行了全面安排部署，确保了各项工作的深入开展。

二、加强依法信息公开

为进一步推动全省打击侵犯知识产权和制售假冒伪劣商品工作，促进依法公开制售假冒伪劣商品和侵犯知识产权行政处罚案件信息工作有序开展，根据全国双打办和省政府工作部署，结合实际，制定印发了《青海省打击侵权假冒工作信息报送及奖励制度》，省打击侵犯知识产权和制售假冒伪劣商品工作领导小组成员单位认真组织实施，各行政执法单位以本单位门户网站为主渠道，主动、及时公开适用一般程序查办的假冒伪劣和侵权行政处罚案件相关信息。通过依法公开行政处罚案件信息，极大震慑侵犯知识产权和制售假冒伪劣商品违法犯罪分子。9月，省双打办先后两次赴西宁市、海东市、海西州进行依法公开打假侵权假冒行政处罚案件信息情况督查，并向成员单位印发了《关于依法公开打假侵权假冒行政处罚案件信息的函》，为深入推进打击侵权和假冒伪劣商品工作奠定了良好的基础。

三、加强部门联合执法

各部门各地区间以群众关心、社会关注、问题突出的产品为重点，进一步加大沟通协作力度，形成打击合力，精心组织、周密安排，有针对性地开展了各类专项整治活动。

据统计，2016 年青海省各级相关执法部门共出动执法人员 6 万余人（次），检查食品、药品、农资、农副产品、家用电器、建材、机电、汽配、酒类等各类市场 2 000 余个，检查生产经营主体 4 万余个，受理和查处侵权和假冒伪劣商品案件 508 起，捣毁制假、藏假窝点 139 处，保持了打击侵权假冒行为的高压态势。

省双打办重点牵头组织开展了卷烟打假（打私）破网、成品油市场专项整治行动。截至 11 月底，全省共查处各类涉烟违法案件 138 起。其中，查处假烟案件 58 起，查获假烟 65.3 万支。查处走私烟案件 9 起，查获走私烟 2.3 万支。检查加油站 450 余家，抽查中石油、中石化油库 2 家，对非法无证加油点、非法流动加油车、社会加油站、销售不合格油品加油站等依法进行了处理，下发法律文书 2 份，排查各类安全隐患 320 余处，当场整改 240 余条，限期整改 61 条。

省食药监部门严厉查处食品、药品、化妆品、医疗器械违法案件 90 起，取缔医疗器械无证经营 19 家，责令改正 31 家、警告 1 家、查处无医疗器械注册品种 484 个，捣毁制假售假窝点 24 个。

省农牧部门积极开展农资打假等工作，共出动行政执法人员 7 094 人次，检查农资经营门店 5 361 个（次），整顿市场 244 个（次），检查种子 25.27 万公斤、农药 6 吨、化肥 601.8 吨，查获销售假农药的农资经营店 2 家，假劣农（兽、鱼）药 638 公斤，不合格农药 391 瓶（袋、盒），立案处理农资违法案件 25 件，办结 25 件，全省累计销毁处置假劣农资 31 吨。

省文化和新闻出版部门共出动文化市场综合执法人员 47 006 人（次），检查文化市场经营单位 28 945 家（次），查处违规经营单位 300 家（次），查缴各类侵权盗版非法出版物及宣传品共 6.4 万件，取缔游商摊点 94 个，删除各类网络有害信息 2.5 万余条，查办“扫黄打非”案件 27 起，处理违法犯罪嫌疑人 241 名。

省工商部门全年共依法立案查处商标侵权案件 41 件，涉案金额 20 万元，收缴罚没款 17.2 万元，捣毁了 2 处制假、藏假、售假窝点。

省质监部门重点抓好絮用纤维制品执法打假、建材产品打假、农资打假下乡行动、能效标识执法检查、单眼视力障碍人士和上肢残疾人驾驶机动车产品整治等专项行动，共检查生产企业 962 家，查处案件 63 件，货值 20.4 万元。

省环保部门加强与相关执法部门的衔接配合，对本地区侵权假冒伪劣商品环境无害化销毁工作进行指导和监控，及时公布了具有环境无害化销毁能力的单位名单。

省林业部门结合林木种苗工作检查，深入基层调查摸排，重点检查了国有林场、苗圃、企业及花卉市场、经营门店等场所，未发现侵权假冒行为。

省知识产权部门共受理专利行政案件 17 起，较上年 8 起增长 113%，其中受理专利侵权纠纷案件 12 起，结案 4 起，移送西藏知识产权局 1 起。查处假冒专利案件 5 起，结案 5 起。申请对方专利权无效被国家局受理 4 起。

省广电部门严格执行节目报批制度，抵制侵权盗版等违法违规广播电视节目，公开舆论监督机制，积极引导正面宣传，加大各类侵权假冒案件的曝光力度。

青海出入境检验检疫局共检验出口硅铁、纯碱、枸杞等重点大宗商品 411 批次，货值 3 344 万美元，检出不合格硅铁、纯碱、枸杞等大宗商品 8 批，货值 63 万美元。全面检查 25 种检验检疫证书和凭单，抽查了 8 类原产地证书。重点检查了机电和绒毛产品、装运前检验产品和市场采购产品的质量状况。

全省公安机关立案各类侵权假冒商品违法犯罪案件 88 起，涉案金额 512 万元，破获 80 起，破案率 91%，抓获犯罪嫌疑人 129 人，捣毁窝点 71 个。

全省检察机关全年共依法批准逮捕侵权假冒商品案件 18 件 26 人，其中批准逮捕制售假冒伪劣商品案件 12 件 16 人，批准逮捕侵犯知识产权案件 6 件 10 人。依法提起公诉侵权假冒案件 74 件 92 人，起诉案件均作有罪判决。

全省各级人民法院审理侵犯知识产权和制售假冒伪劣商品犯罪案件收案 79 件 101 人，审结 67 件 83 人。其中，假冒注册商标罪案件收案 8 件 11 人，审结 6 件 7 人；销售假冒注册商标的商品罪案件收案 3 件 6 人，审结 2 件 3 人；生产销售假药罪收案 63 件 74 人，结案 55 件 64 人。

四、积极培育特色品牌

近年来，全省各级商务、工商、质监等部门围绕“品牌培育和保护”做了大量工作，取得了明显成效。截至9月底，全省共申请注册商标3 295件，成功注册1 484件，有效商标总量达16 715件，分别较2015年同期增长了28%、12%和26%。随着“察尔汗”“金塔”“格桑花”等9件商标被国家工商总局正式认定为中国驰名商标，全省中国驰名商标总数达到44件、青海省著名商标175件、地理标志证明商标33件、青海省名牌产品68个，初步形成了注册商标、青海品牌和中国品牌“三大方阵”。通过借助“青洽会”“国际藏毯展览会”“国际清真食品展览会”“国际冬虫夏草暨藏医药展交会”等省内重大展会活动，在大力宣传推介我省品牌的同时，坚持“走出去”战略，积极为青海省品牌搭建走出省外国外的平台，扩大了企业和品牌在国内外的影响力和知名度。

五、着力推进两法衔接平台建设

省双打办按照《2016年青海省打击侵犯知识产权和制售假冒伪劣商品工作要点》分工安排，研究制定联席会议制度、案件咨询制度、走访检查制度、统计通报制度和培训制度等七项制度；根据《中共中央办公厅　国务院办公厅转发国务院法制办等部门〈关于加强行政执法与刑事司法衔接工作的意见〉的通知》（以下简称“两法衔接”）精神，落实建设资金200万元。在稳步推进建设“两法衔接”信息平台的同时，着重开展了相关行政执法部门和公检法相关工作人员打击侵权假冒“两法衔接”信息平台应用学习培训工作。截至2016年底，青海省打击侵权假冒“两法衔接”信息平台已基本建成。

各级检察机关认真贯彻落实《关于进一步做好青海省打击侵犯知识产权和制售假冒伪劣商品工作中行政执法与刑事司法衔接的实施意见》和《关于进一步加强工作联系，建立行政执法与刑事司法相衔接工作机制的意见》精神，与行政执法机关进一步建立健全“两法衔接”工作机制，加大对行政执法机关移送涉嫌犯罪案件的监督力度，对行政执法机关查处的侵犯知识产权和制售假冒伪劣商品案件，逐一进行阅卷审查，对达到立案标准需追究刑事责任的，及时移交公安机关立案查处，确保涉嫌犯罪案件及时进入司法程序。

六、深入广泛开展宣传

为确保打击侵权假冒工作取得实效，全省各级商务、公安、工商、质监、知识产权、新闻出版、农牧、食品药品监管等单位联合新闻媒体，利用“3·15消费者权益日”“4·26世界知识产权日”“5·15打击和防范经济犯罪宣传日”“放心农资下乡进村宣传周”等重要节点开展宣传活动，结合各自工作实际，采取宣传展示、播放录音录像、发放宣传手册和宣传资料、播报典型案件、现场解答等形式，深入开展了打击侵犯知识产权和制售假冒伪劣商品宣传活动，向社会公众普及保护知识产权相关法律法规知识，提高公众和企事业单位知识产权保护意识，积极参加全国双打办组织的各类学习培训。通过广泛宣传，进一步提高了全省各级部门、企业和消费者对打击侵犯知识产权和制售假冒伪劣商品重要性的认识，激发了全社会关注、支持、参与打击侵犯知识产权和制售假冒伪劣商品行动的热情，为深入推进打击侵权和假冒伪劣商品工作营造了良好的社会氛围。

七、巩固软件正版化工作

为巩固省、市（州）、县级政府机关软件正版化工作成果，建立健全政府机关软件正版化管理的长效工作机制，建立软件资产管理办法及计算机采购、安装、使用、管理等制度，根据国家版权局《关于印发〈2016年推进使用正版软件工作计划〉的通知》等文件要求，分别制定印发了《青海省2016年推进使用正版软件工作实施方案》《关于做好2016年推进软件正版化有关工作的通知》《关于做好推进企业使用正版软件工作有关事项的通知》。一是加强计算机软硬件采购源头管理。联合省财政厅制定印发了《关于进一步加强计算机软硬件采购源头管理的通知》，强化计算机软采购源头软件正版化工作。二是举办全省软件正版化工作培训班。分别举办了2016年全省党政机关、省属国有企业和民营企业软件正版化工作培训班，对各级政府机关和企业开展正版化软件管理工作，规范使用正版软件行为，提高软件资源使用效率，保障信息系统安全高效运行，推进使用正版软件工作规范化标准化进行了系统培训。三是加强对软件正版化工作督查考核。11月部署开展了政府机关、省属国有企业、大中型民营企业和金融机构的软件正版化督查考核工作，首次实现了对69家省直党政机关软件正版化督查考核的全覆盖。

（撰稿人：李文利）

宁夏回族自治区打击侵权假冒工作报告

2016 年，宁夏回族自治区认真贯彻落实国务院和全国打击侵权假冒工作领导小组的一系列部署，加强组织领导，明确任务分工，开展专项整治，建立长效机制，狠抓工作落实，取得明显成效。全区各行政执法部门共立有关侵权假冒案件 826 件，办结案件 785 件，行政执法案件办结率 95%，涉案金额 657 万元，捣毁窝点 17 个，案件信息公开 596 件，公开率 75.9%，移送司法机关 11 件；全区假冒伪劣类犯罪共立案 28 起，破案 28 起，破案率 100%，抓获犯罪嫌疑人 42 人，涉案金额约 1 800 万元；全区各级检察机关共受理侵犯知识产权和生产、销售假冒伪劣商品犯罪审查案件 8 件 8 人，批准逮捕 6 件 8 人；全区审判机关共受理案件 10 起，审结案件 6 起，判处刑罚 6 人。

一、推进软件正版化工作实现突破

（一）制度建设上有所突破

起草印发了《关于规范党政机关软件采购使用有关事项》的通知，以自治区人民政府名义印发了《宁夏回族自治区政府机关软件正版化工作管理办法》、《自治区政府机关使用正版软件工作考核细则》，指导全区各级政府机关建立了软件采购、使用、资产管理、审计监督、责任追究等制度，首次对软件正版化工作提出了明确、系统、规范的管理要求，杜绝了软件市场的混乱现象，被国家版权局在武汉会议上向全国推广。

（二）管理方式上有所突破

先后探索建立了推进软件正版化工作“分级管理、层层负责”的管理模式；建立了全区各级党政机关软件正版化工作责任人数据库；建立了全区计算机使用软件台账，对全区各市、县（区）党政机关、区直各部门的 1 070 个单位在用的 42 300 多台计算机使用软件情况进行了全面摸底调查，登记造册；对进入宁夏的软件公司实行了备案制，明确了“谁供货、谁安装、谁维护”的服务原则；定期公布国家软件采购价格、规范软件市场。首次从软件采购源头上、使用行为上进行了规范管理。

（三）推进范围上有所突破

重点在党群口、人大、政协、法检两院、民营企业中开展了软件正版化工作。四是使用国产软件上有所突破。首次将国产操作系统引进宁夏。指导吴忠市、永宁县等市、县（区）属企业中煤实业公司及全区新华书店安装使用一铭操作系统 V. 2. 0 软件和金山 WPS 办公软件。

二、药品、医疗器械、化妆品、农产品重点监管工作不断加强

（一）药品安全监管工作有突破

坚持在药品生产与注册环节把仿制药质量和疗效一致性评价工作作为重中之重，对涉及我区 5 家制剂生产企业的 67 个品种，制定了具体实施方案，明确了评价方法、资料申报、工作程序和时间节点；对全区 4 家生产含贵细药材中成药的生产企业，采取飞行检查方式，结合产品检验结果，开展专项监督检查工作。

（二）医疗器械监管力度有加强

启动了民营医院和乡镇卫生院药械使用质量管理规范化建设工作，年内能够实现 30% 的规范化管理计划要求。组织检查各类医疗器械生产、经营和使用单位及商铺 867 家，责令整改 120 余家，并对经营使用单位负责人进行了 1 次约谈，产生了较好效果。截至 2016 年底，立案查处生产销售不符合标准的医疗器械案件 26 件，结案 25 件，涉案金额 16. 25 万元。案件信息公开 25 件。

（三）化妆品监管效能有进步

制定了《非特殊用途化妆品备案后检查工作方案》，先后对 3 家化妆品企业进行了日常监督检查，对 15 个备案产品进行了备案后现场检查。年内安排化妆品国抽 450 个批次、省抽 100 个批次、快检 500 个批次，保健食品国抽 15 个批次、省抽 100 个批次、快检 500 个批次，目前抽检任务已全面完成。截至 2016 年底，全区立案查处生产销售假冒伪劣化妆品案件 17 起，结案 17 起，涉案金额 1. 38 万元；案件信息公开 17 件。

（四）农产品追溯管理有创新

以建立农产品产地合格证明制度为目标，按照生产过程有记录、信息可查询、流向可跟踪、质量可追溯、责任可追究、产品可召回的基本要求，以农产品质量安全检测为抓手，在兴庆区、金凤区、永宁县、贺兰县、灵武市、平罗县、利通区、青铜峡市、彭阳县、西吉县、沙坡头区、中宁

县等12个菜篮子产品主产县（区）建立农产品质量溯源系统，覆盖辖区内270个主要蔬菜和枸杞生产基地、畜禽屠宰和水产品捕捞点。在银川、吴忠分别开展了肉菜流通追溯体系建设，在中宁县开展了中药材（枸杞）流通追溯体系建设。通过积极争取，商务部将我区列为重要产品追溯体系建设试点地区，给予2亿元专项资金支持。

三、重点产品、重点区域、重点时段专项整治工作成效明显

（一）食品安全专项整治方面

按照2016年全区食品安全重点工作安排，开展了校园周边食品安全和牛羊肉专项整治。全区共检查各类学校食堂（含托幼机构）2 047家，占学校食堂总数的93.6%；实施餐饮服务食品安全量化分级管理动态评定1 810家，占学校食堂总数的82.8%；重点推进学校食堂“明厨亮灶”工作，完成学校食堂“明厨亮灶”改造1 210家，占总数的55.3%。针对存在的问题下达监督意见书1 321份，责令整改通知书68份，取缔无证经营各类学校食堂15个。开展了旅游景区食品安全专项整治。3—8月，在全区范围内开展了旅游景区、农家乐食品安全专项整治。专项整治工作以打击制假售假、超范围经营为重点，以规范旅游景区食品安全管理为目标，集中时间、集中力量对旅游景区及周边食品生产经营企业进行拉网式检查，消除旅游景区食品安全隐患，提升旅游景区食品安全规范化管理水平。截至2016年底，全区立案查处生产销售假冒伪劣食品（含保健食品）案件96起，办结案件84起，涉案金额97.07万元；案件公开信息84件；移送司法机关案件2件，涉案金额52.32万元。

（二）药品流通领域专项整治方面

6—9月，对全区药品批发企业进行梳理分类，抽调全区药品监管业务骨干60人次，组织检查小组18个组次，分两轮次，采取飞行检查的方式，对全区118家药品批发企业实施了全面的专项检查。检查结束后，及时将检查时间、过程、检查人员、检查发现的问题等内容，全部在自治区食品药品监督管理局网站公示。对问题企业予以从严、从重、从快处理。其中，对64家存在不同违规行为的企业给予警告并责令整改行政处罚，对12家实施了收回GSP认证证书的风险防控措施，对10家涉嫌超范围经营、挂靠走票、以非药品冒充药品的违法行为予以立案调查，拟对2家药品经营企业予以吊销《药品经营许可证》处罚。专项整治期间，有2家药品批发企业申请注销药品经营许可证书，2家药品批发企业申请歇业。在全国率先对8家未按要求上报自查报告的药品批发企业进行了公开曝光，并列为重点检查对象。企业名单公布后，在业界引起了较大反响。截至2016年底，全区立案查处生产销售假劣药案53起，已办结46起，涉案金额17.55万元；案件信息公开46件。

（三）打击非法出版、侵权盗版等专项行动方面

查办了广州创思信息技术有限公司“烈焰手游”涉嫌侵犯著作权案。该案涉案金额过亿元，是宁夏多年来查处的最大一起侵犯著作权案，此案已申请国家版权局列为全国挂牌督办案件。严厉打击非法出版物制售流通和传播淫秽色情及低俗信息行为，规范印刷复制企业的经营行为。截至11月底，全区共出动执法人员34 737人次，检查经营单位18 491家次，受理群众举报134件，立案调查148件，结案115件，移交案件38件，警告260家次，责令改正380家次，责令停业整顿106家次，罚款金额70万元，取缔非法出版物经营单位12家，收缴非法出版物1万余册（张），销毁侵权盗版制品及非法出版物共计6.2万余件，其中侵权盗版音像制品45 289张、侵权盗版图书5 330册（本）。

（四）农资、种子、农药、林木种苗等打假专项整治行动方面

及时安排部署了春季农资打假专项治理工作、“农资打假三下乡”、“农资打假夏季百日”、“红盾护农”、“质检利剑”护农、林木种苗质量抽查等活动。农牧、工商、公安、质监、商务、知识产权局、林业等相关部门，加强协作，密切配合，截至2016年底，全区出动执法人员10 654人，整顿市场2 438个次，检查企业6 332家次，查获不合格农资产品1 741.76公斤，受理举报73件，涉案金额10.4万元。检测化肥样品457个批次，批次合格率97.59%；检测农膜样品12个批次；检查农资市场465个次，检查农资经营户7 557户次；查办农资违法案件90起，案值72.83万元，罚款34.58万元；取缔无照经营2户；受理农资消费投诉37件，涉案金额15.34万元。

（五）农业投入品检验及定性清除专项行动方面

围绕重点地区、重点产品和突出问题，落实投入品分级经营制度，加强农业投入品监督检验和抽查力度，严把禁限用农兽药关。组织抽检农药产品183个、兽药产品328批次、动物及动物产品残留监测抽样439批、饲料产品240个，涉及农药生产单位137家，兽药生产单位9家，农资经营单位400家。根据检验结果，公布伪冒产品商标、生产厂家、批次，集中力量收缴清除所有伪劣农资产品，并通过农业投入品在线管理系统将生产厂家列入黑名单，全区备案禁售。

（六）消费品专项打假行动方面

以儿童用品、家用电器、电子产品、厨具、家具、食品相关产品为重点，严查生产不符合国家强制性标准或明示标准产品，以次充好、以不合格产品冒充合格产品，伪造或者冒用他人厂名厂址，未按要求取得生产许可证或强制性认证、标识欺诈等违法行为。共出动执法人员933人次，检查生产经营企业461家，查办案件23起，涉案金额15.6万元。

（七）汽车配件及车用燃油专项整治方面

以轮胎、内饰、座椅、制动器衬片、行驶记录仪等产品为重点，对汽车配件生产企业开展执法检查，严查无证生产、不符合标准、以假充真、以次充好等违法行为。对汽柴油生产企业及加油站点开展执法检查，严查汽柴油不符合国家标准、掺杂掺假、虚标标号、无证生产以及用普通柴油冒充车用柴油违法行为。共检查生产经营企业314家，查办案件6起，涉案金额10.3万元。

（八）建材产品"质检利剑"专项行动方面

以钢材、水泥、卫生陶瓷、电线电缆、防水卷材为重点，严查无证生产、不符合标准、以假充真、以次充好等违法行为；严查生产国家明令淘汰产品行为，打击非法生产地条钢和用地条钢轧制建筑钢材的违法行为。共检查建材产品生产经营企业326家，查办案件2起，涉案金额4.4万元。

（九）能效标识专项检查方面

对电动洗衣机、家用电冰箱、家用电磁灶、自镇流荧光灯和吸油烟机等5类列入能效标识管理目录的用能产品开展专项执法检查，共出动执法人员136人次，检查用能产品销售企业38家，抽样检测用能产品6批次，初检合格6批次，复检合格6批次，未发现虚假标注能效标识等违法行为。

（十）网络商标侵权和互联网广告违法行为专项整治方面

监测各类互联网广告17 850条次，发现涉嫌违法互联网广告63条次，发现涉嫌利用互联网发布违法广告机构25家，其中责令停止发布9件，责令整改16件。督促167户网络经营者履行相关义务，严格对申请通过平台提供商品或者服务的自然人执行实名登记制，指导207户网络经营者建立商品与服务信息的检查监控制度，达到"以网管网"的目的。

四、知识产权执法保护力度明显加强

加快推进宁夏回族自治区专利行政执法制度建设，制定并印发了《关于加强专利行政执法工作的指导意见》。以驰名商标、著名商标、地理标志证明商标、涉外商标为重点，加强商标专用权保护，严厉查处侵权违法行为，规范商标代理市场秩序，查处商标代理中的违法违规行为。开展了"中宁枸杞""盐池滩羊"等驰名商标保护行动，有效保护驰名商标专用权。开展了以建材、酒类、调味品等为重点的各类专卖店市场整治行动，重点检查是否有注册商标授权许可合同，查处未经授权擅自使用他人商标的违法行为，有力规范商标使用行为。开展了知识产权执法维权护航专项行动，有针对性地对专业市场、商品流通环节的食品药品、医疗器械、农业机械、电子商务等领域开展专项行政执法活动，做好专利纠纷调处工作。2016年，共计办理专利侵权纠纷案件56件，假冒专利案件17件。查处各类侵犯商标专用权案件122件，办结117件，案值58.14万元，罚款、没收违法所得60.92万元。

五、社会信用体系建设稳步加强

（一）搭建自治区公共信用信息共享平台

一期工程于2015年10月建成启用，实现了与全国信用信息共享平台数据库对接。截至10月底，自治区信用信息共享平台累计归集1 254.1万条信用信息，其中企业法人信用信息148.6万条，自然人信用信息1 105.5万条。截至2016年底，二期建设已完成项目审批和资金落实等前期工作，基本实现全区法人、其他组织和自然人信用信息归集全覆盖。

（二）落实统一社会信用代码建设

4月24日自治区编办印发了《关于开展机关、编办直接管理机构编制的群众团体统一社会信用代码工作的通知》，全面推动机关、群团统一社会信用代码建设；启动社会组织"三证合一"赋码工作，自治区民政厅、质监局、国税局、地税局联合发布公告，自2016年1月1日起正式实施。截至2016年10月底，全区已核发"三证合一、一照一码"营业执照8.4万户，存量代码转换率达48%。通过统一社会信用代码制度，实现"一人一码"、"一户一码"，终身不变，信用行为记录在统一的社会信用代码名下，为构建完整的自然人、法人信用档案创造了条件。

（三）开通"信用宁夏"网站

2015年12月，"信用宁夏"网站正式上线运行，并与"信用中国"网站实现信息联动。"信用宁夏"作为自治区褒扬诚信、惩戒失信的总窗口，主要用于向社会发布公开的信用信息。网站构建了信用公示、信用政策法规、联合惩戒及信用查询等服务栏目，截至2016年10月底，总访问量已达17 124人次。

（四）推进信用联合惩戒工作

自治区发展改革委联合21个部门转发了《关于对重大税收违法案件当事人实施联合惩戒措施的合作备忘录》，围绕业务工作，建立失信信息交换共享机制，实行联合惩戒。为落实《国务院关于建立完善守信联合激励和失信联合惩戒制度加快推进社会诚信建设的指导意见》，提请自治区政府印发了《关于建立守信联合激励和失信联合惩戒制度的通知》，明确自治区建立联合奖惩制度的重要性、责任主体、触发机制、权益保护机制、信息公示共享等有关内容。

六、社会宣传教育广泛开展

为确保“双打”工作能够产生广泛的社会效应，自治区各有关部门充分利用元旦、春节、“五一”、“六一”、“十一”、“中秋”等重大节假日以及春耕秋播农忙时段，组织执法人员深入各大商场、农村集市、街道社区，通过悬挂宣传标语、设立法律咨询点、发放宣传资料等多种方式向广大群众大力宣传“双打”工作和产品质量安全知识，不断提高群众的质量安全意识、消费维权意识和识假辨假能力。同时充分利用电视、广播、报纸、网络、手机微信等媒体以及12365热线，人力宣传法律法规和查办的假冒伪劣典型案例，积极引导群众参与“双打”工作，切实营造了浓厚的社会氛围。2016年，共发放“双打”工作宣传资料21 000多份，组织宣传活动21次，媒体报道9次，接受群众咨询2 152人次。

（撰稿人：张晓燕）

新疆维吾尔自治区打击侵权假冒工作报告

2016年，在全国打击侵权假冒工作领导小组、自治区党委、政府的统一部署下，新疆维吾尔自治区行政执法机关认真落实国家打击侵权假冒工作要求，结合推动供给侧结构性改革，逐步形成全区14个地、州（市）打假工作上下衔接、部门联动、平行协作的工作机制，严厉惩处影响创新发展、妨碍公平竞争和侵害消费者合法权益的侵权假冒违法犯罪行为，共出动执法人员16.9万人次，检查市场经营场所15.4万家次，捣毁制假售假窝点65个，下发责令整改通知书8 884份，受理投诉举报2 583件，立案查处侵权假冒案件3 098件，涉案金额5 980万元，营商环境明显改善，为推动新疆经济持续健康发展提供了有力保障，取得了较好的成效。主要开展了以下四方面工作。

一、提高思想认识，加强组织领导

2016年，自治区认真贯彻落实“3·17”全国打击侵权假冒工作电视电话会议精神，结合自治区工作实际，确定了“放眼新高度，加快新步伐，实现新发展”的工作思路。

（一）把打假工作作为实现新疆社会稳定和长治久安总目标的重要保障

以推动供给侧结构改革、创新驱动发展和扩大对外开放为主要抓手，以高度的使命感和责任感把打假工作放在打造丝绸之路核心区、改善营商环境、提振消费信息、促进经济持续健康发展、维护人民群众切身利益的高度去筹划、部署、落实。

（二）健全组织机构

自治区打假办根据人员变动情况及时调整补充人员，并指导、督促各地州打假办及时做好调整组织机构的相关工作，确保打假工作的顺利开展。

（三）强化工作的执行力度

坚持全区一盘棋的原则，加强统筹协调，理顺工作关系，每项专项整治活动都明确牵头部门，相关职能部门按照分工各司其职、密切配合、协同作战，形成合力。2016年自治区打假办下发相关文件11个，重点加强对专项整治活动的协调、指导和督查督办，形成既有统一领导、又有分工负责的工作机制。

（四）积极实践创新

自治区打假办主动与自治区综治办对接，将打击侵权假冒工作作为平安新疆建设的重要内容，纳入社会治安综合治理领导责任查究和重点地区治安突出问题排查整治范围。10月份，启动对自治区各成员单位（含中央驻疆单位）打假工作绩效考核，自治区打假办加强统筹协调，采取自评与考评相结合的方式开展工作，系统梳理好的经验和做法，查找存在的漏洞和问题，加强考核结果运用，考核分数与成员单位社会治安综合治理成绩挂钩，这在全国属于创新性举措。从工作效果来看，成员单位绩效考核能够充分调动大家的工作积极性与主动性，有利于形成工作合力，建立健全相关机制，推动工作有效落实。

二、加大整治力度，严惩违法行为

根据国务院办公厅《2016 年全国打击侵权假冒工作的要点》，自治区政府高度重视，以自治区名义下发了《关于印发 2016 年新疆维吾尔自治区打击侵犯知识产权和制售假冒伪劣商品工作要点的通知》、《关于印发新疆维吾尔自治区加强互联网领域侵权假冒行为治理实施意见的通知》，结合我区实际，按时间节点稳步推进侵权假冒工作，双打工作成绩斐然。

（一）加大对重点领域的治理力度

着力打击网上销售假冒伪劣商品和网络侵权盗版行为，强化农村和城乡结合部市场监管执法，持续开展中国制造海外形象维护“清风”行动，深入推进软件正版化工作，从生产、流通和消费等方面对侵权假冒行为实施全链条整治。

工商部门深入开展“红盾网剑”专项行动、清风行动、红盾护农行动，有力维护了“中国制造”的良好形象。

知识产权部门深入开展各类“护航”“闪电”专项行动。抓住“3·15”“4·26”等时机，以查处食品药品、环境保护等涉及民生领域的侵权假冒行为为重点，积极组织开展建立电子商务领域专利保护、知识产权保护规范化市场培育、跨部门联合执法活动，严厉打击了专利违法行为，维护了市场秩序。

质量监督部门以“质检利剑”行动为依托，开展了农资打假、建材领域专项整治、消费品“质检利剑”、节日期间“质检利剑”多项打击假冒伪劣产商品专项整治活动，积极开展全疆电商执法打假工作，组织执法培训，开展涉农电子商务产品质量问题集中整治，认真推进缺陷汽车和消费品召回工作落实，做好亚欧博览会质量安全服务保障工作，完善 12365 举报处置指挥系统建设。

文化部门加强网络文化市场监督检查，严厉打击网络侵权盗版行为，强化我区文化网站的日常监管，加大对网络文化、音乐、动漫、艺术品等检查力度，不断加大执法力度，严厉打击各类违法违规经营行为。

新闻出版广电部门制定了《新疆维吾尔自治区 2016 年软件正版化工作实施方案》，规范软件使用管理和维护。认真开展扫黄打非工作和净网、固边、护苗、清源、秋风等专项行动，利用技术手段加强监管，不断加大出版物市场监管力度。

烟草管理部门以卷烟打假为重点，始终保持卷烟打假高压态势，取得了显著成效，移送公安机关案件 17 起，刑事拘留 3 人，判处刑罚 12 人。受理 12313 举报投诉 100 起。

（二）加强部门协同与司法保护

海关部门加强与各相关知识产权主管部门的协调与配合，以专项整治“清风行动”为抓手，以提高执法质量为突破口，细化办案程序和操作程序，实现了关区范围内的执法规范化。加大各口岸现场对进出口侵权物品的查缉力度。

检验检疫部门以边境贸易货物集散地为重点地区，以大宗出口产品为重点产品，重点查处掺杂掺假、以假充真、以次充好等违法行为，形成打击制售假冒伪劣产品的高压态势。积极开展跨部门协作和工作创新，自治区检验检疫局与食药监局签署《关于加强食品安全监管合作备忘录》。9 月份，新疆首个产品质量溯源系统在中哈霍尔果斯国际边境合作中心上线运行。

地税部门与兵团公安局、自治区公安厅分别举行了派驻自治区地税局联络办公室揭牌仪式，标志着公安部门与地税部门在打击假发票等涉及“双打”工作的合作更加深入规范。

国税部门结合工作职责，与公安部门建立联络协作机制，在全区开展打击制售假发票违法犯罪活动、成品油和石油炼化企业专项检查等工作，取得阶段性成果，警税联手打击涉税违法效果显著。

（三）强化行业日常监管

食药监部门结合实际开展了食品流通环节、交通要道、旅游景区餐饮服务、春秋季学校食堂及校园周边、农村食品经营市场、集体聚餐场所 6 个食品安全专项整治，开展了民族药和药品、定制式义齿和医疗器械等生产和流通领域专项整治。

畜牧部门以饲料、兽药、草种为重点，针对面向农村市场的商品批发市场、乡镇（村）集市等销售假冒伪劣畜产品案件高发地，突出“三节”“两会”以及节庆（假）日等重点时段，集中开展商品抽样检测和执法检查。

农业部门在全疆范围内开展春季农药打假护农、春季农作物种子市场、化肥等专项执法打假集中行动，围绕种子、农药、肥料等重点农资产品，与质监、工商、公安等部门建立联席协调机制，组成联合执法组，密切协作解决问题。

林业部门深入贯彻《种子法》《植物新品种保护条例》

《植物检疫条例》等法律法规，严厉打击制售假劣林木种苗和打击侵犯林业植物新品种权，依法查处无证无签、以次充好、以假乱真等违法行为，扎实开展林木种苗质量春季抽检24批次、林果产品质量抽检126批次、开展打击侵犯林业植物新品种权和特色林果产品质量安全监测等专项行动，营造依法治林的良好氛围。

（四）推动打防结合与打建结合

自治区政务公开办拟定并下发相关文件，提出了具体的要求，指导全区各地各部门大力推进“双随机一公开”监管改革，对检查情况和结果及时进行了公开。

自治区发改委加强价格举报监督，维护群众合法权益，加强法制工作，提高执法水平，积极协调编办、民政、工商、质监、人民银行等部门，稳步推进社会信用体系建设、双公示、守信激励和失信惩戒相关工作。

自治区财政厅及时拨付项目资金2 000万元，用于知识产权专利转化，有效提高了相关企业的知识产权运用和保护意识。

自治区商务厅对全区商务主管部门“双随机一公开”工作情况进行了梳理、分析、总结，指导各地、州开展商务综合执法，有效地提高了监管效能，积极为各类市场主体营造法制化营商环境和公平竞争的发展环境。

通信管理部门扎实开展电话和互联网备案用户实名制登记、打击防范网络新型违法犯罪活动、加强互联网和电信增值业务管理，为互联网领域打假工作奠定坚实基础。

邮政管理部门创新监管方式、完善长效机制，严防侵权假冒商品通过寄递渠道流入市场，为净化市场环境提供了有力保障。

三、强化法制建设，震慑犯罪分子

2016年，自治区公安机关、检察机关、审判机关等单位不断加大打击侵犯知识产权和制售假冒伪劣商品工作力度。

公安机关全力配合开展打击互联网侵权盗版“剑网2016”专项行动，关注互联网侵权假冒犯罪，做好相关案件的接收工作。会同食药监局、卫计委开展山东济南非法经营疫苗案件的查处工作等。开展“5·12”集约打击涉烟经济犯罪活动，切实加强部门协作，与自治区烟草专卖管理局联合印发《联合打击涉烟违法犯罪活动工作制度》，构建打假工作长效机制。公安机关2016年共破获涉假类案件63起，抓获嫌疑人62名，涉案金额3 690万元。

检察机关、审判机关认真履行法律监督职责，积极推动、周密部署、大力宣传打假工作，注重建立、健全行政执法与刑事司法相衔接的工作机制，通过与公安、监察、经信、知识产权部门联系和沟通，进一步统一思想，提高认识，抓好落实。注重深化检察机关的法律监督权，加大立案监督力度，对侵犯知识产权和制售假冒伪劣商品犯罪行为，防止以罚代刑问题。检察机关审查起诉55件83人，批准逮捕15件17人。审判机关共受理“侵权假冒”一审案件43件68人（含旧存），审结32件63人。

四、增强打假意识，营造良好环境

2016年，自治区双打办与自治区党委宣传部联合下发了《打击侵权假冒宣传工作方案》，进一步加大了我区打击侵权假冒宣传工作力度，增强了全区保知打假意识，营造了良好的工作氛围。

（一）充分发挥各类媒体平台的宣传报道

2016年，自治区双打办向全国双打办和中国打击侵权假冒工作网新疆子站报送工作信息56条，数据11次，并会同自治区知识产权局等部门，于4月共同发布了“2015年打击侵犯知识产权十大典型案例”，集中展示打假工作成效。乌鲁木齐药监部门及时曝光侵权假冒典型案件，并为举报假药的群众及时兑现12万元奖金，在全社会形成打假光荣、造假可耻、赏罚严明的良好氛围。

（二）积极开展贴近群众的宣传活动

通过组织庭审观摩、召开新闻发布会、摆放打假成效展板、发放宣传材料，结合实际案例向群众讲解常见犯罪特点及作案方式，提高广大群众的自我防范意识和参与防范、打击假冒伪劣商品的积极性，增加维护知识产权及打假工作的社会影响力。自治区公安厅会同自治区国税局、自治区工商局、自治区质监局、自治区药监局、自治区银监局、烟草专卖局、盐业公司等部门，于5月在乌鲁木齐市中山路中泉广场开展主题为“打击和防范经济犯罪宣传日”活动。

（三）做好案件信息公开

通过企业信用信息公示系统、成员单位门户网站、专业类网站等及时公开制售假冒伪劣商品和侵犯知识产权行政处罚案件信息，规范提升12315、12316、12318、12365、12330等举报电话的服务能力，增强社会关注度，发挥实际效果。

（四）拓展宣传渠道

自治区司法厅创新宣传方式，依托“法治新疆”网站、微信公众账号平台曝光侵权假冒典型案件，营造守法光荣、违法可耻的良好氛围。

（撰稿人：李琰）

新疆生产建设兵团打击侵权假冒工作报告

2016 年，按照全国打击侵权假冒工作领导小组及办公室的统一安排部署，新疆生产建设兵团紧紧围绕《2016 年全国打击侵犯知识产权和制售假冒伪劣商品工作要点》，结合兵团特殊体制的实际，各成员单位依据自身职能，采取一系列措施，开展了多种专项整治行动，努力维护公平竞争的市场秩序，取得了较好成效。据不完全统计，截至 2016 年 12 月，宣传部门打击侵权假冒立案 23 件，办结案件 19 件，涉案金额 10.5 万元；兵团所属城市工商部门共立案查处侵权假冒案件 65 件，办结案件 50 件，涉案金额 86.8 万元；质监部门立案 2 件，办结案件 1 件，涉案金额 0.31 万元；食药监部门立案 26 件，办结案件 24 件，涉案金额 15.38 万元；知识产权部门立案 24 件，办结案件 15 件；公安机关破获案件 1 件，抓获犯罪嫌疑人 15 人，涉案金额 300 万元。

一、兵团各级领导高度重视，健全完善组织机构，保障打击侵权假冒工作的顺利开展

2011 年根据国家打击侵权假冒工作的有关要求，兵团成立了由兵团领导任组长，兵团副秘书长、商务局局长、科技局（知识产权局）局长任副组长，18 个部门主管领导为成员的打击侵犯知识产权和制售假冒伪劣商品工作领导小组，领导小组办公室设在兵团商务局。各师也都按照兵团的模式成立了打击侵权假冒工作领导小组和办公室，抽调人员具体负责此项工作。2016 年由于兵团领导分工变化，以及领导小组成员变化较大，根据兵团办公厅要求，组织兵团打击侵权假冒工作领导小组成员单位上报成员名单，并上报兵团办公厅，为新一届领导小组的成立做好了准备工作。

兵团公安局成立由局党委委员、主管副局长张明江为组长，指挥中心、政治部、督察、经侦、治安、技侦、法制、网安、装财等部门为成员单位的兵团公安机关打击假冒伪劣犯罪专项行动领导小组。领导小组下设办公室，办公室设在经侦总队，并要求各师公安机关成立相应领导小组及办事机构，因地制宜，组织开展专项行动。兵团检察院领导高度重视“双打”工作，指定专人负责此项工作，明确要求各级检察机关积极配合兵团打击侵犯知识产权和制售假冒伪劣商品工作领导小组做好“两法衔接”工作。

二、相关职能部门加强宣传教育，营造打击侵权假冒工作的社会环境

兵团打击侵权假冒工作领导小组办公室根据全国打击侵权假冒工作领导小组办的宣传要求，转发了《关于做好 2016 年打击侵权假冒宣传工作的通知》文件，要求各师打假领导小组办公室严守宣传纪律，遵守党和国家的宣传方针，遵守法律、法规，严格按照国家和兵团打击侵权假冒工作部署要求和有关宣传纪律开展宣传工作，并积极配合报送有关信息。为了鼓励各师上报打假信息的积极性，制定并下发了《整规工作信息报送奖励办法》，对打击侵权假冒、商务综合行政执法及执法改革、专项整治工作信息内容的报送提出了具体的要求。截至 2016 年 11 月底，各师共上报各类信息 67 条，被商务部打击侵权假冒工作网站采用 18 条。

兵团党委宣传部根据兵团打击侵权假冒办公室的工作安排，积极利用报纸、广播电视、网站，广泛宣传打击侵犯知识产权和制售假冒伪劣商品违法犯罪活动，在《兵团日报》开辟专栏，兵团广播电视台实时报道兵团各师（市）开展打击侵犯知识产权和制售假冒伪劣商品违法犯罪活动情况，为打击侵权假冒工作营造良好舆论氛围。

兵团农业局联合兵团质监局、商务局、公安局，以及农业局直属相关事业单位的技术人员和执法人员，在一师阿拉尔市政府广场启动了“2016 年兵团放心农资下团进连现场宣传咨询活动”。活动现场设立了 25 个涉及种子、化肥、农药、农机、政策法规、农资展示、案件查处等内容的咨询台，展出了农资法律法规知识、农资打假工作成效等板报几十块，发放了十几类放心农资与维权知识光盘等宣传资料 31 万多份。

兵团食品药品监督管理局组织开展了“12331”投诉举报日和食品安全宣传周活动。在“12331”投诉举报日宣传活动期间共制作宣传展板 140 块，发放宣传单 35 000 份，宣传书 38 560 份，张贴海报 3 000 份，发放手提袋 2 800 个，开展咨询活动 14 场，宣传受众达 88 000 人。第一、三、四、五、六、七、八、十、十二师分别在电视台开办食品药品宣传专栏，集中宣传“12331”热线和食品药品安全知识。第七师在 130 团举行七师“12331”投诉举报宣传活动暨启动仪式。第五师局开展“进机关、打基础”，“进小家、筑防线”，“进学校、撒希望”，“进连队、强基层”，“进街

区、广宣传”等“六进”活动。第六师食药监局通过设置假药和食品添加剂展示台，耐心向市民进行讲解相关知识。第八师局通过开展“药品安全知识大讲堂”等活动，举办药械法律法规宣传贯彻和现场咨询活动，提升了12331的知晓度。在兵团食品安全周活动期间，兵团食品药品监督管理局分别在兵团机关及十二师举办2016年兵团食品安全宣传周启动仪式暨大型食品安全宣传咨询活动，卢晓峰副政委及兵团食安委19个成员单位和十二师、十一师、乌鲁木齐市米东区工商局、质检局、公安局等相关单位领导，相关食品生产、经营企业及餐饮食品单位负责人、一〇四团职工群众，以及相关新闻媒体等参加活动。

兵团质监局在牵头组织召开的2016年兵团质量工作新闻发布会上，通报了2015年兵团质量工作成效，解答社会关注的热点问题，新华网等40余家网络媒体进行了宣传报道。主动联合发改、工信、教育等部门，积极开展“质量月”、“消费品质量安全进社区、进校园、进团镇”、“特种设备安全知识进校园”等主题宣传活动，组织大型活动10次，参与群众万余人次，发放宣传资料50 000多份，悬挂横幅标语4 000多条，宣传板报350余块。兵师广播电视、报刊等新闻媒体广泛报道了“质量月”、“消费品质量安全三进”等宣传活动情况。

兵团知识产权局在“3·15”、“4·26”知识产权宣传周、专利周等重要节日和敏感时期开展宣传活动，将知识产权宣传资料发放到企业、中介机构、大学、党校、药店、超市等单位以及前来咨询的群众手中，全年已发放宣传材料5 000余份。组织开展了“加强知识产权运营，开拓知识产权强企之路”为主题的2016年第十届中国专利周活动，新闻媒体对系列活动进行跟踪采访报道。利用各种培训的时机，将知识产权保护相关内容纳入培训范围，努力提升公众的知法守法意识和知识产权保护意识。

兵团公安局各级经侦部门以“3·15”宣传为契机，联合兵团农业局、商务局、质监局、电视台、二师公安局等，在第二师铁门关市通过广播、电视，科普宣传等形式，向广大职工宣传对农资产品的真伪辨别方法，发放资料1万余份、画册1 900余册、光盘100余张，悬挂标语80余条、宣传图片60张。结合“4·26”世界知识产权日，经侦总队会同兵团新闻办、兵团科技局在徕远宾馆召开新闻发布会，通报了兵团公安机关经侦部门在2015年打击侵犯知识产权犯罪中取得的战果，揭露作案手法，教育引导群众提高保护知识产权的意识。“5·15”经济犯罪宣传日，围绕“打击经济犯罪识假防骗共创平安”这一主题，联合中国银联新疆分公司、二师公安局在铁门关市农贸市场、四师公安局在七十二团团部设立宣传点，组织开展集中宣传活动。六师公安局与中华联合财产保险公司、五家渠市国家税务局、质量技术监督局、食品药品监督管理局、工商局、烟草专卖局等12家相关单位人员参加宣传活动。当天，全兵团公安机关共出动警力500余人次，设置宣传点13个，悬挂宣传横幅60余条，摆放宣传版画、设立宣传展板120余块，接受群众咨询2 000余人（次），发放宣传资料6万余份（其中维文宣传资料1万份），活动中集中销毁假酒2 000箱、假烟500条、假种子3吨、假冒伊力特、茅台、五粮液等商标标识包装材料10万套。增强了群众的法律意识，取得了良好的社会效果。

兵团国资委在举办的兵团国资系统指导监督工作研讨培训班上，将国家国资国企改革顶层设计文件解读和国家商标战略与知识产权保护作为重要的内容，由国家工商总局在兵团国资委的援疆干部庹登夫副主任就企业商标相关内容进行了讲解。同时专门组织学员就“兵团国有企业如何加强诚信体系建设，创建企业品牌，做好知识产权保护”进行了专题讨论，大家一致认为，企业是知识产权创造的主体，既要积极维护自身的知识产权，同时也要尊重别人的知识产权。

三、按照兵团实际情况，加大打击侵权假冒工作力度

兵团打击侵权假冒办公室根据全国打假办2016年工作要点，结合兵团的实际，制定了《2016年兵团打击侵犯知识产权和制售假冒伪劣商品工作要点》，以兵打假办发〔2016〕1号下发各师及打假领导小组成员单位，要求强化兵团团场、连队和城乡接合部市场监管执法、持续开展中国制造海外形象维护“清风”行动、深入推进软件正版化三个方面开展工作。在制定并下发的《整规工作信息报送奖励办法》中，将打击侵权假冒、商务综合行政执法及执法改革、专项整治工作信息内容的报送结合在一起，提出了具体的工作要求。

兵团农业局把农资打假专项治理行动作为工作重点，切实加强组织领导，制定印发了《2016年兵团农资打假专项治理行动实施方案》，对兵团开展农资打假专项整治行动进行了全面安排部署，使专项整治行动目标明确、措施落实、重点突出。加大农资市场监管力度，紧密结合农业生产实际，突出重点农时、重点地区、重点市场、重点品种，有计划地开展各种专项行动，严厉打击制售假劣农资，坑农害农行为。坚决查处生产、销售和使用禁用高毒农药的违法行为。兵、师、团农业部门和相关事业单位紧紧围绕保障农业

生产和农产品质量安全两个重点，开展了清理整顿农资生产经营主体、加大农资市场监管力度、加强农资产品质量监督抽查、集中力量查处违法案件等工作，为农资打假专项整治工作健康开展提供了强有力的组织保障。在农产品投入品监测中，完成抽检 1 250 个。其中农药抽检 397 个，合格率 84. 89%；兽药抽检 104 个，合格率 96. 2%；饲料抽检 329 个，合格率为 100%。在 2016 年的农资打假专项治理及开展执法监管检查行动中，兵、师农业部门共出动执法人员 5 000 人（次），检查生产基地及企业 1 500 多家，查办生产销售假冒伪劣兽药饲料案件 6 起，办结案件 5 起。

兵团食品药品监督管理局根据国家要求，认真开展食品安全专项整治工作。先后完成国家部署的“瘦肉精”、食用植物油、复原乳标签标识及保健食品、配制酒、玛咖制品三类非法添加、毒野生蘑菇、生湿面制品，餐饮服务环节违法添加罂粟壳等非食用物质的专项整治任务。开展了各个节日期间的食品安全专项整治，春、秋季学校及周边食品安全专项整治，夏秋消费旺季重点区域食品安全专项整治任务，先后 10 余次组织工作组对 14 个师（市）及兵团直属单位督导检查，采取一对一反馈督查意见，提出整改建议。在专项整治中，共出动执法人员 12 208 人次，执法车辆 2 858 车次，共检查食品经营单位 21 504 户，限期整改 992 户，立案 1 起，罚款、没收违法所得 10 万元。在药品医疗器械专项检查工作中，开展了特殊药品专项检查，重点加强了对兵团范围内医疗机构特殊药品（麻醉药品、一类精神药品）及药品零售企业含麻黄碱类复方制剂流通、使用的安全检查。对 6 家师医院、17 家团场医院、8 家药品零售企业的特殊药品（麻醉药品、一类精神药品）及含麻黄碱类复方制剂的安全监管情况进行了检查。对存在的风险隐患落实了整改、对管理制度的运行进行了完善，针对软件方面的不足做到了查漏补缺，对一些硬件方面的缺失也提出了整改意见，确保了特殊药品流通管理严格、使用安全。在开展疫苗安全专项监督检查中，按国家新修订的《疫苗流通和预防接种管理条例》的要求，开展疫苗专项检查。通过督查、函查等各种方式，督促各师建立了适应本辖区实际工作需求的工作制度。将疫苗流通管理和药品安全团建设联系起来，充分依靠团场创建药品安全团领导小组成员单位的协调职能，加强对疫苗流通管理工作，利用团场药品“两网”中“药品监督网络”作用，对团场医药领域进行监督，杜绝“问题疫苗”非法流入基层。抽查了 4 个师 14 个团场的疫苗接种单位，现场抽查了师、团场相关疫苗流通、使用单位的质量管理情况，重点对疫苗接种单位进货检查验收制度的执行情况进、购进配送票据、供货单位资质、疫苗运输方式、运输设备、贮藏温度等进行了针对性检查。在开展医疗器械专项检查中，对一、三、九师、十师、十四师的医疗器械使用单位采购环节、在用设备的质量管理制度和转让、捐赠、使用情况及医疗器械不良事件监测进行了专项检查。抽查了师、团场及涉药涉械单位医疗器械使用质量管理情况，其中药品零售企业（含连锁门店）8 家，医疗卫生单位 37 家，主要对兵团各级医疗机构一次性使用无菌医疗器械、植入器材和人工器官、介入器材、填充材料、体外诊断试剂及大型医用设备等的使用、维护、转让情况进行了重点督查。督促兵团各师、团场医疗机构及涉药涉械单位严明医疗器械进货查验记录制度，完善长期使用的大型医疗器械使用档案及使用、维护记录，加强医疗器械不良事件监测工作的开展，并督促各师尽快建立覆盖质量管理全过程的医疗器械使用质量管理制度。在开展中药饮片监督检查中，对 4 个师 13 个团场医疗机构的中药饮片的安全监管情况进行了监督检查，抽查了中药饮片的购进验收情况、储存养护情况、标签装斗管理及加工管理情况。通过监督检查各单位对中药饮片的管理比较规范，均建立了专用账册，专人负责，装斗实行双人复核，装斗记录完整规范并可追踪，部分医院中药药房设备新、设备先进，采用了半自动或自动化的方式配药配方，创新中药材配方方式，收到良好的效果。

兵团质监局按照兵团党委六届十五次全委（扩大）会议重大举措任务分工方案部署安排，与兵团工信委联合制定了《兵团重点工业消费品质量提升行动方案》，对节水产品、农膜、复混肥料、纺织服装、建筑装修材料、建筑防水卷材、食品包装材料、低压配电柜 8 类重点工业消费品开展产品质量提升行动。多次组织对兵团辖区内滴灌带、农膜、化肥、低压配电柜、棉纱、塑料管件管材、水泥、钢材、建筑防水卷材产品进行监督抽查，共抽查了 353 家企业的 528 批次工业产品，除滴灌带外，其余工业产品抽检合格率平均为 96. 3%。定期对产品质量监督抽查状况向社会公布，将不合格产品检验报告及企业名单及时移送相关师质监局，加强指导和规范做好不合格产品后处理工作。5 个师从 2015 年 11 月到 2016 年 3 月共开展 3 次监督抽查。将产品抽检结果通过电视、手机报、政务网以红黑榜形式向社会进行通报，使消费者了解产品的真实状况，引导消费者使用合格企业的产品，并将产品抽检结果通报团场，引起团领导重视。根据《质检总局关于印发〈2016 年“质检利剑”行动工作方案〉的通知》要求，围绕农资、建材、3C 产品等重点产品深入开展质监利剑行动。狠抓团场连队等薄弱环节的执法打假，突出产品质量反映较多的重点区域重点产品，针对滴灌带产品质量合格率较低的情况，在兵团范围内开展了为期

5个月的滴灌带产品专项整治活动。兵团质监系统共出动执法检查人员300余人次，检查滴灌带产品生产企业260余家次，销毁处理不合格滴灌带产品320余卷，整改问题企业140余家。

兵团知识产权局扎实开展知识产权执法维权“护航”行动。针对八师专利侵权纠纷案件集中在农机制造业，为了保护八师整个农机企业的共同利益，合力打击专利侵权行为，指导八师知识产权局成立了农机装备企业产业保护联盟。在2016年里，加大了对流通领域涉及民生商品和电子商务的专利情况进行检查，防止出现诱导消费者的假冒专利发生。分别赴三师、五师、六师、七师、八师和十师等地组织开展联合专利行政执法8次。针对第八师石河子市发生的专利侵权案件较多的情况，督促八师石河子市知识产权局根据《专利法》和《专利法实施细则》及相关要求，做好立案和调解工作，全年第八师查处假冒专利案件12起，侵权纠纷8起，办理电子商务侵权案件8起，结案5起。积极开展兵地联合专利行政执法活动，在2016年的“4·26”知识产权宣传周、第十届中国专利周和亚欧博览会等重要节日期间，分别联合自治区知识产权局、乌鲁木齐市知识产权局和各师市知识产权局及其他相关单位对兵团各师市和展会上的相关专利产品进行了检查，同时对相关人员进行专利知识方面的宣传，提升社会人员的专利保护意识。

兵团党委宣传部根据全国“扫黄打非”工作会议精神，制定了兵团《2016年“扫黄打非”行动方案》，对全年“扫黄打非”工作做了总体安排和部署。开展了“扫黄打非·秋风2016”“扫黄打非·清源2016”“扫黄打非·净网2016”“扫黄打非·固边2016”“扫黄打非·护苗2016”为主要目标的专项整治行动。截至2016年11月，兵、师、团文化市场管理部门协同当地公安、工商、综治等部门，共计出动检查人员36 984人次，检查文化经营单位10 110家次，责令改正225家次，受理举报3件，立案调查40件，移交案件0件，办结案件70件，警告18家次，罚款213 213元，责令停业整顿1家次，没收违法所得100 000元，查处接纳未成年人网吧235余家，取缔黑网吧14家、游戏厅6家、娱乐场所3家；查处违规印刷企业3家；收缴盗版书籍10 223本，非法出版物11 450册，盗版音像制品5 366盘，淫秽色情制品4 970余盘（册），盗版教辅资料12 000多份，收缴非法宗教宣传品1 634册（盘）。

兵团公安局在整体打假不放松的基础上，将五类犯罪列为打击重点：一是制售假冒伪劣“名牌产品”、“专利产品”、“高新技术产品”等危害创新发展的犯罪；二是制售假冒伪劣日化、家电、日用消费品等危害扩大内需和职工就业的犯罪；三是制售假冒伪劣食品、药品、妇幼用品等危害人民群众生命健康的犯罪；四是制售假冒伪劣汽配、机电、消防器材等危害生产生活安全的犯罪；五是制售假冒伪劣种子、农药、化肥等危害粮食安全和农民利益的犯罪。充分利用现有区域警务合作机制，强化与相关地方的协作配合，提高办案效率，真正形成打击侵权和制假售假犯罪的合力。兵团各级经侦部门将大要案件侦办作为主攻方向，不片面追求案件数量，着力提升案件侦办质量，着重提高打击实效。

兵团检察院充分发挥介入侦查引导取证、批准逮捕、指控犯罪、法律监督的职能作用，使一批侵权假冒犯罪分子得到应有惩治。2016年，逮捕环节共受理公安机关提请逮捕的侵犯知识产权案件3件14人，经审查，依法批准逮捕2件5人，依法不批准逮捕2件10人；审查起诉侵犯知识产权案件2件10人、生产销售伪劣商品案件2件3人，其中，决定向法院提起公诉追究被告人刑事责任4件13人。

兵团法院在2016年，受理侵犯知识产权和制售假冒伪劣商品刑事案件5件，均已审结。

四、按照兵团特殊体制，建立行政执法与刑事司法衔接长效机制

兵团检察院制定下发了《推进兵团检察机关2016年“行刑”衔接工作通知》，持续开展“危害食品药品安全犯罪专项立案监督活动”，逐级成立专项活动领导小组，牵头召开查办危害食品药品安全联席会，会签相关行政执法与刑事司法衔接工作意见，并汇编《查处破坏环境资源和食品药品安全违法犯罪工具手册》分发有关执法和办案部门。各级检察机关依托专项活动，增强法律监督主动性和积极性，多次走访行政执法单位，组织召开不同层级和不同主题的“行刑”衔接联席会10余次，摸排相关行政执法案卷或执法台账百余册，配合行政执法部门开展专项检查和法制宣传10余次，及时对发现的问题提出整改意见和建议，努力维护食药领域执法公正和良好法治氛围。

兵团公安局在强化侦查破案的同时，认真做好行政执法与刑事司法衔接工作，主动加强与商务、工商、农业、质监、烟草专卖、知识产权局等行政执法部门的协作沟通，及时互通信息，认真配合相关监管部门开展市场大检查，对涉嫌犯罪的，一律立案侦办。

兵团食药监局加强食品药品安全行政执法与刑事司法衔接工作制度贯彻落实。按照兵团食药监管局、公安局、法院、检察院、食安办等五单位印发的《兵团食品药品安全行政执法与刑事司法衔接工作制度（试行）》要求，与各师公、检、法等单位制定建立本级行刑衔接工作制度，对各师

食品药品安全行政执法与刑事司法衔接工作制度贯彻及建立行刑衔接工作制度情况进行督查通报。在已建联席会议制度的基础上建立健全线索通报、案件移送、联合督办、联合调查、检验认定、信息共享、信息发布等工作制度，实现食品药品行政执法与刑事司法有效衔接，促进执法资源合理利用，切实加大对食品药品领域违法犯罪行为打击力度。

兵团知识产权局建立了专利民事纠纷司法审判与行政调处衔接机制。兵团第八师知识产权局和师中级人民法院创新工作方法，提高办案效率，经共同协商，建立了专利民事纠纷司法审判与行政调处衔接机制，制定并出台了诉调机制方面的相关实施意见和政策，明确了诉调机制的适用范围、预登记、交接、调处或调解等具体操作条款。

（撰稿人：俞明权）

大连市打击侵权假冒工作报告

2016 年，大连市双打办坚持以党中央、国务院关于打击侵权假冒工作的一系列指示和全国、省两级打击侵权假冒工作电视电话会议精神为指导，以汪洋副总理、邴志刚副省长的讲话为统揽，认真贯彻落实全国打击侵权假冒工作要点。在市委市政府的正确领导和市服务业委员会党委的正确指导下，市双打办以“五个带动”为切入点，积极发挥双打办组织协调功能，不断推动打击侵权假冒工作取得新进展。截至 11 月 20 日，公安机关共立案 504 起，破案 475 起，捣毁生产、销售窝点 140 个，抓获犯罪嫌疑人 382 人，涉案金额 1 亿余元。检察机关批捕案件 26 件 33 人，起诉 89 件 135 人。审判机关受理案件 8 件，结案 6 件，判决 11 人，查处假冒专利案件 96 件。截至 11 月 25 日，上报各类信息 500 余条，被采用 223 条。为 13 万户企业、294.3 万自然人建立了信用档案。

一、加强工作日常管理，完善工作机制

大连市打击侵权假冒工作领导小组办公室始终把日常管理作为做好工作落实的首要任务切实落到实处。制定并印发了《2016 年大连市打击侵犯知识产权和制售假冒伪劣商品工作要点》，部署全年工作，明确具体任务分工。调整工作组织，强化工作的主体责任的落实，进一步明确市打击侵权假冒工作领导小组各成员单位的分管领导和联络员的工作职责。完善“两法衔接”系统工作机制，建立了密钥保管、情况通报等制度。办公室 5 次召开工作会议，分别组织收听收看全国、省两级电视电话会议精神，研究落实措施，将上级指示精神落实到日常工作中。制定 2016 年度宣传工作重点，加强宣传造势，营造社会共治格局。组织 12 次工作调研，了解工作情况，检查工作制度落实，帮助梳理工作内容，协调解决困难问题。西岗区、高新区、金普新区调整组织，进一步明确责任分工。庄河市、沙河口区、长海县结合本市特点，制定工作要点。西岗区、旅顺口区、保税区、甘井子区等区市县召开会议，部署工作，使打击侵权假冒工作逐步走向正规。

二、加强行业日常监管，推进行业标准化建设

大连市科技局全年出动执法人员 46 人次，开展 8 次专项执法，共调解专利侵权纠纷案件 12 件，查处假冒专利案件 96 件。市质监局共出动执法人员 3 500 余人次，检查、巡查各类生产企业 1 200 余家，立案 18 件，办结 17 件，移交公安机关案件 2 件，涉案金额 15.4 万余元。市工商局共检查经营主体 3 320 余家，立案 80 件，涉案金额 220 余万元。市食药监局检查经营主体 3 656 家，抽检 3 572 批次全系统共查处案件 618 件，涉案金额 1 174.8 万元。共完成全国、省、市标准化建设 30 余项。

开展专利行政执法。市科技局制定了《大连市关于新形势下加快知识产权强市建设的实施意见》《大连市知识产权发展“十三五”规划的通知》以及《大连市专利违法行为举报奖励办法》等 17 项政策性文件，整体推进全市知识产权保护高效开展。按照 2016 年大连市专利行政执法计划组织实施“护航”、“闪电”等专项行动 8 次，出动执法人员 46 人次，选择部分药房、家电、旅游品市场、大型展会等专利商品集中领域，开展联合检查与集中整治专项活动。

开展重点领域专项检查。市质监局围绕生产源头，突出食品药品建筑材料、家用电器、儿童用品等重点商品，组织开展了 23 次专项执法检查，共计检查企业 343 家，立案 5 起。

为暖房子工程保驾护航。市质监局稽查队紧贴市政府民生工程实际，围绕暖房子工程在用的混凝土保温板、聚氨酯保温板、粘结砂浆等产品开展专项执法检查，为政府暖房子工程保驾护航。目前已检查8家企业，抽查8个批次产品。

开展打击侵犯商标专用权行动。市工商局以驰名商标、涉外商标、地理标志商标为重点，开展保护注册商标专用权专项行动。对重点区域的各类大中型商场、超市、专卖（修）店、农村和城乡结合部市场等侵权案件集中、易发区和经营场所，推动商标监管关口前移。目前，出动执法人员1 221人次，检查各类市场65处，经营主体2 950户，整治重点区域45处，办结案件7件，涉案金额10万余元。加强与知识产权中介机构执法合作，落实举证责任机制。市局与广州泓誉商标代理有限公司建立起保护知名品牌合作机制。对24家涉嫌仿冒苹果服务商标标示的经营者予以纠正，同时向基层局移交涉嫌仿冒苹果服务商标标示案件25件。

开展流通领域专项执法行动。市工商局以消费者反映强烈、社会关注度高、与人身及财产安全相关的成品油、儿童用品、服装、小家电、酒店用品等商品为重点，开展定向性、连续性的跟踪抽检。截至2016年底，共抽检各类商品413批次，其中不合格商品143批次，查处不合格商品案件27件，涉案金额71万余元；各区局查处假冒伪劣商品案件36件，涉案金额62万余元。

对消毒产品进行了监督抽检。市卫计委对全市生产企业、商场超市、商贸公司、医院单位的44件消毒产品进行了抽检，包括消毒剂类10件、卫生用品类34件。有1件消毒产品检测结果不合格。对1家卫生质量抽检不合格生产企业进行立案处罚，同时约谈相关负责人，责令立即回收、销毁生产销售的该批次不合格消毒产品。市食药监局组织开展了百姓最不放心的十种食品评选，开展针对性监测检验。

推进标准化建设。标准化建设是打击侵权假冒工作的重要内容之一。市质监局开展了“标准进万家”、“提升产品质量，推进品牌战略”等活动。组织召开2016年辽宁省地方标准制修订工作推进会，部署归口管理的33项地方标准制修订项目。《全钒液流电池通用技术条件》等10余项国家标准顺利通过国家专家审查。召开了标准化工作推进会议，制定《关于批准2016年度大连市标准化资助奖励项目的决定》，对27家单位主持制定的84项标准化项目，给予了总计695万元的经费奖励。市海洋渔业局积极推动大菱鲆标准化安全养殖模式，使得大连大菱鲆远销欧洲。大连成立第一个跨区域性的标准联盟，“节能环保型应急电源（ISPS）标准联盟。成立“长海海参E联盟”，积极培育大连海参地理标志品牌，推动海参进入国家食品追溯体系。今年有8个水产品被评为省级品牌。

三、加强专项行动整治，带动多部门协作联动

（一）加强互联网领域侵权假冒行为治理

制定并印发《大连市关于加强互联网领域侵权假冒行为治理的实施意见》。市网信办加强舆情监测，及时上报有关信息，组织开展了第二届网络诚信宣传日活动。市科技局开展针对互联网假冒专利商品的开展执法检查活动，查处网络假冒专利案件47余件。市质监局在“质检利剑”行动中，主动宣传有关电子商务产品政策，积极开展执法打假维权，查处了大连爱丽丝欧雅玛发展有限公司委托厦门星灿电器有限公司生产的，在天猫商城爱丽丝旗舰店销售的ITY-18-W章鱼烧电煮板（家庭用）涉嫌未经强制性产品认证案。市工商局召开会议部署2016“红盾网剑”网络市场监管专项行动，强化网络市场线上线下一体化监管水平。相继下发了《关于进一步加强网络经营主体建库工作的通知》和《关于判定总局搜索下发的市场主体网站的通知》。截至2016年底，全市网监系统入库企业数据17 557条，其中网络交易平台及交易型网站共157个。共排查网店700家，发现存在涉嫌违法经营行为线索的网店123家，受理接转消费者投诉99件。开展了非法主体网站专项整治工作，对113条非法主体网站信息线索采取线上全面排查，线下组织监管人员电话沟通、实地核查，进行线上线下主体信息比对，发现冒用其他企业名称开展经营活动网站1家，涉嫌赌博钓鱼网站8家，个体冒用公司网站7家，无ICP备案网站12家，确保了违法行为主体场所“落地”。对非法主体网站提请关闭或立案查处。市公安局根据网络监测，成功端掉一个利用网络销售假手机窝点，抓获4名犯罪嫌疑人，涉案金额600多万元。侦破网点遍布上海、广东等20余个省份的李某某特大网络非法销售进口假药案，涉案金额600余万元。发起集群战役，联合市烟草局、邮政局破获林某跨4省非法经营卷烟案，货值2 000余万元。将农资作为重点产品纳入打击互联网领域侵权假冒行为工作方案中，发挥辽宁省电子商务产品质量监督检验中心作用，对网上农资产品进行质量监督抽查和风险监测。

（二）强化农村和城乡接合部市场监管执法

开展“红盾国Ⅴ净油行动”。市服务业委员会牵头，联合10部门下发《大连市成品油质量升级及市场监管监督检查专项行动方案》；各级市场监管部门，逐户核实，对全市482户燃油销售主体的《车用燃油经营者清单》，建立健全电子档案。加强宣传引导，增强经营者责任意识，督促履行

进货查验、索证索票、建立台账等法定义务，严把进货关，按期完成油品升级工作。针对大连地区加油站普遍没有标明车用柴油和普通柴油问题，与中石油、中石化召开协调会议，统一部署，统一标准。对城乡接合部等重点区域开展了油品质量抽检，对城乡接合部等重点区域开展了油品质量抽检，共抽检 31 个批次，其中车用乙醇汽油抽检了 17 个批次，不合格 2 个批次；车用柴油抽检了 14 个批次，不合格 4 个批次。保税区、庄河市、花园口区也组织了检查、抽查。大连海关联合海警等部门在开展的"征战 06"缉私行动中，摧毁了利用非设关地码头绕关走私成品油的犯罪网络，抓获涉案人员 29 名，现场查扣 2 000 吨级油船 1 艘和涉案油罐车 20 余辆。

开展农资打假专项行动。召开专题会议研究部署专项整治行动，落实全国电视电话会议精神。印发了《关于印发 2016 年大连市农资打假专项治理行动实施方案的通知》和《关于加强农产品质量安全执法监管工作的通知》等多个专项整顿和综合治理方案。截至 11 月末，全市各级农业部门共出动执法人员 4 231 人次，检查农资生产经营企业 7 494家次，行政立案 163 起，处罚 45. 51 万元。不断加大制售假劣农资违法行为媒体曝光力度，在《大连日报》公布十起典型案例，有效震慑质量安全违法行为，种子生产、经营秩序得到进一步规范。对农药、肥料等重点品种开展专项检查。检查农药经营店 1 000 余家，抽检烟剂样品 108 批次，共发现销售假劣农药违法行为 8 起，行政处罚 4 万元，有力震慑了农药经营违法行为。市工商局查处 3 起销售不合格农机具商品的案件。市公安局组织开展"除恶、打假、护农耕"专项战役，共破获农耕生产案件 18 起、涉假农资案件 51 起，端掉制售假冒伪劣农资黑窝点 26 个，打掉犯罪团伙 28 个，抓获各类违法犯罪嫌疑人 91 名，极大震慑了各种损农坑农害农违法犯罪行为。依法被查获的不合格化肥共计 2 419. 2 吨，货值 480 余万元。瓦房店市组织开展农资化肥质量专项检查，破获百吨假化肥案。普兰店市场监管局联合市质监局开展农资打假联合执法。

开展流通领域商品质量抽检行动。市工商局组织流通领域商品质量抽查检验工作，严厉打击以假充真，以次充好，以不合格产品冒充合格产品等违法行为。1—10 月，以消费者反映强烈，社会关注度高，以及与人身及财产安全密切相关的建筑材料、机动车用品、眼镜等为重点，共抽检商品 572 批次，查结销售不合格商品案件 53 件，货值 95. 88 万元，罚款 88. 34 万元。

开展林木种苗专项检查。林业局组织开展了林木种苗行政执法专项检查，开展林木种苗质量监督抽查，重点检查工程造林使用的种子苗木质量以及许可、标签、档案等制度落实情况。

（三）开展中国制造海外形象维护"清风"行动

近年来，随着国内企业拓展海外市场的步伐不断加快，个别不法企业借机生产侵权产品出口海外，质量低劣的假冒商品严重冲击合法企业的海外市场，导致部分企业口碑受损、市场份额缩小，影响国际化进程。东北首个知识产权审判法院在大连高新区成立。大连海关通过实施知识产权保护为企业"保驾护航"，建立"知识产权企业联系人"制度，为企业提供个性化知识产权保护，引导帮助企业开展自主创新、转型升级，收效明显。在整个关区内大力培育海关高资信企业，根据《海关企业信用管理暂行办法》规定，依据信用状况对企业分类，而"失信企业"将进入海关"黑名单"，受严密监管。目前大连海关关区已有高级认证企业 41 家，一般认证企业 484 家。在维护中国制造海外形象的同时，为企业节省了成本。加大案件查处力度。大连海关查获出口假冒"CHERY"商标汽车零配件案，入选中国海关知识产权保护典型案例。大连机场海关在出境旅客行李中，查获标有"香奈儿"品牌标识的口红 755 支，"迪奥"口红 70 支以及彩妆套 13 盒，均为侵犯知识产权的"冒牌货"。开发区海关以 19 家高级认证企业为重点，积极宣传守信联合激励机制，引导企业在守信经营中维护"中国制造"海外形象。大连贸促会组织多家企业和商协会负责人赴拉美、非洲、中东等国家开展投资贸易洽谈及参展工作，介绍大连的经济发展情况和维护"中国制造"海外形象的坚定信心，随团企业也都积极主动宣传展示各自企业形象、产品优势。助推企业实施"走出去"战略，促进企业实现产能转移及可持续发展。在接到世界轴承协会拜访中，市双打办组织大连海关和市工商局主动宣传我国打击侵权假冒工作政策，大连市轴承行业开展打击侵权假冒措施和取得的成绩，维护大连市轴承品牌形象，获得肯定。大连市出入境检疫检验局注重对进出口重点商品质量分析评估，撰写的进口一次性卫生用品、进口木制品家具两个产品质量分析报告被评为全国第一。

加大对"3C"产品执法检查力度。市局稽查队联合认证处开展 ccc 认证专项执法检查，对部分品牌的家电产品存在的无 ccc 认证标志、冒用认证标志、产品与认证证书内容不一致等问题，加大行政处罚力度，对问题比较突出的增加检查频次。

（四）深入推进软件正版化建设

深化政府软件正版化工作成果。召开企业使用软件正版化培训班，共培训企业百余家，帮助企业建立软件资产管理制度，抓好软件的管理和使用及整改。为巩固政府软件正版化工作成果，领导小组办公室采取查阅资料、抽查计算机等方式，对全市政府机关及县市区政府58家单位进行督导检查。在11月接受省软件正版软件工作领导小组检查中获得肯定。

推进国有企业软件正版化。制定了《关于推进国有企业软件正版化工作实施方案》，明确市级国有企业集团总部及以下的各级企业和县区级国有企业软件正版化工作完成时限。6月，市文广局联合市国资委聘请了国务院国资委软件正版化培训专家，组织召开国有企业软件正版化部署及培训会，对21个市属国有企业集团领导及工作人员40余人组织了培训，要求加强领导，做好规划，明确责任，落实经费预算，确保按时完成国有企业软件正版化工作任务。

四、加强“两法衔接”推动，带动司法保护不断强化

2016年初，大连市打击侵权假冒工作领导小组办公室下发了《关于进一步做好打击侵权假冒领域“两法衔接”平台管理工作的通知》，通报了相关单位的案件信息录入情况，提出了具体要求，并收集了工作中存在的困难和问题，为组织培训做准备。组织打击侵权假冒工作领域“两法衔接”业务培训，由市检察院解读了“两法衔接”相关法律法规，对行政处罚案件的信息录入有关要求进行了说明，由技术人员对平台操作就行了业务培训。全市各成员单位和各区市县相关工作人员近200人参加了培训。有计划、有重点调研了市质监局、市公安局、市烟草局、市法院等相关单位“两法衔接”工作，宣讲“两法衔接”工作的重要性和相关规定，帮助解决问题和困难，使没有外网的工作人员配备了专门工作外网。为西岗区、沙河口区等单位补办了“两法衔接”平台业务操作登录密钥。11月初再次通报了“两法衔接”系统行政处罚案件信息录入情况，并组织开展了督查，11月中旬，迎接了市打假办对大连市“两法衔接”工作督查，进一步明确了有效案件录入的方法步骤。市科技局录入案件质量高，市工商局建立完善的密钥使用制度，旅顺口区、保税区、甘井子区召开专门会议部署工作。甘井子区政府领导亲自参加会议，录入案件数量上升较快。

强化司法保护。市政府投入1.7万元加强食品领域信息化建设。市领导小组成员单位、各区市县组织执法业务培训127次共1.2万余人次。市公安局结合两次环境整治、市食药监局组织“五个一集中”开展打假端黑窝点行动；市质监局开展“你点我查”专项执法行动。大连市工商局不断加强流通领域商品质量信息库建设，录入7万余条商品信息，作为打击侵权假冒工作的主要支撑。市食药监局与市公安局、市中级人民法院、市人民检察院联合出台《关于进一步加强大连市食品药品行政执法与刑事司法衔接有关工作的意见》，建立了食品药品行政执法与刑事司法衔接工作机制，加大食品药品违法犯罪活动打击力度。市食药监局联合市公安局开展了打击假酒行动。市打假办组织市烟草局与市邮政管理局召开寄递领域打击邮寄假烟联席会议，制定联动协作机制。沙河口区、甘井子区、庄河市划拨专项经费建设产品检测监测机构，加大检测监测力度。

五、加强宣传教育工作，带动营造社会共治局面拓展

大连市双打办结合今年工作特点，制定了打击侵权假冒宣传工作重点的通知。市工商局、市科技局制定“3·15”、“4·26”宣传工作实施方案。相关部门通过召开新闻发布会、公布典型案例的形式，广泛宣传打击侵权假冒工作成果。市工商局、甘井子区市场监管局举办《辽宁省消费者权益保护条例》解读专题培训会，普兰店区开展《辽宁省消费者权益保护条例》宣传走进社区活动。举办“信用关爱宣传日”活动。市食药监局联合多部门以文艺汇演、知识竞赛、网络有奖竞答等形式宣传打击食品领域打击制假售假工作，出台投诉举报奖励机制，最高可获20万元奖励。市质监局2016年共编辑执法打假信息320余篇，其中被中国质量报、辽宁日报采用295件。与普兰店市场监管局联合开展“农资打假服务下乡”宣传、技术服务。现场向农民发放宣传单1 000份，接受农民群众农资产品质量咨询200余人次，现场受理农资产品质量投诉2起。市农委不断加大农资打假宣传工作力度。以“放心农资进乡村，监管服务到基层”为主题，积极开展“放心农资下乡进村宣传周”活动。全市各级农业部门已举办现场咨询活动85场次，接待群众近2万人次，印发各类宣传资料6万余份，走进大连广播电视台新闻广播“12345市民热线”直播间，以“春耕备耕和农资打假”为主题，及时报道农资打假工作、推介优质放心农资产品、公布投诉举报电话，鼓励群众积极参与农资打假工作，营造良好社会共治氛围。公布了大连市“十大农资打假”典型案例。市工商局以“3·15”消费者权益保护日、“4·26”世界知识产权日为契机，组织在主要商业广场、街区等场所，以悬挂条幅、设立展板展示、发放宣传资料等方式，向广大消费者集中开展现场咨询活动，提高其识假辨假的能力，并充分利用大型LED屏幕滚动播放商标法律知识，普及打假法规，共印刷宣传材料21 000余张。定期向重点企业、行业协会及相关成员单位编发

《商标与品牌》信息，从法规宣传、以案说法、品牌培育等方面为企业开辟品牌发展经验交流渠道，现已编发信息 7 期。大连市公安局会同市打假办、保监局、中国人民银行大连中心支行、市国税局等 14 余家行政管理部门和金融机构在劳动公园开展了主题为“防范风险　护航发展”的“5·15”大型宣传活动，向群众集中展示工作成果，宣传防范知识，充分调动社会各界和广大市民参与的积极性和主动性，形成良好社会共治氛围。还在各区市县社区、街道、公园设置了 16 个分会场，现场传授防骗常识，识别假冒商品。开通了东北地区首个“防控经济违法犯罪宣传平台”微信公众号，发布预警信息 500 余条，收集案件线索 20 余件，截至 2016 年底，关注人数已近 3 万人。市质监局充分发挥新闻媒体在食品药品监管中的作用，加强食品药品专项治理宣传工作，食品类报送信息 186 篇，药械目前报送信息稿件 50 篇，新闻采访 14 次，发布消费警示 33 篇，电台专栏采用 17 篇。

（撰稿人：李秀庚）

青岛市打击侵权假冒工作报告

2016 年，根据国务院、省政府关于进一步做好打击侵犯知识产权和制售假冒伪劣商品工作的部署和要求，青岛市各级各有关部门强化组织领导，严格责任落实，密切协同协作，稳步推进打击侵犯知识产权和制售假冒伪劣商品工作，取得了阶段性成效。

2016 年，全市公安、经信、工商、质监、文化、食药、农业、林业、出入境检验检疫、海关和烟草专卖等部门共出动执法人员 7 650 人次，录入省两法衔接平台案件 1 728 件，办结案件 2 916 起，发放宣传资料 7.9 万余份，领导小组办公室制发打击侵权假冒工作简报 470 期，在中国打击侵权假冒网青岛站发布信息 783 篇，被中国打击侵权假冒工作网转发 138 篇，发放宣传资料 1.6 万份。中德生态园采取多种举措推进保护知识产权机制试点工作和加强网络购物领域监管经验，被全国双打办以简报形式转发。有 13 家企业被推荐为山东省版权保护示范单位，有 16 个单位和个人受中央国家机关表彰。主要做了四个方面的工作：

一、强化组织领导，推进打击侵权假冒工作有效落实

一是完善工作领导组织。根据工作需要，调整了市打击侵权假冒工作领导小组成员单位，各区（市）分别完善了本辖区打击侵权假冒工作领导小组，调整补充了联络人员，确保工作领导组织的落实。

二是完善工作机制建设。重新修订了《青岛市打击侵犯知识产权和制售假冒伪劣商品工作考评办法》《青岛市打击侵权假冒行政处罚案件信息工作监督管理办法（试行）》，完善了各成员单位打击侵权假冒工作信息报告制度，落实了联络员制度、信息报送制度、调度考核制度。召开了 3 次工作业务会议，调度了上半年各成员单位开展专项行动情况，召开了新闻发布会，通报了 2015 年度全市开展打击侵权假冒工作情况，公布了全市打击侵权假冒十大案件，保障了打击侵权假冒工作的开展。市检察机关加强行政执法与刑事司法的衔接，依法建议移送涉嫌犯罪案件，走访市食品药品监督管理局、工商、环保等部门 10 余次，召开联席会议 12 次，商讨行政执法与刑事司法的有效衔接。市文化市场执法局与青岛市中级人民法院、青岛市司法局和青岛市版权保护协会共同签署了著作权纠纷诉调对接机制的协议。青岛市中级人民法院还在青岛市版权保护协会设立了巡回法庭，以便于就地审理有关著作权纠纷案件。青岛市综治委牵头组织市烟草专卖局、市综治办、市检察院、市法院、市公安局等 14 个规范烟草市场秩序联席会议成员单位，完善执法对接机制。

三是周密部署打击侵权假冒整治工作。为贯彻落实《国务院办公厅关于印发 2016 年全国打击侵犯知识产权和制售假冒伪劣商品工作要点的通知》和 2016 年全国打击侵犯知识产权和制售假冒伪劣商品工作电视电话会议精神，市打击侵权假冒工作领导小组办公室制定下发《2016 年青岛市打击侵权假冒工作要点》、《2016 年青岛市打击侵犯知识产权和制售假冒伪劣商品工作宣传方案》和《全市互联网领域开展打击侵权假冒行为整治实施方案》，指导重点行业开展专项治理工作。

四是各区（市）打击侵权假冒工作领导小组认真履行

职责，加强统筹协调，竭尽全力做好“双打”工作的组织实施工作，畅通信息交流渠道，按要求督促辖区各成员单位按要求上传“两法衔接”信息，对处罚案件信息进行公示，及时上报各类月度统计，转发成员单位动态信息，有力地推进各区“双打”工作重点任务的落实。各部门各司其职、各负其责，上下联动、形成合力，确保工作有序、有力，使“双打”工作扎实有效开展。

二、考核组织情况

按照《青岛市打击侵犯知识产权和制售假冒伪劣商品工作考评办法》组织了对各区市和有关部门开展打击侵权假冒工作半年考核，并对区（市）和有关部门分别召开专题会议，进行通报讲评，对工作不力的两区责任单位进行约谈。

按照《山东省打击侵犯知识产权和制售假冒伪劣商品工作领导小组关于开展2016年山东省打击侵犯知识产权和制售假冒伪劣商品违法犯罪活动绩效考核的通知》要求，召开全市成员单位进行了专题部署，对照考核内容、要求和上报时限提出具体要求，同时要求将“两法衔接”案件录入、行政处罚案件信息公示、开展专项行动落实情况等汇总建档，并结合年终对各成员单位的考核，全面做好迎接省考核组考核。

三、狠抓落实，务求打击侵权假冒工作取得实效

（一）行业行政执法部门方面

公安、工商、质监、文化市场、农业、林业、国税、地税、烟草专卖等行政执法部门主动作为，深入重点区域、重点行业开展制售假冒专项排查工作。

公安部门专门下发《关于进一步加大对涉嫌制假售假犯罪活动查处工作的通知》《关于全市治安系统深入开展2016年打假“利剑”行动的通知》等文件，把农资、建材、卷烟、汽配、日用消费品、液化石油气等重点领域制售假劣产品犯罪列为打击重点，有针对性地予以打击和整治。2016年，全市公安经侦、治安、食药侦部门以及各派出所共立案侦办各类侵犯知识产权、制售假冒伪劣商品、食品药品案件204起，抓获犯罪嫌疑人327名，涉案金额共计3.25亿余元（其中侵权案件247万余元、制售伪劣商品257万余元、食品药品犯罪3.2亿余元）。有力震慑了犯罪，维护了青岛市市场秩序的安全与稳定。

工商部门深入开展“2016红盾护农”行动、开展成品油市场专项整治，进一步强化油品质量监管，规范成品油消费市场经济秩序。强化流通领域成品油质量监管，规范成品油市场经营秩序，积极维护消费者合法权益。累计共出动检查人员3.5万人次，检查各类市场主体4.08万家，整治重点区域450余个，立案查处各类商标侵权及制售假冒伪劣商品案件527起，罚款、没收违法所得共计463.77万元，有力地打击了侵犯知识产权和制售假冒伪劣商品行为。

质监部门先后开展了消费品、汽车及其配件、汽柴油、建材、农资等的专项整治行动。市质监系统共立案查处“双打”案件89起，办结78起，罚款、没收违法所得850余万元，移送案件1起。市局稽查局查处的生产不合格0#车用柴油案还入选了国家质检总局2015年度“质检利剑”行动十大案例。

文化执法部门积极开展打击网络侵权盗版“剑网2016”专项行动，累计出动执法人员9 300余人次，对60余个重点区域、3 000余家企业和单位进行了检查，查处违法违规行为300余起，立案297起，查缴各类侵权盗版制品及出版物17.6余万件（册、盘），行政罚款200余万元，刑事判决5起。

农业部门今年以来，先后组织开展了“砺剑护农”之打击农产品安全违法犯罪清源行动、高毒高残留禁限用农药清缴行动、春夏秋三季农资打假活动、全市农资打假和农产品质量安全执法大检查等活动。累计出动执法人员3 700人次，车辆980车次，检查农资经营门店3 300家，农资生产经营企业260家，农产品生产基地家210家；查获违法违规农资2.45万公斤，清缴高毒高残留农药121公斤。

卫生计生部门制定了《2016年青岛市卫生计生监督专项整治暨蓝盾行动工作方案》，将餐饮具集中消毒服务单位卫生专项整治工作和消毒产品监督抽检工作纳入2016年卫生计生监督工作重点，组织开展了监督抽检和法律法规培训工作。累计重点监督检查相关单位168户次，其中消毒产品生产企业80户次、经营单位28户次、餐饮具集中消毒服务单位60户次，检查消毒产品22种，现场抽检餐饮具样品150件，对不符合要求的消毒产品立案查处16起。为提升消毒产品生产经营者卫生管理水平，引导消费者健康合理消费，组织开展卫生法律法规培训班1期，培训卫生管理人员100余人，发布健康消费预警1期。

林业部门对无证或证照有问题的企业单位，责令限期整改，依照法律、法规规定的程序、条件和要求申领相关的证照；对在生产经营中的侵权和制售假冒伪劣种子的违法行为进行处罚；对未按照种子生产经营许可证的规定生产经营种子的，按《林木种子认可证管理办法》进行处罚。采取专项行动，累计出动执法人员161人次，检查企业（单位）

69家，取得了显著的成效。

食药监管部门积极推进各类专项整治工作和安全隐患排查，组织开展了青岛市羊肉及其制品“规范整治打击”专项行动、药品流通领域违法经营行为集中整治活动、中央财政转移支付稽查打假项目2016年中期工作调度、市食品药品监管局与市人民检察院开展强化食品药品监管和检察监督协作配合专项活动、打击假劣蜂蜜专项执法检查行动、化妆品经营流通环节专项整治工作。全市食药系统在打击食品药品假冒伪劣行动中，共出动执法人员81 394人次，检查企业（单位）31 138户次，立案307起，涉案金额239.01万元，其中重大案件18起，涉案金额115.9万元，办结案件226件，办结案件的行政处罚信息已全部公开，建立企业诚信档案1 120个，举报投诉受理8 617件，信息报送565篇次，宣传咨询活动26 265人次，新闻媒体报道892篇，发放宣传资料6.4万份。

国家税务部门以工商及其他部门移交的案件线索为基础，以有销售国家明令淘汰并停止销售、失效变质商品和伪造产地、伪造或者冒用他人厂名厂址、伪造或者冒用认证标志以及掺杂、掺假、以假充真、以次充好等违法行为的企业作为查处重点，严厉查处了一批有影响的税收违法案件，集中力量打击假冒伪劣税收违法行为。

地方税务部门在依法严厉查处侵犯知识产权企业税收违法行为的同时，配合相关职能部门，加大对重点区域、重点市场和重点产品的监管力度，严厉打击制售假冒伪劣商品行为，净化市场环境。继续配合国税局严厉打击通过制假、造假手段偷逃成品油消费税从而偷逃城市维护建设税、教育费附加以及地方教育费附加的行为。检查成品油经销企业是否将购进的沥青、芳烃、原油等非应税油品进行简单勾兑或不进行任何加工，假冒车用燃油等应税油品，销售给下游生产企业或者消费者，偷逃消费税从而偷逃城市维护建设税、教育费附加以及地方教育费附加的行为。

烟草专卖部门先后组织开展了《“青岛之盾”（2016）互联网和物流快递渠道涉烟违法犯罪专项整治行动》《“青岛之盾”（2016）卷烟经营市场专项整治行动》，严厉打击利用互联网、物流快递渠道涉烟违法犯罪行为和清理整治零售许可市场、非许可市场涉烟违法犯罪行为。开展了围绕元旦、春节节庆市场整治的《全市烟草专卖系统两节期间县域市场“净化”行动》和春节后为期3个月的《全市“县域市场”综合治理专项竞赛活动》。全市共查获涉烟违法案件1 775起，其中假冒卷烟案件791起，查获各类非法卷烟2 990万支，其中假冒卷烟852万支；查获非法卷烟总案值1 596万元，其中假冒卷烟案值961万元；全市司法部门依法处置涉烟违法人员140人次，其中刑事拘留65人，逮捕25人，判刑50人。破获4起符合公安部、国家烟草专卖局标准的百万元以上卷烟涉假网络案件。

（二）重点领域打击方面

青岛市以保护知识产权、网络整治和车用燃油整治等为重点内容，强化工作措施，加大整治力度。

商标权保护方面。市工商局突出商标案件查办，强化执法效能。组织系统以打击侵犯驰名商标、涉外商标、地理标志商标违法行为为重点，严厉查处商标侵权假冒违法行为，全系统共查处商标违法案件208起，罚款、没收违法所得345.72万元，有力维护商标权利人合法权益。著作权保护方面。市经信委积极帮助企业做好软件著作权保护。先后对海尔、海信等软件研发和使用企业进行了走访，深入宣传版权保护工作的重要性，并与企业就提高版权保护意识、开展自查自纠行动等事宜进行了探讨。指导海天炜业、以太科技等企业加大信息安全技术研发，防止网络侵权行为。组织开展青岛信息技术服务标准（ITSS）宣贯培训会，由工信部信软司指导、中国电子工业标准化技术协会信息技术服务分会和市委共同主办，相关企业近200人参会，指导企业进一步做好信息技术服务标准化工作，以标准作为产品生产、检验和评定的技术依据，防止弄虚作假、以次充好。专利权保护方面。市知识产权局积极组织开展执法维权专项行动，深入开展商品流通流域的专项整治，专利执法保护工作取得了较大成效。截至2016年底，全系统累计出动执法人员300余人次，检查商业场所80多家，检查专利商品800余件，立案查处假冒专利220件，专利纠纷案件立案67件，结案61件。市经信委组织21家知名软件企业参加2016第二十届中国国际软件博览会，通过大会展示各自软件产品及参加评选活动。在软件产品参评中，青岛市申报的8项产品获得6项金奖、3项创新奖，提升了知识产权方面的美誉度。通过市软件行业协会会刊和电子邮件等方式进行宣传，引导软件企业积极参与知识产权的评选活动，提高了青岛市软件企业知识产权的知名度和保护意识。

网络购物方面。市工商局突出网络交易平台的监管，指导督促网络交易平台建立了信息审查、检查监控、平台内交易规则、交易安全保障、消费者权益保护、不良信息处理等各项制度措施。针对“双十一”、“双十二”等重要时间节点的网络集中促销活动，进行集中式的行政约谈，加强督导检查。进一步完善网络经营主体户口，加强对网络经营主体的规范，推动网上亮照经营，加强与市通信管理局的合作，积极构建网络交易监管执法协作机制，及时对违法网站进行处理。加大对涉网交易违法行为的查办力度，深入开展网络市场监管专项行动，不断强化监管执法效能。主要针对网络交易平台和网络侵权假冒、刷单炒信等违法问题，着力查处了假冒伪劣、虚构交易、网络违法广告、商标侵权、不正当竞争等违法行为，严厉打击了网络市场中的各类违法行为，监管执法处罚力度逐年增强。2016年，全系统共查处各类涉网案件95起，罚款、没收违法所得达443多万元。

车用燃油整治方面。市经信委等部门下发了《青岛市人民政府办公厅关于开展全市成品油生产经营企业专项整治行动的通知》，加强成品油生产、运输、销售环节的监管，加快油品质量升级，加大油品监管监测力度，形成各部门齐抓共管、多层次多渠道的监管体系，进一步加强青岛市成品油全过程监管。各区市各职能部门分四个阶段对辖区内成品油生产、运输、销售企业全面调查摸底排查整治，并逐一登记造册，建立台账。截至2016年底，台账中已统计各类合法经营成品油生产经营企业841家（生产企业2家，运输企业30家，加油站点791家，批发仓储企业18家），无证无照非法生产经营企业41家，限期整改企业47家。

（三）重点环节打击方面

青岛市加大对生产、加工、进出口等重点环节侵权和假冒伪劣商品的打击，捣毁了一批制假售假窝点，市场秩序得到净化。

生产加工环节。按照国家、省、市政府和总局、省局“质检利剑”行动工作要求，市质监局先后开展了消费品、汽车及其配件、汽柴油、建材、农资等的专项整治行动。截至11月，青岛市质监系统共立案查处“双打”案件89起，办结案件78起，罚款、没收违法所得850余万元，移送案件一起。

进出口环节。市检验检疫局从严查处各种假劣侵权违法行为。严厉查处伪造或假冒检验检疫证书行为，建立打击伪造检验检疫证书的长效机制，重点加强对熏蒸/消毒证书、动植物检疫证书、品质证书、原产地证书、装运前检验证书的核查；严厉查处掺杂掺假、以假充真、以次充好、以不合格商品冒充合格商品、非法出口抽查检验不合格商品、擅自换货等质量违法行为；严厉查处伪造或冒用注册登记备案资格、原产地标记、厂名厂址、认证标志、国内外地理标志、违规使用标记、封识等违法行为。青岛局2016年共查处伪造检验检疫证单等侵权假冒案件2起。

（四）涉嫌刑事案件查处方面

各刑事司法部门坚持从严从快，依法及时批准逮捕、审查起诉涉嫌侵权假冒犯罪案件。

市公安机关共立案侦办侵犯知识产权、制售假冒伪劣商品犯罪案件71起，破案35起，抓获犯罪嫌疑人100名，涉案金额共计377.08万元。

市检察院围绕青岛市打击侵权假冒领导小组制定的打击侵权假冒工作要点，进一步加大“双打”力度，重点围绕食品、药品等重点商品，以及著作权、商标、专利等领域的突出问题，继续保持司法打击的高压态势。截至2016年底，青岛市检察机关依法批准逮捕侵权假冒案件42件62人，依法提起公诉案件58件113人。其中，依法批准逮捕生产、销售假冒伪劣产品犯罪案件7件9人，依法提起公诉6件9人；批准逮捕生产、销售假药案件6件10人，依法提起公诉10件23人；依法批准逮捕生产、销售不符合安全标准的食品案件1件4人，依法提起公诉6件29人；依法批准逮捕生产有毒、有害食品案件16件20人，依法提起公诉27件33人；依法批准逮捕生产销售不符合安全标准的产品案件1件1人；提起公诉生产销售伪劣种子案件1件1人；依法批准逮捕假冒注册商标案件7件13人，依法提起公诉3件8人；依法批准逮捕假冒注册商标的商品案件3件4人，提起公诉6件10人；依法批准逮捕非法制造、销售非法制造的注册商标标识案件1件1人。

市中级人民法院知识产权庭共受理案件1 346件，审结案件792件，审限内结案率97.2%。市中级人民法院裁判文书上网率达98%；接受人大代表及社会各界群众代表旁听公开庭审2次；以“4·26世界知识产权日”为契机，召开新闻发布会，发布青岛市知识产权审判白皮书和十大典型案例。

四、加强宣传教育，营造良好氛围

市打击侵权假冒领导小组办公室制定了《全市打击侵权假冒工作宣传方案》，4月27日，市政府召开打击侵权假冒工作新闻发布会，对2015年全市“双打”工作情况及典型案件进行发布。利用电视、广播、报刊、网络等媒介，加大打击侵权假冒工作宣传力度，营造自觉抵制侵犯知识产权和制售假冒伪劣商品的社会氛围。

在2016年的“3·15”活动中，市工商、质监、烟草专卖、公安等部门积极组织宣传活动；市公安机关联系了盐务、海关、烟草、知识产权局、质检等行政执法部门一同参加在台东步行街举办的大型现场宣传活动，会同各部门现场向群众介绍防范经济犯罪知识，印制、现场发放宣传材料，介绍公安机关打击侵权假冒犯罪工作职责，宣传相关法律法规，收到良好社会效果。

市中级人民法院以“4·26世界知识产权日”为契机，召开新闻发布会，发布青岛知识产权审判白皮书和十大典型案例；与市律协联合举办座谈会；组织法官送法“五进”

活动，举行法律咨询、解答群众问题；在《青岛财经日报》开辟知识产权专版，由办案法官结合典型案例进行评析；编写《青岛法院案例选编（知识产权专刊）》；充分利用全新改版的“青岛知识产权审判”互联网站，发布开庭公告、同步上传裁判文书及相关法律法规，进一步完善审判信息的即时更新和公开查询机制，广泛宣传法律知识，提高社会公众保护知识产权意识。

（撰稿人：牛德军）

宁波市打击侵权假冒工作报告

根据全国打击侵权假冒工作领导小组办公室、全省打击侵权假冒工作领导小组办公室和市政府的统一部署，宁波市打击侵权假冒工作坚持以党中央、国务院关于打击侵权假冒工作的一系列指示精神为指导，认真贯彻落实全国、全省打击侵权假冒工作要点，创新工作举措，完善工作机制，加大整治力度，打击侵权假冒工作成效明显，侵权假冒行为得到了有效遏制。截至 2016 年底，全市行政机关共立案侵权假冒案件 1 136 件，办结案件 851 件，涉案金额 1 372. 05万元，捣毁窝点 72 个；全市公安机关共立案侦查各类侵犯知识产权案件 19 件，涉案资金 4 687 万元，破案 14 起，抓获犯罪嫌疑人 40 名，捣毁各类窝点 53 个；市检察机关批捕案件 45 件 78 人，审查起诉 85 件 140 人；市审判机关受理刑事案件 7 件，结案 8 件，生效判决 35 人。

一、互联网领域打击侵权假冒工作情况

根据省双打办、省公安厅对互联网领域专项行动的部署，在全省率先打响了“云剑行动 2016”专项行动的第一枪。宁波市公安局经侦支队知识产权犯罪侦查大队以“行刑结合”为助力引擎，紧扣事关民生的农资、食品、电器等商品流通领域为打击重点，成功侦破“3 · 31 鄞州特大跨境（巴西）生产、销售假冒农药案”“1 · 15 杭州湾特大生产、销售伪劣汽车安全气囊案”“2 · 23 特大跨境（巴西）生产、销售假冒奥运商品案”“4 · 28 特大跨境（意大利）生产、销售假冒电器商品案”等多起侵权假冒大要案件，在全省、全国打出了影响力。联合侦破的特大跨境假冒农药案在国际上有效彰显了中国政府打击侵权假冒、保护知识产权的坚强决心，专项行动先后受到公安部孟庆丰副部长、省公安厅徐加爱厅长、王海仁副厅长的多次批示肯定，公安部、部经侦局、省公安厅分别发贺电予以表扬，具有宁波特色的“两打机制”正日趋完善。

二、农村市场打击侵权假冒工作情况

市质监部门 2016 年制定下发了《2016 年全市质监系统执法打假行动计划》，有步骤地开展了 5 个“蓝剑行动”系列打击侵权假冒专项行动。以农村市场为重点区域，明确工作重点，坚持整体推进、突出重点、打防结合、务求实效。重点查处化肥、农药、农机等农资产品，坚决遏制规模性侵犯知识产权和制售假冒伪劣产品行为。

市农业部门组织开展了“绿剑”春季、夏季和秋季三大集中执法行动，春季行动以种子、肥料等春耕备耕农资为重点，夏季行动以农药为重点，秋季行动以兽药、饲料为重点，严厉打击制售假冒农资，切实保障农业生产和农产品质量安全。此外，2016 年恰逢 G20 峰会在浙江省召开，宁波市在开展“绿剑”打假工作的基础上，围绕保障 G20 峰会农业“两项”安全，加强部门协作，进一步加大执法检查力度，开展高毒高风险农药专项整治、硝基类化肥管控、联合督查等多项治理行动，大力排查安全隐患，确保 G20 峰会农产品质量安全。

市文广版权部门坚持全纳入、全覆盖，以文化产品内容监管为重点，严厉打击各类文化市场非法违规经营行为。先后组织开展了“清网”“清源”“净网”“护苗”“固边”“秋风”“剑网”专项保障行动，完成了元旦、春节、国庆等重大节庆，以及 G20、“两会”、“东亚之都”、文明指数测评、卫生城市创建等阶段性重点工作文化市场保障任务；同时，根据宁波实际，相继开展了校园周边、网吧、艺术品经营、印刷企业、网络云盘、娱乐、演出、电影、户外大屏等 20 个专项执法检查，分段、分类治理，全面规范市场秩序。

三、“清风”行动推进情况

根据 2016 年全国打击侵权假冒工作电视电话会议精神和海关总署行动工作方案，宁波海关制定了《2016 年宁波

海关开展“中国制造海外形象维护‘清风’行动”工作方案》，在上年以查处输往非洲、阿拉伯国家侵权商品为重点开展“清风”行动，取得阶段性成果基础上，重点针对输往墨西哥、阿根廷等拉美国家侵权商品开展专项行动，持续加大对出口侵权货物违法活动的打击力度，遏制侵权违法活动多发高发态势。同时注重打防结合，不断加强与行业协会及出口重点企业的合作，提升企业知识产权保护意识，培育优势自主品牌，进一步树立“中国制造”的良好形象。2016年查获输往墨西哥、阿根廷等拉美国家的侵权案件29起，案值约499.8万元，查扣各类侵权货物约187.2万件。

市检验检疫部门在北仑、慈溪辖区已查获假冒产地、假冒认证证书、认证标志案件5起，涉案货值63.98万美元，处罚金额人民币19.68万元。上半年宁波市还首次查获新型业态的新型违法案件：查实两家跨境电商企业将被退运货物通过跨境电商平台冲关复入境违法行为，涉案快件包裹951件，涉案货值超过11万元人民币，处罚金额5.5万元人民币。

四、车用燃油专项整治情况

由市商务委牵头，联合市级有关部门，根据“红盾国V净油行动”要求，组织各县（市）区商务局加强对散装汽油购销管理制度执行情况、“一打三整治”打击非法供油监管等工作进行检查。对全市38家成品油批发企业、4家仓储企业、1家原油企业进行了摸底核查，对企业的经营资质进行了严格核对，对油库库容、油库产权、油罐个数、油库取得方式等进行了现场检查，建立健全电子档案。对各县（市）区商务局和企业提出的各类申请事项认真进行审核、严格把关，现场察看、及时审批。对批发、仓储企业材料初审后及时上报省商务厅，并建立健全了相关登记、签字制度，以防忙中出错，确保了成品油市场的有序健康发展。

五、中美海关知识产权联合执法行动情况

宁波海关自2016年4月1日至4月30日开展中美海关知识产权联合执法行动，突出打击重点，加强专项风险分析和联合研判。在分析总结前期侵权案件基础上，集中整理输美知识产权侵权案件信息，梳理输美侵权案件高发商品类别、企业、境内货源地等，特别是加大对输往美国的假冒汽车配件、药品、消费电子产品以及商标标识等的打击力度。建立侵权风险信息共享机制，加强与风管处和一线查验科室沟通合作，了解掌握目前输美商品知识产权状况的第一手资料，定期统计输美侵权高风险商品类别、高风险企业、高风险权利类别等，及时下达布控指令。经过风险分析和联合研判，在海运渠道共查获输美侵权案件3起，涉案商品2.1万余件，涉案金额46.8万余元，侵权货物主要为低压熔断器、放大器、桌子等，涉及“UL及图形”、“RU图形”、“GCI OUTDOOR”等知名品牌。在机场共查到输往美国的快件案件4起，查获涉嫌侵犯“CHANEL”、“LOUIS VUITTON”等商标的皮包、衣服等共27件，涉嫌侵犯“DISNEY”商标的气球2 000个。

六、软件正版化工作情况

根据国家版权局、浙江省版权局的工作部署，继续着眼政府机关软件正版化和国有企业软件正版化两方面，开展版权管理工作，完善版权保护工作机制。5至7月，转发国家版权局《关于做好2016年推进软件正版化有关工作的通知》，组织市县两级政府机关使用软件情况开展全面自查，建立机关单位软件正版化工作责任人数据库。

七、组织宣传工作情况

市打击侵权假冒工作宣传主要采取举办打击侵犯知识产权和制售假冒伪劣商品工作形势报告会、培训班、讲座等形式，并结合“3·15”消费者维权日、4月26日“世界知识产权日”、普法教育宣传周、“法制宣传月”等载体，积极组织开展宣传教育活动。编写《2015年宁波市知识产权保护状况》白皮书，评选《2015年宁波市知识产权十大事件》。2016年，共有30多篇新闻稿件被国家级、省级和市级媒体录用。此外，通过发布公益广告、广播电视宣传口号、报刊刊登商标注册、专利申请保护等文章，以及在各大商场、市场、广场设置大型广告牌等多种形式，加大知识产权宣传力度，营造氛围，扩大覆盖面。通过宁波电视台《法系乡邻》栏目、宁波电台《法制时空》栏目、《宁波普法》杂志、宁波普法网、宁波司法行政网等宣传平台，广泛宣传打击侵权假冒法律法规，及时地报道打击侵权假冒重大事件和典型案例，不断扩大打击宣传广度和深度。开展“5·15”全市公安机关打击经济犯罪集中宣传日活动，联合相关职能部门共同开展识假辨假宣传活动，通过涉假实物辨别，进一步提高群众识假防骗能力。借助微信、微博等新型互联网媒体，展示公安机关打击侵权假冒犯罪，保障民生、服务实体经济的工作成效，深刻揭露涉假犯罪的手法和危害。

（撰稿人：王一波）

厦门市打击侵权假冒工作报告

厦门市根据全国、省打击侵犯知识产权和制售假冒伪劣商品（简称打击侵权假冒）工作领导小组的部署和要求，在市委、市政府的正确领导下，围绕“创新、协调、绿色、开放、共享”五大理念，为建设“五大发展”示范市，加快经济转型升级、推动发展再上新台阶提供坚实保障，针对重点领域强化执法打击，积极推动长效机制建设，组织开展专项行动，建立了一系列行之有效的制度，打击侵权假冒合力不断增强，各项工作取得明显成效。2016 年，全市行政执法部门共立侵犯知识产权和制售假冒伪劣商品案件 872 起，办结 832 起，涉案金额 1 819. 04 万元，移送司法机关涉嫌犯罪案件 3 起，行政执法案件信息公开 367 件；公安机关共破获侵权假冒案件 428 起，抓获犯罪嫌疑人 228 人，涉案金额 4 057. 5 万元；审判机关共受理侵权假冒刑事案件 132 起，已判决案件 104 起，生效判决人数 209 人。

一、加强组织领导，推动“双打”工作深入开展

打击侵权假冒工作，事关人民群众切身利益，事关创新型国家建设，事关我国国际形象。厦门市深刻认识“双打”工作的重要性、紧迫性，不断强化领导，明确分工，落实责任。

一是根据机构改革及人事变动，及时调整领导小组成员，建立以副市长为组长的“双打”工作领导小组，下设办公室，承担领导小组日常工作，并召开领导小组工作会议，研究年度工作要点，部署任务，明确责任，细化措施。

二是市政府分管领导高度重视“双打”工作，专门听取“双打”工作情况汇报，并就双打工作作出部署。强调通过大力打击侵权假冒，为创新发展保驾护航、为推动供给侧改革创造空间，从而保持经济持续健康发展。

三是建立市区联动的“双打”工作机制。“双打”工作点多、面广，为充分发挥联动监督作用，共同防范侵权假冒行为。2016 年，厦门市于 2 月、11 月召开了两场基层商务主管部门“双打”工作联席会，通过逐级负责，分级办理，构建起统一领导、条块结合的运作体系，形成“线上线下”一体化监管，各成员单位“协同监管”，市区联动、区街联动、部门联动、干群联动的工作格局。

四是建立打击侵权假冒违法犯罪活动考核体系。为推动“双打”工作落实，把年度工作细化为 92 个细项，并制定 2016 年度“双打”工作督查方案，开展各成员单位、各区“双打”办自查工作，及时查找问题，完善整改措施。

二、加大整治力度，确保工作持续有力推进

厦门市保持高压态势，针对重点行业、重点领域、重点商品开展集中整治。

（一）深入开展打击网络侵权盗版“净网 · 2016”专项行动

市文广新局通过把有较大影响的 23 家网络企业列入主动监管名单，组织引导重点互联网企业开展自查自纠活动，查找侵权盗版问题。“净网 · 2016”专项行动期间，开展网络巡查，检查网络经营单位 141 次，文保单位 1 320 次。全年查办行政处罚案件 30 起，约谈违规经营单位 26 家次。市市场监督管理局开展“2016 网络市场监管专项行动”，按照线上线下一体化监管要求，组织业务条线整治行动，实现了工商业务、食药业务条线的全覆盖和全推进。

（二）广泛开展农村市场专项整治行动

厦门市制定《2016 年厦门市农资打假专项治理行动实施方案》，围绕重点区域、重点企业和重点环节，根据季节变化特点和农业生产规律及时开展“保春耕”、“夏季百日”等专项行动，充分发挥多部门整体联动优势，由农业局牵头，市场监督管理局、公安局、质监局配合开展各类农资打击侵权假冒专项行动，今年累计出动执法人员 3 551 人次，检查农资生产经营企业、农业合作社 909 家次；抽检农药、兽药、饲料等农资及农产品 85 批次，累计立案查处涉农违法案件 9 起，共处罚款、没收违法所得 5. 15 万元。

（三）重点开展侵犯商标专用权和假冒专利整治工作

市市场监督管理局明确工作重点，围绕食品药品、日用商品、生活电器等商品，以高知名度商标、涉外商标为重点，加强与商标权利人的配合，充分发挥厂商授权人员识假辨假的专业优势，联手开展打假。2016 年，联合厦门茶叶进出口有限公司开展打假行动，查获假冒“铁观音”、“一枝春”等物资 2 000 余公斤；立案查处侵犯“ECCO”休闲皮鞋、“小米”、“苹果”、“牛牌”等商标专用权的案件，其中涉及侵犯“苹果”商标专用权的案件 23 起，大力开展

“海飞丝”、“飘柔”、“力士”等商标系列打假行动，立案查处26件，查扣侵权物品3 700多件。市知识产权局制定了《知识产权执法维权护航专项行动方案》、开展电子商务领域专利执法维权“闪电”行动，通过开展全员执法、市区联动等方式每月对流通市场进行检查，截至11月底，共组织276人次，检查了43家商场超市3 820多种商品，立案查处了215种涉嫌假冒专利，较2015年增长9%（2015年查处涉嫌假冒专利案件197起）。

（四）大力开展车用燃油专项整治工作

由厦门市经信局牵头，联合公安局、市场监督管理局、质监局加大对车用燃油的执法检查力度，严厉查处制售假劣车用燃油的违法犯罪案件，形成打击制售假劣车用燃油违法行为的高压态势。针对加油站点多面广的实际，重视加强主体资格检查，对无照经营者指导其及时办理相关手续，对有照无证的及时抄告给相关部门，形成监管合力；采取“均衡分布、随机抽检”的方式，加大对车用燃油的抽样检验力度，针对厦门市66家加油站经营的206批次成品油开展了质量监督抽查工作。

（五）稳步开展中国制造海外形象维护“清风”行动

厦门市检验检疫局成立了“清风”行动领导小组，制定并发布了《厦门检验检疫局关于开展2016年出口商品质量提升打假维权工作的通知》，确定打假目标、打假措施和工作重点，加强重点出口商品及输非商品检验监管，以冒牌服装、箱包、鞋、化妆品、手表以及玩具、小家电等为重点监控产品，防止假冒伪劣商品流出国门；建立关检合作机制，加大侵权出口商品的核查力度，积极推进假冒伪劣商品海外监测网建设。

（六）推动软件正版化工作

为进一步完善全市使用正版软件工作联席会议制度，制定了《2016年度厦门市软件正版化工作实施方案》。组织开展市、区两级机关软件正版化工作自查整改工作，建立全市市、区两级机关（包含党委、人大、政府、政协、民主党派、人民团体、法院、检察院）软件正版化责任人数据库，并制定厦门市国有企业软件正版化检查整改相关方案和任务时间表，4月份，组织开展市属国有企业软件正版化工作培训会，对厦门市推进国企软件正版化工作进行再动员再部署，对软件正版化工作实务进行培训指导。全市各市属国有企业及其重点子企业相关部门负责人、业务骨干约200人参加培训。推动市国资委将软件正版化工作纳入国有企业绩效考核，并实地开展国有企业软件正版化检查验收工作。

（七）强化打假宣传，营造识假反假的浓厚氛围

为了加强知识产权宣传普及，提升全社会的知识产权意识，迎接第16个世界知识产权日，市知识产权局、市场监督管理局、质检局、市中级人民法院等部门于4月20日至26日联合开展以“加强知识产权保护运用，加快知识产权强国建设”为主题的知识产权宣传周活动。市文广新局以“版权走进自贸区”、“版权走进企业”为重点，组织开展4个主题和12项宣传服务活动。两级法院结合知识产权工作实际，开展了形式丰富的知识产权宣传活动，在“4·26”知识产权日宣传周期间，市中院召开新闻发布会，公布了厦门市两级法院知识产权司法保护的基本状况及十大典型案例，通过提炼“三合一”审判中的刑事知识产权典型案例，总结实务热点难点，积极培育社会大众的知识产权保护意识，营造“崇尚创新、诚信守法”的知识产权保护氛围。

三、完善常态格局，促进侵权假冒案件信息公开

为促进侵权假冒案件信息公开常态化，厦门市“双打”成员单位明确了工作机构及相关责任人，并出台行政处罚案件信息公开工作细则，按照《厦门市依法公开制售假冒伪劣商品和侵犯知识产权行政处罚案件信息工作监督管理办法（试行）》在其单位的门户网站的首页上开辟了行政执法案件信息公开专栏，公布打击侵权假冒行政处罚案件信息。如厦门市知识产权局通过局网站“执法公告”和中国（厦门）知识产权维权援助中心网站“通知公告”及时滚动公布专利违法行为的企业名单，有效遏制专利违法行为。市文广新局制定了《厦门市文化市场行政执法信息公开制度》《厦门市文化市场综合执法案件信息公开统计制度》等，明确了公开原则、公开类型、公开内容等事项，在市文广新局网站开辟专门栏目进行案件信息公开，做到有案必查、有查必报，全面及时推进信息公开工作。根据全国打击侵权假冒领导小组办公室《关于进一步做好打击侵权假冒信息报送和数据统计工作的通知》，厦门市每月报送案件数据信息，共报送专利侵权纠纷案件51起，假冒专利案件216起，侵犯商标权案件87起，销售假冒伪劣商品案件58起，生产销售假冒伪劣产品案件59起。

四、加强法制建设，大力维护知识产权权益

针对厦门市会展业面临日益突出的知识产权保护问题，通过课题立项、考察调研、专家论证、听证会等系列立法筹备工作，结合厦门经济特区地方特色，形成了《厦门市展会知识产权保护办法》。根据形势发展的需要，对《厦门市

专利奖评奖办法》及其《实施细则》进行了修改。围绕自贸片区重大经济活动涉及的知识产权问题，结合企业对知识产权评议的实际需求，与厦门自贸片区管委会联合出台《关于厦门自贸片区知识产权评议工作的指导意见（试行）》。为加强企业自主品牌保护工作，联合商标（品牌）协会等举办知识产权制度及保护策略讲座，市司法局结合近年来知识产权纠纷在互联网领域高发的态势，对互联网企业开展了针对性强、实用性高的知识产权进互联网领域活动，为互联网领域企业代表分析互联网版权争议案例中的经验，提出互联网企业商标与版权保护的建议，并积极组织律师参与代理侵犯知识产权和制售假冒伪劣商品案件，切实保护当事人的知识产权权益，促进知识产权保护秩序有序回归，推动打击侵权假冒工作落到实处。

五、加强部门协作，积极推动两法衔接工作

市政府公办室印发《关于推进行政执法与刑事司法衔接信息共享平台运行工作的通知》，督促尚未接入共享平台的各级行政执法部门尽快与同级人民检察院主动对接，并于2016年6月1日前完成全市两级相关行政执法部门的信息端口接入共享平台工作；各级行政执法部门按照《福建省行政执法与刑事司法衔接信息共享平台工作办法》的标准将2016年1月1日以来的案件信息，及时、全面、准确作录入。为推动两法衔接工作，厦门市于5月23日、24日召开了两场工作推进会，召集各区政府、部分市直部门及厦门国税局、厦门海事局、厦门检验检疫局等垂直单位就信息共享系统有效运行进行了相关部署，并如期进行接入、录入共享工作。6月24日组织150余人参加的市区两级行政执法部门共享平台业务培训会，进一步提升了厦门市行政执法与刑事司法衔接信息共享平台的规范运行水平。

六、注重先行先试，充分发挥自贸区在“双打”工作中的创新动能

为提高侵权假冒商品防范能力和事中事后监管能力，形成从源头上、根本上治理侵权假冒的体制机制，厦门市充分发挥自贸区创新动能，营造良好“打建结合”工作新常态。一是按照“三合一”的框架组建了厦门自贸片区综合监管和联动执法新体系。按照整合政府部门间相同相近的执法职能，归并执法机构，统一执法力量，开展在专利、商标、版权等领域的知识产权统一监管工作，并统一工作平台，通过机构整合做到对知识产权进行跨区域，跨行业的协调执法。二是通过扶持、保护知识产权营造良好营商环境。率先在全国出台首个“全覆盖”的知识产权扶持与奖励政策《中国（福建）自由贸易试验区厦门片区知识产权扶持与奖励办法》。对知识产权创造、涉外维权等活动，通过资助、补贴、奖励、风险补偿等方式进行扶持和奖励。扶持与奖励范围从以往的专利领域扩展到商标、版权等领域，实现了知识产权全覆盖，引导企业积极应对涉外知识产权纠纷，促进了新技术、新产业、新业态的蓬勃发展，营造良好的营商环境。三是创新知识产权监管方式。福建自贸试验区厦门片区针对专利维权中存在的取证难、周期长、成本高、赔偿低等一系列问题，利用网络搜索和大数据分析技术，面向厦门片区企业推出“知识产权网上侵权预警与存证云服务”。“云服务”不仅为自贸试验区企业监测有关网络侵权行为，还利用网络搜索和大数据分析技术与能力，对自贸试验区企业相关的侵权行为进行网络侵权情报搜索分析，提供定期预警报告，最大限度地阻止侵权行为发生。

（撰稿人：郑瑾）

深圳市打击侵权假冒工作报告

2016年，在全国双打办、广东省双打办的正确指导和工作部署下，深圳市严厉打击制假售假和侵犯知识产权违法犯罪行为，积极开展专项整治工作，探索建立长效工作机制，全市打击侵权假冒工作取得较大进展。

全市累计出动执法人员112 345人次，检查企业112 323家次，各行政执法部门共查办侵犯知识产权和制售假冒伪劣商品案件6 898宗，涉案金额约13亿元，行政执法部门向公安机关移送案件343宗。公安机关共破获侵权假冒刑事案件1 158宗，执行逮捕2 107人。检察机关共批准逮捕侵权假冒犯罪案件1 243件1 789人，审查起诉1 865件2 234人。人民法院判处刑罚1 645人。

一、召开深圳市打击侵权假冒工作会议

2016年4月19日，深圳市双打办在市民中心召开了全市打击侵权假冒工作会议，市领导出席并做重要讲话。会上总结了深圳市2015年打击侵权假冒工作，部署了深圳市2016年打击侵权假冒工作整体安排和工作重点，表彰了在2015年全市打假工作中做出突出成绩的先进集体和个人。市政府与各个区政府在会上签署了《深圳市2016—2017年打假工作责任书》。

二、建立健全打假工作责任制和政府打假协调机制

深圳市明确由副市长任市打击侵权假冒工作领导小组组长，并明确政府主要负责人的打假责任。市打击侵权假冒工作领导小组办公室设立在深圳市市场稽查局。深圳市双打办继续推进跨部门打假协作机制建设，继续加强各成员单位的联系协作，完善联席会议、线索通报、联合办案、专业支持等制度，加大联合执法办案力度，形成打击合力，增强打击效果。深圳市市场稽查局多次与市检察院就两法衔接、案件移送标准问题进行座谈，并开展重点领域违法犯罪“两法衔接”专项监督检查；与市公安局治安局制定《联合打击市场和质量违法犯罪的工作意见》，明确了移送治安部门的各种案件类型，为基层办理该类案件提供参考；与深圳海关签署了《反走私综合治理合作备忘录》，并开展打击水客走私“灭蚁行动”，各辖区局也先后与相关部门签署了合作备忘录；与深圳检验检疫局就加强工作联合、深化深圳质量共治方面签署合作备忘录；联合市烟草局起草了《烟草市场监管执法协作制度》。

根据《深莞惠经济圈（3+2）党政主要领导联席会议纪要》，深圳市深入推动深莞惠三地合作机制，并向汕尾、河源两市延伸，建立深莞惠经济圈（3+2）打假联席会议机制，并签署了《深莞惠汕河五市打假合作备忘录》。

三、落实打假责任，积极开展打假专项行动和深圳市打假重点（警示）区域、市场整治工作

深圳市集中力量整治与民生息息相关的重点产品，通过打、防、治、扶、建多措并举，严厉打击侵权假冒生产经营的违法犯罪行为。围绕食品药品、医疗器械、车用燃气油、农资产品、图书音像制品、建材、节能灯具、消防器材、烟草及烟草制品、食盐专卖类产品等几大类重点商品，部署开展执法行动，加强流通领域商品质量抽查检验和生产聚集区的集中整治，查处侵犯知识产权行为。强化日常监管，始终保持对制售侵权假冒商品等违法行为的零容忍和高压打击态势，确保深圳市良好的市场秩序。根据上级部门和省打假办有关工作要求，深圳市各区先后确定了各自辖区内的年度打假重点（警示）区域、市场名单，共十个区一级打假警示区域、市场。经研究决定将龙岗区坂田吉华路430号江灏工业园确定为深圳市2016—2017年度打假警示区域。

四、坚持执法创新，推进云上稽查保障互联网执法

由于互联网的虚拟性、隐蔽性和非接触性，给违法行为的存在提供了巨大的空间。轻点鼠标，在任何时候、任何地点都可能简单迅速地实施互联网违法行为，或制假售假、或虚假宣传、或侵犯知识产权，证据记录稍纵即逝，且均不易被发现或是追查，这不仅对社会百姓的生活带来极大潜在危害，亦给执法人员的案件调查和提取证据带来极大的不利。深圳市依托“深圳市互联网可信交易平台”核心技术，以“电子数据固化见证”为基础的互联网行政执法取证平台工具即“云上稽查”正式启动运营，对各种电子数据记录进行安全、完整、客观的固化，并赋予相应的法律效力。

深圳市的“云上稽查”，作为全国范围内首创的第一个真正实现行政执法、取证全流程证据固化见证的云执法证据记录平台，其既能保证证据的完整性、客观性和真实性，又能使相关证据记录具备最全面的效力性，实现了“以网管网、以网治网”的具体举措，保障了社会百姓互联网的安全生活。

五、继续开展中国制造及海外形象维护“清风”行动

根据全国打击侵权假冒工作领导小组办公室印发的《中国制造海外形象维护“清风”行动方案》的要求，结合深圳市实际，深圳市相关成员单位，各部门协调配合，继续开展中国制造及海外形象维护“清风”行动，确保各项工作任务落到实处。

六、深化行政执法与刑事司法相衔接

深圳市由检察院牵头，建立了“两法衔接”平台。目前“两法衔接”信息共享平台正逐步升级完善，力争在全国率先建成“两法衔接”监督工作平台，实现通过新平台对案件移送和办理进行全流程监督和管理。同时，专门研发打假子平台，推动实现对案件的查询、统计、工作信息发布等管理工作一体化办理。检察院、法院建立了“绿色通道”机制，实现了对行政执法部门移送过来的侵犯知识产权和制

假售假涉案人员的快审、快捕、快诉，大大提升了司法打击力度和效能。

七、努力营造社会共治氛围

深圳市在加强监管执法的同时，加大了宣传力度，开展打假宣传活动、发放宣传资料等，逐步形成社会共治的监管局面。针对近年来深圳市连续出现的电梯安全事件或事故，在紧急开展电梯等特种设备安全隐患大排查的同时，更抓住当前影响电梯安全的深层次原因，加快推动电梯监管方式改革：一是建立“一承诺八明示”制度，向社会承诺电梯安全状况，明示维保维修详细信息，保障公众的知情权和监督权。二是建立电梯从业单位和人员信用监管制度，公开相关违法行为和服务质量的记录，强化市场和社会的约束监督作用；三是改进国家现行电梯检验“固定检验时间、固定检验项目”模式，加大监督抽查力度，有针对性地拓展检验项目，提升电梯质量安全技术监督水平；四是创新公共教育方式，开展“走进电梯安全”体验式宣传教育活动，提高公众电梯安全意识和知识水平。五是推动使用管理者、维保单位装设电梯运行监控系统，运用科技创新提升风险防范能力。努力构建“政府、市场、社会”多元共治格局。

在食品药品安全监管方面，深圳市探索建立食品药品安全社会共治深圳“2+4”模式：突出“两个责任”，即政府监管责任和企业首要责任；发挥“四轮驱动”作用，即部门协同作用、行业自律作用、社会监督作用和公众参与作用，并在市场监管、企业责任、社会组织、社区服务、社会监督、信用信息、风险管理七个体系方面进行探索实践。同时结合推进深圳市大市场监管的职能转变及监管方式创新，加强食品药品监管体制建设，深化政府职能转变，加强配套法制保障，建立健全评价机制，摸索一套可复制、可量化、可考核的食品药品安全社会共治建设模式。畅通信息发布，以主动曝光食品药品违法案件推进社会监督，加强政务公开，开门接受社会监督，畅通投诉举报，善用消费维权这把利剑。

（撰稿人：张泽新）

行业工作

Work of Industrial Association

中国产学研合作促进会反侵权假冒创新战略联盟打击侵权假冒工作报告

一、打击侵权假冒工作综述

2016年在全国打击侵犯知识产权和制售假冒伪劣商品工作领导小组办公室支持下，中国产学研合作促进会反侵权假冒创新战略联盟（以下简称联盟）坚持贯彻党的十八大和十八届二中、三中、四中、五中全会精神，积极响应国家推动供给侧结构性改革的号召和部署，依法维护创新发展、公平竞争，配合相关机构坚决打击侵害消费者合法权益的侵权假冒违法行为，为推动经济社会持续健康发展提供有力保障。联盟2016年工作总结如下：

（一）继续积极开展各类专项行动，成功组织多次调研、座谈会及论坛等活动

1. 组织举办协助推动两法衔接工作沟通交流会。2016年1月26日，联盟组织业内相关重点行业协会和企业在北京举行协助推动两法衔接工作沟通交流会。会上，就联合业内重点行业协会和企业共同建设互联网环境数据监测平台，重点检测电商领域侵权假冒商品覆盖情况，由联盟牵头搭建行业知识产权平台可行性等议题进行了探讨，并达成了选择重点行业进行先期试点的共识。

2. 组织举办2016年打击侵权假冒社会共治工作座谈会。2016年1月28日，联盟受全国双打办委托，组织相关重点行业协会和企业召开2016年打击侵权假冒社会共治工作座谈会，全国双打办领导出席座谈会并作重要讲话，参会相关重点行业协会和企业代表就两法衔接、互联网领域打击侵权假冒、侵权物品检验鉴定、专利快速确权、商标品牌战略等重点议题展开深入探讨。

3. 发起“企业知识产权海外维权保护工作调研”活动。2016年2月18日，由联盟发起的“企业知识产权海外维权保护工作调研”活动，在全国双打办、海关总署的指导与支持下，前往小米科技有限责任公司进行实地调研。小米科技对公司发展规划、国内外侵权假冒主要困扰进行汇报，全国双打办领导重点就全国双打工作2016年加强区域协作结合企业实际情况做了阐述，海关总署领导从打击、防止、促进、保护四个方面介绍海关总署有关维权打假、为企业保驾护航等方面的措施及规划，联盟领导就如何充分发挥联盟优势、确保海内外维权打假工作有效及协调政府相关支持等方面提出了具体建议。对于小米科技提出的困扰问题，与会各方代表表示了充分的关心并提出了解决措施。各方代表充分认同专题调研的必要性及重要意义，根据调研达成的相关意向，各方代表表示将继续落实深化各项工作。

4. 携手北京检验鉴定联盟，共同开展针对侵权假冒伪劣物品检验鉴定保管及两法衔接工作实地调研活动。2016年3月30日，由全国双打办统一指导，北京市双打办协调联络，联盟和北京检验鉴定联盟共同在北京市选取相关单位开展了针对侵权假冒伪劣物品检验鉴定保管及两法衔接工作的实地调研活动。调研过程中，全国双打办领导带队，参观考察了北京建筑材料检验研究院，北京市工商局石景山分局公物仓（保管、处置罚没财物的实物仓库），北京市食品安全监控和风险评估中心、北京市食药局公物仓，北京市顺义区检察院两法衔接工作平台，并与相关部门负责人员就推动打击侵权假冒领域“两法衔接”工作，解决行政处罚案件查获物品移送过程中存在的问题，特别是侵权假冒伪劣物品鉴定和保管处理等实际工作中的难题，进行了座谈。通过本次调研及座谈，获取了基层执法部门的一手信息、工作经验及意见建议，对今后工作具有很强的指导借鉴意义。联盟将继续与北京检验鉴定联盟及其他专业组织一道，在全国双打办统一指导下，在打击侵权假冒社会共治建设中发挥应有作用。

5. 举办“2016中国反侵权假冒经验交流会”。2016年4月26日“世界知识产权日”当天，在全国双打办指导下和国家相关部门以及中国产学研合作促进会的支持下，联盟在国家会议中心召开“2016中国反侵权假冒经验交流会”，全国双打办和最高人民法院的有关领导出席了本次会议，海关总署、国家工商总局、国家质检总局、国家知识产权局、北京市双打办等国家部委及双打小组成员单位领导、企业负责人及各界专家学者等二百多人参加了会议。会议表彰了2015年度十大维权打假先进单位、先进法律服务机构以及十大维权打假优秀卫士奖。

6. 积极参加中国产学研合作促进会组织的“学习贯彻中国科协‘九大’精神暨产学研协同创新联盟工作座谈会”。2016年6月15日，联盟派员参加中国产学研合作促进会召开的“学习贯彻中国科协‘九大’精神暨产学研协

同创新联盟工作座谈会”，产学研促进会领导、30 余家在京产学研协同创新联盟负责人员参加会议。座谈会上，联盟代表表示要深入学习和贯彻科协“九大”会议精神，在今后的工作中继续加强联盟内部相关企业、科研院所、高校等机构协同创新，同时也希望借助促进会整合创新资源的大平台，加强各个联盟之间的交流合作、信息共享，大力推进政产学研金介用协同创新，突破共性关键技术瓶颈，促进科技成果转化，以联盟这种创新型组织为抓手，把创新驱动发展战略落到实处。

7. 组织赴纳恩博（北京）科技有限公司知识产权保护专项调研。2016 年 7 月 19 日，海关总署有关方面负责同志、中国反侵权假冒创新战略联盟有关领导及秘书处人员，到纳恩博（北京）科技有限公司进行知识产权保护专项调研。听取汇报后，海关总署有关方面负责同志就企业知识产权保护问题进行了详细了解，并表示在其职权范围内，将为企业提供充分的知识产权保护，下一步将在知识产权培训、国内打假、海外维权几方面加大力度，根据企业需要开展具体工作，并倡导反侵权假冒创新战略联盟这样的社会力量积极加入，协助海关共同为企业做好维权打假工作。联盟领导表示将全力配合海关总署积极做好相关工作。

8. 与中国林业产业联合会标准化委员会携手农林业行业多家龙头企业共同倡议发起成立安全食品（良食）联盟。2016 年 8 月 28 日，全国林业产业信用建设暨诚信企业品牌座谈会在北京召开，期以增强林业产业自律水平，规范林业产业竞争秩序，实现林业企业可持续经营。联盟应邀派代表参加。会上，中国反侵权假冒创新战略联盟与中国林业产业联合会标准化委员会携手黑龙江省逊克县人民政府、沱沱公社、贵州省石阡县人民政府等农林业行业多家龙头企业共同倡议发起成立安全食品（良食）联盟。通过搭建跨行业的商务互助合作平台，帮助上游优质食材生产商找到识货买主，帮助痛恨劣质食品的销售商找到真正好产品，推介中国自己的放心食品。

9. 与厦门自贸区管委会进行反侵权假冒和知识产权保护工作会谈。2016 年 10 月 21 日，由联盟理事长洪云峰及理事成员单位代表一行前往厦门自贸区管委会，就反侵权假冒和知识产权保护工作进行了会谈。双方探讨了政府扶持建立、社会化运行维护的防伪溯源验证公共平台、知识产权服务平台的创新机制；上述两个平台在保知打假行动中信息共享问题；社会共治中如何开发应用广大群众利用现代信息手段如 APP 参与保知打假机制问题；各自贸区建立监管执法互助中心，实现维权执法信息共享、执法联动等机制问题。

10. 参加国家新闻出版广电总局版权管理司对电子商务平台企业约谈。2016 年 11 月 9 日，国家新闻出版广电总局版权管理司对部分电子商务平台企业进行了约谈，联盟应邀派代表参加。会上，联盟表示要加强与行政执法、司法、行业管理等部门和权利人之间的协作配合，要充分发挥第三方社会组织力量，通过联盟积极与网络平台沟通协调，有效解决版权保护中的实际问题。

11. 举办“2016 中国反侵权假冒创新战略联盟年度总结大会暨日中知识产权保护战略联盟专题研讨会”。2016 年 12 月 20 日，联盟召开“2016 中国反侵权假冒创新战略联盟年度总结大会暨日中知识产权保护战略联盟专题研讨会”。全国双打办、国家工商总局、国家质检总局、国家新闻出版广电总局、国家知识产权局等政府主管部门以及行业专家、国内外重点企业与法律服务机构等 300 多名代表参加会议。会议表彰了 2016 年度“双打”工作获奖单位、个人，联盟首家海外战略合作伙伴——日中知识产权保护战略联盟在大会上正式成立。

（二）继续积极组织开展维权打假培训活动

1. 举办互联网环境下企业维权打假实战培训班。2016 年 3 月 24 日，由联盟主办、联盟常务副理事长单位北京山天大蓄知识产权代理股份有限公司承办的首届互联网环境下企业维权打假实战培训班在商务部培训中心正式举办，五十多位国内知名企业代表参加，搜狐视频进行全程报道。培训班于 2016 年 3 月 25 日下午举行结业仪式并向学员颁发证书，圆满落幕。

2. 举办海峡两岸知识产权保护交流暨培训讲座。2016 年 9 月 22 日，为了加强海峡两岸知识产权保护交流，从深度和广度上加深从业人员对目前海内外知识产权相关领域专业知识和现状的了解，联盟特邀请曾担任台湾“经济部”“智慧财产局”副局长、台湾地区台北“地方法院”“检察署”检察官等职务的台湾政治大学商学院科技管理研究所卢文祥博士到联盟进行海峡两岸知识产权保护交流暨培训讲座。联盟将继续广泛联络各界知名专家，整合联盟培训资源，以分享给更多的联盟成员及合作伙伴。

3. 承办福建省 2016 年度互联网时代企业维权打假实战培训。2016 年 9 月 23 日，由福建省商务厅主办，联盟承办的“福建省 2016 年度互联网时代企业维权打假实战培训”在福州市成功举办。福建省打击侵权假冒工作领导小组各成员单位及福建省所属区、市设立双打办机构的有关人员、部分省内企业人员参加了本次培训。实战培训取得了很好效果，通过本次培训，联盟将继续总结经验，拓展培训资源，联合政府、企业、成员单位、合作伙伴、行业商协会等开展多层面切实有效的培训活动，将有特色的培训打造成为联盟重要的服务品牌。

（三）与行业商协会开展深入交流合作

1. 与韩国知识产权商业化协会进行交流会谈。2016 年 3 月 11 日，在中国产学研合作促进会组织下，联盟理事长洪云峰会同产学研合作促进会执行副会长兼秘书长王建华、常务副秘书长丁玉贤会见到访的韩国知识产权商业化协会会长金锺玄一行。王会长对金锺玄会长一行到访表示热烈欢迎，联盟理事长洪云峰向金会长介绍了反侵权假冒创新战略联盟基本情况，并重点就中韩两国知识产权商业化运用、技术、人才输出对接等议题提出具体的意见及建议。本次会谈双方就今后保持友好交流并建立沟通机制及后续合作具体实施方案等重要议题达成初步意向。

2. 与中国电子商会、小米科技、联想集团等共同举办“全国消费电子行业 315 知识产权保护成果展”。2016 年 3 月 15 日，由中国电子商会主办，中国反侵权假冒创新战略联盟协办，小米科技、联想等企业共同参与的“全国消费电子行业 315 知识产权保护成果展”在京召开，大会展出了消费电子行业知识产权保护系列成果。鉴于电子行业假货泛滥，中国电子商会在会上与多家企业共同发力互联网知识产权保护，利用互联网知识产权保护与维权平台，通过互联网大数据分析技术手段，为商会企业提供互联网知识产权保护整体解决方案，覆盖监测、预警、授权、快速反应、法律救济、效果评估等。中国电子商会与联盟及联盟成员单位还将深入合作，以保护促进运用的理念，推动后续消费电子行业知识产权商用服务平台的建设。

3. 参加关于知识产权保护协同创新研讨会。2016 年 5 月 12 日，联盟理事长洪云峰应邀参加由中国产学研合作促进会及中国科学院行政管理局组织召开的关于知识产权保护协同创新研讨会。双方重点就知识产权保护中资源共享、战略合作等问题进行了探讨并达成共识。

（四）继续为成员单位提供高质量服务

1. 协助企业开展专项维权打假行动，为企业专门制定维权打假方案。2016 年 1 月 20 日，联盟知识产权部与江苏龙蟠科技股份有限公司在南京共同召开针对可兰素产品的维权打假座谈会。会上，联盟知识产权部人员向企业代表详细介绍了联盟利用以阿里巴巴集团为代表的电商平台大数据和技术优势协助企业进行线上、线下专项维权打假情况。同时，双方还对联盟为江苏龙蟠科技有限公司专门制定的维权打假方案进行了充分探讨。

2. 与阿里巴巴集团合作打造快速维权的系统响应机制。为贯彻落实《国务院办公厅关于加强互联网领域侵权假冒行为治理的意见》（国办发〔2015〕77 号），2016 年 4 月 14 日，联盟与阿里巴巴集团共同签署了战略合作备忘录，双方将联手为信用优良的企业提供知识产权保护服务。在此基础上，联盟将发挥行业公信力和专业资源，为符合要求的权利人做出包含守信履约表现、财务信用、质量保障、知识产权承诺等方面的信用评价，并为历史信用优良的企业做信用背书。阿里巴巴也将利用自身的知识产权保护系统，与联盟合作打造快速维权的系统响应机制，服务于获联盟信用背书的企业。

3. 参加 SCMsafe 链四方医药供应链监测服务平台签约仪式。2016 年 6 月 19 日，联盟专家带队，赴上海参加 SCMsafe 链四方医药供应链监测服务平台大型签约仪式。来自商务部、药监局、中国反侵权假冒联盟、中国医药供应链联盟、全国药品三方物流联盟、医药商业公司、跨国制药企业、医药物流公司、冷链物流设备厂家、投资机构等 30 多家企业和团体代表参加这一盛大仪式，这一切距离链四方平台 4 月 18 日线上发布仅仅 2 个月时间。

4. 与中国防伪行业协会共同推动“全国产品防伪溯源验证公共平台”正式上线。2016 年 9 月 28 日，联盟举行了“全国产品防伪溯源验证公共平台”上线仪式，全体参会人员共同见证了“验证平台”的正式上线。参会人员还现场体验了“验证平台”真伪查询、追踪溯源、有奖促销等功能。“验证平台”上线是双打工作的丰硕成果。“验证平台”的建设，将通过互联网+等手段，发挥先进防伪溯源技术作用，形成“来源可查、去向可追、责任可究”的信息链条，是双打工作在新形势下的创新和突破。通过“验证平台”动员社会各方力量，形成保护知识产权及打击制售假冒伪劣商品的社会共治局面，为我国双打工作做出更大贡献。

（五）加强跨地区、跨国境合作，取得良好社会效果

2016 年，联盟积极同北京双打办、山西双打办、天津双打办、福建双打办等地开展互动交流及初步达成跨区域联席会议机制，取得了很好的社会效果，引起了广泛的关注，得到了全国双打办领导的肯定。同时，2016 年联盟同日中知识产权保护战略联盟达成合作共识，携手共创国际品牌展示、交流、合作的平台，开展中日保知打假工作，推动两国产业与经济以及两国友好合作的发展。

（六）荣获表彰及荣誉

1. 2016 年度首都创新大联盟推进会在北京市科委召开，会上，发布了产业联盟调研报告和产业联盟组建与发展指南，举行了北京市新技术、新产品服务首发平台以及首都创新大联盟分平台首批成员授牌仪式，并对产业联盟进行了表彰。中国反侵权假冒创新战略联盟荣获产业贡献奖。

2. 2016 年 11 月 27 日，中国产学研合作促进会与浙江省人民政府共同主办的第十届中国产学研合作创新大会在浙江人民大会堂隆重举行。联盟获得第十届中国产学研合作创新大会 2016 中国产学研合作促进奖。

二、行业知名企业打击侵权假冒工作情况

（一）小米科技有限责任公司

小米公司是 2010 年 4 月在北京成立的一家专注于移动互联网行业的高新技术公司，作为一家有实体经济的互联网公司，自成立以来公司通过技术和商业模式创新，做大做强，迅速成长为我国“互联网 +”领域高科技创新型企业的典范，小米商标和品牌已经在广大消费者中具有较高声誉。小米不仅专注于智能手机、智能家居、互联网电视等创新科技，同时在新零售、国际化、人工智能、互联网金融、互动娱乐等领域积极布局，并初具规模。小米用互联网开发模式、极客精神研发产品，秉承专注、极致、口碑、快的互联网思维，利用“软件 + 硬件 + 互联网服务”铁人三项的创新优势，迅速崛起成为我国“互联网 +”创新型企业的代表，身体力行激发实体经济新动能。

小米互联网销售硬件产品的模式是国内首创，小米公司一直以来本着“始终保持创业心态，坚持创新”的理念，进行技术、商业模式和服务创新。小米公司结合自身优势，进行了细致的调研和分工。小米公司在过去两年的时间里相继投资了 77 家智能硬件企业，通过整合和支持，形成优势互补的生态链体系。其中小米公司专注于在云服务（平台搭建）建设、手机客户端开发推广。

目前，小米公司正逐步依托终端设备的“技术、产品、服务”上的经验和优势，利用互联网和移动互联网的优势打造一个基于智能终端用户的生态体系。围绕着小米手机，小米智能硬件生态链不断完善，出现了小米活塞耳机、小米移动电源、小米手环等诸多穿戴式产品。并通过收购、兼并、入股等多种方式构建完整的产业生态链，包括智能路由器为中心开发全套智能家居以及物联网相关软硬件产业链等，以能够更好地带动以小米公司为核心的移动互联网及物联网上下游软硬件、构建移动互联网及物联网的生态体系。

图 1　小米生态链体系产品展示

目前，小米打造融合客户端软件、云服务和小米智能芯为一体的智能硬件已初具成效。截至 2016 年 7 月，“小米智能家庭 APP”安装量已超过 3 500 万，智能设备在线数量已经超过 1 500 万，日活跃量超过 300 万，是国内第一大智能硬件平台。小米智能硬件平台和小米生态链一起，在过去的一年多时间里，推出了以小蚁智能摄像机、小米空气净化器、小米路由器等为代表的多款爆品，在行业内处于绝对领先地位。

阿里友盟统计安卓设备活跃排名Top10
小米手机占7席

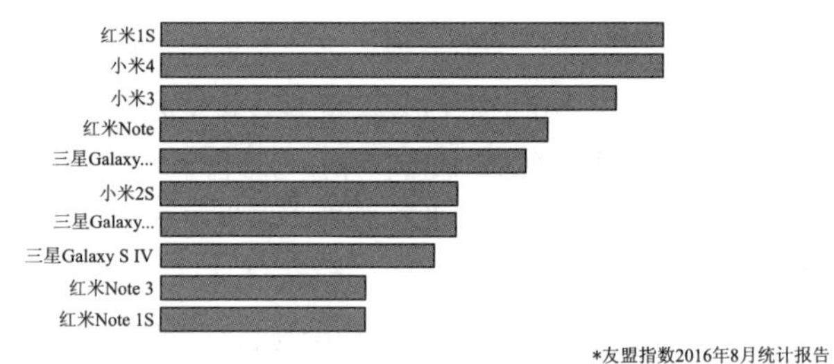

图 2　友盟指数 2016 年 8 月统计报告

随着小米商标和品牌知名度的不断提高，恶意模仿和抄袭小米商标的违法行为层出不穷。从 2012 年开始最初的假冒侵权钓鱼网站到大量假冒小米手机的涌现，随着小米产品的热销和品牌价值激增，大量不法商家线上通过一些知名网购平台销售假冒小米产品，或者利用钓鱼网站直接进行欺诈；线下则是假冒小米之家、授权维修网点、小米直营店等实体店铺，甚至直接开设制假窝点或者工厂制售假冒小米产品。制假工厂以手工作坊为主，批发零器件后组装；售假窝点以淘宝线下售卖窝点为主，并形成了完整的从产到销的产业链条。还有一些商家则是注册近似商标以“傍名牌、搭便车”的形式销售小米公司旗下产品，诱骗消费者购买。这些假冒的小米产品不仅侵害了消费者的正当权益，也给小米的品牌价值造成了严重损害。

经过四年的从无到有，不断建设拓展，小米形成了一套

较为完整的维权打假工作体系，2016 年初小米公司成立平台安全部组建团队专门负责打假维权工作。在树立维护企业品牌的过程中，小米强化打假维权机制建设，把自主创新、品牌建设和打假维权融合作为创新发展的三驾马车，编织出一张知识产权保护的大网，主动维权，保护小米品牌。

1. 产品未动知识产权先行，知识产权是企业自主创新的动力

加大专利及商标申请力度，是小米公司在品牌建设中，特别是未来海外市场的开拓中最重要的一环。小米 2012 年之前仅拥有 35 项专利，截至 2016 年 6 月 30 日，小米公司已累计申请中国专利 7 000 多件，其中发明专利占比 91%，累计申请海外专利近 5 000 件，其中发明专利占比 97%；除了自主申请以外，小米公司还从微软、英特尔、博通等公司购买了千余件专利。

商标方面，小米公司已累计在 150 个国家进行商标布局，其中，累计申请中国商标近 2 000 件，已核准 1 000 多件；累计申请国际商标 1 000 多件，已核准 700 多件。小米公司将会一如既往的尊重、依赖知识产权，一方面加大自主创新的力度与深度，逐步完善知识产权保护战略，另一方面，小米公司不排斥与其他公司的知识产权合作。

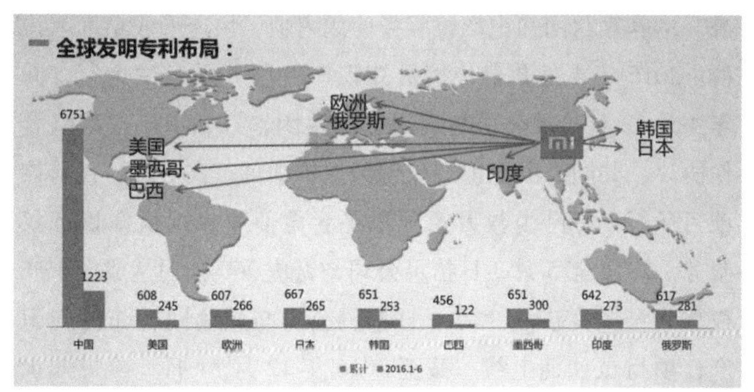

图 3　小米全球发明专利布局

2. 只有实现企业与政府之间的有效互动，才能真正遏制制售假冒伪劣商品的不法行为

小米这几年来一直同各地执法机关展开深度合作的维权行动，从政企互动中获得企业发展助力，实现打假维权的全覆盖，建立并落实了“政府主体打假，企业负主体责任，社会广泛参与”的体系。目前已经协同全国多地的行政执法部门开展打击假冒小米产品的专项整治行动，并逐步扩散到全国，特别是山寨货泛滥的三四线城市及偏远地区，开启真正地对假货零容忍运动，大案小案都要做，一个假货也要抓。最大限度地从生产、加工、藏匿等环节打击假冒伪劣产品违法犯罪活动，整顿和规范市场经济秩序。

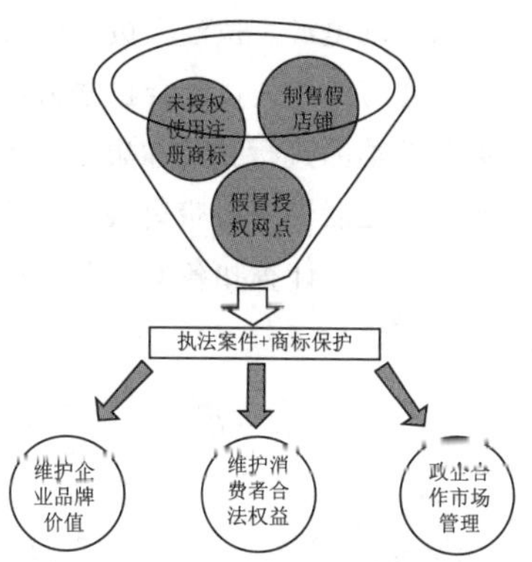

图 4　政企合作市场监管

在相关执法机关的大力支持与帮助下，2016 年全年办理各类案件 172 起，涉案金额 2 880 余万元。

案例一：查处义乌港大型外贸仓库往境外销售假冒小米耳机案

2016 年 11 月初，公司调查员通过走访，发现在义乌市义乌港有一大型仓库储存和出售大量的假冒小米耳机至海外市场，于是对该仓库展开监控和调查；目标仓库面积宽广，约 500 平方米，5 名人员看守主要仓储各种假冒产品，然后通过集装箱装货，运往海外市场进行销售，涉及多个国家，覆盖面积广泛。查处当天上午 11 时左右执法人员到达案件现场，随后下令进行检查。经公司人员前期调查，得知存放假冒小米耳机的货物箱外包装袋上有标注“KONAIN”字样，于是调查员带领执法找到了重点存放的地方，并协助执法开箱检查，共计查扣假冒小米活塞耳机 10 000 多条，案值近 30 万元。

图 5　假冒小米耳机查获现场

案例二：查处深圳大型制售假冒小米移动电源案

2016 年 9 月底，根据调查员得到的线索，在深圳龙华新区一家工厂未经授权在生产假冒小米移动电源，为了进一步核实情况，随即安排调查员进行蹲点调查，在确定该工厂生产情况及出货时间后于 10 月 26 日下午快速进行方案部署。在做出行动决定之后，公司人员和执法人员立即赶往目标点。公司人员和执法人员分成两组，分别从电梯和楼梯进入该工厂。该工厂面积在 200 平方米左右，工厂内涉案人员

正在生产加工小米移动电源。执法人员亮明身份之后迅速控制了现场局势。公司工作人员配合执法人员搜集相关涉案证据并对相关涉案物品进行拍照和集中，执法人员对相关负责人员进行询问之后即安排带离现场，并对相关涉案物品予以清点和扣押。共计查扣各型号假冒小米移动电源6 830个，案值近54万元。

图6　假冒小米移动电源查获现场

3. “互联网+”时代下的反侵权假冒需建立和完善线上线下联动机制实现名优企业互联网打假协作模式

近年来，随着互联网经济的发展，线上网购平台已成为电子类假冒伪劣产品分销的重要渠道，网络上的制假售假问题越演越烈。当然，假货并非线上独有，而由于网络强大的连接作用，给假货制造了一个快速度、大容量的“集散地”。为从源头遏制售假，小米与阿里巴巴、淘宝、天猫、京东等网购平台建立了深度维权合作，利用大数据加强监测销售店家的产品信息，对发现的售假信息主动出击深挖线下源头，实现线上线下、制假售假共同打击。2016年全年共发起线上投诉603次投诉，下架产品230起，全年共与第三方平台进行匿名测买鉴定766次。

4. 开展国际保护知识产权活动

2014年底至2015年初，小米开始国际维权合作，分别完成了海关总署、香港和澳门海关的商标备案和总担保，对各地海关进行技术培训，建立知识产权保护合作机制。在售贩小米假货比较集中的国家和地区，与当地主管部门和电商平台签订知识产权保护框架协议，对侵权者提起国际诉讼，为小米品牌的国际化道路保驾护航。2016年办理海关确权案件22起，同比去年增加58.3%，涉嫌出口假冒小米产品申请扣押的有9起。

知识产权是企业的灵魂，商标是产品的记号，企业形象的代表，更是企业安身立命之本。随着企业的经营与完善，商标凝聚的商品综合价值越来越高，mi商标深度蕴含了小米公司的商业理念，只有通过持续不断地预防和打击商标被侵权被假冒等破坏产品声誉的侵权行为，小米才能实现让每个人都能享受科技的乐趣这一初心和愿景，才能坚持做质高价优、感动人心的好产品，用互联网的体验和效率来改善实体经济的发展，助推中国制造走向世界。

（二）杭州拾贝知识产权服务有限公司

杭州拾贝知识产权服务有限公司成立于2015年10月26日，是一家创新型知识产权服务公司，在大众创业万众创业的双创精神倡导下拾贝公司在传统的知识产权行业引入互联网的思维，探索一条符合市场发展需求的创新型互联网+知识产权道路。拾贝公司自成立以来注重技术研发，组建了一只由享受国务院政府特殊津贴的专家博士为首以业内专业技术人才为骨干的技术开发团队，自主开发完成了服务于知识产权行业的创新型互联网知识产权服务平台——拾贝知识产权服务平台，该服务平台囊括了知识产权确权平台、维权平台、知产金融平台和知产管家平台，通过对接知识产权需求密集的电商平台、APP分发平台、高新园区与自贸区快速对接海量精准客户群进而集聚庞大的知识产权数据信息，实现平台及大数据的分析与应用。

1. 搭建互联网+知识产权保护服务新平台

拾贝平台向知识产权需求高度集中的大电商、软件开发和发布平台、大园区等平台提供高度集成的知识产权综合服务平台接口，嵌入其平台客户端，直接连接巨量平台用户资源，培养互联网知识产权服务使用习惯，快速形成精准客户群。2016年4月8日，拾贝知识产权服务平台试运行，同年4月13日拾贝公司与阿里巴巴集团签订知识产权战略合作协议，共同推出知识产权创新保护项目正式上线，目前该项目运行良好已为数万家阿里平台电商卖家提供知识产权服务。2016年5月3日拾贝公司与奇虎360公司达成知识产权战略合作关系，12月1日拾贝公司与慧聪网合作的知识产权项目也如期上线。截至2016年12月31日，拾贝知识产权平台上线三个季度仅国内商标注册业务就提供服务接近六万次。

拾贝知识产权服务平台通过2016年的发展已完成数次迭代升级，已基本能实现商标、版权电子存证等确权业务的全流程在线无纸化操作。拾贝知识产权服务平台通过基础的知识产权确权服务积累基础客户群搭建平台的客户基础、数据基础，进而为知识产权权利人提供知识产权在线监测维权、交易转化、管家服务以及科技项目申报咨询等服务。拾贝知识产权服务平台以巨大的业务分发能力吸引并整合社会优质知识产权代理机构上线，通过制定统一的价格体系和服务标准已整合组建一支庞大的知识产权服务体系。除了在服务市场主体的作用发挥上成效显著之外，该服务体系还将在保护知识产权、打击网络侵权假冒工作中提供更加积极、有效的全流程、无缝隙服务，为“双打”工作的开展提供精准的数据和平台支持。

2. 提供知识产权综合执法专业化服务平台

拾贝公司位于长江三角洲经济带核心区域浙江杭州钱塘江北岸，坐落于浙江省国家大学科技园浙江清华长三角研究院杭州分院内，得到浙江省各级政府的大力支持，并被评选为高成长性科技型企业。2016 年 4 月浙江清华长三角研究院杭州分院成立知识产权研究中心，拾贝公司参与承担该中心的部分工作。2016 年 6 月 7 日拾贝公司有幸获得时任浙江省省长李强同志亲临指导。2016 年 11 月 27 日，在浙江省人民政府同中国产学研合作促进会共同召开中国产学研合作创新大会上，拾贝公司连同浙江省科技厅、杭州市科学技术委员会等单位一同被授予“中国产学研合作促进奖”。拾贝公司还同厦门自由贸易区达成战略合作关系，参与其知识产权综合执法协作互助中心的筹建工作并承担该中心的研究及技术支持相关工作，在推动专业化平台服务打击侵权假冒、有效保护知识产权上已迈出关键的一步。

3. 做移动智能化时代贴心的知识产权服务管家

拾贝公司致力于打造一个创新型的互联网知识产权生态圈。知识产权权利人可以通过拾贝自主开发的 APP、门户网站，拾贝合作的平台以及其他渠道连接到拾贝知识产权服务平台，拾贝在政府主管部门、行业协会的支持与监管下通过拾贝平台服务服务体系为知识产权权利人提供知识产权确权、监测维权、转化交易等全方位一站式的知识产权管家服务。

（三）Segway & Ninebot 公司

纳恩博公司从事短交通领域的产品研发、生产及销售；企业在五年左右时间里实现跨越发展；企业平均年增长率 500%，获评中国成长最快的科技企业（福布斯 2016 年评选数据）；最近 24 个月获得总额 9.66 亿人民币投资，投资者包括红杉资本、Intel、GIC、小米科技、顺为资本等，目前企业估值 82.8 亿人民币。

2015 年 4 月，Ninebot 成功跨国收购美国私人交通领域鼻祖公司、全球市场份额 NO.1 企业赛格威（Segway Inc.），合并后的 Segway& Ninebot 品牌，拥有全球私人交通领域超过半数市场份额，拥有超过 400 项全球顶级的行业核心专利，实现企业国际化和知识产权的全球化布局。企业集团总部位于北京海淀中关村，在全球设立亚太、欧洲、美洲分公司，分别负责对应区域的市场、销售工作。在中国的天津、常州，在美国的 Bedford 设立生产基地，负责全球产品的生产制造。在慕尼黑和新加坡设有区域售后部门。合并后的企业，成为全球范围内，短交通领域的领导力量，在全球超过 100 个国家进行销售，产品用户遍布全球。

企业持续进行研发的投入，不断进行产品迭代，快速发展创新短交通领域的自平衡产品线、常规交通产品线产品，公司产品包括 Segway I2/X2、Ninebot Mini、Ninebot One 等系列。并在欧洲、美国、亚太各国提供产品租赁服务，每年影响人群超过 1 亿人，直接服务用户超过 600 万人。智能科技已经成为全球发展的趋势，自平衡行业的快速发展也必将引发新一轮短途出行领域的科技革命。企业在全力开拓平衡类产品在短途智能交通领域的全新应用，在加速整个平衡类行业向智能化、环保化转换的同时，使其成为人们生活中如影随形的一部分。对消费者而言，平衡车不仅仅是出行工具，而且是一种出行乐趣，在满足人们对环保化要求的同时，成为一种创新的生活方式，成为生活的一部分。企业设立的使命是“简化人和物的移动”，在不断追求让人类享受更加便捷的出行体验。

企业于 2014 年底同 Intel 合作进军服务机器人领域，在 2016 年 1 月 CES 的开幕式上发布了 Segway Robot 项目，它是一个具备立体视觉感知、自主定位导航、避障、语音交互控制的先进的开放式机器人平台，可应用于个人/家庭服务、安防、餐厅酒店服务、仓储物流等多个领域，此机器人项目的发布，获得国际范围的广泛关注，创立的机器人平台同宝马汽车、麻省理工学院等机构进行深度合作开发，并在 2017 年 CES 上，发布了开发者版本产品，并且进行了首个第三方开发应用—宝马公司的自动驾驶汽车泊车助理”的演示。截至年底，来自全球超过 2 200 个最为优质的开发者，申请了企业的机器人基础平台进行开发，其中包括 Google、Facebook、Microsoft 等顶级企业，也包括 NASA、卡耐基梅隆等顶级的机构和科研院所。

企业未来将不断开拓自平衡代步机器人在智能交通领域的全新应用，也将研发出更智能、更具娱乐性和更优体验的自平衡代步机器人产品，同时也希望能推动智能服务机器人在中国的推广和普及，带动我国服务机器人产业的发展。

企业响应国家双创的号召，加大企业改善创新研发能力的投入，加快企业创新能力的提升，吸引来自海外的优秀人才的加入，企业目前全球员工接近 1 000 人，来自全球顶级院校的员工数目显著增长，整体学历水平显著提升。企业和院所合建的博士后工作站，高级人才的再提升措施都取得了良好的效果。鼓励企业内部创业，并相应双创号召设立企业创新创业基金，主要面向交通和机器人方向进行项目考察和投资，促进行业的进步和改善。

企业获评 2015 年福布斯中国成长最快科技公司、2015

年中国最具投资价值企业 50 强、2015 年极客非凡雇主奖、2016 年 WISE 年度先锋奖、2016 年最具成长性新兴企业、2016 年金投赏商业创意奖、2016 年“双打”工作创新奖、2016 年最具影响力科技企业、2016 年 MEC China 时尚创新奖、2016 年全国质量检验稳定合格产品、2016 年中国最具投资价值公司百强榜、2016 年未来之星百强榜、2016 年中国独角兽企业估值排行榜、2016 年 CCF-GAIR 全球人工智能与机器人 TOP25 成长榜、中国出海品牌 30 强。

1. 组建专门的知识产权部

从企业成立之初，公司组建知识产权部，对自主研发设计的产品进行知识产权保护，经过多年的不懈努力，纳恩博已经具有业界知识产权数量最多，质量最高，覆盖范围的知识产权资产。

2. 重视知识产权资产

在知识产权的资产当中，通过并购、收购，以及自主创新的方式表现尤为突出。目前，通过并购 Segway 公司，获得了平衡车鼻祖企业的国内外多项商标，这些商标不仅对于提高品牌形象，快速让消费者认知产生了积极作用，而且还对产品本身价格产生了很好的溢价能力。除此之外，通过并购 Segway，纳恩博更获得了 400 余项平衡车早期研发产出的关于平衡技术的专利。这些专利对于平衡车行业的发展及影响巨大，且专利覆盖范围广，同族专利多，可以更好地在纷繁复杂的国际平衡车市场环境下使得纳恩博的品质和技术处于领先地位。

3. 重视知识产权维权工作

纳恩博在维权工作中投入大量人力物力，在此新兴行业内对响应部门进行技术讲解，在了解了纳恩博的技术以及平衡车的基本原理后，可以使得执法以及司法人员更好地对投诉以及被投诉案件做出具体判断。

当然，目前中国乃至全球都处于经济转型期，大量的传统消费模式已经从线下悄然的走向线上。由此，纳恩博在线上维权也同网络运营商共同经历着共同维权阶段，自 2016 年开始，纳恩博内部以及与外部律师合作，在网站上对涉嫌侵犯纳恩博商标、著作权以及外观设计专利权的产品进行监控以及投诉，目前投诉量已达到万件，并在阿里巴巴、京东、苏宁易购等平台成功备案知识产权近 50 件。

除了线上的情报获取，纳恩博还在中国海关、地方知识产权局进行着多起知识产权侵权投诉案件，并在北京市知识产权局的配合下，成功的对一家浙江企业发起了禁令，并与海关总署开展了知识产权的清风行动。

（撰稿人：袁　昊　刘艳霞　上官明顺　范　湖）

中华商标协会打击侵权假冒工作报告

2016 年，中华商标协会在国家工商总局党组的领导下，紧紧围绕总局中心工作，积极开展“两学一做”，立足协会实际，发挥桥梁纽带作用，以服务商标品牌建设为抓手，开拓工作思路、创新工作方法、助力创新发展、助推转型升级，各项工作迈上新的台阶。

一、2016 年协会工作情况

中华商标协会作为商标品牌领域的全国性社团组织，在全球经济一体化、市场竞争国际化、国际竞争品牌化，每一个企业面临的严峻挑战的形势下，必须勇于担当，努力加强协会平台建设，积极推动中国企业商标品牌的国际化，帮助会员企业提升品牌国际化建设的能力。2016 年，协会领导班子结合国家的发展形势和总局工作任务，提出了打造品牌评价和理论研究平台、打造分享合作平台、打造民间国际合作平台、打造国际商标品牌节平台、打造行业自律平台五个工作思路和努力方向。

（一）打造品牌评价和理论研究平台，推动企业品牌国际化建设

在当前经济新常态下，品牌建设已上升到国家战略的层面，国家工商总局在 2016 年初《关于贯彻落实〈中国制造 2025〉加强品牌建设 净化市场环境 2016 年工作措施的分工意见》中，明确中华商标协会负责牵头品牌评价相关工作，探索建立国家层面的商标品牌价值评价标准体系。

1. 积极完成商标品牌价值评价标准体系建设。2016 年，中国商标品牌研究院坚持改革创新，各项工作稳步推进：成立了理事会和专家委员会，汇集众多国内国际知名专家，基本完成了商标品牌评价标准体系的制定工作；《2016 中国商标品牌发展报告》《2016 沪深上市公司商标品牌价值排行榜》年底前完成，拟在各大媒体广泛发布，标志着商标品牌理论研究平台建设进入到一个新的阶段。

2. 积极为国家知识产权战略相关政策建言献策。中国商标品牌研究院成立后，积极为国家知识产权、商标战略相关政策建言献策，先后为《关于深入实施商标品牌战略的指导意见》《国务院办公厅关于转发知识产权局等单位深入实施国家知识产权战略行动计划（2014—2020年）的通知》《工商总局办公厅印发〈关于贯彻落实〈中国制造2025〉加强品牌建设 净化市场环境2016年工作措施的分工意见〉的通知》等十余份文件提供了意见、建议，为推进国家知识产权战略、商标品牌战略的实施做出了自己的贡献。

3. 积极完成全国人大、政协商标品牌建设提案答复。在全社会高度重视品牌建设的今天，2016年全国人大政协的提案许多都涉及品牌建设，中华商标协会作为负责品牌评价相关工作的单位，首次成为人大、政协提案的牵头办理单位。在扎实调研的基础上，主办完成总局对全国人大、政协涉及商标品牌建设十余件提案的答复工作，为宣传商标品牌战略，服务品牌引领，促进经济转型升级做出了应有的努力。

4. 积极推进农业商标品牌建设。在西安举办的“一带一路”商标品牌建设交流合作论坛上，中国商标品牌研究院与陕西省工商局、西北农林科技大学共同发起设立“一带一路”农产品商标品牌建设研究院，积极推动品牌农业发展，促进“一带一路”地区农业提质增效。

（二）打造分享合作平台，推动企业品牌国际化建设

中华商标协会会员的多样化，为会员之间的资源共享和资源整合奠定了良好的基础。中华商标协会采取多种方式，进一步加强会员之间的横向沟通交流，使处于不同领域、或者在同一领域上下游不同位置的会员，加强信息交流，拓展合作与分享的空间。

2016年中华商标协会采取多项措施提高服务水平：一是开展会员调研，明确会员服务内容。协会领导先后了走访了紫光集团、海尔集团、北汽福田股份有限公司等30余家副会长会员单位，面对面了解会员需求；公布实施《中华商标协会会员服务内容》，明确服务会员的内容，吸引更多的企业入会。二是举办会员培训班。协会全年在厦门、成都等地举办了五期培训班，共计2 000多人参加培训，全面提升了商标代理行业从业人员的业务素质。三是积极宣传会员形象。在2016年的商标品牌节期间开展了“会员文化展示”活动，在协会网站上开辟会员风采展示区、在微信上报道会员单位的新闻动态、在《中华商标》杂志上设立会员专栏，以会员通讯方式传递商标领域的最新信息。四是协助国家工商总局商标局办理了《关于协助归集注册商标维权联系人信息的函》有关工作，协助会员企业和代理机构做好商标维权工作。

（三）努力打造民间国际交流合作平台，为企业品牌国际化提供广泛的合作渠道

中华商标协会作为民间社团组织，在商标品牌领域的民间对外交往中，具有独特的优势。近年来协会在国家工商总局国际合作司的具体指导下，积极与境外知识产权部门和有关商标品牌行业组织开展广泛的交流合作，为中国企业商标品牌的国际化提供有力的支持和帮助。一是加强与世界知识产权组织的合作，积极参与马德里体系推广，为中国企业商标品牌的全球化布局提供支持和帮助。二是加强与美国国际商标协会的合作，为中国企业和商标代理机构寻求全球化合作，提供平台支持。三是积极开展与港澳台地区的交流合作，促进民族品牌的发展，推动把民族品牌打造成全球知名品牌。

2016年中华商标协会积极开展国内外及海峡两岸交流合作。一是加强与国际上有影响力的商标社团组织合作，深度参与国际商标协会（INTA）、欧洲商标权人协会（Marques）等商标国际机构的活动，并首次在INTA年会上举办了“China Update”（中国商标的最新发展）论坛；与英国商标代理人协会举行商标品牌研讨会，访问Brand Finance、Interbrand等国际知名品牌评价机构，探讨品牌评价问题，提升了中华商标协会在国际商标领域的影响力。二是参加马德里商标国际注册体系相关纪念活动，鼓励会员运用马德里体系，打造全球化品牌。三是通过培训开拓会员国际视野。协会组织会员赴美国参加国际前沿品牌战略实施及商标保护专业培训项目，培养会员国际化视野。四是在福建平潭举办“2016海峡两岸商标研讨会”，期间举行了“海峡两岸民族品牌创新青年联谊会启动仪式”，标志着两岸商标领域的合作开启了新篇章。

（四）努力打造国际商标品牌节平台，拓宽企业品牌建设的国际化视野

中华商标协会每年举办的“中国国际商标品牌节”，已经成为商标品牌领域的年度盛会。商标品牌节通过举办“中国商标年会”、“中华品牌博览会”及一系列特色主题活动，为展示企业商标品牌建设成果，交流实施商标品牌国际化经验，传播年度商标领域最具权威性、前瞻性、实用性的政务、商务信息，成功搭建了一个良好的高端平台。

经国家工商总局批准，2016中国国际商标品牌节于10月27至30日在江苏省昆山市举行，近千人注册、300余位国内外嘉宾受邀出席会议；中华品牌博览会展区面积3.6万平方米，全国各地近500家企业参展，规模空前；本届商标品牌节以“创新驱动 品牌引领”为主题，举办了2016中国商标年会、中华品牌博览会等一系列活动。对于增强全社会商标品牌意识、推动商标品牌战略实施产生了积极影响。

2016年的商标品牌节具有以下创新之处：一是议题更加国际化。商标五方会谈年会首次在商标节期间举办，并设置“有效遏制恶意商标注册”专题研讨会，商标节各论坛着眼全球战略，紧扣国际商标热点问题，探讨国际商标法律动态、商标品牌全球保护等话题，使今年的论坛议题更广、内容更实、层次更高。二是创新品牌博览会。本年度的中华品牌博览会除实物展外，新增了中国商标品牌文化展，全面回顾我国商标制度发展史，生动展示具有历史纪念意义的商标档案史料，重点介绍全国工商和市场监管部门的商标行政执法成果，讲述部分知名企业品牌成长故事，传播了商标品牌文化知识，提升了公众的商标品牌意识。

为鼓励代理会员规范服务和创新，在商标节品牌节上发布了“2015—2016优秀商标代理案例”评选结果（见附件）。

（五）努力打造行业自律平台，为商标品牌战略实施营造良好的环境

市场主体的自律意识、行业自律体系规则的完善程度，是称量市场经济成熟度的重要标志之一。随着商标便利化改革的深入实施，在给商标代理机构带来更多便利的同时，也对代理机构的服务范围、服务质量、服务能力提出了更高的要求。传统的单纯依靠商标代理商标注册的赢利模式面临严峻挑战，商标代理机构之间的资源整合、兼并重组，为客户提供更加全面的代理服务、商标管理咨询、商标保护法律服务、品牌运用指导，将会是商标代理机构发展的未来趋势。

协会对商标代理机构会员实行自律管理是修订后的《商标法》的要求，也是对商标主管部门对商标代理组织事中事后监管的重要补充。为此，中华商标协会采取了以下措施：一是树立行业规范，起草了《中华商标协会商标代理行业服务标准》、《中华商标协会商标代理行业道德规范》、《中华商标协会商标代理机构会员单位信用信息管理办法》等制度性文件，使行业自律管理有章可循。二是完善组织建设，及时梳理调整理事会组成机构和成员，强调权利义务相符。三是加强会员继续教育，通过并实施《中华商标协会商标代理分会继续教育暂行规定》，继续举办商标代理人培训考试，今年共计1100余人参加了考试，提升了商标代理人专业素质、从业能力和服务水平。四是纠正违纪行为。通过中华商标协会对会员之间不规范行为的调查和规整，促进商标主管机构完善商标注册审查程序，同时起草并公布了《关于代理机构会员规范使用商标信息的通知》，明确了中华商标协会切实维护公平竞争的市场环境的态度。要求各代理机构会员规范使用商标信息，切实维护公平竞争的市场环境。指出如有个别代理机构会员在商标局向外公开之前获取相关信息，并以此进行招徕客户，损害相关代理机构会员的利益，破坏商标代理市场正常秩序，中华商标协会将依照《商标法》、《中华商标协会章程》及《中华商标协会商标代理分会惩戒规则》予以惩戒，并向社会公示，起到警示作用。

二、充分发挥桥梁纽带作用，促进营造良好的知识产权创新环境

（一）营造良好的知识产权创新环境，努力推动创新驱动发展

为进一步加强和改进商标品牌领域的行政执法与司法保护联动工作，推进依法行政和公正司法，着力提高知识产权效能，经国家工商总局批准，中华商标协会于5月12日成功举办了首届“商标行政执法与司法保护联动高层论坛”，国家工商总局副局长刘俊臣出席论坛并致辞，全国双打办副主任柴海涛、最高人民法院民三庭法官董晓敏、最高人民检察院侦察监督厅副厅长韩晓峰、公安部经济犯罪侦查局副巡视员车瑶华、海关总署政策法规司副司长李群英、工商总局商标局副局长闫实、中国外商投资企业协会优质品牌保护委员会副主席张为安、中国北京同仁堂（集团）有限公司副总经理李缤分别发表演讲。人民日报等全国知名媒体进行了广泛报道，为更深层次促进行政执法与司法保护联动搭建了平台。

（二）积极配合商标注册便利化改革

协会一方面从全国性商标组织的角度向商标主管部门提出意见和建议，代表会员发声；另一方面多次联系会员单位参加商标局、商评委组织的沟通会，以及在会员单位中就商标注册相关问题征求意见，及时汇总、反馈给商标主管部门；积极配合地方工商部门服务当地品牌建设，在由陕西省工商局举办的“一带一路”商标品牌建设交流合作论坛上，分别与陕西省旅游协会、陕西省农业产业化龙头企业协会、陕西省广告协会签订了战略合作协议，为协会更好地服务地方商标品牌战略实施打下了基础。12月经总局和广东省人民政府批准，会同广东省工商局共同主办首届“南方商标

品牌高端论坛”，在商标注册大省广东传递品牌建设最新信息。

（三）为国有大型企业提供个性化商标品牌战略规划和维护会员品牌权益

中华商标协会在服务企业会员过程中，密切关注大型国有企业商标品牌培育和保护的个性化需求，针对商标确权、使用、管理、保护各环节存在和可能出现的问题及风险进行探讨，提出解决方案，制定商标品牌战略框架，努力提升国有大型企业的品牌影响力和品牌价值。例如中华商标协会根据会员的商标战略和商标维权的实际工作，有针对性地与一些重点会员建立战略合作关系，在协会的年度工作中结合会员的需要重点开展工作。2016 年我们经过多方探讨，与安徽古井贡等一些大型国有企业建立起中长期合作，针对白酒行业商标侵权打擦边球现象严重和跨省侵权泛滥的情况为会员协调相关部门积极开展专项执法和法律指导，举办法律研讨会和打假论坛等。再例如中华商标协会会员北汽福田股份有限公司随着商标品牌的发展壮大，搭其商标品牌便车的问题日益突出，在 6 月中华商标协会走访会员活动中，该公司反映了他们在打假维权中遇到的问题，尔后中华商标协会向商标主管部门反映了会员的合理诉求，积极关注问题的解决进展，受到会员的欢迎。

附：2015—2016 年度优秀商标代理案例

2016 年，中华商标协会共收到来自企业、商标代理机构、律师事务所报送的案例 116 件，典型案例 43 件，共计 159 件。10 月 17 日，中华商标协会组织召开优秀案例专家评审会。

评审专家集中评阅了 159 个案例，并根据典型性、影响力、示范性、创新性、实效性、参考性六大评审要素精选出 23 个案例。案例来自 22 家单位，包括 17 家商标代理机构和 5 家律师事务所。获奖案例如下：

1. “zuczug”商标无效宣告案

入选理由：让既有判例产生价值，尤其是最高人民法院的指导性判例，并在运用判例的过程中，根据案件实际情况，总结出案例之间的相同之处，以及不同之处，同时阐明不同之处对本案判断是否产生实质性影响，有助于案件的审理，维护应有的权益。

代理机构：上海百一知识产权代理有限公司

适用《商标法》相关法条：《商标法》第 7 条、第 30 条、第 35 条

2. “陕旅”商标异议案

入选理由：没有在先权利的知名商标在“擦边”类别或群组被抢注，即便是在异议期间维权，举证也较为困难，难以达到跨类维权的目的。必须提供充足的证据证明引证商标的较高知名度，并搜集相关侵权证据，才能成功完成跨类维权。

代理机构：西安市商标事务所有限公司

适用《商标法》相关法条：《商标法》第 7 条、第 30 条、第 35 条

3. “SHUANGLIREN”商标异议案

入选理由：这一案例为如何在争议案件中适用商标法总则性条款提供参考，也为商标权利人在争议案件中如何最大限度地运用商标法条款保护自己合法权益提供了指导。

代理机构：北京律盟知识产权代理有限责任公司

适用《商标法》相关法条：《商标法》第 7 条、第 30 条、第 35 条

4. “CANADAIR”商标驳回复审案

入选理由：代理机构运用了《商标法》第 10 条第 1 款第（2）项“但经该国政府同意的除外”的但书规定，除建议申请人在加拿大提交补救申请外，还积极在加拿大知识产权局网站搜集类似商标的成功注册案例，两相结合最终说服商评委认可复审理由。

代理机构：北京华进京联知识产权代理有限公司

适用《商标法》相关法条：《商标法》第 10 条第 1 款第 2 项

5. “叶问及图”商标异议案

入选理由：本案触及商标热点问题，社会影响巨大。代理人主张被异议商标损害了叶问之子叶准的精神权益，该条款的主张为在商标确权案件中保护去世知名公众人物的姓名具有一定的指导意义。近年来热播电影的名称、公众人物姓名被抢注成商标频繁发生，本案的成功为该类案件的解决提供了比较好的样本。

代理机构：北京黄金智慧知识产权代理有限公司

适用《商标法》相关法条：《商标法》第 10 条第 1 款第 8 项

6. “全民飞机大战”商标驳回复审行政诉讼案

入选理由：本案作为《商标法》第 11 条的相关案件，有一定的代表性和创新意义，此类案件应重点论证商标“本身具有显著性”，以更好地维护权利人的权利。

代理机构：北京天驰君泰律师事务所

适用《商标法》相关法条：《商标法》第 11 条

7. 斯蒂尔油锯“橙灰颜色组合”知名商品特有装潢案

入选理由：本案是中国首个纯颜色装潢作为“知名商品特有的装潢”获得司法保护的案例。

代理机构：北京万慧达知识产权代理有限公司

适用《商标法》相关法条：《商标法》第 11 条；商标法第 52 条（2001 年《商标法》）

8. “Weibo”商标异议复审行政诉讼案

入选理由：本案的典型意义在于，成功地捍卫 weibo 公共资源的地位，使得包括腾讯、央视等众多同行竞争者可以继续自由使用 weibo 来描述其所提供的服务，有力地促进相关行业多元化、包容性发展，丰富和保障了公众对相关服务的选择自由。

代理机构：北京市正理律师事务所

适用《商标法》相关法条：《商标法》第 11 条第 1 款第 2 项

9. “战地吉普”商标异议复审行政诉讼案

入选理由：本案体现了在引证商标具有较高知名度和显著性时，法院对商标近似从严把握的判断标准。被异议商标虽已进行了大规模使用，法院并没有认定形成区分和稳定的市场秩序。本案的判决对于净化市场，消除混淆以及反向混淆也具有重要作用。

代理机构：中国国际贸易促进会专利商标事务所

适用《商标法》相关法条：《商标法》第 13 条第 2 款

10. “一朵宝宝”商标无效宣告案

入选理由：本案中两个无效理由同时成立，且商评委在对本案两个争议焦点所涉事实的认定上均存在一定的突破，较为典型。二者之间存在代表关系，即可相应降低商标近似判断标准；而《商标法》第 15 条第 1 款的构成要件中显然也需要以申请人拥有在先使用的相同或类似商标为前提。本案对今后类似案件的判定具有较好的借鉴意义。

代理机构：北京安度知识产权代理有限公司

适用《商标法》相关法条：《商标法》第 15 条第 1 款、第 30 条、第 45 条第 1 款、第 2 款、第 46 条

11. “易武同庆号”及“龙马图形”商标争议案

入选理由：本案中，二审法院对于商标是否丧失显著性的判断，以及最高法院对于行政程序中无正当理由未提交的证据在诉讼中是否可以提交的问题的否定态度，对同类问题的解决有示范作用。

代理机构：北京万慧达知识产权代理有限公司

适用《商标法》相关法条：《商标法》第 28 条

12. “麦积之星 MAIJIZHIXING”商标驳回复审案

入选理由：虽然公众知晓的县级以上行政区划的地名，不得作为商标使用，但地名具有其他较强含义的可以作为商标注册使用。“麦积之星”有着自身独特的含义，且在整体上具有显著性，不会使公众发生产地误认。

代理机构：甘肃华科润知识产权代理有限公司

适用《商标法》相关法条：《商标法》第 28 条

13. “季工坊”商标无效宣告及行政诉讼案

入选理由：本案涉及的条文有《商标法》第 28 条商标近似问题、《商标法》第 31 条损害他人现有的在先权利问题、不良影响问题，还有新旧商标法衔接适用的问题。尤其是新旧商标法衔接适用过程中程序与实体问题的界定，本案之前鲜有判决对该问题进行明确。

代理机构：北京恒华佳信商标代理有限公司

适用《商标法》相关法条：《商标法》第 28 条、第 31 条（2001 年《商标法》）

14. “BALONG”商标驳回复审行政诉讼案

入选理由：在引证商标仍为形式上的有效商标且认定商标近似的情况下，基于“引证商标注册人已注销较长时间”这一事实推翻评审裁定，对申请商标予以通过，突破了在先申请以及近似判断的一般原则或规则，但把握了混淆判定的本质和鼓励商标使用的宗旨，并涉及对商标的本质及构成要素等基础理论问题的考量，实现了个案正义。

代理机构：北京超凡知识产权代理有限公司

适用《商标法》相关法条：《商标法》第 30 条

15. “MENAT FOREVER MENAT 及图”商标驳回复审行政诉讼案

入选理由：在驳回复审的确权案件中，当申请商标存在多个引证商标权利障碍时，不仅要通过商标比对进行突破，还要采取消除权利障碍的“撤三”等策略。在商标比对中，本案代理律师并未局限于商标本身含义的对比，而是针对商标近似判断的主体应为“相关公众”的规定，证明“MENAT”对于相关公众而言为生僻词汇。

代理机构：广东哲力知识产权事务所有限公司

适用《商标法》相关法条：《商标法》第 30 条

16. “南少林寺”商标异议复审案

入选理由：商标的近似不仅仅是指商标标志本身的近似判断，同时要结合双方商标的知名度、公众现实的认知状态，以及特殊情况下（如历史沿革、使用背景等）如何处理在尊重已经形成的市场格局、最大限度地做到既能划清商业标志边界同时又允许特殊情况下的商标共存之间的平衡关系。本案之裁定结论正是在这种平衡和判断下作出。

代理机构：北京古今来知识产权代理事务所有限公司

适用《商标法》相关法条：《商标法》第 30 条

17. “汉典”商标撤销复审行政诉讼案

入选理由：若希望获得国家机关的支持，必须提供充足的证据予以支撑，代理律师适时地提供了“维 C 泡腾片”

与无酒精饮料之间关联性的证据资料，最终获得了胜诉判决。

代理机构：江苏中盟律师事务所

适用《商标法》相关法条：《商标法》第 44 条（2001 年《商标法》）

18. “蓝之蓝”商标无效宣告案

入选理由：商标的近似判断除了考虑字、形、义等要素外，还要综合考虑申请人的知名度、被申请人的主观态度等因素。

代理机构：江苏省宁海商标事务所有限公司

适用《商标法》相关法条：《商标法》第 45 条第 1 款、第 2 款、第 46 条、旧法第 28 条

19. “姚明 YAOMING”商标撤销复审案

入选理由：通过《商标法》关于商标使用的相关解释，抓住本案是否属于商标使用的焦点。以篮球明星姚明代言图片属于肖像权的使用，阐释代言照片并非商标使用的事实，进而否定申请人“申请商标在法定期间进行了真实、有效、合法的使用”，避免了商标闲置。

代理机构：厦门合道联合知识产权事务有限公司

适用《商标法》相关法条：《商标法》第 49 条第 2 款、第 54 条、第 55 条

20. “优酷支付”商标侵权及不正当竞争案

入选理由：原告在本案中使用了“域名仲裁 + 侵权诉讼”这种组合维权途径，为广大企业在以后的品牌维权中树立了互联网维权范本，具有十分重要的意义。

代理机构：北京玺泽律师事务所

适用《商标法》相关法条：《商标法》第 56 条、第 57 条第 1 项及第 2 项、第 58 条、第 63 条第 3 款

21. “BENDIX”商标侵权行政诉讼案

入选理由：本案是司法实践中难得一见的适用公司法下“刺穿公司面纱”原则判决商标侵权人的关联公司承担连带责任的案例，对打击那些利用关联公司转移资产、企图逃避法律责任的侵权人具有重要的示范意义。

报送机构：霍尼韦尔公司/上海锦天城（青岛）律师事务所（本案通过知产力报送）

适用《商标法》相关法条：《商标法》第 57 条第 1 款、第 63 条第 1 款及第 3 款

22. “ONE”商标侵权行政诉讼案

入选理由：在可能反向混淆的情况下，要综合考虑商标固有显著性和知名度等问题，判断市场混淆的可能性，从而认定是否构成商标侵权。本案代理人充分论述商标本身的不近似性，还强调原告商标固有显著性和知名度均不高，共存不会造成市场混淆，不构成商标法意义上的近似商标。

代理机构：永新专利商标代理有限公司

适用《商标法》相关法条：《商标法》第 57 条第 2 项

23. “中国好声音”诉前禁令案

入选理由：本案是北京知识产权法院建院以来做出的首个诉前行为保全裁定。诉前行为保全是知识产权领域较为新颖的案件类型。本案中，法院从行为保全的五个要件，包括权利基础、胜诉可能性、紧迫性和难以弥补的损害、损害平衡性和社会公共利益等进行了逐一分析。此案对其他行为保全案件有示范意义。

代理机构：北京市金杜律师事务所

适用《商标法》相关法条：《商标法》第 65 条

（撰稿人：陈辉）

中国版权协会打击侵权假冒工作报告

中国版权协会是国家新闻出版广电总局（国家版权局）主管的全国性版权专业社会团体，是我国版权领域唯一具有广泛代表性的社会团体。中国版权协会遵循为人民服务，为社会主义服务的方向，遵守我国宪法及有关法律、法规和国家政策，遵从社会道德规范，团结全国热心版权事业的团体和人，推动版权法律实施，组织、推动版权的理论研究与学术交流，促进我国版权制度的不断完善。同时为著作权人及作品使用者提供相关服务，维护权利人的合法权益，促进社会主义文化和科学事业的发展与繁荣。

一、反侵权假冒工作综述

2016 年，中国版权协会在阎晓宏理事长的带领下，严格按照 2016 年重点工作计划开展工作，认真贯彻落实中央精神，紧紧围绕协会服务大局、服务会员的宗旨，圆满地完

成了各项工作任务，纵观2016年在反侵权假冒领域协会重点做以下几项工作：

（一）积极贯彻中央精神，落实依法维权的各项部署

为贯彻落实“第十二次打击网络侵权盗版专项治理剑网行动”（“剑网2016”专项行动）精神，推进“剑网2016”的深入开展，协会积极落实总局要求，协会开展了版权执法和反盗维权研讨活动。2016年8月，协会主办了“APP及广告联盟相关版权侵权问题研讨会”，分析了APP及广告联盟相关版权侵权的基本现象，研究了移动网络反盗维权的对策。9月，协会在国家版权局的指导下，举办了“网络文学版权保护研讨会”，研讨会上，发布了“网络文学版权联盟自律宣言”，北京掌阅科技有限公司总裁张凌云、阅文集团CEO吴文辉在研讨会上强烈呼吁加强网络文学版权保护，各大网络文学网站纷纷表示，要依法开展网络文学经营活动，自觉遵守国家法律法规，配合政府维护良好的网络文学版权市场环境。

11月25日，由中国版权协会主办的第九届中国版权年会在京举行。第三届中国版权卓越成就者奖、中国版权最具影响力企业奖颁奖仪式同时举行。国家新闻出版广电总局副局长、国家版权局副局长、中国版权协会理事长阎晓宏作题为“2016版权回顾与展望”的主题发言。国家新闻出版广电总局政策法制司司长、中国版权协会驻会副理事长王自强在会上作2016中国版权协会年度工作报告。大会由中国版权协会秘书长孙悦主持。中国版权年会是我国版权界的年度盛会，特别是自第六届年会举办以来，在版权界及社会各界有很大的影响力。本届年会在形式和内容上做了较大创新，以回顾与展望版权工作为主题，以增强会员互动和行业交流为形式，以期达到交流经验、增进友谊、加强合作、思想融合、共谋创新的目的。

（二）推动软件正版化长效机制建设，承担正版化项目开发和软件正版化督查的组织协调工作

2016年协会接受国家版权局的委托，在推进软件正版化工作方面主要做了以下三项工作：一是组织培训。2016年协会承办了4期政府机关软件正版化培训班，培训分别在武汉、济南、哈尔滨、北京举办，来自全国31个省（区市）的政府办公厅、工信厅、财政厅、发改委、版权局等部门的千余名公职人员参加了培训。二是承担正版化项目开发。根据国家版权局的要求，协会研究、论证，并组织制定了“制定软件使用管理标准”，按照招标流程，研发了“建立培训系统及专家库”，相关的项目成果已在正版化工作中得到应用。三是承担软件正版化督查的组织协调工作。根据国家版权局关于开展软件正版化督促检查的工作总署，协会完成了对安徽、江苏和山东三省使用正版软件工作进行督查的组织协调工作，并根据实地检查结果，向国家版权局提交了该三省使用软件正版检查工作报告和有关检查数据资料等。

（三）积极推进海外交流，成功举办海峡两岸著作权保护研讨会

2016年9月，中国版权协会和海峡两岸商务协调会“第九届海峡两岸著作权保护研讨会”在四川成都成功举行，来自两岸的著作权人、权利人组织、社会团体、产业界的代表，以及专家学者，围绕“著作权法制之新思路”和“数字创意，再塑文化”的主题展开深入的探讨和交流。双方一致认为，在全球网络化趋势下，两岸数字文化产业发展迅速，图书、音乐、美术作品等，几乎所有的版权客体形式都将以数字化的形态出现，两岸著作权保护的思维和目标不仅一致，而且两岸版权产业界的交流与合作进一步加深。通过共同研究对策，相互借鉴经验，一定能够促进两岸版权产业的不断发展。

（四）成立艺术品领域版权工作分支机构

近年来，我国版权保护和版权产业发展成绩有目共睹，但就艺术品版权保护而言仍有很大欠缺，一方面是公众版权意识水平不够高，另一方面相关组织在维权方面仍需进步。为此中国版权协会下成立了“艺术品版权工作委员会”（以下简称艺委会）。2016年6月29日，艺委会成立大会在北京雅昌艺术中心举行。雅昌文化集团董事长万捷担任艺委会主任委员。艺委会是由艺术品版权权利人及从事艺术品行业的法人单位及个人自愿组成的公益性群众团体，受中国版权协会领导，是中国版权协会的二级委员会，秘书处办公地点设在雅昌文化集团。

二、行业内知名企业维权打假工作情况

（一）瑞德传媒

瑞德传媒是北京市四委局认定的国家高新技术企业，也是中关村管委会认定的中关村高新技术企业。现已通过ISO9001质量体系认证、ISO14001环境管理体系认证、OHSAS18001职业健康安全管理体系认证，并获得双软认证企业、计算机信息系统集成企业资质（三级）、广播电视节目制作经营许可证持证企业等行业资质。2016年7月，经中关村科技园区企业信用评级专业机构审定，公司信用等级为BBBzc+。

瑞德传媒是国内最早涉足媒体机构版权管理专业化服务的公司，经过不断发展，逐步提高公司在全国广播电视行

业的市场占有率，在已开展版权管理的广电媒体单位中，瑞德传媒市场占有率持续领先。公司现在已经形成了四大经营板块，第一是媒体版权管理服务，包括版权信息回溯清理、著录；合同扫描归档；版权规划制定、咨询；版权数据分析；版权监测及诉讼维权；版权登记及交易代理。第二是技术开发服务，包括版权管理系统；电影媒资管理系统；音频素材版权交易管理系统；第三是音视频媒资管理服务，包括磁带清洗、整备；数字化转储；音视频编目；音视频资料筛选拆条。第四是视频制作服务，包括3D动画新闻制作；AE动画新闻制作；年会视频短片制作；演播室访谈节目；微电影制作等。

现在公司已先后为新华通讯社、中央电视台、中央人民广播电台，湖南、江苏、上海、山东、天津、重庆、湖北、广东、陕西、贵州等省广播电视台，以及中国广播电视音像资料馆、国家新闻出版广电总局下属电影卫星频道节目制作中心、央广传媒发展总公司、百度网络科技公司、国家新媒体产业基地、北京新媒体集团、西部电影集团等机构的媒体资产管理建设及版权管理运营建设提供全方位的版权资产管理服务，形成了良好的口碑和强有力的市场影响力。

经过多年发展，瑞德传媒已在媒体版权管理领域上下游产业链上逐步发展，被客户亲切地称为“版权管家”，形成了一支融合技术开发、版权管理、视音频制作等灵异的专业化管理团队，创造性地构建了独特的技术 + 传媒 + 法律地复合跨界的竞争优势。

（二）一铭软件

一铭软件是一家拥有自主知识产权、集产品研发、生产和销售于一体的高新技术企业，早在2004年就已开始步入对Linux操作系统和office办公软件的研发。一铭软件自成立以来，以支持国家软件正版化工作为契机，以推广国产操作系统为己任，助力推进国家软件正版化工作。在国家相关部门的指导和支持下，公司紧跟基础软件、互联网和云计算的前沿技术，不断开拓创新，近年来取得了长足的进步，用户遍布全国31个省、区、市。一铭软件凭借优质的产品贴近用户的服务于2016年由推进使用正版软件工作部际联席会议办公室选为“国产软件应用试点”的国产操作系统唯一厂商。

目前主要产品有：一铭操作系统、一铭正版软件管理系统、一铭云平台、一铭翻译云等。一铭系列软件已荣获计算机软件著作权、软件产品登记认定等多项技术与销售许可证。公司拥有过硬的产品，完善的售后服务体系，为客户提供专业的技术支持，做到资源共享、整合为客户解决后顾之忧。一铭软件得到国家相关部门以及广西壮族自治区的大力支持，多款软件产品相继进入中央政府以及部分省市区采购目录。为了更好地服务于最终用户，一铭软件的售后和技术支持服务体系已经遍布全国。

公司是国家高新技术企业，通过国际CMMI3认证、ISO质量管理体系认证、已取得37项软件著作权、26项软件产品登记证、23项工业新产品证书。荣获2014年度中国软件和信息服务操作系统领域突出贡献企业奖、2013—2014年度中国软件和信息服务业创新影响力奖、2014年中国版权最具影响力企业、2013—2014年度广西优秀软件企业、广西信息化应用企业、2016中国企业用户应用选型国产操作系统最佳满意奖、一铭操作系统荣获第二十届中国国际软件博览会创新奖、开源桌面操作系统项目OPENTHOS荣获2016东北亚开源软件大奖、一铭操作系统荣获世界知识产权组织与中国国家版权局联合颁发的2016中国版权金奖。

（撰稿人：刘彬）

中国文字著作权协会打击侵权假冒工作报告

2016年，中国文字著作权协会在国家新闻出版广电总局（国家版权局）的领导下，按照总局的整体工作部署，积极维护会员权利，推广会员作品；深入贯彻实施《教科书“法定许可”使用作品支付报酬办法》、《使用文字作品支付报酬办法》，认真履行报刊转载和教科书“法定许可”稿酬收转的法定职能；探索数字版权授权业务，努力向数字版权要效益；按照党中央“一带一路”的伟大战略，积极开展“中俄文学作品互译出版项目”和“中白文学作品互译出版项目”，推动中国作家作品“走出去”，加强国际交流和国际版权贸易。一年来，做了大量的具体工作，取得了一些成绩。

一、推动著作权法律法规和部门规章的完善

在2016年3月全国“两会”期间，协会协助全国政协委员、韬奋基金会理事长聂震宁完成了《关于加强网络版权保护，促进数字文化创意产业发展的提案》，协助全国政协委员、国务院参事、副会长张抗抗完成了《关于提高稿酬个人所得税起征点的提案》和《关于加强整顿教科书编写出版单位侵害著作权行为的提案》，聂震宁委员联合白岩松、李从军、何建明等32位全国政协委员联署，聂震宁和张抗抗在全国政协联组会议上分别就上述提案作专题发言。上述提案均受到社会关注和政府有关部门的重视。

二、落实稿酬收转分配和转付

协会是向著作权人转付报刊转载和教科书“法定许可”使用费的法定机构，“法定许可”稿酬收取和分配工作是协会工作的重中之重。协会工作人员采取主动查找作者、主动核实作者信息和转载信息、主动发放转载稿酬的“三主动”方法，向作者转付报刊转载和教科书选文稿酬，确保把每一笔稿酬发放到真正的权利人手中。

2016年，经过协会全体员工的努力，协会收取文字作品版权使用费共计560万元，比上一年增长30%。其中，报刊和教科书“法定许可”221万元，版权代理274万元，数字版权30万元，维权35万元。

协会每月都向会员和其他作者转付稿酬，提供作品使用明细单。2016年全年共向会员和其他作者转付稿酬464万元，平均转付率83%，其中，教科书和汇编作品转付率超过90%，数字版权和版权代理转付率100%。

在“4·26世界知识产权宣传周”期间，协会工作人员专程探望了梁实秋、艾青、叶圣陶、严文井、陈伯吹、史铁生等现当代文学名家的权利继承人，为他们送去文字作品的稿酬共计7万余元。

三、开展“法定许可”业务

与教科书出版机构和文摘类报刊社签订“法定许可”稿酬收转协议，收取文摘类报刊和教科书出版社交纳的转载和选文稿费是国家法律赋予作为文字著作权集体管理组织的法定职能。经过协会的不懈努力，继人教社、苏教社之后，2016年，协会又成功与河北教育出版社、北京师范大学出版社、西南师范大学出版社签订了“法定许可”稿酬转付协议并收到向协会交付的教科书使用作品稿酬。

2016年7月，经过多次沟通，协会与读者出版集团有限公司签订了《报刊“法定许可”稿酬收转协议》。根据该协议，《读者》、《读者·校园版》、《读者·海外版》三本期刊所选用部分文字作品的稿酬，由收取并转付给相关的作者或权利人。这一协议的签订，表明在落实国家法律规定，履行报刊和教科书“法定许可”稿酬收取转付的法定职能方面迈出了重要一步。

2016年，协会继续积极向报刊社宣传介绍国家版权局和国家发改委颁布的《使用文字作品支付报酬办法》，先后与《半月选读》、《文学少年》等几家杂志社和新加坡名创教育出版社、培生教育出版亚洲有限公司等机构签订了“法定许可”稿酬转付协议，认真执行国家规定的法定许可稿酬标准。

四、开展版权集体管理业务

（一）数字版权

2016年，协会继续与有关机构合作，通过数字新媒体平台推广会员作品，为会员创造收益。截止到2016年12月31日，亚马逊共销售协会会员电子书38 406册，为会员创造了不小的收益。

（二）戏剧公开表演权

2016年，协会与俄罗斯最大的著作权集体管理组织——俄罗斯著作权协会等机构签署公开表演权合作协议，为国内院团成功引进了《办公室的故事》、《我可怜的马拉特》、《长子》等五部俄罗斯经典话剧，已陆续在国内上演，产生了良好的市场反响，为俄罗斯戏剧家收取了较为可观的戏剧公开表演权使用费。

五、开展版权代理业务

（一）汇编作品授权代理

2016年，协会利用长期积累的会员和作者信息，与40余家出版社和民营出版策划机构签订了《汇编作品委托代理协议》，代理解决了近百种汇编作品的作者译者授权问题，涉及作者译者逾千人次，文章数千篇次，连续三年为作者争取稿酬超百万元。

（二）国际版权贸易代理

2016年，协会与日本株式会社公文教育研究会签署版权代理协议，授权该机构在教学过程中以中文简体、繁体使用中国作家多篇作品。

2016年，协会还为人民出版社、接力出版社、北京十月文艺出版社、江苏译林出版社、黑龙江大学出版社、黑龙江少儿出版社等多家出版机构从俄罗斯、塞尔维亚等国引进

《巴塔传》、《普京：权力的逻辑》、《神奇的童话》（作者为高尔基，插图作者为俄罗斯当代艺术家）、《课外阅读丛书》（作者为列夫·托尔斯泰，插图作者为俄罗斯当代艺术家）等多部国外图书版权。

与此同时，协会把姜戎、阿来等作家和新世界出版社等出版机构的作品输出到俄罗斯、乌克兰、阿尔巴尼亚等国家。为韩国、日本、新加坡和我国香港、台湾等地区大部分中文教材选用中文著名作家作品代理解决多位作家授权，协会已经成为中国出版、中国文化"走出去"的一支重要力量，一个重要窗口。

（三）其他领域的版权代理

2016 年，协会为北京新世邦文化传媒有限公司解决了影视剧《北京人在北京》中使用著名诗人海子的诗歌《面朝大海　春暖花开》的版权授权问题；为杭州奥觉广告有限公司解决了广告片《上好佳鱼果》中使用作者放平的诗歌《小金鱼》的版权授权问题，获得使用者和权利人的好评。

协会还为国家话剧院等机构演出使用俄罗斯话剧中文译本解决了多个译者的授权问题。

同时，协会积极组织著名作家、编剧，参加第二届中国影视文学版权拍卖大会。

六、调处版权纠纷，积极维护权利人的合法权益

2016 年，协会为维护广大权利人的合法权益做了不少的工作，先后为多名权利人成功调解与相关出版机构的版权纠纷，追讨出版单位拖欠会员稿酬，为权利人挽回实际损失共计 30 余万元，受到权利人的一致好评。

特别值得一提的是，协会为 75 岁的会员陈先生成功调解困扰其多年的出版合同纠纷一事。陈先生是中国作家协会会员，现任中国鲁迅研究会副会长兼秘书长，是中国鲁迅研究领域的代表性人物，著有《鲁迅史实求真录》、《鲁迅史实新探》等作品，2010 年加入中国文字著作权协会。

2010 年 12 月 10 日，陈先生与某出版社签订了图书出版合同，并按照合同要求及时交付了文章的电子文本或者纸介书稿，但出版社并没有按照合同约定出版图书。陈先生多次与出版社联系，但出版社一直未予答复解决，前后长达四年之久。2015 年 7 月，陈先生委托协会对此事进行处理。协会对此事高度重视，通过对出版合同的认真审核和有关事实的核实，以及与出版社及时、有效的沟通，协会认为出版社违反了合同的约定，损害了著作权人的利益。根据陈先生的授权，要求出版社按照合同约定支付违约金。在协会的积极调解下，双方达成了调解协议，出版社向陈先生支付了违约金，并向其表达了歉意。陈先生专门来到协会表达谢意，对尽心尽力、认真负责的工作态度和规范有序、专业到位的处理能力非常赞赏，充分肯定了协会在维护作者权益上做出的积极努力。

2016 年"4·26 世界知识产权宣传周"期间，协会接到多位会员对中国知网（清华同方科技公司）的投诉，认为中国知网未经其授权，收录他们的大量文章，并通过向海内外高校图书馆等机构销售数据库等形式获得大量收益。协会经过认真核实，第一批统计出协会会员 100 多人的 2 万多篇文章被侵权。协会与中国知网进行了多次沟通，中国知网承认侵权事实，并愿意赔偿。

与此同时，协会经过调查发现，万方数据科技公司、重庆维普科技公司、北京书生科技公司也存在侵犯多位会员权利的情况。协会正在调查取证过程中。

七、参加的重要版权宣传研讨活动

2016 年，协会多次参加了与自身业务发展紧密相关的版权宣传研讨活动，如 2016 知识产权南湖论坛、2016 年内地与香港澳门特别行政区知识产权研讨会、版权与相关权热点问题亚太地区研讨会、第十二届中韩著作权研讨会、中国国际版权博览会（广州）、第十三届上海国际书展、中国互联网版权保护大会、互联网版权保护与运营新媒体论坛、中国知识产权保护高层论坛、CISAC 全球创作者论坛、中国学术期刊大会、新闻作品版权保护研讨会、新闻出版社团发展座谈会、著作权集体管理修法建议研讨会、"剑网"2016 专项行动座谈会、CCTSS 国际图书系列沙龙等。通过参加这些活动，并在会上作专题发言，协会积极宣传了自己的职能、宗旨和服务理念，扩大了在社会上的影响，同时有机会虚心学习国内外同行的先进经验，从而为建设有中国特色的著作权集体管理组织奠定基础。

八、积极开展国际交流活动，促进我国作品海外授权

（一）"中俄现代与经典作品互译出版项目"成果丰硕

2016 年，通过协会的协调和中俄双方各出版机构以及双方翻译家的努力工作，"中俄经典与现代作品互译出版项目"结出丰硕的成果。截至 2016 年底，中方已出版"俄罗斯文库"中的文学作品共计 34 种，其中 2016 年新出版 20 种；俄方已出版"中国文库"中的文学作品共计 18 种，其中 2016 年新出版 3 种。

在2016年8月举办的第23届北京国际图书博览会期间，协会联合俄罗斯翻译学院举办了“中俄互译出版项目”新书发布暨座谈会。会上，协会详细介绍了互译项目进展情况，这一年来取得的成绩和遇到的困难，充分展示了2016年中俄双方新出版的图书，受到了与会嘉宾的特别关注。中俄双方的参会代表也纷纷发言，就各自对互译项目的感受发表了很有价值的看法和观点。与会代表一致认为，“中俄互译出版项目”丰富了中俄两国人文交流的内涵，有助于扩大和加深两国出版界、文学界、翻译界的交流与合作，加深两国人民之间的相互了解。最后，协会还组织了向俄罗斯驻华大使馆赠送互译项目新书的活动。

在2016年9月举办的第29届莫斯科国际书展期间，由中国国家新闻出版广电总局和俄罗斯出版与大众传媒署主办，中国文字著作权协会和俄罗斯翻译学院承办的“中俄互译出版项目”新书暨俄文专刊发布会在中国展台举行。这是莫斯科书展期间最有影响力的活动之一，在俄罗斯当地产生了不小的社会影响。

同时，由总局资助、协会与俄罗斯翻译学院策划的《“中俄互译出版项目”俄文专刊》由俄罗斯《图书评论》周报正式出版；《“中俄互译出版项目”中文专刊》由中国新华书店总店主办的《国际出版》周报正式出版。两份专刊分别在莫斯科书展和北京国际图书博览会上精彩亮相，这是苏联解体以来中俄两国新闻出版界首次以报纸专刊的形式集中介绍两国文学作品的互译出版盛况。

（二）与罗马尼亚著作权集体管理协会签署合作协议

2016年12月14日，协会总干事张洪波与罗马尼亚著作权集体管理协会主席欧根·乌里卡鲁在鲁迅文学院签署版权合作协议。根据该协议，罗马尼亚著作权集体管理协会将代表在罗马尼亚依法为会员收取中文文字作品影印复制权、表演权、公众传播权等版权使用费。这一协议的签署，是继协会与英国、韩国相关组织签署版权合作协议之后的又一重大举措，为中文书报刊海外复制权和数字化复制权的授权与收费进一步拓宽了道路。

中国作协领导、鲁迅文学院领导、罗马尼亚驻华大使馆、罗马尼亚文化学院领导等嘉宾出席了签字仪式。

（三）参加国际影印复制权组织联合会（IFRRO）年会

2016年8月和11月，协会分别派员参加了在荷兰阿姆斯特丹举办的国际影印复制权组织联合会（IFRRO）全球年会和该组织在澳大利亚举办的亚太区年会，并在会上做了年度工作报告，同时与前来参会的各国集体管理组织代表进行了深入交流，进一步增进了相互了解。

此外，还参加了莫斯科国际书展、土库曼斯坦国际书展，参加塞尔维亚出访团。

九、获得“中国版权金奖”

2016年12月5日，第六届中国国际版权博览会在广州召开，由世界知识产权组织和国家版权局设立的“中国版权金奖”揭晓。“中国版权金奖”共设“作品奖”、“推广运用奖”、“保护奖”、“管理奖”四个奖项，“管理奖”系首次设立。中国文字著作权协会获得“管理奖”。这是世界知识产权组织在中国设立这个奖项八年来，中国著作权集体管理组织首次获得此奖项。此前，中国文字著作权协会副会长张抗抗荣获第四届“世界版权金奖保护奖”。

自2008年10月成立以来，协会在履行法定职能、维护会员权益、促进产业发展、推动著作权法律法规完善等方面做了大量富有成效的工作；在会员作品集体管理方面进行了积极有益的探索和尝试，为文字著作权人收取作品稿酬2 000多万元，向逾万人次转付稿酬1 500多万元，逐渐获得权利人、产业界和社会各界的认可。在数字版权集体管理方面，协会与多家机构开展有效合作，积极推广会员作品数字版权，为会员创造较为可观的经济收益，发挥了集体管理组织在数字版权管理中应有的作用。针对海外影印复制权、数字版权集体管理比较规范和中文作品需求较大的情况，在国家版权局和国际复制权组织联合会（IFRRO）支持下，协会已经与英国、韩国、罗马尼亚复制权集体管理组织签约，授权中文书报刊影印复制和数字化复制，这开创了中文作品海外版权保护的先河，拓展了中国文化“走出去”和版权保护的新路径。协会每年为出版机构解决汇编作品授权逾百种，每年为会员创造稿酬收益逾百万元。协会在汇编权集体管理方面已经积累了丰富的经验，建立了一套快速、便捷的授权规程，获得出版界和作者的广泛认可。

近年来，协会通过“全国两会”等渠道多次呼吁修改著作权法和提高作家稿酬个税起征点，同时，积极开展调研，推动国家版权局和国家发改委颁布《教科书法定许可使用作品支付报酬办法》和《使用文字作品支付报酬办法》，结束了教科书使用作品没有付酬标准的时代，提高了报刊转载稿酬标准，多家教育出版社和文摘类报刊开始交纳转载稿酬，受到广大文字作者好评。

自2008年起，国家版权局与世界知识产权组织（WIPO）合作，开展“世界知识产权组织版权金奖（中国）”推荐表彰活动，作为我国版权领域内评选的唯一国际性奖项，至今已成功举办了四届，引起国内国际社会广泛关注，收到良好社会反响。2016年，经“全国评比达标表彰工作协调小组”批准，“世界知识产权组织版权金奖

（中国）”自2016年起更名为“中国版权金奖”，由国家版权局和世界知识产权组织（WIPO）共同主办，每两年评选一次。

（撰稿人：张洪波）

中国音像著作权集体管理协会打击侵权假冒工作报告

2016年，中国音像著作权集体管理协会在国家新闻出版广电总局的统一领导和部署下，遵循集体管理的规则、规范权利管理制度、努力加强自身建设、积极开展许可业务，在打击侵权假冒方面开展了大量工作，使正版音像作品的合法使用提供了有力保障。

一、反侵权假冒工作综述

（一）坚决扼制非法集体管理行为

集体管理是建立公平、高效的授权许可机制，它有利于保护权利人利益、方便使用人使用，建立有利于促进市场和产业发展的版权秩序。由于集体管理工作涉及众多权利人和使用者的利益，因此法律对从事集体管理工作的组织具有严格的要求：即必须符合《著作权集体管理条例》关于组织机构、运营方式、非营利性、透明性等规定，必须公平对待所有权利人和使用者，以保证权利人和使用者利益。而以利益竞争为目的代理人，从事收费和商业诉讼，无须遵守《著作权集体管理条例》的规定，其逐利性必然追求自身利益最大化，极易损害权利人和使用者利益，破坏市场秩序。

2013年起，深圳市声影网络科技有限公司（以下简称深圳声影）违反《著作权集体管理条例》，以错误的版权登记证书为依据，以自己名义及以“中广文博电视节目服务中心”名义，从事非法集体管理，向卡拉OK歌厅收取版权费；将诉权通过层层代理转包，在全国提起大规模营利性诉讼；并且歪曲、篡改协会会员作品，帮助侵权卡拉OK歌厅逃避侵权责任。其造成的危害是显而易见的。

非法集体管理对初步建立的集体管理制度产生破坏性影响，体现在：第一，卡拉OK歌厅面临多头收费，不知“向谁交费”，索性不交；第二，向集体管理组织交费后，仍然被非法集体管理的“滥诉”困扰，不堪“讼累”，经营受到影响；第三，非法集体管理帮助侵权卡拉OK歌厅逃避法律责任，使其侵权使用行为肆无忌惮，逃避交费义务。非法集体管理破坏的是集体管理秩序和渠道，消耗了大多数权利人的利益，最终受害者是权利人自身。

为扼制非法集体管理活动，协会做了大量工作，包括向国家版权局汇报情况、向最高人民法院报送调研报告、协助被诉卡拉OK歌厅应诉等。经过努力，扼制非法集体管理工作受到各界高度重视，尤其在司法层面：江苏高院、广东高院、上海知识产权法院等相继判决深圳声影非法集体管理，驳回其起诉；江苏高院审理的“已向协会交费卡拉OK歌厅被深圳声影起诉不承担赔偿责任”的判决在最高人民法院再审中获得支持。

著作权集体管理制度是国家从顶层设计做出的推动产业发展的最优选择，也是权利人授权最好的保障。同样，集体管理制度需要权利人同心协力，共同参与，共同完善，才能将共同的事业越做越好。

（二）打击侵权盗版的主要措施

2016年协会对卡拉OK歌厅著作权许可业务的流程进行了规范管理，相继制定了《合同管理制度》《中国音像著作权集体管理协会版权许可工作证管理办法》《关于在歌舞娱乐场所使用卡拉OK音像作品依法开展版权使用费收取工作的规范》《诉讼维权所需收据的申请规范》《新增执行款结算审批规范》《卡拉OK许可使用合同编号规则》等管理办法。按照《中国音像著作权集体管理协会版权许可工作证管理办法》协会将在2017年对“版权许可收费工作证”进行更换。这些办法的出台与实施，将大大提升协会著作权集体管理工作的水平，使协会的集体管理工作不断在正规化和规范化道路上前进，为维权诉讼工作奠定了良好的基础。

为维护权利人利益，协会对侵权卡拉OK歌厅依法进行诉讼维权，截至2016年底，协会在全国28个省、市、自治区（除甘肃、宁夏、西藏及港澳台外）开展了民事诉讼维权工作。2016年度新签合作律所35家，合作律所总计达129家；2016年取证场所数量为5 515家，立案场所4 158家。其中，和解或调解结案的共计1 150家，因维权促成签订版权许可合同共计1 083份，合同金额合计4 397万元，占版权费总额的 28.5%；已判决执行完毕的案件 753 起，基本都以协会胜诉为结果，其余大量案件还在审理和执行当中。让诉讼收益完全由权利人享有。2016 年协会向会员分配诉讼维权案款达 715 万元。维权诉讼是集体管理重要手段之一，协会以促进许可签约、建立行业版权秩序为目的，以诉讼为手段为许可收费创造有利环境，只有在集体管理体制下才能保证手段和目的不发生偏离，将这项工作做到规范化、标准化。

除以民事诉讼作为维权手段外，协会还针对侵权歌厅提起了 344 例行政投诉，其中 29 家卡拉 OK 歌厅经营者在版权行政、文化执法部门的协调下，与协会签署了《著作权许可使用合同》，交纳著作权使用费。

（三）工作成效

卡拉 OK 歌厅著作权许可是协会最主要的业务。截至 2016 年 12 月 31 日，全国 29 个省、市、自治区（除宁夏、西藏及港澳台外）开展了许可工作，其中 25 个省级地区有版权收入，签约场所共计 3 992 家，签订许可合同共 4 305 份，2016 年度新签约合同金额合计 1.62 亿元；2016 年卡拉 OK 著作权使用费到账金额 1.7 亿元，再创历史新高。

为规范卡拉 OK 歌厅许可相关工作，协会从规范许可合同入手，做了大量工作。2016 年上半年，协会重新修订并统一发放新版《著作权许可合同》，制定和公布《著作权许可合同管理办法》，在网上公示《关于启用新版卡拉 OK 著作权许可合同》的公告，从合同内容、使用流程、监督措施等几个方面，对领取、签订、使用合同的行为进行规范，提高对卡拉 OK 许可业务的管理水平，实现了合同的统一规范管理。

自开展卡拉 OK 系统设备及服务商（VOD）曲库许可业务以来，已有四家 VOD 厂商与协会签约付费，本年度使用费已到账 770 万元。2016 年下半年，协会启动与未缴费 VOD 厂商洽谈工作，并向二十余家 VOD 厂商致函致电，同时针对侵权行为严重的厂商采取维权措施，促成许可签约工作。在推进 VOD 厂商合法履行交费义务的同时，协会将着手规范 VOD 行业秩序，在节目制作、曲库规范等方面提出要求，明确曲目限于"在其系统设备中"使用，划清权利使用底线，确保 VOD 行业及相关卡拉 OK 行业与集体管理制度的实施同向而行。

2016 年度协会根据《教科书法定许可使用作品支付报酬办法》向 13 家编写义务教育课程的出版社寄发了函件和公告。2017 年初，协会与人民教育电子音像出版社完成签约，收费额 7 万余元，实现教科书法定许可业务零突破。

二、行业内知名企业维权打假工作

随着音乐市场的发展，越来越多的音乐新兴产品进入人们的视野，协会及时跟随市场风向，对新业务领域、新许可模式有了初次探索并取得了成果。

其中面向年轻化、低收入消费群体的新型"自助卡拉 OK 可移动娱乐包房产品"进入市场，协会经过反复洽谈，已许可广州艾美公司生产的咪哒 Mini K 系列产品、厦门优派巨蛋公司生产的"友唱 Mbar"系列产品、雷石集团生产的"哇屋"系列产品使用协会管理的音乐电视作品，上述使用费签约合计约 505 万元。在开展这项业务中，协会进行直接谈判、直接收费、直接入账的新收费模式，节省管理成本，减少干扰，避免不规范行为的发生，为此后新业务的开展树立了样本。

2016 年 3 月，协会与北京雷客天地科技有限公司签订合约，许可其在智能电视/智能机顶盒的"欢乐歌房"程序中使用协会拥有信息网络传播权的 2 万多首曲目，共收取使用费保底金 100 万元整，并与其就共享大数据平台、探索新的收费办法等达成合作。

2016 年协会还完成手机 K 歌软件市场调研，并向版权局致函请示开展相关工作，与手机 K 歌软件厂商积极接洽，2017 年预计将取得实质性进展。协会在今后也将加强对新兴音乐市场维权工作的开拓和探索，维护更多权利人的合法权益。

（撰稿人：王添羽）

中国音乐著作权协会打击侵权假冒工作报告

中国音乐著作权协会，成立于 1992 年 12 月 17 日，是由国家版权局和中国音乐家协会共同发起成立的目前中国大陆唯一的音乐作品著作权集体管理组织，是专门维护作曲者、作词者和其他音乐著作权人合法权益的非营利性机构。

协会依据《著作权法》、国务院《著作权集体管理条例》和《社会团体登记管理条例》以及协会《章程》等开展各项工作。其具体工作包括：在中国大陆范围内，以自己的名义吸收音乐词曲作者以及其他音乐著作权人加入协会、向音乐使用者发放著作权许可并收取使用费、向音乐著作权人分配使用费、提起维权诉讼等。会员大会是协会最高权力机构，理事会和常务理事会是协会的领导机构，总干事领导下的各工作部门是协会的执行机构。

截至2016年底，协会会员总数达到8 502，其中含词作者3 139人、曲作者4 992人、出版公司73家，其余为继承人等。此外，作为国际作者作曲者协会联合会（CISAC）的成员，协会共与70个国家或地区的同类组织签署了相互代表协议，共管理全球范围约1 400万首音乐作品的著作权。

伴随数字化时代的不断发展，协会坚持提升与之相适应的音乐版权管理技术，应用建立在符合国际标准的CIS（通用信息系统）之上的DIVA数据库信息管理系统，通过ISWC（国际标准音乐作品编码）和IPI（权利人识别编码），实现在世界范围内对音乐著作权人作品的保护。DIVA系统是全球最大的中文音乐作品数据库，由中国音乐著作权协会（MCSC）、香港作曲家及作词家协会（CASH）、台湾社团法人中华音乐著作权仲介协会（MÜST）、马来西亚音乐人版权保护协会（MACP）和印尼音乐著作权协会（WAMI）五个协会共享；ISWC编码是经国际标准局批准，在数字音乐和网络环境下，对一首音乐作品在世界范围内被有效给予辩识、版权保护的“身份证号码”。协会是ISWC编码在中国大陆的唯一代理机构。

2016年，协会许可总收益约为人民币1.84亿元（含海外收益约人民币622万元），创历年收入新高。截至2016年底，协会历年许可收费总额达到人民币约12.4亿元，其中约83%的许可使用费均按照会员大会制定的《分配规则》向音乐著作权人进行了分配。

在信息公示方面，协会每年按照CISAC的要求制作年报，同时通过微信公众平台、会讯、官网、理事工作月报、宣传册等多种方式，向协会理事、全体会员、使用者、业务主管部门及社会有关方面及时公示会员发展、许可收费、版税分配等各项工作情况。

一、维权范围与维权思路

作为著作权集体管理组织，协会主要管理音乐词曲著作权人个体难以行使的权利，包括复制权（发行权）、表演权、广播权和信息网络传播权。与之对应，其维权范围及对象如下：

1. 复制权涉及：图书；音像制品；影视广告制作；点歌机、手机、玩具等工业制品等使用音乐作品。

2. 表演权涉及：现场表演—演唱会、演奏会等演出中使用音乐作品；机械表演—商场、超市、宾馆、酒店、餐厅、歌舞厅、交通工具等场所公开播放背景音乐。

3. 广播权涉及：广播电台、电视台播放节目使用音乐作品。

4. 信息网络传播权涉及：互联网、无线网络等使用音乐作品。

针对音乐著作权侵权较普遍的现象，协会在普法宣传、协商谈判之外，视侵权行为的严重程度，分别采取发函（法务部函或律师函）、取证、诉讼等法律手段，一方面打击严重侵犯音乐著作权的行为，一方面维护公平的著作权市场秩序。协会的维权思路是，以法律手段严厉打击严重侵权行为，以合作模式开拓巩固产业共赢之路。

2016年，协会共向侵犯音乐著作权的使用者发函（律师函、法务部函）23封、对侵权行为取证52件、起动诉讼程序65件。采取以上维权行动后，经谈判、和解、调解或者判决，协会为音乐著作权人索赔和追回的著作权使用费达人民币1 214余万元。相关数据见下表：

中国音乐著作权协会维权数据统计（2016年）

	发函数量（份）	证据保全（件）	起动诉讼程序（件）
复制权	—	—	3
表演权（现场表演）	6	11	23
表演权（机械表演）	1	22	19
广播权	14	17	17
信息网络传播权	1	2	3
合同违约	1	—	—
合计	23	52	65

注：发函数量以函号计算，同一函号可能涉及多家单位。

二、积极开展维权工作

（一）复制权维权

随着数字音乐时代的发展，传统复制许可业务的比例逐渐降低，相应的维权案件数量也较少。2016 年的维权案例主要集中教科书法定许可、工业制品内置音乐等方面。

（二）表演权（现场表演）维权

依照我国《著作权法》，演出组织者应当事先取得著作权许可，才能在演出中合法使用音乐作品，否则将侵犯著作权人的表演权。此类案件中，多数演出组织者在演出前均以工作繁忙、售票不理想等各种理由拖延办理著作权许可，演出后经协会反复多次交涉，仍然不予配合，严重损害了音乐著作权人的合法权益。

2016 年，协会此类维权行动发生在北京、上海、南京、广州、徐州、扬州、深圳、佛山、杭州、武汉、郑州、苏州、常州、青岛、温州、宁波、厦门、嘉兴、芜湖等全国多个城市。其中采取诉讼方式维权的包括：毛阿敏“如果时光留不住”演唱会南京站侵权案、林宥嘉 2014 巡回演唱会上海站侵权案、苏打绿“当我们一起走过”演唱会青岛站侵权案、张惠妹 AMEIZING 世界巡回演唱会武汉站侵权案、王力宏 2014 火力全开世界巡回演唱会鸟巢北京站侵权案、2015 陈奕迅 Another Eason’s LIFE 演唱会南京站和徐州站侵权案等。

此类维权案件不仅涉及中国大陆音乐著作权人的作品，而且涉及很多港台及海外流行音乐作品，因此，协会的维权行动直接关系到全球音乐著作权人的合法权益。

（三）表演权（机械表演）维权

依照我国《著作权法》，公开播放音乐作品应当事先取得著作权许可，否则将侵犯著作权人的表演权。表演权（机械表演）许可中，始终存在着著作权人授权难、使用者获权难的现实问题。而国际上著作权集体管理组织上百年的实践表明，“一揽子许可模式”可以有效地解决这一两难问题。在我国，由于著作权法律意识、权利意识淡薄等原因，大多数使用者还不能主动或事先获得著作权许可。

协会此类维权案件中，公开播送音乐作品的主体均为商业经营者，涉及商场、超市、餐厅、酒店、专卖店、车展、主题公园等不同业态。这些商业经营者在所经营场所内大量、长期播放背景音乐，但是并未获得著作权许可，而且经协会多次交涉后，仍然拒绝办理许可，严重损害了音乐著作权人的合法权益。因为商业场所播放背景音乐涉及行业广泛、地区众多，所以相关维权行动范围较大，涉及全国多个城市，起动诉讼程序的城市则主要集中在北京、上海、浙江、河南等地。

2016 年此类维权行动的对象主要包括：北京王府井百货大楼、北京朝阳大悦城、上海美罗城商场、上海宜芝多面包店、上海龙记香港茶餐厅、上海万达广场、浙江绍兴天虹百货和河南郑州大商超市等。

（四）广播权维权

根据我国《著作权法》、国务院《广播电台电视台播放录音制品支付报酬暂行办法》等相关法律法规，广播电台、电视台播放他人已发表的作品，应当支付著作权使用报酬；协会作为依法成立的著作权集体管理组织，有权以自己的名义向广播电台、电视台发放授权许可并对侵权播放相关音乐作品的责任方提起诉讼。

2010 年，中央电视台与协会签署付酬协议，开启了中国内地音乐作品广播权付酬的历史元年；2011 年，中国广播电视协会先后成立了广播、电视两个版权委员会，作为行业组织与协会共同洽商出音乐作品广播权付酬的行业解决方案；2012 年 1 月，在电视行业解决方案的基础上，32 家在国内有重要影响力的电视台与协会集体签署付酬协议；自 2013 年下半年开始，在广播行业解决方案的基础上，陆续有 40 多家在国内有重要影响力的电台与协会签署付酬协议。7 年来，全部中央级电台、电视台，大部分省级电台、电视台，部分重点市级电台、电视台均已与协会签署了付酬协议，获得了协会的著作权许可及相关法律服务。截至 2016 年底，共有 41 家电视台、50 家广播电台同协会签订了许可付酬协议。

自 2015 年起，协会开始对于部分坚持侵权使用音乐或对付酬仍在观望的电台、电视台正式展开诉讼行动。2015 年间共向百余家侵权的广播组织发送告知函，敦促其尽快解决使用音乐的广播权问题，并向 9 家广播组织发起广播权维权诉讼，其中判决的 8 起均获胜诉，1 起达成和解。但是，协会音乐作品广播权法律维权面临的问题是，即使法院对侵权广播组织的行为做出了违法判定，他们仍然持续恶意侵权，拒绝合法缴费使用音乐。

面临这种现实困难，协会不但要继续对侵权的广播组织加大维权诉讼的范围，而且还要对已经被判侵权的广播组织进行第二次，甚至第三次的反复诉讼。2016 年，协会共向湖南广播电视台（湖南人民广播电台）、海口广播电视台、广东广播电视台、安徽广播电视台（安徽人民广播电台）、杭州文化广播电视集团（杭州人民广播电台）、广西电视台、吉林电视台、南昌广播电视台、呼和浩特市广播电视台、大连广播电视台、宁夏广播电视台（宁夏电视台）、福州广播电视台（福州电视台）、秦皇岛市广播电视台、哈尔滨广播电视台 14 家广播组织发出律师函；同时，对云南广播电视台、河北广播电视台（电台、电视台）、青岛市广播电视台、珠海广播电视台、宁波广播电视集团、南京广播电视集团、厦门广播电视集团、济南广播电视台等9家广播组织发起了8次维权诉讼。其中，南京广播电视集团、济南广播电视台、宁波广播电视集团是第二次被协会起诉，而厦门广播电视集团则是两次被判侵权后，第三次被协会起诉。上述的8起维权诉讼中，在2016年内完成结案的有5起，协会均获胜诉。

（五）信息网络传播权维权

2016年，随着数字音乐的高速发展，产业格局继续发生着变化。原有的四大音乐平台，随着腾讯音乐和海洋音乐的合并，变为了腾讯音乐、阿里音乐和太合音乐三大音乐平台，音乐版权也越来越受到重视。协会继续坚持原有的“音乐著作权主渠道合作模式”，对纷乱的数字音乐版权市场进行了有效的梳理，并逐步拓展网络直播和网络视频的音乐许可业务。

此外，协会一方面通过苹果商店与部分手机应用程序（APP）制作方签订版权许可协议，有效保障国内外音乐词曲著作权人的权益；另一方面，通过发函和向苹果商店投诉等方式对侵权使用音乐的APP制作方进行维权工作。2016年，协会共同苹果商店上的166个侵权使用音乐的移动端APP发起投诉，涵盖了包括视频类、FM广播类、在线试听下载音乐类、手机铃声类、音乐游戏类、育儿教育类、网络直播类等众多与音乐相关的类目，被投诉下架的APP产品数量为56个。

（撰稿人：张群）

中国防伪行业协会打击侵权假冒工作报告

2016年，中国防伪行业协会深入贯彻中央系列会议及文件精神，贯彻落实国务院《质量发展纲要（2011—2020年）》，以建设性的姿态和改革创新精神，推进防伪打假工作。协会以行业公共平台搭建为重点，服务重要产品追溯体系建设，通过防伪溯源技术手段有力支撑“双打”工作；积极开展防伪行业管理及诚信自律建设，“打防结合”，发挥防伪行业在品牌保护方面的积极作用；推动行业技术创新、标准制定等，提升行业创新发展动力。

一、推进“全国产品防伪溯源验证公共平台”建设，创新“双打”社会共治新局面

“全国产品防伪溯源验证公共平台”（以下简称验证平台）是在全国双打办和国家质检总局指导下，由中国防伪行业协会和中国产学研合作促进会反侵权假冒创新战略联盟共同发起，联合相关行业商、协会和联盟，以及知名企业共同搭建的第三方具有公信力的权威、公正、公益性服务平台。

验证平台建设符合防伪溯源体系建设跨领域和专业性的特点，符合防伪打假工作实际，充分体现了“依法治理、打建结合、技术支撑、统筹协作、社会共治”的原则，是实现全社会共同治理假冒等问题的重要措施。

2016年，验证平台建设从制度建设、标准制定、资源对接、功能完善、宣传推广等方面，取得较好成绩。

（一）平台管理制度及标准研制

在平台管理方面，协会设立“验证平台”管理中心，制定了《全国产品防伪溯源验证公共平台管理办法（试行）》，明确了防伪溯源验证企业加入平台基本要求，规范管理程序，构建平台良好运营环境。

在标准建设方面，开展相关防伪编码、移动互联防伪验证等国家标准的研究，制定了国家标准《防伪溯源编码技术条件》。2016年，该标准经过征求意见，对反馈意见进行仔细研究修改后形成标准审定稿。11月9日召开标准审定会，并邀请平台各成员单位出席参与，会后按照评审委员建议对标准文稿进一步修改，形成标准报批稿。通过标准研制，将进一步规范防伪溯源编码和防伪验证要求，为公共服务平台建设和消费者查验提供高质量标准化的服务。

（二）在重点行业领域开展战略合作

2016年，验证平台开展农产品、建材家居、汽车零配件、食品等六大重点行业战略合作，与十大行业溯源平台及上百个地方政府溯源平台，以及防伪溯源行业防伪信息系统对接，覆盖食品、农产品、烟草、酒类、婴幼儿产品、药品、保健品、化妆品、服装鞋帽箱包、电子电器、建材家居、汽车零配件以及各类票证等30余个领域。

（三）开发并完善平台各项功能

在平台功能建设方面，进一步完善平台各项功能，加

强平台系统安全性。验证平台实现多项服务功能：一是消费者便捷查验商品真伪。已完成 IOS、安卓系统 APP 开发，集成多项防伪查验技术，并与奇虎 360 合作，通过“360 手机助手”推进防伪扫码查验功能。同时，消费者也可通过微信扫码实现商品查验。二是防伪标识申明报备及查验。验证平台建立防伪标识申明报备系统，采集完整、准确的防伪标识、票证等产品图像、识别特征等信息，并集成电子取证等功能，服务执法人员快速识别产品真伪和快速取证，为打假执法提供有效的技术手段。三是验证平台通过大数据分析等，实现溯源大数据服务政府监管、假冒案源及分布情况、产品假冒风险预警分析、地方电子商务监管等功能，为政府决策和管理提供支持。四是验证平台开发大数据服务企业应用、防伪溯源行业 B2B 门户等功能，为品牌企业产品和市场战略制定提供数据分析支持，为防伪溯源行业提供展示窗口，实现防伪溯源需求发布及对接。

（四）加大平台宣传

2016 年，在活动组织和宣传方面，验证平台在央视 10 频道《科技之光》栏目进行两期宣传，4 月 26 日，与奇虎 360 合作进行发布，9 月 28 日，验证平台举行了正式上线活动。

其中，9 月 28 日在北京召开的《2016 中国反侵权假冒年度报告》发布会暨“全国产品防伪溯源验证公共平台”上线活动。全国双打办、国家质检总局、海关总署、最高人民法院、地方双打工作领导小组办公室等政府部门代表均出席，相关行业协会、检测机构、研究机构等，以及平台支持单位、参与建设单位，知名电商平台、品牌企业以及防伪企业等近 300 名代表参加。会议举行了验证平台上线仪式，介绍了平台建设的必要性、防伪 + 溯源的重要意义以及平台对接资源及特点等，并发出共同建设验证平台的倡议，广邀社会各界加入验证平台建设。会后，CCTV13、搜狐视频、腾讯视频、凤凰视频、新华网、央视网、人民网、中国网、环球网、中国质量新闻网、中国经济传媒网、21CN 等近 40 余家媒体进行了报道，取得较大影响。

二、加强防伪行业监督管理，建设防伪打假中坚力量

（一）积极组织管理办法修订和行业规划编写

《产品防伪监督管理办法》是防伪行业管理的重要依据。2016 年，协会配合全国防伪办，按照削减事前审批，加强事中、事后监管，强化行业诚信自律，发挥行业组织提供服务、反映诉求、规范行为作用的总体思路，组织专家对《产品防伪监督管理办法》进一步修改完善，完成办法起草说明和修改情况对比表的编写。

组织《防伪行业“十三五”发展规划》的编制、发布和宣传贯彻。根据《国民经济和社会发展第十三个五年规划纲要规划》内容，召开规划编制研讨会，对行业规划进行讨论修改，7 月正式发布《防伪行业“十三五”发展规划》。其后举办了 2016 年防伪行业“十三五”发展规划高级培训班，邀请相关专家对规划内容进行详细讲解，来自防伪企业相关部门负责人及业务骨干等共 70 余名学员参加研修，有力地推动了规划的实施。

（二）有效开展行业诚信体系建设和品牌评价工作

协会组织对《中国防伪行业企业质量信用等级评价管理办法》进行修订，召开质量诚信等级评价工作说明会，开展行业质量信用企业评价工作，经企业申报、形式审查、专家评价环节，评出企业质量信用 AAA 级企业 2 家，AA 级企业 3 家。

同时，协会积极推进行业品牌建设工作。编写《中国品牌保护与防伪方案研究报告》，召开品牌评价相关标准宣贯会和 2016 年品牌价值评价工作研讨会，组织 9 家行业内企业申报 2016 自主创新品牌价值评价，其中 5 个品牌价值在 2 亿以上，对行业品牌建设起到示范和促进作用。

（三）跟进和改革防伪技术产品生产许可工作

根据行政审批改革要求，按照新的审查通则、细则，开展《防伪票证、材料、标识生产许可证实施细则》修订工作。完成防伪技术产品生产许可证实地核查企业 129 家，其中防伪标识 56 家、防伪材料 26 家、防伪票证 47 家。召开生产许可证优化审批流程学习研讨会，举办生产许可证发证检验机构、审查员培训班，完成 6 名审查员换证工作。

三、推动防伪行业创新发展，增强服务“双打”能力

（一）积极开展行业技术创新和科研工作

协会为企业提供技术咨询服务，组织专家对企业防伪技术和防伪技术产品的防伪力度进行评估，对通过评审企业进行公告，全年共完成防伪技术评审 36 项，总评审数量 454 个。

协会承担防伪领域关键技术研制科研项目，完成《基于印刷网点点阵的物联网标识在线赋码与识别技术研发》和《移动互联防伪验证关键技术标准研究》两个项目的研

究工作。启动《军民通用资源信息代码安全转换技术标准研究》项目的研究工作。同时，协会组织开展了防伪产品申明报备系统、食品安全风险分析评估系统等项目的研发。

（二）完善防伪标准体系

2016年，协会完成了《防伪溯源编码技术条件》等6项国家标准报批；《基于移动互联网的防伪溯源验证通用技术条件》等4项标准立项，新启动《央信码防伪技术条件》等4项国家标准的计划上报工作；《人民币鉴别仪通用技术条件》等3项强制性国家标准英文版翻译。

（三）组织行业论坛及经验交流等活动

2016年4月，协会举办了“防伪溯源与食品安全”论坛。邀请了相关行业协会、业内专家、知名品牌企业和优秀防伪企业代表发言，并进行了互动交流。会议上专家介绍了食品、药品、农产品等领域应用物联网、云计算等现代信息技术建设防伪溯源验证体系情况，肯定了防伪溯源技术在提升生产性服务业企业质量管理能力、促进监管方式创新、保障消费安全等方面的重要作用。

11月，召开可靠性培训与现场经验交流会，会议邀请相关领域的权威专家、顶级企业，以及业内专家做可靠性工程、质量与可靠性、点验钞机产品可靠性的专题培训，并现场参观广电运通金融电子股份公司可靠性试验室。

（四）组织行业技能培训和管理培训

2016年4月，举办了2016年全国防伪工程技术人员培训班，邀请了中国邮政集团公司、中国印钞造币总公司技术中心等单位专家，就邮票防伪、防伪油墨及纸张、防伪检测等主题进行讲座，为防伪企业的技术人员讲解了防伪技术发展趋势，防伪技术知识及在实际生产中的应用情况等，提升了防伪工程技术人员的能力和素质。

7月，召开“电子商务市场规范管理与监测服务体系研讨会”。邀请清华大学教授、电子商务交易技术国家工程实验室主任、国家电子商务示范城市专家组组长柴跃廷做主题报告。此次研讨会为会员单位提供了国内电子商务治理最新技术信息，加强了技术交流，促进服务质量提升。

（五）开展专题宣传等活动

2016年，协会发挥官方网站和《中国品牌与防伪》杂志作用，加大防伪与品牌保护的宣传力度。积极筹划防伪宣传方案，与中央电视台综合频道和科技频道等联系协调，聚焦防伪与金融安全，机具标准与货币反假，产品质量与安全追溯等与国计民生紧密相关问题，开展了4期专题宣传和报道活动，展示防伪技术成果、宣传防伪政策和作用，提高社会对防伪的认知度，引起行业和社会广泛关注。

（撰稿人：陈锡蓉）

中国互联网协会打击侵权假冒工作报告

一、中国互联网协会打击侵权假冒工作综述

2016年，中国互联网协会坚持“创新、协调、绿色、开放、共享”的发展理念，秉承“创新的思维、协作的文化、开放的平台、有效的服务”的宗旨，积极配合相关部门开展互联网领域打击侵权假冒工作，坚持鼓励创新和规范发展并行的原则，关注行业热点，聚焦发展难点，回应用户痛点，充分发挥行业自律形式灵活、手段丰富的特点，引导互联网企业不断增强责任意识、诚信意识、服务意识，不断探索增强打击侵权假冒工作的新途径、新方法，各项工作迈上新的台阶。

（一）健全工作机制，积极搭建多元化网络知识产权纠纷解决平台

一年来，协会不断开拓思路，创新工作方式，积极完善互联网行业争议解决机制，搭建多元化网络知识纠纷解决平台，健全与北京市、上海市、浙江省、江苏省、广东省等地方法院的合作机制，逐步实现诉讼与非诉讼纠纷调解无缝对接。

一是研究制定互联网行业争议解决机制。为规范互联网行业自律调解与争议处理机制，妥善解决网络知识产权纠纷，维护互联网行业的整体利益，营造良好的市场竞争秩序，协会在第十五届中国互联网大会上发布了《中国互联网行业争议解决办法》，不断推动调解工作的规范性、专业性和科学性。

二是积极搭建多元化网络知识产权纠纷解决平台。协会调解中心继续与北京市、上海市、浙江省、广东省、江苏省

等地方法院签署委托调解协议，调解来自法院委派的网络知识产权案件 7 145 件，调解成功率 54.14%。2016 年 6 月 23 日正式开通中国互联网纠纷解决平台，多方参与的在线争议解决机制正式开始运行。同时，协会调解中心以第三方在线平台为依托，在海淀、朝阳、余杭、义乌等地建立司法服务工作站，让网民可以通过线上线下的维权途径维护自身合法权益，减少假冒伪劣产品所带来的损失。

三是不断提升调解员业务素质与能力。为帮助调解员提高调解技巧，协会调解中心和北京人民调解协会、东城区人民法先后三次举办“互联网纠纷人民调解员培训会”，采取授课与模拟体验等方式，介绍司法确认的流程、调解心理学等内容，不断拓宽调解工作思路，普及纠纷调解工作的实用技能，对网络知识产权纠纷调解工作的专业性、高效性、便捷性起到了积极作用。

（二）汇集行业力量，深度聚焦网络交易与企业竞争的前沿问题

一是积极回应消费者关切，深入探讨网络商品交易中出现的假冒伪劣产品问题。在“3·15 国际消费者权益保护日”到来之际，为促进网络交易健康规范发展，协会与北京航空航天大学法学院共同主办“蓝海沙龙·互联网法治论坛”，共同探讨互联网领域消费者保护的新问题，新思路、新举措，不断提升平台信息共享水平，为建立追踪溯源和全链条打击侵权假冒行为的工作机制奠定了一定基础。

二是聚焦发展难点，积极探讨开源生态模式构建与法律保护的对策思考。为深入解析开源软件法律保护问题，积极推动开源模式生态建立，充分利用国内国际创新资源，扩展传统分工观点的限制，实现大规模分布式的创新，在“4·26 世界知识产权日”到来之际，协会组织召开源模式生态构建与法律保护研讨会，来自腾讯、百度、华为、小米、360、搜狗、甲骨文、IBM、OIN、安存科技等互联网企业代表围绕开源模式生态建设情况与发展中存在的问题、开源软件知识产权保护问题与应对思路、开源软件不正当竞争行为的表现形式、开源软件行业标准与自律公约制定建议等话题进行深入讨论，梳理问题，凝聚共识，促进互联网开源社区生态模式规范发展，为推动行业标准与自律公约建立做出了努力。

三是结合电子数据发展与实践需要，不断搭建云端电子数据取证与保全平台。在推进互联网法治化进程中，电子数据逐步取代书证、物证，成为一种新兴的主流证据形式。云端电子数据取证与保全技术能够多次还原事实真相，维护网民权益，成为打击网络犯罪，维护虚拟世界秩序的正义利器。2016 年，协会二级机构——中国互联网电子数据研究院搭建了体育赛事直播云端电子数据存管与保全平台、互联网金融云端电子数据存管与保全平台，大宗商品交易云端电子数据存管与保全平台，覆盖 28 个省的公证云平台，为网络知识产权纠纷取证问题提供技术支撑，有效解决当事人电子数据取证难的问题。

（三）配合相关部门处理违法违规网站，完善不良信息处置机制

一是配合相关部门处理违法违规网站。中国互联网协会承担工业和信息化部授权 ICP/IP 地址备案管理支撑工作、域名管理工作，以及受国家互联网信息办公室的委托，承担互联网（微博）真实身份认证平台的组织建设工作。2016 年，全国累计履行备案的网站 1 123 万余个，其中有效备案网站达到 475.4 万余个，备案率达到 99.99%，网站备案主体信息准确率 91.8%。截至 12 月，协会接到相关部委转来的共计 61 批违法违规网站溯源定位任务，涉及 1 436 个违法违规网站，积极完成了违法违规网站定位溯源工作，为打击网络侵权、盗版网站的清理工作提供了重要支撑。

二是不断完善不良信息处置机制。2016 年，协会 12321 举报中心共接到不良与垃圾信息举报 197 万件次，联动各商店下架处置 3 152 款不良 APP、涉及链接 3 883 个。在通讯信息诈骗治理专项工作期间，联合百度、奇虎 360、阿里云等 7 家搜索企业，屏蔽改号软件关键词 269 个，累计屏蔽搜索结果超过 2 亿条、删除下载和链接信息 29 万余条，有效遏制侵权假冒伪劣产品蔓延，净化网络生态环境，有效地保护了网民的合法权益。

（四）加强互联网企业市场竞争正面引导，树立行业榜样

一年来，协会注重加强互联网市场竞争正面引导，传递正能量，树立行业标杆，引导互联网企业文明办网、诚信经营、公平竞争，促进行业健康有序发展。

一是组织评选行业自律贡献奖。为净化网络文化环境，引导互联网企业认真履行社会责任，树立良好社会形象，推动中国互联网行业健康和谐发展，协会继续开展 2014—2016 年度“中国互联网行业自律贡献奖”评选工作，30 家单位获奖，较好地起到了行业发展示范与引导作用，鼓励更多企业主动加强自律，共建市场竞争良好生态。

二是积极推进企业信用评价。为推动互联网行业诚信建设，提升企业诚信水平，协会继续组织开展互联网企业信用评价工作，共有 48 家企业通过评审获得 A 级以上信用等级，进一步推动互联网企业加强诚信建设、提升信用水平。同时，协会积极配合商务部等部门开展“诚信兴商宣传月”

活动，共同抵制侵权假冒行为，引导和督促互联网企业诚信合法经营。

二、行业内知名企业打击侵权假冒工作情况

近年来，搜狐积极参与网络知识产权保护相关工作，切实承担企业责任。2009 年，搜狐联合激动网、优朋普乐等国内新媒体等110 家企业代表发起成立“中国网络视频反盗版联盟”，呼吁企业共同抵制视频盗版侵权行为。2013 年，搜狐联合优酷土豆集团、腾讯视频、乐视网、中国电影著作权协会、美国电影协会（MPA）等单位联合发布“中国网络视频反盗版联合行动宣言”，合力打击侵权盗版行为，在一定程度上推动司法、执法和立法上全方位、多层次视频版权保护格局的建立。2016 年搜狐在抵制网络侵权盗版行为，维护网络视频市场的正常秩序，推进网络正版化进程方面的工作情况如下：

（一）联合业界共同抵制视频聚合平台侵权盗版行为

2016 年，以聚合平台、深度链接等方式进行侵权盗版的情况日趋严重，除屏蔽视频网站广告外，还将带宽成本转嫁给正版视频网站。3 月，北京市高级人民法院、北京知识产权法院、东城、西城、朝阳、海淀、丰台、石景山等区法院代表到搜狐进行调研，就深度链接的表现形式、危害、设链网站破坏技术保护措施的原理、维权困境以及解决建议等话题进行交流，腾讯、爱奇艺、优酷、PPTV 等业内视频网站代表参会，汇集企业观点，进一步凝聚共识。8 月，在APP 及广告联盟相关版权问题研讨会上，搜狐、腾讯等多家视频网站代表围绕着聚合盗链行为是否构成直接侵犯著作权展开讨论，业界一致认为聚合平台破坏视频网站技术保护措施进行盗链的行为不具有正当性。

（二）积极参与打击侵权假冒行为的行业自律工作

“剑网 2016”专项行动将“开展网络广告联盟专项整治”作为年度重要任务之一。11 月，在国家版权局的指导下，百度网盟推广、360 广告联盟、阿里巴巴广告联盟、腾讯广告联盟共同签署了《网络广告联盟版权自律倡议》，企业均表示要不断完善小网站的备案信息，拒绝对没有 ICP 备案、未获得网络出版或信息网络传播视听节目许可证网站推送广告。在会上，国家版权局发布侵权盗版网站“黑名单”。12 月，搜狐与清华大学法学院共同举办“明理互联网法治论坛”，针对广告联盟的侵权问题的应对策略进行深入交流。

（三）企业创新型版权保护方式获得业界认可

12 月，在国家新闻出版广电总局（国家版权局）主办的第六届中国国际版权博览会上，包括搜狐在内的 20 家机构或作品获得“中国版权金奖”之保护奖。评委会认为，搜狐在版权保护方面具有创新精神，探索运用创新方式，创造性地解决了版权保护长期面临的问题，对版权保护、版权产业发展促进做出了突出贡献。

（四）卓有成效的维权效果展示

2016 年，搜狐维权团队管理权利作品（影视剧作品和独家 PGC 作品）总数超过 330 部，发现和阻断侵权链接294 712条，主动提起维权诉讼达 50 件。其中，搜狐诉暴风影音盗播付费作品案、搜狐诉网娱乐新闻侵权案、搜狐诉迅雷侵权案、搜狐诉电视猫不正当竞争案、搜狐诉酒仙网“煎饼侠”人物形象侵权纠纷案、搜狐诉南锣鼓巷“煎饼侠店”不正当竞争案均获得法院胜诉判决，成为搜狐在细分领域维权诉讼的典型代表。

（撰稿人：李美燕）

中国电子商务协会打击侵权假冒工作报告

2016 年，中国电子商务行业把制定和实施网规做为打击侵权假冒工作的重点。

一、电子商务平台打击侵权假冒的有关网规

各大平台对于出售假冒商品的行为采取极其严厉的处罚措施，根据情节严重程度采取包括扣分、店铺屏蔽、限制发布商品、公示警告、关闭店铺等措施。同时，商家需按货款金额的三倍且最低500 元的标准对买家予以赔付，平台还要求卖家支付违约金。

（一）淘宝打击侵权假冒网规

出售假冒商品的，淘宝删除会员所发布的假冒、盗版商品或信息，包括出售中及线上仓库中的商品或信息。同时，

淘宝将视情节严重程度采取支付宝账户强制措施、查封账户、关闭店铺、店铺监管、限制发货、限制发布商品、限制网站登录、限制使用阿里旺旺、限制发送站内信、延长交易超时、店铺屏蔽及全店商品搜索降权、全店或单个商品监管等处理措施。

《淘宝规则》第 50 条规定：出售假冒商品：（一）卖家出售假冒、盗版商品且情节特别严重的，每次扣 48 分；（二）卖家出售假冒、盗版商品且情节严重的，每次扣 24 分；（三）卖家出售假冒、盗版商品，通过信息层面判断的，每件扣 2 分（3 天内不超过 12 分）；实际出售的，每次扣 12 分。具备特殊情形的，只删除不扣分。（四）为出售假冒、盗版商品提供便利条件的，每次扣 2 分。情节严重的，每次扣 12 分。

淘宝网针对出售假冒、盗版商品实行“三振出局”制，即卖家每次出售假冒、盗版商品的行为记为一次，若同一卖家出售假冒、盗版商品的次数累计达三次的，则将被永久查封账户。

出售假冒商品的，淘宝删除会员所发布过的假冒、盗版商品或信息。同时，淘宝将视情节严重程度采取支付宝账户强制措施、查封账户、关闭店铺、店铺监管、限制发货、限制发布商品、限制网站登录、限制使用阿里旺旺、限制发送站内信、延长交易超时、店铺屏蔽及全店商品搜索降权、全店或单个商品监管、商品发布资质管控、限制发布特定属性商品、限制商品发布数量等处理措施。

对利用阿里妈妈营销推广平台出售假冒、盗版商品的卖家，淘宝将根据情节严重程度给予升级处理。

《淘宝规则》第 51 条规定：假冒材质成份，是指卖家对商品全部材质或成份信息的描述与买家收到的商品完全不符。卖家首次假冒材质成份的，删除商品，扣 6 分；再次及以上假冒材质成份的，删除商品，每次扣 12 分。特定类目卖家假冒材质成份的，不论是否首次，删除商品，每次扣 12 分。

（二）天猫商城打击侵权假冒网规

采用一振出局方式。《天猫规则》第 61 条规定：出售假冒商品，每次扣 48 分。出售假冒商品的，天猫删除会员所发布的假冒商品或信息。天猫视情节严重程度给予店铺监管。在天猫国际购物时，若商家承诺假一赔十，且消费者针对假货提供凭证有效，则支持消费者假一赔十诉求，同时商家由于售假，故严重违规，将执行扣 48 分清退处罚。

天猫采用了假一赔十的规则，并结合二维码识别技术等全面遏制假货现象。

阿里巴巴规定商品与描述不符的情形，包括：买家收到的商品或经淘宝官方抽检的商品与达成交易时卖家对商品的描述不相符，或卖家未对商品瑕疵、保质期、附带品等必须说明的信息进行披露，或因商品与描述不符而存在妨害买家权益的行为。如果商品与描述不符，则会根据行为对买家使用的影响采取扣分等处理措施。

《天猫规则》第 25 条规定：商家若发生以下任一情形，天猫有权清退：（一）未经商标注册人同意，更换其注册商标并将该更换商标的商品进行销售的；（四）商家多次违反本规则特定规定的；（六）严重违规扣分达 48 分。

第 64 条规定：出售假冒商品，每次扣 48 分。出售假冒商品的，天猫删除会员所发布的假冒商品或信息。同时为了防止对公众造成不利影响，保护消费者权益，对涉嫌违反上述情形的商家，天猫视情节严重程度给予店铺监管。为出售假冒、盗版商品提供便利条件的，每次扣 2 分；情节严重的，每次扣 12 分。

商家因出售假冒商品被单次直接扣 48 分的，应向天猫支付相当于商家被天猫进行清退处理时，其店铺应缴纳的保证金金额 1/2 的违约金。

第 65 条规定：假冒材质成分，是指商家对商品全部材质或成份信息的描述与买家收到的商品完全不符的。商家首次假冒材质成分的，扣 6 分；再次及以上假冒材质成分的，每次扣 12 分。特定类目商家假冒材质成分的，不论是否首次，每次扣 12 分。商家被扣 12 分累计达三次，扣 48 分。假冒材质成分的，天猫删除会员所发布的假冒材质成分的商品。

（三）京东打击侵权假冒网规

《京东 JD. COM 开放平台卖家积分管理规则》规定，严重违规行为，是指严重破坏京东网站经营秩序并涉嫌违反国家法律法规的行为。出售假冒商品：是指卖家出售假冒、盗版商品的行为。出售假冒商品且情节严重，每次扣 100 分。为保护消费者权益，对违反本情形的卖家，京东视情节严重程度采取市场管控措施（包括但不限于店铺屏蔽、限制发布商品、公示警告、关闭店铺等）。

卖家严重违规扣分累计达 100 分的，京东有权对卖家做清退处理；卖家已缴纳的相关店铺的平台使用费用未到期部分不予退还，且卖家应向京东支付的违约金还包括人民币 4 万元或其全部保证金金额（两者以较高的为准）（出售假冒商品以特别约定为准）。如卖家出售假冒商品，须向京东支付违约金人民币 100 万元或其店铺全部累计销售额的 10 倍。如前述违约金不足弥补京东损失的，卖家仍应予以赔偿。

2016 年京东的五大战略重点，主要包括渠道下沉、移动端、金融、O2O 和国际化。

京东有六大品控措施，分别是严审商家资质、严控进货渠道、抽检、自主研发的质控系统、处罚以及无忧退换货。

京东、当当和淘宝均认为假冒材质成分是指“商家对商品全部材质或成分信息的描述与买家收到的商品完全不符”。

京东还采取了保证金规则来规制出售假货或出售质量不合格商品以及侵犯知识产权、财产权、人身权利等权利的行为。

一号店、京东、苏宁易购等平台也均规定扣分达一定数值，将会采取下架所有商品、永久限制商品发布权限，没收店铺保证金，冻结货款，清退店铺等处罚措施。

京东采取了与质检部门合作以及重额罚款制度来重拳打假，规定只要发现卖家在平台上卖一件假货就会对其罚款，并将罚款额度提高至一百万起。

京东、一号店、当当、苏宁易购对商家出售未经正常中国海关报关程序的进口商品，强制采取删除商品及信息、扣分、监管店铺等处罚措施；京东对提供虚假资料或信息等资质文件的卖家会采用扣分、中止、终止合作等措施。

（四）苏宁易购打击侵权假冒网规

《苏宁云台商家违规行为及处理规则》第 6 条规定，出售假冒、盗版商品，是商家指出售假冒、盗版商品的行为。

出售假冒、盗版商品的，每次扣 96 分。苏宁易购有权强制下架或删除商家所发布的假冒、盗版商品；同时为了防止对公众造成不利影响，保护商标权人、著作权人及买家权益，对涉嫌该情形的商家，苏宁易购将视情节严重程度立即予以店铺屏蔽。

商家严重违规扣分累计达 96 分的，苏宁易购对商家作清退处理，查封账户，扣除全部保证金，违约金不足弥补损失的，商家仍应予以赔偿。

本条所称“假冒商品”，是指商家所售商品冒用他人注册商标、厂名、厂址、产地或其他商业标识，或者与他人注册商标、厂名、厂址、产地或其他商业标识非常类似，容易误导买家将其认定为他人商品。

本条所称“盗版商品”，是指未经著作权人许可复制其作品的图书、电子书、音像作品和软件。

（五）当当网打击侵权假冒网规

当当网《入驻商户管理规则》第 33 条规定：

1. 发现商家对商品全部材质或成份信息的描述与买家收到的商品完全不符的，当当将对商家处以扣 48 分【清退，并向当当支付违约金 10 万元或全部保证金金额（两者以较高的为准）】的处罚；涉及商品商家需按退一赔三最低 500 元的标准对顾客予以赔付；对当当造成严重影响的，当当除以上违约处罚外，将保留追究其法律责任的权利。

2. 发现出售假冒商品（包含但不限于：冒用注册商标；侵犯知识产权），当当将对商家处以扣 48 分【清退，并向当当支付违约金 10 万元或全部保证金金额（两者以较高的为准）】的处罚；涉及商品商家需按退一赔三最低 500 元的标准对顾客予以赔付；对当当造成严重影响的，当当除以上违约处罚外，将保留追究其法律责任的权利。

（六）1 号店打击侵权假冒网规

《1 号店网站规则》第 7 条规定：因销售假冒伪劣商品，向 1 号店提供伪造、变造的商家资质或商品资料，扰乱市场秩序等其他违规行为且情节非常严重予以清退永久禁止入驻的商家，无权再次申请加入 1 号店；

第 37 条规定：商家出售假冒商品，假冒材质商品的，每次扣除 48 分，予以店铺清退，公示通报，并按照所涉商品全部销售货款金额的 20%，最低不低于 50 000 元的标准对商家处以违约金。同时，商家需按货款金额的 3 倍，最低 500 元的标准对买家予以现金赔付。

尊重他人知识产权，是 1 号店网站一直秉承的原则。1 号店网站要求商家所发布的商品信息不得侵犯他人知识产权，对于侵犯他人知识产权的行为我们将严格处理。

对于核实确认的侵权行为，1 号店将采取果断的措施制止侵权行为，并会按《1 号店网站规则》给予侵权商家相应的处罚。但对于恶意投诉，也将保留追究其法律责任的权力。

1 号店对假货秉承零容忍态度，并通过事前、事中、事后环节三个维度以及平台规则、入住门槛、商品控制、商家控制、投诉机制和退出机制七个关键节点，对入驻的商家进行全程预防和打击售假行为。

如出现非正品情况，顾客可以凭质检部门出具的鉴定函，通过“在线投诉”提交申请。经客服核实确认后，将退还顾客为该商品支付的金额，并按照该商品的金额给予三倍返利至该顾客的 1 号店账户。

（七）唯品会打击侵权假冒网规

可通过用户反馈平台反馈问题，提交的问题将会在 24 小时内得到回应，如需查看，登录唯品会官网后点击网站右上角“客户服务”—“服务中心”—“反馈平台”—“我的反馈”中即可查看相关内容。

若顾客对在唯品会所购买的商品为品牌正品存在怀疑，需到工商局或有资质的机构进行产品质量鉴定。假如鉴定结果为非品牌正品，在收到商品后 90 天内，均可向太平洋保险公司依法定程序索取该商品售价的全额赔偿，并及时通知唯品会协助顾客进行全面的查证调研。

唯品会有针对售假卖家的违约金制度，3 个月内两次侵权情况终止合作协议、供应商黑名单制度。

（八）聚美优品打击侵权假冒网规

如果顾客对购买产品的品牌真假存在质疑，只需在收货 90 天内，取得合法有效的产品质量检测报告，以及理赔事项中的其他资料，即可向中华联合财产股份有限公司索取该同等售价的全部赔偿。

商家除实名认证、提供权利人授权书之外还需要提供样品质检、保证金。

唯品会、聚美优品均规定若消费者购买的商品经鉴定为非正品，则可在 90 日内通过保险公司索取全额赔偿。

二、电商平台打击侵权假冒的具体行动

（一）阿里巴巴

2016 年 3 月 31 日，阿里巴巴发布《2016 年阿里巴巴平台治理年报》。这是阿里巴巴连续第二年发布以知识产权保护、商品管理为核心的专项年报，并首次在国内启动面向品牌权利人的公开路演，以更透明、更开放、更自信的态度凝聚共识，推动全社会“像治理酒驾一样治理假货”。

虽然阿里打假投入无上限，但仅凭阿里一己之力，却很难禁绝假货，打假更需要品牌权利人的积极参与。为了让品牌权利人更好地参与进来，2016 年 7 月 1 日，阿里巴巴上线了权利人共建平台（以下简称共建平台），这是全球首个真正意义上以品牌权利人为中心的电商 + 权利人共建体系。平台运用国际通用“通知—删除”维权规则，向权利人推送平台难以确认的疑似侵权信息，权利人审核后确认侵权后，即可通过系统进行一键维权，从而让权利人的知识和阿里巴巴的数据能力更好地结合。此外，共建平台还为权利人提供了数据统计、查询等功能，帮助其了解维权效果。上线数月，共建平台已初见成效，获得权利人的积极响应。该年报显示，截至 2016 年 12 月底，已有 252 个品牌（其中国际品牌 184 家、国内品牌 68 家）加入共建平台，权利人推送链接响应率达 95% 以上。不过另一个不容忽视的数据是，据初步统计，2016 年在阿里巴巴知识产权保护平台上还发现了疑似恶意投诉方账号 5 862 个，因其恶意投诉行为所造成的卖家资损约 1.07 亿元。

年报披露，在线下打击上，2016 年阿里巴巴协助警方抓获犯罪嫌疑人 880 名；捣毁涉假窝点 1 419 个；破获案件涉案总金额超 30 亿元，相当于 2015 年的两倍。在品牌合作上，2016 年主动拦截删除的商品量是同期权利人投诉删除商品量的 26 倍。在品牌权利人投诉删除每条疑似侵权信息前，阿里巴巴已主动删除了 26 条。仅是神秘抽检一项，2016 年就投入超 8 700 万元。此外，阿里巴巴联手蚂蚁金服发布“六大追杀手段”，除了原有的平台终身禁止准入、协助公安破案、起诉售假店铺 3 大手段之外，还新增了芝麻信用降分、禁止使用信贷产品、花呗和借呗等手段。2016 年，阿里巴巴与越来越多的公安、工商、质检等执法机关联动，将线下专案打击进入常态化。

年报披露，截至 2016 年 12 月底，已有 252 个国内外品牌加入了权利人共建平台，同时还倡议成立了全球首个大数据打假联盟，并在近期呼吁“像治理酒驾一样治理假货”，得到了社会各方的热烈响应。

（二）京东

2016 年 3 月 24 日，京东集团执行副总裁蓝烨通过发布内部邮件，强调京东要力争从源头严把质量关，最大程度的减少销售渠道中的产品质量衰减。蓝烨称，对于销售假冒商品的商家，除了永久性关店外，还要给予巨额罚款（发现一件罚款 100 万），并配合移送国家相关行政机关进行调查。以往不论是自营还是第三方商家的工商举报案件，都是先由京东承担责任并接受处罚，然后再追究合作伙伴的责任。据蓝烨介绍，京东通过与国家相关行政执法部门的积极沟通，已建立直接追究第三方商家违规责任的执法机制，未来对违规商家案件将移交其所属工商注册地进行属地化处罚。

重拳打击侵权假冒。措施一：通过规范商户，一旦发现买家在平台上只要卖一件假货，会将罚款额度提高至一百万起。措施二：京东与工商等相关部门达成合作，以动用执法力量打假。

（三）微信

微信团队在 2016 年 3 月 14 日公开了 2015 年微信生态安全及微信品牌维权发展情况。微信品牌维权平台运行仅 8 个月，就经过用户举报核实并封停个人账户超 1.1 万例。箱包、服装、鞋类等，成为品牌维权的热门品类。微信平台投诉最多者依然是欺诈类信息，仅 2015 年就封停欺诈用户账号数十万。据微信法务总监黄嘉慧介绍，从 2015 年 7 月微信品牌维权平台内测试运行，至 2016 年底，来自 9 个国家的 300 多个品牌，共计 60 多个品牌方加入，其中奢侈品行业占“大头”。微信安全风控负责人杨鹏介绍说，利用微信提供的社交便利性，“微场景”网络犯罪手段借助关系链扩大伤害，“陈年旧谣”则利用用户心理反复传播，争夺曝光率。“欺诈类信息也是微信平台投诉最多的类型。”由于微信绝大部分场景下仅被用作沟通交流渠道，在打击售假交易时遭遇了挑战。为此，微信建立了品牌维权平台，将用户举报的售假信息与具有鉴假能力的品牌方（即商标权人）进行对接，将来自用户的假货举报信息进行分类汇总，向成功

接入的品牌方推送。平台根据品牌方鉴定反馈后对售假账号执行处罚。由此形成“微信用户举报—品牌方鉴假—微信团队核实处理”的闭环，整个处理过程已实现全电子化。

（四）苏宁易购

南京商业领军企业的苏宁阐述2016年“3·15”消费服务月南京苏宁的新举措，并宣布将拿出一千万元成立奖励基金，消费者在苏宁渠道买到假货，可以得到假一赔五的补偿。2016年“3·15”，南京苏宁在七大品类二十余家品牌范围内率先推行全权责任制，即苏宁鉴定、苏宁维修、苏宁赔偿。消费者在苏宁购买的产品确定有质量问题，可联系苏宁，由苏宁售后提供维修服务；消费者如果在苏宁购买到假货，苏宁承诺假一赔五给予补偿。此外，苏宁还正式启动了旧家电招砸计划，消费者可以通过南京苏宁微信平台发布旧家电照片，并参与点赞投票环节。苏宁将回收获赞数排前列的老旧家电，并向这些参与者每人赠送一台免费新家电共计30台。2016年3月12日，苏宁在新街口苏宁易购云店举行招砸旧家电仪式现场销毁。南京苏宁总经理徐海澜接受记者采访时表示，一直以来苏宁对假冒伪劣产品都坚持零容忍的态度，打击假货、坚持正品应当是每个商家应有的底线。苏宁云商启动蓝盾行动，招聘500名兼职监察员组成“民间观察团”，配合蓝盾行动开启全民打假。希望通过专项复核商户资质、联合投保正品保险、提供免费鉴定服务等五项举措不给假货留任何存活的可能。

（五）一号店

“神秘买家”是1号店基于大数据分析，结合商家异常报告、突出客户投诉、商品评价及其他渠道举报等信息，以普通消费者身份购买涉嫌出售假冒侵权的商家商品，再委托品牌方或第三方鉴定机构进行识别真伪并相应处罚，对不良商家进行有针对性、高效的打击。

（六）唯品会

2016年1月14日，广州市工商局、广州电子商务行业协会、唯品会（中国）有限公司签署协议，三方共建多元参与、协调互动的电子商务流通领域商品质量管控标准体系。根据协议，广州市工商局、广州电子商务行业协会指导唯品会公司建立起电子商务流通领域商品质量管控规范化标准、商品信息发布制度、客户服务规范化标准及更加完善的售后服务工作制度，涵盖了供应商准入、商品抽检、商品溯源、仓储运作管理、运输配送、标签规范等多个方面的合作内容。

2016年10月24日，唯品会与广东出入境检验检疫局签署了《共建全球质量溯源体系合作备忘录》，利用全新升级的“全球质量溯源体系2.0版本”公共服务平台，全程收集并真实传递商品的质量信息，实现进出口商品“源头可溯、去向可查”，为唯品会2亿会员的消费购物提供强有力保障，增加用户购物的透明度，以精选优质正品好货。

唯品会表示，若发现商品危及消费者健康权，将严格依据《消费者权益保护法》《食品安全法》等法律法规承担法律责任。唯品会方面除了在积极推进相关补救举措落到实处，，向消费者和各方致以歉意之外，并承诺切实加强供应商监管，避免类似事件再次发生。

（七）聚美优品

聚美优品定期对产品进行随机的拆封抽检、防伪标签以及真品检验码查询。迭代真品防伪码已成新宠儿。为了解决化妆品行业的诚信危机，聚美优品以及中国质量万里行联合多个部门发起成立了中国化妆品真品防伪码联盟，并在化妆品电商平台首次推出了真品防伪码体系。

（撰稿人：阿拉木斯）

中国质量万里行促进会打击侵权假冒工作报告

中国质量万里行促进会于1994年成立（英文简称CAQP、前身是中国质量万里行组委会），由政府部门、中央新闻机构、经济学家、名优企业及科技界等方面人士和单位自愿结成的全国性组织，具有独立法人资格，负责组织、指导、协调全国质量万里行工作，业务主管是国家质量监督检验检疫总局，现有会员（团体或个人）538个、理事358人、常务理事171人。中国质量万里行促进会秘书处下设办公室、宣传教育部、调查监督部、投诉与维权办公室、法律事务部、会员联络部、名牌战略部等部门。主办《中国质量万里行促进会通讯》和中国质量万里行促进会网站。

中国质量万里行自1992年以来，围绕打假扶优、规范市场、引导消费、服务企业等方面开展活动。尤其在打击假冒伪劣、开展新闻舆论监督方面发挥了重要作用，揭露曝光了一大批制假售假案件，扶持了一大批品牌企业和名优产品。建立了全国性投诉举报受理机构，设立了30个省级地方投诉站。与司法部联合建立了一批中国质量万里行促进会律师事务所联系点，为企业和消费者提供法律咨询和维权服务。开创了“3·15中国消费维权论坛”“中国质量万里行出征仪式”“中国品牌发展论坛”“中国自主创新论坛”“中国服务质量论坛”“外资企业打假论坛”等质量发展品牌活动，组织了全国《产品质量法》知识竞答、质量专题电视晚会、质检法律知识竞赛、全国青少年质量夏令营、大学生消费维权状况调查、“标准、质量与法制”三下乡等大型群众性质量宣传活动，各省（区、市）也开展了各具地方特色的活动。党和国家领导人，对这项活动给予肯定或对有关质量问题作过重要指示，也赢得了广大消费者和全社会的赞誉。

2016年，在促进会班子的带领下，按照年初质检工作会议的部署要求，深入学习贯彻十八届五中、六中全会精神和习近平总书记系列重要讲话精神，深刻认识和把握协调推进“四个全面”战略布局和全面建成小康社会的战略任务，从服务质检事业改革发展的大局出发，从协会多年的发展实际出发，全面总结“十二五”，认真谋划“十三五”。特别是面对社团改革发展的新形势、新任务，着力于激发员工活力，深入推进质量万里行活动，围绕宣传“四个全面”战略布局，助推各行各业实现“四个全面”战略布局和全面建成小康社会做出了应有的贡献。

一、受理消费者投诉举报

2016年，投诉维权办公室开展多元化的投诉受理方式，进一步完善电话、电邮及网站等投诉渠道，开通了微博、微信等新的受理平台，及时受理投诉、立案。2016年，受理投诉23 830件，举报15件。其中立案受理22 187件，解决22 121件。

二、举办“中国质量万里行3·15主题活动”

2016年3月18日，中国质量万里行促进会“3·15”主题活动在京举行。来自政府部门、学术界专家、企业售后服务部门和普通消费者代表汇聚钓鱼台国宾馆，共同关注手机售后服务、家庭装修服务、两净产品质量和顾客满意度等话题。

6名来自全国各地的消费者代表上台，讲述各自消费体验和接受服务的难忘经历，并为获得“服务质量创新”称号的服务品牌和团队颁奖，将消费者信任和期待传递给企业。

活动中发布了手机售后服务查访情况、中国质量万里行促进会消费投诉警示，首次发布了空气净化器和净水机产品的明察暗访情况。

三、举办第二届中国服务大会

以“共建服务标准，提升顾客满意”为主题的第二届中国服务大会2016年9月1日在京举行，吴清海副局长出席。

大会发布了《2016年全国城市服务质量调查活动总结》，互联网科技企业小米公司异军突起与美的集团客户服务中心、北京首都国际机场股份有限公司等单位获评首批“中国服务之星”称号。会上播放了纪录片《中国服务质量报告》预告片，全新的立意，独特的角度和4K高清精美的画面引起与会嘉宾的极大反响。由中国质量万里行促进会建立的消费者满意度评价大数据平台——中国互联网服务质量评价系统也正式宣布上线。

人民日报、新华社、经济日报、中央人民广播电台、中央电视台等70多家新闻单位，进行现场采访。当日中央电视台《新闻直播间》及次日《朝闻天下》等知名栏目进行了报道。本次大会改革创新，做到了精心策划、科学运筹、严密组织、务求实效，社会各界认为是一次消费维权和质量领域的高品质、高层次、高水准的质量品牌活动。

四、组织质量万里行专项活动

（一）组织第二届“中国质量诚信品牌论坛”

2016年3月12日，由中国质量万里行促进会主办的第二届中国质量诚信品牌论坛在北京国际会议中心举行。著名经济学家发表了主题演讲。发布了《2015年中国质量诚信产品与服务质量明察暗访情况通报》。中宣部、国家发改委、科技部、工信部、人力资源社会保障部、环保部、交通运输部、农业部、卫计委、国家工商总局消费者权益保护局、国家食药总局、国资委、团中央等相关领导出席会议。

（二）组织举办“第二届中法品牌高峰论坛”

法国优秀设计师来到中国参加第二届中法品牌高峰论坛，对接中国众多制造企业、电商平台与投资机构，为两国经济与文化上互惠互利发展模式奠定基础。

（三）共创中国服务新时代

2016“中国服务年”暨广东服务质量调查启动仪式在穗举行。2016年3月15日当天，中国质量万里行促进会发起的“2016 中国服务年暨广东地区服务质量调查主题活动”在广州正式启动。百余家媒体记者和企业界的代表，约 260 人参加了启动仪式。秘书长高伯海等领导和专家，向广东服务质量调查工作组聘请的 6 位监督员颁发了聘书，并公布了广东服务质量红黑榜。

（四）组织“中国质量万里行质量诚信中国行”

2016 年 6 月 8—11 日，举办“中国质量万里行质量诚信中国行”——国际商学院沙漠邀请赛，中国质量万里行促进会带领了优秀会员单位和国内外近 50 所著名高校 EMBA、MBA 学生团队穿越了恩格贝沙漠，践行质量诚信诺言，向全社会展示我们做好产品，恪守承诺的决心。

五、组织农产品流通万里行一路蔬果飘香

中国农产品流通质量万里行由国家质量监督检验检疫总局指导、中国质量万里行促进会主办、华蒙通物流控股有限公司协办，活动以“融通三农互联网，提升中国好品质”为主题、以“惠民、惠农”为目的。

2016 年中国农产品流通质量万里行调研了华蒙通在华北、西北、华中、华南等农产品原产地建立的现代化仓储物流基地、走访了华蒙通在全国近 50 个城市建立的分销服务中心及近 10 000 个服务网点。所到之处受到政府、农户的热烈欢迎。让库尔勒香梨、中旗土豆、阿克苏苹果、赣江脐橙、海南香蕉、浦江猕猴桃、辛集苹果、富县苹果等一系列优秀农产品得到了原产地农产品应有的待遇，让全国原产地农户尝到了切实的利益。树立原产地农产品标杆是中国农户、中国消费者以及中国好品质的共同希望。

2016 年，中国质量万里行会不遗余力地为每一种原产地农产品正名，也时刻督促此行的合作伙伴为每一位坚守好品质的果农打开销路、给每一位消费者带去实惠，中国的原产地农产品，以中国农产品流通质量万里行为起点成就各自的未来。

六、开展“两学一做”活动，深入新疆调研农产品质量

2016 年 1—3 月，中国质量万里行促进会在“两学一做”活动中，派出小分队赴新疆阿克苏农一师五团调研农产品质量，参观农业标准化示范企业并走访慰问困难百姓。帮助企业打造提升农产品质量的新路径，受到当地干部职工好评。

七、健全规章制度，完善工作机制

2016 年全面规划，重点推进，不断完善内部制度建设、科学规范，运转有效的质量万里行工作机制。新的领导班子根据有关法规和质检总局关于加强质量宏观管理要求，完善了质量万里行规章制度，努力构建长效工作机制，对部门和人员进行了优化组合，开展双向选择竞聘上岗，并不断对人员和部门机制进行动态调整，调动了人员积极性和创造性，使业务工作、内部管理进一步规范。

（撰稿人：吴明）

中国林产工业协会打击侵权假冒工作报告

中国林产工业协会是以木材及木制品加工、人造板和林产化工企业会员为主体，属跨部门的全国性行业社会团体，具有对行业内企业的组织、协调、指导和服务职能。协会现有团体会员近三千家，分布于木材及木制品加工、胶合板、纤维板、刨花板、地板、门窗和人造板二次加工、木浆造纸、松香、栲胶、活性炭、糠醛、紫胶、天然香料及其他林化产品等工业以及为之服务的设备制造、原辅料生产行业，包括上述行业全部区域性大中型企业，范围遍及全国各省、区、市。

我国林产工业行业近年来发展迅速，取得了瞩目的成绩；但整个行业的服务和产品的安全性、标准化、质量保障、知识产权保护等存在很大不足，侵权行为时有发生并缺乏有效监管，出现劣币驱逐良币、市场逆淘汰现象，致使企业创新动力不足，严重阻碍了行业发展；这主要是由于品牌意识淡化、自律意识不强、抄袭违法成本过低等原因造成。中国林产工业协会作为全国性行业协会，有责任有义务通过诚信建设、品牌培育、标准化制定、质量提升等方面引导企业规范化、标准化经营，促使林产工业行业健康有序发展。

为此，协会特别设立标准化技术委员会、质量与品牌工作委员会和国际维权工作委员会等内设机构，并在以下方面取得了一定进展：

一、引导企业进行社会责任建设

推进全社会信用体系建设，强化企业社会责任是保障实现发展目标和稳定社会基础的重要支撑。中国林产工业协会于2011年颁布了《中国林产工业企业社会责任报告编制指南（试行）》，并于2012年至2016年连续五年组织行业重点龙头企业开展了社会责任报告的编制试点工作，获得了较好的社会反响，同时也促进了行业诚信意识、社会责任意识的逐步提升。协会在认真总结这项工作开展情况的基础上，准备将原颁布执行的《中国林产工业企业社会责任报告编制指南（试行）》修订升格为中国林产工业协会团体标准《中国林产工业企业社会责任报告编制指南》，并特别突出了六大方面：一是企业在主动贯彻国家和行业法律、法规、标准、规范方面的举措；二是主动承担环保责任与义务方面的具体做法；三是主动承担社会责任和公益事业的重要活动；四是在强化质量管理、树立企业形象和实施品牌战略方面的业绩；五是服务消费者和建立诚信体系方面的常态化措施；六是创新和技术改造，特别是维护行业利益，应对国际贸易壁垒和专利技术、产权保护方面的事例。

二、加快林产品标准化建设

协会于2016年组织修订了《人造板甲醛释放限量》团体标准，提高了对甲醛释放量的要求，在原来国家标准E1级的基础上，提出的E0级的更高要求，对市场上假冒伪劣产品起到惩戒和规范作用，为消费者放心使用人造板产品起到了切实的保障；同时，为规范该标准中“人造板甲醛释放限量等级标识”的使用，出台了《中国林产工业协会“人造板甲醛释放限量等级标识”证明商标使用管理规则》，维护和提高了证明商标在国内外市场的声誉，进一步保护了使用者和消费者的合法权益，打击了假冒伪劣产品的生存空间。2017年2月15日，《品牌价值评价木质林产品》《桉木旋切单板》《林产工业企业社会责任报告编制指南》《主要名贵木材材种鉴定》和《木材合法性认证》5项团体标准经立项评审专家组专家评审获得立项，这5项标准的立项对促进行业发展、规范行业运营、打击假冒伪劣和保护企业自主创新具有重要意义。

三、举办“绿色品质中国行——聚焦中国木质林产品”主题活动

协会联合国家及行业主流媒体，加大对林产品质量、市场营销、信用建设、消费者服务、假冒伪劣等方面的监督工作。同时联合中国经济报刊协会主办了“绿色品质中国行——聚焦中国木质林产品”主题活动，其中，组织专家学者、媒体进行考察采风活动是该项活动的重点。考察采风共分为四站：华东站、两广站、西南站和东北站。此次活动形成了《绿色品质中国行——聚焦中国木质林产品》媒体调查报告并发布，权威媒体精准的多形式、多层次、持续性的报道，极大地提升了中国木制林产品产业、龙头企业的美誉度、品牌效应和木质林产品的社会认知度，为产业发展营造了一个很好的舆论环境。

四、努力打造林产工业行业优秀品牌，鼓励企业科技创新

为进一步推动我国林产工业行业技术进步，提升行业整体技术水平，激发自主创新活力，充分调动积极性和创造性，协会完成了以下工作：一是进行了中国林业产业创新奖和人造板行业“精品人造板”评选工作，获奖企业和产品，在协会主办的各项展会上进行了免费集中展示；二是完成“净醛负氧离子胶合板”“净醛负氧离子实木复合地板”“紫外光（UV）固化木器负离子涂料”“零醛添加（MDI）基材强化木地板”和“超薄高密度纤维板”等新产品鉴定；三是积极推荐并协助企业申报国家专利局优秀专利奖和驰名商标等。

保护创新反侵权假冒，不仅要企业自身增强自律诚信意识，更需要建立健全维权的工作机制，提高侵权违法成本。中国林产工业协会将联合有关部门，继续推动行业科技创新，加大打击侵权假冒行为，维护行业秩序，维护企业和消费者的合法权益，为自主创新营造良好的市场环境和社会环境。

（撰稿人：刘栋）

中国林业与环境促进会打击侵权假冒工作报告

一、促进会打击侵权假冒工作综述

（一）以团体标准为抓手，加强行业组织的知识产权保护工作

为发挥行业协会通过先进标准引领行业创新发展的作用、进一步提高行业技术标准的时效性和先进性、迅速反映市场需求和技术创新发展、加快科技创新成果的规范性推广应用、与现行国家标准、行业标准的制（修）订工作形成互补和相互支撑，根据《中华人民共和国标准化法》《中华人民共和国标准化法实施条例》和国家标准化有关规定并结合行业实际情况，进一步规范和加强协会标准制（修）订工作的管理，自觉接受政府和社会监督，制定了《中国林业与环境促进会团体标准管理办法》。

1. 确定协会标准编号体系。由团体标准代号（T/）、社会团体代号、标准顺序号和发布年号构成。协会标准的代号由中国林业与环境促进会英文名称缩写 CCPEF 大写英文字母构成。形式为：

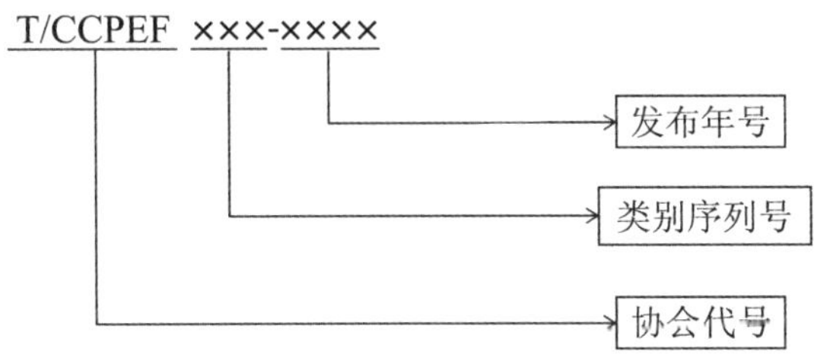

2. 成立协会标准的制（修）订、发布工作机构。由协会标准化工作领导小组总负责，具体工作由协会标准化工作委员会（以下简称“标委会”，与协会产品评定委员会并行管理，两块牌子一套班子）负责，由协会的理事单位和相关学术专家等成员组成。标委会设主任委员一名，秘书长一名，委员若干名，可根据需要聘任副秘书长。在协会各分会、专业委员会机构内增设标准化工作组，针对分支机构的工作范围开展相关协会标准制（修）订工作。

3. 编写标准体系文件。具体包括：《全国团体标准符合性评定机构申请书（资格评估）》《全国团体标准符合性评定申请书（产品标准）》《全国团体标准符合性评定申请书（体系标准）》。

4. 知识产权及法律责任。协会团体标准的版权归属于协会，任何组织、个人未经协会同意，不得印刷、销售。协会团体标准如涉及专利时，应在立项时规定协会团体标准涉及专利的处置规则、处置程序和要求等；处置规则、处置程序和要求应按一定的程序取得协会团体标准制定成员的认可。协会与其他的相关组织共同制定、发布标准，版权由发布各方共同所有；各方依据标准开展的认证、检测等活动应各方协商所涉及的权利、义务和责任，各方应在开展活动前达成一致；各方共同承担在制定和使用标准时所带来的法律责任。任何组织、个人在使用协会团体标准时应取得协会的同意；协会各部门、分支机构依据协会团体标准开展的认证、检测等活动须通过协会批准授权。

5. 通过发布《中国生态城镇评定规范》（T/CCPEF 001—2016）、《全国生态养生示范村建设技术规程》（T/CCPEF 002—2016）、《全国绿色生态示范县（区）评价指标》（T/CCPEF 003—2016）、《中国生态特色旅游示范区评定标准》（T/CCPEF 008—2016）、《中国生态养老示范基地评价指标》（T/CCPEF 010—2016）、《中国生态体验基地评定指标》（T/CCPEF 011—2016）、《中国有机慢生活体验区评定指标》（T/CCPEF 012—2016）、《中国生态健康示范基地评价标准》（T/CCPEF 013—2016）、《中国信用生态环境评级标准》（T/CCPEF 014—2016）、《全国森林旅游示范县（区）评价指标》（T/CCPEF 017—2016）等团体标准，进一步规范协会的品牌评选工作，保护协会品牌建设中的知识产权。通过发布《国家林下原生态产品评定规则》（T/CCPEF 004—2016）、《中国生态良品评定标准》（T/CCPEF 005—2016）、《中国农民林业合作社信用评定通则》（T/CCPEF 006—2016）、《全国良好生态环境基地建设规程》（T/CCPEF 007—2016）、《中国林业环境信用基地评定标准》（T/CCPEF 009—2016）、《生态价值评估指标》（T/CCPEF 015—2016）、《中国林业产业企业品牌价值评级指标》（T/CCPEF 016—2016）、《中国生态良品　野生蓝莓果酒》（T/CCPEF 018—2016）等团体标准，进一步规范和保护企业所属产品工艺技术。

（二）以建立生态智库为基石，全面主导行业组织的知识产权保护

改善生态是生态林业、民生林业建设的根本任务。良好的生态是一个国家或地区的核心竞争力之一，是实现绿色增长、科学发展的最主要标志。我国是一个缺林少绿、生态脆

弱、生态产品短缺的国家，社会对改善生态的期望越来越强烈。绿色总量需要增加，沙化土地需要治理，森林、湿地和生物多样性需要保护，这些都是林业建设面临的繁重任务。为此，党中央、国务院确立以生态建设为主的林业发展战略，要求林业承担起生态建设的主要责任，真正发挥对人类生存发展不可替代的作用。良好的生态既不可能靠花钱买，也不可能转移和进口。

中国林业与环境促进会已经在生态领域开展相应的工作，并成立了协会生态、环保、水上保持、林业、生态养老等23个专家委员会，其中两院士、国务院参事38人，教授、研究员87人。中国林业与环境促进会是由原林业部、原国家环保局、中科院等单位共同发起成立，是经国家社会团体登记管理机关标准注册登记的联合性社会团体。其旨在团结各界专家并同经济发展决策部门一起，共同研究、以促进合理利用资源和保护环境，以及中国经济的可持续发展。近年来，在国家林业局的支持下，积极推广和倡导保护绿色生态资源、建立绿色美丽家园，并在生态建设规划设计、生态绿色文化培育、生态特色区域示范基地、生态金融服务、生态产品评定、绿色生态产业提升等方面开展了规模化、标准化和智能化的导向工作，有效地推进绿色生态产业现代化，促进绿色生态业持续健康发展。

中国林业与环境促进会联合其他相关企业事业单位、行业组织共同发起“国仕生态智库”，把改善生态放在林业工作的首位，守住这个根本和底线。

（三）以信用评价为导向，全面开展行业组织打击侵权假冒工作

依据《公司法》《征信业务管理条例》，按照《合格供应商信用评价规范》（标准号 GB/T 23793—2009）、《企业信用调查报告格式规范　基本信息报告、普通调查报告、深度调查报告》（标准号 GB/T 26817—2011）、《信用主体标识规范》（标准号 GB/T 26819—2011）等国家标准，依托第三方信用评价机构，全面开展协会会员的企业主体信用评价、企业征信、信用风险计量分析、征信数据库建设等工作。

1. 编制林业产业信用类团体标准、编制林业产业相关信用类指数、编制林业产业信用类年度白皮书等。

2. 开展企业会员的信用等级评价工作。

3. 对协会内设的各类组织、机构进行征信工作。

4. 完成征信系统建设，建立信用交易平台信用风险发现、计量和表现，开发信用信息数据库、供应链融资规则编制以及信用风险管理培训业务等。

5. 建立林业信用生态评价产品体系包括基本征信报告、专项征信报告和主体信用评价报告，数据来源包括信构数据库（包含工商、司法、税务、质监等数据源）、受评企业填报和互联网抓取等。根据报告采集数据项和评价维度、深度不同，分别可用于行业准入审核、市场（电商平台）准入审核、政府行业监测、统计及产业政策制定依据和银行、融资租赁、供应链金融等各类金融机构授信决策等用途。

表 1　林业信用生态评价产品

报告名称	数据来源	报告描述	报告用途
基本征信报告	信构数据库	对受评企业信用信息进行符合性认证，确认受评企业是否合法存续以及经营期间有无重大违法、违规记录	行业准入审核
专项征信报告	信构数据库＋受评企业填报	在对受评企业信用信息进行符合性认证的基础上，对其经营情况和财务状况进行初步评价，综合判定其信用状况	政府行业监测、统计及产业政策制定依据市场（电商平台）准入审核
主体信用评价报告	信构数据库＋受评企业填报＋互联网抓取	在对受评企业信用信息进行符合性认证的基础上，对其经营情况和财务状况进行深入评价，同时通过互联网抓取等大数据技术对其公共信用信息进行实时监测，综合判定其信用状况	银行、融资租赁、供应链金融等各类金融机构授信决策

林业产业企业根据申请信用评价类型和自身信用状况的不同可获得以下信用等级，具体情况如下表。

表 2　林业信用生态评价结果

申请评价类型	评价条件	评价结果
基本征信报告	受评企业合法存续且经营期内无重大违法、违规记录	林业信用生态评价一星企业
专项征信报告	受评企业合法存续且经营期内无重大违法、违规记录	林业信用生态评价二星企业
主体信用评价报告	受评企业合法存续且经营期内无重大违法、违规记录，并根据经营和信用状况的不同最终确定其信用评价结果	林业信用生态评价三至五星企业

二、行业内知名企业打击侵权假冒工作情况

（一）中林伊凡（北京）农林科技有限公司

杨木的用途广泛，不仅用于木材，而且主要用于加工业，杨树已成为胶合板、纤维板、造纸火柴、卫生筷和包装业的重要加工原料。但是杨树的北方种植存在飞絮、病虫害等问题，我国是世界上种植杨树人工林面积最大的国家，面积已达800多万公顷，但我国杨树人工林每年遭受“蛀干”、“食叶”两种虫害的危害面积十分巨大，分别都在100万公顷左右，约占杨树林地总面积的四分之一。

我国是在世界上第一个利用生物工程技术培育出抗逆性杨树新品种的国家，也是第一个利用生物工程技术培育成功杨树新品种的国家。在20世纪80年代初期，中国林业科学院林业研究所的韩一凡研究员，采用当时世界上较为前沿的分子生物工程技术，研究、培育抗逆性杨树新品种，培育出抗天牛的杨树品种。

“抗虫无絮杨”发明人韩一凡研究员鉴于中林伊凡（北京）农林科技有限公司在“抗虫无絮杨”繁育推广过程中所做出的贡献，特授权中林伊凡（北京）农林科技有限公司负责“抗虫杨”在全国范围内的推广工作，中林伊凡（北京）农林科技有限公司先后在云南、内蒙古、黑龙江、吉林、辽宁、宁夏、甘肃、新疆、河北、山东、重庆等地区设立了18个试验区，建立了26个“抗虫杨”实验繁育基地。已有“抗虫杨”苗圃5 600余亩、种质资源库80亩、造林地23 000亩、快繁车间6 000平方米。

公司坚持知识产权的保护和利用工作。一方面加强大技术创新，针对“抗虫无絮杨”的抗虫、抗病性更强，目前已培育出240多个品种，其中很多品种正在进行进一步优化。另一方面，加强知识产权保护，通过申请植物新品种保护、林木种苗良种等，建立“一苗一码”的杨树种苗身份证信息系统。

（二）北京信构信用管理有限公司

北京信构信用管理有限公司是以信用评级的基础理论，即现代信用风险识别技术在中国信用环境下的创新性应用为核心业务，其中特别注重我国市场经济条件下信用主体间的交易关系、商业信用交易工具开发及商业信用对价模型、交易流程及相关标准的研究与应用，并在此基础上开发系列信用服务产。

信构主营业务围绕现代信用风险识别技术在中国信用环境下的创新性应用展开，与国内目前其他信用服务机构相比，信构的信用服务业务更加趋向于商业流通领域信用信息的采集、分析、风险的识别与计量。除此之外，信构的业务更加重视体系性、数据资源整合性的建设工作以及坚持计量模型提升信用风险识别能力的技术路线。

起草《合格供应商信用评价规范》《企业信用主体标示规范》《企业信用调查报告格式规范基本信息报告、普通调查报告、深度调查报告》多项国家级信用标准，起草《中华人民共和国招标投标行业标准》《中国林业产业企业主体生态信用评价规范》《中国招标投标行业信用评价管理办法》《中国建筑装饰行业企业主体信用评价规范》等行业标准。

参与《中国应急管理领域信用体系建设》及平台建设国家级信用平台建设。参与国家发改委《关于开展行政许可和行政处罚等信用信息公开工作第三方评估》天津、山东和青海省政府信用信息建设的评估工作。参与《信用北京》平台设计、平台建设、平台验收。建设《林业产业信用评价信用公示平台》（建设中）《中国招标投标行业信用评价与信息查询平台》等，拥有《企业信用信息服务平台》《供应商商业债权信息交换平台》《授信决支持系统》《合格供应商信用评价系统》《企业绩效评价系统》《供应链信用信息管理系统》等知识产权的系统及技术。

信构信用评价方法是充分考虑国内外金融市场普遍接受的信用评级理论和方法的基础上，根据中国经济发展特征及信用环境，建立了基于ANP方法的企业主体信用体系评价模型。在本系统的构建中，引用了Logistic回归模型和聚类统计模型作为ANP方法的校正模型，以保证信用风险判别的准确度。

（三）海南泓缘生物科技股份有限公司

随着健康理念的深入人心和应用效果的确定，微生物饲料添加剂逐渐被人们接受，特别是国家对食品安全及环保等方面的提高及相应政策的出台，微生物饲料添加剂的使用比重会越来越高，市场需求量将越来越大。

海南泓缘生物科技股份有限公司成立于2005年，是一家以发酵微生物技术的应用为核心竞争力的技术开发导向型高新技术企业。依靠泓缘生物科技实现无抗养殖，改变以往传统养殖使用药物防疫的养殖方法，做到了养殖全程不使用任何药物，提高畜禽自身抵抗力，畜禽身体健康才能达到肉质鲜美，从根本上解决了现在中国养殖业有害药物残留超标、产品品质差、对环境污染严重三大难题，从而保证了食品的安全，减少环境污染。

泓缘生物科技股份有限公司经过十多年的努力，从第一株乳酸杆菌开始，已经形成从益生菌研发生产、微生物饲料添加剂生产销售、规模化畜禽养殖以及农产品深加工的全产业链高科技企业。产品的蛋白质消化率达到80%以上，经多种有益微生物发酵作用，将大分子的蛋白降解为小分子

肽，可被动物肠道直接吸收；采用低温干燥技术，含大量乳酸菌和其他有益活菌，兼具多种生理功能；低抗营养因子，本品几乎去除了像水苏糠，棉籽糠等寡糖类，抗源性蛋白也大幅度降解；富含生物活性物质，如酶，氨基酸，B 族维生素等优点。

目前泓缘生物已被连续三届评为海南省产业化重点龙头企业、国家高新技术企业、"泓缘" 商标被评为海南省著名商标、鸡蛋被评为海南省名牌产品，泓缘旗下的万头猪场和 10 万只蛋鸡场也被国家农业部评为标准化示范养殖基地、获得无公害畜产品产地认证以及无公害农产品认证，包括还有质量管理体系认证、危害分析与关键控制点体系认证，泓缘生物饲料添加剂及食品深加工厂已经通过了 ISO90001 体系认证，并且早已拥有自主研发的两项国家级微生物发明专利。

泓缘有着多年的科研经验与成果，已取得两项国家级发明专利。与海南大学生物系、中国水产科学研究院南海水产研究所、上海交通大学农学院等院校有紧密的合作关系，和中国农科院饲料研究所建立产学研的合作伙伴关系。

（撰稿人：张鑫）

中国香料香精化妆品工业协会打击侵权假冒工作报告

中国香料香精化妆品工业协会（简称中国香化协会），（China Association of Fragrance Flavour and Cosmetic Industries）成立于 1984 年 8 月 21 日，是经国家民政部批准，具有社会团体法人资格的国家级工业协会。协会是由香料香精、化妆品生产企业及其原料、设备、包装企业和相关科研、设计、教育等企、事业单位和个人自愿组成的全国性、行业性、非营利性的社会组织，现有会员单位 1 100 余家。协会按照其章程开展活动，其最高权力机构是会员代表大会。

中国香化协会的宗旨：遵守法律，代表行业，沟通政府，维权自律，服务企业，促进发展。中国香化协会的业务范围：受政府委托起草行业发展规划和产业政策，积极推动行业发展；开展行业调查研究，向政府部门提出有关行业法规和政策的意见或建议，参与政府部门有关本行业法规、政策、标准等的制定、修订工作，并组织宣讲培训和贯彻实施；制订并组织实施行业自律性管理制度，规范行业行为，推动行业诚信建设，维护公平竞争的市场环境；反映行业情况和会员诉求，协调处理会员发生的纠纷和应急事件，维护行业和会员合法权益；根据授权组织开展行业统计，收集、分析、研究和发布行业信息，为政府部门制订产业政策提供依据，为行业提供信息指导与服务，加强信息化建设；依照政府有关规定，创办刊物、网站及相关媒体等；与有关部门配合对本行业的产品质量实行监督，发布行业产品质量信息，组织开展行业新技术、新工艺、新原料等推广应用和交流；受政府部门委托，指导行业质量管理工作，参与承担本行业科技成果的鉴定有关工作，组织项目推荐和科技成果转化、推广工作；培育建设行业产业集群和特色区域；促进行业品牌建设；经政府有关部门批准，组织制定、修订国家标准和行业标准及团体标准等；受政府委托承办或根据市场和行业发展需要组织行业的国内外展览会、投资洽谈会、商贸活动等，培育国内的专业市场；积极组织技术、学术研讨、交流、报告会，开展国（境）内外经济技术交流与合作。组织开展行业人才、职业技能和其他专业培训，推动行业整体技术水平提升；代表行业参加有关国际行业组织和国际行业会议，开展国际或地区行业组织间的交流与合作；参与协调对外贸易争议，帮助会员做好反倾销、反补贴和保障措施的应诉、申诉等工作；倡导会员履行社会责任，开展、参与各类公益活动，树立行业良好社会形象；承担政府和有关部门委托的其他任务。

一、2016 年反侵权假冒工作综述

截至 2016 年底，化妆品生产企业约 4 200 家，二证合一后约 3 778 家。2011 年至 2015 年，我国化妆品行业的企业销售额由 1 730 亿元增至 2 650 亿元，年均增幅保持在 10% 左右。2016 年化妆品行业的增幅维持在 10% 左右。

假冒伪劣产品是中国消费市场一个由来已久、广泛存在的问题，不但损害了相关企业和产品的形象，而且成为消费者健康安全的隐患。近年来，协会把推进行业维权自律和信

用体系建设，促进化妆品行业的健康发展，作为协会的一项重点工作。一方面加强企业自律，认真履行“企业诚信产品安全”行业宣传，组织企业制定行业自律公约，规范生产经营行为；另一方面，利用打假协作网平台，强化中国优质化妆品保护知识产权力度，深入开展打击假冒伪劣的行动，净化化妆品市场，维护企业声誉和权益。

二、成立中国香化协会品牌建设委员会并举办首届品牌建设论坛

2016 年，协会成立了“中国香料香精化妆品工业协会品牌建设委员会”，该委员会是根据国家相关部门的要求及行业形势发展的需要，在已有打假协作网的基础上建立的，为更好地开展品牌建设、品牌维护相关工作，延伸协会服务平台。

2016 年行业年会期间协会举行了首届品牌建设论坛。在论坛上，陈少军理事长介绍了协会成立“品牌建设委员会”的背景和意义，指出品牌建设委员会将根据国家相关规定及行业自律要求，在协会授权下对外开展相关工作，发挥行业协会的引领作用，支持企业培育、建设和保护知名品牌。

三、召开品牌建设工作座谈会

协会在北京召开了品牌建设工作座谈会，这是品牌建设委员会成立后的第一次工作会议。工信部相关部门领导、行业专家及企业代表共二十余人出席了本次会议，充分肯定了协会成立品牌建设委员会的重要意义，强调了品牌建设对化妆品行业发展的重要性。协会陈少军理事长就品牌建设委员会的组织结构、管理办法、工作职责、工作任务结合协会工作宗旨提出了具体的要求。会议期间，与会代表围绕品牌建设与行业发展，进行了深入的讨论交流，共同探讨了品牌建设发展的道路和方向，并对前期《品牌建设委员会管理办法》以各种形式提出若干修订意见。

（撰稿人：王婷婷）

中国纺织工业联合会打击侵权假冒工作报告

2011 年，经国资委同意、民政部批准，中国纺织工业协会更名为中国纺织工业联合会。中国纺织工业联合会是全国性的纺织行业组织，是为实现会员共同意愿而依照本会章程开展活动的综合性、非营利性的社团法人和自律性的行业中介组织，主要成员是有法人资格的纺织行业协会及百余家法人实体会员单位。

中国纺织工业联合会遵守国家宪法、法律、法规，制定行规行约，规范行业行为，建立行业自律机制，维护行业利益；贯彻国家产业政策，履行政府授权委托的职能，向政府反映行业运行情况并提出建议；调查研究国内外纺织行业发展趋势，在纺织行业发展战略、产业政策、技术进步、市场开拓、结构改革等方面参与工作或提供咨询服务；组织开展行业对外技术经济合作与交流，组织企业对外贸易洽谈及举办国际会议、国内外展览会，拓展海内外市场；参与制订、修订行业标准，并组织贯彻实施；组织发展本行业的公益事业。

中国纺织工业联合会设有社会责任办、品牌办、信息中心、科技部、展会知识产权办等职能部门，从品牌、质量、知识产权等方面维护行业企业公平竞争环境，规范竞争秩序，其成员单位各专业协会也协助企业加强自律，在杜绝侵权、制售假冒产品行为方面开展了一系列工作。

一、加强展会知识产权保护工作

自 1997 年起，贸促会纺织分会就在其主办的展览会上设立知识产权办公室，与展览会举办地的知识产权执法机构合作，处理在展览会期间发生的知识产权纠纷。

2016 年，在举办的 6 个境内展会现场设立法律咨询办公室，接受展商和专业观众有关调解的业务咨询，以调解的方式解决展会现场发生的关于知识产权的纠纷，2016 年全年共处理了 27 起关于知识产权的纠纷，并接受专业咨询 20 件。充分利用行业网站、展会会刊和发放宣传手册等形式开展仲裁宣传推广工作，全年共发放会刊、宣传手册 7 000 多份，深入开展调解、仲裁工作。

其中，中国国际纺机展的知识产权保护工作有所创新。2016 年，知识产权办公成员阵容有所扩大，分别由中国国际贸易促进委员会纺织行业分会、中国纺织机械协会、欧洲

纺机协会三方主办方以及知识产权局和版权局组成了11人的团队。提前一个月将本届展会的知识产权投诉处理程序和投诉书在中英文网站上公布；展前加强与上海知识产权局、上海知识产权法院等执法机构的联系与沟通，做好前期准备工作，尽力将法院现场执法对展会现场秩序的影响降到最低。优化投诉处理流程，知识产权办公室更新了接待投诉工作的内部流程，根据不同地区展商投诉分为三个小组进行投诉预处理，投诉处理效率、透明度均得到了提升，实际效果较好。从案件投诉量来看，相比去年同期减少一半，专利权和商标权纠纷是主要的受理案件，这说明参展商对知识产权的保护有所加强。

二、版权保护工作持续推进

面料生产是纺织行业产业链的中间环节，附加值提升空间较大，其中的花型设计环节具有易模仿，门槛低的特点，侵权行为较为多发，中纺联下属中国家用纺织品行业协会协助产业集群开展版权保护工作，通过设计大赛、画稿交易会等形式鼓励原创，推动行业诚信建设。

其中，江苏海门叠石桥版权保护卓有成效。早在2002年组建了中国第一家镇级版权（家纺成品）管理机构——海门市三星镇版权管理办公室（版权办），目前专职从事家纺版权保护等知识产权相关工作人员12名、占管理人员总数10%。叠石桥市场被联合国世界知识产权组织列为版权保护优秀案例示范点，版权保护工作并被授予版权创意金奖。2016年被认定“国家知识产权保护规范化培育示范单位”，专门组建成立了知识产权管理办公室。近两年来，以叠石桥家纺协会为载体成立叠石桥家纺版权保护合作联盟，通过重点进行培育，用典型示范引路，版权保护工作开展得有声有色。2016年，版权办登记各类花型1 150件、受理相关侵权投诉45件。

三、全面强化标准体系建设

产品质量、技术与检测标准是纺织行业落实“三品”战略的重要途径，是行业规范产品质量的重要基础，也是打击侵权售假行为的第一道防线。

2016年，全行业共发布146项标准，其中国标23项，行标123项；新制定99项，修订47项。与2015年相比，全行业标准数量净增加99项，增长近5个百分点。截至2016年底，全行业归口现行标准总数达到2 124项。2016年，中纺联推荐的GB/T 17780. 1—7—2012《纺织机械安全要求》获得中国标准创新贡献奖二等奖，纺织工业标准化研究所郑宇英研究员获得中国标准创新贡献奖（个人）突出贡献奖；GB/T 31888—2015《中小学生校服》等14项标准与检测技术成果获得中国纺织工业联合会科学技术奖，其中一等奖1项，二等奖3项，三等奖10项。标准整体水平得到提升，对产业发展的支撑作用进一步增强。

标准国际化取得新进展。2016年，行业企业提出的3项标准已通过投票由ISO正式立项。为推动我国标准“走出去”，助力“一带一路”建设实施，经国家标准委批准，中纺联组织启动了GB 31701—2015《婴幼儿及儿童纺织产品安全技术规范》等30项国家标准外文版的翻译工作，其中26项将在2017年定稿。

标准复审工作有效开展。由中纺联牵头，各标准化技术机构按领域分工负责，共复审推荐性标准2 031项，其中国标695项，行标1 336项；计划项目591项，其中国标计划157项，行标计划434项。经集中复审，形成结论如下：2 031项现行推荐性标准中，继续有效1 562项，修订381项，废止78项，转化（行标转国标）10项；591项在研计划项目中，继续有效482项，调整（延期等）81项，终止28项。

根据国标委要求，中纺联以服装领域为切入点，面向全行业和全产业链开展了企业产品标准自我声明公开试点工作。发布了完整的现行国家标准和行业标准清单720项；起草了CNTAC标准《纺织品企业产品标准自我声明公开指南》第1—7部分，为企业制定产品标准提供关键技术指标体系参考；起草了CNTAC标准《纺织品企业产品标准水平评价指标体系及评价方法》，给出了纺织企业产品标准水平的评价原则、评价指标体系、评价方法和评价结果。试点取得了阶段性成果。

四、加强质量提升与检测工作

质量是产品的生命，行业通过发布质量奖、卓越绩效奖等活动正面引导行业企业提升质量管理，通过检测抽查杜绝假冒伪劣产品。

中纺联产业部根据《卓越绩效评价准则》（GB/T19580—2012）和《全国纺织行业质量奖评审管理办法》的有关规定，表彰南通大东有限公司等6家企业荣获第五届全国纺织行业质量奖称号；大连瑞光非织造布集团有限公司等4家企业荣获第五届全国纺织行业实施卓越绩效模式先进企业称号；金轮针布（江苏）有限公司黄春辉等8位同志荣获第五届全国纺织行业质量杰出人物称号。并针对提升行业质量管理水平开展了培训和宣传工作。

中纺联下属中国服装协会受工信部消费品工业司委托，承担了“童装质量水平提升、树立质量标杆活动”，完成有关具体组织实施工作，组织行业企业提交质量自查报告、产品抽检、编写质量报告、质量标杆企业评定等内容。

中纺联检测中心持续完善行业检测体系。经中国国家认证认可监督管理委员会批准，中纺联检测中心正式获得国家生态及功能纺织品服装质量监督检验中心资质，授权开展生态及功能纺织品服装检验业务。中纺联检测集团机构建设有新进展，注册成立了北京和上海分公司；成立验货事业部，并顺利开展相关业务；新成立了青岛办事处、深圳办事处，开展检测和验货业务，集团服务客户数量和检测业务量继续增长。北京检测中心中标京东商城检测业务，通过Debenhams的认证准备和现场认证工作，参加了其他检测机构的比对测试20项，认可委和认监委组织的能力验证5项。集团各分中心共获得3项发明专利和15项实用新型专利，新申请了项发明专利和4项实用新型专利。检测集团继续加强信息化建设，推广使用CRM，加强内部管理，提高服务效率和质量，北京检测中心等多个实验室新增了一批仪器设备，检测范围扩大，检测服务能力进一步提升。

（撰稿人：张倩）

中国化学纤维工业协会打击侵权假冒工作报告

一、打击侵权假冒工作综述

中国化学纤维工业协会（简称化纤协会）为了打击侵犯知识产权、服务会员企业、加强行业自律和维护创新企业利益，由化纤协会和浙江绿宇环保股份有限公司共同发起，由浙江绿宇环保股份有限公司捐赠设立了“中国化学纤维工业协会·绿宇基金”（以下简称基金）。旨在践行“绿色发展”理念，鼓励行业绿色制造、循环再生领域的科技创新，搭建平台引导行业走绿色低碳、再生循环之路，鼓励绿色消费和低碳生活方式，促进化纤行业的绿色可持续发展。

2016年是“十三五”开局之年，化纤行业贯彻“创新、协调、绿色、开放、共享”的发展理念，着力推进供给侧结构性改革，落实《中国制造2025》，以提升创新能力为着力点，加强重点领域关键技术攻关，以推动转型升级为出发点，积极推广智能制造和绿色制造，绿色发展是化纤可持续发展的重要任务。

在此背景下，基金于2016年3月正式启动，基金秘书处在管理委员会的授权下，开展了一系列活动。基金致力于把握绿色发展趋势，支持化纤行业绿色制造、循环再生领域的科技创新，推进化纤行业的绿色制造事业。

推动化纤行业确立全生命周期的绿色化、循环化和低碳化发展理念，建立绿色低碳和清洁生产的发展模式，从源头和末端降低消耗和排放，提升整个纺织行业的清洁生产水平。开发兼具物理法、化学法的高效连续再生聚酯纤维工业化生产体系，设计并建立再生循环化纤产品梯度利用体系，实现纺织纤维“从摇篮到摇篮”的多级多次闭环循环；开发先进实用的原液着色关键技术，设计并建立原液着色纤维产品标准化体系，从源头上实现节能减排、清洁生产；开发替代石油资源的生物基原料和新型生物基化学纤维，攻克聚乳酸纤维的制备及应用技术、攻克生物质资源综合利用及生物炼制技术；突破生物基纤维绿色加工及装备集成化技术，实现产业化生产；开拓生物基化学纤维应用领域，促进产业链跨越与可持续发展，实现经济社会效益显著提高。同时，也非常有效地保护了化纤纤维企业的创新积极性和它们的合法权益。

二、行业知名企业维权打假工作情况

（一）新凤鸣集团股份有限公司

新凤鸣集团股份有限公司（以下简称新凤鸣）主营业务为民用涤纶长丝的研发、生产和销售，产品覆盖POY、FDY和DTY等多个系列400余个规格品种，主要应用于服装、家纺和产业用纺织品等领域。

经过近些年的不懈努力，通过持续的自主创新，使企业走上可持续发展的良好轨道。在发展的过程中新凤鸣认识到创新的关键就是掌握自主知识产权的核心技术，知识产权和科技创新是一对孪生姐妹，有着密不可分的联系。新凤鸣在科技创新过程中，不仅高度重视并努力研发成果，同时还及时地对技术成果进行技术秘密和专利保护并行。建立了较为完整的知识产权管理体系，培养一支知识产权管理队伍，相继出台了《专利工作管理制度》等规章制度，建立科学、有效的知识产权管理网络。

新凤鸣管理层在创建初期就深深明白要想占有市场优

势地位、抢占潜在市场获得更大的市场利润、要维护自己合法利益不被侵犯，很大程度上取决于能否将关键技术掌握在自己手中；取决于是否能加快企业知识产权管理制度建设，加快提高自主知识产权的创造、管理、实施和保护能力；取决于是否能尽快掌握和运用知识产权制度的能力和水平，能否尽快提高创造拥有自主知识产权的核心技术能力。为此，新凤鸣着重做了以下几个方面的工作：

1. 做细做全，完善企业知识产权管理制度

公司领导非常重视企业的自主创新和知识产权保护工作，成立了由总经理吴林根为组长的知识产权领导办公室，由技术部、研发中心、营销部、行政部、企业财务和法律顾问等方面的人员组成。结合市、区二级政府对知识产权示范创建工作的要求和企业实际情况，进一步全面修订了各类知识产权制度，更加明确了内部知识产权管理工作的机构及职责、专利制度的运用、专利产权的管理、商标的管理、专利的奖惩制度及工作考核方法等，并与相关专利工作人员签订保密合同，进一步统一思想和方法，为公司知识产权管理工作科学化、规范化、制度化提供了坚实的基础保障。

2. 奖惩分明，明确知识产权激励机制

新凤鸣按照有关规定对发明人进行奖励，以鼓励员工创新，积极申请专利。奖励办法如下：专利级别分等级奖励办法：PCT 国际专利、发明专利、实用新型专利均设固定奖。设立了专利基金，对发明专利及实用新型专利的发明人进行激励以及用于专利的维护费用，政府对专利的财政支持经费充入该基金。以半年为单位，根据半年内专利申请和授权情况对发明人进行集中奖励，每个发明专利进入实质审查奖励现金 1 000 元，每个发明专利通过实质审查奖励现金 2 000 元，每个 PCT 专利获得授权奖励现金 5 000 元，每个实用新型专利授权奖励现金 300 元。已累计奖励发明人共计 11. 84 万元。

3. 增强培训，提高全员的知识产权保护意识

为了充分发挥全体员工的积极性，使其能自觉把知识产权的原理和思想融入企业科研、生产、销售工作中，宣传培训是知识产权工作的重要环节。公司把知识产权战略纳入企业长期发展战略范畴，加大知识产权人才培训与教育的投入力度，采取多种形式提高知识产权人员的业务水平和综合素质。

有针对性地开展了知识产权培训工作。对公司领导和有关管理人员开展了以提高企业知识产权管理水平为重点的知识产权管理知识和有关法律法规培训。每半年邀请专家到公司开展有关知识产权法律法规和专利管理知识、专利查询、申报等技能方面培训，技术人员和专利老师一起深入挖掘生产研发技术是否具备可专利性，探讨规避技术秘密的技巧，使得公司在保护企业秘密的同时，有效的抢占技术市场，提高专利申报成功率。

为了提高普通员工知识产权保护意识，组织开展了宣传国家知识产权法律法规和企业知识产权管理制度的培训。在培训过程中，公司还组织了多种形式：一通过演讲、专题讲座、知识竞赛等活动，普及知识产权方面的知识；二是有目的、有计划地选择企业中知识产权骨干人员到高校学习，了解知识产权发展的最新动态，提高企业知识产权管理水平；三是加强企业与学校的联系，委托国内高等院校，针对本企业的实际情况，对知识产权人员进行专门培训，提高他们的运用、管理及保护知识产权的能力。截至 2016 年底，共举办各类专利讨论会 6 场，举办相关培训 5 次，均取得了良好的效果。

多举并措，积极促进技术秘密保护与专利信息利用工作。主要的保密措施是：对技术秘密明确划定了不同的密级和范围，并将该技术秘密的保护要求明确告知相关人员。与知悉技术密度的员工及有关人员签订书面《保密协议》，对特殊人才签订《竞业限制协议》。公司对技术秘密的存放、使用、转移等环节都采取了合理、有效的管理办法和保护手段。专利信息的利用工作：一是公司要求研发中心在产品研发前期必须首先进行专利状态查询，掌握项目的专利状态，明确项目的技术创新方向。项目验收必须进行创新性审查，对是否具备专利申报条件，未来产生的经济效益等进行评价，为实施专利保护战略提供依据。二是对部分已经进行研制或批量生产的产品，建立专利信息数据库，进行专利状态和技术发展情况实施动态跟踪分析，制定该产品技术发展的方向和专利保护发展策略。

用于知识产权开发费用及专利产品销售和收益。近年来，新凤鸣利用集团省级研究院和院士工作站的有利条件，先后同浙江理工大学、东华大学、嘉兴学院等研究机构建立了长期的科技合作关系，在公司新产品研发与成果转化中，极大地增强了公司的研发能力，为公司带来了可观的经济效益，并为企业成为创新型企业奠定了基础。

（二）中复神鹰碳纤维有限责任公司

中复神鹰碳纤维有限责任公司（以下简称中复神鹰）是世界 500 强企业——中国建筑材料集团所属的国有混合所有制企业。公司成立于 2006 年，是一家集高性能碳纤维的研发、生产和销售为一体的高新技术企业。

中复神鹰拥有全套的碳纤维原丝生产线和碳化生产线，是国内首个拥有完整的碳纤维生产产业链并实现碳纤维规

模化生产的企业，也是继日本东丽和美国赫氏公司后世界上第三家实现高性能干喷湿纺碳纤维产业化的企业。国内碳纤维的市场占有率达到70%以上，是目前国内规模最大的T300、T700、T800、M30碳纤维生产和销售企业，也是国内唯一一家千吨T800级碳纤维向市场供货的企业。2016年5月，公司建成中国第一条千吨级T800原丝线并正式投产，这标志着中国千吨级T800原丝首次实现产业化。目前中复神鹰碳纤维总产能达到5 000t/年，其中包括干喷湿纺碳纤维产能3 000t/年。拥有从聚合到碳化的完整生产链，以及配套溶剂回收、废水废气处理、公用工程。产品种类丰富，可生产T300级、T700S级、T800S级、SYM30级等多个系列不同规格的碳纤维产品，以及预浸料、织物等中间材料。中复神鹰极重视科研平台的建设，先后成立了“江苏省碳纤维工程技术研究中心”“江苏省技术中心”“江苏省工程技术研究中心”“国际高性能碳纤维生产研发基地”“江苏省重点研发机构”。

我国知识产权事业取得快速发展，知识产权工作被上升到国家战略层面，中复神鹰积极响应国家号召，把知识产权保护工作提上日程。

中复神鹰制定了《知识产权管理制度》，进一步规范了知识产权的管理、保护工作，鼓励创新，并明确公司员工在研究、开发及其他相关工作中做出的发明创造同企业发生的权益关系。该制度对企业知识产权管理、查新检索、申请、许可使用、保护等方面进行了详细的规定并严格执行。

中复神鹰还设立专门的知识产权费用预算，主要用于知识产权申报、维护；专利技术的开发与升级。技术人员的工作逐步从被动专利申报走向产品研发的前端。专利、技术结合产品创新，开发具有自主知识产权的新产品新技术，及时申请专利，打破技术垄断，抢占市场，加速企业的研发进程。促进技术人员全面掌握行业先进技术，激发创造激情，为企业的健康可持续发展提供技术保障。

碳纤维是多学科交叉、工艺环节多、技术难度大，对装备水平要求高，且多是专用设备和非标设备。因此，中复神鹰在碳纤维技术研发过程中，在碳纤维的生产技术和生产装备方面形成了大量的自主知识产权。截至2016年底，共申请专利47项，其中发明专利36项；授权专利17项，其中发明专利12项。

在碳纤维技术方面，已经对聚合工艺、纺丝工艺、预氧化工艺、碳化工艺、表面处理技术、上浆剂、油剂等关键技术点均申请了相关专利。另外T700级、T800级碳纤维的整个技术申请了发明专利。中复神鹰的核心技术是干喷湿纺碳纤维，因此，在干喷湿纺碳纤维聚合液、凝固成型等方面申请了专利保护。除此之外，在溶剂回收、废气处理等配套技术方面也有部分专利。

在生产装备方面，联合设备制造关联单位，在预氧化炉、低温碳化炉、高温碳化炉、表面处理机、上浆机、上浆机干燥机等方面申报了相关专利。聚合釜、纺丝机、蒸汽牵伸机是自主研发专用设备，暂未公开申请专利。未来，中复神鹰将定期对国内外专利进行分析，布局知识产权战略，促进技术创新工作。

（三）广东新会美达锦纶股份有限公司

广东新会美达锦纶股份有限公司（以下简称美达股份）是国家纺织产品开发中心的国家锦纶6功能性纤维及面料产品开发基地，国家高新技术企业，广东省战略性新兴产业骨干企业；建有行业内第一个“博士后工作站”——“广东省省级锦纶工程技术研究开发中心”，是省重点工程研究中心；建有锦纶6行业内唯一国家认定的企业技术中心。

近年来，该公司致力于开发节能、环保型、智能型的新技术、新工艺，为锦纶行业的更新改造提供成熟、配套工艺、技术及装备。公司着重锦纶新产品研究开发，成功实现细旦纺丝专用切片、全消光切片、抗菌切片、抗静电切片、耐热抗氧化切片，纳米材料改性切片、增强增韧、阻燃等一系列切片新产品。

美达股份重视知识产权建设。目前已经拥有有效专利41项，其中发明专利16项，实用新型25项。申请受理中的专利20项目，其中发明专利19项，实用新型1项。公司积极推行质量管理，完善了质量管理和检验机构，严格贯彻执行相关的国家标准、行业标准和企业标准，主导或参与制定国家、行业、地方标准16项。公司建立ISO9001质量管理体系和ISO14001环境管理体系。

美达股份一直以来，十分重视知识产权的保护。在企业技术中心设有知识产权保护办公室，制定了《科技成果管理制度》《知识产权管理制度》和《技术保密管理制度》，配有专职人员和法务人员，管理专利、商标、版权等的申请、注册和登记，保护工作公司知识产权，最大限度地避免因资产流转和人员流动而引发的知识产权纠纷。组织职工，特别是高级管理人员及技术研究开发人员进行系统的知识产权教育培训。对违反各项规章制度的行为与个人提起诉讼或通过非诉讼手段进行处理。与知识产权保护机构协作，建立知识产权侵权监控网络，防止知识产权遭到侵犯。

（撰稿人：张远东）

中国建筑材料流通协会打击侵权假冒工作报告

打击侵权假冒是中国建筑材料流通协会持之以恒、不断开展的一项重要工作，在各项常规性工作的基础上，2016年针对分行业开展了大量工作。

一、协会基础性打击侵权假冒工作

（一）建言献策，协会关于建材产品溯源体系建设的建议被商务部采纳

2016年8月，商务部市场秩序司致函协会，征询国家重要产品追溯体系建设的有关建议，协会在复函中提出两点建议：1. 目前行业协会已成为社会治理的一支重要力量，不但要鼓励行业协会建设产品追溯体系，还应充分发挥全国性行业协会的监督检查作用；2. 将建材家居产品纳入重要产品鼓励推动建材产品的追溯体系建设。

（二）持续推进建材家居产品溯源平台建设

2016年，协会正式立项搭建“建材家居行业产品溯源平台”。截至年底，相关评价和认证机制初具雏形，建材家居产品溯源平台一期技术开发完成，并在陶瓷卫浴行业中进行试点推广。协会围绕该平台建设开展了一系列相关工作：

1. 推动行业追溯体系建设，加强企业与消费者的互动，开展消费者信任品牌调查

为给消费者提供一个专业、便捷、放心的消费指导，配套溯源体系建设和平台推广，协会联合网易家居等有关单位从公司治理、品牌战略管理、消费影响力、企业社会责任、供应链管理体系五大维度开展“建材家居行业消费者信任度”调查，帮助企业塑造品牌公信力，建立消费评价机制，为行业健康消费导航。调查活动在建材家居16个细分行业507家企业中展开，在消费影响力调查指标中，重点强调产品溯源的重要性，反映消费者心声，传递消费者需求导向，让产品与消费之间建立更加密切的纽带关系，提升全社会对建材家居产品溯源的关注度，扩大影响力，从而提高企业参与的积极性，进一步推进行业溯源体系建设。

2. 树立行业标杆，加强宣传力度，建立推广溯源平台的长效机制

协会通过定期组织召开“建材家居行业消费影响力论坛”，邀请行业专家、媒体、知名企业等共同研究和探讨如何通过建立追溯体系，提升品牌企业的知名度、美誉度，维护客户忠诚度，帮助企业提高销售额，实现利润增长。在论坛同期，协会将公布通过网友投票及专家评审最终入围的消费者信任产品品牌和企业品牌，发布品牌榜，上榜品牌将获得免费体验“建材家居产品溯源平台”的资格。

围绕建立行业溯源平台，推动行业追溯体系的建设，协会将发起一场活动——建材家居行业消费者信任品牌调查，建立一个评价标准——消费评价体系，打造一个舞台——建材家居行业消费影响力论坛，公布一个榜单——建材家居行业消费者信任品牌榜，通过“四个一”工程互为作用齐头并进，逐步建立长效机制，助力行业企业建设追溯体系，提高企业建设追溯体系的意识，建立消费者与产品之间的良性互动与信任纽带，充分发挥行业协会的监督管理职能，推进行业溯源体系的建设和不断完善，为行业健康、科学、可持续发展奠定强有力的坚实基础。

（三）持续开展经商务部、国资委授权的“全国建材交易信用等级评估”工作

协会已连续九年在行业内开展全国建材交易信用等级评估及已到期企业的复评工作，加强了对信用良好企业的扶持力度，已帮助110多家建材企业在“一带一路”、京津冀协同发展、长江经济带三大战略带动下的国际、国内工程竞标、政府采购、行政审批等方面占得先机。此项工作获得了相关主管部门及建材行业生产、流通及上下游企业乃至社会各界的一致好评，并在商务部、国务院国资委组织的“诚信网络宣传展”上作为代表协会，宣传协会近年来行业信用评估的工作成果，为推进行业供给侧结构性改革奠定良好基础。

（四）标准化工作取得突破性进展，促进行业进一步健康规范发展

1. 行业标准不断推进

由商务部委托协会起草制定的《新型建筑材料售后服务规范》《建筑工程材料采购与验收技术规范》行业标准，商务部于2016年4月17日在京召开了两项标准的审定会，协会根据起草组专家意见，对标准进行修改完善后形成最终报批稿，按有关程序正式报送商务部；协会起草制定的《集成家装产品售后安装技术规范》行业标准已于2016年9

月18日由商务部正式发布，并于2017年5月1日开始正式实施。

2. 积极落实标准化改革，建立新型标准发展体系，协会团体标准制修订工作全面启动

根据国务院《关于深化标准化工作改革方案》和国家质检总局、国家标准委《关于培育和发展团体标准的指导意见》的有关精神，为进一步促进我国建材家居行业标准化工作的开展，协会全面启动了团体标准的制修订工作。为该项工作规范有序进行，协会制定并发布了《中国建筑材料流通协会团体标准管理办法（试行）》，同时在国家质检总局、国家标准委指定的“全国团体标准信息平台”进行注册，经协会批准发布的标准也将在该平台予以公告和备案。

经协会批准立项，由北京东方君和管理顾问有限公司和四川一名微晶科技股份有限公司共同起草的《建筑装饰微晶玻璃应用规范》，历经一年时间，从标准立项，起草，多次专家咨询，征求意见，反复修改完善，到专家严格审查，于2016年12月16日正式发布，并于2017年1月1日起正式实施。该标准是协会首个，也是我国建材家居流通领域内的首个团体标准。此外，由协会作为主编单位的《医用整体地坪工程应用技术规程》也已召开标准启动会，标准的编制和实施将实现医疗行业与地坪行业的专业技术碰撞。

行业标准和团体标准的“双管齐下”，也将不断规范建材产品流通过程中的各个环节，为消费维权提供参考依据。

二、细分行业及企业打击侵权假冒工作

协会近年来以“协会部门职能化，专委会业务化”为发展路径，在各细分领域成立专委会，为会员提供专业化的精准服务，各专委会也不同程度地开展了打击侵权假冒服务工作，下面重点介绍家居建材市场和照明灯饰两个领域在“双打”工作中的措施和成果。

（一）家居建材市场领域的打击侵权假冒工作

协会家居建材市场专委会通过各种培训、交流等活动，推进行业的规范化管理工作，卖场准入制度、品牌保护制度、商品质量管理是其中的重要内容。例如，卖场招商部门对新引进的品牌要进行严格筛选，认真审核经销商代理产品的资质、营业执照、税务登记、经营许可手续、商标注册证，以及国家规定必须持有的质量资质书面证明材料如：产品质量检测报告、国家强制性产品认证（3C）证书、专利产品必须提供有效期内专利证书、进口商品必须提供原产地证明和进口报关单等，各项条件符合后再签订《商铺租赁合同》，资料不全或文件证书过期的，不得进入。这样就设立了严格的商品准入门槛。

1. 制定“知识产权”保护制度。商场结合自身情况，根据《中华人民共和国专利法》《中华人民共和国商标法》等制定了相关制度和应急预案，确保有法可依、有章可循。

2. 成立知识产权保护联盟。商场引导商户成立了知识产权保护联盟行业自律组织，通过行业联盟发出了保护知识产权的倡议书。各企业成员按照联盟章程，严把进货关，向供应商索要商品的知识产权证明材料，并核查其真实性、合法性和有效性，做到进货中、货架上、仓库里无侵犯他人知识产权等违法行为的商品。对知识产权存在问题的商品，拒绝进货和销售。

3. 组织举办各类知识产权培训。商场采取短期培训、面对面帮带等形式，组织知识产权专家走进商场，组织相关人员进行知识产权知识宣传培训，普及知识产权知识和保护意识，提升企业知识产权管理人员的业务能力和知识水平。同时，邀请资深法律从业者对已发生的知识产权案例进行分析，以案说法，有效地帮助企业从案例中借鉴经验，增强企业保护知识产权的能力和维权意识。

4. 督促商户严格知识产权管理。商场采取定期检查和随机抽查相结合的方式，对各参与商户进行知识产权管理制度落实情况的检查，对检查中发现的问题，帮助商户整改，提高各商户知识产权管理的规范度。

5. 开展“正版正货”优质商户培育和认定。商场为了进一步提升“正版正货”创建工作的影响力，在商场内开展了优质商户的培育和认定。首先，商场以“总经理室总管，分管领导主抓，职能部门落实，全员参与”的结构框架展开“正版正货”考核领导小组，并将“正版正货”与商场现有的一些考核制度相结合，纳入商场制订的《星级信用分类》和年终优秀商铺评比。通过此项工作的开展，促使现场管理更加规范，从而为消费者营造了放心的消费环境。

6. 接受社会监督，确保“正版正货”示范创建工作落到实处。健全监督机制，提高社会监督为自觉接受社会监督，创建诚信商场，商场设立了顾客意见簿、意见箱、总经理信箱，全员挂牌上岗。公布了12330知识产权监督电话，“12315”消费者投诉电话，“12365”质量举报电话，“12358”价格举报电话。起到了良好的内部制约和社会监督作用，主动接受社会监督。

7. 侵犯外观设计专利权案例。2014年5月，商场雷拓移门业主投诉至商场客服中心，反映本商场首派移门店正在销售的几款移门盗用了雷拓外观设计专利。接到该投诉，商

场知识产权部门查看了雷拓移门所反映的几款产品确实有各项专利证书，并查验在有效期内，于是立即联系首派移门业主，说明此情况，让其将店内侵权产品全部下架，并配合辖区工商所联系首派移门厂方立即停止侵权行为。

多年来商场一直坚持“以质量求生存，让消费者满意”的质量目标，通过“打击侵权，打击假冒伪劣”活动的开展，商场更加注重了行业自律，建立健全了各项规章制度，进一步提升了“知识产权”保护和管理水平，有效地树立了企业良好的商业形象，赢得了良好的经济效益和社会效益。

（二）照明灯饰领域的打击侵权假冒工作

协会照明灯饰专委会聘请了照明灯饰行业知识产权方面的专家律师作为法律顾问，为会员企业提供优质的咨询代理服务，保障会员企业在行业中的合法权益。

中山市古镇镇首创全国镇级“中国中山（灯饰）知识产权快速维权中心”，建成了国家知识产权局专利申报和授权确认职能的“古镇平台”，建立了知识产权行政和司法维权机制的“古镇模式”。通过国家专利古镇申报平台，从2011 年至 2015 年 6 月，全镇专利申请量共 19 139 件，每年平均以两位数增长，已连续三年位居全市第一。协会照明灯饰专委会与该中心建立了良好的合作机制，保持渠道畅通，为会员企业提供相关服务。

协会照明灯饰专委会联合政府有关部门依托广东省（灯饰照明）知识产权运营中心，完善灯饰行业知识产权交易和专利资产运营机制。推动国内外灯饰创新设计团体向中小微企业授权许可使用其专利，推动企业之间知识产权交易和运用。帮助科技机构实现专利技术与资本市场对接，帮助企业实现专利技术的产业化、商品化。

（撰稿人：冯斯静）

中国建筑装饰装修材料协会打击侵权假冒工作报告

中国建筑装饰装修材料协会是经民政部注册登记的社会团体法人，业务主管单位国务院资产监督管理委员会。目前，总会批准成立的分支机构有墙纸墙布分会、建筑遮阳材料分会、石膏制品分会、建筑塑料分会、建筑涂料分会、轻钢结构住宅分会、轻钢龙骨分会、天花吊顶材料分会、门窗幕墙分会、硅藻泥分会、弹性地板分会、晾衣架专业委员会、整木定制分会等。协会拥有 1 700 多家会员单位，吸纳了一大批大中型国际国内顶级装饰装修材料生产、科研、销售和物流企业、境内外上市企业和世界 500 强企业。

一、协会打击侵权假冒工作总体情况

2016 年，中国建筑装饰装修材料协会牵头组织会员企业和各分支机构积极参与，通过在各行业开展产品抽查检测质量提升大会、开展行业信用评价活动、创建中国建筑装饰装修材料产业示范基地与示范企业认定、支持各省市质监部门开展打假维权活动和发布行业自律公约向全社会公开保证遵纪守法，执行国家相关法律，制止不正当竞争，为维护市场秩序，促进行业持续、健康、有序发展发挥了积极作用。协会采取了以下具体措施：第一是顺应我国家居建筑装饰装修材料行业创新驱动、绿色发展潮流，完善协会组织体系。2016 年 8 月 5 日，40 余名来自家居建筑装饰装修材料领域行业专家齐聚北京，在中国建材大厦召开了中国建筑装饰装修材料协会专家委员会成立大会，这标志着协会加快了知识产权专业技术服务综合实力提升的步伐，为家居装饰装修材料行业绿色健康有序发展起到了保驾护航的作用。第二是以树立典型，表彰先进为宗旨，通过召开的中国建筑装饰装修材料协会年会，向来自全国的百余家企业颁发中国家居装饰装修材料百强企业荣誉证书，其目的是让诚信企业扬名立万，让假冒伪劣者无处遁形。第三是在家居装饰装修材料行业开展了信用评价工作，经企业自愿申报、协会会员部初审、第三方评价机构测评、协会专家组评审、初评结果公示等程序，发布 2016 年第一批信用评价结果，通过信用评价活动的开展，逐步实现塑造企业信用品牌，提升企业综合竞争力，创建良好的市场经济秩序和信用环境，为优质产品“点赞”，把不良企业“拉黑”。

二、行业内知名企业维权打假工作情况

（一）北新集团建材股份有限公司

北新集团建材股份有限公司（简称北新建材）是国务院国资委直属央企中国建材集团旗下的 A 股上市公司。多

年来，北新建材始终高度重视维权打假工作，倾尽全力做好做强中国自主品牌，纯净市场环境，将“全心全意维护消费者利益”作为北新建材维权打假工作的使命和责任。2016年5月，国务院办公厅发布了《2016年全国打击侵犯知识产权和制售假冒伪劣商品工作要点》，明确提出“加强重点商品监管，以建筑材料、汽车配件等为重点，继续开展‘质检利剑’行动。以质量问题突出区域为重点，深入推进集中整治”。并要求开展红盾质量维权行动，加大对装饰装修材料等重点商品的市场检查和质量抽检力度，强化流通领域商品质量监管。

2016年8月，公司将维权打假工作进一步提升至公司战略层面，成立打击假冒伪劣傍名牌及知识产权维护管理领导小组，由公司董事长亲自担任组长，组建了公司层面统筹领导和跨部门协调机制；召开维权打假专项誓师大会，研究建立知识产权保护体系，确立了对待假冒伪劣傍名牌行为零容忍、不惜代价、坚决彻底打击的决心；开设举报热线，积极运用行政、司法手段，在全国范围内展开大规模、有力度的维权活动，向仿冒、假冒者开战，力求维护公司、广大经销商和消费者的合法权益。为此，公司聘请了五家国内知名律师事务所、商标事务所及相关专业机构协助公司解决这一问题，以达到严厉打击的目的。

2016年，北新建材维权打假行动307次，遍布全国，联合市场监管部门查获假冒、仿冒“龙牌”石膏板139 715张、龙骨460 556根，一举打掉七个具有全国性影响力的仿冒品牌，为人民群众挽回损失约2 200万元。

高信誉度企业和高知名度品牌深受消费者信赖，也让不法厂商嗅到了“商机”，各种假冒伪劣傍名牌行为层出不穷。部分商家知假卖假、部分企业客户不法工作人员知假买假牟取差价，部分不法商人联合部分商标人士围猎中国驰名商标进行恶意傍名牌，这些劣币驱逐良币的行为成为实体经济健康发展的毒瘤，是伤害消费者的黑手。维护消费者权益，不能只靠消费者擦亮双眼、自我甄别，更需要被仿冒被侵害企业的打假维权，通过自身的努力，从渠道和零售终端入手，维护市场秩序和广大消费者的合法权益。

典型案例：

案例一：吉新龙牌轻钢龙骨维权

2016年3月27日公司维权人员接到重庆地区有侵犯公司产品商标专用权的信息后，3月28日到达重庆后和相关人员驱车前往璧山区人民医院迁建工地现场察看逐层取证统计数量。经查询得知DNBM是无效商标，吉新龙牌是2016年3月21日注册完成的商标。由于涉嫌侵权产品数量较大且有合法的注册商标，经现场取证后立刻赶往重庆市工商行政管理局，向商标监督管理处举证，初步定位为商标侵权案件，后又转至经济检查执法局，该局表示可以受理，通过电话联系后安排璧山区分局办理，最终定性为涉嫌侵犯公司商标专用权的产品。4月13日再次进入施工现场搬运侵权龙骨。经确认，此次侵权的轻钢龙骨数量共有42 260根。6月16日，公司收到重庆璧山工商回复函，告知已于2016年6月3日已对当事人作出了没收产品并处以罚款的处罚决定。此案例，足以说明任何“傍名牌”“伪名牌”行为都将受到法律的严惩。

案例二：假冒“龙牌”石膏板维权

2016年4月7日，维权办会同北京顺义工商执法人员来到陆道培血液中心施工现场，通过核查发现有大量的假冒“龙牌”石膏板，按照规定，执法人员将假冒“龙牌”石膏板3 120张全部查扣，运至工商局封存。此次维权行动，在其所在地区的影响力较大，起到了震慑作用。由于“傍名牌”可以带来可观的经济利益，所以不法经营者不断升级“傍名牌”手段。针对这种情况，北新建材意识到，不仅要能“打”，还要懂得“防”，要不断升级品牌的“防火墙”。一方面，公司更加重视商标的设计，加强商标的固有显著性；另一方面，在启用商标前，做好调查，充分关注商标前瞻性。

（二）北京东方格莱美墙纸有限公司

北京东方格莱美墙纸有限公司发现北京丰德美信建材贸易有限公司（简称丰德公司）生产销售的某一型号壁纸系索弗仑壁纸产品（简称涉案壁纸），该壁纸产品由丰德公司生产，索弗仑公司贴牌销售，其壁纸型号与格莱美独家享有复制权、发行权等权利的涉案美术作品花型相同，上述行为在没有征得该公司许可的前提下，已侵犯了该公司的著作权，之后遂请北京市方圆公证处对销售涉及侵权的壁纸的行为进行了保全证据公证。公证取得涉案壁纸后，公司以著作权权属、侵权纠纷为由向朝阳法院提起了诉讼。法院根据查明的事实，认定二被告侵犯了格莱美公司的著作权，应承担停止侵权、连带赔偿损失的法律责任。并判决被告北京丰德美信建材贸易有限公司，北京索弗仑建材贸易有限公司停止生产销售含有涉案作品的侵权壁纸产品，连带赔偿原告北京东方格莱美墙纸有限公司经济损失。

（三）浙江辰鸿纺织品科技股份有限公司

浙江辰鸿纺织品科技股份有限公司产品2010年第一次在展会上亮相以后，各类“相似”“相近”的产品陆续出现，有的甚至打着是公司的经销商的旗号进行销售，而且通过追踪发现，这些“相近”“相似”的产品，跟公司自身的产品不管是手感还是功能上都不能相提并论，却因为公司的影响而大量流入市场。这不仅直接影响到公司的整体形象，而且还扰乱了市场持序，尤其是国内市场。根据公司的发展规划，2016—2018 年将完成在成品卷帘板块的品牌建设，在建设初期已对全国各地的各大写字楼、酒店及商场公寓楼等进行了市场调查，调查发现，这些产品质量参差不齐，即便是有些五星级酒店会议室所使用的窗帘，在其花型、样式、制作工艺来看，跟公司的产品虽极为相似，但在业内人士看来，其质量也是比较差的，根本达不到所谓的“高档”和“多功能”。为了打击这些仿造、伪劣、山寨产品，避免消费者被不法份子误导上当受骗及市场的有序性，公司已对产品的工艺、方法、外观设计申请知识产权保护。如发现有假冒伪劣产品，将通过法律的途径在帮助消费者的合法权益的同时，还能维护好公司的产品形象。

（四）湖南蓝天豚硅藻泥新材料有限公司

2016 年 4 月 13 日，湖南蓝天豚硅藻泥新材料有限公司联合居然之家长沙金源店负责人召开了“装修维权，向消费者倾斜”的新闻发布会。会上，向长沙市各主流媒体通报了“品牌经销商擅自更换顾客装修材料，蓝天豚硅藻泥新材料携手居然之家为消费者维权”事件及售后解决办法，企业始终坚持打击假冒伪劣产品，向消费者倾斜，践行服务承诺。2016 年 3 月 11 日，张女士在长沙居然之家金源店蓝天豚硅藻泥新材料专卖店签订 10 000 元的销售合同，并一次性付款 10 000 元。3 月下旬张女士在与朋友聊天时，把家中做好的硅藻泥墙面发小视频给朋友看，其朋友发现蓝天豚包装袋和正品蓝天豚包装袋有差异，仔细一看发现没有防伪标签，张女士来到居然之家服务台投诉该事。居然之家领导方给出服务承诺：先行赔付顾客。蓝天豚硅藻泥新材料负责人在接到张女士的投诉后，本着向消费者倾斜的服务理念，联合长沙居然之家金源店迅速取证核查，发现位于居然之家商场的蓝天豚硅藻泥新材料专卖店经营者张某擅自更换品牌材料，造成消费者权益受到侵犯。蓝天豚硅藻泥新材料随即终止了该经销商的经销资质，取消其代理权，并对张女士家进行了二次装修整改。居然之家方面根据新消法和服务承诺，及时对顾客进行了假一赔三与先行赔付工作，并终止了该品牌经销商在居然之家经营摊位的营业。同时，蓝天豚硅藻泥新材料携手居然之家协助工商执法部门，彻查事情根源。企业负责人提醒每位消费者，购买蓝天豚硅藻泥产品可通过包装上的防伪码进行查询，蓝天豚为每一款产品都定制了专属的防伪二维码，追根溯源，坚决打击假冒伪劣产品。为预防此类问题再次发生，蓝天豚硅藻泥新材料还将加强对经销商经营的产品质量监督，并联合有关部门和各大商场，共同维护消费者权益。

（五）浙江中财管道科技股份有限公司

2016 年 7 月 10 日至 24 日，浙江中财管道科技公司股份有限公司（以下简称中财公司）打假人员陪同南京市工商行政管理局建邺分局执法人员在对位于南京江宁装饰城、金宝装饰城内的二个店铺及储藏假货仓库（上述三个点均为沈际锋所有）的检查中发现，上述地点存放和销售有标注“中国名牌”“中财”“ZHONGCAI”浙江中财管道科技公司股份有限公司”标识的 PVC-U 排水管、PVC-U 绝缘电工套管及配件。经中财公司技术员现场鉴定分析，确认在上述地点发现的所列产品虽然有中财公司“中财”等注册商标显示，但这些产品都不是中财公司生产和销售的产品，为侵犯中财公司注册商标专用权的产品。

（六）洁福地板（中国）有限公司

2016 年下半年以来，洁福地板（中国）有限公司积极运用法律手段，通过配合执法机关开展行政执法、启动刑事追诉以及提起民事诉讼等途径，全方位打击制售假冒洁福 PVC 地板的侵权行为，以追究制假售假分子的行政、民事乃至刑事责任。继 2016 年 5 月成功配合杭州江苏两地工商行政执法部门查处多起制售假冒洁福 PVC 地板的案件以后，洁福公司继续加大维权力度，与执法机关紧密协作，配合执法机关在山东威海、广西柳州等地对销售假冒洁福 PVC 地板的违法活动进行查处。如，2016 年 11 月洁福公司品牌保护团队在位于柳州市某医疗美容医院的地面铺设工程施工现场发现了大批带有 Gerflor（洁福）商标的假冒地板产品。洁福公司立即派员向当地工商部门举报，要求及时查处并制止侵权行为。柳州市工商行政管理部门对辖区内发生的销售假冒洁福地板违法行为高度重视，在接到举报后，立即派员前往执法检查，并对相关假冒洁福地板进行了扣押处理。据了解，相关假冒产品系采购自上海某企业。目前当地工商局已就案件展开立案调查。为进一步加大对制假售假分子的打击力度，2016 年 9 月，洁福公司在常州等地法院对部分销售假冒洁福公司 PVC 地板的企业提起民事诉讼，追究相关企业的民事侵权责任。对于严重侵犯洁福公司商标专用权，构成犯罪的制假分子，洁福公司更积极配合公安机关的侦查工作予以刑事追诉。据悉，杭州市公安机关已对涉嫌生产假冒洁福地板的何某某等人立案侦查，追究其刑事责任。作为世界领先的 PVC 地板制造商，洁福公司旗下各品牌深受全球用户的认可。洁福公司一向珍视其知识产权，对于任何侵犯其知识产权的行为采取零容忍政策，决不允许任何单位及个人以任何形式对其所有的知识产权进行侵犯。洁福公司的品牌保护团队一直致力于协助和配合中国执法机关对相关侵权行为予以严厉打击。洁福公司的维权行动离不开广大用户的支持。继 2016 年 6 月

"洁福品牌保护系统"在中国正式上线启用后，为了更有效、更全面地保护洁福品牌和广大船东、船厂的权益，"洁福船用产品品牌保护系统"于2016年12月正式启用。除在洁福船用产品上增加了防伪标记外，用户更可以通过电话、短信、手机扫码、登录网站等方式验证产品的真伪。

（七）广东美涂士建材股份有限公司

为切实保障经销商、消费者利益，捍卫企业合法权益。广东美涂士建材股份有限公司对旗下品牌坚持重拳打假，有效震慑了不法分子制假、售假行为，提升了美涂士品牌市场美誉度。

2015年8月公司监察内审部打假办公室接到市场知情人投诉，发现山东省临沂市某工地出现假冒美涂士外墙工程漆。经过调查走访，该项目一共6栋，都是使用假冒美涂士的产品。公司打假人员迅速到临沂公安部门进行报案，并于2015年8月11日公安部门对该工地进行查封，将涉案人员马某以涉嫌"假冒注册商标罪"进行刑事拘留。同时将假冒产品进行扣押。在该工地打击过程中合计查处假冒美涂士外墙工程漆397桶，涉案金额30余万元。2016年11月，经山东临沂法院了解，马某因犯假冒注册商标罪判处有期徒刑一年零一个月，缓期两年，并处罚金人民币7万元。

湖北省襄阳市工商行政管理局樊城分局查处熊某销售假冒美涂士产品案件。2016年4月，公司监察内审部打假办公室接到市场知情人投诉，发现襄阳市樊城区某工地出现假冒"美涂士"外墙工程漆，打假人员并迅速到工商部门进行报案，当日工商部门查封假冒"美涂士"外墙工程漆311桶。后经查实，查扣产品确为假冒，襄阳市工商行政管理局樊城分局责令熊某立即停止侵权行为，罚款人民币8.5万元。

上海市奉贤区奉城镇市场监督管理所查处"广德美涂士涂料"侵权案件。2016年4月5日，公司"打假办"接到市场投诉，发现上海市奉贤区奉城镇某市场出现"广德美涂士涂料"产品，该产品已经侵犯了"美涂士"的商标权，打假人员迅速到市场监督管理所报案，于4月11日奉城工商部门对销售"广德美涂士涂料"经营场所进行查封和扣押，合计扣押"广德美涂士涂料"400余桶（20KG/桶）。后经查实，查扣产品确为侵权产品，奉贤区奉城镇市场监督管理所责令立即停止侵权行为，并处数万元罚款的处罚。

苏州市相城区渭塘镇工商分局查处"美色家家具漆"侵权案件。2016年4月14日，公司"打假办"接到市场投诉，发现苏州市相城区渭塘镇某储运库出现"美色家家具漆"产品，该产品已经侵犯了"美涂士"的商标权，并迅速到工商部门报案，于4月19日渭塘工商部门对销售"美色家家具漆"经营和储存场所进行查封和扣押，合计扣押"美色家家具漆"702桶（20KG/桶）。后经查实，查扣产品确为侵权产品，相城区渭塘镇工商分局责令立即停止侵权行为，并处数万元罚款的处罚。

（八）王店集成装饰（吊顶）协会

中国有一定规模的集成吊顶企业大部份集中在浙江嘉兴，但占据着中国集成吊顶主要市场的却是成千上万的小家庭作坊。贴牌、假冒、伪劣混杂的集成吊顶产品在中国市场上依然畅行无阻，让消费者防不胜防，频频上当受骗。仿造产品、伪劣集成吊顶品牌在市场上招摇过市，不仅侵犯了知名集成吊顶品牌的声誉，而且会使消费大众的利益蒙受损失。因此，打击假冒伪劣产品即便再艰难，也是势在必行。为此，王店集成装饰吊顶企业成立了协会。

作为政企之间的优秀桥梁，当地协会王店集成装饰（吊顶）协会自成立以来，一直以锐气的意识引导产业发展，办好实事。根据会员提供的线索及报告，2016年开展了一次打假行动。天花吊顶材料分会联合王店集成装饰（吊顶）协会和地方职能相关部门于安徽省濉溪县某假冒工厂查获了大量的假冒品牌龙骨。据统计，此次打假发现该工厂侵犯协会会员企业品牌的假冒龙骨650根，其中来斯奥品牌80根，今顶160根，顶善美120根，奥华110根、荣事达、樱花、世纪豪门、奥普、奇力、友邦、顶上等，也有查获假冒龙骨1 965根。此次查封濉溪县假冒工厂在很大程度上严厉打击了国内集成吊顶品牌制假、售假的违法行为。天花吊顶材料分会将继续响应国家政策号召，应企业所需积极配合政府部门打击假冒伪劣无牌无照行为，打造良好公平的发展环境，并不断让品牌企业与配套企业的合作落地实施，共创优质产业基地，做好做精做强集成吊顶产业，促进内外交流，让整个行业更好的发展。

（九）海盐县集成吊顶协会

2016年，浙江嘉兴海盐县集成吊顶协会收到多家会员企业报告称在嘉兴南湖区有工厂专门仿冒行业知名企业品牌，生产加工劣质集成吊顶产品，对企业和产品形象造成恶劣影响。经分会积极奔走联系，结合多家单位搜集相关证据线索，联合海盐县公安局经侦大队着手调查，在掌握确凿线索后，当地主管部门随即立案。通过3天的缜密侦查，当地警方锁定了位于南湖区余新镇的2个制售假冒集成吊顶窝点。警方当场抓获犯罪嫌疑人王某、鲍某、张某3人，查获假冒当地著名品牌友邦、法狮龙、今顶等集成吊顶、龙骨成品、半成品400余箱共计40 000余件，涉案金额约20余万元。据犯罪嫌疑人王某交代，他自2012年开始生产、销售10余个海盐知名集成吊顶品牌的龙骨、边线、扣板等配件。

由于借助品牌名气，该伙犯罪嫌疑团伙肆意妄为加大制假生产，并也低廉的价格吸引众多经销商前来购买，在牺牲消费者合法权益和破坏市场秩序基础上，为其个人创造高额利润。目前，犯罪嫌疑人王某、鲍某、张某等人因涉嫌假冒注册商标罪被依法采取刑事强制措施。接下来，分会将继续关注海盐当地政府加大当地行业协助打假的力度，肃清集成吊顶行业环境，同时重点扶持当地品牌企业，带动周边地区企业转型升级。

（撰稿人：王军）

中国石油和化学工业联合会打击侵权假冒工作报告

中国石油和化学工业联合会（简称石化联合会）作为石油和化工行业全国性、综合性的行业组织，其宗旨是以中国特色社会主义理论为指导，全面贯彻科学发展观，按照市场化原则规范和发展，履行提供服务、反映诉求、规范行为的职责；遵守宪法、法律法规和国家政策，遵守社会道德风尚；广泛联系国内外石油和化工及相关行业的企业、事业单位和同业组织，为会员、行业、政府服务，贯彻国家产业政策，参与行业管理，开展行业自律，维护行业合法权益，发挥桥梁纽带作用，引导行业健康发展。石化联合会 2016 年度在反侵权假冒工作方面主要做了如下工作：

一、提升知识产权战略意识，减少侵权假冒行为发生

石化联合会作为“国家专利协同运用试点单位”，积极贯彻落实国家知识产权战略行动计划，积极参与国家知识产权局专利导航试点工程实施工作，在提升行业知识产权意识、加强行业知识产权保护、避免侵权事件发生方面做了大量工作。

举办“石油和化工行业知识产权论坛”，提升企业知识产权意识。打造品牌培训论坛——“石油和化工行业知识产权论坛”。2016 年，为扩大宣传及在行业内的影响，“石油和化工行业知识产权论坛”首次与“中国石油和化学工业联合会科技工作会议”相结合，将知识产权主题内容与科技工作融合为一体，具有针对性地提高了行业科技工作者的知识产权保护、运用以及管理意识。会议期间就专利分析在企业创新发展中的应用、企业商业秘密保护技巧及应用和专利纠纷法律诉讼实务为主题做了专题报告。专利纠纷法律诉讼实务结合行业内典型案例，从知识产权的保护和发生纠纷后如何处理进行了详细剖析，在提升参会企业代表的知识产权运用和保护能力的同时，也加强行业知识产权自律意识，避免侵权事件的发生。

宣传推广方面，石化联合会利用各种平台、门户网站、电话联络、会议宣传等多种渠道，向所属会员单位、行业科技主要负责人、各专业协会联络人等上千家企业和联系人宣传国家知识产权战略、介绍行业知识产权保护现状、普及行业特色知识产权保护手段、推广知识产权侵权处理方法，提升了行业整体的知识产权保护意识，减少了恶意侵权行为的发生。

二、农药行业建立“中国农药安全追溯平台”，推动农资打假工作

农药作为重要的农业投入品，在我国农业病、虫、草、鼠防控中的贡献率达到 70% ~80%，为中国粮食的连年增产做出了巨大贡献。但是，随着行业的不断发展，由于行业监管缺失，企业依法生产意识薄弱，各种山寨农药也借机上市，农药市场假冒伪劣产品时有出现。有抽查结果表明，农药市场约有 12% 的假劣农药，严重影响粮食生产、食品安全和环境安全。假冒伪劣产品也直接损害了企业的利益，影响企业品牌的同时也失去了市场。

中国农药工业协会于 2016 年收到了一些对非法农药生产和销售的实名举报信。

企业举报案例一：2016 年 9 月，江苏长青农化股份有限公司、浙江升华拜克生物股份有限公司、江苏扬农化工股份有限公司三家农药生产企业向中国农药工业协会递交了《关于辽宁某企业违规经营农药产品的情况反映》实名举报信，举报辽宁某企业非法生产和销售麦草畏原药，请协会全面调查相关违法行为，向主管部门通报相关情况。

企业举报案例二：2016 年 6 月，由农药协会成立的阿

维菌素产品协作组12家企业联名向协会递交了“关于对宁夏泰益欣生物科技有限公司和河南三浦百草生物工程有限公司违规新建阿维菌素项目且无证非法生产经营的实名举报信”信件，希望协会与相关管理部门积极沟通，依据国家相关政策和法规，尽快纠正违规行为，严厉打击无证非法生产问题，支持和维护阿维菌素产业的健康发展。

为了维护国家法律法规的权威，打击非法农药生产企业，维护合法企业的权益，根据相关企业的举报，农药协会向工信部、农业部、质检总局、工商总局等政府部门汇报，请求对违法生产企业进行严厉打击。相关部门高度重视协会意见，采取行动重点调查，查处了一些违法生产企业，制定并实施了切实有效的整顿措施。

建立“中国农药安全追溯平台”，农药进入“扫码时代”。2016年，农药协会建立了“中国农药安全追溯平台”后，所有赋码的农药产品将拥有“身份证”，通过识别农药商品包装上的二维码，可对农药生产企业实现全过程追溯，为行业建立产品质量安全档案和质量失信“黑名单”。

二维码具有较高的不可仿制性和唯一性，类似于我们的二代身份证。如果每个农药商品都有独立的二维码标识，包含了企业代码、商品代码、包装指示符、成分代码、剂型代码、毒性代码、商品随机序列号等追溯档案，使农药商品有了“身份认证”，消费者只需扫一扫农药商品二维码，就能了解农药生产厂家、农药的真假、农药的毒性等级，从而建立起以政府监管为主导、生产企业为主体、社会公众监管为基础的长效监管机制。这就可以有效杜绝假冒伪劣商品混入市场。农药商品二维码的推广和应用，将大大减少假冒伪劣农药的横行，既保障了农药生产企业的切身利益和企业品牌，也能提升种植户对农药商品的选择与正确使用。农药协会将积极推动农药企业尽快让农药商品进入“扫码时代”。

三、涂料行业打假扶优工作持续推进，保护名优产品合法权益

涂料是关系国计民生的大问题。大到国家重点建设项目，小到住宅，无不涉及涂料问题。因此，做好涂料工作，也是构建和谐社会必不可少的一部分。中国涂料工业协会作为行业的引领者，一直致力于行业品牌的打造及打假治劣与扶优扶强活动的开展。打假扶优活动与企业发展、法制建设、道德建设、诚信建设及社会进步、经济发展关系密切，涂料行业初步建立了社会综合打假协作机制的有效途径。

涂料协会于2000年将涂料行业“打假治劣”的工作列入议事日程，同期推出了“行业联合防伪方案”；2001年，对行业进行了局部调研工作，同年年底，在国家质量监督检验检疫总局指导下，涂料协会组织了全国大中型企业打假专题座谈会，认真听取了来自北京、天津、浙江、山东、河北等省市16家企业的情况汇报，并收集了来自近十家企业的文字调查情况，从而对涂料行业打假工作有了一个较为全面的了解。2013年，涂料协会在国家质量监督检验检疫总局执法督察司的指导下，成立了“涂料行业打假治劣，保护名优协作网”，建立涂料行业的联合打假机制，旨在形成打假合力，造就打假氛围，实现优势互补，达到信息和资源共享，以减少打假成本，提高打假效率，扩大打假范围，促进企业自律，扶植名优企业，并通过联合打假治劣，深入持久宣传等一系列活动，提高我国涂料行业整体实力。

（撰稿人：王秀江　杨少星）

中华全国工商业联合会石油业商会打击侵权假冒工作报告

中华全国工商业联合会石油业商会（简称全国工商联石油业商会）是由中国民营石油企业发起，依照国家法律、法规，经中华全国工商业联合会批准，于2004年12月11日在北京成立的，石油行业及与本行业领域相关的企业、团体和个人自愿结成的行业性、全国性、非营利性社会团体。

商会致力于推动民营石油行业市场化进程，积极从信息、金融、商务、国际合作等多层面为会员企业搭建行业平台，为实现企业健康、有序、和谐发展，真正发挥政府与企业间的桥梁纽带作用，为建立公平、公正、竞争的市场环境

做出积极贡献。

截至2016年底，商会涉及我国上游勘探开采、中游炼化、下游仓储、物流、码头、加油站以及为石油行业提供相关服务的直属会员企业共计四百余家，其中包含民营石油行业大多数最具实力的代表性企业，具有广泛的代表性。商会下设加油加气设备、润滑油、石油天然气勘探开发等分会，正在筹备硫酸铵、沥青、陶粒砂、海洋石油装备服务等分会，并有16家省级、地方商协会为商会团体会员，会员数量超过万家。

一、反侵权假冒工作综述

为深入贯彻落实党的十八大和十八届三中、四中、五中全会，中央统战部工作会议、中央经济工作会议精神，按照全国统战部长会议、全国工商联十一届四次执委会议工作部署，依据《关于以“守法诚信、坚定信心”为重点深入开展理想信念教育实践活动的通知》（全联厅字〔2016〕8号）精神，商会结合工作实际，把反侵权假冒工作作为商会一项重要的工作内容，采取多种形式，通过一系列务实有效的工作，在反侵权假冒工作方面取得了一定的成效。

（一）深化以守法诚信为重点的理想信念教育实践活动，开展年度诚信企业评选活动，树立行业标杆，引导会员企业守法诚信经营

商会在2016年度工作中，继续围绕“守法诚信”这一主题，狠抓企业诚信经营、依法纳税、产品狠抓产品质量战略与实际落实工作。

在商会下属加油加气设备分会组织开展2016年度诚信企业评选活动。整个评选过程公开、透明，在分会全体会员公开投票遴选。通过评选、表彰“诚信生产商”“诚信经销商”和“质量之星”以及“党建工作先进单位”等先进典范，充分发挥诚信经营先进示范的引领作用，加强对守信行为的表彰激励和对失信行为的惩戒，逐步推进商会的诚信制度建设，激励行业、企业自觉维权、诚信经营。

活动结束后，商会向获奖企业所在地的相关主管部门发函告知，希望其对企业继续给予支持和监督。商会还充分利用会刊、网站、微信等自有媒体在行业内进行公示，对此次诚信企业评选表彰活动进行广泛宣传，重点对获评与受表彰企业在守法诚信经营和转型升级方面涌现出的先进典型和经验做法及时给予宣传报道，树立一批可信、可比、可学的先进典型，引导民营石油企业自觉学典型、争先进、做榜样，扩大先进典型的影响力、感召力，树立民营石油企业良好社会好形象，传播守法诚信好声音，广泛凝聚和传递正能量。提高诚信会员企业在政府、市场与社会中的接受度和知名度，将会员企业信用信息作为评先评优、市场拓展、购买服务、融资扶持等工作的重要参考。

（二）提出行业诚信经营自律公约，加强行业和会员自律

为发挥商会在规范会员行为、加强行业自律等方面的作用。组织会员企业参与社会信用体系建设，在商会下属各分会发布以“守法为纲、诚信至上”为主要内容的商会诚信宣言，组织会员企业签署诚信公约，凝聚守法诚信共识，倡导守法诚信企业文化，树立会员诚信理念。制定行业规范、会员公约，探索会员的信用评价指标和评价办法。引导企业深刻认识诚信是立身立命之本，积极完善内部诚信管理制度建设，自觉做到守信用、讲信誉、重信义。

商会在加油加气设备分会提出《诚信经营自律公约》，2016年4月在广西南宁召开的加油设备分会“走进广西”。2016年年会上，100多家会员企业自愿签署诚信经营承诺书，表示自愿接受来自政府行业主管部门、广大消费团体以及消费者的监督，向全社会和消费者郑重做出“崇德重誉、诚信为本、守信经营、保质销售”的承诺。

（三）建立行业具备权威性与公信力的产品溯源体系——商会防伪溯源验证平台，为保护企业品牌、规范行业发展提供有力支撑

在全国双打办的支持下，商会下属润滑油分会与中国反侵权假冒创新战略联盟、北京侵权伪劣物品检验鉴定技术创新联盟、中国防伪协会等机构共同搭建，为全国润滑油企业产品防侵权假冒工作提供专业查询的全国润滑油质量安全平台2015年11月28日全面启动。商会在此基础上，在全国双打办和国家质检总局指导下，与中国防伪行业协会及中国反侵权假冒创新战略联盟共同搭建第三方权威、公正、具有公信力的信息服务平台——全国工商联石油业防伪溯源验证平台，也于2016年9月底上线。该平台是全国产品防伪溯源验证公共平台的行业端口，通过互联网+等手段，发挥先进防伪溯源技术作用，形成‘来源可查、去向可追、责任可究’的信息链条，不仅为产品溯源、企业营销、物流、防窜货等方面打造了一站式的解决方案，为企业的防伪打假工作提供更为有力的技术保障，更对促进润滑油工业、加油加气设备制造等产业的健康发展，促成行业标准化建设、净化市场环境、规范行业服务，提高品牌公信力，拓宽企业市场具有重要作用。

商会分别于7月24日在江苏常州召开的润滑油分会一届一次理事会议和12月15日在北京召开的商会2016年会

上，特别邀请中国反侵权假冒战略创新联盟副秘书长袁可芳、外联部副主任贾晓菊等出席会议，为参会代表详细讲解商会防伪溯源验证平台在行业的应用。

该平台得到企业的普遍认可和广泛赞誉，包括润滑油、加油加气设备在内的十余家企业已表达参与意向，相关工作正在推进中。

（四）发挥参政议政职能，针对行业内假冒侵权行为，提交建议和意见

商会积极发挥桥梁作用，及时反映行业问题，通过提案、报告等形式向有关政府部门提交建议和意见。今年全国“两会”期间，商会通过全国工商联提交题为“关于推进我国成品油消费税改革促进成品油市场健康发展”的提案，提出：“将消费税从生产环节征收下移至零售终端环节征收，以规范成品油调和油市场，打击以次充好、假冒伪劣等违法行为，提升整个市场的油品质量，营造公平、公正的油品市场环境，促进行业健康发展。”

（五）积极参与反侵权假冒相关活动

1月28日，商会派员参加中国反侵权假冒创新战略联盟召开2016年打击侵权假冒社会共治工作座谈会，交流工作经验。

12月20日，商会马莉秘书长参加“2016中国反侵权假冒创新战略联盟年度总结大会暨日中知识产权保护战略联盟专题研讨会”。我会撰写的2016年度《中华全国工商业联合会石油业商会打假维权工作报告》以准确、翔实的统计数据为基础，真实、全面地记录和分析2015年度商会在反侵权假冒工作上所取得的工作成果。该报告荣获本年度优秀稿件奖。

（六）关于开展反侵权假冒工作的设想

行业制假售假现状还很猖獗，不少知名企业、驰名品牌被盗用商标、遭受不正当竞争事件时有发生。侵权假冒行为严重扰乱了行业市场秩序、危及正规企业的品牌形象，严重影响行业水平的提升。企业知识产权自我保护和防范假冒侵权能力亟需提高和加强。

1. 积极探索理想信念教育活动宣传模式，营造守法诚信的良好氛围

配合相关政府部门监督管理，打击制售假冒伪劣产品的违法行为，净化市场；充分发挥商会职能作用，通过不定期组织研讨会、开展相关培训等活动，积极引导会员企业遵守国家法律法规，制定自律公约，增强会员诚信意识，倡导诚信经营，规范会员行为，维护市场秩序，推动诚信建设，确保产品质量，提高整个行业对双打知识、品牌保护推广以及质量安全和电商监管平台的认知度，在企业乃至整个行业中不断牢固树立诚信、质量、安全的企业发展核心理念，为提高企业反侵权假冒能力提供强有力的支撑，引导企业培育、提升核心竞争力，为健康有序的市场环境做出贡献。

2. 充分运用防伪溯源验证平台，促进行业健康规范发展

平台整合了政府、商会、企业、技术的有效力量，在管理层面，协助企业建立、完善其质量体系，在知识产权、品牌管理等方面为企业提供服务，协助有规模、有实力的企业申请著名和驰名商标，提升其行业品牌效应和品牌影响力；在技术层面，为企业提供产品质量追溯、防伪等方面的技术性服务，协助企业建立、完善产品质量追溯体系，控制假冒产品进入市场，保护企业自助品牌、维护企业合法权益，提高企业在防伪技术方面的实际运用能力。

3. 推进行业质量诚信体系建设，建立相关行业集体标准体系

根据商会下属加油加气设备、润滑油、石油天然气勘探开采、硫酸铵（筹）沥青（筹）、陶粒砂（筹）、海洋石油装备服务（筹）等分会的特点，开展质量诚信评价活动，表彰和宣传质量守信企业，引导企业建立完善生产、经营过程质量控制相关制度，总结交流和推广应用先进质量管理方法，建立支撑行业发展的质量服务体系。

充分利用全国产品质量安全平台的优势资源，通过商会防伪溯源验证平台在行业推动建立企业示范区，申请商会相关集体商标，建立相关行业集体标准体系，协同有关部门参与制定相关行业标准，推选示范型企业，通过关键性指标比对实验，对企业的管理体系、质量体系进行评分、排名，开展企业的信用评级，按季度、半年度或年度在行业发布，以帮助企业提高其产品、品牌的知名度。

二、行业知名企业维权打假工作情况

富仁高科股份有限公司

富仁高科始建于2001年，是江苏富仁集团下属成员企业之一。依托强势的集团资源优势，公司以“环保型加油、加气站整站建设商”为企业的发展经营目标，以高中档加油、加气机产品为主，配套生产油气回收、加油管道、双层油罐、安全监测系统及零售网络系统，并且围绕加油、加气机进行多元化的产品开发，产品项目涉及：加油、加气站的工程项目建设，加油、加气站的形象包装标识工程，环保全自动电脑洗车设备等，为石油系统提供一体化的解决方案。

目前，我国大部分企业并未将知识产权管理与企业管理很好地结合起来，知识产权意识淡薄，普遍认为知识产权管

理无非就是专利申请、商标申请、著作权申请。富仁高科自身非常重视企业知识产权方面的保护，截至目前，企业已获得主要应用于加油机、加气机一体式多功能自助支付功能，带有多媒体功能的加油机、加气机，新型安全型低压、智能型高压加气机，加油机油气回收检测装置，双层油罐等产品的46项专利。富仁高科为江苏省知识产权贯标企业。

2016年，富仁高科被授予“江阴市十佳民营科技企业”。公司SF双层储油罐、一体式银联支付智能加油机产品荣获“江阴市2016年度科技进步奖”。

（撰稿人：林凌）

中华全国工商业联合会汽车摩托车配件用品业商会打击侵权假冒工作报告

一、反侵权假冒工作综述

中华全国工商业联合会汽车摩托车配件用品业商会（简称全国工商联汽摩配用品业商会），是中国目前影响力最大的全国性汽摩配用品行业民间组织，现任会长章宏伟。

全国工商联汽摩配用品业商会现有基层会员2万余家，其中包括国内外汽摩配用品行业著名的生产企业、流通企业和专业市场以及分布于全国20多个省市的50余家专业团体、行业商协会。会员遍及全国各地，截至2016年底，商会已经与国内上千家的主流汽车零部件生产厂、汽车用品生产厂、汽车维修设备生产厂等厂家建立了产品供应网络；并与上百家汽摩配及用品大型专业批发市场及数万家汽摩配用品经销商结成强大的物流网络。全国工商联汽摩配用品业商会为中国名优产品的推广、渠道的开发做了大量工作，并积极搭建产品进出口的贸易平台，得到了行业广泛关注和认同，在国内外行业中有着较高的知名度和影响力。

作为全国工商联的直属商会之一，商会一直坚持依法立会，坚持鼓励行业诚信自律、守法经营。2016年，在当前非公经济理想信念教育大背景下，不断规范行业发展，努力提升从业人员法律素质，发出行业自律经营倡导，在行业规范自律、企业诚信守法经营等方面做出了富有成效的工作。

（一）坚持理想信念教育精神要求，做好会员企业宣传推广

全国工商联汽摩配用品业商会一直以来非常重视在行业会员企业中开展理想信念教育实践活动。通过会长会、秘书长联席会、行业发展论坛以及党内活动等形式，传达学习了王钦敏主席《关于在两个健康上实现新作为的讲话精神》、全国工商联《关于以“守法诚信、坚定信心”为重点深入开展理想信念教育实践活动的通知》，让会员企业充分认识到民营企业和商会组织只有顺应经济社会发展大势，准确认识、适应和把握新常态，积极投身供给侧结构性改革，才能赢得发展先机，实现创新发展和健康发展。要深刻把握供给侧结构性改革的内涵和抓手，企业是供给侧结构性改革的主战场，企业是供给侧结构性改革的主体，要切实发扬企业家精神、发挥企业家才能。商会积极引导民营企业牢固树立品牌意识，严控产品质量，以质量创造品牌，把产品做专做精做优，树立中国制造的良好形象。把保护知识产权作为企业核心竞争力，形成创造、运用、保护、管理知识产权的工作体系。

通过商会官方网站、杂志、微信公众号等媒体及时将国家及全国工商联的相关文件及要求传达给会员企业，让会员企业领会精神，加强信念，做好企业，奉献社会。同时，鼓励各地会员企业积极参与所属地方民营经济的宣传教育实践活动，突出了经济性，使民营企业家更加认识到个人理想需要国家的强势来支撑，“中国梦”是信念教育实践活动的具体体现，教育活动收到很好的效果，达到了正确把握形势、坚定发展信心的目的。

（二）推出2016年度十佳评选活动，倡导诚信经营

为不断推进守法诚信经营，商会制定了全国十佳汽配市场、全国十佳行业组织等评选方案，按照制订的流程、程序，通过认真周密的组织、申报、审核、评定，引导企业诚信经营，宣传正能量。评出了一批市场影响力在行业中位居前列，在行业中有良好的口碑；在2016年度的销售业绩、诚信经营、创新模式得到了行业的广泛认可；在品牌建设、企业文化、经营管理方面有先进的理念和经验的全国优秀汽配市场以及在推动行业发展、促进地方汽配产业经济增长，推动诚信经营与自律，做出突出贡献的，积极发挥桥梁、平台作用，在信息、宣传、维权、调研、商务考察、协调服务

等职能工作表现突出的行业商协会组织。

（三）加强行业自律，倡导企业守法经营

全国工商联汽摩配用品业商会在“3·15”“9月质量月”期间，向行业内发出质量诚信倡议，要求会员做到：一是诚信守法经营。遵守国家、行业有关法律法规，依法规范经营行为，恪守公平、自愿、诚实、信用的商业道德准则，做遵纪守法的模范，自觉维护汽配行业的整体形象，提升行业社会信誉度和美誉度。保证汽配质量。二是遏制假冒伪劣商品流入，严把汽配件采购、销售关，坚决做到不售假货、不销伪劣货。树立牢固的品牌意识，努力打造汽车配件的服务品牌，更好地为消费者服务。三是杜绝价格欺诈。在经营中不使用欺诈性或误导性的语言、文字，杜绝以次充好、以假乱真等价格欺诈行为。四是践行行业规范。加强行业自律，积极支持和配合行业管理部门实施机动车配件质量保证和追溯制度、配件采购登记制度、配件仓储管理制度等行业管理制度。五是强化优质服务。改善营销和服务质量，探索满足消费者需求的营销服务方式。提升行业整体服务水平，号召汽配行业同仁为建立良好的经营环境，社会秩序而做出贡献。

（四）制订出台行业标准

全国工商联汽摩配用品业商会致力于推动中国汽车及零配件用品业的整体提升，目前，中国汽车配件和汽车用品市场上存在无标生产的情况，特别是汽车用品，没有国家、地方、行业和企业标准，严重影响了消费者的安全和健康。全国工商联汽摩配用品业商会作为国家标准管理首批30个试点单位中唯一一家以民营经济为主的试点单位，截至2016年底，商会标准化技术委员会按照国际通用法则，与国家各部委合作制定出台了40余个行业标准，并获得了黑龙江、浙江、辽宁等部分质检部门的承认，为行业营造更有利的制度环境空间。这项工作将在今后继续加强，规范行业发展。

（五）帮助会员企业维权，协助政府职能部门打假

商会积极做好法律服务工作，聘任了专业律师，为会员企业发展把关护航，积极采取措施维护民营企业生存发展和合法权益。

二、行业内知名企业及商协会维权打假工作情况

（一）北京五方天雅互联网加汽车产品市场

北京五方天雅互联网加汽车产品市场在经营管理中十分重视对假冒侵权的整治力度，在商户入驻五方天雅的同时，必须提交代理品牌的授权证明、产品质量相关资质材料。没有合法授权的，一律禁止在门头广告及产品标识上贴有原车商标，同时积极引导汽配经销商注册自有商标，合法诚信经营。

在一年一度的“3·15”消费者权益保护日，五方天雅互联网+汽车产品市场与工商部门共同主办的“倡导诚实守信，共铸消费和谐”“3·15”主题活动中，五方天雅邀请知名品牌代理商、生产厂家，现场向消费者展示及讲解：优劣轮胎内部结构及实际使用效果的对比、如何做好轮胎的保养与维护、如何修复汽车凹陷、如何选择汽车养护产品、如何选择适合自己爱车的汽车膜、贴膜后如何验收及贴膜后注意事项、如何辨别哪些才是安全的车内用品、如何合法改装车辆以及注意事项等消费者关注却又不太了解专业知识的问题。

五方天雅互联网+汽车产品市场，更有责任关注、维护汽车后市场全行业的规范发展、诚信经营，为建立汽车后市场诚信体系出谋划策，加油助力。

（二）郑州市汽车服务业商会

郑州市汽车服务业商会是郑州市从事汽车美容、汽车维修、汽车配件、汽车装饰用品、电子影音、汽保设备、汽车改装、轮胎服务、二手车交易、整车销售、汽车租赁、汽车检测诊断、汽车文化、汽车运动、汽车IT等相关行业单位自愿结成的非营利性社会组织。于2013年12月21日在郑州市民政局注册成立，是一家具有法人地位、合法性的行业商会。

该商会现有会员668家，遍布河南省及郑州市汽车服务行业各个领域。商会的成立是为全面促进行业交流和发展，为更多的会员及会员单位搭建更广阔的发展平台，以商会为桥梁，实现优势互补，充分实现资源共享，共同进步。

郑州市汽车服务业商会组建专家团队，成立“3·15”投诉站，搭建维权平台。2017年3月15日，由河南电视台联合省消协主办的河南第二届问题车展上，郑州市汽车服务业商会组成专家团现场对问题车辆进行勘察检测，提供技术指导，赢得广大车主和消费者的信任和高度认可、一致好评。

随着车辆的普及，在车辆的养护与维修过程中，车主与商家的矛盾也是频繁产生，由于投诉站缺乏专业性，一般多会认为车主是弱势群体，而判商家为过错方，对于正常经营的商家来说，没有申诉的窗口，只能吃哑巴亏。得知这一情况后，商会积极与政府职能部门沟通，与郑州市工商局协调，组建专家鉴定团队，成立12315消费者投诉站，这也是

郑州汽车服务行业第一个 12315 投诉站，搭建起一个公开、公正、直接、有效的服务维权平台，为消费者和商家做好服务。

12315 消费者投诉站在此次问题车展上，曝光了一大批纠纷假冒案件：车主买的某品牌新能源车，没开多久顿挫异响，4S 店却称是正常现象；车主花了 111 万买的高端品牌原装车，到手却是改装车，4S 店不予解决；还有车主新买的不到 4 个月车辆出现自燃、有车主车内异味致人头晕恶心、新车车漆炸裂等。在广场上将以上“问题车辆”进行展览，公开曝光，督促车企及商家正视问题、解决问题。在曝光展览问题车的同时，还现场揭露行业黑幕，打击无良厂家和经销商，免费帮助车主维权。

（撰稿人：白坤）

中国机电产品进出口商会打击侵权假冒工作报告

中国机电产品进出口商会（简称机电商会）成立于 1988 年 7 月，是由在中华人民共和国境内依法注册、从事机电产品生产和进出口贸易、海外成套工程项目承包及相关活动的各种经济类型组织自愿结成的行业性、全国性和非营利性的社会组织。

根据《对外贸易法》第 9 章第 56 条规定，进出口商会的职责是提供与对外贸易有关的生产、营销、信息、培训等方面的服务，发挥协调和自律作用，依法提出有关对外贸易救济措施的申请，维护会员和行业的利益，向政府有关部门反映成员有关对外贸易的建议，开展对外贸易促进活动。

作为我国机电产品进出口行业唯一的全国性商会，机电商会现有 25 个分会，会员企业近万家，囊括了机电产品生产和外贸领域龙骨干企业和大批中小企业，具有很强的行业代表性。

机电商会按照“提供服务、反映诉求、规范行为”的要求，为会员企业提供信息咨询、国际联络、法律援助、展览服务、技术、培训等全方位、多层次的服务，服务范围涉及机电产品进出口行业的主要领域。2012 年 6 月，机电商会被民政部评为中国最高等级——5A 级社会组织。

一、反侵权假冒工作综述

保护知识产权是机电商会的其中一项重要工作。自 1988 年成立以来，机电商会始终活跃在帮助企业应对知识产权纠纷的最前沿。

机电产品历来是美国知识产权 337 调查的重点，加入世界贸易组织至今，机电商会共带领企业应对机电领域 337 调查 100 余起，有效维护了中国企业的权益。此外，机电商会十分重视展会知识产权工作，长期组织和参与广交会知识产权投诉处理工作，年均处理投诉案件 400 余起。同时，与我驻外经商处、海内外各大商协会以及知识产权律师事务所开展合作，积极协助企业在海外展会中维护自身的合法权益。

（一）贸易摩擦应对

知识产权天然带有垄断的属性。2016 年 3 月 21 日、2016 年 5 月 18 日、2016 年 8 月 16 日，美国企业分别向我国平衡行业发起三宗 337 调查，美国的 337 调查意在排除竞争，独享美国市场。

在商务部指导下，机电商会和浙江省商务厅、深圳市公平贸易促进署具体牵头，于 2016 年 3 月 30 日、2016 年 5 月 28 日组织平衡车行业企业在深圳和杭州召开了共同应诉 337 调查协调会，介绍案件情况、听取企业意见、分析案情并讨论应对策略，帮助企业成功应对 337 调查。

（二）行业知识产权保护

海关知识产权保护是我国知识产权法律体系的重要组成部分，海关保护程序便捷、高效，打击力度大，是专利维权的重要途径。2016 年 10 月 12 日，应海关总署邀请，配合对平衡车产业知识产权情况进行调研。经调研后，海关总署于 2016 年 11 月 15 日起至 2016 年 12 月 31 日期间，组织天津、上海、南京、杭州、宁波、青岛、深圳、黄埔海关 8 个海关开展了对出口电动平衡车侵犯知识产权违法行为的重点治理专项行动。专项行动期间，宁波海关查获了侵权案件 8 件起，深圳海关查获了侵权案件 12 件起，上海海关、天津海关、黄埔海关分别查获了多起案件。据统计 2016 年海关共查扣 48 批次，涉嫌侵权电动平衡车近 5 万台。

（三）建立维权机制

一达通公司是阿里巴巴旗下的大型外贸服务平台，2016年11月15日海关专项行动期间，在其官网发布通告，要求各出口销售平衡车的客户尊重知识产权。针对侵权规模大、侵权企业地域分布广泛这一局面，机电商会与一达通充分沟通，商讨在未来共同开展知识产权防范与治理事宜，共同致力于知识产权保护工作。经商讨双方建立了合作的畅通渠道和知识产权保护体系，探索出一套行之有效的维权机制，以点带面、互相借力的知识产权合作模式，完善出口产品的知识产权审查机制，大大提高了维权效率，取得了良好的社会效果。

（四）制定电动平衡车安全标准

当前，我国“大众创业、万众创新”深入开展，机电商会鼓励企业坚持“自主研发、自主生产”的经营模式，致力于为消费者开发高品质的智能产品。但低价、劣质的仿冒品严重挫伤企业创新的积极性，又严重破坏“中国制造”的国际形象。为保障电动平衡车产品安全，提升生产企业生产管理体系能力，促进和规范行业的稳定发展，机电商会组织平衡车主营企业、主要零部件生产企业、检测机构，起草制定《平衡车团体标准》，经各方努力，该标准于2017年1月18日发布，完善平衡车行业标准缺失的状况。

此外，机电商会配合国家质检总局编制《电动平衡车SN标准》，配合中国质量认证中心编制《电动平衡车安全技术规范》《电动平衡车安全技术认证规则》。

二、行业知名企业维权打假工作报告

骑客公司

杭州骑客智能科技有限公司（以下简称骑客）是一家依托于教育部计算机辅助产品创新设计工程中心、浙江大学国际设计学院和浙江省服务机器人重点实验室等专业机构共同孵化，由国内著名投资机构共同投资，致力于可用于代步的绿色出行交通工具的科技创新，目前国内同时集研发、生产、销售和服务于一体的高科技企业。骑客创新团队在2006年开始研发智能电动平衡车技术并申请专利，于2010年将第一代产品进行对外技术合作，期间不断创新升级，并在2013年5月正式成立成杭州骑客智能科技有限公司。自成立以来不断进行技术创新，在2014年8月推出全球首台“人机互动运动车”（俗称“平衡扭扭车”），并在2015年美国CES展得到国外消费者的青睐。

然而，2015年开始市场上出现了众多劣质侵权产品，在众多的传统制造企业转型平衡车的生产销售中，并没有进行产品的研发创新，而是将骑客的电动扭扭车原封不动的照抄过去，有些厂商甚至为了追求销量而使用劣质零件并且恶意压低价格，使得平衡车产业受到很大冲击。

为了保护平衡车市场的可持续发展，维护企业知识产权，骑客在两年多的维权工作中，通过大型展会投诉、线上投诉、海关查扣、起诉侵权销售商和制造商等多种方式开展维权工作，并在江苏、浙江、广东等省高级人民法院，深圳、杭州、宁波、南京等地中级人民法院、复审委员会胜诉。在面对海外知产保护方面，为了给行业中国智造正名，公司是行业中唯一一家积极应诉两个337的企业，希望能为行业的争取更长远的发展机会。在欧洲，商会一家中国企业的知识产权也得到了重视，在法国、德国海关配合下海关对入境平衡车产品进行排查，自2016年1月到去年11月共查货30批次的侵权产品。

自2015年8月在海关申请第一例知识产权保护的案例以来，截至2016年底，骑客已累计向各海关提出知识产权保护申请近60起。并且在2016年末及2017年初，海关总署更是对天津、上海、南京、杭州、宁波、青岛、深圳、黄埔海关8个海关开展了对出口电动平衡车侵犯知识产权违法行为的重点治理专项行动。骑客作为相关权利人以及受益方，积极报备并申请主动保护，全国海关共查扣货物40多批次，涉嫌侵权电动平衡车近5万台。通过海关专项行动之后，合法企业积极参与认证，产品质量得到了提升，境外消费者消费信心增强，整个行业的出口，量价齐升。

经过这一系列维权活动，骑客成功维护了自身权益和在行业内的声誉，宣示了对平衡车的专利主张。整个平衡车市场氛围得到了大幅提升，不仅带来了业内产品价格的提高，销量的增长，更提升了同行业内相关人员的维权意识，合作意识。在众多平衡车企业的共同努力下，平衡车这一行业正持续稳定地发展。

（撰稿人：中国机电产品进出口商会）

中国仓储与配送协会打击侵权假冒工作报告

中国仓储与配送协会前身是1995年经原国内贸易部审批、在国家民政部登记注册的中国仓储协会，2016年5月经民政部核准，更名为中国仓储与配送协会，是全国仓储配送行业的非营利性社团组织。现有共同配送、冷链、危险品、保税仓储、钢材仓储、金融仓储、中药材仓储、设施与技术应用、自助仓储九个分支机构。协会是国际仓储与物流协会联盟（IFWLA）执委会成员，协会会长于2004—2005年、2012—2013年两次担任IFWLA轮执主席。协会的宗旨是推动中国仓储配送行业现代化、促进现代物流业的发展。协会以“立足仓储、完善服务，抓住重点、办出品牌”为工作方针，重点围绕各类仓储设施建设、各类配送中心发展、仓储配送服务与技术创新等六大平台开展工作。作为全国性仓储行业的非营利性社会组织，协会时刻秉承协会宗旨，为会员、企业和社会服务，2016年，协会将中药材流通追溯体系建设作为反侵权假冒工作重点工作。

中药材流通追溯体系，是以发展现代流通方式为基础，运用信息技术手段，通过中药材产品包装袋上的唯一电子标签（溯源码），实现重要流通的索证索票、购销台账的电子化，从而形成来源可追、去向可查、责任可究的质量安全追溯体系。

建设中药材流通追溯体系可以从根本上杜绝假冒伪劣、制假售假的行为，因为每包药材（饮片），都有自身的“身份证号码”，该身份证号码绑定了中药材产品种植基地信息、产品各环节责任人、质量参数、流通信息等关键数据，还能以网络平台完成信息传递和校验，链接中药产业各质量控制环节，使假冒伪劣无处藏身。

针对目前中药材在流通过程中普遍存在掺杂使假、染色增重、以次充好等现象，严重侵犯消费者的合法权益，协会从2013年开始，在商务部的指导下，组织多方力量围绕反侵权、打击假冒伪劣这一主线，在中药材流通追溯体系建设领域开展了系列工作。

一、中药材物流基地建设方面

中药材物流基地是推行现代物流体系建设的重要抓手和载体，中药材物流基地在运营过程中，最为重要的环节就是保证药材在储存过程中的质量安全。传统的养护技术主要为硫黄熏蒸和磷化铝熏蒸，有害物质残留严重，而公司持有的气调养护技术不仅可以替代硫黄、磷化铝熏蒸，避免了自然因素对中药材的质量影响。此外，气调专用袋或气调专用箱可作为中药材流通运输的载体，进行粘贴防伪标签，附加追溯码，为药材固定“身份证号码”，确定其唯一性。长期有效保持中药材内外品质以及密闭的仓储养护方式正是中药材追溯体系建设的核心点，因此，气调养护技术的使用既能够保证中药材在流通过程中的内外质量，避免受到自然因素的影响，又有利于中药材的防伪标识，真正做到溯源过程中责任主体明确可究，实现“来源可知、去向可追、质量可查、责任可究”，为杜绝中药材市场中假冒伪劣、制假售假等现象提供基础保障。

根据《国务院办公厅转发工业和信息化部等部门中药材保护与发展规划（2015—2020年）的通知》（以下简称《规划》）和《商务部办公厅关于加快推进中药材现代物流体系建设指导意见的通知》要求，到2020年，建设一批集仓储运输、质量检验、追溯管理等多功能于一体的中药材物流基地，力争流通环节中药材规范化集中仓储率达到70%，初步形成中药材现代物流体系与流通网络。

截至2016年末，完成上线中药材物流实验基地并授牌的企业达到7家，通过方案评审并建设中的基地达到18家，提交基地建设申报材料的企业有14家，所有物流基地企业加起来近40余家。

二、标准体系建设方面

制订标准的目的就是要解决目前中药材流通“散、乱、差”的问题，引导中药材流通向“规模化、集约化、专业化”的方向发展建设。标准既是行业参与主体的执行标准，又是行业监管部门判断行业参与主体是否符合要求的评价标准。行业只有实行了统一的标准化作业，才能会有统一的评价标准，才能真正发挥中药材流通追溯的溯源、究责的功能。

截至2016年底，中国仓储协会提出了中药材的5＋1标准体系，即5项行业标准《中药材仓储管理规范》（2014年发布）、《中药材仓库技术规范》（2014年发布）、《中药材气调养护技术规范》（2015年发布）、《中药材包装技术规范》（2016年发布）、《中药材产地加工技术规范》（2016 年发布）以及 1 项国家标准《中药材物流质量管理规范》（待发布）。他们是一个完整的体系，标准化的仓库是提供标准化仓储管理、标准化养护的基础和依据，是标准化的产地加工与包装的后续设施，标准化的仓库是其他标准实施的条件；标准化的产地加工为标准化的养护提供了保障，也是标准化的包装与标准化的仓储管理实施的前提条件；标准化的包装是中药材流通追溯的载体，也是中药材标准化仓储管理的必要条件，总之，标准化是中药材实现流通追溯的必经之路，是行业发展的重中之重。

三、统一追溯系统建设方面

在商务部市场秩序司的指导下，协会会同有关单位主导开发的"全国中药材物流信息公共管理系统"也于 2016 年 7 月上线运行，现有首批 7 家中药材物流实验基地安装与使用公共系统管理中药材物流的所有信息，未来陆续建成的全国所有物流基地（90 家左右）都将安装与使用这个平台。

该系统集仓储管理、追溯管理、金融仓储管理为一体，旨在为从事中药材第三方仓储服务的企业提供统一的信息管理平台，同时也为行业相关监管部门提供监管入口。此外，由于采用的是统一的云平台管理系统，也为日后对接上游的中药材种植管理系统以及下游的饮片生产管理系统提供了可能，最终可以实现上下贯通的中药材全过程质量追溯体系。

四、"全国中药材物流信息公共管理系统"的运营工作

从 2013 年开始，君合百安仓储科技（北京）有限公司作为商务部推动中药材现代物流体系建设的养护技术支撑单位，积极参与中药材现代物流体系的各项建设工作。2013 年出资赞助并全程参与了中药材现代物流体系课题研究组对全国范围内的中药材流通现状的调研，并于当年，参与行业标准《中药材仓储管理规范》《中药材仓库技术规范》的起草工作，2014 年作为主要起草单位起草了《中药材气调养护技术规范》行业标准，2015 年又参与了行业标准《中药材包装技术规范》《中药材产地加工技术规范》的起草工作。2016 年，公司作为中国仓储协会中药材仓储分会的常务副会长单位，受中国仓储协会委托，全面负责"全国中药材物流信息公共管理系统"的运营工作，并于同年 7 月，完成了系统的上线运行。与此同时，越来越多的企业也认识到了追溯的价值，开始着手企业内部的追溯体系建设，并尝试使用不同的追溯系统对外提供中药材追溯服务。

但是，由于没有统一的中药材追溯标准，各个建设主体实现追溯的方式不一致，流通各环节追溯的具体项目和数据采集的格式等各不相同，难以实现中药材统一、全程、全面追溯，追溯工作的持续、长效机制也还没有建立起来。鉴于此，公司积极协调相关协会，共同向商务部申报了《中药材流通追溯管理规范》行业标准，并获得了商务部批准通过。

（撰稿人：中国仓储与配送协会）

中国外商投资企业协会优质品牌保护委员会打击侵权假冒工作报告

中国外商投资企业协会优质品牌保护委员会（以下简称品保委，英语简称 QBPC）在原中国对外经济贸易合作部、中国外商投资企业协会的支持下，2000 年 3 月在北京成立，并在民政部备案。2017 年，品保委会员企业已发展到 200 家左右，主要来自北美洲、欧洲、亚洲、大洋洲等国家和地区。品保委设有最佳案例/执法、海关、政府事务和公共政策、法律、会员服务及专利与创新 6 个工作委员会，负责品保委各个工作项目的开展；成立了农业、酒业 & 饮料、汽车、创意、配电、家电、信息技术、照明、高档品牌、个人护理品、制药及医疗器材、运动、时尚与生活、玩具及授权产品、无线与集成电路、化工、食品等多领域 17 个行业工作组，关注、研究会员企业所涉及的行业知识产权保护问题；并组建了创新政策、商业秘密、假冒商品网上销售与互联网著作权保护、知识产权犯罪刑事公诉程序透明度问题、修订后《商标法》第 60 条问题、定牌加工中的商标侵权问题、品保委机构改革 7 个专责工作小组，研究会员企

业重点关心的知识产权问题，提出对策建议。品保委于2007年设立办公室，向品保委执行委员会、工作委员会、行业工作组和所有会员企业提供支持与服务。

2016年，品保委继续秉承“与中国中央和地方政府、部门、机构、企业及国际社会合作，为强化知识产权行政执法和司法保护工作，发挥司法保护指引作用，完善中国知识产权相关法律，营造公平有序的经济发展法治环境，推动形成深度融合的开放创新局面，做出积极的贡献”的宗旨，努力开展工作，取得卓有成效的成绩。

一、加强知识产权保护执法、司法程序的公平性和透明度

2016年，品保委继续保持并加强与行政司法部门的沟通交流。年初，品保委代表拜访全国打击侵犯知识产权和制售假冒伪劣商品工作领导小组办公室，与双打办就品保委2015年工作成果和2016年工作计划进行了汇报与交流。品保委还拜访了最高人民法院知识产权庭、国务院法制办、海关总署、北京市高级人民法院、北京知识产权法院，就知识产权热点问题交换了意见。2016年品保委举办外商投资企业知识产权保护交流会，与双打办及成员单位进行了深度互动，品保委还积极参与了双打办主办的全国打击侵权假冒“两法”衔接业务培训班并做专题发言。2016年品保委与海关总署和知识产权保护热点地区海关共举办8场培训，取得了良好的效果。品保委还与中国国际贸易促进委员会知识产权服务中心共同举办了知识产权热点问题研讨会，相关成果由贸促会上报国务院，并提交有关部门参考。2016年，品保委各个行业工作组更加积极地开展与政府机构的交流，先后拜访天津市公安局、天津市海事局、哈尔滨海关、义乌市相关执法部门、广东进出口检验检疫局、越秀工商局、东莞进出口检验检疫局、东莞市经济犯罪侦查局、黄埔进出口检验检疫局、深圳海关及辽宁省相关执法部门等。在与有关部门的交流中，品保委代表围绕涉外定牌加工的商标侵权、推动对知识产权权利人在刑事诉讼中被害人法律地位的确认、提高对侵权货物处理的公开度和透明度、加强“两法”衔接、互联网知识产权保护、商标恶意抢注等问题积极沟通，及时汇报业界动态，反映问题与难点，提出建议与对策，并听取政府机构的反馈。

品保委2016年度知识产权保护十佳案例及“两法”衔接典型案例发布交流会，有来自全国双打办、全国人大法工委、最高人民法院、商务部、公安部、驻华使馆官员、世界知识产权组织中国办事处、欧、美、亚洲和国内知识产权机构负责人等活跃在知识产权业界的300多位嘉宾出席。此次评选出的案例，既反映出知识产权侵权的热点地区、热点问题和业界的真实状况，同时更体现了中央和地方政府大力支持和推进知识产权保护工作的力度与措施。

二、积极参与知识产权相关法律立法、修订与解释

2016年品保委继续积极参与《专利法》《著作权法》《反不正当竞争法》《反垄断法》及相关指南和《电子商务法》等的制订与修改。围绕社会关注的知识产权保护热点问题和难题开展研究并积极向相关立法调研课题组反馈意见。品保委与华东政法大学就《〈商标法〉第六十条第二款法律适用的实证调研及修法建议》和《商业秘密与其他知识产权刑事保护标准调研》、与君策知识产权发展研究中心就《商标合理使用问题研究》、与北京大学就《电子商务立法中知识产权的保护》、与强国知识产权中心就《与商标授权确权行政案件有关课题》、与同济大学就《上海自贸区扩区后知识产权纠纷及对策研究》、与北京务实知识产权中心就《专利授权确权行政诉讼》、与中电标协知识产权委员会就《关于中国软件专利现状及制度建议》开展课题研究。课题研究既为会员提供了与高等院校和研究机构交流的平台，又为品保委参与知识产权相关法律立法、修正与解释提供理论与实践依据。

网络知识产权保护是2016年知识产权保护工作的重点之一。品保委加强了与互联网公司及电商平台的交流与合作，分别走访了阿里巴巴、京东和百度公司，开展业务探讨，总结了许多网络知识产权保护的相关经验，为相关法律工作的建言献策积累一手素材。

三、加强国际交流，扩大与相关组织的合作

2016年品保委继续加强与世界海关组织、美国专利商标局、欧盟驻中国代表团、国际刑警组织、国际商标协会、全球反假冒机构、BASCAP等国际组织以及美国驻华使馆、英国驻华使馆和韩国驻华使馆知识产权办公室、日本贸易振兴机构的沟通和合作。

共同主办、协办研讨会是加强国际交流，扩大合作的有效方法之一。品保委全年共主办、协办和支持了4场国际研讨会：包括品保委协办由美国驻华大使馆主办的“美国大使知识产权保护圆桌会议”、协办“2016全球知识产权及创新峰会”、品保委与国际商标协会和国际商会所属的制止假冒和盗版倡议小组共同举办“中间商在知识产权执法中的角色与职责”研讨会、品保委协办由全球著名知识产权杂志 *World Trade Review* 主办的“大中华区品牌保护

论坛”。

品保委的网站、微信公众号和通信，向广大读者介绍知识产权保护国内、国际动态，随时上传业界相关信息，搭建国际交流的平台。

四、加强知识产权保护意识宣传，支持中国的知识产权文化建设

为继续落实陈德铭会长帮助内资企业与国际接轨的指导思想，品保委支持工信部在多个城市为内资企业举办了“工业企业知识产权运用能力实务培训班”，为推动中国知识产权建设尽一己之力。2016 年，品保委分别支持了“中国知识产权法学研究会 2016 年年会”“强国知识产权论坛 2016”会议。9 月，品保委与上海社会科学院品牌发展研究中心签订《战略合作备忘录》，品保委将与中心在知识产权保护与运用的理论及案例研究、开展品牌与知识产权相关研讨等方面进行合作。2016 年底，品保委分别参加了在广州举办的中国（广州）国际汽车展览会、法兰克福上海汽配展，并设立“关爱生命　拒绝假冒”知识产权保护展台，在参与展览的 12 年里，品保委一直坚持通过各种形式以真实的事例向公众展示假冒伪劣产品对生命的危害，向公众展示假冒商品的危害以及知识产权的重要性。

与媒体合作同样是宣传和交流的重要方式。品保委与媒体的合作采取定向活动报道与灵活专访报道的形式。2015—2016 年度十佳案例发布交流会，22 家媒体进行了报道，其中 9 家媒体对获选案例推荐单位和相关执法、司法机构代表进行了专访和报道。同北京人民广播电台合作，通过广播的形式，向公众普及知识产权保护文化和故事。《公司法务杂志》和《中国贸易报》对品保委代表进行了专访。

品保委利用各种渠道普及知识产权文化。品保委积极参加义乌海关的知识产权保护展品展览，向义乌海关提供真假展品，帮助海关工作人员和公众辨别真假，推广知识产权保护文化。

五、积极参与内外资企业知识产权能力建设，携手内资企业推动发展

品保委 2016 年“一带一路”会员服务之旅系列活动共举办了 12 次不同形式、不同主题的经验分享活动，受到会员的关注与热烈欢迎。8 月，品保委与工业和信息化部电子知识产权中心联合举办了汽车知识产权培训交流活动，品保委会员积极参与，对国内汽车行业各大整车、零部件企业 130 名代表进行了培训。2016 年，品保委携手内资企业，经过审核之后，“美的”企业成为品保委的成员。在知识产权保护问题上，内资外资企业携起手来形成合力，进一步改善知识产权保护的大环境。

（撰稿人：王璇）

浙江省知识产权研究与服务中心打击侵权假冒工作报告

浙江省知识产权研究与服务中心（浙江省知识产权维权援助中心）成立于 2012 年 10 月，是浙江省科技厅（浙江省知识产权局）直属事业单位和浙江省内唯一省级综合性知识产权研究与服务机构，坐落于杭州国家自主创新示范区核心区域内。在省内湖州德清、杭州临安、杭州滨江、杭州下城、金华、金华浦江等地设有分中心或工作站。中心设两个公益平台（维权援助平台和数据资源平台）及四块主营业务（法律咨询、信息检索分析、贯标认证、战略研究），负责建设运行“中国（浙江）知识产权维权援助中心”“中国电子商务领域专利执法维权协作调度（浙江）中心”“浙江省知识产权保护交流基地”“浙江省知识产权法官科技交流基地”“浙江知识产权调解中心”“国家知识产权局浙江省专利信息服务中心”“国家知识产权局（浙江）专利信息传播与利用基地”“浙江省知识产权（专利）公共服务平台”“国家知识产权分析评议服务示范创建机构”和“中知（北京）认证有限公司杭州办事处”，承担浙江省知识产权研究会、浙江省专利代理人协会日常工作，是浙江省知识产权服务业联盟理事长单位。

在上级部门的正确领导和大力支持下，浙江省知识产权研究与服务中心（浙江省知识产权维权援助中心，下统称“中心”）在 2016 年继续稳步推进各项工作、扎实提高业务

能力、锐意进取开拓创新，亮点工作频出、社会效益和经济效益取得双丰收，得到了国家有关部门、地方政府、国外政府部门和组织的认可。

根据国务院《2016 年全国打击侵犯知识产权和制售假冒伪劣商品工作要点》工作部署，按照国家知识产权局《关于深化电子商务领域专利执法维权协作机制的通知》要求，结合浙江省电子商务国际中心建设规划目标，中心配合行政执法部门继续开展电子商务领域专利执法维权协作调度工作和专利保护专项行动。

为进一步规范电子商务领域专利行政执法维权协作的程序，提高电子商务领域专利行政执法能力，加快建立电商领域专利执法维权协作长效机制，2016 年 3 月 17 日，全国 15 个省（自治区、市）和 5 个副省级、地级市知识产权局在杭州签署了《知识产权系统电子商务领域专利执法维权协作调度机制运行协调会议备忘录》。5 月 10 日，中国电子商务领域专利执法维权协作调度培训暨专项行动启动仪式在中心举行。来自辽宁、山东、安徽、河南、江苏、湖北、湖南、广东、广西、重庆、宁夏、四川、陕西、新疆、浙江 15 个省（自治区、市）和长沙、广州、石家庄、南通、武汉 5 个市的 82 名专利行政执法维权人员分 5 批次参加了培训和专项行动，协作调度处理共 4 715 起案件。

为充分发挥维权援助中心专业优势，有效打击电子商务领域专利侵权假冒等违法行为，规范和净化网络交易市场环境、促进电子商务产业健康有序发展，中心围绕“彰显优势、形成机制、统一标准、扩大影响”宗旨开展专项行动工作。2016 年全年累计办结 127 087 起专利侵权案件，结案率 100%，其中发明占比 11.6%、实用新型占比 59%、外观设计占比 29.4%；协助行政机关查处电子商务领域专利假冒案件 477 起；办理浙江法院网上法庭商标、著作权领域知识产权纠纷调解案件 201 起。

一、专利行政执法维权优势充分彰显

浙江是全国最早开展电子商务领域专利维权的省份。2014 年，浙江省出台了全国第一个《电子商务领域专利保护工作指导意见（试行）》。2015 年，浙江省在全国第一个将电商专利维权纳入地方法规——《浙江省专利条例》，使得该项工作的开展有法可依。2016 年初，国家知识产权局建立了电子商务领域专利执法维权协作机制及浙江中心，得以集全国知识产权系统执法资源，高效、协同、优质解决电商环境下专利保护难题。在行动过程中，电商执法维权处置的经验和做法得到推广，案件处理量和处理标准得到提升，电商企业和权利人对此给予充分肯定，电商领域知识产权（专利）保护环境得到有效改善。

二、执法维权协作调度机制初步形成

浙江省自 2014 年起每年组织开展电子商务领域专利执法维权专项行动。随着我国电子商务产业不断成为经济发展新引擎，国家知识产权局建立电子商务领域专利执法维权协作调度机制，有效地解决了日益增长的发生在消费者身边的专利侵权纠纷，电商企业与浙江中心开展合作的需求不断增多，这种合作模式不仅得到国内的肯定，也得到了欧美等发达国家的肯定，是我国在电商领域开展专利行政执法的成功经验。中心不仅设计了办案流程、制定了《案件调度与处理工作操作规程》，还开发了提高办案效率的软件工具，快速提高办案实战成效，并通过案情研讨和小结座谈等环节，挖掘办案能手，取得了良好效果。

三、快速协作办案标准进一步统一

电子商务领域专利侵权纠纷处理的实质和核心是快速回答“是否侵权”。围绕这一关键问题，浙江省创新适用“通知—反通知—删除”规则，进一步简化相关程序，主动发掘有助于确定案件事实和专利稳定性的证据。快速高效的办案机制，确保了专项行动案件处理流程的连续性、完整性、时效性和处理结果的相对稳定性。2016 年处理的专利侵权案件、专利假冒案件及外省通过其他途径移交中心的案件，处理结果全部得到专利权人、卖家和电商的一致认可，侵权判定咨询意见结论与各级法院裁判结论保持了高度一致。

四、协作调度工作影响不断扩大

新华社、中新社、中国知识产权报、浙江卫视、浙江日报等省内外有关新闻媒体对中心电子商务领域专利执法维权协作调度工作均作了报道，中心专门委托电视台制作了电商维权 12330 宣传广告片，并在“双十一”期间接受了电视直播专访。中心的工作得到了国家知识产权局贺化副局长、原浙江省委夏宝龙书记、浙江省政府冯飞常务副省长的批示和高度评价。2017 年 3 月 31 日，国家知识产权局贺化副局长专门视察了中国电子商务领域专利执法维权协作调度（浙江）中心，对电商领域开展专利执法维权协作调度工作给予了充分肯定。

除在电子商务领域专利保护工作卓有成效外，中心在国家知识产权局的指导和各业务行政主管部门的支持下，2016 年全年维权援助平台共计接听 1 500 多个 12330 电话，有效处理 40 件举报投诉案件、64 件维权援助案件、201 件网上法院调解案件和32件法院挂职调解案件。协助2016首届中国智造大奖、2016杭州市市长杯工业设计大赛等赛事进行了获奖项目的侵权风险检索及维权，完成国内首个地理信息产业专利导航分析项目。

浙江省知识产权研究与服务中心（浙江省知识产权维权援助中心）正致力于打造知识产权创造、运用、保护与管理的一站式公共服务平台，为我国实施创新驱动发展战略和知识产权强国战略、转变经济发展方式提供强有力的支撑，并竭诚提供优质高效的知识产权维权援助服务。

（撰稿人：范理）

电子商务领域打击侵权假冒工作报告

一、中国电子商务侵权投诉现状

（一）电商投诉数据

在投诉领域分布上，据中国电子商务投诉与维权公共服务平台监测数据显示，2016年网络购物投诉占全部投诉的52.75%，比例最高；生活服务O2O紧随其后，占21.03%；跨境网购占13.94%；互联网金融占6.29%；物流快递占4.20%；B2B网络贸易领域投诉占1.34%；微商占0.15%；其他（如网络传销、网络诈骗、网络集资洗钱等）占0.30%。跨境网购投诉占比仅次于网络购物与生活服务O2O，跨境网购市场份额逐年扩大。互联网金融投诉位列投诉第四位，随着消费金融的迅速发展，校园分期消费成为投诉热点。

根据投诉性质分析，售后服务问题占33.03%，消费者投诉质量问题占27.35%，合同问题占16.80%，价格问题占3.89%，虚假宣传问题占5.93%，安全问题占3.42%，假冒问题占2.66%，计量问题占1.93%，人格尊严问题占1.33%，其他问题占3.66%。售后服务、产品质量和合同问题仍是引发投诉的主要原因，占投诉总量的七成以上。

（二）2016年（上）十大热点电子商务投诉地区

据中国电子商务投诉与维权公共服务平台监测数据显示，2016年来自以下地区的用户投诉最为密集，“全国十大热点电子商务投诉地区”分别是：广东（12.10%）、北京（10.68%）、上海（9.51%）、江苏（8.91%）、浙江（8.35%）、山东（5.26%）、湖北（4.50%）、福建（4.35%）、四川（4.00%）、河南（3.24%），全国其他省市的用户投诉占比为29.06%。北上广依旧是用户投诉密集地区，东部地区较中西部地区投诉占比大。目前电子商务消费主要还是集中在经济相对发达的东部地区，且该地区的用户维权意识相对较高。

（三）2016年（上）网络零售十大热点被投诉问题

据中国电子商务投诉与维权公共服务平台监测数据显示，质量问题（14.88%）、售后服务（9.99%）、退款难（9.92%）、发货迟缓（8.59%）、退换货难（6.51%）、不发货（6.07%）、网络售假（5.92%）、网络诈骗（5.48%）、订单取消（4.81%）、虚假发货（4.00%），成为网络零售十大热点被投诉问题。目前电商经营者主要问题集中在产品质量以及服务方面。此外，售假、网络诈骗、订单取消、虚假发货等诚信问题严峻。电商需把好商品质量关；对于发货速度、退款、退换货等售后服务问题不容忽视。坚决打击网络售假、网络诈骗行为。

据中国电子商务投诉与维权公共服务平台监测数据显示，2016年上半年，通过对全国数百家零售电商（含平台、品牌、跨境、垂直、渠道商等）的投诉数量和问题处理反馈率以及反馈时效性等多项指标的综合考核，淘宝网/天猫（C2C集市卖家及品牌卖家）、当当网、乐视商城、国美在线、丰趣海淘、拼多多商城、蘑菇街、返利网、网易考拉海购、优购网为2016上半年全国投诉率最高的前二十大零售电商后十位。而苏宁易购、唯品会、卷皮网、亚马逊中国、京东、1号店、聚美优品、蜜芽、贝贝网、美丽说十家主流网络零售商在受理、解决平台通报移交的投诉后，用户满意度整体较好，位居“2016年（上）用户满意度TOP10零售电商”。

自营平台类电商用户满意度相对较高，如京东、苏宁易购、聚美优品、亚马逊中国等，该类电商对商家入驻审核和商品把控相对较严格，消费相对保障高。跨境进口电商问题较多，如丰趣海淘、网易考拉海购，该类电商问题集中表现为疑似售假、到货慢、售后服务不如意等，需加强改进。新型的社交移动拼团电商成投诉热点，其中以拼多多商城为典型代表，问题集中表现为质量差、商家不发货、售后服务差等，该类电商发展迅速的同时需重视商家审核、产品质量把控以及消费者服务。投诉量一般与市场份额成正比，但反馈率以及反馈时效，直接体现商家对消费者满意度的重视程度，有投诉并不可怕，重要的是快速正视问题并积极解决问题。

（四）2016年（上）生活服务电商十大热点被投诉问题

据中国电子商务投诉与维权公共服务平台监测数据显示，退款难（20.61%）、售后服务（14.75%）、随意冻结账户（11.01%）、高额退票费（6.56%）、账号安全（5.62%）、订单取消（5.39%）、订单无法取消（4.68%）、退改签难（3.75%）、到店无房（3.04%）、发票问题（2.81%），成为生活服务O2O电商诟病。以账户冻结、高额退票费、订单取消为代表的霸王条款是生活电商的重要症结问题，主要集中在在线票务类消费。同时，退款等售后服务问题也是重要投诉问题，暴露生活服务电商在服务以及诚信上存在严重问题。

（五）2016年（上）全国生活服务O2O投诉数据

据中国电子商务投诉与维权公共服务平台监测数据显示，百度糯米、去哪儿网、饿了么、美团网、携程、阿里旅行、艺龙网、大众点评，途虎养车网、同程旅游网，成为"2016年（上）全国十大被投诉生活服务电商"。数据表明：(1)账户冻结是百度糯米消费者投诉最多的问题，但客服的反馈和解决普遍及时。平台应该对相关账户异常的用户采取暂缓交易等紧急处理措施，同时作进一步审查和判定，而不是强制性冻结账户，把问题丢给消费者，造成不良的用户体验。(2)网络订餐为了适应社会新消费的需求受到了都市"宅男宅女"的热捧，野蛮生长的餐饮外卖O2O平台们暴露的问题也愈加明显。饿了么此前被央视315点名曝光暴露了食品安全卫生、接入商家资质等问题。同时美团、饿了么、大众点评等平台的服务质量、安全卫生等方面也存在问题，急需行业整治。在线旅游网站也成为消费者出游的重要平台，可以看出在前十投诉榜单中，去哪儿、携程、阿里旅行、艺龙网等在线旅游网站占据五席。其中存在的机票价差大、退改签藏猫腻、客票真假难辨、不正常航班通知不及时、不准确、酒店到店无房等问题让消费者头疼不已。消费者或从航空公司官网购买机票，信息比较透明和详尽，以避免不必要的纠纷。另外，以途虎养车网为代表的汽车养护O2O首次出现在榜单之中，说明随着汽车市场的发展，汽车消费的重心已经开始由前端向后端转移，而售后服务行业的关键在于获得客户长期的信任和忠诚，消费者投诉问题暴露了汽车养护行业的不透明性。

二、网络消费纠纷行政处罚和司法裁决情况

（一）行政执法机关查处的网络消费案件

2016年，全国工商行政管理机关立案查处的网络交易及有关行为案件共10 481件，涉案案件主要涉及违反《广告法》和《反不正当竞争法》，分别为3 489件和2 393件，占到全部相关案件量的33.3%和22.8%。违反《广告法》的案件中，案件事实主要涉及"使用绝对化用语"、"促销活动的广告和其他宣传，内容不真实、合法、清晰、易懂，使用含糊、易引起误解的语言、文字、图片或影像的；以保留最终解释权为由，损害消费者的合法权益"、"非医疗、药品、医疗器械广告中使用涉及疾病治疗功能用语"等。违反《反不正当竞争法》的案件中，案件事实主要涉及"生产、销售假冒认证标志、名优标志的商品"，以及"销售侵犯注册商标专用权的商品"等。

（二）法院裁决的网络消费相关案件

中国消费者协会对收集到的2016年全国各级人民法院裁决的376件网络消费案件进行分析，从案件的性质看，涉及侵权问题的有185件，占比49.2%；合同纠纷为第二位，共137件，占比36.4%，两类问题合计占比达到85.6%。其他方面的网络消费案件主要涉及产品责任、不正当竞争等问题。

三、主要电商的知识产权保护体系

（一）阿里巴巴

阿里巴巴以内贸开始，主要侧重信息展示；旗下拥有阿里巴巴国际站和1688，其中阿里巴巴国际站面向国际批发市场，1688面向国内批发市场。2015年1688.com正式上线全球货源平台，成为集团跨境进口战略的重要环节，打通海外原产地与中国零售商家的中间链条。2016年，平台治理在政企联动、消费者保障、权利人服务等方面取得重大突破的同时，也重点关注恶意投诉、买卖双方虚假交易等破坏市场公平性的违法、违规行为。阿里巴巴线下打假取得丰硕成果。截至2016年12月31日，平台治理共向公安机关提供线索1 184条；协助警方抓获犯罪嫌疑人880名；捣毁涉假窝点1 419个；破获案件涉案总金额超30亿元，是2015年的两倍。平台治理在线下打假过程中，发现制售假产业链出现"境外生产，境内销售"趋势。为进一步落实平台知识产权维权工作，平台治理在夯实基础的同时，探索基于信用的治理实践，不断加强主动防控及线下打击力度，推动政企治理数据共享，鼓励权利人共建，倡导成立大数据打假联盟，推进治理透明化、社会化。此外，平台治理开始尝试对

制售假、虚假交易等行为发起民事诉讼，促进法治环境改善。

（二）京东

创新是京东的核心价值观之一。京东创建自营模式，自建物流体系，有效减少物品的搬运次数，有效降低和控制运营成本，提升效率，这本身就是一种创新。在此基础上，为了给用户提供全方位服务，在电子商务核心业务保持高速稳健增长的同时，京东以每年至少投资一项新业务的速度不断创新拓展，为京东发展注入持久活力，特别是在O2O领域、互联网金融领域、京东智能领域的触角已经深入行业核心区，并取得了一系列的突破进展。此外，京东还利用大生态体系的优势，全力扶持大众创业创新。在扶持创业创新方面，构建创业平台、创业生态圈，提供全产业链一站式创业服务，是京东金融至关重要的战略布局。目前，京东股权众筹平台已成为中国最大的股权众筹平台，采取“领投加跟投”模式，解决创新创业企业融资难的问题。在创业最为热门的智能硬件领域，京东已经完成智能硬件全产业链布局，以数据分析、技术支持、上下游资源整合、投资、渠道、服务、社区等全面的智能生态服务，为创业者提供一流的智能生态与资源。对于京东而言，知识产权保护是公司战略的重要构成。京东坚持以技术创新为驱动，打造了一支拥有数千研发人员的强大研发团队，研发产品线涵盖了平台交易、物流仓储、互联网金融、大数据、云服务、移动应用等多个领域。为了更好的保护每一项技术创新、产品创新、模式创新，京东组建了专业的知识产权团队，从专利、商标、版权、商业秘密、反不正当竞争全方位进行保护。

京东集团在数据处理、信息交换、安全加密、商业模式创新、现代化物流及仓储系统等方面，已申请了600余件发明专利，并拥有近1 000件注册商标及大量软件著作权。京东格外重视对技术发展趋势的监控与跟踪，针对核心项目及时进行专利检索与分析，系统地在全球范围内进行知识产权布局。同时，京东不仅致力于保护自己的知识产权，还会积极地保护其他权利人的知识产权。如果在商城上发现了侵犯权利人知识产权的行为，在商城的店铺处罚规则里，也会有相应的处罚，轻则扣分，严重的会责令关店。

假货的流行会严重影响消费者的网购信心，这是整个电商行业发展的最大“瓶颈”，将会影响中国电商的健康发展。自创建伊始，销售正品行货是京东始终坚持的原则，对假货持绝对零容忍态度。一方面，京东积极和国内国际品牌达成直供合作，从源头上确保京东所售商品为正品；另一方面，严把产品质量关：京东实行营销质控部总体把控，各业务部门质控部具体负责，客服、售后、研发等部门协助配合的管理模式，采用多元化的质控手段，实现入驻筛选、品质监控、仓储配送、售后服务的多渠道监控全覆盖。假货的根源在于利益，如果有一天从假货身上得不到任何利益的话，假货早就终止了。很多人在假货上是受益者，这是解决不了平台假货的唯一原因。京东严厉杜绝假货，在不断加大管理力度、实施更加严厉的打假措施的同时，也在联合更多的力量，加强对商品质量的保障。京东希望，通过自身的努力，将电商行业纳入更为透明的诚信化监控体系之中。

（三）1号店

1号店由前戴尔高管于刚和刘峻岭联合创立，网站于2008年7月11日正式上线。2012年10月，世界零售巨头沃尔玛百货有限公司增加对1号店的投资，持有股份增至近51%。2015年7月，沃尔玛收购1号店余下股权，实现全资控股，1号店成为沃尔玛全球大家庭的一员。目前，1号店在线销售涵盖食品、饮料、美容化妆、服饰鞋靴、母婴用品、手机数码、家用电器等超过1 000万种商品。1号店在供应商筛选、商品质量管理和商品入库、入驻商家引进及日常运营监管等环节上，由专业人员严格把关，保障商品和服务的高质量，对假货持“零容忍”态度，一经查实立即关闭店铺，冻结货款并移交公安部门调查。在网络维权、知识产权保护工作方面，1号店通过三个维度，即事前、事中、事后环节以及六个关键节点，即平台规则、入驻门槛、商品控制、商家控制、投诉机制和退出机制，对入驻的商家进行全程售假风险的防控和监管。1号店从2014年起共抽检1 400多个SKU，处理因假冒侵权而被认定并且被终止合同和清退的商家总数为46家，罚没的售假商家保证金约200万元，违约金约100万元，因假冒侵权而冻结的商家货款约200万元。

（四）360

360手机助手作为国内最大的安卓手机软件分发应用平台，为中国打假维权做出了多方面的努力。包括：

1. 成立移动互联网安全联盟，为移动互联网树立安全标杆：360手机助手与国家双打办携手成立中国移动互联网安全联盟，依托360庞大的互联网用户群体、覆盖广泛的客户端产品和海量大数据优势，与工商、质检、公安、知识产权等部门合作，进行网上、网下立体化“打假”。同时，通过筹建APP安全行业标准，为乱象丛生的移动互联网行业树立起安全标杆。

2. 在日常生活中，网友们遇到假货往往维权艰难。针对网友这一难点，360 手机助手与中国防伪行业协会合作，共同推出“全国产品防伪溯源验证平台”，让防伪、查验、维权轻松便捷。从“全国产品防伪溯源验证平台”已有的功能可以看出，平台主要针对商品防伪、证照防伪、人民币溯源等重点领域。并借助扫码有礼等互联网营销手段，让用户爱用、常用防伪查验，营造全民防伪查验热潮。360 手机助手与中国防伪行业协会合作，在 360 手机助手上线了“中国防伪”。网友只需点击 360 手机助手内生活服务即可使用。通过“中国防伪”，无论是一般的商品防伪、证件防伪还是人民币溯源，都可一键扫码查询验证，让天下无假可逃。

3. 与国家版权保护部门合作共同保护知识产权：360 手机助手与国家版权保护部门合作，逐步实现专利、商标等知识产权的在线申请，提升申报效率，降低申报费用。在发生数字版权纠纷时，360 手机助手还将提供一站式取证、维权服务，让互联网领域不再是版权保护真空地带，保护企业和个人的知识产权。

4. 推出 eID 贴卡付，维护用户的支付安全：早在 2015 年 7 月份，360 手机助手就携手中国工商银行、公安部第三研究所（金联汇通）共同推出了 eID 贴卡付。eID 贴卡付能够为互联网商户提供安全、方便、快捷的支付方式，从源头上避免支付中个人隐私信息泄露。并且自 2013 年 8 月起，360 手机助手就发起了“绿剑行动”，号召用户一起“人肉”恶意手机应用，与用户携手，共同打造绿色安全的应用下载环境。同时 360 手机助手还参与中国互联网协会反网络病毒联盟（ANVA），组织国内应用商每年开展“315 白名单专项工作”，与行业携手，共同维护移动互联网安全。360 手机助手通过以上几种措施，用实际行动打假维权。

四、互联网电子商务领域知名企业打假维权工作报告

（一）阿里巴巴打假维权工作报告

早在 2002 年，阿里巴巴便不吝投入，积极建设知识产权保护体系，与权利人、执法机关合作，积极打假。随后，阿里巴巴成立平台治理部，专注于提升商品品质、保护知识产权、推动线下打假、净化中国商业环境，以打造、守护阿里巴巴电商经济体的公正、健康及可持续发展为使命。

平台治理以打造、守护阿里巴巴电商经济体的公正、健康及可持续发展为使命。平台治理以信用体系、电商规则为基础，通过科学统筹、合理规划，建立健康、活跃的电商生态环境；以商品品质为电商核心竞争力，高标准、严要求，运用多种手段严把品质关，提高平台信任度，让消费者“放心购”；以知识产权为突破口，主动承担、积极作为，通过政企联动、权利人合作、大数据溯源打击制售假行为，净化中国商业环境。

平台治理坚信：一个坚持公平公正、注重商品品质、尊重知识产权的电商交易平台，是中国实体经济的重要组成部分，也是新制造企业健康成长的土壤。

2016 年，平台治理在阿里巴巴旗下电商平台中采取多种手段、联动各方力量，主动投入、积极承担，在知识产权保护和假货打击上取得了阶段性成果。

1. 提升主动防控能力，拒绝售假者二次开店

主动防控系统，是平台治理知识产权保护的重要手段。随着权利人品牌知识不断输入、平台治理主动防控技术进步，平台治理主动拦截疑似侵权商品能力也不断提高。2016 年全年，平台治理主动拦截、删除商品量是同期权利人投诉删除商品量的 26 倍。

在主动防控基础上，阿里巴巴运用大数据手段，拒绝售假借用“马甲”二次开店。2016 年 6 月，平台治理发布规则，禁止售假者通过借用、冒用、购买身份证等方式注册“马甲”账号在淘宝网开店（含新开店及店铺二次激活）。2016 年 11 月，该规则适用范围扩展至阿里巴巴旗下所有电商平台开店。

规则发布后，平台治理通过大数据，对新增及现有淘宝账号进行扫描。一旦新增淘宝账号被大数据识别为售假者“马甲”，将被系统拒绝开店。

在拒绝售假者新开店铺的同时，平台治理还根据规则，对已识别、由售假者控制店铺的违规行为加重处罚。此类店铺出售假冒、盗版商品的，按情节严重处理。

2. 完善投诉系统，推进治理透明化

作为一家互联网公司，阿里巴巴坚持以技术创新带动知识产权保护，以产品迭代提升维权效能。2016 年，平台治理启动了阿里知识产权保护平台（以下简称“IPP 平台”）升级改造项目，增加查询、互动功能。目前，该项

目实现了 Aliprotect① 与 Taoprotect② 的合并，并实现了 IPP 平台账号与阿里系账号③的打通。权利人只要拥有淘宝、天猫等阿里系账号，即可轻松对阿里巴巴旗下淘宝、天猫、1688、Aliexpress、Alibaba 国际站所有侵权行为进行投诉。

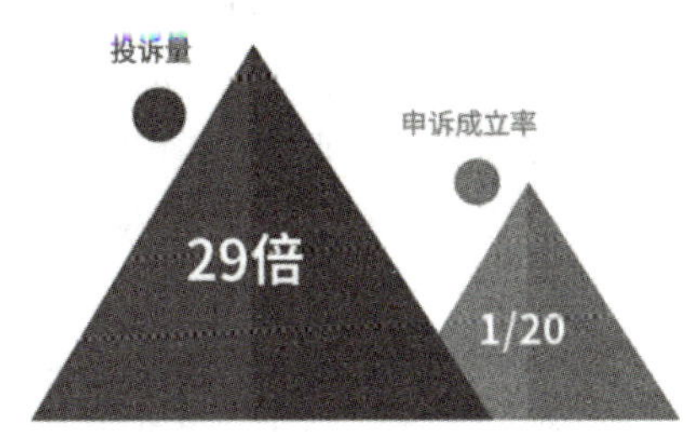

在不断完善投诉系统的同时，阿里巴巴坚持鼓励权利人积极、准确投诉，为诚信投诉方知识产权维权提供便利。2016 年，阿里巴巴诚信投诉机制效果显著，诚信投诉方投诉较普通投诉方更为积极、准确：诚信投诉方账号数虽是普通投诉方的 1/41，但平均投诉量却是普通投诉方的 29 倍，申诉成立率仅为普通投诉方的 1/20。

3. 坚持线下打击，扩大执法合作范围

为更好地开展知识产权保护、虚假交易治理工作，平台治理“打假特战队”积极与各地公安、工商、质检等执法机关联动，扩大线下打击合作范围，建立常态化合作机制，从源头上解决问题。

目前，平台治理已与浙江、北京、上海、重庆、山东、黑龙江、辽宁、江苏、江西、安徽、广东、湖南、福建 13 个省市公安机关，浙江、重庆、河南三省市工商机关建立了知识产权保护及假货打击合作机制。

2016 年，平台治理以《全国可疑售假团伙分布图（2016 版）》为基础，联合品牌权利人、公安工商等行政执法机关，在全国范围内开展线下打假工作。截至 2016 年 12 月 31 日，平台治理已向执法机关推送线索 1 184 条，协助公安机关抓获犯罪嫌疑人 880 名，捣毁涉假窝点 1 419 个，涉案总价值超 30 亿元。

2016 年，平台治理与浙江省双打办、浙江公安合作开展“云剑行动”，协助抓获犯罪嫌疑人 474 名，捣毁涉假窝点 417 个，破获假货案件总案值达 14.3 亿元；并在此基础上成立了覆盖浙江、上海、安徽、江苏、江西五省市的“云剑联盟”。

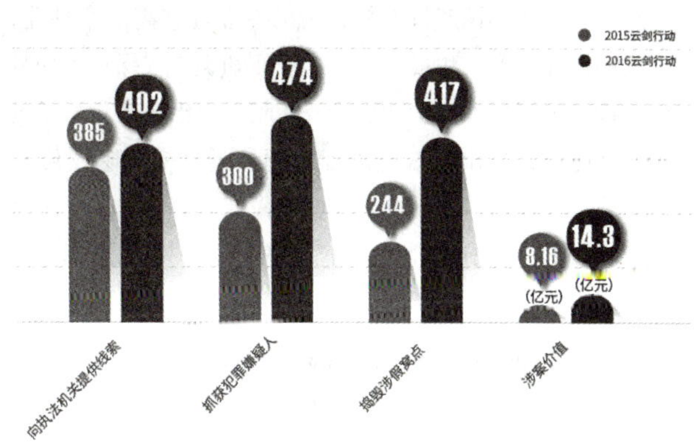

案例

2016 年 3 月，平台治理“打假特战队”与安利品牌权利人，共同协助警方捣毁了浙江温州、台州两地的制售假团伙。同年 4 月，“打假特战队”协助警方前往黑龙江追踪排查假货源头，抓获了位于哈尔滨的假货批发商。

随后，“打假特战队”协助警方前往河南、广东两地，分别捣毁了位于平顶山、汕头的假货工厂。在河南，办案人员根据犯罪嫌疑人交代，锁定了位于广东广州的原料及包装工厂。在针对广州原料及包装工厂的收网行动中，警方发现了哈尔滨的另一家售假团伙，并对其做了定向打击。

至此，这起历时近 4 个月，横跨浙江、黑龙江、河南、广东四省的假冒案件告破，整个制售假链条被摧毁。整起案件由线上售假为切入点，公安干警、平台治理、品牌权利人通力合作，各方掌握的线上、线下信息不断校对串并，挖掘出了完整的制售假链条。据事后统计，线上假货销售额 60 万元，线下假货销售额 1 160 万元。

4. 联合各方力量，探索社会共治

2016 年，阿里巴巴通过赋能权利人、联动行业协会、成立大数据打假联盟等一系列举措联合各方力量、探索社会共治，将“阿里打假”升级为“社会打假”。

激发权利人，推出共建平台。知识产权是一种私权，权利所有者是对商标的品类注册及归属情况、该商标下商品生产情况等知识最了解、最具权威的。商标权人应当为维护其自身合法权益的第一责任人。在互联网知识产权保护问题上，全球范围内电商网站大多采用“权利人查找侵权信息后通知平台删除”的方式。阿里巴巴作为一家具有高度社会责任感的企业，在主动防控能力建设上不断投入，在拦截

① Aliexpress、1688、Alibaba. com 知识产权投诉平台。

② 淘宝、天猫知识产权投诉平台。

③ 淘宝、天猫、Aliepxress、1688、Alibaba. com 等网站账号。

和及时删除高度疑似侵权商品上成效显著。

然而，由于知识产权侵权行为的专业性和高度个性化，只有权利人深度参、积极互动，才能使知识产权保护更加顺利地进行。为更好地保护知识产权，阿里巴巴将多年积累的主动识别能力共享出来，与国际通用“通知—删除”维权手段相结合，推出“权利人共建平台”（以下简称共建平台），让权利人的知识和阿里巴巴的数据能力很好地结合。

权利人共建平台功能示意图

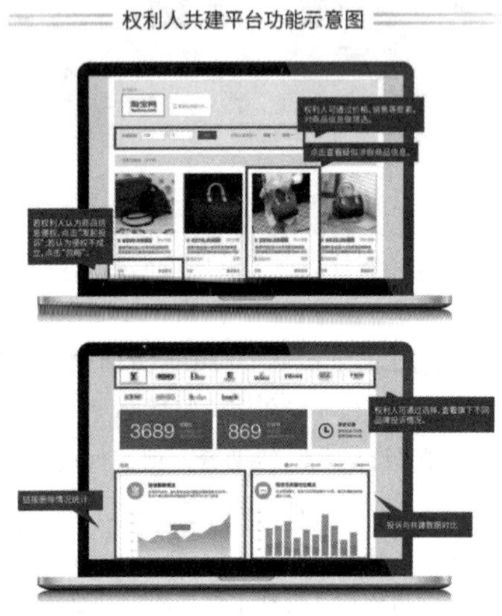

平台治理通过共建平台，向权利人推送平台难以确认的疑似侵权信息。权利人审核后确认侵权后，可通过系统进行一键维权。共建平台还为权利人提供了数据统计、查询等功能，帮助其了解维权效果。

截至 2016 年 12 月底，已有 252 个品牌（其中国际品牌 184 家、国内品牌 68 家）加入共建平台，权利人推送链接响应率达 95% 以上，权利人确认投诉率①约为 14%。数据显示：①共建权利人在谨慎、负责地对待平台推送的链接；②通过信息判断侵权与否，无论对权利人还是平台，都是一个巨大挑战。

联动行业协会，加强国际合作。在知识产权保护问题上，平台治理始终秉承开放、合作的心态，积极与海内外行业协会沟通、交流，共同打击各类侵权现象。2016 年，平台治理与中国反侵权假冒创新战略联盟（CAASA）、英中贸易协会（CBBC）、美国电影协会（MPAA）、国际商会知识产权保护组织（BASCAP）、外资出版商联盟（IPCC）、日本贸易振兴机构（Jetro）、大韩贸易振兴机构（KOTRA）、韩国知识产权保护院（KIPRA）等行业协会、知识产权保护机构在线上维权、真假鉴定、行业性问题解决等方面开展深入合作，并与中国反侵权假冒创新战略联盟（CAASA）、少儿出版反盗版联盟、意大利农业部、韩国知识产权保护院（KIPRA）签署知识产权合作备忘录。2016 年 7 月，平台治理召开首届“权利人共创会”，邀请玛氏（Mars）、惠普（HP）等 120 余家国内外品牌参会，共同探讨电商平台与权利人如何实现真正有效地协同打假。

联合社会力量，成立打假联盟。阿里巴巴倡议并联合多乐士、路易威登、施华洛世奇等 20 余个权利人、行业协会、专家学者共同发起了全球首个“大数据打假联盟”（以下简称联盟）。联盟致力于运用大数据和互联网技术，让打假更有力、更高效、更透明。传统打假模式中，平台、执法机构、品牌权利人常常各自为战，缺乏线索互通、经验共享，很难形成合力。为解决这些难题，阿里巴巴作出承诺：持续提供大数据和技术支持、开放并持续推动各方合作的打假生态的建立与完善、对联盟会员提供阿里巴巴的优先服务、邀请联盟会员参与阿里巴巴相关政策的制定与修改。

5. 引入民事诉讼手段，寻求法律救济

2016 年，平台治理主动破局，运用民事诉讼手段，向售假、虚假交易、恶意投诉等行为宣战，尝试用法律手段治理恶意行为，推动法律完善。

2016 年 12 月，阿里巴巴向法院递交起诉书，状告虚假交易平台“傻推网”涉嫌严重危害市场竞争秩序，索赔 216 万人民币，获立案。同月，阿里巴巴还对两名在淘宝网平台出售假冒施华洛世奇手表的店主发起诉讼，成为国内首例电商平台起诉售假店主案。平台治理将努力尝试运用法律武器，打击各类恶意行为，在有效治理的同时，推动司法领域的关注，并进一步推动相关立法的改善。

6. 呼吁完善法律法规，像治酒驾一样打假

“良法是善治之前提”。完善的法律体系，能够为互联网生态的发展保驾护航。目前，现行的法律体系并不能有效支持互联网生态的健康发展。互联网时代，制售假证据多以电子化、数据化方式存在，与传统纸质证据有着根本区别。在电子证据的认定上，国家虽有统一标准，却没有得到统一执行。一些犯罪分子因此逃脱了刑事处罚。

除电子证据认定外，我国刑法在定罪上有对犯罪情节的要求，制假售假有关的罪名，犯罪情节多以数额进行认定。然而，较高的认定数额使得违法犯罪分子能够采取特殊手段规避法律制裁。为此，平台治理做过统计：通过平台治理大数据模型体系主动防控、权利人举报、消费者投诉、神秘抽检等方式，阿里巴巴筛查认定 4 495 条线索；执法机关接收 1 184 条；公安机关能够依法进行刑事打击的只有 469 例；截至目前通过公开信息能够确认已经有刑事判决结果的仅

① 权利人确认投诉率 = 权利人确认投诉数/权利人响应投诉数 ×100%。

33 例。阿里巴巴抽取 33 份制假售假案件的判决书，发现已判决案例涉及 47 人，其中判缓期执行的有 37 人，比例高达 79%。

阿里巴巴认为根治假货亟待严格执法、加重刑罚，在全社会以治理酒驾一样的共识与力度来治理假货。

7. 鼓励商家积极维权，拒向不公正、恶意行为低头

商家作为互联网生态中重要的参与方，创造了大量的社会价值。然而，商家在自身发展的同时，也会遭遇不公正抽检、恶意投诉、敲诈勒索等恶意行为。

案例

2016 年 12 月初，中国羽绒工业协会（以下简称中羽协）发布了 2016 年“双十一”网上羽绒制品质量抽查结果。其抽检结果显示，问题商品全部来自“中羽协”非会员单位，而持有“2016 羽绒制品信誉保证标志”的协会会员单位则全部合格。事实上，2016 年平台治理神秘抽检数据显示，中羽协“信保”企业及品牌的商品抽检不合格率为 55.37%。事件发生后，多家企业对中羽协抽检结果的公正性、合法性提出质疑，称其以抽检为名打压非会员企业，进行不正当竞争；更有两家企业向其递交了公开函，要求其停止侵权，并进行公开书面道歉。平台治理也在事件发生后表态，在未确定抽检公正性前，不会下架商家商品。

平台治理鼓励广大商家在遭遇不公平、恶意行为时，积极向有权机关、平台寻求帮助，必要时采用法律手段，维护自身合法权益。面对不公平、恶意行为时，平台治理始终愿意为商家维权提供必要帮助，成为商家合法经营的坚实后盾。与此同时，平台治理也请商家共同抵制一切不公平、恶意行为，创造公平、公正、合法、有序的经营环境。

8. 2016 阿里巴巴大数据打假十大经典案例

（1）跨国假冒润滑油案。2015 年 11 月，宁波海关截获一批走私假冒润滑油，在阿里巴巴大数据协助下，警方最终发现该批润滑油是从马来西亚生产灌装，从义乌、广东等地流入国内。经过一年多的调查，2016 年 6 月在公安部经侦局的指挥下，浙江、广东警方抓获犯罪嫌疑人 11 名，成功查处广东番禺区、天河区、金华义乌仓库 3 处，查处假冒“美孚”“壳牌”“嘉实多”等品牌假冒润滑近万件，通过排查销售合同、清单等，预估总涉案金额上亿元。目前该案件已经通过公安部国际合作局以及国际刑警联系马来西亚政府，对当地假冒润滑油生产厂家进行调查。

（2）假冒安利产品案。2016 年 3 月，阿里巴巴打假特战队与美国安利合作，通过大数据研判，发现位于台州、温州等地的售假团伙。经过 4 个多月侦查，阿里巴巴协助警方在浙江、黑龙江、河南、广东四省等多地查处假冒产品销售、仓储、灌装窝点共 20 余处，假冒安利等知名品牌产品上千箱。抓捕犯罪嫌疑人十余名，总涉案金额 10.5 亿元。

（3）假冒三星、金士顿内存案。2016 年 5 月初，台州经侦支队掌握到一条涉嫌销售假冒品牌内存条案线索。在阿里巴巴大数据的协助下，警方发现内存条制假者是在广东深圳华强北一带设立制假窝点，通过网上、线下批发给下家，下家再通过网络或当地电子市场进行销售。整个犯罪网络涉及广东、浙江、北京、湖南、上海、江苏、黑龙江、四川、安徽、山东、江西、福建 12 个省市、58 家网店，总涉案金额达上亿元。2016 年 7 月，在阿里巴巴大数据协助下，公安部经侦局统一指挥，各涉案地公安机关相继开展收网行动，共捣毁生产销售假冒内存窝点 13 个，抓获犯罪嫌疑人 16 名，当场查处假冒“金士顿”“三星”品牌的内存条 1.5 万余根，配套商标、标识 10 万余套，总涉案金额共计 1.2 亿余元。

（4）莆田假鞋系列案。2016 年以来，阿里巴巴打假特战队通过大数据，配合警方对制售假冒品牌运动鞋重灾区福建莆田地区进行深入摸排，锁定多个制售假鞋窝点，在莆田执法部门的努力下。共查处假冒鞋服案件 7 起，假冒 Adidas、Nike 等品牌运动鞋近 6 万余双，假冒品牌运动服约 10 万件，总涉案金额达 7 200 余万元。经调查，这些假冒品牌运动鞋和服装主要通过线下被送到多省假冒品牌鞋服批发者手中，之后通过微信朋友圈、京东以及线下实体店等进行售卖。

（5）微信朋友圈假冒有害减肥药品案。2016 年 9 月，在阿里巴巴大数据的协助下，怀化市公安局、怀化市食品药品监督管理局联合出击，成功破获一宗特大生产、销售“闪电瘦”有害假冒减肥药案。抓获以姚某某为首的 22 名犯罪嫌疑人，成功阻止 60 万粒有害保健食品流入市场。2016 年期间，犯罪嫌疑人姚某某通过微信建立了自上而下的“闪电瘦”有害减肥药品完整销售网络，其本人及代理商通过微信将“闪电瘦”这一产品销售到全国各地，其销售人员一度达到数千人，涉案资金超亿元。警方表示，该案中超过 90% 的“闪电瘦”假冒减肥药通过微信朋友圈售卖流入社会，其余不到 10% 通过其他网络平台卖出。

（6）假冒苹果配件案。2016 年 3 月至 6 月，阿里巴巴打假特战队通过与苹果合作，先后在合肥与深圳，打掉苹果以及苹果 Beats 牌假冒耳机窝点两处。3 月底在合肥，阿里巴巴打假特战队成功打掉一在淘宝、京东、一号店等多个电商平台中开设网店销售假冒苹果配件窝点。协助警方查处超万件的假冒苹果公司产品，以及苹果公司的假冒印章一枚与

假冒法定代表人库克签名的授权书数份，总涉案金额达上百万元。6月，警方在深圳现场查获涉嫌假冒 Beats 耳机产品2 252个、包装袋500个及包装盒一批。涉案金额数十万元，抓捕犯罪嫌疑人两名。

（7）假冒贝德玛牌（BIODERMA）卸妆水案。2016年5月，阿里巴巴打假特战队与品牌方、深圳警方等查处一制售假冒贝德玛牌（BIODERMA）卸妆水案，抓捕犯罪嫌疑人3名，总涉案金额超过100万元。从2015年开始，在深圳的犯罪嫌疑人通过微信朋友圈以及电商平台销售假冒 BIODERMA 卸妆水一万多瓶，非法获利数十万元。在抓捕销售端的售假团伙后，阿里巴巴与警方经过半个月的侦察，将位于深圳的制售假冒贝德玛卸妆水窝点一并打掉。而2016年以来，阿里巴巴已携手多个化妆品牌打掉线下制售假冒窝点多个，抓捕涉案人员十余名，总涉案金额近1 500万元。

（8）假冒皇家宠物粮案。2016年6月，阿里巴巴与徐州公安、玛氏集团等合作，打掉特大制售假冒品牌宠物粮案。2015年，犯罪嫌疑人马某等人在微信朋友圈以及淘宝等多家软件平台销售假冒皇家等品牌宠物粮达6万余袋，销售范围覆盖全国27个省、自治区、市。截至目前，徐州公安共计捣毁犯罪窝点6处、打掉加工生产假冒品牌外包装窝点1处、抓获犯罪嫌疑人4名、查获尚未销售出去的假冒猫粮20吨。总涉案金额超5 000万元。

（9）假冒斐乐服装案。2016年7月至9月，在阿里巴巴大数据的协助下，警方在北京顺义、青岛即墨以及潍坊高密连续捣毁3个制售假冒斐乐服装生产加工与销售窝点，抓获犯罪嫌疑人7名，查获假冒斐乐服装近万件，总涉案金额达1 000万元。为取得青岛制售假货嫌疑人的犯罪证据，调查人员以买家的身份加了售假者的微信好友。但见添加好友的不是熟悉的买家，警觉的售假者立刻删掉了“朋友圈”中所有的涉假服装照片。

（10）假冒官网恶意投诉诈骗案。2016年9月，阿里巴巴平台治理部协助佛山警方打掉一利用“假冒品牌官网”和知识产权维权机制进行“恶意投诉”、敲诈近百名淘宝卖家的犯罪团伙。从2016年5月至7月，梁某某等人利用虚假品牌官网，以淘宝商家盗用其“官网”图片为由发起知识产权投诉，要求商家删除相关商品的信息链接。超过98名的淘宝卖家被梁某某等人敲诈了1 000元至30 000元不等的“授权费”。此外为躲避平台监管，梁某某等人每次交易沟通都在QQ等淘宝系外的社交软件上进行。之后，梁某某等人已因诈骗罪被正式批准逮捕。

（二）京东打假维权工作报告

京东（JD. com）是中国领先的自营式电商企业和中国收入规模最大的互联网企业。京东为消费者提供愉悦的在线购物体验。通过内容丰富、人性化的网站（www. jd. com）和移动客户端，京东以富有竞争力的价格，提供具有丰富品类及卓越品质的商品和服务，并且以快速可靠的方式送达消费者。京东相信其拥有全国电商行业中最大的物流设施。2016年7月，首次入榜《财富》全球500强，是中国首家且唯一入选的互联网企业。

1. 国家部署，消费升级，电商成变革关键助力

近年来，消费成为了中国经济增长的第一动力，随着国民收入持续增加，消费能力不断提高，消费升级成为不可逆转的趋势，品质商品和服务，对中国制造业、零售业和品牌商来说已是发展的趋势，没有退路可选。2016年5月11日的国务院常务会议上，李克强总理部署促进消费品工业“增品种、提品质、创品牌”，更好满足群众消费升级的需求，首次提出“品质革命”，推动“中国制造”加快走向“精品制造”。

易观智库发布的数据显示，中国B2C市场规模首次超过了C2C。6年的时间，B2C市场规模占比从18. 8%跃升到52. 5%。显然，消费升级并不是一句口号，其背后蕴含着两方面的变革：一方面是消费者的需求升级趋势明显，人们追求高品质、个性化商品和服务体验的新消费时代已经到来；另一方面是品牌商在品质保障和品牌提升的倒逼下加速优胜劣汰。广大的品牌商应如何适应这种广泛而深远的变革，并取得成功？

作为近年来不断增长的新型消费渠道和模式，电商平台正在逐步成为变革的关键助力，推动着消费升级的前进。在消费者与品牌商之间，电商平台正在通过升级商品和服务来满足消费者不断升级的全方位需求，同时也在通过筛选与合作，帮助优质品牌商更好的产出符合用户需求的产品，从而塑造领先的品牌形象。

2. 引领潮流，京东实施战略升级

品质商品、优质服务，一直是京东的追求，据此京东提出了“品质、品牌、品商”的发展理念，并将此融入到了电商平台构建和运营体系中，成为京东的差异化发展基因。

消费升级势不可挡，正契合了京东的发展理念，一直以来，京东的618大促都是一场品质商品展销的盛宴，是京东每年最重头的活动。2016年618大促京东将“品质狂欢节”作为核心主题，并联合数百家品牌共同做大消费的蛋糕。实际上，京东早在成立时就强调“正品，行货”，对假货“零容忍”。

正如产业界、投资界人士所预判的那样，中国消费升级是一场史无前例的大运动，会影响到消费品、工业品、零售

业、供应链、品牌商等全链条成员。其中，电商平台作为互联网新工具、新模式、新能力的创新派，将在该升级运动中发挥重要的推动作用，它们不再是单一的出货平台，还能帮助品牌商进行能力的提升再造。

京东“超级品牌日”就是一个鲜活的例证，通过京东平台，让消费者与品牌商之间进行高效互动，帮助品牌商汇聚粉丝，洞察潜在受众，并最大限度地进行曝光，品牌销量取得惊人增长的同时提升了用户粘性。数据显示，2016 年以来，手机京东推出了一系列“超级品牌日”活动，先后与乐视、五粮液、联想、三星、苏泊尔等强势品牌联手，均获得了骄人的战绩。其中乐视 10 分钟销售额突破 1 亿元，五粮液 60 分钟销售额突破全网全天销售纪录，联想单日全品类销售额是 2015 年“双十一”当日的 3.68 倍。从更深层次的角度来剖析，“品质、品牌、品商”既是层层递进的关系，又如同稳定的铁三角，是汇聚各路优质品牌商、消费者及合作伙伴的新型产业链共赢生态。

3. 众志成城，京东品质层层把关

消费市场正发生着这样的巨变，电子商务则同步面临着向品质电商升级换代的发展任务。当务之急，首先是要应对侵权假冒，安全事件频发等矛盾和问题，正如习总书记提到的，要建立更健全的规则和更合理的秩序；另一个任务则是在不断满足消费者对于品质和安全的要求同时，发挥消费向供给侧的传导作用，助力供给侧的结构性改革。为此，京东关闭 C2C 服务，就是考虑到这种业务的本质是平台依靠聚拢海量的个人卖家进行广告竞价来盈利，越是卖质量差甚至是假货的卖家，利润越高，越有钱来竞价购买广告获取流量，这样就导致了劣币驱逐良币的情况，使得 C2C 成为网络上售假的重灾区，这与京东正品行货的立身之本背道而驰。同时，京东注重跟优秀品牌企业密切合作，通过先进的供应链管理服务，使制造商能更专注于核心技术研发、产品创新设计，以及规模制造，最终，实现制造升级，拉动品质消费，促进境外消费回流。去年，京东开始与美的等企业开展供应链数据合作，实时分享库存数据和销量预测，精准完成生产计划和库存分配，大幅度提升了运营效率。

作为连接生产者和消费者的桥梁，电商要实现品质化，必须对售前、售中、售后三大环节进行品质严控。

（1）源头直采、加强品控

向质量可靠的生产源头发起直采，是保证正品行货，提升流通效率的有效手段。自京东创立之初就坚持自营模式，正是源于对正品行货的孜孜追求。京东自营采销体系，通过原产地直采、原厂直供，扁平化对接供应商来实现全程产品质控。京东有六大品控措施，分别是严审商家资质、严控进货渠道、抽检、自主研发的质控系统、处罚以及无忧退换货。比如，伪劣方面，京东与必维申美商品检测（上海）有限公司、Intertek 天祥集团、SGS－通标标准技术服务有限公司、中国纺织工业联合会检测中心、中纺标（北京）检验认证中心有限公司等近 20 家国内外知名检测机构建立长期合作，利用大数据打假及质量监控平台京盾系统对商家、品牌、单品进行持续监控，挑选风险等级较高的单品做抽检，持续净化平台环境。正是这样的机制在商品流通的全过程很好地保障了商品质量和服务。

（2）封闭物流、全程可追溯

打造商品从工厂发出直至配送到消费者家中的闭环物流体系，实现流通过程全程可追溯，不断提升商品在途保管水平。京东重要的核心竞争能力就是自建物流，经过近十年的努力，京东已经建成了闭环的、全程可追溯的物流体系，前面几年着重打造的，覆盖全国的中小件物流和大件物流网络已经相对完善且运行良好，近年来，京东还正投入巨资打造电商冷链物流体系。

（3）保证快速送达、提供优质服务

品质电商不仅要提供迅速准确的最后一公里配送，还要提供完备的、人性化的售后服务，充分保障消费者权益。保证客户品质体验的第三个重要环节是售后体系。京东建立了以北京、上海、广州、成都、武汉、沈阳、西安为核心，覆盖全国的服务网络，为消费者提供全方位的售后服务。宿迁、扬州数万呼叫中心专业服务人员，提供全流程服务消费支持。上门换新、闪电退款、一键售后，售后到家等特色服务，树立了电商服务的标杆。京东还通过累计超过一亿的用户画像数据，辅助客服专员不断提升服务品质。京东致力于成为一家国民企业，严格要求入驻商家、从严管控品质，全方位多角度的开展知识产权保护工作，力争为国民提供更优质的商品和服务。

（三）360 打假维权工作报告

2015 年，李克强总理在《政府工作报告》中首倡“互联网＋”概念，2016 年《政府工作报告》数次提到利用“互联网＋”的力量进一步深化改革，互联网正在与各行各业紧密结合，开创“互联网＋”的新时代。同时，传统优势减弱的局面和日益激烈的竞争环境要求加快从中国制造向中国创造的转变。品牌战略是经济转型的重要策略之一，企业需要通过品牌建设和“互联网＋”开拓发展，趋势而上。

知识产权是保护企业自主创新成果最有力的武器。360 公司在短短数年内，迅速为公司积累了数以千计的专利、商标及著作权等无形资产。360 公司通过多年来对知识产权的重视、管理和维护，在为公司业务“保驾护航”的同时，也进一步铸就了“360”品牌“安全”的力量。

作为中国领先的互联网、移动互联网安全产品和服务提供商，360 公司为超过 7 亿的中国互联网用户提供免费、安全、高品质的服务，“360”亦早已成为无可争议的网络安全第一品牌。然而，公司高速发展的同时，被“山寨化”的种种烦恼也接踵而至。特别是 360 公司在进入智能硬件、互联网金融等新领域后，花样翻新的“傍名牌”、“搭便车”层出不穷，严重侵害了公司利益，极大扰乱了市场秩序，更是损害了消费者利益。

在品牌经济时代和知识经济时代条件下，360 公司清醒地认识到树立品牌意识和保护知识产权的重要性，提早蓄力做好品牌建设，对创新成果进行了全面的知识产权布局。以此做为后盾，360 公司发起知识产权“打假”集群战役，频出重拳对各种山寨产品进行坚决打击，成效初显。

1. 互联网生态下企业品牌维权的难点与困境

较之原有的实体业态，“互联网 +”背景下侵犯知识产权有着不同的特点，这些特点对企业品牌维权提出了新的考验。

（1）侵权行为总量大、跨地域、成本低、收益高

网络经营者和商品众多，单个第三方交易平台就可以达到百万级网店数量，经营的商品更是不受传统有限货架限制，可以无限叠加，仅通过人工识别难以做到百分百发现侵权问题。此外，网络打破了商标保护的地域性，而且网络的快速传播和全球化特点决定了侵权产品可以在短时间内通过网络传播到世界各地，整个行为过程可能通过不同国家和多台计算机进行。这不仅加大了商标权人举证的难度，对司法管辖也造成了冲击。一方面，网络空间缺乏有形的物理节点和管辖范围，很难区分涉网侵权是否发生在本国领域内。另一方面，网络的无国界性使得网络品牌侵权行为所产生的后果影响到许多国家，若侵权结果发生地的国家都主张管辖，也就失去了管辖本身的意义。“互联网 +”时代以互联网作为基础设施，追求全网某个细分市场单点爆发。例如，某 APP 或网络游戏在市场上爆发，获得暴利后短期内即可转型做其他 APP 或者网络游戏。这段期间内若无法发现侵权行为，随着 APP 或者网络游戏生命周期完结，侵权也就只能不了了之。因此，违法成本低。相对于低违法成本，侵权者可能获得的收益巨大。商标权利人选择行政、诉讼维权方式都需要花费大量的时间成本，而侵权者会用各种方式拖延时间，以换取市场上的收益。这就给“互联网 +”时代的侵权者留下用“时间换市场份额及收益”的思路。

（2）侵权主体具有复杂性、隐蔽性、多样性

网络主体和行为很多都具有匿名性。无论是 APP 软件匿名作者，还是未经行政机关校验登记的自然人网店或者服务器在国外的网站，很多都是以数字化或者符号化的方式隐藏于侵权行为背后，不易被发现、很难被认定。特别是很多侵权者在注册时，并未提交真实信息，一旦侵权行为发生，权利人难以确定侵权者。此外，“互联网 +”背景下品牌侵权涉及主体众多，较之传统侵权，复杂很多。网络信息的发布方、网络信息的接受方、网络服务提供方、网络基础设施运营管理机构等都可能成为侵权行为的实施者。

（3）侵权形式多样态、变化快、监测难

“多业态”是指互联网中商标侵权发生的形式多样，在独立网站、第三方交易平台的网店、手机 APP、游戏、PC 端软件、搜索引擎等都有可能发生。以 360 公司为例，在独立网站、网店、手机 APP 等多个领域均遭遇过商标侵权。此外，联网经营变化速度快，网络产品上下架情况 24 小时实时随时变化，给侵权监测造成极大困难。

（4）索赔难度大、维权成本高

互联网侵权行为屡禁不止，索赔难度大是重要原因。目前 APP 作者、网络商品交易平台上自然人网店等并未完全实现实名制，国家全网级信用惩戒体系亦未完全搭建，侵权者换个“马甲”继续经营，提高了维权成本。此外，在一些互联网品牌侵权案件中，最终的赔偿数额非常有限，而互联网上品牌侵权多跨地域，最终的赔偿金抵不上维权所需要的公证、取证、代理律师费、差旅等成本，造成企业品牌维权的“得不偿失”。

2. 360 公司互联网知识产权的战略构成

（1）激励知识产权创新

自 2012 年起，360 公司即确立了“数量”和“质量”并举的知识产权发展战略目标。持续加大商标、专利和著作权申请数量，进行横向“圈地”布局，不断提升知识产权的质量、增加授权率，尤其在核心业务领域不断增强与竞争对手的抗衡力，成效显著。从数量上看，360 公司目前已申请专利超过 9 000 件，商标申请过 3 000 件，软件著作权近 1 000 件，2016 年国内发明专利申请总量即超过 2 700件，并仍在持续不断积极为公司积累和储备无形资产。从质量上看，在移动互联网领域，360 公司很多授权专利被高通和腾讯等著名 IT 公司专利引证，360 公司的专利布局在国内处于绝对领先地位。例如，2012—2016 年连续五年获得“北京千件专利企业”荣誉称号，2014 年、

2015 年连续两年入选中国企业发明专利申请前十。2014 年被评为首批“中关村知识产权领军企业”，2015 年被评为国家知识产权优势企业，2014 年、2016 年两获北京市科学技术奖、北京市发明专利奖，连续 4 年获得 6 项中国专利优秀奖。2014 年获得由朝阳快维中心颁发的我国第一件 GUI 外观设计专利保护证书（中国 CUI 专利保护首次破冰的标志）。商标方面，360 及图商标在 2016 年被认定为“北京市著名商标”。此外，360 公司通过举办代理人培训、优秀代理人评选、专利评审会和发明人奖励等一系列激励措施，以及与国家知识产权局、中关村促进局、专利保护协会、国家商标局、中华商标协会、北京市工商局等多个知识产权主管部门的密切沟通和交流，不断促进专利和商标数量与质量的提升。

（2）提升知识产权管理

“深入前线”是知产挖掘工作的基本宗旨。360 公司知产团队的每位成员都有着各自擅长的业务领域，能够对所负责业务线的知识产权问题作出及时、可信的响应和反馈。通过及时了解业务线在知识产权方面的需求、提前认识到可能存在的风险，进而有针对性地提供方案，牢牢把握住每一个可能的“闪光点”。

公司为鼓励和吸引员工加入到知识产权工作中来，多种措施并举，培育和强化员工的知识产权意识，包括：第一，长期实施并执行专利申请奖励制度，对申请专利的发明人给予奖励报酬；第二，专利申请荣誉表彰，在每年年底对申请专利的发明在数量、质量、应用等多方面进行评比，并颁发荣誉奖章；第三，每两月召开专利评审会，经技术专家、市场专家、法律专家等多种角度综合评审，评选出优秀专利一、二、三等奖，在全公司进行表彰并给予获奖发明人现金奖励；第四，举办专利代理人技术培训会，加强专利代理人对行业最新技术和趋势的了解，提高业务水平。

（3）加强知识产权保护

第一，人工与大数据结合，多渠道发现侵权行为。360 公司配有专人负责各类侵权行为的搜集和汇总，开通了针对员工和用户的侵权举报渠道，发动更多人员投入监测环节。此外，360 公司利用大数据开展侵权“天眼”研发，力争推动侵权自动发现与推送。通过定期关键字检索、主要第三方平台检索、商标公告监测等方式，第一时间发现侵权行为。

第二，全方位开展商标维权。根据侵权方和侵权行为的性质、持续时间、严重程度等具体情况，360 公司有针对性地采取相应的维权措施，包括但不限于出具律师函、启动商标异议、无效、撤销等知识产权行政程序、向工商部门发起侵权投诉、向知识产权主管部门申请行政执法、提起法院诉讼等。尤其是顺应公司智能硬件发展趋势，360 公司主动进行海关备案，借助海关力量提前发现并制止海关进出口中的侵权行为。此外，360 公司在互联网金融、P2P 领域针对“傍品牌”情况进行维权。例如，以“360 贷贷网”侵害 360 相关注册商标专用权为由，360 公司向北京知识产权法院提起注册商标侵权诉讼，请求判令被告停止侵犯涉案注册商标专用权的行为，停止使用并注销“www.360daidai.com”域名，并赔偿经济损失及诉讼合理开支。此案是迄今为止互联网金融领域商标侵权索赔金额的最高记录，也是互联网金融领域首起驰名商标司法认定案，堪称互联网金融商标第一案。

第三，商标维权效果显著。360 公司很早就启动了“360”数字标在公司核心业务所属类别的授权工作，并最终获得了商标局、商标评审委员会和法院的支持。目前在第 9 类（计算机软硬件）、第 35 类（计算机网络上的在线广告）、第 38 类（通讯）、第 41 类（在线游戏）和第 42 类（杀毒、搜索等计算机相关服务）上都获得了授权，为公司业务提供了重要支持，也为打击 PC 端、移动端和线下各类针对“360”商标的侵权行为提供了坚实的权利基础。2016 年，360 公司的“净网维权行动”卓有成效：360 监测到侵权 APP/链接/网站/网页等总计 10 696 件/个，已下架或断开链接 6 059 件/次，成效显著，极大地维护了 360 品牌的声誉。通过商标维权谈判，某公司主动免费向 360 提供了千万条的数据资源，双方达成和解。通过对第三方申请注册的“三六零”商标提出异议，成功认定公司“360 及图”商标为中国驰名商标。在深圳、浙江工商部门的大力支持下，成功查处假冒网站“3 601 元夺宝”，山寨网站“好搜导航”也被关闭。

（4）勇于承担社会责任

作为互联网“免费安全”的首创者，360 公司始终将社会责任作为立身之本，将公益作为企业发展基因，致力于运用互联网思维方式打造不断创新的公益体系，推动中国公益事业的发展。

首先，通过电话和短信的识别与拦截，360 手机卫士极大地保障了用户手机和经济财产的安全，取得的社会效益有目共睹。2016 年，360 手机卫士共为全国用户拦截各类垃圾短信约 173.5 亿条、钓鱼网站攻击 15.9 亿次、骚扰电话 385.1 亿次。以骚扰电话拦截为例，360 安全卫士平均每天为全国用户识别与拦截 1.05 亿次。从月度数据看，12 月拦截的最多，将近 50 亿次。从骚扰电话识别和拦截情况看，广告推销类骚扰电话占比 15.5%，位居首位，其次为诈骗电话（12.6%）、“响一声”（5.9%），房产中介和保险理财的占比分别为 4.7% 和 1.7%。

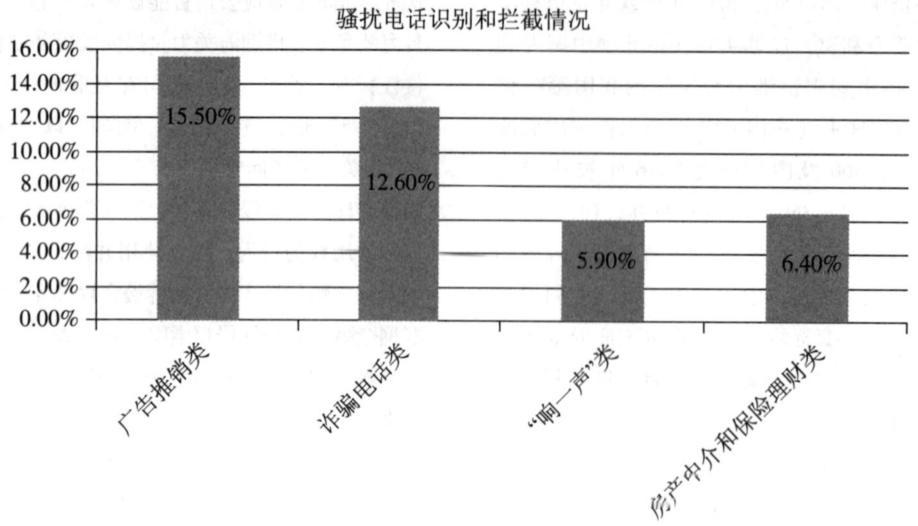

从骚扰电话号源看，固定电话的总拦截次数占比最高，达到 56.7%。第二、三位是中国电信、中国联通的手机号码，分别占总拦截次数的 12.3%、11.0%。400/800 电话被拦截的次数占比为 10.6%，位列第四。中国移动手机号码和虚拟运营商号码被拦截次数相对较低，分别为 6.2%、3.2%。

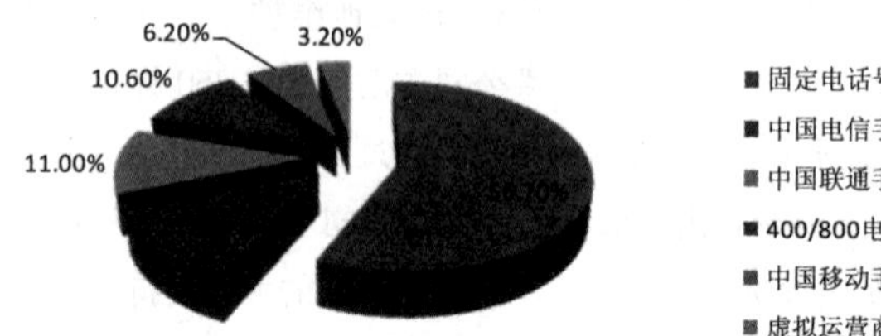

其次，立足公司技术优势，定制安全防护方案，坚持打击侵权应用。作为国内最大的应用商店，360 手机助手以安全可信为本。2016 年，360 手机助手联合国家海关总署政法司、公安部经侦局、国务院下属全国打击侵犯知识产权和制售假冒伪劣商品工作领导小组办公室等多家部门，共同成立中国移动互联网安全联盟，推出 APP 安全标准，从整个移动应用分发行业出发，确保用户个人数据不被滥用。除此之外，360 手机助手还通过各种产品和活动为每一个用户定制安全防护方案，保护用户数据和隐私安全。如 360 手机助手推出的“绿剑行动”、“照妖镜”、“加固保”等产品和活动，能对用户手机中隐藏的恶意软件进行检测和彻底清理，防止 APP 被反编译、二次打包，防止被嵌入各类病毒、广告等恶意代码，切实保护用户的权益。而且，360 手机助手以公司文化为根基，从各个环节上保护开发者的知识产权。开发者账号注册时需要提交相应的公司资质、行业资质、所提交产品的软件著作权等，共拒绝不符合规定应用 3 840 个；提交应用时对其本身功能进行严格把关，处理侵权应用 4 824；上线后，对应用进行定期的回扫，发现不符合规定应用产品坚决给予下架处理，绝不姑息。

再次，依托海量数据，进行精确定位，保护公民信息。360 手机卫士依托精准的骚扰拦截大数据、云计算等技术，整合汇聚上千亿条互联网数据和社会数据。通过数据分析和挖掘发现犯罪蛛丝马迹，顺藤摸瓜理顺犯罪链条，摸清整个犯罪集团。例如，在公安部协调及广东省公安厅的指挥下，360 手机卫士依托海量数据建立的精准的反骚扰、防诈骗技术，助力广东警方“飓风 1 号”专项行动。该行动涉及全国公民个人信息近亿条，成功摧毁侵犯公民个人信息犯罪团伙 6 个，捣毁犯罪窝点 14 个，抓获犯罪嫌疑人 138 名，查扣银行卡 2 000 余张和一大批电脑、手机、存储设备。

第四，通过大数据支持，预防、打击涉网犯罪，积极参与社会共治。例如，在深圳警方开展的打击治理电信网络新型违法犯罪的专项行动中，360 手机卫士通过大数据支持，利用 360 电话识别拦截系统所提供的反骚扰、防诈骗技术手段，协助警方清查 18 个涉及骚扰信息违法犯罪的窝点：接受调查 400 余人，刑事拘留 13 名嫌疑人，治安拘留 39 人，罚款 8 人，警告训诫 215 人，关停涉及骚扰的电话 208 个。

3. 互联网生态下企业品牌维权的思考与建议

（1）发挥互联网中间节点的过滤作用

“互联网 +”时代商标侵权具有侵权者和消费者“两头

虚”、侵权行为“通道少、节点明”的特点。例如：大多数公众进入PC端互联网独立网站一般选取通过网站导航主页，如：“360”“hao123”等，或者通过使用搜索引擎到达目标网站；网购商品多会通过京东、淘宝、天猫等大型第三方交易平台进入；在移动互联网时代，具有APP下载的应用商店是最主要的入口，如“360手机助手”“豌豆荚”“91手机助手”等。“互联网+”时代连接消费者和经营者的中间节点极为有限，因为没有人会记得排名第八名的搜索引擎为何，也无人会记得排名第20的第三方交易平台。

因此，可以利用互联网“通道少、节点明”的特点，破解互联网“两头虚”，切断侵权企业的流量“粮道”。互联网交易本质上是“流量生意”，浏览量、下载量、活跃量的缺乏将导致经营的难以为继。流量是互联网时代的“粮食”，只需切断“粮道”、实施断“流量”，让网民难以找到侵权企业即可，这是互联网时代维权的高性价比之选。相应地，商标权利人可将维权重点放在各类互联网中间节点上，这会起到事半功倍的维权效果。例如，360公司在维权时，通过与第三方商品交易平台沟通，下架侵权商品，仅“儿童卫士”在某个平台就下架72店铺商品链接。

（2）探索大数据应用监测，建立发现侵权的“天眼”

通过360自有大数据，对网上销售价格超低异常的商品进行监测，例如，iphone6Splus售价为3 000元，即有合理理由怀疑其为假货。根据商品设立价格监测区间，建立技术“天眼”，降低人工肉眼识别的工作量。用大数据推送线索，结合人工进行判别，建立互联网上品牌侵权监测技术路线，通过技术保障品牌侵权监测的实时性和全面性。

（3）着力打击侵权“重灾区”，发挥警示、预防、惩戒作用

P2P领域作为目前互联网界乱象聚集的行业，已经多次出现跑路、崩盘等情况。金融类或P2P类初创企业通过“傍品牌”或“搭便车”，似乎建立了一条建立或打响品牌的“捷径”，以为通过“讨巧”方式可以快速建立品牌影响力进而产生商业利益。大多数用户亦顺其自然地认为知名互联网企业涉足金融业务，推出金融创新服务，误入、误投侵权企业，从而让很多“傍品牌”金融类和P2P类公司铤而走险。无论对于企业品牌还是广大用户，这类侵权都损害巨大。

在这类案件中，品牌方应更多选择高调维权，要运用法律武器与互联网金融领域的“傍品牌”侵权者对决，以正视听，与侵权者划清界限。这不仅可以让广大用户知晓真实情况，防止用户损失的扩大，而且有助于避免后续人员的上当受骗，也对其他初创企业的“傍品牌”想法具有预防和震慑作用。

（四）打击侵权假冒与侵犯知识产权典型案例

1. 惠普电源适配器产品网上打假案

2016年6月，惠普本案受委托人通过市场走访，发现一以“刘某”为首的团伙在石家庄各大主要电子市场大量批发销售假冒HP笔记本电池产品。经进一步核实，确认该团伙是“深圳黄勇团伙”的一个下家。2015年6月6日，惠普本案受委托人协调深圳市公安局龙华分局对“深圳黄勇团伙”进行了刑事打击；经初步调查，惠普掌握目标如下信息：目标团伙主要销售惠普、戴尔和华硕品牌的笔记本电池产品；目标团伙负责人刘某拥有一家正式注册的公司，名为“石家庄泽策电子产品贸易有限公司”，目标团伙以该公司名义在网络平台大肆进行笔记本电池产品销售宣传；经过实地核实，该公司注册地址并非目标团伙所在；目标团伙共有两家网店，一家无名淘宝店铺，目标团伙的主要产品信息都会在此店铺上公布，另一家则是以注册公司命名的1688网店；目标网店HP笔记本电池的累计销售量达到了1 000块以上；目标网店销售的惠普电源适配器产品价格十分低廉。比如：HP G4 MU06笔记本电池单价为CNY108，远低于惠普正品价格；惠普本案受委托人对目标进行了一次简单的产品测买：HP G4 MU06笔记本电池一个，鉴定结果为假冒产品。通过测买获得的发货地址为河北省石家庄市桥西区石铜路和南二环交叉口东良乡村口，初步调查确认该发货地址同时用于产品存放；目标人员约有4名：刘某为负责

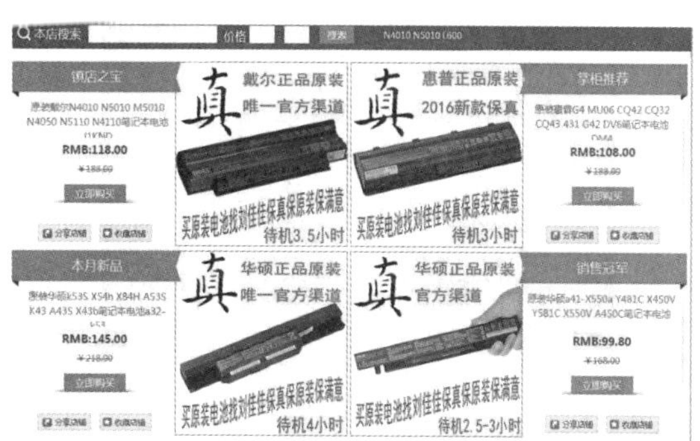

目标网店截图

人，其他3人主要负责与客户在线交流、产品贴标、打包、发货等；目标团伙对出售的产品可以开具正式发票，发票开具单位则是关联公司石家庄泽策电子产品贸易有限公司；目标在网络销售生产的假冒笔记本电池有5年时间，已积累了大量固定的客户，在惠普硬件销售市场已有一定影响力。最终本案在惠普受委托人与深圳市公安局龙华分局共同合作下，对本案侵权人实施刑事打击，完善对权利人相关知识产权的维护工作。

2. 微软 windows 作业系统软件网上打假案

（1）MS－瀚海国际有限公司案

2016年2月25日，本案微软知识产权代理人发现一家名为 MS－瀚海国际有限公司（HanHai International Co.，Ltd）的网店涉嫌向海外（如韩国）大肆销售盗版微软软件，并显示地址为深圳市龙华区。微软知识产权代理人立即安排资深微软案件调查团队对上述网店展开调查。经查，发现网络所显示的目标地址、联系人等信息均不真实。前述调查团队运用了一系列专业调查手段，确认了该目标网店只用于发布海外信息，而实际供货人怀疑是一名叫“杨某”的男子。微软知识产权代理人从微软售假业内人士处获知目标人杨某曾于2010年9月因制售盗版微软软件被判刑，从而判断该人具有重大嫌疑。调查员围绕杨某2013年2月刑满释放后的活动情况展开深入调查，发现杨某仍有制售盗版微软软件的行为，且制假规模更大。一方面通过互联网发展境外买家，将盗版软件销往韩国、越南、美国等国家；另一方面进行了更专业的分工协作，雇用肖某、肖某二人，为其包装软件、销售发货。微软知识产权代理人将杨某团伙的人员信息、分工情况、活动规律、制假窝点、仓库存储、发货规律等情况汇报微软公司后，在微软授权下，协助公安机关对该团伙各个地点展开统一执法行动。2016年6月23日，深圳市公安局龙华分局民新派出所公安人员对杨某团伙涉案的3处地址展开执法行动，当场抓获该团伙所有成员杨某、肖某、肖某三人。次日，上述3人均以涉嫌假冒注册商标罪被刑事拘留。

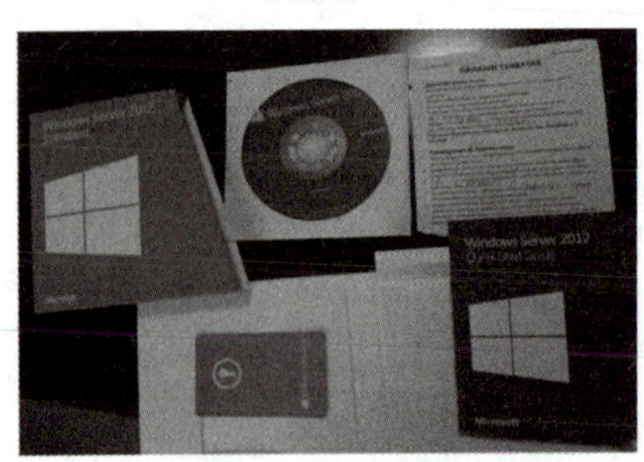

本案伪造网上销售商品

在侦办过程中，鉴于本案嫌疑人不进行当面交易，也不适用现金结算，而是主要通过网络途径将产品对外销售，使用银行账户收取货款。为固定相应证据，代理人协调侦办人员从各个银行调取相关交易流水，有效地指证了嫌疑人售假牟利的犯罪事实。本案人员是近几年抓获的制售盗版微软软件反侦查经验最为丰富的嫌疑人（累犯），在供述中，言语表达清晰，内容前后对应，依靠自身对微软产品的熟知而避重就轻地应付侦办人。代理人应公安机关要求，制定审讯提纲，并直接协助参与审讯过程。通过有针对性地对其进行审讯，获取有价值的询问笔录，为案件顺利移送检察机关奠定了坚实基础。在报送批捕阶段，检察机关认为查扣的多数是光盘，光盘只是软件的一部分，且有的型号一套软件是包含多张光盘的，将单张光盘按照成套软件计算，明显对嫌疑人不公平。为此，微软采取协助侦办人对涉案软件光盘逐一分类，并协助梳理其销售记录，按其销售价格重新计算案值，一并追究其既往销售记录。最终深圳市宝安区人民检察院对杨某、肖某、肖某三人均予以批捕。

在审查起诉阶段，公诉机关认为缺乏杨某累犯的判决材料及释放证明，以及需要进一步核实实际销售价格等关键证据，2016年9月份将案卷退回公安机关补充侦查。在补充侦查期间，代理人根据补侦要求重新拟定审讯提纲，协助补充侦查证据；重新审查起诉阶段，就公诉机关所关注的本案实际销售价格等关键问题，微软知识产权代理人通过与检察官当面沟通方式，分别从案件证据材料搜集整理情况及法律适用问题提出法律意见。

在法院审理过程中，微软知识产权代理人与法官多次当面沟通，同时提出在适当时间法院组织被告家属与被害单位代理人双方就赔偿问题进行会谈。开庭过程中，微软知识产权代理人提出自案发以来，三名被告及其辩护人、家属，从未向被害单位微软公司公开表达过歉意，也未积极履行赔偿义务以减轻被害人的损失。被告在实施持续侵权犯罪（包括之前被抓获判刑）活动中获得了高额的非法所得，同时，给被害人造成巨额的经济损失。鉴于被告具备赔偿能力但没有任何诚意来降低被害人的损失，被害人及代理人看不到被告具有任何实质性的悔罪表现。法院将依法裁判。

（2）MS－广州联羽有限公司案

微软知识产权代理人在对微软产品日常监控中发现，一名为方正软件科技的淘宝店铺涉嫌销售盗版微软软件。经核实，该目标团伙真实存在，经营主体为广州联羽有限公司。涉案产品有 Win7、Win8、Win10、Office、Win Server 等。通过调查，确认方正软件科技的发货地址为：广州市天河区石牌百脑汇B座1404室。微软知识产权代理人在实地走访后发现，侵权方内部共计员工6人，主要通过网络向世界各地销售软件。另发现，每日下午18点左右，目标仓库百脑汇

大厦809室的工人会根据位于1404室的销售人员提供的订单备好货，再通过中通快递发出，平均每天大概40个快递，估算软件数量在百套左右。这表明，目标每天发货量较大，库存较多。

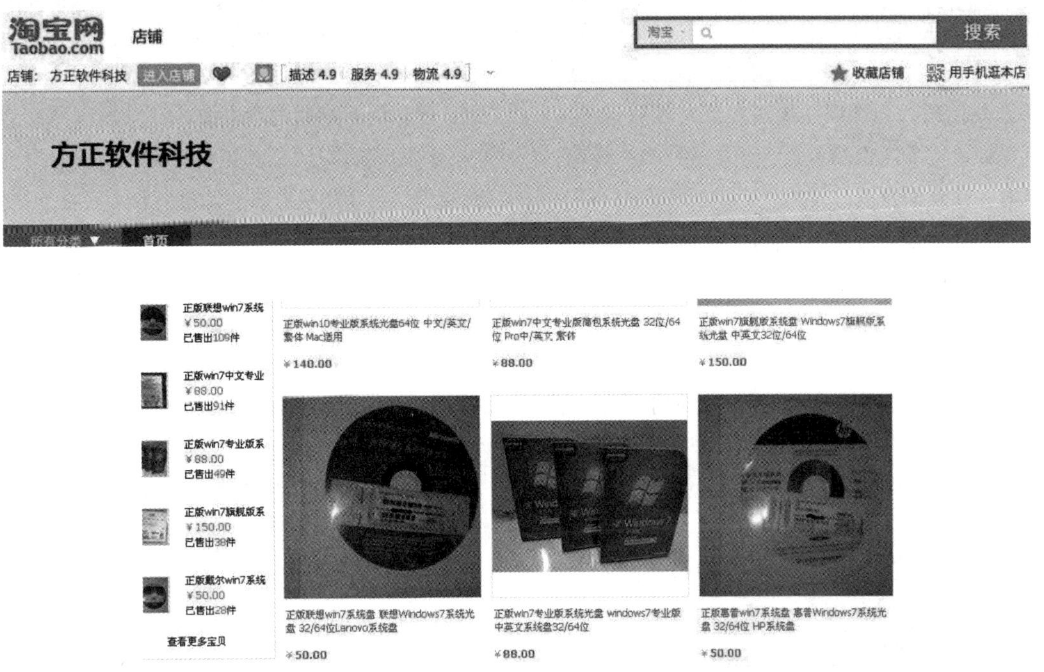

目标淘宝店铺截图

微软知识产权代理人通过持续监测调查，掌握了目标相关人员的活动规律。根据目标的活动规律，微软知识产权代理人协调广州市公安局天河区分局元岗派出所的执法人员于2017年3月8日下午对目标涉案的两处地点进行检查；执法人员以及微软知识产权代理人对目标的新办公地点和仓库进行检查。发现在办公室靠近墙角部分摆放有成桶的微软软件光盘，在老板余某某办公桌上发现多张销售合同，均是购买微软软件的，并发现一张“微软金牌认证合作伙伴”的证明文件。在对各业务人员电脑进行检查过程中，发现每个业务人员均是通过QQ对外推销微软软件产品。据业务员交代，他们负责在网络上推广该团伙私自制作的盗版软件产品，主要客户就是淘宝或阿里巴巴网店，这些店主再通过QQ下单，由业务员统计后发给老板余某某，余某某再指示窝点负责人余某某进行制作、发货。执法人员将所有微软产品进行查扣，带回公安机关进行清点，并将相关嫌疑人带回做进一步调查。

目标窝点，面积50平方米左右。分为两个部分，一个部分是摆放卡位，有4人在办公，另一部分是摆放有各种打印设备，对光盘及COA进行打印，由余某某负责，同时在窝点各个角落都堆满了成桶的光盘、尚未打印序列号的COA标签，以及账册等物品；在余某某使用的电脑内，调查员发现了大量的COA标签使用的序列号，在所连接的打印机上也摆放有正在印制的COA。据余某某介绍，其电脑中所存放的COA标签有多个版本，都是收购来的，均可以通过微软的正版验证，每激活一次都会进行记载，包括一些试用版本序列号，根据订单需求，每天在出货前进行打印不同版本，价格也有差异。在一台光盘打印机上摆放有空白盘面的光盘，通过设备打印后，盘面就会印制好不同型号的微软光盘。执法人员将所有微软产品进行查扣，带回公安机关进行清点，且将相关嫌疑人全部带回做进一步调查。截至行动结束，执法人员在目标两处窝点共计查扣软件光盘7 380张，COA标签27 342个，另现场查扣打印机4台，电脑主机1台，显示器1台，笔记本电脑2台；余某某和余某某两名嫌疑犯被警方刑事拘留；目前所有产品均已清点完毕，并扣押存放在执法机关。

3. 哈雷手表网上销售打假案

世界顶级休闲摩托车品牌哈雷在华知识产权代理人调查发现有一家名为“顶尚品质手表商城”的淘宝店铺大肆销售多款假冒哈雷手表，标价均为1 680元，但实际售价则是195元；经过样品购买，确认目标销售的哈雷手表均为假冒产品；在深入调查后，发现目标是一家具备合法注册资质的公司，名为“深圳市金诺时表业有限公司”，该工厂有工人5人，老板陈某某经营名称为“顶尚品质手表商城”的淘宝店铺。目标不仅生产销售哈雷手表，还生产销售其他品牌的学生手表。2016年3月7日，哈雷知识产权代理人在淘宝网巡查时发现“顶尚品质手表商城”销售目标产品手表，通过将该测买样品送交哈雷公司鉴定后确定为伪造品。哈雷在华知识产权代理人立即联系执法人员对目标实施执法检查并协同深圳市宝安区市场监督管理局进行执法行动。执法人员查找时，在仓库发现一纸箱里有 HARLEY-DAVIDSON（哈雷）手表的包装盒子、袋子和手表，经过仔细辨别，哈雷手表为假冒产品，在仓库还有大量的其它品牌手表产品；执法员对目标负责人陈某某进行询问后，目标负责人陈某某交代不知道哈雷手表是假冒产品，供述是广州的某公司供货，并在淘宝网上销售。执法人员依法对销售环节的假冒产品不予立案处罚，但现场对目标负责人进行了相关法规的教育和说明。

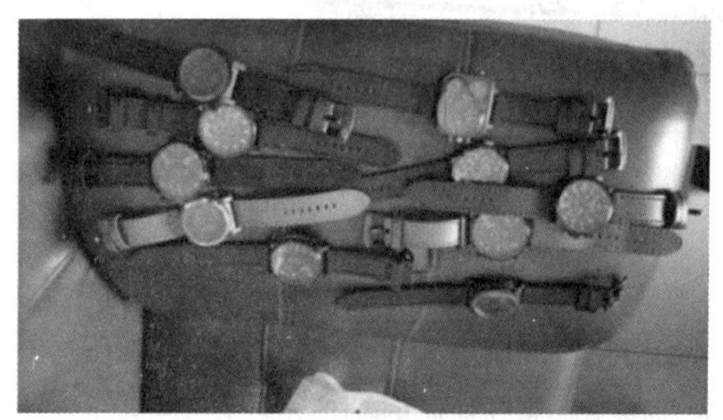

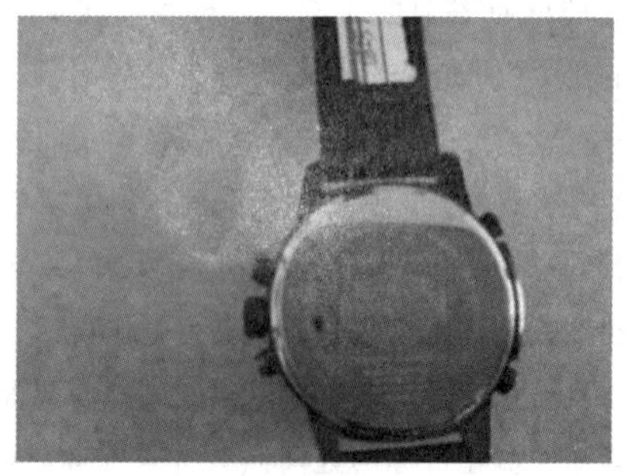

目标产品

2016年10月，在国家发改委、中央网信办等七部门的牵头与支持下，阿里巴巴、腾讯、百度糯米、滴滴出行等八家互联网公司共同签署了《反“炒信”信息共享协议书》，成立反炒信联盟，迈出了围堵恶意行为，共建互联网生态的第一步。平台治理呼吁各平台能够建立、完善主动防控机制；加强信息互通与联动打击，共同围堵恶意行为；拒绝“搞噱头、喊口号”，真正将制售假、虚假交易打击工作落到实处，为互联网生态建设出一份力。在互联网科技领域，无论是草根创业者、还是发展型企业抑或行业标杆企业，无不在各自发展阶段面临着诸多现实的知识产权问题挑战，其中的商标、版权及专利纠纷层出不穷，一方面这与创新主体自身的意识、能力相关，同时也这是中国知识产权服务行业的水准、产品服务匹配力的尴尬。知识产权权利的维护与运营，事关企业发展战略，故此，在相关基础业务之外，中国的知识产权服务机构如何能依从企业战略角度出发，提出更为深刻的知识产权保护与运营模式，在实务观察中尚存在一定想象的距离。

（撰稿人：方立维）

典型案例

Representative Cases

侵犯著作权典型案例

一、杭州大头儿子文化发展有限公司与央视动画有限公司侵害著作权纠纷上诉案

（一）案情简介

1994年，动画片《大头儿子小头爸爸》（1995年版，以下简称95版动画片）导演崔世昱等人到刘泽岱家中，委托其为即将拍摄的95版动画片创作人物形象。刘泽岱当场用铅笔勾画了“大头儿子”“小头爸爸”“围裙妈妈”三个人物形象正面图，并将底稿交给了崔世昱。当时双方并未就该作品的著作权归属签署书面协议。崔世昱将底稿带回后，95版动画片美术创作团队在刘泽岱创作的人物概念设计图基础上，进行了进一步的设计和再创作，最终制作成了符合动画片标准造型的三个主要人物形象即“大头儿子”、“小头爸爸”、“围裙妈妈”的标准设计图以及之后的转面图、比例图等。刘泽岱未再参与之后的创作。刘泽岱创作的底稿由于年代久远和单位变迁，目前各方均无法提供。95版动画片由中央电视台和东方电视台联合摄制，于1995年播出，在其片尾播放的演职人员列表中载明：“人物设计：刘泽岱”。2012年12月14日，刘泽岱将自己创作的“大头儿子”、“小头爸爸”、“围裙妈妈”三幅作品的著作权转让给洪亮。2014年3月10日，洪亮将上述著作权转让给杭州大头儿子文化发展有限公司（以下简称大头儿子文化公司）。2013年，央视动画有限公司（以下简称央视动画公司）摄制了动画片《新大头儿子小头爸爸》（以下简称2013版动画片）并在CCTV、各地方电视台、央视网上进行播放。大头儿子文化公司认为央视动画公司在未经著作权人许可且未支付报酬的情况下，利用上述美术作品形象改编为新人物形象，制作成动画片等行为侵犯了其著作权，故诉请判令央视动画公司停止侵权，登报赔礼道歉、消除影响，并赔偿经济损失及合理费用。

（二）裁判结果

浙江省杭州市滨江区人民法院认为，刘泽岱作为受托人对其所创作的三幅美术作品享有完整的著作权。大头儿子文化公司经转让继受取得了上述作品除人身权以外的著作权。央视动画公司未经许可，在2013版动画片以及相关的展览、宣传中以改编的方式使用相关作品并据此获利的行为，侵犯了大头儿子文化公司的著作权，应承担相应的侵权责任。鉴于本案的实际情况，该院认为宜以提高赔偿额的方式作为停止侵权行为的责任替代方式，判决央视动画公司每个人物形象赔偿40万元。杭州市中级人民法院二审维持一审判决。浙江省高级人民法院亦驳回央视动画公司提出的再审申请。

（三）典型意义

本案涉及动画人物形象权利归属及后续使用引发的纠纷。随着人们对优秀国产动画片价值认识的不断加深，近年来引发了不少类似的争议。本案中，由于在创作之初，投资拍摄的制片厂、电视台，以及参与造型的创作人员等，各方对其权利义务均没有清晰的认识和明确的约定，法院需要在时隔多年后，适用法律规则，合情合理合法地判定其权利归属，本案的处理对同类问题具有一定指引作用。同时，本案在认定侵权成立的前提下，综合考虑了创作背景和本案实际情况，在平衡原作者、后续作品及社会公众利益以及公平原则的基础上，将提高赔偿额作为被告停止侵权责任的替代方式，亦充分考虑了保护著作权人和鼓励作品创作和传播的公共政策的平衡。

（最高人民法院提供）

二、广东罗开玉等人侵犯著作权案

（一）案情简介

深圳市久洲集翔电子有限公司（以下简称久洲公司）法人代表罗开玉以牟利为目的，于2014年4月11日以久洲公司的名义与无锡友芯集成电路设计有限公司（以下简称友芯公司）签署协议，先后出资约40万元并提供和芯润德公司的正版9700USB网卡芯片，由友芯公司法人代表徐振、研发技术部主管朱晓勇组织技术人员对正版9700USB网卡芯片（含上述固件程序软件）各层电路布局进行拍照，提取、分析数据信息，后将提取的代码数据、电路图等提交给和舰科技（苏州）有限公司（以下简称和舰公司），由其生产出芯片晶圆，再切割、封装为仿冒9700USB网卡芯片成品。截至2015年5月，和舰公司先后共生产了112片该假冒芯片晶圆交付给友芯公司，每片晶圆可制作成约6 500个假冒芯片。徐振将首批5万个封装好的成品仿冒9700USB网卡芯片交付给罗开玉，罗将其中的3 000个以每个人民币

4.5 元的价格出售给了罗开春（另案处理），其余芯片则由罗开玉自行委托他人对外销售。2015 年 6 月 4 日，公安机关对罗开玉住址进行搜查，现场查扣到仿冒网卡成品 105 个、半成品 150 个，网卡芯片 6 包等物。

经鉴定，和芯润德公司登记号为“2015SR003215”的软件著作权的软件源代码经编译生成的 ROM 数据与其型号为 9700USB 芯片的 ROM 数据相同，两者具有同一性。从被告人罗开玉处提取的芯片 ROM 层与和芯润德公司芯片的 ROM 层数据信息相似度 99.998%，友芯公司的 GDS 文件中 ROM 层信息与和芯润德公司芯片的 GDS 文件中 ROM 层信息相似度为 99.998%，均只有 4 位数据不同（共计有 13 万多个数据信息位置）。

（二）裁判结果

该案由深圳市公安局南山分局于 2015 年 2 月 14 日立案侦查。7 月 10 日，深圳市南山区人民检察院以涉嫌侵犯著作权罪对犯罪嫌疑人罗开玉批准逮捕。8 月 5 日，公安机关抓获同案犯罪嫌疑人徐振，并在徐振配合下抓获犯罪嫌疑人朱晓勇，后对该两名犯罪嫌疑人取保候审。2016 年 2 月 26 日，深圳市南山区人民检察院对该案三名被告人罗开玉、徐振、朱晓勇提起公诉。期间，犯罪嫌疑人徐振、朱晓勇赔偿被害单位损失，与被害单位达成和解。同年 4 月 7 日，深圳市南山区人民法院以侵犯著作权罪判处罗开玉有期徒刑三年，并处罚金 5 万元；徐振有期徒刑两年六个月，缓刑四年，并处罚金 2 万元；朱晓勇有期徒刑一年六个月，缓刑三年，并处罚金 1 万元。被告人上诉后，深圳市中级人民法院于 2016 年 6 月 3 日作出驳回上诉、维持原判的终审裁判。

（三）典型意义

该案是侵犯计算机软件著作权的一种新型手段，被侵犯对象是在集成电路芯片只读存储介质 ROM 中固化的软件著作权，权利人将其享有著作权的软件程序复制在 ROM 上，从而实现芯片对外部数据的处理功能，与集成电路布图设计一起构成此种芯片的核心技术。犯罪嫌疑人无法直接通过对侵权对象程序进行复制获取程序代码达到复制目的，只能使用反向工程技术对正品芯片逐层拍照，提取、分析其中的数据信息，最终获取芯片的整个集成电路布图构造（包含已经固化其中的软件著作权）。

立案之初，深圳市南山区人民检察院侦查监督部门介入侦查，并就案件的定性、侦查方向提出合理化建议。该案中，权利人拥有集成电路布图设计登记证书、芯片 ROM 固体软件程序著作权以及使用该芯片制成的网卡的驱动程序著作权三种权利。犯罪嫌疑人通过仿制芯片侵犯了正版芯片上承载的软件著作权，检察机关根据侵权链条中不同环节犯罪嫌疑人的行为和主观认识特点，建议公安机关以侵犯著作权罪追究刑事责任，该定性在审判阶段得到了法院的支持。侦查期间，检察与公安紧密互动，在犯罪嫌疑人罗开玉到案后，检察机关建议公安机关从友芯公司下游晶圆、封装生产商处提取到侵权芯片的原始生产数据；对罗开玉批准逮捕后，又针对证据中存在的问题出具了较为详细的《逮捕案件继续侦查取证意见书》，有效引导侦查，确保了案件后续顺利起诉、审判。案件的成功办理，体现了检察机关高度重视对科技创新和知识产权的保护，为保障单位和个人的研发热情营造了良好的法治环境。

（最高人民检察院提供）

三、河北霍国章销售侵权复制品案

（一）案情简介

2016 年 5 月，被告人霍国章（保定市宏祥书刊发行有限公司原法定代表人）到河南郑州参加图书展销会期间，在一书商手中购买了大量盗版图书，储存在其租用的河北省保定市清苑区田各庄村某库房准备销售。同年 6 月 16 日被保定市文化广电新闻出版局在日常工作检查中查获假冒陕西人民教育出版社的《小学教材全解》丛书 81 000 册、山东省地图出版社出版的《北斗地图》系列丛书 17 000 余册，涉案金额 270 余万元。经河北省印刷产品质量监督检验站进行鉴定，上述图书均为非法出版物。

（二）裁判结果

河北省保定市人民检察院在接到市扫黄打非办移交的案件线索后，经审查认为霍国章销售侵权复制品的行为已达到刑事追诉标准，遂指派侦查监督部门主动介入该案。2016 年 8 月 9 日，保定市文化广电新闻出版局将该案移送保定市公安局立案侦查，保定市公安局同日指定保定市公安局莲池区公安分局管辖。同年 9 月 3 日，霍国章被保定市莲池区公安分局抓获并刑事拘留。9 月 14 日，保定市莲池区人民检察院以涉嫌销售侵权复制品罪批准逮捕犯罪嫌疑人霍国章。12 月 6 日，该案被起诉至保定市莲池区人民法院。12 月 15 日，全国“扫黄打非”工作小组、国家版权局、公安部、最高人民法院、最高人民检察院对本案联合挂牌督办。保定市莲池区人民法院判决被告人霍国章犯销售侵权复制品罪，判处有期徒刑一年，并处罚金 20 万元。被告人霍国章未提出上诉，判决已生效。

（三）典型意义

本案是侵权人以销售获利为目的购入侵权盗版图书，销售侵权复制品的典型案件，涉案盗版图书数量和金额特别巨大，侵犯了多家出版社的版权，社会危害严重。在案件办理过程中，检察机关充分履行侦查监督职能，发挥行政执法与刑事司法衔接信息共享平台作用，强化行政执法机关与司法机关的工作衔接和协调配合，体现了检察机关打击侵权盗版犯罪的坚定决心，震慑了侵权盗版违法犯罪分子，为共同保护知识产权和营造规范有序的文化环境提供了强有力的法治保障，为全社会诚信守法、崇尚创新营造了良好的社会氛围。

2016年6月获悉该案线索后，保定市人民检察院根据《重大疑难案件侦查机关听取检察机关意见和建议工作办法》提前介入本案，指派侦查监督部门主动与行政执法机关多次召开案件讨论会，指导保定市文化广电新闻出版局对查获过程和调查笔录予以录音录像、对查获的非法出版物进行鉴定以固定证据，同时也建议公安机关提前介入、配合行动，并与公安机关就受理行政执法机关移送涉嫌犯罪案件的审查标准、涉案金额的确定、法律的适用、案件的管辖等问题进行讨论，达成一致意见，为该案的成功侦破奠定了扎实基础。后在保定市人民检察院建议下，保定市文化广电新闻出版局将该案移送保定市公安局立案侦查。侦查期间，保定市人民检察院又多次跟踪案件进展，引导侦查取证，指明侦查方向，最终法院对本案依法作出有罪判决，有效维护了出版单位的合法权益，取得了良好效果。

（最高人民检察院、国家版权局提供）

四、河北省保定市文化部门查处张某某等侵犯他人著作权案

（一）案情简介

2014年10月30日，保定市文化广电新闻出版局、保定市新市区公安分局、保定市新市区文体教育局接群众举报线索，发现位于保定市天威西路江城东队的浩宇家具厂内存在印刷厂，现场发现JS2102印刷机1台、晒版机1台、三面刀1台、对开刀1台、折页机3台、配页机1台、圆盘胶订机1台、打捆机1台等印刷设备，生产车间正在装订《国家电网公司电力安全工作规程（线路部分）》，未切边的700册，未胶订的4 800册。发现4 880册《朗文·外研社新概念英语（新版）》成书。当事人未能提供《印刷经营许可证》。发现该案后，立即成立了由保定市文化市场行政执法大队、保定市新市区文体教育局、保定市新市区公安分局组成的“10·30案”专案组。经对当事人询问，当事人供出一盗版书籍藏匿书库。10月31日，专案组对保定市新市区富昌村内一民宅进行检查，现场发现《朗文·外研社新概念英语（新版）3》等书。通过两天的清点，共有图书40余种，7万余册。经河北省印刷产品质量监督检验站鉴定，《新概念英语3》《新概念英语4》等32种图书为非法出版物，共计101 632册，涉案金额5 569 670元。

（二）处理结果

该案移交司法机关后，2015年12月，保定市竞秀区人民法院对其宣判。张某某构成侵犯著作权罪，判处有期徒刑3年，并处罚金人民币300万元；朱月朋构成侵犯著作权罪，判处有期徒刑1年，缓刑2年，并处罚金人民币280万元；王树民构成侵犯著作权罪，判处有期徒刑1年，缓刑2年，并处罚金人民币280万元；王树青构成侵犯著作权罪，判处拘役6个月，缓刑1年，并处罚金人民币10万元。

（文化部提供）

五、河南省巩义市竹林新华包装材料厂侵犯他人著作权盗印出版物案

（一）案情简介

2014年11月17日，根据北京师范大学等出版社举报，全国及河南省“扫黄打非”工作领导小组办公室督办，河南省巩义市“扫黄打非”工作领导小组协调，巩义市公安局、市文化广电新闻出版局成立联合行动组，对巩义市竹林新华包装材料厂进行了查处，检查中发现，该厂未办理出版物《印刷经营许可证》，在该厂发现有《中考英语》等出版物散页19万余张，在该厂仓库发现有成品出版物142 981册，涉案金额3 863 481元。执法人员对涉嫌非法出版物、PS版、印刷胶片进行扣押，予以异地封存。2014年11月25日，巩义市文化广电新闻出版局就该厂印制的由首都师范大学出版社出版的《5年高考3年模拟·高中文综》《小学教材全解》等61种出版物提交河南省新闻出版局鉴定部门进行鉴定，确定该厂印制的《5年高考3年模拟·高中文综》为侵权盗版出版物。

（二）裁判结果

2014年12月1日，巩义市文化广电新闻出版局向巩义市公安局移送了该案的相关证据材料。郑州市人民检察院指控被告人徐某某涉嫌侵犯著作权罪，于2015年9月18日向郑州市中级人民法院提起公诉。郑州市中级人民法院于2015年10月15日公开开庭审理了本案。2016年2月1日，河南省郑州市中级人民法院依法作出刑事判决：被告人徐某某构成侵犯著作权罪，判处有期徒刑五年六个月，并处罚金人民币70万元；判决被告人李某某构成侵犯著作权罪，判处有期徒刑四年六个月，并处罚金人民币40万元；判决被告人张某某构成侵犯著作权罪，判处有期徒刑三年，并处罚

金人民币 10 万元；判决被告人张某某构成侵犯著作权罪，判处有期徒刑三年，并处罚金人民币 10 万元。宣判后，原审被告人徐某某、李某某、张某某、张某某不服，分别提出上诉。河南省高级人民法院受理后，于 2016 年 6 月 17 日做出终审裁定“驳回上诉，维持原判”。

（三）典型意义

盗版教辅图书不仅给权利人造成巨大损失，也严重影响学生版权保护意识的形成。该案涉案教辅图书种类、数量众多，侵权盗版规模巨大，司法部门依法从严查处，维护了出版社的合法权益，有效规范了地区教辅市场秩序，产生了较好的社会影响。

（文化部、国家版权局提供）

六、江苏省张家港市文化部门查处朱某某侵犯著作权案

（一）案情简介

江苏省张家港市文化广电新闻出版局执法人员通过网络巡查，发现 2020KK 电影网站通过链接文件索引地址，利用嵌入网页的吉吉影音、西瓜影音等软件为用户提供浏览、下载大量影视作品的服务，执法人员对其中的《非诚勿扰》《百家讲坛》《天天向上》等 527 部作品进行了取证并下载，经查该网站没有取得相关权利人江苏电视台、央视网、湖南电视台的授权。2015 年 3 月 10 日，张家港市文化广电新闻出版局执法人员联合张家港市公安局民警对当事人住所进行检查，当事人承认其在 2014 年至 2015 年 3 月期间，在未经著作权人许可的情况下，通过软件将采集的大量视频发布到其非法开设的网站上供网民观看，并通过发布广告牟利。经查，当事人在 www. 37cs. com（创速网络传媒）上注册账号获取广告投放代码，然后通过广告代码将广告投放在该电影网站上，当事人根据 www. 37cs. com（创速网络传媒）点击率牟利。当事人在 2014 年至 2015 年 3 月期间，以营利为目的，在其管理的电影网站上通过链接文件索引地址，利用嵌入网页的吉吉影音、西瓜影音等软件为用户提供浏览、下载大量影视作品的服务，吸引网民浏览点击广告获取点击率，共获利 74 217. 656 元。当事人未经著作权人许可，以营利为目的，在其管理的网站上发行其作品，涉嫌侵犯著作权罪。2015 年 3 月 10 日移交公安机关处理。

（二）裁判结果

移送司法机关后，人民法院判处朱某某有期徒刑十个月，缓刑一年，并处罚金人民币 5 万元。

（文化部提供）

七、福建省晋江市文化部门查处谭某未经著作权人许可、发行其作品案

（一）案情简介

2015 年 8 月 22 日，福建省晋江市文体新局执法人员在日常巡查中发现，在晋江市陈埭镇洋埭步行街天宝诊所旁一无名店面正在销售盗版音像制品，执法人员现场查获 4 791 种共计 5 000 片盗版音像制品，经营者为谭某。执法人员对涉嫌盗版的音像制品证据先行登记保存，并于当天予以立案。经查，自 2013 年 3 月起，谭某在未取得音像制品经营许可证的情况下，在其租用的店面内经营音像制品并销售盗版音像制品。2015 年 8 月 23 日，晋江市文体新局将该案移交至晋江市公安局滨江派出所，同日，谭某因涉嫌侵犯著作权罪被刑事拘留。2015 年 11 月，国家版权局办公厅下发通知，将该案列为国家版权局、公安部联合挂牌督办案件，并就案件查办工作提出相关要求。2016 年初，根据国家版权局与福建省版权局通知精神，经协调研究，成立了以泉州市文化市场综合执法支队、晋江市公安局滨江派出所、晋江市文化市场综合执法大队三个单位 8 名业务骨干组成的专案组，具体完成该案的移交、法律适用等具体工作。

（二）裁判结果

2016 年 6 月 14 日，晋江市人民检察院以被告人谭某侵犯著作权罪向晋江市人民法院提起公诉。2016 年 8 月 16 日，晋江市人民法院依法对该案作出一审判决。

判处谭某有期徒刑二年，缓刑三年，并处罚金人民币 1 万元；扣押的盗版音像制品 5 000 片，予以没收。

（文化部提供）

八、江西省南昌市文化部门查处熊某某侵犯著作权案

（一）案情简介

2015 年 5 月 20 日，江西省南昌市文化广电新闻出版局接省版权局督办的转办案件，反映不法单位（商家）或个人在利益驱使下，置广大学生利益于不顾，公然盗版江西省人民出版社出版的《南昌市 2015 年中等学校招生考试样卷》，其行为严重破坏了市场经济秩序及该社名誉，对此南昌市文化广电新闻出版局（办案单位：南昌市文化市场综合执法支队）对出版社举报的昌北一中和昌东二中等学校进行调查，并对两所涉案学校购进的上述《样卷》进行抽样取证并提请省新闻出版广电局进行鉴定，经鉴定全部为侵权盗版非法出版物。经查，涉案学校从熊某某个人手中征订

《样卷》，熊某某是从非正规渠道进的货。查处过程中，熊某某销售给上述两所学校侵权盗版非法出版物3 500本，涉案金额30 300元。熊某某未经著作权人许可，发行其作品的行为已违反了《著作权法》第四十八条第（一）项规定。依据《最高人民法院、最高人民检察院关于办理侵犯知识产权刑事案件具体应用法律若干问题的解释（二）》第一条规定，以营利为目的，未经著作权人许可，复制发行其文字作品，复制品数量合计在五百张（份）以上的，属于刑法第二百一十七条规定的"有其他严重情节"。南昌市文化市场综合执法支队认为该案已触犯刑法。根据国务院《行政执法机关移送涉嫌犯罪案件的规定》，经研究决定，2015年9月29日此案全部材料移交南昌市公安局直属分局侦查，2015年9月30日，南昌市公安局直属分局决定立案调查，同日对其进行刑事拘留。

（二）裁判结果

2016年6月16日，南昌市东湖区人民检察院提起公诉，2016年7月1日，南昌市东湖区人民法院作出判决。判处熊某某有期徒刑二年，缓刑二年，并处罚金人民币2万元。

（文化部提供）

九、河南省滑县文化部门查处李某某侵犯著作权案

（一）案情简介

河南省滑县文化市场综合执法大队在接群众举报后，经过多次摸底排查，于2015年5月12日联合滑县公安局，对位于滑县城关镇创业大道东老佳洁服务区内的李某彩印厂进行检查。发现该印刷厂未办理《印刷经营许可证》《营业执照》等相关证照，厂区内正在从事出版物印刷品印刷经营活动，印有《拜厄钢琴基本教程》《新编古筝教程》等十几种音乐教材，涉嫌为非法出版物，共计11 400册。因案情重大，涉嫌构成刑事犯罪，滑县文化市场综合执法大队于当日将该案移交滑县公安局处理。滑县公安局经过侦查发现：自2014年11月起，李某在滑县城关镇创业大道东老佳洁服务区租赁厂房并购买印刷机器，在没有办理任何合法手续的情况下非法印刷出版物，涉嫌非法印刷出版物《拜厄基本教程》《新编古筝教程》等音乐教材。对现场查获的47种共计39 300册音乐教材及三面切书机、印刷机等8台生产设备进行了查封扣押。经河南省新闻出版广电局鉴定，以上47种图书系侵犯他人著作权的出版物。

（二）裁判结果

2015年6月16日滑县公安局将该案移送滑县人民检察院审查起诉。滑县人民法院于2015年9月30日作出判决。判处李某有期徒刑三年，缓刑五年，并处罚金70万元。

（文化部提供）

十、重庆"8·06"互联网侵犯著作权案

（一）案情简介

2016年5月2日，重庆市公安机关会同版权部门成功侦破"8·06"特大互联网侵犯著作权案，抓获林某等8名犯罪嫌疑人，查扣涉案远程服务器12台，涉案金额3 000余万元，全链条摧毁从游戏编程、运营宣传到支付平台研发、资金结算转移的犯罪网络。

（二）处理过程

经查，主犯林某伙同张某等人，未经权利人许可，从互联网上非法下载《传奇》网络游戏的源代码，篡改部分内容，修改游戏人物属性、关卡任务、解锁封区、添加装备等，打包封装后将游戏私服软件上传至其租用的12台远程服务器。为便于收取游戏玩家充值款，林某等人结识互联网支付平台运营商韦某，由其为私服网游编写程序，开设支付充值端口，并链接至林某等人的网银、支付宝、微信钱包等支付系统账号。初步查证，韦某累计代收游戏充值款3 000余万元，提成1%共计30万元。不法分子为扩大其私服影响，提升知名度，向搜索引擎公司支付竞价排名费900余万元，将其私服网站在互联网推广链接中置顶占位，以吸引游戏玩家。据权利人介绍，涉案私服游戏为我国境内运营时间最长的盗版游戏之一，涉及17个省、区、市36个地市的4万余名游戏玩家，已成为私服领域的"知名品牌"。

（公安部提供）

十一、天津秦某等人互联网盗版影视作品案

（一）案情简介

2016年11月30日，天津市公安局经侦总队根据权利人举报，成功侦破一起特大互联网盗版影视作品案，初步查明不法分子累计在互联网站投放盗版电影、电视剧等侵权作品6.7万部，案值4 000余万元。

（二）处理过程

经查，自2014年6月以来，犯罪嫌疑人秦某伙同胡某等人，在未经互联网主管部门审批备案的情况下，购买互联网域名，从江苏、安徽、浙江等地，以每月1 300元价格租赁网络服务器，搭建盗版影视网站。该团伙从知名网站上采集各类热门影视资源，去除版权声明等水印后，非法导入其所经营的影视网站，提供免费在线观看。该团伙与广告商合

作，采取网站弹窗、电影内嵌插播等方式播放广告，收取广告费用，牟取非法利益。据初步统计，该盗版影视网站先后投放盗版影视、综艺、动漫等侵权影视作品6.7万余部，日均访客达10万人次，涉案金额4 000余万元。

（公安部提供）

十二、“风雨文学网”侵犯文字作品著作权案

（一）案情简介

2015年10月，江苏省张家港市文化广电新闻出版局根据权利人举报，联合公安网警大队对“风雨文学网”涉嫌侵犯著作权案进行调查。经查，2013年至2015年间，张某未经著作权人许可，将《大亨传说》等小说发布在其自建的“风雨文学网”上进行传播，并通过在网站发布广告，从百度广告联盟非法获利，涉案金额达66.7万元。

（二）裁判结果

该案移交司法机关后，2016年12月16日，江苏省张家港市人民法院依法作出刑事判决：张某构成侵犯著作权罪，判处有期徒刑三年十个月，并处罚金人民币34万元。

（三）典型意义

国家版权局等四部门联合开展的“剑网2016”专项行动将整治网络文学侵权盗版列为重点任务。本案既是“剑网2016”专项行动中打击网络文学侵权盗版的一起重大案件，也是行政执法与刑事司法有效协作、合力打击侵权盗版的典型案例。

（国家版权局提供）

十三、“echo回声”APP侵犯音乐作品信息网络传播权案

（一）案情简介

2016年4月，上海市文化市场行政执法总队根据权利人投诉，对上海青声网络科技有限公司涉嫌侵犯信息网络传播权案进行调查。经查，该公司自2014年9月开始经营客户端软件“echo回声”，日活跃用户量30万左右，下载量约1 600万。该公司未经著作权人许可，通过“echo回声”APP向用户提供《约定》《隐形的翅膀》等90部音乐录音制品的在线浏览、收听和使用服务，并通过会员充值等途径获得经营收入。

（二）处理结果

2016年6月28日，上海市文化市场行政执法总队依法对上海青声网络科技有限公司作出行政处罚：罚款人民币20万元。

（三）典型意义

近两年来，国家版权局大力整治网络音乐版权秩序取得良好成效。该案当事人运营的网络音乐APP，未经授权大量传播他人享有著作权的音乐作品，破坏了初步改善的网络音乐版权秩序。该案的查处，充分体现了版权行政部门维护网络音乐版权秩序的坚定决心。

（国家版权局提供）

十四、“九九漫画”等网站侵犯漫画作品信息网络传播权案

（一）案情简介

2016年6月，江苏省常州市文化广电新闻出版局根据调查线索，对“九九漫画”等网站涉嫌侵犯信息网络传播权案进行调查。经查，张某于2010年至2016年7月间陆续开办“九九漫画”“台湾漫画网”“可可动漫”等漫画网站，未经著作权人许可，通过上述网站向公众提供《灌篮高手》《火影忍者》《海贼王》等351部漫画作品，涉及境内外众多权利人的作品。截至2016年7月，张某通过在网站发布广告，从广告联盟非法获利4.8万元。

（二）处理结果

2016年7月7日，江苏省常州市文化广电新闻出版局依法对张某作出行政处罚：没收违法所得，罚款人民币17万元。

（三）典型意义

近年来网络动漫侵权盗版呈现高发态势。该案当事人开办多个漫画网站，侵权漫画作品数量众多且涉及多个权利人，社会危害严重。该案的查处有效维护了境内外漫画作品权利人的合法权益。

（国家版权局提供）

十五、吴某某侵犯网络游戏著作权案

（一）案情简介

2014年8月，上海市公安机关根据工作获得线索，对吴某某涉嫌侵犯网络游戏著作权案进行调查。经查，2014年5月，吴某某私自在互联网上架设服务器，推广并运营他人非法获取的网络游戏《新仙剑奇侠传ONLINE》服务器端程序，非法经营额达38万余元。

（二）裁判结果

该案移交司法机关后，2015年10月15日，上海市普陀

区人民法院依法作出刑事判决：吴某某构成侵犯著作权罪，判处有期徒刑三年三个月，并处罚金人民币6万元。后吴某某提出上诉。2016年3月28日，上海市第三中级人民法院作出终审裁定：驳回上诉，维持原判。

（三）典型意义

近年来互联网游戏产业规模不断扩大，但网游“私服”活动往往给投入巨额研发成本的网游公司带来重大经济损失，严重影响网游产业的健康发展。该案的一审和终审判决对网游“私服”予以重拳打击，彰显了司法部门惩治互联网领域侵犯著作权犯罪的力度。

（国家版权局提供）

十六、汇梦影视茶吧侵犯影视作品著作权案

（一）案情简介

2015年12月，湖北省黄石市文化新闻出版广电局依法对卫某某经营的汇梦影视茶吧进行检查，发现该茶吧向顾客放映盗版《寻龙诀》等电影。2016年1月，该案依法移送公安部门。经查，卫某某于2014年10月设立汇梦影视茶吧，为获得片源，卫某某通过勾结影院内部工作人员到电影院盗录、从互联网下载、向他人购买等方式获得盗版影片，在其经营的茶吧播放，违法所得达8.4万余元；期间，卫某某还将以上述方式获得的盗版影片通过互联网进行售卖，违法所得近2.9万元。

（二）裁判结果

该案移送司法机关后，2016年9月6日，湖北省黄石市黄石港区人民法院依法作出刑事判决：卫某某构成侵犯著作权罪，判处有期徒刑十个月，并处罚金人民币5 000元；追缴违法所得人民币113 115元。

（三）典型意义

该案是我国首例影院盗录并通过网络传播电影作品的刑事案件。盗录盗播不仅给电影产业造成巨额经济损失，也严重打击了电影从业人员的创作积极性，给我国快速发展的电影产业带来巨大破坏。该案的查处，有力震慑了盗录盗播电影的违法犯罪行为。

（国家版权局提供）

十七、青岛约吧有限公司侵犯影视作品著作权案

（一）案情简介

2016年10月，山东省青岛市文化市场行政执法局依法对青岛约吧有限公司开设的私人影院“约吧”进行检查，发现其电脑主机硬盘上共有203部电影。经营者郭某某无法提供作品授权文件，其未经权利人许可，擅自复制并在其经营场所为顾客提供观看和下载服务。

（二）处理结果

2016年12月5日，山东省青岛市文化市场行政执法局依法对青岛约吧有限公司作出行政处罚：罚款人民币17.9万元。

（三）典型意义

近年来随着私人影院数量大幅增加，私人影院侵犯影视著作权的情况比较普遍。该案的查处，对规范私人影院的版权秩序具有较强的现实意义，也表明了私人影院行业必须遵守著作权法“先授权、后使用”的基本原则。

（国家版权局提供）

十八、巩某某等销售盗版光盘案

（一）案情简介

2015年4月，山东省淄博市文化市场执法局与淄博市公安局直属分局成立专案组，对淄博市张店区天乐园商场后院一仓库进行突击检查，现场查扣涉嫌侵权盗版光碟2.8万余张。经查，2011年1月至2015年4月，巩某某等二人在天乐园商场销售盗版影碟和淫秽影碟，违法所得共计46万余元。

（二）裁判结果

该案移送司法机关后，2016年12月6日，山东省淄博市张店区人民法院依法作出刑事判决：巩某某构成侵犯著作权罪，判处有期徒刑三年六个月，并处罚金人民币50万元；构成贩卖淫秽物品牟利罪，判处有期徒刑六个月，并处罚金人民币1万元；二罪并罚，决定执行有期徒刑三年六个月，并处罚金人民币51万元。巩某某构成侵犯著作权罪，判处有期徒刑三年，缓刑三年，并处罚金人民币50万元。

（三）典型意义

随着互联网的发展，传统的光盘盗版方式虽有所减少，但在某些地区仍很严重，仍然是版权行政执法的重要领域之一。该案的查处是版权行政执法部门配合公安部门，加强两法衔接、共同打击光盘盗版的一起典型案件。

（国家版权局提供）

十九、邹某等制售盗版图书案

（一）案情简介

2015年12月，江苏省昆山市文化广电新闻出版局联合

昆山市公安局对邹某等制售盗版图书案进行调查。经查，邹某以营利为目的，未经著作权人许可，委托上海墨龙印务有限公司印刷 Kaplan 公司出版的《金融分析师（CFA）》图书 40 000 余册，并通过网络销售，非法经营数额 55 万余元。上海墨龙印务有限公司及其负责人陈某在明知印刷品为盗版图书的情况下，通过自己印刷和分包给王某、赵某某印刷的方式，为邹某印刷上述图书。上海弘磊纸制品有限公司及其负责人吕某某在明知印刷品为盗版图书的情况下，为上海墨龙印务有限公司装订盗版书 4 万余册。

（二）裁判结果

该案移送司法机关后，2016 年 8 月 19 日，江苏省昆山市人民法院依法作出刑事判决：因构成侵犯著作权罪，分别判处邹某有期徒刑三年六个月，并处罚金人民币 36 万元；判处上海墨龙印务有限公司罚金 15 万元；判处上海弘磊纸制品有限公司罚金 10 万元；判处陈某、吕某某、王某、赵某某有期徒刑，缓刑执行，并处罚金人民币 5 万元至 10 万元不等。

（三）典型意义

该案涉及多个侵权主体和多种侵权行为。司法机关对印刷、分包、装订等各个侵权环节进行坚决打击，不仅对个人犯罪依法处理，同时对单位犯罪人员和犯罪单位作出刑事处罚，充分体现了刑事司法对包括国外权利人在内的著作权人的保护力度。

（国家版权局提供）

侵犯专利权典型案例

一、国家知识产权局专利复审委员会、诺维信公司与江苏博立生物制品有限公司发明专利权无效行政纠纷再审案

（一）案情简介

本案涉及国家知识产权局于 2006 年 6 月 28 日授权公告的名称为“热稳定的葡糖淀粉酶”的发明专利（以下简称本专利），专利权人为诺维信公司。2013 年 3 月 11 日，应山东隆大生物工程有限公司和江苏博立生物制品有限公司的请求，国家知识产权局专利复审委员会（以下简称专利复审委员会）作出第 17956 号无效宣告请求审查决定（以下简称被诉决定），针对诺维信公司在 2011 年 11 月 10 日提交的修改过的权利要求书的基础上，宣告本专利部分权利要求无效，维持部分权利要求有效。本专利与本案争议焦点相关的部分权利要求如下：“6. 一种具有葡糖淀粉酶活性的分离的酶，与 SEQ ID NO:7 中所示全长序列之间同源的程度至少为 99%，并且具有由等电聚焦测定的低于 3.5 的等电点。……10. 根据权利要求 6 - 9 任一项的分离的酶，所述的酶来源于丝状真菌 Talaromyces 属，其中丝状真菌是 T. emersonii 菌株。11. 权利要求 10 的酶，其中丝状真菌是 T. emersonii CBS 793. 97。12. 一种克隆的 DNA 序列，所述 DNA 序列编码表现出葡糖淀粉酶活性的酶，该 DNA 序列包括：(a) 在 SEQ ID NO：33 中所示 DNA 序列的所述葡糖淀粉酶编码部分；(b) 在 SEQ ID NO：33 中第 649 - 2724 位中所示的 DNA 序列或其互补链；……13. 权利要求 12 的 DNA 序列，其中所述的 DNA 序列来源于丝状真菌 Talaromyces 属，其中所述丝状真菌是 T. emersonii 的菌株。14. 权利要求 13 的 DNA 序列，其中所述丝状真菌是 T. emersonii CBS 793. 97。……”被诉决定认为，在说明书已经证实了来源于 T. emersonii CBS 793. 97 的酶具有葡糖淀粉酶活性的基础上，本领域技术人员可以预计来源于 T. emersonii 菌株，且与 SEQ ID NO：7 全长序列具有至少 99% 同源的多肽也具有葡糖淀粉酶的活性，因此，权利要求 10 和 11 能够得到说明书的支持；权利要求 13 和 14 中引用权利要求 12 的（a）和（b）的技术方案也能够得到说明书的支持。该决定维持争议权利要求有效。

（二）裁判结果

一审判决认为，争议权利要求虽然限定到了具体的菌株，但其中有关同源性和开放式的撰写方式使得被限定的氨基酸序列和 DNA 序列包括了可能产生各种变异的其他序列，在本专利说明书未给出充分实验数据支持的情况下，争议权利要求的概括显然超出了说明书的内容。一审法院判决撤销被诉决定，二审法院维持一审判决。专利复审委员会和诺维信公司申请再审。最高人民法院提审后判决撤销一、二审判决，维持被诉决定。

（三）典型意义

最高人民法院在本案中认为，根据《专利法》第二十六条第四款规定，权利要求所要求保护的技术方案应当是所属技术领域的技术人员能够从说明书充分公开的内容中得到或概括得出的技术方案，并且不得超出说明书的范围。对于全长591个氨基酸的SEQ ID NO：7而言，尽管与之具有99%以上同源性的序列仍有约5、6个氨基酸位点的差异，但是，除了同源性特征之外，权利要求10、11进一步限定所述的酶来源于T. emersonii菌种和特定菌株T. emersonii CBS 793. 97。本领域普通技术人员一般认为，种是生物分类的基本单位，在某些基本特征上，同一种中的个体彼此显示出高度的相似性。同一种真菌或同一株真菌编码其体内某种酶的基因序列一般是确定的，偶尔会存在极少数同源性极高的变体序列，相应地，由该基因编码的酶也是确定的或者极少数的。本案中，99%以上同源性与菌种或者菌株来源的双重限定已经使得权利要求10和11的保护范围限缩至极其有限的酶，何况权利要求10和11还包括权利要求6所限定的酶的等电点和具有葡糖淀粉酶活性的功能。因此，在说明书实施例1－4已经证实了上述SEQ ID NO：7具有葡糖淀粉酶活性的情况下，权利要求10和11的保护范围能够得到说明书的支持。权利要求13和14中引用权利要求12（a）、（b）的技术方案也能够得到说明书的支持。最高人民法院在本案中明确了使用同源性加上来源和功能限定方式的生物序列权利要求得到说明书支持的判断规则和生物序列发明专利的授权标准，对蛋白质、基因相关专利申请的撰写和审查具有指导意义，也有利于促进生物技术产业的创新和发展。

（最高人民法院提供）

二、松下电器产业株式会社与珠海金稻电器有限公司、北京丽康富雅商贸有限公司侵害外观设计专利权纠纷上诉案

（一）案情简介

松下电器产业株式会社（以下简称松下株式会社）于2012年9月5日获得涉案名称为“美容器”的外观设计专利，授权公告号为CN302065954S。松下株式会社认为珠海金稻电器有限公司（以下简称金稻公司）生产、销售、许诺销售及北京丽康富雅商贸有限公司（以下简称丽康公司）销售的“金稻离子蒸汽美容器KD-2331”侵犯其外观设计专利权，请求判令：二被告停止侵权；销毁有关被诉侵权产品的全部宣传资料以及删除被诉侵权产品的宣传内容；金稻公司销毁涉案模具和专用的生产设备及被诉侵权产品全部库存，并从销售店回收未销售被诉侵权产品进行销毁；金稻公司赔偿经济损失人民币300万元，二被告共同赔偿合理支出人民币20万元。

（二）裁判结果

北京知识产权法院一审认为，被诉侵权产品与涉案专利外观设计存在的差异对二者的整体视觉效果并不产生实质的影响，二者属于相似的外观设计。金稻公司在未经松下株式会社许可的情况下，实施了制造、销售及许诺销售被诉侵权产品的行为；丽康公司在未经松下株式会社许可的情况下，实施了销售及许诺销售被诉侵权产品的行为。现有证据可以证明金稻公司销售、许诺销售被诉侵权产品的获利，松下株式会社依据网上显示销量及平均价格主张300万元赔偿数额具有合理的理由。此外，松下株式会社为制止侵权行为所支付的合理开支，丽康公司作为销售方，在得知本案诉讼后，依然未停止，对诉讼中的支出部分应当共同承担。据此，一审判决：二被告停止侵权；金稻公司赔偿经济损失人民币300万元；金稻公司、丽康公司连带赔偿合理开支人民币20万元。金稻公司、丽康公司不服一审判决，提起上诉。北京市高级人民法院认为，被诉侵权产品落入涉案专利权的保护范围。关于赔偿数额，松下株式会社通过公证取证方式在部分电商平台上检索得到侵权产品同型号产品销售数量之和为18 411 347台，平均价格为260元，并以此作为赔偿请求的依据。按照上述被诉侵权产品销售数量总数与产品平均售价的乘积，即便从低考虑每件侵权产品的合理利润，得出的计算结果仍远远高于300万元。在上述证据的支持下，松下株式会社主张300万元的赔偿数额具有较高的合理性。一审法院全额支持松下株式会社关于经济损失的赔偿请求，具有事实和法律依据。判决驳回上诉，维持一审判决。

（三）典型意义

涉案专利为一款“美容器”外观设计专利，具有极高的市场价值，本案的高赔额充分体现了侵权损害赔偿充分反映、实现知识产权市场价值的司法保护理念。二审判决进一步明确了专利民事侵权案件中侵权获利证据的审查认定规则，对于类似案件具有一定示范意义。二审判决认为，考虑到专利权损害举证较难，与专利侵权行为相关的账簿、资料主要由侵权人掌握，如果权利人在其举证能力范围内就侵权人的获利情况进行了充分举证，且对其所请求经济损失数额的合理性进行了充分说明，侵权人不能提供相反证据推翻权利人赔偿主张的，人民法院可以根据权利人的主张和提供的证据认定侵权人因侵权所获得的利益。

（最高人民法院提供）

三、上海晨光文具股份有限公司与得力集团有限公司、济南坤森商贸有限公司侵害外观设计专利权纠纷案

（一）案情简介

上海晨光文具股份有限公司（以下简称晨光公司）是ZL200930231150.3号名称为“笔（AGP67101）”的外观设计专利的专利权人，申请日为2009年11月26日，授权公告日为2010年7月21日，目前处于有效状态。济南坤森商贸有限公司（以下简称坤森公司）在“天猫”网上经营“得力坤森专卖店”，销售得力集团有限公司（以下简称得力公司）生产的得力A32160中性笔。晨光公司认为该产品侵犯其涉案专利权，诉至法院。

（二）裁判结果

上海知识产权法院认为，授权外观设计的笔杆主体形状、笔杆顶端形状、笔帽主体形状、笔帽顶端形状、笔帽相对于笔杆的长度、笔夹与笔帽的连接方式、笔夹长出笔帽的长度等方面的设计特征，在整体上确定了授权外观设计的设计风格，而这些设计特征在被诉侵权设计中均具备，可以认定两者在整体设计风格及主要设计特征上构成近似。而被诉侵权外观设计与授权外观设计存在的四点区别设计特征，对整体视觉效果的影响有限，不足以构成对整体视觉效果的实质性差异。另外，授权外观设计的简要说明中并未明确要求保护色彩，且从图片或照片中显示的授权外观设计来看，其并不存在因形状产生的明暗、深浅变化等所形成的图案，故在侵权判定时，颜色、图案要素不应考虑在内。被诉侵权外观设计在采用与授权外观设计近似的形状之余所附加的色彩、图案等要素，属于额外增加的设计要素，对侵权判断不具有实质性影响。故被诉侵权产品构成对涉案专利权的侵犯，得力公司与坤森公司应承担停止侵权行为，得力公司赔偿晨光公司经济损失5万元并支付原告律师费用5万元。法院确定赔偿数额主要考虑了以下因素：1. 原告专利为外观设计专利；2. 专利有效期自2009年11月26日开始，侵权行为发生时保护期已近半；3. 笔类产品的利润有限；4. 消费者在选购笔类产品时，除形状外，笔的品牌、笔芯质量、外观图案、色彩等，都是其主要的考虑因素，即得力公司使用授权外观设计形状所获侵权利润只是被诉侵权产品获利的一部分。

（三）典型意义

本案原、被告均为国内较有影响的文具生产企业，涉案产品为日常生活中常见的笔类产品，其外观设计侵权判断受主观因素的影响较大。本案对外观设计近似性判断的客观标准进行了探索，既考虑被诉侵权产品与授权专利的相似性，也考虑其差异性，就相同设计特征与区别设计特征对整体视觉效果的影响分别进行分析，得出认定结论。本案判决对于生活常见产品外观设计近似性的认定具有借鉴意义。此外，本案根据外观设计专利的特点，结合具体案情，确定法定赔偿额和被告应承担的原告律师费的数额，亦具有指引作用。判决后，双方均服判息诉，被告主动履行了生效判决。

（最高人民法院提供）

四、深圳、宁波、天津、黄埔、上海、杭州、青岛、南京海关查办出口侵犯专利权电动平衡车专案

（一）案情简介

2016年11月15日至12月31日，海关总署为深入推进中国制造海外形象维护“清风”行动，支持我国知识产权优势企业“走出去”，组织深圳、宁波、天津、黄埔、上海、杭州、青岛和南京海关，开展针对出口电动平衡车专利权保护专项行动。

行动期间，相关海关共计查获涉嫌侵犯专利权电动平衡车案件28起，查扣侵权电动平衡车12 766台，货值人民币约1 300万元。有效遏制了电动平衡车行业面临的侵权和无序竞争情况，规范了行业秩序，保护了国内电动平衡车产业企业的合法权益。

相关海关强化信息沟通，联动查控，形成严密的防护网。为了形成打击合力，天津、宁波、深圳、青岛等海关通过跨区域海关执法协作，加强对来源于电动平衡车产业集中的江浙地区货源的协同监控，在违法分子逃避华东、华南片区海关打击、北上转移的情况下，有效遏制侵权违法行为口岸漂移。

在打击出口环节侵权违法行为的同时，相关海关积极开展行业调研，针对电动平衡车行业侵权乱象，通过推进成立行业协会、加强行业自律、制定技术标准、提起民事诉讼等形式，积极引导权利人开展维权，为自主知识产权企业的健康、持续发展提供支持与保障。

（二）典型意义

1. 本案是海关紧扣国家战略大局，加强专利权保护的典型案例。技术创新是我国知识产权强国战略和创新驱动发展战略的核心竞争力，是从“中国制造”到“中国创造”转变的重要抓手。此次行动是针对我国新兴产业开展的专利权保护的专项整治。在同类商品、多个口岸短期内密集查获侵犯专利权案件，彰显了海关实施专利权保护、助力企业创

新的决心，对于海关系统强化专利权保护具有很强的指导性和借鉴意义。

2. 本案是海关总署统筹、多关联动的经典案例。电动平衡车的质量事关消费者生命财产安全，社会影响大、关注度高。本案中，海关总署高度重视，统一指挥，各关快速反应，加强联系，密切协作，主动深挖扩线和重点突破，改变以往单打独斗的局面，形成了严密的堵截链条，有效防范侵权违法行为的口岸漂移，是海关采取集群作战模式的成功范例。

3. 本案是海关打击侵权和促进创新相结合的典范。电动平衡车专利权领域的侵权乱象，在一定程度上制约了我国这一优势产业对国外市场的开拓。此次专项行动有效规范了电动平衡车出口秩序，促进了行业销量大幅增长、价格回升并趋于稳定，为培育国内知识产权优势企业，维护“中国制造”海外形象，促进新兴产业良好发展起到了积极作用。

（海关总署提供）

五、广东省知识产权局处理“具有翻边装置的轮胎成型鼓”发明专利权纠纷案

（一）案情简介

请求人VMI荷兰公司（简称VMI公司）认为被请求人揭东县双骏橡胶机械有限公司（后更名揭阳市双骏橡胶机械有限公司，简称双骏公司）实施了侵犯其“具有翻边装置的轮胎成型鼓”，专利号为“ZL01806616. X”的发明专利权的行为，向广东省知识产权局请求处理，其请求书主张“涉案专利产品完全具有专利权利要求1的全部技术特征，还至少具有其专利权利要求2－14的附加技术特征”。

（二）处理结果

广东省知识产局于2014年6月23日立案后，经过现场勘验、两次口头审理等程序，并制作了现场比对录像，于2015年4月8日作出粤知执处字〔2014〕第9号行政处理决定书，认定被控侵权产品技术方案具有与请求人专利权利要求1记载的全部技术特征相同或等同的技术特征，责令揭阳双骏公司立即停止侵权行为。由于专利权利要求1的保护范围最大，行政处理决定书未对权利要求2－14进行处理和回应。

此外，在本案处理期间，本案被请求人于2014年7月8日申请涉案专利无效。2014年12月4日，国家知识产权局专利复审委员会第24507号无效宣告请求审查决定书维持涉案专利权有效。鉴于涉案专利权较为稳定，广东知识产权局根据保护范围最大的专利权利要求1确定了专利保护范围。

本行政决定作出后，被请求人提起行政诉讼，经一、二审，二审终审撤销一审判决，驳回揭阳双骏公司的诉讼请求，维持了原行政处理决定。同时，2016年12月23日广东省高级人民法院的（2016）粤民终1390号民事判决维持了一审民事判决，责令双骏公司立即停止侵权行为并赔偿相关费用。

（三）典型意义

本案经历和引发了行政处理程序及其行政诉讼一审、二审，无效程序及其行政诉讼，民事赔偿之诉一审、二审等多个处理程序，充分反映了专利侵权纠纷案件涉及技术和法律问题的复杂性，体现了专利行政执法主动作为的优势。在法律适用上本案在行政诉讼中综合运用了民法和行政法基本原则，对于专利行政执法及其行政诉讼有重要借鉴和参考意义。

（广东省知识产权局提供）

六、浙江省金华市知识产权局处理“防盗门锁（双弧）”外观设计专利重复侵权纠纷案

（一）案情简介

涉案外观设计专利名称为“防盗门锁（双弧）”，专利号为ZL200830245821.7，申请日为2008年10月30日，公告授权日为2009年10月14日，专利权人为某保安制品有限公司。专利权人于2013年发现被请求人某集团有限公司存在从事制造、销售、许诺销售涉嫌侵权产品的行为，遂向金华市中级人民法院提起民事诉讼。金华市中级人民法院2013年11月15日作出了判定被请求人立即停止侵权和赔偿损失的民事判决书。被请求人不服判决，上诉至浙江省高级人民法院。浙江省高级人民法院于2014年4月8日作出终审判决，维持原判。但专利权人发现被请求人在法院判决生效后并未停止生产、销售、许诺销售侵权产品，在展销会和其官网上依旧有涉案侵权产品的展示，在其产品宣传册上印制有涉案专利侵权产品展示图，其位于永康市五金城的门店仍在销售侵权产品。请求人通过公证的形式固定了相关的证据，并于2016年8月向浙江省知识产权局递交了相关证据材料，提出请求查处被请求人的重复侵权行为，并要求因被请求人重复侵权行为遭受的损失和为维权付出的合理费用进行调解。

浙江省知识产权局对请求人提交的请求材料进行了形式审查后，于2016年8月12日指定金华市科技局（知识产权局）管辖该涉嫌重复侵权案件。金华市知识产权局于8月13日予以立案，并于次日联合有关执法部门前往被请求

人生产经营场所（包括永康五金城门店）依法进行执法取证，在现场未发现涉案侵权产品，但被请求人公司网站和产品宣传册上仍有涉案侵权产品图片。被请求人辩称，其已执行完法院判决，公司网站和宣传册上留有侵权产品的图片为工作失误，会立即整改。

（二）处理结果

金华市知识产权局于 2016 年 10 月 16 日组织双方进行调解，并达成了和解协议。2016 年 11 月 11 日，请求人向金华市知识产权局递交了撤案请求，11 月 12 日金华市知识产权局于作出决定，同意请求人撤案的请求，责令被请求人立即停止复重许诺销售的侵权行为，消除影响。

（三）典型意义

重复侵权行为是明显恶意的侵权行为，如若被认定成立，比之一般专利侵权纠纷，其更具有恶劣的社会影响，必须给予坚决打击。该案通过各部门联合执法调查，虽未现场查到侵权产品，可仍存在许诺销售的重复侵权行为。鉴于被请求人重复侵权行为情节较轻，并能立即整改，消除影响，故未作罚款处理，但给侵权者和相关人员的警示起到了很好的效果，有利于营造良好的创新创业环境。

（浙江省金华市知识产权局提供）

七、上海市知识产权局处理“元贞甘唐”牌固体调味料（甜味）假冒专利案

（一）案情简介

2016 年 10 月 17 日，上海浦东新区知识产权局接到举报称辖区内上海文峰千家惠超市发展有限公司所销售“元贞甘唐”牌固体调味料（甜味）涉嫌假冒专利权。浦东新区知识产权局对文峰超市立案调查并现场检查后发现该“元贞甘唐”牌固体调味料（甜味）标注了发明专利号 ZL97106601.9，但该专利已于 2014 年 9 月 10 日终止，该产品为上海川崎食品有限公司委托安徽百仓食品股份有限公司生产。浦东新区知识产权局遂进一步对上海川崎食品有限公司开展调查。经调查，2016 年 4 月起，当事人上海川崎食品有限公司委托安徽百仓食品股份有限公司生产“元贞甘唐”牌固体调味料（甜味），并要求按照其指定的包装生产，标注了“发明专利号 ZL97106601.9”的内容，而实际该专利因未缴纳年费，已于 2014 年 9 月 10 日终止。另经调查当事人实际未参与该产品的销售，而是由安徽百仓食品股份有限公司全部销售给安徽元贞川崎食品有限公司。当事人与安徽元贞川崎食品有限公司之间没有财务往来，因此当事人没有违法所得。

（二）处理结果

根据《专利实施细则》第八十四条第一款第（一）项的规定，当事人在专利权终止后继续在产品包装上标注专利标识构成假冒专利，鉴于当事人能及时进行整改，且没有违法所得，根据《专利法》第六十三条的规定，浦东新区知识产权局给予责令改正，并处罚款 3 万元整。

（三）典型意义

抓住细节，从案件中发现案源。浦东新区知识产权局根据举报在查处上海文峰千家惠超市发展有限公司销售假冒专利权产品的案件中，没有就事论事简单了结，而是深入追踪，发现该假冒专利权产品的委托方，从而进一步追查源头，成功办结此案。

（上海市知识产权局提供）

八、湖南省知识产权局处理“隐型防盗网型材”外观设计专利侵权纠纷案

（一）案情简介

请求人钟祥市振豪建材销售有限公司是“隐型防盗网型材”外观设计专利（专利号：ZL201430272353.8）的专利权人。请求人认为被请求人郴州市添添格防护网有限公司未经许可，销售其专利产品，侵犯了其专利权，向湖南省知识产权局提出处理请求。

（二）处理结果

湖南省知识产权局责令被请求人郴州市添添格防护网有限公司立即停止销售侵权产品的行为。

（三）典型意义

对于外观设计专利产品在作为部件组装成新的产品进行销售的情形下，属于使用还是销售行为是实践中的一大难点，该案具有典型意义。专利法意义上的“使用”是指对物的使用价值的利用，并不是用来欣赏、辨识其外观。《最高人民法院关于审理侵犯专利权纠纷案件应用法律若干问题的解释》第十二条规定，将侵犯外观设计专利权的产品作为零部件，制造另一产品并销售的，应当认定属于专利法第十一条规定的销售行为，但侵犯外观设计专利权的产品在该另一产品中仅具有技术功能的除外。适用该特殊条款必须要满足以下三个条件：将外观设计专利产品用作零部件来制造另一产品、该外观设计专利产品在另一产品中并非仅具有技术功能（比如说该产品还能给人带来视觉上的美感）、销售另一产品。本案被请求人在防护网产品中使用的型材除了起到支撑等技术性作用以外，其外在表现还具有一定的美感和视觉上的辨识性，因此满足了该司法解释中所有的条件，

应该定性为销售行为，侵权行为成立。

（湖南省知识产权局提供）

九、广东省广州市知识产权局处理电子商务领域群体性专利假冒案件

（一）案情简介

2016年5月，广州市知识产权局接到某发明专利权人举报，其一项发明专利及专利产品长期被广州市某公司假冒，其专利证书、获奖证书等专利材料和头像被该公司在淘宝、七一购物商城等电子商务平台大肆宣传；被举报公司还将一项被国家知识产权局驳回的2006年专利申请号作为专利号进行招商加盟活动，欺骗广大消费者。

（二）处理结果

接到举报后，广州市知识产权局非常重视，成立了专案组并要求迅速查处此系列假冒专利案件。经调查核实，确认举报内容基本属实，还发现另有3种同类产品也有相同的假冒专利情形。经进一步调查，共初步锁定涉及电子商务领域的非法链接360多条，电商100多家，线下实体制假源头4个，涉及广州、合肥和长沙市的生产、代理和总经销。另外还发现合肥市的全国总代理还经销一种涉嫌假冒长春市“某药业集团”的产品，需要长春市知识产权局核实。

因案情重大，涉及面广，广州市知识产权局在2016年5月中旬组织开展“闪电”电子商务领域专项打假行动，行动时间为5月9日至5月31日，并请求国家知识产权局对涉及广东省、安徽省、山东省、浙江省、吉林省等多个地区的相关案件协调统一行动。在国家知识产权局的指挥协调下，广州市知识产权局第一次利用中国电子商务领域专利维权协作调度（浙江）中心处理电商假冒专利案件529件，涉及淘宝、天猫等电商平台的100多家网店。广州市知识产权局对实体店查处也作出具体布置，安排三个行动小组同时开展行动，一个小组赴合肥市配合当地省、市知识产权局，另两个小组分别对广州市白云区两家生产厂家进行查处，均收到良好的效果。

（三）典型意义

广州市知识产权局通过制定专项行动方案，充分利用跨地区执法协作机制，科学合理组织执法力量，在国家知识产权局统一指挥协调下，一举查获相关线上电商企业和线下制假源头，快速高效地实现了对电商领域群体性假冒专利案件的查处，为探索电子商务领域知识产权保护工作提供了借鉴。

（广东省广州市知识产权局提供）

十、黑龙江省哈尔滨市知识产权局处理“机动车空气滤清器”的实用新型专利侵权纠纷案件

（一）基本案情

请求人韩继波称：专利号为201120229489.1，名称为“机动车空气滤清器”的实用新型专利权归其所有，该专利申请日为2011年7月1日，授权日为2012年4月4日，现维持有效；该专利授权后，请求人于2016年4月1日发现，被请求人哈尔滨市金双亚汽车滤清器厂以营利为目的，制造、销售请求人的“机动车空气滤清器”专利产品，被诉侵权产品落入了请求人的“机动车空气滤清器”专利权的保护范围，构成专利侵权；请求人认为被请求人的上述侵权行为，严重损害了请求人的经济利益，扰乱了正常的市场秩序，特向哈尔滨市知识产权局提出请求处理：停止侵权，支付专利使用费用。

（二）处理结果

哈尔滨市知识产权局审查查明，该专利的权利要求1的保护范围：一种机动车空气滤清器，其组成包括：空气滤清器壳体1，其特征是：所述的空气滤清器壳体内装滤纸体2，所述的滤纸体上方装有带眼网4，所述的空气滤清器壳体1底部粘贴软质材料层3。被诉侵权产品的技术特征与该专利权利要求1所述的全部技术特征相同或等同。被诉侵权产品的技术特征：A—固定滤纸体的框体、B—装在框体内的滤纸体、C—粘贴在滤纸体底部的软质材料层、D—装在滤纸体上方的带眼网。其中：B与2相同，D与4相同，C与3相等同（主要是覆盖在滤纸体底部，起相同的作用，达到相同的效果），A与1相等同（主要是框在滤纸体外，起固定作用，只是A的周边比1缩窄，本领域的普通技术人员无需经过创造性劳动就能够联想到的特征）。以上事实有证据佐证。

哈尔滨市知识产权局最终认为：被请求人哈尔滨市金双亚汽车滤清器厂生产、销售的被诉侵权产品的技术特征与该专利的权力要求1的全部技术特征相比较：2个相同、2个相等同，落入该专利权利要求1的保护范围，被请求人销售被诉侵权产品的行为构成专利侵权。

哈尔滨市知识产权局决定：1. 责令被请求人哈尔滨市金双亚汽车滤清器厂立即停止侵权行为。2. 驳回请求人的其他请求。

（三）典型意义

本案涉及的机动车空气滤清器体积较小、价格便宜，易于生产、制造，但是社会需求量较大，侵权成本低。该案例

在有效控制小商品的非法制造及销售方面提供了很好的典型经验，对依法合理保护专利权人的合法权益具有重要意义。

（黑龙江省哈尔滨市知识产权局提供）

十一、安徽省合肥市知识产权局处理“一种批式循环谷物干燥机分体式干燥箱”专利侵权纠纷案件

（一）案情简介

请求人合肥某公司于 2013 年 5 月 6 日向国家知识产权局申请“一种批式循环谷物干燥机分体式干燥箱”实用新型专利，2013 年 11 月 13 日授权，现为有效专利。2016 年 8 月 16 日，请求人向合肥市知识产权局提起专利侵权纠纷处理请求，诉被请求人合肥某公司未经请求人许可，擅自实施其专利，并将涉案产品“某型号谷物干燥机”销往池州某公司，要求被请求人：1. 立即停止（制造、销售、许诺销售等）专利侵权行为；2. 案件处理费用由被请求人承担。

（二）处理结果

合肥市知识产权局于 2016 年 8 月 16 日受理，于 8 月 19 日立案并依法组成合议组。同年 9 月 28 日，合肥市知识产权局对本案予以口头审理。双方当事人委托代理人均到场并参加了庭审。合肥市知识产权局对双方当事人提交的证据审查后，均予以认定。为进一步查明案件事实，客观公正地审理本案，依据口头审理时双方当事人同意合肥市知识产权局依法勘验现场的决定，2016 年 10 月 20 日，合肥市知识产权局组织双方当事人勘验位于池州市殷家汇镇的池州某公司，并函请池州市知识产权局予以协助。取得勘验笔录一份及勘验照片 8 张，经双方当事人确认无误。

经审理查明，合肥市知识产权局认为：结合涉案专利证书、被请求人自认的事实及提交的证据、现场勘验的笔录、照片，可以认定涉案产品的干燥箱装置落入涉案专利权保护范围，被请求人生产、销售“某型号谷物干燥机”的行为侵犯请求人的专利权。

合肥市知识产权局于 2016 年 11 月 10 日作出如下处理决定：1. 被请求人立即停止生产、销售“某型号谷物干燥机”，并且不得使用尚未售出的侵权产品或者以任何其他形式将其投放市场；2. 驳回请求人其他请求事项。

（三）典型意义

本案中涉案产品“某型号谷物干燥机”的制造地点和销售地点分别位于合肥市和池州市。合肥市知识产权局根据国家知识产权局关于跨地区异地执法协作相关规定，函请池州市知识产权局予以协助，不仅进一步查明了案件事实、保证案件审理的客观公正，更保障了双方当事人的权益，体现了专利行政执法公平、高效、快捷。

（安徽省合肥市知识产权局提供）

十二、山东省知识产权局处理“锚固钉”外观设计专利群体侵权纠纷案件

（一）案情简介

李淑香是名称为“锚固钉”外观设计专利的权利人。该专利用于外墙建筑模版的固定，其主要设计要点是在钉体上设有三组倒置小长方形片。请求人发现在山东、河北的 10 个市共有 20 家企业生产销售钉体上设有三组倒置小长方形片的同类产品，因此向山东省知识产权局提出侵权处理请求。

（二）处理结果

本专利侵权纠纷涉及山东省 6 个市 9 家企业的 16 个侵权产品，涉及河北省 4 个市 11 家企业的 18 个侵权产品，侵权范围比较广泛。山东省知识产权局收到案件材料后将涉及河北省的案件按照相关规定移交给河北省知识产权局处理，对涉及本省的系列案件进行了集中开庭、分别审理，经审理认为被控侵权产品与涉案专利整体形状相同、倒置小长方形片的排布方式相同，虽然小长方形片的数量有所差别，但相对于整体造型而言，属于局部细微差异。以一般消费者的认知能力，二者在整体视觉效果上构成近似，被控侵权产品落入涉案外观设计专利权的保护范围。最终有三个案件当庭达成调解协议；未达成调解协议的案件，山东省知识产权局作出了认定侵权的处理决定，责令被请求人立即停止侵权行为，销毁侵权产品，销毁制造侵权产品的专用工具、设备、模具等物品。

（三）典型意义

专利群体侵权案件涉及侵权主体多、分布广、危害性大。不仅扰乱了市场秩序、阻碍了技术创新、破坏了我国专利制度，也给专利权人维权带来很大的困难。该专利群体侵权案件，由山东省知识产权局统一受理后，发挥行政执法的优势，充分运用协作执法机制，将省外案件及时进行移送，对本省案件集中开庭，避免了请求人奔波往返于各地维权的麻烦，大大降低了维权成本。通过“锚固钉”专利群体侵权案件的处理，有效地打击了侵权行为，保护了权利人的权利，同时也保护了消费者的合法权益。

（山东省知识产权局提供）

十三、河北省邯郸市知识产权局处理“包装桶（食用植物油）”发明专利侵权纠纷案件

（一）案情简介

请求人河北美临多维粮油贸易有限公司称：请求人于2014年8月22日向国家知识产权局申请了名称为“包装桶（食用植物油）”的发明专利，申请号为ZL201430304634.7，于2014年12月31日被授予专利权。2016年9月6日，请求人河北美临多维粮油贸易有限公司向邯郸市知识产权局请求称被请求人邯郸市丛台区天天鲜超市销售的津福牌系列食用油外包装与该公司生产的美临牌食用油外包装极为类似，是对其专利名称“包装桶（食用植物油）”（专利号ZL201430304634.7）的专利侵权产品。并说明事实和理由，提供了如下证据材料：（1）专利证书复印件；（2）专利侵权纠纷处理请求书；（3）专利交年费收费收据；（4）侵权产品照片及侵权超市营业执照。

（二）处理结果

邯郸市知识产权局经审理后，责令被请求人邯郸市丛台区天天鲜超市立即停止侵权行为，即未经专利权人许可不得为生产经营目的销售涉案专利产品。

（三）典型意义

本案涉及食品领域，关系民生。加强此领域专利执法，打击侵权行为，对维护食品领域安全有重大促进作用。

（河北省邯郸市知识产权局提供）

侵犯商标权典型案例

一、迈克尔·杰弗里·乔丹与国家工商总局商评委、乔丹体育股份有限公司商标争议行政纠纷再审系列案

（一）案情简介

再审申请人迈克尔·杰弗里·乔丹系美国NBA篮球明星，其于2012年向国家工商总局商标评审委员会提出申请，请求撤销乔丹体育股份有限公司（以下简称乔丹公司）在多个商品类别上注册的“乔丹”“QIAODAN”等多项商标。商标评审委员会于2014年裁定驳回其申请。再审申请人不服而提起行政诉讼。2015年，再审申请人不服北京市高级人民法院作出的68件商标争议行政纠纷案件的二审判决，向最高人民法院申请再审。2015年12月，最高人民法院依法裁定提审了十件案件。同时，最高人民法院裁定驳回了再审申请人在另外50件案件中的再审申请，并裁定中止了8件案件的审查。

（二）裁判结果

最高人民法院提审后，依法组成了由副院长陶凯元大法官担任审判长的五人合议庭对十件案件进行审理。经最高人民法院审判委员会讨论决定，判决认为：1. 关于涉及“乔丹”商标的（2016）最高法行再15号、26号、27号的三件案件，因争议商标的注册损害了再审申请人对“乔丹”享有的在先姓名权，不符合2001年修订的《商标法》第三十一条有关“申请商标注册不得损害他人现有的在先权利”的规定，应予撤销，故判决撤销商标评审委员会作出的被诉裁定及一、二审判决，判令商标评审委员会针对争议商标重新作出裁定。2. 关于涉及拼音“QIAODAN”的（2016）最高法行再20号、29号、30号、31号四件案件，以及涉及拼音“qiaodan”与图形组合商标的（2016）最高法行再25号、28号、32号三件案件，共计七件案件，因再审申请人对拼音“QIAODAN”“qiaodan”不享有姓名权，争议商标的注册未损害再审申请人的在先姓名权。争议商标也不属于商标法第十条第一款第（八）项规定的“有害于社会主义道德风尚或者有其他不良影响”，以及第四十一条第一款规定的“以欺骗手段或者其他不正当手段取得注册”的情形，故判决维持二审判决，驳回再审申请人的再审申请。

（三）典型意义

最高人民法院依法公开审理、宣判“乔丹”商标争议行政纠纷系列案件，平等保护中外权利人的合法权益，进一步树立了我国加强知识产权司法保护的负责任大国形象。最高人民法院在判决中强调了诚实信用原则对于规范商标申请注册行为的重要意义，对于净化商标注册和使用环境，保护消费者合法权益，弘扬和践行社会主义核心价值观等均具有积极意义。最高人民法院在判决中所阐述的商标法中关于在先姓名权保护问题的法律适用标准对于此类案件的裁判

标准将产生重要影响。

（最高人民法院提供）

二、北京庆丰包子铺与山东庆丰餐饮管理有限公司侵害商标权与不正当竞争纠纷再审案

（一）案情简介

北京庆丰包子铺（以下简称庆丰包子铺）以山东庆丰餐饮管理有限公司（以下简称庆丰餐饮公司）侵害其商标权及构成不正当竞争为由提起民事诉讼。庆丰包子铺主张庆丰餐饮公司的法定代表人徐庆丰曾在餐饮服务业工作，明知庆丰包子铺商标及字号的知名度，仍使用“庆丰”字号成立餐饮公司，并在其官网、店面门头、菜单、广告宣传上使用“庆丰”或“庆丰餐饮”标识，构成侵害庆丰包子铺的商标权及不正当竞争。庆丰餐饮公司认为其有权将公司法定代表人的名字注册为字号，且有权使用经工商部门依法注册的企业名称；庆丰包子铺的商标并非驰名商标，其使用的标识与庆丰包子铺的注册商标既不相同也不近似。

（二）裁判结果

山东省济南市中级人民法院一审认为，庆丰餐饮公司使用“庆丰”与其使用环境一致，且未从字体、大小和颜色方面突出使用，属于对其字号的合理使用。庆丰包子铺在庆丰餐饮公司注册并使用其字号时的经营地域和商誉未涉及或影响到济南和山东，不能证明相关公众存在误认的可能，故不构成对庆丰包子铺商标权的侵害，判决驳回庆丰包子铺的诉讼请求。山东省高级人民法院二审维持一审判决。庆丰包子铺向最高人民法院申请再审，最高人民法院提审后认为，庆丰餐饮公司构成侵害庆丰包子铺的商标权及不正常竞争，改判撤销一审、二审判决，庆丰餐饮公司立即停止侵害商标权的行为及停止使用“庆丰”字号并赔偿庆丰包子铺经济损失及合理费用5万元。

（三）典型意义

本案涉及商标权的行使与其他权利，比如姓名权的冲突问题。最高人民法院在本案中明确，公民享有合法的姓名权，当然可以合理使用自己的姓名。但公民在将其姓名作为商标或企业字号进行商业使用时，不得违反诚实信用原则。明知他人注册商标或字号具有较高的知名度和影响力，仍注册与他人字号相同的企业字号，在同类商品或服务上突出使用与他人注册商标相同或相近似的商标或字号，具有攀附他人注册商标或字号知名度的恶意，容易使相关公众产生误认，其行为不属于对姓名的合理使用，构成侵害他人注册商标专用权和不正当竞争。最高人民法院进一步指出，如本案中的情形，在注册商标已经具有较高知名度的情况下，庆丰餐饮公司的使用方式一方面容易使相关公众对其与庆丰包子铺的关系产生混淆误认，另一方面其所创造的商誉也只能附着在“庆丰”品牌上，实则替他人做嫁衣裳，也不利于其企业自身的发展。反之，其变更企业名称后，可以通过诚信经营及广告宣传，提高企业的商誉和知名度，打造出自己的品牌，获得双赢格局。

（最高人民法院提供）

三、江苏省广播电视总台、深圳市珍爱网信息技术有限公司与金阿欢侵害商标权纠纷再审案

（一）案情简介

2009年2月16日，温州市金阿欢向商标局申请注册“非诚勿扰”商标，并于2010年9月7日获得核准，核定服务项目为第45类，包括“交友服务、婚姻介绍所”等。江苏省广播电视总台（以下简称江苏电视台）旗下的江苏卫视于2010年开办了以婚恋交友为主题、名称为“非诚勿扰”的电视节目。深圳市珍爱网信息技术有限公司（以下简称珍爱网）为“非诚勿扰”节目推选相亲对象，提供广告推销服务，并曾在深圳招募嘉宾，报名地点设在深圳市南山区。金阿欢以江苏电视台和珍爱网侵害其注册商标专用权为由，向深圳市南山区人民法院提起诉讼，请求法院判令江苏卫视频道立即停止使用“非诚勿扰”栏目名称等。

（二）裁判结果

一审法院认为，“非诚勿扰”电视节目虽然与婚恋交友有关，但终究是电视节目，相关公众一般认为两者不存在特定联系，不容易造成公众混淆，不构成侵权。深圳市中级人民法院二审认为，从非诚勿扰节目简介、开场白、结束语，以及参加报名条件、节目中男女嘉宾互动内容，以及广电总局的发文、媒体评论，可认定其为相亲、交友节目，与金阿欢涉案注册商标所核定的“交友、婚姻介绍”服务相同，构成侵权。广东省高级人民法院再审认为，“非诚勿扰”电视节目与金阿欢注册商标所核准使用的“交友服务、婚姻介绍”在服务目的、内容、方式和对象上均区别明显，以相关公众的一般认知，能够清晰区分电视文娱节目的内容与现实中的婚介服务活动，故两者不构成类似服务。江苏电视台对“非诚勿扰”标识的使用，不构成对金阿欢注册商标权的侵犯，从而撤销二审判决，维持一审判决。

（三）典型意义

本案涉及电视节目名称与商标的关系问题。由于被诉侵

权的非诚勿扰节目的知名度和广受欢迎，本案也受到了广泛的关注。再审判决对于电视节目名称是否属于商标性使用，如何看待电视节目与内容题材之间的关系、如何判断电视节目的服务类别等问题进行了深入分析。判决认为不能简单、孤立地将电视节目的某种表现形式或某一题材内容从整体节目中割裂开来，而应当综合考察节目的整体和主要特征，把握其行为本质，作出合理认定。判决同时立足于商标法的宗旨，以相关公众混淆、误认的可能性作为是否构成商标侵权的判断标准。再审判决认为对注册商标的保护范围和保护强度，应与注册商标权利人对该商标的显著性和知名度所作出的贡献相符，也体现了知识产权司法保护力度与创新程度相适应的“比例协调”司法政策。

（最高人民法院提供）

四、拉菲罗斯柴尔德酒庄与国家工商总局商评委、南京金色希望酒业有限公司商标争议行政纠纷再审案

（一）案情简介

第4578349号“拉菲庄园”商标（即争议商标）的申请日为2005年4月1日，核定使用在第33类葡萄酒、酒（饮料）等商品上，注册人为南京金色希望酒业有限公司（以下简称金色希望公司）。“LAFITE”商标（即引证商标）申请日为1996年10月10日，核定使用在第33类的含酒精饮料（啤酒除外）商品上，注册人为拉菲罗斯柴尔德酒庄（以下简称拉菲酒庄）。拉菲酒庄针对争议商标向国家工商行政管理总局商标评审委员会（以下简称商评委）提出争议申请。商评委作出商评字〔2013〕第55856号《关于第4578349号“拉菲庄园”商标争议裁定书》（简称第55856号裁定），对争议商标的注册予以撤销。金色希望公司不服，提起行政诉讼。

（二）裁判结果

北京市第一中级人民法院认为，通过相关媒体的介绍，结合拉菲酒庄的“LAFITE”葡萄酒早在争议商标注册日之前就进入中国市场的情况，国内的相关公众能够了解到“LAFITE”或叫“拉斐”“拉菲特”或者“拉菲”，并具有较高的知名度。争议商标的注册违反了2001年《商标法》第二十八条的规定，判决维持第55856号裁定。金色希望公司不服，提起上诉。北京市高级人民法院二审认为，难以认定在争议商标申请日之前，引证商标已经在中国大陆地区具有市场知名度，相关公众已经能够将引证商标与“拉菲”进行对应性识别。争议商标的注册和使用长达十年之久，从维护已经形成和稳定的市场秩序考虑，本案争议商标的注册应予维持，判决撤销一审判决及第55856号裁定。拉菲酒庄不服，向最高人民法院申请再审。最高人民法院裁定提审本案，并于2016年12月23日作出再审判决，撤销二审判决，维持一审判决及第55856号裁定。

（三）典型意义

本案涉及中英文商标的近似性判断及是否形成稳定的市场秩序等问题。最高人民法院认为，本案中引证商标具有较高的知名度，拉菲酒庄通过多年的商业经营活动，客观上在“拉菲”与“LAFITE”之间建立了稳固的联系，故争议商标与引证商标构成使用在相同类似商品上的近似商标，违反了《商标法》第二十八条的规定。此外，对于已经注册使用一段时间的商标，该商标是否已经通过使用建立较高市场声誉和形成自身的相关公众群体，并非由使用时间长久单一因素来决定，而是在客观上有无通过其使用行为使得相关公众能够将其与相关商标区分开来，以是否容易导致混淆作为判断标准，本案中并不存在这一情形。再审判决对商标构成要素及其整体的近似程度、相关商标的显著性和知名度、稳定的对应关系的认定、相关公众群体等展开论述，在此基础上明确中英文商标的近似性判断的裁判标准，具有十分重要的指导意义。

（最高人民法院提供）

五、湖北张伟假冒注册商标案

（一）案情简介

2015年9月至11月，被告人张伟（无业人员）为非法牟利，在未取得宝洁（中国）有限公司商标使用许可的情况下，在湖北省汉川市仙女街道办事处徐家口村租赁的一民房内，进行假冒“飘柔”“海飞丝”“潘婷”洗发露和“玉兰油”多效修护霜的生产和销售。2015年11月12日，汉川市工商局现场查获成品假冒“飘柔”“海飞丝”“潘婷”洗发露和“玉兰油”多效修护霜共计5 300多瓶，查获印有假冒“飘柔”“海飞丝”“潘婷”商标标识的空瓶及纸箱共计2.8万余个。经鉴定，上述涉案成品洗发露、修护霜货值共计人民币29万余元；上述涉案空瓶、纸箱上的标识与“飘柔”“海飞丝”“潘婷”“玉兰油”注册商标完全相同。

（二）裁判结果

2016年1月8日，汉川市人民检察院通过“两法衔接”信息平台发现本案后，侦查监督部门派员迅速前往汉川市工商局了解案件情况，检察机关在走访调查中了解到，举报人

多次反映张伟的行为系侵权违法行为，汉川市工商局虽然及时查处，但因张伟在查处当天潜逃而没有将案件移交给公安机关。汉川市人民检察院通过调取案件材料、核实证据、走访相关执法人员后发现，该案符合刑事立案追诉标准，系一起典型的刑事案件。

2016 年 1 月 11 日，汉川市人民检察院侦查监督部门向市工商局发出《建议移送涉嫌犯罪案件函》，汉川市工商局收到建议函后于次日将该案移送汉川市公安局。2016 年 3 月 8 日，汉川市人民检察院发出《通知立案书》通知汉川市公安局立案侦查。3 月 11 日，汉川市公安局以张伟涉嫌假冒注册商标罪对其立案侦查，并于同年 7 月 7 日将犯罪嫌疑人张伟抓获归案。

2016 年 8 月 9 日，汉川市人民检察院以张伟涉嫌假冒注册商标罪对其作出批准逮捕决定。2016 年 11 月 3 日，汉川市人民法院以假冒注册商标罪判处张伟有期徒刑三年，并处罚金 5 万元。被告人张伟未在法定期限内提出上诉，判决生效。

（三）典型意义

知识产权作为一项重要智力成果，在加速科技创新与加快经济发展方式转变过程中发挥着巨大作用。但在我国实施创新驱动发展战略的重要发展机遇期，侵犯知识产权案件多发频发，严重破坏了社会主义市场经济秩序，妨碍了企业的正常经营发展，损害了人民群众的消费权益。本案的成功监督，严厉打击了侵犯知识产权犯罪，促进了行政执法机关严格规范执法，增强了行政执法与司法保护协调配合，营造了良好的法治化、市场化营商环境。汉川市人民检察院的如下做法值得借鉴：

一是发挥平台功能，挖掘监督线索。汉川市人民检察院充分利用行政执法与刑事司法衔接信息共享平台，通过线上发现与线下调查相结合，成功发现并监督了本案。汉川市人民检察院在线上仔细筛选平台中的行政处罚案件信息，敏锐地发现了该案线索；在线下迅速通过调取案件材料、核实相关证据、走访相关执法人员后，发现该案符合刑事立案追诉标准，立刻开展立案监督，有效防止了行政机关对该案以罚代刑和“降格处理”。

二是依法开展监督，督促规范执法。

三是强化跟踪监督，注重监督实效。本案中，检察机关既对行政执法机关及时移送案件和公安机关受理案件进行同步有效监督，又适时介入侦查并始终跟踪监督，没有因公安机关作出立案决定而终结监督程序。检察机关就如何取证指控犯罪，如何防止“人头搞错”多次与侦查人员交换意见，列出详细的取证清单和补充侦查提纲，引导公安机关全面收集、固定证据，确保了案件准确批捕、顺利起诉和依法判决，取得了良好效果。

（最高人民检察院提供）

六、福建陈飞虎等人假冒注册商标、非法制造注册商标标识、销售假冒注册商标的商品案

（一）案情简介

2014 年 10 月至 2015 年 11 月，被告人陈飞虎（原上海虎霸电池有限公司法定代表人）以“上海虎霸电池有限公司”名义租赁安徽省合肥市庐阳区一工业区房间作为生产车间，从江苏省等地购进光身电池（无任何商标电池），组织工人贴标生产、包装假冒南孚“聚能环”电池，并雇用被告人程航静（上海虎霸电池有限公司职工）负责生产工作，雇用被告人李永寿（上海虎霸电池有限公司职工）驾驶货车接收原材料、发送成品假冒南孚“聚能环”电池给全国各地客户，共计销售金额 22 万余元。同时，陈飞虎还通过其经营的位于合肥市瑶海区长江批发市场内的“虎霸电池”店销售他人生产的假冒“南孚电池”，销售金额 19 万余元。

2013 年 9 月起，陈飞虎持伪造的南孚公司证明文件与被告人曹结渝任法人代表的安徽省安庆市龙珠包装有限公司共谋，印刷假冒“南孚电池”标识纸。陈飞虎指派公司技术人员到曹结渝公司进行技术指导并监督生产。2014 年 10 月至 2015 年 7 月，曹结渝共生产并销售给陈飞虎假冒“南孚电池”标识纸约 1 000 万张。陈飞虎再以每 1 万张 280 元的价格销售给河南省新乡市的客户，共计销售假冒“南孚电池”标识纸约 300 万张。

（二）裁判结果

2015 年 11 月 9 日，福建省南平市公安局延平分局以涉嫌假冒注册商标罪对陈飞虎、李永寿等人立案侦查。同年 11 月 11 日对上述人员刑事拘留。同年 12 月 16 日，南平市延平区人民检察院对陈飞虎、李永寿等人以涉嫌假冒注册商标罪批准逮捕。2016 年 6 月 29 日，南平市延平区人民检察院对陈飞虎等 6 人以涉嫌假冒注册商标罪、非法制造注册商标标识罪、销售假冒注册商标的商品罪提起公诉。同年 12 月 8 日，南平市延平区人民法院判决被告人陈飞虎犯假冒注册商标罪、非法制造注册商标标识罪、销售假冒注册商标的商品罪，数罪并罚判处有期徒刑七年四个月，并处罚金 36 万元；其他 5 名被告人分别被判处一年八个月至三年不等有期徒刑，并处数额不等罚金。上述判决已于 2016 年 12 月 19 日生效。

（三）典型意义

福建南平南孚电池有限公司系国内知名企业，其所拥有的“聚能环”注册商标为公众广泛知晓。本案被告人生产、销售假冒南孚“聚能环”电池及标识纸，涉及多个省份，涉案人员多，数额巨大，情节特别严重，并已形成跨省生产、销售、购买的“一条龙”犯罪链条。南平市延平区人民检察院在办理该案中，全面审查案件证据，准确适用法律，积极引导取证，强化检察监督，发挥了重要作用。在审查逮捕阶段，在依法从快从严批捕的同时，针对尚未查清的裴振新等犯销售假冒注册商标的商品罪的事实，发出详细的继续侦查取证意见书，引导公安机关全面收集固定证据，并对侦查机关将陈飞虎、李永寿共同实施犯罪却分别立案侦查的做法予以口头纠正。在审查起诉阶段，全面厘清了被告人在案件中的地位、作用和涉案金额，特别是细致审查全案犯罪行为后，认为陈飞虎还犯非法制造注册商标标识罪、销售假冒注册商标的商品罪，应依法予以追加起诉，不遗漏任一犯罪事实，确保准确适用法律。检察机关在此案中的充分履职，确保了准确及时全面追诉犯罪行为，对侵犯知识产权违法犯罪行为形成了有效震慑，取得了良好的法律效果和社会效果。

（最高人民检察院提供）

七、上海沈澄、黄如伟等人销售假冒注册商标的商品案

（一）案件事实

2013 年初，被告人沈澄、黄如伟等人出资注册设立狂人信息技术有限公司（以下简称狂人公司，沈、黄二人担任股东），租用福建省莆田市荔城区幸福路 777 号闵杰楼六楼作为办公场所，并先后雇用朱振亚（狂人公司法定代表人）等人，向上海美橙科技信息发展有限公司租用境外服务器，在全国多地开设、运营百余个互联网站，将从广东、福建等地采购的假冒 LV、MK、NIKE 等注册商标的商品向境外销售。案发后，经审计，自 2013 年初至 2015 年 3 月，狂人公司销售假冒注册商标的商品后，通过国际支付结算平台收取的货款为 8 400 余万元。

（二）裁判结果

2015 年 4 月 1 日，该案由上海市水上公安局立案侦查；同日上海市公安局经侦总队、水上公安局在狂人公司福建莆田的经营场所，当场抓获犯罪嫌疑人 10 余名。同年 5 月 7 日，上海市虹口区人民检察院以涉嫌销售假冒注册商标的商品罪对沈澄、黄如伟等人批准逮捕。10 月 23 日，上海市虹口区人民检察院将其中 11 名被告人起诉至上海市杨浦区人民法院。期间，虹口区人民检察院多次就本案的案件事实、证据标准、审计标准与杨浦区人民法院、审计事务所和计算机司法鉴定部门沟通确认。2016 年 7 月至 9 月，杨浦区人民法院先后对涉案被告人依法作出判决，其中两名主犯沈澄、黄如伟分别被判处有期徒刑六年和六年六个月，并处罚金 980 万元和 900 万元。其他被告人分别判处八个月至三年六个月不等有期徒刑，并处罚金 7 万元至 38 万元不等。上述判决为生效判决。

（三）典型意义

上海正在全力建设有全球影响力的科技创新中心和亚太知识产权中心，上海市检察机关作为法律监督机关，通过履行批捕、审查起诉等检察职责承担了重要的知识产权保护任务。虽然本案被告人均为福建人，但涉案公司开设境外网站所租用的服务器是在上海，销售对象全部是境外人士，被侵权的品牌也均为国际知名品牌，对上海的经济秩序、知识产权法治环境带来了极大的损害，因此，该案的成功办理维护了上海注重知识产权司法保护的良好形象。

该案作案手法新颖，涉案人数多，涉案金额大，社会关注度高，社会影响广泛，是近年来上海地区一起较为典型的借助互联网实施的侵犯知识产权犯罪案件。本案犯罪分子反侦查能力极强，导致案件办理难度大、取证困难，具体表现在：一是作案区域广。犯罪分子是通过开设网站向境外销售假冒注册商标的商品，涉案公司为了躲避侦查，将公司各部门分开，间隔一段时间就会关停一个网站，开设新网站，防止被一网打尽，租用的服务器遍及全国各地。二是查获涉案物品难。涉案商品全部销往境外，致使难以获取犯罪原始物品。狂人公司的销售模式非囤货，而是有订单才进行订货，且负责进货、发货的渠道部设在狂人公司主要经营场所以外，藏匿在租借的民房中，当狂人公司主要经营场所被公安机关查处后，渠道部立即从租借处退出，销毁具体货物证据。三是犯罪金额难以确定。狂人公司通过国际支付结算平台进入公司实际掌控的多个个人银行账户进行货款结算，避开了公司账户，导致确定最终犯罪金额十分困难。

办案过程中，上海市虹口区人民检察院第一时间介入案件，与上海水上公安局研判案件，确定打击范围，明确取证方向、固证要点及后期的移送程序，为案件的顺利办理打下坚实基础。同时，为了准确认定本案犯罪金额，上海检察机关整合技术部门、鉴定部门和审计部门的力量，通过对资金的走向，账户资金的使用情况综合分析明确个人账户与售假资金的关系，进而确定整个案件实际售假的犯罪金额。此外，本案开庭审理期间邀请了多名全国、市人大代表对案件

庭审过程进行观摩评议，积极彰显了上海检察机关打击侵犯知识产权犯罪的决心。

（最高人民检察院提供）

八、山东刘飞等人销售假冒注册商标的商品案

（一）案情简介

2012 年至 2015 年期间，刘飞等人从河北省高阳县的毛巾加工作坊中定制假冒的金号牌和洁丽雅牌毛巾，以淘宝网和阿里巴巴网为平台，开设“晨旭纯棉毛巾商行”“纯棉大世界”等多家网店，销售假冒的金号牌和洁丽雅牌毛巾 100 余万条，涉案金额 150 余万元。

（二）裁判结果

2015 年 4 月 22 日，山东金号织业有限公司到山东茌平县公安局经济犯罪侦查大队报案称：晨旭纯棉毛巾商行在淘宝网上大肆销售假冒金号牌毛巾，近三十天的交易额就达 5 万余元。茌平县公安局于次日立案。2016 年 2 月，茌平县人民检察院以涉嫌销售假冒注册商标的商品罪对刘飞等人依法批准逮捕；7 月 22 日，对刘飞等人以涉嫌销售假冒注册商标的商品罪提起公诉。2016 年 11 月，茌平县人民法院以销售假冒注册商标的商品罪对主犯刘飞依法判处有期徒刑三年，并处罚金 20 万元；其他 4 名从犯分别判处七个月至两年六个月不等有期徒刑。上述判决为生效判决。

（三）典型意义

当前，以“互联网 +”为主要内容的电子商务发展迅猛，这一新兴商务模式在为人们的生活带来便捷的同时，也因侵权假冒大量发生而备受社会诟病，加大打击网络售假力度势在必行。刘飞等人销售假冒注册商标的商品系列案件，给“金号”“洁丽雅”等知名毛巾生产企业造成恶劣社会影响，品牌价值损失严重。茌平县人民检察院在介入侦查时提出“上线下线同步查”的办案思路，指导公安机关一举端掉 5 个相关生产作坊，有力地打击了制假售假犯罪活动，维护了企业合法权益，净化了网络市场，取得了较好的法律效果和社会效果。

一是引导侦查取证，明确侦查方向。涉案犯罪团伙体系严密，上下游分工明确，假冒毛巾生产者、销售者、包装生产者均有涉及，制假、售假形成完整的产业链条。茌平县人民检察院适时介入，立足“上线下线同步查”的办案思路，针对网络售假犯罪手段隐蔽、查处取证难度大的问题，建议公安机关对生产假冒毛巾作坊及时勘察、拍照，并调取相关证言，巩固了犯罪嫌疑人制假、售假的证据链条；针对网店经营中“刷单”（用虚假的销售记录表示该商品的畅销）现象比较普遍、销售金额难以认定的问题，建议公安机关调取发货单、网络交易记录等相关书证多方印证。该案最终成功侦办、顺利诉讼。

二是注重证据审查，严把案件质量。多名犯罪嫌疑人被采取强制措施后，辩解不知道其所销售的毛巾为假冒毛巾，茌平县人民检察院对该辩解充分重视，通过细致审查相关犯罪嫌疑人的进货渠道、进货价格、销售价格、供货商证言等证据，层层分析，环环相扣，综合认定犯罪嫌疑人的主观故意，在难以回避的一系列客观事实面前，犯罪嫌疑人对销售假冒毛巾的事实供认不讳。

三是提出检察建议，服务企业发展。茌平县人民检察院在办案中发现，相关生产者之所以大肆制假，除了利益驱动外，也存在“毛巾真假难辨、不易被发觉”等侥幸心理。针对此情况，茌平县人民检察院向有关企业提出升级防伪标识、畅通正品验证通道、建立网络销售授权制度等检察建议，被相关企业采纳，有效防范了制假售假的发生，促进了企业的健康发展。

（最高人民检察院提供）

九、迅达科技集团股份有限公司因商标权纠纷申请支持起诉案

（一）案件事实

2016 年，迅达科技集团股份有限公司发现市面上多家个体经营的门店内销售假冒“迅达”注册商标的燃气灶。工商部门在抽查时也曾发现“迅达”牌燃气灶不合格，联系迅达公司鉴定后发现是“山寨”产品。迅达公司委托律师以普通消费者的名义到各家贩假店铺内购买了带有“迅达”商标字样的灶具，并邀请公证员进行了全程记录及相关证据保全。所购灶具经仪器扫描鉴定，无迅达公司防伪条形码显示，属于假冒产品。之后，迅达公司以多家商铺大肆销售假冒迅达公司注册商标的产品，侵犯迅达公司商标权、损害迅达公司品牌声誉、影响迅达正品在市场上销售，给迅达公司造成巨大的经济损失为由，向长沙市中级人民法院提起一系列诉讼，并于 2016 年 11 月 29 日分别向长沙市人民检察院、天心区人民检察院、岳麓区人民检察院申请支持起诉。

（二）裁判结果

检察机关受理该系列案件后，迅速审查相关证据材料，并分析该案是否符合检察机关支持起诉的条件。经审查，迅达公司在被告的多家个体经营的门面中购买的燃气灶经鉴定属于假冒产品，根据《商标法》第五十七条第（二）、

（三）项的规定，有下列行为之一的，均属侵犯注册商标专用权：（二）未经商标注册人的许可，在同一种商品上使用与其注册商标近似的商标，或者在类似商品上使用与其注册商标相同或者近似的商标，容易导致混淆的；（三）销售侵犯注册商标专用权的商品的。从上述规定可知，侵犯注册商标专用权的行为包括以下因素：商品的相同或类似；商标的相同或近似；混淆的可能性。本案中，首先，被控侵权商品为燃气灶，与迅达商标核准使用商品中的厨房炉灶属于相同商品。其次，被控侵权商品上的“迅达”标识与迅达公司注册商标均构成近似的商标标识。再者，迅达公司的商标为较多公众所知悉，在厨房炉灶商品上具有一定的知名度，以相关公众的一般注意力，在被控侵权商品上突出使用的“迅达”标识足以误导消费者认为该商品来源于商标权利人即迅达公司，从而引起混淆。综上所述，根据《商标法》第五十七条第（三）项规定，这些经营者的销售行为已构成对迅达公司注册商标专用权的侵犯，应依法承担相应的法律责任。

同时，由于假冒的“迅达”燃气灶缺乏自动熄火等保护装置，存在严重的安全隐患。且销售假冒商品的店铺较多，涉及面广，消费群体具有不特定性，对广大普通消费者的生命健康和财产安全造成危害。关于使用缺乏自动熄火保护装置的燃气灶造成消费者受伤的事例层出不穷，频繁见诸报端。因此，检察机关支持迅达公司起诉具有公益性和代表性，长沙市人民检察院、天心区人民检察院、岳麓区人民检察院遂依据《民事诉讼法》第十五条之规定，分别对上述共计35件侵害商标权的案件向长沙市中级人民法院、天心区人民法院、岳麓区人民法院提出支持起诉，其中长沙市人民检察院支持起诉30件。在支持起诉的同时，长沙市检察院民行处承办人员积极与长沙市中级人民法院审理该案的民五庭负责人及承办法官沟通联系，及时了解案件审理进度和其他相关情况，并指导迅达公司代理律师进一步收集和充实相关证据，确保案件审判效果。

目前35例案件中，已经有8例被长沙市中级人民法院采纳支持起诉意见，均判决支持了迅达公司的诉讼请求，其中有3例已经生效；另有7例案件的被告已在庭审过程中与迅达公司达成和解（其中在中院达成和解的4例），迅达公司向法院申请撤回起诉。其余案件还在审理过程中。

（三）典型意义

本案是长沙市检察机关两级民行部门充分履行法律监督职能、维护社会公共利益、开展知识产权司法保护的典型案例。

一是关注社会公益及民生保障，积极探索支持起诉案件办理机制。首先，在确定案件类型方面，长沙市人民检察院民行处将检察机关支持起诉范围具体归纳为国有资产流失、环境污染公害、产品质量公害、劳动者群体讨薪等几个类型，并在办案中重点关注上述类型案件，以便发现相关线索。其次，在拓展案件线索方面，长沙市人民检察院民行处通过向律师事务所发送联系函、邀请律师座谈等方式，宣传民行检察部门支持起诉等职能，以便其在代理相关诉讼案件中寻求支持和帮助。本案就是迅达公司代理律师了解到民行检察监督职能，主动向检察机关申请支持起诉的，且涉及商标权的司法保护，进一步提升民行案件线索的数量和质量，也为市级检察院开展支持起诉工作提供了司法实践案例。

二是在办案中重点审查鉴别“公益”及“私权”界限，牢牢把握支持起诉的公益性及检察监督的居中性。本案表面上是商事主体对自身商标专用权的维权纠纷，属于普通民事诉讼领域；即使有受到人身或财产损害的购买者起诉维权，也仍然属于私权领域，检察机关不宜主动介入。但通过对本案案情进行分析，本案不仅涉及个体的商标权保护、财产权保护或人身权保护，还涉及产品质量安全和众多消费者权益保护的问题。由于售假店铺多、波及面广、影响恶劣，除了对已经购买假冒产品的人已经造成实际损失之外，还存在着对不特定多数人的人身、财产安全造成损害的风险，危及社会公共利益，具有监督的公益性，符合检察机关监督的条件。该案在办理过程中，长沙市人民检察院民行处充分发挥公益保护领域的检察职能，会同代理律师分析案情，对被告身份及侵权事实认定方面可能存在的证据缺陷进一步补足和充实，并提供必要的政策指导和法律支持。同时，与法院承办法官及庭室负责人充分沟通协调，及时了解案件的审理、和解及判决情况，督促法院快审快结，确保支持起诉意见能够获得法院采纳，确保案件办理的公益效果。

三是检察机关通过支持起诉服务地方经济发展，促进企业科技创新，办案效果突出。迅达商标系国家工商总局商标局认定的驰名商标，多年来在市场上具有极高的知名度和占有率。迅达公司也一直受到假冒产品的侵害，近几年来，涉及迅达商标的侵权案件层出不穷，每年都有几十起，其中2016年一年就有70起，维权所耗费的人力物力巨大，个体维权势单力薄，而制假售假却屡禁不止。在检察机关支持起诉后，对驰名商标的维护、对假冒产品的打击力度、对同类诉讼的监督力度均得到极大的加强。本系列案部分案件在检察机关发出支持起诉书后当月开庭并审结，均获得法院采纳。在办案同时，通过新闻报道、报纸刊登及互联网新媒体等多个平台，介绍本案办理情况，推广民行检察部门职能宣传，扩大案件办理的社会影响力，引导类似受害者积极维权，为地方经济发展保驾护航，让企业科技创新无后顾之忧。

（最高人民检察院提供）

十、江西珍视明药业有限公司与董超侵害商标权纠纷执行监督案

（一）案情简介

江西珍视明药业有限公司是“珍视明”注册商标的专用权人，该商标为驰名商标。江西珍视明药业有限公司维权人员在山东枣庄市台儿庄区董仁堂大药房购买了包括“深圳康盛珍视明眼药水”在内的五种药品，涉案药品瓶及外包装盒上“珍视明”标识明显突出，没有注册商标标识，外包装盒标识生产商为深圳康盛生物科技有限公司，而江西珍视明药业有限公司并未授权深圳康盛生物科技有限公司生产带有“珍视明”标识的产品，董超系董仁堂大药房的经营者。2014 年 11 月 17 日，江西珍视明药业有限公司将董超以侵害商标权为由起诉至枣庄市中级人民法院。

（二）裁判结果

2015 年 1 月 27 日，枣庄市中级人民法院作出（2014）枣知初字第 186 号民事判决书，判决：董超于判决发生法律效力后十日内，赔偿江西珍视明药业有限公司经济损失 3 万元。一审判决生效后，被执行人董超拒不履行法定义务。2015 年 12 月 9 日，申请执行人江西珍视明药业有限公司向枣庄市中级人民法院申请强制执行，请求执行董超赔偿经济损失等费用 32 150 元。2016 年 1 月 8 日，枣庄市中级人民法院指定山亭区人民法院执行本案。

2016 年 1 月 22 日，枣庄市山亭区人民法院对本案进行立案执行，枣庄市山亭区人民检察院对此执行进行了督促，枣庄市山亭区人民法院采纳了检察建议，并函复枣庄市山亭区人民检察院。

（三）典型意义

近年来，法院系统内部陆续出台了一系列制度和措施，对破解“执行难”问题切实起到了积极的推动作用。但实践中，“执行难”等问题并未得到彻底有效解决。本案中，被执行人董超系董仁堂大药房的经营者，在诉讼以及执行过程中，其药房正常经营，有较为稳定的收入和可供执行的财产。枣庄市山亭区人民检察院通过与法院的沟通协调，督促法院及时将案款过付给了申请人。本案的办理，不仅有效地维护了申请人江西珍视明药业有限公司的合法权益，也有力震慑了侵害商标权的违法经营者。

（最高人民检察院提供）

十一、安徽“12·26”特大制售假冒名牌运动鞋案

2016 年 1 月 11 日，安徽蚌埠公安机关成功破获“12·26”特大制售假冒名牌运动鞋案，抓获吴某等 4 名犯罪嫌疑人，捣毁一处总作业面积达 3 000 余平方米的大型制假工厂，查封鞋面、鞋底、鞋带、成型、包装 5 个生产车间的 9 条制假生产线，仅现场缴获假冒“匡威”等品牌运动鞋成品就达 50 余万双。

经查，2012 年以来，吴某等人在蚌埠市五河县开设鞋业公司，专门从事造假活动，大肆生产假冒“匡威”等知名品牌运动鞋，主要批发给浙江、福建、广东、安徽等地贸易公司后再向外转售。该工厂平常上班工人达 500 余人，旺季时月产假冒运动鞋 20 万双以上。据现场查扣的账册、计算机等资料显示，该工厂累计销售金额达 6 亿元。该案造假规模之大、专业程度之高、缴获数量之多，系历年打击假冒运动鞋领域之最。

（公安部提供）

十二、朱某等人制售假冒品牌运动鞋服案

2017 年 8 月 8 日，公安部经侦局指挥山东、广东、江苏、福建、辽宁、北京、安徽、甘肃、吉林、浙江、河南 11 省市公安机关，联合侦破一起制售假冒品牌运动鞋服案，抓获朱某等 23 名主犯，打掉生产、仓储、销售窝点 20 处，现场缴获假冒“耐克”“阿迪达斯”“纽巴伦”等品牌运动鞋服 21 万余件，货值 1.2 亿余元。

经查，2013 年以来，犯罪嫌疑人朱某等人在广东广州、福建莆田等地城乡结合部租赁厂房开设工厂，未经权利人授权，大肆生产假冒“耐克”“阿迪达斯”“纽巴伦”等品牌运动鞋服，以每件（双）80～150 元不等的价格销售给山东青岛李某、北京张某、福建莆田杨某、江苏苏州华某等一级经销商。上述经销商之间亦互相串货，并通过网店、实体店铺以每件 150～300 元不等价格向各地销售；部分经由新疆销往吉尔吉斯斯坦等国家。

（公安部提供）

十三、沈某等人制售假冒品牌净水器案

2016 年 10 月，公安部经侦局指挥北京、浙江、安徽、河南、四川等省市公安机关联合侦破一起特大制售假冒品牌净水器案，打掉 2 条流水生产线，现场缴获假冒品牌净水器 3 000 余台及大批制假用聚丙烯、滤芯、商标标识、包装箱等原料和包材，抓获沈某等 23 名犯罪嫌疑人，初步查明该

团伙累计销售金额近1亿元。

经查，自2015年以来，犯罪嫌疑人沈某在浙江慈溪设立制假窝点，在没有卫生许可证的情况下，开始制售假冒“安吉尔”品牌净水器。该团伙已形成规模和产业化生产，拥有配装、注塑、喷漆等车间，面积4 000余平方米，聘用工人100余名，施行封闭管理。该团伙仿冒“安吉尔”品牌正品净水器的外观及零部件设计，自行开发模具，生产滤芯、滤芯壳等，形成从部件生产、成品组装到市场销售、仓储物流的全体系化运作，高峰期日产量可达1 000台，销售网络涉及北京、浙江、安徽、河南、四川等多个省市。

（公安部提供）

十四、齐某等人制售假冒品牌鱼饵料案

2016年11月，四川成都经侦部门根据权利人举报的案件线索，会同河北省公安机关联合侦破一起特大制售假冒品牌鱼饵料案，抓获齐某等10名犯罪嫌疑人，打掉生产、销售窝点5处，现场缴获假冒“鱼浪”“来得快”等品牌鱼饵料100余万件，各类包装材料500余万件，涉案金额800余万元。

经查，主犯齐某于2015年起开始制售假冒品牌鱼饵料，在河北献县租赁厂房设立制假窝点，印制市场畅销品牌鱼饵料包装袋，从本地小作坊收购无品牌的各类牲猪饲料进行分包灌装，冒充正品鱼饵料，通过陈某等下线经销商以正品2至3折的价格销往全国各地。截至案发前，该团伙已累计生产假冒品牌的各类规格鱼饵料300余万件。

（公安部提供）

十五、黄埔、天津、杭州、宁波、广州海关联合查办进口假冒商标汽车润滑油专案

（一）案情简介

2016年5月，海关总署与公安部合作，从一起通过国内某电商平台销售假冒汽车润滑油案件中，敏锐发现相关侵权线索。由于案件发生在进口环节、涉案货物通过跨境电了商务平台销售且危及国内消费者生命财产安全，海关总署高度重视，与公安部商定对案件进行联合督办，并召集杭州、宁波、广州、黄埔、天津等海关组成专案组，开展打击进口假冒润滑油专项行动。

行动中，5个海关严密监控来自重点国家的进口润滑油数据，积极开展风险防控，先后采取保护措施20次，查获并向公安机关通报案件6件，查扣假冒汽车润滑油80余吨，货值人民币950余万元。黄埔、天津海关发挥传统海运口岸海关在风险查控方面的优势，对海量进口电子数据进行分析过滤，从中捕捉疑点，研究假货报关规律，不断缩小布控范围，在确保合法贸易正常通关的前提下，对进口假冒润滑油实施精准打击。行动期间，黄埔海关分别在黄埔新港、东莞沙田口岸查获3批进口假冒汽车润滑油共计31.7吨；天津海关分别在天津新港和东疆口岸查获3批进口假冒润滑油共计38.1吨。专项行动所查扣的润滑油均系假冒“壳牌”“美孚”“嘉实多”等知名品牌商品。

（二）处理结果

黄埔、天津两关继续深挖扩线，及时固定证据，并向公安机关通报海关新掌握案件线索，扩大了战果，推动广西防城港市和天津市两地公安机关加入了打击进口假冒润滑油专案，取得积极成效。公安机关在海关的支持配合下，捣毁境内仓储窝点5个，抓捕犯罪嫌疑人11人，查扣假冒润滑油11万桶。

（三）典型意义

1. 本案是海关总署与公安部联合督办的集群大案。海关总署与公安部从各自的管理条线出发，充分调动重点地区的执法力量，相关单位互通信息、共享资源、提前介入、无缝对接，织密一张打击侵权的网络，将假冒润滑油堵截在国门之外。此案的成功查办，为海关、公安在今后打击侵权的执法合作，以及重大案件的联合指挥积累了宝贵经验。

2. 本案是进口渠道查获巨额侵权商品的典型案例。本案为海关在海运进口渠道密集查发的侵权系列案件，且查扣的假冒商品数量之多、货值之巨尚属首次。此案再次证明侵权假冒是全球性问题，假冒侵权商品的生产和消费市场也是全球性的，中国作为经济全球化的一员，同样在遭受来自境外侵权假冒商品的危害。

3. 本案为海关与电商平台开展深入合作提供范本。针对跨境电子商务“全流程在线交易”的发展趋势和特点，执法机关需要电商平台提供更紧密协作，不断强化电商平台的主体责任，推动电商平台提高对网上侵权假冒线索的发现和挖掘能力，推进海关与平台企业共治，强化海关线上线下一体化监管。海关总署以此案为契机，委托杭州海关签署《杭州海关与阿里巴巴集团知识产权保护合作备忘录》，双方探索建立跨境电子商务领域的长效合作机制。

4. 本案引起了国际社会及主流媒体的高度关注。英国驻华使馆商务参赞专程拜访海关总署，英中贸易协会致函海关总署，英国知识产权局局长肖恩·丹内利先生拜访黄埔海关，均高度评价了中国海关在打击跨境假冒润滑油行动中的工作成效。中央电视台、国际商报、广东卫视、南方网等中央和地方媒体对本案进行多种形式的专题报道，引起社会广

泛关注并给予高度评价。

（海关总署提供）

十六、上海、南京、广州、北京、拱北等海关开展中美联合执法行动打击跨国销售侵权货物专案

（一）案情简介

根据海关总署与美国海关边境保护局（CBP）及美国移民与海关执法局（ICE）签署的知识产权执法合作文件，2016 年 3 月、4 月，中国海关会同美国海关联合开展两次各为期 1 个月的知识产权专项执法行动。

行动期间，全国海关共查获输往美国的侵权货物 200 余万件。其中，上海海关查获寄往美国的侵犯“NBA”商标专用权的球帽一批。该关在海关总署的安排下开展了中美跨境执法协作，及时深挖线索、固定证据并第一时间将上述案件信息经由海关总署通报给美国移民与海关执法局，美方根据中国海关提供的线索成功侦破了美国境内的销售侵权货物案件，对其国内犯罪嫌疑人采取了刑事强制措施。

南京海关查获寄往美国的侵犯“OAKLEY”商标专用权的眼镜 6 302 副、侵犯“RAY · BAN”商标专用权的眼镜 43 副，案值约 126 万余元。南京海关将案件相关线索及时通报江苏省公安厅，公安部门根据线索抓获一名犯罪嫌疑人。

广州海关查获寄往美国的侵犯“NFL”“RE”“NBA”“ADIDAS”“REEBOK”商标专用权的球衣、球帽一批。案件查发后，该关深挖线索，运用风险分析下达预定式布控指令，连续查获假冒运动服装 5 批，共计 225 件。

此外，北京、拱北等海关在行动期间也运用风险分析、区域执法合作、信息共享等手段查获多批输往美国的侵权汽车配件、药品、消费电子产品等。

（二）典型意义

1. 本案是双边海关跨境联合执法的成功案例。本案是海关总署与美国海关与边境保护局及美国移民及海关执法局执法合作的有效成果，充分展现了双边海关在打击跨境侵权假冒违法行为的长期不懈努力。该行动获得了中美商贸联合委员会的肯定。

2. 本案是多关协作、多渠道打击侵权假冒行为的典型案例。全国各直属海关在海关总署专项统一部署、指挥下，联合作战、同时打击传统货运渠道与行邮跨境电子商务领域的侵权假冒行为，通过专项治理打击了特定领域的侵权假冒行为，有效维护了国际贸易秩序。

3. 本案是中国海关有效运用风险数据模型分析并发挥显著作用的探索与尝试。中国海关一向注重研究分析风险数据，设计完善数据模型，加强运用知识产权风险信息管理、设置风险参数，采用预定式布控等手段开展监控，最终该专案查获了多批侵权商品。

（海关总署提供）

十七、上海海关查办出口假冒商标缝纫机头案

（一）案情简介

2016 年 3 月，上海海关将缙云县某公司出口假冒“SINGER”商标缝纫机涉嫌犯罪案移送上海市公安局；2016 年 9 月，上海市第三中级人民法院做出刑事判决，判决当事人犯假冒注册商标罪，依法判决相关责任人有期徒刑一年零六个月，判处责任单位和责任人罚金合计 12 万元人民币。

2015 年上海海关在开展“清风”行动时排查发现，浙江缙云地区部分不法企业出口侵权缝纫机情事频发，该地区企业多从宁波口岸出口侵权缝纫机，且被海关多次查处。结合全国海关正在开展专项行动，上海海关认为侵权企业可能采取“口岸漂移”的手法从上海出口侵权缝纫机来逃避监管，上海海关立即在通关系统中加载风险参数对此予以重点监控。

2015 年 7 月，上海海关通过风险布控连续查扣两批出口假冒“蝴蝶牌 BUTTERFLY”商标和标有“SINGER”商标的缝纫机头共 1 621 台，货值 27 346 美元。上海海关深挖线索、追溯售假源头，发现该公司曾于 2014 年因出口假冒“SINGER”商标缝纫机被宁波海关行政处罚。鉴于当事人两年内多次出口侵权货物且主观恶意较重，2016 年 3 月上海海关将上述案件线索通报上海市公安局，并协助公安机关开展侦查工作，同年 9 月上海市第三中级人民法院作出上述判决。

（二）典型意义

1. 本案是上海海关打击“口岸漂移”的成功范例。在海关的严厉打击下，不法分子采取打游击的方式规避海关监管，通过跨地区、甚至跨省出口，给海关打击进出口侵权货物行为带来新挑战。本案中，侵权企业通过宁波公司代理出口，且更换出口口岸，企图逃避海关监管，但海关对此类侵权“口岸漂移”做好了防范，构建了严密的监管网络，通过实施风险布控，成功拦截侵权假冒货物。

2. 本案是上海海关加强“两法衔接”的典型案例。上海海关在案件调查过程中发现侵权企业之前因出口假冒缝纫机被宁波海关行政处罚的线索，一并通报公安机关，使得法院在刑事审判中认定该企业曾因侵权被行政处罚，再次犯假冒注册商标罪，主观恶意较深，处以罚金刑和实刑并处的重罚，极大震慑不法企业，是“两法衔接”的成功典范。

3. 本案是上海海关保护自主知识产权的优秀范本。上海海关历来重视国内企业自主知识产权的保护，本案权利人作为一家上海大型骨干企业，此前饱受出口侵权之苦。上海海关主动提供服务，及时为企业提供政策解读，引导企业申请海关备案，帮助企业办理总担保缓解资金压力，帮扶企业培训维权队伍，积极开展口岸防控，先后查获大批假冒该公司产品，有效帮助企业恢复海外市场，切实维护企业的合法权益。

（海关总署提供）

十八、厦门海关查办外贸综合服务平台企业出口侵权鞋服案

（一）案情简介

2016 年 1 月 7 日，厦门海关在对福建一达通企业服务有限公司申报出口的 2 票男式防寒衣进行查验时，发现其中 17 382 双运动鞋上使用了“ADIDAS”“NIKE”“PUMA”等商标标识，货值人民币 42 万余元。经相关权利人确认，上述货物均为侵权商品。

案件查发后，厦门海关高度重视，密切关注外贸综合服务平台企业发生的侵权问题，又在该公司申报出口的 4 票货物中，查获侵犯“CONVERSE”“PRADA”“PORSCHE”等商标专用权的防寒服 7 327 件，货值人民币 50 万元。

案件查办过程中，厦门海关主动约谈企业负责人，了解到该公司是一家以互联网信息服务平台为载体的新兴外贸综合服务平台企业，成立时间虽然短，但业务发展迅猛。该公司现行的管理流程和模式与快速增长的业务量不相适应，导致无法有效筛查知识产权问题订单，引起侵权情事阶段性多发。为此，厦门海关结合调研情况，对该公司实施一对一政策帮扶，指导其通过采取完善公司风险管控机制、加强客户风险研判管理、提高上门看货监装比例等措施，有效控制侵权风险。经过共同治理，该公司未再出现侵权违法行为，企业订单侵权风险得到有效防范。

（二）典型意义

1. 本案是新形势下外贸综合服务平台企业知识产权治理的典型案例。2016 年以来，作为国家大力鼓励发展的新兴业态，外贸综合服务企业在进出口业务不断增长的同时，也存在侵权违法行为多发的情况，多地海关均有查获“一达通”系企业侵权案件。针对外贸综合服务平台企业发展初期出现的侵权问题，厦门海关本着“稳妥推进、权责对称、风险可控”的原则，从促进外贸稳增长的大局出发，加强政策宣传和引导，积极帮扶这一新兴业态走上健康发展的轨道，为新形势下外贸综合服务平台企业知识产权治理提供了有益探索。

2. 本案是海关与企业知识产权共治良性互动的典范。本案在处理中，厦门海关不是简单止步于对违法企业的处罚和对侵权货物的处置，而是推行海关与企业知识产权共治，主动调研，对症提出规范运营建议，通过后续延伸帮扶，使侵权企业纠错转正，努力追求执法效果和社会效果的统一。企业也密切联系海关，寻求防范侵权风险举措，在海关的帮助引导下，快速完善风险防控体系建设并落地执行，达到了海关知识产权保护从“制止侵权”到“防止侵权”的效果。

（海关总署提供）

十九、黄埔海关联合公安机关破获特大假冒商标休闲鞋案

（一）案情简介

2016 年 3 月初，权利人耐克创新有限合伙公司在配合安徽蚌埠警方案件调查过程中了解到：近期可能有大批假冒休闲鞋从黄埔老港口岸出口。根据权利人提供的线索，黄埔海关立即展开风险研判，通过数据比对快速锁定嫌疑货柜。3 月 10 日，重庆某贸易有限公司向海关申报出口一批休闲鞋（无品牌）到新加坡普劳萨巴洛克港，报关触发海关预定式布控指令。经查，嫌疑集装箱柜门位置堆放的是正常货物，在箱体的中后部却装有大量侵权休闲鞋，共查扣侵犯“CONVERSE”商标专用权的休闲鞋 33 700 双和近似“ALL STAR”商标休闲鞋 3 350 双，货值人民币 166.4 万元。

黄埔海关迅速启动“两法衔接”工作机制，向蚌埠警方通报案情。蚌埠警方接报后高度重视，派出专案组赴广州展开深入调查。在海关的协助下，警方从报关环节打开缺口，目标指向同一犯罪团伙，决定将海关现场案件与公安在办案件并案侦查，完善了从“采购至出口”的证据链条，一举破获“广州姐妹鞋业艾某等人销售假冒注册商标的商品案”。全案抓获犯罪嫌疑人 10 名，查扣侵权运动休闲鞋 50 余万双，涉案金额人民币逾 4 亿元。

对于案件中公安机关难以刑事追诉的近似侵权违法部分，黄埔海关法规部门依法开展行政调查，用行政手段补充刑事打击，继续追究违法当事人的行政责任，实现“两法衔接”工作成效的最大化。

（二）典型意义

1. 本案是“两法衔接”工作机制下成功查办的典型案例。案件中口岸海关与内地公安跨区域、跨部门联合执法，精诚合作、紧密配合，取得显著成效。海关办案单位主动靠

前，与警方开展密切合作，第一时间收集固定证据，调取、甄别报关单证，从中发现与蚌埠警方在办案件的关联证据，为串并案件提供关键帮助。案件经过扩线侦查，最终成功打掉了一个长期在粤皖两地从事生产、销售、出口侵权假冒商品的犯罪团伙。该案涉案人员多、案值巨大，被列为公安部部级督办专案。

2. 本案是海关与权利人密切合作、快速反应、主动查办的成功案例。海关开展知识产权保护工作离不开权利人的支持与配合。长期以来，黄埔海关与权利人保持着良好的沟通互动，双方在工作中互信互助、互利互惠。本案中，权利人与海关密切配合，信息传递及时，为海关快速锁定侵权嫌疑货柜赢得了宝贵时间。

（海关总署提供）

二十、宁波海关查办出口侵犯自主品牌挂锁案

（一）案情简介

2016 年 2 月 1 日，浙江某公司向宁波海关隶属北仑海关申报出口一批挂锁等货物。经布控查验发现，标有“三环”标识的挂锁 9 万多把，价值约 68 万元人民币。经商标权利人烟台三环锁业集团有限公司确认，这批货物均为侵权商品。宁波海关扣留涉案货物后，将案件线索通报浙江省公安厅和宁波市公安局，协助公安机关开展立案侦查。

查获该案后，宁波海关充分利用风险信息平台，对品名、数量、境内货源地、航线、最终目的国等各报关要素展开分析比对，总结口岸侵权案例和历史数据，探索侵权违规的相似性及规律性，挖掘该案隐藏的风险点，开展风险分析、下达预定式布控指令。

2016 年 3 月 18 日，宁波海关在福建省某公司申报出口的挂锁中查获侵犯“TRI-CYIRCELE”商标权的挂锁 15 万个，价值人民币 133 万多元。随后宁波海关又连续查获三起侵犯“三环图形”商标权的挂锁案件。

（二）典型意义

1. 本案是海关打击出口侵犯国内自主知识产权，维护“中国制造”海外形象的典型案例。近年来，随着国家知识产权战略与创新驱动发展战略的施行，许多国内企业注重自主创新研发，不少优秀的国内品牌应运而生，并在国际上拥有广阔的市场。侵权问题经常阻碍国内优秀品牌开拓海外市场。保护国内自主品牌、支持企业“走出去”，是海关知识产权保护成效的重要体现。宁波海关积极行动，深入开展中国制造海外形象维护“清风”行动，加强对国内自主知识产权保护，有效制止了假冒产品进入国际市场，维护了“中国制造”的国际声誉。

2. 本案是海关利用风险分析手段，实现重点防控和精准打击的典范。挂锁是宁波口岸侵权高风险商品之一，宁波海关一直将其作为重点关注的目标商品，充分利用风险分析查控手段，总结口岸侵权案例和历史数据，探索侵权违法的关联性及规律性，同时加强与知识产权权利人的联系配合，发挥权利人在海关知识产权保护中的作用，强化信息收集和案件经营，重视每一个细小线索的深度挖掘，提升打击侵权的针对性，有效保护了权利人的合法权益。

（海关总署提供）

二十一、南宁海关查办出口系列假冒商标商品案

（一）案情简介

2016 年 8 月 5 日，南宁海关接到权利人举报，称广西某商贸有限公司将于当日从南宁海关隶属凭祥海关综合保税区口岸，向越南出口大批侵权商品。南宁海关立即召集风险情报研判小组成员部署相关工作。经综合研判，海关加强对涉嫌侵权货物出口时间、口岸、运输工具等信息的筛查，并及时下达预定式风险布控指令。当日中午，南宁海关就组建了临时机动查验小组，赴凭祥口岸现场开展相关工作。当日下午，南宁海关陆续捕获 6 票报关单，共计 5 个集装箱的侵权嫌疑货物。上述货物为涉及侵犯“NIKE”“Apple”等 22 项商标权的鞋服、背包、手机配件等共 10.4 万件。不法分子为了掩人耳目，将侵权货物与合法货物混装，给海关查验鉴别制造障碍。

经价格机构鉴定，上述货物价值人民币 720 余万元。耐克创新有限合伙公司、让 · 卡斯兰简单股份有限公司（法国）等 21 家知识产权权利人向该关申请保护。鉴于该案已达到刑事立案标准，南宁海关及时向广西壮族自治区公安厅通报案件线索，公安机关决定立案侦办。

（二）典型意义

1. 本案是南宁海关与知识产权权利人密切合作查处的典型案例。边境陆路口岸通关时间短，权利人提供有关线索时限紧急，机会稍纵即逝，南宁海关深入分析、比对数据、快速反应，准确锁定嫌疑目标，一举查获特大侵权案件，有力打击不法分子的嚣张气焰。

2. 本案是南宁海关各职能部门在“大协同”理念指导下发现查处侵权案件的成功实践。该案在发现查处过程中，在风险布控、机动查验、联合执法等多个环节充分发挥海关内部执法合力，取得了较好的执法效果。

3. 本案是陆运边境口岸推动“两法衔接”的成功典范。

该案是南宁海关近年在边境小额贸易渠道查获的货值大、数量多的单起侵权出口案件，南宁海关及时通报案件线索、成功推动公安部门立案侦办此案，实现了行政执法与刑事司法的有效衔接。

（海关总署提供）

二十二、郑州海关查办出口假冒商标集成电路案

（一）案情简介

2016年6月7日，某企业向郑州海关隶属新乡海关申报出口集成电路（放大器），规格型号为Texas Instruments OPA2333-HT 153PV，单价53.975美元，总价107.95万美元。该关审单关员经查询，了解到该批货物为家用轿车的中央主控集成电路，用于车辆启动时控制由于电流瞬间过载引起的短路现象。货物涉及知识产权海关保护重点商品汽车配件，事关人身财产安全。该关结合数据统计与风险分析，及时下达了布控指令，通过对该批货物全部开箱查验，发现货物包装上标有“Texas Instruments”标识，涉嫌侵犯德州仪器公司已在海关总署备案的商标专用权。经权利人实地查看货物，确认该批货物侵权。

由于商品敏感、案值较大，郑州海关搜集固定案件相关证据后，立即向河南省公安厅通报侵权案件线索，截至2016年底，案件正在办理中。

（二）典型意义

1. 本案的查发反映了内陆海关较高的知识产权执法意识和能力。郑州海关虽然是内陆海关，但长期重视知识产权保护工作。本案中，该关各部门密切配合，统计部门通过通关数据风险分析确定关注重点，各相关现场海关密切关注涉案货物物流信息，关区内转关现场紧密联系，及时通报最新情况，办案海关及时布控查验，法规部门及时开展立案调查，最终成功查办案件。

2. 本案是海关打击重点敏感商品侵权假冒行为的典型案例。假冒汽车配件社会危害极大，海关一直将其列为打击重点。本案涉案汽车配件数量多、金额大，且通过网络渠道销售，隐蔽性强，海关查发后及时移送公安机关深挖线索，有力震慑了不法分子制假、售假的嚣张气焰，维护了人民生命财产安全。

3. 本案查办体现了海关严格公正文明执法的良好形象。本案当事人在海关办理案件中始终不予配合，故意设置调查障碍，给海关办案造成了较大难度，该关面对实际困难，能始终坚持依法行政，严格办案程序，坚持惩处与教育相结合的原则，最终顺利完成了案件办理。

（海关总署提供）

二十三、拉萨海关查办出口假冒商标商品案

（一）案情简介

2016年6月16日，西藏某贸易公司向拉萨海关隶属吉隆海关申报出口货物一批，报关单数据显示该批货物由22种商品混装组成。经审核，该关认为此份报关单申报出口的手提包归类与实际商品不符，存在伪报的嫌疑，遂对该票报关单进行布控。经查验发现，有300个手提包使用了“PRADA”商标，140个手提包使用了“GUESS”商标，90个手提包使用了“MICHAEL KORS”商标，2 256双袜子使用了“DISNEY”商标，该批货物做工粗糙，申报价格畸低，存在侵权嫌疑。海关通知当事人补充申报知识产权状况，当事人无法提供合法购买凭证或权利人许可文件，海关暂停该批货物的通关并通知权利人确权。四家权利人均确认上述货物侵犯其商标专用权，并提出保护申请。吉隆海关依法扣留上述侵权嫌疑货物，经调查认定该批货物构成侵权，海关依法没收侵权货物并对当事人处以罚款的决定。

（二）典型意义

1. 本案是雪域边关克服艰苦环境认真履职的典范。吉隆对尼泊尔口岸设在高原峡谷间，山高、路险、谷深，加之2015年“4·25”尼泊尔8.1级地震对吉隆海关监管设施破坏尚未恢复使用，查验工作异常艰苦，晴天一身土、雨天一身泥，海关监管面临巨大压力与挑战。但一线执法人员始终绷紧知识产权海关保护这根弦，在艰苦的边境口岸保持打击侵权假冒的敏感性，克服远离家人、交通不便、高原缺氧的各种困难，严格履行把关职责，确保“管得住、通的快”。

2. 本案是边关运用风险分析技术查获侵权货物的典型案例。在出口货物大幅增长、监管条件困难的背景下，拉萨海关在人工查验基础上，积极探索风险分析技术的运用，以企业信息、报关单信息、执法系统信息为平台，对商品品名、价格、经营单位等高风险要素进行评估，通过开展风险分析提高打击侵权假冒的有效性和针对性，摸索出一套符合自身实际的知识产权查控工作经验，取得显著成效。

3. 案件的成功查处是拉萨海关主动作为的缩影。拉萨海关克服地处边陲，边境线长等困难，积极尝试风险分析技术，深挖自身潜力，坚持开展执法培训，提升执法能力，筑牢关员打击侵权的思想防线。2016年吉隆海关33起案件的成功查处是高原边关积极履职、主动作为的最好诠释。

（海关总署提供）

二十四、京冀两地工商部门查处侵权润滑油案

（一）案情介绍

2016年11月7日，北京市房山工商分局商广科接到投诉，称在该区有两个制售假冒润滑油的窝点，其外包装来自河北省任丘市一个生产润滑油外包装的黑工厂，数量较大。分局与任丘市工商局两地工商一起行动，在房山分别发现一个制造假冒润滑油窝点和一个存储假冒润滑油仓库，在任丘市梁召镇东江村发现一个制造印刷假冒润滑油外包装的黑工厂。

房山分局对涉嫌侵犯商标专用权商品的9 694桶美孚系列润滑油、6 125桶壳牌系列润滑油、1 922桶长城牌系列防冻液、282桶长城机油、916桶蓝星不冻液，进行暂扣。经权利人鉴定，上述18 939桶润滑油（含防冻液）为侵权商品，涉案金额256.135万元。由于侵权商品涉案金额巨大，涉嫌构成犯罪，房山工商分局将此案移交房山公安部门，2016年11月22日，房山公安分局予以立案，目前调查取证完毕。

（二）典型意义

2016年，商标局加强了商标行政保护的区域协作，分别在天津、合肥、广州召开了京津冀、长三角、泛珠三角区域的商标行政执法区域协作座谈会。北京、天津、河北三地工商部门签订了《京津冀商标保护区域合作备忘录》。此案是备忘录签订以来，京冀两地行政执法机关组织协调行动最快，查扣侵权产品最多的一起案件。从加工车间至存储仓库，从成品包装至印制材料，包装、灌装、仓储等生产线全部被查扣，彻底捣毁了一条商标侵权制假生产线，展现出区域协作执法的效率与威力。权利人特意赠送锦旗表示感谢。

（国家工商行政管理总局提供）

二十五、上海市工商局查处上海有象文化发展有限公司擅自使用联合国名称和徽记案

（一）案情介绍

当事人上海有象文化发展有限公司是一家主要从事文化交流和会议会展服务的公司。自2016年2月起，在未经联合国及其相关组织授权同意的情况下，当事人在其官网、微信公众号、微博及其他宣传资料、报名协议等处使用联合国、UNITED NATIONS名称及徽记，并以所谓“联合国世界青年峰会”的名义组织招募人员赴美参会，从中获得参会费等违法经营额600余万元。

当事人未经联合国及其相关组织授权同意，在经营活动中多处使用“联合国青年峰会”“联合国”“United Nations”字样以及包含“United Nations”字样的峰会徽记和联合国徽记，极易让公众误以为该峰会由联合国授权举办，其行为违反了《商标法》第十条第（三）项“下列标志不得作为商标使用：……（三）同政府间国际组织的名称、旗帜、徽记等相同或者近似的，但经该组织同意或者不易误导公众的除外”的规定。上海市工商局检查总队对当事人作出责令立即改正并罚款人民币40万元的行政处罚。

（二）典型意义

本案为新《商标法》施行以来，上海工商部门查处的首例违反《商标法》禁用条款，擅自使用联合国名称和徽记的典型大要案件。政府间国际组织的名称、旗帜、徽记是国际组织的象征。执法机关立足商标监管职能，充分运用国际条约精神和商标法律法规规定，及时禁止了他人擅自将国际组织标志作为商标使用的行为。此案行政处罚有理、有力，及时消除了不良影响，规范了商标使用秩序，严格维护了国际组织的合法权益，体现了对国际组织的尊重，同时达到了对违法当事人进行宣传教育的目的，树立了法治权威。该案的成功查处得到了国家工商总局和上海市政府各级领导的肯定。

（国家工商行政管理总局提供）

二十六、天津市宁河区市场监管局查处天津正通恒业商贸有限公司侵犯颜色组合商标案

（一）案情介绍

2016年4月14日，当事人天津正通恒业商贸有限公司运营的加油站试运行，未经黄红条指定颜色商标注册人壳牌国际股份公司许可，将上述颜色组合使用于加油站的顶棚、加油机及办公经营用房并开展经营活动。当事人还在其6台加油机上使用类似贝壳的红黄色图形标志，与壳牌国际股份公司注册的G964925号贝壳图形商标近似。

当事人的行为构成《商标法实施条例》第七十六条规定的“在同一种商品或者类似商品上将与他人注册商标相同或者近似的标志作为商品名称或者商品装潢使用，误导公众的”侵权行为，同时构成《商标法》第五十七条第（二）项所指的侵权行为。天津市宁河区市场监管局对当事人作出责令立即停止侵权行为并罚款5万元的行政处罚。

（二）典型意义

作为一种重要的非传统类型商标，颜色组合商标自2001年《商标法》修订后在中国可获准注册并得到保护。历经十余年行政审查及司法实践的不断发展，颜色组合商标

的授权确权标准也日趋清晰，实践中有不少申请人通过注册颜色组合商标，引导消费者识别自己的商品或服务。本案是一起典型的侵犯颜色组合商标专用权案件，执法机关依法准确认定并作出处罚，为查办此类涉及非传统类型商标的案件积累了经验。

（国家工商行政管理总局提供）

二十七、四川省泸州市工商局查处李承璇生产侵犯国窖1573酒瓶立体注册商标专用权案

（一）案情介绍

当事人李承璇于2016年1月中旬在向虎处购得375公斤原酒，在刘涛处购得玻璃瓶、瓶盖、外箱等，在龙马潭区柏香林农贸市场购买了塑料漏斗、酒提、橡胶锤等工具，然后组织家人利用已采购好的工具、原酒和包材，手工生产、包装成品酒120件，品名为“内部接待酒”。品名为“内部接待酒”的成品酒所采用的呈突破性截面切割瓶型与泸州老窖股份有限公司核准注册的国窖1573酒瓶立体注册商标瓶型、颜色完全一致；酒瓶截面印制的角星图案标志，LAO JIAO NEI BU JIE DAI JIU、一号窖池酿制、内部接待、老窖等，与国窖1573酒瓶立体注册商标酒瓶瓶身的标志字样相同近似，且瓶盖、盖身上印制图案颜色也与国窖1573酒瓶立体注册商标近似。当事人生产销售该批“内部接待酒”的行为构成《商标法》第五十七条第（二）项所指的商标侵权行为，泸州市工商局对当事人作出没收“内部接待酒”115件并罚款10万元的行政处罚。

（二）典型意义

自2001年我国《商标法》修改并正式允许立体商标注册申请至今，立体商标在我国的保护已走过16个年头，实践中涉及立体商标的侵权案件逐渐增多。与普通平面商标相比，立体商标的侵权认定更为复杂。白酒是涉及消费者人身健康的日常消费品，侵权假冒白酒危害性较大。本案办案机构从多个方面综合比对，最终认定当事人构成商标侵权行为，不仅维护了商标权利人的合法权益，还净化了酒类市场环境，体现出工商和市场监管部门保民生、重民生，保障食品安全的高度责任感和使命感。

（国家工商行政管理总局提供）

二十八、江苏省扬州工商局查处侵犯劳力士等商标专用权案

（一）案情介绍

2016年2月，江苏省扬州工商局执法人员根据举报对广陵区陆安康百货店进行检查，现场查获所谓江诗丹顿、百达翡丽、劳力士等国际知名品牌手表52块，标注的售价与正品相差极为悬殊，店主陆某无法提供腕表的合法进货凭证和相关授权证明。

经查，自2014年12月当事人陆某通过微信结识了位于广州的假冒品牌手表供货商“彬仔表行”，将其加为微信好友，随即陆某在自己的微信朋友圈转发“彬仔表行”发布的侵权手表图片及相关说明介绍。陆某根据微信好友的需要，向“彬仔表行”购买假冒品牌的手表，通过物流快递向微信好友实施货品配送，并以微信红包的方式结算。至案发，陆某共实施销售成交85笔。执法人员通过调取交易记录，电话询问买家，查明陆某手表的成交价为400元至1 000元之间。陆某销售假冒注册商标手表的行为涉嫌构成《刑法》第二百一十四条规定的“销售假冒注册商标的商品罪”，扬州工商局于2016年6月3日移送给扬州市公安局侦办。

（二）典型意义

统计数据显示，目前微信每月活跃用户数量平均达8亿。由于注册成本低、交易隐秘等特点，微信平台成为售假重灾区。一些人以为在微信朋友圈发布广告，通过红包交易不过是个人的“小买卖”，因此肆意销售各种侵权假冒商品。此案的查处给微信用户敲响了警钟：微信平台不是法外之地，通过微信销售侵权假冒商品甚至可能构成犯罪。

（国家工商行政管理总局提供）

二十九、海南省工商局查处王登山侵犯宗申注册商标专用权案

（一）案情介绍

2016年6月，海南省工商局商标局组织各市县工商局在全省范围内查处涉嫌侵犯宗申注册商标电动三轮车的违法行为。根据乐东等6个市县工商局办案人员查封的实物及台账、发票、收据以及对经销商的询问调查得知，涉嫌侵权车辆全部由洋浦经济开发区的王登山供货。洋浦经济开发区工商局执法人员采取蹲点守候，逐街、逐店、逐厂区的方式展开排查，找到集生产、加工、组装、销售于一体的制假售假窝点厂房。经清点统计，该案查扣的涉案车辆、零配件物品案值约78万元。由于当事人王登山涉嫌制假售假且案值较大，已达到刑事立案标准，海南省工商局决定由洋浦经济开发区工商局按照法定程序将该案移交公安机关办理。

（二）典型意义

此案涉及海南省内多个市县，如何在第一时间控制局

面，固定证据非常关键。相关市县工商和市场监管部门在海南省工商局统一指挥下，创新办案机制，以微信工作群为平台，开展跨地域执法协作，统筹协调安排各地执法力量，同步出击，从销售环节入手，层层深挖，查清了侵权商品生产、加工、组装、销售整个链条，最终一举端掉制假黑窝点，实现了对商标侵权违法行为的“全链条打击”，充分发挥出商标行政执法主动出击，集群作战，便捷高效的特色，值得各地借鉴。

（国家工商行政管理总局提供）

三十、湖南省株洲市工商局查处南洲新区石油销售公司侵犯中国石化等注册商标专用权案

（一）案情介绍

2016 年 3 月 9 日，中国石化销售湖南株洲石油分公司反映株洲县南洲新区石油销售有限公司（以下简称当事人）经营的加油站的罩棚和品牌立柱上使用了侵犯中国石油化工股份有限公司相关注册商标专用权的标志。

次日，株洲市工商局对该案予以立案调查。经查，当事人在株洲县南阳桥乡南岸村开办的加油站的罩棚上使用 

、，在加油站员工制服上使用 ，在品牌形象立柱上使用 、 等标识，与中国石油化工股份有限公司在同类服务上的注册商标近似。2016 年 3 月 18 日，株洲市工商局对当事人下达行政指导意见书，责令其 15 日内撤换上述标识。5 月 26 日，执法人员对整改情况进行检查，发现当事人仅将罩棚上 

、 两个标识中的“省中”“一中”予以去除，品牌形象立柱上“快捷”的“捷”字加以遮盖，员工的制服因季节变换不再使用，但标识中的图形、 中的“一中石化”两个标识并未改正。2016 年 6 月 29 日，株洲市工商局向当事人送达行政处罚听证告知书并于 7 月 15 日举行听证会。2016 年 7 月 21 日，执法人员再次到当事人加油站核实，确认当事人已清除全部侵权标识。当事人未经注册人许可，在加油站的品牌形象立柱使用 、在加油站罩棚上使用  标志，构成《商标法》第五十七条第一款第（二）项所指的侵权行为。株洲市工商局依法作出责令当事人停止侵权行为并罚款 8 万元的行政处罚。

（二）典型意义

此案体现了教育与处罚相结合的原则。办案中，执法人员多次上门对当事人开展指导、约谈并宣讲商标法律法规，促使其积极整改并接受处罚。执法人员还积极指导当事人申请注册商标，鼓励、引导其走创立自主品牌发展之路。案件查处后，株洲市工商局发出了《关于开展打击侵犯“中国石化”商标专用权专项行动的通知》，对当地多家非国有加油站使用与中国石化相关注册商标近似标识，误导消费者的行为进行查处，共查处侵权加油站 23 家。

（国家工商行政管理总局提供）

三十一、广州工商局天河分局查处山特公司销售侵犯 SANTAK 商标专用权不间断电源案

（一）案情介绍

2013 年 12 月，山特电子（深圳）有限公司向广州市工商局天河分局举报广州山特公司侵犯其注册商标专用权。据了解，山特电子（深圳）公司在不间断电源产品上享有 SANTAK、山特注册商标专用权。该公司发现广州山特公司的企业字号，与自己公司的字号、商标相同，而且在销售 SANTAKUPS 品牌的不间断电源产品。山特电子（深圳）有限公司向工商部门进行了举报。

接到举报，天河工商分局对广州山特公司的经营场所进行了检查，发现其销售的不间断电源产品上标有 SANTAK-UPS 标识，其中“SANTAK”6 个字母为红色，后面的“UPS”3 个字母为淡黄色。经分析，该分局认为“UPS”为“Uninterruptible Power System”的缩写，是不间断电源的通用名称，广州山特公司在使用 SANTAKUPS 时，故意突出使用“SANTAK”部分，侵犯了山特电子（深圳）公司的注册商标专用权。因此，该分局对广州山特公司作出责令停止侵权行为、没收侵权产品、罚款 25 万元的行政处罚决定。广州山特公司不服上述行政处罚决定，向天河区人民政府申请行政复议，天河区人民政府随后将申请材料转由广州市工商局处理。在广州市工商局复议维持原处罚决定后，该公司又向天河区人民法院提起诉讼，并在败诉后上诉至广州知识产权法院。此案历经 3 年，最终在 2016 年由广州知识产权法院终审定音。

（二）典型意义

本案难点主要是对侵权商品所属组别的判定，以及对“SANTAKUPS”标识与 SANTAK 注册商标是否构成近似的认定。办案单位从商品功能、用途和说明分析，对商品近似

作出认定，从商标的构成和实际使用形态分析，对商标近似作出认定，有理有据。此案历经3年，经过复议、诉讼等程序，最终获得法院支持。

（国家工商行政管理总局提供）

三十二、重庆市巫山县工商局查处谭晓军侵犯幸福商标专用权案

（一）案情介绍

2016年1月15日，重庆市巫山县工商机关执法人员根据举报对个体工商户谭晓军经营的门市进行检查。现场发现其销售的增幸福牌铝材包装、字体与湖北省钟祥市宏达实业发展有限公司持有的幸福铝材商标极为相似，并突出使用“幸福”两字。执法人员依法对查获的涉嫌侵权商品予以扣押封存。

经查，幸福铝材文字商标注册号为4984004号，核准使用商品为第6类，注册日期是2008年10月14日，2013年12月13日依法转让至湖北省钟祥市宏达实业发展有限公司。增幸福及图商标注册号为12860721号，核准使用商品为第6类，注册日期2014年12月21日。但是，2015年10月29日，商评委发出关于第12860721号增幸福及图商标无效宣告请求裁定书，裁定“争议商标在铝、普通金属合金商品上予以宣告无效，在其余商品上予以维持”。当事人谭晓军与增幸福及图商标注册人为夫妻关系，对该商标被部分宣告无效的情况应当清楚。当事人谭晓军构成《商标法》第五十七条第（三）项所指的侵权行为。巫山县工商局作出责令当事人停止违法行为，没收侵权商品并罚款6.65万元的行政处罚。

（二）典型意义

本案调查初期，当事人提供了“增幸福及图”的商标注册证等材料，声称自己系合法使用商标。随着调查深入，办案人员取得了关于“增幸福及图”商标的无效宣告请求裁定书这一关键性证据，而且经过核实，确认“增幸福及图”商标注册人并未就裁定向人民法院提起诉讼，商评委裁定已生效。此案提示执法人员在查办侵权案件时，要注意核实涉案商标的状态，包括注册时间、有效期、核定使用商品或服务类别等，以防控执法风险。

（国家工商行政管理总局提供）

三十三、北京丰台工商分局查处北京上富卓勤科技有限公司侵犯brother商标专用权案

（一）案情介绍

当事人北京上富卓勤科技有限公司于2014年8月20日申请注册BROTHERJET商标，因与兄弟工业株式会社在类似商品上已注册的第1981663号brother商标近似，被商标局驳回在第9类“与计算机连用的打印机，办公室用打印机，打印机和复印机用未填充的鼓粉盒”上的注册申请。当事人于2015年12月20日至2016年4月7日期间，在未经brother商标权利人兄弟工业株式会社许可的情况下，在其经营的打印机上擅自使用Brother + 图 + Jet、BROTHERJET、brotherJet三种标识。

丰台工商分局经认真分析，认定当事人销售的打印机与brother商标核定使用的打印机商品为类似商品，当事人使用的三种标识与brother商标构成近似商标，其行为构成《商标法》第五十七条第（二）项规定所指的侵权行为，丰台工商分局对其作出责令立即停止侵权行为，没收带有用Brother + 图 + Jet、BROTHERJET、brotherJet等标识的打印机11台并罚款276.572万元的行政处罚。

（二）典型意义

在类似商品上使用近似商标的侵权行为的认定，一直是商标行政执法实务中的难点问题，也是近年来较为常见的侵权形态。本案执法人员及时执法，在查处行动中最大程度地搜集到侵权商品及其他相关证据，为后续的侵权认定打下扎实的证据基础。在办案中，执法机构依法履职，准确认定，严厉打击了妄图打法律擦边球的违法行为，受到权利人好评。

（国家工商行政管理总局提供）

其他侵权假冒典型案例

一、河北省林业科学研究院、石家庄市绿缘达园林工程有限公司与九台市园林绿化管理处等侵害植物新品种纠纷再审案

（一）案情简介

河北省林业科学研究院（以下简称河北林科院）、石家庄绿缘达园林工程有限公司（以下简称绿缘达公司）系“美人榆”植物新品种权人，其认为吉林省九台市园林绿化管理处（以下简称九台园林处）擅自在其管理的街道绿化带大量种植美人榆的行为侵害了其植物新品种权，请求判令九台园林处停止侵权并支付品种使用费。吉林省长春市中级人民法院和吉林省高级人民法院相继作出一、二审判决驳回河北林科院、绿缘达公司的诉讼请求。河北林科院、绿缘达公司向最高人民法院申请再审，最高人民法院指定山东省高级人民法院再审审理本案。

（二）裁判结果

山东省高级人民法院再审认为，由于美人榆系无性繁殖，本身即为繁殖材料，所以，九台园林处的种植行为属于生产授权品种的繁殖材料的行为。虽然九台园林处系事业单位法人，其具有建设城市园林绿地的职能，但是判断九台园林处的行为是否具有商业目的不能仅以其主体性质来判断，而应当结合主体的行为进行综合判断。本案中，九台园林处存在大量种植美人榆用于街道绿化的行为，但其未能证明其种植美人榆的合法来源，九台园林处并不符合《植物新品种保护条例》第十条规定的可以自繁自用的主体身份，也不符合可以不经品种权人许可，不支付使用费的情况。所以，九台园林处没有从品种权人处购买美人榆，而擅自进行种植使用，不但损害了品种权人的利益，其自繁自用的行为也暗含了商业利益，应当认定为具有商业目的。故认定九台园林处的行为构成侵权，河北林科院、绿缘达公司关于支付品种使用费的请求应予支持，考虑到涉案品种的价值、九台园林处种植的范围以及其种植行为具有一定公益性质等因素，确定其支付品种使用费20万元。

（三）典型意义

本案是对政府机关、事业单位在履行职能时生产授权品种的繁殖材料等行为是否构成侵权的认定，其关于是否属于生产授权品种的繁殖材料以及是否具有商业目的的认定均具有一定典型意义和指导意义，有效地保护了品种权人的合法权益。

（最高人民法院提供）

二、汪紫平侵犯商业秘密上诉案

（一）案情简介

江苏谷登公司拥有非开挖水平定向钻机的相关技术。江苏谷登公司与被告人汪紫平签订劳动合同，并签有相关保密条款。2011年4月，被告人汪紫平在江苏谷登公司派其去武汉参加非开挖水平定向钻机展会期间，未办理正常离职手续离开江苏谷登公司，并将其电脑上的技术图纸拷贝至U盘带到江苏玉泉机械制造有限公司（以下简称玉泉公司），主要从事YQ3000-L型水平定向钻机的研发工作。2011年5月至2012年7月，玉泉公司陆续生产并对外销售三台YQ3000-L型水平定向钻机。

（二）裁判结果

江苏省盐城市人民检察院指控被告人汪紫平犯侵犯商业秘密罪，盐城市中级人民法院于2013年11月20日作出（2013）盐知刑初字第0004号刑事判决书，以被告人汪紫平犯侵犯商业秘密罪，判处其有期徒刑一年三个月，并处罚金人民币一万元。江苏省高级人民法院以部分事实不清，证据不足为由，发回重审。盐城市中级人民法院重审后判决被告人汪紫平构成侵犯商业秘密罪，免予刑事处罚。江苏省高级人民法院二审认为，对江苏谷登公司涉案履带行走装置技术信息是否不为公众所知悉，以及江苏谷登公司涉案损失数额是否在50万元以上的认定，根据现有证据，均存在一定疑点，尚不能满足刑事案件排除合理怀疑的证明标准，最终改判被告人无罪。

（三）典型意义

本案较好体现了知识产权刑事案件定罪量刑证据应当确实充分，且案件事实已经排除合理怀疑的刑事证据裁判理念。二审法院依法坚持对鉴定报告内容进行实质性审查，纠正了仅对鉴定报告进行形式审查的认识误区。通过对财务鉴定报告的基础财务数据的审查，发现本案损失数额计算所依据的产品市场价格评估存在重大疑点。通过对司法技术鉴定所依据的技术资料的审查，发现第二次鉴定所依据的技术资

料存在较大疑点。并在此基础上作出被告人无罪的判决。本案充分体现了在知识产权审判“三合一”改革试点工作推动下，审判、检察机关对知识产权刑事司法保护观念以及刑事证据裁判意识进一步统一。本案二审中，审判机关与检察机关依法履行职责，检察机关提出无罪建议，二审法院作出无罪判决，取得了较好的审理效果。本案的裁判结果充分体现出审理法院在依法打击各类侵犯知识产权犯罪行为的同时，在知识产权刑事案件审判中，坚持刑法谦抑性原则和刑事证据裁判标准的刑事司法理念。

（最高人民法院提供）

三、北京何晨亮等人侵犯商业秘密案

（一）案情简介

被告人何晨亮、刘春刚、臧廷杰原系北京理正软件股份有限公司（以下简称理正公司）项目研发及管理人员。2011 年 5 月至 2014 年间，被告人臧廷杰等人成立北京大成华智软件技术有限公司（以下简称大成公司），违反与理正公司的保密协议，使用其所掌握技术信息，向广州市艺筑建筑设计有限公司（以下简称艺筑公司）等 5 家公司销售其研发的管理信息系统，销售金额合计人民币 410 余万元。经鉴定，艺筑公司管理信息系统中当前使用的 35 个数据库表、10 个存储过程/函数，7 个源代码文件、1 个源代码文件中的 8 个函数，以及从艺筑公司管理信息系统中恢复的已被删除的 10 个数据库表、22 个存储过程/函数与理正公司管理信息系统对应的内容相同或实质相同。大成公司向其他公司销售的管理信息系统对应内容与理正公司管理信息系统也存在部分相同或实质相同。上述理正公司管理信息系统中的数据库表、存储过程/函数、源代码文件均不为公众所知悉，是非公知的技术信息，属于商业秘密。

（二）裁判结果

2012 年 11 月 16 日，北京市公安局西城分局接理正公司报案后立案侦查。何晨亮于 2014 年 7 月 31 日被北京市公安局西城分局抓获，刘春刚于 2014 年 8 月 1 日被北京市公安局西城分局抓获，同年 9 月 5 日，二人被北京市西城区人民检察院批准逮捕。2015 年 3 月 11 日，臧廷杰被北京市公安局西城分局抓获，同年 3 月 30 日被北京市公安局西城分局取保候审。北京市西城区人民检察院分别于 2015 年 6 月 18 日以何晨亮、刘春刚二人犯侵犯商业秘密罪，于 2016 年 9 月 1 日以臧廷杰犯侵犯商业秘密罪，向北京市西城区人民法院提起公诉。2016 年 7 月 4 日，北京市西城区人民法院以侵犯商业秘密罪，判处何晨亮有期徒刑二年六个月，并处罚金 10 万元，判处刘春刚有期徒刑二年六个月，并处罚金 10 万元；2016 年 7 月 15 日，二人提出上诉，2016 年 8 月 31 日，北京市第二中级人民法院作出终审判决，维持原判。2016 年 12 月 12 日，北京市西城区人民法院以侵犯商业秘密罪，判处臧廷杰有期徒刑二年六个月，缓刑二年六个月，罚金 10 万元，并禁止其在缓刑考验期内从事工程勘察设计及工程管理行业的企业管理信息系统的开发、销售及实施。臧廷杰未上诉，检察机关未抗诉。上述判决均已生效。

（三）典型意义

本案系北京市首例涉及企业数据库的侵犯商业秘密案件，案件专业性强，被告人均具有专业背景和较高学历，反侦查能力强，被抓获后拒不认罪，取证难度大。为及时锁定案件关键证据，检察机关在侦查阶段提出的引导侦查意见被公安机关采纳，对大成公司的销售客户突袭调取证据，确保了案件质量。对于发现的原有非公知性鉴定意见部分涉及公知内容这一瑕疵证据，检察官通过多次走访鉴定机构、咨询专家、讯问犯罪嫌疑人、询问当事人后，主动申请其他机构重新鉴定，排除了有瑕疵的原鉴定意见，为准确认定犯罪发挥重要作用。同时，检察机关在审查公安机关首先移送的何晨亮、刘春刚案件中，发现臧廷杰虽未直接参与产品研发，但其作为大成公司的负责人在犯罪中起着主要作用，及时固定了臧参与共同犯罪的客观证据，依法对其追加起诉，确保案件公正审理。

在庭审阶段，针对被告人及律师提出的无罪辩解，即大成公司销售的管理信息系统与理正公司对应内容相同或实质相同的技术信息占整个管理信息系统比例非常小，检察机关围绕具有同一性的技术信息的实质作用，充分论证这些技术信息均是理正公司管理信息系统的核心且系主要组成部分。检察机关通过申请鉴定人员、证人出庭，展示大量客观证据，形成了完整的证据链条，使拒不认罪的被告人臧廷杰在庭审最后阶段认罪伏法，最终被告人臧廷杰被法院判处了行业禁止令。案件成功办理后，被害单位送来锦旗感谢检察官的公正执法和专业敬业精神，实现了法律效果与社会效果的统一。

（最高人民检察院提供）

四、南京科鲁斯压缩机有限公司侵犯商业秘密案

（一）案情简介

被害单位南京尚爱制造有限公司（以下简称尚爱公司）系一家生产空气压缩机的民营高新技术企业，其研发的中小型空气压缩机拥有系列自主知识产权，打破了国外长期垄

断，填补了国内市场空白。2012 年至 2014 年间，被告单位南京科鲁斯压缩机公司（以下简称科鲁斯公司）法定代表人梁恒静为获取尚爱公司商业秘密，以高额利益收买该公司员工龚利方，被告人龚利方利用负责管理技术图纸的便利，多次秘密窃取尚爱公司 83SH、09WM、09SH、35VZ 等多款型号压缩机技术秘密图纸并拷贝至私人计算机。随后再通过 QQ 传输、U 盘传递、打印等方式，将图纸交给被告人梁恒静。科鲁斯公司利用所窃取图纸，生产出“科鲁斯”牌 K1、K2、K3、K4VZ 等与尚爱公司系列产品对应型号多款空气压缩机，同时还利用尚爱公司原销售人员和渠道在市场上销售侵权产品，造成尚爱公司产品销量直线下降，直接损失 120 万余元，间接损失近千万元。

（二）裁判结果

本案于 2014 年 7 月 22 日由南京市公安局雨花台分局立案，2015 年 6 月 30 日移送南京市雨花台区人民检察院审查起诉。2015 年 12 月 8 日，南京市雨花台区人民检察院以被告单位科鲁斯公司、被告人梁恒静、龚利方涉嫌侵犯商业秘密罪向南京铁路运输法院提起公诉。2016 年 12 月 6 日，南京铁路运输法院一审判决科鲁斯公司、梁恒静、龚利方构成侵犯商业秘密罪，判处科鲁斯公司罚金 40 万元；被告人梁恒静有期徒刑十个月，并处罚金 20 万元；被告人龚利方拘役五个月，并处罚金 6 万元。一审宣判后，三被告人（单位）未提起上诉，判决已生效。

（三）典型意义

本案是侵犯民营经济高新技术企业商业秘密的典型案件，对空气压缩机行业具有重大影响。检察机关及时介入案件侦查，提出取证思路。检察机关针对公开专利与商业秘密的异同点、罪与非罪的争议点，结合机械制造业特点，提出生产同型号成熟稳定的机器产品仅有专利远远不够，必须要具有能实现专利及其他产品性能的更加详细具体的尺寸、参数、公差等商业秘密，进一步明确了专利技术结构公开不影响商业秘密认定的具体情形，为本案定性和搜集证据指明方向，也为后期起诉奠定了坚实基础。

为进一步强化核心证据的效力和证明力，检察机关在审查起诉阶段，多次实地勘查，咨询专家学者和行业协会意见，在鉴定意见中补充明晰了如何区分专利与商业秘密的详细内容和依据。同时根据难以从被害人单方直接测算损失、难以测算获利的复杂情形，科学确定了以“被告人销售侵权产品数量 × 被害单位单个产品净利润”认定重大损失的方法。针对庭审期间被告人突然翻供、辩护人作无罪辩护的突发情况，检察人员通过申请鉴定人员出庭作证、建议法庭进行实物比对等方式有力举证、质证，法院最终全部采纳了检察机关公诉意见，被告人也认罪服法未再提起上诉。案件的成功办理，体现了检察机关在经济转型发展关键时期，善于运用法律思维和法律方式，有力保护了企业的知识产权，保障了企业科技创新积极性。

（最高人民检察院提供）

五、“5·12”打击涉烟经济犯罪集中收网行动

2016 年 7 月、12 月，公安部经侦局指挥 28 个省区市公安机关，先后开展两波次打击涉烟经济犯罪集中收网行动，共发起 62 起集群战役，破案 755 起，抓获犯罪嫌疑人 1 815 名；捣毁各类犯罪窝点 893 个，其中，假烟生产窝点 106 个、烟机拼装窝点 13 个、仓储窝点 730 个、原材料加工窝点 44 个；缴获烟机 219 台及电烫机等其他设备 769 台，假烟、走私烟 238 万余条，烟叶、丝束、盘纸等制假原料 2 682 吨，涉案金额 15.5 亿元，各项战果系历年打击涉烟经济犯罪之最。

针对当前假烟、走私烟犯罪日益猖獗泛滥态势，2016 年以来，公安部经侦局指挥各地公安机关，牢固树立“信息化建设、数据化实战”理念，坚持以大数据、大研判、大应用为发展方向，开发应用“打击涉烟经济犯罪信息化作战平台”，有效整合内外部数据资源，实现在线线索汇集和情报研判，批量生成和下发成熟线索，有效调度、实时互动，打造扁平化指挥、一体化作战格局。同时，公安部经侦局还与国家烟草专卖局专卖司建立打击涉烟经济犯罪研判室，抽调公安、烟草精干力量，深度整合公安、烟草部门各类数据资源，充实打击涉烟经济犯罪数据库，促进两部门信息化融合，掌握情报作战“制空权”，切实形成一体化常态工作合力。

（公安部提供）

六、浙江宁波特大跨境制售假冒品牌农药案

2016 年 3 月，浙江宁波公安机关会同海关部门成功侦破一起特大跨境制售假冒注册商标农药案，现场缴获假冒美国“杜邦”、瑞士“先正达”等品牌农药共 6 个品种、20 余吨，农药原药 6.4 吨，假冒注册商标标识 60 余万件，查扣 7 条流水生产线，灌装机、反应釜 9 台，假冒注册商标标识印刷菲林模板 5 套。

经查，2005 年以来，犯罪嫌疑人夏某等人在浙江宁波先后成立多家化工公司，在未取得农药生产许可证和权利人企业许可的情况下，生产假冒杜邦、先正达等品牌的“氯虫本甲酰胺”等系列农药产品。为逃避打击，不法分子在生产的农药产品容器上不加贴商标标识，伪报“氨基酸”

等品名报关出口，再将配套的假冒商标标识另行报关，上述产品及标识从宁波北仑港经越南向柬埔寨、老挝、泰国等东盟国家进行销售。为拓展境外市场，该团伙在柬埔寨金边专门成立工厂，将其从国内运至柬埔寨的假农药产品及商标标识进行贴标和分装，销往柬埔寨及周边国家。

（公安部提供）

七、“4·22”跨境销售假冒润滑油案

2016年6月16日，公安部经侦局指挥浙江、广东两省公安机关成功侦破“4·22”特大跨境销售假冒润滑油案，前期侦控的11名主要犯罪嫌疑人全部落网，其中马来西亚籍主犯吴某于6月16日早晨在广州白云机场出境时被拦截抓获。查获位于广州市番禺区、天河区和浙江金华义乌市的储藏仓库5个，现场缴获假冒“美孚”“壳牌”“嘉实多”等品牌假冒润滑油8 000余件、近10万瓶，查扣涉案电脑主机10余台，销售合同、清单1 000余份，初步估计涉案金额逾亿元。

经查，2013年以来，犯罪嫌疑人吴某等人在马来西亚成立制假公司，生产假冒“美孚”“壳牌”“嘉实多”假冒润滑油；通过广州、宁波等多个海关进口假润滑油入关，组织多个外贸公司进行分销。据初步调查，仅2014年初到2016年6月，电脑台账批发、零售记录就达2 400余万元。为扩大销售范围，吴某招聘多名销售人员，划定销售片区，将假冒润滑油标注为“马来西亚版”“港版”等版型配以海关入关文件，掩饰假货价格偏低的问题，迅速占领国内市场。

（公安部提供）

八、重庆“10·29”特大制售假冒伪劣柴油案

2016年7月11日，重庆市公安机关会同质检部门开展联合收网行动，成功侦破“10·29”特大制售假冒伪劣柴油案，抓获犯罪嫌疑人15名，查获假冒伪劣0号柴油成品、半成品100余吨，查封大型储油罐5个，查扣涉案运油罐车4辆。初步查明，不法分子累计销售假冒伪劣柴油3.4万余吨，涉案金额1.53亿元。

经查，犯罪嫌疑人王某于2013年在重庆设立石化公司，主要经销柴油等。为牟取非法暴利，王某从山东东营、陕西榆林、湖南怀化等地收购劣质柴油，装入油罐车后在中石化、中石油正规加油站按1:1比例混装正品0号柴油，经简单搅拌后销往重庆、四川、贵州等地大型建筑工地，供挖掘机、货车等施工机械、车辆使用。为扩大销路，不法分子私刻中石化公司印章，伪造相关资质材料，冒充中石化正品柴油，以略低于市场价的价格进行销售。经重庆市计量质量检测研究院检测，该团伙销售的柴油硫含量为国家标准的2.4倍，尾气排放严重超标；闪点低于国家标准13℃，易发生燃爆。

（公安部提供）

九、“3·18”特大制售假冒品牌食糖案

2016年7月22日，公安部经侦局指挥安徽、云南、河南、山东、上海、广西6省、区、市公安机关开展联合收网行动，成功侦破“3·18”特大制售假冒品牌食糖案，抓获犯罪嫌疑人14名，捣毁制假售假窝点22处，现场缴获假冒广西来宾东糖迁江公司“QT”牌、广西凤糖公司“网山”牌、广西博华食品公司“博华”牌、中国英茂糖业公司“英茂”牌等一批国内知名品牌的白砂糖1 200余吨，各类包装材料1万余件，涉案金额1.3亿余元。中国白糖协会致电公安机关表示感谢，广西、云南两地白糖协会专程携10余家糖企赴办案单位致谢。

经查，2016年1月以来，犯罪嫌疑人李某等人开始从事批发销售假冒品牌食糖。李某在中缅边境的云南瑞丽市设立仓储窝点，从缅甸不法分子处走私购入假冒“QT”、“网山”等国内市场畅销品牌食糖，通过货运物流分批发往其设在河南商丘的批发窝点，由其儿子和儿媳以真假混卖的方式对外进行批发零售。同时，为扩大销量，李某等人还通过手机、微信等联系下线二级批发商，将假糖销往云南、河南、山东、安徽、上海等地，主要销售至各地食品加工厂，部分直接散卖至城乡小型超市。据该团伙销售账目显示，2016年1月以来累计销售近3万吨假食糖，每吨销售价格为4 000元至5 000元不等，该团伙从中赚取每吨500元左右的差价。

（公安部提供）

十、王某等人特大制售假酒案

2016年8月，公安部经侦局指挥河南、山东、安徽、广东、浙江5省公安机关密切协作，联合侦破王某等人特大制售假冒品牌白酒案，现场缴获假冒“茅台”“五粮液”“剑南春”“赊店”等品牌白酒23万余瓶，各类酒瓶、纸箱、商标标识等包材1 200余万件，查封假酒生产车间10处、仓库11处，查扣灌装机、打包机、热风枪、打码机等制假设备200余台。据不法分子账目显示，该团伙累计销售金额达1亿余元。

经查，主犯王某曾因制售假酒被判处有期徒刑7个月，刑满后，王某继续从事假酒生产，并纠集其亲属扩大假酒制

售规模。该团伙从广东深圳刘某处购进“赊店”“泸州老窖”系列假酒包装，从河南郑州田某、浙江温州王某处购进“茅台”“五粮液”“剑南春”等假酒包装，用低档的香型相同或相近的“尖庄”“绵竹大曲”“老白干”等分别灌装成“五粮液”“剑南春”“茅台”等假酒，以每箱（6 瓶）400 元至 700 元不等的价格销往河南、山东、安徽等地下线经销商。

（公安部提供）

十一、湖北省质监局查处湖北旺隆富肥业有限公司制售伪劣化肥案

在 2016 年国家质检总局开展的农资打假“质检利剑”行动中，湖北省质监局根据国家质检总局执法司通报的案件线索，对湖北旺隆富肥业有限公司开展执法检查，对该企业生产的 7 个批次共计 603.84 吨复合肥进行了随机抽样，经检验，产品质量均不合格，涉案金额 151 万元。检查的 7 个批次中有 6 个批次共计 563.84 吨复合肥料涉嫌伪造厂名、厂址，伪造、冒用生产许可证标志及编号。

湖北省质监局依据《行政执法机关移送涉嫌犯罪案件的规定》，已将案件依法移送公安机关处理。

（国家质检总局提供）

十二、湖南省湘潭市质监局查处岳塘区荷塘乡荷塘村制售假冒伪劣燃气灶具窝点案

2016 年 5 月 23 日，根据举报，湖南省湘潭市质监局执法人员会同公安部门冒雨连夜对湘潭市岳塘区荷塘乡荷塘村制售假冒燃气器具产品的窝点进行执法检查，现场查获大量涉嫌假冒燃气器具产品，假冒品牌涉及迅达、樱花、美的等 10 多种，数量达 1 600 余台，涉案金额达 300 余万元。湘潭市质监局依法将其移送公安机关，目前该案已刑事立案，案件正在进一步办理中。

（国家质检总局提供）

十三、广东省质监局组织查处深圳市锋达通通讯设备有限公司等 2 家企业生产不合格手机案

2016 年 3 月 22 日，根据全国电子商务产品打假维权协作网和阿里巴巴提供的线索，国家质检总局执法司派员赴现场督办，广东省质监局组织深圳市市场监管委市场稽查局、东莞市质监局执法人员对深圳市锋达通通讯设备有限公司、深圳市京立通讯器材有限公司开展突击执法检查。

经查，深圳市锋达通通讯设备有限公司生产不符合标准要求手机 2 731 台，货值 328 691 元。深圳市京立通讯器材有限公司生产质量不合格福中福品牌手机 240 台，冒用认证标志的手机 1 342 台，同时还存在未经认证进行出厂、销售以及商标侵权等违法行为。深圳市市场稽查局依法对这两家企业予以行政处罚。

（国家质检总局提供）

十四、杭州市质监局协助广东质监部门查处假冒“海康威视”“大华”等企业产品造假窝点案

2016 年 6 月 7 日，在杭州市质监局稽查支队和海康威视公司的配合下，广东省质监局组织深圳市市场监管局、东莞市质监局执法人员对一家涉嫌利用互联网销售假冒“海康威视”“大华”等公司产品的造假窝点进行执法检查，现场查获待销售的成品、半成品 600 余台，以及各类尚未使用的知名品牌标签。执法人员当场查封了该窝点造假设备和场所，当事人拒绝接受调查，当地市场监管部门依据《广东省查处生产销售假冒伪劣商品违法行为条例》予以行政处罚。

（国家质检总局提供）

十五、南京市质监局查处南京建正建设工程质量检测中心出具虚假证明案

2016 年 5 月 12 日，根据检验检测机构专项执法计划安排，南京市质监局稽查分局执法人员对南京建正建设工程质量检测中心开展执法检查。经查，2016 年 1 月 1 日至 2016 年 5 月 12 日，该中心对企业送检样品未经仪器检测共向社会出具检验结论为“合格”的《混凝土抗渗检测报告》805 份。违法所得共计 403 150.00 元。

2016 年 8 月，南京市质量技术监督局依法对该检测中心作出行政处罚决定，没收违法所得 403 150 元；同时对机构和主要责任人分别予以行政处罚。

（国家质检总局提供）

十六、青岛市质监局查处洋马发动机（山东）有限公司生产不合格柴油机案

青岛市质监局对洋马发动机（山东）有限公司进行执法检查，经对该公司生产的柴油机抽样检验，发现该公司 2014 年 9 月至 2015 年 4 月间调整烟度指标接受上限及篡改相关原始试车记录，致使不合格柴油机产品出厂销售，涉案产品共 1 658 台，货值 5 890 191 元。该公司被查处后主动停止违法行为，制定召回方案并开展召回工作。青岛市质监局已依法没收该公司库存违法产品，并处罚款的行政处罚。该案已移送公安机关进一步处理。

（国家质检总局提供）

十七、新疆克孜勒苏柯尔克孜自治州质监局查处新疆葱岭钒钛有限公司非法生产建筑用钢筋案

根据国家质检总局关于开展建材产品“质检利剑”行动执法打假的工作部署，结合新疆维吾尔自治区党委、政府去产能工作要求，新疆自治区质监局组织开展了对全区钢铁生产企业的专项执法检查。

2016年8月5日，克孜勒苏柯尔克孜自治州质监局检查发现，新疆葱岭钒钛有限公司未取得全国工业产品生产许可证，非法生产列入目录的钢筋混泥土用热轧钢筋。现场查获已生产好的钢筋5 600吨，货值1 230万元，执法人员依法对该批产品予以查封，该案正在依法办理中。

（国家质检总局提供）

十八、河南睢县质监局查处恒升冷轧有限公司非法生产热轧带肋钢筋案

2016年5月16日，根据举报，河南睢县质监局执法人员依法对睢县恒升冷轧有限公司进行了执法检查。检查发现，该公司建有冷轧、热轧带肋钢筋生产线各一条，设计产能为年产10万吨高强度建筑钢。

经调查，该公司生产热轧带肋钢筋没有取得相关许可。该公司在未经环保部门依法办理环评手续，未经有关部门批准的情况下，非法增加生产工序，建设了4组中频感应电炉设备，生产热轧带肋钢筋。

2016年7月25日，睢县人民政府组织县发改、工信、交通、环保、公安、质监等部门依法依规对属于落后产能设备的4组中频感应电炉进行了彻底拆除。

（国家质检总局提供）

十九、湖南长沙市质监局查处长沙天山水泥有限公司非法生产硅酸盐水泥案

2016年3月7日，长沙市质监局行政执法人员根据群众举报，对湖南长沙天山水泥有限公司进行了执法检查。

经查，该公司生产销售的“金屏牌”复合硅酸盐水泥是从中材、海螺等水泥生产企业采购熟料后，进行粉磨加工，然后包装成复合硅酸盐水泥对外出售。该公司在未取得许可的情况下非法生产复合硅酸盐水泥，2016年1月至2016年3月7日期间，共计生产销售32.5复合硅酸盐水泥4 261.85吨，42.5复合硅酸盐水泥99.55吨，涉案金额111.6139万元。长沙市质监局已依法予以行政处罚。

（国家质检总局提供）

二十、浙江省质监稽查总队组织三级联动查处不合格电热锅案

2016年8月4日，根据杭州市质监稽查支队从阿里巴巴共享的抽检不合格信息，浙江省质监稽查总队组织杭州、金华、永康三级质监执法人员，对永康东和康工贸有限公司进行执法检查。在该公司成品仓库发现阿里巴巴平台抽检不合格产品同型号的电热锅产品合计926只。

经抽样检测，上述产品不符合国家标准要求。检查还发现该公司生产的功率为1 100W的电热锅产品未经强制性产品认证证书扩展。永康质监局依法予以行政处罚。

（国家质检总局提供）

二十一、贵州省镇宁顺志林园绿化资源有限责任公司经营假种苗案

（一）案情简介

2012年贵州镇宁县六马镇人民政府在板阳村等12个村实施集团帮扶李子种植项目，通过招投标李子苗木由镇宁顺志林园绿化资源有限责任公司（法人为张顺猛）供应，合同要求的李子品种为蜂糖李、四月李、六月李。2015年六马乡板阳村、江纳村、烂田村、纳坡村实施李子种植项目的部分农户发现开始陆续挂果的李子品种与2013年初申报的品种不符。2016年2月29日至3月10日，镇宁县纪委朱正益、刘小和、谭涯与县林业局熊鑫组成联合调查组，通过对相关反映人、李子种苗供应商和六马镇政府相关工作人员进行谈话取证，到反映所涉及的相关村进行实地查看、谈话取证进行核实，发现2013—2014年实施的集团帮扶李子种植项目供苗方张顺猛供应的李子苗与种植农户申报李子苗品种不符，存在经营假种苗的行为，给农户造成一定的经济损失，张顺猛对自己的行为供认不讳。

（二）处理结果

罚款、吊销该公司的《林木种子生产许可证》和《林木种子经营许可证》。

（国家林业局提供）

二十二、湖北省随州市曾都区农业局查处山西美源化工有限公司生产销售假农药案

2015年12月，湖北省随州市曾都区农业执法大队接到随州市棋盘山众星茶业有限公司举报，称其种植的茶叶使用随州市曾都区何店供销社响堂街综合服务站戴某处销售的0.5%苦参碱水剂农药后，被检测出“啶虫脒”，导致所产茶叶无法出口，直接经济损失339万元。经检测，涉案“苦

参碱”农药含有标签未标注成分“啶虫脒”，为假农药。经查，该批农药由山西美源化工有限公司生产销售。2016 年 2 月，案件移送公安机关查处，犯罪嫌疑人已被执行逮捕。

（农业部提供）

二十三、江苏省东台市农委查处弶港供销合作社市农业生产资料有限公司前进南路加盟店经营假农药案

2015 年 6 月，江苏省东台市弶港供销合作社市农业生产资料有限公司前进南路加盟店购进 75% 三环唑粉剂 70 箱，并全部销售，销售收入 13 300 元。经查，该批农药为山东一黑窝点生产，有效成分未检出，判定为假农药，东台市时堰等镇农民共遭受经济损失 92 万余元。2016 年 1 月，案件移送公安机关查处，截至 2016 年底，已执行逮捕 5 人，取保候审 2 人。

（农业部提供）

二十四、湖北省嘉鱼县农业局查处河南郑州大韩农业科技有限公司生产销售假农药案

2015 年 11 月，湖北省嘉鱼县农业执法大队接到农民投诉，称新街镇农资经销商肖某销售的“十字秀”牌“精喹禾灵”（内含 2 包未标明成分的“赠品”）除草剂致大白菜生长迟缓、叶片外翻等情况。经查，肖某所售农药是从河南郑州大韩农业科技有限公司购进的假冒产品，共计 2 240 包，其中 2 201 包销售给新街镇 105 户农户，受损面积 1 533 亩，经济损失 85 万余元。抽检“精喹禾灵”产品有效含量 9.9%，标称含量 15%，为不合格产品；“赠品”检测出未经登记的农药成分，为假农药，司法鉴定认定“赠品”是造成白菜受害严重的原因。2016 年 2 月，案件移送公安机关查处，犯罪嫌疑人被刑事拘留。

（农业部提供）

二十五、江苏省东台市农委查处江苏硕农种子有限公司未取得种子经营许可证生产经营种子案

2015 年 11 月，江苏省东台市农委执法人员在执法检查中发现，江苏硕农种子有限公司正在加工标称生产企业为连云港市四季丰种业有限公司的苏科麦 1 号小麦种子。经查，江苏硕农种子有限公司未取得种子经营许可证，违法加工小麦种子 23.7 万公斤，销售 20.325 万公斤，涉案金额 67 万元。2016 年 3 月，案件移送公安机关查处。

（农业部提供）

二十六、吉林省农委联合公主岭市农业、公安部门捣毁种子加工黑窝点案

2015 年 12 月，吉林省种子管理总站、公主岭市公安局和公主岭市农业综合执法大队人员根据举报联合行动，在公主岭市岭西街道新园社区选波机械厂内，发现并捣毁了一个制售假玉米种子黑窝点。现场查获玉米种子 11.52 万公斤，其中已包装的玉米种子 1.22 万公斤，散装玉米种子 10.3 万公斤，种子包装袋 15.22 万个（涉及 43 个品种），塑封机 2 台，封口机 1 台，搅拌机 1 台，涉案金额 82.36 万元。截至 2016 年底，2 名嫌疑人已被批准逮捕，7 人在逃并被通缉。

（农业部提供）

二十七、湖北省襄阳市襄州区农业局查处安徽凝聚力有限公司生产销售劣水稻种子案

2016 年 8 月 22 日，襄阳市襄州区农业行政执法大队接辖区经营户举报，称从安徽凝聚力种子有限公司购进的“中旱 209”“旱稻 1 号”“旱稻 502”三个水稻种子给农民造成损失。经鉴定，安徽凝聚力种子有限公司生产经营的三个品种种子纯度不合格，属劣种子。经核实，其销售的三个批次水稻种子共 12 120 公斤，造成 2 000 余亩水稻减产 20 万公斤、经济损失 49 万余元。2016 年 9 月，案件移送公安机关查处，犯罪嫌疑人被执行逮捕。

（农业部提供）

二十八、辽宁省畜牧兽医局联合公安机关查处无证经营兽用疫苗案

2015 年 12 月，辽宁省畜牧兽医局接到群众举报，称有违法人员销售假兽用疫苗。随后，辽宁省畜牧兽医局联合沈阳市公安机关对位于沈阳中街附近一平房进行了突击检查，现场发现假冒羊梭菌多联（多联必应）、猪伪狂犬（科卫宁）等疫苗产品 32 件（917 盒），货值 40 万余元。经疫苗产品上标名的企业回函确认，涉案疫苗均为假冒产品。2016 年 6 月，案件移送公安机关查处。

（农业部提供）

二十九、四川省成都市农委查处成都合众动保商贸有限公司无证经营兽药案

2016 年 4 月，四川省成都市农委会同武侯区统筹城乡工作局执法人员对成都合众动保商贸有限公司进行了突击检查，现场查获 100 个品种、8 000 余盒、600 余公斤兽药产品，经所售产品标称企业确认，均为假冒产品。经查，该

公司在未取得兽药经营许可证的情况下非法经营兽药，案值200万余元。该案已移送公安机关调查处理。

（农业部提供）

三十、山东省临沂市畜牧局配合当地公安机关查处胡某、李某等无证生产兽药案

2016年10月17日，山东省临沂市畜牧局根据举报线索，配合当地公安机关成功捣毁一兽药黑窝点。该窝点位于临沂市兰山区叶家红埠寺一出租房内，负责人胡某、李某被当场抓获。现场查获标称为强效咳喘宁、混感抗瘟1号、黄金维他命、新生命元素、强力病毒散等兽药成品及原材料等约5吨，查获打码器、封塑机、筛子等制假工具。经查，2012年以来，该窝点根据客户需求无证生产兽药，包装后销售牟利，涉案金额300万余元。该案已移送公安机关查处。

（农业部提供）

三十一、江苏省海安县农委查处崔某生产经营以此种饲料冒充他种饲料案

2015年底，江苏省海安县农委根据举报会同当地公安机关查处了崔某生产经营以此种饲料冒充他种饲料案。经查，崔某将购进的嘉吉牌豆粕掺入玉米皮后重新装入原嘉吉牌豆粕包装袋销售，共1 730袋8万余公斤，货值23万余元。2016年4月，该案件移送公安机关查处。

（农业部提供）

政策法规

Policies & Regulations

政策性文件

国务院办公厅关于印发《消费品标准和质量提升规划（2016—2020年）》的通知

（国办发〔2016〕68号）

各省、自治区、直辖市人民政府，国务院各部委、各直属机构：

《消费品标准和质量提升规划（2016—2020年）》已经国务院同意，现印发给你们，请认真贯彻执行。

国务院办公厅

2016年9月6日

消费品标准和质量提升规划（2016—2020年）

当前，我国已成为全球消费品生产、消费和贸易大国，消费对经济增长的基础作用明显增强。但是，消费品标准和质量还难以满足人民群众日益增长的消费需求，呈现较为明显的供需错配，消费品供给结构不合理，品牌竞争力不强，消费环境有待改善，国内消费信心不足，制约国内消费增长，甚至造成消费外流。为深化消费品供给侧结构性改革，提升消费品标准和质量水平，确保消费品质量安全，扩大有效需求，提高人民生活品质，夯实消费品工业发展根基，推动"中国制造"迈向中高端，有力推动"中国制造2025"顺利实施，为经济社会发展增添新动力，制定本规划。

一、总体要求

（一）指导思想。

以党的十八大和十八届三中、四中、五中全会精神为指导，按照"四个全面"战略布局和党中央、国务院决策部署，牢固树立创新、协调、绿色、开放、共享的发展理念，紧紧围绕推进供给侧结构性改革，以先进标准引领消费品质量提升，倒逼装备制造业转型升级，扩大有效供给满足新需求，改善消费环境释放新动能，创新体制机制激发新活力，以科技创新支撑标准化和质量提升，突出标准引领，创新质量供给，着力增品种、提品质、创品牌，不断满足人民群众日益增长的消费需求。

（二）基本原则。

坚持市场导向。发挥市场机制作用，强化企业市场主体地位，激发企业标准和质量提升内生动力，瞄准当前消费品市场的薄弱环节，以质量提升满足传统消费升级需求，以技术、产品、产业模式创新满足并创造消费新需求，保障基本消费、增加优质消费、抓住高端消费，以消费升级引领产业升级。

坚持改革创新。加大推进简政放权、放管结合、优化服务改革力度，加快标准化和质量提升的科技创新、制度创新和机制创新，破除制度性障碍，最大限度取消市场准入限制，净化消费市场环境，发挥创新对标准化和质量提升的倍增效应。

坚持标准引领。提高标准供给能力和水平，推动主要消费品标准由跟随者向创新者、领跑者转变。保障质量安全，推动质量提升，带动产业转型升级。

坚持质量为本。深化质量为本理念，引导企业增强质量、品牌和营销意识，弘扬企业家精神和工匠精神，实施精细化质量管理，树立追求卓越的质量文化，推广先进标准应用体系和先进质量管理模式，打造中国优质品牌，推动消费品工业走以质取胜的发展道路。

坚持开放融合。鼓励行业协会、社会组织和消费者更好地参与标准化和质量工作。加强国际交流与合作，积极参与国际标准化和质量管理工作，加快消费品质量安全标准与国际标准接轨。

（三）总体目标。

——消费品标准体系基本完善，政府主导与市场自主制定的标准协调配套，标准供给基本满足日益增长的消费需求，标准制定和实施的整体水平显著提升，重点领域的主要消费品与国际标准一致性程度达到95%以上。

——消费品整体质量明显提升，质量安全突出问题得到有效治理，重点领域消费品质量达到或接近国际先进水平，出口产品质量溢价水平明显提升，消费品质量国家监督抽查合格率稳定在90%以上。

——企业质量发展内生动力持续增强，企业质量主体意识显著提高，质量管理体系不断完善，企业员工职业素质、技术装备水平大幅提升，品牌文化附加值、市场营销能力不断增强，消费品质量竞争力指数稳定在84以上。

——知名品牌培育成效明显，具有较强品牌培育能力的消费品生产企业大量涌现，具有国际影响力的消费品品牌数量明显增多，质量竞争型消费品出口占比居全球前列，知名消费品品牌价值大幅提升。

二、主要任务

（一）改革标准供给体系。加快建立政府主导制定标准与市场自主制定标准协同发展、协调配套的新型消费品标准体系，健全统一协调、运行高效的消费品标准化运行机制。

夯实消费品质量安全标准基础。紧扣消费品质量安全要素，加快制定一批强制性国家标准，整合精简现行强制性国家标准、行业标准和地方标准，消除跨行业、跨地区的技术差异，建立广覆盖、保安全的消费品安全强制性国家标准体系。完善与强制性国家标准协调配套的推荐性标准体系，推动消费品标准由生产型向消费型、服务型转变。强化政府政策措施与标准的有效衔接，形成协同推动标准实施的工作合力。

提高消费品标准市场供给能力。支持社会团体和企业快速响应创新和市场需求，大力发展高于国家标准和行业标准的团体标准和企业标准，增加标准有效供给。重点扶持一批具有行业影响力、运行规范、消费者认可的社会团体制定团体标准，推动技术水平高的团体标准转化为国家标准、国际标准。

加快国内外标准接轨。建立消费品标准比对与报告制度，加强对主要贸易国家和“一带一路”沿线重点国家标准分析研究，充分利用技术性贸易措施，促进我国标准水平持续提升，提高消费品国内国际标准一致性程度，推动实现内外销产品“同线同标同质”。加快中国标准“走出去”，积极主导和参与国际标准制修订，推动我国优势产业技术标准成为国际标准。

专栏1　消费品国内外标准接轨工程

针对重点消费类产品和大宗进出口产品，组织开展消费品质量标准与国际标准和出口标准的比对工作，开展国内外标准关键技术指标和试验方法比对验证，加快消费品国内外标准比对数据资源建设。加快转化重要国际标准，积极引进国际标准和国外先进标准，全面推进与主要贸易国家的标准互认工作，发布外文版的中国消费品标准。在重点领域建设一批消费品标准化示范区，推动我国消费品标准达到国际先进水平。

到2020年，完成1 000项以上重点消费品标准比对工作，建立消费品标准比对数据共享系统，重点领域消费品与国际标准一致性程度达到95%以上。

推动标准与科技协同。加强消费品领域科技、专利、标准一体化研究，鼓励将拥有自主知识产权的关键技术纳入标准，推动技术创新、标准研制和产业化协调发展。开展科技成果转化技术标准试点，加大新技术、新工艺、新材料、新产品等创新成果的标准转化力度，加强新型消费品制造装备研发和标准制定，以科技创新促进标准升级。选择重要消费品领域，加强技术标准创新基地和标准试验验证实验室建设。

（二）优化标准供给结构。增加高水平、高质量、有特色的标准供给，服务消费新热点、新模式发展，满足消费结构升级的需求。

发展个性定制标准。紧盯消费品市场细分的发展趋势，从提高产品功效、性能、适用性、可靠性和外观设计水平入手，结合消费品生产、制造的模块化与集成化特征，开展个性定制消费品标准体系建设，制定引领个性设计、规模定制、组合组装等消费品发展的通用标准，满足多样化、多层次、个性化消费需求。

制定绿色产品标准。建立绿色产品标准、认证、标识等体系，制定绿色产品评价通则，各有关行业主管部门共同参与、共同推动消费品领域开展绿色消费品认证、标识工作。建立绿色产品标准、标识与认证信息平台，公开发布相关政策法规、标准、规则程序、认证结果及采信信息。在重点行业制定碳排放管理等标准，引导绿色低碳消费。

健全智能消费品标准。开展智能家电、智能照明电器等标准体系建设，加快智能终端产品的安全性、可靠性、功能性等标准研制。开展家具、服装等传统消费品智能化升级的综合标准化工作。在可穿戴产品、智能家居、数字家庭等新兴消费品领域，引领标准制定。

完善售后服务标准。研制消费品安装调试、维修检测、二手交易、回收再利用等服务标准。加强检验检测、售后服务等标准化公共服务，探索消费品远程跟踪、即时技术支持服务，推进消费品售后服务标准化、专业化，向价值链高端延伸，扩大优质服务供给。

优化物流标准体系。完善消费品仓储配送、供应链管理、线上线下协同服务等标准体系，促进消费品流通模式创新。加大面向农村地区的消费品流通基础设施标准化改造力度，推动物流配送标准实施推广，大力支持快递物流发展。

（三）发挥企业质量主体作用。强化企业质量意识，严格落实企业质量主体责任，引导和鼓励企业把握市场需求，健全质量管理体系，加强全员、全过程、全方位的质量管理，提高质量创新能力，有效激发质量提升内生动力，推动消费品标准和质量提升。

倡导工匠精神。建立和完善技能人才荣誉制度，树立

“大国工匠”标杆，营造尊重技术、推崇质量的良好社会氛围。引导企业把工匠精神和企业家精神纳入质量文化建设，使工匠精神成为企业决策者、经营者和全体员工共同的价值取向和行为准则。加强质量标准化职业素质教育，多方培养职业技术工人。广泛开展职业技能竞赛、岗位练兵和质量标兵等活动，鼓励企业员工学习新知识、钻研新技术、使用新方法，加快培育紧缺型、创新型的高素质质量人才队伍。

推广精益制造。鼓励和引导企业实施精细化质量管理，建立低碳、高效的消费品生产经营模式。积极推广和运用精益制造、全面质量管理、卓越绩效等先进质量管理技术和方法，广泛开展质量比对、质量攻关、质量改进等活动。支持企业提高质量在线监测、在线控制和产品全生命周期质量追溯能力。以消费市场向中高端发展引导带动装备制造业主动提高设备产品的性能、功能和工艺水平，促进“中国制造”全产业链升级。

推动企业标准自我声明。放开搞活企业标准，取消企业标准备案制度，引导企业自我声明公开执行的标准，公开产品质量承诺，提高消费品标准信息的透明度。鼓励第三方机构评估公开标准的水平，发布企业标准排行榜。建立企业标准领跑者制度，引导消费者更多选择标准领跑者产品，满足市场对高品质产品和高质量服务的消费需求。开展以随机检查、比对评估为主的企业标准公开事中事后监管，将标准实施情况纳入质量信用记录，促进企业主动实施高标准、追求高质量，推动形成优质优价、优胜劣汰的质量竞争机制。

专栏 2　消费品企业标准自我声明公开和监督工程

落实企业质量主体责任，引导企业通过公开标准不断提升企业标准化水平，倒逼企业制定高于国家标准、行业标准、地方标准的企业标准。加快研究产品和服务标准水平评价指标体系和评价方法，以市场为导向，运用社会力量，建立并实施企业标准关键指标排行榜制度，培育一批消费品企业标准领跑者。利用大数据技术，完善企业标准信息公共服务平台，满足政府、企业和消费者对质量标准的信息服务需求。畅通消费者举报渠道，强化社会对企业标准自我公开及实施情况的监督。建立健全企业执行标准随机抽查制度，将企业自我声明公开标准、标准的实施及产品质量等情况纳入企业质量信用记录。

到 2020 年，基本实现主要消费品生产企业标准自我声明公开全覆盖，建立健全企业标准自我声明与质量提升的协同互动机制，形成一批技术水平领先、具有国际竞争力的消费品企业标准领跑者，带动产品和服务质量水平整体提升。

加快培育标准创新型企业。建立标准创新型企业培育机制，鼓励行业龙头企业加大标准研制投入，瞄准国际新技术和市场新需求，制定和实施先进标准，发挥标准创新对技术创新、管理创新和商业模式创新的支撑引领作用。加强指导，提升中小企业标准创新能力。

（四）夯实消费品工业质量基础。质量基础建设是抓质量的紧要之举，也是长远之策。要坚持改革创新，加强政策引导，夯实质量基础，为提升消费品质量提供有力支撑。

加强质量技术基础建设。建立完善消费品领域国家计量测试服务体系，加快建立新一代国际计量基准、消费品工业急需的社会公用计量标准和标准物质。完善消费品产业共性技术标准体系，重点研制一批消费品制造的核心基础零部件（元器件）、关键基础工艺、关键基础材料、产业技术基础和先进制造装备领域急需标准。改革和创新消费品领域认证认可体系，开展消费品安全、绿色认证。突破检验检测技术瓶颈，提高现场快速、智能识别检测监测能力。构建国家质量技术基础国际合作互认机制，开展国家质量技术基础跨境合作建设，增强“中国制造”质量信任。

提升质量技术创新能力。开展重点行业工艺优化行动，组织质量提升关键共性技术攻关，支持企业积极应用新技术、新工艺、新材料。鼓励有条件的企业建立技术中心、检测中心、产业化基地，培育集研发、设计、制造和系统集成于一体的创新型企业。推动企业加大质量技术创新投入，加快科技成果转化，促进创新成果的标准化和专利化。

加强质量公共服务。建设质量技术基础公共服务平台，培育标准化服务、品牌咨询、质量责任保险等新兴质量服务业态，为消费品生产企业和各类科技园、孵化器、创客空间等提供全生命周期质量技术支持。培育标准化事务所，为企业特别是中小企业提供标准信息、标准体系构建、标准编制及标准化技术解决方案等服务。创新“互联网 + 质量服务”模式，推进质量技术资源、信息资源、人才资源、设备设施向社会开放共享。融合国内外标准、技术法规及合格评定信息，加强技术性贸易措施通报咨询。

专栏 3　消费品质量技术基础“一站式”服务工程

运用“互联网 +”质量技术基础模式，整合政府部门、行业协会等质量技术基础资源，建立跨部门、跨区域、跨行业的质量技术基础服务信息平台，对企业开展“一站式”质量服务。建立多方协作、精准服务的国家质量技术基础服务新模式，为产业集聚区和区域经济发展提供全方位、全过程质量技术支撑。开展国家质量技术基础国际比对提升，突破我国计量、标准、检验检测、认证认可等质量基础协同集成关键技术，形成全链条的“标准—计量—认证认可—检验检测”整体技术解决方案，在重点消费品产业推动质量技术集成化示范应用。

到 2020 年，建成 15 个具有示范引领作用的国家质量技术基础“一站式”服务示范项目，促进国家质量技术基础供给能力明显提升。

（五）加强消费品品牌建设。引导企业增强品牌和营销意识，夯实品牌发展基础，完善质量奖励制度，实施消费品精品工程，推动中国产品向中国品牌转变，提高中国消费品知名度和美誉度，打造中国制造金字品牌。

加强品牌培育。开展消费品生产企业品牌培育和产业集群品牌试点，推动知名品牌创建。加强商标品牌保护，提高消费品商标公共服务水平。制定消费品品牌管理和评价国家标准，开展品牌价值提升应用示范，指导企业提升品牌价值。建立国际知名消费品品牌指标库，推动品牌评价国际标准制定实施。开展品牌标杆示范活动，提升企业品牌意识，推动企业实施品牌战略，走品牌发展之路。

提升品牌形象。指导企业加强品牌文化建设，强化品牌研究、品牌设计、品牌定位和品牌沟通，完善品牌经营管理体系。加强国内消费品高端品牌的广告策划和宣传推广，设立国家品牌日，在主要国家和重要新兴市场举办中国品牌展览推介和宣传活动，推动中国品牌走向世界。

强化品牌保护。建立健全品牌保护机制，坚持品牌建设与知识产权保护相结合，加大对消费品商标、专利等知识产权的保护力度。推动建立企业自我保护、行政保护和司法保护三位一体的品牌保护体系，发挥行业协会自律作用，加大打击假冒伪劣违法行为力度。

专栏 4　消费品精品培育工程

鼓励企业加强从设计研发、生产制造到售后服务等产品全生命周期的质量管理，推广先进质量管理方法与模式。发挥终端产品生产制造企业的倒逼作用，强化对原材料、零部件、装配服务等重要环节的质量管控，促进全产业链质量管理水平整体提升。以产业聚集区、国家自主创新示范区、高新技术产业园区等为重点，开展知名品牌创建。针对市场需求旺盛、技术创新活跃的主要消费品领域，组织实施企业标准领跑者制度。支持企业加大品牌宣传投入，提升品牌策划营销能力。建立与国际接轨的品牌价值评价体系，引导消费品企业建立质量品牌创新中心，提高中国消费品品牌美誉度和忠诚度，打造中国精品。

到 2020 年，推动标准领跑者企业的产品和服务质量接近或达到国际先进水平，培育形成一批质量水平高、市场竞争力强、国际知名的消费品精品，打造一批品牌形象突出、质量管理一流的现代企业和产业集群。

（六）改善优化市场环境。建立和完善全国统一开放、公平竞争、优质优价、优胜劣汰的市场，打破地方保护主义，积极营造良好营商环境，进一步明确政府在质量管理中的职能定位，进一步创新政府监管体制机制，进一步激发市场活力和消费潜力。

创新质量监管制度。建立消费品生产经营负面清单管理制度，除强制性标准和法律法规明确规定外，取消消费品生产经营其他市场准入限制。建立统一规范的监督检查机制，实行“随机抽查企业、随机抽检产品、随机选择检测机构”制度，对产品质量国家监督抽查合格的同一企业的同一规格型号产品，6 个月内任何地方、部门和机构不得重复抽查。推进消费品质量监督抽查结果信息共享，实现“一个标准、一次检验、结果互认、全国通行”。规范检验认证行为，建立检验认证机构对产品质量承担连带责任制度。规范涉企收费，取消一切不在政府公开清单内的收费项目。

加强质量信息公共服务。增加消费品质量信息供给，减少市场信息不对称。搭建统一的消费品质量信息公共服务平台，为消费者提供消费品质量监督检查、质量比对、消费警示等产品质量信息，为消费品生产经营企业提供质量信息大数据查询服务。鼓励第三方社会组织提供专业化、个性化和多样化的质量信息服务。

专栏 5　消费品质量信息公共服务工程

围绕消费品生产经营企业和消费者质量信息需求，加快建设跨部门、跨行业的消费品质量信息公共服务平台，集成、发布和共享标准、计量、认证认可、检验检测等质量基础信息以及质量监督检查、质量比对等产品质量信息，提高大数据采集和查询服务能力，实现单一要素、单一周期信息服务向“一站式”信息综合服务转变，消除消费品质量信息孤岛和信息不对称现象，更好地满足消费信息需求。

到 2020 年，基本建成消费品质量信息公共服务平台，实现与企业信息公示平台、信用信息共享交换平台的对接。

加大知识产权保护力度。实行严格的知识产权保护制度，建立消费品知识产权快速维权机制，加大消费品国际展会、电子商务等领域知识产权执法力度，加强消费品市场知识产权管理和保护工作。鼓励消费品生产经营企业规范知识产权管理，推动专利联盟建设。

强化消费维权保护。建立消费品质量安全惩罚性赔偿、质量担保、销售者先行赔付和产品质量安全责任保险等制度。在消费集中的重点场所建立消费争议快速处理绿色通道，促进消费纠纷就近投诉化解。鼓励乡镇（街道）设立消费维权窗口，促进城乡消费维权公共服务均等化。明确消费者诉讼简易处理程序，完善公益诉讼制度，扩大公益诉讼主体范围，支持社会中介组织和第三方机构为消费者提供维权援助，降低消费维权成本。

优化网购消费环境。完善电子商务领域标准体系，引导和帮助电子商务平台经营者提高质量管理水平。建立和完善风险监测、网上抽查、源头追溯、属地查处、信用管理的电子商务产品质量监管机制。建立健全政府部门间协同监管和失信行为联合惩戒机制，严厉打击电子商务活动中侵权假冒违法行为以及平台经营者包庇、纵容违法违规经营行为。加强跨境电子商务质量安全监管，建立和完善跨境消费售后维权保障机制。

（七）保障消费品质量安全。适应消费品质量安全新形势，不断创新监管模式，完善消费品质量安全治理体系，加快实现治理能力现代化。

强化质量安全风险管理。完善消费品质量安全风险监控体系，建立以预防为主、风险管理为核心的消费品质量安全监管机制。推广应用物品编码和射频识别等技术手段，建立主要消费品质量安全追溯体系，实现来源可查、去向可追、责任可究。推进缺陷消费品召回常态化，把涉及人身、财产安全的消费品纳入召回范围。开展消费品质量安全标准“筑篱”专项行动，完善消费品质量安全标准体系，提升消费品质量安全标准水平。统一国内和进出口消费品质量监管规制，建立监管协调机制，提高内外销消费品质量安全水平的一致性。

专栏6　消费品质量安全风险管理工程

以早发现、早研判、早预警、早处置为目标，推进建立以风险信息采集为基础、风险监测为手段、风险评估为支撑、风险处置为结果的消费品质量安全风险管理体系。围绕重点领域消费品和智能制造、新材料、新兴业态等领域的共性需求，开展消费品质量安全风险评估关键技术研发和成果应用示范，建立消费品质量安全风险评估试验体系，研制风险评估标准、程序和方法，完善消费品质量安全风险和产品伤害监测体系。建立消费品质量安全风险快速预警系统和快速联动处置机制，快速处置发生在消费者身边的质量安全风险。

到2020年，建立覆盖主要社区、乡镇和学校的消费品质量安全风险信息监测点，在医院建立100个以上产品伤害监测点，系统采集产品风险和伤害信息，推广应用消费品质量安全风险快速预警系统，发布消费预警和风险通报。

严厉打击制假售假行为。健全执法协作机制，推进综合行政执法。完善行政执法与刑事司法衔接机制，加大对生产经营假冒伪劣产品行为的刑事处罚力度。深入开展执法打假行动，严查彻办质量违法大案要案。实现质量违法案件信息全公开，加大对质量违法行为的震慑力度。

加快质量信用体系建设。实施企业质量信用信息统一归集、依法公示、联合惩戒、社会监督。完善企业质量信用档案数据库，建立消费品市场主体经营异常名录、产品质量失信“黑名单”等制度，对企业实施分类监管。支持、引导第三方信用服务机构对消费品生产企业开展质量信用评价。实现多部门、跨地区质量信用联合奖励和联合惩戒，营造“守信者处处受益，失信者寸步难行”的社会环境。

构建消费品质量共治格局。深入开展消费者质量安全教育，激发公众质量安全意识，提高公众消费维权能力。健全公众参与监督激励机制，完善有奖举报制度。建立商会、协会、中介组织和新闻媒体共同参与的社会监督机制，形成企业规范、行业自律、政府监管和社会监督的多元共治格局。

（八）提升进出口消费品质量。实施外贸优进优出战略，建立质量监管与贸易便利化相统一的进出口消费品质量安全监管体系，提升进出口消费品质量安全水平。

构建进出口商品风险预警体系。建成覆盖全国口岸的进出口商品质量安全监测网络，畅通覆盖消费者投诉和企业报告的进出口商品风险信息监测渠道，推动建立跨国境、跨部门、跨行业的进出口商品风险和伤害信息监测与交流平台。加快进出口商品质量安全大数据处理与评价中心建设，搭建统一的智能化预警平台，提高风险预警和快速反应处置能力。

强化技术性贸易措施。完善世界贸易组织技术性贸易壁垒和动植物检疫措施（WTO/TBT－SPS）通报咨询工作机制，加强对国外重要技术性贸易措施的跟踪、研究、评议，做好预警、咨询、技术帮扶，提升企业特别是中小企业应对国外技术性贸易措施能力，促进企业按照更高标准提升质量。加大多边、双边评议和交涉力度，减少贸易壁垒影响。

严把进口消费品质量关。建立以问题为导向，以风险管理、口岸管控、事中事后监管为主线的进口消费品监管体系，强化动态监管和缺陷消费品召回。创新监管机制，落实企业主体责任，促进跨境电子商务进口消费品规范发展。

促进出口消费品提质升级。推进出口产品质量安全示范区与示范企业创建，加快培育以技术、标准、品牌、质量、服务为核心的对外经济新优势。打击出口假冒伪劣商品，推动建设海外打假维权监测网。搭建国际交流与磋商对话平台，强化消费品质量安全国际合作。

提高贸易便利化水平。推进检验检疫一体化建设，加强数据共享，优化通关流程。复制推广自贸试验区改革经验，加大实施第三方采信工作，完善进口企业诚信管理，优化检验监管工作方式，提高监管的有效性和通关效率。

专栏7　进出口消费品质量提升工程

服务优进优出，提升进出口消费品质量安全水平。完善进出口消费品质量安全风险预警监管体系，建设覆盖全国范围的进出口消费品风险监测网络。完善进口消费品监管体系，推动缺陷进口消费品召回工作常态化，预防和减少不安全消费品进入国内市场，保护消费者权益。提升企业主体责任意识，促进跨境电商等新业态发展。发挥示范区引领作用，打击出口假冒伪劣商品，提升中国制造形象。

到2020年，创建国家级出口产品质量安全示范区60家、国家级示范企业400家，海外打假维权监测网在境外国家或地区的覆盖面达到30%；每年定期向社会公布重点进口消费品质量安全状况白皮书。

三、重点领域

围绕消费需求旺盛、与群众日常生活息息相关的一般消费品领域，充分发挥市场机制与企业主体作用，加快构建满足市场需求的新型消费品标准体系，加大消费品标准供给力度，加强行业管理、质量监督等政策措施与标准的衔接配套，形成以创新助推标准制定、以标准实施促进质量提升、以质量升级推动品牌建设的良性循环。

（一）家用电器。适应家用电器高端化、智能化发展趋势，加大团体标准和高水平企业标准的供给力度。开展家用电器产品分等分级和评价标准化工作，改善电子坐便器、空气净化器、家用清洁机器人等新兴家电产品的性能和消费体验，提高空调器、电冰箱、洗衣机等传统大家电的产品舒适性、智能化水平，优化电饭锅、剃须刀等传统厨用、个人护理用小家电产品的外观和功能设计。提升多品种、多品牌家电产品深度智能化水平，推动智能家居快速发展。针对新型城镇化进程中居民生活方式的转变和农村家电消费的普及，加快制修订强制性国家标准，全面提高家电产品安全、节能节水、使用年限、安装维修等要求。

（二）消费类电子产品。针对消费类电子产品网络化、创新化的发展特点，结合云计算、大数据、物联网等新一代信息技术，推动人工智能、智能硬件、智慧家庭、虚拟现实、物联网等创新技术产品化、专利化、标准化。加快高质量产品生产线及智能工厂建设，引导生产企业不断开发新技术、新产品、新应用。从安全性、稳定性、可靠性角度，进一步完善消费类电子产品技术标准体系。制定智能手机、可穿戴设备、新型视听产品等智能终端产品标准，强化信息安全、个人隐私保护要求，开展人体舒适性、易用性评估评价，规范众包众筹产品市场、线上线下销售市场。

（三）家居装饰装修产品。围绕居民提高生活水平、改善家居环境的消费需求，促进家居装饰装修健康化、集成化发展。针对家具、照明电器、厨卫五金、涂料、卫生陶瓷、壁纸、地毯等家居装饰装修产品，加快构建强制性国家标准体系，严格有毒有害物质、挥发性有机物限量要求，健全配套检测方法、检测设备、检测能力。开展家居装饰装修综合标准化工作，鼓励有条件的企业发挥技术、资金、品牌等优势，延伸服务链条，由单一产品生产制造向“产品＋产品”、“产品＋服务”转变，建设家居装饰装修标准综合体，支撑企业提供家居装饰装修整体解决方案，满足消费者需求。

（四）服装服饰产品。适应个性消费、时尚消费、品质消费、品牌消费的发展需求，巩固纺织服装鞋帽、皮革箱包等产业的传统优势地位，加快首饰、钟表、眼镜、发制品等产业的技术创新和产业升级，加大知识产权保护力度，提升创新创意设计能力。推进三维人体测量、数字化试衣、产品追溯、可穿戴服装等新技术产业推广，制定规范定制流程全过程服务和产品质量的通用标准，引导服装服饰产品生产企业注重发挥本土优势，壮大个性定制、规模定制和高端定制产业，以精准设计、精准生产、精准服务赢得消费市场。优化完善标准体系，研制关键技术标准，提高新型纤维、优质棉麻毛、高端羊绒丝绸皮革等材料质量要求，规范纺织产品防水、防风、保温、抗菌等功能性要求，制造高端精品。

（五）妇幼老年及残疾人用品。针对妇幼用品、老年人用品和残疾人用品市场快速发展，健全跨领域、跨行业的通用标准体系，强化消费品针对特殊人群的安全要求和功能设计，规范特殊人群使用产品的标识、宣传和评价。进一步加大婴幼儿、少年儿童生活用品和中小学生学习用品标准化力度，严格儿童玩具、婴儿纸尿裤、婴儿安抚用品、儿童家具、儿童服装鞋帽等儿童用品安全标准，严格儿童产品标识标注。促进儿童用品生产设计与国产动漫文化产品跨界融合，增强产品趣味性、娱乐性和吸引力，培育和壮大一批自主品牌企业。加快开展妇女用哺育用品、卫生用品、家用美容美发用品等标准化工作，提升自主品牌的质量水平。推动老年人用品标准和质量提升，扩大老年人文化娱乐、健身休闲用品市场。加快康复辅助器具产业发展，完善标准体系，重点推进老年人和伤病人护理照料、残疾人生活教育和就业辅助、残疾儿童抢救性康复等产品的标准化发展，加强质量管理。

（六）化妆品和日用化学品。适应消费者对产品功效的多样化需求，完善化妆品、口腔护理用品、洗涤用品、蜡制品、家用卫生杀虫用品标准体系，制定基础通用、重要产品和检测方法等标准，防止有毒有害物质超标。重点制定儿童等特殊群体使用化妆品、口腔护理用品等产品标准。加快特殊用途化妆品中限用组分和中草药牙膏中有效成分等检测方法标准研究。加强日用化学品相关标准样品（物质）研制。

（七）文教体育休闲用品。针对居民转变生活方式、丰富文娱生活的要求，推动文教体育休闲用品多样化发展，加快系统协调、重点突出、覆盖全面的文体用品标准体系和质量保障体系建设。严格有毒有害物质限量标准，大力提高学生用品的安全水平。引导生产企业加强质量管控，全面提高零部件（元器件）、制造工艺、基础材料整体质量水平，促进文具、制笔、乐器等制成品品质提升。加快全民健身器材、冬季运动器材、户外休闲运动（水上、登山、钓具和自行车等）器材、民族传统运动器材及防护装备等标准的制定，加强体育用品新材料、新技术的研发和应用。

（八）传统文化产品。弘扬中华传统文化，加强对中华老字号、地理标志产品等传统文化产品的品牌培育和保护，引导具有自主知识产权、传承民族传统文化和技艺的文化产品生产企业，加快质量提升、打造知名品牌、增加品牌文化附加值、提升质量竞争力，推动传统文化产品产业化、规模化发展。针对文房四宝、烟花爆竹、竹藤、丝绸、瓷器、漆器等产业发展需求，加快安全、环保等强制性标准制定，加大旅游景区销售产品的质量监管力度。开展文化创意、传统工艺、评价测试标准化工作，推动国际国内标准同步发展，加大传统文化产品宣传展示力度，促进传统文化产品出口，促进中外文明互学互鉴。

（九）食品及相关产品。完善食品安全标准体系，继续开展食品中农药残留、兽药残留、重金属等危害人体健康物质的限量及检测方法、婴幼儿食品、食品添加剂、食品营养强化剂和食品生产经营过程卫生要求等强制性安全标准制修订工作。重点制定传统食品产品质量标准，推动传统食品产业化进程。加大对方便食品、速冻食品、焙烤食品和现代生物发酵食品等新产品标准的研制力度，制定网络食品信息描述规范，满足新兴群体等对食品消费多样化的需求。提高食品容器、包装材料以及智能化食品包装生产线标准水平，不断完善食品相关产品质量标准体系。加大食品和食品相关产品质量监督抽查力度，强化食品相关产品风险与伤害监测，根据不同材质开展食品相关产品风险评估，并视评估情况调整许可目录和许可实施细则，逐步提升准入门槛，及时发布消费预警，调动行业协会、消费者等多方力量，共同参与食品安全监管，形成全社会共治格局，有效遏制食品安全事件，确保放心消费，促进健康中国建设。

四、保障措施

（一）加强法律法规建设。完善消费品质量安全法律法规，加快推进标准化法修订以及消费品安全法、质量促进法等立法工作，完善质量激励政策，强化质量多元共治，为消费品标准和质量提升提供法制保障。坚持依法行政，保持消费品质量监管的高压态势。组织开展消费品行政执法人员专题培训和实务培训，提高执法人员综合素质和执法水平。强化消费品执法层级监督，严格落实行政执法责任制。加强消费品质量提升法治宣传教育，普及消费品质量法律知识，引导消费者通过司法、人民调解等途径解决消费品侵权问题，提升依法维权、理性消费能力。

（二）加强财税政策扶持。统筹利用现有资金渠道，鼓励社会资本以市场化方式设立消费品标准和质量提升专项基金，重点支持消费品领域的标准化建设、质量基础能力提升、质量技术创新和应用推广，引导社会资源向质量品牌优势企业聚集，完善优标优质优价的市场机制，鼓励更多企业走优质发展之路。实施结构性减税，落实研发费用加计扣除政策和股权激励税收政策，全面推开营业税改增值税试点，打通增值税抵扣链条，增强企业经营活力。探索建立标准创新融资增信制度，完善对企业标准创新和参与制定国际标准的激励机制，推动企业积极参加国际标准化活动。对消费品标准和质量提升示范区、技术标准创新基地，比照高新技术产业园区，享受出口贸易便利等政策优惠。在政府采购、招投标活动中，纳入有关标准技术条件和质量安全要求。

（三）加强质量人才培养。深化教育教学制度改革，强化职业教育与技能培训，建立健全应用型人才和技术技能人才培养机制。实施全员质量素质提升工程，加大企业经营管理人员和一线职工培训力度。引导和鼓励大中型企业实施首席质量官制度，培养企业质量领军人才。完善质量专业技术人员职称评价办法。探索建立企业和高等学校、职业学校、标准化与质量科研机构联合培养人才的机制，推行校企联合培养的企业新型学徒制，建立学校和企业"双元"的技术人才培养机制，培养更多满足市场需求的职业技术工人。加大力度引进国外标准、计量、认证认可、检验检测等领域人才智力，加强国际质量人才交流。鼓励和支持行业协会、高等院校设立标准化和质量管理相关研究机构，培养高素质标准化和质量人才。推出体现技工价值的薪酬制度，健全收入分配激励机制和"五险一金"等社会保障制度，提高技能人才福利待遇，促进劳动者由普通工人向技能人才转变。

（四）加强宣传教育和舆论引导。建设具有中国特色的先进质量文化，大力弘扬精益求精的工匠精神。广泛推广先进质量管理理念和方法，深入开展群众性质量活动。加强标准化和质量知识宣传教育和政策解读，倡导优标优质优价和绿色安全健康的消费理念。加大质量信息公开力度，正确引导社会舆论，树立中国标准、中国质量的良好形象，提振市场消费信心。

（五）加强组织领导和部门协作。各地区、各有关部门要加强对本规划实施工作的组织领导，在消费品工业升级、科技创新、质量监管、市场监管、职业教育、财税金融等方面，加强沟通协调，密切协作配合。各级政府要建立健全质量激励和约束制度，将消费品标准和质量提升工作纳入政府质量工作考核范围，出台相关配套政策措施，确保各项政策措施落实到位。质检总局和国家标准委要会同有关部门加强对本规划实施情况的监督检查，重大事项及时向国务院报告。

国务院办公厅关于开展消费品工业"三品"专项行动营造良好市场环境的若干意见

（国办发〔2016〕40号）

各省、自治区、直辖市人民政府，国务院各部委、各直属机构：

消费品工业是我国重要民生产业和传统优势产业。改革开放以来，我国消费品工业总体上保持平稳健康发展，形成了覆盖面广、结构相对完整的消费品工业体系，基本保障和满足了人民群众不断增长的消费需求，对稳增长、促改革、调结构、惠民生发挥了重要作用。但也要看到，我国消费品工业核心竞争力和创新能力仍然较弱，品种、品质、品牌与国际先进水平相比尚有较大差距，有效供给能力和水平难以适应消费升级的需要。为贯彻落实党中央、国务院关于推进供给侧结构性改革、促进工业稳增长调结构增效益和建设制造强国的决策部署，更好满足和创造消费需求，不断增强消费拉动经济的基础作用，促进消费品工业迈向中高端，经国务院同意，现就开展消费品工业"三品"专项行动提出以下意见：

一、总体要求

（一）指导思想。全面贯彻党的十八大和十八届三中、四中、五中全会以及中央经济工作会议精神，按照"五位一体"总体布局和"四个全面"战略布局，牢固树立和贯彻落实创新、协调、绿色、开放、共享的发展理念，以市场为导向，以创新为动力，以企业为主体，以实施增品种、提品质、创品牌的"三品"战略为抓手，改善营商环境，从供给侧和需求侧两端发力，着力提高消费品有效供给能力和水平，更好满足人民群众消费升级的需要，实现消费品工业更加稳定、更有效益、更可持续的发展。

（二）基本原则。

坚持市场主导，政府推动。发挥市场机制作用，强化企业的市场主体地位，增强企业改善供给的责任意识和主导作用，发挥企业家精神，激发企业活力和创造力，推动消费品工业转型升级。营造公平竞争营商环境，强化市场监管，完善相关制度，取消不必要的审批、目录和不合理收费。

坚持改善供给，两侧发力。推进供给侧结构性改革，抓住制约消费品工业提质增效、创造品牌、转型升级的关键问题，支持企业开发适应市场需求、满足消费升级需要的产品和服务，提高供给质量和效率。促进供给升级和需求升级协调共进，推动消费品工业向高水平供需平衡跃升。

坚持创新引领，协调发展。发挥创新在消费品提质升级中的引领作用，健全创新激励机制，支持企业加大研发设计投入，加强产学研用结合，加快创新成果转化。推进"互联网+"与消费品工业深度融合，提升传统产业，培育新兴产业，完善产业链条，优化布局结构，推动消费品工业集约高效和均衡协调发展。

（三）主要目标。到2020年，消费品工业传统优势得到巩固提升，新兴产业不断壮大，市场环境进一步优化，"三品"专项行动取得积极进展，品种丰富度、品质满意度、品牌认可度明显提升，产品和服务对消费升级的适应能力显著增强。

市场环境明显优化。简政放权、放管结合、优化服务改革深入推进，相关法规、标准、政策措施进一步健全，市场监管力度不断加大，政府公共服务能力显著提高，市场竞争秩序和消费环境明显改善。

供给水平明显提高。消费品品质明显提升，中高端消费品比重增加，品牌附加值、市场影响力和消费者认可度不断提高。消费品质量标准、计量、检验检测、认证认可体系逐步与国际接轨。食品药品质量安全水平稳步提升。重点行业前10位品牌企业销售收入占同行业销售收入比重进一步提高，培育一批具有国际影响力的品牌。

创新能力明显增强。重点消费品行业智能制造、绿色制造、服务型制造、“互联网＋”协同制造取得积极进展。大中型企业研发强度年均增长10%以上。轻工、纺织产品国际标准的采标率分别提高10个百分点。关键设备研发和产业化水平进一步提高。

质量效益明显改善。规模以上消费品企业增加值增速高于全国工业平均增速，降本增效取得积极进展，消费品出口占国际市场份额保持基本稳定。单位增加值能耗、二氧化碳排放量、用水量达到国家约束性指标要求，绿色发展能力显著增强。

二、主要任务

（四）增品种。支持企业深度挖掘用户需求，适应和引领消费升级趋势，在产品开发、外观设计、产品包装、市场营销等方面加强创新，积极开展个性化定制、柔性化生产，丰富和细化消费品种类，推动中国制造向中国创造转变。

1. 提高创意设计水平。鼓励地方政府和行业协会培育一批示范性消费品时尚创意设计名城和产业园区，加大对消费品创意设计优秀人才的表彰和奖励力度。在消费品行业建设一批国家级工业设计中心，推广应用“众包”等新型创意设计组织方式，培育一批网络化创新设计平台。促进文化创意与“三品”融合发展，提高消费品的文化附加值。

2. 增加中高端消费品供给。发展个性化、时尚化、功能化、绿色化消费品，推出一批科技含量高、附加值高、设计精美、制作精细、性能优越的精品，进一步提升我国消费品工业在全球产业价值链中的地位。发展中高端服装鞋帽、手表、家纺、化妆品、箱包、珠宝、丝绸、旅游装备和纪念品等消费品，进一步提升婴幼儿配方乳粉、厨卫用品等生活用品的有效供给能力和水平。适当降低低端消费品比重，促进产品向高性价比优势转变。

3. 发展智能、健康消费品。发展智能节能家电、智能锂电电动自行车、智能照明产品、数字电视、智能手机、平板电脑、服务机器人、消费类无人机、可穿戴智能产品、智能音箱、虚拟现实产品、智能化计量器具等智能消费品。积极研发营养与健康食品、康复辅助器具、健身产品、智慧医疗产品等健康类消费品。进一步发展老年、儿童和婴幼儿用品。

4. 发展民族特色消费品。传承发展一批传统工艺美术、文房四宝等产品。支持发展一批传统特色食品。创新提升一批民族特色用品。传承保护民族服饰文化，研究设计一批具有民族特色的服饰。加强对藏药、维药、蒙药等特色民族药的发掘和保护。

（五）提品质。培育和弘扬精益求精的工匠精神，引导企业树立质量为先、信誉至上的经营理念，立足大众消费品生产推进“品质革命”，走以质取胜、质量强国的发展道路，推动中国制造加快走向精品制造，赢得大市场。

1. 开展国际对标。开展与国外中高端消费品对标，推进国内消费品标准与国际标准接轨，到2018年，主要消费品领域与国际标准一致性程度达到95%以上。引导重点消费品企业参照国际先进标准组织生产。开展国内外中高端消费品质量品质比对，逐步缩小与国际标准差距。开展仿制药质量和疗效一致性评价，全面提升仿制药质量水平。支持标准化技术机构主导或参与国际标准化工作，增强我国参与制定消费品领域国际标准的话语权。

2. 加强质量精准化管理。引导企业深入开展全面质量管理，加强从原料采购到生产销售全流程质量管控，开展自动化、智能化工厂技术改造，推广工艺参数及质量在线监控系统，提高产品性能稳定性及质量一致性。推广先进质量管理模式和管理体系，树立质量标杆企业。建设一批高水平的消费品质量控制和技术评价实验室。研制消费品工业急需的计量标准，推进消费品工业领域国家产业计量测试中心建设，推广覆盖产品全生命周期的测量管理体系。制定实施消费品标准化和质量提升规划。

3. 推进质量检验检测和认证。加快发展第三方质量检验检测和认证服务，探索建立质量追溯管理体系专门认证制度，提高检测认证机构公信力。支持重点消费品企业积极采用和参与制定国际质量检验检测标准，推行产品认证制度，推动质量检验检测和认证结果与技术能力国际互认。指导食品生产企业加强质量安全检测能力建设，支持医药和婴幼儿配方乳粉企业通过国际通行认证。

4. 保障药品和优质原料供应。提高药品供应保障能力，扩大定点生产试点品种范围，支持建设小品种生产基地。加快重大疾病治疗用新药、临床急需的仿制药、生物类似药和中药新药的开发，积极研发儿童适宜品种和剂型。支持有条件的婴幼儿配方乳粉等消费品企业在国内外建设优质原料生产基地及配套设施，加强鲜活农产品冷链物流设施建设，从原料端保障消费品质量。

（六）创品牌。引导企业增强品牌意识，夯实品牌发展基础，提升产品附加值和软实力，推动中国产品向中国品牌转变。

1. 提高品牌竞争力。鼓励企业围绕研发创新、设计创意、生产制造、质量管理和营销服务全过程制定品牌发展战略，构建管理体系，明确品牌定位，采用合理定价、差异发展等策略，整合渠道资源，提高品牌产品性价比。支持品牌企业创新商业模式，与大型电商平台对接，与零售企业开展统一议价、集中采购，促进产销对接，拓宽流通渠道，减少流通环节。推动各地、各行业建立品牌商品工商对接机制，大力开展知名品牌产品“全国行”、“网上行”和“进名店”等活动。

2. 培育知名品牌。提高消费品标准化程度，推动中华老字号传承升级，支持企业适应市场需求，培育新品牌。规范品牌评价程序与标准，支持行业协会指导企业开展品牌创建、培育、宣传活动。编制家电、服装、家纺、食品等行业品牌发展报告。鼓励行业协会依托产业集群、国家新型工业化产业示范基地等，指导开展消费品区域品牌创建工作。

3. 完善品牌服务体系。扶持一批品牌培育和运营专业服务机构，培育一批具有较强影响力的消费品品牌设计创意中心和广告服务机构。建立品牌人才培训服务机构，形成多层次的品牌人才培养体系。完善品牌价值评估体系，为企业品牌创建提供咨询评估。深化品牌消费集聚区建设试点，支持地方和行业协会办好博览会、时装周、设计大赛等重大品牌活动，培育一批具有国际渠道、拥有核心竞争力的品牌展览展示机构。

4. 推进品牌国际化。鼓励优势品牌企业开展国际交流合作，引进国际化品牌管理人才和经营理念，建设海外研发设计机构及营销渠道。支持品牌企业以参股、换股、并购等形式与国际品牌企业合作，提高品牌国际化运营能力。支持品牌企业参加国际展览展销，积极开拓海外市场，提高品牌产品出口比重。

三、保障措施

（七）完善市场准入。深入推进商事制度改革，开展“证照分离”改革试点，继续削减前置审批和不必要的许可。取消不必要的审批、目录和不合理收费，大幅减少和规范涉企收费及审批评估事项。国务院以清单方式明确列出禁止和限制投资经营的行业、领域、业务等，清单以外的，各类市场主体皆可依法平等进入。对新业态、新模式等新生事物，既支持创新发展、激发活力，又严格依法监管、防范风险。

（八）营造良好营商环境。废除妨碍全国统一市场和公平竞争的规定和做法，依法制止和纠正违法规定歧视性价格及购买指定产品、服务等行为，维护公平竞争的市场秩序。严格实施缺陷产品召回制度，及时发现、公开曝光并严厉处罚质量违法违规行为。规范有序发展电子商务平台，严厉打击电子商务领域违法违规经营行为，构建诚信经营的网络市场环境。规范产品广告和相关信息发布行为，严厉打击虚假违法广告和不实报道。

（九）加强市场监管。全面推行“双随机、一公开”监管方式，加强事中事后监管。加大对商标、地理标志、知名商品特有名称、包装装潢、外观设计、发明专利、商业秘密等知识产权的保护力度，打击侵犯知识产权和企业合法权益的行为。严厉打击生产销售假冒伪劣商品等违法行为，防止劣币驱逐良币。强化消费品质量安全风险监测，完善消费品伤害监测制度，加大线上线下质量监督抽查力度，推动建立健全消费品企业“黑名单”、惩罚性巨额赔偿等法律制度。在中小城市、农村市场开展打击生产和销售假冒伪劣消费品专项行动。加强对幼儿园和学校相关学生用品、儿童用品的卫生、环保、安全等方面监管，依法保护消费者合法权益。

（十）完善产业政策。开展消费品工业“三品”战略示范试点，引导地方各级政府因地制宜完善产业政策，促进消费品供给侧结构性改革。以更加严格的安全、环保、质量、能耗、技术等标准，依法依规退出铅蓄电池、制革、造纸、印染等行业落后产能。进一步改善企业兼并重组市场环境，优化产业组织结构。进一步完善消费品原料配料含量、原产地、特殊人群适用性等信息披露标签标识全覆盖制度，推行消费品能效标识、绿色标识等认证制度，逐步扩大实施能效标识和绿色标识制度的消费品范围。

（十一）加大政策支持。利用工业转型升级资金、国家科技计划（专项、基金等）、专项建设基金等现有资金渠道，支持企业在创意设计、提高科技含量和性能等方面下大功夫，促进大众消费品创新、增加有效供给。有条件的地方要加强对改善消费品供给能力的财政支持。合理调整部分高档消费品的消费税政策，引导境外消费回流。鼓励地方各级政府与社会资本合作建立产业基金支持消费品工业创新发展。出口信贷和出口信用保险要加大支持消费品出口的力度。建立消费品供给改善信息与金融监管部门及金融机构的共享联动机制，加强对消费品工业的融资支持。

（十二）发挥协会作用。充分发挥行业协会熟悉行业、贴近企业的优势，在政策研究、标准制修订、人才培训、宣传推广、新产品展览展示、国际交流合作等方面发挥积极作用，共同实施好消费品工业“三品”战略。行业协会要选择具有独特功能或使用价值的升级和创新消费品，编制升级和创新消费品指南，积极引导消费；要加强自律和服务，组织开展质量信誉承诺等活动，维护良好的行业信誉，及时反映企业诉求，反馈政策落实情况，研究提出相关政策建议。充分发挥消费者协会作用，营造放心便利的消费环境。

（十三）加强舆论引导。支持主流媒体开展系列报道，设立专题网站、微博微信等平台，多渠道宣传消费品工业“三品”战略。通过市场手段加大国内优质品牌宣传力度，提高消费者对自主品牌的认知度和忠诚度，提升群众购买国货的自豪感。地方各级政府和行业协会要表彰和宣传品牌建设成就突出的企业和企业家，激发加强品牌建设的积极性。

促进消费品工业升级，发挥消费对经济发展和产业转型的关键作用，是推进结构性改革尤其是供给侧结构性改革、扩大内需的重要举措。各地区、各有关部门要结合实际制定具体方案，着力完善政策，充分发挥市场机制作用，围绕消费者多样化需求，推动消费品工业增品种、提品质、创品牌，营造良好市场环境。工业和信息化部要会同有关部门对本意见的落实情况进行跟踪分析和监督检查，认真总结和推广经验，重大事项及时向国务院报告。

国务院办公厅

2016年5月26日

国务院办公厅关于深入实施“互联网+流通”行动计划的意见

（国办发〔2016〕24号）

各省、自治区、直辖市人民政府，国务院各部委、各直属机构：

“互联网+流通”正在成为大众创业、万众创新最具活力的领域，成为经济社会实现创新、协调、绿色、开放、共享发展的重要途径。实施“互联网+流通”行动计划，有利于推进流通创新发展，推动实体商业转型升级，拓展消费新领域，促进创业就业，增强经济发展新动能。为贯彻落实国务院决策部署，深入实施“互联网+流通”行动计划，进一步推进线上线下融合发展，从供需两端发力，实现稳增长、扩消费、强优势、补短板、降成本、提效益，经国务院同意，现提出以下意见：

一、加快推动流通转型升级。以满足消费者需求为中心，积极开展全渠道经营，支持企业突出商品和服务特色，充分应用移动互联网、物联网、大数据等信息技术，在营销、支付、售后服务等方面线上线下互动，全方位、全天候满足消费需求，降低消费成本。（商务部、国家发展改革委、新闻出版广电总局，地方各级人民政府）大力发展体验消费，引导有条件的企业利用现有商业设施改造发展消费体验示范中心，合理布局购物、餐饮、休闲、娱乐、文化、培训、体育、保健等体验式消费业态，增强实体店体验式、全程式服务能力。（商务部、文化部、新闻出版广电总局、体育总局，地方各级人民政府）着力提高供应链管理控制能力，鼓励百货等零售业态积极发展“买手制”，不断提高自营和自主品牌商品比例，通过发展连锁经营、采购联盟等多种组织形式降本增效，提高利用信息化、网络化、智能化技术实现转型升级的能力。（商务部、国家发展改革委，地方各级人民政府）增强老字号等传统品牌影响力，积极运用互联网，创新生产工艺和商业模式，弘扬民族、技艺等优秀传统文化，开展知名品牌示范区创建工作，线上线下互动传播中国品牌。（商务部、工业和信息化部、文化部、质检总局，地方各级人民政府）推动商品交易市场利用互联网创新商业模式，拓展服务功能，加快平台化发展，以转型升级实现市场结构优化、提质增效，带动产业优化重组，发挥好引导生产、促进消费的作用。（商务部、国家发展改革委、国土资源部，地方各级人民政府）

二、积极推进流通创新发展。鼓励发展分享经济新模式，密切跟踪借鉴国外分享经济发展新特点新趋势，结合部门和地方实际创新政府管理和服务，激发市场主体创业创新活力，鼓励包容企业利用互联网平台优化社会闲置资源配置，拓展产品和服务消费新空间新领域，扩大社会灵活就业。（中央网信办、国家发展改革委、工业和信息化部、人力资源社会保障部、商务部、工商总局、国家旅游局、国家邮政局等有关部门，地方各级人民政府）支持发展协同经济新模式，通过众创、众包、众扶等多种具体形式，围绕产业链、供应链、服务链建立上下游企业、创业者之间的垂直纵深与横向一体化协作关系，提升社会化协作水平和资源优化配置能力。（国家发展改革委、科技部、工业和信息化部、商务部、新闻出版广电总局，地方各级人民政府）大力发展流通创新基地，为中小企业应用互联网创业创新提供集群注册、办公场地、基础通信、运营指导、人才培训、渠道推广、信贷融资等软硬件一体化支撑服务。（商务部、科技部、人力资源社会保障部、工商总局，地方各级人民政府）

三、加强智慧流通基础设施建设。加大对物流基地建设、冷链系统建设等的政策性扶持力度，科学规划和布局物流基地、分拨中心、公共配送中心、末端配送网点，加大流通基础设施投入，支持建设农产品流通全程冷链系统，重点加强全国重点农业产区冷库建设。加大农村宽带建设投入，加快提速降费进程，努力消除城乡“数字鸿沟”。加大流通基础设施信息化改造力度，充分利用物联网等新技术，推动智慧物流配送体系建设，提高冷链设施的利用率。科学发展多层次物流公共信息服务平台，整合各类物流资源，提高物流效率，降低物流成本。（国家发展改革委、商务部、工业和信息化部、财政部、国土资源部、住房城乡建设部、交通运输部、农业部、国务院国资委、质检总局、新闻出版广电总局、国家邮政局，地方各级人民政府）推进电子商务与物流快递协同发展，及时总结协同发展试点成果，形成可复制、可推广的制度、做法和经验，着力解决快递运营车辆规范通行、末端配送、电子商务快递从业人员基本技能培训等难题，补齐电子商务物流发展短板。（商务部、国家邮政局，试点城市人民政府）

四、鼓励拓展智能消费新领域。鼓励具备条件的城市探索构建线上线下融合发展的体验式智慧商圈，促进商圈内不同经营模式和业态优势互补、信息互联互通、消费客户资源共享，抱团向主动服务、智能服务、立体服务和个性化服务转变，提高商圈内资源整合能力和消费集聚水平。（商务部、国家发展改革委、科技部、工业和信息化部、国土资源部、环境保护部、住房城乡建设部，地方各级人民政府）加快实施特色商业街区示范建设工程，发掘地方资源禀赋优势，提高产品和服务特色化、差异化、精准化、数字化营销推广能力，振兴城镇商业。（商务部、住房城乡建设部、国家旅游局，地方各级人民政府）拓展智能消费领域，积极开发虚拟现实、现实增强等人工智能新技术新服务，大力推广可穿戴、生活服务机器人等智能化产品，提高智能化产品和服务的供给能力与水平。（国家发展改革委、工业和信息化部、科技部，地方各级人民政府）

五、大力发展绿色流通和消费。推广绿色商品，限制高耗能、高污染、高环境风险、过度包装产品进入流通和消费环节。开展绿色商场示范活动，大力宣传贯彻绿色商场国家标准、行业标准，创建一批集门店节能改造、节能产品销售和废弃物回收于一体的绿色商场。推动仓储配送与包装绿色化发展，提高商贸物流绿色化发展水平。推动“互联网＋回收”模式创新，利用大数据、云计算等技术优化逆向物流网点布局，鼓励在线回收，加强生活垃圾分类回收和再生资源回收有机衔接。开展“绿色产品进商场、绿色消费进社区、绿色回收进校园”主题宣传活动，推动形成崇尚节俭、科学、绿色的消费理念和生活方式。（商务部、国家发展改革委、教育部、工业和信息化部、国土资源部、环境保护部、住房城乡建设部、质检总局、新闻出版广电总局、供销合作总社，地方各级人民政府）

六、深入推进农村电子商务。坚持市场运作，充分发挥各类市场主体参与农村电子商务发展的动力和创造力。促进农产品网络销售，以市场需求为导向，鼓励供销合作社等各类市场主体拓展适合网络销售的农产品、农业生产资料、休闲农业等产品和服务，引导电子商务企业与新型农业经营主体、农产品批发市场、连锁超市等建立多种形式的联营协作关系，拓宽农产品进城渠道，突破农产品冷链运输瓶颈，促进农民增收，丰富城市供应。畅通农产品流通，切实降低农产品网上销售的平台使用、市场推广等费用，提高农村互联网和信息化技术应用能力。鼓励电子商务企业拓展农村消费市场，针对农村消费习惯、消费能力、消费需求特点，从供给端提高商品和服务的结构化匹配能力，带动工业品下乡，方便农民消费。鼓励邮政企业等各类市场主体整合农村物流资源，建设改造农村物流公共服务中心和村级网点，切实解决好农产品进城“最初一公里”和工业品下乡“最后一公里”问题。（商务部、国家发展改革委、工业和信息化部、财政部、交通运输部、农业部、质检总局、国家旅游局、国家邮政局、供销合作总社、中国邮政集团公司，地方各级人民政府）

七、积极促进电子商务进社区。大力发展社区电子商务，鼓励发展社区购物服务应用软件，加强电子商务企业与社区商业网点融合互动，开展物流分拨、快件自取、电子缴费等服务，提高社区商业的信息化、标准化、规范化、集约化水平，提升社区居民生活品质。（商务部、国土资源部、住房城乡建设部、质检总局，地方各级人民政府）完善“一站式”便民服务消费功能，支持老旧小区利用闲置房间、地下空间等打造多层次、多形式的便民服务点，将零散的社区服务资源进行线上线下整合，统筹建设和改造餐饮、住宿、家政、洗染、美容美发、维修、物流、金融、文化、娱乐、休闲等生活服务网点，让门店多起来，提高城市居民生活的便利性和城市发展竞争力。（商务部、国土资源部、住房城乡建设部、文化部、新闻出版广电总局，地方各级人民政府）

八、加快完善流通保障制度。组织开展道路货运无车承运人试点工作，允许试点范围内无车承运人开展运输业务。（交通运输部、国家发展改革委）按照新修订的《高新技术企业认定管理办法》，落实“互联网＋流通”企业的申报认定工作。（科技部、财政部、税务总局，地方各级人民政府）推进工商用电同价，允许大型商贸企业参与电力直接交易，开展商业用户自主选择执行商业行业平均电价或峰谷分时电价试点。（国家发展改革委、商务部）发挥政府、行业协会作用，科学规划，合理布局，盘活存量，优化增量，鼓励各地采取先买后租、先建后租等多种有力措施，引导降低实体店铺租金，保障社区菜市场、社区食堂等惠民便民服务设施低成本供给，引导线上企业到线下开设实体店，推动线上线下融合发展。阶段性适当降低困难流通企业住房公积金缴存比例。（住房城乡建设部、财政部、商务部、人民银行，地方各级人民政府）

九、发挥财政资金引导带动作用。积极推进“互联网+流通”行动，着力降低流通成本，提高流通效率，扩大有效供给，鼓励有条件的地方设立“互联网+流通”发展基金，引导社会资本、境外资本加大对流通领域互联网等信息技术应用的投入。（地方各级人民政府）

十、增强流通领域公共服务支撑能力。鼓励整合建设商务公共服务云平台，对接相关部门服务资源，为流通领域提供政策与基础信息服务，为中小微企业提供商业通用技术应用服务。加快建立健全电子商务统计监测体系，建设真实准确的企业、商品、订单、合同、发票、物流运单等电子商务基础信息库，支撑电子商务市场高效规范运行。（商务部、国家统计局、工业和信息化部、工商总局、质检总局、国家邮政局，地方各级人民政府）加大教育培训结构调整力度，加强电子商务人才继续教育，提高线上线下互动实战能力，培养既懂流通又懂创意创新和网络运营的复合型人才。指导支持各类电子商务创新创意创业大赛，对接行业机构、投融资机构，发现优秀的创业创新项目和创业创新人才。（商务部、教育部）

十一、健全流通法规标准体系。抓紧研究商品流通、电子商务等方面的立法，研究建立流通设施建设、商品流通保障、流通秩序维护等基本制度，解决流通发展中的体制机制问题。（商务部、国家发展改革委、农业部、国务院法制办）研究梳理现行法律法规中与互联网在流通领域创新应用和管理不相适应的内容，加快修订完善，推动线上线下规则统一。（有关部门按职责分工分别负责）健全批发、零售、物流、生活服务、商务服务领域标准体系，加强适应电子商务发展需要的农产品生产、采摘、检验检疫、分拣、分级、包装、配送和“互联网+回收”等标准体系建设，加大标准贯彻实施力度，引导企业规范化发展。（商务部、国家发展改革委、农业部、质检总局）

十二、营造诚信经营公平竞争环境。适应“互联网+流通”发展需要，不断创新监管手段，采取合理的监管方式，加强事中事后监管，加大对侵权假冒、无证无照经营、虚假交易等行为的打击力度，保障群众买到质优价廉的商品，放心消费、安全消费。鼓励平台型服务企业利用技术手段加强对违法违规行为的监测、识别和防范，主动与执法部门建立联防联控机制；严厉打击平台型服务企业包庇、纵容违法违规经营行为，营造保障“互联网+流通”行动计划顺利实施的法治化营商环境。（商务部、工商总局、质检总局、食品药品监管总局）推进商务信用体系建设，结合“三证合一、一照一码”登记制度改革，充分利用全国信用信息共享平台和企业信用信息公示系统，健全政府部门信用信息共享机制，并通过“信用中国”网站向社会提供服务，建立基于消费者交易评价和社会公众综合评价的市场化企业信用信息采集、共享与使用机制，不断优化评价标准和方法，形成多方参与、标准统一的商务诚信体系。（商务部、国家发展改革委、工业和信息化部、人民银行、工商总局、质检总局）

各地区、各部门要加强组织领导和贯彻实施，既要切实发挥好市场在资源配置中的决定性作用，也要发挥好政府的引导调控作用；既要立足当前，也要惠及长远。各地区要结合本地实际制定具体实施方案，明确工作分工，落实工作责任。商务部要会同有关部门建立工作联系机制，加强统筹协调、业务指导和督促检查，重大问题和情况及时报告国务院。

国务院办公厅

2016年4月15日

国务院办公厅关于印发2016年食品安全重点工作安排的通知

（国办发〔2016〕30号）

各省、自治区、直辖市人民政府，国务院各部委、各直属机构：

《2016年食品安全重点工作安排》已经国务院同意，现印发给你们，请认真贯彻执行。

国务院办公厅

2016年4月27日

2016年食品安全重点工作安排

2015年，全国食品安全形势持续稳定向好，但食品安全基础依然薄弱，风险隐患不容忽视。为贯彻党的十八大、十八届三中、四中、五中全会和中央经济工作会议、中央农村工作会议精神，落实国务院关于食品安全工作的部署要求，进一步提高食品安全治理能力和保障水平，现就2016

年食品安全重点工作作出如下安排：

一、加快完善食品安全法规制度

全面宣传贯彻新修订的食品安全法，配合全国人大常委会做好食品安全法执法检查。（食品药品监管总局、国务院食品安全办会同各省级人民政府负责）推动制修订农产品质量安全法、粮食法和食品安全法实施条例、农药管理条例、畜禽屠宰管理条例等法律法规。（农业部、食品药品监管总局、国务院法制办、国家粮食局负责）深化食品生产经营许可改革。（食品药品监管总局负责）加快标识管理、监督检查、网络食品经营、特殊食品注册、保健食品目录管理、铁路运营食品安全监督管理和国家口岸食品监督管理等规章制度的制修订工作。（国家卫生计生委、质检总局、食品药品监管总局、中国铁路总公司负责）落实《法治政府建设实施纲要（2015—2020 年)》，完善食品安全行政执法程序，规范执法行为，全面落实行政执法责任制。（农业部、食品药品监管总局负责）推动加大食品掺假造假行为刑事责任追究力度。（中央政法委、食品药品监管总局负责）

二、健全食品安全标准体系

建立并公布食品安全国家标准目录、地方标准目录。（国家卫生计生委、农业部会同各省级人民政府负责）加快制修订一批重点食品安全标准和农药兽药残留标准。加快公布整合后的食品安全国家标准，废止、修订其他相关食品标准。建立食品安全国家标准制定、调整、公布工作机制，加强标准跟踪评价，强化标准制定工作与监管执法工作的衔接。（国家卫生计生委、农业部、食品药品监管总局、质检总局等负责）实施加快完善我国农药残留标准体系的工作方案（2015—2020 年)，新制定农药残留标准 1000 项、兽药残留标准 100 项、农业行业标准 300 项。（农业部、国家卫生计生委会同食品药品监管总局负责）组织实施国家食品安全风险监测计划。（国家卫生计生委负责）

三、加大食用农产品源头治理力度

采取完善标准、制定行为规范、建立追溯体系、加强市场抽检等措施，实行严格的农业投入品使用管理制度，开展禁限用农药、“三鱼两药”（鳜鱼、大菱鲆和乌鳢非法使用孔雀石绿、硝基呋喃）、兽用抗菌药、“瘦肉精”专项整治行动和畜禽水产品违规使用抗生素综合治理，着力解决农药兽药残留问题。落实食用农产品种植、畜禽水产养殖等环节管理制度，规范生产经营行为。严肃查处非法添加违禁药品、病死畜禽收购屠宰、农资制假售假等违法违规行为。建立重点风险隐患监管名录，加大巡查检查和监督抽查力度，实施检打联动。以食用农产品优势区域和“菜篮子”产品为重点，加强“三园两场”（蔬菜、水果、茶叶标准园和畜禽养殖标准示范场、水产健康养殖场）建设，推进农业标准化生产。大力发展无公害食用农产品、绿色食品、有机食品、地理标志食用农产品等安全优质品牌食用农产品。（农业部负责）加强产地环境保护和源头治理。加大大气、水、土壤污染治理力度，降低污染物排放对食品安全的影响。（环境保护部、农业部会同各省级人民政府负责）落实国务院关于加强粮食重金属污染治理的各项措施。（国务院食品安全办、国家发展改革委、科技部、财政部、国土资源部、环境保护部、农业部、食品药品监管总局、国家粮食局会同相关省级人民政府负责）加大对境外源头食品质量安全监督检查力度，继续推动出口食品农产品质量安全示范区建设。（质检总局负责）健全食用农产品和食品冷链物流建设和运行标准，提高冷链物流水平。（国家发展改革委、农业部、商务部、质检总局、食品药品监管总局负责）

四、强化风险防控措施

开展行政审批、抽检监测、监督检查事权划分研究，健全事权明晰、权责匹配的监管体系。研究建立风险等级评价体系，制定食品生产经营风险分级管理办法，推动实施分级监管。（食品药品监管总局负责）统筹食品、食用农产品质量安全抽检计划，国家和地方、部门和部门之间合理分工、全面覆盖，将日常消费食品中农药兽药残留、添加剂、重金属污染的监督抽检责任落到实处。（国务院食品安全办会同农业部、食品药品监管总局负责）完善食品安全风险会商和预警交流机制，整合食品安全风险监测、监督抽检和食用农产品风险监测、监督抽检数据，加大分析研判力度，提高数据利用效率。加强应急工作，健全突发事件信息直报和舆情监测网络体系，拓展风险交流渠道和形式。（国务院食品安全办会同农业部、国家卫生计生委、质检总局、食品药品监管总局、国家粮食局负责）加强食用农产品质量和食品安全风险评估工作。（农业部、国家卫生计生委负责）健全信息公开机制，及时公开行政许可、监督抽检、行政处罚、责任追究等信息。（食品药品监管总局负责）改革进口食品口岸检验监管机制和出口食品监督抽检制度。（质检总局负责）

五、突出重点问题综合整治

制定食品安全风险隐患、突出问题和监管措施清单。规范婴幼儿配方乳粉产品配方、特殊医学用途配方食品、保健食品的注册管理。继续加强对婴幼儿配方乳粉和婴幼儿辅助食品、乳制品、肉制品、白酒、调味面制品、食用植物油、食品添加剂等重点产品的监管。（食品药品监管总局负责）着力整治非法添加和超范围超限量使用食品添加剂等突出问题。开展进口食用植物油、养殖水产品、肉类、酒类等重点产品专项检查，对进口婴幼儿配方乳粉质量安全开展全面检查。（质检总局、食品药品监管总局负责）妥善做好污染粮食收购处置工作，防止流入口粮市场。（国家粮食局、国家发展改革委、财政部、农业部会同相关省级人民政府负责）加强农村食品安全治理，规范农村集体聚餐管理，开展学校食堂和校园周边食品安全整治，开展旅游景区、铁路运营场所等就餐重点区域联合督查。（食品药品监管总局会同教育部、国家旅游局、中国铁路总公司等负责）规范食用农产品批发市场经营和互联网食品经营。（食品药品监管总局负责）

六、严格落实生产经营主体责任

强化食品生产经营主体责任意识，督促企业严格落实培训考核、风险自查、产品召回、全过程记录、应急处置等管理制度，加强覆盖生产经营全过程的食品安全管控措施。实施食品进口商对境外企业审核制度，严格实施进口食品境外生产企业注册。开展食品相关认证专项监督检查。继续推进餐饮服务单位“明厨亮灶”和分级管理。推动建立企业责任约谈常态化机制。（食品药品监管总局、质检总局等负责）督促和指导企业依法建立肉类、蔬菜、婴幼儿配方乳粉、白酒、食用植物油等重点产品追溯体系。（工业和信息化部、农业部、商务部、质检总局、食品药品监管总局等负责）加强食品安全信用体系建设，开展食品安全承诺行动，完善食品安全守信激励和失信惩戒机制。（国家发展改革委、工业和信息化部、工商总局、质检总局、食品药品监管总局等负责）推广食品安全责任保险制度，鼓励食品生产经营企业参加食品安全责任保险。（国务院食品安全办、食品药品监管总局、保监会负责）

七、保持严惩重处违法犯罪高压态势

以查处走私冻品、利用餐厨和屠宰加工废弃物加工食用油、互联网食品安全违法犯罪等案件为重点，强化部门间、区域间案件移送、督办查办、联合惩处、信息发布等沟通协作。加强对违法线索、案件信息的系统分析，及时总结共性问题，依法严打行业“潜规则”。继续严厉打击非法添加、制假售假、违法使用禁限用农药兽药等严重违法行为，加大重点案件公开曝光力度。（中央政法委、工业和信息化部、公安部、农业部、海关总署、工商总局、质检总局、食品药品监管总局等负责）

八、加强食品安全监管能力建设

编制国家食品安全“十三五”规划，加大政策支持，强化保障措施。研究编制国家食品安全中长期战略规划，提出发展目标、重大任务、综合保障措施，明确实施步骤。（国务院食品安全办会同国务院食品安全委员会各成员单位负责）加强食用农产品质量安全、食品安全监管执法能力建设。继续加强食用农产品、食品安全检（监）测能力建设，支持检验检测仪器设备购置和实验室改造，强化基层检验检测能力。落实《国务院办公厅关于加快推进重要产品追溯体系建设的意见》（国办发〔2015〕95号），推进重大信息化项目建设，加快国家食品安全监管信息化工程立项和平台建设，推进食用农产品质量安全追溯管理信息平台建设，统一标准，互联互通，尽快实现食品安全信息互联共享。（国家发展改革委、工业和信息化部、农业部、商务部、国家卫生计生委、工商总局、质检总局、食品药品监管总局、国家粮食局负责）出台乡镇农产品质量安全监管站建设管理规范，探索建立乡镇监管员持证上岗制度。（农业部负责）加大风险监测和监管执法、技术人员培训力度，加强食品安全风险监测能力建设和食品监管基层执法装备配备标准化建设，提高装备配备水平，确保基层风险监测和监管有职责、有岗位、有人员、有手段。（国家发展改革委、财政部、国家卫生计生委、食品药品监管总局会同各省级人民政府负责）规范基层监管执法行为，推动基层监管网格化、现场检查表格化、监管责任人公开化，强化基层监管部门对种养殖、生产、加工、销售、餐饮企业的现场检查能力。（农业部、食品药品监管总局负责）推动内陆地区进口食品指定口岸建设，建立进出口食品安全监管大数据平台。（质检总局负责）

九、落实食品安全责任制

强化食品安全责任制，制定食品安全工作评议考核办法，进一步加大食品安全督查考评力度，将食用农产品质量和食品安全工作全面纳入地方政府绩效考核、社会管理综合治理考核范围，考核结果作为综合考核评价领导班子和相关领导干部的重要依据。督促地方政府建立健全食用农产品产地准出与市场准入管理无缝衔接机制，制定对食品生产经营小作坊、小摊贩、小餐饮的管理办法。督促监管部门切实落实日常检查和监督抽检责任。督促地方政府对本级食品药品监督管理部门和其他有关部门的食品安全监督管理工作进行评议、考核。（国务院食品安全办、中央政法委、农业部、食品药品监管总局会同各省级人民政府负责）深入推进食品安全城市、农产品质量安全县创建试点工作，及时总结推广试点经验。（国务院食品安全办、农业部、食品药品监管总局会同相关省级人民政府负责）编制并实施负面清单、权力清单和责任清单。健全各级食品安全责任制，制定食品安全责任追究制度。严格食品安全责任追究，严肃追究失职渎职人员责任。（食品药品监管总局、监察部负责）

十、推动食品安全社会共治

加强投诉举报体系能力建设，畅通投诉举报渠道。举办“全国食品安全宣传周”活动。鼓励广播电视、报纸杂志、门户网站等开通食品安全专栏，运用微信、微博、移动客户端等新媒体手段加大食品安全公益、科普宣传力度。（国务院食品安全委员会各成员单位、各省级人民政府负责）科学发布食品安全风险警示或消费提示，切实保护消费者权益。（工商总局、质检总局、食品药品监管总局负责）推动食品行业协会加强行业自律，引导和督促食品生产经营者严格依法生产经营，宣传普及食品安全知识。（工业和信息化部、商务部、食品药品监管总局负责）。推动婴幼儿配方乳粉企业兼并重组。（工业和信息化部会同国家发展改革委、财政部、食品药品监管总局负责）组织食品安全关键技术研究，建立食品安全共享数据库，促进“互联网＋”食品安全检验检测新业态发展。实施食品安全创新工程，开展技术创新引导示范。（科技部负责）将食品安全教育纳入中小学相关课程。（教育部负责）广泛动员社会力量参与食品安全监督，充分发挥基层食品安全信息员、联络员队伍作用，各级工会、共青团、妇联要把食品安全监督作为志愿服务工作的一项内容。（国务院食品安全办、食品药品监管总局、全国总工会、共青团中央、全国妇联负责）

十一、完善统一权威的监管体制

加快完善统一权威的食品安全监管体制和制度，增强食品安全监管工作的专业性和系统性。研究制定关于完善统一权威食品药品监管体制的意见。（国务院食品安全办、食品药品监管总局、中央编办等负责）建立职业化检查员队伍，充实检查力量。（食品药品监管总局会同中央编办、人力资源社会保障部负责）研究与食品安全监管工作特点相适应的技术职务体系。（人力资源社会保障部、食品药品监管总局负责）实施以现场检查为主的监管方式，推动监管力量下沉。（食品药品监管总局负责）发挥好各级食品安全办牵头抓总、协调督促作用，加强信息通报、宣传教育、隐患排查、打击违法犯罪等方面的协调联动。明确食品安全委员会成员单位职责分工，健全形势会商、风险交流、应急处置、协调联动等工作机制。（国务院食品安全办负责）

国务院办公厅关于印发《知识产权综合管理改革试点总体方案》的通知

（国办发〔2016〕106 号）

各省、自治区、直辖市人民政府，国务院各部委、各直属机构：

《知识产权综合管理改革试点总体方案》已经国务院同意，现印发给你们，请认真贯彻执行。

国务院办公厅

2016 年 12 月 30 日

知识产权综合管理改革试点总体方案

推进知识产权综合管理改革是深化知识产权领域改革、破解知识产权支撑创新驱动发展瓶颈制约的关键，对于切实解决地方知识产权管理体制机制不完善、保护不够严格、服务能力不强、对创新驱动发展战略缺乏强有力支撑等突出问题具有重要意义。按照《国务院关于新形势下加快知识产权强国建设的若干意见》（国发〔2015〕71 号）和《中央全面深化改革领导小组 2016 年工作要点》要求，为充分发挥有条件的地方在知识产权综合管理改革方面的先行探索和示范带动作用，制定本方案。

一、总体要求

（一）指导思想。全面贯彻党的十八大和十八届三中、四中、五中、六中全会精神，深入贯彻习近平总书记系列重要讲话精神，围绕统筹推进“五位一体”总体布局和协调推进“四个全面”战略布局，牢固树立和贯彻落实创新、协调、绿色、开放、共享的发展理念，按照党中央、国务院决策部署，深化知识产权领域改革，依法严格保护知识产权，打通知识产权创造、运用、保护、管理、服务全链条，构建便民利民的知识产权公共服务体系，探索支撑创新发展的知识产权运行机制，有效发挥知识产权制度激励创新的基本保障作用，保障和激励大众创业、万众创新，助推经济发展提质增效和产业结构转型升级。

（二）基本原则。

——问题导向。集中资源和力量破解制约知识产权支撑创新驱动发展的难题，因地制宜，实施知识产权综合管理，实行严格的知识产权保护，提升知识产权管理水平。

——紧扣发展。紧贴经济转型发展的重大需求，以改革促发展，充分发挥专利、商标、版权等知识产权的引领作用，有效发挥自主品牌消费对经济增长的拉动作用，激励创新创业，推动供需结构升级。

——统筹推进。统筹中央改革部署与地方改革需求，在有条件的地方开展知识产权综合管理改革试点，及时总结提炼，形成可复制经验，适时推广实施。

——大胆创新。注重顶层设计与基层探索相结合，突破妨碍知识产权发展的思想观念制约，尊重基层首创精神，激发全社会创新活力，允许多种类型、多种模式的改革探索和试验。

（三）试点布局和试点期限。根据国家实施创新驱动发展战略总体部署和重点区域发展战略布局，结合地方知识产权事业发展水平和创新驱动发展对知识产权综合管理改革的需求，选择若干个创新成果多、经济转型步伐快、发挥知识产权引领作用和推动供需结构升级成效显著的地方，开展知识产权综合管理改革试点。改革试点地方选择条件：(1) 经济发展步入创新驱动转型窗口期，创新资源和创新活动集聚度高，专利、商标、版权等知识产权数量质量居于全国前列；(2) 设有或纳入国家统筹的国家自主创新示范区、国家综合配套改革试验区、全面创新改革试验区、自由贸易试验区等各类国家级改革创新试验区和国家战略规划重点区域，或设有知识产权法院的地方；(3) 知识产权战略推动地区经济发展成效显著，知识产权管理体制和市场监管体制机制改革走在前面，知识产权行政执法力量较强，知识产权行政执法效能突出。具体试点地方由国家知识产权局会同工商总局、新闻出版广电总局（国家版权局）等部门尽快研究共同确定。试点期限为1年。

（四）工作目标。通过在试点地方深化知识产权综合管理改革，推动形成权界清晰、分工合理、责权一致、运转高效、法治保障的知识产权体制机制。通过深化简政放权、放管结合、优化服务改革，实现知识产权行政管理更加顺畅、执法保护体系进一步完善、知识产权市场监管和公共服务水平明显提升，有力促进大众创业、万众创新，加快知识产权强国建设，为全面建成小康社会提供有力支撑。

二、主要任务

（一）建立高效的知识产权综合管理体制。鼓励多种类型、多种模式的改革探索。科学划分知识产权部门政策引导、公共服务、市场监管职责，探索有效可行的知识产权管理体制机制。按照推进综合执法的要求，减少层次，提高效率，有效避免多层次多头执法。按照实行严格的知识产权保护的要求，结合综合行政执法体制改革，整合优化执法资源，统筹知识产权综合行政执法，避免出现版权执法的重复交叉。加强知识产权工作领导协调机制以及商标战略实施、软件正版化等工作机制建设，做好与知识产权司法工作特别是知识产权法院的衔接。

（二）构建便民利民的知识产权公共服务体系。坚持法定职责必须为、法无授权不可为的原则，大力推行知识产权权力清单、责任清单、负面清单制度，并实行动态管理。加大知识产权领域简政放权力度，强化依法行政，坚持放管结合，合理减少审批和管理事项。放宽专利代理机构准入条件限制，加强知识产权服务机构事中事后监管，完善执业信息披露制度。整合知识产权公共服务资源，优化知识产权公共服务供给，实现知识产权信息等各类服务的便利化、集约化、高效化。加强统筹规划和行业管理，完善知识产权交易市场。加强知识产权维权援助服务，完善知识产权维权援助机制，构建体系完备、运转高效的知识产权维权援助网络。

（三）提升综合运用知识产权促进创新驱动发展的能力。探索支撑创新发展的知识产权运行机制，构建促进市场主体创新发展的知识产权服务体系。建立健全知识产权评议、专利导航机制，完善知识产权风险预警体系，提升区域创新发展决策水平。统筹制定实施知识产权密集型产业促进政策，培育知识产权密集型产业成为新的经济增长点。指导市场主体综合运用专利、商标和版权组合策略，全方位、立体化地保护产品、技术、工业设计等的知识产权。引导市场主体综合运营知识产权，促进知识产权领域军民融合发展，加快药品等领域过期专利技术的有效应用，提升知识产权价值，加速知识产权转化运用。

三、组织实施

（一）加强组织领导。国家知识产权局要牵头会同工商总局、新闻出版广电总局（国家版权局）等部门加强对知识产权综合管理改革试点工作的指导，统筹协调改革试点中的重大政策问题。各试点地方要建立由政府主要领导负责的协调推进机制，将知识产权综合管理改革试点工作纳入重点改革任务，因地制宜研究制定改革试点具体实施方案，积极推进落实改革试点任务。各试点地方具体实施方案应于试点地方确定后两个月内印发实施。

（二）强化政策保障。针对改革试点任务部署和需求，各有关部门要积极研究制定支持改革试点的政策措施。各试点地方政府要按照改革任务要求，研究制定配套政策措施，做好与有关部门的衔接和协调，形成工作合力。

（三）做好评估推广。国家知识产权局要会同工商总局、新闻出版广电总局（国家版权局）等部门做好试点地方改革推进的督促检查和考核评估工作。根据改革试点评估情况，对取得实质效果和成功经验的改革举措，及时提出推广建议，报国务院批准后在更大范围推广。

各有关部门和地方要按照本方案精神，统一思想，密切配合，强化全局和责任意识，勇于创新，主动改革，积极作为，抓好落实，确保改革试点工作取得实效。要及时总结、宣传改革试点进展和成效，加强试点地方工作交流，强化舆论引导，营造有利于知识产权综合管理改革的良好社会环境。

国务院办公厅印发《国务院关于新形势下加快知识产权强国建设的若干意见》重点任务分工方案的通知

（国办函〔2016〕66 号）

各省、自治区、直辖市人民政府，国务院有关部门：

《〈国务院关于新形势下加快知识产权强国建设的若干意见〉重点任务分工方案》已经国务院同意，现印发给你们，请认真贯彻执行。

各有关部门要按照分工方案要求，进一步分解细化涉及本部门的工作，抓紧制定具体措施。涉及多个部门的工作，牵头部门要加强协调，相关部门要密切配合。各省、自治区、直辖市人民政府要加强组织领导，落实责任，结合实际制定实施方案和配套政策。要充分发挥全国打击侵犯知识产权和制售假冒伪劣商品工作领导小组作用，加强知识产权保护，调动各方积极性，形成工作合力。国务院知识产权战略实施工作部际联席会议办公室要加强工作统筹，协调解决重大问题，加强对有关政策措施落实工作的指导、督促、检查，切实推动各项措施落实。

国务院办公厅

2016 年 7 月 8 日

《国务院关于新形势下加快知识产权强国建设的若干意见》重点任务分工方案

为落实《国务院关于新形势下加快知识产权强国建设的若干意见》（国发〔2015〕71 号），根据各相关部门职责，对各项重点任务作如下分工。

一、推进知识产权管理体制机制改革

（一）研究完善知识产权管理体制。

1. 完善国家知识产权战略实施工作部际联席会议制度，由国务院领导同志担任召集人。（知识产权局负责）

2. 积极研究探索知识产权管理体制机制改革。（中央编办、知识产权局、工商总局、版权局负责。列第一位者为牵头部门，下同）

3. 授权地方开展知识产权改革试验。鼓励有条件的地方开展知识产权综合管理改革试点。（知识产权局、中央编办、工商总局、版权局负责）

（二）改善知识产权服务业及社会组织管理。

4. 放宽知识产权服务业准入，促进服务业优质高效发展，加快建设知识产权服务业集聚区。（知识产权局、工商总局、版权局负责）

5. 扩大专利代理领域开放，放宽对专利代理机构股东或合伙人的条件限制。（知识产权局负责）

6. 探索开展知识产权服务行业协会组织“一业多会”试点。完善执业信息披露制度，及时公开知识产权代理机构和从业人员信用评价等相关信息。（知识产权局、工商总局、版权局负责）

7. 规范著作权集体管理机构收费标准，完善收益分配制度，让著作权人获得更多许可收益。（版权局负责）

（三）建立重大经济活动知识产权评议制度。

8. 研究制定知识产权评议政策。完善知识产权评议工作指南，规范评议范围和程序。围绕国家重大产业规划、高技术领域重大投资项目等开展知识产权评议，建立国家科技计划知识产权目标评估制度，积极探索重大科技活动知识产权评议试点，建立重点领域知识产权评议报告发布制度，提高创新效率，降低产业发展风险。（知识产权局、发展改革委、科技部、工业和信息化部、工商总局负责）

（四）建立以知识产权为重要内容的创新驱动发展评价制度。

9. 将知识产权产品逐步纳入国民经济核算，将知识产权指标纳入国民经济和社会发展规划。（统计局、发展改革委、知识产权局、工商总局、版权局负责）

10. 在对党政领导班子和领导干部进行综合考核评价时，注重鼓励发明创造、保护知识产权、加强转化运用、营造良好环境等方面的情况和成效。（中央组织部、知识产权局、工商总局、版权局负责）

11. 探索建立经营业绩、知识产权和创新并重的国有企业考评模式。（国资委、中央组织部、知识产权局负责）

12. 按照国家有关规定设置知识产权奖励项目，加大各类国家奖励制度的知识产权评价权重。（知识产权局、人力资源社会保障部、工商总局、版权局负责）

13. 发布年度知识产权发展状况报告。（知识产权局、农业部、工商总局、质检总局、版权局、林业局负责）

二、实行严格的知识产权保护

（一）加大知识产权侵权行为惩治力度。

14. 提高知识产权侵权法定赔偿上限，针对情节严重的恶意侵权行为实施惩罚性赔偿并由侵权人承担实际发生的合理开支。（高法院、农业部、文化部、海关总署、工商总局、质检总局、版权局、食品药品监管总局、林业局、知识产权局、法制办按职责分别负责）

15. 进一步推进侵犯知识产权行政处罚案件信息公开。（全国打击侵权假冒工作领导小组办公室、农业部、文化部、海关总署、工商总局、质检总局、版权局、食品药品监管总局、林业局、知识产权局负责）

16. 完善知识产权快速维权机制。（知识产权局负责）

17. 加大国际展会、电子商务等领域知识产权执法力度。（农业部、文化部、海关总署、工商总局、质检总局、版权局、食品药品监管总局、林业局、知识产权局按职责分别负责）

18. 开展与相关国际组织和境外执法部门的联合执法，加强知识产权司法保护对外合作。（高法院、高检院、公安部、司法部、农业部、商务部、文化部、海关总署、工商总局、质检总局、版权局、食品药品监管总局、林业局、知识产权局按职责分别负责）

（二）加大知识产权犯罪打击力度。

19. 依法严厉打击侵犯知识产权犯罪行为，重点打击链条式、产业化知识产权犯罪网络。（公安部负责）

20. 进一步加强知识产权行政执法与刑事司法衔接，加大涉嫌犯罪案件移交工作力度。（全国打击侵权假冒工作领导小组办公室、高检院牵头，高法院、公安部、农业部、文化部、海关总署、工商总局、质检总局、版权局、林业局、知识产权局负责）

21. 完善涉外知识产权执法机制，加强刑事执法国际合作，加大涉外知识产权犯罪案件侦办力度。（全国打击侵权假冒工作领导小组办公室、公安部、商务部、海关总署、工商总局、质检总局、版权局、知识产权局、贸促会负责）

22. 加强与有关国际组织和国家间打击知识产权犯罪行为的司法协助，加大案情通报和情报信息交换力度。（司法部、高法院、高检院、公安部、海关总署、工商总局、质检总局、版权局、知识产权局负责）

（三）建立健全知识产权保护预警防范机制。

23. 将故意侵犯知识产权行为情况纳入企业和个人信用记录。（发展改革委、人民银行牵头，工商总局、版权局、知识产权局等负责）

24. 推动完善商业秘密保护法律法规，加强人才交流和技术合作中的商业秘密保护。（工商总局、法制办负责）

25. 加强海关知识产权执法保护。建立收集假冒产品来源地相关信息的工作机制，发布年度中国海关知识产权保护状况报告。（海关总署、工商总局、知识产权局、邮政局负责）

26. 加强大型专业化市场知识产权管理和保护工作。（工商总局、质检总局、版权局、知识产权局按职责分别负责）

27. 发挥行业组织在知识产权保护中的积极作用。（全国打击侵权假冒工作领导小组办公室负责）

28. 运用大数据、云计算、物联网等信息技术，加强在线创意、研发成果的知识产权保护，提升预警防范能力。（知识产权局、网信办负责）

29. 加大对小微企业知识产权保护援助力度，构建公平竞争、公平监管的创新创业和营商环境。（工业和信息化部、公安部、司法部、农业部、商务部、文化部、人民银行、海关总署、工商总局、质检总局、版权局、林业局、知识产权局、网信办、邮政局按职责分别负责）

30. 开展知识产权保护社会满意度调查。（中央综治办、知识产权局按职责分别负责）

（四）加强新业态新领域创新成果的知识产权保护。

31. 完善植物新品种、生物遗传资源及其相关传统知识、数据库保护和国防知识产权等相关法律制度。（科技部、环境保护部、农业部、林业局、知识产权局、法制办、国防科工局、中央军委装备发展部按职责分别负责）

32. 适时做好地理标志立法工作。（农业部、工商总局、质检总局、法制办按职责分别负责）

33. 研究完善商业模式知识产权保护制度和实用艺术品外观设计专利保护制度。（知识产权局、高法院牵头负责）

34. 加强互联网、电子商务、大数据等领域的知识产权保护规则研究，推动完善相关法律法规。（全国打击侵权假冒工作领导小组办公室、中央综治办、高法院、工业和信息化部、公安部、农业部、商务部、文化部、海关总署、工商总局、质检总局、版权局、食品药品监管总局、林业局、知识产权局、法制办、网信办负责）

35. 制定众创、众包、众扶、众筹的知识产权保护政策。（知识产权局负责）

（五）规制知识产权滥用行为。

36. 完善规制知识产权滥用行为的法律制度，制定相关反垄断执法指南。（发展改革委、商务部、工商总局、知识产权局、法制办按职责分别负责）

37. 完善知识产权反垄断监管机制，依法查处滥用知识产权排除和限制竞争等垄断行为。（发展改革委、商务部、工商总局按职责分别负责）

38. 完善标准必要专利的公平、合理、无歧视许可政策和停止侵权适用规则。（质检总局、知识产权局、工业和信息化部、高法院负责）

三、促进知识产权创造运用

（一）完善知识产权审查和注册机制。

39. 建立计算机软件著作权快速登记通道。（版权局负责）

40. 优化专利和商标的审查流程与方式，实现知识产权在线登记、电子申请和无纸化审批。（工商总局、知识产权局按职责分别负责）

41. 完善知识产权审查协作机制。（中央编办、工商总局、知识产权局按职责分别负责）

42. 建立重点优势产业专利申请的集中审查制度，建立健全涉及产业安全的专利审查工作机制。（知识产权局、工业和信息化部负责）

43. 合理扩大专利确权程序依职权审查范围，完善授权后专利文件修改制度。（知识产权局、法制办负责）

44. 拓展“专利审查高速路”国际合作网络，加快建设世界一流专利审查机构。（知识产权局负责）

（二）完善职务发明制度。

45. 鼓励和引导企事业单位依法建立健全发明报告、权属划分、奖励报酬、纠纷解决等职务发明管理制度。（知识产权局、教育部、科技部、工业和信息化部、农业部、国资委、林业局、中科院负责）

46. 探索完善创新成果收益分配制度，提高骨干团队、主要发明人收益比重，保障职务发明人的合法权益。按照相关政策规定，鼓励国有企业赋予下属科研院所知识产权处置和收益分配权。（知识产权局、科技部、教育部、财政部、农业部、国资委、中科院、国防科工局负责）

（三）推动专利许可制度改革。

47. 强化专利以许可方式对外扩散。研究建立专利当然许可制度，鼓励更多专利权人对社会公开许可专利。（知识产权局、法制办负责）

48. 完善专利强制许可启动、审批和实施程序。（知识产权局负责）

49. 鼓励高等院校、科研院所等事业单位通过无偿许可专利的方式，支持单位员工和大学生创新创业。（教育部、科技部、财政部、知识产权局、中科院负责）

（四）加强知识产权交易平台建设。

50. 构建知识产权运营服务体系，加快建设全国知识产权运营公共服务平台。（知识产权局、财政部、教育部、科技部、工业和信息化部、国资委、中科院、国防科工局、中央军委装备发展部负责）

51. 创新知识产权投融资产品，探索知识产权证券化，完善知识产权信用担保机制，推动发展投贷联动、投保联动、投债联动等新模式。在全面创新改革试验区域引导天使投资、风险投资、私募基金加强对高技术领域的投资。（人民银行、工商总局、版权局、知识产权局、银监会、证监会按职责分别负责）

52. 细化会计准则规定，推动企业科学核算和管理知识产权资产。（财政部、知识产权局负责）

53. 推动高等院校、科研院所建立健全知识产权转移转化机构。（知识产权局、教育部、中科院、国防科工局负责）

54. 支持探索知识产权创造与运营的众筹、众包模式，促进“互联网+知识产权”融合发展。（知识产权局、发展改革委、工业和信息化部、证监会负责）

（五）培育知识产权密集型产业。

55. 探索制定知识产权密集型产业目录和发展规划。运用股权投资基金等市场化方式，引导社会资金投入知识产权密集型产业。加大政府采购对知识产权密集型产品的支持力度。（知识产权局、发展改革委、财政部负责）

56. 试点建设知识产权密集型产业集聚区和知识产权密集型产业产品示范基地，推行知识产权集群管理。（知识产权局、发展改革委负责）

（六）提升知识产权附加值和国际影响力。

57. 实施专利质量提升工程，培育一批核心专利。加大轻工、纺织、服装等产业的外观设计专利保护力度。（知识产权局负责）

58. 深化商标富农工作。（工商总局、农业部负责）

59. 加强对非物质文化遗产、民间文艺、传统知识的开发利用，推进文化创意、设计服务与相关产业融合发展。（文化部、版权局、知识产权局按职责分别负责）

60. 支持企业运用知识产权进行海外股权投资。（知识产权局、工业和信息化部、国资委负责）

61. 积极参与国际标准制定，推动有知识产权的创新技术转化为标准。（质检总局、工业和信息化部、知识产权局、国防科工局负责）

62. 支持研究机构和社会组织制定品牌评价国际标准，建立品牌价值评价体系。支持企业建立品牌管理体系，鼓励

企业收购海外知名品牌。（质检总局、商务部、工商总局、国资委负责）

63. 保护和传承中华老字号，大力推动中医药、中华传统餐饮、工艺美术等企业“走出去”。（商务部、文化部、卫生计生委按职责分别负责）

（七）加强知识产权信息开放利用。

64. 建立财政资助项目形成的知识产权信息披露制度。（知识产权局、科技部、财政部负责）

65. 加快落实上市企业知识产权信息披露制度。（证监会、知识产权局、工商总局负责）

66. 规范知识产权信息采集程序和内容。（知识产权局、工商总局、版权局负责）

67. 完善知识产权许可的信息备案和公告制度。（知识产权局负责）

68. 加快建设互联互通的知识产权信息公共服务平台，实现专利、商标、版权、集成电路布图设计、植物新品种、地理标志等基础信息免费或低成本开放。（知识产权局、发展改革委、农业部、工商总局、质检总局、版权局、林业局负责）

69. 增加知识产权信息服务网点，完善知识产权信息公共服务网络。（知识产权局、工商总局、版权局负责）

70. 推进专利数据信息资源开放共享，增强大数据运用能力。依法及时公开专利审查过程信息。（知识产权局、发展改革委负责）

四、加强重点产业知识产权海外布局和风险防控

（一）加强重点产业知识产权海外布局规划。

71. 加大创新成果标准化和专利化工作力度，推动形成标准研制与专利布局有效衔接机制。研究制定标准必要专利布局指南。（质检总局、知识产权局、商务部负责）

72. 围绕战略性新兴产业等重点领域，建立专利导航产业发展工作机制，实施产业规划类和企业运营类专利导航项目，绘制服务我国产业发展的相关国家和地区专利导航图。（知识产权局、发展改革委、工业和信息化部负责）

73. 编制发布相关国家和地区专利申请实务指引。（知识产权局负责）

（二）拓展海外知识产权布局渠道。

74. 推动企业、科研机构、高等院校等联合开展海外专利布局工作。鼓励企业建立专利收储基金。（知识产权局、教育部、工业和信息化部、财政部、商务部、国资委、中科院、国防科工局、贸促会负责）

75. 加强企业知识产权布局指导，在产业园区和重点企业探索设立知识产权布局设计中心。（知识产权局、科技部、工业和信息化部、国资委负责）

76. 分类制定知识产权跨国许可与转让指南，编制发布知识产权许可合同范本。（知识产权局、商务部负责）

（三）完善海外知识产权风险预警体系。

77. 建立健全知识产权管理与服务等标准体系。（知识产权局、质检总局负责）

78. 支持行业协会、专业机构跟踪发布重点产业知识产权信息和竞争动态。制定完善与知识产权相关的贸易调查应对与风险防控国别指南。完善海外知识产权信息服务平台，发布相关国家和地区知识产权制度环境等信息。建立完善企业海外知识产权问题及案件信息提交机制，加强对重大知识产权案件的跟踪研究，及时发布风险提示。（工业和信息化部、商务部、工商总局、知识产权局、贸促会按职责分别负责）

（四）提升海外知识产权风险防控能力。

79. 研究完善技术进出口管理相关制度，优化简化技术进出口审批流程。（商务部负责）

80. 完善财政资助科技计划项目形成的知识产权对外转让和独占许可管理制度。（商务部、科技部牵头，财政部、知识产权局负责）

81. 制定并推行知识产权尽职调查规范。支持法律服务机构为企业提供全方位、高品质知识产权法律服务。（司法部、工商总局、版权局、知识产权局负责）

82. 探索以公证方式保管知识产权证据、证明材料。（司法部、高法院、工商总局、版权局、知识产权局负责）

83. 推动企业建立知识产权分析评议机制，重点针对人才引进、国际参展、产品和技术进出口等活动开展知识产权风险评估，提高企业应对知识产权国际纠纷能力。（知识产权局、商务部牵头，工业和信息化部、国资委、贸促会负责）

（五）加强海外知识产权维权援助。

84. 制定实施应对海外产业重大知识产权纠纷的政策。（商务部、知识产权局牵头，工业和信息化部、海关总署、工商总局、质检总局、版权局、贸促会负责）

85. 研究我驻国际组织、主要国家和地区外交机构中涉知识产权事务的人力配备。（中央编办、外交部、财政部、商务部、工商总局、知识产权局、贸促会按职责分别负责）

86. 发布海外和涉外知识产权服务和维权援助机构名录，推动形成海外知识产权服务网络。（商务部、工商总局、知识产权局、贸促会按职责分别负责）

五、提升知识产权对外合作水平

（一）推动构建更加公平合理的国际知识产权规则。

87. 积极参与联合国框架下的发展议程，推动《TRIPS协定与公共健康多哈宣言》落实和《视听表演北京条约》生效，参与《专利合作条约》、《保护广播组织条约》、《生物多样性公约》等规则修订的国际谈判，推进加入《工业品外观设计国际注册海牙协定》和《马拉喀什条约》进程。（外交部、环境保护部、农业部、商务部、海关总署、工商总局、版权局、林业局、知识产权局、贸促会按职责分别负责）

（二）加强知识产权对外合作机制建设。

88. 加强与世界知识产权组织、世界贸易组织及相关国际组织的合作交流。深化同主要国家知识产权、经贸、海关等部门的合作，巩固与传统合作伙伴的友好关系。（知识产权局、商务部、外交部牵头，农业部、文化部、海关总署、工商总局、质检总局、版权局、林业局、贸促会负责）

89. 推动相关国际组织在我国设立知识产权仲裁和调解分中心。（知识产权局、外交部、司法部负责）

90. 加强国内外知名地理标志产品的保护合作，促进地理标志产品国际化发展。（农业部、商务部、海关总署、工商总局、质检总局按职责分别负责）

91. 积极推动区域全面经济伙伴关系和亚太经济合作组织框架下的知识产权合作。（商务部、知识产权局、外交部、工商总局、质检总局、版权局负责）

92. 探索建立“一带一路”沿线国家和地区知识产权合作机制。（知识产权局、商务部牵头，外交部、发展改革委、工商总局、质检总局、版权局、贸促会负责）

（三）加大对发展中国家知识产权援助力度。

93. 支持和援助发展中国家知识产权能力建设，鼓励向部分最不发达国家优惠许可其发展急需的专利技术。（知识产权局、外交部、科技部、商务部负责）

94. 加强面向发展中国家的知识产权学历教育和短期培训。（知识产权局、外交部、教育部、人力资源社会保障部、商务部负责）

（四）拓宽知识产权公共外交渠道。

95. 拓宽企业参与国际和区域性知识产权规则制修订途径。推动国内服务机构、产业联盟等加强与国外相关组织的合作交流。（知识产权局、外交部、工业和信息化部、商务部、贸促会负责）

96. 建立博鳌亚洲论坛知识产权研讨交流机制，积极开展具有国际影响力的知识产权研讨交流活动。（知识产权局、商务部负责）

97. 建立具有国际水平的知识产权智库。（知识产权局负责）

六、加强政策保障

（一）加大财税和金融支持力度。

98. 运用财政资金引导和促进科技成果产权化、知识产权产业化。（知识产权局、科技部、财政部负责）

99. 落实研究开发费用税前加计扣除政策，对符合条件的知识产权费用按规定实行加计扣除。（财政部、税务总局负责）

100. 制定专利收费减缴办法，合理降低专利申请和维持费用。（财政部、发展改革委、知识产权局负责）

101. 积极推进知识产权海外侵权责任保险工作。（保监会、知识产权局负责）

102. 深入开展知识产权质押融资风险补偿基金和重点产业知识产权运营基金试点。（财政部、知识产权局牵头，工业和信息化部负责）

（二）加强知识产权专业人才队伍建设。

103. 加强知识产权相关学科建设，完善产学研联合培养模式，在管理学和经济学中增设知识产权专业，加强知识产权专业学位教育。加大对各类创新人才的知识产权培训力度。（教育部、知识产权局负责）

104. 鼓励各地引进高端知识产权人才，并参照有关人才引进计划给予相关待遇。探索建立知识产权国际化人才储备库和利用知识产权发现人才的信息平台。（中央组织部、知识产权局负责）

105. 鼓励我国知识产权人才获得海外相应资格证书。进一步完善知识产权职业水平评价制度，稳定和壮大知识产权专业人才队伍。选拔培训一批知识产权创业导师，加强青年创业指导。（知识产权局、人力资源社会保障部负责）

（三）加强宣传引导。

106. 广泛开展知识产权普及型教育，加强知识产权公益宣传和咨询服务，提高全社会知识产权意识。（中央宣传部、知识产权局、教育部、文化部、工商总局、版权局、网信办负责）

国务院关于印发《“十三五”国家知识产权保护和运用规划》的通知

（国发〔2016〕86号）

各省、自治区、直辖市人民政府，国务院各部委、各直属机构：

现将《“十三五”国家知识产权保护和运用规划》印发给你们，请认真贯彻执行。

国务院

2016 年 12 月 30 日

“十三五” 国家知识产权保护和运用规划

为贯彻落实党中央、国务院关于知识产权工作的一系列重要部署，全面深入实施《国务院关于新形势下加快知识产权强国建设的若干意见》（国发〔2015〕71 号），提升知识产权保护和运用水平，依据《中华人民共和国国民经济和社会发展第十三个五年规划纲要》，制定本规划。

一、规划背景

“十二五”时期，各地区、各相关部门深入实施国家知识产权战略，促进知识产权工作融入经济社会发展大局，为创新驱动发展提供了有力支撑，进一步巩固了我国的知识产权大国地位。发明专利申请量和商标注册量稳居世界首位。与“十一五”末相比，每万人口发明专利拥有量达到 6.3 件，增长了 3 倍；每万市场主体的平均有效商标拥有量达到 1 335 件，增长了 34.2%；通过《专利合作条约》途径提交的专利申请量（以下称 PCT 专利申请量）达到 3 万件，增长了 2.4 倍，跻身世界前三位；植物新品种申请量居世界第二位；全国作品登记数量和计算机软件著作权登记量分别增长 95.9% 和 282.5%；地理标志、集成电路布图设计等注册登记数量大幅增加。知识产权制度进一步健全，知识产权创造、运用、保护、管理和服务的政策措施更加完善，专业人才队伍不断壮大。市场主体知识产权综合运用能力明显提高，国际合作水平显著提升，形成了一批具有国际竞争力的知识产权优势企业。知识产权质押融资额达到 3 289 亿元，年均增长 38%。专利、商标许可备案分别达到 4 万件、14.7 万件，版权产业对国民经济增长的贡献率超过 7%。知识产权司法保护体系不断完善，在北京、上海和广州相继设立知识产权法院，民事、刑事、行政案件的“三合一”审理机制改革试点基本完成，司法裁判标准更加细致完备，司法保护能力与水平不断提升。知识产权行政保护不断加强，全国共查处专利侵权假冒案件 8.7 万件，商标权、商业秘密和其他销售假冒伪劣商品等侵权假冒案件 32.2 万件，侵权盗版案件 3.5 万件。全社会知识产权意识得到普遍增强。

同时，我国知识产权数量与质量不协调、区域发展不平衡、保护还不够严格等问题依然突出。核心专利、知名品牌、精品版权较少，布局还不合理。与经济发展融合还不够紧密，转移转化效益还不够高，影响企业知识产权竞争能力提升。侵权易发多发，维权仍面临举证难、成本高、赔偿低等问题，影响创新创业热情。管理体制机制还不够完善，国际交流合作深度与广度还有待进一步拓展。

“十三五”时期是我国由知识产权大国向知识产权强国迈进的战略机遇期。国际知识产权竞争更加激烈。我国经济发展进入速度变化、结构优化、动力转换的新常态。知识产权作为科技成果向现实生产力转化的重要桥梁和纽带，激励创新的基本保障作用更加突出。各地区、各相关部门要准确把握新形势新特点，深化知识产权领域改革，破除制约知识产权发展的障碍，全面提高知识产权治理能力，推动知识产权事业取得突破性进展，为促进经济提质增效升级提供有力支撑。

二、指导思想、基本原则和发展目标

（一）指导思想。全面贯彻党的十八大和十八届三中、四中、五中、六中全会精神，以邓小平理论、“三个代表”重要思想、科学发展观为指导，深入贯彻习近平总书记系列重要讲话精神，紧紧围绕统筹推进“五位一体”总体布局和协调推进“四个全面”战略布局，牢固树立和贯彻落实创新、协调、绿色、开放、共享的发展理念，认真落实党中央、国务院决策部署，以供给侧结构性改革为主线，深入实施国家知识产权战略，深化知识产权领域改革，打通知识产权创造、运用、保护、管理和服务的全链条，严格知识产权保护，加强知识产权运用，提升知识产权质量和效益，扩大知识产权国际影响力，加快建设中国特色、世界水平的知识产权强国，为实现“两个一百年”奋斗目标和中华民族伟大复兴的中国梦提供更加有力的支撑。

（二）基本原则。

坚持创新引领。推动知识产权领域理论、制度、文化创新，探索知识产权工作新理念和新模式，厚植知识产权发展新优势，保障创新者的合法权益，激发全社会创新创造热情，培育经济发展新动能。

坚持统筹协调。加强知识产权工作统筹，推进知识产权与产业、科技、环保、金融、贸易以及军民融合等政策的衔接。做好分类指导和区域布局，坚持总体提升与重点突破相结合，推动知识产权事业全面、协调、可持续发展。

坚持绿色发展。加强知识产权资源布局，优化知识产权法律环境、政策环境、社会环境和产业生态，推进传统制造业绿色改造，促进产业低碳循环发展，推动资源利用节约高效、生态环境持续改善。

坚持开放共享。统筹国内国际两个大局，加强内外联动，增加公共产品和公共服务有效供给，强化知识产权基础

信息互联互通和传播利用，积极参与知识产权全球治理，推动国际知识产权制度向普惠包容、平衡有效的方向发展，持续提升国际影响力和竞争力。

（三）发展目标。

到2020年，知识产权战略行动计划目标如期完成，知识产权重要领域和关键环节的改革取得决定性成果，保护和运用能力得到大幅提升，建成一批知识产权强省、强市，为促进大众创业、万众创新提供有力保障，为建设知识产权强国奠定坚实基础。

——知识产权保护环境显著改善。知识产权法治环境显著优化，法律法规进一步健全，权益分配更加合理，执法保护体系更加健全，市场监管水平明显提升，保护状况社会满意度大幅提高。知识产权市场支撑环境全面优化，服务业规模和水平较好地满足市场需求，形成“尊重知识、崇尚创新、诚信守法”的文化氛围。

——知识产权运用效益充分显现。知识产权的市场价值显著提高，产业化水平全面提升，知识产权密集型产业占国内生产总值（GDP）比重明显提高，成为经济增长新动能。知识产权交易运营更加活跃，技术、资金、人才等创新要素以知识产权为纽带实现合理流动，带动社会就业岗位显著增加，知识产权国际贸易更加活跃，海外市场利益得到有效维护，形成支撑创新发展的运行机制。

——知识产权综合能力大幅提升。知识产权拥有量进一步提高，核心专利、知名品牌、精品版权、优秀集成电路布图设计、优良植物新品种等优质资源大幅增加。行政管理能力明显提升，基本形成权界清晰、分工合理、责权一致、运转高效、法治保障的知识产权体制机制。专业人才队伍数量充足、素质优良、结构合理。构建知识产权运营公共服务平台体系，建成便民利民的知识产权信息公共服务平台。知识产权运营、金融等业态发育更加成熟，资本化、商品化和产业化的渠道进一步畅通，市场竞争能力大幅提升，形成更多具有国际影响力的知识产权优势企业。国际事务处理能力不断提高，国际影响力进一步提升。

“十三五”知识产权保护和运用主要指标

指　标	2015年	2020年	累计增加值	属性
每万人口发明专利拥有量（件）	6.3	12	5.7	预期性
PCT专利申请量（万件）	3	6	3	预期性
植物新品种申请总量（万件）	1.7	2.5	0.8	预期性

续　表

指　标	2015年	2020年	累计增加值	属性
全国作品登记数量（万件）	135	220	85	预期性
年度知识产权质押融资金额（亿元）	750	1800	1050	预期性
计算机软件著作权登记数量（万件）	29	44	15	预期性
规模以上制造业每亿元主营业务收入有效发明专利数（件）	0.56	0.7	0.14	预期性
知识产权使用费出口额（亿美元）	44.4	100	55.6	预期性
知识产权服务业营业收入年均增长（%）	20	20	—	预期性
知识产权保护社会满意度（分）	70	80	10	预期性

注：知识产权使用费出口额为五年累计值。

三、主要任务

贯彻落实党中央、国务院决策部署，深入实施知识产权战略，深化知识产权领域改革，完善知识产权强国政策体系，全面提升知识产权保护和运用水平，全方位多层次加快知识产权强国建设。

（一）深化知识产权领域改革。积极研究探索知识产权管理体制机制改革，努力在重点领域和关键环节取得突破性成果。支持地方开展知识产权综合管理改革试点。建立以知识产权为重要内容的创新驱动评价体系，推动知识产权产品纳入国民经济核算，将知识产权指标纳入国民经济和社会发展考核体系。推进简政放权，简化和优化知识产权审查和注册流程。放宽知识产权服务业准入，扩大代理领域开放程度，放宽对专利代理机构股东和合伙人的条件限制。加快知识产权权益分配改革，完善有利于激励创新的知识产权归属制度，构建提升创新效率和效益的知识产权导向机制。

（二）严格实行知识产权保护。加快知识产权法律、法规、司法解释的制修订，构建包括司法审判、刑事司法、行政执法、快速维权、仲裁调解、行业自律、社会监督的知识产权保护工作格局。充分发挥全国打击侵犯知识产权和制售假冒伪劣商品工作领导小组作用，调动各方积极性，形成工作合力。以充分实现知识产权的市场价值为指引，进一步加大损害赔偿力度。推进诉讼诚信建设，依法严厉打击侵犯知识产权犯罪。强化行政执法，改进执法方式，提高执法效率，加大对制假源头、重复侵权、恶意侵权、群体侵权的查处力度，为创新者提供更便利的维权渠道。加强商标品牌保护，提高消费品商标公共服务水平。规范有效保护商业秘密。持续推进政府机关和企业软件正版化工作。健全知识产权纠纷的争议仲裁和快速调解制度。充分发挥行业组织的自律作用，引导企业强化主体责任。深化知识产权保护的区域协作和国际合作。

（三）促进知识产权高效运用。突出知识产权在科技创新、新兴产业培育方面的引领作用，大力发展知识产权密集型产业，完善专利导航产业发展工作机制，深入开展知识产权评议工作。加大高技术含量知识产权转移转化力度。创新知识产权运营模式和服务产品。完善科研开发与管理机构的知识产权管理制度，探索建立知识产权专员派驻机制。建立健全知识产权服务标准，完善知识产权服务体系。完善“知识产权＋金融”服务机制，深入推进质押融资风险补偿试点。推动产业集群品牌的注册和保护，开展产业集群、品牌基地、地理标志、知识产权服务业集聚区培育试点示范工作。推动军民知识产权转移转化，促进军民融合深度发展。

四、重点工作

（一）完善知识产权法律制度。

1. 加快知识产权法律法规建设。加快推动专利法、著作权法、反不正当竞争法及配套法规、植物新品种保护条例等法律法规的制修订工作。适时做好地理标志立法工作，健全遗传资源、传统知识、民间文艺、中医药、新闻作品、广播电视节目等领域法律制度。完善职务发明制度和规制知识产权滥用行为的法律制度，健全国防领域知识产权法规政策。

2. 健全知识产权相关法律制度。研究完善商业模式和实用艺术品等知识产权保护制度。研究“互联网＋”、电子商务、大数据等新业态、新领域知识产权保护规则。研究新媒体条件下的新闻作品版权保护。研究实质性派生品种保护制度。制定关于滥用知识产权的反垄断指南。完善商业秘密保护法律制度，明确商业秘密和侵权行为界定，探索建立诉前保护制度。

专栏1　知识产权法律完善工程

推动修订完善知识产权法律、法规和部门规章。配合全国人大常委会完成专利法第四次全面修改。推进著作权法第三次修改。根据专利法、著作权法修改进度适时推进专利法实施细则、专利审查指南、著作权法实施条例等配套法规和部门规章的修订。完成专利代理条例和国防专利条例修订。

支持开展立法研究。组织研究制定知识产权基础性法律的必要性和可行性。研究在民事基础性法律中进一步明确知识产权制度的基本原则、一般规则及重要概念。研究开展反不正当竞争法、知识产权海关保护条例、生物遗传资源获取管理条例以及中医药等领域知识产权保护相关法律法规制修订工作。

（二）提升知识产权保护水平。

1. 发挥知识产权司法保护作用。推动知识产权领域的司法体制改革，构建公正高效的知识产权司法保护体系，形成资源优化、科学运行、高效权威的知识产权综合审判体系，推进知识产权民事、刑事、行政案件的“三合一”审理机制，努力为知识产权权利人提供全方位和系统有效的保护，维护知识产权司法保护的稳定性、导向性、终局性和权威性。进一步发挥司法审查和司法监督职能。加强知识产权“双轨制”保护，发挥司法保护的主导作用，完善行政执法和司法保护两条途径优势互补、有机衔接的知识产权保护模式。加大对知识产权侵权行为的惩治力度，研究提高知识产权侵权法定赔偿上限，针对情节严重的恶意侵权行为实施惩罚性赔偿并由侵权人承担实际发生的合理开支。积极开展知识产权民事侵权诉讼程序与无效程序协调的研究。及时、有效做好知识产权司法救济工作。支持开展知识产权司法保护对外合作。

2. 强化知识产权刑事保护。完善常态化打防工作格局，进一步优化全程打击策略，全链条惩治侵权假冒犯罪。深化行政执法部门间的协作配合，探索使用专业技术手段，提升信息应用能力和数据运用水平，完善与电子商务企业协作机制。加强打假专业队伍能力建设。深化国际执法合作，加大涉外知识产权犯罪案件侦办力度，围绕重点案件开展跨国联合执法行动。

3. 加强知识产权行政执法体系建设。加强知识产权行政执法能力建设，统一执法标准，完善执法程序，提高执法专业化、信息化、规范化水平。完善知识产权联合执法和跨地区执法协作机制，积极开展执法专项行动，重点查办跨区域、大规模和社会反映强烈的侵权案件。建立完善专利、版权线上执法办案系统。完善打击侵权假冒商品的举报投诉机制。创新知识产权快速维权工作机制。完善知识产权行政执法监督，加强执法维权绩效管理。加大展会知识产权保护力度。加强严格知识产权保护的绩效评价，持续开展知识产权保护社会满意度调查。建立知识产权纠纷多元解决机制，加强知识产权仲裁机构和纠纷调解机构建设。

4. 强化进出口贸易知识产权保护。落实对外贸易法中知识产权保护相关规定，适时出台与进出口贸易相关的知识产权保护政策。改进知识产权海关保护执法体系，加大对优势领域和新业态、新领域创新成果的知识产权海关保护力度。完善自由贸易试验区、海关特殊监管区内货物及过境、转运、通运货物的知识产权海关保护执法程序，在确保有效监管的前提下促进贸易便利。坚持专项整治、丰富执法手段、完善运行机制，提高打击侵权假冒执行力度，突出打击互联网领域跨境电子商务侵权假冒违法活动。加强国内、国际执法合作，完善从生产源头到流通渠道、消费终端的全链条式管理。

5. 强化传统优势领域知识产权保护。开展遗传资源、传统知识和民间文艺等知识产权资源调查。制定非物质文化遗产知识产权工作指南，加强对优秀传统知识资源的保护和运用。完善传统知识和民间文艺登记、注册机制，鼓励社会资本发起设立传统知识、民间文艺保护和发展基金。研究完善中国遗传资源保护利用制度，建立生物遗传资源获取的信息披露、事先知情同意和惠益分享制度。探索构建中医药知识产权综合保护体系，建立医药传统知识保护名录。建立民间文艺作品的使用保护制度。

6. 加强新领域新业态知识产权保护。加大宽带移动互联网、云计算、物联网、大数据、高性能计算、移动智能终端等领域的知识产权保护力度。强化在线监测，深入开展打击网络侵权假冒行为专项行动。加强对网络服务商传播影视剧、广播电视节目、音乐、文学、新闻、软件、游戏等监督管理工作，积极推进网络知识产权保护协作，将知识产权执法职责与电子商务企业的管理责任结合起来，建立信息报送、线索共享、案件研判和专业培训合作机制。

7. 加强民生领域知识产权保护。加大对食品、药品、环境等领域的知识产权保护力度，健全侵权假冒快速处理机制。建立健全创新药物、新型疫苗、先进医疗装备等领域的知识产权保护长效工作机制。加强污染治理和资源循环利用等生态环保领域的专利保护力度。开展知识产权保护进乡村专项行动，建立县域及乡镇部门协作执法机制和重大案件联合督办制度，加强农村市场知识产权行政执法条件建设。针对电子、建材、汽车配件、小五金、食品、农资等专业市场，加大对侵权假冒商品的打击力度，严堵侵权假冒商品的流通渠道。

专栏2　知识产权保护工程

开展系列专项行动。重点打击侵犯注册商标专用权、擅自使用他人知名商品特有名称包装装潢、冒用他人企业名称或姓名等仿冒侵权违法行为。针对重点领域开展打击侵权盗版专项行动，突出大案要案查处、重点行业专项治理和网络盗版监管，持续开展“红盾网剑”、“剑网”专项行动，严厉打击网络侵权假冒等违法行为。开展打击侵犯植物新品种权和制售假劣种子行为专项行动。

推进跨部门跨领域跨区域执法协作。加大涉嫌犯罪案件移交工作力度。开展与相关国际组织和境外执法部门的联合执法。加强大型商场、展会、电子商务、进出口等领域知识产权执法维权工作。

加强“12330”维权援助与举报投诉体系建设。强化“12330”平台建设，拓展维权援助服务渠道。提升平台服务质量，深入对接产业联盟、行业协会。

完善知识产权快速维权机制。加快推进知识产权快速维权中心建设，提升工作质量与效率。推进快速维权领域由单一行业向多行业扩展、类别由外观设计向实用新型专利和发明专利扩展、区域由特定地区向省域辐射，在特色产业集聚区和重点行业建立一批知识产权快速维权中心。

推进知识产权领域信用体系建设。推进侵权纠纷案件信息公示工作，严格执行公示标准。将故意侵权行为纳入社会信用评价体系，明确专利侵权等信用信息的采集规则和使用方式，向征信机构公开相关信息。积极推动建立知识产权领域信用联合惩戒机制。

（三）提高知识产权质量效益。

1. 提高专利质量效益。建立专利申请质量监管机制。深化专利代理领域改革。健全专利审查质量管理机制。优化专利审查流程与方式。完善专利审查协作机制。继续深化专利审查业务国际合作，拓展“专利审查高速路”国际合作网络。加快建设世界一流专利审查机构。加强专利活动与经济效益之间的关联评价。完善专利奖的评审与激励政策，发挥专利奖标杆引领作用。

专栏3　专利质量提升工程

提升发明创造和专利申请质量。在知识产权强省、强市建设和有关试点示范工作中强化专利质量评价和引导。建立专利申请诚信档案，持续开展专利申请质量监测与反馈。

提升专利审查质量。加强审查业务指导体系和审查质量保障体系建设。完善绿色技术专利申请优先审查机制。做好基于审查资源的社会服务工作。构建专利审查指南修订常态化机制。改进审查周期管理，满足创新主体多样化需求。加强与行业协会、代理人、申请人的沟通，形成快捷高效的外部质量反馈机制，提高社会满意度。加大支撑专利审查的信息化基础设施建设。

提升专利代理质量。深化专利代理领域“放管服”改革，提高行业管理水平。强化竞争机制和行业自律，加大对代理机构和代理人的执业诚信信息披露力度。针对专利代理机构的代理质量构建反馈、评价、约谈、惩戒机制。

提升专利运用和保护水平。加快知识产权运营公共服务平台体系建设，为专利转移转化、收购托管、交易流转、质押融资、专利导航等提供平台支撑，提高专利运用效益。制定出台相关政策，营造良好的专利保护环境，促进高质量创造和高价值专利实施。

2. 实施商标战略。提升商标注册便利化水平，优化商标审查体系，建立健全便捷高效的商标审查协作机制。提升商标权保护工作效能，为商标建设营造公平竞争的市场环境。创新商标行政指导和服务监管方式，提升企业运用商标制度能力，打造知名品牌。研究建立商标价值评估体系，构建商标与国民生产总值、就业规模等经济指标相融合的指标体系。建立国家商标信息库。

3. 打造精品版权。全面完善版权社会服务体系，发挥版权社会服务机构的作用。推动版权资产管理制度建设。建立版权贸易基地、交易中心工作协调机制。充分发挥全国版权示范城市、单位、园区（基地）的示范引导作用。打造一批规模化、集约化、专业化的版权企业，带动版权产业健康快速发展。鼓励形成一批拥有精品品牌的广播影视播映和制作经营机构，打造精品影视节目版权和版权产业链。鼓励文化领域商业模式创新，大力发展版权代理和版权经纪业务，促进版权产业和市场的发展。

4. 加强地理标志、植物新品种和集成电路布图设计等领域知识产权工作。建立地理标志联合认定机制，加强我国地理标志在海外市场注册和保护工作。推动建立统筹协调的植物新品种管理机制，推进植物新品种测试体系建设，加快制定植物新品种测试指南，提高审查测试水平。加强种子企业与高校、科研机构的协作创新，建立授权植物新品种的基因图谱数据库，为维权取证和执法提供技术支撑。完善集成电路布图设计保护制度，优化集成电路布图设计的登记和撤销程序，充分发挥集成电路布图设计制度的作用，促进集成电路产业升级发展。

（四）加强知识产权强省、强市建设。

1. 建成一批知识产权强省、强市。推进引领型、支撑型、特色型知识产权强省建设，发挥知识产权强省的示范带动作用。深入开展知识产权试点示范工作，可在国家知识产权示范城市、全国版权示范城市等基础上建成一批布局合理、特色明显的知识产权强市。进一步探索建设适合国情的县域知识产权工作机制。

2. 促进区域知识产权协调发展。推动开展知识产权区域布局试点，形成以知识产权资源为核心的配置导向目录，推进区域知识产权资源配置和政策优化调整。支持西部地区改善创新环境，加快知识产权发展，提升企业事业单位知识产权创造运用水平。制定实施支持东北地区等老工业基地振兴的知识产权政策，推动东北地区等老工业基地传统制造业转型升级。提升中部地区特色优势产业的知识产权水平。支持东部地区在知识产权运用方面积极探索、率先发展，培育若干带动区域知识产权协同发展的增长极。推动京津冀知识产权保护一体、运用协同、服务共享，促进创新要素自由合理流动。推进长江经济带知识产权建设，引导产业优化布局和分工协作。

3. 做好知识产权领域扶贫工作。加大对边远地区传统知识、遗传资源、民间文艺、中医药等领域知识产权的保护与运用力度。利用知识产权人才优势、技术优势和信息优势进一步开发地理标志产品，加强植物新品种保护，引导注册地理标志商标，推广应用涉农专利技术。开展知识产权富民工作，推进实施商标富农工程，充分发挥农产品商标和地理标志在农业产业化中的作用，培育一批知识产权扶贫精品项目。支持革命老区、民族地区、边疆地区、贫困地区加强知识产权机构建设，提升知识产权数量和保护水平。

（五）加快知识产权强企建设。

1. 提升企业知识产权综合能力。推行企业知识产权管理国家标准，在生产经营、科技创新中加强知识产权全过程管理。完善知识产权认证制度，探索建立知识产权管理体系认证结果的国际互认机制。推动开展知识产权协同运用，鼓励和支持大型企业开展知识产权评议工作，在重点领域合作中开展知识产权评估、收购、运营、风险预警与应对。切实增强企业知识产权意识，支持企业加大知识产权投入，提高竞争力。

2. 培育知识产权优势企业。出台知识产权优势企业建设指南，推动建立企业知识产权服务机制，引导优质服务力量助力企业形成知识产权竞争优势。出台知识产权示范企业培育指导性文件，提升企业知识产权战略管理能力、市场竞争力和行业影响力。

3. 完善知识产权强企工作支撑体系。完善知识产权资产的财务、评估等管理制度及相关会计准则，引导企业发布知识产权经营报告书。提升企业知识产权资产管理能力，推动企业在并购重组、股权激励、对外投资等活动中的知识产权资产管理。加强政府、企业和社会的协作，引导企业开展形式多样的知识产权资本化运作。

专栏4　知识产权强企工程

推行企业知识产权管理规范。建立政策引导、咨询服务和第三方认证体系。培养企业知识产权管理专业化人才队伍。

制定知识产权强企建设方案。建立分类指导的政策体系，塑造企业示范典型，培育一批具备国际竞争优势的知识产权领军企业。实施中小企业知识产权战略推进工程，加大知识产权保护援助力度，构建服务支撑体系，扶持中小企业创新发展。

鼓励企业国际化发展。引导企业开展海外知识产权布局。发挥知识产权联盟作用，鼓励企业将专利转化为国际标准。促进知识产权管理体系标准、认证国际化。

（六）推动产业升级发展。

1. 推动专利导航产业发展。深入实施专利导航试点工程，引导产业创新发展，开展产业知识产权全球战略布局，助推产业提质增效升级。面向战略性新兴产业，在新材料、生物医药、物联网、新能源、高端装备制造等领域实施一批产业规划类和企业运营类专利导航项目。在全面创新改革试验区、自由贸易试验区、中外合作产业园区、知识产权试点示范园区等重点区域，推动建立专利导航产业发展工作机制。

2. 完善“中国制造”知识产权布局。围绕“中国制造2025”的重点领域和“互联网+”行动的关键环节，形成一批产业关键核心共性技术知识产权。实施制造业知识产权协同运用推进工程，在制造业创新中心建设等重大工程实施中支持骨干企业、高校、科研院所协同创新、联合研发，形成一批产业化导向的专利组合，强化创新成果转化运用。

3. 促进知识产权密集型产业发展。制定知识产权密集型产业目录和发展规划，发布知识产权密集型产业的发展态势报告。运用股权投资基金等市场化方式，引导社会资金投入知识产权密集型产业。加大政府采购对知识产权密集型产品的支持力度。鼓励有条件的地区发展知识产权密集型产业集聚区，构建优势互补的产业协调发展格局。建设一批高增长、高收益的知识产权密集型产业，促进产业提质增效升级。

4. 支持产业知识产权联盟发展。鼓励组建产业知识产权联盟，开展联盟备案管理和服务，建立重点产业联盟管理库，对联盟发展状况进行评议监测和分类指导。支持成立知识产权服务联盟。属于社会组织的，依法履行登记手续。支持联盟构筑和运营产业专利池，推动形成标准必要专利，建立重点产业知识产权侵权监控和风险应对机制。鼓励社会资本设立知识产权产业化专项基金，充分发挥重点产业知识产权运营基金作用，提高产业知识产权运营水平与国际竞争力，保障产业技术安全。

5. 深化知识产权评议工作。实施知识产权评议工程，研究制定相关政策。围绕国家重大产业规划、政府重大投资项目等开展知识产权评议，积极探索重大科技经济活动知识产权评议试点。建立国家科技计划（专项、基金等）知识产权目标评估制度。加强知识产权评议专业机构建设和人才培养，积极推动评议成果运用，建立重点领域评议报告发布机制。推动制定评议服务相关标准。鼓励和支持行业骨干企业与专业机构在重点领域合作开展评议工作，提高创新效率，防范知识产权风险。

专栏5　知识产权评议工程

推进重点领域知识产权评议工作。加强知识产权主管部门与产业主管部门间的沟通协作，围绕国家科技重大专项以及战略性新兴产业，针对高端通用芯片、高档数控机床、集成电路装备、宽带移动通信、油气田、核电站、水污染治理、转基因生物新品种、新药创制、传染病防治等领域的关键核心技术深入开展知识产权评议工作，及时提供或发布评议报告。

提升知识产权评议能力。制定发布重大经济活动评议指导手册和分类评议实务指引，规范评议范围和程序。实施评议能力提升计划，支持开发评议工具，培养一批评议人才。

培育知识产权评议服务力量。培育知识产权评议服务示范机构，加强服务供需对接。推动评议服务行业组织建设，支持制定评议服务标准，鼓励联盟实施行业自律。加强评议服务机构国际交流，拓展服务空间。

6. 推动军民知识产权转移转化。加强国防知识产权保护，完善国防知识产权归属与利益分配机制。制定促进知识产权军民双向转化的指导意见。放开国防知识产权代理服务行业，建立和完善相应的准入退出机制。推动国防知识产权信息平台建设，分类建设国防知识产权信息资源，逐步开放检索。营造有利于军民协同创新、双向转化的国防科技工业知识产权政策环境。建设完善国防科技工业知识产权平台，完成专利信息平台建设，形成更加完善的国防科技工业专利基础数据库。

（七）促进知识产权开放合作。

1. 加强知识产权国际交流合作。进一步加强涉外知识产权事务的统筹协调。加强与经贸相关的多双边知识产权对外谈判、双边知识产权合作磋商机制及国内立场的协调等工作。积极参与知识产权国际规则制定，加快推进保护广播组织条约修订，推动公共健康多哈宣言落实和视听表演北京条约尽快生效，做好我国批准马拉喀什条约相关准备工作。加强与世界知识产权组织、世界贸易组织及相关国际组织的交流合作。拓宽知识产权公共外交渠道。继续巩固发展知识产权多双边合作关系，加强与“一带一路”沿线国家、金砖国家的知识产权交流合作。加强我驻国际组织、主要国家和地区外交机构中涉知识产权事务的人才储备和人力配备。

2. 积极支持创新企业“走出去”。健全企业海外知识产权维权援助体系。鼓励社会资本设立中国企业海外知识产权维权援助服务基金。制定实施应对海外产业重大知识产权纠纷的政策。完善海外知识产权信息服务平台，发布相关国家和地区知识产权制度环境等信息。支持企业广泛开展知识产权跨国交易，推动有自主知识产权的服务和产品“走出去”。继续开展外向型企业海外知识产权保护以及纠纷应对实务培训。

专栏6　知识产权海外维权工程

健全风险预警机制。推动企业在人才引进、国际参展、产品和技术进出口、企业并购等活动中开展知识产权风险评估，提高企业应对知识产权纠纷能力。加强对知识产权案件的跟踪研究，及时发布风险提示。

建立海外维权援助机制。加强中国保护知识产权海外维权信息平台建设。发布海外知识产权服务机构和专家名录及案例数据库。建立海外展会知识产权快速维权长效机制，组建海外展会快速维权中心，建立海外展会快速维权与常规维权援助联动的工作机制。

五、重大专项

（一）加强知识产权交易运营体系建设。

1. 完善知识产权运营公共服务平台。发挥中央财政资金引导作用，建设全国知识产权运营公共服务平台，依托文化产权、知识产权等无形资产交易场所开展版权交易，审慎设立版权交易平台。出台有关行业管理规则，加强对知识产权交易运营的业务指导和行业管理。以知识产权运营公共服务平台为基础，推动建立基于互联网、基础统一的知识产权质押登记平台。

2. 创新知识产权金融服务。拓展知识产权质押融资试点内容和工作范围，完善风险管理以及补偿机制，鼓励社会资本发起设立小微企业风险补偿基金。探索开展知识产权证券化和信托业务，支持以知识产权出资入股，在依法合规的前提下开展互联网知识产权金融服务，加强专利价值分析与应用效果评价工作，加快专利价值分析标准化建设。加强对知识产权质押的动态管理。

3. 加强知识产权协同运用。面向行业协会、高校和科研机构深入开展专利协同运用试点，建立订单式发明、投放式创新的专利协同运用机制。培育建设一批产业特色鲜明、优势突出，具有国际影响力的专业化知识产权运营机构。强化行业协会在知识产权联合创造、协同运用、合力保护、共同管理等方面的作用。鼓励高校和科研机构强化知识产权申请、运营权责，加大知识产权转化力度。引导高校院所、企业联合共建专利技术产业化基地。

专栏7　知识产权投融资服务工程

建设全国知识产权运营公共服务体系。推进知识产权运营交易全过程电子化，积极开展知识产权运营项目管理。加快培育国家专利运营试点企业，加快推进西安知识产权军民融合试点、珠海知识产权金融试点及华北、华南等区域知识产权运营中心建设。

深化知识产权投融资工作。优化质押融资服务机制，鼓励有条件的地区建立知识产权保险奖补机制。研究推进知识产权海外侵权责任保险工作。深入开展知识产权质押融资风险补偿基金和重点产业知识产权运营基金试点。探索知识产权证券化，完善知识产权信用担保机制，推动发展投贷联动、投保联动、投债联动等新模式。创新知识产权投融资产品。在全面创新改革试验区引导创业投资基金、股权投资基金加强对知识产权领域的投资。

创新管理运行方式。支持探索知识产权创造与运营的众包模式，鼓励金融机构在风险可控和商业可持续的前提下，基于众创、众包、众扶等新模式特点开展金融产品和服务创新，积极发展知识产权质押融资，促进“互联网+”知识产权融合发展。

（二）加强知识产权公共服务体系建设。

1. 提高知识产权公共服务能力。建立健全知识产权公共服务网络，增加知识产权信息公共服务产品供给。推动知识产权基础信息与经济、法律、科技、产业运行等其他信息资源互联互通。实施产业知识产权服务能力提升行动，创新对中小微企业和初创型企业的服务方式。发展“互联网+”知识产权服务等新模式，培育规模化、专业化、市场化、国际化的知识产权服务品牌机构。

2. 建设知识产权信息公共服务平台。实现专利、商标、版权、集成电路布图设计、植物新品种、地理标志以及知识产权诉讼等基础信息资源免费或低成本开放共享。运用云计算、大数据、移动互联网等技术，实现平台知识产权信息统计、整合、推送服务。

专栏8　知识产权信息公共服务平台建设工程

建设公共服务网络。制定发布知识产权公共服务事项目录和办事指南。增加知识产权信息服务网点，加强公共图书馆、高校图书馆、科技信息服务机构、行业组织等的知识产权信息服务能力建设。

创建产业服务平台。依托专业机构创建一批布局合理、开放协同、市场化运作的产业知识产权信息公共服务平台，在中心城市、自由贸易试验区、国家自主创新示范区、国家级高新区、国家级经济技术开发区等提供知识产权服务。在众创空间等创新创业平台设置知识产权服务工作站。

整合服务和数据资源。整合知识产权信息资源、创新资源和服务资源，推进实体服务与网络服务协作，促进从研发创意、知识产权化、流通化到产业化的协同创新。建设专利基础数据资源开放平台，免费或低成本扩大专利数据的推广运用。建立财政资助项目形成的知识产权信息和上市企业知识产权信息公开窗口。

3. 建设知识产权服务业集聚区。在自由贸易试验区、国家自主创新示范区、国家级高新区、中外合作产业园区、国家级经济技术开发区等建设一批国家知识产权服务业集聚区。鼓励知识产权服务机构入驻创新创业资源密集区域，提供市场化、专业化的服务，满足创新创业者多样化需求。针对不同区域，加强分类指导，引导知识产权服务资源合理流动，与区域产业深度对接，促进经济提质增效升级。

4. 加强知识产权服务业监管。完善知识产权服务业统计制度，建立服务机构名录库。成立知识产权服务标准化技术组织，推动完善服务标准体系建设，开展标准化试点示范。完善专利代理管理制度，加强事中事后监管。健全知识产权服务诚信信息管理、信用评价和失信惩戒等管理制度，及时披露相关执业信息。研究建立知识产权服务业全国性行业组织。具备条件的地方，可探索开展知识产权服务行业协会组织“一业多会”试点。

（三）加强知识产权人才培育体系建设。

1. 加强知识产权人才培养。加强知识产权相关学科专业建设，支持高等学校在管理学和经济学等学科中增设知识产权专业，支持理工类高校设置知识产权专业。加强知识产权学历教育和非学历继续教育，加强知识产权专业学位教育。构建政府部门、高校和社会相结合的多元知识产权教育培训组织模式，支持行业组织与专业机构合作，加大实务人才培育力度。加强国家知识产权培训基地建设工作，完善师资、教材、远程系统等基础建设。加大对领导干部、企业家和各类创新人才的知识产权培训力度。鼓励高等学校、科研院所开展知识产权国际学术交流，鼓励我国知识产权人才获得海外相应资格证书。推动将知识产权课程纳入各级党校、行政学院培训和选学内容。

2. 优化知识产权人才成长体系。加强知识产权高层次人才队伍建设，加大知识产权管理、运营和专利信息分析等人才培养力度。统筹协调知识产权人才培训、实践和使用，加强知识产权领军人才、国际化专业人才的培养与引进。构建多层次、高水平的知识产权智库体系。探索建立行业协会和企业事业单位专利专员制度。选拔一批知识产权创业导师，加强创新创业指导。

3. 建立人才发现与评价机制。建立人才引进使用中的知识产权鉴定机制，利用知识产权信息发现人才。完善知识产权职业水平评价制度，制定知识产权专业人员能力素质标准。鼓励知识产权服务人才和创新型人才跨界交流和有序流动，防范人才流动法律风险。建立创新人才知识产权维权援助机制。

（四）加强知识产权文化建设。

1. 加大知识产权宣传普及力度。健全知识产权新闻发布制度，拓展信息发布渠道。组织开展全国知识产权宣传周、中国专利周、绿书签、中国国际商标品牌节等重大宣传活动。丰富知识产权宣传普及形式，发挥新媒体传播作用。支持优秀作品创作，推出具有影响力的知识产权题材影视文化作品，弘扬知识产权正能量。

2. 实施知识产权教育推广计划。鼓励知识产权文化和理论研究，加强普及型教育，推出优秀研究成果和普及读物。将知识产权内容全面纳入国家普法教育和全民科学素养提升工作。

专栏9　知识产权文化建设工程

加强宣传推广。利用新媒体，加强知识产权相关法律法规、典型案例的宣传。讲好中国知识产权故事，推出具有影响力的知识产权主题书籍、影视作品，挖掘报道典型人物和案例。

加强普及型教育。开展全国中小学知识产权教育试点示范工作，建立若干知识产权宣传教育示范学校。引导各类学校把知识产权文化建设与学生思想道德建设、校园文化建设、主题教育活动紧密结合，增强学生的知识产权意识和创新意识。

繁荣文化和理论研究。鼓励支持教育界、学术界广泛参与知识产权理论体系研究，支持创作兼具社会及经济效益的知识产权普及读物，增强知识产权文化传播的针对性和实效性，支撑和促进中国特色知识产权文化建设。

六、实施保障

（一）加强组织协调。各地区、各相关部门要高度重视，加强组织领导，明确责任分工，结合实际细化落实本规划提出的目标任务，制定专项规划、年度计划和配套政策，推动规划有效落实。加强统筹协调，充分发挥国务院知识产权战略实施工作部际联席会议制度作用，做好规划组织实施工作。全国打击侵犯知识产权和制售假冒伪劣商品工作领导小组要切实加强对打击侵犯知识产权和制售假冒伪劣商品工作的统一组织领导。各相关部门要依法履职，认真贯彻落实本规划要求，密切协作，形成规划实施合力。

（二）加强财力保障。加强财政预算与规划实施的相互衔接协调，各级财政按照现行经费渠道对规划实施予以合理保障，鼓励社会资金投入知识产权各项规划工作，促进知识产权事业发展。统筹各级各部门与知识产权相关的公共资源，突出投入重点，优化支出结构，切实保障重点任务、重大项目的落实。

（三）加强考核评估。各地区、各相关部门要加强对本规划实施情况的动态监测和评估工作。国务院知识产权战略实施工作部际联席会议办公室要会同相关部门按照本规划的部署和要求，建立规划实施情况的评估机制，对各项任务落实情况组织开展监督检查和绩效评估工作，重要情况及时报告国务院。

国务院办公厅关于印发2016年全国打击侵犯知识产权和制售假冒伪劣商品工作要点的通知

（国办发〔2016〕25号）

各省、自治区、直辖市人民政府，国务院各部委、各直属机构：

《2016年全国打击侵犯知识产权和制售假冒伪劣商品工作要点》已经国务院同意，现印发给你们，请认真贯彻执行。

国务院办公厅

2016年4月19日

2016年全国打击侵犯知识产权和制售假冒伪劣商品工作要点

2016年，全国打击侵犯知识产权和制售假冒伪劣商品工作要认真贯彻党的十八大和十八届二中、三中、四中、五中全会精神，落实国务院有关工作部署，结合推动供给侧结构性改革，依法严厉惩处影响创新发展、妨碍公平竞争和侵害消费者合法权益的侵权假冒违法犯罪，为推动经济社会持续健康发展提供有力保障。

一、加强重点领域治理

（一）加强互联网领域侵权假冒治理。打击网上销售假冒伪劣商品。突出食品药品、农资、家用电器、建筑材料、汽车配件、儿童用品等重点商品，组织开展网络交易集中整治，加强监管执法。加强对网络交易商品的定向监测，强化电子商务产品质量执法打假维权协作，探索建立跨境电子商务侵权假冒商品追溯机制。打击邮件、快件渠道非法寄递进出口侵权假冒商品行为。（工业和信息化部、公安部、农业部、海关总署、工商总局、质检总局、食品药品监管总局、网信办、邮政局按职责分工分别负责）打击网络侵权盗版。开展2016红盾网剑专项行动。针对网络（手机）文学、音乐、影视、游戏、动漫、软件等重点领域，开展第十二次打击网络侵权盗版“剑网行动”。进一步扩大版权重点监管范围，探索对新型网络侵权盗版行为的有效治理模式。继续组织开展电子商务领域专利执法维权“闪电”专项行动，建立电子商务领域专利执法维权协作调度机制。加强文化市场技术监管与服务平台应用，以网络（手机）游戏、音乐、动漫为重点，组织查处违法违规互联网文化产品和经营单位。（工业和信息化部、公安部、文化部、工商总局、新闻出版广电总局、知识产权局、网信办按职责分工分别负责）

强化网站监管。加强网站备案、网际协议地址（IP 地址）和域名管理。督促指导网站严格内容审核，研发应用技术措施，加大人工核查投入，畅通举报投诉渠道，完善监督处置机制，增强自律管理能力。加强网络交易平台监管，强化与大型电商平台合作，利用大数据分析技术，及时发现和掌握违法犯罪线索，加强预警监测和事前风险防范，增强精准打击能力。（工业和信息化部、公安部、农业部、商务部、文化部、海关总署、工商总局、质检总局、新闻出版广电总局、食品药品监管总局、林业局、知识产权局、网信办、邮政局按职责分工分别负责）

（二）强化农村和城乡结合部市场监管执法。加强全链条监管，围绕重要节庆时点和春耕、夏种等重要时段，针对农村市场侵权假冒易发多发的商品，从生产源头、流通渠道和消费终端三个方面大力整治，加强市场监督检查，严厉打击违法犯罪，维护农村市场秩序。（公安部、农业部、商务部、工商总局、质检总局、食品药品监管总局、林业局、知识产权局、邮政局按职责分工分别负责）部署开展农资打假、“红盾护农”、“农资打假下乡”等集中整治行动。开展果、蔬、茶、中草药常用投入品专项治理，查处非法销售使用高毒、禁限用农药的违法行为。强化农资生产经营企业产品抽检，重点检测种子苗木质量、品种真实性以及肥料、农药、兽药、饲料有效成分含量和是否添加违禁成分，严肃查处虚假宣传行为。对抽检发现问题多、媒体曝光多、举报投诉多的地区开展专项治理。加强对游商游贩违法经营行为的治理整顿。（农业部牵头负责，工业和信息化部、公安部、工商总局、质检总局、林业局、高检院按职责分工分别负责）开展林木种苗行政执法专项行动，对 16 个重点地区开展林木种苗质量监督抽查，重点检查工程造林使用的种子苗木质量以及许可、标签、档案等制度落实情况。（林业局负责）

（三）持续开展中国制造海外形象维护“清风”行动。重点针对拉美国家和地区，突出进出口、重点专业市场、跨境电子商务等重点环节，以及出口规模大、涉及人身健康安全的电子电器产品、化妆品、纺织品、日用品、药品等重点商品，加强部门执法协作，严厉打击跨境制售侵权假冒商品违法犯罪行为。加强对重点产品生产企业以及出口新兴市场商品的专业市场、集散地的监管，加大涉外展会、交易会等活动中的知识产权保护力度，增加对出口重点地区商品的查验频次。充分发挥驻外经商机构职能，加强对外沟通协调及对境外中资企业、商户的服务和教育引导。（工业和信息化部、公安部、农业部、商务部、海关总署、工商总局、质检总局、食品药品监管总局、知识产权局、网信办、邮政局、贸促会按职责分工分别负责）

（四）深入推进软件正版化工作。研究制定规范计算机软硬件采购的具体措施，从源头上防止盗版软件流入政府机关。制定正版软件使用管理指南，推进软件使用管理标准化。巩固政府机关软件正版化成果，加快推进企业软件正版化。推广使用优秀软件产品。建立常态化随机抽查制度，探索利用第三方专业机构资源和技术手段开展督查，加大督导检查力度，严格责任追究。（新闻出版广电总局牵头负责，工业和信息化部、财政部、国资委、知识产权局、国管局按职责分工分别负责）推进中央企业所属四级、五级企业软件正版化工作，对进展缓慢的企业进行约谈。督促中央企业建立软件资产管理制度，规范软件资产的采购、登记、安装、升级等工作。开展中央企业软件正版化工作情况监督检查。（国资委负责）加大对新出厂计算机预装正版操作系统软件的检查管理力度，将平板电脑、智能手机等纳入监管范围。（工业和信息化部负责）

二、强化行业日常监管

（五）加强药品和医疗器械监管。严肃查处药品生产经营企业制售假药劣药案件，打击擅自变更生产工艺、非法添加等违法行为。加强对药品研发过程中临床试验的监督检查，严肃查处临床试验数据造假行为。加强对跨省份的药品、化妆品、医疗器械、保健食品违法案件查处的督查督办。（食品药品监管总局负责）

（六）加强车用燃油监管。督促引导石油炼化企业严格按照标准生产加工车用燃油，强化出厂检测，推进油品质量升级。严肃查处石油炼化企业无生产许可违法生产、销售不符合国家标准车用燃油的违法行为。严格成品油批发零售资质管理。规范成品油特别是普通柴油销售，以县级以上城市及干线公路两侧加油站为重点，严肃查处销售伪劣油品等违法行为。（发展改革委、环境保护部、商务部、国资委、税务总局、工商总局、质检总局按职责分工分别负责）

（七）加强重点商品监管。以建筑材料、汽车配件等为重点，继续开展“质检利剑”行动。以质量问题突出区域为重点，深入推进集中整治。以家用电器、服装、洗涤用品行业为重点，推动企业开展产品质量承诺。严肃查处无证出厂销售强制性认证产品的违法行为。对纳入注册管理的进口食品，加大查处无证销售等违法行为力度。（质检总局负责）开展红盾质量维权行动，加大对儿童用品、装饰装修材料等重点商品的市场检查和质量抽检力度，强化流通领域商品质量监管。严肃查处欺骗、误导消费者的虚假违法广告。（工商总局负责）以口罩、空气净化器等为重点，开展防雾霾商品监督抽查和专项整治。（工商总局、质检总局按职责分工分别负责）探索建立消毒产品监管信息平台，加大抽检力度，加强生产使用环节监管。（卫生计生委负责）

（八）查处侵犯知识产权行为。规范商标代理市场秩序，推动商标注册和评审便利化，严肃查处恶意抢注商标行为。加强商业秘密行政保护。（工商总局负责）在重点城市开展高校及其周边复印店专项治理行动。开展印刷复制发行专项检查，加强对网络销售、传播出版物的监管。（新闻出版广电总局负责）继续开展知识产权执法维权“护航”专项行动。（知识产权局负责）严肃查处侵犯植物新品种、地理标志、集成电路布图设计等知识产权的违法行为。（农业部、工商总局、质检总局、林业局、知识产权局按职责分工分别负责）依法查处滥用知识产权、排除限制竞争等违法行为。（发展改革委、商务部、工商总局按职责分工分别负责）组织文化市场暗访抽查，加大检查力度，规范市场秩序。（文化部负责）加强企业日常税收征管，严肃查处侵权假冒涉税违法行为。（税务总局负责）

三、加强法规制度建设

（九）研究制订“十三五”时期打击侵权假冒工作指导意见。更加注重打建结合、依法治理、能力建设、社会共治、统筹协调，明确今后一个时期工作目标、主要任务和政策措施。（全国打击侵权假冒工作领导小组办公室牵头负责）

（十）健全相关法律法规。按照立法计划，推动制订修订反不正当竞争法、药品管理法、著作权法、专利法、化妆品卫生监督条例、专利代理条例等法律法规。积极推进电子商务法制订工作。（法制办、发展改革委、工业和信息化部、财政部、商务部、人民银行、海关总署、税务总局、工商总局、质检总局、新闻出版广电总局、食品药品监管总局、知识产权局、网信办、邮政局按职责分工分别负责）

（十一）完善监管制度。研究出台海关知识产权行政案件处罚标准，规范自由裁量权。完善侵权案件办理和罚没货物处置程序。（海关总署负责）制订修订林木种子生产经营许可证管理办法、林木种子质量管理办法、林业植物新品种保护行政执法办法等规章和规范性文件。（林业局负责）制订邮件、快件实名收寄管理办法，推动寄递企业落实收寄验视、实名收寄、过机安检等管理措施，建立用户信息档案库，严格执行运单信息核对制度。（邮政局负责）健全侵权假冒商品无害化销毁工作机制，将拟销毁物品交由有资质的单位进行无害化处置。（环境保护部牵头负责）

（十二）加强标准建设。贯彻落实《深化标准化工作改革方案》（国发〔2015〕13号），集中开展滞后老化标准的复审和修订，适时制订急需的检验检测标准。（质检总局牵头负责）制订修订林木种子与苗木质量分级、林木种子检验、育苗技术规程等标准。（林业局负责）推进寄递行业标准化建设，规范收寄、分拣、运输、投递各环节操作行为，提高防范侵权假冒能力。（邮政局负责）

（十三）加强地方绩效考核。将打击侵权假冒工作作为平安中国建设的重要内容，纳入社会治安综合治理领导责任查究和重点地区治安突出问题排查整治范围。（中央综治办、全国打击侵权假冒工作领导小组办公室按职责分工牵头负责）

四、加强部门协同与司法保护

（十四）推进行政执法与刑事司法衔接。运行维护全国打击侵权假冒“两法衔接”信息共享系统，加强数据管理和有效应用。加强线上线下跨地区、跨部门执法司法协作与联动。推动打击侵权假冒涉案物品检验鉴定和保管处理体系建设。（全国打击侵权假冒工作领导小组办公室、高检院牵头负责，公安部、农业部、文化部、海关总署、工商总局、质检总局、新闻出版广电总局、食品药品监管总局、林业局、知识产权局、高法院按职责分工分别负责）

（十五）大力推进行政处罚案件信息公开。充分利用政府网站信息公开主渠道，公开案件信息。进一步完善和落实案件信息公开管理制度。加强监督检查、情况通报与考核，落实工作责任。（全国打击侵权假冒工作领导小组办公室牵头负责，农业部、文化部、海关总署、工商总局、质检总局、新闻出版广电总局、食品药品监管总局、林业局、知识产权局按职责分工分别负责）

（十六）推动跨区域跨部门合作。加强统筹协调，推动长三角、京津冀、泛珠三角等地区建立区域间、部门间执法协作机制，完善线索通报、证据转移、案件协查等制度，加强跨区域综合执法、联合执法。（全国打击侵权假冒工作领导小组办公室牵头负责）完善海关区域执法合作机制，防范和打击侵权假冒违法主体进行口岸“转移”。加强海关、工商、专利、邮政部门在进出口环节打击侵权假冒的执法协作。（海关总署牵头负责，工商总局、知识产权局、邮政局按职责分工分别负责）

（十七）强化刑事打击与司法保护。保持高压打击态势，深化情报导侦技术和手段运用，对犯罪行为实施全链条打击，打好一批高质量、有影响的集群战役。（公安部负责）严查侵权假冒犯罪案件背后的玩忽职守、贪赃枉法、徇私舞弊、帮助犯罪分子逃避刑罚等职务犯罪。开展危害食品药品安全犯罪专项立案监督活动。（高检院负责）推进知识产权审判民事、行政、刑事“三合一”改革。及时总结北京、上海、广州知识产权法院的经验，加强知识产权司法保护。（高法院负责）

五、推动打防结合打建结合

（十八）健全预警防范机制。加强新信息技术在执法监管中的研发运用，提高预测预警和分析研判能力，做到事前防范、精准打击。（全国打击侵权假冒工作领导小组有关成员单位按职责分工分别负责）推广使用知识产权海关保护执法移动查询系统，开发知识产权海关保护（二期）系统，实现案件在线办理。（海关总署负责）健全林业植物新品种测试机构，建设一批植物新品种测试站。推进植物新品种DNA（脱氧核糖核酸）图谱数据库建设，完善林业植物新品种保护信息管理系统，提供植物新品种网上查询服务。（林业局负责）实施寄递渠道安全监管“绿盾”工程，研究建立寄递渠道安全监控体系、安全执法检查支撑平台。（邮政局负责）

（十九）大力推进信用建设。全面实施统一社会信用代码制度，推动行政许可、行政处罚等信息上网公开，健全守信联合激励与失信联合惩戒机制。充分发挥全国信用信息共享平台和“信用中国”网站作用，加大信息归集整合力度，扩大平台互联互通范围，推进信息共建共享。（发展改革委、人民银行牵头负责）加快推进国家企业信用信息公示系统建设，构建新型监管制度，强化事中事后监管。（工商总局负责）推进网络领域信用体系建设，探索建立网络服务提供者管理人员失信“黑名单”制度，发挥网络诚信在网络空间法治化、网络生态治理中的作用。（网信办负责）

（二十）推进社会共治。整合行业组织力量，充分发挥行业自律作用，引导企业强化主体责任，加强知识产权自我保护，推动打击侵权假冒社会共治共享。（全国打击侵权假冒工作领导小组办公室牵头负责）完善举报投诉制度，发挥媒体和社会公众监督作用。（公安部、农业部、商务部、工商总局、质检总局、食品药品监管总局、林业局、知识产权局、邮政局按职责分工分别负责）

（二十一）开展全国质量提升行动。以消费品和工业品质量为重点，强化生产许可获证企业产品质量监管，开展电子商务产品质量提升行动，完善监督抽查、产品质量安全风险监控、缺陷产品召回等制度，全面提升产品质量供给水平。（质检总局牵头负责）

（二十二）加强知识产权保护服务。支持创新型企业选聘律师担任企业法律顾问，加强企业知识产权法律服务。加快推动知识产权证据材料公证保管执业管理平台建设，发挥公证机构服务职能，支持知识产权权利认定和纠纷解决。（司法部牵头负责）试点建立中小企业知识产权联络员制度。推动建立外经贸企业知识产权辅导体系，帮助企业建立知识产权战略管理制度。（海关总署负责）加强境内展会知识产权执法，督促落实展会主办方责任，组织查处侵权行为，妥善处理知识产权纠纷。（商务部、知识产权局按职责分工分别负责）

六、开展多样化宣传教育

（二十三）开展常态化宣传。制定年度宣传工作方案，把握正确舆论导向，组织各类新闻媒体，统筹做好对内对外宣传，解读政策措施，宣传工作成效，树立正面典型，曝光违法犯罪案件，加强舆论监督和警示教育。加强网络宣传，组织重点新闻网站、主要门户网站、政府网站等，充分运用微博、微信、移动客户端等新技术手段，扩大宣传覆盖面，增强宣传效果。充分发挥中国打击侵权假冒工作网网站群的宣传功能。积极开展对外宣传，及时发布权威信息，适时组织中外记者采访，展示成效，宣示决心，释疑解惑。（全国打击侵权假冒工作领导小组办公室、中央宣传部牵头负责，新闻办、网信办等按职责分工分别负责）

（二十四）加强集中宣传教育。深入推进“法律六进”主题活动。开展“3·15”国际消费者权益日、全国知识产权宣传周、“5·15”打击和防范经济犯罪宣传日、“8·8”海关法制宣传日、全国质量月、诚信兴商宣传月、全国网络诚信宣传日等活动。（公安部、司法部、商务部、海关总署、工商总局、质检总局、新闻出版广电总局、知识产权局、网信办按职责分工分别负责）

七、做好多双边协作与交流

（二十五）开展多双边磋商与交流合作。加强国际经贸合作，做好中美战略与经济对话、中美商贸联委会知识产权议题磋商，深化中美、中欧、中俄、中巴（西）、中瑞（士）、中日等知识产权对话交流，解决双方重点关切。加快中欧地理标志协定谈判进程。密切跟踪跨太平洋伙伴关系协定（TPP）、跨大西洋贸易与投资伙伴关系协定（TTIP）等多双边协定进展，深入分析相关影响，及时提出对策措施建议。（商务部负责）统筹协调涉外知识产权事宜，深化与世界知识产权组织等的交流合作，发挥金砖国家知识产权局局长会议作用，开展相关领域合作。（知识产权局负责）积极谋划与金砖国家、“一带一路”沿线国家知识产权合作。

（商务部、知识产权局按职责分工分别负责）举办2016年国际工商知识产权峰会。充分利用多双边工商合作机制，推动知识产权国际交流。（贸促会负责）

（二十六）加强跨境执法协作。开展中美海关第二次知识产权联合执法行动。落实中欧海关2014—2017年知识产权合作行动计划。加强与俄罗斯海关知识产权保护合作。推动中日韩“零假冒计划”实施。加强对非洲和拉美国家海关、检验检疫执法的合作与援助。拓展与“一带一路”沿线国家海关、检验检疫的合作。（海关总署、质检总局按职责分工分别负责）加强警务国际执法协作，加大涉外侵权假冒犯罪侦办力度。（公安部负责）

（二十七）完善海外维权援助机制。完善国际经贸领域知识产权海外维权机制，引导我国企业积极开展海外维权。建立海外知识产权问题及案件信息提交平台，推动形成海外知识产权维权援助服务网。（商务部负责）健全境外展会防侵权管理体系，完善知识产权综合服务机制，帮助企业加快适应国际知识产权规则，做好政策指引、预警、咨询、诉讼等服务，协调处理涉外知识产权纠纷。在重要展会上设立中国企业知识产权服务工作站。（商务部、知识产权局、贸促会按职责分工分别负责）

国务院关于建立完善守信联合激励和失信联合惩戒制度加快推进社会诚信建设的指导意见

（国发〔2016〕33号）

各省、自治区、直辖市人民政府，国务院各部委、各直属机构：

健全社会信用体系，加快构建以信用为核心的新型市场监管体制，有利于进一步推动简政放权和政府职能转变，营造公平诚信的市场环境。为建立完善守信联合激励和失信联合惩戒制度，加快推进社会诚信建设，现提出如下意见。

一、总体要求

（一）指导思想。

全面贯彻党的十八大和十八届三中、四中、五中全会精神，深入贯彻习近平总书记系列重要讲话精神，按照党中央、国务院决策部署，紧紧围绕“四个全面”战略布局，牢固树立创新、协调、绿色、开放、共享发展理念，落实加强和创新社会治理要求，加快推进社会信用体系建设，加强信用信息公开和共享，依法依规运用信用激励和约束手段，构建政府、社会共同参与的跨地区、跨部门、跨领域的守信联合激励和失信联合惩戒机制，促进市场主体依法诚信经营，维护市场正常秩序，营造诚信社会环境。

（二）基本原则。

——褒扬诚信，惩戒失信。充分运用信用激励和约束手段，加大对诚信主体激励和对严重失信主体惩戒力度，让守信者受益、失信者受限，形成褒扬诚信、惩戒失信的制度机制。

——部门联动，社会协同。通过信用信息公开和共享，建立跨地区、跨部门、跨领域的联合激励与惩戒机制，形成政府部门协同联动、行业组织自律管理、信用服务机构积极参与、社会舆论广泛监督的共同治理格局。

——依法依规，保护权益。严格依照法律法规和政策规定，科学界定守信和失信行为，开展守信联合激励和失信联合惩戒。建立健全信用修复、异议申诉等机制，保护当事人合法权益。

——突出重点，统筹推进。坚持问题导向，着力解决当前危害公共利益和公共安全、人民群众反映强烈、对经济社会发展造成重大负面影响的重点领域失信问题。鼓励支持地方人民政府和有关部门创新示范，逐步将守信激励和失信惩戒机制推广到经济社会各领域。

二、健全褒扬和激励诚信行为机制

（三）多渠道选树诚信典型。将有关部门和社会组织实施信用分类监管确定的信用状况良好的行政相对人、诚信道德模范、优秀青年志愿者，行业协会商会推荐的诚信会员，新闻媒体挖掘的诚信主体等树立为诚信典型。鼓励有关部门和社会组织在监管和服务中建立各类主体信用记录，向社会推介无不良信用记录者和有关诚信典型，联合其他部门和社会组织实施守信激励。鼓励行业协会商会完善会员企业信用评价机制。引导企业主动发布综合信用承诺或产品服务质量等专项承诺，开展产品服务标准等自我声明公开，接受社会监督，形成企业争做诚信模范的良好氛围。

（四）探索建立行政审批“绿色通道”。在办理行政许可过程中，对诚信典型和连续三年无不良信用记录的行政相对人，可根据实际情况实施“绿色通道”和“容缺受理”等便利服务措施。对符合条件的行政相对人，除法律法规要求提供的材料外，部分申报材料不齐备的，如其书面承诺在规定期限内提供，应先行受理，加快办理进度。

（五）优先提供公共服务便利。在实施财政性资金项目安排、招商引资配套优惠政策等各类政府优惠政策中，优先考虑诚信市场主体，加大扶持力度。在教育、就业、创业、社会保障等领域对诚信个人给予重点支持和优先便利。在有关公共资源交易活动中，提倡依法依约对诚信市场主体采取信用加分等措施。

（六）优化诚信企业行政监管安排。各级市场监管部门应根据监管对象的信用记录和信用评价分类，注重运用大数据手段，完善事中事后监管措施，为市场主体提供便利化服务。对符合一定条件的诚信企业，在日常检查、专项检查中优化检查频次。

（七）降低市场交易成本。鼓励有关部门和单位开发“税易贷”、“信易贷”、“信易债”等守信激励产品，引导金融机构和商业销售机构等市场服务机构参考使用市场主体信用信息、信用积分和信用评价结果，对诚信市场主体给予优惠和便利，使守信者在市场中获得更多机会和实惠。

（八）大力推介诚信市场主体。各级人民政府有关部门应将诚信市场主体优良信用信息及时在政府网站和“信用中国”网站进行公示，在会展、银企对接等活动中重点推介诚信企业，让信用成为市场配置资源的重要考量因素。引导征信机构加强对市场主体正面信息的采集，在诚信问题反映较为集中的行业领域，对守信者加大激励性评分比重。推动行业协会商会加强诚信建设和行业自律，表彰诚信会员，讲好行业“诚信故事”。

三、健全约束和惩戒失信行为机制

（九）对重点领域和严重失信行为实施联合惩戒。在有关部门和社会组织依法依规对本领域失信行为作出处理和评价基础上，通过信息共享，推动其他部门和社会组织依法依规对严重失信行为采取联合惩戒措施。重点包括：一是严重危害人民群众身体健康和生命安全的行为，包括食品药品、生态环境、工程质量、安全生产、消防安全、强制性产品认证等领域的严重失信行为。二是严重破坏市场公平竞争秩序和社会正常秩序的行为，包括贿赂、逃税骗税、恶意逃废债务、恶意拖欠货款或服务费、恶意欠薪、非法集资、合同欺诈、传销、无证照经营、制售假冒伪劣产品和故意侵犯知识产权、出借和借用资质投标、围标串标、虚假广告、侵害消费者或证券期货投资者合法权益、严重破坏网络空间传播秩序、聚众扰乱社会秩序等严重失信行为。三是拒不履行法定义务，严重影响司法机关、行政机关公信力的行为，包括当事人在司法机关、行政机关作出判决或决定后，有履行能力但拒不履行、逃避执行等严重失信行为。四是拒不履行国防义务，拒绝、逃避兵役，拒绝、拖延民用资源征用或者阻碍对被征用的民用资源进行改造，危害国防利益，破坏国防设施等行为。

（十）依法依规加强对失信行为的行政性约束和惩戒。对严重失信主体，各地区、各有关部门应将其列为重点监管对象，依法依规采取行政性约束和惩戒措施。从严审核行政许可审批项目，从严控制生产许可证发放，限制新增项目审批、核准，限制股票发行上市融资或发行债券，限制在全国股份转让系统挂牌、融资，限制发起设立或参股金融机构以及小额贷款公司、融资担保公司、创业投资公司、互联网融资平台等机构，限制从事互联网信息服务等。严格限制申请财政性资金项目，限制参与有关公共资源交易活动，限制参与基础设施和公用事业特许经营。对严重失信企业及其法定代表人、主要负责人和对失信行为负有直接责任的注册执业人员等实施市场和行业禁入措施。及时撤销严重失信企业及其法定代表人、负责人、高级管理人员和对失信行为负有直接责任的董事、股东等人员的荣誉称号，取消参加评先评优资格。

（十一）加强对失信行为的市场性约束和惩戒。对严重失信主体，有关部门和机构应以统一社会信用代码为索引，及时公开披露相关信息，便于市场识别失信行为，防范信用风险。督促有关企业和个人履行法定义务，对有履行能力但拒不履行的严重失信主体实施限制出境和限制购买不动产、乘坐飞机、乘坐高等级列车和席次、旅游度假、入住星级以上宾馆及其他高消费行为等措施。支持征信机构采集严重失信行为信息，纳入信用记录和信用报告。引导商业银行、证券期货经营机构、保险公司等金融机构按照风险定价原则，对严重失信主体提高贷款利率和财产保险费率，或者限制向其提供贷款、保荐、承销、保险等服务。

（十二）加强对失信行为的行业性约束和惩戒。建立健全行业自律公约和职业道德准则，推动行业信用建设。引导行业协会商会完善行业内部信用信息采集、共享机制，将严重失信行为记入会员信用档案。鼓励行业协会商会与有资质的第三方信用服务机构合作，开展会员企业信用等级评价。支持行业协会商会按照行业标准、行规、行约等，视情节轻重对失信会员实行警告、行业内通报批评、公开谴责、不予接纳、劝退等惩戒措施。

（十三）加强对失信行为的社会性约束和惩戒。充分发挥各类社会组织作用，引导社会力量广泛参与失信联合惩戒。建立完善失信举报制度，鼓励公众举报企业严重失信行为，对举报人信息严格保密。支持有关社会组织依法对污染环境、侵害消费者或公众投资者合法权益等群体性侵权行为提起公益诉讼。鼓励公正、独立、有条件的社会机构开展失信行为大数据舆情监测，编制发布地区、行业信用分析报告。

（十四）完善个人信用记录，推动联合惩戒措施落实到人。对企事业单位严重失信行为，在记入企事业单位信用记录的同时，记入其法定代表人、主要负责人和其他负有直接责任人员的个人信用记录。在对失信企事业单位进行联合惩戒的同时，依照法律法规和政策规定对相关责任人员采取相应的联合惩戒措施。通过建立完整的个人信用记录数据库及联合惩戒机制，使失信惩戒措施落实到人。

四、构建守信联合激励和失信联合惩戒协同机制

（十五）建立触发反馈机制。在社会信用体系建设部际联席会议制度下，建立守信联合激励和失信联合惩戒的发起与响应机制。各领域守信联合激励和失信联合惩戒的发起部门负责确定激励和惩戒对象，实施部门负责对有关主体采取相应的联合激励和联合惩戒措施。

（十六）实施部省协同和跨区域联动。鼓励各地区对本行政区域内确定的诚信典型和严重失信主体，发起部省协同和跨区域联合激励与惩戒。充分发挥社会信用体系建设部际联席会议制度的指导作用，建立健全跨地区、跨部门、跨领域的信用体系建设合作机制，加强信用信息共享和信用评价结果互认。

（十七）建立健全信用信息公示机制。推动政务信用信息公开，全面落实行政许可和行政处罚信息上网公开制度。除法律法规另有规定外，县级以上人民政府及其部门要将各类自然人、法人和其他组织的行政许可、行政处罚等信息在7个工作日内通过政府网站公开，并及时归集至“信用中国”网站，为社会提供“一站式”查询服务。涉及企业的相关信息按照企业信息公示暂行条例规定在企业信用信息公示系统公示。推动司法机关在“信用中国”网站公示司法判决、失信被执行人名单等信用信息。

（十八）建立健全信用信息归集共享和使用机制。依托国家电子政务外网，建立全国信用信息共享平台，发挥信用信息归集共享枢纽作用。加快建立健全各省（区、市）信用信息共享平台和各行业信用信息系统，推动青年志愿者信用信息系统等项目建设，归集整合本地区、本行业信用信息，与全国信用信息共享平台实现互联互通和信息共享。依托全国信用信息共享平台，根据有关部门签署的合作备忘录，建立守信联合激励和失信联合惩戒的信用信息管理系统，实现发起响应、信息推送、执行反馈、信用修复、异议处理等动态协同功能。各级人民政府及其部门应将全国信用信息共享平台信用信息查询使用嵌入审批、监管工作流程中，确保“应查必查”、“奖惩到位”。健全政府与征信机构、金融机构、行业协会商会等组织的信息共享机制，促进政务信用信息与社会信用信息互动融合，最大限度发挥守信联合激励和失信联合惩戒作用。

（十九）规范信用红黑名单制度。不断完善诚信典型“红名单”制度和严重失信主体“黑名单”制度，依法依规规范各领域红黑名单产生和发布行为，建立健全退出机制。在保证独立、公正、客观前提下，鼓励有关群众团体、金融机构、征信机构、评级机构、行业协会商会等将产生的“红名单”和“黑名单”信息提供给政府部门参考使用。

（二十）建立激励和惩戒措施清单制度。在有关领域合作备忘录基础上，梳理法律法规和政策规定明确的联合激励和惩戒事项，建立守信联合激励和失信联合惩戒措施清单，主要分为两类：一类是强制性措施，即依法必须联合执行的激励和惩戒措施；另一类是推荐性措施，即由参与各方推荐的，符合褒扬诚信、惩戒失信政策导向，各地区、各部门可根据实际情况实施的措施。社会信用体系建设部际联席会议应总结经验，不断完善两类措施清单，并推动相关法律法规建设。

（二十一）建立健全信用修复机制。联合惩戒措施的发起部门和实施部门应按照法律法规和政策规定明确各类失信行为的联合惩戒期限。在规定期限内纠正失信行为、消除不良影响的，不再作为联合惩戒对象。建立有利于自我纠错、主动自新的社会鼓励与关爱机制，支持有失信行为的个人通过社会公益服务等方式修复个人信用。

（二十二）建立健全信用主体权益保护机制。建立健全信用信息异议、投诉制度。有关部门和单位在执行失信联合惩戒措施时主动发现、经市场主体提出异议申请或投诉发现信息不实的，应及时告知信息提供单位核实，信息提供单位应尽快核实并反馈。联合惩戒措施在信息核实期间暂不执行。经核实有误的信息应及时更正或撤销。因错误采取联合惩戒措施损害有关主体合法权益的，有关部门和单位应积极采取措施恢复其信誉、消除不良影响。支持有关主体通过行政复议、行政诉讼等方式维护自身合法权益。

（二十三）建立跟踪问效机制。各地区、各有关部门要建立完善信用联合激励惩戒工作的各项制度，充分利用全国信用信息共享平台的相关信用信息管理系统，建立健全信用联合激励惩戒的跟踪、监测、统计、评估机制并建立相应的督查、考核制度。对信用信息归集、共享和激励惩戒措施落实不力的部门和单位，进行通报和督促整改，切实把各项联合激励和联合惩戒措施落到实处。

五、加强法规制度和诚信文化建设

（二十四）完善相关法律法规。继续研究论证社会信用领域立法。加快研究推进信用信息归集、共享、公开和使

用，以及失信行为联合惩戒等方面的立法工作。按照强化信用约束和协同监管要求，各地区、各部门应对现行法律、法规、规章和规范性文件有关规定提出修订建议或进行有针对性的修改。

（二十五）建立健全标准规范。制定信用信息采集、存储、共享、公开、使用和信用评价、信用分类管理等标准。确定各级信用信息共享平台建设规范，统一数据格式、数据接口等技术要求。各地区、各部门要结合实际，制定信用信息归集、共享、公开、使用和守信联合激励、失信联合惩戒的工作流程和操作规范。

（二十六）加强诚信教育和诚信文化建设。组织社会各方面力量，引导广大市场主体依法诚信经营，树立“诚信兴商”理念，组织新闻媒体多渠道宣传诚信企业和个人，营造浓厚社会氛围。加强对失信行为的道德约束，完善社会舆论监督机制，通过报刊、广播、电视、网络等媒体加大对失信主体的监督力度，依法曝光社会影响恶劣、情节严重的失信案件，开展群众评议、讨论、批评等活动，形成对严重失信行为的舆论压力和道德约束。通过学校、单位、社区、家庭等，加强对失信个人的教育和帮助，引导其及时纠正失信行为。加强对企业负责人、学生和青年群体的诚信宣传教育，加强会计审计人员、导游、保险经纪人、公职人员等重点人群以诚信为重要内容的职业道德建设。加大对守信联合激励和失信联合惩戒的宣传报道和案例剖析力度，弘扬社会主义核心价值观。

（二十七）加强组织实施和督促检查。各地区、各有关部门要把实施守信联合激励和失信联合惩戒作为推进社会信用体系建设的重要举措，认真贯彻落实本意见并制定具体实施方案，切实加强组织领导，落实工作机构、人员编制、项目经费等必要保障，确保各项联合激励和联合惩戒措施落实到位。鼓励有关地区和部门先行先试，通过签署合作备忘录或出台规范性文件等多种方式，建立长效机制，不断丰富信用激励内容，强化信用约束措施。国家发展改革委要加强统筹协调，及时跟踪掌握工作进展，督促检查任务落实情况并报告国务院。

国务院

2016年5月30日

国务院办公厅关于加强个人诚信体系建设的指导意见

（国办发〔2016〕98号）

各省、自治区、直辖市人民政府，国务院各部委、各直属机构：

为弘扬诚信传统美德，增强社会成员诚信意识，加强个人诚信体系建设，褒扬诚信，惩戒失信，提高全社会信用水平，营造优良信用环境，经国务院同意，现提出以下意见。

一、总体要求

（一）指导思想。全面贯彻落实党的十八大和十八届三中、四中、五中、六中全会精神，深入贯彻习近平总书记系列重要讲话精神，按照党中央、国务院决策部署，以培育和践行社会主义核心价值观为根本，大力弘扬诚信文化，加快个人诚信记录建设，完善个人信息安全、隐私保护与信用修复机制，健全守信激励与失信惩戒机制，使守信者受益、失信者受限，让诚信成为全社会共同的价值追求和行为准则，积极营造“守信光荣、失信可耻”的良好社会氛围。

（二）基本原则。

一是政府推动，社会共建。充分发挥政府在个人诚信体系建设中的组织、引导、推动和示范作用。规范发展征信市场，鼓励调动社会力量广泛参与，共同推进，形成个人诚信体系建设合力。

二是健全法制，规范发展。健全个人信息法律法规、规章制度和标准规范，严格保护个人隐私和信息安全。

三是全面推进，重点突破。以重点领域、重点人群为突破口，推动建立各地区各行业个人诚信记录机制。依托全国信用信息共享平台与各地方信用信息共享平台、金融信用信息基础数据库与个人征信机构，分别实现个人公共信用信息、个人征信信息的记录、归集、处理和应用。

四是强化应用，奖惩联动。积极培育个人公共信用信息产品应用市场，推广个人公共信用信息社会化应用，拓宽应用范围。建立健全个人诚信奖惩联动机制，加大个人守信激励与失信惩戒力度。

二、加强个人诚信教育

（一）大力弘扬诚信文化。将诚信文化建设摆在突出位置，以培育和践行社会主义核心价值观为根本，大力普及信用知识，制定颁布公民诚信守则，将诚信教育贯穿公民道德建设和精神文明创建全过程。加强社会公德、职业道德、家庭美德和个人品德教育，营造“守信者荣、失信者耻、无信者忧”的社会氛围。

（二）广泛开展诚信宣传。结合春节、国际消费者权益日、劳动节、儿童节、网络诚信宣传日、全国信用记录关爱日、诚信兴商宣传月、国庆节、国家宪法日暨全国法制宣传日等重要时间节点和法定节假日，集中宣传信用政策法规、信用知识和典型案例。推动创作中华传统诚信文化与时代价值观相融合的诚信文艺作品、公益广告，丰富诚信宣传载体，增加诚信宣传频次，提升诚信宣传水平。

（三）积极推介诚信典型。充分发挥媒体舆论宣传引导作用，大力发掘、宣传有关部门和社会组织评选的诚信道德模范、优秀志愿者等诚信典型。组织各类网站开设网络诚信专题，经常性地宣传推广各类诚信典型、诚信事迹，推出一批高质量的网络诚信主题文化作品，加强网络失信案例警示教育。支持有关部门和社会组织向社会推介诚信典型和无不良信用记录者，推动实施跨部门、跨领域的守信联合激励措施。

（四）全面加强校园诚信教育。将诚信教育作为中小学和高校学生思想品德教育的重要内容。鼓励高校开设社会信用领域相关课程。支持有条件的高校院所开设信用管理相关专业。推动学校加强信用管理，建立健全18岁以上成年学生诚信档案，推动将学生个人诚信作为升学、毕业、评先评优、奖学金发放、鉴定推荐等环节的重要考量因素。针对考试舞弊、学术造假、不履行助学贷款还款承诺、伪造就业材料等不诚信行为开展教育，并依法依规将相关信息记入个人信用档案。

（五）广泛开展信用教育培训。建立健全信用管理职业培训与专业考评制度。加大对信用从业人员的培训力度，丰富信用知识，提高信用管理水平。鼓励各类社会组织和企业建立信用管理和教育制度，组织签署入职信用承诺书和开展信用知识培训活动，培育企业信用文化。组织编写信用知识读本，依托社区（村）各类基层组织，向公众普及信用知识。

三、加快推进个人诚信记录建设

（一）推动完善个人实名登记制度。以公民身份号码制度为基础，推进公民统一社会信用代码制度建设。推动居民身份证登记指纹信息工作，实现公民统一社会信用代码全覆盖。运用信息化技术手段，不断加强个人身份信息的查核工作，确保个人身份识别信息的唯一性。以互联网、邮寄递送、电信、金融账户等领域为重点，推进建立实名登记制度，为准确采集个人诚信记录奠定基础。

（二）建立重点领域个人诚信记录。以食品药品、安全生产、消防安全、交通安全、环境保护、生物安全、产品质量、税收缴纳、医疗卫生、劳动保障、工程建设、金融服务、知识产权、司法诉讼、电子商务、志愿服务等领域为重点，以公务员、企业法定代表人及相关责任人、律师、教师、医师、执业药师、评估师、税务师、注册消防工程师、会计审计人员、房地产中介从业人员、认证人员、金融从业人员、导游等职业人群为主要对象，有关部门要加快建立和完善个人信用记录形成机制，及时归集有关人员在相关活动中形成的诚信信息，确保信息真实准确，实现及时动态更新。金融信用信息基础数据库和个人征信机构要大力开展重点领域个人征信信息的归集与服务。鼓励行业协会、商会等行业组织建立健全会员信用档案。

四、完善个人信息安全、隐私保护与信用修复机制

（一）保护个人信息安全。有关部门要严格按照规定建立健全并严格执行保障信息安全的规章制度，明确个人信息查询使用权限和程序，做好数据库安全防护工作，建立完善个人信息查询使用登记和审查制度，防止信息泄露。严格按照相关法律法规，加大对金融信用信息基础数据库、征信机构的监管力度，确保个人征信业务合规开展，保障信息主体合法权益，确保国家信息安全。建立征信机构及相关人员信用档案和违规经营“黑名单”制度。

（二）加强隐私保护。未经法律法规授权不得采集个人公共信用信息。加大对泄露、篡改、毁损、出售或者非法向他人提供个人信息等行为的查处力度。对金融机构、征信机构、互联网企业、大数据公司、移动应用程序开发企业实施重点监控，规范其个人信息采集、提供和使用行为。

（三）建立信用修复机制。建立个人公共信用信息纠错、修复机制，制定异议处理、行政复议等管理制度及操作细则。明确各类公共信用信息展示期限，不再展示使用超过期限的公共信用信息。畅通信用修复渠道，丰富信用修复方式，探索通过事后主动履约、申请延期、自主解释等方式减少失信损失，通过按时履约、志愿服务、慈善捐助等方式修复信用。

五、规范推进个人诚信信息共享使用

（一）推动个人公共信用信息共享。制定全国统一的个人公共信用信息目录、分类标准和共享交换规范。依托各地方信用信息共享平台建立个人公共信用信息数据库。依托全国信用信息共享平台，逐步建立跨区域、跨部门、跨行业个人公共信用信息的互联、互通、互查机制。

（二）积极开展个人公共信用信息服务。各级人民政府要依法依规及时向社会提供个人公共信用信息授权查询服务。探索依据个人公共信用信息构建分类管理和诚信积分管理机制。有条件的地区和行业应建立个人公共信用信息与金融信用信息基础数据库的共享关系，并向个人征信机构提供服务。

六、完善个人守信激励和失信惩戒机制

（一）为优良信用个人提供更多服务便利。对有关部门和社会组织实施信用分类监管确定的信用状况良好的行政

相对人、诚信道德模范、优秀志愿者，行业协会商会推荐的诚信会员，以及新闻媒体挖掘的诚信主体等建立优良信用记录，各级人民政府要创新守信激励措施，对具有优良信用记录的个人，在教育、就业、创业等领域给予重点支持，尽力提供更多便利服务；在办理行政许可过程中，对具有优良信用记录的个人和连续三年以上无不良信用记录的行政相对人，可根据实际情况依法采取“绿色通道”和“容缺受理”等便利服务措施。鼓励社会机构依法使用征信产品，对具有优良信用记录的个人给予优惠和便利，使守信者在市场中获得更多机会和收益。

（二）对重点领域严重失信个人实施联合惩戒。依法依规对严重危害人民群众身体健康和生命安全、严重破坏市场公平竞争秩序和社会正常秩序、拒不履行法定义务严重影响司法机关和行政机关公信力以及拒不履行国防义务等个人严重失信行为采取联合惩戒措施。将恶意逃废债务、非法集资、电信诈骗、网络欺诈、交通违法、不依法诚信纳税等严重失信个人列为重点监管对象，依法依规采取行政性约束和惩戒措施。在对失信企事业单位进行联合惩戒的同时，依照法律法规和政策规定对相关责任人员采取相应的联合惩戒措施，将联合惩戒措施落实到人。鼓励将金融信用信息基础数据库和个人征信机构采集的个人在市场经济活动中产生的严重失信记录，推送至全国信用信息共享平台，作为实施信用惩戒措施的参考。

（三）推动形成市场性、社会性约束和惩戒。建立健全个人严重失信行为披露、曝光与举报制度，依托“信用中国”网站，依法向社会公开披露各级人民政府掌握的个人严重失信信息，充分发挥社会舆论监督作用，形成强大的社会震慑力。鼓励市场主体对严重失信个人采取差别化服务。支持征信机构采集严重失信行为信息，纳入信用记录和信用报告。

七、强化保障措施

（一）加强组织领导。各地区各部门要统筹规划，部署实施个人诚信体系建设工作。建立工作考核推进机制，对本地区、本领域个人诚信体系建设工作要定期进行督促、指导和检查。

（二）建立健全法律法规。逐步建立和完善个人诚信体系建设法律法规，加强对个人信息安全和个人隐私的保护，有力维护个人信息的主体权利与合法权益，完善个人公共信用信息记录、归集、处理和应用等各环节的规范制度，为个人诚信体系建设创造良好的法制环境。

（三）加大资金支持力度。各地区各部门要加强社会信用体系建设经费保障，对个人诚信体系建设组织工作、管理工作积极予以经费支持。加大对个人公共信用信息数据库建设、信息应用、宣传教育和人才培训等各方面的资金支持力度。

（四）强化责任落实。各地区各部门要高度重视个人诚信体系建设工作，强化责任意识，细化分工，明确完成时间节点，确保责任到人、工作到人、落实到人。

各地区各部门要加强领导，高度重视，率先垂范，结合工作实际，切实有效开展个人诚信体系建设相关工作。国家发展改革委会同有关部门负责对本意见落实工作的统筹协调、跟踪了解、督促检查，确保各项工作平稳有序推进。

国务院办公厅

2016 年 12 月 23 日

综　合

法　律

中华人民共和国刑法（节录）

（1979 年 7 月 1 日第五届全国人民代表大会第二次会议通过，1997 年 3 月 14 日第八届全国人民代表大会第五次会议修订。根据 1999 年 12 月 25 日中华人民共和国刑法修正案，2001 年 8 月 31 日中华人民共和国刑法修正案（二），2001 年 12 月 29 日中华人民共和国刑法修正案（三），2002 年 12 月 28 日中华人民共和国刑法修正案（四），2005 年 2 月 28 日中华人民共和国刑法修正案（五），2006 年 6 月 29 日中华人民共和国刑法修正案（六），2009 年 2 月 28 日中华人民共和国刑法修正案（七）修正，根据 2009 年 8 月 27 日《全国人民代表大会常务委员会关于修改部分法律的决定》修正，根据2011年2月25日中华人民共和国刑法修正案（八）修正，根据2015年8月29日第十二届全国人民代表大会常务委员会第十六次会议通过的《刑法修正案（九）》修正。）

第二编　分　则

第三章　破坏社会主义市场经济秩序罪（节录）

第一节　生产、销售伪劣商品罪

第一百四十条　【生产、销售伪劣产品罪】生产者、销售者在产品中掺杂、掺假，以假充真，以次充好或者以不合格产品冒充合格产品，销售金额五万元以上不满二十万元的，处二年以下有期徒刑或者拘役，并处或者单处销售金额百分之五十以上二倍以下罚金；销售金额二十万元以上不满五十万元的，处二年以上七年以下有期徒刑，并处销售金额百分之五十以上二倍以下罚金；销售金额五十万元以上不满二百万元的，处七年以上有期徒刑，并处销售金额百分之五十以上二倍以下罚金；销售金额二百万元以上的，处十五年有期徒刑或者无期徒刑，并处销售金额百分之五十以上二倍以下罚金或者没收财产。

第一百四十一条　【生产、销售假药罪】生产、销售假药的，处三年以下有期徒刑或者拘役，并处罚金；对人体健康造成严重危害或者有其他严重情节的，处三年以上十年以下有期徒刑，并处罚金；致人死亡或者有其他特别严重情节的，处十年以上有期徒刑、无期徒刑或者死刑，并处罚金或者没收财产。

本条所称假药，是指依照《中华人民共和国药品管理法》的规定属于假药和按假药处理的药品、非药品。

第一百四十二条　【生产、销售劣药罪】生产、销售劣药，对人体健康造成严重危害的，处三年以上十年以下有期徒刑，并处销售金额百分之五十以上二倍以下罚金；后果特别严重的，处十年以上有期徒刑或者无期徒刑，并处销售金额百分之五十以上二倍以下罚金或者没收财产。

本条所称劣药，是指依照《中华人民共和国药品管理法》的规定属于劣药的药品。

第一百四十三条　【生产、销售不符合安全标准的食品罪】生产、销售不符合食品安全标准的食品，足以造成严重食物中毒事故或者其他严重食源性疾病的，处三年以下有期徒刑或者拘役，并处罚金；对人体健康造成严重危害或者有其他严重情节的，处三年以上七年以下有期徒刑，并处罚金；后果特别严重的，处七年以上有期徒刑或者无期徒刑，并处罚金或者没收财产。

第一百四十四条　【生产、销售有毒、有害食品罪】在生产、销售的食品中掺入有毒、有害的非食品原料的，或者销售明知掺有有毒、有害的非食品原料的食品的，处五年以下有期徒刑，并处罚金；对人体健康造成严重危害或者有其他严重情节的，处五年以上十年以下有期徒刑，并处罚金；致人死亡或者有其他特别严重情节的，依照本法第一百四十一条的规定处罚。

第一百四十五条　【生产、销售不符合标准的卫生器材罪】生产不符合保障人体健康的国家标准、行业标准的医疗器械、医用卫生材料，或者销售明知是不符合保障人体健康的国家标准、行业标准的医疗器械、医用卫生材料，足以严重危害人体健康的，处三年以下有期徒刑或者拘役，并处销售金额百分之五十以上二倍以下罚金；对人体健康造成严重危害的，处三年以上十年以下有期徒刑，并处销售金额百分之五十以上二倍以下罚金；后果特别严重的，处十年以上有期徒刑或者无期徒刑，并处销售金额百分之五十以上二倍以下罚金或者没收财产。

第一百四十六条　【生产、销售不符合安全标准的产品罪】生产不符合保障人身、财产安全的国家标准、行业标准的电器、压力容器、易燃易爆产品或者其他不符合保障人身、财产安全的国家标准、行业标准的产品，或者销售明知是以上不符合保障人身、财产安全的国家标准、行业标准的产品，造成严重后果的，处五年以下有期徒刑，并处销售金额百分之五十以上二倍以下罚金；后果特别严重的，处五年以上有期徒刑，并处销售金额百分之五十以上二倍以下罚金。

第一百四十七条　【生产、销售伪劣农药、兽药、化肥、种子罪】生产假农药、假兽药、假化肥，销售明知是假的或者失去使用效能的农药、兽药、化肥、种子，或者生产者、销售者以不合格的农药、兽药、化肥、种子冒充合格的农药、兽药、化肥、种子，使生产遭受较大损失的，处三年以下有期徒刑或者拘役，并处或者单处销售金额百分之五十以上二倍以下罚金；使生产遭受重大损失的，处三年以上七年以下有期徒刑，并处销售金额百分之五十以上二倍以下罚金；使生产遭受特别重大损失的，处七年以上有期徒刑或者无期徒刑，并处销售金额百分之五十以上二倍以下罚金或者没收财产。

第一百四十八条　【生产、销售不符合卫生标准的化妆品罪】生产不符合卫生标准的化妆品，或者销售明知是不符合卫生标准的化妆品，造成严重后果的，处三年以下有期徒刑或者拘役，并处或者单处销售金额百分之五十以上二倍以下罚金。

第一百四十九条 【对生产、销售伪劣商品行为的法条适用原则】生产、销售本节第一百四十一条至第一百四十八条所列产品，不构成各该条规定的犯罪，但是销售金额在五万元以上的，依照本节第一百四十条的规定定罪处罚。

生产、销售本节第一百四十一条至第一百四十八条所列产品，构成各该条规定的犯罪，同时又构成本节第一百四十条规定之罪的，依照处罚较重的规定定罪处罚。

第一百五十条 【单位犯本节规定之罪的处罚规定】单位犯本节第一百四十条至第一百四十八条规定之罪的，对单位判处罚金，并对其直接负责的主管人员和其他直接责任人员，依照各该条的规定处罚。

第二节 走私罪

第一百五十一条 【走私武器、弹药罪、走私核材料罪、走私假币罪；走私文物罪、走私贵重金属罪、走私珍贵动物罪、走私珍贵动物制品罪；走私国家禁止进出口的货物、物品罪】走私武器、弹药、核材料或者伪造的货币的，处七年以上有期徒刑，并处罚金或者没收财产；情节特别严重的，处无期徒刑，并处没收财产；情节较轻的，处三年以上七年以下有期徒刑，并处罚金。

走私国家禁止出口的文物、黄金、白银和其他贵重金属或者国家禁止进出口的珍贵动物及其制品的，处五年以上十年以下有期徒刑，并处罚金；情节特别严重的，处十年以上有期徒刑或者无期徒刑，并处没收财产；情节较轻的，处五年以下有期徒刑，并处罚金。

走私珍稀植物及其制品等国家禁止进出口的其他货物、物品的，处五年以下有期徒刑或者拘役，并处或者单处罚金；情节严重的，处五年以上有期徒刑，并处罚金。

单位犯本条规定之罪的，对单位判处罚金，并对其直接负责的主管人员和其他直接责任人员，依照本条各款的规定处罚。

第一百五十二条 【走私淫秽物品罪；走私废物罪】以牟利或者传播为目的，走私淫秽的影片、录像带、录音带、图片、书刊或者其他淫秽物品的，处三年以上十年以下有期徒刑，并处罚金；情节严重的，处十年以上有期徒刑或者无期徒刑，并处罚金或者没收财产；情节较轻的，处三年以下有期徒刑、拘役或者管制，并处罚金。

逃避海关监管将境外固体废物、液态废物和气态废物运输进境，情节严重的，处五年以下有期徒刑，并处或者单处罚金；情节特别严重的，处五年以上有期徒刑，并处罚金。

单位犯前两款罪的，对单位判处罚金，并对其直接负责的主管人员和其他直接责任人员，依照前两款的规定处罚。

第一百五十三条 【走私普通货物、物品罪】走私本法第一百五十一条、第一百五十二条、第三百四十七条规定以外的货物、物品的，根据情节轻重，分别依照下列规定处罚：

（一）走私货物、物品偷逃应缴税额较大或者一年内曾因走私被给予二次行政处罚后又走私的，处三年以下有期徒刑或者拘役，并处偷逃应缴税额一倍以上五倍以下罚金。

（二）走私货物、物品偷逃应缴税额巨大或者有其他严重情节的，处三年以上十年以下有期徒刑，并处偷逃应缴税额一倍以上五倍以下罚金。

（三）走私货物、物品偷逃应缴税额特别巨大或者有其他特别严重情节的，处十年以上有期徒刑或者无期徒刑，并处偷逃应缴税额一倍以上五倍以下罚金或者没收财产。

单位犯前款罪的，对单位判处罚金，并对其直接负责的主管人员和其他直接责任人员，处三年以下有期徒刑或者拘役；情节严重的，处三年以上十年以下有期徒刑；情节特别严重的，处十年以上有期徒刑。

对多次走私未经处理的，按照累计走私货物、物品的偷逃应缴税额处罚。

第一百五十四条 【特殊形式的走私普通货物、物品罪】下列走私行为，根据本节规定构成犯罪的，依照本法第一百五十三条的规定定罪处罚：

（一）未经海关许可并且未补缴应缴税额，擅自将批准进口的来料加工、来件装配、补偿贸易的原材料、零件、制成品、设备等保税货物，在境内销售牟利的；

（二）未经海关许可并且未补缴应缴税额，擅自将特定减税、免税进口的货物、物品，在境内销售牟利的。

第一百五十五条 【间接走私行为以相应走私犯罪论处的规定】下列行为，以走私罪论处，依照本节的有关规定处罚：

（一）直接向走私人非法收购国家禁止进口物品的，或者直接向走私人非法收购走私进口的其他货物、物品，数额较大的；

（二）在内海、领海、界河、界湖运输、收购、贩卖国家禁止进出口物品的，或者运输、收购、贩卖国家限制进出口货物、物品，数额较大，没有合法证明的。

第一百五十六条 【走私共犯】与走私罪犯通谋，为其提供贷款、资金、账号、发票、证明，或者为其提供运输、保管、邮寄或者其他方便的，以走私罪的共犯论处。

第一百五十七条 【武装掩护走私、抗拒缉私的处罚规定】武装掩护走私的，依照本法第一百五十一条第一款的规定从重处罚。

以暴力、威胁方法抗拒缉私的，以走私罪和本法第二百七十七条规定的阻碍国家机关工作人员依法执行职务罪，依照数罪并罚的规定处罚。

第七节　侵犯知识产权罪

第二百一十三条　【假冒注册商标罪】未经注册商标所有人许可，在同一种商品上使用与其注册商标相同的商标，情节严重的，处三年以下有期徒刑或者拘役，并处或者单处罚金；情节特别严重的，处三年以上七年以下有期徒刑，并处罚金。

第二百一十四条　【销售假冒注册商标的商品罪】销售明知是假冒注册商标的商品，销售金额数额较大的，处三年以下有期徒刑或者拘役，并处或者单处罚金；销售金额数额巨大的，处三年以上七年以下有期徒刑，并处罚金。

第二百一十五条　【非法制造、销售非法制造的注册商标标识罪】伪造、擅自制造他人注册商标标识或者销售伪造、擅自制造的注册商标标识，情节严重的，处三年以下有期徒刑、拘役或者管制，并处或者单处罚金；情节特别严重的，处三年以上七年以下有期徒刑，并处罚金。

第二百一十六条　【假冒专利罪】假冒他人专利，情节严重的，处三年以下有期徒刑或者拘役，并处或者单处罚金。

第二百一十七条　【侵犯著作权罪】以营利为目的，有下列侵犯著作权情形之一，违法所得数额较大或者有其他严重情节的，处三年以下有期徒刑或者拘役，并处或者单处罚金；违法所得数额巨大或者有其他特别严重情节的，处三年以上七年以下有期徒刑，并处罚金：

（一）未经著作权人许可，复制发行其文字作品、音乐、电影、电视、录像作品、计算机软件及其他作品的；

（二）出版他人享有专有出版权的图书的；

（三）未经录音录像制作者许可，复制发行其制作的录音录像的；

（四）制作、出售假冒他人署名的美术作品的。

第二百一十八条　【销售侵权复制品罪】以营利为目的，销售明知是本法第二百一十七条规定的侵权复制品，违法所得数额巨大的，处三年以下有期徒刑或者拘役，并处或者单处罚金。

第二百一十九条　【侵犯商业秘密罪】有下列侵犯商业秘密行为之一，给商业秘密的权利人造成重大损失的，处三年以下有期徒刑或者拘役，并处或者单处罚金；造成特别严重后果的，处三年以上七年以下有期徒刑，并处罚金：

（一）以盗窃、利诱、胁迫或者其他不正当手段获取权利人的商业秘密的；

（二）披露、使用或者允许他人使用以前项手段获取的权利人的商业秘密的；

（三）违反约定或者违反权利人有关保守商业秘密的要求，披露、使用或者允许他人使用其所掌握的商业秘密的。

明知或者应知前款所列行为，获取、使用或者披露他人的商业秘密的，以侵犯商业秘密论。

本条所称商业秘密，是指不为公众所知悉，能为权利人带来经济利益，具有实用性并经权利人采取保密措施的技术信息和经营信息。

本条所称权利人，是指商业秘密的所有人和经商业秘密所有人许可的商业秘密使用人。

第二百二十条　【单位犯侵犯知识产权罪的处罚规定】单位犯本节第二百一十三条至第二百一十九条规定之罪的，对单位判处罚金，并对其直接负责的主管人员和其他直接责任人员，依照本节各该条的规定处罚。

第八节　扰乱市场秩序罪

第二百二十一条　【损害商业信誉、商品声誉罪】捏造并散布虚伪事实，损害他人的商业信誉、商品声誉，给他人造成重大损失或者有其他严重情节的，处二年以下有期徒刑或者拘役，并处或者单处罚金。

第二百二十二条　【虚假广告罪】广告主、广告经营者、广告发布者违反国家规定，利用广告对商品或者服务作虚假宣传，情节严重的，处二年以下有期徒刑或者拘役，并处或者单处罚金。

第二百二十三条　【串通投标罪】投标人相互串通投标报价，损害招标人或者其他投标人利益，情节严重的，处三年以下有期徒刑或者拘役，并处或者单处罚金。

投标人与招标人串通投标，损害国家、集体、公民的合法利益的，依照前款的规定处罚。

第二百二十四条　【合同诈骗罪；组织、领导传销活动罪】有下列情形之一，以非法占有为目的，在签订、履行合同过程中，骗取对方当事人财物，数额较大的，处三年以下有期徒刑或者拘役，并处或者单处罚金；数额巨大或者有其他严重情节的，处三年以上十年以下有期徒刑，并处罚金；数额特别巨大或者有其他特别严重情节的，处十年以上有期徒刑或者无期徒刑，并处罚金或者没收财产：

（一）以虚构的单位或者冒用他人名义签订合同的；

（二）以伪造、变造、作废的票据或者其他虚假的产权证明作担保的；

（三）没有实际履行能力，以先履行小额合同或者部分履行合同的方法，诱骗对方当事人继续签订和履行合同的；

（四）收受对方当事人给付的货物、货款、预付款或者担保财产后逃匿的；

（五）以其他方法骗取对方当事人财物的。

第二百二十四条之一 组织、领导以推销商品、提供服务等经营活动为名，要求参加者以缴纳费用或者购买商品、服务等方式获得加入资格，并按照一定顺序组成层级，直接或者间接以发展人员的数量作为计酬或者返利依据，引诱、胁迫参加者继续发展他人参加，骗取财物，扰乱经济社会秩序的传销活动的，处五年以下有期徒刑或者拘役，并处罚金；情节严重的，处五年以上有期徒刑，并处罚金。

第二百二十五条 【非法经营罪】违反国家规定，有下列非法经营行为之一，扰乱市场秩序，情节严重的，处五年以下有期徒刑或者拘役，并处或者单处违法所得一倍以上五倍以下罚金；情节特别严重的，处五年以上有期徒刑，并处违法所得一倍以上五倍以下罚金或者没收财产：

（一）未经许可经营法律、行政法规规定的专营、专卖物品或者其他限制买卖的物品的；

（二）买卖进出口许可证、进出口原产地证明以及其他法律、行政法规规定的经营许可证或者批准文件的；

（三）未经国家有关主管部门批准非法经营证券、期货、保险业务的，或者非法从事资金支付结算业务的；

（四）其他严重扰乱市场秩序的非法经营行为。

第二百二十六条 【强迫交易罪】以暴力、威胁手段，实施下列行为之一，情节严重的，处三年以下有期徒刑或者拘役，并处或者单处罚金；情节特别严重的，处三年以上七年以下有期徒刑，并处罚金：

（一）强买强卖商品的；

（二）强迫他人提供或者接受服务的；

（三）强迫他人参与或者退出投标、拍卖的；

（四）强迫他人转让或者收购公司、企业的股份、债券或者其他资产的；

（五）强迫他人参与或者退出特定的经营活动的。

第二百二十七条 【伪造、倒卖伪造的有价票证罪；倒卖车票、船票罪】伪造或者倒卖伪造的车票、船票、邮票或者其他有价票证，数额较大的，处二年以下有期徒刑、拘役或者管制，并处或者单处票证价额一倍以上五倍以下罚金；数额巨大的，处二年以上七年以下有期徒刑，并处票证价额一倍以上五倍以下罚金。

倒卖车票、船票，情节严重的，处三年以下有期徒刑、拘役或者管制，并处或者单处票证价额一倍以上五倍以下罚金。

第二百二十八条 【非法转让、倒卖土地使用权罪】以牟利为目的，违反土地管理法规，非法转让、倒卖土地使用权，情节严重的，处三年以下有期徒刑或者拘役，并处或者单处非法转让、倒卖土地使用权价额百分之五以上百分之二十以下罚金；情节特别严重的，处三年以上七年以下有期徒刑，并处非法转让、倒卖土地使用权价额百分之五以上百分之二十以下罚金。

第二百二十九条 【提供虚假证明文件罪；出具证明文件重大失实罪】承担资产评估、验资、验证、会计、审计、法律服务等职责的中介组织的人员故意提供虚假证明文件，情节严重的，处五年以下有期徒刑或者拘役，并处罚金。

前款规定的人员，索取他人财物或者非法收受他人财物，犯前款罪的，处五年以上十年以下有期徒刑，并处罚金。

第一款规定的人员，严重不负责任，出具的证明文件有重大失实，造成严重后果的，处三年以下有期徒刑或者拘役，并处或者单处罚金。

第二百三十条 【逃避商检罪】违反进出口商品检验法的规定，逃避商品检验，将必须经商检机构检验的进口商品未报经检验而擅自销售、使用，或者将必须经商检机构检验的出口商品未报经检验合格而擅自出口，情节严重的，处三年以下有期徒刑或者拘役，并处或者单处罚金。

第二百三十一条 【单位犯扰乱市场秩序罪的处罚规定】单位犯本节第二百二十一条至第二百三十条规定之罪的，对单位判处罚金，并对其直接负责的主管人员和其他直接责任人员，依照本节各该条的规定处罚。

中华人民共和国民法通则（节录）

（1986 年 4 月 12 日第六届全国人民代表大会第四次会议通过　1986 年 4 月 12 日中华人民共和国主席令第 37 号公布　1987 年 1 月 1 日起施行开根据 2009 年 8 月 27 日第十一届全国人民代表大会常务委员会第十次会议《关于修改部分法律的决定》修正）

第五章　民事权利

第三节　知识产权

第九十四条 公民、法人享有著作权（版权），依法有署名权、发表、出版、获得报酬等权利。

第六章　民事责任

第三节　侵权的民事责任

第一百一十八条 公民、法人的著作权（版权）、专利权、商标专用权、发现权、发明权和其他科技成果权受到剽窃、篡改、假冒等侵害的，有权要求停止侵害，消除影响，赔偿损失。

中华人民共和国网络安全法

（2016年11月7日第十二届全国人民代表大会常务委员会第二十四次会议通过　2016年11月7日中华人民共和国主席令第53号发布　自2017年6月1日起施行）

目　录

第一章　总　则

第一条　为了保障网络安全，维护网络空间主权和国家安全、社会公共利益，保护公民、法人和其他组织的合法权益，促进经济社会信息化健康发展，制定本法。

第二条　在中华人民共和国境内建设、运营、维护和使用网络，以及网络安全的监督管理，适用本法。

第三条　国家坚持网络安全与信息化发展并重，遵循积极利用、科学发展、依法管理、确保安全的方针，推进网络基础设施建设和互联互通，鼓励网络技术创新和应用，支持培养网络安全人才，建立健全网络安全保障体系，提高网络安全保护能力。

第四条　国家制定并不断完善网络安全战略，明确保障网络安全的基本要求和主要目标，提出重点领域的网络安全政策、工作任务和措施。

第五条　国家采取措施，监测、防御、处置来源于中华人民共和国境内外的网络安全风险和威胁，保护关键信息基础设施免受攻击、侵入、干扰和破坏，依法惩治网络违法犯罪活动，维护网络空间安全和秩序。

第六条　国家倡导诚实守信、健康文明的网络行为，推动传播社会主义核心价值观，采取措施提高全社会的网络安全意识和水平，形成全社会共同参与促进网络安全的良好环境。

第七条　国家积极开展网络空间治理、网络技术研发和标准制定、打击网络违法犯罪等方面的国际交流与合作，推动构建和平、安全、开放、合作的网络空间，建立多边、民主、透明的网络治理体系。

第八条　国家网信部门负责统筹协调网络安全工作和相关监督管理工作。国务院电信主管部门、公安部门和其他有关机关依照本法和有关法律、行政法规的规定，在各自职责范围内负责网络安全保护和监督管理工作。

县级以上地方人民政府有关部门的网络安全保护和监督管理职责，按照国家有关规定确定。

第九条　网络运营者开展经营和服务活动，必须遵守法律、行政法规，尊重社会公德，遵守商业道德，诚实信用，履行网络安全保护义务，接受政府和社会的监督，承担社会责任。

第十条　建设、运营网络或者通过网络提供服务，应当依照法律、行政法规的规定和国家标准的强制性要求，采取技术措施和其他必要措施，保障网络安全、稳定运行，有效应对网络安全事件，防范网络违法犯罪活动，维护网络数据的完整性、保密性和可用性。

第十一条　网络相关行业组织按照章程，加强行业自律，制定网络安全行为规范，指导会员加强网络安全保护，提高网络安全保护水平，促进行业健康发展。

第十二条　国家保护公民、法人和其他组织依法使用网络的权利，促进网络接入普及，提升网络服务水平，为社会提供安全、便利的网络服务，保障网络信息依法有序自由流动。

任何个人和组织使用网络应当遵守宪法法律，遵守公共秩序，尊重社会公德，不得危害网络安全，不得利用网络从事危害国家安全、荣誉和利益，煽动颠覆国家政权、推翻社会主义制度，煽动分裂国家、破坏国家统一，宣扬恐怖主义、极端主义，宣扬民族仇恨、民族歧视，传播暴力、淫秽色情信息，编造、传播虚假信息扰乱经济秩序和社会秩序，以及侵害他人名誉、隐私、知识产权和其他合法权益等活动。

第十三条　国家支持研究开发有利于未成年人健康成长的网络产品和服务，依法惩治利用网络从事危害未成年人身心健康的活动，为未成年人提供安全、健康的网络环境。

第十四条　任何个人和组织有权对危害网络安全的行为向网信、电信、公安等部门举报。收到举报的部门应当及时依法作出处理；不属于本部门职责的，应当及时移送有权处理的部门。

有关部门应当对举报人的相关信息予以保密，保护举报人的合法权益。

第二章 网络安全支持与促进

第十五条 国家建立和完善网络安全标准体系。国务院标准化行政主管部门和国务院其他有关部门根据各自的职责，组织制定并适时修订有关网络安全管理以及网络产品、服务和运行安全的国家标准、行业标准。

国家支持企业、研究机构、高等学校、网络相关行业组织参与网络安全国家标准、行业标准的制定。

第十六条 国务院和省、自治区、直辖市人民政府应当统筹规划，加大投入，扶持重点网络安全技术产业和项目，支持网络安全技术的研究开发和应用，推广安全可信的网络产品和服务，保护网络技术知识产权，支持企业、研究机构和高等学校等参与国家网络安全技术创新项目。

第十七条 国家推进网络安全社会化服务体系建设，鼓励有关企业、机构开展网络安全认证、检测和风险评估等安全服务。

第十八条 国家鼓励开发网络数据安全保护和利用技术，促进公共数据资源开放，推动技术创新和经济社会发展。

国家支持创新网络安全管理方式，运用网络新技术，提升网络安全保护水平。

第十九条 各级人民政府及其有关部门应当组织开展经常性的网络安全宣传教育，并指导、督促有关单位做好网络安全宣传教育工作。

大众传播媒介应当有针对性地面向社会进行网络安全宣传教育。

第二十条 国家支持企业和高等学校、职业学校等教育培训机构开展网络安全相关教育与培训，采取多种方式培养网络安全人才，促进网络安全人才交流。

第三章 网络运行安全

第一节 一般规定

第二十一条 国家实行网络安全等级保护制度。网络运营者应当按照网络安全等级保护制度的要求，履行下列安全保护义务，保障网络免受干扰、破坏或者未经授权的访问，防止网络数据泄露或者被窃取、篡改：

（一）制定内部安全管理制度和操作规程，确定网络安全负责人，落实网络安全保护责任；

（二）采取防范计算机病毒和网络攻击、网络侵入等危害网络安全行为的技术措施；

（三）采取监测、记录网络运行状态、网络安全事件的技术措施，并按照规定留存相关的网络日志不少于六个月；

（四）采取数据分类、重要数据备份和加密等措施；

（五）法律、行政法规规定的其他义务。

第二十二条 网络产品、服务应当符合相关国家标准的强制性要求。网络产品、服务的提供者不得设置恶意程序；发现其网络产品、服务存在安全缺陷、漏洞等风险时，应当立即采取补救措施，按照规定及时告知用户并向有关主管部门报告。

网络产品、服务的提供者应当为其产品、服务持续提供安全维护；在规定或者当事人约定的期限内，不得终止提供安全维护。

网络产品、服务具有收集用户信息功能的，其提供者应当向用户明示并取得同意；涉及用户个人信息的，还应当遵守本法和有关法律、行政法规关于个人信息保护的规定。

第二十三条 网络关键设备和网络安全专用产品应当按照相关国家标准的强制性要求，由具备资格的机构安全认证合格或者安全检测符合要求后，方可销售或者提供。国家网信部门会同国务院有关部门制定、公布网络关键设备和网络安全专用产品目录，并推动安全认证和安全检测结果互认，避免重复认证、检测。

第二十四条 网络运营者为用户办理网络接入、域名注册服务，办理固定电话、移动电话等入网手续，或者为用户提供信息发布、即时通讯等服务，在与用户签订协议或者确认提供服务时，应当要求用户提供真实身份信息。用户不提供真实身份信息的，网络运营者不得为其提供相关服务。

国家实施网络可信身份战略，支持研究开发安全、方便的电子身份认证技术，推动不同电子身份认证之间的互认。

第二十五条 网络运营者应当制定网络安全事件应急预案，及时处置系统漏洞、计算机病毒、网络攻击、网络侵入等安全风险；在发生危害网络安全的事件时，立即启动应急预案，采取相应的补救措施，并按照规定向有关主管部门报告。

第二十六条 开展网络安全认证、检测、风险评估等活动，向社会发布系统漏洞、计算机病毒、网络攻击、网络侵入等网络安全信息，应当遵守国家有关规定。

第二十七条 任何个人和组织不得从事非法侵入他人网络、干扰他人网络正常功能、窃取网络数据等危害网络安全的活动；不得提供专门用于从事侵入网络、干扰网络正常功能及防护措施、窃取网络数据等危害网络安全活动的程序、工具；明知他人从事危害网络安全的活动的，不得为其提供技术支持、广告推广、支付结算等帮助。

第二十八条 网络运营者应当为公安机关、国家安全机关依法维护国家安全和侦查犯罪的活动提供技术支持和协助。

第二十九条 国家支持网络运营者之间在网络安全信息收集、分析、通报和应急处置等方面进行合作，提高网络运营者的安全保障能力。

有关行业组织建立健全本行业的网络安全保护规范和协作机制，加强对网络安全风险的分析评估，定期向会员进行风险警示，支持、协助会员应对网络安全风险。

第三十条 网信部门和有关部门在履行网络安全保护职责中获取的信息，只能用于维护网络安全的需要，不得用于其他用途。

第二节 关键信息基础设施的运行安全

第三十一条 国家对公共通信和信息服务、能源、交通、水利、金融、公共服务、电子政务等重要行业和领域，以及其他一旦遭到破坏、丧失功能或者数据泄露，可能严重危害国家安全、国计民生、公共利益的关键信息基础设施，在网络安全等级保护制度的基础上，实行重点保护。关键信息基础设施的具体范围和安全保护办法由国务院制定。

国家鼓励关键信息基础设施以外的网络运营者自愿参与关键信息基础设施保护体系。

第三十二条 按照国务院规定的职责分工，负责关键信息基础设施安全保护工作的部门分别编制并组织实施本行业、本领域的关键信息基础设施安全规划，指导和监督关键信息基础设施运行安全保护工作。

第三十三条 建设关键信息基础设施应当确保其具有支持业务稳定、持续运行的性能，并保证安全技术措施同步规划、同步建设、同步使用。

第三十四条 除本法第二十一条的规定外，关键信息基础设施的运营者还应当履行下列安全保护义务：

（一）设置专门安全管理机构和安全管理负责人，并对该负责人和关键岗位的人员进行安全背景审查；

（二）定期对从业人员进行网络安全教育、技术培训和技能考核；

（三）对重要系统和数据库进行容灾备份；

（四）制定网络安全事件应急预案，并定期进行演练；

（五）法律、行政法规规定的其他义务。

第三十五条 关键信息基础设施的运营者采购网络产品和服务，可能影响国家安全的，应当通过国家网信部门会同国务院有关部门组织的国家安全审查。

第三十六条 关键信息基础设施的运营者采购网络产品和服务，应当按照规定与提供者签订安全保密协议，明确安全和保密义务与责任。

第三十七条 关键信息基础设施的运营者在中华人民共和国境内运营中收集和产生的个人信息和重要数据应当在境内存储。因业务需要，确需向境外提供的，应当按照国家网信部门会同国务院有关部门制定的办法进行安全评估；法律、行政法规另有规定的，依照其规定。

第三十八条 关键信息基础设施的运营者应当自行或者委托网络安全服务机构对其网络的安全性和可能存在的风险每年至少进行一次检测评估，并将检测评估情况和改进措施报送相关负责关键信息基础设施安全保护工作的部门。

第三十九条 国家网信部门应当统筹协调有关部门对关键信息基础设施的安全保护采取下列措施：

（一）对关键信息基础设施的安全风险进行抽查检测，提出改进措施，必要时可以委托网络安全服务机构对网络存在的安全风险进行检测评估；

（二）定期组织关键信息基础设施的运营者进行网络安全应急演练，提高应对网络安全事件的水平和协同配合能力；

（三）促进有关部门、关键信息基础设施的运营者以及有关研究机构、网络安全服务机构等之间的网络安全信息共享；

（四）对网络安全事件的应急处置与网络功能的恢复等，提供技术支持和协助。

第四章 网络信息安全

第四十条 网络运营者应当对其收集的用户信息严格保密，并建立健全用户信息保护制度。

第四十一条 网络运营者收集、使用个人信息，应当遵循合法、正当、必要的原则，公开收集、使用规则，明示收集、使用信息的目的、方式和范围，并经被收集者同意。

网络运营者不得收集与其提供的服务无关的个人信息，不得违反法律、行政法规的规定和双方的约定收集、使用个人信息，并应当依照法律、行政法规的规定和与用户的约定，处理其保存的个人信息。

第四十二条 网络运营者不得泄露、篡改、毁损其收集的个人信息；未经被收集者同意，不得向他人提供个人信息。但是，经过处理无法识别特定个人且不能复原的除外。

网络运营者应当采取技术措施和其他必要措施，确保其收集的个人信息安全，防止信息泄露、毁损、丢失。在发生或者可能发生个人信息泄露、毁损、丢失的情况时，应当立即采取补救措施，按照规定及时告知用户并向有关主管部门报告。

第四十三条 个人发现网络运营者违反法律、行政法规的规定或者双方的约定收集、使用其个人信息的，有权要求网络运营者删除其个人信息；发现网络运营者收集、存储的其个人信息有错误的，有权要求网络运营者予以更正。网络运营者应当采取措施予以删除或者更正。

第四十四条 任何个人和组织不得窃取或者以其他非法方式获取个人信息，不得非法出售或者非法向他人提供个人信息。

第四十五条 依法负有网络安全监督管理职责的部门及其工作人员，必须对在履行职责中知悉的个人信息、隐私和商业秘密严格保密，不得泄露、出售或者非法向他人提供。

第四十六条 任何个人和组织应当对其使用网络的行为负责，不得设立用于实施诈骗，传授犯罪方法，制作或者销售违禁物品、管制物品等违法犯罪活动的网站、通讯群组，不得利用网络发布涉及实施诈骗，制作或者销售违禁物品、管制物品以及其他违法犯罪活动的信息。

第四十七条 网络运营者应当加强对其用户发布的信息的管理，发现法律、行政法规禁止发布或者传输的信息的，应当立即停止传输该信息，采取消除等处置措施，防止信息扩散，保存有关记录，并向有关主管部门报告。

第四十八条 任何个人和组织发送的电子信息、提供的应用软件，不得设置恶意程序，不得含有法律、行政法规禁止发布或者传输的信息。

电子信息发送服务提供者和应用软件下载服务提供者，应当履行安全管理义务，知道其用户有前款规定行为的，应当停止提供服务，采取消除等处置措施，保存有关记录，并向有关主管部门报告。

第四十九条 网络运营者应当建立网络信息安全投诉、举报制度，公布投诉、举报方式等信息，及时受理并处理有关网络信息安全的投诉和举报。

网络运营者对网信部门和有关部门依法实施的监督检查，应当予以配合。

第五十条 国家网信部门和有关部门依法履行网络信息安全监督管理职责，发现法律、行政法规禁止发布或者传输的信息的，应当要求网络运营者停止传输，采取消除等处置措施，保存有关记录；对来源于中华人民共和国境外的上述信息，应当通知有关机构采取技术措施和其他必要措施阻断传播。

第五章 监测预警与应急处置

第五十一条 国家建立网络安全监测预警和信息通报制度。国家网信部门应当统筹协调有关部门加强网络安全信息收集、分析和通报工作，按照规定统一发布网络安全监测预警信息。

第五十二条 负责关键信息基础设施安全保护工作的部门，应当建立健全本行业、本领域的网络安全监测预警和信息通报制度，并按照规定报送网络安全监测预警信息。

第五十三条 国家网信部门协调有关部门建立健全网络安全风险评估和应急工作机制，制定网络安全事件应急预案，并定期组织演练。

负责关键信息基础设施安全保护工作的部门应当制定本行业、本领域的网络安全事件应急预案，并定期组织演练。

网络安全事件应急预案应当按照事件发生后的危害程度、影响范围等因素对网络安全事件进行分级，并规定相应的应急处置措施。

第五十四条 网络安全事件发生的风险增大时，省级以上人民政府有关部门应当按照规定的权限和程序，并根据网络安全风险的特点和可能造成的危害，采取下列措施：

（一）要求有关部门、机构和人员及时收集、报告有关信息，加强对网络安全风险的监测；

（二）组织有关部门、机构和专业人员，对网络安全风险信息进行分析评估，预测事件发生的可能性、影响范围和危害程度；

（三）向社会发布网络安全风险预警，发布避免、减轻危害的措施。

第五十五条 发生网络安全事件，应当立即启动网络安全事件应急预案，对网络安全事件进行调查和评估，要求网络运营者采取技术措施和其他必要措施，消除安全隐患，防止危害扩大，并及时向社会发布与公众有关的警示信息。

第五十六条 省级以上人民政府有关部门在履行网络安全监督管理职责中，发现网络存在较大安全风险或者发生安全事件的，可以按照规定的权限和程序对该网络的运营者的法定代表人或者主要负责人进行约谈。网络运营者应当按照要求采取措施，进行整改，消除隐患。

第五十七条 因网络安全事件，发生突发事件或者生产安全事故的，应当依照《中华人民共和国突发事件应对法》、《中华人民共和国安全生产法》等有关法律、行政法规的规定处置。

第五十八条 因维护国家安全和社会公共秩序，处置重大突发社会安全事件的需要，经国务院决定或者批准，可以在特定区域对网络通信采取限制等临时措施。

第六章 法律责任

第五十九条 网络运营者不履行本法第二十一条、第二十五条规定的网络安全保护义务的，由有关主管部门责令改正，给予警告；拒不改正或者导致危害网络安全等后果的，处一万元以上十万元以下罚款，对直接负责的主管人员处五千元以上五万元以下罚款。

关键信息基础设施的运营者不履行本法第三十三条、第三十四条、第三十六条、第三十八条规定的网络安全保护义务的，由有关主管部门责令改正，给予警告；拒不改正或者导致危害网络安全等后果的，处十万元以上一百万元以下罚款，对直接负责的主管人员处一万元以上十万元以下罚款。

第六十条 违反本法第二十二条第一款、第二款和第四十八条第一款规定，有下列行为之一的，由有关主管部门责令改正，给予警告；拒不改正或者导致危害网络安全等后果的，处五万元以上五十万元以下罚款，对直接负责的主管人员处一万元以上十万元以下罚款：

（一）设置恶意程序的；

（二）对其产品、服务存在的安全缺陷、漏洞等风险未立即采取补救措施，或者未按照规定及时告知用户并向有关主管部门报告的；

（三）擅自终止为其产品、服务提供安全维护的。

第六十一条 网络运营者违反本法第二十四条第一款规定，未要求用户提供真实身份信息，或者对不提供真实身份信息的用户提供相关服务的，由有关主管部门责令改正；拒不改正或者情节严重的，处五万元以上五十万元以下罚款，并可以由有关主管部门责令暂停相关业务、停业整顿、关闭网站、吊销相关业务许可证或者吊销营业执照，对直接负责的主管人员和其他直接责任人员处一万元以上十万元以下罚款。

第六十二条 违反本法第二十六条规定，开展网络安全认证、检测、风险评估等活动，或者向社会发布系统漏洞、计算机病毒、网络攻击、网络侵入等网络安全信息的，由有关主管部门责令改正，给予警告；拒不改正或者情节严重的，处一万元以上十万元以下罚款，并可以由有关主管部门责令暂停相关业务、停业整顿、关闭网站、吊销相关业务许可证或者吊销营业执照，对直接负责的主管人员和其他直接责任人员处五千元以上五万元以下罚款。

第六十三条 违反本法第二十七条规定，从事危害网络安全的活动，或者提供专门用于从事危害网络安全活动的程序、工具，或者为他人从事危害网络安全的活动提供技术支持、广告推广、支付结算等帮助，尚不构成犯罪的，由公安机关没收违法所得，处五日以下拘留，可以并处五万元以上五十万元以下罚款；情节较重的，处五日以上十五日以下拘留，可以并处十万元以上一百万元以下罚款。

单位有前款行为的，由公安机关没收违法所得，处十万元以上一百万元以下罚款，并对直接负责的主管人员和其他直接责任人员依照前款规定处罚。

违反本法第二十七条规定，受到治安管理处罚的人员，五年内不得从事网络安全管理和网络运营关键岗位的工作；受到刑事处罚的人员，终身不得从事网络安全管理和网络运营关键岗位的工作。

第六十四条 网络运营者、网络产品或者服务的提供者违反本法第二十二条第三款、第四十一条至第四十三条规定，侵害个人信息依法得到保护的权利的，由有关主管部门责令改正，可以根据情节单处或者并处警告、没收违法所得、处违法所得一倍以上十倍以下罚款，没有违法所得的，处一百万元以下罚款，对直接负责的主管人员和其他直接责任人员处一万元以上十万元以下罚款；情节严重的，并可以责令暂停相关业务、停业整顿、关闭网站、吊销相关业务许可证或者吊销营业执照。

违反本法第四十四条规定，窃取或者以其他非法方式获取、非法出售或者非法向他人提供个人信息，尚不构成犯罪的，由公安机关没收违法所得，并处违法所得一倍以上十倍以下罚款，没有违法所得的，处一百万元以下罚款。

第六十五条 关键信息基础设施的运营者违反本法第三十五条规定，使用未经安全审查或者安全审查未通过的网络产品或者服务的，由有关主管部门责令停止使用，处采购金额一倍以上十倍以下罚款；对直接负责的主管人员和其他直接责任人员处一万元以上十万元以下罚款。

第六十六条 关键信息基础设施的运营者违反本法第三十七条规定，在境外存储网络数据，或者向境外提供网络数据的，由有关主管部门责令改正，给予警告，没收违法所得，处五万元以上五十万元以下罚款，并可以责令暂停相关业务、停业整顿、关闭网站、吊销相关业务许可证或者吊销营业执照；对直接负责的主管人员和其他直接责任人员处一万元以上十万元以下罚款。

第六十七条 违反本法第四十六条规定，设立用于实施违法犯罪活动的网站、通讯群组，或者利用网络发布涉及实施违法犯罪活动的信息，尚不构成犯罪的，由公安机关处五日以下拘留，可以并处一万元以上十万元以下罚款；情节较重的，处五日以上十五日以下拘留，可以并处五万元以上五十万元以下罚款。关闭用于实施违法犯罪活动的网站、通讯群组。

单位有前款行为的，由公安机关处十万元以上五十万元以下罚款，并对直接负责的主管人员和其他直接责任人员依照前款规定处罚。

第六十八条 网络运营者违反本法第四十七条规定，对法律、行政法规禁止发布或者传输的信息未停止传输、采取消除等处置措施、保存有关记录的，由有关主管部门责令改正，给予警告，没收违法所得；拒不改正或者情节严重的，处十万元以上五十万元以下罚款，并可以责令暂停相关业务、停业整顿、关闭网站、吊销相关业务许可证或者吊销营业执照，对直接负责的主管人员和其他直接责任人员处一万元以上十万元以下罚款。

电子信息发送服务提供者、应用软件下载服务提供者，不履行本法第四十八条第二款规定的安全管理义务的，依照前款规定处罚。

第六十九条 网络运营者违反本法规定，有下列行为之一的，由有关主管部门责令改正；拒不改正或者情节严重的，处五万元以上五十万元以下罚款，对直接负责的主管人员和其他直接责任人员，处一万元以上十万元以下罚款：

（一）不按照有关部门的要求对法律、行政法规禁止发布或者传输的信息，采取停止传输、消除等处置措施的；

（二）拒绝、阻碍有关部门依法实施的监督检查的；

（三）拒不向公安机关、国家安全机关提供技术支持和协助的。

第七十条 发布或者传输本法第十二条第二款和其他法律、行政法规禁止发布或者传输的信息的，依照有关法律、行政法规的规定处罚。

第七十一条 有本法规定的违法行为的，依照有关法律、行政法规的规定记入信用档案，并予以公示。

第七十二条 国家机关政务网络的运营者不履行本法规定的网络安全保护义务的，由其上级机关或者有关机关责令改正；对直接负责的主管人员和其他直接责任人员依法给予处分。

第七十三条 网信部门和有关部门违反本法第三十条规定，将在履行网络安全保护职责中获取的信息用于其他用途的，对直接负责的主管人员和其他直接责任人员依法给予处分。

网信部门和有关部门的工作人员玩忽职守、滥用职权、徇私舞弊，尚不构成犯罪的，依法给予处分。

第七十四条 违反本法规定，给他人造成损害的，依法承担民事责任。

违反本法规定，构成违反治安管理行为的，依法给予治安管理处罚；构成犯罪的，依法追究刑事责任。

第七十五条 境外的机构、组织、个人从事攻击、侵入、干扰、破坏等危害中华人民共和国的关键信息基础设施的活动，造成严重后果的，依法追究法律责任；国务院公安部门和有关部门并可以决定对该机构、组织、个人采取冻结财产或者其他必要的制裁措施。

第七章 附 则

第七十六条 本法下列用语的含义：

（一）网络，是指由计算机或者其他信息终端及相关设备组成的按照一定的规则和程序对信息进行收集、存储、传输、交换、处理的系统。

（二）网络安全，是指通过采取必要措施，防范对网络的攻击、侵入、干扰、破坏和非法使用以及意外事故，使网络处于稳定可靠运行的状态，以及保障网络数据的完整性、保密性、可用性的能力。

（三）网络运营者，是指网络的所有者、管理者和网络服务提供者。

（四）网络数据，是指通过网络收集、存储、传输、处理和产生的各种电子数据。

（五）个人信息，是指以电子或者其他方式记录的能够单独或者与其他信息结合识别自然人个人身份的各种信息，包括但不限于自然人的姓名、出生日期、身份证件号码、个人生物识别信息、住址、电话号码等。

第七十七条 存储、处理涉及国家秘密信息的网络的运行安全保护，除应当遵守本法外，还应当遵守保密法律、行政法规的规定。

第七十八条 军事网络的安全保护，由中央军事委员会另行规定。

第七十九条 本法自2017年6月1日起施行。

中华人民共和国电影产业促进法

（2016年11月7日第十二届全国人民代表大会常务委员会第二十四次会议通过　2016年11月7日中华人民共和国主席令第54号公布　自2017年3月1日起施行）

目 录

第一章 总 则

第一条 为了促进电影产业健康繁荣发展，弘扬社会主义核心价值观，规范电影市场秩序，丰富人民群众精神文化生活，制定本法。

第二条 在中华人民共和国境内从事电影创作、摄制、发行、放映等活动（以下统称电影活动），适用本法。

本法所称电影，是指运用视听技术和艺术手段摄制、以胶片或者数字载体记录、由表达一定内容的有声或者无声的连续画面组成、符合国家规定的技术标准、用于电影院等固定放映场所或者流动放映设备公开放映的作品。

通过互联网、电信网、广播电视网等信息网络传播电影的，还应当遵守互联网、电信网、广播电视网等信息网络管理的法律、行政法规的规定。

第三条 从事电影活动，应当坚持为人民服务、为社会主义服务，坚持社会效益优先，实现社会效益与经济效益相统一。

第四条 国家坚持以人民为中心的创作导向，坚持百花齐放、百家争鸣的方针，尊重和保障电影创作自由，倡导电影创作贴近实际、贴近生活、贴近群众，鼓励创作思想性、艺术性、观赏性相统一的优秀电影。

第五条 国务院应当将电影产业发展纳入国民经济和社会发展规划。县级以上地方人民政府根据当地实际情况将电影产业发展纳入本级国民经济和社会发展规划。

国家制定电影及其相关产业政策，引导形成统一开放、公平竞争的电影市场，促进电影市场繁荣发展。

第六条 国家鼓励电影科技的研发、应用，制定并完善电影技术标准，构建以企业为主体、市场为导向、产学研相结合的电影技术创新体系。

第七条 与电影有关的知识产权受法律保护，任何组织和个人不得侵犯。

县级以上人民政府负责知识产权执法的部门应当采取措施，保护与电影有关的知识产权，依法查处侵犯与电影有关的知识产权的行为。

从事电影活动的公民、法人和其他组织应当增强知识产权意识，提高运用、保护和管理知识产权的能力。

国家鼓励公民、法人和其他组织依法开发电影形象产品等衍生产品。

第八条 国务院电影主管部门负责全国的电影工作；县级以上地方人民政府电影主管部门负责本行政区域内的电影工作。

县级以上人民政府其他有关部门在各自职责范围内，负责有关的电影工作。

第九条 电影行业组织依法制定行业自律规范，开展业务交流，加强职业道德教育，维护其成员的合法权益。

演员、导演等电影从业人员应当坚持德艺双馨，遵守法律法规，尊重社会公德，恪守职业道德，加强自律，树立良好社会形象。

第十条 国家支持建立电影评价体系，鼓励开展电影评论。

对优秀电影以及为促进电影产业发展作出突出贡献的组织、个人，按照国家有关规定给予表彰和奖励。

第十一条 国家鼓励开展平等、互利的电影国际合作与交流，支持参加境外电影节（展）。

第二章 电影创作、摄制

第十二条 国家鼓励电影剧本创作和题材、体裁、形式、手段等创新，鼓励电影学术研讨和业务交流。

县级以上人民政府电影主管部门根据电影创作的需要，为电影创作人员深入基层、深入群众、体验生活等提供必要的便利和帮助。

第十三条 拟摄制电影的法人、其他组织应当将电影剧本梗概向国务院电影主管部门或者省、自治区、直辖市人民政府电影主管部门备案；其中，涉及重大题材或者国家安全、外交、民族、宗教、军事等方面题材的，应当按照国家有关规定将电影剧本报送审查。

电影剧本梗概或者电影剧本符合本法第十六条规定的，由国务院电影主管部门将拟摄制电影的基本情况予以公告，并由国务院电影主管部门或者省、自治区、直辖市人民政府电影主管部门出具备案证明文件或者颁发批准文件。具体办法由国务院电影主管部门制定。

第十四条 法人、其他组织经国务院电影主管部门批准，可以与境外组织合作摄制电影；但是，不得与从事损害我国国家尊严、荣誉和利益，危害社会稳定，伤害民族感情等活动的境外组织合作，也不得聘用有上述行为的个人参加电影摄制。

合作摄制电影符合创作、出资、收益分配等方面比例要求的，该电影视同境内法人、其他组织摄制的电影。

境外组织不得在境内独立从事电影摄制活动；境外个人不得在境内从事电影摄制活动。

第十五条 县级以上人民政府电影主管部门应当协调公安、文物保护、风景名胜区管理等部门，为法人、其他组织依照本法从事电影摄制活动提供必要的便利和帮助。

从事电影摄制活动的，应当遵守有关环境保护、文物保护、风景名胜区管理和安全生产等方面的法律、法规，并在摄制过程中采取必要的保护、防护措施。

第十六条 电影不得含有下列内容：

（一）违反宪法确定的基本原则，煽动抗拒或者破坏宪法、法律、行政法规实施；

（二）危害国家统一、主权和领土完整，泄露国家秘密，危害国家安全，损害国家尊严、荣誉和利益，宣扬恐怖主义、极端主义；

（三）诋毁民族优秀文化传统，煽动民族仇恨、民族歧视，侵害民族风俗习惯，歪曲民族历史或者民族历史人物，伤害民族感情，破坏民族团结；

（四）煽动破坏国家宗教政策，宣扬邪教、迷信；

（五）危害社会公德，扰乱社会秩序，破坏社会稳定，宣扬淫秽、赌博、吸毒，渲染暴力、恐怖，教唆犯罪或者传授犯罪方法；

（六）侵害未成年人合法权益或者损害未成年人身心健康；

（七）侮辱、诽谤他人或者散布他人隐私，侵害他人合法权益；

（八）法律、行政法规禁止的其他内容。

第十七条 法人、其他组织应当将其摄制完成的电影送国务院电影主管部门或者省、自治区、直辖市人民政府电影主管部门审查。

国务院电影主管部门或者省、自治区、直辖市人民政府电影主管部门应当自受理申请之日起三十日内作出审查决定。对符合本法规定的，准予公映，颁发电影公映许可证，并予以公布；对不符合本法规定的，不准予公映，书面通知申请人并说明理由。

国务院电影主管部门应当根据本法制定完善电影审查的具体标准和程序，并向社会公布。制定完善电影审查的具体标准应当向社会公开征求意见，并组织专家进行论证。

第十八条 进行电影审查应当组织不少于五名专家进行评审，由专家提出评审意见。法人、其他组织对专家评审意见有异议的，国务院电影主管部门或者省、自治区、直辖市人民政府电影主管部门可以另行组织专家再次评审。专家的评审意见应当作为作出审查决定的重要依据。

前款规定的评审专家包括专家库中的专家和根据电影题材特别聘请的专家。专家遴选和评审的具体办法由国务院电影主管部门制定。

第十九条 取得电影公映许可证的电影需要变更内容的，应当依照本法规定重新报送审查。

第二十条 摄制电影的法人、其他组织应当将取得的电影公映许可证标识置于电影的片头处；电影放映可能引起未成年人等观众身体或者心理不适的，应当予以提示。

未取得电影公映许可证的电影，不得发行、放映，不得通过互联网、电信网、广播电视网等信息网络进行传播，不得制作为音像制品；但是，国家另有规定的，从其规定。

第二十一条 摄制完成的电影取得电影公映许可证，方可参加电影节（展）。拟参加境外电影节（展）的，送展法人、其他组织应当在该境外电影节（展）举办前，将相关材料报国务院电影主管部门或者省、自治区、直辖市人民政府电影主管部门备案。

第二十二条 公民、法人和其他组织可以承接境外电影的洗印、加工、后期制作等业务，并报省、自治区、直辖市人民政府电影主管部门备案，但是不得承接含有损害我国国家尊严、荣誉和利益，危害社会稳定，伤害民族感情等内容的境外电影的相关业务。

第二十三条 国家设立的电影档案机构依法接收、收集、整理、保管并向社会开放电影档案。

国家设立的电影档案机构应当配置必要的设备，采用先进技术，提高电影档案管理现代化水平。

摄制电影的法人、其他组织依照《中华人民共和国档案法》的规定，做好电影档案保管工作，并向国家设立的电影档案机构移交、捐赠、寄存电影档案。

第三章 电影发行、放映

第二十四条 企业具有与所从事的电影发行活动相适应的人员、资金条件的，经国务院电影主管部门或者所在地省、自治区、直辖市人民政府电影主管部门批准，可以从事电影发行活动。

企业、个体工商户具有与所从事的电影放映活动相适应的人员、场所、技术和设备等条件的，经所在地县级人民政府电影主管部门批准，可以从事电影院等固定放映场所电影放映活动。

第二十五条 依照本法规定负责电影发行、放映活动审批的电影主管部门，应当自受理申请之日起三十日内，作出批准或者不批准的决定。对符合条件的，予以批准，颁发电影发行经营许可证或者电影放映经营许可证，并予以公布；对不符合条件的，不予批准，书面通知申请人并说明理由。

第二十六条 企业、个人从事电影流动放映活动，应当将企业名称或者经营者姓名、地址、联系方式、放映设备等向经营区域所在地县级人民政府电影主管部门备案。

第二十七条 国家加大对农村电影放映的扶持力度，由政府出资建立完善农村电影公益放映服务网络，积极引导社会资金投资农村电影放映，不断改善农村地区观看电影条件，统筹保障农村地区群众观看电影需求。

县级以上人民政府应当将农村电影公益放映纳入农村

公共文化服务体系建设，按照国家有关规定对农村电影公益放映活动给予补贴。

从事农村电影公益放映活动的，不得以虚报、冒领等手段骗取农村电影公益放映补贴资金。

第二十八条 国务院教育、电影主管部门可以共同推荐有利于未成年人健康成长的电影，并采取措施支持接受义务教育的学生免费观看，由所在学校组织安排。

国家鼓励电影院以及从事电影流动放映活动的企业、个人采取票价优惠、建设不同条件的放映厅、设立社区放映点等多种措施，为未成年人、老年人、残疾人、城镇低收入居民以及进城务工人员等观看电影提供便利；电影院以及从事电影流动放映活动的企业、个人所在地人民政府可以对其发放奖励性补贴。

第二十九条 电影院应当合理安排由境内法人、其他组织所摄制电影的放映场次和时段，并且放映的时长不得低于年放映电影时长总和的三分之二。

电影院以及从事电影流动放映活动的企业、个人应当保障电影放映质量。

第三十条 电影院的设施、设备以及用于流动放映的设备应当符合电影放映技术的国家标准。

电影院应当按照国家有关规定安装计算机售票系统。

第三十一条 未经权利人许可，任何人不得对正在放映的电影进行录音录像。发现进行录音录像的，电影院工作人员有权予以制止，并要求其删除；对拒不听从的，有权要求其离场。

第三十二条 国家鼓励电影院在向观众明示的电影开始放映时间之前放映公益广告。

电影院在向观众明示的电影开始放映时间之后至电影放映结束前，不得放映广告。

第三十三条 电影院应当遵守治安、消防、公共场所卫生等法律、行政法规，维护放映场所的公共秩序和环境卫生，保障观众的安全与健康。

任何人不得携带爆炸性、易燃性、放射性、毒害性、腐蚀性物品进入电影院等放映场所，不得非法携带枪支、弹药、管制器具进入电影院等放映场所；发现非法携带上述物品的，有关工作人员应当拒绝其进入，并向有关部门报告。

第三十四条 电影发行企业、电影院等应当如实统计电影销售收入，提供真实准确的统计数据，不得采取制造虚假交易、虚报瞒报销售收入等不正当手段，欺骗、误导观众，扰乱电影市场秩序。

第三十五条 在境内举办涉外电影节（展），须经国务院电影主管部门或者省、自治区、直辖市人民政府电影主管部门批准。

第四章　电影产业支持、保障

第三十六条 国家支持下列电影的创作、摄制：

（一）传播中华优秀文化、弘扬社会主义核心价值观的重大题材电影；

（二）促进未成年人健康成长的电影；

（三）展现艺术创新成果、促进艺术进步的电影；

（四）推动科学教育事业发展和科学技术普及的电影；

（五）其他符合国家支持政策的电影。

第三十七条 国家引导相关文化产业专项资金、基金加大对电影产业的投入力度，根据不同阶段和时期电影产业的发展情况，结合财力状况和经济社会发展需要，综合考虑、统筹安排财政资金对电影产业的支持，并加强对相关资金、基金使用情况的审计。

第三十八条 国家实施必要的税收优惠政策，促进电影产业发展，具体办法由国务院财税主管部门依照税收法律、行政法规的规定制定。

第三十九条 县级以上地方人民政府应当依据人民群众需求和电影市场发展需要，将电影院建设和改造纳入国民经济和社会发展规划、土地利用总体规划和城乡规划等。

县级以上地方人民政府应当按照国家有关规定，有效保障电影院用地需求，积极盘活现有电影院用地资源，支持电影院建设和改造。

第四十条 国家鼓励金融机构为从事电影活动以及改善电影基础设施提供融资服务，依法开展与电影有关的知识产权质押融资业务，并通过信贷等方式支持电影产业发展。

国家鼓励保险机构依法开发适应电影产业发展需要的保险产品。

国家鼓励融资担保机构依法向电影产业提供融资担保，通过再担保、联合担保以及担保与保险相结合等方式分散风险。

对国务院电影主管部门依照本法规定公告的电影的摄制，按照国家有关规定合理确定贷款期限和利率。

第四十一条 国家鼓励法人、其他组织通过到境外合作摄制电影等方式进行跨境投资，依法保障其对外贸易、跨境融资和投资等合理用汇需求。

第四十二条 国家实施电影人才扶持计划。

国家支持有条件的高等学校、中等职业学校和其他教育机构、培训机构等开设与电影相关的专业和课程，采取多种方式培养适应电影产业发展需要的人才。

国家鼓励从事电影活动的法人和其他组织参与学校相

关人才培养。

第四十三条 国家采取措施，扶持农村地区、边疆地区、贫困地区和民族地区开展电影活动。

国家鼓励、支持少数民族题材电影创作，加强电影的少数民族语言文字译制工作，统筹保障民族地区群众观看电影需求。

第四十四条 国家对优秀电影的外语翻译制作予以支持，并综合利用外交、文化、教育等对外交流资源开展电影的境外推广活动。

国家鼓励公民、法人和其他组织从事电影的境外推广。

第四十五条 国家鼓励社会力量以捐赠、资助等方式支持电影产业发展，并依法给予优惠。

第四十六条 县级以上人民政府电影主管部门应当加强对电影活动的日常监督管理，受理对违反本法规定的行为的投诉、举报，并及时核实、处理、答复；将从事电影活动的单位和个人因违反本法规定受到行政处罚的情形记入信用档案，并向社会公布。

第五章 法律责任

第四十七条 违反本法规定擅自从事电影摄制、发行、放映活动的，由县级以上人民政府电影主管部门予以取缔，没收电影片和违法所得以及从事违法活动的专用工具、设备；违法所得五万元以上的，并处违法所得五倍以上十倍以下的罚款；没有违法所得或者违法所得不足五万元的，可以并处二十五万元以下的罚款。

第四十八条 有下列情形之一的，由原发证机关吊销有关许可证、撤销有关批准或者证明文件；县级以上人民政府电影主管部门没收违法所得；违法所得五万元以上的，并处违法所得五倍以上十倍以下的罚款；没有违法所得或者违法所得不足五万元的，可以并处二十五万元以下的罚款：

（一）伪造、变造、出租、出借、买卖本法规定的许可证、批准或者证明文件，或者以其他形式非法转让本法规定的许可证、批准或者证明文件的；

（二）以欺骗、贿赂等不正当手段取得本法规定的许可证、批准或者证明文件的。

第四十九条 有下列情形之一的，由原发证机关吊销许可证；县级以上人民政府电影主管部门没收电影片和违法所得；违法所得五万元以上的，并处违法所得十倍以上二十倍以下的罚款；没有违法所得或者违法所得不足五万元的，可以并处五十万元以下的罚款：

（一）发行、放映未取得电影公映许可证的电影的；

（二）取得电影公映许可证后变更电影内容，未依照规定重新取得电影公映许可证擅自发行、放映、送展的；

（三）提供未取得电影公映许可证的电影参加电影节（展）的。

第五十条 承接含有损害我国国家尊严、荣誉和利益，危害社会稳定，伤害民族感情等内容的境外电影的洗印、加工、后期制作等业务的，由县级以上人民政府电影主管部门责令停止违法活动，没收电影片和违法所得；违法所得五万元以上的，并处违法所得三倍以上五倍以下的罚款；没有违法所得或者违法所得不足五万元的，可以并处十五万元以下的罚款。情节严重的，由电影主管部门通报工商行政管理部门，由工商行政管理部门吊销营业执照。

第五十一条 电影发行企业、电影院等有制造虚假交易、虚报瞒报销售收入等行为，扰乱电影市场秩序的，由县级以上人民政府电影主管部门责令改正，没收违法所得，处五万元以上五十万元以下的罚款；违法所得五十万元以上的，处违法所得一倍以上五倍以下的罚款。情节严重的，责令停业整顿；情节特别严重的，由原发证机关吊销许可证。

电影院在向观众明示的电影开始放映时间之后至电影放映结束前放映广告的，由县级人民政府电影主管部门给予警告，责令改正；情节严重的，处一万元以上五万元以下的罚款。

第五十二条 法人或者其他组织未经许可擅自在境内举办涉外电影节（展）的，由国务院电影主管部门或者省、自治区、直辖市人民政府电影主管部门责令停止违法活动，没收参展的电影片和违法所得；违法所得五万元以上的，并处违法所得五倍以上十倍以下的罚款；没有违法所得或者违法所得不足五万元的，可以并处二十五万元以下的罚款；情节严重的，自受到处罚之日起五年内不得举办涉外电影节（展）。

个人擅自在境内举办涉外电影节（展），或者擅自提供未取得电影公映许可证的电影参加电影节（展）的，由国务院电影主管部门或者省、自治区、直辖市人民政府电影主管部门责令停止违法活动，没收参展的电影片和违法所得；违法所得五万元以上的，并处违法所得五倍以上十倍以下的罚款；没有违法所得或者违法所得不足五万元的，可以并处二十五万元以下的罚款；情节严重的，自受到处罚之日起五年内不得从事相关电影活动。

第五十三条 法人、其他组织或者个体工商户因违反本法规定被吊销许可证的，自吊销许可证之日起五年内不得从事该项业务活动；其法定代表人或者主要负责人自吊销许可证之日起五年内不得担任从事电影活动的法人、其他组织的法定代表人或者主要负责人。

第五十四条 有下列情形之一的，依照有关法律、行政法规及国家有关规定予以处罚：

（一）违反国家有关规定，擅自将未取得电影公映许可证的电影制作为音像制品的；

（二）违反国家有关规定，擅自通过互联网、电信网、广播电视网等信息网络传播未取得电影公映许可证的电影的；

（三）以虚报、冒领等手段骗取农村电影公益放映补贴资金的；

（四）侵犯与电影有关的知识产权的；

（五）未依法接收、收集、整理、保管、移交电影档案的。

电影院有前款第四项规定行为，情节严重的，由原发证机关吊销许可证。

第五十五条 县级以上人民政府电影主管部门或者其他有关部门的工作人员有下列情形之一，尚不构成犯罪的，依法给予处分：

（一）利用职务上的便利收受他人财物或者其他好处的；

（二）违反本法规定进行审批活动的；

（三）不履行监督职责的；

（四）发现违法行为不予查处的；

（五）贪污、挪用、截留、克扣农村电影公益放映补贴资金或者相关专项资金、基金的；

（六）其他违反本法规定滥用职权、玩忽职守、徇私舞弊的情形。

第五十六条 违反本法规定，造成人身、财产损害的，依法承担民事责任；构成犯罪的，依法追究刑事责任。

因违反本法规定二年内受到二次以上行政处罚，又有依照本法规定应当处罚的违法行为的，从重处罚。

第五十七条 县级以上人民政府电影主管部门及其工作人员应当严格依照本法规定的处罚种类和幅度，根据违法行为的性质和具体情节行使行政处罚权，具体办法由国务院电影主管部门制定。

县级以上人民政府电影主管部门对有证据证明违反本法规定的行为进行查处时，可以依法查封与违法行为有关的场所、设施或者查封、扣押用于违法行为的财物。

第五十八条 当事人对县级以上人民政府电影主管部门以及其他有关部门依照本法作出的行政行为不服的，可以依法申请行政复议或者提起行政诉讼。其中，对国务院电影主管部门作出的不准予电影公映的决定不服的，应当先依法申请行政复议，对行政复议决定不服的可以提起行政诉讼。

第六章 附 则

第五十九条 境外资本在中华人民共和国境内设立从事电影活动的企业的，按照国家有关规定执行。

第六十条 本法自2017年3月1日起施行。

司法解释

最高人民法院关于充分发挥审判职能作用切实加强产权司法保护的意见

（法发〔2016〕27号）

产权制度是社会主义市场经济的基石，保护产权是坚持社会主义基本经济制度的必然要求。党的十八大以来，以习近平同志为核心的党中央高度重视产权保护工作。党的十八届三中、四中、五中全会明确提出，国家保护各种所有制经济产权和合法利益，强调要健全以公平为核心原则的产权保护制度，推进产权保护法治化。2016年11月4日，中共中央、国务院印发《关于完善产权保护制度依法保护产权的意见》，对完善产权保护制度、推进产权保护法治化有关工作进行了全面部署。为充分发挥审判职能作用，切实加强产权司法保护，增强人民群众财产财富安全感，促进经济社会持续健康发展，制定如下意见。

一、坚持产权司法保护的基本原则

1. 坚持平等保护。坚持各种所有制经济权利平等、机会平等、规则平等，对各类产权主体的诉讼地位和法律适用一视同仁，确保公有制经济和非公有制经济财产权不可侵犯。注重对非公有制产权的平等保护。妥善审理各类涉外案件，平等保护中外当事人的诉讼权利和实体权益。

2. 坚持全面保护。既要保护物权、债权、股权，也要保护知识产权及其他各种无形财产权。通过刑事、民事、行政等各种审判及执行活动，依法明确产权归属，制裁各类侵犯产权的违法犯罪行为，特别是利用公权力侵犯私有产权的违法犯罪行为。

3. 坚持依法保护。结合各个时期经济发展的形势和政策，准确把握立法精神，严格公正司法，妥善处理涉及产权保护的各类案件。结合案件审判和司法调研，促进社会主义市场经济法律制度不断健全，推动完善产权保护制度。

二、准确把握、严格执行产权保护的司法政策

4. 依法惩治各类侵犯产权犯罪，平等保护各种所有制经济产权。依法惩治侵吞、瓜分、贱卖国有、集体资产的犯罪，促进资产监督管理制度不断健全。加大对非公有财产的刑法保护力度，依法惩治侵犯非公有制企业产权以及侵犯非公有制经济投资者、管理者、从业人员财产权益的犯罪。对非法占有、处置、毁坏财产的，不论是公有财产还是私有财产，均依法及时追缴发还被害人，或者责令退赔。

5. 客观看待企业经营的不规范问题，对定罪依据不足的依法宣告无罪。对改革开放以来各类企业特别是民营企业因经营不规范所引发的问题，要以历史和发展的眼光客观看待，严格遵循罪刑法定、疑罪从无、从旧兼从轻等原则，依法公正处理。对虽属违法违规、但不构成犯罪，或者罪与非罪不清的，应当宣告无罪。对在生产、经营、融资等活动中的经济行为，除法律、行政法规明确禁止的，不得以犯罪论处。

6. 严格区分经济纠纷与刑事犯罪，坚决防止把经济纠纷当作犯罪处理。充分考虑非公有制经济特点，严格把握刑事犯罪的认定标准，严格区分正当融资与非法集资、合同纠纷与合同诈骗、民营企业参与国有企业兼并重组中涉及的经济纠纷与恶意侵占国有资产等的界限，坚决防止把经济纠纷认定为刑事犯罪，坚决防止利用刑事手段干预经济纠纷。对于各类经济纠纷，特别是民营企业与国有企业之间的纠纷，不论实际损失多大，都要始终坚持依法办案，排除各种干扰，确保公正审判。

7. 依法慎用强制措施和查封、扣押、冻结措施，最大限度降低对企业正常生产经营活动的不利影响。对涉案企业和人员，应当综合考虑行为性质、危害程度以及配合诉讼的态度等情况，依法慎重决定是否适用强制措施和查封、扣押、冻结措施。在刑事审判中，对已被逮捕的被告人，符合取保候审、监视居住条件的，应当变更强制措施。在刑事、民事、行政审判中，确需采取查封、扣押、冻结措施的，除依法需责令关闭的企业外，在条件允许的情况下可以为企业预留必要的流动资金和往来账户。不得查封、扣押、冻结与案件无关的财产。

8. 严格规范涉案财产的处置，依法维护涉案企业和人员的合法权益。严格区分违法所得和合法财产，对于经过审理不能确认为违法所得的，不得判决追缴或者责令退赔。严格区分个人财产和企业法人财产，处理股东、企业经营管理者等自然人犯罪不得任意牵连企业法人财产，处理企业犯罪不得任意牵连股东、企业经营管理者个人合法财产。严格区分涉案人员个人财产和家庭成员财产，处理涉案人员犯罪不得牵连其家庭成员合法财产。按照公开公正和规范高效的要求，严格执行、不断完善涉案财物保管、鉴定、估价、拍卖、变卖制度。

9. 依法公正审理行政协议案件，促进法治政府和政务诚信建设。对因招商引资、政府与社会资本合作等活动引发的纠纷，要认真审查协议不能履行的原因和违约责任，切实维护行政相对人的合法权益。对政府违反承诺，特别是仅因政府换届、领导人员更替等原因违约毁约的，要坚决依法支持行政相对人的合理诉求。对确因国家利益、公共利益或者其他法定事由改变政府承诺的，要依法判令补偿财产损失。

10. 依法公正审理财产征收征用案件，维护被征收征用者的合法权益。准确把握立法精神，合理把握征收征用适用的公共利益范围，坚决防止公共利益扩大化。遵循及时合理补偿原则，对土地征收和房屋拆迁补偿标准明显偏低的，要综合运用多种方式进行公平合理补偿，充分保护被征收征用者的合法权益。

11. 依法制裁知识产权违法犯罪，加大知识产权保护力度。按照“司法主导、严格保护、分类施策、比例协调”的知识产权司法保护基本政策，加大保护力度，推进知识产权强国建设。积极参与相关法律修订工作，推动完善知识产权侵权损害赔偿制度。适时发布司法解释和指导性案例，通过排除侵权证据妨碍、合理分配当事人的举证责任等途径，依法推进惩罚性赔偿制度的适用。依法审理商标侵权，加强品牌商誉保护。依法审理反不正当竞争纠纷案件，破除行业垄断和市场分割。依法惩治知识产权犯罪，加大对链条式、产业化知识产权犯罪惩治力度。

12. 依法处理历史形成的产权申诉案件，坚决落实有错必纠的要求。建立专门工作机制，抓紧甄别纠正一批社会反映强烈的产权纠纷申诉案件。对涉及重大财产处置的产权纠纷申诉案件、民营企业和投资人犯罪的申诉案件，经审查确属事实不清、证据不足、适用法律错误的，依法及时予以纠正并赔偿当事人损失。严格落实司法责任制，对存在违法审判情形的依法依纪严肃追究，同时完善审判管理，从源头上、制度上有效防范冤错案件的发生。

13. 提高审判执行效率，切实防止因诉讼拖延影响企业生产经营。强化审限监管，严格审限延长、扣除、中止等情

形的审批，不断提高审限内结案率，切实解决“隐性”超审限问题。持续开展长期未结诉讼案件和久押不决刑事案件专项清理工作，建立定期通报和督办机制。进一步完善繁简分流审判机制，对符合条件的案件依法适用简易程序、速裁程序。加大执行力度，提升执行速度，及时有效维护胜诉当事人的合法权益。

三、加强产权司法保护的机制建设

14. 坚持党的领导，积极参与产权保护协调工作机制。要主动向党委汇报加强产权司法保护的各项工作部署，积极参与党委牵头，人大、政府、司法机关共同参加的产权保护协调工作机制，形成工作合力。认真听取人大代表、政协委员和专家学者的意见建议，加强与工商联、行业协会的沟通，确保产权司法保护各项举措落到实处、收到实效。

15. 优化资源配置，提升涉产权保护案件审判的专业性和公信力。对法律适用难度较大的涉产权民刑交叉、民行交叉案件，统筹审判资源，组成民刑、民行综合合议庭，确保理清法律关系、准确适用法律。充分发挥北京、上海、广州知识产权法院的示范、引领作用，加快知识产权派出法庭建设，探索设立知识产权上诉法院，完善知识产权审判工作体制机制。推动知识产权民事、行政和刑事案件审判“三合一”，提高知识产权司法保护的整体效能。落实京津冀知识产权技术类案件集中管辖，合理布局全国法院知识产权案件管辖，提升知识产权司法保护水平。

16. 做好司法调研，不断完善产权保护司法政策。推进信息技术与审判业务深度融合，充分利用大数据、云计算等信息技术，准确研判涉产权案件的审判形势。深入调研涉产权审判执行工作中的疑难问题，及时总结司法审判经验，切实加强产权保护司法政策研究，不断健全产权司法保护规则。通过制定司法解释、发布指导性案例等方式，统一涉产权案件的司法尺度、裁判标准。

17. 强化法治宣传，推动形成保护产权的良好社会氛围。利用裁判文书上网、庭审直播等司法公开平台，结合案件审判，大力宣传党和国家平等保护各种所有制经济产权的方针政策和法律法规，使平等保护、全面保护、依法保护观念深入人心，营造公平、公正、透明、稳定的法治环境。总结宣传一批依法有效保护产权的好做法、好经验、好案例，推动形成保护产权的良好社会氛围。

最高人民法院

2016年11月28日

规范性文件

2016年深入实施国家知识产权战略
加快建设知识产权强国推进计划

（国务院知识产权战略实施工作部际联席会议办公室2016年6月24日发布）

为贯彻党的十八大和十八届三中、四中、五中全会精神，深入实施国家知识产权战略，加快建设知识产权强国，按照《国务院关于新形势下加快知识产权强国建设的若干意见》（国发〔2015〕71号）、《深入实施国家知识产权战略行动计划（2014—2020年）》（国办发〔2014〕64号）和《国务院办公厅关于印发2016年全国打击侵犯知识产权和制售假冒伪劣商品工作要点的通知》（国办发〔2016〕25号）部署要求，明确2016年重点任务和工作措施，制定本计划。

一、严格保护知识产权

1. 积极推进专利法第四次修订和《专利代理条例》修订工作，加强《职务发明条例》制定的研究工作。（知识产权局、法制办按职责分别负责）

2. 积极推动著作权法第三次修订。（版权局、法制办按职责分别负责）

3. 加快反不正当竞争法修订工作。（工商总局、法制办按职责分别负责）

4. 研究修订《植物新品种保护条例》。（农业部、林业局、法制办按职责分别负责）

5. 推动修订《国防专利条例》。（中央军委装备发展部、国防科工局负责）

6. 推动《生物遗传资源获取管理条例》和《人类遗传资源管理条例》立法进程。（环境保护部、科技部、农业部、林业局、知识产权局、法制办负责）

7. 修订《展会知识产权保护办法》。（商务部、工商总局、版权局、知识产权局按职责分别负责）

8. 制定出台《关于滥用知识产权的反垄断指南》。（商务部、发展改革委、工商总局、知识产权局按职责分别负责）

9. 发布《关于审理侵犯专利权纠纷案件应用法律若干问题的解释（二）》《关于审理商标授权确权行政案件若干问题的规定》《关于知识产权与竞争纠纷行为保全适用法律若干问题的解释》。发布《关于在全国法院推进知识产权民

事、行政和刑事案件审判“三合一”工作的意见》。（高法院负责）

10. 研究建立针对进口贸易的知识产权境内保护制度，推动出台与进口贸易相关的知识产权保护相关文件。（工业和信息化部、公安部、农业部、商务部、海关总署、工商总局、质检总局、食品药品监管总局、知识产权局、网信办、邮政局、贸促会按职责分别负责）

11. 着力提升刑事打击效能，以打击危害群众健康安全、妨碍创新驱动发展的知识产权侵权假冒犯罪为重点，铲除链条式、产业化犯罪网络。（公安部负责）

12. 制定加强专利执法维权工作的指导意见，修订专利行政执法操作指南。建立网上专利纠纷案件办理机制。健全电子商务、展会等领域专利执法维权机制。（知识产权局负责）

13. 探索建立区域协作知识产权保护机制，推动京津冀、泛珠三角等地区建立跨地区、跨部门的协作机制。（全国打击侵权假冒工作领导小组办公室、知识产权局、工商总局、版权局负责）

14. 完善珠三角、长三角、海西、京津冀等地区海关区域执法合作，强化案件信息交流、侵权假冒趋势分析共享、异地企业协助调查等执法合作机制。改造升级知识产权海关保护系统，推广使用“知识产权海关保护移动查询”系统。（海关总署负责）

15. 开展商业模式知识产权保护办法研究，提出制定修改法律的意见和建议。（知识产权局、高法院负责）

16. 研究制定软件使用管理指南。开展软件正版化专项督查。推进国有企业软件正版化工作重点约谈机制，将正版化工作深入到四级至五级企业，督查各中央企业建立软件资产管理制度。研究规范计算机软硬件采购具体措施。中央部门正版软件采购经费纳入年度财政预算。（版权局、财政部、国资委、国管局负责）

17. 开展第12次打击网络侵权盗版专项治理“剑网行动”，突出对网络（手机）文学、音乐、影视、游戏、动漫、软件等重点领域的专项整治，加强对APP、网络云存储空间、微博、微信等新型传播方式的版权监管。（版权局、公安部、工业和信息化部按职责分别负责）

18. 深入开展2016“红盾网剑”专项行动，重点监管网络交易平台，坚决打击网络商标侵权和销售假冒伪劣商品等违法行为。（工商总局负责）

19. 深入开展“清风”行动，加强邮递、快件渠道专项执法，打击互联网销售侵权商品的跨境运输。强化电商平台责任，打击互联网领域侵权假冒工作。（工业和信息化部、公安部、农业部、商务部、海关总署、工商总局、质检总局、食品药品监管总局、版权局、知识产权局、网信办、邮政局、贸促会按职责分别负责）

20. 开展电子商务领域专利执法维权“闪电”专项行动，加大对电商专利侵权行为惩治力度。（知识产权局负责）

21. 组织开展打击侵犯植物新品种权专项行动，开展行政执法试点工作，指导品种权人积极进行维权。（林业局负责）

22. 实施“国家动漫品牌建设和保护计划”，加强对动漫产品的知识产权保护。（文化部、工商总局、版权局按职责分别负责）

23. 完善知识产权维权援助与举报投诉平台建设，加强专业化市场知识产权管理与保护工作。（工商总局、质检总局、版权局、知识产权局按职责分别负责）

24. 推动条件成熟的地方和行业率先设立知识产权纠纷人民调解委员会，指导推进知识产权人民调解工作健康发展。（知识产权局、司法部、版权局、林业局负责）

上述工作安排，要与全国打击侵犯知识产权和制售假冒伪劣商品工作领导小组的年度工作部署相衔接。

二、加强知识产权创造运用

25. 完善专利审查质量保障体系、业务指导体系和审查质量外部反馈机制，试点实施集中审查，开展优先审查相关工作。建成中国专利受理及初步审查系统，实现发明和实用新型在线提交与自动校验。（知识产权局负责）

26. 加强商标审查工作规范化建设，修订并发布《商标审查审理标准》。（工商总局负责）

27. 规范涉外著作权合同登记、著作权专有权合同备案及著作权转让合同备案工作，完善全国作品登记数据报送及统计工作。（版权局负责）

28. 完善植物新品种保护申请信息管理系统建设，进一步规范新品种受理和审查授权工作。编制植物新品种测试指南，新建新品种专业测试站。（农业部、林业局负责）

29. 推进《军用计算机软件著作权登记办法》制定工作，研究制定《军用集成电路布图设计登记办法》。（中央军委装备发展部、版权局、知识产权局负责）

30. 推动出台知识产权密集型产业认定标准，研究制定产业目录和发展规划。加强产业集聚区知识产权集群管理。（知识产权局、发展改革委负责）

31. 深入推进商标富农工作，加强农产品商标品牌建设。完善农产品地理标志基础数据库，开展全国农产品地理标志跟踪监测、综合检查和标志使用专项检查。深入开展地理标志保护示范区创建活动，组织开展地理标志产品专项监督检查。（工商总局、农业部、质检总局按职责分别负责）

32. 加强全国知识产权服务业统计调查工作，推进知识产权服务业集聚区建设，新遴选一批知识产权服务品牌机构，将知识产权服务业纳入新兴产业工程包，稳步开展知识产权服务标准体系建设。（知识产权局、发展改革委、工商总局、质检总局负责）

33. 建设全国知识产权运营公共服务平台，培育一批专业化知识产权运营企业。深入开展重点产业知识产权运营基金试点，引导社会资本设立各类知识产权运营基金。（知识产权局、财政部、教育部、科技部、中科院、国资委、中央军委装备发展部、国防科工局负责）

34. 开展知识产权区域布局试点工作，研究制定《知识产权区域布局发展报告（2016）》。（知识产权局负责）

35. 重点培育东北地区、"一带一路"沿线、国家综合改革试验区、自由贸易区等国家版权交易中心，支持国家版权交易中心联盟建设，举办第六届中国国际版权博览会。（版权局负责）

36. 制定鼓励知识产权申报和科技成果转化的相关政策。（科技部、知识产权局负责）

37. 推动科研院所与企业开展专利协同运用对接，组建产业知识产权联盟。（知识产权局负责）

38. 推进建设林业知识产权交易平台，开展林业优良植物新品种和专利转化运用试点。（林业局负责）

39. 推广实施一批产业规划类和企业运营类专利导航项目。开展《专利导航创新指南》研究工作，开展面向企业层面、区域层面的专利导航平台设计与建设。（知识产权局、发展改革委、工业和信息化部、中科院负责）

40. 加强对核心专利和重大专利的跟踪预警，继续开展战略性新兴产业等重点产业专利分析和统计监测工作，加强对产业专利分析报告的传播利用。（知识产权局、工业和信息化部负责）

41. 深化和拓展专利权质押融资工作，引导融资性担保机构和投资机构参与开展专利权质押融资，扩大工作覆盖面，鼓励中介服务机构参与知识产权金融服务工作。（知识产权局、人民银行负责）

42. 鼓励企业运用商标质押融资，重点解决中小企业资金链问题。（工商总局、人民银行负责）

43. 逐步开展航空、航天、电子等行业军民结合高新技术领域应掌握自主知识产权关键技术和产品目录编制工作。推动发布《关于促进国防知识产权向民用领域转移 鼓励民用领域知识产权在国防领域运用的若干意见》和《国防知识产权转民用评估规范》。开展国防专利密级审核和解密工作，出台《国防专利定密解密工作规程》。组织编制国防科技工业知识产权转化目录（第二批）。（中央军委装备发展部、工业和信息化部、国防科工局、科技部负责）

三、深化知识产权领域改革

44. 在有条件的地方开展知识产权综合管理改革试点，制定改革试点总体方案。（知识产权局、工商总局、版权局负责）

45. 推动将知识产权产品逐步纳入国民经济核算，将知识产权指标纳入国民经济和社会发展规划。（统计局、发展改革委、知识产权局、工商总局、版权局、工业和信息化部负责）

46. 制定出台《关于妥善处理国防知识产权权利归属与利益分配等问题的若干意见》。（中央军委装备发展部、国防科工局、财政部负责）

47. 推进知识产权产品价值计量标准和方法研究，完善推广知识产权产品交易过程中的价值评估标准和评估方法，加强行政事业单位无形资产管理。（财政部、知识产权局负责）

48. 加快推进专利价值分析试点工作，探索适合科研院所特点的专利价值分析评价指标体系。完善专利价值在线分析平台系统。探索"一站式""菜单式"专利价值分析评价服务模式。（中科院负责）

49. 研究制定知识产权评议政策，推动建立重大经济、科技活动知识产权评议制度，遴选一批分析评议示范机构。（知识产权局负责）

50. 研究国家科技计划知识产权管理办法，建立科技计划项目完成后的知识产权目标评估制度。（科技部、知识产权局负责）

51. 开展《高等学校知识产权管理规范》《科研组织知识产权管理规范》贯彻标准试点工作。（知识产权局、教育部、中科院负责）

52. 建立林业知识产权试点示范体系，加强林业标准示范区建设，推进植物新品种、专利技术标准化推广应用。（质检总局、林业局负责）

53. 出台知识产权认证管理办法，完善管理体系和服务认证制度。推进知识产权管理、传统知识保护和管理、组织知识管理等领域的标准化工作，加大知识产权领域信用标准研制工作力度。（质检总局、知识产权局负责）

54. 加强著作权集体管理组织年检及其业务活动的监管和指导，依法加强涉外著作权认证机构、国际著作权组织在华常驻机构监管。推动行业协会建立版权自律组织和维权机构。指导市场主体开展版权自律维权活动。完善国家版权监管平台，实现版权工作信息的及时报送、统计、公告和查询，对互联网及其他新媒体的侵权盗版行为进行实时监管。（版权局负责）

55. 制定放宽专利代理准入政策，完善执业代理信息披露制度，及时公开专利代理机构和从业人员信用评价信息。（知识产权局负责）

56. 探索建立专利律师制度，推动在知识产权管理部门普遍设立公职律师，开展专利代理人担任律师事务所特别合伙人试点工作。（司法部、知识产权局负责）

57. 加强商标代理监管，推动商标代理信用管理，加强商标服务行业自律，规范商标代理市场秩序。（工商总局负责）

58. 拟制国防专利代理服务指导规范和国防专利代理服务指导标准。（中央军委装备发展部负责）

59. 探索建立国防科技工业知识产权服务示范机构管理试点，促进国防科技工业知识产权管理规范化和市场化发展。（国防科工局负责）

四、加大知识产权对外合作交流

60. 加强与世界知识产权组织、世界贸易组织、国际植物新品种保护联盟等相关国际组织的合作交流，积极推动区域全面经济伙伴关系和亚太经济合作组织框架下以及金砖国家之间的知识产权合作。（知识产权局、商务部、外交部牵头，工商总局、版权局、农业部、林业局负责）

61. 发挥中美、中欧知识产权工作组等双边政府对话机制作用，服务中美战略经济对话、中美商贸联委会、中欧领导人峰会等重大双边活动。落实中美、中欧知识产权合作项目。（商务部、外交部、知识产权局、工商总局、版权局、文化部、海关总署、质检总局负责）

62. 继续加强与有关国家知识产权部门及相关地区国际组织在专利、商标和版权等领域的交流与合作。（知识产权局、工商总局、版权局负责）

63. 探索建立“一带一路”沿线国家和地区知识产权机构合作机制，办好“一带一路”知识产权高级别会议，搭建“一带一路”知识产权信息共享平台，研究发布沿线国家知识产权环境研究报告，研究编制《“一带一路”沿线国家法律风险防范指引》。（知识产权局、商务部牵头，发展改革委、外交部、工商总局、版权局、质检总局、贸促会、国资委、海关总署负责）

64. 加强驻外使领馆知识产权工作力度，加强知识产权涉外信息交流和发布。（外交部、商务部、知识产权局负责）

65. 加强发明专利领域中美欧日韩五局合作，办好第二届工业品外观设计领域中美欧日韩五局合作年度会议。拓展“专利审查高速路”国际合作网络，积极推广“云专利审查”系统和多语言版专利检索及分析系统，加强面向发展中国家的知识产权培训。（知识产权局负责）

66. 继续加强中美欧日韩商标五方会谈的合作，积极发挥中国在商标五方会谈论坛的作用，切实加大在五方会谈框架内各合作项目的参与度，办好商标五方论坛 2016 年年度会议。（工商总局负责）

67. 推动《视听表演北京条约》早日生效，开展我国加入《关于为盲人、视力障碍者或其他印刷品阅读障碍者获得已出版作品提供便利的马拉喀什条约》的相关工作。（版权局负责）

68. 推动加入《名古屋议定书》，积极做好履约工作。（环境保护部负责）

69. 加强海外知识产权维权援助机制建设，完善与产业、行业主管部门及商协会的沟通机制，继续在重点国际展（博）览会设立中国企业知识产权服务站，为企业“走出去”提供知识产权指引，协助解决企业在境外遇到的知识产权纠纷。（商务部、知识产权局、工业和信息化部、环境保护部、农业部、文化部、国资委、海关总署、工商总局、质检总局、版权局、林业局、贸促会负责）

70. 加强“智南针”等海外知识产权信息平台建设，构建海外知识产权服务网络，发布海外知识产权服务机构名录和案例库，发布海外知识产权环境报告。（知识产权局、商务部按职责分别负责）

71. 研究建立海关帮助企业快速鉴别订单知识产权状态机制，试点开展中小企业知识产权联络员制度。（海关总署、商务部、知识产权局负责）

五、夯实知识产权发展基础

72. 推进专利基础信息资源进一步开放共享，研究建立财政资助项目形成的专利信息披露制度。（知识产权局负责）

73. 积极推进商标网上申请全面开放工作。（工商总局负责）

74. 创建一批面向行业和市场主体的知识产权服务平台，构建行业知识产权资源及基础数据库。（知识产权局、

工业和信息化部负责）

75. 发布第十批农业植物品种保护名录。（农业部负责）

76. 推动国防知识产权信息平台建设。分类建设国防知识产权信息资源，逐步开放检索。（中央军委装备发展部负责）

77. 建设完善国防科技工业知识产权平台，完成专利信息平台建设，形成较为完善的国防科技工业专利基础数据库。（国防科工局负责）

78. 继续开展版权产业对国民经济贡献调研，推动具备条件的省级版权局开展本省版权产业的调查统计工作。（版权局负责）

79. 完成第一次全国中医药传统知识调查工作，发布中医药传统知识保护名录，加强数据库防御性保护能力建设。（卫生计生委负责）

80. 组织实施《中国林业遗传资源保护与可持续利用行动计划（2015—2025年）》，继续开展林业遗传资源调查编目工作。（林业局负责）

81. 加强知识产权领域专业人才培养，在管理学和经济学中增加知识产权教育，支持高水平高校按照《普通高等学校本科专业设置管理规定》，根据需要自主设置知识产权本科专业，引导高校面向学生开设知识产权相关领域的辅修课程，推动高校制订知识产权专业人才培养方案，指导有关卓越法律人才教育培养基地加强高素质知识产权专业人才培养工作。（教育部、司法部负责）

82. 深入实施专业技术人才知识更新工程，加大对知识产权领域专业技术人才培养培训工作的支持力度。将知识产权培训纳入“十三五”公务员培训纲要。完善知识产权专业技术人员水平评价标准，创新评价机制。重点引进急需紧缺的海外知识产权高层次人才，完善落实相关高层次人才回国各项优惠政策。（人力资源社会保障部负责）

83. 加强知识产权领军人才队伍建设，完善国家知识产权专家库和人才库，加强国家知识产权培训基地建设，探索建立知识产权人才产学研协同培养机制。推动知识产权专业技术人员评价体系建设，研究制定专利代理、审查、管理和信息分析等专业人员能力素质标准。（知识产权局、人力资源社会保障部负责）

84. 开展全国中小学知识产权教育试点示范工作。（知识产权局、教育部负责）

85. 加强深化知识产权领域改革、加快知识产权强国建设等重要内容的宣传报道。结合全国知识产权宣传周等主题活动，加大对知识产权法律法规和知识的宣传力度，大力培育知识产权文化。（中央宣传部、知识产权局、外交部、商务部、公安部、海关总署、工商总局、质检总局、版权局负责）

86. 深入开展知识产权相关法治宣传教育，推动把学习宣传知识产权法律法规列入“七五”普法重要内容。（司法部负责）

六、加强组织实施和保障

87. 完善知识产权战略实施工作部际联席会议制度，加强战略实施工作的组织领导，完善会议、计划、宣传、培训、督查等常态化工作机制。（联席会议办公室负责）

88. 组织推动落实《国务院关于新形势下加快知识产权强国建设的若干意见》，制定任务分工方案。（联席会议办公室负责）

89. 制定贯彻落实《国务院关于新形势下加快知识产权强国建设的若干意见》的实施意见和配套政策。（联席会议各成员单位负责）

90. 制定发布知识产权保护和运用“十三五”专项规划，将知识产权相关指标纳入国家“十三五”规划。（发展改革委、知识产权局负责）

91. 制定版权工作、国防知识产权工作、专利审查工作、知识产权人才等“十三五”规划。（版权局、中央军委装备发展部、国防科工局、知识产权局等按职责分别负责）

92. 制定2016年全国地方知识产权战略实施工作要点，加强对地方知识产权战略实施的指导和支持。（联席会议办公室、联席会议各成员单位负责）

93. 围绕《中国制造2025》重点工程实施，研究制定制造业创新中心建设工程、智能制造工程、绿色制造工程知识产权相关指引文件。（工业和信息化部负责）

94. 制定发布国防科技工业贯彻落实《国务院关于新形势下加快知识产权强国建设的若干意见》的实施意见。（国防科工局负责）

95. 制定出台关于加强文化知识产权工作的指导意见和有关知识产权工作指南。（文化部负责）

96. 开展首批知识产权强省试点省建设工作。启动实施知识产权强市工程，研究制定深入推进示范城市工作、建设知识产权强市的指导意见。（知识产权局负责）

97. 深入开展知识产权强国建设相关研究，加强知识产权战略实施研究基地建设，加快建设高水平知识产权智库。（知识产权局负责）

98. 发布年度知识产权发展状况报告。（知识产权局、工商总局、版权局、农业部、林业局、质检总局负责）

99. 发布知识产权保护社会满意度年度调查报告。（知

识产权局负责）

上述各项任务分工中，由多个部门负责且未注明“按职责分别负责”的，列第一位的部门为牵头部门，其他为参与部门；由多个部门牵头的，牵头部门不分先后。

关于加快建设知识产权强市的指导意见

（国知发管字〔2016〕86号）

各省、自治区、直辖市和新疆生产建设兵团知识产权局，局机关各部门，专利局各部门，局直属各单位、各社会团体：

我国城市发展已经进入新的发展时期，知识产权正在成为城市创新驱动发展的新引擎。深入推进知识产权在城市经济发展、产业规划、综合治理、公共服务等领域的全面运用和聚合发展，推动形成先进的城市发展理念和城市治理模式，是支撑知识产权强国建设、加快推进供给侧结构性改革、全面提升城市核心竞争力的必然要求。为贯彻落实《国务院关于新形势下加快知识产权强国建设的若干意见》（国发〔2015〕71号），进一步深化城市知识产权试点示范工作，建设国内一流、国际有影响力的知识产权强市，现提出如下指导意见。

一、总体要求

（一）指导思想

全面贯彻党的十八大和十八届三中、四中、五中、六中全会精神，深入贯彻习近平总书记系列重要讲话精神，按照党中央、国务院决策部署，紧紧围绕“五位一体”总体布局和“四个全面”战略布局，牢固树立创新、协调、绿色、开放、共享的发展理念，深入实施创新驱动发展战略和国家知识产权战略，以知识产权与城市创新发展深度融合为主线，以加强知识产权保护和运用为主题，以改革和创新为动力，以知识产权强县（区）、强局、强企建设为抓手，建设一批创新活力足、质量效益好、可持续发展能力强的知识产权强市，为建成中国特色、世界水平的知识产权强国奠定坚实基础。

（二）基本原则

凝聚改革动力。以知识产权管理体制机制改革为突破口，促进知识产权保护和运用等重点领域改革，提升城市知识产权治理水平；坚持规划引领，充分发挥市场在资源配置中的决定性作用和更好地发挥政府的作用，增强城市持续发展能力。

深化创新引领。实行全面从严的知识产权保护，激发城市创新活力，营造良好的城市创新发展环境；注重知识产权发展质量，提升知识产权运用的综合效益，畅通创新价值实现渠道，让创新成为城市发展的主动力，释放城市发展新动能。

聚合发展优势。结合城市资源禀赋和区位优势，促进创新资源开放共享，引导创新资源向城市主导产业和特色产业集聚；以知识产权协同创新促进产业转型升级，培育具有产业特色优势的现代化城市，提升城市发展竞争力。

坚持统筹布局。结合实施“一带一路”建设、京津冀协同发展、长江经济带建设等战略，以国家重点规划发展城市群为主体，以国家知识产权示范城市群为基础，科学规划知识产权强市建设空间布局，打造具有引领示范效应的区域知识产权发展极。

（三）发展目标

按照“对标国际、领跑全国、支撑区域”的要求，采取“工程式建设、体系化推进、项目式管理、责任制落实”的方式推进知识产权强市建设。到2020年，在长三角、珠三角、环渤海及其他国家重点发展区域建成20个左右具备下列特征的知识产权引领型创新驱动发展之城：

——建成内容全面、链条完整、环节畅通、职责健全、服务多元的城市知识产权综合管理体系。顺应国际知识产权管理体制发展趋势，适应城市创新发展需求，知识产权政策与产业、科技、金融等政策高效融合，城市知识产权治理能力达到国内一流水平。

——建成覆盖创造获权、用权维权等知识产权全链条，集成授权确权、司法审判、刑事执法、行政执法、仲裁调解、行业自律、社会监督的知识产权大保护体系。城市知识产权执法水平和能力国际广泛认可，创新权益充分保护，创新活力全面激发，城市知识产权保护环境达到国内一流水平。

——建成开放创新、集聚融合、绿色低碳、可持续的知识产权产业发展体系。形成若干具备国际竞争力的知识产权领军企业和产业集群，打造形成市场主导的城市知识产权创新生态链，促进新业态、新商业模式不断涌现，知识产权对城市经济发展的贡献度达到国内一流水平。

——建成引领区域、均衡发展、互动协作、资源共享的知识产权协调发展机制。知识产权制度对经济发展、文化繁荣和社会建设的促进作用充分显现，区域发展带动能力更加突出。建成运用知识产权国际先进经验的先行地，知识产权国际国内协同创新资源高度集聚，城市知识产权对外合作交流达到国内一流水平。

到2030年，在国家主要城市群中全面形成特色鲜明、体制顺畅、集聚融合、充满活力、更加开放的知识产权强市建设发展格局。

二、重点任务和重大工程

（一）实施知识产权管理能力提升工程，适应创新需求

1. 推进知识产权管理体制机制改革。积极开展知识产权综合管理改革，加强市、县（区）两级知识产权管理机构建设和工作队伍建设。建立集中高效的城市知识产权综合管理体系，打通创造、运用、保护和服务等制度运行关键环节，服务企事业单位、行业组织、服务机构、社会公众等多元主体。持续开展县域知识产权试点示范工作，积极培育国家知识产权强县。研究建立科技创新、知识产权与产业发展相结合的创新驱动发展指标，并纳入国民经济和社会发展规划。在对党政领导班子和领导干部进行综合考核评价时突出知识产权绩效评价导向。按照有关规定设置知识产权奖励项目，加大各类奖励制度的知识产权评价权重。

2. 建立专利导航城市创新发展决策机制。开展专利导航城市创新发展质量评价工作，优化知识产权区域布局，提升区域创新发展层次。以专利数据为信息获取主体，综合运用专利信息分析和市场价值分析手段，结合经济数据的分析和挖掘，准确把握知识产权在城市创新发展中的引领支撑作用，厘清知识产权资源与创新资源、产业资源、经济资源的匹配关系，通过专利导航促进创新链、产业链、资金链、政策链深度融合，逐步建立以专利导航支撑行政决策的创新决策机制，提高城市创新宏观管理能力和资源配置效率。

3. 建立知识产权促进创新创业服务机制。打造知识产权特色小镇，对各类知识产权创客项目给予资金扶持，打造专利创业孵化链。制定面向知识产权创客人才的专项扶持政策，加强集聚知识产权创客人才。建立健全创业知识产权辅导制度，为创客提供知识产权创业导师服务。加强专利布局、专利挖掘等实务培训，推广专利信息分析成果利用。在双创示范基地、重点园区推进知识产权公共服务点对点对接。面向创新创业主体推行知识产权服务券模式，加大财政扶持力度。

4. 完善知识产权公共服务和政策体系。提升城市知识产权公共服务能力和服务水平，增加高校、科研机构专利信息服务网点，实现区县专利信息服务网点全覆盖。制定发布知识产权公共服务事项目录和办事指南，建设线上线下相结合的“一站式”知识产权综合服务平台。运用云计算、大数据、移动互联等技术，完善各类知识产权管理在线服务，提升知识产权信息获取效率。建立完善激励创造、促进运用、严格保护、规范服务等方面的知识产权政策，推动知识产权政策与产业、经济、科技、贸易、金融、财税等政策融合支撑。建设城市知识产权智库，支持设立市长知识产权顾问，邀请国内外知识产权领域知名专家，为知识产权引领城市创新发展建言献策。

（二）实施知识产权大保护工程，营造创新创业环境

1. 完善知识产权执法维权体系。建立市、县（区）主要领导知识产权保护负责制。建立统一、高效的市、县（区）知识产权行政执法体系，开展知识产权综合行政执法，积极创建知识产权执法强局。强化电商、民生等重点领域和展会、进出口等关键环节的知识产权保护机制。完善跨区域、跨部门知识产权协作执法、联合执法机制。扩大知识产权快速维权区域和产业覆盖面，加强海外知识产权维权援助。引导行业协会、中介组织等第三方机构参与解决海外知识产权纠纷，建立涉外知识产权争端联合应对机制。

2. 拓宽知识产权纠纷多元解决渠道。充分发挥产业知识产权联盟、行业协会等社会组织作用，针对不同类型知识产权纠纷的特点，鼓励引导创新主体通过调解、仲裁等渠道，低成本解决知识产权纠纷。建立知识产权纠纷技术鉴定、专家顾问制度，为知识产权维权提供专业支撑。试点建立专利无效确权与侵权仲裁的对接机制。开展知识产权纠纷诉讼与调解对接工作，推动建立知识产权纠纷调解协议的司法确认制度。探索仲裁与调解有机衔接、相互协调的知识产权纠纷非诉讼解决机制。

3. 建立知识产权保护社会监督网络体系。积极开展知识产权系统社会信用体系建设，依法将行政处罚案件相关信息以及不配合调查取证行为、不执行行政决定行为等纳入诚信体系。运用大数据先进理念、技术和资源，建设全面响应、全面公开、全程管理的知识产权监管网络平台，实现网络巡查、线上举报和投诉办案一体化。推动建立知识产权失信主体联合惩戒机制，制定知识产权失信主体联合惩戒备忘录。

4. 提升创新主体知识产权保护能力。积极探索开展重大科技活动知识产权评议试点。全面推行高校和科研机构知识产权管理国家标准，提升创新主体专利挖掘和布局能力。推动设立专利远程会晤接待站和复审巡回审理庭，为中小微企业提供便利化服务。依托国家专利审查资源，建立知识产权特派员制度，指导城市重大科研项目实施全过程知识产权管理。加强知识产权保护规范化市场培育工作，提升市场主办方知识产权保护管理能力。

（三）实施知识产权运用促进工程，推进产业转型升级

1. 完善城市知识产权投融资服务体系。发挥金融与财政的联动效应，引导金融机构发挥专业优势和渠道优势，建立系统化、流程化、专业化的知识产权金融服务机制。建立

完善城市知识产权质押风险补偿基金等风险分担机制，推进知识产权质押融资续贷服务，加大对首贷客户、初创企业的知识产权质押融资支持力度。开展知识产权金融创新试点，充分利用资本市场，鼓励企业利用知识产权开展直接融资。加快培育和规范专利保险市场，优化险种运营模式，支持保险机构深入开展专利保险业务，完善专利保险服务体系。

2. 完善城市专利导航产业创新发展工作体系。结合城市产业特点带动城市升级，研究开展知识产权密集型产业培育工作。围绕城市主导产业和特色产业，在各类产业园区推广建立专利导航产业发展工作机制。开展国家专利导航产业发展实验区建设，深入实施专利导航试点工程，推广实施产业规划类和企业运营类专利导航项目，实施一批专利储备运营项目，支撑产业创新发展。支持企业组建产业知识产权联盟，推动市场化主体开展知识产权协同运用。

3. 构建城市知识产权运营生态体系。建设城市知识产权运营交易中心，全面对接全国知识产权运营服务体系，链接国际一流知识产权创新主体、服务机构和产业资本。培育若干产业特色突出、运营模式领先的知识产权运营机构，以专利池、专利组合为主开展知识产权运营。推动高等院校、科研院所建立独立运行的知识产权运营机构，促进产业创新与市场需求有机对接。推动安排知识产权运营专项资金，鼓励带动社会资本共同设立产业知识产权运营基金，促进知识产权产业化。

（四）实施知识产权质量提升工程，增强发展后劲

1. 建立城市知识产权创造质量提升体系。开展形成核心专利的促进工作，进一步提高优质知识产权拥有量。强化城市发明、实用新型、外观设计专利的评价、资助和奖励的质量导向，探索建立政策优化专家问诊机制，将资助重点转向高价值专利培育。改革完善知识产权考核政策，在技术研发类科技计划中增加专利质量、效益指标。加强对知识产权服务机构的指导、监督和奖惩。采取多种形式开展提升专利申请质量的实务培训，提升创新主体专利创造能力。

2. 完善城市知识产权强企建设体系。推行知识产权管理规范国家标准，指导企业建立标准化知识产权管理体系，推广第三方审核认证。支持国家知识产权示范企业、优势企业建设高价值知识产权培育中心，运用专利导航理念，聚焦产业重点领域和关键环节，支持开展知识产权订单式研发、投放式创新，创造一批技术创新水平高、权利状态稳定、市场竞争力强的专利，构建高价值专利池和专利组合。鼓励企业在关键技术、核心领域、新兴产业方面进行专利布局，以知识产权优势掌握国内外市场话语权。支持企业加强知识产权运营，全面推进知识产权跨国并购，积极谋求市场主动权、资本主导权和技术制高点，加快开放发展，推动市场链高端化。

3. 建立城市产业集聚高端发展体系。遵循区域城市间产业链布局和创新资源配置规律，加快建设知识产权服务业集聚区。强化知识产权特色打造战略引领产业，围绕战略性新兴产业部署知识产权服务链。促进创新资源开放共享，建立城市间产业知识产权协同创新机制，培育城市产业特色优势。加强产业知识产权集群管理，培育一批先进制造产业增长极。加强专利与标准的融合，形成一批具有自主知识产权、体现重点产业优势、反映国际先进水平、引领国内产业发展的技术标准。推广绿色低碳专利技术，推进产业可持续发展。

（五）实施知识产权发展环境建设工程，扩大开放合作

1. 建立城市知识产权人才支撑体系。以促进知识产权服务业“智力集聚”为重点，加快构建以高层次知识产权人才、高水平管理人才和高素质实务人才为主体的知识产权人才队伍。统筹推进知识产权行政管理和执法人才、企业、服务业、高校和科研机构知识产权人才等各级各类专业人才队伍全面发展。加强对领导干部、企业家和各类创新人才的知识产权培训，加大知识产权管理、运营等重点领域急需人才的培养力度。建立人才引进使用中的知识产权鉴定机制，有效利用知识产权信息发现人才，积极探索产学研用相结合的知识产权人才引进培养模式。强化知识产权实务人才培养平台建设，支持企业与服务机构、高校等共同打造专利导航实训基地。

2. 构建城市知识产权文化环境体系。创新城市知识产权文化载体，探索建立城市标志性的知识产权街或文化长廊，定期举办知识产权公益讲座。在电视台、主流报纸等媒体开办知识产权栏目，宣传知识产权典型案例和先进人物。利用全国知识产权宣传周、中国专利周等宣传活动开展内容丰富的知识产权社会宣传教育，提高城市居民知识产权认知度。积极开展中小学校知识产权教育试点示范工作，引导各类学校把知识产权与学生思想道德建设、校园文化建设等紧密结合，增强学生的知识产权意识和创新意识。

3. 提升城市知识产权对外合作水平。加强与国外有关城市和机构合作交流，建立稳定友好、对等互利的合作关系，以互访交流、会议研讨等形式打造城市国际化知识产权交流合作平台，积极宣传城市知识产权保护进展和工作成就，营造国际一流的招商引资、对外贸易和开放创新环境。以“请进来”与“走出去”相结合的方式，开展面向海外的知识产权培训，为企业提供知识产权海外布局和风险预警服务。

三、组织实施

（一）加强组织领导和工作支持

各城市人民政府作为知识产权强市建设的责任主体，要健全强市建设工作领导机制，明确责任分工，加大工作投入，制定具体实施方案，落实各项改革举措。各省知识产权局要认真谋划本省强市建设工作，指导相关城市编制建设方案，统筹省内各类资源，优先支持强市建设工作，督促检查强市建设进展情况。各知识产权强省建设试点省要将知识产权强市建设作为强省建设的战略支撑和工作重点，在项目安排、政策倾斜等方面给予切实有力的支持。国家知识产权局将建立强市建设统筹协调机制，加强局省市联动，全面、系统、深入地指导知识产权强市建设。优先布局知识产权管理体制机制创新、专利导航产业发展、知识产权市场化运营、知识产权金融服务创新、严格知识产权保护、知识产权服务业发展等方面的相关政策、重大工程和试点示范项目。安排专门工作经费用于支持知识产权强市建设工作的顶层设计研究、专家咨询、宣传推动、绩效评估等。

（二）做好申报组织和方案编制

按照“响应式布局、滚动式推进、累积式发展”的工作思路，面向国家知识产权示范城市启动国家知识产权强市的申报、评定、指导和批复工作。符合申报条件的城市自愿申报、国家知识产权局组织集中评定，按照“成熟一个，批复一个”的原则，批复确定一批基础条件突出、工作业绩显著、方案具体可行的城市率先开展国家知识产权强市建设。各有关城市要按照本意见的要求，聚焦五大工程编制知识产权强市建设方案，按照体系化推进要求设立对应的工作项目予以落实推进。国家知识产权局将对各有关城市申报的知识产权强市建设方案组织专家进行论证评价，并予以具体指导。各有关城市须对照要求，制定完善知识产权强市建设方案后由各有关城市人民政府印发实施。

（三）强化督促考核和经验交流

国家知识产权局建立知识产权强市建设评价指标体系，每年对各城市建设推进情况进行考核评价，并将考核评价结果作为知识产权强省建设考核评价的重要依据。建立激励、扩容和退出机制，每三年期开展一轮第三方评估，对水平领先、实绩突出的向全国推广，并逐步扩大知识产权强市建设范围；对推进力度不大、工作成效不明显的，进行督促整改，直至取消资格。加强对知识产权强市建设工作的跟踪研究和宣传报道，促进城市间的相互交流，积极探索知识产权强市建设的有效模式，为全国其他城市提供示范和参考。

国家知识产权局

2016年11月9日

国家林业局办公室关于印发《2016年加快建设知识产权强国林业实施计划》的通知

（办技字〔2016〕172号）

国家林业局各司局、各直属单位：

为深入贯彻实施国家知识产权战略，加快建设知识产权强国，充分发挥知识产权对推进林业现代化建设的支撑和保障作用，按照《2016年深入实施国家知识产权战略加快建设知识产权强国推进计划》（国知战联〔2016〕3号）的部署要求，我局研究制定了《2016年加快建设知识产权强国林业实施计划》（见附件），现印发给你们，请认真组织实施。

特此通知。

附件：2016年加快建设知识产权强国林业实施计划

国家林业局办公室

2016年8月18日

附件

2016年加快建设知识产权强国林业实施计划

为深入实施国家知识产权战略，加快建设知识产权强国，充分发挥知识产权对推进林业现代化建设的支撑和保障作用，按照《2016年深入实施国家知识产权战略加快建设知识产权强国推进计划》的部署要求，明确2016年林业知识产权的重点任务和工作措施，制定本计划。

一、推进《中华人民共和国植物新品种保护条例》和《中华人民共和国植物新品种保护条例实施细则》（林业部分）修订工作，为林业植物新品种保护提供制度保证。（科技中心、政法司）

二、组织开展打击侵犯林业植物新品种权专项行动，推进行政执法试点工作，重点查处侵犯植物新品种权和假冒授权品种案件，指导品种权人积极进行维权，维护品种权人的合法权益。（科技中心）

三、加大林业软件正版化宣传、引导、管理和检查力度，保证使用正版软件。逐步实现林业核心系统软件的自主可控。（信息办、林科院）

四、推动建立林产品地理标志审核保护制度，加强对特色林产品的知识产权保护，提升林产品市场竞争力。（科技中心、政法司、林改司、林科院）

五、开展林业生物遗传资源获取和惠益分享试点，探索建立林业生物遗传资源获取和惠益分享制度，促进《生物遗传资源获取管理条例》立法进程。（科技中心、政法司）

六、推进全国林业知识产权试点示范工作，建设全国林业知识产权示范单位，完善林业知识产权试点示范体系。（科技中心、林科院）

七、开展林业知识产权转化运用试点，组织实施重大林业专利技术产业化推进工程，建立一批林业知识产权产业化示范基地。对已实施完成的林业专利产业化项目进行评估。（科技中心、林科院）

八、加强林业标准示范区建设，推进林业植物新品种和专利技术标准化推广应用。（科技司）

九、推进林业知识产权联盟建设，引导相关行业协会等单位组建专利联盟，推动科研院所与企业开展专利协同运用对接，积极推进木门、木地板、竹材加工等专利联盟发展，促进专利共享和成果转化。（科技中心、竹藤中心、林科院、林产工业协会）

十、完善林业植物新品种权申请信息管理系统，进一步规范新品种受理和审查授权工作，探索植物新品种权在线申请和受理，提高品种权的受理和审查效率。发布第六批林业植物品种保护名录。（科技中心）

十一、完善林业植物新品种 DUS 测试体系，加快林业植物新品种测试指南编制，完善已知品种数据库，加强测试机构的合理布局和条件能力建设，新建新品种专业测试站，对已建测试中心和测试站进行能力评估，提高审查测试能力，建设已知品种 DNA 图谱数据库。（科技中心、林科院）

十二、组织开展全国林业知识产权宣传周系列活动，出版《2015 中国林业知识产权年度报告》、《中国林业植物授权新品种（2015）》，集中展示林业知识产权成果，增强林业行业的知识产权意识。（科技中心、信息办、宣传办、林科院、竹藤中心）

十三、加强与国际植物新品种保护联盟（UPOV）等相关国际组织的交流合作，积极开展《国际植物新品种保护公约》履约和加入《生物多样性公约遗传资源获取和惠益分享议定书》的前期工作，参与知识产权国际规则制定，推进 UPOV 核桃属测试指南修订工作，争取更多话语权。（科技中心、林科院、国际司）

十四、加强林业知识产权双边和多边交流合作，参与中韩、中日韩等自贸区知识产权谈判，参与东亚植物新品种保护论坛活动，加强与欧盟的植物新品种保护合作。（科技中心、国际司、林科院）

十五、加强海外林业知识产权维权援助机制建设，开展木塑地板行业知识产权维权工作，完善与行业主管部门及相关协会的沟通机制，为林业企业“走出去”提供知识产权指引，协助解决林业企业在境外遇到的知识产权纠纷。（科技中心、国际司、林产工业协会）

著 作 权

行政法规

印刷业管理条例

（2001 年 8 月 2 日中华人民共和国国务院令第 315 号公布　根据 2016 年 2 月 6 日《国务院关于修改部分行政法规的决定》修订）

第一章　总　则

第一条　为了加强印刷业管理，维护印刷业经营者的合法权益和社会公共利益，促进社会主义精神文明和物质文明建设，制定本条例。

第二条　本条例适用于出版物、包装装潢印刷品和其他印刷品的印刷经营活动。

本条例所称出版物，包括报纸、期刊、书籍、地图、年画、图片、挂历、画册及音像制品、电子出版物的装帧封面等。

本条例所称包装装潢印刷品，包括商标标识、广告宣传品及作为产品包装装潢的纸、金属、塑料等的印刷品。

本条例所称其他印刷品，包括文件、资料、图表、票证、证件、名片等。

本条例所称印刷经营活动，包括经营性的排版、制版、印刷、装订、复印、影印、打印等活动。

第三条 印刷业经营者必须遵守有关法律、法规和规章，讲求社会效益。

禁止印刷含有反动、淫秽、迷信内容和国家明令禁止印刷的其他内容的出版物、包装装潢印刷品和其他印刷品。

第四条 国务院出版行政部门主管全国的印刷业监督管理工作。县级以上地方各级人民政府负责出版管理的行政部门（以下简称出版行政部门）负责本行政区域内的印刷业监督管理工作。

县级以上各级人民政府公安部门、工商行政管理部门及其他有关部门在各自的职责范围内，负责有关的印刷业监督管理工作。

第五条 印刷业经营者应当建立、健全承印验证制度、承印登记制度、印刷品保管制度、印刷品交付制度、印刷活动残次品销毁制度等。具体办法由国务院出版行政部门会同国务院公安部门制定。

印刷业经营者在印刷经营活动中发现违法犯罪行为，应当及时向公安部门或者出版行政部门报告。

第六条 印刷行业的社会团体按照其章程，在出版行政部门的指导下，实行自律管理。

第七条 印刷企业应当定期向出版行政部门报送年度报告。出版行政部门应当依法及时将年度报告中的有关内容向社会公示。

第二章 印刷企业的设立

第八条 国家实行印刷经营许可制度。未依照本条例规定取得印刷经营许可证的，任何单位和个人不得从事印刷经营活动。

第九条 企业从事印刷经营活动，应当具备下列条件：

（一）有企业的名称、章程；

（二）有确定的业务范围；

（三）有适应业务范围需要的生产经营场所和必要的资金、设备等生产经营条件；

（四）有适应业务范围需要的组织机构和人员；

（五）有关法律、行政法规规定的其他条件。

审批从事印刷经营活动申请，除依照前款规定外，还应当符合国家有关印刷企业总量、结构和布局的规划。

第十条 设立从事出版物印刷经营活动的企业，应当向所在地省、自治区、直辖市人民政府出版行政部门提出申请。申请人经审核批准的，取得印刷经营许可证，并持印刷经营许可证向工商行政管理部门申请登记注册，取得营业执照。

企业申请从事包装装潢印刷品和其他印刷品印刷经营活动，应当持营业执照向所在地设区的市级人民政府出版行政部门提出申请，经审核批准的，发给印刷经营许可证。

个人不得从事出版物、包装装潢印刷品印刷经营活动；个人从事其他印刷品印刷经营活动的，依照本条第二款的规定办理审批手续。

第十一条 出版行政部门应当自收到依据本条例第十条提出的申请之日起60日内作出批准或者不批准的决定。批准申请的，应当发给印刷经营许可证；不批准申请的，应当通知申请人并说明理由。

印刷经营许可证应当注明印刷企业所从事的印刷经营活动的种类。

印刷经营许可证不得出售、出租、出借或者以其他形式转让。

第十二条 印刷业经营者申请兼营或者变更从事出版物、包装装潢印刷品或者其他印刷品印刷经营活动，或者兼并其他印刷业经营者，或者因合并、分立而设立新的印刷业经营者，应当依照本条例第九条的规定办理手续。

印刷业经营者变更名称、法定代表人或者负责人、住所或者经营场所等主要登记事项，或者终止印刷经营活动，应当报原批准设立的出版行政部门备案。

第十三条 国家允许设立中外合资经营印刷企业、中外合作经营印刷企业，允许设立从事包装装潢印刷品印刷经营活动的外资企业。具体办法由国务院出版行政部门会同国务院对外经济贸易主管部门制定。

第十四条 单位内部设立印刷厂（所），必须向所在地县级以上地方人民政府出版行政部门办理登记手续，并按照国家有关规定向公安部门备案；单位内部设立的印刷厂（所）印刷涉及国家秘密的印件的，还应当向保密工作部门办理登记手续。

单位内部设立的印刷厂（所）不得从事印刷经营活动；从事印刷经营活动的，必须依照本章的规定办理手续。

第三章 出版物的印刷

第十五条 国家鼓励从事出版物印刷经营活动的企业及时印刷体现国内外新的优秀文化成果的出版物，重视印刷传统文化精品和有价值的学术著作。

第十六条 从事出版物印刷经营活动的企业不得印刷国家明令禁止出版的出版物和非出版单位出版的出版物。

第十七条 印刷出版物的，委托印刷单位和印刷企业应当按照国家有关规定签订印刷合同。

第十八条 印刷企业接受出版单位委托印刷图书、期刊的，必须验证并收存出版单位盖章的印刷委托书，并在印刷前报出版单位所在地省、自治区、直辖市人民政府出版行政部门备案；印刷企业接受所在地省、自治区、直辖市以外的出版单位的委托印刷图书、期刊的，印刷委托书还必须事先报印刷企业所在地省、自治区、直辖市人民政府出版行政部门备案。印刷委托书由国务院出版行政部门规定统一格式，由省、自治区、直辖市人民政府出版行政部门统一印制。

印刷企业接受出版单位委托印刷报纸的，必须验证报纸出版许可证；接受出版单位的委托印刷报纸、期刊的增版、增刊的，还必须验证主管的出版行政部门批准出版增版、增刊的文件。

第十九条 印刷企业接受委托印刷内部资料性出版物的，必须验证县级以上地方人民政府出版行政部门核发的准印证。

印刷企业接受委托印刷宗教内容的内部资料性出版物的，必须验证省、自治区、直辖市人民政府宗教事务管理部门的批准文件和省、自治区、直辖市人民政府出版行政部门核发的准印证。

出版行政部门应当自收到印刷内部资料性出版物或者印刷宗教内容的内部资料性出版物的申请之日起 30 日内作出是否核发准印证的决定，并通知申请人；逾期不作出决定的，视为同意印刷。

第二十条 印刷企业接受委托印刷境外的出版物的，必须持有关著作权的合法证明文件，经省、自治区、直辖市人民政府出版行政部门批准；印刷的境外出版物必须全部运输出境，不得在境内发行、散发。

第二十一条 委托印刷单位必须按照国家有关规定在委托印刷的出版物上刊载出版单位的名称、地址，书号、刊号或者版号，出版日期或者刊期，接受委托印刷出版物的企业的真实名称和地址，以及其他有关事项。

印刷企业应当自完成出版物的印刷之日起 2 年内，留存一份接受委托印刷的出版物样本备查。

第二十二条 印刷企业不得盗印出版物，不得销售、擅自加印或者接受第三人委托加印受委托印刷的出版物，不得将接受委托印刷的出版物纸型及印刷底片等出售、出租、出借或者以其他形式转让给其他单位或者个人。

第二十三条 印刷企业不得征订、销售出版物，不得假冒或者盗用他人名义印刷、销售出版物。

第四章　包装装潢印刷品的印刷

第二十四条 从事包装装潢印刷品印刷的企业不得印刷假冒、伪造的注册商标标识，不得印刷容易对消费者产生误导的广告宣传品和作为产品包装装潢的印刷品。

第二十五条 印刷企业接受委托印刷注册商标标识的，应当验证商标注册人所在地县级工商行政管理部门签章的《商标注册证》复印件，并核查委托人提供的注册商标图样；接受注册商标被许可使用人委托，印刷注册商标标识的，印刷企业还应当验证注册商标使用许可合同。印刷企业应当保存其验证、核查的工商行政管理部门签章的《商标注册证》复印件、注册商标图样、注册商标使用许可合同复印件 2 年，以备查验。

国家对注册商标标识的印刷另有规定的，印刷企业还应当遵守其规定。

第二十六条 印刷企业接受委托印刷广告宣传品、作为产品包装装潢的印刷品的，应当验证委托印刷单位的营业执照或者个人的居民身份证；接受广告经营者的委托印刷广告宣传品的，还应当验证广告经营资格证明。

第二十七条 印刷企业接受委托印刷包装装潢印刷品的，应当将印刷品的成品、半成品、废品和印板、纸型、底片、原稿等全部交付委托印刷单位或者个人，不得擅自留存。

第二十八条 印刷企业接受委托印刷境外包装装潢印刷品的，必须事先向所在地省、自治区、直辖市人民政府出版行政部门备案；印刷的包装装潢印刷品必须全部运输出境，不得在境内销售。

第五章　其他印刷品的印刷

第二十九条 印刷标有密级的文件、资料、图表等，按照国家有关法律、法规或者规章的规定办理。

第三十条 印刷布告、通告、重大活动工作证、通行证、在社会上流通使用的票证的，委托印刷单位必须出具主管部门的证明，并按照国家有关规定向印刷企业所在地公安部门办理准印手续，在公安部门指定的印刷企业印刷。公安部门指定的印刷企业必须验证主管部门的证明和公安部门的准印证明，并保存主管部门的证明副本和公安部门的准印证明副本 2 年，以备查验；并且不得再委托他人印刷上述印刷品。

印刷机关、团体、部队、企业事业单位内部使用的有价票证或者无价票证，或者印刷有单位名称的介绍信、工作证、会员证、出入证、学位证书、学历证书或者其他学业证书等专用证件的，委托印刷单位必须出具委托印刷证明。印刷企业必须验证委托印刷证明。

印刷企业对前两款印件不得保留样本、样张；确因业务参考需要保留样本、样张的，应当征得委托印刷单位同意，在所保留印件上加盖“样本”、“样张”戳记，并妥善保管，不得丢失。

第三十一条 印刷企业接受委托印刷宗教用品的，必须验证省、自治区、直辖市人民政府宗教事务管理部门的批准文件和省、自治区、直辖市人民政府出版行政部门核发的准印证；省、自治区、直辖市人民政府出版行政部门应当自收到印刷宗教用品的申请之日起10日内作出是否核发准印证的决定，并通知申请人；逾期不作出决定的，视为同意印刷。

第三十二条 从事其他印刷品印刷经营活动的个人不得印刷标有密级的文件、资料、图表等，不得印刷布告、通告、重大活动工作证、通行证、在社会上流通使用的票证，不得印刷机关、团体、部队、企业事业单位内部使用的有价或者无价票证，不得印刷有单位名称的介绍信、工作证、会员证、出入证、学位证书、学历证书或者其他学业证书等专用证件，不得印刷宗教用品。

第三十三条 接受委托印刷境外其他印刷品的，必须事先向所在地省、自治区、直辖市人民政府出版行政部门备案；印刷的其他印刷品必须全部运输出境，不得在境内销售。

第三十四条 印刷企业和从事其他印刷品印刷经营活动的个人不得盗印他人的其他印刷品，不得销售、擅自加印或者接受第三人委托加印委托印刷的其他印刷品，不得将委托印刷的其他印刷品的纸型及印刷底片等出售、出租、出借或者以其他形式转让给其他单位或者个人。

第六章 罚 则

第三十五条 违反本条例规定，擅自设立从事出版物印刷经营活动的企业或者擅自从事印刷经营活动的，由出版行政部门、工商行政管理部门依据法定职权予以取缔，没收印刷品和违法所得以及进行违法活动的专用工具、设备，违法经营额1万元以上的，并处违法经营额5倍以上10倍以下的罚款；违法经营额不足1万元的，并处1万元以上5万元以下的罚款；构成犯罪的，依法追究刑事责任。

单位内部设立的印刷厂（所）未依照本条例第二章的规定办理手续，从事印刷经营活动的，依照前款的规定处罚。

第三十六条 印刷业经营者违反本条例规定，有下列行为之一的，由县级以上地方人民政府出版行政部门责令停止违法行为，责令停业整顿，没收印刷品和违法所得，违法经营额1万元以上的，并处违法经营额5倍以上10倍以下的罚款；违法经营额不足1万元的，并处1万元以上5万元以下的罚款；情节严重的，由原发证机关吊销许可证；构成犯罪的，依法追究刑事责任：

（一）未取得出版行政部门的许可，擅自兼营或者变更从事出版物、包装装潢印刷品或者其他印刷品印刷经营活动，或者擅自兼并其他印刷业经营者的；

（二）因合并、分立而设立新的印刷业经营者，未依照本条例的规定办理手续的；

（三）出售、出租、出借或者以其他形式转让印刷经营许可证的。

第三十七条 印刷业经营者印刷明知或者应知含有本条例第三条规定禁止印刷内容的出版物、包装装潢印刷品或者其他印刷品的，或者印刷国家明令禁止出版的出版物或者非出版单位出版的出版物的，由县级以上地方人民政府出版行政部门、公安部门依据法定职权责令停业整顿，没收印刷品和违法所得，违法经营额1万元以上的，并处违法经营额5倍以上10倍以下的罚款；违法经营额不足1万元的，并处1万元以上5万元以下的罚款；情节严重的，由原发证机关吊销许可证；构成犯罪的，依法追究刑事责任。

第三十八条 印刷业经营者有下列行为之一的，由县级以上地方人民政府出版行政部门、公安部门依据法定职权责令改正，给予警告；情节严重的，责令停业整顿或者由原发证机关吊销许可证：

（一）没有建立承印验证制度、承印登记制度、印刷品保管制度、印刷品交付制度、印刷活动残次品销毁制度等的；

（二）在印刷经营活动中发现违法犯罪行为没有及时向公安部门或者出版行政部门报告的；

（三）变更名称、法定代表人或者负责人、住所或者经营场所等主要登记事项，或者终止印刷经营活动，不向原批准设立的出版行政部门备案的；

（四）未依照本条例的规定留存备查的材料的。

单位内部设立印刷厂（所）违反本条例的规定，没有向所在地县级以上地方人民政府出版行政部门、保密工作部门办理登记手续，并按照国家有关规定向公安部门备案的，由县级以上地方人民政府出版行政部门、保密工作部门、公安部门依据法定职权责令改正，给予警告；情节严重的，责令停业整顿。

第三十九条 从事出版物印刷经营活动的企业有下列行为之一的，由县级以上地方人民政府出版行政部门给予警告，没收违法所得，违法经营额1万元以上的，并处违法经营额5倍以上10倍以下的罚款；违法经营额不足1万元的，并处1万元以上5万元以下的罚款；情节严重的，责令停业整顿或者由原发证机关吊销许可证；构成犯罪的，依法追究刑事责任：

（一）接受他人委托印刷出版物，未依照本条例的规定验证印刷委托书、有关证明或者准印证，或者未将印刷委托书报出版行政部门备案的；

（二）假冒或者盗用他人名义，印刷出版物的；

（三）盗印他人出版物的；

（四）非法加印或者销售受委托印刷的出版物的；

（五）征订、销售出版物的；

（六）擅自将出版单位委托印刷的出版物纸型及印刷底片等出售、出租、出借或者以其他形式转让的；

（七）未经批准，接受委托印刷境外出版物的，或者未将印刷的境外出版物全部运输出境的。

第四十条 从事包装装潢印刷品印刷经营活动的企业有下列行为之一的，由县级以上地方人民政府出版行政部门给予警告，没收违法所得，违法经营额1万元以上的，并处违法经营额5倍以上10倍以下的罚款；违法经营额不足1万元的，并处1万元以上5万元以下的罚款；情节严重的，责令停业整顿或者由原发证机关吊销许可证；构成犯罪的，依法追究刑事责任：

（一）接受委托印刷注册商标标识，未依照本条例的规定验证、核查工商行政管理部门签章的《商标注册证》复印件、注册商标图样或者注册商标使用许可合同复印件的；

（二）接受委托印刷广告宣传品、作为产品包装装潢的印刷品，未依照本条例的规定验证委托印刷单位的营业执照或者个人的居民身份证的，或者接受广告经营者的委托印刷广告宣传品，未验证广告经营资格证明的；

（三）盗印他人包装装潢印刷品的；

（四）接受委托印刷境外包装装潢印刷品未依照本条例的规定向出版行政部门备案的，或者未将印刷的境外包装装潢印刷品全部运输出境的。

印刷企业接受委托印刷注册商标标识、广告宣传品，违反国家有关注册商标、广告印刷管理规定的，由工商行政管理部门给予警告，没收印刷品和违法所得，违法经营额1万元以上的，并处违法经营额5倍以上10倍以下的罚款；违法经营额不足1万元的，并处1万元以上5万元以下的罚款。

第四十一条 从事其他印刷品印刷经营活动的企业和个人有下列行为之一的，由县级以上地方人民政府出版行政部门给予警告，没收印刷品和违法所得，违法经营额1万元以上的，并处违法经营额5倍以上10倍以下的罚款；违法经营额不足1万元的，并处1万元以上5万元以下的罚款；情节严重的，责令停业整顿或者由原发证机关吊销许可证；构成犯罪的，依法追究刑事责任：

（一）接受委托印刷其他印刷品，未依照本条例的规定验证有关证明的；

（二）擅自将接受委托印刷的其他印刷品再委托他人印刷的；

（三）将委托印刷的其他印刷品的纸型及印刷底片出售、出租、出借或者以其他形式转让的；

（四）伪造、变造学位证书、学历证书等国家机关公文、证件或者企业事业单位、人民团体公文、证件的，或者盗印他人的其他印刷品的；

（五）非法加印或者销售委托印刷的其他印刷品的；

（六）接受委托印刷境外其他印刷品未依照本条例的规定向出版行政部门备案的，或者未将印刷的境外其他印刷品全部运输出境的；

（七）从事其他印刷品印刷经营活动的个人超范围经营的。

第四十二条 有下列行为之一的，由公安部门给予警告，没收印刷品和违法所得，违法经营额1万元以上的，并处违法经营额5倍以上10倍以下的罚款；违法经营额不足1万元的，并处1万元以上5万元以下的罚款；情节严重的，责令停业整顿或者吊销特种行业许可证：

（一）印刷布告、通告、重大活动工作证、通行证、在社会上流通使用的票证，印刷企业没有验证主管部门的证明和公安部门的准印证明的，或者再委托他人印刷上述印刷品的；

（二）不是公安部门指定的印刷企业，擅自印刷布告、通告、重大活动工作证、通行证、在社会上流通使用的票证的；

（三）印刷业经营者伪造、变造学位证书、学历证书等国家机关公文、证件或者企业事业单位、人民团体公文、证件的。

印刷布告、通告、重大活动工作证、通行证、在社会上流通使用的票证，委托印刷单位没有取得主管部门证明的，或者没有按照国家有关规定向印刷企业所在地公安部门办理准印手续的，或者未在公安部门指定的印刷企业印刷的，由县级以上人民政府公安部门处以500元以上5 000元以下的罚款。

第四十三条 印刷业经营者违反本条例规定，有下列行为之一的，由县级以上地方人民政府出版行政部门责令改正，给予警告；情节严重的，责令停业整顿或者由原发证机关吊销许可证：

（一）从事包装装潢印刷品印刷经营活动的企业擅自留

存委托印刷的包装装潢印刷品的成品、半成品、废品和印板、纸型、印刷底片、原稿等的；

（二）从事其他印刷品印刷经营活动的企业和个人擅自保留其他印刷品的样本、样张的，或者在所保留的样本、样张上未加盖“样本”、“样张”戳记的。

第四十四条 印刷企业被处以吊销许可证行政处罚的，其法定代表人或者负责人自许可证被吊销之日起10年内不得担任印刷企业的法定代表人或者负责人。

从事其他印刷品印刷经营活动的个人被处以吊销许可证行政处罚的，自许可证被吊销之日起10年内不得从事印刷经营活动。

第四十五条 依照本条例的规定实施罚款的行政处罚，应当依照有关法律、行政法规的规定，实行罚款决定与罚款收缴分离；收缴的罚款必须全部上缴国库。

第四十六条 出版行政部门、工商行政管理部门或者其他有关部门违反本条例规定，擅自批准不符合法定条件的申请人取得许可证、批准文件，或者不履行监督职责，或者发现违法行为不予查处，造成严重后果的，对负责的主管人员和其他直接责任人员给予降级或者撤职的处分；构成犯罪的，依法追究刑事责任。

第七章 附 则

第四十七条 本条例施行前已经依法设立的印刷企业，应当自本条例施行之日起180日内，到出版行政部门换领《印刷经营许可证》。

依据本条例发放许可证，除按照法定标准收取成本费外，不得收取其他任何费用。

第四十八条 本条例自公布之日起施行。1997年3月8日国务院发布的《印刷业管理条例》同时废止。

部门规章

音像制品进口管理办法

（2011年4月6日中华人民共和国新闻出版总署 海关总署令第53号公布 自2011年4月6日起施行）

第一章 总 则

第一条 为了加强对音像制品进口的管理，促进国际文化交流与合作，丰富人民群众的文化生活，根据《音像制品管理条例》及国家有关规定，制定本办法。

第二条 本办法所称音像制品，是指录有内容的录音带、录像带、唱片、激光唱盘、激光视盘等。

第三条 凡从外国进口音像制品成品和进口用于出版及其他用途的音像制品，适用本办法。

前款所称出版，包括利用信息网络出版。

音像制品用于广播电视播放的，适用广播电视法律、行政法规。

第四条 新闻出版总署负责全国音像制品进口的监督管理和内容审查等工作。

县级以上地方人民政府新闻出版行政部门依照本办法负责本行政区域内的进口音像制品的监督管理工作。

各级海关在其职责范围内负责音像制品进口的监督管理工作。

第五条 音像制品进口经营活动应当遵守宪法和有关法律、法规，坚持为人民服务和为社会主义服务的方向，传播有益于经济发展和社会进步的思想、道德、科学技术和文化知识。

第六条 国家禁止进口有下列内容的音像制品：

（一）反对宪法确定的基本原则的；

（二）危害国家统一、主权和领土完整的；

（三）泄漏国家秘密、危害国家安全或者损害国家荣誉和利益的；

（四）煽动民族仇恨、民族歧视，破坏民族团结，或者侵害民族风俗、习惯的；

（五）宣扬邪教、迷信的；

（六）扰乱社会秩序，破坏社会稳定的；

（七）宣扬淫秽、赌博、暴力或者教唆犯罪的；

（八）侮辱或者诽谤他人，侵害他人合法权益的；

（九）危害社会公德或者民族优秀文化传统的；

（十）有法律、行政法规和国家规定禁止的其他内容的。

第七条 国家对设立音像制品成品进口单位实行许可制度。

第二章 进口单位

第八条 音像制品成品进口业务由新闻出版总署批准的音像制品成品进口单位经营；未经批准，任何单位或者个人不得从事音像制品成品进口业务。

第九条 设立音像制品成品进口经营单位，应当具备以下条件：

（一）有音像制品进口经营单位的名称、章程；

（二）有符合新闻出版总署认定条件的主办单位及其主管机关；

（三）有确定的业务范围；

（四）具有进口音像制品内容初审能力；

（五）有与音像制品进口业务相适应的资金；

（六）有固定的经营场所；

（七）法律、行政法规和国家规定的其他条件。

第十条 设立音像制品成品进口经营单位，应当向新闻出版总署提出申请，经审查批准，取得新闻出版总署核发的音像制品进口经营许可证件后，持证到工商行政管理部门依法领取营业执照。

设立音像制品进口经营单位，还应当依照对外贸易法律、行政法规的规定办理相应手续。

第十一条 图书馆、音像资料馆、科研机构、学校等单位进口供研究、教学参考的音像制品成品，应当委托新闻出版总署批准的音像制品成品进口经营单位办理进口审批手续。

第十二条 音像出版单位可以在批准的出版业务范围内从事进口音像制品的出版业务。

第三章　进口审查

第十三条 国家对进口音像制品实行许可管理制度，应在进口前报新闻出版总署进行内容审查，审查批准取得许可文件后方可进口。

第十四条 新闻出版总署设立音像制品内容审查委员会，负责审查进口音像制品的内容。委员会下设办公室，负责进口音像制品内容审查的日常工作。

第十五条 进口音像制品成品，由音像制品成品进口经营单位向新闻出版总署提出申请并报送以下文件和材料：

（一）进口录音或录像制品报审表；

（二）进口协议草案或订单；

（三）节目样片、中外文歌词；

（四）内容审查所需的其他材料。

第十六条 进口用于出版的音像制品，应当向新闻出版总署提出申请并报送以下文件和材料：

（一）进口录音或录像制品报审表；

（二）版权贸易协议中外文文本草案，原始版权证明书，版权授权书和国家版权局的登记文件；

（三）节目样片；

（四）中外文曲目、歌词或对白；

（五）内容审查所需的其他材料。

第十七条 进口用于展览、展示的音像制品，由展览、展示活动主办单位提出申请，并将音像制品目录和样片报新闻出版总署进行内容审查。海关按暂时进口货物管理。

第十八条 进口单位不得擅自更改报送新闻出版总署进行内容审查样片原有的名称和内容。

第十九条 新闻出版总署自受理进口音像制品申请之日起 30 日内作出批准或者不批准的决定。批准的，发给进口音像制品批准单；不批准的，应当说明理由。

进口音像制品批准单内容不得更改，如需修改，应重新办理。进口音像制品批准单一次报关使用有效，不得累计使用。其中，属于音像制品成品的，批准单当年有效；属于用于出版的音像制品的，批准单有效期限为 1 年。

第四章　进口管理

第二十条 未经审查批准进口的音像制品，任何单位和个人不得出版、复制、批发、零售，出租和营业性放映。

第二十一条 任何单位和个人不得将供研究、教学参考或者用于展览、展示的进口音像制品进行经营性复制、批发、零售、出租和营业性放映。

用于展览、展示的进口音像制品确需在境内销售、赠送的，在销售、赠送前，必须依照本办法按成品进口重新办理批准手续。

第二十二条 进口单位与外方签订的音像制品进口协议或者合同应当符合中国法律、法规的规定。

第二十三条 出版进口音像制品，应当符合新闻出版总署批准文件要求，不得擅自变更节目名称和增删节目内容，要使用经批准的中文节目名称；外语节目应当在音像制品及封面包装上标明中外文名称；出版进口音像制品必须在音像制品及其包装的明显位置标明国家版权局的登记文号和新闻出版总署进口批准文号；利用信息网络出版进口音像制品必须在相关节目页面标明以上信息。

第二十四条 在经批准进口出版的音像制品版权授权期限内，音像制品进口经营单位不得进口该音像制品成品。

第二十五条 出版进口音像制品使用的语言文字应当符合国家公布的语言文字规范。

第二十六条 进口单位持新闻出版总署进口音像制品批准单向海关办理音像制品的进口报关手续。

第二十七条 个人携带和邮寄音像制品进出境，应以自用、合理数量为限，并按照海关有关规定办理。

第二十八条 随机器设备同时进口以及进口后随机器设备复出口的记录操作系统、设备说明、专用软件等内容的音像制品，不适用本办法，海关验核进口单位提供的合同、发票等有效单证验放。

第五章　罚　则

第二十九条　未经批准，擅自从事音像制品成品进口经营活动的，依照《音像制品管理条例》第三十九条的有关规定给予处罚。

第三十条　有下列行为之一的，由县级以上新闻出版行政部门责令停止违法行为，给予警告，没收违法音像制品和违法所得；违法经营额1万元以上的，并处违法经营额5倍以上10倍以下的罚款；违法经营额不足1万元的，并处5万元以下罚款；情节严重的，并责令停业整顿或者由原发证机关吊销许可证：

（一）出版未经新闻出版总署批准擅自进口的音像制品；

（二）批发、零售、出租或者放映未经新闻出版总署批准进口的音像制品的；

（三）批发、零售、出租、放映供研究、教学参考或者用于展览、展示的进口音像制品的。

第三十一条　违反本办法，出版进口音像制品未标明本办法规定内容的，由省级以上新闻出版行政部门责令改正，给予警告，情节严重的，并责令停业整顿或者由原发证机关吊销许可证。

第三十二条　违反本办法，有下列行为之一的，由省级以上新闻出版行政部门责令改正，给予警告，可并处3万元以下的罚款：

（一）出版进口音像制品使用语言文字不符合国家公布的语言文字规范的；

（二）出版进口音像制品，违反本办法擅自变更节目名称、增删节目内容的。

擅自增删经审查批准进口的音像制品内容导致其含有本办法第六条规定的禁止内容的，按照《音像制品管理条例》有关条款进行处罚。

第三十三条　违反海关法及有关管理规定的，由海关依法处理。

第六章　附　则

第三十四条　从中国香港特别行政区、澳门特别行政区和台湾地区进口音像制品，参照本办法执行。

第三十五条　电子出版物的进口参照本办法执行。

第三十六条　本办法由新闻出版总署负责解释。涉及海关业务的，由海关总署负责解释。

第三十七条　本办法自公布之日起施行，2002年6月1日文化部、海关总署发布的《音像制品进口管理办法》同时废止。

中华人民共和国海关进出境印刷品及音像制品监管办法

（2007年4月18日中华人民共和国海关总署令第161号公布　自2007年6月1日起施行）

第一条　为了规范海关对进出境印刷品及音像制品的监管，根据《中华人民共和国海关法》（以下简称《海关法》）及其他有关法律、行政法规的规定，制定本办法。

第二条　本办法适用于海关对运输、携带、邮寄进出境的印刷品及音像制品的监管。

进出境摄影底片、纸型、绘画、剪贴、手稿、手抄本、复印件及其他含有文字、图像、符号等内容的货物、物品的，海关按照本办法有关进出境印刷品的监管规定进行监管。

进出境载有图文声像信息的磁、光、电存储介质的，海关按照本办法有关进出境音像制品的监管规定进行监管。

第三条　进出境印刷品及音像制品的收发货人、所有人及其代理人，应当依法如实向海关申报，并且接受海关监管。

第四条　载有下列内容之一的印刷品及音像制品，禁止进境：

（一）反对宪法确定的基本原则的；

（二）危害国家统一、主权和领土完整的；

（三）危害国家安全或者损害国家荣誉和利益的；

（四）攻击中国共产党，诋毁中华人民共和国政府的；

（五）煽动民族仇恨、民族歧视，破坏民族团结，或者侵害民族风俗、习惯的；

（六）宣扬邪教、迷信的；

（七）扰乱社会秩序，破坏社会稳定的；

（八）宣扬淫秽、赌博、暴力或者教唆犯罪的；

（九）侮辱或者诽谤他人，侵害他人合法权益的；

（十）危害社会公德或者民族优秀文化传统的；

（十一）国家主管部门认定禁止进境的；

（十二）法律、行政法规和国家规定禁止的其他内容。

第五条　载有下列内容之一的印刷品及音像制品，禁止出境：

（一）本办法第四条所列内容；

（二）涉及国家秘密的；

（三）国家主管部门认定禁止出境的。

第六条　印刷品及音像制品进出境，海关难以确定是否载有本办法第四条、第五条规定内容的，依据国务院有关行政主管部门或者其指定的专门机构的审查、鉴定结论予以处理。

第七条 个人自用进境印刷品及音像制品在下列规定数量以内的，海关予以免税验放：

（一）单行本发行的图书、报纸、期刊类出版物每人每次 10 册（份）以下；

（二）单碟（盘）发行的音像制品每人每次 20 盘以下；

（三）成套发行的图书类出版物，每人每次 3 套以下；

（四）成套发行的音像制品，每人每次 3 套以下。

第八条 超出本办法第七条规定的数量，但是仍在合理数量以内的个人自用进境印刷品及音像制品，不属于本办法第九条规定情形的，海关应当按照《中华人民共和国进出口关税条例》有关进境物品进口税的征收规定对超出规定数量的部分予以征税放行。

第九条 有下列情形之一的，海关对全部进境印刷品及音像制品按照进口货物依法办理相关手续：

（一）个人携带、邮寄单行本发行的图书、报纸、期刊类出版物进境，每人每次超过 50 册（份）的；

（二）个人携带、邮寄单碟（盘）发行的音像制品进境，每人每次超过 100 盘的；

（三）个人携带、邮寄成套发行的图书类出版物进境，每人每次超过 10 套的；

（四）个人携带、邮寄成套发行的音像制品进境，每人每次超过 10 套的；

（五）其他构成货物特征的。

有前款所列情形的，进境印刷品及音像制品的收发货人、所有人及其代理人可以依法申请退运其进境印刷品及音像制品。

第十条 个人携带、邮寄进境的宗教类印刷品及音像制品在自用、合理数量范围内的，准予进境。

超出个人自用、合理数量进境或者以其他方式进口的宗教类印刷品及音像制品，海关凭国家宗教事务局、其委托的省级政府宗教事务管理部门或者国务院其他行政主管部门出具的证明予以征税验放。无相关证明的，海关按照《中华人民共和国海关行政处罚实施条例》（以下简称《实施条例》）的有关规定予以处理。

散发性宗教类印刷品及音像制品，禁止进境。

第十一条 印刷品及音像制品的进口业务，由国务院有关行政主管部门批准或者指定经营。未经批准或者指定，任何单位或者个人不得经营印刷品及音像制品进口业务。

其他单位或者个人进口印刷品及音像制品，应当委托国务院相关行政主管部门指定的进口经营单位向海关办理进口手续。

第十二条 除国家另有规定外，进口报纸、期刊、图书类印刷品，经营单位应当持国务院新闻出版行政主管部门的进口批准文件、目录清单、有关报关单证及其他需要提供的文件向海关办理进口手续。

第十三条 进口音像制品成品或者用于出版的音像制品母带（盘）、样带（盘），经营单位应当持《中华人民共和国文化部进口音像制品批准单》（以下简称《批准单》）、有关报关单证及其他需要提供的文件向海关办理进口手续。

第十四条 非经营音像制品性质的单位进口用于本单位宣传、培训及广告等目的的音像制品，应当按照海关的要求交验《批准单》、合同、有关报关单证及其他需要提供的文件；数量总计在 200 盘以下的，可以免领《批准单》。

第十五条 随机器设备同时进口，以及进口后随机器设备复出口的记录操作系统、设备说明、专用软件等内容的印刷品及音像制品进口时，进口单位应当按照海关的要求交验合同、发票、有关报关单证及其他需要提供的文件，但是可以免领《批准单》等批准文件。

第十六条 境外赠送进口的印刷品及音像制品，受赠单位应当向海关提交赠送方出具的赠送函和受赠单位的接受证明及有关清单。

接受境外赠送的印刷品超过 100 册或者音像制品超过 200 盘的，受赠单位除向海关提交上述单证外，还应当提交国务院有关行政主管部门的批准文件。

第十七条 出口印刷品及音像制品，相关单位应当依照有关法律、法规的规定，向海关办理出口手续。

第十八条 用于展览、展示的印刷品及音像制品进出境，主办或者参展单位应当按照国家有关规定向海关办理暂时进出境手续。

第十九条 运输、携带、邮寄国家禁止进出境的印刷品及音像制品进出境，如实向海关申报的，予以收缴，或者责令退回，或者在海关监管下予以销毁或者进行技术处理。

运输、携带、邮寄国家限制进出境的印刷品及音像制品进出境，如实向海关申报，但是不能提交许可证件的，予以退运。

第二十条 下列进出境印刷品及音像制品，由海关按照放弃货物、物品依法予以处理：

（一）收货人、货物所有人、进出境印刷品及音像制品所有人声明放弃的；

（二）在海关规定期限内未办理海关手续或者无人认领的；

（三）无法投递又无法退回的。

第二十一条 违反本办法，构成走私行为、违反海关监管规定行为或者其他违反《海关法》行为的，由海关依照《海关法》和《实施条例》的有关规定予以处理；构成犯罪的，依法追究刑事责任。

第二十二条 进入保税区、出口加工区及其他海关特殊监管区域和保税监管场所的印刷品及音像制品的通关手续，依照有关规定办理。

第二十三条 享有外交特权和豁免的外国驻中国使馆、领馆及人员，联合国及其专门机构以及其他与中国政府签有协议的国际组织驻中国代表机构及人员进出境印刷品及音像制品，依照有关规定办理。

第二十四条 各类境外企业或者组织在境内常设代表机构或者办事处（不包括外国人员子女学校）及各类非居民长期旅客、留学回国人员、短期多次往返旅客进出境公用或者自用印刷品及音像制品数量的核定和通关手续，依照有关规定办理。

第二十五条 本办法下列用语的含义：

印刷品，是指通过将图像或者文字原稿制为印版，在纸张或者其他常用材料上翻印的内容相同的复制品。

音像制品，是指载有内容的唱片、录音带、录像带、激光视盘、激光唱盘等。

散发性宗教类印刷品及音像制品，是指运输、携带、邮寄进境，不属于自用、合理数量范围并且具有明显传播特征。违反国家宗教事务法规及有关政策的印刷品及音像制品。

以下，包括本数在内。

第二十六条 本办法由海关总署负责解释。

第二十七条 本办法自2007年6月1日起施行。1991年6月11日海关总署令第21号发布的《中华人民共和国海关对个人携带和邮寄印刷品及音像制品进出境管理规定》同时废止。

印刷品承印管理规定

（2003年7月18日中华人民共和国新闻出版总署、公安部令第19号公布 自2003年9月1日起施行）

第一章 总 则

第一条 为了规范印刷业经营者的印刷经营行为，健全承接印刷品管理制度，促进印刷业健康发展，根据《印刷业管理条例》，制定本规定。

第二条 印刷业经营者从事印刷经营活动，应当建立、健全承印验证制度、承印登记制度、印刷品保管制度、印刷品交付制度、印刷活动残次品销毁制度等管理制度。

第三条 印刷业经营者执行承印验证、承印登记、印刷品保管、印刷品交付、印刷活动残次品销毁等各项管理制度，应当指定专人负责，严格把关，建档立卷，以备查验。

第四条 印刷业经营者法定代表人或者主要负责人负责本企业、本单位各项管理制度的组织实施。

第五条 县级以上地方人民政府负责出版管理的行政部门（以下简称出版行政部门）、公安部门指导本行政区域内印刷业经营者建立各项管理制度，并负责监督检查印刷业经营者各项管理制度的实施情况。

第六条 印刷业经营者在印刷经营活动中发现违法犯罪行为，应当及时向所在地公安部门、出版行政部门报告。

第二章 承印验证制度

第七条 印刷业经营者接受委托印刷各种印刷品时，应当依照《印刷业管理条例》等法规、规章的规定，验证委印单位及委印人的证明文件，并收存相应的复印件备查。

前款所指的证明文件包括印刷委托书或者委托印刷证明、准印证、《出版许可证》、《商标注册证》、注册商标图样、注册商标使用许可合同、广告经营资格证明、营业执照以及委印人的资格证明等。

第八条 印刷企业接受委托印刷图书、期刊的，必须验证并收存由国务院出版行政部门统一格式，由省、自治区、直辖市人民政府出版行政部门统一印制并加盖出版单位公章的《图书、期刊印刷委托书》原件。

《图书、期刊印刷委托书》必须加盖出版单位所在地省、自治区、直辖市人民政府出版行政部门和印刷企业所在地省、自治区、直辖市人民政府出版行政部门的备案专用章。

第九条 印刷企业接受委托印刷报纸的，必须验证由国务院出版行政部门统一制作，由省、自治区、直辖市人民政府出版行政部门核发的《报纸出版许可证》，并收存《报纸出版许可证》复印件。

印刷企业接受委托印刷报纸、期刊的增版、增刊的，还必须验证并收存国务院出版行政部门批准出版增版、增刊的文件。

第十条 出版单位委托印刷出版物的排版、制版、印刷（包括重印、加印）、装订各工序不在同一印刷企业的，必须分别向各接受委托印刷企业开具《图书、期刊印刷委托书》。

第十一条 印刷企业接受委托印刷内部资料性出版物的，必须验证并收存由省、自治区、直辖市人民政府出版行政部门统一印制，并由县级以上地方人民政府出版行政部门核发的《内部资料性出版物准印证》。

印刷企业接受委托印刷宗教内容的内部资料性出版物的，必须验证并收存由省、自治区、直辖市人民政府宗教事务管理部门的批准文件和出版行政部门核发的《内部资料性出版物准印证》。

第十二条 印刷企业接受委托印刷境外出版物的，必须验证并收存省、自治区、直辖市人民政府出版行政部门的批准文件和有关著作权的合法证明文件；印刷的境外出版物必须全部运输出境，不得在境内发行、散发。

第十三条 印刷企业接受委托印刷注册商标标识的，必须验证《商标注册证》或者由商标注册人所在地县级工商行政管理部门签章的《商标注册证》复印件，并核查委托人提供的注册商标图样；接受注册商标被许可使用人委托，印刷注册商标标识的，还必须验证注册商标使用许可合同。

印刷企业接受委托印刷广告宣传品、作为产品包装装潢的印刷品的，必须验证委托印刷单位的营业执照及个人的居民身份证；接受广告经营者的委托印刷广告宣传品的，还必须验证广告经营资格证明。

第十四条 印刷企业接受委托印刷境外包装装潢印刷品和其他印刷品的，必须验证并收存委托方的委托印刷证明，并事先向所在地省、自治区、直辖市人民政府出版行政部门备案，经所在地省、自治区、直辖市人民政府出版行政部门加盖备案专用章后，方可承印；印刷的包装装潢印刷品和其他印刷品必须全部运输出境，不得在境内销售。

第十五条 公安部门指定的印刷企业接受委托印刷布告、通告、重大活动工作证、通行证、在社会上流通使用的票证的，必须验证并收存委印单位主管部门的证明和公安部门核发的准印证明。

印刷企业接受委托印刷机关、团体、部队、企业事业单位内部使用的有价票证或者无价票证，印刷有单位名称的介绍信、工作证、会员证、出入证、学位证书、学历证书或者其他学业证书、机动车驾驶证、房屋权属证书等专用证件的，必须验证委印单位的委托印刷证明及个人的居民身份证，并收存委托印刷证明和身份证复印件。

第十六条 印刷业经营者应当妥善留存验证的各种证明文件 2 年，以备出版行政部门、公安部门查验。

前款所称证明文件包括印刷委托书或者委托印刷证明原件、准印证原件、《出版许可证》复印件、《商标注册证》复印件、注册商标图样原件、注册商标使用许可合同复印件、广告经营资格证明复印件、营业执照复印件、居民身份证复印件等。

第三章 承印登记制度

第十七条 印刷业经营者应当按承印印刷品的种类在《出版物印刷登记簿》、《包装装潢印刷品印刷登记簿》、《其他印刷品印刷登记簿》、《专项排版、制版、装订业务登记簿》、《复印、打印业务登记簿》（以下统称为《印刷登记簿》）上登记委托印刷单位及委印人的名称、住址，经手人的姓名、身份证号码和联系电话，委托印刷的印刷品的名称、数量、印件原稿（或电子文档）、底片及交货日期、收货人等。

《印刷登记簿》一式三联，由省、自治区、直辖市人民政府出版行政部门或者其授权的地（市）级出版行政部门组织统一印制。

第十八条 印刷业经营者应当在每月月底将《印刷登记簿》登记的内容报所在地县级以上出版行政部门备案。

第四章 印刷品保管制度

第十九条 印刷业经营者对承印印件的原稿（或电子文档）、校样、印板、底片、半成品、成品及印刷品的样本应当妥善保管，不得损毁。

印刷企业应当自完成出版物的印刷之日起 2 年内，保存一份接受委托印刷的出版物样本备查。

第二十条 印刷企业印刷布告、通告、重大活动工作证、通行证、在社会上流通使用的票证，印刷机关、团体、部队、企业事业单位内部使用的有价或者无价票证，印刷有单位名称的介绍信、工作证、会员证、出入证、学位证书、学历证书或者其他学业证书、机动车驾驶证、房屋权属证书等专用证件，不得擅自留存样本、样张；确因业务参考需要保留样本、样张的，应当征得委托印刷单位同意，在所保留印件上加盖“样本”、“样张”戳记，并妥善保管，不得丢失。

第二十一条 印刷业经营者在执行印刷品保管制度时，应当明确保管责任，健全保管制度，严格保管交接手续，做到数字准确，有据可查。

第五章 印刷品交付制度

第二十二条 印刷业经营者必须严格按照印刷委托书或者委托印刷证明规定的印数印刷，不得擅自加印。

印刷业经营者每完成一种印刷品的印刷业务后，应当认真清点印刷品数量，登记台账，并根据合同的规定将印刷成品、原稿（或电子文档）、底片、印板、校样等全部交付委托印刷单位或者个人，不得擅自留存。

第二十三条 印刷业经营者应当建立印刷品承印档案，每完成一种印刷品的印刷业务后，应当将印刷合同、承印验证的各种证明文件及相应的复印件、发排单、付印单、样书、样本、样张等相关的资料一并归档留存。

第六章 印刷活动残次品销毁制度

第二十四条 印刷业经营者对印刷活动中产生的残次品，应当按实际数量登记造册，对不能修复并履行交付的，应当予以销毁，并登记销毁印件名称、数量、时间、责任人等。其中，属于国家秘密载体或者特种印刷品的，应当根据国家有关规定及时销毁。

第二十五条 印刷业经营者使用电子方法排版印制或者打印国家秘密载体的，应当严格按照有关法律、法规或者规章的规定办理。

第七章 附 则

第二十六条 本规定自2003年9月1日起施行。

音像制品制作管理规定

（2008年2月21日新闻出版总署令第35号公布 自2008年4月15日起施行 根据2015年8月28日国家新闻出版广电总局令第3号《关于修订部分规章和规范性文件的决定》修正）

第一章 总 则

第一条 为了加强音像制品制作经营活动的管理，促进音像制品制作行业的发展和繁荣，根据国务院《音像制品管理条例》、《出版管理条例》，制定本规定。

第二条 本规定所称音像制品制作是指通过录音、录像等技术手段，将声音、图像、文字等内容整理加工成音像制品节目源的活动。

第三条 任何组织和个人不得制作含有《音像制品管理条例》第三条第二款禁止内容的音像制品。

第四条 国家对从事音像制品制作经营活动实行许可制度；未经许可，任何单位和个人不得从事音像制品制作经营活动。

音像出版单位从事音像制品制作经营活动，无需再申请取得《音像制品制作许可证》。

第五条 新闻出版总署负责对全国音像制品制作管理工作实施监督。

县级以上地方新闻出版行政部门负责本行政区域内音像制品制作的监督管理工作。

第二章 制作单位设立

第六条 申请设立音像制作单位应当具备下列条件：

（一）有音像制作单位的名称、章程；

（二）有适应业务范围需要的组织机构和音像制作专业技术人员，从事音像制作业务的专业技术人员不得少于5人；

（三）有50万元以上的注册资本；

（四）有必要的技术设备；

（五）固定经营场所面积不低于100平方米；

（六）法律、法规规定的其他条件。

审批设立音像制作单位，除依照前款所列条件外，还应符合本地区音像制作单位总量、布局和结构的规划。

经报请新闻出版总署同意，各省、自治区、直辖市新闻出版行政部门可以根据本地情况，对设立音像制作单位所需注册资本和经营场所面积另行规定。

第七条 申请设立音像制作单位，由所在地省、自治区、直辖市新闻出版行政部门审批。省、自治区、直辖市新闻出版行政部门应当自收到申请设立音像制作单位的申请书之日起60日内，作出批准或者不批准的决定，并通知申请人。批准的，发给《音像制品制作许可证》；不批准的，应当说明理由。

第八条 申请设立音像制作单位，应当提交以下材料：

（一）申请书，申请书应当载明单位名称、地址，制作业务范围，资金来源及数额，法定代表人或者主要负责人姓名、住址等内容；

（二）单位章程；

（三）专业技术人员的资历证明文件；

（四）由依法设立的验资机构出具的注册资本验资证明；

（五）经营场所使用证明。

第九条 音像制作单位变更名称、业务范围，或者兼并其他音像制作单位，或者因合并、分立而设立新的音像制作单位的，应当依照本办法第七条、第八条的规定办理审批手续，并到工商行政管理部门办理相应的登记手续。

第十条 音像制作单位变更地址、法定代表人或者主要负责人，或者终止音像制作经营活动的，应当到原登记的工商行政管理部门办理变更登记或者注销登记，并在10日内向所在地省、自治区、直辖市新闻出版行政部门备案。

第十一条 自取得《音像制品制作许可证》6个月内未开展音像制品制作业务或者停业满1年的，由所在地省、自治区、直辖市新闻出版行政部门注销《音像制品制作许可证》。

第三章　制作经营活动管理

第十二条　音像制作单位的法定代表人或者主要负责人应当接受所在地地市以上新闻出版行政部门组织的岗位培训。

第十三条　音像制作单位必须有健全的内部管理制度，并填写制作文档记录。制作文档记录须归档保存 2 年以备查验。

制作文档记录由新闻出版总署制定统一格式。

第十四条　音像制作单位接受委托制作音像制品的，应当按照国家有关规定，与委托方订立制作委托合同，并验证委托方《营业执照》或者身份证明材料。

前款所涉及的合同、《营业执照》及身份证明材料复印件，音像制作单位应当归档保存 2 年以备查验。

第十五条　音像制作单位未经授权，不得以任何形式将接受委托制作的音像制品提供给委托方以外的单位或者个人。

第十六条　音像制作单位制作的音像制品，应当符合国家有关质量、技术标准和规定。

第十七条　依法设立的音像制作单位有权在出版的音像制品及其包装上署名。其他单位或者个人不得以制作单位名义在音像制品上署名。

第十八条　音像制作单位每 2 年履行一次年度核验手续。

省、自治区、直辖市新闻出版行政部门负责年度核验工作并制定具体办法。

省、自治区、直辖市新闻出版行政部门应在年度核验工作完成后 30 日内将年度核验情况报新闻出版总署。

第十九条　音像制作单位须遵守国家统计规定，依法向新闻出版行政部门报送统计资料。

第二十条　音像出版单位可以与香港特别行政区、澳门特别行政区、台湾地区或者外国的组织、个人合作制作音像制品（以下简称合作制作音像制品），但应由音像拙版单位在制作完成后 10 日内向所在地省、自治区、直辖市新闻出版行政部门备案。

第二十一条　合作制作音像制品应报送以下备案材料：

（一）合作制作音像制品的名称、节目长度、载体形式及内容简介等；

（二）合作双方的名称、基本情况、投资数额；

（三）项目合作合同。

第四章　法律责任

第二十二条　未经批准，擅自设立音像制品制作单位，擅自从事音像制品制作经营活动的，依照《音像制品管理条例》第三十九条的规定处罚。

音像制作单位以外的单位或者个人以制作单位名义在音像制品上署名的，按照擅自从事音像制品制作经营活动处罚。

第二十三条　制作明知或者应知含有《音像制品管理条例》第三条第二款禁止内容的音像制品的，依照《音像制品管理条例》第四十条的规定处罚。

第二十四条　音像制作单位接受音像出版单位委托制作音像制品未依照本规定验证有关证明的，依照《音像制品管理条例》第四十二条的规定处罚。

第二十五条　音像出版单位与香港特别行政区、澳门特别行政区、台湾地区或者外国的组织、个人合作制作音像制品，未按本规定报送备案的，依照《音像制品管理条例》第四十三条的规定处罚。

第二十六条　音像制作单位有下列行为之一的，依照《音像制品管理条例》第四十四条的规定处罚：

（一）变更名称、业务范围，或者兼并其他音像制作单位，或者因合并、分立而设立新的音像制作单位未依照本规定办理审批手续的；

（二）变更地址、法定代表人或者主要负责人，或者终止制作经营活动，未依照本规定办理备案手续的。

第二十七条　音像制作单位有下列行为之一的，由出版行政部门责令改正，给予警告；情节严重的，并处 3 万元以下的罚款：

（一）法定代表人或者主要负责人未按本规定参加岗位培训的；

（二）未按本规定填写制作或者归档保存制作文档记录的；

（三）接受非出版单位委托制作音像制品，未依照本规定验证委托单位的有关证明文件的或者未依照本规定留存备查材料的；

（四）未经授权将委托制作的音像制品提供给委托方以外的单位或者个人的；

（五）制作的音像制品不符合国家有关质量、技术标准和规定的；

（六）未依照有关规定参加年度核验的。

第二十八条　音像制作单位未依法向新闻出版行政部门报送统计资料的，依据新闻出版总署、国家统计局联合颁布的《新闻出版统计管理办法》处罚。

第五章 附 则

第二十九条 《音像制品制作许可证》由各省、自治区、直辖市新闻出版行政部门根据新闻出版总署制定的样式印制。

第三十条 在本规定施行前已经取得《音像制品制作许可证》的音像制作单位，在经营期限届满前可继续从事音像制作业务；经营期限届满，需延长经营期限的，应当依照本规定重新办理审批手续。

第三十一条 本规定自2008年4月15日起施行。

规范性文件

音像电子出版物专用书号管理办法

（新出政发〔2011〕19号）

第一条 为了进一步规范《中国标准录音制品编码》（GB/T133962009）国家标准实施后对音像制品和电子出版物的管理，特制定本办法。

第二条 全国所有正式出版、发行的音像制品或电子出版物，均应使用中国标准书号（以下简称ISBN）作为出版物标识。用于音像制品的，为音像制品专用书号；用于电子出版物的，为电子出版物专用书号。在音像制品、电子出版物载体或包装的显著位置须标识ISBN。

第三条 中国标准音像制品编码或中国录音制品编码（以下简称ISRC）不再承担音像制品版号的功能。音像制品专用书号和电子出版物专用书号，其使用范围和分配原则，参照《中国标准书号》国家标准（GB/T57952006）和《中国标准书号使用手册》规定执行。

第四条 ISBN的申领和核发原则，以各音像、电子出版单位年度选题计划为核发依据，参考以往年度核发数量，确定分配和核发年度ISBN额度。前一年的12月至当年度1月为全年度ISBN核发办理时间。超出年度选题计划的，可根据实际需求申请追加。

第五条 ISBN的申领和核发程序如下：

（一）中央和国家机关在京出版单位的ISBN额度，由出版单位持相关材料直接向新闻出版总署出版管理司申领，新闻出版总署出版管理司在3个工作日内予以核发，并发放《通知书》。

（二）地方和军队系统出版单位的ISBN额度，由各省级新闻出版局、解放军总政治部宣传部新闻出版局汇总、审核后，统一向新闻出版总署出版管理司申领，新闻出版总署出版管理司5个工作日内予以核发，并发放《通知书》。

（三）各音像电子出版单位在完成选题三审后提交《条码申请单》（附出版物信息表）申领ISBN条码。各省级新闻出版局、解放军总政治部宣传部新闻出版局负责所辖出版单位的申领工作，在已核批额度内向所辖出版单位下发本批次专用书号通知书，并向新闻出版总署条码中心办理领取专用书号手续。新闻出版总署条码中心负责中央在京音像电子出版单位的申领工作。

第六条 对涉及录音节目和音乐录像节目的音像制品或电子出版物，须先向中国ISRC中心申请分配新版ISRC编码后，再申请配发ISBN。申领ISRC是申领ISBN的前置条件。

第七条 经省级出版行政主管部门批准出版的配合本版出版物出版音像制品或电子出版物，涉及录音制品和音乐录像制品需要前置申领ISRC的，持批准文件直接向中国ISRC中心申领ISRC编码。

第八条 申领ISBN须提交以下材料：

（一）向新闻出版总署申请办理年度ISBN额度申领或追加ISBN事项的，须填写《音像电子出版物专用书号申请表》，并附《音像电子出版物出版计划表》、《ISBN使用情况登记表》及《样本缴送清单》回执（有关表格样式见附件）。上述4种表格须报送纸质材料（加盖出版单位公章），同时须将《音像电子出版物选题计划表》、《ISBN使用情况登记表》电子版上传至新闻出版总署出版管理司工作邮箱yxdzchu@126.com备案。

（二）非音像或电子出版单位配合本版出版物出版音像制品或电子出版物的，同样需要申领ISBN。持所在地省级新闻出版局或解放军总政治部宣传部新闻出版局批准文件向新闻出版总署条码中心办理领取ISBN手续。

（三）向新闻出版总署条码中心申请办理年度（或追加）ISBN及条码手续时，应提供以下材料：

1. 中央在京出版单位须向新闻出版总署条码中心提交新闻出版总署出版管理司下发的本年度专用书号额度分（调）配通知书；加盖公章的条码申请单（有关表格样式见附件）。

2. 省级新闻出版局、解放军总政治部宣传部新闻出版局所辖出版单位须向新闻出版总署条码中心提交新闻出版总署出版管理司下发的专用书号额度分（调）配通知书；

省级新闻出版局、解放军总政治部宣传部新闻出版局下发的出版单位本批次书号通知书；加盖公章的条码批量申请单（有关表格样式见附件）。

第九条 新闻出版总署条码中心经审核合格后，在5个工作日内以电子邮件的形式向各申领单位发放音像制品或电子出版物专用ISBN（条形码）。

第十条 出版单位出版不同版本的音像制品或电子出版物，须使用不同的ISBN。具体如下：

（一）载体形式不同或采用不同格式出版的音像制品或电子出版物，应使用不同的ISBN。

（二）套装中每一节目单独销售，则每一节目均需要分配一个ISBN。

（三）同一版本出版物有不同产品形式并单独销售，每一出版物均应分配一个ISBN，不同产品形式或格式应在末尾括号中注明。如ISBN 978－7117072014（精装），ISBN 9787117071901（平装）。

第十一条 对于涉及录音制品或音乐录像制品再版或重印的音像制品或电子出版物，内容、载体形式和包装均未作改变的，可使用原ISBN，不需要重新申请。

第十二条 由新闻出版总署条码中心发放ISBN（条形码）后出版单位撤销选题的，已配发的ISBN作废。出版单位不得将其使用在其他出版物上。

第十三条 各省级出版行政部门要加强对音像制品和电子出版物专用书号的管理，规范申领和核发程序，并结合实际制定ISBN核发办法，建立ISBN管理数据库，做到出版物与专用书号的一一对应，确保管理到位。

第十四条 新闻出版总署要求填报的出版统计月（年）报表、音像制品复制委托书中的原“ISRC”项目将由“音像ISBN”项目替代。

第十五条 音像制品和电子出版单位的出版者前缀的申领或换发程序不变。

第十六条 本办法自2012年1月起实施。

第十七条 本办法由新闻出版总署出版管理司负责解释。

关于在打击侵犯著作权违法犯罪工作中加强衔接配合的暂行规定

（公安部、国家版权局2006年3月26日发布）

第一条 为加强公安机关和著作权管理部门（以下简称双方）的协作与配合，严厉打击侵犯著作权违法犯罪活动，保护文学、艺术和科学作品作者的著作权及相关权益，促进社会主义文化和科学事业的发展和繁荣，根据《中华人民共和国刑法》、《中华人民共和国著作权法》、《行政执法机关移送涉嫌犯罪案件的规定》及相关法律、法规，制定本规定。

第二条 双方加强打击侵犯著作权违法犯罪工作的衔接配合，包括通报涉嫌侵犯著作权违法犯罪和会商打击策略，依法移送和接受涉嫌侵犯著作权违法犯罪案件，相互通报打击侵犯著作权违法犯罪活动的情报信息，共同开展保护著作权领域的宣传和国际交流等事项。

第三条 双方在打击侵犯著作权违法犯罪工作中的衔接配合，由公安机关治安管理部门和著作权行政执法部门归口管理。

第四条 公安部治安管理局、国家版权局版权管理司以及各省级、地市级公安机关治安管理部门和著作权行政执法部门应当建立打击涉嫌侵犯著作权违法犯罪联席会议制度。联席会议由公安机关、著作权管理部门负责查处涉嫌侵犯著作权违法犯罪案件部门的负责人和其他相关职能部门的负责人组成。

县级公安机关应当与同级著作权管理部门建立打击侵犯著作权违法犯罪衔接配合机制，并根据当地实际情况确定具体形式和参加单位。对没有设立著作权管理部门的，县级以上公安机关应当与同级新闻出版或者文化等承担著作权行政执法职责的部门共同建立打击侵犯著作权违法犯罪衔接配合机制。

第五条 联席会议每年召开一次，由公安机关治安管理部门、著作权行政执法部门轮流召集，轮值方负责会议的筹备和组织工作。如遇重大、紧急情况或者需要联合部署重要工作，可以召开临时联席会议。

联席会议的主要内容是总结衔接配合工作情况，制定工作措施和计划，研究重大案件的办理工作，交流打击侵犯著作权违法犯罪工作的情报信息。各级联席会议决定的有关事项，应当报送双方上级主管机关。

第六条 著作权管理部门在执法过程中，发现涉嫌侵犯著作权犯罪案件线索，应当及时通报同级公安机关。

公安机关对于在工作中发现的涉嫌侵犯著作权违法案件线索，应当及时通报同级著作权管理部门。

第七条 著作权管理部门向公安机关通报案件线索时，应当附有下列材料：

（一）案件（线索）通报函；

（二）涉嫌犯罪案件情况的认定调查报告；

（三）侵权复制品样品材料；

（四）侵权证明材料；

（五）其他有关材料。

第八条 公安机关向著作权管理部门通报行政违法案件线索时，应当附有下列材料：

（一）案件（线索）通报函；

（二）涉嫌行政违法案件情况的认定调查报告；

（三）相关证据材料；

（四）其他有关材料。

第九条 公安机关应当自接到著作权管理部门通报之日起3个工作日内，依法对所通报的案件线索进行审查，并可商请著作权管理部门提供必要的协助。认为有犯罪事实，应当追究刑事责任的，依法决定立案，书面通知通报线索的著作权管理部门；认为情节较轻，不构成犯罪的，应当说明理由，并书面通知通报线索的著作权管理部门。

著作权管理部门应当自接受公安机关通报的违法案件线索之日起3个工作日内，依法对所通报的案件线索进行审查，认为存在侵犯著作权等行政违法事实的，依法决定立案，书面通知通报线索的公安机关；认为不存在侵犯著作权等行政违法事实的，不予立案并书面通知通报线索的公安机关。

第十条 著作权行政执法部门在立案查出著作权违法案件过程中，对涉嫌犯罪的案件，应当依照国务院《行政执法机关移送涉嫌犯罪案件的规定》及有关规定向公安机关移送案件，不得以行政处罚代替刑事处罚。

著作权行政执法部门移送案件，原则上应一案一送。如果拟移送的案件数量较多，或者案情复杂、案件性质难以把握，著作权管理部门可与公安机关召开案件协调会。对决定移送的，著作权管理部门应当制作《涉嫌犯罪案件移送书》，连同著作权证明等材料汇总移送公安机关。

第十一条 公安机关、著作权管理部门应当共同加强著作权鉴定工作，并推动组建著作权鉴定机构，为打击侵犯著作权违法犯罪案件提供相应的执法保障。

第十二条 对于工作中发现的重大案件线索，公安机关、著作权管理部门可以召开临时联席会议，必要时邀请其他执法机关代表参加，共同会商、研究案情和决定打击对策，开展联合打击工作。

联合打击工作应以“精确打击”和“全程打击”为方针，采取协同作战的方式，查明盗版侵权复制品的生产、销售、运输、包装等各个环节的策划者、组织者、参与者，摧毁整个犯罪网络。

本条所称“重大案件”，是指社会危害巨大、社会反映强烈、涉案价值巨大、涉及跨国境犯罪团伙或其他双方研究决定应当联合打击的案件。

第十三条 著作权管理部门接到重大案件线索举报，或者在执法现场查获重大案件，认为涉嫌犯罪的，应当立即通知公安机关，公安机关应当派员到场，共同研究查处工作。双方认为符合移送条件的，应当按照《行政执法机关移送涉嫌犯罪案件的规定》，立即交由公安机关处理。

第十四条 在公安机关决定立案通知书送达后3个工作日内，著作权管理部门应当向公安机关办理有关侵权复制品和用于违法犯罪行为的材料、工具、设备等的移交手续。公安机关需要到场查验有关涉案物品或者收集必要的侵权复制品样材的，著作权行政执法部门应当予以积极协助。

第十五条 公安机关就有关行为是否构成侵犯著作权问题需要咨询著作权管理部门意见的，应当向同级著作权管理部门书面提出认定要求，并应当附送涉嫌侵权复制品的样材、照片、文字说明等材料。除案情复杂的以外，著作权管理部门应当在收到函件后15个工作日内答复，著作权管理部门认定意见可以作为公安机关办案的参考。

地方公安机关对于案情重大、复杂，就有关行为是否构成侵犯著作权问题需要咨询上一级著作权管理部门意见的，应当先将有关情况上报上一级公安机关，由上一级公安机关向同级著作权管理部门征求意见。

第十六条 公安机关、著作权管理部门应当在执法过程中加强相互支持协助，并可根据实际需要，在当地党委政府和上级公安机关、著作权管理部门的领导下，共同开展专项行动。

第十七条 双方发挥各自的资源优势，共同组织开展培训、宣传、表彰等活动。在国际执法合作中要密切配合，共同参与有关国际交流活动。

第十八条 公安部治安管理局、国家版权局版权管理司对双方执行本规定的情况进行联合监督；各省、自治区、直辖市公安机关和著作权管理部门对本辖区内执行情况进行监督。

第十九条 本规定自公布之日起试行。

关于加强网络文学作品版权管理的通知

为加强网络文学作品版权管理，进一步规范网络文学作品版权秩序，根据《中华人民共和国著作权法》《信息网络传播权保护条例》等法律、法规，现就有关事项通知如下：

一、任何组织或者个人通过信息网络传播文学作品，以及为用户通过信息网络传播文学作品提供相关网络服务，应当遵守著作权法律、法规，尊重权利人的合法权利，维护网络文学作品版权秩序。

二、通过信息网络提供文学作品以及提供相关网络服务的网络服务商，应当加强版权监督管理，建立健全侵权作品处理机制，依法履行保护网络文学作品版权的义务。

三、通过信息网络提供文学作品的网络服务商，应当依法履行传播文学作品的版权审查和注意义务，除法律、法规另有规定外，未经权利人许可，不得传播其文学作品。

四、通过信息网络提供文学作品的网络服务商，应当建立版权投诉机制，积极受理权利人投诉，及时依法处理权利人的合法诉求。

五、提供搜索引擎、浏览器、论坛、网盘、应用程序商店以及贴吧、微博、微信等服务的网络服务商，未经权利人许可，不得提供或者利用技术手段变相提供文学作品；不得为用户传播未经权利人许可的文学作品提供便利。

六、提供搜索引擎、浏览器、论坛、网盘、应用程序商店以及贴吧、微博、微信等服务的网络服务商，应当在其服务平台的显著位置载明权利人通知、投诉的方式，及时受理权利人通知、投诉，并在接到权利人通知、投诉 24 小时内删除侵权作品、断开相关链接。

七、提供搜索引擎、浏览器等服务的网络服务商，不得通过定向搜索或者链接，以及编辑、聚合等方式传播未经权利人许可的文学作品。

八、提供贴吧、论坛、应用程序商店等服务的网络服务商，应当审核并保存吧主、版主、应用程序开发者等的姓名、账号、网络地址、联系方式等信息。

九、提供对以文学作品或者作者命名的贴吧、论坛等服务的网络服务商，应当责成吧主、版主等确认用户提供的文学作品系权利人本人提供，或者已经取得权利人许可。

十、提供信息存储空间服务的网盘服务商，应当遵守国家版权局《关于规范网盘服务版权秩序的通知》，主动屏蔽、删除侵权文学作品，防止用户上传、存储并分享侵权文学作品。

十一、国家版权局建立网络文学作品版权监管“黑白名单制度”，适时公布文学作品侵权盗版网络服务商“黑名单”、网络文学作品重点监管“白名单”。

十二、各级版权行政机关应当加强网络文学作品版权执法监管力度，依法查处网络文学作品侵权盗版行为，保障网络文学作品版权秩序。

十三、本通知自印发之日起实施。

国家版权局办公厅

2016 年 11 月 4 日

商 标 权

司法解释

最高人民法院关于审理涉及计算机网络域名民事纠纷案件适用法律若干问题的解释

（2001 年 7 月 17 日　法释〔2001〕24 号）

为了正确审理涉及计算机网络域名注册、使用等行为的民事纠纷案件（以下简称域名纠纷案件），根据《中华人民共和国民法通则》（以下简称民法通则）、《中华人民共和国反不正当竞争法》（以下简称反不正当竞争法）和《中华人民共和国民事诉讼法》（以下简称民事诉讼法）等法律的规定，作如下解释：

第一条　对于涉及计算机网络域名注册、使用等行为的民事纠纷，当事人向人民法院提起诉讼，经审查符合民事诉讼法第一百零八条规定的，人民法院应当受理。

第二条　涉及域名的侵权纠纷案件，由侵权行为地或者被告住所地的中级人民法院管辖。对难以确定侵权行为地和被告住所地的，原告发现该域名的计算机终端等设备所在地可以视为侵权行为地。

涉外域名纠纷案件包括当事人一方或者双方是外国人、无国籍人、外国企业或组织、国际组织，或者域名注册地在外国的域名纠纷案件。在中华人民共和国领域内发生的涉外域名纠纷案件，依照民事诉讼法第四编的规定确定管辖。

第三条　域名纠纷案件的案由，根据双方当事人争议的法律关系的性质确定，并在其前冠以计算机网络域名；争议的法律关系的性质难以确定的，可以通称为计算机网络域名纠纷案件。

第四条 人民法院审理域名纠纷案件，对符合以下各项条件的，应当认定被告注册、使用域名等行为构成侵权或者不正当竞争：

（一）原告请求保护的民事权益合法有效；

（二）被告域名或其主要部分构成对原告驰名商标的复制、模仿、翻译或音译；或者与原告的注册商标、域名等相同或近似，足以造成相关公众的误认；

（三）被告对该域名或其主要部分不享有权益，也无注册、使用该域名的正当理由；

（四）被告对该域名的注册、使用具有恶意。

第五条 被告的行为被证明具有下列情形之一的，人民法院应当认定其具有恶意：

（一）为商业目的将他人驰名商标注册为域名的；

（二）为商业目的注册、使用与原告的注册商标、域名等相同或近似的域名，故意造成与原告提供的产品、服务或者原告网站的混淆，误导网络用户访问其网站或其他在线站点的；

（三）曾要约高价出售、出租或者以其他方式转让该域名获取不正当利益的；

（四）注册域名后自己并不使用也未准备使用，而有意阻止权利人注册该域名的；

（五）具有其他恶意情形的。

被告举证证明在纠纷发生前其所持有的域名已经获得一定的知名度，且能与原告的注册商标、域名等相区别，或者具有其他情形足以证明其不具有恶意的，人民法院可以不认定被告具有恶意。

第六条 人民法院审理域名纠纷案件，根据当事人的请求以及案件的具体情况，可以对涉及的注册商标是否驰名依法作出认定。

第七条 人民法院在审理域名纠纷案件中，对符合本解释第四条规定的情形，依照有关法律规定构成侵权的，应当适用相应的法律规定；构成不正当竞争的，可以适用民法通则第四条、反不正当竞争法第二条第一款的规定。涉外域名纠纷案件，依照民法通则第八章的有关规定处理。

第八条 人民法院认定域名注册、使用等行为构成侵权或者不正当竞争的，可以判令被告停止侵权、注销域名，或者依原告的请求判令由原告注册使用该域名；给权利人造成实际损害的，可以判令被告赔偿损失。

部门规章

亚洲运动会标志保护办法

（2010年4月2日国家工商行政管理总局令第48号公布　自2010年4月2日起施行）

第一条 为了加强对亚洲运动会标志（以下简称亚运会标志）的保护，维护亚运会标志权利人的合法权益，根据《中华人民共和国商标法》、《中华人民共和国商标法实施条例》、《特殊标志管理条例》的规定，制定本办法。

第二条 本办法所称亚运会标志是指亚洲奥林匹克理事会、第16届亚运会组织机构按照《中华人民共和国商标法》、《中华人民共和国商标法实施条例》有关规定在国务院工商行政管理部门商标局作为商标依法核准注册以及按照《特殊标志管理条例》的规定在国务院工商行政管理部门商标局作为特殊标志核准登记的下列内容：

（一）亚洲奥林匹克理事会的名称（包括全称、简称、译名和缩写，下同）、会徽、会旗、会歌、格言等；

（二）第16届亚运会申办机构的名称、标识、口号和其他标志；

（三）第16届亚运会组织机构的名称、徽记和其他标志；

（四）第16届亚运会的名称、会徽、吉祥物、口号、会歌、会旗和其他标志；

（五）《亚奥理事会章程和规则》和《第16届亚运会主办城市合同》中规定的其他与第16届亚运会有关的标志。

第三条 本办法所称亚运会标志权利人，是指亚洲奥林匹克理事会和第16届亚运会组织机构。

亚洲奥林匹克理事会与第16届亚运会组织机构关于亚运会标志的权利划分，依照《亚奥理事会章程和规则》和《第16届亚运会主办城市合同》确定。

第四条 亚运会标志权利人依照《中华人民共和国商标法》、《中华人民共和国商标法实施条例》、《特殊标志管理条例》享有亚运会标志权。

第五条 取得亚运会标志权利人许可，为商业目的（含潜在商业目的，下同）使用亚运会标志的，应当同亚运会标志权利人订立使用许可合同。

第六条 任何组织或者个人不得侵犯亚运会标志权。

侵犯亚运会标志权是指未经亚运会标志权利人许可，为商业目的擅自使用亚运会标志。

第七条 本办法所称为商业目的使用，是指以营利为目的，以下列方式使用亚运会标志：

（一）将亚运会标志用于商品、商品包装或者容器以及商品交易文书上；

（二）将亚运会标志用于服务项目中；

（三）将亚运会标志用于广告宣传、商业展览、营业性演出以及其他商业活动中；

（四）销售含有亚运会标志商品；

（五）制造或者销售亚运会标志；

（六）可能使人认为行为人与亚运会标志权利人之间有赞助或者其他支持关系而使用亚运会标志的其他行为。

第八条 在本办法施行前已经依法使用亚运会标志的，可以在原有范围内继续使用。

第九条 县级以上工商行政管理部门依据《中华人民共和国商标法》、《中华人民共和国商标法实施条例》、《特殊标志管理条例》以及本办法的规定，负责本行政区域内的亚运会标志的保护工作。

第十条 侵犯亚运会标志权，引起纠纷的，由当事人协商解决；不愿协商或者协商不成的，亚运会标志权利人或者利害关系人可以请求工商行政管理部门处理。

工商行政管理部门受理亚运会标志侵权案件投诉的，应亚运会标志权利人的请求，可以就侵权的民事赔偿主持调解。

第十一条 对侵犯亚运会标志权的行为，工商行政管理部门有权依法查处。

第十二条 任何组织或者个人可以向工商行政管理部门举报侵犯亚运会标志权的行为。

第十三条 工商行政管理部门在对涉嫌侵犯亚运会标志权的案件进行调查取证时，案件涉及作为商标注册的亚运会标志的，可以行使《中华人民共和国商标法》、《中华人民共和国商标法实施条例》规定的职权；案件涉及作为特殊标志登记的亚运会标志的，可以行使《特殊标志管理条例》规定的职权。

第十四条 对违反《中华人民共和国商标法》、《中华人民共和国商标法实施条例》，侵犯亚运会标志权的，工商行政管理部门依据《中华人民共和国商标法》、《中华人民共和国商标法实施条例》的有关规定处理。

对违反《特殊标志管理条例》，侵犯亚运会标志权的，工商行政管理部门依据《特殊标志管理条例》的有关规定处理。

第十五条 本办法自公布之日起施行。

世界博览会标志备案办法

（2004 年 12 月 24 日国家工商行政管理总局令第 19 号公布 自 2005 年 1 月 24 日起施行）

第一条 为了加强对世界博览会标志的保护，保障世界博览会标志权利人的合法权益，规范世界博览会标志的备案申请，根据《世界博览会标志保护条例》的有关规定，制定本办法。

第二条 国家工商行政管理总局商标局根据《世界博览会标志保护条例》的规定负责世界博览会标志的备案工作。

第三条 世界博览会标志权利人申请标志备案，可以直接向商标局办理，也可以委托国家认可的具有商标代理资格的组织代理。在中国没有经常居所或者营业所的，应当委托国家认可的具有商标代理资格的组织代理。

第四条 申请世界博览会标志备案的，应当提交下列书件：

（一）按照商标局规定书式填写的备案申请书。

（二）世界博览会标志图样 5 份。图样应当清晰，便于粘贴，用光洁耐用的纸张印制或者用照片代替，长和宽分别不大于 10 厘米、不小于 5 厘米。

（三）委托他人代理的，应当附代理人委托书，注明委托事项和权限。

第五条 申请备案的标志符合《世界博览会标志保护条例》及本办法规定的，商标局予以备案，书面通知权利人并公告。不符合规定的，不予备案，书面通知权利人。

第六条 申请人对商标局有关世界博览会标志备案的行政决定不服的，可以依照《中华人民共和国行政复议法》的规定，向国家工商行政管理总局申请复议；也可以依照《中华人民共和国行政诉讼法》的有关规定向人民法院提起诉讼。

第七条 本办法自 2005 年 1 月 24 日起实施。

国外地理标志产品保护办法

（2016 年 3 月 28 日国家质检总局第 152 号公布）

第一章 总 则

第一条 为了有效保护在中国销售的国外地理标志产品，规范国外地理标志产品名称和专用标志在华使用，依据《地理标志产品保护规定》第二十六条，制定本办法。

第二条 本办法所称国外地理标志产品，是指在中国以外生产、已受原产国或地区注册保护、符合《地理标志产品保护规定》第二条规定的产品。

第三条 在中国保护（简称“在华保护”）的国外地理标志产品的申请、受理、审查、批准、专用标志使用、监督管理和变更撤销等适用本办法。

第四条 国外地理标志产品在华保护名称包括中文名称和原文名称。

（一）中文名称，由具有地理指示功能的名称和反映产品真实属性的通用名称构成；也可是“约定俗成”的名称。

（二）原文名称，是指在原产国或地区获得地理标志注册保护的名称。

（三）上述名称在中国不属于通用名称，且未与中国的地理标志产品名称相冲突。

第五条 国家质量监督检验检疫总局（以下简称“国家质检总局”）统一管理国外地理标志产品在华保护工作。各级出入境检验检疫、质量技术监督主管部门（以下简称“质检部门”）依据职能对国外地理标志产品实施保护。

第六条 根据对等原则，开放注册保护。依照本办法，申请在华保护的国外地理标志产品，其所在国家或地区应当与我国建立相适应的地理标志交流合作关系。

第二章 申请与受理

第七条 国外地理标志产品在华保护，由该产品所在原产国或地区地理标志保护的原申请人申请，经原产国或地区地理标志主管部门推荐，向国家质检总局提出。

第八条 国外地理标志产品在华保护申请人可以指定其在华机构作为在华保护工作的联系人，也可商请原产国或地区驻华使馆工作人员作为在华保护工作的联系人。

第九条 国外地理标志产品在华保护申请需提供以下中文书面材料：

（一）国外地理标志产品在华保护申请书。

（二）申请人名称和地址、联系电话，在华联系人、地址和联系电话。

（三）在原产国或地区获准地理标志保护的官方证明文件原件及其经过公证的中文译本。

（四）原产国或地区地理标志主管机构出具的推荐文件，推荐该产品在华注册保护的官方文件原件及其经过公证的中文译本。

（五）原产国或地区地理标志主管机构出具的产地范围及其经过公证的中文译本。

（六）该产品的质量技术要求。

（七）检测报告：原产国或地区出具的，证明申请产品感官特色、理化指标的检测报告及其经过公证的中文译本。

（八）其他辅助证明资料等。

第十条 在华保护的国外地理标志产品质量技术要求包括：

（一）产品的中文名称和原文名称。

（二）保护的产地范围。

（三）产品属性及其生产工艺过程。

（四）质量特色，包括产品的感官特色、理化指标等。

（五）知名度，产品在原产国（地区）、中国以及世界其他国家和地区的知名度与贸易销售情况。

（六）关联性，产品质量特色与产地自然或人文因素之间关联性的描述等。

第十一条 国家质检总局收到申请材料后，在30个工作日内组织对申请材料形式审查。形式审查的结论分为予以受理、需要补正和不予受理三种。

（一）予以受理的，国家质检总局发布公报，并在其官方网站向社会公示。

（二）需要补正的，国家质检总局向申请人书面反馈补正意见。申请人向国家质检总局提交补正材料后，国家质检总局重新组织形式审查。

（三）不予受理的，国家质检总局向申请人发出不予受理的书面通知书。

第十二条 受理公告异议期为60日，自国家质检总局公告受理之日起计算。异议期内，国内外任何组织或个人均可以书面形式向国家质检总局提出异议。

第十三条 异议内容包括：异议人姓名、单位名称、联系方式，异议的原因及证据材料等。异议应当以中文书写，签字或签章有效。

第十四条 国家质检总局收到异议后，及时将异议内容反馈申请人。异议由异议双方协商解决；或由国家质检总局组织异议双方协商解决；协商不定时，由国家质检总局组织地理标志专家委员会审议后裁定。

第十五条 异议申请有下列情形的，国家质检总局不予受理，并书面通知申请人并说明理由：

（一）未在法定期限内提出的；

（二）无明确的异议理由、事实和法律依据的。

第十六条 对驳回的异议申请，国家质检总局应书面通知申请人。申请人不服的，可以自收到通知之日起30日内向国家质检总局申请复审。国家质检总局自收到申请之日起60日内做出决定，并书面通知申请人，复审决定为终审决定。

第三章 技术审查与批准

第十七条 受理公告期满且无异议、或异议协商一致、或异议经裁定无效的，国家质检总局组织专家进行技术审查。

第十八条 技术审查包括会议审查和必要的产地核查，申请人应予配合。技术审查专家组由 5 人或 7 人组成。

第十九条 技术审查时，申请人应当邀请熟悉该产品的专业技术人员和翻译人员参加，技术审查的时间和地点由双方商定。

第二十条 技术审查结论分为通过、需要整改和不予通过三种。

（一）审查通过的，国家质检总局发布国外地理标志产品在华保护批准公告，依法予以保护。

（二）需要整改的，国家质检总局向申请人书面反馈整改意见。申请人向国家质检总局提交整改材料后，国家质检总局再次组织技术审查或技术确认。

（三）不予通过的，国家质检总局向申请人发出技术审查不予通过的书面通知。

第四章 专用标志和监督管理

第二十一条 获得在华保护的国外地理标志产品，其标注的产品名称、产地等信息应与国家质检总局批准公告的信息相符。

第二十二条 获得在华保护的国外地理标志产品产地范围内的生产者、协会等社团，可向国家质检总局申请使用中国地理标志产品专用标志。

第二十三条 专用标志使用实行自我声明制度，一经使用在华保护的产品名称和中国地理标志产品专用标志，则视其自我声明该产品符合国家质检总局国外地理标志产品批准公告的要求。

第二十四条 专用标志图样按照国家质检总局 2006 年第 109 号公告《关于发布地理标志保护产品专用标志比例图的公告》的要求执行。

第二十五条 在华保护的国外地理标志产品申请人应当以中文向社会公布其产品所执行的地理标志法律法规、技术标准。

第二十六条 在华保护的国外地理标志产品申请人须履行相应的管理责任，制定管理措施，对其名称、质量特色、专用标志使用等进行管理。

第二十七条 在华保护的国外地理标志产品施行年度报告制度。每年三月底前，申请人须向国家质检总局报告当年的管理措施和上一年度实施情况报告。

第二十八条 已经在华保护的国外地理标志产品，在华发生重大负面影响时，国家质检总局认为确有必要的，国家质检总局可组织对其质量特色和产地条件等进行进一步实地核查，申请人应予配合。

第二十九条 国家质检总局通过官方网站公布国外地理标志产品的在华保护信息，接受社会监督。

第五章 保护、变更及撤销

第三十条 在华保护的国外地理标志产品与中国地理标志产品享受同等保护。

第三十一条 国家质检总局、省级质检部门受理侵犯在华保护的国外地理标志产品合法权益的举报投诉，各级质检部门依法对违法行为进行查处；在华保护的国外地理标志产品申请人也可向人民法院提起诉讼。

第三十二条 在华保护的国外地理标志产品的产地范围、质量技术要求、产地范围内的生产者、协会或社团名称、地址等重大信息发生变更的，国外地理标志产品申请人应在 90 日内向国家质检总局提出变更申请。经技术审查合格，由国家质检总局发布公告予以变更。

第三十三条 在华保护的国外地理标志保护产品存在下列情况之一的，国家质检总局发布公告予以撤销：

（一）在原产国或地区被撤销保护；

（二）中国国内司法机关裁定撤销保护；

（三）严重违反中国国内相关法律法规规定等。

第六章 附 则

第三十四条 本办法自发布之日起施行。

第三十五条 在华保护的国外地理标志保护产品还应当遵守中国出入境检验检疫的相关规定。

第三十六条 本办法由国家质检总局负责解释。

专利权

司法解释

最高人民法院关于审理侵犯专利权纠纷案件应用法律若干问题的解释（二）

（法释〔2016〕1号）

为正确审理侵犯专利权纠纷案件，根据《中华人民共和国专利法》《中华人民共和国侵权责任法》《中华人民共和国民事诉讼法》等有关法律规定，结合审判实践，制定本解释。

第一条 权利要求书有两项以上权利要求的，权利人应当在起诉状中载明据以起诉被诉侵权人侵犯其专利权的权利要求。起诉状对此未记载或者记载不明的，人民法院应当要求权利人明确。经释明，权利人仍不予明确的，人民法院可以裁定驳回起诉。

第二条 权利人在专利侵权诉讼中主张的权利要求被专利复审委员会宣告无效的，审理侵犯专利权纠纷案件的人民法院可以裁定驳回权利人基于该无效权利要求的起诉。

有证据证明宣告上述权利要求无效的决定被生效的行政判决撤销的，权利人可以另行起诉。

专利权人另行起诉的，诉讼时效期间从本条第二款所称行政判决书送达之日起计算。

第三条 因明显违反专利法第二十六条第三款、第四款导致说明书无法用于解释权利要求，且不属于本解释第四条规定的情形，专利权因此被请求宣告无效的，审理侵犯专利权纠纷案件的人民法院一般应当裁定中止诉讼；在合理期限内专利权未被请求宣告无效的，人民法院可以根据权利要求的记载确定专利权的保护范围。

第四条 权利要求书、说明书及附图中的语法、文字、标点、图形、符号等存有歧义，但本领域普通技术人员通过阅读权利要求书、说明书及附图可以得出唯一理解的，人民法院应当根据该唯一理解予以认定。

第五条 在人民法院确定专利权的保护范围时，独立权利要求的前序部分、特征部分以及从属权利要求的引用部分、限定部分记载的技术特征均有限定作用。

第六条 人民法院可以运用与涉案专利存在分案申请关系的其他专利及其专利审查档案、生效的专利授权确权裁判文书解释涉案专利的权利要求。

专利审查档案，包括专利审查、复审、无效程序中专利申请人或者专利权人提交的书面材料，国务院专利行政部门及其专利复审委员会制作的审查意见通知书、会晤记录、口头审理记录、生效的专利复审请求审查决定书和专利权无效宣告请求审查决定书等。

第七条 被诉侵权技术方案在包含封闭式组合物权利要求全部技术特征的基础上增加其他技术特征的，人民法院应当认定被诉侵权技术方案未落入专利权的保护范围，但该增加的技术特征属于不可避免的常规数量杂质的除外。

前款所称封闭式组合物权利要求，一般不包括中药组合物权利要求。

第八条 功能性特征，是指对于结构、组分、步骤、条件或其之间的关系等，通过其在发明创造中所起的功能或者效果进行限定的技术特征，但本领域普通技术人员仅通过阅读权利要求即可直接、明确地确定实现上述功能或者效果的具体实施方式的除外。

与说明书及附图记载的实现前款所称功能或者效果不可缺少的技术特征相比，被诉侵权技术方案的相应技术特征是以基本相同的手段，实现相同的功能，达到相同的效果，且本领域普通技术人员在被诉侵权行为发生时无需经过创造性劳动就能够联想到的，人民法院应当认定该相应技术特征与功能性特征相同或者等同。

第九条 被诉侵权技术方案不能适用于权利要求中使用环境特征所限定的使用环境的，人民法院应当认定被诉侵权技术方案未落入专利权的保护范围。

第十条 对于权利要求中以制备方法界定产品的技术特征，被诉侵权产品的制备方法与其不相同也不等同的，人民法院应当认定被诉侵权技术方案未落入专利权的保护范围。

第十一条 方法权利要求未明确记载技术步骤的先后顺序，但本领域普通技术人员阅读权利要求书、说明书及附图后直接、明确地认为该技术步骤应当按照特定顺序实施的，人民法院应当认定该步骤顺序对于专利权的保护范围具有限定作用。

第十二条 权利要求采用“至少”“不超过”等用语对数值特征进行界定，且本领域普通技术人员阅读权利要求书、说明书及附图后认为专利技术方案特别强调该用语对技术特征的限定作用，权利人主张与其不相同的数值特征属于等同特征的，人民法院不予支持。

第十三条 权利人证明专利申请人、专利权人在专利授权确权程序中对权利要求书、说明书及附图的限缩性修改或者陈述被明确否定的，人民法院应当认定该修改或者陈述未导致技术方案的放弃。

第十四条 人民法院在认定一般消费者对于外观设计所具有的知识水平和认知能力时，一般应当考虑被诉侵权行为发生时授权外观设计所属相同或者相近种类产品的设计空间。设计空间较大的，人民法院可以认定一般消费者通常不容易注意到不同设计之间的较小区别；设计空间较小的，人民法院可以认定一般消费者通常更容易注意到不同设计之间的较小区别。

第十五条 对于成套产品的外观设计专利，被诉侵权设计与其一项外观设计相同或者近似的，人民法院应当认定被诉侵权设计落入专利权的保护范围。

第十六条 对于组装关系唯一的组件产品的外观设计专利，被诉侵权设计与其组合状态下的外观设计相同或者近似的，人民法院应当认定被诉侵权设计落入专利权的保护范围。

对于各构件之间无组装关系或者组装关系不唯一的组件产品的外观设计专利，被诉侵权设计与其全部单个构件的外观设计均相同或者近似的，人民法院应当认定被诉侵权设计落入专利权的保护范围；被诉侵权设计缺少其单个构件的外观设计或者与之不相同也不近似的，人民法院应当认定被诉侵权设计未落入专利权的保护范围。

第十七条 对于变化状态产品的外观设计专利，被诉侵权设计与变化状态图所示各种使用状态下的外观设计均相同或者近似的，人民法院应当认定被诉侵权设计落入专利权的保护范围；被诉侵权设计缺少其一种使用状态下的外观设计或者与之不相同也不近似的，人民法院应当认定被诉侵权设计未落入专利权的保护范围。

第十八条 权利人依据专利法第十三条诉请在发明专利申请公布日至授权公告日期间实施该发明的单位或者个人支付适当费用的，人民法院可以参照有关专利许可使用费合理确定。

发明专利申请公布时申请人请求保护的范围与发明专利公告授权时的专利权保护范围不一致，被诉技术方案均落入上述两种范围的，人民法院应当认定被告在前款所称期间内实施了该发明；被诉技术方案仅落入其中一种范围的，人民法院应当认定被告在前款所称期间内未实施该发明。

发明专利公告授权后，未经专利权人许可，为生产经营目的使用、许诺销售、销售在本条第一款所称期间内已由他人制造、销售、进口的产品，且该他人已支付或者书面承诺支付专利法第十三条规定的适当费用的，对于权利人关于上述使用、许诺销售、销售行为侵犯专利权的主张，人民法院不予支持。

第十九条 产品买卖合同依法成立的，人民法院应当认定属于专利法第十一条规定的销售。

第二十条 对于将依照专利方法直接获得的产品进一步加工、处理而获得的后续产品，进行再加工、处理的，人民法院应当认定不属于专利法第十一条规定的“使用依照该专利方法直接获得的产品”。

第二十一条 明知有关产品系专门用于实施专利的材料、设备、零部件、中间物等，未经专利权人许可，为生产经营目的将该产品提供给他人实施了侵犯专利权的行为，权利人主张该提供者的行为属于侵权责任法第九条规定的帮助他人实施侵权行为的，人民法院应予支持。

明知有关产品、方法被授予专利权，未经专利权人许可，为生产经营目的积极诱导他人实施了侵犯专利权的行为，权利人主张该诱导者的行为属于侵权责任法第九条规定的教唆他人实施侵权行为的，人民法院应予支持。

第二十二条 对于被诉侵权人主张的现有技术抗辩或者现有设计抗辩，人民法院应当依照专利申请日时施行的专利法界定现有技术或者现有设计。

第二十三条 被诉侵权技术方案或者外观设计落入在先的涉案专利权的保护范围，被诉侵权人以其技术方案或者外观设计被授予专利权为由抗辩不侵犯涉案专利权的，人民法院不予支持。

第二十四条 推荐性国家、行业或者地方标准明示所涉必要专利的信息，被诉侵权人以实施该标准无需专利权人许可为由抗辩不侵犯该专利权的，人民法院一般不予支持。

推荐性国家、行业或者地方标准明示所涉必要专利的信息，专利权人、被诉侵权人协商该专利的实施许可条件时，专利权人故意违反其在标准制定中承诺的公平、合理、无歧视的许可义务，导致无法达成专利实施许可合同，且被诉侵权人在协商中无明显过错的，对于权利人请求停止标准实施行为的主张，人民法院一般不予支持。

本条第二款所称实施许可条件，应当由专利权人、被诉侵权人协商确定。经充分协商，仍无法达成一致的，可以请求人民法院确定。人民法院在确定上述实施许可条件时，应当根据公平、合理、无歧视的原则，综合考虑专利的创新程度及其在标准中的作用、标准所属的技术领域、标准的性质、标准实施的范围和相关的许可条件等因素。

法律、行政法规对实施标准中的专利另有规定的，从其规定。

第二十五条 为生产经营目的使用、许诺销售或者销售不知道是未经专利权人许可而制造并售出的专利侵权产品，且举证证明该产品合法来源的，对于权利人请求停止上述使用、许诺销售、销售行为的主张，人民法院应予支持，但被诉侵权产品的使用者举证证明其已支付该产品的合理对价的除外。

本条第一款所称不知道，是指实际不知道且不应当知道。

本条第一款所称合法来源，是指通过合法的销售渠道、通常的买卖合同等正常商业方式取得产品。对于合法来源，使用者、许诺销售者或者销售者应当提供符合交易习惯的相关证据。

第二十六条 被告构成对专利权的侵犯，权利人请求判令其停止侵权行为的，人民法院应予支持，但基于国家利益、公共利益的考量，人民法院可以不判令被告停止被诉行为，而判令其支付相应的合理费用。

第二十七条 权利人因被侵权所受到的实际损失难以确定的，人民法院应当依照专利法第六十五条第一款的规定，要求权利人对侵权人因侵权所获得的利益进行举证；在权利人已经提供侵权人所获利益的初步证据，而与专利侵权行为相关的账簿、资料主要由侵权人掌握的情况下，人民法院可以责令侵权人提供该账簿、资料；侵权人无正当理由拒不提供或者提供虚假的账簿、资料的，人民法院可以根据权利人的主张和提供的证据认定侵权人因侵权所获得的利益。

第二十八条 权利人、侵权人依法约定专利侵权的赔偿数额或者赔偿计算方法，并在专利侵权诉讼中主张依据该约定确定赔偿数额的，人民法院应予支持。

第二十九条 宣告专利权无效的决定作出后，当事人根据该决定依法申请再审，请求撤销专利权无效宣告前人民法院作出但未执行的专利侵权的判决、调解书的，人民法院可以裁定中止再审审查，并中止原判决、调解书的执行。

专利权人向人民法院提供充分、有效的担保，请求继续执行前款所称判决、调解书的，人民法院应当继续执行；侵权人向人民法院提供充分、有效的反担保，请求中止执行的，人民法院应当准许。人民法院生效裁判未撤销宣告专利权无效的决定的，专利权人应当赔偿因继续执行给对方造成的损失；宣告专利权无效的决定被人民法院生效裁判撤销，专利权仍有效的，人民法院可以依据前款所称判决、调解书直接执行上述反担保财产。

第三十条 在法定期限内对宣告专利权无效的决定不向人民法院起诉或者起诉后生效裁判未撤销该决定，当事人根据该决定依法申请再审，请求撤销宣告专利权无效前人民法院作出但未执行的专利侵权的判决、调解书的，人民法院应当再审。当事人根据该决定，依法申请终结执行宣告专利权无效前人民法院作出但未执行的专利侵权的判决、调解书的，人民法院应当裁定终结执行。

第三十一条 本解释自2016年4月1日起施行。最高人民法院以前发布的相关司法解释与本解释不一致的，以本解释为准。

规范性文件

国家知识产权局关于印发《关于严格专利保护的若干意见》的通知

（国知发管字〔2016〕93号）

各省、自治区、直辖市知识产权局，新疆生产建设兵团知识产权局；局机关各部门，专利局各部门，局直属各单位、各社会团体：

为深入贯彻党中央、国务院关于严格知识产权保护的决策部署，认真落实《中共中央国务院关于完善产权保护制度依法保护产权的意见》（中发〔2016〕28号），积极履行政府专利保护监管职责，切实加大对专利侵权假冒行为的打击力度，增强专利授权、确权、维权的协调性，全面从严保护专利权，大力推进知识产权强国建设，我局制定了《关于严格专利保护的若干意见》，现印发你们，请认真贯彻执行。

特此通知。

附件：《关于严格专利保护的若干意见》

国家知识产权局

2016年11月29日

关于严格专利保护的若干意见

为深入贯彻党中央、国务院关于严格知识产权保护的决策部署，认真落实《中共中央国务院关于完善产权保护制度依法保护产权的意见》（中发〔2016〕28 号），推进知识产权强国建设，现就严格专利保护提出如下意见。

一、总体要求

（一）指导思想

严格专利保护，必须全面贯彻党的十八大和十八届三中、四中、五中、六中全会精神，深入贯彻习近平总书记系列重要讲话精神，按照"五位一体"总体布局、"四个全面"战略布局的要求，牢固树立创新、协调、绿色、开放、共享的发展理念，开拓进取，勇于创新，突出中国特色，加快构建严格保护专利权的政策体系、工作机制，全面提升专利保护的效率与水平，严厉打击侵权假冒行为，满足广大创新主体、市场主体与消费者需要，营造创新发展良好环境，切实维护群众根本利益。

（二）基本原则

坚持服务大局。严格专利保护，必须着眼于完善体制、创新机制，助力深化改革；着眼于规范竞争、强化监管，推进依法治国；着眼于弘扬诚信、激励创新，促进经济发展。

强化协同推进。严格专利保护，必须构建授权确权、行政执法、司法裁判、维权援助、社会诚信及调解仲裁相互促进的保护机制；进一步发挥行政保护的优势，加快完善行政和司法两条途径优势互补、有机衔接的保护模式；完善统筹协调机制，推进形成协调、顺畅、高效的大保护格局。

注重突出重点。严格专利保护，必须切实加强关键环节和重点领域的专利保护工作，创新执法监管机制，加大对侵权假冒行为的惩治力度；建立快速协同保护机制，增强授权、确权、维权的协调性，提高专利保护各环节的质量和效率；推进互联网、电子商务、大数据等新业态新领域的专利保护，加强食品药品、环境保护、安全生产等民生领域的专利保护。

（三）工作目标

到 2020 年，严格专利保护的政策法规体系与工作体制机制基本健全，专利执法办案力度、效率和水平全面提升，专利保护协作机制有效运行，专利授权确权维权联动机制运行良好，快速协同保护机制全面深化，专利保护与发明水平、专利质量之间形成良性互动关系。专利侵权假冒行为得到有效遏制，违法犯罪分子受到严厉打击，专利权人合法权益得到切实维护，权利人与社会公众对专利保护的信任度、满意度大幅提高，专利维权能力显著提升，尊重创造、崇尚创新的氛围更加浓厚，严格专利保护的局面基本形成。

二、充分履行政府监管职责，加大打击专利侵权假冒力度

（四）全面加强专利执法监管

积极履行专利保护领域事中事后监管职责。建立适应新的技术发展与生产交易方式的监管方式，完善专利保护领域事中事后监管政策体系，推进建立健全专利执法监管规则，协调行业监管与社会监管，融合线上监管与线下监管，兼顾重点监管与一般监管，提升监管成效，切实履行政府监管职责。

创新专利执法监管方式。综合运用网络方式与现场抽查方式，通过大数据分析，精准发现专利侵权假冒线索，科学判断各地专利侵权假冒行为发生率与执法维权需求度，为合理配置执法监管资源、确定执法办案力度提供充分依据。加强专利侵权假冒风险监控，针对专利侵权假冒高风险企业与高风险商品，深化信息调查，强化风险研判，及时采取专利侵权假冒风险监控措施。选择相关领域先行突破，加快推进各领域专利执法监管机制创新。

深化线上专利执法监管机制。加强网络交易平台监管，对经营者入网审核、日常经营各环节的专利维权保护提出明确要求，引导网络交易平台建立针对侵权假冒行为的内部投诉处理机制。强化与网络交易平台合作，加强对侵权假冒的预警监测和事前风险防范，及时发现和掌握专利侵权假冒违法线索。深化电子商务领域专利执法协作调度机制，提升线上案件办理效率和线上转线下案件协作水平。针对线上专利侵权假冒线索，积极开展线下调查，依法进行快速处理。严格对跨境电子商务的专利执法监管，促进国内监管与跨境监管的结合。

（五）大力整治侵权假冒行为

强化专项整治行动。加强对专项整治行动的统一调度，增强专项整治行动合力，推动加大执法办案力度，提升对侵权假冒行为的打击效果，防止和打击创新领域的劣币驱逐良币现象，提振创新者与权利人信心。加强技术手段运用，拓展专项行动类型与方式。坚决打击食品药品、环境保护、安全生产等领域侵权假冒行为，切实维护人民群众切身利益。

依法延伸打击范围。依照法律法规，积极打击为侵权假冒提供便利条件的行为。提高打击侵权行为的效率，对认定侵权成立后，再次侵犯同一专利权的案件，依法尽快责令停止侵权。对使用或销售侵权假冒产品的行为，依法深挖生产源头，切实予以严厉打击。

（六）切实提高执法办案效率

简化立案、送达与处理的手续和方式。简化专利侵权纠

纷案件立案手续，推行专利侵权纠纷案件立案登记制。建立案件送达信息的网上公告方式，方便案件送达。试行侵权纠纷案件书面审理机制，对立案时请求人已提交专利权评价报告的外观设计、实用新型侵权案件，经当事人陈述和质证后，可以书面审理作出处理决定。对庭前准备充足、证据收集全面的案件，可试行在口头审理结束后当场作出处理决定。对于证据充分的假冒专利案件，试行当场做出停止假冒行为的决定。在外观设计专利案件中推行格式化处理决定书。

建立办案分级指导机制。跨省份、具有全国影响力的案件可报请国家知识产权局指导或督办，跨地级市的案件可提请省（区、市）知识产权局指导或督办。通过上级机关委托或地方法规授权的方式，推动有条件的县级知识产权局查处假冒专利、调处专利纠纷。各省（区、市）知识产权局可组织辖区内执法办案骨干，集中、快速办理辖区内的重大、疑难案件。市级、县级知识产权局在执法办案中遇到的具体规则适用问题，原则上由省（区、市）知识产权局及时答复，有关方面对答复有不同意见的，可请求国家知识产权局答复。

（七）有效推进调查取证工作

充分运用调查取证手段。对权利人举证确有困难的，应充分、合理使用登记保存、抽样取证等调查取证手段，适当减轻专利权人举证负担；专利侵权纠纷案件立案受理后，应尽量采取直接送达方式，在送达的同时进行调查取证。调查取证时，对拒绝配合的被调查人员和企业，依照相关规定列入征信系统失信名单。对法律、法规赋予地方知识产权局实施查封、扣押、封存、暂扣等措施的，应依法充分行使。探索以公证方式保管案件证据及相关证明材料。

（八）切实提升侵权判定水平

切实提高专利侵权判定水平。建立健全侵权判定咨询机制，推进专利侵权判定咨询中心与专家库建设，充分发挥专业人员的作用，有效开展疑难案件的侵权判定咨询工作。加大专利侵权判定及相关证据规则的推广施行力度，提高侵权判定的规范性与协调性。对创新程度高、研发投入大的原创性发明，加大专利保护力度。严格执行发明和实用新型专利侵权判定的全面覆盖原则，积极适用等同侵权判定原则，合理适用现有技术和现有设计抗辩原则。

（九）全面加强执法能力建设

推进全系统执法能力的整体提升。全面强化专利执法监管能力，有效提升执法监管水平。创新执法培训方式，建立网络培训研讨模式。深化培训内容，调整完善专利行政执法人员培训大纲与培训教材体系。开展分专业技术领域的专利侵权判定培训，加快培养精通特定领域案件的专业性执法人才。严格实行执法人员持证上岗和资格管理制度，有序开展专利行政执法证件年检。加强执法办案骨干的培养和使用，选择执法办案骨干参与全系统的执法督导、政策研究及跨区域疑难案件分析。支持从事执法工作五年以上的执法办案骨干参加各类高层次法律研修。

（十）有效加强执法协作调度

深化专利执法协作调度机制。积极开展跨地区执法案件与办案人员调度工作，确保跨区域协助调查、送达、执行的渠道畅通。深化“一带一路”、京津冀协同发展、长江经济带等区域的联合专利执法和协作执法。

建立专利违法线索通报通告机制。通过执法信息化系统汇总、通告、分发各地专利违法线索，畅通跨区域案件信息交换渠道，协同查处重大案件。各省（区、市）知识产权局汇总全省专利案件线索，及时将有关地市知识产权局查处的假冒专利案件信息以线上方式推送至辖区内其他地市知识产权局，以方便其及时获取案件线索，并为统一组织查处提供可靠信息。

（十一）建立案件质量保障体系

加快建立全面的执法案件质量保障体系。建立覆盖立案、处理、结案全流程的动态监控机制，强化执法办案质量奖惩机制。加快建立指导案例制度。根据专利行政执法案卷评查办法，定期评查并发布执法案件质量评查报告，发挥典型案例在提升办案质量中的示范作用。严格落实档案管理规定，做到专利执法案卷基本要素齐全、格式规范；建立完整的电子执法档案库，加快推进执法档案信息化建设。建立专利执法案件回访机制，对于近年已经结案的侵权假冒案件，组织案件回访，跟踪案件处理效果。公开处理重要案件，探索以互联网方式对专利案件进行公开处理，对于典型专利侵权案件开展示范口头审理活动。

（十二）强化绩效考核与责任制

建立常态化执法责任追究机制。严格确定不同岗位专利行政执法人员的执法责任，加强执法监督，完善行政执法监督网络，坚决排除对执法办案活动的干预，防范地方保护主义，警惕执法工作中的利益驱动。加强行政问责规范化、制度化建设，积极预防和纠正不作为、乱作为现象。认真落实党风廉政建设责任制，坚持有错必纠、有责必问。深化执法督导巡查机制。国家知识产权局定期督导、巡查各省（区、市）知识产权局及承担专项执法任务的市局执法工作情况，各省（区、市）知识产权局对辖区内各地执法工作进行全面督导。强化案件督办机制，提高案件督办效率，对不当拖延、推诿扯皮等行为要坚决问责。通过巡查督导，确保执法责任制和纠错问责制的全面落实。

建立随机抽查与公开制度。深入落实“双随机一公开”工作制度，在执法检查中按规定确立随机抽查的比重。制定随机抽查事项清单，推广运用电子化手段，对抽查做到全程留痕，实现痕迹可查、行为可溯、责任可追。

强化执法绩效考核机制。完善执法维权绩效考核指标体系，确立办案力度、水平及效率等重要指标的合理分值，引导各地切实加强执法办案工作。加强执法绩效管理，根据执法办案实际与绩效考核情况，强化对地方知识产权局的办案支持，加大对执法办案人员的激励。

三、加强授权确权维权协调，提升专利保护的效率和质量

（十三）加快建立快速协同保护体系

加快建立快速协同保护体系。充分发挥知识产权保护中心的作用，畅通从授权、确权到维权的全链条快速保护通道，扩大知识产权快速授权、确权、维权覆盖面，推进快速保护由单一专业领域向多领域扩展。在快速维权需求程度高的技术领域先行突破，运用专利申请优先审查等机制，加快推动将快速保护的专利类别由外观设计向实用新型与发明扩展，从审批授权环节向无效确权环节延伸。积极对接大型电子商务平台，加强集聚产业线上快速维权工作。拓展工作范围，建立快速出具实用新型和外观设计专利权评价报告机制。

（十四）促进授权确权维权信息共享

建立专利审查信息与专利执法办案信息的共享机制。充分发挥执法办案信息在专利审查管理与专利质量提升工作中的参考作用。将维权成功率高、专利稳定性强的权利人信息定期反馈给专利审查、专利复审部门，作为快速审查、确权的重要参考信息之一。适时将专利授权、确权的相关信息提供给专利行政执法办案主体，以提高侵权判定的效率。将专利授权、确权中发现的诚信度高的专利权人纳入诚信激励名单，将诚信缺失的专利申请人纳入诚信惩戒名单。

加强专利授权、确权、维权信息交流。推进专利申请、审查授权、公布公告、登记备案、产品标注、执法办案等各环节实行统一的专利标识，实现专利标识电子化管理，构建专利执法与专利审查良性互动的技术条件。建立授权、确权、维权信息定期交流与专题交流机制，协同提升专利授权与专利执法的质量与效率。

（十五）建立授权确权维权联动机制

建立授权、确权、维权联动机制。建立专利审查员作为技术专家参与专利侵权案件处理的机制。加强审查、复审人员与执法人员之间的业务交流，提高对授权、确权、维权中常见法律与技术问题认定的协调性。建立专利确权与专利侵权办案的联动机制，加快侵权案件涉案专利无效宣告的处理速度，缩短侵权案件办理期限。

建立快速联动反应机制。根据产业发展需要与社会反响，针对相关专利执法案件，建立从无效到行政调处的快速联动反应机制，组织执法、审查等方面的专业人员，就权利稳定性、侵权判定、案件处理等快速开展分析判断，有效提高案件办理质量和效率。

有效发挥服务机构在授权、确权、维权联动机制中的作用。建立专利侵权案件调处与专利代理服务、法律服务的信息反馈机制，及时将执法办案中发现的专利申请文件撰写质量问题反馈至相关服务机构。在执法办案过程中及时听取相关服务机构意见。推进提升专利中介服务质量，通过专利服务质量的提高，促进授权、确权、维权质量的提升。

四、推进行政、司法有机衔接，进一步加强跨部门执法协作

（十六）推进行政执法与民事保护优势互补

发挥行政执法在快捷调处纠纷、及时制止侵权方面的优势，推进民事保护在专利侵权赔偿救济中发挥重要作用，更好实现行政执法与民事保护的相融互补。

推进诉调对接和司法确认工作。支持对专利纠纷进行诉前、诉中调解，促成当事人和解或达成调解协议，引导当事人依法申请司法确认。针对专利侵权案件执行难问题，积极开展强制执行申请工作，推进强制执行“责令停止侵权”行政决定工作。

（十七）促进行政执法与刑事执法有机衔接

加强行政执法和刑事执法的有机衔接，查处专利违法行为时，依法做好案件的相互移送，严禁以罚代刑。

深化与公安机关的协作配合机制。推动在地方知识产权局设立公安联络室，推进调查取证协作工作和协调涉嫌犯罪案件的移送工作。联合通报表扬知识产权执法先进集体和个人。

推进行政执法与刑事执法联动机制建设。积极利用行政执法与刑事执法信息共享平台，推动实现涉嫌假冒专利犯罪案件网上移送、网上监督，完善线索通报、证据移交、案件协查等协作机制。

认真配合检察监督工作。积极配合检察机关对行政执法机关移送涉嫌假冒专利犯罪的监督工作。认真配合对涉及专利侵权的民事、行政案件的审判和执行活动的监督工作。对于检察机关履职中发现的行政机关违法行使职权或者不积

极履行职责的行为，及时依法予以纠正。

（十八）强化专利案件的行政诉讼应诉工作

提高对行政诉讼应诉工作重视程度。地方知识产权局负责人应听取涉及行政诉讼的案件情况汇报，审核答辩法律文书。对于重大疑难案件或可能涉及行政诉讼的案件，提前做好法律风险的分析研判。落实负责人出庭应诉制度，逐步提高负责人出庭应诉案件比例。

加强专利行政应诉典型案例研讨。加强专利行政应诉案件分析研判，充分发挥法律顾问在行政应诉中的作用，持续提升依法行政的自觉性。

（十九）积极推进跨部门知识产权执法协作

积极推进跨部门执法办案协作。充分发挥各级跨部门知识产权协作机制的作用，积极推进知识产权执法协作。推进在新技术领域形成跨部门保护合力。加大植物新品种育种方法专利保护协作力度。推进完善进出口环节专利保护协作，配合建立进出口环节专利侵权判定机制，协同推进强化专利权边境保护工作，带动对生产源头、销售环节专利侵权行为的治理。建立健全展会专利保护协作机制，推进建立对注有专利标识的参展产品的报备机制，在重点展会建立知识产权举报投诉维权援助工作站。

推动拓展跨部门执法合作范围。加强与各有关部门的合作，充分发挥专利保护对高新技术快速发展、民生相关产业健康发展、国防建设与经济建设融合发展的促进保障作用，加快建立相关的信息沟通、风险研判、办案协作等机制，将专利保护与人民群众的重大关切更密切地结合起来，进一步提高治理各类侵权假冒行为的协同性。

五、加强维权援助平台建设，拓宽专利保护公益服务渠道

（二十）深化维权援助举报投诉机制

畅通知识产权举报投诉渠道。加强网络与通信终端举报投诉平台建设，完善工作流程，规范举报投诉的受理、答复、移交、反馈与跟踪，建立举报投诉快速反应机制。严格实行举报投诉工作责任制，确保举报投诉件件有落实。健全知识产权举报投诉奖励制度，鼓励权利人和社会各界对知识产权侵权假冒行为进行举报投诉。

强化维权援助中心公益服务功能。拓展维权援助中心服务渠道，使其成为各界群众与权利人寻求支持和监督建言的重要平台。推动加大对维权援助条件建设的支持力度。提升维权服务质量，通过制定针对性强的维权方案，帮助权利人降低维权成本、缩短维权周期、提升维权效果。

（二十一）加强创新创业维权援助服务

建立创新创业知识产权维权援助服务机制。拓展创新创业人才知识产权维权援助服务的深度和广度，通过完善网络、专题指导、信息监测、侵权判定、快速维权等措施，从知识产权的申请、运用和维权等方面为创新创业人才提供专业服务，助力大众创业、万众创新，促进人才引进、人才发展。建立创新创业人才知识产权维权援助绿色通道，快速受理和解决创新创业人才反映的维权问题。

构建创新创业知识产权维权服务网络。在创新创业人才集聚区设立知识产权维权援助工作站，实现工作站对创新创业人才的点对点服务。面向创新创业人才开展专题宣传，提高创新创业人才的知识产权维权意识，引导创新创业人才通过12330平台及时获得维权援助服务。深化维权中心对接创新创业人才活动，制定专门维权援助方案，提供专项维权援助服务。

（二十二）拓展维权援助服务工作范围

深化重大活动知识产权维权援助服务机制。对冬奥会、园博会等影响较大的活动，制定知识产权维权援助工作方案，明确工作责任，加强风险评估，方便举报投诉，维护良好活动秩序，保障活动顺利开展。

拓宽维权调查渠道。发挥维权援助中心在开展专利保护社会调查中的作用，广泛听取权利人、创新主体、法律服务机构等社会各界的意见建议，对各地侵权假冒行为的发生情况、维权需求及执法效果进行深入调查、综合研判，并向国家知识产权局反馈，以增强对地方知识产权部门执法维权工作评价的公正性和客观性。

引导企业及时维权。维权援助中心应引导行业协会、产业知识产权联盟，定期提供创新程度高、市场反响好的专利产品名单；及时组织知识产权保护志愿者，围绕专利产品名单，通过互联网检索与市场暗访等方式，发现侵权假冒线索，并引导企业及时维权。

完善境外展会维权机制。以大型境外展会为突破口，推进加强海外知识产权维权。建立境外展会快速维权与境内维权援助工作的联动机制，发挥现有维权援助体系对境外展会维权的支撑作用。选择对我国重点产业发展影响较大、专利密集度较高的境外知名展会开展现场维权服务。

六、引导社会力量参与治理，共建专利保护社会治理机制

（二十三）加强信息公开与社会信用体系建设工作

加大案件信息公开力度。强化假冒专利案件行政处罚信息和专利侵权案件处理决定信息的公示工作，拓展公开范围

与内容，严格落实公示标准。对专利违法行为加大曝光力度，有效震慑侵权假冒行为。

完善失信惩戒机制。将有关专利违法违规行为信息纳入企业和个人信用记录，明确有关信用信息的采集规则，积极推进信用信息的有效使用。充分利用统一社会信用代码数据库，有效使用全国统一的信用信息共享交换平台，加强专利违法失信行为信息在线披露和共享。加快推进专利领域联合惩戒机制建设，充分利用相关监管惩戒手段，加大对不良信用记录较多者实施严格限制和联合惩戒的力度，推进强化针对侵权假冒的惩戒手段。

（二十四）健全纠纷多元解决机制与社会监督机制

健全纠纷多元化解决机制。健全知识产权调解、仲裁规则，调动各类社会团体与机构的积极性，发挥社会调解与仲裁等替代性纠纷解决机制的作用。持续开展知识产权保护社会满意度调查工作。加大权利人、专业人员和社会公众对知识产权保护的社会监督力度，广泛动员社会力量参与知识产权保护工作，探索建立知识产权保护监督机制，提高公众知识产权保护意识和社会参与度。

引导建立专利维权行业自律机制。有效发挥行业协会作用，指导行业协会做好会员的专利维权服务，发挥行业协会在构建专利保护社会治理机制中的作用。引导服务机构提供全方位、高品质的维权服务。

（二十五）充分发挥专利保护重点联系机制的作用

深化专利保护重点联系机制。发挥专利保护重点联系单位在侵权判定咨询、调查侵权假冒行为中的专业优势。进一步吸纳研发机构、高校、服务机构、创新人才集聚区、产业园区等进入重点联系机制；鼓励企业加入专利保护重点联系机制，在公开、自愿的前提下，引导创新型企业加入专利保护重点联系机制，听取企业诉求，畅通企业专利保护通道。增强市场主体、创新主体参与专利保护社会治理的主动性，提升执法主体加强专利保护事中事后监管的针对性。

七、积极营造良好国际环境，深化执法保护领域国际合作

（二十六）积极拓展执法交流合作

积极拓展多双边知识产权执法交流合作。推进与周边国家、主要贸易伙伴国、金砖国家及“一带一路”沿线国家知识产权机构的执法信息交流、人员交流与执法协作，加强执法人才培养合作，积极推进执法监管合作，加大相互借鉴、相互支持力度，协同解决各方重点关切问题。在符合国际规则与国内法律的基础上，在知识产权确权、维权中为国内外企业提供同样的便利，吸引尽可能多的国外先进技术向我国转移。

（二十七）有效运用争端解决机制

主动运用多双边知识产权争端解决机制。积极应对外方发起的知识产权争端，依规则维护中方合法权益。必要时，支持在多边贸易机制中启动知识产权争端解决机制，依照国际规则积极维护我国权益。指导、支持我国知识产权权利人维护海外合法权益。

（二十八）推进完善执法国际规则

推进完善国际知识产权执法保护规则。积极参与国际组织的知识产权执法交流活动，推进加强与国际组织在执法能力提升中的各项合作，支持专业性国际组织在知识产权争端解决中发挥作用，增强参与调整知识产权执法保护国际规则的主动性与针对性，及时提出措施建议。

八、加强保障

（二十九）强化制度保障

协同加强严格专利保护的制度建设。积极配合立法部门推进相关法律法规的制定、修改工作，及时修改完善部门规章，推进条件成熟的地区及时制定、修改地方性法规或政府规章，积极探索建立严格专利保护的法律制度。通过推进完善制度，加大专利侵权损害赔偿，针对故意扰乱市场秩序的侵权行为，规定必要的行政调查取证手段，明确行政调解协议效力，为各级政府履行专利保护监管职责提供必要的法律依据，推进合理划分行政与司法的职责，为形成严格保护专利权的合力提供充分的法制保障。推进加快互联网、电子商务、大数据等领域的知识产权保护规则研究制定。

（三十）加强队伍建设

全面加强专利执法力量建设。加大各级专利执法队伍建设力度，确保执法队伍的基本稳定，依法推进专利执法队伍的专业化、职业化建设。充分利用系统内外专业人才资源，建立健全执法指导与执法咨询机制，建立执法咨询专家库。

（三十一）改善条件保障

提升执法工作信息化水平。发挥好大数据、云计算、物联网等信息技术手段在发现、防范与打击侵权假冒行为中的重要作用，构建全方位的执法维权工作信息化网络。

加强执法条件建设。积极推进依法依规加大执法投入，配备必要的执法装备，保障打击侵权假冒的基本需求，确保有效履行职责。地方知识产权局应加强专利执法办案标准化建设，确保案件口头审理室基本条件，积极为执法工作人员配备便携式专利法律状态查询设备和执法现场视音频记录仪。执法人员应严肃执法着装，增强执法办案的规范性、严肃性与权威性。

（三十二）营造舆论环境

创新舆论营造方式。针对创新资源集中的区域与单位，广泛宣传知识产权维权的各类途径，引导有关各方选择合适的纠纷解决方式。及时发布知识产权保护理论最新研究成果，争取各方对加强专利执法监管的支持。创新对外宣传的方式方法，积极推进多语种对外宣传，加大海外宣传力度。

积极通过政府网站、12330举报投诉平台等渠道，充分运用新媒体方式，提升舆论营造效果。

深化实例报道。加强对维权成功案例的报道，曝光知识产权侵权假冒典型案件，开展全国知识产权系统行政执法典型案例评选，专题报道执法维权先进集体和个人的经验与事迹，进一步增强创新者、权利人和社会公众对专利制度的信心，营造严格专利保护的舆论氛围。

（三十三）明确工作路径

推动全面展开。各地方知识产权局与国家知识产权局各部门、各单位应根据本意见的要求，依照工作职责，细化措施，积极行动，努力开展各项工作，尽快取得工作成效。

鼓励先行先试。指导有条件、有基础的地方与单位，选择严格专利保护的某一方面，发挥优势，先行突破。

强化支持引导。采取综合措施，对严格专利保护工作突出的地方与单位加大支持力度，及时向全国推广经验，科学引导严格专利保护工作的深入开展，加快在全国形成严格专利保护局面的进程。

市场监管

综　合

部门规章

流通领域商品质量监督管理办法

（2016年3月17日国家工商行政管理总局令第85号公布　自2016年5月1日起施行）

第一章　总　则

第一条　为加强流通领域商品质量监督管理，保护消费者合法权益，维护社会经济秩序，根据《中华人民共和国消费者权益保护法》《中华人民共和国产品质量法》等法律、行政法规，制定本办法。

第二条　县级以上工商行政管理部门（包括履行工商行政管理职责的市场监督管理部门，下同）依照法律、法规以及本办法的规定，对本行政区域内的流通领域商品质量进行监督管理，依法查处商品质量违法行为。

第三条　工商行政管理部门对流通领域商品质量实行以抽查为主要方式的监督检查制度，加强商品质量监督管理，督促经营者履行商品质量义务，保护消费者合法权益。

第四条　工商行政管理部门建立情况通报、信息共享、案件移送、监管联动的机制，加强执法协作，提高监管执法效能。

第五条　工商行政管理部门对商品质量违法行为实施行政处罚，应当依照公正、公开、及时的原则，坚持处罚与教育相结合，教育和督促经营者自觉履行法定义务。

第二章　经营者的商品质量义务

第六条　销售者应当建立健全进货检查验收、停止销售及退换货等商品质量管理制度，保障商品质量，按照法律、法规以及本办法的规定和对消费者的承诺履行商品质量义务，承担商品质量责任。

第七条　销售者应当严格执行进货检查验收制度，如实记录进货检查验收情况，并根据商品特点采取必要的保管措施，保持所销售商品的质量。

检查验收的内容主要包括：

（一）供货商的主体资格；

（二）商品合格证明和其他标识；

（三）对依照法律、法规规定实行生产许可证或者强制性产品认证制度的商品，查验其许可证、认证证书。

第八条　销售的商品或者其包装上的标识应当真实、准确、便于识别，不得误导消费者，并符合下列要求：

（一）有商品质量检验合格证明；

（二）有中文标明的商品名称、生产厂厂名和厂址；

（三）根据商品的特点和使用要求，需要标明的商品规格、等级、所含主要成分、含量以及其他需要事先让消费者知晓的内容；

（四）限期使用的商品应当在显著位置清晰标明生产日期和安全使用期或者失效日期；

（五）使用不当，容易造成商品本身损坏或者可能危及人身、财产安全的商品，应当有明确的警示标志或者中文警示说明；

（六）其他法律、法规及强制性标准规定应当标明的内容。

销售者销售的使用自己的商标、委托他人生产的商品，应当按照本条前款的规定进行标注。

根据商品的特点难以附加标识的裸装商品，可以不附加商品标识。

第九条 销售的进口商品应当符合下列要求：

（一）有中文标明的商品名称、产地以及进口商或者总经销者名称和地址；

（二）关系人体健康和人身、财产安全或者对使用、维护有特殊要求的商品，应当附有中文说明书；

（三）限期使用的商品，应当有中文注明的失效日期；

（四）用进口散件组装或者分装的商品，商品或者包装上应当有中文注明的组装或者分装厂厂名、厂址。

第十条 销售者不得销售下列商品：

（一）不符合保障人体健康和人身、财产安全的国家标准、行业标准的商品；

（二）不符合在商品或者其包装上标注采用的产品标准的商品，不符合以商品说明、实物样品等方式表明的质量状况的商品，不具备应当具备的使用性能的商品；

（三）国家明令淘汰并禁止销售的商品；

（四）伪造产地，伪造或者冒用他人的厂名、厂址，伪造或者冒用认证标志等质量标志的商品；

（五）失效、变质的商品；

（六）篡改生产日期的商品。

第十一条 销售者销售商品，不得掺杂、掺假，不得以假充真、以次充好，不得以不合格商品冒充合格商品。

第十二条 销售的商品存在使用性能的瑕疵但不违反法律强制性规定的，销售者应当在商品、包装或者销售场所的显著位置清晰地标明“处理品”、“残次品”、“等外品”等，并以告示等方式如实说明商品的瑕疵或者实际质量状况。

第十三条 销售者不得购进或者销售无厂名、厂址等来源不明的商品。

第十四条 奖品、赠品等视同销售的商品，应当符合本办法第八条至第十三条规定。

第十五条 服务业的经营者不得将本办法第十条、第十一条规定禁止销售的商品用于经营性服务。

第十六条 销售者销售的商品不符合质量要求的，应当依照国家规定、当事人约定履行退货、更换、修理等义务。没有国家规定和当事人约定的，消费者可以自收到商品之日起七日内退货；七日后符合法定解除合同条件的，消费者可以及时退货，不符合法定解除合同条件的，可以要求经营者履行更换、修理等义务。

对依法经有关行政部门认定为不合格的商品，消费者要求退货的，销售者应当负责退货。

第十七条 销售者采用网络、电视、电话、邮购等方式销售商品的，消费者有权自收到商品之日起七日内退货。销售者应当依照法律规定承担无理由退货义务。

第十八条 销售者应当及时履行商品修理、重作、更换、退货、补足商品数量、退还货款和服务费用或者赔偿损失等义务，不得故意拖延或者无理拒绝。

第十九条 销售者发现其提供的商品存在缺陷，有危及人身、财产安全危险的，应当立即向工商行政管理部门报告和告知消费者，并采取停止销售、警示等措施。

第二十条 经营者对知道或者应当知道属于本办法第十条、第十一条规定禁止销售的商品，不得为其提供运输、保管、仓储等便利条件。

第二十一条 商品经营柜台出租者、商品展销会举办者、网络交易平台提供者、广播电视购物平台经营者，应当对申请进入其经营场所或者平台销售商品的经营者的主体资格履行审查登记义务。

商品经营柜台出租者、商品展销会举办者、网络交易平台提供者、广播电视购物平台经营者接到工商行政管理部门责令停止销售通知或者公告后，应当要求并监督销售者停止销售相关商品，及时停止为相关商品提供入场经营或者平台服务，配合工商行政管理部门做好监督管理工作。

第三章 商品质量的监督检查

第二十二条 工商行政管理部门应当按照法律、法规、本办法规定以及随机抽查实施方案的统一安排，随机抽查辖区内经营者，随机选派执法人员，对销售的商品以及经营性服务中使用的商品进行监督检查。

随机抽查的内容主要包括：进货检查验收制度执行情

况，商品的质量检验合格证明、说明书以及生产厂厂名、厂址、警示标志等标识标注情况，其他应当向消费者提供的商品信息。

工商行政管理部门对消费者、有关组织、大众传播媒介反映的以及行政执法中发现有质量问题的商品，应当开展重点检查。

第二十三条 工商行政管理部门应当按照流通领域商品质量抽查检验有关规定开展抽查检验工作，运用大数据分析等手段，科学确定线上线下抽查检验的重点，制定抽查检验计划和实施方案，不得随意抽查检验。

抽查检验应当依据法律、法规、强制性标准和其他有关规定，以及商品或者其包装上注明采用的产品标准或者商品说明、实物样品等方式表明的质量状况进行商品质量判定。

抽查检验结果应当及时向社会公布。

第二十四条 工商行政管理部门依据监督检查职权或者通过投诉、举报、其他机关移送、上级机关交办等途径发现、查处商品质量违法行为，并通过企业信用信息公示系统向社会公示行政处罚信息。

第二十五条 工商行政管理部门对涉嫌商品质量违法行为进行查处时，依法行使下列职权：

（一）对当事人涉嫌从事违法活动的场所实施现场检查；

（二）向当事人的法定代表人、主要负责人、其他有关人员以及相关经营者调查、了解与涉嫌违法活动有关的情况；

（三）查阅、复制当事人有关的合同、发票、进货台账、销售台账、财务账簿以及其他有关资料；

（四）对有根据认为不符合保障人体健康和人身、财产安全的国家标准、行业标准的商品或者有其他严重质量问题的商品，以及直接用于销售该商品的原辅材料、包装物、专用工具，予以查封或者扣押；

（五）法律、法规规定的其他职权。

第二十六条 对经抽查检验并依法认定的不合格商品，工商行政管理部门应当责令销售者立即停止销售。对发现销售有不符合保障人体健康和人身、财产安全的国家标准、行业标准的商品的，应当责令辖区内销售者立即停止销售同一商标的同一规格型号的商品，及时对该商品的供货者进行追查；供货者不在本辖区的，应当将相关线索通报供货者所在地工商行政管理部门。属于生产者责任引起的商品质量违法行为，应当将相关线索通报生产者所在地相关行政部门。

第二十七条 工商行政管理部门根据市场监督检查情况，适时发布商品质量安全风险警示和消费提示。

第二十八条 工商行政管理部门在法定职权范围内，可以对经营者实施行政指导，综合运用建议、约谈、示范等方式引导经营者合法规范经营。

第二十九条 经营者对工商行政管理部门依法进行的监督检查应当配合，不得拒绝。

第四章 法律责任

第三十条 销售者违反本办法第八条和第九条规定的，依照《中华人民共和国产品质量法》第五十四条的规定予以处罚；销售者违反本办法第十条第（一）项至第（五）项、第十一条、第十二条和第十四条规定的，依照《中华人民共和国产品质量法》第四十九条至第五十三条的规定予以处罚；经营者违反本办法第十条第（六）项、第十六条、第十七条、第十八条、第十九条规定的，依照《中华人民共和国消费者权益保护法》第五十六条的规定予以处罚；经营者违反本办法第二十条规定的，依照《中华人民共和国产品质量法》第六十一条的规定予以处罚；经营者违反本办法第十五条规定的，依照《中华人民共和国产品质量法》第六十二条的规定予以处罚；经营者违反本办法第二十九条规定的，依照《中华人民共和国产品质量法》第五十六条的规定予以处罚。

第三十一条 对为销售者提供不符合保障人体健康和人身、财产安全的国家标准、行业标准的商品的供货者，依照《中华人民共和国产品质量法》第四十九条的规定，责令停止销售，没收违法销售的商品，并处违法销售商品（包括已售出和未售出的商品）货值金额等值以上三倍以下的罚款；有违法所得的，并处没收违法所得；情节严重的，吊销营业执照。

第三十二条 销售者违反本办法第十三条规定的，责令改正，处违法所得三倍以下但不超过三万元的罚款；没有违法所得的，处一万元以下的罚款。

第三十三条 商品经营柜台出租者、商品展销会举办者、网络交易平台提供者、广播电视购物平台经营者对申请进入其经营场所或者平台销售商品的经营者的主体资格未履行审查登记义务，或者拒绝协助工商行政管理部门对涉嫌违法行为采取措施、开展调查的，责令改正；拒不改正的，处一万元以上三万元以下的罚款。

第三十四条 销售者主动消除或者减轻商品质量违法行为危害后果，采取退市等措施，自觉解决消费纠纷的，应当依法从轻或者减轻处罚。

销售者有充分证据证明其不知道所销售的商品为禁止销售的商品并如实说明进货来源的，可以依法从轻或者减轻处罚。

第三十五条 经营者对工商行政管理部门作出的行政处罚决定不服的，可以依法申请行政复议或者提起行政诉讼。

第三十六条 工商行政管理执法人员滥用职权、玩忽职守、徇私舞弊的，依法给予行政处分；情节严重构成犯罪的，依法移送司法机关。

第五章 附 则

第三十七条 本办法所称的销售包括销售者通过实体店、网络、电视、电话、邮购、直销等方式提供商品。

第三十八条 本办法由国家工商行政管理总局负责解释。

第三十九条 本办法自 2016 年 5 月 1 日起施行。

广告发布登记管理规定

（2016 年 11 月 1 日国家工商行政管理总局令第 89 号公布 自 2016 年 12 月 1 日起施行）

第一条 为加强对广告发布活动的监督管理，规范广告发布登记，根据《中华人民共和国广告法》（以下简称广告法）、《中华人民共和国行政许可法》等法律、行政法规，制定本规定。

第二条 广播电台、电视台、报刊出版单位（以下统称广告发布单位）从事广告发布业务的，应当向所在地县级以上地方工商行政管理部门申请办理广告发布登记。

第三条 国家工商行政管理总局主管全国广告发布登记的监督管理工作。

县级以上地方工商行政管理部门负责辖区内的广告发布登记和相关监督管理工作。

第四条 办理广告发布登记，应当具备下列条件：

（一）具有法人资格；不具有法人资格的报刊出版单位，由其具有法人资格的主办单位申请办理广告发布登记；

（二）设有专门从事广告业务的机构；

（三）配有广告从业人员和熟悉广告法律法规的广告审查人员；

（四）具有与广告发布相适应的场所、设备。

第五条 申请办理广告发布登记，应当向工商行政管理部门提交下列材料：

（一）《广告发布登记申请表》；

（二）相关媒体批准文件：广播电台、电视台应当提交《广播电视播出机构许可证》和《广播电视频道许可证》，报纸出版单位应当提交《报纸出版许可证》，期刊出版单位应当提交《期刊出版许可证》；

（三）法人资格证明文件；

（四）广告业务机构证明文件及其负责人任命文件；

（五）广告从业人员和广告审查人员证明文件；

（六）场所使用证明。

工商行政管理部门应当自受理申请之日起五个工作日内，作出是否准予登记的决定。准予登记的，应当将准予登记决定向社会公布；不予登记的，书面说明理由。

第六条 广告发布单位应当使用自有的广播频率、电视频道、报纸、期刊发布广告。

第七条 广告发布登记的有效期限，应当与广告发布单位依照本规定第五条第一款第二项规定所提交的批准文件的有效期限一致。

第八条 广告发布登记事项发生变化的，广告发布单位应当自该事项发生变化之日起三十日内向工商行政管理部门申请变更登记。

申请变更广告发布登记应当提交《广告发布变更登记申请表》和与变更事项相关的证明文件。

工商行政管理部门应当自受理变更申请之日起五个工作日内作出是否准予变更的决定。准予变更的，应当将准予变更决定向社会公布；不予变更的，书面说明理由。

第九条 有下列情形之一的，广告发布单位应当及时向工商行政管理部门申请注销登记：

（一）广告发布登记有效期届满且广告发布单位未申请延续的；

（二）广告发布单位法人资格依法终止的；

（三）广告发布登记依法被撤销或者被吊销的；

（四）广告发布单位由于情况发生变化不具备本规定第四条规定的条件的；

（五）广告发布单位停止从事广告发布的；

（六）依法应当注销广告发布登记的其他情形。

第十条 广告发布登记有效期届满需要延续的，广告发布单位应当于有效期届满三十日前向工商行政管理部门提出延续申请。工商行政管理部门应当在广告发布登记有效期届满前作出是否准予延续的决定。准予延续的，应当将准予延续的决定向社会公布；不予延续的，书面说明理由；逾期未作决定的，视为准予延续。

第十一条 广告发布单位应当建立、健全广告业务的承接登记、审核、档案管理、统计报表等制度。

第十二条 广告发布单位应当按照广告业统计报表制

度的要求，按时通过广告业统计系统填报《广告业统计报表》，向工商行政管理部门报送上一年度广告经营情况。

第十三条 工商行政管理部门应当依照有关规定对辖区内的广告发布单位采取抽查等形式进行监督管理。抽查内容包括：

（一）是否按照广告发布登记事项从事广告发布活动；

（二）广告从业人员和广告审查人员情况；

（三）广告业务承接登记、审核、档案管理、统计报表等基本管理制度的建立和执行情况；

（四）是否按照规定报送《广告业统计报表》；

（五）其他需要进行抽查的事项。

第十四条 工商行政管理部门依照广告法的规定吊销广告发布单位的广告发布登记的，应当自决定作出之日起十日内抄告为该广告发布单位进行广告发布登记的工商行政管理部门。

第十五条 广播电台、电视台、报刊出版单位未办理广告发布登记，擅自从事广告发布业务的，由工商行政管理部门依照广告法第六十条的规定查处。

以欺骗、贿赂等不正当手段取得广告发布登记的，由工商行政管理部门依法予以撤销，处一万元以上三万元以下罚款。

广告发布登记事项发生变化，广告发布单位未按规定办理变更登记的，由工商行政管理部门责令限期变更；逾期仍未办理变更登记的，处一万元以上三万元以下罚款。

广告发布单位不按规定报送《广告业统计报表》的，由工商行政管理部门予以警告，责令改正；拒不改正的，处一万元以下罚款。

第十六条 工商行政管理部门应当将准予广告发布登记、变更登记、注销登记等广告发布登记信息通过本部门门户网站或者政府公共服务平台向社会公布。无法通过上述途径公布的，应当通过报纸等大众传播媒介向社会公布。

企业的广告发布登记信息和行政处罚信息，应当通过企业信用信息公示系统依法向社会公示。

第十七条 本办法自2016年12月1日起施行。2004年11月30日国家工商行政管理总局公布的《广告经营许可证管理办法》同时废止。

互联网广告管理暂行办法

（2016年7月4日国家工商行政管理总局令第87号公布 自2016年9月1日起施行）

第一条 为了规范互联网广告活动，保护消费者的合法权益，促进互联网广告业的健康发展，维护公平竞争的市场经济秩序，根据《中华人民共和国广告法》（以下简称广告法）等法律、行政法规，制定本办法。

第二条 利用互联网从事广告活动，适用广告法和本办法的规定。

第三条 本办法所称互联网广告，是指通过网站、网页、互联网应用程序等互联网媒介，以文字、图片、音频、视频或者其他形式，直接或者间接地推销商品或者服务的商业广告。

前款所称互联网广告包括：

（一）推销商品或者服务的含有链接的文字、图片或者视频等形式的广告；

（二）推销商品或者服务的电子邮件广告；

（三）推销商品或者服务的付费搜索广告；

（四）推销商品或者服务的商业性展示中的广告，法律、法规和规章规定经营者应当向消费者提供的信息的展示依照其规定；

（五）其他通过互联网媒介推销商品或者服务的商业广告。

第四条 鼓励和支持广告行业组织依照法律、法规、规章和章程的规定，制定行业规范，加强行业自律，促进行业发展，引导会员依法从事互联网广告活动，推动互联网广告行业诚信建设。

第五条 法律、行政法规规定禁止生产、销售的商品或者提供的服务，以及禁止发布广告的商品或者服务，任何单位或者个人不得在互联网上设计、制作、代理、发布广告。

禁止利用互联网发布处方药和烟草的广告。

第六条 医疗、药品、特殊医学用途配方食品、医疗器械、农药、兽药、保健食品广告等法律、行政法规规定须经广告审查机关进行审查的特殊商品或者服务的广告，未经审查，不得发布。

第七条 互联网广告应当具有可识别性，显著标明“广告”，使消费者能够辨明其为广告。

付费搜索广告应当与自然搜索结果明显区分。

第八条 利用互联网发布、发送广告，不得影响用户正常使用网络。在互联网页面以弹出等形式发布的广告，应当显著标明关闭标志，确保一键关闭。

不得以欺骗方式诱使用户点击广告内容。

未经允许，不得在用户发送的电子邮件中附加广告或者广告链接。

第九条 互联网广告主、广告经营者、广告发布者之间在互联网广告活动中应当依法订立书面合同。

第十条 互联网广告主应当对广告内容的真实性负责。

广告主发布互联网广告需具备的主体身份、行政许可、引证内容等证明文件，应当真实、合法、有效。

广告主可以通过自设网站或者拥有合法使用权的互联网媒介自行发布广告，也可以委托互联网广告经营者、广告发布者发布广告。

互联网广告主委托互联网广告经营者、广告发布者发布广告，修改广告内容时，应当以书面形式或者其他可以被确认的方式通知为其提供服务的互联网广告经营者、广告发布者。

第十一条 为广告主或者广告经营者推送或者展示互联网广告，并能够核对广告内容、决定广告发布的自然人、法人或者其他组织，是互联网广告的发布者。

第十二条 互联网广告发布者、广告经营者应当按照国家有关规定建立、健全互联网广告业务的承接登记、审核、档案管理制度；审核查验并登记广告主的名称、地址和有效联系方式等主体身份信息，建立登记档案并定期核实更新。

互联网广告发布者、广告经营者应当查验有关证明文件，核对广告内容，对内容不符或者证明文件不全的广告，不得设计、制作、代理、发布。

互联网广告发布者、广告经营者应当配备熟悉广告法规的广告审查人员；有条件的还应当设立专门机构，负责互联网广告的审查。

第十三条 互联网广告可以以程序化购买广告的方式，通过广告需求方平台、媒介方平台以及广告信息交换平台等所提供的信息整合、数据分析等服务进行有针对性地发布。

通过程序化购买广告方式发布的互联网广告，广告需求方平台经营者应当清晰标明广告来源。

第十四条 广告需求方平台是指整合广告主需求，为广告主提供发布服务的广告主服务平台。广告需求方平台的经营者是互联网广告发布者、广告经营者。

媒介方平台是指整合媒介方资源，为媒介所有者或者管理者提供程序化的广告分配和筛选的媒介服务平台。

广告信息交换平台是提供数据交换、分析匹配、交易结算等服务的数据处理平台。

第十五条 广告需求方平台经营者、媒介方平台经营者、广告信息交换平台经营者以及媒介方平台的成员，在订立互联网广告合同时，应当查验合同相对方的主体身份证明文件、真实名称、地址和有效联系方式等信息，建立登记档案并定期核实更新。

媒介方平台经营者、广告信息交换平台经营者以及媒介方平台成员，对其明知或者应知的违法广告，应当采取删除、屏蔽、断开链接等技术措施和管理措施，予以制止。

第十六条 互联网广告活动中不得有下列行为：

（一）提供或者利用应用程序、硬件等对他人正当经营的广告采取拦截、过滤、覆盖、快进等限制措施；

（二）利用网络通路、网络设备、应用程序等破坏正常广告数据传输，篡改或者遮挡他人正当经营的广告，擅自加载广告；

（三）利用虚假的统计数据、传播效果或者互联网媒介价值，诱导错误报价，谋取不正当利益或者损害他人利益。

第十七条 未参与互联网广告经营活动，仅为互联网广告提供信息服务的互联网信息服务提供者，对其明知或者应知利用其信息服务发布违法广告的，应当予以制止。

第十八条 对互联网广告违法行为实施行政处罚，由广告发布者所在地工商行政管理部门管辖。广告发布者所在地工商行政管理部门管辖异地广告主、广告经营者有困难的，可以将广告主、广告经营者的违法情况移交广告主、广告经营者所在地工商行政管理部门处理。

广告主所在地、广告经营者所在地工商行政管理部门先行发现违法线索或者收到投诉、举报的，也可以进行管辖。

对广告主自行发布的违法广告实施行政处罚，由广告主所在地工商行政管理部门管辖。

第十九条 工商行政管理部门在查处违法广告时，可以行使下列职权：

（一）对涉嫌从事违法广告活动的场所实施现场检查；

（二）询问涉嫌违法的有关当事人，对有关单位或者个人进行调查；

（三）要求涉嫌违法当事人限期提供有关证明文件；

（四）查阅、复制与涉嫌违法广告有关的合同、票据、账簿、广告作品和互联网广告后台数据，采用截屏、页面另存、拍照等方法确认互联网广告内容；

（五）责令暂停发布可能造成严重后果的涉嫌违法广告。

工商行政管理部门依法行使前款规定的职权时，当事人应当协助、配合，不得拒绝、阻挠或者隐瞒真实情况。

第二十条 工商行政管理部门对互联网广告的技术监测记录资料，可以作为对违法的互联网广告实施行政处罚或者采取行政措施的电子数据证据。

第二十一条 违反本办法第五条第一款规定，利用互联网广告推销禁止生产、销售的产品或者提供的服务，或者禁止发布广告的商品或者服务的，依照广告法第五十七条第五项的规定予以处罚；违反第二款的规定，利用互联网发布处方药、烟草广告的，依照广告法第五十七条第二项、第四项的规定予以处罚。

第二十二条 违反本办法第六条规定，未经审查发布广告的，依照广告法第五十八条第一款第十四项的规定予以处罚。

第二十三条 互联网广告违反本办法第七条规定，不具有可识别性的，依照广告法第五十九条第三款的规定予以处罚。

第二十四条 违反本办法第八条第一款规定，利用互联网发布广告，未显著标明关闭标志并确保一键关闭的，依照广告法第六十三条第二款的规定进行处罚；违反第二款、第三款规定，以欺骗方式诱使用户点击广告内容的，或者未经允许，在用户发送的电子邮件中附加广告或者广告链接的，责令改正，处一万元以上三万元以下的罚款。

第二十五条 违反本办法第十二条第一款、第二款规定，互联网广告发布者、广告经营者未按照国家有关规定建立、健全广告业务管理制度的，或者未对广告内容进行核对的，依照广告法第六十一条第一款的规定予以处罚。

第二十六条 有下列情形之一的，责令改正，处一万元以上三万元以下的罚款：

（一）广告需求方平台经营者违反本办法第十三条第二款规定，通过程序化购买方式发布的广告未标明来源的；

（二）媒介方平台经营者、广告信息交换平台经营者以及媒介方平台成员，违反本办法第十五条第一款、第二款规定，未履行相关义务的。

第二十七条 违反本办法第十七条规定，互联网信息服务提供者明知或者应知互联网广告活动违法不予制止的，依照广告法第六十四条规定予以处罚。

第二十八条 工商行政管理部门依照广告法和本办法规定所做出的行政处罚决定，应当通过企业信用信息公示系统依法向社会公示。

第二十九条 本办法自2016年9月1日起施行。

移动互联网应用程序信息服务管理规定

（2016年6月28日国家互联网信息办公室发布　自2016年8月1日起施行）

第一条 为加强对移动互联网应用程序（APP）信息服务的管理，保护公民、法人和其他组织的合法权益，维护国家安全和公共利益，根据《全国人民代表大会常务委员会关于加强网络信息保护的决定》和《国务院关于授权国家互联网信息办公室负责互联网信息内容管理工作的通知》，制定本规定。

第二条 在中华人民共和国境内通过移动互联网应用程序提供信息服务，从事互联网应用商店服务，应当遵守本规定。

本规定所称移动互联网应用程序，是指通过预装、下载等方式获取并运行在移动智能终端上、向用户提供信息服务的应用软件。

本规定所称移动互联网应用程序提供者，是指提供信息服务的移动互联网应用程序所有者或运营者。

本规定所称互联网应用商店，是指通过互联网提供应用软件浏览、搜索、下载或开发工具和产品发布服务的平台。

第三条 国家互联网信息办公室负责全国移动互联网应用程序信息内容的监督管理执法工作。地方互联网信息办公室依据职责负责本行政区域内的移动互联网应用程序信息内容的监督管理执法工作。

第四条 鼓励各级党政机关、企事业单位和各人民团体积极运用移动互联网应用程序，推进政务公开，提供公共服务，促进经济社会发展。

第五条 通过移动互联网应用程序提供信息服务，应当依法取得法律法规规定的相关资质。从事互联网应用商店服务，还应当在业务上线运营三十日内向所在地省、自治区、直辖市互联网信息办公室备案。

第六条 移动互联网应用程序提供者和互联网应用商店服务提供者不得利用移动互联网应用程序从事危害国家安全、扰乱社会秩序、侵犯他人合法权益等法律法规禁止的活动，不得利用移动互联网应用程序制作、复制、发布、传播法律法规禁止的信息内容。

第七条 移动互联网应用程序提供者应当严格落实信息安全管理责任，依法履行以下义务：

（一）按照“后台实名、前台自愿”的原则，对注册用户进行基于移动电话号码等真实身份信息认证。

（二）建立健全用户信息安全保护机制，收集、使用用户个人信息应当遵循合法、正当、必要的原则，明示收集使用信息的目的、方式和范围，并经用户同意。

（三）建立健全信息内容审核管理机制，对发布违法违规信息内容的，视情采取警示、限制功能、暂停更新、关闭账号等处置措施，保存记录并向有关主管部门报告。

（四）依法保障用户在安装或使用过程中的知情权和选择权，未向用户明示并经用户同意，不得开启收集地理位置、读取通讯录、使用摄像头、启用录音等功能，不得开启与服务无关的功能，不得捆绑安装无关应用程序。

（五）尊重和保护知识产权，不得制作、发布侵犯他人知识产权的应用程序。

（六）记录用户日志信息，并保存六十日。

第八条 互联网应用商店服务提供者应当对应用程序提供者履行以下管理责任：

（一）对应用程序提供者进行真实性、安全性、合法性等审核，建立信用管理制度，并向所在地省、自治区、直辖市互联网信息办公室分类备案。

（二）督促应用程序提供者保护用户信息，完整提供应用程序获取和使用用户信息的说明，并向用户呈现。

（三）督促应用程序提供者发布合法信息内容，建立健全安全审核机制，配备与服务规模相适应的专业人员。

（四）督促应用程序提供者发布合法应用程序，尊重和保护应用程序提供者的知识产权。

对违反前款规定的应用程序提供者，视情采取警示、暂停发布、下架应用程序等措施，保存记录并向有关主管部门报告。

第九条 互联网应用商店服务提供者和移动互联网应用程序提供者应当签订服务协议，明确双方权利义务，共同遵守法律法规和平台公约。

第十条 移动互联网应用程序提供者和互联网应用商店服务提供者应当配合有关部门依法进行的监督检查，自觉接受社会监督，设置便捷的投诉举报入口，及时处理公众投诉举报。

第十一条 本规定自 2016 年 8 月 1 日起施行。

规范性文件

工商总局关于加强互联网领域消费者权益保护工作的意见

（工商消字〔2016〕204 号）

各省、自治区、直辖市及计划单列市、副省级市工商行政管理局、市场监督管理部门：

当前，以电子商务为主要内容的互联网经济发展迅猛，成为我国经济增长的强劲动力，对扩大消费、拉动经济增长发挥了不可替代的作用。但是，互联网领域侵害消费者合法权益问题也日益凸显，制约了互联网经济的健康发展和“互联网＋”发展战略的实施。为进一步加强互联网领域消费者权益保护工作，总局决定用 3 年左右时间，开展网络消费维权重点领域监管执法，有效遏制互联网领域侵权假冒行为，进一步提升网络消费维权工作水平，促进网络经济在发展中逐步规范、在规范中健康有序发展。现提出以下意见：

一、坚持一体化监管，依法保护互联网领域消费者的合法权益。坚持线上线下融合发展，加强一体化监管，保护互联网领域消费者合法权益，既是工商和市场监管部门必须履行的法定职责，也是工商和市场监管部门在经济发展新常态下促进互联网经济健康持续发展的重要抓手。各级工商和市场监管部门要认真贯彻落实国务院的部署和总局的统一要求，把加强互联网领域消费者权益保护工作作为服务供给侧结构性改革、实现供给与需求两端发力的重要举措，加大《消费者权益保护法》《产品质量法》等法律法规及其配套规章的执法力度，针对互联网领域存在的侵害消费者合法权益的突出问题，严厉打击消费侵权违法行为，依法规范网络经营者的经营行为，及时解决消费纠纷，增强网络市场消费信心，切实营造安全放心的网络消费环境。

二、坚持突出重点，切实强化网络交易商品质量监管。充分利用消费者投诉举报以及网上日常监测、检查执法中发现的情况，深入排查网络商品交易中存在的质量问题，按照“双随机一公开”的要求，强化线上线下一体化监管，将网络商品质量抽检纳入各地的年度抽检计划，统筹安排。突出数码电子、家用电器、服装鞋帽、儿童用品、汽车配件等网购热销、消费者反映问题集中的重点商品，参考网络商品销量和综合排名等因素，科学确定网络抽检的经营主体范围和商品品种，有针对性地开展网络商品抽检。强化线上线下结合，同步推进商品质量抽检，抽检结果线上线下共同适用，运用大数据等现代化信息手段，实现高效抽查监管。对具有先验质量信息的情形，要大力推动《商品质量监督抽样检验程序　具有先验质量信息的情形》（gb/t 28863—2012）在流通领域商品质量抽检中的运用，扩大抽检结果的适用范围，提升商品抽检的影响力。针对抽检发现的重点问题商品，集中时间、集中执法力量，有效开展专项整治，依法严查重处典型违法企业、违法行为。要发挥网络商品质量监测（杭州）中心的作用，加强对网络交易平台的重点监管，集中整治纵容假冒伪劣、不配合执法部门监管执法的网络交易平台提供者，切实净化网络市场环境。

三、坚持问题导向，严厉打击网络交易中侵害消费者权益的违法行为。强化网络消费侵权案件的查办工作，积极推进和规范“诉转案”，努力扩大案源并提升案件查办精准度，强化事后监管的有效性。依法查处网络商品质量违法案件，加大对网络商品经营者销售不合格商品违法行为的处罚力度，责令其立即停止销售，删除违法商品信息。涉及有危及人身、财产安全危险且不符合强制性标准的商品，同时要求有关的网络交易平台提供者立即屏蔽违法店铺或商品信息、停止提供对相关商品的交易平台服务。综合运用工商职能作用，严厉查处网络虚假违法广告、虚假宣传、商标侵权、传销和非法直销等网络交易违法行为以及网络虚假认证、刷单炒信等典型涉网消费欺诈行为，依法打击网购七日无理由退货、消费者个人信息保护、售后修理更换服务等方面存在的侵害消费者权益的违法行为。加强部门间、区域间的案件协办和联动执法，加大对跨区域纵容假冒伪劣、拒绝配合执法部门监管执法的网络交易平台经营者的查办力度，对重大典型案件挂牌督办、限时办结，对涉嫌犯罪的案件及时移送司法机关处理。针对信息服务、智能家居、个性时尚养老、健康等新兴消费领域，既要鼓励和支持消费结构升级和创新，又要及时发现和依法查处新兴消费领域的消费侵权行为，切实发挥新消费的引领和带动作用。

四、坚持改革创新，健全完善网络交易在线投诉及售后维权机制。通过理顺体制、创新机制、优化布局等措施，进一步创新和完善以12315行政监管体系为主导、经营者自律和社会监督体系为依托、信息化网络为支撑的多功能的12315体系。加强基层维权网络建设，支持和推动建立健全区域消费维权协作机制和电子商务消费者权益争议解决调处机制，着力提升消费维权工作效能。加快建设全国12315互联网平台，完善在线投诉和处置功能，形成电话与互联网并举的受理机制，引导消费者网上咨询、投诉、举报，实行网上接诉、网上分流、网上调解、网上回复、网上跟踪督办，实现消费者诉求处理流程透明化。深入推进12315“五进”工程，依托12315消费维权服务站推动网络市场的放心消费创建工作，引导有条件的网络交易平台提供者设立消费维权服务站，扩大“五进”覆盖面。积极推进总局电子商务12315投诉维权（杭州）中心建设，进一步畅通消费者诉求渠道，快速有效地处理跨区域网络消费纠纷。

五、坚持信息公开，推进网络经营者诚信自律体系建设。要健全和完善抽检结果信息公布制度，规范公布抽检结果的渠道和形式，利用各级工商、市场监管部门官网、各种媒体平台，依法及时向社会发布包含网络抽检在内的商品质量抽检结果信息，加强网络商品质量安全风险警示。推动消费侵权案件公示工作，依法通过国家企业信用信息公示系统公示行政处罚信息，对于网络经营企业因提供商品或者服务不符合保障人身、财产安全要求，造成人身伤害等严重侵害消费者权益的违法行为，两年内受到三次以上行政处罚的，要严格按照严重违法失信企业名单进行管理。推动部门间信用信息互联共享，实施失信联合惩戒，让违法企业及有关人员“一处违法、处处受限”。要积极推动企业投诉情况公开工作，扩大企业投诉情况公开试点。抓住节假日、集中促销等关键节点，依法查办并公布一批大案要案，特别要曝光一批销售不合格商品的网络商品经营者、质量管理责任缺失的第三方交易平台经营者。通过信息公开，倒逼网络商品经营者和网络交易平台健全和完善内部质量管控制度和措施，从根源上提升网络交易商品的质量水平。

六、坚持社会共治，构建互联网领域消费者权益保护的长效机制。充分发挥国务院消费者权益保护联席会议制度的作用，推动各有关单位在联席会议制度的框架下加强协作配合，协调解决消费者权益保护工作中的重要问题和重大消费事件。各地要积极推动本地区消费者权益保护工作的机制建设，整合消费维权社会资源，切实形成消费者权益保护的工作合力。探索建立跨境消费争议在线解决机制，协调解决跨境电子商务、“海淘”、社交电商等带来的消费纠纷。鼓励行业协会建立健全行业经营自律规范，引导行业企业遵守国家法律法规。督促网络经营者落实消费环节经营者首问和赔偿先付制度，主动和解消费纠纷。要求网络交易平台提供者建立和完善赔偿先付制度，提供快速解决消费纠纷的“绿色通道”。支持消协组织加强对网络交易商品和服务开展社会监督，持续开展消费体察、服务评议、调查点评活动，督促网络经营行业和经营者开展整改，针对网络市场中侵害众多消费者权益行为提起公益诉讼。

七、坚持教育引导，提高网络消费者自我保护的能力。加强大数据深度利用，进一步提升数据质量，推进与消协组织、有关部门及大型企业、主要网络交易平台的数据共享和整合，深入研究区域性的消费维权数据，形成有深度有指导作用的消费维权分析报告，及时向社会公布，引导改善消费环境。加强与主流新闻媒体、新兴网络媒体的合作与联系，利用“3·15”、“双十一”等重要时间节点，积极运用微博、微信等网络传播方式，加强对新《消法》及配套法规制度的宣传和解读，有针对性地向消费者普及有关网络消费的商品和服务知识，积极回应广大消费者网络消费中关切的热点问题，增强消费者维权意识，提高消费者自我保护的能力。

工商总局

2016年10月19日

工商总局关于促进网络服务交易健康发展规范网络服务交易行为的指导意见（暂行）

（工商网监字〔2016〕2号）

各省、自治区、直辖市工商行政管理局、市场监督管理部门：

近年来，网络服务交易快速崛起，增速已经超过网络商品交易，并且保持着持续强劲增长的势头，正在成为提升消费、改善服务、促进创业、稳定就业的重要增长极，为大众创业、万众创新提供了新的空间。网络服务交易在快速发展的同时，市场秩序不规范、诚信体系不健全、虚假宣传和不正当竞争等违法行为等问题也逐渐显露出来，亟须采取措施予以解决。在发展中逐步规范网络服务交易市场秩序，努力营造公平竞争的发展环境是促进网络服务交易健康发展的重要保障。为此，就工商（市场监管）机关促进网络服务交易健康发展，规范网络服务交易行为提出如下指导意见。

一、明确网络服务交易监管重点，秉持职责监管网络服务交易行为

网络服务交易市场领域十分广泛，涵盖商务信息服务、生活信息服务、旅游服务、专业服务（指组织或个人应用某些专业知识和专门知识为客户或消费者提供某一领域的特殊服务。如法律服务、咨询服务、管理服务、设计服务、市场调查服务等）等众多门类。其中，与工商（市场监管）机关网络市场监管职能密切相关的门类主要是商务信息服务、生活信息服务、旅游服务、专业服务等四个门类。工商（市场监管）机关应以上述四个门类作为履行监管职能职责的基本点，并在立足监管基本门类基础上，积极拓展与监管职能密切相关的网络服务市场监管新领域，着力加强对网络服务交易市场前瞻性、苗头性、倾向性问题的研究，着力解决其发展中存在的深层次矛盾和重大问题，着力促进其建立健全开放、公平、健康的市场竞争秩序，着力推进监管政策创新、管理创新和服务创新。

二、主动作为、支持发展

工商（市场监管）机关应当积极研究促进网络服务交易健康持续发展的政策措施，通过政策引导，促进网络服务交易进一步释放发展潜力，进一步提升创新发展水平。当前应主要抓好五个方面的促进工作：一是支持面向生产领域提供商务信息服务的平台发展，采取有效措施解决平台信息真实性审查过程中遇到的困难和难题，引导支持平台实现服务经营升级转型，将提供供求信息服务与组织企业直接进行网上交易结合起来，为企业间电子商务提供网上直接交易平台服务，从而带动整个电子商务市场取得更大发展。二是支持面向城乡居民社区提供生活信息服务、日常消费、家政服务等网络服务平台的发展，使其成为促进消费、改善民生、促进创业、稳定就业的重要平台。三是支持在线旅游市场的发展，推动在线旅游服务平台服务模式创新，积极为在线旅游服务平台协调解决在线旅游合同规范、旅游消费纠纷解决等方面遇到的困难和难题，推动在线旅游市场健康和谐发展。四是支持提供设计、创意服务的专业服务平台的发展，支持其为全社会创新创业提供更多更广的服务产品，使其成为创业孵化服务的重要基地和桥梁。五是鼓励社会力量、民间资本参与投资、建设和运营众创空间、创客空间、创业孵化器等各类创业孵化服务机构，为各类创业创新主体提供更多开放便捷的创业创新服务平台。

三、建立网络服务经营主体数据，完善网络服务交易经营主体经济户口分类

建立网络服务经营主体经济户口是实施监管的基础。网络服务交易监管是工商（市场监管）机关网络市场监管新领域，各地应以企业年度报告为抓手，对网络服务经营主体开展一次全面普查，重点查清本地区网络服务交易平台开办的数量、分布和类别，做好立档建户和电子数据库建设工作，为开展网络服务交易监管夯实基础。

四、以网络服务交易平台为监管重点，有序推进网络服务监管工作

网络服务交易平台是网络服务集中交易的场所和空间，抓住网络服务交易平台经营者，就直接抓住了维护网络服务交易市场秩序的关键环节。网络服务交易平台经营者承担着交易平台准入把关、检查监控网络服务交易信息、保护注册商标专用权、企业名称权等权利、保护网络服务消费者合法权益等重要职责，网络服务交易平台经营者如果能够切实履行法律法规赋予的义务和责任，网络市场服务交易秩序的维护就有了基本保障。

工商（市场监管）机关要抓住网络服务交易平台这个重点，特别是抓住辖区内开办的影响范围广、交易数量大的网络服务交易平台，以其为突破口，积极探索研究如何通过规范网络服务交易平台经营者达到逐步规范整个网络服务市场秩序、营造公平竞争市场环境、有效保护网络服务消费者合法权益的途径和办法。

在以网络服务平台为监管重点，有序推进网络服务监管工作的同时，各地应积极探索个人社交平台网络服务交易行为的监管模式，加强对个人社交平台服务交易行为的检查，探索查处个人社交平台发生的违法服务交易行为。

五、建立健全网络服务经营主体信用监管机制，积极推动网络服务经营主体信用信息公开公示

信用监管是网络市场监管的基本方式和手段，是维护网络市场良好秩序的关键。工商（市场监管）机关要把加快网络服务经营主体信用监管体系建设作为监管网络服务交易市场工作的重中之重。以《企业信息公示暂行条例》为依据，及时督促网络服务经营主体依法按时报送年度报告，及时归集、整理、分析、抽查、公开公示网络服务经营主体信用信息。

六、规范网络服务交易格式合同，倡导公平正义，维护市场秩序

根据网络服务交易合同以格式合同为主的特点，工商（市场监管）机关要以规范网络服务平台格式合同为重点和抓手，将网络服务交易平台应当履行的市场准入把关、检查监控网络服务交易信息、保护注册商标专用权、企业名称权、保护网络服务消费者合法权益等重要权利义务和进入平台提供服务产品的经营者应当履行的保障服务产品信息真实和服务产品质量、保护服务产品消费者权益的义务和责任落实到双方签订的合同中。

平台制定的交易规则是网络服务交易合同成立的重要构成要件，要把对平台交易规则的规范与监督检查作为规范平台经营行为、保护消费者和经营者合法权益的重要抓手，强化对平台自定的格式合同的检查和规范，及时纠正平台在制定格式合同中出现的不公正不公平交易规则，使交易各方的权利义务和责任实现公平和平衡。

七、支持和引导企业探索建立网络服务交易规范，推动建立行业规范，完善消费者权益保护机制

由于服务交易具有无形性、差异性特征，迫切需要建立服务交易规范为解决网络服务交易纠纷、处理网络服务投诉提供依据和标准。

为有效维护网络消费者合法权益，促进网络服务交易健康发展，工商（市场监管）机关应当首先以网络服务交易平台为抓手和突破口，推动、引导、支持平台经营者建立网络服务交易规范，同时积极推动建立行业规范，通过逐步推动建立健全网络服务规范，研究探索出适合网络服务交易特点的纠纷投诉解决机制，建立健全网络消费权益保护机制。

八、加大对网络服务交易违法行为查处力度，健全完善案件信息共享和监管协调配合机制

提供虚假信息、销售国家明令禁止的服务产品、进行不正当竞争、利用格式合同侵害网络消费者合法权益是当前网络服务交易市场存在的突出问题。各地工商（市场监管）机关应将查处上述网络违法交易和经营作为当前查处网络服务交易市场违法行为的重点，加大查处打击力度，并根据网络服务交易违法主体隐蔽性强、认定难度大、违法行为涉及面广、链条长、环节多等特点，完善健全工商系统跨区域联动办案机制，实现上下联动、左右互动，完善健全职能监管部门间协作配合机制，实现监管互联、互通、互动，构筑网络服务交易监管立体系统。

九、构建网络服务交易监管规则规范体系

《网络交易管理办法》的公布施行标志着网络服务交易初步纳入了法治化的轨道。但是由于网络服务市场正处在快速发展的初期，新情况、新问题不断出现，不少问题尚不具备立法的条件，《网络交易管理办法》对网络服务市场的规范主要是原则性、概括性规范，已经不能够满足网络服务市场快速发展对法律规范提出的需求。各地工商（市场监管）机关应在深入研究、分析、总结本地区网络服务交易发展现状、交易特点、存在的主要问题、制约发展的主要瓶颈等情况的基础上，研究提出本地区网络服务市场立法立规计划，争取网络服务交易监管在法制建设上取得新突破和新进展，为网络服务市场的健康发展提供坚实的法律支撑和保障。

十、完善网络信息化监管平台功能，建立健全网络服务交易信息化监管数据标准

自2010年工商总局启动全国工商行政管理系统网络商品交易监管信息化系统建设工作以来，经过近几年建设，全国一体、统分结合、功能齐全、上下联动的网络监管信息系统和平台已经基本建成，初步实现了“以网管网”的网监工作目标，为网络服务交易监管提供了坚实的信息技术支撑和保障。各地应以建成的网络监管信息化平台为依托，以网络服务经营主体数据库和网络服务交易行为特征语义库（关键词语库）为重点抓手，建立健全网络服务交易信息化监管数据标准，实现对网络服务交易“以网管网”的目标。

工商总局

2016年1月8日

工商总局关于印发2016网络市场监管专项行动方案的通知

（工商办字〔2016〕87号）

各省、自治区、直辖市工商行政管理局、市场监督管理部门：

为贯彻落实好党中央、国务院领导同志一系列重要批示精神，不断依法依职责加强网络市场监管，集中整治市场乱象，切实维护网络市场秩序和消费者合法权益，促进网络市场健康有序发展，工商总局决定今年5—11月全系统深入开展2016网络市场监管专项行动。现将《2016网络市场监管专项行动方案》印发给你们，请认真贯彻执行。

工商总局

2016年5月4日

2016网络市场监管专项行动方案

为坚决贯彻落实党中央、国务院领导同志一系列重要批示精神，不断依法依职责加强网络市场监管，切实维护网络市场秩序和消费者合法权益，促进网络市场健康有序发展，在巩固已有工作成果的基础上，今年5—11月，全国工商、市场监管部门深入开展2016网络市场监管专项行动，要始终坚持问题导向，保持高压态势，重拳整治市场乱象，着力营造公平竞争的网络市场环境和安全放心的网络消费环境。专项行动方案如下：

一、总体目标

坚持依法管网、以网管网、信用管网和协同管网，创新监管手段，提升执法能力，以网络交易平台和网络商标侵权、销售假冒伪劣商品、虚假宣传、刷单炒信等突出违法问题为整治重点，查办一批大案要案，公布一批典型案例，特别是对屡查屡犯的违法经营者，依法实施更严格的市场监管、更严厉的行政处罚、更有效的失信惩戒，震慑违法经营者，构建社会共治格局。经过大力整治，网络经营者违法失信成本增加，责任意识得到强化，网络市场秩序突出问题受到遏制，网络商品质量水平明显提升，网络交易信用环境显著改善，网络消费信心不断增强，网络创业创新热情进一步激发。

二、工作进度安排和具体任务措施

专项行动分为三个阶段组织实施：5月上中旬为动员部署阶段，各地工商、市场监管部门制定工作方案，部署整治工作任务，组织媒体加大宣传，营造良好舆论氛围；5月下旬—11月中旬为集中整治阶段，根据具体任务措施，针对重点问题进行专项治理；11月份为督查评估阶段，督查整治工作，巩固整治成果，总结经验做法，分析问题不足。具体任务措施为：

（一）针对重点商品领域，强化监测监管。在专项行动期间，各地工商、市场监管部门要结合对消费者、经营者和媒体反映问题集中商品的梳理，加强对儿童老年用品、电器电子产品、装饰装修材料、汽车配件、服装鞋帽、化肥，以及根据各地实际增加的其他类别商品实施重点监管。突出对节假日等网络集中促销节点、主要网络交易平台及平台上差评多的网店、农村电商、跨境电商、在线旅游市场、社会反映强烈的违法行为等的监督检查和定向监测，及时发现违法线索，强化后续落地查处，坚决打击网络市场中出现的各种违法侵权行为。（5—11月）

（二）落实网店实名制，规范网络经营主体。为有效识别网络市场主体真实身份，各地工商、市场监管部门要在鼓励支持网络经营者进行工商注册登记的同时，对严格落实“网站自行亮照”“平台为网店亮照”“平台为网店亮标（核发并加贴证明个人身份信息真实合法的标记）”要求情况进行一次专门检查。对违反相关规定的，坚决依法查处。区别伪造企业名称、冒用其他企业名称等不同情况，开展非法主体网站整治。工商总局将组织一次专项搜索，集中整治一批非法主体网站。（6—11月）

（三）加强网络交易商品质量监管。各地工商、市场监管部门要按照《关于认真做好2016年流通领域商品质量抽查检验工作的通知》的安排，组织开展网络交易商品质量抽检，严厉打击网络销售不合格商品违法行为。（5—11月）针对十大网络交易平台开展专项抽检，根据抽检发现的问题，有针对性地开展行政约谈，督促和指导其加强对网店的管理，健全完善商品质量管控制度和措施，落实商品质量管理责任，积极协助工商、市场监管部门监管执法。（5—7月）

（四）打击网络商标侵权等违法行为。各地工商、市场监管部门要加大对网络上销售仿冒高知名度商标、涉外商标商品的查处力度，维护权利人和消费者的合法权益。依法查处网络上滥用、冒用、伪造涉农产品地理标志证明商标的行为。对将“驰名商标”字样用于网络销售商品、商品包装或者容器上，或者用于广告宣传的，要依法责令改正并处以罚款。对大规模、跨区域、商标权利人和消费者投诉集中的涉网商标侵权假冒典型案件，要强化生产、销售、注册商标标识制造等工作环节的全链条打击。（5—11月）

（五）治理互联网虚假违法广告。各地工商、市场监管部门要严格执行新《广告法》的规定，认真加强对监管执法热点难点问题的研究，对互联网广告市场持续严管严控。进一步加强监测监管，严厉查处虚假违法互联网广告。充分发挥整治虚假违法广告部际联席会议作用，加强部门间的协调沟通、信息共享和执法协作，开展互联网金融广告专项整治。（5—11月）

（六）强化竞争执法，维护公平竞争秩序。各地工商、市场监管部门要依法打击网上虚假宣传、销售仿冒知名商品特有的名称、包装、装潢的商品、不正当有奖销售等违法行为。加强互联网领域反垄断执法，重点查处达成垄断协议和滥用市场支配地位违法行为，整治滥用知识产权排除、限制竞争行为。严厉查处利用互联网从事传销活动、利用互联网散布传销信息、为传销提供互联网信息服务案件。完善网络案件指定管辖、大要案件挂牌督办等制度机制，优化跨地域监管执法指挥协调和执法联动机制，切实做好电子证据留存及相关技术保障工作。（5—11月）

（七）集中整治网络交易平台问题。各地工商、市场监管部门要督促平台经营者就履行以下法定义务和责任进行自查自纠：一是对平台内经营者的经营资格审查、登记、公示；二是与平台内经营者订立协议，明确在平台进入和退出、商品和服务质量安全保障、消费者权益保护等方面的权利、义务和责任；三是制定实施管理制度及平台运行维护；四是检查监控平台内经营者和交易信息；五是依法承担首问责任，保护消费者权益，进行调解或协助维权；六是区分标注自营业务和平台业务；七是协助查处违法经营行为，提供有关信息数据资料；八是平台已建立赔偿先付制度的，要进行公示并严格执行；九是平台不得利用格式条款侵害消费者合法权益，对平台成交量、成交额进行虚假宣传，协助平台内经营者虚构交易、成交量或者虚假用户评价，以及限制、排斥平台内经营者参加其他平台组织的促销活动等。平台所在地工商、市场监管部门发现平台不履行管理责任、继续从事违法行为的，一律依法严惩。（6—11月）各地工商、市场监管部门要以当地主要网络交易平台（含全国性主要网络交易平台在当地的分支机构）落实平台管理责任为重点，集中开展一次专项检查评估和问题整改约谈，并形成对平台的专项检查评估及问题整改情况报告。（7—11月）

（八）畅通网络维权渠道，打击侵犯消费者权益行为。各地工商、市场监管部门要完善网上交易在线投诉和售后维权机制，进一步畅通消费者诉求渠道。积极推动网络交易平台经营者设立“消费维权服务站”，督促其履行消费维权的社会责任，及时受理和处理消费者投诉。梳理消费投诉举报，打通条线、地区间“诉转案”通道，扩大网络案件的案源。加大对侵犯网购消费者七日无理由退货权利，故意拖延或者无理拒绝行为的打击力度。严厉查处泄露消费者个人信息等侵权行为。积极发挥消协组织的作用，就损害网络消费者合法权益的典型案例，支持受损害的消费者提起诉讼，并采取约谈经营者、发布消费预警等措施，推动网络消费维权关口前移。由中消协组织收集、研究网络交易平台的交易规则等协议，点评不公平格式条款，就平台通过不公平格式条款侵害众多消费者合法权益问题，督促企业整改，必要时提起公益诉讼。（5—11月）

（九）强化信用监管，实施网络违法失信惩戒。各地工商、市场监管部门要将网络经营者的行政处罚信息记入信用档案，通过企业信用信息公示系统等及时向社会公布，并纳入当地信用信息共享平台，与全国信用信息共享平台对接。重点加强对网络经营者通过年度报告公示其开设网站以及从事网络经营的网店名称、网址等信息的督促检查，对隐瞒真实情况、弄虚作假的，列入异常名录或标记为经营异常状态。对依据《企业信息公示暂行条例》《严重违法失信企业名单管理暂行办法》应列入严重违法失信企业名单管理的网络经营企业，一律列入“黑名单”实施约束管理。（5—11月）

三、相关工作要求

（一）精心组织安排，强化工作保障。各地工商、市场监管部门要从讲政治、讲大局、践行五个发展理念的高度，深刻认识开展专项行动的重要意义。要根据当地实际，研究制定针对性、操作性强的工作方案，突出地方重点特点，细化任务要求，确保工作落实，特别是要加大监管、执法、检测、监测等工作经费投入，加强监管执法力量，建立健全网监机构。

（二）完善内部工作机制，强化责任落实。网络市场监管是全口径的市场监管，各业务条线都要守土负责，主动作为，部署工作要同时涵盖网上和网下。工商总局已经建立网络市场监管工作领导小组，推动各业务条线的线上线下一体化监管。各地工商、市场监管部门要参照建立健全相应的统筹协调机制，提升系统内网络市场线上线下一体化监管效能。

（三）加强外部协调配合，形成监管合力。按照国务院办公厅、中央网信办的要求，工商总局正在积极推动建立网络市场监管部际联席会议制度。各地工商、市场监管部门要推动建立各级政府层面的网络市场监管工作协调机制，完善部门间执法联动和失信行为联合惩戒机制，推进案件线索和信息互通共享，强化违法问题网上发现、源头追溯、依法查处，线上线下治理相结合，切实落实上下游相关企业责任。

各地工商、市场监管部门要畅通与公安等部门的刑事司法衔接，加大刑事打击力度；健全与通信主管部门的网络交易监管协作机制，按相关规定提请其依法关闭违法违规网站；及时向质检部门通报网络交易商品质量抽检、定向监测信息，支持其净化生产源头；支持配合食品药品监管部门做好互联网食品、药品、医疗器械、保健食品广告等监管；支持配合网信部门做好网络安全管理相关统筹协调工作；将专项行动中发现的涉嫌价格违法行为线索及时通报价格管理部门，并支持其做好互联网领域反价格垄断执法工作；依法履行工商、市场监管部门打击侵权假冒工作职责，支持商务部门做好网络市场经营者集中反垄断审查工作；支持配合海关、质检和邮政管理等部门，做好跨境电子商务相关监管工作，保护消费者合法权益和知识产权，打击违法侵权行为。

（四）改进宣传方式，注重教育引导。各地工商、市场监管部门要采用新闻报道或专题栏目合作等方式，主动向各类媒体推荐重点宣传题材，反映政策措施、整治成效。做好舆情监测分析，关注网络市场突发热点问题，及时依法处置，回应社会关切。发布典型案例，注重以案说法，引导理性消费，警示违法经营。

（五）加强督查督办，强化工作指导。各地工商、市场监管部门要根据整治任务、整治措施和整治要求，采取全面检查、重点抽查、随机专项督查等方式，逐级开展督导检查，既保证工作力度，又严格执法规范。对专项行动卓有成效的地方，要表扬鼓励；对工作开展不力的地方，要通报批评，督促整改。有条件的地方可试行第三方评价的方式，考察评价地方的专项行动工作成效。8—9 月，工商总局网监领导小组各成员单位将组成专项行动督查组，赴地方开展中期督查。

（六）加强信息报送，不断总结提高。各地工商、市场监管部门要建立健全信息报送制度，逐级及时报告专项行动进展情况、存在的问题及整治成果，做好信息汇总和统计分析。请各地工商、市场监管部门于 6 月底前报送专项行动阶段性进展情况，于 12 月 12 日前将专项行动总结报告、对平台的专项检查评估及问题整改情况报告、《2016 网络市场监管专项行动统计表》《关闭网站和停止平台服务网店名单》、5—15 件违法典型案例（附处罚决定书）、网监执法检查相关现场图片及视频资料（含说明），通过工商总局网监平台或邮箱一同报送网络商品交易监管司。如遇重大情况，请及时报告当地党委政府和工商总局。

质检总局关于印发《2016 年“质检利剑”行动工作方案》的通知

各省、自治区、直辖市及新疆生产建设兵团质量技术监督局（市场监督管理部门）：

现将《2016 年“质检利剑”行动工作方案》印发你们，请结合本地实际，认真遵照执行。

质检总局

2016 年 4 月 27 日

2016 年 “质检利剑” 行动工作方案

2015 年，全国质检系统执法战线主动适应发展新常态，主动适应体制和机构改革的新要求，主动作为，积极进取，大胆创新，积极推进“质检利剑”行动，狠抓大案要案严查彻办，取得了明显成绩。但是，当前执法打假工作中还存在不少困难和问题，近两年来查办质量违法案件的总体数量持续急剧下降，制售假冒伪劣产品屡禁不止的状况仍未根本扭转。为此，总局决定，2016 年继续组织全国质检部门开展“质检利剑”行动，持续保持执法打假的高压态势，加强事中事后监管，营造公平竞争的市场环境，为全面建成小康社会提供更有效的质量安全保障。

一、行动目标

认真贯彻全国质检工作会议关于执法打假的总体要求，突出消费品重点，系统推进各类重点产品专项执法打假，通过严查彻办大案要案，增强对质量违法行为的打击力度、宣传力度和共治力度，使重点产品的制售假冒伪劣违法行为得到有效惩处，使区域性质量问题突出的重点地区得到有效整治，使互联网领域假冒伪劣现象得到有效治理，发挥查处一起案件，震慑一类违法行为，警示一批企业的效应，实现群众对质量违法行为举报投诉率有所下降，辖区内企业质量违法行为发生率有所下降，切实维护广大消费者合法权益，促进产品质量总体水平的不断提升。

二、主要任务

（一）精心组织开展重点产品专项执法打假行动。

1. 围绕确保消费品安全，深入开展消费品“质检利剑”专项行动。以儿童用品、家用电器、电子产品、食品相关产品为重点，尤其要对总局消费品质量提升行动中确定的空气净化器、电饭煲、智能马桶盖、智能手机、儿童纸尿裤、儿童玩具、婴幼儿童装、厨具、床上用品、家具等 10 类消费品，加强执法检查，严查生产不符合国家强制性标准或明示标准产品、以次充好、以不合格产品冒充合格产品、伪造或者冒用他人厂名厂址、未按要求取得生产许可证或强制性认证、标识欺诈等违法行为。

2. 围绕节能环保，深入开展汽车及其配件、汽柴油等“质检利剑”专项行动。以轮胎、内饰、座椅、制动器衬片、行驶记录仪等产品为重点，对整车和配件生产企业开展执法检查，严查无证生产、不符合标准、以假充真、以次充好等违法行为。对汽柴油生产企业开展执法检查，组织查处汽柴油不符合国家标准、掺杂掺假、虚标标号和无证生产行为，查处用普通柴油冒充车用柴油违法行为。

3. 围绕产业结构升级，深入开展建材“质检利剑”专项行动。以钢材、水泥、卫生陶瓷、电线电缆、防水卷材为重点，严查无证生产、不符合标准、以假充真、以次充好等违法行为；严查生产国家明令淘汰产品行为，打击非法生产地条钢和用地条钢轧制建筑钢材的违法行为。

4. 围绕巩固农业基础地位，深入开展农资“质检利剑”专项行动。严厉打击化肥产品有效含量不足、虚假标识、伪造产品产地和冒用他人厂名厂址及无证生产等农资坑农害农质量违法行为。

5. 围绕保障民生计量，深入开展加油机、电表、气表、水表“质检利剑”专项行动。严查水、电、气经营者进行贸易结算的水表、电能表、燃气表，未经国家规定法定或者授权的计量检定机构周期检定合格、并在规定有效期内使用的违法行为，严厉打击加油机作弊违法犯罪行为。

在抓好上述五个专项的基础上，各地可结合本地实际，确定本地区本部门重点产品，组织开展“质检利剑”专项行动；同时，要认真配合抓好“伪基站”“黑广播”等电信网络新型违法犯罪专项行动。

（二）着力推进电子商务领域执法打假。

1. 开展电子商务产品执法专项行动。按照“风险监测、网上抽查、源头追溯、属地查处、信用管理”的要求，以日用消费品、农资产品、家装建材等产品为重点，加大电子商务领域执法打假工作力度，查办一批电子商务领域大案要案，曝光一批典型案件。推进区域性电子商务产品落地查处工作，加强农村电子商务产品质量问题集中整治。

2. 开展名优产品打假维权协作活动。加强全国电子商务产品打假维权协作网建设，健全打假维权协作工作机制，鼓励名优产品生产企业、电商平台企业加入协作网。发挥电子商务产品打假维权协作网的平台作用，通过与名优产品生产企业、电商平台企业等相互协作，对电子商务领域假冒伪劣行为实施精准打击，维护广大消费者和名优产品生产企业的合法权益。

3. 加强电子商务产品执法全国协查。严格执行《质量技术监督电子商务产品执法协查工作规范》（国质检执〔2016〕65号），加强技术手段应用和数据分析，加强跨区域多部门执法联动，做好属地查处工作。强化电子商务领域案件信息互通、证据材料转送、案件进程管理，促进案件线索和执法信息在全国范围内的流转，推动地区间、部门间执法证据互相采信，形成系统合力。

（三）着力推进区域性质量问题集中整治。

1. 突出重点行业，突出区域特色产品，加强对重点区域内的企业的执法检查。通过整治，实现重点区域年度投诉举报数、违法案件数的明显下降和企业取证数、抽检合格率的明显上升，促进区域经济结构优化和整体质量水平提升。

2. 按照形成多元共治工作格局要求，进一步健全和完善地方政府负总责、企业负主体责任、监管部门各负其责的责任体系。对整治工作仍未结束的重点区域，省级局均要对其政府负责人组织约谈。

3. 结合集中执法检查结果，对重点区域开展督查。对质量违法行为突出、问题复杂、整治困难的区域进行挂牌督办，对责任落实不力导致严重质量问题的，要向其上级政府发稽查建议书。

4. 进一步摸清区域内生产企业数量、产品质量状况和区域性质量问题等，健全和完善区域整治工作档案。

三、工作措施

（一）深入摸排质量违法案件线索。一是高度重视群众举报、监督抽查、上级交办、外系统移送等各种渠道获取的质量违法案件线索，符合立案条件的要及时组织调查处理。二是以日常监管发现有违法行为、有质量违法记录以及网络、媒体报道或者消费者投诉举报反映有质量问题的生产加工企业为重点，组织开展明查暗访活动，获取造假线索。三是与重点行业协会建立打假协作机制，进一步强化电子商务产品打假维权协作网和汽配、建筑防水等重点行业“打假保优协作网”建设，鼓励同业监督，提供违法线索。

（二）组织开展集中打假行动。按照总局的总体部署，结合本地本部门实际，突出重点时节、重点产品、重点产业、重点区域，集中时间，整合力量，统一行动，集中查处一批群众反映强烈的突出质量违法问题，集中曝光一批质量违法典型案例，以重点突破推动“质检利剑”行动各项专项全面深入开展。总局将在组织明查暗访的基础上，按季度组织开展一次全国性的电子商务执法打假集中行动；在春、秋两季组织开展农资打假集中月行动，重点打击化肥产品有效养分含量不足、掺杂掺假、虚假标识和无证生产化肥等违法行为。

（三）严查彻办大案要案。围绕增强打击力度，坚持以查办大案要案推动各个专项行动的工作模式，着力查办一批有影响有震动的重大典型案件。建立健全执法打假大案要案省级局组办督办工作制度，对重大突发案件，省级局要深入执法一线，现场指挥，靠前督战，加强案件会商，加快办案进度，确保办案质量。总局、省级局要选择一批大案要案、跨区域案件进行挂牌督办，必要时联合公安等有关部门共同挂牌督办，确保责任到位、措施到位、查处到位。

（四）强化综合打击治理。一是依法公开假冒侵权行政处罚案件信息，推行质量违法违规企业“黑名单”制度，加大对质量失信企业的惩戒力度。二是围绕推进企业标准自我声明与监督制度的实施，创新企业产品质量执法检查方式，以承诺企业及其履行承诺情况为重点，组织开展执法检查，检查结果由总局统一向社会发布。联合电商平台共同推进企业产品质量承诺工作，督促电商平台公开查询企业产品质量标准和检查结果信息。三是完善全国执法协作联动机制，建立健全省、市、县三级上下联动执法工作机制，进一步完善跨区域案件线索通报和协查制度，积极组织开展联合执法行动。四是加强与公安、工商行政管理等部门的协调配合，加强质检行政执法与刑事司法衔接工作，加强案件移送和线索通报，加大联合执法办案工作力度，适时组织开展联合执法，形成执法合力。五是加强与认证认可、标准化、质量管理、法制计量、特种设备监管、监督抽查等业务部门的协作配合，在系统内形成合力。

（五）狠抓执法管理和队伍建设。一是落实辖区执法打假目标责任制，建立执法打假责任清单制度，构建辖区内重点产品、执法责任、目标任务向上级报备制度。二是加大督办和指导协调力度，对责任落实不力导致严重质量问题的地方政府、下级单位或违法企业，要按照《质量技术监督行政执法约谈工作指南》，组织开展行政执法约谈。三是建立办案奖励制度，对在查办案件中贡献突出或者成绩显著的单位和个人，按照国家有关规定给予表彰和奖励。四是建立执法培训常态化制度，加大对基层执法人员培训力度，尤其对机构整合后的市场监管局和监管所的执法人员进行执法培训，提升执法人员业务素质水平。五是大力推进技术执法，鼓励各地质检部门、技术机构、行业协会、相关高校、科研院所等单位对质量违法突出问题、行业性问题组织开展技术执法研究，揭露和破解质量违法行业“潜规则”。

四、工作要求

（一）切实加强领导。各地要高度重视，主要负责人要亲自抓，分管负责人要直接负责，要结合当地实际出台行动实施方案、分解任务，逐级落实工作责任，狠抓措施落实，确保各项工作扎实推进。省级局要充分发挥统一部署、统一组织、统一协调、统一指挥的作用，建立上下协调、部门联动、区域协作、协查协办的工作机制，坚决杜绝有案不查、推诿扯皮等问题。

（二）广泛开展宣传。一是坚持主动宣传和边打边说，积极把握舆论宣传导向的主动权，增强与新闻媒体的联系协调力度，综合运用报刊、广播、电视和互联网等媒体进行执法宣传，每周都要有向社会宣传报道质检执法打假工作的内容，切实形成宣传声势。二是以宣传查办案件工作为重点，加大对重大案件和典型案件的曝光力度，主动及时向社会公开行政处罚案件信息，并对查办的典型案件定期进行集中公布，提高执法打假的影响力和震慑力。三是提升舆论引导能力，加强执法宣传方式方法创新，讲好执法故事，传播好质监声音，兼顾群众喜闻乐见的宣传形式和震慑违法分子的实际效果，努力发挥查处一起案件、震慑一类违法行为、警示一批企业的效应。

（三）强化督查考核。建立健全行政执法督查和绩效管理制度，推动实施总局、省级局、市级局和县级局四级重点地区挂牌督办制度，综合运用执法检查、派员督查、暗访排查、稽查建议书、约谈重点区域政府负责人等措施，增强督查工作力度，推动“质检利剑”行动不断深入开展。总局将把“质检利剑”行动作为年度行政执法工作集中检查的重要内容，推动“质检利剑”行动落实情况列入“双打”工作考核和政府质量工作考核指标体系中，落实地方政府打假工作责任。

（四）严格规范公正文明执法。一是持续加强执法规范化管理，不断优化执法流程，做到依法行政，严格执法；健全执法责任制，强化执法责任追究。二是组织开展行政执法工作集中检查活动，促进质监系统执法队伍管理，纠正执法工作中存在的执法粗暴、滥用职权、执法不规范、地方保护等突出问题。三是严格落实“三严三实”要求，坚决杜绝失职渎职、以权谋私等违法违纪行为，防止有令不行、吃拿卡要、粗暴执法等不规范行为。四是严格落实党风廉政建设责任制，把党风廉政建设和执法打假工作紧密结合起来，推动从严治党向基层延伸，坚持不懈地把作风建设抓到底，以更高的标准、铁的纪律，建设一支忠诚、干净、担当的执法打假队伍。

（五）严格信息报送。要做好信息统计和分析工作，设专门的信息员，固定联系人，畅通信息报送渠道，确保信息报送及时、准确。请各省级局组织在有关信息统计系统中认真填报，并在报送2016年执法打假工作半年、全年工作总结时，将“质检利剑”行动组织开展情况作为重要内容一并报送，大案要案和重要情况随时报送。

质检总局关于印发《质量品牌提升行动计划（2016）》的通知

（国质检质〔2016〕215号）

各直属检验检疫局，各省、自治区、直辖市及新疆生产建设兵团质量技术监督局（市场监督管理部门），认监委、标准委，总局各司局，各直属挂靠单位：

为贯彻中央关于提高经济发展质量和效益，着力加强供给侧改革的总体要求，落实全国质量监督检验检疫工作会议的安排部署，质检总局制定了《质量品牌提升行动计划（2016）》，现印发你们，请认真贯彻执行。

各地、各部门要结合自身实际，参照总局行动计划，制定本地、本部门工作方案，细化工作措施。要注意加强各业务部门间的协调配合，凝聚各方面力量，打好“组合拳”，形成工作合力，确保质量品牌提升行动取得实实在在的成效。各地、各部门具体工作方案和贯彻落实情况请及时向总局报告。

质检总局

2016年5月13日

质量品牌提升行动计划（2016）

为加快建设质量强国，贯彻中央关于提高经济发展质量和效益，着力加强供给侧结构性改革的总体要求，落实全国质量监督检验检疫工作会议关于质量品牌提升行动的安排部署，加快培育、提升、壮大质量品牌，形成推动质量品牌提升的长效机制，制定本计划。

一、指导思想

以党的十八大和十八届三中、四中、五中全会精神为指导，深入贯彻习近平总书记系列重要讲话、李克强总理对第二届中国质量奖的重要批示和中央经济工作会议精神，围绕“五位一体”总体布局和“四个全面”战略布局，贯彻“创新、协调、绿色、开放、共享”五大发展理念，紧密围绕推进供给侧结构性改革这条主线，贯彻全国质检工作会议精神，落实总局关于开展质量品牌提升行动的工作部署，坚持质量为本，主动作为，以改革创新的精神，综合运用质检职能，形成合力，加快质量供给创新，帮助企业提升产品、服务质量，培育、发展质量品牌，着力提升质量供给水平。

二、工作原则

（一）坚持统筹协调和分工负责相结合。

总局质量品牌提升行动领导小组负责统筹制定行动计划，明确各单位工作任务和分工，协调推动有关部门、地方政府、相关行业组织共同开展质量品牌提升行动，统一组织、协调行动，形成合力，共同推进质量品牌提升。各专项行动小组要制定专项工作方案，细化具体措施，抓好任务落实。

（二）坚持市场主导与政府引导相结合。

充分发挥市场在资源配置中的决定性作用，强化企业质量主体责任，激发企业提升质量和培育品牌的内生动力。转变行政职能，依法加强管理和服务，综合运用各种质检手段推动质量品牌提升。

（三）坚持夯实质量基础与质量品牌升级相结合。

加强标准、计量、检验检测、认证认可等质量基础建设，改善质量发展的技术条件，为培育品牌奠定扎实基础。质量品牌提升要紧紧依托质量基础，运用质量技术手段改进产品质量，推动产品质量勇攀高峰。以品牌发展创造更高的技术需求，倒逼质量基础的技术进步，形成相互促进、交融发展的态势。

（四）坚持立足年度与注重实效相结合。

用一年时间集中开展质量品牌提升行动，综合运用各种质检手段，明确目标任务，开展试点示范，以点带面，协力推进，务求在以质量树品牌，以品牌促质量方面取得实实在在的成效。

三、年度目标

通过为期一年的集中行动，使消费品、进出口商品、服务业、地理标志产品等重点领域产品、服务质量得到显著提升。力争10类重点消费品产品质量国家监督抽查合格率达到90%以上；中国制造海外形象得到更好维护，推动示范区和质量技术促进委员会在技术贸易措施工作方面发挥更大作用；遴选一批服务质量标杆单位，组织一批服务质量升级试点，起草完成一批服务业质量规章、标准与规范，完成一批建设期满国家服务业标准化试点项目评估，研究立项一批服务业国家标准项目；全年新增保护地理标志产品120个，新核准专用标志使用企业600家，地理标志产品品牌价值50强，国家地理标志保护示范区5家。通过凝聚相关部门、地方及行业组织的力量，形成合力，推动企业进一步增强提升产品质量、树立品牌的意识，全社会质量品牌发展环境得到进一步改善，品牌建设工作得到进一步加强，人民群众对质量的“获得感”稳步提高。

四、工作任务

（一）开展重点领域质量品牌提升行动。

1. 开展消费品质量提升专项行动。加强消费品质量监督，以空气净化器、电饭煲、智能马桶盖、智能手机、儿童纸尿裤、儿童玩具、婴幼儿童装、厨具、床上用品、家具等10类消费品为重点，围绕消费者普遍关注、反映强烈、要求迫切的突出质量问题，集中力量加以解决，让消费者直观感受看得见摸得着的成效。开展消费品质量状况调查，了解掌握企业质量管理与经营状况。加快消费品标准升级，实施消费品安全标准“筑篱”专项行动，推动重点消费品质量安全标准与国际标准接轨。有计划地组织开展国内外重点消费品性能指标比对，加大消费品质量监督抽查和社会宣传力度，及时发布消费警示，加强消费引导。开展消费品生产企业帮扶行动，运用标准、计量、检测、认证等手段，帮助企业发现和解决产品质量提升的制约因素，监督企业持续有效运行管理体系，强化质量管理基础，促进企业提升质量保障能力，培育发展消费品品牌。创建质量提升示范项目，积极培育和创建一批消费品质量提升示范项目（区），促进区域产业提质增效和转型升级，带动消费品质量整体水平提升。推广实施企业产品与服务标准自我声明公开和监督制度。探索建立消费品质量惩罚性赔偿制度和质量安全追溯制度，加快质量诚信体系建设。强化电子商务产品质量监管，加大电子商务产品质量风险监测和监督抽查力度，完善电子商务产品质量信息公共服务平台，对质量违法失信行为实施精准打击。严厉打击消费品制假售假行为，加大消费品执法打假力度，严查彻办质量违法大案要案。推进消费品质量共治，广泛宣传消费品质量安全知识，激发公众质量安全意识。开展消费品质量安全社会共治行动，倡导行业自律。（牵头部门：监督司，配合部门：认监委、标准委，法规司、质量司、计量司、检验司、执法司、科技司）

2. 开展出口商品质量提升专项行动。树立“中国制造”质量标杆，增强“中国制造”的国际认同感。推进出口食品农产品质量安全示范区建设，提升出口食品农产品质量竞争力。重点抓好输非商品、输中东商品、跨境电商产品质量提升。发挥技术性贸易措施的倒逼作用，促进我国企业按照更高的技术标准提升出口商品质量。鼓励地方更好地为出口企业提供标准化、计量、产品检测、认证认可、品牌建设等全方位服务。加强出口食品农产品质量安全监管。加强大宗农产品的检验检疫监管，发挥调控作用，推动外贸从“大进大出”向“优进优出”转变。抓好示范区和示范企业的建设和管理。持续推进出口工业产品质量安全示范区建设，在产业集聚地区实现检验监管手段的措施集成和互联互通；加强与相关部门在示范区平台上合作推动创建外贸竞争新优势。（牵头部门：检验司，配合部门：认监委、动植司、食品局、国际司）

3. 开展服务业质量提升专项行动。以优质服务为主线，以质量监测为基础，以标准规范为手段，以产业升级为目标，推进服务业质量治理体系建设，助推现代服务业加快发展。健全服务业标准体系，开展国家级服务业标准化试点。启动优质服务承诺标志与管理制度研究与探索，规范服务业质量评价，健全市场服务质量信号体系，营造优质优价、优胜劣汰的市场环境。实施服务标杆引领计划，联合国家旅游局、国家邮政局等部门开展旅游、快递物流等重点服务行业质量提升活动，以认证手段推进中医药和知识产权管理健康发展。综合运用各项质检职能，促进服务业质量标准化、规范化、品牌化发展。对加油站、旅游、保险、快递等重点领域组织实施服务质量监测，探索对专业技术服务业实施服务质量监测，引导各行业增强质量意识、提升服务水平。深化开展电梯维保标准自我声明和服务质量公开承诺活动。强化公共服务质量民意调查，组织开展首次京津冀地区和第二轮华东地区城市公共服务质量数据分析论证，力争下半年覆盖京津冀、长三角和珠三角三大城市群，引导城市提升公共服务质量水平。推动服务认证创新发展，与中医药局联合建立养生保健服务认证制度，促进养生保健服务业质量提升。与知识产权局联合制定《知识产权认证管理办法》，推动知识产权相关认证工作，以认证手段推动企业知识产权的创造、运用、保护和管理能力提升。探索建立完善服务业诚信计量监督管理制度，参照《服务业诚信计量监督管理制度建设指南》，对服务业经营者进行分类监管。在家用汽车等领域试点开展消费品售后服务标准自我声明公开活动，发动行业组织、消费者、新闻媒体对汽车售后服务标准自我声明公开情况实施监督，树立行业标杆典型，引领行业质量水平提升。进一步加强跨境物流检验检疫监管，防止疫病疫情传入、外来有害生物入侵和物种资源流失，保护国门生物安全。（牵头部门：质量司，配合部门：认监委、标准委、法规司、计量司、卫生司、动植司、特设局，信息中心、中国标准化研究院、全国组织机构代码中心、中国物品编码中心、中国防伪行业协会）

4. 国家地理标志产品保护质量提升专项行动。统筹推进地理标志产品保护评定和制度建设，组织开展地理标志产品监督检查，出台《国外地理标志产品保护办法》。研究制定并试点试行地理标志产品专用标志自我声明制度。支持西藏及四省藏区、新疆及其他贫困地区地理标志产品保护。开展国家地理标志产品保护示范区建设。推进地理标志产品区域品牌建设，研究制定地理标志品牌评价标准，组织开展地理标志品牌评价和宣传。加强地理标志保护国际合作，助推中国地理标志产品“走出去”。（牵头部门：科技司，配合部门：法规司、质量司、标准委、动植司、执法司、国际司、信息中心）

（二）做好质量品牌提升支撑工作。

5. 发挥企业产品与服务标准自我声明和质量技术基础（NQI）平台支撑作用。深入推进企业产品与服务标准自我声明公开制度建设。继续在旅游服务、电梯维保、净水器等13个行业深入开展标准自我声明公开，规范公开内容，开展公开标准的第三方评价，完善监督制度。组织生产企业开展标准自我声明公开，探索开展企业标准“排行榜”制度。部署计量—标准—认证认可—检验检测链条化技术解决方案及示范应用研究，服务产业转型升级。结合国家重大战略部署和地区发展规划，推动建设一批标准、计量、认证认可、检验检测等质量技术基础“一站式”服务示范点。建立品牌价值评价标准体系。建立一批重点领域急需的国家计量基标准和新领域计量标准，加快研制打造产品品牌所急需的国家标准样品或物质。围绕消费品、出口商品等重点行业，完善工业产品质量控制和技术评价体系，加强检验检测能力建设，建立专业检测技术联盟、计量校准和检验检测公共技术服务平台，推进公共检验检测服务平台示范区建设，为企业产品质量提升和品牌建设提供技术支持。深度参与计量、认证认可国际标准规则制定和互认体系建设，全方位提升我国计量、认证认可的国际影响力，帮助我国产品、技术、装备和服务“走出去”。贯彻“双随机、一公开”要求，开展质量管理体系认证活动专项监督检查工作，进一步促进认证工作质量提升。（牵头部门：标准委、质量司、科技司，配合部门：认监委、计量司、食品局、检验司、监督司、执法司、特设局）

6. 加强品牌建设。支持各地建立品牌建设促进委员会，加强品牌战略研究。加大消费品、出口商品、服务业品牌培育力度，推动完善政府质量奖配套激励措施。统筹推进地理标志、生态原产地等各类产品保护评定和制度建设。加大品牌宣传力度，宣传中国质量奖和提名奖，组织好中国品牌价值评价发布和特色品牌展示活动。加大品牌保护力度，充分运用全国“双打办”平台开展保护知名品牌行动，联合有关部门保护知名品牌，发布2016年品牌价值评价结果，加强对中国品牌、中国质量的正面宣传。推进品牌评价与国际接轨，培育建设一批具有国际影响力的品牌评价机构。指导企业加强品牌建设，加大对主动召回缺陷产品的企业正面宣传力度，实施质量升级计划。鼓励企业加大对员工的质量培训教育，培育精益求精的工匠精神。以“浙江制造”和四川“质量对标提升行动”为试点，探索开展品牌建设。（牵头部门：质量司，配合部门：认监委、标准委、动植司、监督司、执法司、科技司、标准院）

7. 开展质量品牌执法打假。围绕10类重点消费品，以狠抓大案要案查办为重点，深入开展“质检利剑”打假专项行动。以“两升两降”（取证率和产品合格率明显上升、投诉举报数和案件发生数下降）为基本目标，推进重点地区区域性质量问题集中整治。围绕健全电子商务产品质量执法打假全国协查机制和打假维权协作网，组织开展全国性的电子商务执法打假集中行动，构建社会积极参与的执法打假工作平台。完善缺陷产品召回监管体系，加大召回监管执法力度，监督和督促企业履行召回法定义务。推动建立产品质量安全惩罚性赔偿制度。加强进出口食品农产品、电子商务产品质量安全风险监测、监督抽查和联动处置，保持质量安全监管的高压态势。（牵头部门：执法司，配合部门：办公厅、质量司、卫生司、动植司、检验司、监督司）

8. 整合各类质量安全示范区。统一规范质检系统命名的各类质量安全示范区。梳理总结总局各类示范区的底数情况，形成报告。在征求各司局意见基础上，研究制定整合方案。建立起业务部门分类指导，会议集中审批，总局统一命名授牌的质量品牌示范区建设机制，形成统一规范的制度，凝聚合力，放大质量安全示范区的品牌效应。（牵头部门：办公厅、法规司，配合部门：质量司、通关司、认监委、动植司、检验司、食品局、监督司、执法司、科技司）

9. 开展质量品牌提升行动舆论宣传。通过中央主流媒体、质检两报、新媒体等大力宣传质量品牌提升行动，跟踪报道各专项行动小组活动开展情况，取得的成效、经验，扩大质量提升和品牌建设的社会影响，引导群众关注质量，关注品牌，树立正确的消费观念和品牌意识，提振消费者对中国品牌的消费信心，为质量品牌提升行动创造良好社会舆论氛围。（牵头部门：办公厅，配合部门：质量司、检验司、监督司、执法司、信息中心、报刊社）

（三）强化质量品牌提升行动的统筹与研究。

10. 加强统筹协调与研究。领导小组办公室要加强统筹协调，牵头做好质量品牌提升行动总体方案。并会同各专项行动小组牵头单位，按照总体方案框架，制定专项行动的细化方案和具体措施，确保各专项小组工作方案目标一致，相互衔接。在行动实施过程中，各单位要相互配合，协调行动，用好各种手段，打好“组合拳”，合力推进。同时，要注重工作研究，根据党中央、国务院的新精神、新要求，不断调整完善质量品牌提升的工作措施。在推进年度工作的同时，加强对质量品牌提升行动的长远谋划，制定质量品牌提升的中长期方案，盯住目标，持续用力，确保质量品牌提升行动取得实实在在的成效，形成长效机制。（牵头部门：质量司，配合部门：认监委、标准委、计量司、动植司、检验司、监督司、执法司、科技司）

五、职责分工

建立以总局领导和两委、有关司局负责人组成的质量品牌提升行动工作领导小组，领导小组下设办公室、专家咨询小组和若干专项行动小组（名单另发）。有关职责分工如下：

（一）领导小组。负责制定工作的总体目标和任务，研究部署重大事项，协调解决工作推进过程中的重大问题，督导各单位任务完成情况。领导小组下设办公室（设在质量司），负责日常工作的组织协调。

（二）专项行动小组。负责专项行动的方案制订和计划安排，具体行动分工协调，工作措施细化落实，工作进度督促检查。

（三）专家咨询小组。组织理论水平高、实践经验丰富、熟悉质检业务工作的领导、专家组成专家咨询小组，对质量品牌提升行动计划、工作安排、具体举措等进行咨询评估，提出意见和建议，确保项目达到预期效果。

六、进度安排

质量品牌提升行动总体上分三个阶段实施：

（一）研究部署阶段（2016 年 2 月至 2016 年 3 月）。2 月底前制定《质量品牌提升行动计划（2016）》，组建领导小组和工作机构，确定管理机制，明确工作目标和工作任务。3 月底前完善总体工作方案和专项行动具体措施，做好动员部署，完成前期准备工作。

（二）组织实施阶段（2016 年 4 月至 2016 年 11 月）。全面组织开展质量品牌提升行动，各专项行动小组按照任务分工开展行动，强化协作，稳步推进，努力做到有力度、有成效、有声势。对行动中发现的问题，及时协调处理，完善工作措施，确保行动按进度安排顺利开展。

（三）总结提高阶段（2016 年 12 月）。总结行动成效，提炼可复制、可推广的做法和经验，形成质量品牌提升长效机制。

七、工作要求

（一）细化措施，狠抓落实。各部门要高度重视质量品牌提升行动，精心组织，周密安排，结合实际研究制定工作方案，细化工作措施，抓好组织落实。要强化责任，对质量品牌提升行动的目标任务进行科学分解，落实责任部门和责任人。各部门主要负责同志要切实负起领导责任，亲自抓好部署、协调和落实，以务实的举措把质量品牌提升行动推向纵深。

（二）统筹协调，合力推进。各部门要牢固树立大局意识和全局观念，要根据职责分工，抓好本领域工作的统筹，确保各项措施协同配套、整体推进。各部门之间要加强沟通协调和支持保障，协调解决好跨部门跨领域的问题，要会同地方政府，发动行业协会，发挥企业主体作用，动员社会各方面力量，形成工作合力，确保各项措施整体推进。

（三）加强督查，确保实效。领导小组每月召开一次全体会议或专题会议，听取工作进展汇报，按总局安排定期向局长办公会议汇报工作开展情况。行动方案各项工作任务列入总局办公厅督查台账，由办公厅督查室跟踪督办。工作任务量化指标纳入牵头部门和责任部门年度绩效考核。各部门要主动作为，强化责任、强力推动，确保各项措施落地生效。

（四）建章立制，注重长效。要及时总结质量品牌提升工作成效，发掘和推广典型经验，加大宣传力度，加强舆论引导，及时发布权威信息，加强行动举措的解读宣传，为开展好质量品牌提升行动营造良好氛围。要认真查找工作中存在的问题和不足，不断改进工作模式和方法，修订完善规章制度，推动建立质量品牌提升的长效工作机制。

食品药品

法　律

中华人民共和国中医药法

（2016 年 12 月 25 日第十二届全国人民代表大会常务委员会第二十五次会议通过　2016 年 12 月 25 日主席令第 59 号公布　自 2017 年 7 月 1 日起施行）

目　录

第一章　总　则

第一条　为了继承和弘扬中医药，保障和促进中医药事业发展，保护人民健康，制定本法。

第二条　本法所称中医药，是包括汉族和少数民族医药在内的我国各民族医药的统称，是反映中华民族对生命、健康和疾病的认识，具有悠久历史传统和独特理论及技术方法的医药学体系。

第三条　中医药事业是我国医药卫生事业的重要组成部分。国家大力发展中医药事业，实行中西医并重的方针，建立符合中医药特点的管理制度，充分发挥中医药在我国医药卫生事业中的作用。

发展中医药事业应当遵循中医药发展规律，坚持继承和创新相结合，保持和发挥中医药特色和优势，运用现代科学技术，促进中医药理论和实践的发展。

国家鼓励中医西医相互学习，相互补充，协调发展，发挥各自优势，促进中西医结合。

第四条　县级以上人民政府应当将中医药事业纳入国民经济和社会发展规划，建立健全中医药管理体系，统筹推进中医药事业发展。

第五条　国务院中医药主管部门负责全国的中医药管理工作。国务院其他有关部门在各自职责范围内负责与中医药管理有关的工作。

县级以上地方人民政府中医药主管部门负责本行政区域的中医药管理工作。县级以上地方人民政府其他有关部门在各自职责范围内负责与中医药管理有关的工作。

第六条　国家加强中医药服务体系建设，合理规划和配置中医药服务资源，为公民获得中医药服务提供保障。

国家支持社会力量投资中医药事业，支持组织和个人捐赠、资助中医药事业。

第七条　国家发展中医药教育，建立适应中医药事业发展需要、规模适宜、结构合理、形式多样的中医药教育体系，培养中医药人才。

第八条　国家支持中医药科学研究和技术开发，鼓励中医药科学技术创新，推广应用中医药科学技术成果，保护中医药知识产权，提高中医药科学技术水平。

第九条　国家支持中医药对外交流与合作，促进中医药的国际传播和应用。

第十条　对在中医药事业中做出突出贡献的组织和个人，按照国家有关规定给予表彰、奖励。

第二章　中医药服务

第十一条　县级以上人民政府应当将中医医疗机构建设纳入医疗机构设置规划，举办规模适宜的中医医疗机构，扶持有中医药特色和优势的医疗机构发展。

合并、撤销政府举办的中医医疗机构或者改变其中医医疗性质，应当征求上一级人民政府中医药主管部门的意见。

第十二条　政府举办的综合医院、妇幼保健机构和有条件的专科医院、社区卫生服务中心、乡镇卫生院，应当设置中医药科室。

县级以上人民政府应当采取措施，增强社区卫生服务站和村卫生室提供中医药服务的能力。

第十三条　国家支持社会力量举办中医医疗机构。

社会力量举办的中医医疗机构在准入、执业、基本医疗保险、科研教学、医务人员职称评定等方面享有与政府举办的中医医疗机构同等的权利。

第十四条　举办中医医疗机构应当按照国家有关医疗机构管理的规定办理审批手续，并遵守医疗机构管理的有关规定。

举办中医诊所的，将诊所的名称、地址、诊疗范围、人员配备情况等报所在地县级人民政府中医药主管部门备案后即可开展执业活动。中医诊所应当将本诊所的诊疗范围、中医医师的姓名及其执业范围在诊所的明显位置公示，不得超出备案范围开展医疗活动。具体办法由国务院中医药主管部门拟订，报国务院卫生行政部门审核、发布。

第十五条　从事中医医疗活动的人员应当依照《中华人民共和国执业医师法》的规定，通过中医医师资格考试取得中医医师资格，并进行执业注册。中医医师资格考试的内容应当体现中医药特点。

以师承方式学习中医或者经多年实践，医术确有专长的人员，由至少两名中医医师推荐，经省、自治区、直辖市人民政府中医药主管部门组织实践技能和效果考核合格后，即可取得中医医师资格；按照考核内容进行执业注册后，即可在注册的执业范围内，以个人开业的方式或者在医疗机构内从事中医医疗活动。国务院中医药主管部门应当根据中医药技术方法的安全风险拟订本款规定人员的分类考核办法，报国务院卫生行政部门审核、发布。

第十六条 中医医疗机构配备医务人员应当以中医药专业技术人员为主，主要提供中医药服务；经考试取得医师资格的中医医师按照国家有关规定，经培训、考核合格后，可以在执业活动中采用与其专业相关的现代科学技术方法。在医疗活动中采用现代科学技术方法的，应当有利于保持和发挥中医药特色和优势。

社区卫生服务中心、乡镇卫生院、社区卫生服务站以及有条件的村卫生室应当合理配备中医药专业技术人员，并运用和推广适宜的中医药技术方法。

第十七条 开展中医药服务，应当以中医药理论为指导，运用中医药技术方法，并符合国务院中医药主管部门制定的中医药服务基本要求。

第十八条 县级以上人民政府应当发展中医药预防、保健服务，并按照国家有关规定将其纳入基本公共卫生服务项目统筹实施。

县级以上人民政府应当发挥中医药在突发公共卫生事件应急工作中的作用，加强中医药应急物资、设备、设施、技术与人才资源储备。

医疗卫生机构应当在疾病预防与控制中积极运用中医药理论和技术方法。

第十九条 医疗机构发布中医医疗广告，应当经所在地省、自治区、直辖市人民政府中医药主管部门审查批准；未经审查批准，不得发布。发布的中医医疗广告内容应当与经审查批准的内容相符合，并符合《中华人民共和国广告法》的有关规定。

第二十条 县级以上人民政府中医药主管部门应当加强对中医药服务的监督检查，并将下列事项作为监督检查的重点：

（一）中医医疗机构、中医医师是否超出规定的范围开展医疗活动；

（二）开展中医药服务是否符合国务院中医药主管部门制定的中医药服务基本要求；

（三）中医医疗广告发布行为是否符合本法的规定。

中医药主管部门依法开展监督检查，有关单位和个人应当予以配合，不得拒绝或者阻挠。

第三章　中药保护与发展

第二十一条 国家制定中药材种植养殖、采集、贮存和初加工的技术规范、标准，加强对中药材生产流通全过程的质量监督管理，保障中药材质量安全。

第二十二条 国家鼓励发展中药材规范化种植养殖，严格管理农药、肥料等农业投入品的使用，禁止在中药材种植过程中使用剧毒、高毒农药，支持中药材良种繁育，提高中药材质量。

第二十三条 国家建立道地中药材评价体系，支持道地中药材品种选育，扶持道地中药材生产基地建设，加强道地中药材生产基地生态环境保护，鼓励采取地理标志产品保护等措施保护道地中药材。

前款所称道地中药材，是指经过中医临床长期应用优选出来的，产在特定地域，与其他地区所产同种中药材相比，品质和疗效更好，且质量稳定，具有较高知名度的中药材。

第二十四条 国务院药品监督管理部门应当组织并加强对中药材质量的监测，定期向社会公布监测结果。国务院有关部门应当协助做好中药材质量监测有关工作。

采集、贮存中药材以及对中药材进行初加工，应当符合国家有关技术规范、标准和管理规定。

国家鼓励发展中药材现代流通体系，提高中药材包装、仓储等技术水平，建立中药材流通追溯体系。药品生产企业购进中药材应当建立进货查验记录制度。中药材经营者应当建立进货查验和购销记录制度，并标明中药材产地。

第二十五条 国家保护药用野生动植物资源，对药用野生动植物资源实行动态监测和定期普查，建立药用野生动植物资源种质基因库，鼓励发展人工种植养殖，支持依法开展珍贵、濒危药用野生动植物的保护、繁育及其相关研究。

第二十六条 在村医疗机构执业的中医医师、具备中药材知识和识别能力的乡村医生，按照国家有关规定可以自种、自采地产中药材并在其执业活动中使用。

第二十七条 国家保护中药饮片传统炮制技术和工艺，支持应用传统工艺炮制中药饮片，鼓励运用现代科学技术开展中药饮片炮制技术研究。

第二十八条 对市场上没有供应的中药饮片，医疗机构可以根据本医疗机构医师处方的需要，在本医疗机构内炮制、使用。医疗机构应当遵守中药饮片炮制的有关规定，对其炮制的中药饮片的质量负责，保证药品安全。医疗机构炮制中药饮片，应当向所在地设区的市级人民政府药品监督管理部门备案。

根据临床用药需要，医疗机构可以凭本医疗机构医师的处方对中药饮片进行再加工。

第二十九条 国家鼓励和支持中药新药的研制和生产。

国家保护传统中药加工技术和工艺，支持传统剂型中成药的生产，鼓励运用现代科学技术研究开发传统中成药。

第三十条 生产符合国家规定条件的来源于古代经典名方的中药复方制剂，在申请药品批准文号时，可以仅提供非临床安全性研究资料。具体管理办法由国务院药品监督管理部门会同中医药主管部门制定。

前款所称古代经典名方，是指至今仍广泛应用、疗效确切、具有明显特色与优势的古代中医典籍所记载的方剂。具体目录由国务院中医药主管部门会同药品监督管理部门制定。

第三十一条 国家鼓励医疗机构根据本医疗机构临床用药需要配制和使用中药制剂，支持应用传统工艺配制中药制剂，支持以中药制剂为基础研制中药新药。

医疗机构配制中药制剂，应当依照《中华人民共和国药品管理法》的规定取得医疗机构制剂许可证，或者委托取得药品生产许可证的药品生产企业、取得医疗机构制剂许可证的其他医疗机构配制中药制剂。委托配制中药制剂，应当向委托方所在地省、自治区、直辖市人民政府药品监督管理部门备案。

医疗机构对其配制的中药制剂的质量负责；委托配制中药制剂的，委托方和受托方对所配制的中药制剂的质量分别承担相应责任。

第三十二条 医疗机构配制的中药制剂品种，应当依法取得制剂批准文号。但是，仅应用传统工艺配制的中药制剂品种，向医疗机构所在地省、自治区、直辖市人民政府药品监督管理部门备案后即可配制，不需要取得制剂批准文号。

医疗机构应当加强对备案的中药制剂品种的不良反应监测，并按照国家有关规定进行报告。药品监督管理部门应当加强对备案的中药制剂品种配制、使用的监督检查。

第四章 中医药人才培养

第三十三条 中医药教育应当遵循中医药人才成长规律，以中医药内容为主，体现中医药文化特色，注重中医药经典理论和中医药临床实践、现代教育方式和传统教育方式相结合。

第三十四条 国家完善中医药学校教育体系，支持专门实施中医药教育的高等学校、中等职业学校和其他教育机构的发展。

中医药学校教育的培养目标、修业年限、教学形式、教学内容、教学评价及学术水平评价标准等，应当体现中医药学科特色，符合中医药学科发展规律。

第三十五条 国家发展中医药师承教育，支持有丰富临床经验和技术专长的中医医师、中药专业技术人员在执业、业务活动中带徒授业，传授中医药理论和技术方法，培养中医药专业技术人员。

第三十六条 国家加强对中医医师和城乡基层中医药专业技术人员的培养和培训。

国家发展中西医结合教育，培养高层次的中西医结合人才。

第三十七条 县级以上地方人民政府中医药主管部门应当组织开展中医药继续教育，加强对医务人员，特别是城乡基层医务人员中医药基本知识和技能的培训。

中医药专业技术人员应当按照规定参加继续教育，所在机构应当为其接受继续教育创造条件。

第五章 中医药科学研究

第三十八条 国家鼓励科研机构、高等学校、医疗机构和药品生产企业等，运用现代科学技术和传统中医药研究方法，开展中医药科学研究，加强中西医结合研究，促进中医药理论和技术方法的继承和创新。

第三十九条 国家采取措施支持对中医药古籍文献、著名中医药专家的学术思想和诊疗经验以及民间中医药技术方法的整理、研究和利用。

国家鼓励组织和个人捐献有科学研究和临床应用价值的中医药文献、秘方、验方、诊疗方法和技术。

第四十条 国家建立和完善符合中医药特点的科学技术创新体系、评价体系和管理体制，推动中医药科学技术进步与创新。

第四十一条 国家采取措施，加强对中医药基础理论和辨证论治方法，常见病、多发病、慢性病和重大疑难疾病、重大传染病的中医药防治，以及其他对中医药理论和实践发展有重大促进作用的项目的科学研究。

第六章 中医药传承与文化传播

第四十二条 对具有重要学术价值的中医药理论和技术方法，省级以上人民政府中医药主管部门应当组织遴选本行政区域内的中医药学术传承项目和传承人，并为传承活动提供必要的条件。传承人应当开展传承活动，培养后继人才，收集整理并妥善保存相关的学术资料。属于非物质文化遗产代表性项目的，依照《中华人民共和国非物质文化遗产法》的有关规定开展传承活动。

第四十三条 国家建立中医药传统知识保护数据库、保护名录和保护制度。

中医药传统知识持有人对其持有的中医药传统知识享有传承使用的权利，对他人获取、利用其持有的中医药传统知识享有知情同意和利益分享等权利。

国家对经依法认定属于国家秘密的传统中药处方组成和生产工艺实行特殊保护。

第四十四条 国家发展中医养生保健服务，支持社会力量举办规范的中医养生保健机构。中医养生保健服务规范、标准由国务院中医药主管部门制定。

第四十五条 县级以上人民政府应当加强中医药文化宣传，普及中医药知识，鼓励组织和个人创作中医药文化和科普作品。

第四十六条 开展中医药文化宣传和知识普及活动，应当遵守国家有关规定。任何组织或者个人不得对中医药作虚假、夸大宣传，不得冒用中医药名义牟取不正当利益。

广播、电视、报刊、互联网等媒体开展中医药知识宣传，应当聘请中医药专业技术人员进行。

第七章 保障措施

第四十七条 县级以上人民政府应当为中医药事业发展提供政策支持和条件保障，将中医药事业发展经费纳入本级财政预算。

县级以上人民政府及其有关部门制定基本医疗保险支付政策、药物政策等医药卫生政策，应当有中医药主管部门参加，注重发挥中医药的优势，支持提供和利用中医药服务。

第四十八条 县级以上人民政府及其有关部门应当按照法定价格管理权限，合理确定中医医疗服务的收费项目和标准，体现中医医疗服务成本和专业技术价值。

第四十九条 县级以上地方人民政府有关部门应当按照国家规定，将符合条件的中医医疗机构纳入基本医疗保险定点医疗机构范围，将符合条件的中医诊疗项目、中药饮片、中成药和医疗机构中药制剂纳入基本医疗保险基金支付范围。

第五十条 国家加强中医药标准体系建设，根据中医药特点对需要统一的技术要求制定标准并及时修订。

中医药国家标准、行业标准由国务院有关部门依据职责制定或者修订，并在其网站上公布，供公众免费查阅。

国家推动建立中医药国际标准体系。

第五十一条 开展法律、行政法规规定的与中医药有关的评审、评估、鉴定活动，应当成立中医药评审、评估、鉴定的专门组织，或者有中医药专家参加。

第五十二条 国家采取措施，加大对少数民族医药传承创新、应用发展和人才培养的扶持力度，加强少数民族医疗机构和医师队伍建设，促进和规范少数民族医药事业发展。

第八章 法律责任

第五十三条 县级以上人民政府中医药主管部门及其他有关部门未履行本法规定的职责的，由本级人民政府或者上级人民政府有关部门责令改正；情节严重的，对直接负责的主管人员和其他直接责任人员，依法给予处分。

第五十四条 违反本法规定，中医诊所超出备案范围开展医疗活动的，由所在地县级人民政府中医药主管部门责令改正，没收违法所得，并处一万元以上三万元以下罚款；情节严重的，责令停止执业活动。

中医诊所被责令停止执业活动的，其直接负责的主管人员自处罚决定作出之日起五年内不得在医疗机构内从事管理工作。医疗机构聘用上述不得从事管理工作的人员从事管理工作的，由原发证部门吊销执业许可证或者由原备案部门责令停止执业活动。

第五十五条 违反本法规定，经考核取得医师资格的中医医师超出注册的执业范围从事医疗活动的，由县级以上人民政府中医药主管部门责令暂停六个月以上一年以下执业活动，并处一万元以上三万元以下罚款；情节严重的，吊销执业证书。

第五十六条 违反本法规定，举办中医诊所、炮制中药饮片、委托配制中药制剂应当备案而未备案，或者备案时提供虚假材料的，由中医药主管部门和药品监督管理部门按照各自职责分工责令改正，没收违法所得，并处三万元以下罚款，向社会公告相关信息；拒不改正的，责令停止执业活动或者责令停止炮制中药饮片、委托配制中药制剂活动，其直接责任人员五年内不得从事中医药相关活动。

医疗机构应用传统工艺配制中药制剂未依照本法规定备案，或者未按照备案材料载明的要求配制中药制剂的，按生产假药给予处罚。

第五十七条 违反本法规定，发布的中医医疗广告内容与经审查批准的内容不相符的，由原审查部门撤销该广告的审查批准文件，一年内不受理该医疗机构的广告审查申请。

违反本法规定，发布中医医疗广告有前款规定以外违法行为的，依照《中华人民共和国广告法》的规定给予处罚。

第五十八条 违反本法规定，在中药材种植过程中使用剧毒、高毒农药的，依照有关法律、法规规定给予处罚；情节严重的，可以由公安机关对其直接负责的主管人员和其他直接责任人员处五日以上十五日以下拘留。

第五十九条 违反本法规定，造成人身、财产损害的，依法承担民事责任；构成犯罪的，依法追究刑事责任。

第九章 附 则

第六十条 中医药的管理，本法未作规定的，适用《中华人民共和国执业医师法》、《中华人民共和国药品管理法》等相关法律、行政法规的规定。

军队的中医药管理，由军队卫生主管部门依照本法和军队有关规定组织实施。

第六十一条 民族自治地方可以根据《中华人民共和国民族区域自治法》和本法的有关规定，结合实际，制定促进和规范本地方少数民族医药事业发展的办法。

第六十二条 盲人按照国家有关规定取得盲人医疗按摩人员资格的，可以以个人开业的方式或者在医疗机构内提供医疗按摩服务。

第六十三条 本法自2017年7月1日起施行。

行政法规

中华人民共和国食品安全法实施条例

（2009年7月20日中华人民共和国国务院令第557号公布 根据2016年2月6日《国务院关于修改部分行政法规的决定》修订）

第一章 总 则

第一条 根据《中华人民共和国食品安全法》（以下简称食品安全法），制定本条例。

第二条 县级以上地方人民政府应当履行食品安全法规定的职责；加强食品安全监督管理能力建设，为食品安全监督管理工作提供保障；建立健全食品安全监督管理部门的协调配合机制，整合、完善食品安全信息网络，实现食品安全信息共享和食品检验等技术资源的共享。

第三条 食品生产经营者应当依照法律、法规和食品安全标准从事生产经营活动，建立健全食品安全管理制度，采取有效管理措施，保证食品安全。

食品生产经营者对其生产经营的食品安全负责，对社会和公众负责，承担社会责任。

第四条 食品安全监督管理部门应当依照食品安全法和本条例的规定公布食品安全信息，为公众咨询、投诉、举报提供方便；任何组织和个人有权向有关部门了解食品安全信息。

第二章 食品安全风险监测和评估

第五条 食品安全法第十一条规定的国家食品安全风险监测计划，由国务院卫生行政部门会同国务院质量监督、工商行政管理和国家食品药品监督管理以及国务院商务、工业和信息化等部门，根据食品安全风险评估、食品安全标准制定与修订、食品安全监督管理等工作的需要制定。

第六条 省、自治区、直辖市人民政府卫生行政部门应当组织同级质量监督、工商行政管理、食品药品监督管理、商务、工业和信息化等部门，依照食品安全法第十一条的规定，制定本行政区域的食品安全风险监测方案，报国务院卫生行政部门备案。

国务院卫生行政部门应当将备案情况向国务院质量监督、工商行政管理和国家食品药品监督管理以及国务院商务、工业和信息化等部门通报。

第七条 国务院卫生行政部门会同有关部门除依照食品安全法第十二条的规定对国家食品安全风险监测计划作出调整外，必要时，还应当依据医疗机构报告的有关疾病信息调整国家食品安全风险监测计划。

国家食品安全风险监测计划作出调整后，省、自治区、直辖市人民政府卫生行政部门应当结合本行政区域的具体情况，对本行政区域的食品安全风险监测方案作出相应调整。

第八条 医疗机构发现其接收的病人属于食源性疾病病人、食物中毒病人，或者疑似食源性疾病病人、疑似食物中毒病人的，应当及时向所在地县级人民政府卫生行政部门报告有关疾病信息。

接到报告的卫生行政部门应当汇总、分析有关疾病信息，及时向本级人民政府报告，同时报告上级卫生行政部门；必要时，可以直接向国务院卫生行政部门报告，同时报告本级人民政府和上级卫生行政部门。

第九条 食品安全风险监测工作由省级以上人民政府卫生行政部门会同同级质量监督、工商行政管理、食品药品监督管理等部门确定的技术机构承担。

承担食品安全风险监测工作的技术机构应当根据食品安全风险监测计划和监测方案开展监测工作，保证监测数据真实、准确，并按照食品安全风险监测计划和监测方案的要求，将监测数据和分析结果报送省级以上人民政府卫生行政部门和下达监测任务的部门。

食品安全风险监测工作人员采集样品、收集相关数据，可以进入相关食用农产品种植养殖、食品生产、食品流通或者餐饮服务场所。采集样品，应当按照市场价格支付费用。

第十条 食品安全风险监测分析结果表明可能存在食品安全隐患的，省、自治区、直辖市人民政府卫生行政部门应当及时将相关信息通报本行政区域设区的市级和县级人民政府及其卫生行政部门。

第十一条 国务院卫生行政部门应当收集、汇总食品安全风险监测数据和分析结果，并向国务院质量监督、工商行政管理和国家食品药品监督管理以及国务院商务、工业和信息化等部门通报。

第十二条 有下列情形之一的，国务院卫生行政部门应当组织食品安全风险评估工作：

（一）为制定或者修订食品安全国家标准提供科学依据需要进行风险评估的；

（二）为确定监督管理的重点领域、重点品种需要进行风险评估的；

（三）发现新的可能危害食品安全的因素的；

（四）需要判断某一因素是否构成食品安全隐患的；

（五）国务院卫生行政部门认为需要进行风险评估的其他情形。

第十三条 国务院农业行政、质量监督、工商行政管理和国家食品药品监督管理等有关部门依照食品安全法第十五条规定向国务院卫生行政部门提出食品安全风险评估建议，应当提供下列信息和资料：

（一）风险的来源和性质；

（二）相关检验数据和结论；

（三）风险涉及范围；

（四）其他有关信息和资料。

县级以上地方农业行政、质量监督、工商行政管理、食品药品监督管理等有关部门应当协助收集前款规定的食品安全风险评估信息和资料。

第十四条 省级以上人民政府卫生行政、农业行政部门应当及时相互通报食品安全风险监测和食用农产品质量安全风险监测的相关信息。

国务院卫生行政、农业行政部门应当及时相互通报食品安全风险评估结果和食用农产品质量安全风险评估结果等相关信息。

第三章 食品安全标准

第十五条 国务院卫生行政部门会同国务院农业行政、质量监督、工商行政管理和国家食品药品监督管理以及国务院商务、工业和信息化等部门制定食品安全国家标准规划及其实施计划。制定食品安全国家标准规划及其实施计划，应当公开征求意见。

第十六条 国务院卫生行政部门应当选择具备相应技术能力的单位起草食品安全国家标准草案。提倡由研究机构、教育机构、学术团体、行业协会等单位，共同起草食品安全国家标准草案。

国务院卫生行政部门应当将食品安全国家标准草案向社会公布，公开征求意见。

第十七条 食品安全法第二十三条规定的食品安全国家标准审评委员会由国务院卫生行政部门负责组织。

食品安全国家标准审评委员会负责审查食品安全国家标准草案的科学性和实用性等内容。

第十八条 省、自治区、直辖市人民政府卫生行政部门应当将企业依照食品安全法第二十五条规定报送备案的企业标准，向同级农业行政、质量监督、工商行政管理、食品药品监督管理、商务、工业和信息化等部门通报。

第十九条 国务院卫生行政部门和省、自治区、直辖市人民政府卫生行政部门应当会同同级农业行政、质量监督、工商行政管理、食品药品监督管理、商务、工业和信息化等部门，对食品安全国家标准和食品安全地方标准的执行情况分别进行跟踪评价，并应当根据评价结果适时组织修订食品安全标准。

国务院和省、自治区、直辖市人民政府的农业行政、质量监督、工商行政管理、食品药品监督管理、商务、工业和信息化等部门应当收集、汇总食品安全标准在执行过程中存在的问题，并及时向同级卫生行政部门通报。

食品生产经营者、食品行业协会发现食品安全标准在执行过程中存在问题的，应当立即向食品安全监督管理部门报告。

第四章 食品生产经营

第二十条 食品生产经营者应当依法取得相应的食品生产经营许可。法律、法规对食品生产加工小作坊和食品摊贩另有规定的，依照其规定。

食品生产经营许可的有效期为 3 年。

第二十一条 食品生产经营者的生产经营条件发生变化，不符合食品生产经营要求的，食品生产经营者应当立即采取整改措施；有发生食品安全事故的潜在风险的，应当立即停止食品生产经营活动，并向所在地县级质量监督、工商行政管理或者食品药品监督管理部门报告；需要重新办理许可手续的，应当依法办理。

县级以上质量监督、工商行政管理、食品药品监督管理部门应当加强对食品生产经营者生产经营活动的日常监督检查；发现不符合食品生产经营要求情形的，应当责令立即纠正，并依法予以处理；不再符合生产经营许可条件的，应当依法撤销相关许可。

第二十二条 食品生产经营企业应当依照食品安全法第三十二条的规定组织职工参加食品安全知识培训，学习食品安全法律、法规、规章、标准和其他食品安全知识，并建立培训档案。

第二十三条 食品生产经营者应当依照食品安全法第三十四条的规定建立并执行从业人员健康检查制度和健康档案制度。从事接触直接入口食品工作的人员患有痢疾、伤寒、甲型病毒性肝炎、戊型病毒性肝炎等消化道传染病，以及患有活动性肺结核、化脓性或者渗出性皮肤病等有碍食品安全的疾病的，食品生产经营者应当将其调整到其他不影响食品安全的工作岗位。

食品生产经营人员依照食品安全法第三十四条第二款规定进行健康检查，其检查项目等事项应当符合所在地省、自治区、直辖市的规定。

第二十四条 食品生产经营企业应当依照食品安全法第三十六条第二款、第三十七条第一款、第三十九条第二款的规定建立进货查验记录制度、食品出厂检验记录制度，如实记录法律规定记录的事项，或者保留载有相关信息的进货或者销售票据。记录、票据的保存期限不得少于2年。

第二十五条 实行集中统一采购原料的集团性食品生产企业，可以由企业总部统一查验供货者的许可证和产品合格证明文件，进行进货查验记录；对无法提供合格证明文件的食品原料，应当依照食品安全标准进行检验。

第二十六条 食品生产企业应当建立并执行原料验收、生产过程安全管理、贮存管理、设备管理、不合格产品管理等食品安全管理制度，不断完善食品安全保障体系，保证食品安全。

第二十七条 食品生产企业应当就下列事项制定并实施控制要求，保证出厂的食品符合食品安全标准：

（一）原料采购、原料验收、投料等原料控制；

（二）生产工序、设备、贮存、包装等生产关键环节控制；

（三）原料检验、半成品检验、成品出厂检验等检验控制；

（四）运输、交付控制。

食品生产过程中有不符合控制要求情形的，食品生产企业应当立即查明原因并采取整改措施。

第二十八条 食品生产企业除依照食品安全法第三十六条、第三十七条规定进行进货查验记录和食品出厂检验记录外，还应当如实记录食品生产过程的安全管理情况。记录的保存期限不得少于2年。

第二十九条 从事食品批发业务的经营企业销售食品，应当如实记录批发食品的名称、规格、数量、生产批号、保质期、购货者名称及联系方式、销售日期等内容，或者保留载有相关信息的销售票据。记录、票据的保存期限不得少于2年。

第三十条 国家鼓励食品生产经营者采用先进技术手段，记录食品安全法和本条例要求记录的事项。

第三十一条 餐饮服务提供者应当制定并实施原料采购控制要求，确保所购原料符合食品安全标准。

餐饮服务提供者在制作加工过程中应当检查待加工的食品及原料，发现有腐败变质或者其他感官性状异常的，不得加工或者使用。

第三十二条 餐饮服务提供企业应当定期维护食品加工、贮存、陈列等设施、设备；定期清洗、校验保温设施及冷藏、冷冻设施。

餐饮服务提供者应当按照要求对餐具、饮具进行清洗、消毒，不得使用未经清洗和消毒的餐具、饮具。

第三十三条 对依照食品安全法第五十三条规定被召回的食品，食品生产者应当进行无害化处理或者予以销毁，防止其再次流入市场。对因标签、标识或者说明书不符合食品安全标准而被召回的食品，食品生产者在采取补救措施且能保证食品安全的情况下可以继续销售；销售时应当向消费者明示补救措施。

县级以上质量监督、工商行政管理、食品药品监督管理部门应当将食品生产者召回不符合食品安全标准的食品的情况，以及食品经营者停止经营不符合食品安全标准的食品的情况，记入食品生产经营者食品安全信用档案。

第五章　食品检验

第三十四条 申请人依照食品安全法第六十条第三款规定向承担复检工作的食品检验机构（以下称复检机构）申请复检，应当说明理由。

复检机构名录由国务院认证认可监督管理、卫生行政、农业行政等部门共同公布。复检机构出具的复检结论为最终检验结论。

复检机构由复检申请人自行选择。复检机构与初检机构不得为同一机构。

第三十五条 食品生产经营者对依照食品安全法第六十条规定进行的抽样检验结论有异议申请复检，复检结论表明食品合格的，复检费用由抽样检验的部门承担；复检结论表明食品不合格的，复检费用由食品生产经营者承担。

第六章　食品进出口

第三十六条 进口食品的进口商应当持合同、发票、装箱单、提单等必要的凭证和相关批准文件，向海关报关地的出入境检验检疫机构报检。进口食品应当经出入境检验检疫机构检验合格。海关凭出入境检验检疫机构签发的通关证明放行。

第三十七条 进口尚无食品安全国家标准的食品，或者首次进口食品添加剂新品种、食品相关产品新品种，进口商应当向出入境检验检疫机构提交依照食品安全法第六十三条规定取得的许可证明文件，出入境检验检疫机构应当按照国务院卫生行政部门的要求进行检验。

第三十八条 国家出入境检验检疫部门在进口食品中发现食品安全国家标准未规定且可能危害人体健康的物质，应当按照食品安全法第十二条的规定向国务院卫生行政部门通报。

第三十九条 向我国境内出口食品的境外食品生产企业依照食品安全法第六十五条规定进行注册，其注册有效期为4年。已经注册的境外食品生产企业提供虚假材料，或者因境外食品生产企业的原因致使相关进口食品发生重大食品安全事故的，国家出入境检验检疫部门应当撤销注册，并予以公告。

第四十条 进口的食品添加剂应当有中文标签、中文说明书。标签、说明书应当符合食品安全法和我国其他有关法律、行政法规的规定以及食品安全国家标准的要求，载明食品添加剂的原产地和境内代理商的名称、地址、联系方式。食品添加剂没有中文标签、中文说明书或者标签、说明书不符合本条规定的，不得进口。

第四十一条 出入境检验检疫机构依照食品安全法第六十二条规定对进口食品实施检验，依照食品安全法第六十八条规定对出口食品实施监督、抽检，具体办法由国家出入境检验检疫部门制定。

第四十二条 国家出入境检验检疫部门应当建立信息收集网络，依照食品安全法第六十九条的规定，收集、汇总、通报下列信息：

（一）出入境检验检疫机构对进出口食品实施检验检疫发现的食品安全信息；

（二）行业协会、消费者反映的进口食品安全信息；

（三）国际组织、境外政府机构发布的食品安全信息、风险预警信息，以及境外行业协会等组织、消费者反映的食品安全信息；

（四）其他食品安全信息。

接到通报的部门必要时应当采取相应处理措施。

食品安全监督管理部门应当及时将获知的涉及进出口食品安全的信息向国家出入境检验检疫部门通报。

第七章　食品安全事故处置

第四十三条 发生食品安全事故的单位对导致或者可能导致食品安全事故的食品及原料、工具、设备等，应当立即采取封存等控制措施，并自事故发生之时起2小时内向所在地县级人民政府卫生行政部门报告。

第四十四条 调查食品安全事故，应当坚持实事求是、尊重科学的原则，及时、准确查清事故性质和原因，认定事故责任，提出整改措施。

参与食品安全事故调查的部门应当在卫生行政部门的统一组织协调下分工协作、相互配合，提高事故调查处理的工作效率。

食品安全事故的调查处理办法由国务院卫生行政部门会同国务院有关部门制定。

第四十五条 参与食品安全事故调查的部门有权向有关单位和个人了解与事故有关的情况，并要求提供相关资料和样品。

有关单位和个人应当配合食品安全事故调查处理工作，按照要求提供相关资料和样品，不得拒绝。

第四十六条 任何单位或者个人不得阻挠、干涉食品安全事故的调查处理。

第八章　监督管理

第四十七条 县级以上地方人民政府依照食品安全法第七十六条规定制定的食品安全年度监督管理计划，应当包含食品抽样检验的内容。对专供婴幼儿、老年人、病人等特定人群的主辅食品，应当重点加强抽样检验。

县级以上农业行政、质量监督、工商行政管理、食品药品监督管理部门应当按照食品安全年度监督管理计划进行抽样检验。抽样检验购买样品所需费用和检验费等，由同级财政列支。

第四十八条 县级人民政府应当统一组织、协调本级卫生行政、农业行政、质量监督、工商行政管理、食品药品监督管理部门，依法对本行政区域内的食品生产经营者进行监督管理；对发生食品安全事故风险较高的食品生产经营者，应当重点加强监督管理。

在国务院卫生行政部门公布食品安全风险警示信息，或者接到所在地省、自治区、直辖市人民政府卫生行政部门依照本条例第十条规定通报的食品安全风险监测信息后，设区的市级和县级人民政府应当立即组织本级卫生行政、农业行政、质量监督、工商行政管理、食品药品监督管理部门采取有针对性的措施，防止发生食品安全事故。

第四十九条 国务院卫生行政部门应当根据疾病信息和监督管理信息等，对发现的添加或者可能添加到食品中的非食品用化学物质和其他可能危害人体健康的物质的名录及检测方法予以公布；国务院质量监督、工商行政管理和国家食品药品监督管理部门应当采取相应的监督管理措施。

第五十条 质量监督、工商行政管理、食品药品监督管理部门在食品安全监督管理工作中可以采用国务院质量监督、工商行政管理和国家食品药品监督管理部门认定的快速检测方法对食品进行初步筛查；对初步筛查结果表明可能不符合食品安全标准的食品，应当依照食品安全法第六十条第三款的规定进行检验。初步筛查结果不得作为执法依据。

第五十一条 食品安全法第八十二条第二款规定的食品安全日常监督管理信息包括：

（一）依照食品安全法实施行政许可的情况；

（二）责令停止生产经营的食品、食品添加剂、食品相关产品的名录；

（三）查处食品生产经营违法行为的情况；

（四）专项检查整治工作情况；

（五）法律、行政法规规定的其他食品安全日常监督管理信息。

前款规定的信息涉及两个以上食品安全监督管理部门职责的，由相关部门联合公布。

第五十二条 食品安全监督管理部门依照食品安全法第八十二条规定公布信息，应当同时对有关食品可能产生的危害进行解释、说明。

第五十三条 卫生行政、农业行政、质量监督、工商行政管理、食品药品监督管理等部门应当公布本单位的电子邮件地址或者电话，接受咨询、投诉、举报；对接到的咨询、投诉、举报，应当依照食品安全法第八十条的规定进行答复、核实、处理，并对咨询、投诉、举报和答复、核实、处理的情况予以记录、保存。

第五十四条 国务院工业和信息化、商务等部门依据职责制定食品行业的发展规划和产业政策，采取措施推进产业结构优化，加强对食品行业诚信体系建设的指导，促进食品行业健康发展。

第九章 法律责任

第五十五条 食品生产经营者的生产经营条件发生变化，未依照本条例第二十一条规定处理的，由有关主管部门责令改正，给予警告；造成严重后果的，依照食品安全法第八十五条的规定给予处罚。

第五十六条 餐饮服务提供者未依照本条例第三十一条第一款规定制定、实施原料采购控制要求的，依照食品安全法第八十六条的规定给予处罚。

餐饮服务提供者未依照本条例第三十一条第二款规定检查待加工的食品及原料，或者发现有腐败变质或者其他感官性状异常仍加工、使用的，依照食品安全法第八十五条的规定给予处罚。

第五十七条 有下列情形之一的，依照食品安全法第八十七条的规定给予处罚：

（一）食品生产企业未依照本条例第二十六条规定建立、执行食品安全管理制度的；

（二）食品生产企业未依照本条例第二十七条规定制定、实施生产过程控制要求，或者食品生产过程中有不符合控制要求的情形未依照规定采取整改措施的；

（三）食品生产企业未依照本条例第二十八条规定记录食品生产过程的安全管理情况并保存相关记录的；

（四）从事食品批发业务的经营企业未依照本条例第二十九条规定记录、保存销售信息或者保留销售票据的；

（五）餐饮服务提供企业未依照本条例第三十二条第一款规定定期维护、清洗、校验设施、设备的；

（六）餐饮服务提供者未依照本条例第三十二条第二款规定对餐具、饮具进行清洗、消毒，或者使用未经清洗和消毒的餐具、饮具的。

第五十八条 进口不符合本条例第四十条规定的食品添加剂的，由出入境检验检疫机构没收违法进口的食品添加剂；违法进口的食品添加剂货值金额不足1万元的，并处2 000元以上5万元以下罚款；货值金额1万元以上的，并处货值金额2倍以上5倍以下罚款。

第五十九条 医疗机构未依照本条例第八条规定报告有关疾病信息的，由卫生行政部门责令改正，给予警告。

第六十条 发生食品安全事故的单位未依照本条例第四十三条规定采取措施并报告的，依照食品安全法第八十八条的规定给予处罚。

第六十一条 县级以上地方人民政府不履行食品安全监督管理法定职责，本行政区域出现重大食品安全事故、造成严重社会影响的，依法对直接负责的主管人员和其他直接责任人员给予记大过、降级、撤职或者开除的处分。

县级以上卫生行政、农业行政、质量监督、工商行政管理、食品药品监督管理部门或者其他有关行政部门不履行食品安全监督管理法定职责、日常监督检查不到位或者滥用职权、玩忽职守、徇私舞弊的，依法对直接负责的主管人员和其他直接责任人员给予记大过或者降级的处分；造成严重后果的，给予撤职或者开除的处分；其主要负责人应当引咎辞职。

第十章 附 则

第六十二条 本条例下列用语的含义：

食品安全风险评估，指对食品、食品添加剂中生物性、化学性和物理性危害对人体健康可能造成的不良影响所进行的科学评估，包括危害识别、危害特征描述、暴露评估、风险特征描述等。

餐饮服务，指通过即时制作加工、商业销售和服务性劳动等，向消费者提供食品和消费场所及设施的服务活动。

第六十三条 食用农产品质量安全风险监测和风险评估由县级以上人民政府农业行政部门依照《中华人民共和国农产品质量安全法》的规定进行。

国境口岸食品的监督管理由出入境检验检疫机构依照食品安全法和本条例以及有关法律、行政法规的规定实施。

食品药品监督管理部门对声称具有特定保健功能的食品实行严格监管，具体办法由国务院另行制定。

第六十四条 本条例自公布之日起施行。

粮食流通管理条例

（2004年5月26日中华人民共和国国务院令第407号公布　根据2013年7月18日《国务院关于废止和修改部分行政法规的决定》第一次修订　根据2016年2月6日《国务院关于修改部分行政法规的决定》第二次修订）

第一章 总 则

第一条 为了保护粮食生产者的积极性，促进粮食生产，维护经营者、消费者的合法权益，保障国家粮食安全，维护粮食流通秩序，根据有关法律，制定本条例。

第二条 在中华人民共和国境内从事粮食的收购、销售、储存、运输、加工、进出口等经营活动（以下统称粮食经营活动），应当遵守本条例。

前款所称粮食，是指小麦、稻谷、玉米、杂粮及其成品粮。

第三条 国家鼓励多种所有制市场主体从事粮食经营活动，促进公平竞争。依法从事的粮食经营活动受国家法律保护。严禁以非法手段阻碍粮食自由流通。

国有粮食购销企业应当转变经营机制，提高市场竞争能力，在粮食流通中发挥主渠道作用，带头执行国家粮食政策。

第四条 粮食价格主要由市场供求形成。

国家加强粮食流通管理，增强对粮食市场的调控能力。

第五条 粮食经营活动应当遵循自愿、公平、诚实信用的原则，不得损害粮食生产者、消费者的合法权益，不得损害国家利益和社会公共利益。

第六条 国务院发展改革部门及国家粮食行政管理部门负责全国粮食的总量平衡、宏观调控和重要粮食品种的结构调整以及粮食流通的中长期规划；国家粮食行政管理部门负责粮食流通的行政管理、行业指导，监督有关粮食流通的法律、法规、政策及各项规章制度的执行。

国务院工商行政管理、产品质量监督、卫生、价格等部门在各自的职责范围内负责与粮食流通有关的工作。

省、自治区、直辖市人民政府在国家宏观调控下，按照粮食省长负责制的要求，负责本地区粮食的总量平衡和地方储备粮的管理。县级以上地方人民政府粮食行政管理部门负责本地区粮食流通的行政管理、行业指导；县级以上地方人民政府工商行政管理、产品质量监督、卫生、价格等部门在各自的职责范围内负责与粮食流通有关的工作。

第二章 粮食经营

第七条 粮食经营者，是指从事粮食收购、销售、储存、运输、加工、进出口等经营活动的法人、其他经济组织和个体工商户。

第八条 从事粮食收购活动的经营者，应当具备下列条件：

（一）具备经营资金筹措能力；

（二）拥有或者通过租借具有必要的粮食仓储设施；

（三）具备相应的粮食质量检验和保管能力。

前款规定的具体条件，由省、自治区、直辖市人民政府规定、公布。

第九条 依照《中华人民共和国公司登记管理条例》等规定办理登记的经营者，取得粮食收购资格后，方可从事粮食收购活动。

申请从事粮食收购活动，应当向办理工商登记的部门同级的粮食行政管理部门提交书面申请，并提供资金、仓储设施、质量检验和保管能力等证明材料。粮食行政管理部门应当自受理之日起15个工作日内完成审核，对符合本条例第八条规定具体条件的申请者作出许可决定并公示。

第十条 依法从事粮食收购活动的粮食经营者（以下简称粮食收购者），应当告知售粮者或者在收购场所公示粮食的品种、质量标准和收购价格。

第十一条 粮食收购者收购粮食，应当执行国家粮食质量标准，按质论价，不得损害农民和其他粮食生产者的利益；应当及时向售粮者支付售粮款，不得拖欠；不得接受任何组织或者个人的委托代扣、代缴任何税、费和其他款项。

第十二条 粮食收购者应当向收购地的县级人民政府

粮食行政管理部门定期报告粮食收购数量等有关情况。

跨省收购粮食，应当向收购地和粮食收购者所在地的县级人民政府粮食行政管理部门定期报告粮食收购数量等有关情况。

第十三条 从事粮食销售、储存、运输、加工、进出口等经营活动的粮食经营者应当在工商行政管理部门登记。

第十四条 粮食经营者使用的粮食仓储设施，应当符合粮食储存有关标准和技术规范的要求。粮食不得与可能对粮食产生污染的有害物质混存，储存粮食不得使用国家禁止使用的化学药剂或者超量使用化学药剂。

第十五条 运输粮食应当严格执行国家粮食运输的技术规范，不得使用被污染的运输工具或者包装材料运输粮食。

第十六条 从事食用粮食加工的经营者，应当具有保证粮食质量和卫生必备的加工条件，不得有下列行为：

（一）使用发霉变质的原粮、副产品进行加工；

（二）违反规定使用添加剂；

（三）使用不符合质量、卫生标准的包装材料；

（四）影响粮食质量、卫生的其他行为。

第十七条 销售粮食应当严格执行国家有关粮食质量、卫生标准，不得短斤少两、掺杂使假、以次充好，不得囤积居奇、垄断或者操纵粮食价格、欺行霸市。

第十八条 建立粮食销售出库质量检验制度。粮食储存企业对超过正常储存年限的陈粮，在出库前应当经过粮食质量检验机构进行质量鉴定，凡已陈化变质、不符合食用卫生标准的粮食，严禁流入口粮市场。陈化粮判定标准，由国家粮食行政管理部门会同有关部门制定，陈化粮销售、处理和监管的具体办法，依照国家有关规定执行。

第十九条 从事粮食收购、加工、销售的经营者，必须保持必要的库存量。

必要时，由省、自治区、直辖市人民政府规定最低和最高库存量的具体标准。

第二十条 国有和国有控股粮食企业应当积极收购粮食，并做好政府委托的粮食收购和政策性用粮的购销工作，服从和服务于国家宏观调控。

第二十一条 对符合贷款条件的粮食收购者，银行应当按照国家有关规定及时提供收购贷款。中国农业发展银行应当保证中央和地方储备粮以及政府调控用粮和其他政策性用粮的信贷资金需要，对国有和国有控股的粮食购销企业、大型粮食产业化龙头企业和其他粮食购销企业，按企业的风险承受能力提供信贷资金支持。

第二十二条 所有从事粮食收购、销售、储存、加工的粮食经营者以及饲料、工业用粮企业，应当建立粮食经营台账，并向所在地的县级人民政府粮食行政管理部门报送粮食购进、销售、储存等基本数据和有关情况。粮食经营者保留粮食经营台账的期限不得少于 3 年。粮食经营者报送的基本数据和有关情况涉及商业秘密的，粮食行政管理部门负有保密义务。

国家粮食流通统计制度，由国家粮食行政管理部门制定，报国务院统计部门批准。

第二十三条 粮食行业协会以及中介组织应当加强行业自律，在维护粮食市场秩序方面发挥监督和协调作用。

第三章　宏观调控

第二十四条 国家采取储备粮吞吐、委托收购、粮食进出口等多种经济手段和价格干预等必要的行政手段，加强对粮食市场的调控，保持全国粮食供求总量基本平衡和价格基本稳定。

第二十五条 国家实行中央和地方分级粮食储备制度。粮食储备用于调节粮食供求，稳定粮食市场，以及应对重大自然灾害或者其他突发事件等情况。

政策性用粮的采购和销售，原则上通过粮食批发市场公开进行，也可以通过国家规定的其他方式进行。

第二十六条 国务院和地方人民政府建立健全粮食风险基金制度。粮食风险基金主要用于对种粮农民直接补贴、支持粮食储备、稳定粮食市场等。

国务院和地方人民政府财政部门负责粮食风险基金的监督管理，确保专款专用。

第二十七条 当粮食供求关系发生重大变化时，为保障市场供应、保护种粮农民利益，必要时可由国务院决定对短缺的重点粮食品种在粮食主产区实行最低收购价格。

当粮食价格显著上涨或者有可能显著上涨时，国务院和省、自治区、直辖市人民政府可以按照《中华人民共和国价格法》的规定，采取价格干预措施。

第二十八条 国务院发展改革部门及国家粮食行政管理部门会同农业、统计、产品质量监督等部门负责粮食市场供求形势的监测和预警分析，建立粮食供需抽查制度，发布粮食生产、消费、价格、质量等信息。

第二十九条 国家鼓励粮食主产区和主销区以多种形式建立稳定的产销关系，鼓励建立产销一体化的粮食经营企业，发展订单农业，在执行最低收购价格时国家给予必要的经济优惠，并在粮食运输方面给予优先安排。

第三十条 在重大自然灾害、重大疫情或者其他突发事件引起粮食市场供求异常波动时，国家实施粮食应急机制。

第三十一条 国家建立突发事件的粮食应急体系。国务院发展改革部门及国家粮食行政管理部门会同国务院有关部门制定全国的粮食应急预案，报请国务院批准。省、自治区、直辖市人民政府根据本地区的实际情况，制定本行政区域的粮食应急预案。

第三十二条 启动全国的粮食应急预案，由国务院发展改革部门及国家粮食行政管理部门提出建议，报国务院批准后实施。

启动省、自治区、直辖市的粮食应急预案，由省、自治区、直辖市发展改革部门及粮食行政管理部门提出建议，报本级人民政府决定，并向国务院报告。

第三十三条 粮食应急预案启动后，所有粮食经营者必须按国家要求承担应急任务，服从国家的统一安排和调度，保证应急工作的需要。

第四章　监督检查

第三十四条 粮食行政管理部门依照本条例对粮食经营者从事粮食收购、储存、运输活动和政策性用粮的购销活动，以及执行国家粮食流通统计制度的情况进行监督检查。

粮食行政管理部门应当根据国家要求对粮食收购资格进行核查。

粮食行政管理部门在监督检查过程中，可以进入粮食经营者经营场所检查粮食的库存量和收购、储存活动中的粮食质量以及原粮卫生；检查粮食仓储设施、设备是否符合国家技术规范；查阅粮食经营者有关资料、凭证；向有关单位和人员调查了解相关情况。

第三十五条 产品质量监督部门依照有关法律、行政法规的规定，对粮食加工过程中的以假充真、以次充好、掺杂使假等违法行为进行监督检查。

第三十六条 工商行政管理部门依照有关法律、行政法规的规定，对粮食经营活动中的无照经营、超范围经营以及粮食销售活动中的囤积居奇、欺行霸市、强买强卖、掺杂使假、以次充好等扰乱市场秩序和违法违规交易行为进行监督检查。

第三十七条 卫生部门依照有关法律、行政法规的规定，对粮食加工、销售中的卫生以及成品粮储存中的卫生进行监督检查。

第三十八条 价格主管部门依照有关法律、行政法规的规定，对粮食流通活动中的价格违法行为进行监督检查。

第三十九条 任何单位和个人有权对违反本条例规定的行为向有关部门检举。有关部门应当为检举人保密，并依法及时处理。

第五章　法律责任

第四十条 未经粮食行政管理部门许可擅自从事粮食收购活动的，由粮食行政管理部门没收非法收购的粮食；情节严重的，并处非法收购粮食价值1倍以上5倍以下的罚款；构成犯罪的，依法追究刑事责任。

第四十一条 以欺骗、贿赂等不正当手段取得粮食收购资格许可的，由粮食行政管理部门取消粮食收购资格，没收违法所得；构成犯罪的，依法追究刑事责任。

粮食行政管理部门工作人员办理粮食收购资格许可，索取或者收受他人财物或者谋取其他利益，构成犯罪的，依法追究刑事责任；尚不构成犯罪的，依法给予行政处分。

第四十二条 粮食收购者有未按照规定告知、公示粮食收购价格或者收购粮食压级压价，垄断或者操纵价格等价格违法行为的，由价格主管部门依照《中华人民共和国价格法》的有关规定给予行政处罚。

第四十三条 有下列情形之一的，由粮食行政管理部门责令改正，予以警告，可以处20万元以下的罚款；情节严重的，并由粮食行政管理部门暂停或者取消粮食收购资格：

（一）粮食收购者未执行国家粮食质量标准的；

（二）粮食收购者被售粮者举报未及时支付售粮款的；

（三）粮食收购者违反本条例规定代扣、代缴税、费和其他款项的；

（四）从事粮食收购、销售、储存、加工的粮食经营者以及饲料、工业用粮企业未建立粮食经营台账，或者未按照规定报送粮食基本数据和有关情况的；

（五）接受委托的粮食经营者从事政策性用粮的购销活动未执行国家有关政策的。

第四十四条 陈粮出库未按照本条例规定进行质量鉴定的，由粮食行政管理部门责令改正，给予警告；情节严重的，处出库粮食价值1倍以上5倍以下的罚款。

倒卖陈化粮或者不按照规定使用陈化粮的，由工商行政管理部门没收非法倒卖的粮食，并处非法倒卖粮食价值20%以下的罚款；情节严重的，由工商行政管理部门并处非法倒卖粮食价值1倍以上5倍以下的罚款，吊销营业执照；构成犯罪的，依法追究刑事责任。

第四十五条 从事粮食收购、加工、销售的经营者的粮食库存低于规定的最低库存量的，由粮食行政管理部门责令改正，给予警告；情节严重的，处不足部分粮食价值1倍以上5倍以下的罚款，并可以取消粮食收购资格。

从事粮食收购、加工、销售的经营者的粮食库存超出规定的最高库存量的，由粮食行政管理部门责令改正，给予警告；情节严重的，处超出部分粮食价值1倍以上5倍以下的罚款，并可以取消粮食收购资格。

第四十六条 粮食经营者未按照本条例规定使用粮食仓储设施、运输工具的，由粮食行政管理部门或者卫生部门责令改正，给予警告；被污染的粮食不得非法销售、加工。

第四十七条 违反本条例第十六条、第十七条规定的，由产品质量监督部门、工商行政管理部门、卫生部门等依照有关法律、行政法规的规定予以处罚。

第四十八条 财政部门未按照国家关于粮食风险基金管理的规定及时、足额拨付补贴资金，或者挤占、截留、挪用补贴资金的，由本级人民政府或者上级财政部门责令改正，对有关责任人员依法给予行政处分；构成犯罪的，依法追究有关责任人员的刑事责任。

第四十九条 违反本条例规定，阻碍粮食自由流通的，依照《国务院关于禁止在市场经济活动中实行地区封锁的规定》予以处罚。

第五十条 监督检查人员违反本条例规定，非法干预粮食经营者正常经营活动的，依法给予行政处分；构成犯罪的，依法追究刑事责任。

第六章 附 则

第五十一条 本条例下列用语的含义是：

粮食收购，是指为了销售、加工或者作为饲料、工业原料等直接向种粮农民或者其他粮食生产者批量购买粮食的活动。

粮食加工，是指通过处理将原粮转化成半成品粮、成品粮，或者将半成品粮转化成成品粮的经营活动。

第五十二条 大豆、油料和食用植物油的收购、销售、储存、运输、加工、进出口等经营活动，适用本条例除第八条、第九条以外的规定。

粮食进出口的管理，依照有关法律、行政法规的规定执行。

中央储备粮的管理，依照《中央储备粮管理条例》的规定执行。

第五十三条 本条例自公布之日起施行。1998年6月6日国务院发布的《粮食收购条例》、1998年8月5日国务院发布的《粮食购销违法行为处罚办法》同时废止。

中华人民共和国药品管理法实施条例

（2002年8月4日中华人民共和国国务院令第360号公布　根据2016年2月6日国务院第666号令《国务院关于修改部分行政法规的决定》修订）

第一章 总 则

第一条 根据《中华人民共和国药品管理法》（以下简称《药品管理法》），制定本条例。

第二条 国务院药品监督管理部门设置国家药品检验机构。

省、自治区、直辖市人民政府药品监督管理部门可以在本行政区域内设置药品检验机构。地方药品检验机构的设置规划由省、自治区、直辖市人民政府药品监督管理部门提出，报省、自治区、直辖市人民政府批准。

国务院和省、自治区、直辖市人民政府的药品监督管理部门可以根据需要，确定符合药品检验条件的检验机构承担药品检验工作。

第二章 药品生产企业管理

第三条 开办药品生产企业，申办人应当向拟办企业所在地省、自治区、直辖市人民政府药品监督管理部门提出申请。省、自治区、直辖市人民政府药品监督管理部门应当自收到申请之日起30个工作日内，依据《药品管理法》第八条规定的开办条件组织验收；验收合格的，发给《药品生产许可证》。

第四条 药品生产企业变更《药品生产许可证》许可事项的，应当在许可事项发生变更30日前，向原发证机关申请《药品生产许可证》变更登记；未经批准，不得变更许可事项。原发证机关应当自收到申请之日起15个工作日内作出决定。

第五条 省级以上人民政府药品监督管理部门应当按照《药品生产质量管理规范》和国务院药品监督管理部门规定的实施办法和实施步骤，组织对药品生产企业的认证工作；符合《药品生产质量管理规范》的，发给认证证书。其中，生产注射剂、放射性药品和国务院药品监督管理部门规定的生物制品的药品生产企业的认证工作，由国务院药品监督管理部门负责。

《药品生产质量管理规范》认证证书的格式由国务院药品监督管理部门统一规定。

第六条 新开办药品生产企业、药品生产企业新建药品生产车间或者新增生产剂型的，应当自取得药品生产证明文件或者经批准正式生产之日起30日内，按照规定向药品监督管理部门申请《药品生产质量管理规范》认证。受理申请的药品监督管理部门应当自收到企业申请之日起6个月内，组织对申请企业是否符合《药品生产质量管理规范》进行认证；认证合格的，发给认证证书。

第七条 国务院药品监督管理部门应当设立《药品生

产质量管理规范》认证检查员库。《药品生产质量管理规范》认证检查员必须符合国务院药品监督管理部门规定的条件。进行《药品生产质量管理规范》认证，必须按照国务院药品监督管理部门的规定，从《药品生产质量管理规范》认证检查员库中随机抽取认证检查员组成认证检查组进行认证检查。

第八条 《药品生产许可证》有效期为5年。有效期届满，需要继续生产药品的，持证企业应当在许可证有效期届满前6个月，按照国务院药品监督管理部门的规定申请换发《药品生产许可证》。

药品生产企业终止生产药品或者关闭的，《药品生产许可证》由原发证部门缴销。

第九条 药品生产企业生产药品所使用的原料药，必须具有国务院药品监督管理部门核发的药品批准文号或者进口药品注册证书、医药产品注册证书；但是，未实施批准文号管理的中药材、中药饮片除外。

第十条 依据《药品管理法》第十三条规定，接受委托生产药品的，受托方必须是持有与其受托生产的药品相适应的《药品生产质量管理规范》认证证书的药品生产企业。

疫苗、血液制品和国务院药品监督管理部门规定的其他药品，不得委托生产。

第三章 药品经营企业管理

第十一条 开办药品批发企业，申办人应当向拟办企业所在地省、自治区、直辖市人民政府药品监督管理部门提出申请。省、自治区、直辖市人民政府药品监督管理部门应当自收到申请之日起30个工作日内，依据国务院药品监督管理部门规定的设置标准作出是否同意筹建的决定。申办人完成拟办企业筹建后，应当向原审批部门申请验收。原审批部门应当自收到申请之日起30个工作日内，依据《药品管理法》第十五条规定的开办条件组织验收；符合条件的，发给《药品经营许可证》。

第十二条 开办药品零售企业，申办人应当向拟办企业所在地设区的市级药品监督管理机构或者省、自治区、直辖市人民政府药品监督管理部门直接设置的县级药品监督管理机构提出申请。受理申请的药品监督管理机构应当自收到申请之日起30个工作日内，依据国务院药品监督管理部门的规定，结合当地常住人口数量、地域、交通状况和实际需要进行审查，作出是否同意筹建的决定。申办人完成拟办企业筹建后，应当向原审批机构申请验收。原审批机构应当自收到申请之日起15个工作日内，依据《药品管理法》第十五条规定的开办条件组织验收；符合条件的，发给《药品经营许可证》。

第十三条 省、自治区、直辖市人民政府药品监督管理部门和设区的市级药品监督管理机构负责组织药品经营企业的认证工作。药品经营企业应当按照国务院药品监督管理部门规定的实施办法和实施步骤，通过省、自治区、直辖市人民政府药品监督管理部门或者设区的市级药品监督管理机构组织的《药品经营质量管理规范》的认证，取得认证证书。《药品经营质量管理规范》认证证书的格式由国务院药品监督管理部门统一规定。

新开办药品批发企业和药品零售企业，应当自取得《药品经营许可证》之日起30日内，向发给其《药品经营许可证》的药品监督管理部门或者药品监督管理机构申请《药品经营质量管理规范》认证。受理申请的药品监督管理部门或者药品监督管理机构应当自收到申请之日起3个月内，按照国务院药品监督管理部门的规定，组织对申请认证的药品批发企业或者药品零售企业是否符合《药品经营质量管理规范》进行认证；认证合格的，发给认证证书。

第十四条 省、自治区、直辖市人民政府药品监督管理部门应当设立《药品经营质量管理规范》认证检查员库。《药品经营质量管理规范》认证检查员必须符合国务院药品监督管理部门规定的条件。进行《药品经营质量管理规范》认证，必须按照国务院药品监督管理部门的规定，从《药品经营质量管理规范》认证检查员库中随机抽取认证检查员组成认证检查组进行认证检查。

第十五条 国家实行处方药和非处方药分类管理制度。国家根据非处方药品的安全性，将非处方药分为甲类非处方药和乙类非处方药。

经营处方药、甲类非处方药的药品零售企业，应当配备执业药师或者其他依法经资格认定的药学技术人员。经营乙类非处方药的药品零售企业，应当配备经设区的市级药品监督管理机构或者省、自治区、直辖市人民政府药品监督管理部门直接设置的县级药品监督管理机构组织考核合格的业务人员。

第十六条 药品经营企业变更《药品经营许可证》许可事项的，应当在许可事项发生变更30日前，向原发证机关申请《药品经营许可证》变更登记；未经批准，不得变更许可事项。原发证机关应当自收到企业申请之日起15个工作日内作出决定。

第十七条 《药品经营许可证》有效期为5年。有效期届满，需要继续经营药品的，持证企业应当在许可证有效期届满前6个月，按照国务院药品监督管理部门的规定申请换发《药品经营许可证》。

药品经营企业终止经营药品或者关闭的，《药品经营许可证》由原发证机关缴销。

第十八条 交通不便的边远地区城乡集市贸易市场没有药品零售企业的，当地药品零售企业经所在地县（市）药品监督管理机构批准并到工商行政管理部门办理登记注册后，可以在该城乡集市贸易市场内设点并在批准经营的药品范围内销售非处方药品。

第十九条 通过互联网进行药品交易的药品生产企业、药品经营企业、医疗机构及其交易的药品，必须符合《药品管理法》和本条例的规定。互联网药品交易服务的管理办法，由国务院药品监督管理部门会同国务院有关部门制定。

第四章 医疗机构的药剂管理

第二十条 医疗机构设立制剂室，应当向所在地省、自治区、直辖市人民政府卫生行政部门提出申请，经审核同意后，报同级人民政府药品监督管理部门审批；省、自治区、直辖市人民政府药品监督管理部门验收合格的，予以批准，发给《医疗机构制剂许可证》。

省、自治区、直辖市人民政府卫生行政部门和药品监督管理部门应当在各自收到申请之日起30个工作日内，作出是否同意或者批准的决定。

第二十一条 医疗机构变更《医疗机构制剂许可证》许可事项的，应当在许可事项发生变更30日前，依照本条例第二十条的规定向原审核、批准机关申请《医疗机构制剂许可证》变更登记；未经批准，不得变更许可事项。原审核、批准机关应当在各自收到申请之日起15个工作日内作出决定。

医疗机构新增配制剂型或者改变配制场所的，应当经所在地省、自治区、直辖市人民政府药品监督管理部门验收合格后，依照前款规定办理《医疗机构制剂许可证》变更登记。

第二十二条 《医疗机构制剂许可证》有效期为5年。有效期届满，需要继续配制制剂的，医疗机构应当在许可证有效期届满前6个月，按照国务院药品监督管理部门的规定申请换发《医疗机构制剂许可证》。

医疗机构终止配制制剂或者关闭的，《医疗机构制剂许可证》由原发证机关缴销。

第二十三条 医疗机构配制制剂，必须按照国务院药品监督管理部门的规定报送有关资料和样品，经所在地省、自治区、直辖市人民政府药品监督管理部门批准，并发给制剂批准文号后，方可配制。

第二十四条 医疗机构配制的制剂不得在市场上销售或者变相销售，不得发布医疗机构制剂广告。

发生灾情、疫情、突发事件或者临床急需而市场没有供应时，经国务院或者省、自治区、直辖市人民政府的药品监督管理部门批准，在规定期限内，医疗机构配制的制剂可以在指定的医疗机构之间调剂使用。

国务院药品监督管理部门规定的特殊制剂的调剂使用以及省、自治区、直辖市之间医疗机构制剂的调剂使用，必须经国务院药品监督管理部门批准。

第二十五条 医疗机构审核和调配处方的药剂人员必须是依法经资格认定的药学技术人员。

第二十六条 医疗机构购进药品，必须有真实、完整的药品购进记录。药品购进记录必须注明药品的通用名称、剂型、规格、批号、有效期、生产厂商、供货单位、购货数量、购进价格、购货日期以及国务院药品监督管理部门规定的其他内容。

第二十七条 医疗机构向患者提供的药品应当与诊疗范围相适应，并凭执业医师或者执业助理医师的处方调配。

计划生育技术服务机构采购和向患者提供药品，其范围应当与经批准的服务范围相一致，并凭执业医师或者执业助理医师的处方调配。

个人设置的门诊部、诊所等医疗机构不得配备常用药品和急救药品以外的其他药品。常用药品和急救药品的范围和品种，由所在地的省、自治区、直辖市人民政府卫生行政部门会同同级人民政府药品监督管理部门规定。

第五章 药品管理

第二十八条 药物非临床安全性评价研究机构必须执行《药物非临床研究质量管理规范》，药物临床试验机构必须执行《药物临床试验质量管理规范》。《药物非临床研究质量管理规范》、《药物临床试验质量管理规范》由国务院药品监督管理部门分别商国务院科学技术行政部门和国务院卫生行政部门制定。

第二十九条 药物临床试验、生产药品和进口药品，应当符合《药品管理法》及本条例的规定，经国务院药品监督管理部门审查批准；国务院药品监督管理部门可以委托省、自治区、直辖市人民政府药品监督管理部门对申报药物的研制情况及条件进行审查，对申报资料进行形式审查，并对试制的样品进行检验。具体办法由国务院药品监督管理部门制定。

第三十条 研制新药，需要进行临床试验的，应当依照

《药品管理法》第二十九条的规定，经国务院药品监督管理部门批准。

药物临床试验申请经国务院药品监督管理部门批准后，申报人应当在经依法认定的具有药物临床试验资格的机构中选择承担药物临床试验的机构，并将该临床试验机构报国务院药品监督管理部门和国务院卫生行政部门备案。

药物临床试验机构进行药物临床试验，应当事先告知受试者或者其监护人真实情况，并取得其书面同意。

第三十一条 生产已有国家标准的药品，应当按照国务院药品监督管理部门的规定，向省、自治区、直辖市人民政府药品监督管理部门或者国务院药品监督管理部门提出申请，报送有关技术资料并提供相关证明文件。省、自治区、直辖市人民政府药品监督管理部门应当自受理申请之日起30个工作日内进行审查，提出意见后报送国务院药品监督管理部门审核，并同时将审查意见通知申报方。国务院药品监督管理部门经审核符合规定的，发给药品批准文号。

第三十二条 变更研制新药、生产药品和进口药品已获批准证明文件及其附件中载明事项的，应当向国务院药品监督管理部门提出补充申请；国务院药品监督管理部门经审核符合规定的，应当予以批准。其中，不改变药品内在质量的，应当向省、自治区、直辖市人民政府药品监督管理部门提出补充申请；省、自治区、直辖市人民政府药品监督管理部门经审核符合规定的，应当予以批准，并报国务院药品监督管理部门备案。不改变药品内在质量的补充申请事项由国务院药品监督管理部门制定。

第三十三条 国务院药品监督管理部门根据保护公众健康的要求，可以对药品生产企业生产的新药品种设立不超过5年的监测期；在监测期内，不得批准其他企业生产和进口。

第三十四条 国家对获得生产或者销售含有新型化学成份药品许可的生产者或者销售者提交的自行取得且未披露的试验数据和其他数据实施保护，任何人不得对该未披露的试验数据和其他数据进行不正当的商业利用。

自药品生产者或者销售者获得生产、销售新型化学成份药品的许可证明文件之日起6年内，对其他申请人未经已获得许可的申请人同意，使用前款数据申请生产、销售新型化学成份药品许可的，药品监督管理部门不予许可；但是，其他申请人提交自行取得数据的除外。

除下列情形外，药品监督管理部门不得披露本条第一款规定的数据：

（一）公共利益需要；

（二）已采取措施确保该类数据不会被不正当地进行商业利用。

第三十五条 申请进口的药品，应当是在生产国家或者地区获得上市许可的药品；未在生产国家或者地区获得上市许可的，经国务院药品监督管理部门确认该药品品种安全、有效而且临床需要的，可以依照《药品管理法》及本条例的规定批准进口。

进口药品，应当按照国务院药品监督管理部门的规定申请注册。国外企业生产的药品取得《进口药品注册证》，中国香港、澳门和台湾地区企业生产的药品取得《医药产品注册证》后，方可进口。

第三十六条 医疗机构因临床急需进口少量药品的，应当持《医疗机构执业许可证》向国务院药品监督管理部门提出申请；经批准后，方可进口。进口的药品应当在指定医疗机构内用于特定医疗目的。

第三十七条 进口药品到岸后，进口单位应当持《进口药品注册证》或者《医药产品注册证》以及产地证明原件、购货合同副本、装箱单、运单、货运发票、出厂检验报告书、说明书等材料，向口岸所在地药品监督管理部门备案。口岸所在地药品监督管理部门经审查，提交的材料符合要求的，发给《进口药品通关单》。进口单位凭《进口药品通关单》向海关办理报关验放手续。

口岸所在地药品监督管理部门应当通知药品检验机构对进口药品逐批进行抽查检验；但是，有《药品管理法》第四十一条规定情形的除外。

第三十八条 疫苗类制品、血液制品、用于血源筛查的体外诊断试剂以及国务院药品监督管理部门规定的其他生物制品在销售前或者进口时，应当按照国务院药品监督管理部门的规定进行检验或者审核批准；检验不合格或者未获批准的，不得销售或者进口。

第三十九条 国家鼓励培育中药材。对集中规模化栽培养殖、质量可以控制并符合国务院药品监督管理部门规定条件的中药材品种，实行批准文号管理。

第四十条 国务院药品监督管理部门对已批准生产、销售的药品进行再评价，根据药品再评价结果，可以采取责令修改药品说明书，暂停生产、销售和使用的措施；对不良反应大或者其他原因危害人体健康的药品，应当撤销该药品批准证明文件。

第四十一条 国务院药品监督管理部门核发的药品批准文号、《进口药品注册证》、《医药产品注册证》的有效期为5年。有效期届满，需要继续生产或者进口的，应当在有效期届满前6个月申请再注册。药品再注册时，应当按照国务院药品监督管理部门的规定报送相关资料。有效期届满，未申请再注册或者经审查不符合国务院药品监督管理部门关于再注册的规定的，注销其药品批准文号、《进口药品注册证》或者《医药产品注册证》。

药品批准文号的再注册由省、自治区、直辖市人民政府药品监督管理部门审批，并报国务院药品监督管理部门备案；《进口药品注册证》、《医药产品注册证》的再注册由国务院药品监督管理部门审批。

第四十二条 非药品不得在其包装、标签、说明书及有关宣传资料上进行含有预防、治疗、诊断人体疾病等有关内容的宣传；但是，法律、行政法规另有规定的除外。

第六章 药品包装的管理

第四十三条 药品生产企业使用的直接接触药品的包装材料和容器，必须符合药用要求和保障人体健康、安全的标准，并经国务院药品监督管理部门批准注册。

直接接触药品的包装材料和容器的管理办法、产品目录和药用要求与标准，由国务院药品监督管理部门组织制定并公布。

第四十四条 生产中药饮片，应当选用与药品性质相适应的包装材料和容器；包装不符合规定的中药饮片，不得销售。中药饮片包装必须印有或者贴有标签。

中药饮片的标签必须注明品名、规格、产地、生产企业、产品批号、生产日期，实施批准文号管理的中药饮片还必须注明药品批准文号。

第四十五条 药品包装、标签、说明书必须依照《药品管理法》第五十四条和国务院药品监督管理部门的规定印制。

药品商品名称应当符合国务院药品监督管理部门的规定。

第四十六条 医疗机构配制制剂所使用的直接接触药品的包装材料和容器、制剂的标签和说明书应当符合《药品管理法》第六章和本条例的有关规定，并经省、自治区、直辖市人民政府药品监督管理部门批准。

第七章 药品价格和广告的管理

第四十七条 政府价格主管部门依照《价格法》第二十八条的规定实行药品价格监测时，为掌握、分析药品价格变动和趋势，可以指定部分药品生产企业、药品经营企业和医疗机构作为价格监测定点单位；定点单位应当给予配合、支持，如实提供有关信息资料。

第四十八条 发布药品广告，应当向药品生产企业所在地省、自治区、直辖市人民政府药品监督管理部门报送有关材料。省、自治区、直辖市人民政府药品监督管理部门应当自收到有关材料之日起10个工作日内作出是否核发药品广告批准文号的决定；核发药品广告批准文号的，应当同时报国务院药品监督管理部门备案。具体办法由国务院药品监督管理部门制定。

发布进口药品广告，应当依照前款规定向进口药品代理机构所在地省、自治区、直辖市人民政府药品监督管理部门申请药品广告批准文号。

在药品生产企业所在地和进口药品代理机构所在地以外的省、自治区、直辖市发布药品广告的，发布广告的企业应当在发布前向发布地省、自治区、直辖市人民政府药品监督管理部门备案。接受备案的省、自治区、直辖市人民政府药品监督管理部门发现药品广告批准内容不符合药品广告管理规定的，应当交由原核发部门处理。

第四十九条 经国务院或者省、自治区、直辖市人民政府的药品监督管理部门决定，责令暂停生产、销售和使用的药品，在暂停期间不得发布该品种药品广告；已经发布广告的，必须立即停止。

第五十条 未经省、自治区、直辖市人民政府药品监督管理部门批准的药品广告，使用伪造、冒用、失效的药品广告批准文号的广告，或者因其他广告违法活动被撤销药品广告批准文号的广告，发布广告的企业、广告经营者、广告发布者必须立即停止该药品广告的发布。

对违法发布药品广告，情节严重的，省、自治区、直辖市人民政府药品监督管理部门可以予以公告。

第八章 药品监督

第五十一条 药品监督管理部门（含省级人民政府药品监督管理部门依法设立的药品监督管理机构，下同）依法对药品的研制、生产、经营、使用实施监督检查。

第五十二条 药品抽样必须由两名以上药品监督检查人员实施，并按照国务院药品监督管理部门的规定进行抽样；被抽检方应当提供抽检样品，不得拒绝。

药品被抽检单位没有正当理由，拒绝抽查检验的，国务院药品监督管理部门和被抽检单位所在地省、自治区、直辖市人民政府药品监督管理部门可以宣布停止该单位拒绝抽检的药品上市销售和使用。

第五十三条 对有掺杂、掺假嫌疑的药品，在国家药品标准规定的检验方法和检验项目不能检验时，药品检验机构可以补充检验方法和检验项目进行药品检验；经国务院药品监督管理部门批准后，使用补充检验方法和检验项目所得出的检验结果，可以作为药品监督管理部门认定药品质量的依据。

第五十四条 国务院和省、自治区、直辖市人民政府的药品监督管理部门应当根据药品质量抽查检验结果，定期发布药品质量公告。药品质量公告应当包括抽验药品的品名、检品来源、生产企业、生产批号、药品规格、检验机构、检验依据、检验结果、不合格项目等内容。药品质量公告不当的，发布部门应当自确认公告不当之日起5日内，在原公告范围内予以更正。

当事人对药品检验机构的检验结果有异议，申请复验的，应当向负责复验的药品检验机构提交书面申请、原药品检验报告书。复验的样品从原药品检验机构留样中抽取。

第五十五条 药品监督管理部门依法对有证据证明可能危害人体健康的药品及其有关证据材料采取查封、扣押的行政强制措施的，应当自采取行政强制措施之日起7日内作出是否立案的决定；需要检验的，应当自检验报告书发出之日起15日内作出是否立案的决定；不符合立案条件的，应当解除行政强制措施；需要暂停销售和使用的，应当由国务院或者省、自治区、直辖市人民政府的药品监督管理部门作出决定。

第五十六条 药品抽查检验，不得收取任何费用。

当事人对药品检验结果有异议，申请复验的，应当按照国务院有关部门或者省、自治区、直辖市人民政府有关部门的规定，向复验机构预先支付药品检验费用。复验结论与原检验结论不一致的，复验检验费用由原药品检验机构承担。

第五十七条 依据《药品管理法》和本条例的规定核发证书、进行药品注册、药品认证和实施药品审批检验及其强制性检验，可以收取费用。具体收费标准由国务院财政部门、国务院价格主管部门制定。

第九章 法律责任

第五十八条 药品生产企业、药品经营企业有下列情形之一的，由药品监督管理部门依照《药品管理法》第七十九条的规定给予处罚：

（一）开办药品生产企业、药品生产企业新建药品生产车间、新增生产剂型，在国务院药品监督管理部门规定的时间内未通过《药品生产质量管理规范》认证，仍进行药品生产的；

（二）开办药品经营企业，在国务院药品监督管理部门规定的时间内未通过《药品经营质量管理规范》认证，仍进行药品经营的。

第五十九条 违反《药品管理法》第十三条的规定，擅自委托或者接受委托生产药品的，对委托方和受托方均依照《药品管理法》第七十四条的规定给予处罚。

第六十条 未经批准，擅自在城乡集市贸易市场设点销售药品或者在城乡集市贸易市场设点销售的药品超出批准经营的药品范围的，依照《药品管理法》第七十三条的规定给予处罚。

第六十一条 未经批准，医疗机构擅自使用其他医疗机构配制的制剂的，依照《药品管理法》第八十条的规定给予处罚。

第六十二条 个人设置的门诊部、诊所等医疗机构向患者提供的药品超出规定的范围和品种的，依照《药品管理法》第七十三条的规定给予处罚。

第六十三条 医疗机构使用假药、劣药的，依照《药品管理法》第七十四条、第七十五条的规定给予处罚。

第六十四条 违反《药品管理法》第二十九条的规定，擅自进行临床试验的，对承担药物临床试验的机构，依照《药品管理法》第七十九条的规定给予处罚。

第六十五条 药品申报者在申报临床试验时，报送虚假研制方法、质量标准、药理及毒理试验结果等有关资料和样品的，国务院药品监督管理部门对该申报药品的临床试验不予批准，对药品申报者给予警告；情节严重的，3年内不受理该药品申报者申报该品种的临床试验申请。

第六十六条 生产没有国家药品标准的中药饮片，不符合省、自治区、直辖市人民政府药品监督管理部门制定的炮制规范的；医疗机构不按照省、自治区、直辖市人民政府药品监督管理部门批准的标准配制制剂的，依照《药品管理法》第七十五条的规定给予处罚。

第六十七条 药品监督管理部门及其工作人员违反规定，泄露生产者、销售者为获得生产、销售含有新型化学成份药品许可而提交的未披露试验数据或者其他数据，造成申请人损失的，由药品监督管理部门依法承担赔偿责任；药品监督管理部门赔偿损失后，应当责令故意或者有重大过失的工作人员承担部分或者全部赔偿费用，并对直接责任人员依法给予行政处分。

第六十八条 药品生产企业、药品经营企业生产、经营的药品及医疗机构配制的制剂，其包装、标签、说明书违反《药品管理法》及本条例规定的，依照《药品管理法》第八十六条的规定给予处罚。

第六十九条 药品生产企业、药品经营企业和医疗机构变更药品生产经营许可事项，应当办理变更登记手续而未办理的，由原发证部门给予警告，责令限期补办变更登记手续；逾期不补办的，宣布其《药品生产许可证》、《药品经营许可证》和《医疗机构制剂许可证》无效；仍从事药品生产经营活动的，依照《药品管理法》第七十三条的规定给予处罚。

第七十条 篡改经批准的药品广告内容的，由药品监督管理部门责令广告主立即停止该药品广告的发布，并由原审批的药品监督管理部门依照《药品管理法》第九十二条的规定给予处罚。

药品监督管理部门撤销药品广告批准文号后，应当自作出行政处理决定之日起5个工作日内通知广告监督管理机关。广告监督管理机关应当自收到药品监督管理部门通知之日起15个工作日内，依照《中华人民共和国广告法》的有关规定作出行政处理决定。

第七十一条 发布药品广告的企业在药品生产企业所在地或者进口药品代理机构所在地以外的省、自治区、直辖市发布药品广告，未按照规定向发布地省、自治区、直辖市人民政府药品监督管理部门备案的，由发布地的药品监督管理部门责令限期改正；逾期不改正的，停止该药品品种在发布地的广告发布活动。

第七十二条 未经省、自治区、直辖市人民政府药品监督管理部门批准，擅自发布药品广告的，药品监督管理部门发现后，应当通知广告监督管理部门依法查处。

第七十三条 违反《药品管理法》和本条例的规定，有下列行为之一的，由药品监督管理部门在《药品管理法》和本条例规定的处罚幅度内从重处罚：

（一）以麻醉药品、精神药品、医疗用毒性药品、放射性药品冒充其他药品，或者以其他药品冒充上述药品的；

（二）生产、销售以孕产妇、婴幼儿及儿童为主要使用对象的假药、劣药的；

（三）生产、销售的生物制品、血液制品属于假药、劣药的；

（四）生产、销售、使用假药、劣药，造成人员伤害后果的；

（五）生产、销售、使用假药、劣药，经处理后重犯的；

（六）拒绝、逃避监督检查，或者伪造、销毁、隐匿有关证据材料的，或者擅自动用查封、扣押物品的。

第七十四条 药品监督管理部门设置的派出机构，有权作出《药品管理法》和本条例规定的警告、罚款、没收违法生产、销售的药品和违法所得的行政处罚。

第七十五条 药品经营企业、医疗机构未违反《药品管理法》和本条例的有关规定，并有充分证据证明其不知道所销售或者使用的药品是假药、劣药的，应当没收其销售或者使用的假药、劣药和违法所得；但是，可以免除其他行政处罚。

第七十六条 依照《药品管理法》和本条例的规定没收的物品，由药品监督管理部门按照规定监督处理。

第十章 附 则

第七十七条 本条例下列用语的含义：

药品合格证明和其他标识，是指药品生产批准证明文件、药品检验报告书、药品的包装、标签和说明书。

新药，是指未曾在中国境内上市销售的药品。

处方药，是指凭执业医师和执业助理医师处方方可购买、调配和使用的药品。

非处方药，是指由国务院药品监督管理部门公布的，不需要凭执业医师和执业助理医师处方，消费者可以自行判断、购买和使用的药品。

医疗机构制剂，是指医疗机构根据本单位临床需要经批准而配制、自用的固定处方制剂。

药品认证，是指药品监督管理部门对药品研制、生产、经营、使用单位实施相应质量管理规范进行检查、评价并决定是否发给相应认证证书的过程。

药品经营方式，是指药品批发和药品零售。

药品经营范围，是指经药品监督管理部门核准经营药品的品种类别。

药品批发企业，是指将购进的药品销售给药品生产企业、药品经营企业、医疗机构的药品经营企业。

药品零售企业，是指将购进的药品直接销售给消费者的药品经营企业。

第七十八条 《药品管理法》第四十一条中“首次在中国销售的药品”，是指国内或者国外药品生产企业第一次在中国销售的药品，包括不同药品生产企业生产的相同品种。

第七十九条 《药品管理法》第五十九条第二款“禁止药品的生产企业、经营企业或者其代理人以任何名义给予使用其药品的医疗机构的负责人、药品采购人员、医师等有关人员以财物或者其他利益”中的“财物或者其他利益”，是指药品的生产企业、经营企业或者其代理人向医疗机构的负责人、药品采购人员、医师等有关人员提供的目的在于影响其药品采购或者药品处方行为的不正当利益。

第八十条 本条例自2002年9月15日起施行。

麻醉药品和精神药品管理条例

（2005 年 8 月 3 日中华人民共和国国务院令第 442 号公布　根据 2013 年 12 月 7 日《国务院关于修改部分行政法规的决定》第一次修订　根据 2016 年 2 月 6 日《国务院关于修改部分行政法规的决定》第二次修订）

第一章　总　则

第一条　为加强麻醉药品和精神药品的管理，保证麻醉药品和精神药品的合法、安全、合理使用，防止流入非法渠道，根据药品管理法和其他有关法律的规定，制定本条例。

第二条　麻醉药品药用原植物的种植，麻醉药品和精神药品的实验研究、生产、经营、使用、储存、运输等活动以及监督管理，适用本条例。

麻醉药品和精神药品的进出口依照有关法律的规定办理。

第三条　本条例所称麻醉药品和精神药品，是指列入麻醉药品目录、精神药品目录（以下称目录）的药品和其他物质。精神药品分为第一类精神药品和第二类精神药品。

目录由国务院药品监督管理部门会同国务院公安部门、国务院卫生主管部门制定、调整并公布。

上市销售但尚未列入目录的药品和其他物质或者第二类精神药品发生滥用，已经造成或者可能造成严重社会危害的，国务院药品监督管理部门会同国务院公安部门、国务院卫生主管部门应当及时将该药品和该物质列入目录或者将该第二类精神药品调整为第一类精神药品。

第四条　国家对麻醉药品药用原植物以及麻醉药品和精神药品实行管制。除本条例另有规定的外，任何单位、个人不得进行麻醉药品药用原植物的种植以及麻醉药品和精神药品的实验研究、生产、经营、使用、储存、运输等活动。

第五条　国务院药品监督管理部门负责全国麻醉药品和精神药品的监督管理工作，并会同国务院农业主管部门对麻醉药品药用原植物实施监督管理。国务院公安部门负责对造成麻醉药品药用原植物、麻醉药品和精神药品流入非法渠道的行为进行查处。国务院其他有关主管部门在各自的职责范围内负责与麻醉药品和精神药品有关的管理工作。

省、自治区、直辖市人民政府药品监督管理部门负责本行政区域内麻醉药品和精神药品的监督管理工作。县级以上地方公安机关负责对本行政区域内造成麻醉药品和精神药品流入非法渠道的行为进行查处。县级以上地方人民政府其他有关主管部门在各自的职责范围内负责与麻醉药品和精神药品有关的管理工作。

第六条　麻醉药品和精神药品生产、经营企业和使用单位可以依法参加行业协会。行业协会应当加强行业自律管理。

第二章　种植、实验研究和生产

第七条　国家根据麻醉药品和精神药品的医疗、国家储备和企业生产所需原料的需要确定需求总量，对麻醉药品药用原植物的种植、麻醉药品和精神药品的生产实行总量控制。

国务院药品监督管理部门根据麻醉药品和精神药品的需求总量制定年度生产计划。

国务院药品监督管理部门和国务院农业主管部门根据麻醉药品年度生产计划，制定麻醉药品药用原植物年度种植计划。

第八条　麻醉药品药用原植物种植企业应当根据年度种植计划，种植麻醉药品药用原植物。

麻醉药品药用原植物种植企业应当向国务院药品监督管理部门和国务院农业主管部门定期报告种植情况。

第九条　麻醉药品药用原植物种植企业由国务院药品监督管理部门和国务院农业主管部门共同确定，其他单位和个人不得种植麻醉药品药用原植物。

第十条　开展麻醉药品和精神药品实验研究活动应当具备下列条件，并经国务院药品监督管理部门批准：

（一）以医疗、科学研究或者教学为目的；

（二）有保证实验所需麻醉药品和精神药品安全的措施和管理制度；

（三）单位及其工作人员 2 年内没有违反有关禁毒的法律、行政法规规定的行为。

第十一条　麻醉药品和精神药品的实验研究单位申请相关药品批准证明文件，应当依照药品管理法的规定办理；需要转让研究成果的，应当经国务院药品监督管理部门批准。

第十二条　药品研究单位在普通药品的实验研究过程中，产生本条例规定的管制品种的，应当立即停止实验研究活动，并向国务院药品监督管理部门报告。国务院药品监督管理部门应当根据情况，及时作出是否同意其继续实验研究的决定。

第十三条　麻醉药品和第一类精神药品的临床试验，不得以健康人为受试对象。

第十四条　国家对麻醉药品和精神药品实行定点生产

制度。

国务院药品监督管理部门应当根据麻醉药品和精神药品的需求总量，确定麻醉药品和精神药品定点生产企业的数量和布局，并根据年度需求总量对数量和布局进行调整、公布。

第十五条 麻醉药品和精神药品的定点生产企业应当具备下列条件：

（一）有药品生产许可证；

（二）有麻醉药品和精神药品实验研究批准文件；

（三）有符合规定的麻醉药品和精神药品生产设施、储存条件和相应的安全管理设施；

（四）有通过网络实施企业安全生产管理和向药品监督管理部门报告生产信息的能力；

（五）有保证麻醉药品和精神药品安全生产的管理制度；

（六）有与麻醉药品和精神药品安全生产要求相适应的管理水平和经营规模；

（七）麻醉药品和精神药品生产管理、质量管理部门的人员应当熟悉麻醉药品和精神药品管理以及有关禁毒的法律、行政法规；

（八）没有生产、销售假药、劣药或者违反有关禁毒的法律、行政法规规定的行为；

（九）符合国务院药品监督管理部门公布的麻醉药品和精神药品定点生产企业数量和布局的要求。

第十六条 从事麻醉药品、精神药品生产的企业，应当经所在地省、自治区、直辖市人民政府药品监督管理部门批准。

第十七条 定点生产企业生产麻醉药品和精神药品，应当依照药品管理法的规定取得药品批准文号。

国务院药品监督管理部门应当组织医学、药学、社会学、伦理学和禁毒等方面的专家成立专家组，由专家组对申请首次上市的麻醉药品和精神药品的社会危害性和被滥用的可能性进行评价，并提出是否批准的建议。

未取得药品批准文号的，不得生产麻醉药品和精神药品。

第十八条 发生重大突发事件，定点生产企业无法正常生产或者不能保证供应麻醉药品和精神药品时，国务院药品监督管理部门可以决定其他药品生产企业生产麻醉药品和精神药品。

重大突发事件结束后，国务院药品监督管理部门应当及时决定前款规定的企业停止麻醉药品和精神药品的生产。

第十九条 定点生产企业应当严格按照麻醉药品和精神药品年度生产计划安排生产，并依照规定向所在地省、自治区、直辖市人民政府药品监督管理部门报告生产情况。

第二十条 定点生产企业应当依照本条例的规定，将麻醉药品和精神药品销售给具有麻醉药品和精神药品经营资格的企业或者依照本条例规定批准的其他单位。

第二十一条 麻醉药品和精神药品的标签应当印有国务院药品监督管理部门规定的标志。

第三章 经 营

第二十二条 国家对麻醉药品和精神药品实行定点经营制度。

国务院药品监督管理部门应当根据麻醉药品和第一类精神药品的需求总量，确定麻醉药品和第一类精神药品的定点批发企业布局，并应当根据年度需求总量对布局进行调整、公布。

药品经营企业不得经营麻醉药品原料药和第一类精神药品原料药。但是，供医疗、科学研究、教学使用的小包装的上述药品可以由国务院药品监督管理部门规定的药品批发企业经营。

第二十三条 麻醉药品和精神药品定点批发企业除应当具备药品管理法第十五条规定的药品经营企业的开办条件外，还应当具备下列条件：

（一）有符合本条例规定的麻醉药品和精神药品储存条件；

（二）有通过网络实施企业安全管理和向药品监督管理部门报告经营信息的能力；

（三）单位及其工作人员2年内没有违反有关禁毒的法律、行政法规规定的行为；

（四）符合国务院药品监督管理部门公布的定点批发企业布局。

麻醉药品和第一类精神药品的定点批发企业，还应当具有保证供应责任区域内医疗机构所需麻醉药品和第一类精神药品的能力，并具有保证麻醉药品和第一类精神药品安全经营的管理制度。

第二十四条 跨省、自治区、直辖市从事麻醉药品和第一类精神药品批发业务的企业（以下称全国性批发企业），应当经国务院药品监督管理部门批准；在本省、自治区、直辖市行政区域内从事麻醉药品和第一类精神药品批发业务的企业（以下称区域性批发企业），应当经所在地省、自治区、直辖市人民政府药品监督管理部门批准。

专门从事第二类精神药品批发业务的企业，应当经所在地省、自治区、直辖市人民政府药品监督管理部门批准。

全国性批发企业和区域性批发企业可以从事第二类精神药品批发业务。

第二十五条 全国性批发企业可以向区域性批发企业，或者经批准可以向取得麻醉药品和第一类精神药品使用资格的医疗机构以及依照本条例规定批准的其他单位销售麻醉药品和第一类精神药品。

全国性批发企业向取得麻醉药品和第一类精神药品使用资格的医疗机构销售麻醉药品和第一类精神药品，应当经医疗机构所在地省、自治区、直辖市人民政府药品监督管理部门批准。

国务院药品监督管理部门在批准全国性批发企业时，应当明确其所承担供药责任的区域。

第二十六条 区域性批发企业可以向本省、自治区、直辖市行政区域内取得麻醉药品和第一类精神药品使用资格的医疗机构销售麻醉药品和第一类精神药品；由于特殊地理位置的原因，需要就近向其他省、自治区、直辖市行政区域内取得麻醉药品和第一类精神药品使用资格的医疗机构销售的，应当经企业所在地省、自治区、直辖市人民政府药品监督管理部门批准。审批情况由负责审批的药品监督管理部门在批准后5日内通报医疗机构所在地省、自治区、直辖市人民政府药品监督管理部门。

省、自治区、直辖市人民政府药品监督管理部门在批准区域性批发企业时，应当明确其所承担供药责任的区域。

区域性批发企业之间因医疗急需、运输困难等特殊情况需要调剂麻醉药品和第一类精神药品的，应当在调剂后2日内将调剂情况分别报所在地省、自治区、直辖市人民政府药品监督管理部门备案。

第二十七条 全国性批发企业应当从定点生产企业购进麻醉药品和第一类精神药品。

区域性批发企业可以从全国性批发企业购进麻醉药品和第一类精神药品；经所在地省、自治区、直辖市人民政府药品监督管理部门批准，也可以从定点生产企业购进麻醉药品和第一类精神药品。

第二十八条 全国性批发企业和区域性批发企业向医疗机构销售麻醉药品和第一类精神药品，应当将药品送至医疗机构。医疗机构不得自行提货。

第二十九条 第二类精神药品定点批发企业可以向医疗机构、定点批发企业和符合本条例第三十一条规定的药品零售企业以及依照本条例规定批准的其他单位销售第二类精神药品。

第三十条 麻醉药品和第一类精神药品不得零售。

禁止使用现金进行麻醉药品和精神药品交易，但是个人合法购买麻醉药品和精神药品的除外。

第三十一条 经所在地设区的市级药品监督管理部门批准，实行统一进货、统一配送、统一管理的药品零售连锁企业可以从事第二类精神药品零售业务。

第三十二条 第二类精神药品零售企业应当凭执业医师出具的处方，按规定剂量销售第二类精神药品，并将处方保存2年备查；禁止超剂量或者无处方销售第二类精神药品；不得向未成年人销售第二类精神药品。

第三十三条 麻醉药品和精神药品实行政府定价，在制定出厂和批发价格的基础上，逐步实行全国统一零售价格。具体办法由国务院价格主管部门制定。

第四章 使 用

第三十四条 药品生产企业需要以麻醉药品和第一类精神药品为原料生产普通药品的，应当向所在地省、自治区、直辖市人民政府药品监督管理部门报送年度需求计划，由省、自治区、直辖市人民政府药品监督管理部门汇总报国务院药品监督管理部门批准后，向定点生产企业购买。

药品生产企业需要以第二类精神药品为原料生产普通药品的，应当将年度需求计划报所在地省、自治区、直辖市人民政府药品监督管理部门，并向定点批发企业或者定点生产企业购买。

第三十五条 食品、食品添加剂、化妆品、油漆等非药品生产企业需要使用咖啡因作为原料的，应当经所在地省、自治区、直辖市人民政府药品监督管理部门批准，向定点批发企业或者定点生产企业购买。

科学研究、教学单位需要使用麻醉药品和精神药品开展实验、教学活动的，应当经所在地省、自治区、直辖市人民政府药品监督管理部门批准，向定点批发企业或者定点生产企业购买。

需要使用麻醉药品和精神药品的标准品、对照品的，应当经所在地省、自治区、直辖市人民政府药品监督管理部门批准，向国务院药品监督管理部门批准的单位购买。

第三十六条 医疗机构需要使用麻醉药品和第一类精神药品的，应当经所在地设区的市级人民政府卫生主管部门批准，取得麻醉药品、第一类精神药品购用印鉴卡（以下称印鉴卡）。医疗机构应当凭印鉴卡向本省、自治区、直辖市行政区域内的定点批发企业购买麻醉药品和第一类精神药品。

设区的市级人民政府卫生主管部门发给医疗机构印鉴卡时，应当将取得印鉴卡的医疗机构情况抄送所在地设区的市级药品监督管理部门，并报省、自治区、直辖市人民政府卫生主管部门备案。省、自治区、直辖市人民政府卫生主管部门应当将取得印鉴卡的医疗机构名单向本行政区域内的定点批发企业通报。

第三十七条 医疗机构取得印鉴卡应当具备下列条件：

（一）有专职的麻醉药品和第一类精神药品管理人员；

（二）有获得麻醉药品和第一类精神药品处方资格的执业医师；

（三）有保证麻醉药品和第一类精神药品安全储存的设施和管理制度。

第三十八条 医疗机构应当按照国务院卫生主管部门的规定，对本单位执业医师进行有关麻醉药品和精神药品使用知识的培训、考核，经考核合格的，授予麻醉药品和第一类精神药品处方资格。执业医师取得麻醉药品和第一类精神药品的处方资格后，方可在本医疗机构开具麻醉药品和第一类精神药品处方，但不得为自己开具该种处方。

医疗机构应当将具有麻醉药品和第一类精神药品处方资格的执业医师名单及其变更情况，定期报送所在地设区的市级人民政府卫生主管部门，并抄送同级药品监督管理部门。

医务人员应当根据国务院卫生主管部门制定的临床应用指导原则，使用麻醉药品和精神药品。

第三十九条 具有麻醉药品和第一类精神药品处方资格的执业医师，根据临床应用指导原则，对确需使用麻醉药品或者第一类精神药品的患者，应当满足其合理用药需求。在医疗机构就诊的癌症疼痛患者和其他危重患者得不到麻醉药品或者第一类精神药品时，患者或者其亲属可以向执业医师提出申请。具有麻醉药品和第一类精神药品处方资格的执业医师认为要求合理的，应当及时为患者提供所需麻醉药品或者第一类精神药品。

第四十条 执业医师应当使用专用处方开具麻醉药品和精神药品，单张处方的最大用量应当符合国务院卫生主管部门的规定。

对麻醉药品和第一类精神药品处方，处方的调配人、核对人应当仔细核对，签署姓名，并予以登记；对不符合本条例规定的，处方的调配人、核对人应当拒绝发药。

麻醉药品和精神药品专用处方的格式由国务院卫生主管部门规定。

第四十一条 医疗机构应当对麻醉药品和精神药品处方进行专册登记，加强管理。麻醉药品处方至少保存 3 年，精神药品处方至少保存 2 年。

第四十二条 医疗机构抢救病人急需麻醉药品和第一类精神药品而本医疗机构无法提供时，可以从其他医疗机构或者定点批发企业紧急借用；抢救工作结束后，应当及时将借用情况报所在地设区的市级药品监督管理部门和卫生主管部门备案。

第四十三条 对临床需要而市场无供应的麻醉药品和精神药品，持有医疗机构制剂许可证和印鉴卡的医疗机构需要配制制剂的，应当经所在地省、自治区、直辖市人民政府药品监督管理部门批准。医疗机构配制的麻醉药品和精神药品制剂只能在本医疗机构使用，不得对外销售。

第四十四条 因治疗疾病需要，个人凭医疗机构出具的医疗诊断书、本人身份证明，可以携带单张处方最大用量以内的麻醉药品和第一类精神药品；携带麻醉药品和第一类精神药品出入境的，由海关根据自用、合理的原则放行。

医务人员为了医疗需要携带少量麻醉药品和精神药品出入境的，应当持有省级以上人民政府药品监督管理部门发放的携带麻醉药品和精神药品证明。海关凭携带麻醉药品和精神药品证明放行。

第四十五条 医疗机构、戒毒机构以开展戒毒治疗为目的，可以使用美沙酮或者国家确定的其他用于戒毒治疗的麻醉药品和精神药品。具体管理办法由国务院药品监督管理部门、国务院公安部门和国务院卫生主管部门制定。

第五章 储 存

第四十六条 麻醉药品药用原植物种植企业、定点生产企业、全国性批发企业和区域性批发企业以及国家设立的麻醉药品储存单位，应当设置储存麻醉药品和第一类精神药品的专库。该专库应当符合下列要求：

（一）安装专用防盗门，实行双人双锁管理；

（二）具有相应的防火设施；

（三）具有监控设施和报警装置，报警装置应当与公安机关报警系统联网。

全国性批发企业经国务院药品监督管理部门批准设立的药品储存点应当符合前款的规定。

麻醉药品定点生产企业应当将麻醉药品原料药和制剂分别存放。

第四十七条 麻醉药品和第一类精神药品的使用单位应当设立专库或者专柜储存麻醉药品和第一类精神药品。专库应当设有防盗设施并安装报警装置；专柜应当使用保险柜。专库和专柜应当实行双人双锁管理。

第四十八条 麻醉药品药用原植物种植企业、定点生产企业、全国性批发企业和区域性批发企业、国家设立的麻醉药品储存单位以及麻醉药品和第一类精神药品的使用单位，应当配备专人负责管理工作，并建立储存麻醉药品和第一类精神药品的专用账册。药品入库双人验收，出库双人复核，做到账物相符。专用账册的保存期限应当自药品有效期期满之日起不少于5年。

第四十九条 第二类精神药品经营企业应当在药品库房中设立独立的专库或者专柜储存第二类精神药品，并建立专用账册，实行专人管理。专用账册的保存期限应当自药品有效期期满之日起不少于5年。

第六章 运 输

第五十条 托运、承运和自行运输麻醉药品和精神药品的，应当采取安全保障措施，防止麻醉药品和精神药品在运输过程中被盗、被抢、丢失。

第五十一条 通过铁路运输麻醉药品和第一类精神药品的，应当使用集装箱或者铁路行李车运输，具体办法由国务院药品监督管理部门会同国务院铁路主管部门制定。

没有铁路需要通过公路或者水路运输麻醉药品和第一类精神药品的，应当由专人负责押运。

第五十二条 托运或者自行运输麻醉药品和第一类精神药品的单位，应当向所在地设区的市级药品监督管理部门申请领取运输证明。运输证明有效期为1年。

运输证明应当由专人保管，不得涂改、转让、转借。

第五十三条 托运人办理麻醉药品和第一类精神药品运输手续，应当将运输证明副本交付承运人。承运人应当查验、收存运输证明副本，并检查货物包装。没有运输证明或者货物包装不符合规定的，承运人不得承运。

承运人在运输过程中应当携带运输证明副本，以备查验。

第五十四条 邮寄麻醉药品和精神药品，寄件人应当提交所在地设区的市级药品监督管理部门出具的准予邮寄证明。邮政营业机构应当查验、收存准予邮寄证明；没有准予邮寄证明的，邮政营业机构不得收寄。

省、自治区、直辖市邮政主管部门指定符合安全保障条件的邮政营业机构负责收寄麻醉药品和精神药品。邮政营业机构收寄麻醉药品和精神药品，应当依法对收寄的麻醉药品和精神药品予以查验。

邮寄麻醉药品和精神药品的具体管理办法，由国务院药品监督管理部门会同国务院邮政主管部门制定。

第五十五条 定点生产企业、全国性批发企业和区域性批发企业之间运输麻醉药品、第一类精神药品，发货人在发货前应当向所在地省、自治区、直辖市人民政府药品监督管理部门报送本次运输的相关信息。属于跨省、自治区、直辖市运输的，收到信息的药品监督管理部门应当向收货人所在地的同级药品监督管理部门通报；属于在本省、自治区、直辖市行政区域内运输的，收到信息的药品监督管理部门应当向收货人所在地设区的市级药品监督管理部门通报。

第七章 审批程序和监督管理

第五十六条 申请人提出本条例规定的审批事项申请，应当提交能够证明其符合本条例规定条件的相关资料。审批部门应当自收到申请之日起40日内作出是否批准的决定；作出批准决定的，发给许可证明文件或者在相关许可证明文件上加注许可事项；作出不予批准决定的，应当书面说明理由。

确定定点生产企业和定点批发企业，审批部门应当在经审查符合条件的企业中，根据布局的要求，通过公平竞争的方式初步确定定点生产企业和定点批发企业，并予公布。其他符合条件的企业可以自公布之日起10日内向审批部门提出异议。审批部门应当自收到异议之日起20日内对异议进行审查，并作出是否调整的决定。

第五十七条 药品监督管理部门应当根据规定的职责权限，对麻醉药品药用原植物的种植以及麻醉药品和精神药品的实验研究、生产、经营、使用、储存、运输活动进行监督检查。

第五十八条 省级以上人民政府药品监督管理部门根据实际情况建立监控信息网络，对定点生产企业、定点批发企业和使用单位的麻醉药品和精神药品生产、进货、销售、库存、使用的数量以及流向实行实时监控，并与同级公安机关做到信息共享。

第五十九条 尚未连接监控信息网络的麻醉药品和精神药品定点生产企业、定点批发企业和使用单位，应当每月通过电子信息、传真、书面等方式，将本单位麻醉药品和精神药品生产、进货、销售、库存、使用的数量以及流向，报所在地设区的市级药品监督管理部门和公安机关；医疗机构还应当报所在地设区的市级人民政府卫生主管部门。

设区的市级药品监督管理部门应当每3个月向上一级药品监督管理部门报告本地区麻醉药品和精神药品的相关情况。

第六十条 对已经发生滥用，造成严重社会危害的麻醉药品和精神药品品种，国务院药品监督管理部门应当采取在一定期限内中止生产、经营、使用或者限定其使用范围和用途等措施。对不再作为药品使用的麻醉药品和精神药品，国务院药品监督管理部门应当撤销其药品批准文号和药品标准，并予以公布。

药品监督管理部门、卫生主管部门发现生产、经营企业和使用单位的麻醉药品和精神药品管理存在安全隐患时，应当责令其立即排除或者限期排除；对有证据证明可能流入非法渠道的，应当及时采取查封、扣押的行政强制措施，在7日内作出行政处理决定，并通报同级公安机关。

药品监督管理部门发现取得印鉴卡的医疗机构未依照规定购买麻醉药品和第一类精神药品时，应当及时通报同级卫生主管部门。接到通报的卫生主管部门应当立即调查处理。必要时，药品监督管理部门可以责令定点批发企业中止向该医疗机构销售麻醉药品和第一类精神药品。

第六十一条 麻醉药品和精神药品的生产、经营企业和使用单位对过期、损坏的麻醉药品和精神药品应当登记造册，并向所在地县级药品监督管理部门申请销毁。药品监督管理部门应当自接到申请之日起5日内到场监督销毁。医疗机构对存放在本单位的过期、损坏麻醉药品和精神药品，应当按照本条规定的程序向卫生主管部门提出申请，由卫生主管部门负责监督销毁。

对依法收缴的麻醉药品和精神药品，除经国务院药品监督管理部门或者国务院公安部门批准用于科学研究外，应当依照国家有关规定予以销毁。

第六十二条 县级以上人民政府卫生主管部门应当对执业医师开具麻醉药品和精神药品处方的情况进行监督检查。

第六十三条 药品监督管理部门、卫生主管部门和公安机关应当互相通报麻醉药品和精神药品生产、经营企业和使用单位的名单以及其他管理信息。

各级药品监督管理部门应当将在麻醉药品药用原植物的种植以及麻醉药品和精神药品的实验研究、生产、经营、使用、储存、运输等各环节的管理中的审批、撤销等事项通报同级公安机关。

麻醉药品和精神药品的经营企业、使用单位报送各级药品监督管理部门的备案事项，应当同时报送同级公安机关。

第六十四条 发生麻醉药品和精神药品被盗、被抢、丢失或者其他流入非法渠道的情形的，案发单位应当立即采取必要的控制措施，同时报告所在地县级公安机关和药品监督管理部门。医疗机构发生上述情形的，还应当报告其主管部门。

公安机关接到报告、举报，或者有证据证明麻醉药品和精神药品可能流入非法渠道时，应当及时开展调查，并可以对相关单位采取必要的控制措施。

药品监督管理部门、卫生主管部门以及其他有关部门应当配合公安机关开展工作。

第八章 法律责任

第六十五条 药品监督管理部门、卫生主管部门违反本条例的规定，有下列情形之一的，由其上级行政机关或者监察机关责令改正；情节严重的，对直接负责的主管人员和其他直接责任人员依法给予行政处分；构成犯罪的，依法追究刑事责任：

（一）对不符合条件的申请人准予行政许可或者超越法定职权作出准予行政许可决定的；

（二）未到场监督销毁过期、损坏的麻醉药品和精神药品的；

（三）未依法履行监督检查职责，应当发现而未发现违法行为、发现违法行为不及时查处，或者未依照本条例规定的程序实施监督检查的；

（四）违反本条例规定的其他失职、渎职行为。

第六十六条 麻醉药品药用原植物种植企业违反本条例的规定，有下列情形之一的，由药品监督管理部门责令限期改正，给予警告；逾期不改正的，处5万元以上10万元以下的罚款；情节严重的，取消其种植资格：

（一）未依照麻醉药品药用原植物年度种植计划进行种植的；

（二）未依照规定报告种植情况的；

（三）未依照规定储存麻醉药品的。

第六十七条 定点生产企业违反本条例的规定，有下列情形之一的，由药品监督管理部门责令限期改正，给予警告，并没收违法所得和违法销售的药品；逾期不改正的，责令停产，并处5万元以上10万元以下的罚款；情节严重的，取消其定点生产资格：

（一）未按照麻醉药品和精神药品年度生产计划安排生产的；

（二）未依照规定向药品监督管理部门报告生产情况的；

（三）未依照规定储存麻醉药品和精神药品，或者未依照规定建立、保存专用账册的；

（四）未依照规定销售麻醉药品和精神药品的；

（五）未依照规定销毁麻醉药品和精神药品的。

第六十八条 定点批发企业违反本条例的规定销售麻醉药品和精神药品，或者违反本条例的规定经营麻醉药品原料药和第一类精神药品原料药的，由药品监督管理部门责令限期改正，给予警告，并没收违法所得和违法销售的药品；逾期不改正的，责令停业，并处违法销售药品货值金额2倍以上5倍以下的罚款；情节严重的，取消其定点批发资格。

第六十九条 定点批发企业违反本条例的规定，有下列情形之一的，由药品监督管理部门责令限期改正，给予警告；逾期不改正的，责令停业，并处 2 万元以上 5 万元以下的罚款；情节严重的，取消其定点批发资格：

（一）未依照规定购进麻醉药品和第一类精神药品的；

（二）未保证供药责任区域内的麻醉药品和第一类精神药品的供应的；

（三）未对医疗机构履行送货义务的；

（四）未依照规定报告麻醉药品和精神药品的进货、销售、库存数量以及流向的；

（五）未依照规定储存麻醉药品和精神药品，或者未依照规定建立、保存专用账册的；

（六）未依照规定销毁麻醉药品和精神药品的；

（七）区域性批发企业之间违反本条例的规定调剂麻醉药品和第一类精神药品，或者因特殊情况调剂麻醉药品和第一类精神药品后未依照规定备案的。

第七十条 第二类精神药品零售企业违反本条例的规定储存、销售或者销毁第二类精神药品的，由药品监督管理部门责令限期改正，给予警告，并没收违法所得和违法销售的药品；逾期不改正的，责令停业，并处 5 000 元以上 2 万元以下的罚款；情节严重的，取消其第二类精神药品零售资格。

第七十一条 本条例第三十四条、第三十五条规定的单位违反本条例的规定，购买麻醉药品和精神药品的，由药品监督管理部门没收违法购买的麻醉药品和精神药品，责令限期改正，给予警告；逾期不改正的，责令停产或者停止相关活动，并处 2 万元以上 5 万元以下的罚款。

第七十二条 取得印鉴卡的医疗机构违反本条例的规定，有下列情形之一的，由设区的市级人民政府卫生主管部门责令限期改正，给予警告；逾期不改正的，处 5 000 元以上 1 万元以下的罚款；情节严重的，吊销其印鉴卡；对直接负责的主管人员和其他直接责任人员，依法给予降级、撤职、开除的处分：

（一）未依照规定购买、储存麻醉药品和第一类精神药品的；

（二）未依照规定保存麻醉药品和精神药品专用处方，或者未依照规定进行处方专册登记的；

（三）未依照规定报告麻醉药品和精神药品的进货、库存、使用数量的；

（四）紧急借用麻醉药品和第一类精神药品后未备案的；

（五）未依照规定销毁麻醉药品和精神药品的。

第七十三条 具有麻醉药品和第一类精神药品处方资格的执业医师，违反本条例的规定开具麻醉药品和第一类精神药品处方，或者未按照临床应用指导原则的要求使用麻醉药品和第一类精神药品的，由其所在医疗机构取消其麻醉药品和第一类精神药品处方资格；造成严重后果的，由原发证部门吊销其执业证书。执业医师未按照临床应用指导原则的要求使用第二类精神药品或者未使用专用处方开具第二类精神药品，造成严重后果的，由原发证部门吊销其执业证书。

未取得麻醉药品和第一类精神药品处方资格的执业医师擅自开具麻醉药品和第一类精神药品处方，由县级以上人民政府卫生主管部门给予警告，暂停其执业活动；造成严重后果的，吊销其执业证书；构成犯罪的，依法追究刑事责任。

处方的调配人、核对人违反本条例的规定未对麻醉药品和第一类精神药品处方进行核对，造成严重后果的，由原发证部门吊销其执业证书。

第七十四条 违反本条例的规定运输麻醉药品和精神药品的，由药品监督管理部门和运输管理部门依照各自职责，责令改正，给予警告，处 2 万元以上 5 万元以下的罚款。

收寄麻醉药品、精神药品的邮政营业机构未依照本条例的规定办理邮寄手续的，由邮政主管部门责令改正，给予警告；造成麻醉药品、精神药品邮件丢失的，依照邮政法律、行政法规的规定处理。

第七十五条 提供虚假材料、隐瞒有关情况，或者采取其他欺骗手段取得麻醉药品和精神药品的实验研究、生产、经营、使用资格的，由原审批部门撤销其已取得的资格，5 年内不得提出有关麻醉药品和精神药品的申请；情节严重的，处 1 万元以上 3 万元以下的罚款，有药品生产许可证、药品经营许可证、医疗机构执业许可证的，依法吊销其许可证明文件。

第七十六条 药品研究单位在普通药品的实验研究和研制过程中，产生本条例规定管制的麻醉药品和精神药品，未依照本条例的规定报告的，由药品监督管理部门责令改正，给予警告，没收违法药品；拒不改正的，责令停止实验研究和研制活动。

第七十七条 药物临床试验机构以健康人为麻醉药品和第一类精神药品临床试验的受试对象的，由药品监督管理部门责令停止违法行为，给予警告；情节严重的，取消其药物临床试验机构的资格；构成犯罪的，依法追究刑事责任。对受试对象造成损害的，药物临床试验机构依法承担治疗和赔偿责任。

第七十八条 定点生产企业、定点批发企业和第二类精神药品零售企业生产、销售假劣麻醉药品和精神药品的，由药品监督管理部门取消其定点生产资格、定点批发资格或者第二类精神药品零售资格，并依照药品管理法的有关规定予以处罚。

第七十九条 定点生产企业、定点批发企业和其他单位使用现金进行麻醉药品和精神药品交易的，由药品监督管理部门责令改正，给予警告，没收违法交易的药品，并处5万元以上10万元以下的罚款。

第八十条 发生麻醉药品和精神药品被盗、被抢、丢失案件的单位，违反本条例的规定未采取必要的控制措施或者未依照本条例的规定报告的，由药品监督管理部门和卫生主管部门依照各自职责，责令改正，给予警告；情节严重的，处5 000元以上1万元以下的罚款；有上级主管部门的，由其上级主管部门对直接负责的主管人员和其他直接责任人员，依法给予降级、撤职的处分。

第八十一条 依法取得麻醉药品药用原植物种植或者麻醉药品和精神药品实验研究、生产、经营、使用、运输等资格的单位，倒卖、转让、出租、出借、涂改其麻醉药品和精神药品许可证明文件的，由原审批部门吊销相应许可证明文件，没收违法所得；情节严重的，处违法所得2倍以上5倍以下的罚款；没有违法所得的，处2万元以上5万元以下的罚款；构成犯罪的，依法追究刑事责任。

第八十二条 违反本条例的规定，致使麻醉药品和精神药品流入非法渠道造成危害，构成犯罪的，依法追究刑事责任；尚不构成犯罪的，由县级以上公安机关处5万元以上10万元以下的罚款；有违法所得的，没收违法所得；情节严重的，处违法所得2倍以上5倍以下的罚款；由原发证部门吊销其药品生产、经营和使用许可证明文件。

药品监督管理部门、卫生主管部门在监督管理工作中发现前款规定情形的，应当立即通报所在地同级公安机关，并依照国家有关规定，将案件以及相关材料移送公安机关。

第八十三条 本章规定由药品监督管理部门作出的行政处罚，由县级以上药品监督管理部门按照国务院药品监督管理部门规定的职责分工决定。

第九章 附 则

第八十四条 本条例所称实验研究是指以医疗、科学研究或者教学为目的的临床前药物研究。

经批准可以开展与计划生育有关的临床医疗服务的计划生育技术服务机构需要使用麻醉药品和精神药品的，依照本条例有关医疗机构使用麻醉药品和精神药品的规定执行。

第八十五条 麻醉药品目录中的罂粟壳只能用于中药饮片和中成药的生产以及医疗配方使用。具体管理办法由国务院药品监督管理部门另行制定。

第八十六条 生产含麻醉药品的复方制剂，需要购进、储存、使用麻醉药品原料药的，应当遵守本条例有关麻醉药品管理的规定。

第八十七条 军队医疗机构麻醉药品和精神药品的供应、使用，由国务院药品监督管理部门会同中国人民解放军总后勤部依据本条例制定具体管理办法。

第八十八条 对动物用麻醉药品和精神药品的管理，由国务院兽医主管部门会同国务院药品监督管理部门依据本条例制定具体管理办法。

第八十九条 本条例自2005年11月1日起施行。1987年11月28日国务院发布的《麻醉药品管理办法》和1988年12月27日国务院发布的《精神药品管理办法》同时废止。

部门规章

食用农产品市场销售质量安全监督管理办法

（2016年1月5日国家食品药品监督管理总局令第20号公布 自2016年3月1日起施行）

第一章 总 则

第一条 为规范食用农产品市场销售行为，加强食用农产品市场销售质量安全监督管理，保证食用农产品质量安全，根据《中华人民共和国食品安全法》等法律法规，制定本办法。

第二条 食用农产品市场销售质量安全及其监督管理适用本办法。

本办法所称食用农产品市场销售，是指通过集中交易市场、商场、超市、便利店等销售食用农产品的活动。

本办法所称集中交易市场，是指销售食用农产品的批发市场和零售市场（含农贸市场）。

第三条 国家食品药品监督管理总局负责监督指导全国食用农产品市场销售质量安全的监督管理工作。

省、自治区、直辖市食品药品监督管理部门负责监督指导本行政区域食用农产品市场销售质量安全的监督管理工作。

市、县级食品药品监督管理部门负责本行政区域食用农产品市场销售质量安全的监督管理工作。

第四条 食用农产品市场销售质量安全及其监督管理工作坚持预防为主、风险管理原则，推进产地准出与市场准入衔接，保证市场销售的食用农产品可追溯。

第五条 县级以上食品药品监督管理部门应当与相关部门建立健全食用农产品市场销售质量安全监督管理协作机制。

第六条 集中交易市场开办者应当依法对入场销售者履行管理义务，保障市场规范运行。

食用农产品销售者（以下简称销售者）应当依照法律法规和食品安全标准从事销售活动，保证食用农产品质量安全。

第七条 县级以上食品药品监督管理部门应当加强信息化建设，汇总分析食用农产品质量安全信息，加强监督管理，防范食品安全风险。

集中交易市场开办者和销售者应当按照食品药品监督管理部门的要求提供并公开食用农产品质量安全数据信息。

鼓励集中交易市场开办者和销售者建立食品安全追溯体系，利用信息化手段采集和记录所销售的食用农产品信息。

第八条 集中交易市场开办者相关行业协会和食用农产品相关行业协会应当加强行业自律，督促集中交易市场开办者和销售者履行法律义务。

第二章 集中交易市场开办者义务

第九条 集中交易市场开办者应当建立健全食品安全管理制度，督促销售者履行义务，加强食用农产品质量安全风险防控。

集中交易市场开办者主要负责人应当落实食品安全管理制度，对本市场的食用农产品质量安全工作全面负责。

集中交易市场开办者应当配备专职或者兼职食品安全管理人员、专业技术人员，明确入场销售者的食品安全管理责任，组织食品安全知识培训。

集中交易市场开办者应当制定食品安全事故处置方案，根据食用农产品风险程度确定检查重点、方式、频次等，定期检查食品安全事故防范措施落实情况，及时消除食用农产品质量安全隐患。

第十条 集中交易市场开办者应当按照食用农产品类别实行分区销售。

集中交易市场开办者销售和贮存食用农产品的环境、设施、设备等应当符合食用农产品质量安全的要求。

第十一条 集中交易市场开办者应当建立入场销售者档案，如实记录销售者名称或者姓名、社会信用代码或者身份证号码、联系方式、住所、食用农产品主要品种、进货渠道、产地等信息。

销售者档案信息保存期限不少于销售者停止销售后6个月。集中交易市场开办者应当对销售者档案及时更新，保证其准确性、真实性和完整性。

集中交易市场开办者应当如实向所在地县级食品药品监督管理部门报告市场名称、住所、类型、法定代表人或者负责人姓名、食品安全管理制度、食用农产品主要种类、摊位数量等信息。

第十二条 集中交易市场开办者应当查验并留存入场销售者的社会信用代码或者身份证复印件，食用农产品产地证明或者购货凭证、合格证明文件。

销售者无法提供食用农产品产地证明或者购货凭证、合格证明文件的，集中交易市场开办者应当进行抽样检验或者快速检测；抽样检验或者快速检测合格的，方可进入市场销售。

第十三条 食用农产品生产企业或者农民专业合作经济组织及其成员生产的食用农产品，由本单位出具产地证明；其他食用农产品生产者或者个人生产的食用农产品，由村民委员会、乡镇政府等出具产地证明；无公害农产品、绿色食品、有机农产品以及农产品地理标志等食用农产品标志上所标注的产地信息，可以作为产地证明。

第十四条 供货者提供的销售凭证、销售者与供货者签订的食用农产品采购协议，可以作为食用农产品购货凭证。

第十五条 有关部门出具的食用农产品质量安全合格证明或者销售者自检合格证明等可以作为合格证明文件。

销售按照有关规定需要检疫、检验的肉类，应当提供检疫合格证明、肉类检验合格证明等证明文件。

销售进口食用农产品，应当提供出入境检验检疫部门出具的入境货物检验检疫证明等证明文件。

第十六条 集中交易市场开办者应当建立食用农产品检查制度，对销售者的销售环境和条件以及食用农产品质量安全状况进行检查。

集中交易市场开办者发现存在食用农产品不符合食品安全标准等违法行为的，应当要求销售者立即停止销售，依照集中交易市场管理规定或者与销售者签订的协议进行处理，并向所在地县级食品药品监督管理部门报告。

第十七条 集中交易市场开办者应当在醒目位置及时

公布食品安全管理制度、食品安全管理人员、食用农产品抽样检验结果以及不合格食用农产品处理结果、投诉举报电话等信息。

第十八条 批发市场开办者应当与入场销售者签订食用农产品质量安全协议，明确双方食用农产品质量安全权利义务；未签订食用农产品质量安全协议的，不得进入批发市场进行销售。

鼓励零售市场开办者与销售者签订食用农产品质量安全协议，明确双方食用农产品质量安全权利义务。

第十九条 批发市场开办者应当配备检验设备和检验人员，或者委托具有资质的食品检验机构，开展食用农产品抽样检验或者快速检测，并根据食用农产品种类和风险等级确定抽样检验或者快速检测频次。

鼓励零售市场开办者配备检验设备和检验人员，或者委托具有资质的食品检验机构，开展食用农产品抽样检验或者快速检测。

第二十条 批发市场开办者应当印制统一格式的销售凭证，载明食用农产品名称、产地、数量、销售日期以及销售者名称、地址、联系方式等项目。销售凭证可以作为销售者的销售记录和其他购货者的进货查验记录凭证。

销售者应当按照销售凭证的要求如实记录。记录和销售凭证保存期限不得少于6个月。

第二十一条 与屠宰厂（场）、食用农产品种植养殖基地签订协议的批发市场开办者应当对屠宰厂（场）和食用农产品种植养殖基地进行实地考察，了解食用农产品生产过程以及相关信息，查验种植养殖基地食用农产品相关证明材料以及票据等。

第二十二条 鼓励食用农产品批发市场开办者改造升级，更新设施、设备和场所，提高食品安全保障能力和水平。

鼓励批发市场开办者与取得无公害农产品、绿色食品、有机农产品、农产品地理标志等认证的食用农产品种植养殖基地或者生产加工企业签订食用农产品质量安全合作协议。

第三章 销售者义务

第二十三条 销售者应当具有与其销售的食用农产品品种、数量相适应的销售和贮存场所，保持场所环境整洁，并与有毒、有害场所以及其他污染源保持适当的距离。

第二十四条 销售者应当具有与其销售的食用农产品品种、数量相适应的销售设备或者设施。

销售冷藏、冷冻食用农产品的，应当配备与销售品种相适应的冷藏、冷冻设施，并符合保证食用农产品质量安全所需要的温度、湿度和环境等特殊要求。

鼓励采用冷链、净菜上市、畜禽产品冷鲜上市等方式销售食用农产品。

第二十五条 禁止销售下列食用农产品：

（一）使用国家禁止的兽药和剧毒、高毒农药，或者添加食品添加剂以外的化学物质和其他可能危害人体健康的物质的；

（二）致病性微生物、农药残留、兽药残留、生物毒素、重金属等污染物质以及其他危害人体健康的物质含量超过食品安全标准限量的；

（三）超范围、超限量使用食品添加剂的；

（四）腐败变质、油脂酸败、霉变生虫、污秽不洁、混有异物、掺假掺杂或者感官性状异常的；

（五）病死、毒死或者死因不明的禽、畜、兽、水产动物肉类；

（六）未按规定进行检疫或者检疫不合格的肉类；

（七）未按规定进行检验或者检验不合格的肉类；

（八）使用的保鲜剂、防腐剂等食品添加剂和包装材料等食品相关产品不符合食品安全国家标准的；

（九）被包装材料、容器、运输工具等污染的；

（十）标注虚假生产日期、保质期或者超过保质期的；

（十一）国家为防病等特殊需要明令禁止销售的；

（十二）标注虚假的食用农产品产地、生产者名称、生产者地址，或者标注伪造、冒用的认证标志等质量标志的；

（十三）其他不符合法律、法规或者食品安全标准的。

第二十六条 销售者采购食用农产品，应当按照规定查验相关证明材料，不符合要求的，不得采购和销售。

销售者应当建立食用农产品进货查验记录制度，如实记录食用农产品名称、数量、进货日期以及供货者名称、地址、联系方式等内容，并保存相关凭证。记录和凭证保存期限不得少于6个月。

实行统一配送销售方式的食用农产品销售企业，可以由企业总部统一建立进货查验记录制度；所属各销售门店应当保存总部的配送清单以及相应的合格证明文件。配送清单和合格证明文件保存期限不得少于6个月。

从事食用农产品批发业务的销售企业，应当建立食用农产品销售记录制度，如实记录批发食用农产品名称、数量、销售日期以及购货者名称、地址、联系方式等内容，并保存相关凭证。记录和凭证保存期限不得少于6个月。

鼓励和引导有条件的销售企业采用扫描、拍照、数据交换、电子表格等方式，建立食用农产品进货查验记录制度。

第二十七条 销售者贮存食用农产品，应当定期检查库存，及时清理腐败变质、油脂酸败、霉变生虫、污秽不洁或者感官性状异常的食用农产品。

销售者贮存食用农产品，应当如实记录食用农产品名称、产地、贮存日期、生产者或者供货者名称或者姓名、联系方式等内容，并在贮存场所保存记录。记录和凭证保存期限不得少于6个月。

第二十八条 销售者租赁仓库的，应当选择能够保障食用农产品质量安全的食用农产品贮存服务提供者。

贮存服务提供者应当按照食用农产品质量安全的要求贮存食用农产品，履行下列义务：

（一）如实向所在地县级食品药品监督管理部门报告其名称、地址、法定代表人或者负责人姓名、社会信用代码或者身份证号码、联系方式以及所提供服务的销售者名称、贮存的食用农产品品种、数量等信息；

（二）查验所提供服务的销售者的营业执照或者身份证明和食用农产品产地或者来源证明、合格证明文件，并建立进出货台账，记录食用农产品名称、产地、贮存日期、出货日期、销售者名称或者姓名、联系方式等。进出货台账和相关证明材料保存期限不得少于6个月；

（三）保证贮存食用农产品的容器、工具和设备安全无害，保持清洁，防止污染，保证食用农产品质量安全所需的温度、湿度和环境等特殊要求，不得将食用农产品与有毒、有害物品一同贮存；

（四）贮存肉类冻品应当查验并留存检疫合格证明、肉类检验合格证明等证明文件；

（五）贮存进口食用农产品，应当查验并记录出入境检验检疫部门出具的入境货物检验检疫证明等证明文件；

（六）定期检查库存食用农产品，发现销售者有违法行为的，应当及时制止并立即报告所在地县级食品药品监督管理部门；

（七）法律、法规规定的其他义务。

第二十九条 销售者自行运输或者委托承运人运输食用农产品的，运输容器、工具和设备应当安全无害，保持清洁，防止污染，并符合保证食用农产品质量安全所需的温度、湿度和环境等特殊要求，不得将食用农产品与有毒、有害物品一同运输。

承运人应当按照有关部门的规定履行相关食品安全义务。

第三十条 销售企业应当建立健全食用农产品质量安全管理制度，配备必要的食品安全管理人员，对职工进行食品安全知识培训，制定食品安全事故处置方案，依法从事食用农产品销售活动。

鼓励销售企业配备相应的检验设备和检验人员，加强食用农产品检验工作。

第三十一条 销售者应当建立食用农产品质量安全自查制度，定期对食用农产品质量安全情况进行检查，发现不符合食用农产品质量安全要求的，应当立即停止销售并采取整改措施；有发生食品安全事故潜在风险的，应当立即停止销售并向所在地县级食品药品监督管理部门报告。

第三十二条 销售按照规定应当包装或者附加标签的食用农产品，在包装或者附加标签后方可销售。包装或者标签上应当按照规定标注食用农产品名称、产地、生产者、生产日期等内容；对保质期有要求的，应当标注保质期；保质期与贮藏条件有关的，应当予以标明；有分级标准或者使用食品添加剂的，应当标明产品质量等级或者食品添加剂名称。

食用农产品标签所用文字应当使用规范的中文，标注的内容应当清楚、明显，不得含有虚假、错误或者其他误导性内容。

第三十三条 销售获得无公害农产品、绿色食品、有机农产品等认证的食用农产品以及省级以上农业行政部门规定的其他需要包装销售的食用农产品应当包装，并标注相应标志和发证机构，鲜活畜、禽、水产品等除外。

第三十四条 销售未包装的食用农产品，应当在摊位（柜台）明显位置如实公布食用农产品名称、产地、生产者或者销售者名称或者姓名等信息。

鼓励采取附加标签、标示带、说明书等方式标明食用农产品名称、产地、生产者或者销售者名称或者姓名、保存条件以及最佳食用期等内容。

第三十五条 进口食用农产品的包装或者标签应当符合我国法律、行政法规的规定和食品安全国家标准的要求，并载明原产地，境内代理商的名称、地址、联系方式。

进口鲜冻肉类产品的包装应当标明产品名称、原产国（地区）、生产企业名称、地址以及企业注册号、生产批号；外包装上应当以中文标明规格、产地、目的地、生产日期、保质期、储存温度等内容。

分装销售的进口食用农产品，应当在包装上保留原进口食用农产品全部信息以及分装企业、分装时间、地点、保质期等信息。

第三十六条 销售者发现其销售的食用农产品不符合食品安全标准或者有证据证明可能危害人体健康的，应当立即停止销售，通知相关生产经营者、消费者，并记录停止销售和通知情况。

由于销售者的原因造成其销售的食用农产品不符合食品安全标准或者有证据证明可能危害人体健康的，销售者应当召回。

对于停止销售的食用农产品，销售者应当按照要求采取无害化处理、销毁等措施，防止其再次流入市场。但是，因标签、标志或者说明书不符合食品安全标准而被召回的食用农产品，在采取补救措施且能保证食用农产品质量安全的情况下可以继续销售；销售时应当向消费者明示补救措施。

集中交易市场开办者、销售者应当将食用农产品停止销售、召回和处理情况向所在地县级食品药品监督管理部门报告，配合政府有关部门根据有关法律法规进行处理，并记录相关情况。

集中交易市场开办者、销售者未依照本办法停止销售或者召回的，县级以上地方食品药品监督管理部门可以责令其停止销售或者召回。

第四章　监督管理

第三十七条　县级以上地方食品药品监督管理部门应当按照当地人民政府制定的本行政区域食品安全年度监督管理计划，开展食用农产品市场销售质量安全监督管理工作。

市、县级食品药品监督管理部门应当根据年度监督检查计划、食用农产品风险程度等，确定监督检查的重点、方式和频次，对本行政区域的集中交易市场开办者、销售者、贮存服务提供者进行日常监督检查。

第三十八条　市、县级食品药品监督管理部门按照地方政府属地管理要求，可以依法采取下列措施，对集中交易市场开办者、销售者、贮存服务提供者遵守本办法情况进行日常监督检查：

（一）对食用农产品销售、贮存和运输等场所进行现场检查；

（二）对食用农产品进行抽样检验；

（三）向当事人和其他有关人员调查了解与食用农产品销售活动和质量安全有关的情况；

（四）检查食用农产品进货查验记录制度落实情况，查阅、复制与食用农产品质量安全有关的记录、协议、发票以及其他资料；

（五）对有证据证明不符合食品安全标准或者有证据证明存在质量安全隐患以及用于违法生产经营的食用农产品，有权查封、扣押、监督销毁；

（六）查封违法从事食用农产品销售活动的场所。

集中交易市场开办者、销售者、贮存服务提供者对食品药品监督管理部门实施的监督检查应当予以配合，不得拒绝、阻挠、干涉。

第三十九条　市、县级食品药品监督管理部门应当建立本行政区域集中交易市场开办者、销售者、贮存服务提供者食品安全信用档案，如实记录日常监督检查结果、违法行为查处等情况，依法向社会公布并实时更新。对有不良信用记录的集中交易市场开办者、销售者、贮存服务提供者增加监督检查频次；将违法行为情节严重的集中交易市场开办者、销售者、贮存服务提供者及其主要负责人和其他直接责任人的相关信息，列入严重违法者名单，并予以公布。

市、县级食品药品监督管理部门应当逐步建立销售者市场准入前信用承诺制度，要求销售者以规范格式向社会作出公开承诺，如存在违法失信销售行为将自愿接受信用惩戒。信用承诺纳入销售者信用档案，接受社会监督，并作为事中事后监督管理的参考。

第四十条　食用农产品在销售过程中存在质量安全隐患，未及时采取有效措施消除的，市、县级食品药品监督管理部门可以对集中交易市场开办者、销售者、贮存服务提供者的法定代表人或者主要负责人进行责任约谈。

被约谈者无正当理由拒不按时参加约谈或者未按要求落实整改的，食品药品监督管理部门应当记入集中交易市场开办者、销售者、贮存服务提供者食品安全信用档案。

第四十一条　县级以上地方食品药品监督管理部门应当将食用农产品监督抽检纳入年度检验检测工作计划，对食用农产品进行定期或者不定期抽样检验，并依据有关规定公布检验结果。

市、县级食品药品监督管理部门可以采用国家规定的快速检测方法对食用农产品质量安全进行抽查检测，抽查检测结果表明食用农产品可能存在质量安全隐患的，销售者应当暂停销售；抽查检测结果确定食用农产品不符合食品安全标准的，可以作为行政处罚的依据。

被抽查人对快速检测结果有异议的，可以自收到检测结果时起4小时内申请复检。复检结论仍不合格的，复检费用由申请人承担。复检不得采用快速检测方法。

第四十二条　市、县级食品药品监督管理部门应当依据职责公布食用农产品监督管理信息。

公布食用农产品监督管理信息，应当做到准确、及时、客观，并进行必要的解释说明，避免误导消费者和社会舆论。

第四十三条　市、县级食品药品监督管理部门发现批发市场有本办法禁止销售的食用农产品，在依法处理的同时，应当及时追查食用农产品来源和流向，查明原因、控制风险并报告上级食品药品监督管理部门，同时通报所涉地同级食品药品监督管理部门；涉及种植养殖和进出口环节的，还应当通报相关农业行政部门和出入境检验检疫部门。

第四十四条 市、县级食品药品监督管理部门发现超出其管辖范围的食用农产品质量安全案件线索，应当及时移送有管辖权的食品药品监督管理部门。

第四十五条 县级以上地方食品药品监督管理部门在监督管理中发现食用农产品质量安全事故，或者接到有关食用农产品质量安全事故的举报，应当立即会同相关部门进行调查处理，采取措施防止或者减少社会危害，按照应急预案的规定报告当地人民政府和上级食品药品监督管理部门，并在当地人民政府统一领导下及时开展调查处理。

第五章　法律责任

第四十六条 食用农产品市场销售质量安全的违法行为，食品安全法等法律法规已有规定的，依照其规定。

第四十七条 集中交易市场开办者违反本办法第九条至第十二条、第十六条第二款、第十七条规定，有下列情形之一的，由县级以上食品药品监督管理部门责令改正，给予警告；拒不改正的，处5 000元以上3万元以下罚款：

（一）未建立或者落实食品安全管理制度的；

（二）未按要求配备食品安全管理人员、专业技术人员，或者未组织食品安全知识培训的；

（三）未制定食品安全事故处置方案的；

（四）未按食用农产品类别实行分区销售的；

（五）环境、设施、设备等不符合有关食用农产品质量安全要求的；

（六）未按要求建立入场销售者档案，或者未按要求保存和更新销售者档案的；

（七）未如实向所在地县级食品药品监督管理部门报告市场基本信息的；

（八）未查验并留存入场销售者的社会信用代码或者身份证复印件、食用农产品产地证明或者购货凭证、合格证明文件的；

（九）未进行抽样检验或者快速检测，允许无法提供食用农产品产地证明或者购货凭证、合格证明文件的销售者入场销售的；

（十）发现食用农产品不符合食品安全标准等违法行为，未依照集中交易市场管理规定或者与销售者签订的协议处理的；

（十一）未在醒目位置及时公布食用农产品质量安全管理制度、食品安全管理人员、食用农产品抽样检验结果以及不合格食用农产品处理结果、投诉举报电话等信息的。

第四十八条 批发市场开办者违反本办法第十八条第一款、第二十条规定，未与入场销售者签订食用农产品质量安全协议，或者未印制统一格式的食用农产品销售凭证的，由县级以上食品药品监督管理部门责令改正，给予警告；拒不改正的，处1万元以上3万元以下罚款。

第四十九条 销售者违反本办法第二十四条第二款规定，未按要求配备与销售品种相适应的冷藏、冷冻设施，或者温度、湿度和环境等不符合特殊要求的，由县级以上食品药品监督管理部门责令改正，给予警告；拒不改正的，处5 000元以上3万元以下罚款。

第五十条 销售者违反本办法第二十五条第一项、第五项、第六项、第十一项规定的，由县级以上食品药品监督管理部门依照食品安全法第一百二十三条第一款的规定给予处罚。

违反本办法第二十五条第二项、第三项、第四项、第十项规定的，由县级以上食品药品监督管理部门依照食品安全法第一百二十四条第一款的规定给予处罚。

违反本办法第二十五条第七项、第十二项规定，销售未按规定进行检验的肉类，或者销售标注虚假的食用农产品产地、生产者名称、生产者地址，标注伪造、冒用的认证标志等质量标志的食用农产品的，由县级以上食品药品监督管理部门责令改正，处1万元以上3万元以下罚款。

违反本办法第二十五条第八项、第九项规定的，由县级以上食品药品监督管理部门依照食品安全法第一百二十五条第一款的规定给予处罚。

第五十一条 销售者违反本办法第二十八条第一款规定，未按要求选择贮存服务提供者，或者贮存服务提供者违反本办法第二十八条第二款规定，未履行食用农产品贮存相关义务的，由县级以上食品药品监督管理部门责令改正，给予警告；拒不改正的，处5 000元以上3万元以下罚款。

第五十二条 销售者违反本办法第三十二条、第三十三条、第三十五条规定，未按要求进行包装或者附加标签的，由县级以上食品药品监督管理部门责令改正，给予警告；拒不改正的，处5 000元以上3万元以下罚款。

第五十三条 销售者违反本办法第三十四条第一款规定，未按要求公布食用农产品相关信息的，由县级以上食品药品监督管理部门责令改正，给予警告；拒不改正的，处5 000元以上1万元以下罚款。

第五十四条 销售者履行了本办法规定的食用农产品进货查验等义务，有充分证据证明其不知道所采购的食用农产品不符合食品安全标准，并能如实说明其进货来源的，可以免予处罚，但应当依法没收其不符合食品安全标准的食用农产品；造成人身、财产或者其他损害的，依法承担赔偿责任。

第五十五条 县级以上地方食品药品监督管理部门不履行食用农产品质量安全监督管理职责，或者滥用职权、玩忽职守、徇私舞弊的，依法追究直接负责的主管人员和其他直接责任人员的行政责任。

第五十六条 违法销售食用农产品涉嫌犯罪的，由县级以上地方食品药品监督管理部门依法移交公安机关追究刑事责任。

第六章 附 则

第五十七条 本办法下列用语的含义：

食用农产品，指在农业活动中获得的供人食用的植物、动物、微生物及其产品。农业活动，指传统的种植、养殖、采摘、捕捞等农业活动，以及设施农业、生物工程等现代农业活动。植物、动物、微生物及其产品，指在农业活动中直接获得的，以及经过分拣、去皮、剥壳、干燥、粉碎、清洗、切割、冷冻、打蜡、分级、包装等加工，但未改变其基本自然性状和化学性质的产品。

食用农产品集中交易市场开办者，指依法设立、为食用农产品交易提供平台、场地、设施、服务以及日常管理的企业法人或者其他组织。

第五十八条 柜台出租者和展销会举办者销售食用农产品的，参照本办法对集中交易市场开办者的规定执行。

第五十九条 食品摊贩等销售食用农产品的具体管理规定由省、自治区、直辖市制定。

第六十条 本办法自2016年3月1日起施行。

保健食品注册与备案管理办法

（2016年2月26日国家食品药品监督管理总局令第22号公布 自2016年7月1日起施行）

第一章 总 则

第一条 为规范保健食品的注册与备案，根据《中华人民共和国食品安全法》，制定本办法。

第二条 在中华人民共和国境内保健食品的注册与备案及其监督管理适用本办法。

第三条 保健食品注册，是指食品药品监督管理部门根据注册申请人申请，依照法定程序、条件和要求，对申请注册的保健食品的安全性、保健功能和质量可控性等相关申请材料进行系统评价和审评，并决定是否准予其注册的审批过程。

保健食品备案，是指保健食品生产企业依照法定程序、条件和要求，将表明产品安全性、保健功能和质量可控性的材料提交食品药品监督管理部门进行存档、公开、备查的过程。

第四条 保健食品的注册与备案及其监督管理应当遵循科学、公开、公正、便民、高效的原则。

第五条 国家食品药品监督管理总局负责保健食品注册管理，以及首次进口的属于补充维生素、矿物质等营养物质的保健食品备案管理，并指导监督省、自治区、直辖市食品药品监督管理部门承担的保健食品注册与备案相关工作。

省、自治区、直辖市食品药品监督管理部门负责本行政区域内保健食品备案管理，并配合国家食品药品监督管理总局开展保健食品注册现场核查等工作。

市、县级食品药品监督管理部门负责本行政区域内注册和备案保健食品的监督管理，承担上级食品药品监督管理部门委托的其他工作。

第六条 国家食品药品监督管理总局行政受理机构（以下简称受理机构）负责受理保健食品注册和接收相关进口保健食品备案材料。

省、自治区、直辖市食品药品监督管理部门负责接收相关保健食品备案材料。

国家食品药品监督管理总局保健食品审评机构（以下简称审评机构）负责组织保健食品审评，管理审评专家，并依法承担相关保健食品备案工作。

国家食品药品监督管理总局审核查验机构（以下简称查验机构）负责保健食品注册现场核查工作。

第七条 保健食品注册申请人或者备案人应当具有相应的专业知识，熟悉保健食品注册管理的法律、法规、规章和技术要求。

保健食品注册申请人或者备案人应当对所提交材料的真实性、完整性、可溯源性负责，并对提交材料的真实性承担法律责任。

保健食品注册申请人或者备案人应当协助食品药品监督管理部门开展与注册或者备案相关的现场核查、样品抽样、复核检验和监督管理等工作。

第八条 省级以上食品药品监督管理部门应当加强信息化建设，提高保健食品注册与备案管理信息化水平，逐步实现电子化注册与备案。

第二章 注 册

第九条 生产和进口下列产品应当申请保健食品注册：

（一）使用保健食品原料目录以外原料（以下简称目录外原料）的保健食品；

（二）首次进口的保健食品（属于补充维生素、矿物质等营养物质的保健食品除外）。

首次进口的保健食品，是指非同一国家、同一企业、同一配方申请中国境内上市销售的保健食品。

第十条 产品声称的保健功能应当已经列入保健食品功能目录。

第十一条 国产保健食品注册申请人应当是在中国境内登记的法人或者其他组织；进口保健食品注册申请人应当是上市保健食品的境外生产厂商。

申请进口保健食品注册的，应当由其常驻中国代表机构或者由其委托中国境内的代理机构办理。

境外生产厂商，是指产品符合所在国（地区）上市要求的法人或者其他组织。

第十二条 申请保健食品注册应当提交下列材料：

（一）保健食品注册申请表，以及申请人对申请材料真实性负责的法律责任承诺书；

（二）注册申请人主体登记证明文件复印件；

（三）产品研发报告，包括研发人、研发时间、研制过程、中试规模以上的验证数据，目录外原料及产品安全性、保健功能、质量可控性的论证报告和相关科学依据，以及根据研发结果综合确定的产品技术要求等；

（四）产品配方材料，包括原料和辅料的名称及用量、生产工艺、质量标准，必要时还应当按照规定提供原料使用依据、使用部位的说明、检验合格证明、品种鉴定报告等；

（五）产品生产工艺材料，包括生产工艺流程简图及说明，关键工艺控制点及说明；

（六）安全性和保健功能评价材料，包括目录外原料及产品的安全性、保健功能试验评价材料，人群食用评价材料；功效成分或者标志性成分、卫生学、稳定性、菌种鉴定、菌种毒力等试验报告，以及涉及兴奋剂、违禁药物成分等检测报告；

（七）直接接触保健食品的包装材料种类、名称、相关标准等；

（八）产品标签、说明书样稿；产品名称中的通用名与注册的药品名称不重名的检索材料；

（九）3个最小销售包装样品；

（十）其他与产品注册审评相关的材料。

第十三条 申请首次进口保健食品注册，除提交本办法第十二条规定的材料外，还应当提交下列材料：

（一）产品生产国（地区）政府主管部门或者法律服务机构出具的注册申请人为上市保健食品境外生产厂商的资质证明文件；

（二）产品生产国（地区）政府主管部门或者法律服务机构出具的保健食品上市销售一年以上的证明文件，或者产品境外销售以及人群食用情况的安全性报告；

（三）产品生产国（地区）或者国际组织与保健食品相关的技术法规或者标准；

（四）产品在生产国（地区）上市的包装、标签、说明书实样。

由境外注册申请人常驻中国代表机构办理注册事务的，应当提交《外国企业常驻中国代表机构登记证》及其复印件；境外注册申请人委托境内的代理机构办理注册事项的，应当提交经过公证的委托书原件以及受委托的代理机构营业执照复印件。

第十四条 受理机构收到申请材料后，应当根据下列情况分别作出处理：

（一）申请事项依法不需要取得注册的，应当即时告知注册申请人不受理；

（二）申请事项依法不属于国家食品药品监督管理总局职权范围的，应当即时作出不予受理的决定，并告知注册申请人向有关行政机关申请；

（三）申请材料存在可以当场更正的错误的，应当允许注册申请人当场更正；

（四）申请材料不齐全或者不符合法定形式的，应当当场或者在5个工作日内一次告知注册申请人需要补正的全部内容，逾期不告知的，自收到申请材料之日起即为受理；

（五）申请事项属于国家食品药品监督管理总局职权范围，申请材料齐全、符合法定形式，注册申请人按照要求提交全部补正申请材料的，应当受理注册申请。

受理或者不予受理注册申请，应当出具加盖国家食品药品监督管理总局行政许可受理专用章和注明日期的书面凭证。

第十五条 受理机构应当在受理后3个工作日内将申请材料一并送交审评机构。

第十六条 审评机构应当组织审评专家对申请材料进行审查，并根据实际需要组织查验机构开展现场核查，组织检验机构开展复核检验，在60个工作日内完成审评工作，并向国家食品药品监管管理总局提交综合审评结论和建议。

特殊情况下需要延长审评时间的，经审评机构负责人同意，可以延长20个工作日，延长决定应当及时书面告知申请人。

第十七条 审评机构应当组织对申请材料中的下列内

容进行审评，并根据科学依据的充足程度明确产品保健功能声称的限定用语：

（一）产品研发报告的完整性、合理性和科学性；

（二）产品配方的科学性，及产品安全性和保健功能；

（三）目录外原料及产品的生产工艺合理性、可行性和质量可控性；

（四）产品技术要求和检验方法的科学性和复现性；

（五）标签、说明书样稿主要内容以及产品名称的规范性。

第十八条 审评机构在审评过程中可以调阅原始资料。

审评机构认为申请材料不真实、产品存在安全性或者质量可控性问题，或者不具备声称的保健功能的，应当终止审评，提出不予注册的建议。

第十九条 审评机构认为需要注册申请人补正材料的，应当一次告知需要补正的全部内容。注册申请人应当在3个月内按照补正通知的要求一次提供补充材料；审评机构收到补充材料后，审评时间重新计算。

注册申请人逾期未提交补充材料或者未完成补正，不足以证明产品安全性、保健功能和质量可控性的，审评机构应当终止审评，提出不予注册的建议。

第二十条 审评机构认为需要开展现场核查的，应当及时通知查验机构按照申请材料中的产品研发报告、配方、生产工艺等技术要求进行现场核查，并对下线产品封样送复核检验机构检验。

查验机构应当自接到通知之日起30个工作日内完成现场核查，并将核查报告送交审评机构。

核查报告认为申请材料不真实、无法溯源复现或者存在重大缺陷的，审评机构应当终止审评，提出不予注册的建议。

第二十一条 复核检验机构应当严格按照申请材料中的测定方法以及相关说明进行操作，对测定方法的科学性、复现性、适用性进行验证，对产品质量可控性进行复核检验，并应当自接受委托之日起60个工作日内完成复核检验，将复核检验报告送交审评机构。

复核检验结论认为测定方法不科学、无法复现、不适用或者产品质量不可控的，审评机构应当终止审评，提出不予注册的建议。

第二十二条 首次进口的保健食品境外现场核查和复核检验时限，根据境外生产厂商的实际情况确定。

第二十三条 保健食品审评涉及的试验和检验工作应当由国家食品药品监督管理总局选择的符合条件的食品检验机构承担。

第二十四条 审评机构认为申请材料真实，产品科学、安全、具有声称的保健功能，生产工艺合理、可行和质量可控，技术要求和检验方法科学、合理的，应当提出予以注册的建议。

审评机构提出不予注册建议的，应当同时向注册申请人发出拟不予注册的书面通知。注册申请人对通知有异议的，应当自收到通知之日起20个工作日内向审评机构提出书面复审申请并说明复审理由。复审的内容仅限于原申请事项及申请材料。

审评机构应当自受理复审申请之日起30个工作日内作出复审决定。改变不予注册建议的，应当书面通知注册申请人。

第二十五条 审评机构作出综合审评结论及建议后，应当在5个工作日内报送国家食品药品监督管理总局。

第二十六条 国家食品药品监督管理总局应当自受理之日起20个工作日内对审评程序和结论的合法性、规范性以及完整性进行审查，并作出准予注册或者不予注册的决定。

第二十七条 现场核查、复核检验、复审所需时间不计算在审评和注册决定的期限内。

第二十八条 国家食品药品监督管理总局作出准予注册或者不予注册的决定后，应当自作出决定之日起10个工作日内，由受理机构向注册申请人发出保健食品注册证书或者不予注册决定。

第二十九条 注册申请人对国家食品药品监督管理总局作出不予注册的决定有异议的，可以向国家食品药品监督管理总局提出书面行政复议申请或者向法院提出行政诉讼。

第三十条 保健食品注册人转让技术的，受让方应当在转让方的指导下重新提出产品注册申请，产品技术要求等应当与原申请材料一致。

审评机构按照相关规定简化审评程序。符合要求的，国家食品药品监督管理总局应当为受让方核发新的保健食品注册证书，并对转让方保健食品注册予以注销。

受让方除提交本办法规定的注册申请材料外，还应当提交经公证的转让合同。

第三十一条 保健食品注册证书及其附件所载明内容变更的，应当由保健食品注册人申请变更并提交书面变更的理由和依据。

注册人名称变更的，应当由变更后的注册申请人申请变更。

第三十二条 已经生产销售的保健食品注册证书有效期届满需要延续的，保健食品注册人应当在有效期届满6个月前申请延续。

获得注册的保健食品原料已经列入保健食品原料目录，并符合相关技术要求，保健食品注册人申请变更注册，或者期满申请延续注册的，应当按照备案程序办理。

第三十三条 申请变更国产保健食品注册的，除提交保健食品注册变更申请表（包括申请人对申请材料真实性负责的法律责任承诺书）、注册申请人主体登记证明文件复印件、保健食品注册证书及其附件的复印件外，还应当按照下列情形分别提交材料：

（一）改变注册人名称、地址的变更申请，还应当提供该注册人名称、地址变更的证明材料；

（二）改变产品名称的变更申请，还应当提供拟变更后的产品通用名与已经注册的药品名称不重名的检索材料；

（三）增加保健食品功能项目的变更申请，还应当提供所增加功能项目的功能学试验报告；

（四）改变产品规格、保质期、生产工艺等涉及产品技术要求的变更申请，还应当提供证明变更后产品的安全性、保健功能和质量可控性与原注册内容实质等同的材料、依据及变更后 3 批样品符合产品技术要求的全项目检验报告；

（五）改变产品标签、说明书的变更申请，还应当提供拟变更的保健食品标签、说明书样稿。

第三十四条 申请延续国产保健食品注册的，应当提交下列材料：

（一）保健食品延续注册申请表，以及申请人对申请材料真实性负责的法律责任承诺书；

（二）注册申请人主体登记证明文件复印件；

（三）保健食品注册证书及其附件的复印件；

（四）经省级食品药品监督管理部门核实的注册证书有效期内保健食品的生产销售情况；

（五）人群食用情况分析报告、生产质量管理体系运行情况的自查报告以及符合产品技术要求的检验报告。

第三十五条 申请进口保健食品变更注册或者延续注册的，除分别提交本办法第三十三条、第三十四条规定的材料外，还应当提交本办法第十三条第一款（一）、（二）、（三）、（四）项和第二款规定的相关材料。

第三十六条 变更申请的理由依据充分合理，不影响产品安全性、保健功能和质量可控性的，予以变更注册；变更申请的理由依据不充分、不合理，或者拟变更事项影响产品安全性、保健功能和质量可控性的，不予变更注册。

第三十七条 申请延续注册的保健食品的安全性、保健功能和质量可控性符合要求的，予以延续注册。

申请延续注册的保健食品的安全性、保健功能和质量可控性依据不足或者不再符合要求，在注册证书有效期内未进行生产销售的，以及注册人未在规定时限内提交延续申请的，不予延续注册。

第三十八条 接到保健食品延续注册申请的食品药品监督管理部门应当在保健食品注册证书有效期届满前作出是否准予延续的决定。逾期未作出决定的，视为准予延续注册。

第三十九条 准予变更注册或者延续注册的，颁发新的保健食品注册证书，同时注销原保健食品注册证书。

第四十条 保健食品变更注册与延续注册的程序未作规定的，可以适用本办法关于保健食品注册的相关规定。

第三章 注册证书管理

第四十一条 保健食品注册证书应当载明产品名称、注册人名称和地址、注册号、颁发日期及有效期、保健功能、功效成分或者标志性成分及含量、产品规格、保质期、适宜人群、不适宜人群、注意事项。

保健食品注册证书附件应当载明产品标签、说明书主要内容和产品技术要求等。

产品技术要求应当包括产品名称、配方、生产工艺、感官要求、鉴别、理化指标、微生物指标、功效成分或者标志性成分含量及检测方法、装量或者重量差异指标（净含量及允许负偏差指标）、原辅料质量要求等内容。

第四十二条 保健食品注册证书有效期为 5 年。变更注册的保健食品注册证书有效期与原保健食品注册证书有效期相同。

第四十三条 国产保健食品注册号格式为：国食健注 G +4 位年代号 +4 位顺序号；进口保健食品注册号格式为：国食健注 J +4 位年代号 +4 位顺序号。

第四十四条 保健食品注册有效期内，保健食品注册证书遗失或者损坏的，保健食品注册人应当向受理机构提出书面申请并说明理由。因遗失申请补发的，应当在省、自治区、直辖市食品药品监督管理部门网站上发布遗失声明；因损坏申请补发的，应当交回保健食品注册证书原件。

国家食品药品监督管理总局应当在受理后 20 个工作日内予以补发。补发的保健食品注册证书应当标注原批准日期，并注明“补发”字样。

第四章 备　案

第四十五条 生产和进口下列保健食品应当依法备案：

（一）使用的原料已经列入保健食品原料目录的保健食品；

（二）首次进口的属于补充维生素、矿物质等营养物质的保健食品。

首次进口的属于补充维生素、矿物质等营养物质的保健食品，其营养物质应当是列入保健食品原料目录的物质。

第四十六条 国产保健食品的备案人应当是保健食品生产企业，原注册人可以作为备案人；进口保健食品的备案人，应当是上市保健食品境外生产厂商。

第四十七条 备案的产品配方、原辅料名称及用量、功效、生产工艺等应当符合法律、法规、规章、强制性标准以及保健食品原料目录技术要求的规定。

第四十八条 申请保健食品备案，除应当提交本办法第十二条第（四）、（五）、（六）、（七）、（八）项规定的材料外，还应当提交下列材料：

（一）保健食品备案登记表，以及备案人对提交材料真实性负责的法律责任承诺书；

（二）备案人主体登记证明文件复印件；

（三）产品技术要求材料；

（四）具有合法资质的检验机构出具的符合产品技术要求全项目检验报告；

（五）其他表明产品安全性和保健功能的材料。

第四十九条 申请进口保健食品备案的，除提交本办法第四十八条规定的材料外，还应当提交本办法第十三条第一款（一）、（二）、（三）、（四）项和第二款规定的相关材料。

第五十条 食品药品监督管理部门收到备案材料后，备案材料符合要求的，当场备案；不符合要求的，应当一次告知备案人补正相关材料。

第五十一条 食品药品监督管理部门应当完成备案信息的存档备查工作，并发放备案号。对备案的保健食品，食品药品监督管理部门应当按照相关要求的格式制作备案凭证，并将备案信息表中登载的信息在其网站上公布。

国产保健食品备案号格式为：食健备 G +4 位年代号 +2 位省级行政区域代码 +6 位顺序编号；进口保健食品备案号格式为：食健备 J +4 位年代号 +00 +6 位顺序编号。

第五十二条 已经备案的保健食品，需要变更备案材料的，备案人应当向原备案机关提交变更说明及相关证明文件。备案材料符合要求的，食品药品监督管理部门应当将变更情况登载于变更信息中，将备案材料存档备查。

第五十三条 保健食品备案信息应当包括产品名称、备案人名称和地址、备案登记号、登记日期以及产品标签、说明书和技术要求。

第五章 标签、说明书

第五十四条 申请保健食品注册或者备案的，产品标签、说明书样稿应当包括产品名称、原料、辅料、功效成分或者标志性成分及含量、适宜人群、不适宜人群、保健功能、食用量及食用方法、规格、贮藏方法、保质期、注意事项等内容及相关制定依据和说明等。

第五十五条 保健食品的标签、说明书主要内容不得涉及疾病预防、治疗功能，并声明“本品不能代替药物”。

第五十六条 保健食品的名称由商标名、通用名和属性名组成。

商标名，是指保健食品使用依法注册的商标名称或者符合《商标法》规定的未注册的商标名称，用以表明其产品是独有的、区别于其他同类产品。

通用名，是指表明产品主要原料等特性的名称。

属性名，是指表明产品剂型或者食品分类属性等的名称。

第五十七条 保健食品名称不得含有下列内容：

（一）虚假、夸大或者绝对化的词语；

（二）明示或者暗示预防、治疗功能的词语；

（三）庸俗或者带有封建迷信色彩的词语；

（四）人体组织器官等词语；

（五）除“R. jpg”之外的符号；

（六）其他误导消费者的词语。

保健食品名称不得含有人名、地名、汉语拼音、字母及数字等，但注册商标作为商标名、通用名中含有符合国家规定的含字母及数字的原料名除外。

第五十八条 通用名不得含有下列内容：

（一）已经注册的药品通用名，但以原料名称命名或者保健食品注册批准在先的除外；

（二）保健功能名称或者与表述产品保健功能相关的文字；

（三）易产生误导的原料简写名称；

（四）营养素补充剂产品配方中部分维生素或者矿物质；

（五）法律法规规定禁止使用的其他词语。

第五十九条 备案保健食品通用名应当以规范的原料名称命名。

第六十条 同一企业不得使用同一配方注册或者备案不同名称的保健食品；不得使用同一名称注册或者备案不同配方的保健食品。

第六章 监督管理

第六十一条 国家食品药品监督管理总局应当及时制定并公布保健食品注册申请服务指南和审查细则，方便注册申请人申报。

第六十二条 承担保健食品审评、核查、检验的机构和人员应当对出具的审评意见、核查报告、检验报告负责。

保健食品审评、核查、检验机构和人员应当依照有关法律、法规、规章的规定，恪守职业道德，按照食品安全标准、技术规范等对保健食品进行审评、核查和检验，保证相关工作科学、客观和公正。

第六十三条 参与保健食品注册与备案管理工作的单位和个人，应当保守在注册或者备案中获知的商业秘密。

属于商业秘密的，注册申请人和备案人在申请注册或者备案时应当在提交的资料中明确相关内容和依据。

第六十四条 食品药品监督管理部门接到有关单位或者个人举报的保健食品注册受理、审评、核查、检验、审批等工作中的违法违规行为后，应当及时核实处理。

第六十五条 除涉及国家秘密、商业秘密外，食品药品监督管理部门应当自完成注册或者备案工作之日起 20 个工作日内根据相关职责在网站公布已经注册或者备案的保健食品目录及相关信息。

第六十六条 有下列情形之一的，国家食品药品监督管理总局根据利害关系人的请求或者依据职权，可以撤销保健食品注册证书：

（一）行政机关工作人员滥用职权、玩忽职守作出准予注册决定的；

（二）超越法定职权或者违反法定程序作出准予注册决定的；

（三）对不具备申请资格或者不符合法定条件的注册申请人准予注册的；

（四）依法可以撤销保健食品注册证书的其他情形。

注册人以欺骗、贿赂等不正当手段取得保健食品注册的，国家食品药品监督管理总局应当予以撤销。

第六十七条 有下列情形之一的，国家食品药品监督管理总局应当依法办理保健食品注册注销手续：

（一）保健食品注册有效期届满，注册人未申请延续或者国家食品药品监管总局不予延续的；

（二）保健食品注册人申请注销的；

（三）保健食品注册人依法终止的；

（四）保健食品注册依法被撤销，或者保健食品注册证书依法被吊销的；

（五）根据科学研究的发展，有证据表明保健食品可能存在安全隐患，依法被撤回的；

（六）法律、法规规定的应当注销保健食品注册的其他情形。

第六十八条 有下列情形之一的，食品药品监督管理部门取消保健食品备案：

（一）备案材料虚假的；

（二）备案产品生产工艺、产品配方等存在安全性问题的；

（三）保健食品生产企业的生产许可被依法吊销、注销的；

（四）备案人申请取消备案的；

（五）依法应当取消备案的其他情形。

第七章 法律责任

第六十九条 保健食品注册与备案违法行为，食品安全法等法律法规已有规定的，依照其规定。

第七十条 注册申请人隐瞒真实情况或者提供虚假材料申请注册的，国家食品药品监督管理总局不予受理或者不予注册，并给予警告；申请人在 1 年内不得再次申请注册该保健食品；构成犯罪的，依法追究刑事责任。

第七十一条 注册申请人以欺骗、贿赂等不正当手段取得保健食品注册证书的，由国家食品药品监督管理总局撤销保健食品注册证书，并处 1 万元以上 3 万元以下罚款。被许可人在 3 年内不得再次申请注册；构成犯罪的，依法追究刑事责任。

第七十二条 有下列情形之一的，由县级以上人民政府食品药品监督管理部门处以 1 万元以上 3 万元以下罚款；构成犯罪的，依法追究刑事责任。

（一）擅自转让保健食品注册证书的；

（二）伪造、涂改、倒卖、出租、出借保健食品注册证书的。

第七十三条 食品药品监督管理部门及其工作人员对不符合条件的申请人准予注册，或者超越法定职权准予注册的，依照食品安全法第一百四十四条的规定予以处理。

食品药品监督管理部门及其工作人员在注册审评过程中滥用职权、玩忽职守、徇私舞弊的，依照食品安全法第一百四十五条的规定予以处理。

第八章 附 则

第七十四条 申请首次进口保健食品注册和办理进口

保健食品备案及其变更的，应当提交中文材料，外文材料附后。中文译本应当由境内公证机构进行公证，确保与原文内容一致；申请注册的产品质量标准（中文本），必须符合中国保健食品质量标准的格式。境外机构出具的证明文件应当经生产国（地区）的公证机构公证和中国驻所在国使领馆确认。

第七十五条 本办法自2016年7月1日起施行。2005年4月30日公布的《保健食品注册管理办法（试行）》（原国家食品药品监督管理局令第19号）同时废止。

食品生产经营日常监督检查管理办法

（2016年3月4日国家食品药品监督管理总局令第23号公布 自2016年5月1日起施行）

第一章 总 则

第一条 为加强对食品生产经营活动的日常监督检查，落实食品生产经营者主体责任，保证食品安全，根据《中华人民共和国食品安全法》等法律法规，制定本办法。

第二条 食品药品监督管理部门对食品（含食品添加剂）生产经营者执行食品安全法律、法规、规章以及食品安全标准等情况实施日常监督检查，适用本办法。

第三条 食品生产经营日常监督检查应当遵循属地负责、全面覆盖、风险管理、信息公开的原则。

第四条 国家食品药品监督管理总局负责监督指导全国食品生产经营日常监督检查工作。

省级食品药品监督管理部门负责监督指导本行政区域内食品生产经营日常监督检查工作。

市、县级食品药品监督管理部门负责实施本行政区域内食品生产经营日常监督检查工作。

第五条 市、县级食品药品监督管理部门实施食品生产经营日常监督检查，在全面覆盖的基础上，可以在本行政区域内随机选取食品生产经营者、随机选派监督检查人员实施异地检查、交叉互查。

第六条 食品生产经营者及其从业人员应当配合食品药品监督管理部门实施食品生产经营日常监督检查，保障监督检查人员依法履行职责。

第七条 省级以上食品药品监督管理部门应当加强食品生产经营日常监督检查信息化建设，市、县级食品药品监督管理部门应当记录、汇总、分析食品生产经营日常监督检查信息，完善日常监督检查措施。

食品生产经营者应当按照食品药品监督管理部门的要求提供食品生产经营相关数据信息。

第二章 监督检查事项

第八条 食品生产环节监督检查事项包括食品生产者的生产环境条件、进货查验结果、生产过程控制、产品检验结果、贮存及交付控制、不合格品管理和食品召回、从业人员管理、食品安全事故处置等情况。

除前款规定的监督检查事项外，保健食品生产环节监督检查事项还包括生产者资质、产品标签及说明书、委托加工、生产管理体系等情况。

第九条 食品销售环节监督检查事项包括食品销售者资质、从业人员健康管理、一般规定执行、禁止性规定执行、经营过程控制、进货查验结果、食品贮存、不安全食品召回、标签和说明书、特殊食品销售、进口食品销售、食品安全事故处置、食用农产品销售等情况，以及食用农产品集中交易市场开办者、柜台出租者、展销会举办者、网络食品交易第三方平台提供者、食品贮存及运输者等履行法律义务的情况。

第十条 餐饮服务环节监督检查事项包括餐饮服务提供者资质、从业人员健康管理、原料控制、加工制作过程、食品添加剂使用管理及公示、设备设施维护和餐饮具清洗消毒、食品安全事故处置等情况。

第三章 监督检查要求

第十一条 市、县级食品药品监督管理部门应当按照市、县人民政府食品安全年度监督管理计划，根据食品类别、企业规模、管理水平、食品安全状况、信用档案记录等因素，编制年度日常监督检查计划，实施食品安全风险管理。

日常监督检查计划应当包括检查事项、检查方式、检查频次以及抽检食品种类、抽查比例等内容。检查计划应当向社会公开。

第十二条 国家食品药品监督管理总局根据法律、法规、规章和食品安全国家标准有关食品生产经营者义务的规定，制定日常监督检查要点表。

省级食品药品监督管理部门可以根据需要，对日常监督检查要点表进行细化、补充。

市、县级食品药品监督管理部门应当按照日常监督检查要点表，对食品生产经营者实施日常监督检查。

第十三条 县级以上地方食品药品监督管理部门应当对监督检查人员进行食品安全法律、法规、规章、标准、专业知识以及监督检查要点的培训与考核。

第十四条 市、县级食品药品监督管理部门实施日常监督检查，应当由2名以上（含2名）监督检查人员参加。

监督检查人员应当由食品药品监督管理部门随机选派。

监督检查人员应当当场出示有效执法证件。

第十五条 根据日常监督检查计划，市、县级食品药品监督管理部门可以随机抽取日常监督检查要点表中的部分内容进行检查，并可以随机进行抽样检验。相关检查内容应当在实施检查前由食品药品监督管理部门予以明确，检查人员不得随意更改检查事项。

第十六条 市、县级食品药品监督管埋部门每年对本行政区域内食品生产经营者的日常监督检查，原则上应当覆盖全部项目。

第十七条 实施食品生产经营日常监督检查，对重点项目应当以现场检查方式为主，对一般项目可以采取书面检查的方式。

第十八条 鼓励食品生产经营者选择食品安全第三方专业机构对自身的食品生产经营管理体系进行评价，评价结果作为日常监督检查的参考。

第十九条 监督检查人员应当按照日常监督检查要点表和检查结果记录表的要求，对日常监督检查情况如实记录，并综合进行判定，确定检查结果。

监督检查结果分为符合、基本符合与不符合3种形式。

日常监督检查结果应当记入食品生产经营者的食品安全信用档案。

第二十条 食品生产经营者应当按照食品药品监督管理部门的要求，开放食品生产经营场所，回答相关询问，提供相关合同、票据、账簿和其他有关资料，协助生产经营现场检查和抽样检验。

第二十一条 食品生产经营者应当按照监督检查人员要求，在现场检查、询问和抽样检验等文书上签字或者盖章。

被检查单位拒绝在日常监督检查结果记录表上签字或者盖章的，监督检查人员应当在日常监督检查结果记录表上注明原因，并可以邀请有关人员作为见证人签字、盖章，或者采取录音、录像等方式进行记录，作为监督执法的依据。

第二十二条 市、县级食品药品监督管理部门应当于日常监督检查结束后2个工作日内，向社会公开日常监督检查时间、检查结果和检查人员姓名等信息，并在生产经营场所醒目位置张贴日常监督检查结果记录表。

食品生产经营者应当将张贴的日常监督检查结果记录表保持至下次日常监督检查。

第二十三条 对日常监督检查结果属于基本符合的食品生产经营者，市、县级食品药品监督管理部门应当就监督检查中发现的问题书面提出限期整改要求。

被检查单位应当按期进行整改，并将整改情况报告食品药品监督管理部门。

监督检查人员可以跟踪整改情况，并记录整改结果。

第二十四条 日常监督检查结果为不符合，有发生食品安全事故潜在风险的，食品生产经营者应当立即停止食品生产经营活动。

第二十五条 市、县级食品药品监督管理部门在日常监督检查中发现食品生产经营者存在食品安全隐患，未及时采取有效措施消除的，可以对食品生产经营者的法定代表人或者主要负责人进行责任约谈。

责任约谈情况和整改情况应当记人食品生产经营者食品安全信用档案。

第二十六条 市、县级食品药品监督管理部门实施日常监督检查，有权采取下列措施，被检查单位不得拒绝、阻挠、干涉：

（一）进入食品生产经营等场所实施现场检查；

（二）对被检查单位生产经营的食品进行抽样检验；

（三）查阅、复制有关合同、票据、账簿以及其他有关资料；

（四）查封、扣押有证据证明不符合食品安全标准或者有证据证明存在安全隐患以及用于违法生产经营的食品、工具和设备；

（五）查封违法从事生产经营活动的场所；

（六）法律法规规定的其他措施。

第二十七条 市、县级食品药品监督管理部门在日常监督检查中发现食品安全违法行为的，应当进行立案调查处理。

立案调查制作的笔录，以及拍照、录像等的证据保全措施，应当符合食品药品行政处罚程序相关规定。

第二十八条 市、县级食品药品监督管理部门在日常监督检查中发现违法案件线索，对不属于本部门职责或者超出管辖范围的，应当及时移送有权处理的部门；涉嫌构成犯罪的，应当及时移送公安机关。

第四章 法律责任

第二十九条 食品生产经营者撕毁、涂改日常监督检查结果记录表，或者未保持日常监督检查结果记录表至下次日常监督检查的，由市、县级食品药品监督管理部门责令改正，给予警告，并处2 000元以上3万元以下罚款。

第三十条 食品生产经营者违反本办法第二十四条规

定的，由县级以上食品药品监督管理部门按照食品安全法第一百二十六条第一款的规定进行处理。

第三十一条 食品生产经营者有下列拒绝、阻挠、干涉食品药品监督管理部门进行监督检查情形之一的，由县级以上食品药品监督管理部门按照食品安全法第一百三十三条第一款的规定进行处理：

（一）拒绝、拖延、限制监督检查人员进入被检查场所或者区域的，或者限制检查时间的；

（二）拒绝或者限制抽取样品、录像、拍照和复印等调查取证工作的；

（三）无正当理由不提供或者延迟提供与检查相关的合同、记录、票据、账簿、电子数据等材料的；

（四）声称主要负责人、主管人员或者相关工作人员不在岗，或者故意以停止生产经营等方式欺骗、误导、逃避检查的；

（五）以暴力、威胁等方法阻碍监督检查人员依法履行职责的；

（六）隐藏、转移、变卖、损毁监督检查人员依法查封、扣押的财物的；

（七）伪造、隐匿、毁灭证据或者提供虚假证言的；

（八）其他妨碍监督检查人员履行职责的。

第三十二条 食品生产经营者拒绝、阻挠、干涉监督检查，违反治安管理处罚法有关规定的，由食品药品监督管理部门依法移交公安机关处理。

第三十三条 食品生产经营者以暴力、威胁等方法阻碍监督检查人员依法履行职责，涉嫌构成犯罪的，由食品药品监督管理部门依法移交公安机关处理。

第三十四条 监督检查人员在日常监督检查中存在失职渎职行为的，由任免机关或者监察机关依法对相关责任人追究行政责任；涉嫌构成犯罪的，依法移交司法机关处理。

第五章 附 则

第三十五条 市、县级食品药品监督管理部门对食品生产加工小作坊、食品摊贩等的日常监督检查，可以参照本办法执行。

第三十六条 本办法自2016年5月1日起施行。

网络食品安全违法行为查处办法

（2016年7月13日国家食品药品监督管理总局令第27号公布 自2016年10月1日起施行）

第一章 总 则

第一条 为依法查处网络食品安全违法行为，加强网络食品安全监督管理，保证食品安全，根据《中华人民共和国食品安全法》等法律法规，制定本办法。

第二条 在中华人民共和国境内网络食品交易第三方平台提供者以及通过第三方平台或者自建的网站进行交易的食品生产经营者（以下简称入网食品生产经营者）违反食品安全法律、法规、规章或者食品安全标准行为的查处，适用本办法。

第三条 国家食品药品监督管理总局负责监督指导全国网络食品安全违法行为查处工作。

县级以上地方食品药品监督管理部门负责本行政区域内网络食品安全违法行为查处工作。

第四条 网络食品交易第三方平台提供者和入网食品生产经营者应当履行法律、法规和规章规定的食品安全义务。

网络食品交易第三方平台提供者和入网食品生产经营者应当对网络食品安全信息的真实性负责。

第五条 网络食品交易第三方平台提供者和入网食品生产经营者应当配合食品药品监督管理部门对网络食品安全违法行为的查处，按照食品药品监督管理部门的要求提供网络食品交易相关数据和信息。

第六条 鼓励网络食品交易第三方平台提供者和入网食品生产经营者开展食品安全法律、法规以及食品安全标准和食品安全知识的普及工作。

第七条 任何组织或者个人均可向食品药品监督管理部门举报网络食品安全违法行为。

第二章 网络食品安全义务

第八条 网络食品交易第三方平台提供者应当在通信主管部门批准后30个工作日内，向所在地省级食品药品监督管理部门备案，取得备案号。

通过自建网站交易的食品生产经营者应当在通信主管部门批准后30个工作日内，向所在地市、县级食品药品监督管理部门备案，取得备案号。

省级和市、县级食品药品监督管理部门应当自完成备案后7个工作日内向社会公开相关备案信息。

备案信息包括域名、IP地址、电信业务经营许可证、企业名称、法定代表人或者负责人姓名、备案号等。

第九条 网络食品交易第三方平台提供者和通过自建网站交易的食品生产经营者应当具备数据备份、故障恢复等技术条件，保障网络食品交易数据和资料的可靠性与安全性。

第十条 网络食品交易第三方平台提供者应当建立入

网食品生产经营者审查登记、食品安全自查、食品安全违法行为制止及报告、严重违法行为平台服务停止、食品安全投诉举报处理等制度，并在网络平台上公开。

第十一条 网络食品交易第三方平台提供者应当对入网食品生产经营者食品生产经营许可证、入网食品添加剂生产企业生产许可证等材料进行审查，如实记录并及时更新。

网络食品交易第三方平台提供者应当对入网食用农产品生产经营者营业执照、入网食品添加剂经营者营业执照以及入网交易食用农产品的个人的身份证号码、住址、联系方式等信息进行登记，如实记录并及时更新。

第十二条 网络食品交易第三方平台提供者应当建立入网食品生产经营者档案，记录入网食品生产经营者的基本情况、食品安全管理人员等信息。

第十三条 网络食品交易第三方平台提供者和通过自建网站交易食品的生产经营者应当记录、保存食品交易信息，保存时间不得少于产品保质期满后 6 个月；没有明确保质期的，保存时间不得少于 2 年。

第十四条 网络食品交易第三方平台提供者应当设置专门的网络食品安全管理机构或者指定专职食品安全管理人员，对平台上的食品经营行为及信息进行检查。

网络食品交易第三方平台提供者发现存在食品安全违法行为的，应当及时制止，并向所在地县级食品药品监督管理部门报告。

第十五条 网络食品交易第三方平台提供者发现入网食品生产经营者有下列严重违法行为之一的，应当停止向其提供网络交易平台服务：

（一）入网食品生产经营者因涉嫌食品安全犯罪被立案侦查或者提起公诉的；

（二）入网食品生产经营者因食品安全相关犯罪被人民法院判处刑罚的；

（三）入网食品生产经营者因食品安全违法行为被公安机关拘留或者给予其他治安管理处罚的；

（四）入网食品生产经营者被食品药品监督管理部门依法作出吊销许可证、责令停产停业等处罚的。

第十六条 入网食品生产经营者应当依法取得许可，入网食品生产者应当按照许可的类别范围销售食品，入网食品经营者应当按照许可的经营项目范围从事食品经营。法律、法规规定不需要取得食品生产经营许可的除外。

取得食品生产许可的食品生产者，通过网络销售其生产的食品，不需要取得食品经营许可。取得食品经营许可的食品经营者通过网络销售其制作加工的食品，不需要取得食品生产许可。

第十七条 入网食品生产经营者不得从事下列行为：

（一）网上刊载的食品名称、成分或者配料表、产地、保质期、贮存条件，生产者名称、地址等信息与食品标签或者标识不一致；

（二）网上刊载的非保健食品信息明示或者暗示具有保健功能；网上刊载的保健食品的注册证书或者备案凭证等信息与注册或者备案信息不一致；

（三）网上刊载的婴幼儿配方乳粉产品信息明示或者暗示具有益智、增加抵抗力、提高免疫力、保护肠道等功能或者保健作用；

（四）对在贮存、运输、食用等方面有特殊要求的食品，未在网上刊载的食品信息中予以说明和提示；

（五）法律、法规规定禁止从事的其他行为。

第十八条 通过第三方平台进行交易的食品生产经营者应当在其经营活动主页面显著位置公示其食品生产经营许可证。通过自建网站交易的食品生产经营者应当在其网站首页显著位置公示营业执照、食品生产经营许可证。

餐饮服务提供者还应当同时公示其餐饮服务食品安全监督量化分级管理信息。相关信息应当画面清晰，容易辨识。

第十九条 入网销售保健食品、特殊医学用途配方食品、婴幼儿配方乳粉的食品生产经营者，除依照本办法第十八条的规定公示相关信息外，还应当依法公示产品注册证书或者备案凭证，持有广告审查批准文号的还应当公示广告审查批准文号，并链接至食品药品监督管理部门网站对应的数据查询页面。保健食品还应当显著标明“本品不能代替药物”。

特殊医学用途配方食品中特定全营养配方食品不得进行网络交易。

第二十条 网络交易的食品有保鲜、保温、冷藏或者冷冻等特殊贮存条件要求的，入网食品生产经营者应当采取能够保证食品安全的贮存、运输措施，或者委托具备相应贮存、运输能力的企业贮存、配送。

第三章 网络食品安全违法行为查处管理

第二十一条 对网络食品交易第三方平台提供者食品安全违法行为的查处，由网络食品交易第三方平台提供者所在地县级以上地方食品药品监督管理部门管辖。

对网络食品交易第三方平台提供者分支机构的食品安全违法行为的查处，由网络食品交易第三方平台提供者所在地或者分支机构所在地县级以上地方食品药品监督管理部门管辖。

对入网食品生产经营者食品安全违法行为的查处，由入网食品生产经营者所在地或者生产经营场所所在地县级以上地方食品药品监督管理部门管辖；对应当取得食品生产经营许可而没有取得许可的违法行为的查处，由入网食品生产经营者所在地、实际生产经营地县级以上地方食品药品监督管理部门管辖。

因网络食品交易引发食品安全事故或者其他严重危害后果的，也可以由网络食品安全违法行为发生地或者违法行为结果地的县级以上地方食品药品监督管理部门管辖。

第二十二条 两个以上食品药品监督管理部门都有管辖权的网络食品安全违法案件，由最先立案查处的食品药品监督管理部门管辖。对管辖有争议的，由双方协商解决。协商不成的，报请共同的上一级食品药品监督管理部门指定管辖。

第二十三条 消费者因网络食品安全违法问题进行投诉举报的，由网络食品交易第三方平台提供者所在地、入网食品生产经营者所在地或者生产经营场所所在地等县级以上地方食品药品监督管理部门处理。

第二十四条 县级以上地方食品药品监督管理部门，对网络食品安全违法行为进行调查处理时，可以行使下列职权：

（一）进入当事人网络食品交易场所实施现场检查；

（二）对网络交易的食品进行抽样检验；

（三）询问有关当事人，调查其从事网络食品交易行为的相关情况；

（四）查阅、复制当事人的交易数据、合同、票据、账簿以及其他相关资料；

（五）调取网络交易的技术监测、记录资料；

（六）法律、法规规定可以采取的其他措施。

第二十五条 县级以上食品药品监督管理部门通过网络购买样品进行检验的，应当按照相关规定填写抽样单，记录抽检样品的名称、类别以及数量，购买样品的人员以及付款账户、注册账号、收货地址、联系方式，并留存相关票据。买样人员应当对网络购买样品包装等进行查验，对样品和备份样品分别封样，并采取拍照或者录像等手段记录拆封过程。

第二十六条 检验结果不符合食品安全标准的，食品药品监督管理部门应当按照有关规定及时将检验结果通知被抽样的入网食品生产经营者。入网食品生产经营者应当采取停止生产经营、封存不合格食品等措施，控制食品安全风险。

通过网络食品交易第三方平台购买样品的，应当同时将检验结果通知网络食品交易第三方平台提供者。网络食品交易第三方平台提供者应当依法制止不合格食品的销售。

入网食品生产经营者联系方式不详的，网络食品交易第三方平台提供者应当协助通知。入网食品生产经营者无法联系的，网络食品交易第三方平台提供者应当停止向其提供网络食品交易平台服务。

第二十七条 网络食品交易第三方平台提供者和入网食品生产经营者有下列情形之一的，县级以上食品药品监督管理部门可以对其法定代表人或者主要负责人进行责任约谈：

（一）发生食品安全问题，可能引发食品安全风险蔓延的；

（二）未及时妥善处理投诉举报的食品安全问题，可能存在食品安全隐患的；

（三）未及时采取有效措施排查、消除食品安全隐患，落实食品安全责任的；

（四）县级以上食品药品监督管理部门认为需要进行责任约谈的其他情形。

责任约谈不影响食品药品监督管理部门依法对其进行行政处理，责任约谈情况及后续处理情况应当向社会公开。

被约谈者无正当理由未按照要求落实整改的，县级以上地方食品药品监督管理部门应当增加监督检查频次。

第四章　法律责任

第二十八条 食品安全法等法律法规对网络食品安全违法行为已有规定的，从其规定。

第二十九条 违反本办法第八条规定，网络食品交易第三方平台提供者和通过自建网站交易的食品生产经营者未履行相应备案义务的，由县级以上地方食品药品监督管理部门责令改正，给予警告；拒不改正的，处5 000元以上3万元以下罚款。

第三十条 违反本办法第九条规定，网络食品交易第三方平台提供者和通过自建网站交易的食品生产经营者不具备数据备份、故障恢复等技术条件，不能保障网络食品交易数据和资料的可靠性与安全性的，由县级以上地方食品药品监督管理部门责令改正，给予警告；拒不改正的，处3万元罚款。

第三十一条 违反本办法第十条规定，网络食品交易第三方平台提供者未按要求建立入网食品生产经营者审查登记、食品安全自查、食品安全违法行为制止及报告、严重违法行为平台服务停止、食品安全投诉举报处理等制度的或者未公开以上制度的，由县级以上地方食品药品监督管理部门责令改正，给予警告；拒不改正的，处5 000元以上3万元以下罚款。

第三十二条 违反本办法第十一条规定，网络食品交易第三方平台提供者未对入网食品生产经营者的相关材料及信息进行审查登记、如实记录并更新的，由县级以上地方食品药品监督管理部门依照食品安全法第一百三十一条的规定处罚。

第三十三条 违反本办法第十二条规定，网络食品交易第三方平台提供者未建立入网食品生产经营者档案、记录入网食品生产经营者相关信息的，由县级以上地方食品药品监督管理部门责令改正，给予警告；拒不改正的，处5 000元以上3万元以下罚款。

第三十四条 违反本办法第十三条规定，网络食品交易第三方平台提供者未按要求记录、保存食品交易信息的，由县级以上地方食品药品监督管理部门责令改正，给予警告；拒不改正的，处5 000元以上3万元以下罚款。

第三十五条 违反本办法第十四条规定，网络食品交易第三方平台提供者未设置专门的网络食品安全管理机构或者指定专职食品安全管理人员对平台上的食品安全经营行为及信息进行检查的，由县级以上地方食品药品监督管理部门责令改正，给予警告；拒不改正的，处5 000元以上3万元以下罚款。

第三十六条 违反本办法第十五条规定，网络食品交易第三方平台提供者发现入网食品生产经营者有严重违法行为未停止提供网络交易平台服务的，由县级以上地方食品药品监督管理部门依照食品安全法第一百三十一条的规定处罚。

第三十七条 网络食品交易第三方平台提供者未履行相关义务，导致发生下列严重后果之一的，由县级以上地方食品药品监督管理部门依照食品安全法第一百三十一条的规定责令停业，并将相关情况移送通信主管部门处理：

（一）致人死亡或者造成严重人身伤害的；

（二）发生较大级别以上食品安全事故的；

（三）发生较为严重的食源性疾病的；

（四）侵犯消费者合法权益，造成严重不良社会影响的；

（五）引发其他的严重后果的。

第三十八条 违反本办法第十六条规定，入网食品生产经营者未依法取得食品生产经营许可的，或者入网食品生产者超过许可的类别范围销售食品、入网食品经营者超过许可的经营项目范围从事食品经营的，依照食品安全法第一百二十二条的规定处罚。

第三十九条 入网食品生产经营者违反本办法第十七条禁止性规定的，由县级以上地方食品药品监督管理部门责令改正，给予警告；拒不改正的，处5 000元以上3万元以下罚款。

第四十条 违反本办法第十八条规定，入网食品生产经营者未按要求进行信息公示的，由县级以上地方食品药品监督管理部门责令改正，给予警告；拒不改正的，处5 000元以上3万元以下罚款。

第四十一条 违反本办法第十九条第一款规定，食品生产经营者未按要求公示特殊食品相关信息的，由县级以上地方食品药品监督管理部门责令改正，给予警告；拒不改正的，处5 000元以上3万元以下罚款。

违反本办法第十九条第二款规定，食品生产经营者通过网络销售特定全营养配方食品的，由县级以上地方食品药品监督管理部门处3万元罚款。

第四十二条 违反本办法第二十条规定，入网食品生产经营者未按要求采取保证食品安全的贮存、运输措施，或者委托不具备相应贮存、运输能力的企业从事贮存、配送的，由县级以上地方食品药品监督管理部门依照食品安全法第一百三十二条的规定处罚。

第四十三条 违反本办法规定，网络食品交易第三方平台提供者、入网食品生产经营者提供虚假信息的，由县级以上地方食品药品监督管理部门责令改正，处1万元以上3万元以下罚款。

第四十四条 网络食品交易第三方平台提供者、入网食品生产经营者违反食品安全法规定，构成犯罪的，依法追究刑事责任。

第四十五条 食品药品监督管理部门工作人员不履行职责或者滥用职权、玩忽职守、徇私舞弊的，依法追究行政责任；构成犯罪的，移送司法机关，依法追究刑事责任。

第五章 附 则

第四十六条 对食品生产加工小作坊、食品摊贩等的网络食品安全违法行为的查处，可以参照本办法执行。

第四十七条 食品药品监督管理部门依法对网络食品安全违法行为进行查处的，应当自行政处罚决定书作出之日起20个工作日内，公开行政处罚决定书。

第四十八条 本办法自2016年10月1日起施行。

粮食质量安全监管办法

（2016年9月8日中华人民共和国国家发展和改革委员会令第42号公布 自2016年10月8日起施行）

第一章　总　则

第一条　为保障粮食质量安全，维护粮食生产者、经营者和消费者的合法权益，加强粮食质量安全监督管理，根据《中华人民共和国食品安全法》《中华人民共和国农产品质量安全法》《中华人民共和国种子法》《中央储备粮管理条例》《粮食流通管理条例》《国务院关于加强食品安全工作的决定》等法律法规，制定本办法。

第二条　本办法适用于粮食质量安全监管活动，开展粮食收购、储存、运输、加工和销售等经营活动，应当遵守本办法。

本办法所称粮食，是指谷物（包括小麦、稻谷、玉米、杂粮等）及其成品粮、食用植物油、油料、豆类和薯类。政策性粮食，是指政府指定或者委托粮食经营者购买、储存、加工、销售，并给予财政、金融等方面政策性支持的粮食，包括储备粮。本办法所称加工，是指对政策性粮食的加工。本办法所称经营，是指粮食收购、储存、运输、政策性粮食加工和原粮、政策性粮食销售等活动。

进出境粮食应当符合出入境检验检疫有关规定。

法律、行政法规另有规定的，从其规定。

第三条　县级以上粮食行政管理部门在本级人民政府的统一组织协调下，负责本行政区域粮食收购、储存、运输、加工和销售等经营活动中粮食质量安全的监督管理工作。

第四条　粮食经营者应当依照国家有关法律、法规、政策及粮食质量标准和食品安全标准从事粮食经营活动，对粮食质量安全承担第一责任人的责任。国家鼓励采用并推行科学的质量管理方法、检验方法和先进技术，不断提高粮食质量安全管理和检测水平。

本办法所称粮食经营者，是指从事粮食收购、储存、运输、加工和销售等经营活动的法人、其他经济组织和个体工商户。

在粮食经营过程中，严禁短斤少两、掺杂使假、以次充好的行为。

第五条　粮食行业协会应当加强行业自律，引导粮食经营者依法经营，推动行业诚信建设，加强行业信用监管，宣传、普及粮食质量安全知识。

第六条　任何组织和个人有权向粮食等行政管理部门提出粮食质量安全监管工作意见和建议，举报粮食质量安全违法、违规行为。粮食等行政管理部门接到建议和举报，应当按照程序及时研究、查处。

第二章　粮食质量安全风险监测

第七条　实行收购和储存环节粮食质量安全监测制度。国家粮食行政管理部门会同国务院有关部门，按照保障粮食质量安全、促进粮食品质优化的要求，制定和实施国家粮食质量安全风险监测计划。省级粮食行政管理部门参照国家计划，结合本地区的具体情况，制定和实施本行政区域的粮食质量安全风险监测计划。

粮食质量安全风险监测的主要内容包括：质量等级、内在品质、水分含量、生芽、生霉等情况，粮食生产和储存过程中施用的药剂残留、真菌毒素、重金属及其他有害物质污染等情况。

粮食行政管理部门获知粮食质量安全风险信息后，应当组织开展排查，及时调整粮食质量安全风险监测计划，采取风险防控措施，把粮食质量安全风险和粮食经济损失降到最低限度。

第八条　地方粮食行政管理部门发现区域性粮食污染情况，应当按照地方人民政府制定的处理方案及时处理。

第九条　省级粮食行政管理部门应当将粮食质量安全风险监测计划、监测结果以及对发现问题的处理情况报送国家粮食行政管理部门备案，并通报同级农业行政、卫生计生行政和食品药品监督管理等部门。

第十条　县级以上粮食行政管理部门应当通过新闻媒体和政府网站发布常规粮食质量监测信息，指导粮食收购，促进优质粮食的产销衔接。粮食质量安全监测信息的发布按照国家有关法律规定执行。

第三章　粮食经营质量安全管理

第十一条　从事粮食收购、储存、运输、加工和销售等经营活动应当符合粮食质量标准和食品安全标准，并符合下列要求：

（一）具有与经营粮食的品种、数量、质量相适应的收购、储存场所，保持场所环境整洁，并与有毒有害场所以及其他污染源保持安全距离；

（二）具有与经营的粮食品种、数量相适应的仓储设施条件，仓储设施应当符合国家和行业相关标准与技术规范的要求；

（三）运输粮食的车（船）、器具应当完好，并保持清洁，非专用车（船）应有铺垫物和防潮湿设备，铺垫物、包装材料等应符合有关要求；

（四）具有必要的粮食质量安全项目检验能力，具体要求由省级粮食行政管理部门提出，报省级人民政府确定、公布；

（五）粮食经营者使用的检验仪器设备属于计量器具的，应当依照《中华人民共和国计量法》进行检定。

第十二条 禁止销售下列粮食作为口粮：

（一）真菌毒素、农药残留、重金属以及其他危害人体健康的污染物质含量不符合食品安全标准的；

（二）霉变、色泽气味异常的；

（三）直接拌有农药、混有农药残渣或者含有国家禁止使用的化学物质的；

（四）被包装材料、容器、运输工具等污染的；

（五）其他法律、法规或规章以及政策明确规定不得作为口粮的。

收购和销售污染粮食定向用作非食品原料的，必须单收、单储，并在收购码单、销售凭证中明确标识用途。

第十三条 粮食经营者应当建立粮食质量安全管理制度，健全质量安全控制体系，明确质量安全管理责任，定期对职工进行相关法律、法规、政策、标准和技能的培训。

第十四条 实行粮食收购入库质量安全检验制度。粮食经营者收购粮食，必须按照粮食质量标准和食品安全标准及有关规定，对相关粮食质量安全项目进行检验，并应遵循下列规定：

（一）按照政府价格主管部门的规定实行明码标价，应当在收购场所醒目位置公布收购价目表，标明收购粮食的品种、等级、计价单位和收购价格等有关内容；

（二）杂质超标、水分超过安全储存限量标准的粮食，应当及时整理达标；

（三）不同生产年份的粮食不得混存；

（四）鼓励对不同等级和品质的粮食单收、单存；

（五）粮食不得与可能对粮食产生污染的有害物质混存。

第十五条 粮食经营者储存粮食应当按照《粮油仓储管理办法》《粮油储藏技术规范》等要求，定期进行粮情检查和品质检验，确保粮食储存安全。要对粮食储存过程中的温度、湿度等条件进行管理，防止霉变。

第十六条 粮食经营者必须严格执行储粮药剂使用管理制度、相关标准和技术规范，严格储粮药剂的使用和残渣处理，详细记录施药情况。施用过化学药剂且药剂残效期大于15天的粮食，出库时必须检验药剂残留量。储存粮食不得使用国家禁止使用的化学药剂或者超量使用化学药剂。

第十七条 实行粮食销售出库质量安全检验制度。

（一）粮食经营者在粮食销售出库时，必须按照粮食质量标准和食品安全标准及有关规定进行检验并出具检验报告，销售的粮食应当与检验报告相一致；检验报告随货同行；检验报告有效期为3个月，超过有效期的，应当重新检验并出具检验报告；从事代收、代储业务的粮食经营者，同样承担粮食入库和出库检验把关责任。

（二）正常储存年限内的粮食销售出库，可由粮食经营者自行检验并出具检验报告；不能自行检验的，可委托专业粮食检验机构检验并出具检验报告。

（三）超过正常储存年限的粮食销售出库，应当经过专业粮食检验机构进行质量鉴定；检验机构在接受委托检验申请后，一般应在15个工作日内完成扦样、检验和出具检验报告。

在常规储存条件下，粮油正常储存年限按照《粮油仓储管理办法》执行。

第十八条 根据特定区域粮食可能受到有害物质污染、发生霉变等情况，省级粮食行政管理部门可设定粮食收购和出库必检项目。

第十九条 粮食经营者采购粮食，应当索取、查验和保存销售方提供的检验报告，并对采购的粮食进行验收检验。验收检验结果与销售方检验结果的误差在国家标准允许范围内的，应当认可销售方的检验报告。

采购和供应政策性粮食，必须经专业粮食检验机构检验合格，不符合规定的质量等级要求的，不得采购和供应。

第二十条 批发市场竞价销售粮食，销售方必须提供标的粮食检验报告。

第二十一条 运输粮食严防发生污染、潮湿、霉变发热等质量安全事故；不得使用被污染的运输工具或者包装材料运输粮食；不得与有毒有害物质混装运输；未经清洗、消毒的容器，不得用于运输和储存食用植物油。

第二十二条 从事食用粮食加工的经营者，应当具有保证粮食质量安全必备的加工条件，不得使用发霉变质的原粮、副产品进行加工，不得违反规定使用添加剂，不得使用不符合质量安全标准的包装材料，不得有影响粮食质量安全的其他行为。

销售粮食应当严格执行粮食质量标准、食品安全标准，不得掺杂使假、以次充好。

销售中的成品粮和食用植物油的包装和标识，应当符合国家食品包装、标签标准和有关规定，注明生产日期、保存条件和保质期。

第二十三条 实行粮食质量安全档案制度。粮食经营者经营粮食，应当建立粮食质量安全档案，如实记录以下信息：粮食品种、供货方、粮食产地、收获年度、收购或入库时间、货位及数量、质量等级、品质情况、施药情况、销售去向及出库时间，其他有关信息。

粮食质量安全档案保存期限，以粮食销售出库之日起，不得少于5年。

第二十四条 实行粮食质量安全追溯制度。以库存粮食识别代码为载体，建立从收购、储存、运输、加工到销售的全程质量安全追溯制度，实现粮食质量安全的可追溯。建立粮食质量安全数据库和质量安全分析模型，实现粮食质量安全风险预警预报等。

第二十五条 实行粮食召回制度。粮食经营者发现其销售的粮食有害成分含量超过食品安全标准限量的，应当立即停止销售，通知相关经营者和消费者，召回已售粮食，并记录备查；同时将召回和处理情况向县级以上粮食行政管理部门报告。未按规定召回、停止经营的，县级以上粮食行政管理部门可以责令其召回或者停止经营。

召回的粮食能够进行无害化处理的，可进行无害化处理，并经专业粮食检验机构检验合格后方可销售；符合饲料安全标准的，可用作饲料原料；不符合食品和饲料安全标准的，应当用作其他工业原料。

第四章 粮食检验

第二十六条 粮食检验机构按照国家有关规定取得资质认定后，方可从事粮食检验活动。

粮食检验机构应当指定检验人独立开展粮食检验。检验人应当依照有关法律、法规的规定，并依照粮食质量标准和食品安全标准及检验规范对粮食进行检验，尊重科学，恪守职业道德，保证出具的检验数据和结论客观、公正，不得出具虚假检验报告。

粮食检验机构应当履行检验数据保密义务，未经委托方同意，不得擅自公开或者向他人提供检验数据。

粮食检验实行粮食检验机构与检验人负责制。检验报告应当加盖粮食检验机构公章或检验专用章，并有授权签字人的签名。检验人对出具的检验数据负责，粮食检验机构对出具的检验报告负责。检验人员实行持证上岗。

第二十七条 粮食经营者收购验质检验以及县级以上粮食行政管理部门依法开展的粮食质量安全风险监测与抽查检验，可采用国家粮食行政管理部门认可的快速检验方法，快速检验结果可作为收购验质依据和质量安全风险监测与抽检筛查的依据。采用快速检验方法进行监测和抽查检验，发现测定结果为国家标准临界值时，应当按照国家标准规定的检验方法进行复核检验。

第二十八条 国家粮食行政管理部门和省级粮食行政管理部门应当建立健全粮食质量安全检验监测体系，消除质量安全监管盲区，充分发挥检验机构的作用。凡属国家粮食行政管理部门授权命名的粮食检验机构，接受国家粮食行政管理部门的业务指导，承担国家粮食行政管理部门委托的检验监测任务。

实行粮食检验比对考核制度。国家粮食行政管理部门和省级粮食行政管理部门定期组织对粮食检验机构检验能力的比对考核；比对考核不合格的，应当及时整改；对考核不合格的项目，被考核机构在整改期间不得出具检验报告。

第二十九条 县级以上粮食行政管理部门在监督检查中需要对粮食质量安全进行检验的，应当委托国家粮食行政管理部门或省级粮食行政管理部门授权的粮食检验机构进行扦样和检验，并支付相应费用。扦取的样品应当保留3个月。

第三十条 粮食质量安全检验争议按以下原则处理。

（一）粮食经营者之间的争议。粮食经营者对对方检验结果有异议的，可由双方协商通过会检解决，也可共同委托专业粮食检验机构复检。如对会检或复检结果仍有异议，双方可向省级（含）以上专业粮食检验机构申请仲裁检验，或通过法律程序解决。

（二）粮食经营企业与检验机构间的争议。粮食经营企业如对检验机构的检验结果有异议，可向原检验机构申请复检，如对复检结果仍有异议，可向省级（含）以上专业粮食检验机构申请仲裁检验，也可通过法律程序解决。

（三）粮食经营企业与监督检查部门间的争议。粮食经营者对检验结果有异议申请复检的，应当向检查部门说明理由，检查部门认为需要复检的，检验机构应当复检；必要时，可另行安排检验机构进行复检。

（四）需要复检或仲裁检验的，应当使用备份样品检验。如果有充分理由说明备份样品不具备代表性的，可以安排重新扦样。复检结果与原检验结果不一致的，复检费用由原检验机构承担；复检结果与原检验结果一致的，复检费用由申请方承担。

第三十一条 在国家粮食行政管理部门的指导下，全面推进粮食质量安全检验监测能力建设，包括研发和配置粮食检验仪器设备、改善配套基础设施、健全法规制度、加强计量、标准等质量基础研究、强化信息利用和共享、实施人才战略、推动检学研结合、加强对外技术交流与合作等建设内容。

第五章 粮食质量安全事故处置

第三十二条 粮食经营者应当制定粮食质量安全事故处置方案，定期检查本企业各项粮食质量安全风险防范措施的落实情况，及时消除粮食质量安全事故隐患。在粮食经营活动中，发生粮食质量安全事故的单位应当立即予以处置，防止不符合食品安全标准的粮食流入口粮市场，并及时向事故发生地县级以上粮食行政管理部门报告。

第三十三条 县级以上粮食行政管理部门在日常监督管理中发现粮食质量安全事故，或者接到粮食质量安全事故报告，应当及时调查处理，采取封存、检验、责令召回、限定用途、停止经营等措施，防止或者减轻社会危害。发生重大粮食质量安全事故的，应当同时向同级人民政府和上级粮食行政管理部门报告，并及时通报同级食品药品监督管理部门。

任何单位或者个人不得对粮食质量安全事故隐瞒、谎报、缓报，不得毁灭有关证据。

第三十四条 调查粮食质量安全事故，除了查明事故单位的责任，还应当查明负有监督管理职责的部门、单位的工作人员失职、渎职情况。

第三十五条 县级以上粮食行政管理部门应当建立健全粮食质量安全事故应急预案，加强预案演练，完善应对粮食质量安全事故的快速反应及应急处置信息发布的相关机制和程序。加强应急处置体系和应急队伍建设，强化应急装备和应急物资储备，提升应急处置能力水平。

第六章 监督管理

第三十六条 县级以上粮食行政管理部门应当按照属地监管原则，制定粮食质量安全年度监督管理计划并报上级粮食行政管理部门备案，对本行政区域收购、储存、运输、加工和销售粮食的质量安全实施监督管理。

国家粮食行政管理部门组织检查每年不少于1次，地方粮食行政管理部门组织检查每年不少于2次，上级粮食行政管理部门检查过的单位，下级粮食行政管理部门一般不再重复检查。

第三十七条 县级以上粮食行政管理部门履行粮食质量安全监督管理职责，有权采取下列措施：

（一）进入粮食经营者经营场所检查粮食质量安全情况；

（二）向粮食经营者调查、了解与经营活动有关的情况；

（三）查阅、复制与粮食经营活动有关的合同、票据、账簿、检验报告以及其他资料、凭证；

（四）对粮食经营者经营的粮食进行扦样检验。

粮食经营者拒绝检查的，相关粮食行政管理部门应当向同级人民政府和上级粮食行政管理部门报告。

第三十八条 县级以上粮食行政管理部门依法对粮食经营者进行监督检查，应当记录监督检查的情况和处理结果。监督检查记录经监督检查人员和粮食经营者签字后归档。

第三十九条 县级以上粮食行政管理部门应当建立粮食经营者粮食质量安全信用档案，记录资格审核、日常监督检查结果、违法行为查处等情况；根据粮食质量安全信用档案记录，对有不良信用记录的粮食经营者增加检查频次，根据信用等级实施分类监管。

第四十条 县级以上粮食行政管理部门接到粮食质量安全咨询、投诉、举报，对属于本部门职责的，应当受理，并及时进行答复、核实、处理；对不属于本部门职责的，应当书面通知并移交有权处理的部门处理。

第四十一条 开展粮食质量安全检查和监测所需的必要合理费用，应当列入同级财政预算，不得向检查和监测对象收取。

第四十二条 实行粮食质量安全监管工作评估考核制度。国家粮食行政管理部门指导全国粮食质量安全监管考评工作，并对省级粮食行政管理部门的质量安全监管工作进行年度考评，对考评结果进行通报，对在粮食质量安全监管工作中取得显著成绩的单位和个人进行通报表扬。省级粮食行政管理部门对下级粮食行政管理部门的考评，参照前款执行。

第七章 法律责任

第四十三条 违反本办法第十一条、第十四条第二、第三、第四、第五款、第十七条第一款、第十九条、第二十二条、第二十三条、第二十五条规定的，由县级以上粮食行政管理部门责令改正，予以警告。

第四十四条 违反本办法第十四条第一款规定的，由县级以上政府价格主管部门按照《价格法》《价格违法行为行政处罚规定》，责令改正，没收违法所得，可以并处5 000元以下的罚款；没有违法所得的，可以处以5 000元以下的罚款。

第四十五条 违反本办法第十二条规定的，由县级以上粮食行政管理部门责令改正，予以警告；情节严重的，没收违法所得，可以并处30 000元以下的罚款，没有违法所得的，可以处以10 000元以下的罚款。

第四十六条 违反本办法第十六条、第二十一条规定的，由县级以上粮食行政管理部门责令改正，予以警告；警告后仍不改正，可以处以10 000元以下的罚款。

第四十七条 违反本办法第十七条第三款规定，对超过正常储存年限的粮食，出库前未经专业粮食检验机构进行质量鉴定的，由县级以上粮食行政管理部门责令改正，予以警告；情节严重的，处出库粮食价值1倍以上3倍以下的罚款，但最高不超过3万元。

第四十八条 违反本办法第二十六条规定的，依照有关法律、行政法规规定对粮食检验机构直接负责的主管人员和检验人员进行处罚。

第四十九条 违反本办法规定，县级以上粮食等行政管理部门在粮食质量安全监督管理中不履行职责或者滥用职权、玩忽职守、徇私舞弊的，依照有关法律、行政法规对直接负责的主管人员和其他直接责任人员给予处罚。

第八章 附 则

第五十条 本办法由国家发展改革委、国家粮食局负责解释。

第五十一条 本办法自2016年10月8日起施行。2004年12月30日国家发展和改革委员会、国家粮食局、财政部、卫生部、国家工商行政管理总局、国家质量监督检验检疫总局、国家认证认可监督管理委员会联合发布的《粮食质量监管实施办法（试行）》同时废止。

食品药品投诉举报管理办法

（2016年1月12日国家食品药品监督管理总局令第21号公布 自2016年3月1日起施行）

第一章 总 则

第一条 为规范食品药品投诉举报管理工作，推动食品药品安全社会共治，加大对食品药品违法行为的惩治力度，保障公众身体健康和生命安全，根据《中华人民共和国食品安全法》及其实施条例、《中华人民共和国药品管理法》及其实施条例、《医疗器械监督管理条例》、《化妆品卫生监督条例》等法律法规的规定，制定本办法。

第二条 食品药品投诉举报是指公民、法人或者其他组织向各级食品药品监督管理部门反映生产者、经营者等主体在食品（含食品添加剂）生产、经营环节中有关食品安全方面，药品、医疗器械、化妆品研制、生产、经营、使用等环节中有关产品质量安全方面存在的涉嫌违法行为。

第三条 食品药品投诉举报管理工作实行统一领导、属地管理、依法行政、社会共治的原则。

各级食品药品监督管理部门应当加强对食品药品投诉举报管理工作的指导协调，加强宣传，落实举报奖励制度，鼓励并支持公众投诉举报食品药品违法行为。

第四条 国务院食品药品监督管理部门主管全国食品药品投诉举报管理工作，主要履行下列职责：

（一）制定食品药品投诉举报管理制度和政策并监督实施；

（二）调查处理全国范围内有重大影响的食品药品投诉举报并发布相关信息；

（三）通报全国食品药品投诉举报管理工作情况；

（四）协调指导同级食品药品投诉举报机构的具体工作。

第五条 地方各级食品药品监督管理部门主管本行政区域的食品药品投诉举报管理工作，主要履行下列职责：

（一）根据本办法制定本行政区域的食品药品投诉举报管理制度和政策并监督实施；

（二）调查处理本行政区域的食品药品投诉举报并发布相关信息；

（三）通报并向上级报告本行政区域的食品药品投诉举报管理工作情况；

（四）协调指导同级食品药品投诉举报机构的具体工作。

第六条 国务院食品药品监督管理部门投诉举报机构负责全国食品药品投诉举报管理的具体工作，主要履行下列职责：

（一）对直接收到的食品药品投诉举报进行受理、转办、移送、跟踪、督促、审核等；

（二）收集、汇总全国食品药品投诉举报信息，定期发布全国食品药品投诉举报分析报告；

（三）制定食品药品投诉举报管理工作程序、标准和规范，对地方各级食品药品投诉举报机构进行业务指导；

（四）承担全国食品药品投诉举报管理的宣传、培训工作。

第七条 地方各级食品药品监督管理部门投诉举报机构负责本行政区域的食品药品投诉举报管理的具体工作，主要履行下列职责：

（一）对直接收到的食品药品投诉举报进行受理、转办、移送、跟踪、督促、审核等；

（二）对上级转办的食品药品投诉举报进行转办、移送、跟踪、督促、审核、上报等；

（三）对下级食品药品投诉举报机构进行业务指导；

（四）收集、汇总、分析本行政区域的食品药品投诉举报信息，按要求定期向上一级食品药品投诉举报机构报告；

（五）承担本行政区域的食品药品投诉举报宣传、培训工作。

第八条 各级食品药品监督管理部门应当畅通“12331”电话、网络、信件、走访等投诉举报渠道，建立健全一体化投诉举报信息管理系统，实现全国食品药品投诉举报信息互联互通。

第九条 各级食品药品监督管理部门应当按照相关法律法规规定，对受理的投诉举报进行调查处理，并将处理结果反馈投诉举报人，及时解决和回应公众诉求。

第二章 受 理

第十条 食品药品投诉举报机构负责统一受理食品药品投诉举报。

对直接收到的食品药品投诉举报，食品药品监督管理部门应当自收到之日起 5 日内转交同级食品药品投诉举报机构；无同级食品药品投诉举报机构的，应当自收到之日起 5 日内转交负责投诉举报管理工作的部门。

第十一条 投诉举报人应当提供客观真实的投诉举报材料及证据，说明事情的基本经过，提供被投诉举报对象的名称、地址、涉嫌违法的具体行为等详细信息。

提倡实名投诉举报。投诉举报人不愿提供自己的姓名、身份、联系方式等个人信息或者不愿公开投诉举报行为的，应当予以尊重。

第十二条 对符合本办法第二条规定的投诉举报，食品药品投诉举报机构或者管理部门应当依法予以受理。

投诉举报具有下列情形之一的，不予受理并以适当方式告知投诉举报人：

（一）无具体明确的被投诉举报对象和违法行为的；

（二）被投诉举报对象及违法行为均不在本食品药品投诉举报机构或者管理部门管辖范围的；

（三）不属于食品药品监督管理部门监管职责范围的；

（四）投诉举报已经受理且仍在调查处理过程中，投诉举报人就同一事项重复投诉举报的；

（五）投诉举报已依法处理，投诉举报人在无新线索的情况下以同一事实或者理由重复投诉举报的；

（六）违法行为已经超过法定追诉时限的；

（七）应当通过诉讼、仲裁、行政复议等法定途径解决或者已经进入上述程序的；

（八）其他依法不应当受理的情形。

投诉举报中同时含有应当受理和不应当受理的内容，能够作区分处理的，对不应当受理的内容不予受理。

第十三条 投诉举报人应当向有管辖权的食品药品投诉举报机构进行投诉举报。属于县级食品药品监督管理部门职责的，投诉举报人应当向涉嫌违法主体所在地或者涉嫌违法行为发生地县级食品药品投诉举报机构进行投诉举报。

对食品药品投诉举报实行统一受理的省、自治区、直辖市，投诉举报人可以向省、自治区、直辖市食品药品投诉举报机构提出投诉举报。

两个以上食品药品投诉举报机构或者管理部门均有管辖权的，由最先收到投诉举报的食品药品投诉举报机构或者管理部门管辖。

第十四条 食品药品投诉举报机构或者管理部门之间因管辖权发生争议的，由涉及的食品药品投诉举报机构或者管理部门协商决定；协商不成的，由共同的上一级食品药品投诉举报机构或者管理部门指定受理的食品药品投诉举报机构或者管理部门。

第十五条 食品药品投诉举报机构或者管理部门收到投诉举报后应当统一编码，并于收到之日起 5 日内作出是否受理的决定。

食品药品投诉举报机构或者管理部门决定不予受理投诉举报或者不予受理投诉举报的部分内容的，应当自作出不予受理决定之日起 15 日内以适当方式将不予受理的决定和理由告知投诉举报人，投诉举报人联系方式不详的除外。

未按前款规定告知的，投诉举报自食品药品投诉举报机构或者管理部门收到之日起第 5 日即为受理。

第十六条 对受理的投诉举报，按照重要投诉举报和一般投诉举报分类办理。

投诉举报符合下列情形之一的，为重要投诉举报：

（一）声称已致人死亡、严重伤残、多人伤残等严重后果的；

（二）可能造成严重食源性或者药源性安全隐患的；

（三）可能涉及国家利益或者造成重大社会影响的；

（四）可能引发系统性、区域性风险的；

（五）食品药品投诉举报机构或者管理部门认为重要的其他投诉举报。

第三章 办理程序

第十七条 各级食品药品投诉举报机构受理一般投诉举报后，应当依据属地管理原则和监管职责划分，自受理之日起 3 日内转交有关部门办理。

各级食品药品投诉举报机构受理重要投诉举报后，应当 2 日内转交同级食品药品监督管理部门提出处理意见。

第十八条 各级食品药品监督管理部门应当建立健全多部门沟通协调机制，及时研究办理投诉举报。

对涉及食品药品监督管理部门内部多部门监管职责的投诉举报，食品药品投诉举报机构应当提出拟办意见，上报同级食品药品监督管理部门。同级食品药品监督管理部门应当及时明确办理意见，组织协调投诉举报的办理。

第十九条 投诉举报承办部门应当对投诉举报线索及

时调查核实，依法办理，并将办理结果以适当方式反馈投诉举报人，投诉举报人联系方式不详的除外。

第二十条 投诉举报承办部门应当自投诉举报受理之日起60日内向投诉举报人反馈办理结果；情况复杂的，在60日期限届满前经批准可适当延长办理期限，并告知投诉举报人正在办理。办结后，应当告知投诉举报人办理结果。

投诉举报延期办理的，延长期限一般不超过30日。法律、行政法规、规章另有规定的，从其规定。

下列时间不计算在投诉举报办理期限内：

（一）确定管辖的食品药品投诉举报机构或者管理部门所需时间；

（二）投诉举报承办部门办理投诉举报过程中因检验检测、鉴定、专家评审或者论证所需时间；

（三）其他部门协助调查所需时间。

特别复杂疑难的投诉举报，需要继续延长办理期限的，应当书面报请投诉举报承办部门负责人批准，并将延期情况及时告知投诉举报人和向其转办投诉举报的食品药品投诉举报机构或者管理部门。

投诉举报人在投诉举报办理过程中对办理进展情况进行咨询的，投诉举报承办部门应当以适当方式告知其正在办理。

第二十一条 食品药品投诉举报机构应当及时跟踪了解转办的投诉举报办理情况，下级食品药品投诉举报机构或者投诉举报承办部门应当予以配合。

投诉举报自受理之日起超过50日尚未办结的，食品药品投诉举报机构可以督促投诉举报承办部门及时办理，但经批准延期办理的除外。

投诉举报办理时限届满后未及时办结或者未向投诉举报人反馈办理结果的，食品药品投诉举报机构可以视情形提请投诉举报承办部门的上一级业务主管部门进行督办。

第二十二条 投诉举报承办部门应当将投诉举报延期办理情况和办理结果反馈转交其办理的食品药品投诉举报机构，重要投诉举报案件信息应当即时反馈，一般投诉举报案件信息应当在办理完结或者作出延期决定后5日内反馈。

地方各级食品药品投诉举报机构应当自收到投诉举报办理结果5日内，通过投诉举报信息管理系统将投诉举报办理结果上报上级食品药品投诉举报机构。

第二十三条 食品药品投诉举报机构发现有下列情形之一的，可以向投诉举报承办部门提出改进工作的建议：

（一）未在规定时限内办理投诉举报的；

（二）未将办理结果反馈投诉举报人及食品药品投诉举报机构，或者反馈不当的。

第二十四条 食品药品投诉举报机构根据工作需要，可以对投诉举报办理情况进行回访，听取投诉举报人意见和建议，并记录回访结果。

第二十五条 食品药品投诉举报机构及投诉举报承办部门应当依照《中华人民共和国档案法》等法律法规规定，对有保存价值的文字、音像等资料立卷归档，留档备查。

第四章 信息管理

第二十六条 国务院食品药品监督管理部门负责建设全国食品药品投诉举报数据中心，省、自治区、直辖市食品药品监督管理部门负责建设本级食品药品投诉举报数据中心。省、自治区、直辖市食品药品投诉举报机构或者管理部门应当通过投诉举报信息管理系统将本行政区域的投诉举报和涉及投诉举报管理的咨询、意见和建议等信息定期上报至全国食品药品投诉举报数据中心。

各级食品药品监督管理部门应当充分利用投诉举报信息管理系统，规范各级食品药品投诉举报机构受理、转办、跟踪、协调、汇总、分析、反馈、通报等工作，加强对投诉举报信息的监测和管控，及时进行预警，有效防范食品药品安全风险。

第二十七条 地方各级食品药品投诉举报机构应当定期汇总、分析本行政区域的投诉举报和涉及投诉举报管理的咨询、意见和建议等信息，发现薄弱环节，提出监管措施和建议，并报同级食品药品监督管理部门和上一级食品药品投诉举报机构。

第二十八条 投诉举报人提出的有关食品药品安全隐患、风险信息、监管建议，各级食品药品投诉举报机构应当及时报送相关部门参考。

省、自治区、直辖市食品药品监督管理部门投诉举报机构应当实时将带有倾向性、风险性和群体性食品药品安全问题等投诉举报信息，报送国务院食品药品监督管理部门投诉举报机构，同时抄报本级食品药品监督管理部门负责人及稽查等相关部门；每月分析本行政区域的重要投诉举报信息和投诉举报热点、难点问题，报送国务院食品药品监督管理部门投诉举报机构。国务院食品药品监督管理部门投诉举报机构应当及时汇总分析相关情况，报告国务院食品药品监督管理部门。

第二十九条 国务院食品药品监督管理部门投诉举报机构应当定期汇总、分析全国范围的投诉举报信息，对具有规律性、普遍性的问题，及时形成监管建议，上报国务院食品药品监督管理部门。

第三十条 国务院食品药品监督管理部门投诉举报机

构和省、自治区、直辖市食品药品监督管理部门投诉举报机构应当定期通报下列情况：

（一）投诉举报信息统计分析结果；

（二）投诉举报承办部门办理投诉举报的总体情况；

（三）下一级食品药品投诉举报机构工作情况；

（四）其他应当予以通报的情况。

第五章　监督与责任

第三十一条　各级食品药品监督管理部门应当向社会公布投诉举报渠道及投诉举报管理工作相关规定。

各级食品药品投诉举报机构应当自觉接受社会监督。

各级食品药品监督管理部门应当对本行政区域的投诉举报受理和办理情况实施考核。

第三十二条　各级食品药品监督管理部门应当加强投诉举报管理工作人员培训教育，编制培训计划，规范培训内容，对投诉举报管理工作人员进行分级分类培训。

第三十三条　各级食品药品投诉举报机构及投诉举报承办部门应当依法保护投诉举报人、被投诉举报对象的合法权益，遵守下列工作准则：

（一）与投诉举报内容或者投诉举报人、被投诉举报对象有直接利害关系的，应当回避；

（二）投诉举报登记、受理、处理、跟踪等各个环节，应当依照有关法律法规严格保密，建立健全工作责任制，不得私自摘抄、复制、扣押、销毁投诉举报材料；

（三）严禁泄露投诉举报人的相关信息；严禁将投诉举报人信息透露给被投诉举报对象及与投诉举报案件查处无关的人员，不得与无关人员谈论投诉举报案件情况；

（四）投诉举报办理过程中不得泄露被投诉举报对象的信息。

第三十四条　各级食品药品投诉举报机构、投诉举报承办部门工作人员在投诉举报管理工作中滥用职权、玩忽职守、徇私舞弊，或者违反本办法规定造成严重后果的，应当依法追究相关人员责任；构成犯罪的，移送司法机关处理。

第三十五条　投诉举报人反映情况及提供的材料应当客观真实，不得诬告陷害他人；投诉举报人应当依法行使投诉举报权利，不得采取暴力、胁迫或者其他违法手段干扰食品药品投诉举报机构、投诉举报承办部门正常工作秩序。违反治安管理法律法规的，交由公安机关处理；构成犯罪的，移送司法机关处理。

第六章　附　则

第三十六条　省、自治区、直辖市食品药品监督管理部门可以结合本地区实际，制定实施办法。

第三十七条　本办法所称的食品药品投诉举报机构或者管理部门，是指负责食品药品投诉举报受理、转办、跟踪、协调、汇总、分析、反馈、通报等工作的机构或者部门，包括：

（一）食品药品监督管理部门独立设置的食品药品投诉举报机构；

（二）无独立设置的食品药品投诉举报机构的，由食品药品监督管理部门指定的内设机构或者其他机构。

本办法所称的投诉举报承办部门，是指具体负责投诉举报调查、作出最终处理决定的食品药品监督管理部门。

第三十八条　本办法规定的投诉举报受理、办理等期限以工作日计算，不含法定节假日。

第三十九条　本办法由国家食品药品监督管理总局负责解释。

第四十条　本办法自 2016 年 3 月 1 日起施行。

药品经营质量管理规范

（2000 年 4 月 30 日原国家药品监督管理局局令第 20 号公布　2012 年 11 月 6 日原卫生部部务会议第一次修订　2015 年 5 月 18 日国家食品药品监督管理总局局务会议第二次修订　根据 2016 年 6 月 30 日国家食品药品监督管理总局局务会议《关于修改〈药品经营质量管理规范〉的决定》修正）

第一章　总　则

第一条　为加强药品经营质量管理，规范药品经营行为，保障人体用药安全、有效，根据《中华人民共和国药品管理法》、《中华人民共和国药品管理法实施条例》，制定本规范。

第二条　本规范是药品经营管理和质量控制的基本准则。

企业应当在药品采购、储存、销售、运输等环节采取有效的质量控制措施，确保药品质量，并按照国家有关要求建立药品追溯系统，实现药品可追溯。

第三条　药品经营企业应当严格执行本规范。

药品生产企业销售药品、药品流通过程中其他涉及储存与运输药品的，也应当符合本规范相关要求。

第四条　药品经营企业应当坚持诚实守信，依法经营。禁止任何虚假、欺骗行为。

第二章　药品批发的质量管理

第一节　质量管理体系

第五条　企业应当依据有关法律法规及本规范的要求

建立质量管理体系，确定质量方针，制定质量管理体系文件，开展质量策划、质量控制、质量保证、质量改进和质量风险管理等活动。

第六条 企业制定的质量方针文件应当明确企业总的质量目标和要求，并贯彻到药品经营活动的全过程。

第七条 企业质量管理体系应当与其经营范围和规模相适应，包括组织机构、人员、设施设备、质量管理体系文件及相应的计算机系统等。

第八条 企业应当定期以及在质量管理体系关键要素发生重大变化时，组织开展内审。

第九条 企业应当对内审的情况进行分析，依据分析结论制定相应的质量管理体系改进措施，不断提高质量控制水平，保证质量管理体系持续有效运行。

第十条 企业应当采用前瞻或者回顾的方式，对药品流通过程中的质量风险进行评估、控制、沟通和审核。

第十一条 企业应当对药品供货单位、购货单位的质量管理体系进行评价，确认其质量保证能力和质量信誉，必要时进行实地考察。

第十二条 企业应当全员参与质量管理。各部门、岗位人员应当正确理解并履行职责，承担相应质量责任。

第二节　组织机构与质量管理职责

第十三条 企业应当设立与其经营活动和质量管理相适应的组织机构或者岗位，明确规定其职责、权限及相互关系。

第十四条 企业负责人是药品质量的主要责任人，全面负责企业日常管理，负责提供必要的条件，保证质量管理部门和质量管理人员有效履行职责，确保企业实现质量目标并按照本规范要求经营药品。

第十五条 企业质量负责人应当由高层管理人员担任，全面负责药品质量管理工作，独立履行职责，在企业内部对药品质量管理具有裁决权。

第十六条 企业应当设立质量管理部门，有效开展质量管理工作。质量管理部门的职责不得由其他部门及人员履行。

第十七条 质量管理部门应当履行以下职责：

（一）督促相关部门和岗位人员执行药品管理的法律法规及本规范；

（二）组织制订质量管理体系文件，并指导、监督文件的执行；

（三）负责对供货单位和购货单位的合法性、购进药品的合法性以及供货单位销售人员、购货单位采购人员的合法资格进行审核，并根据审核内容的变化进行动态管理；

（四）负责质量信息的收集和管理，并建立药品质量档案；

（五）负责药品的验收，指导并监督药品采购、储存、养护、销售、退货、运输等环节的质量管理工作；

（六）负责不合格药品的确认，对不合格药品的处理过程实施监督；

（七）负责药品质量投诉和质量事故的调查、处理及报告；

（八）负责假劣药品的报告；

（九）负责药品质量查询；

（十）负责指导设定计算机系统质量控制功能；

（十一）负责计算机系统操作权限的审核和质量管理基础数据的建立及更新；

（十二）组织验证、校准相关设施设备；

（十三）负责药品召回的管理；

（十四）负责药品不良反应的报告；

（十五）组织质量管理体系的内审和风险评估；

（十六）组织对药品供货单位及购货单位质量管理体系和服务质量的考察和评价；

（十七）组织对被委托运输的承运方运输条件和质量保障能力的审查；

（十八）协助开展质量管理教育和培训；

（十九）其他应当由质量管理部门履行的职责。

第三节　人员与培训

第十八条 企业从事药品经营和质量管理工作的人员，应当符合有关法律法规及本规范规定的资格要求，不得有相关法律法规禁止从业的情形。

第十九条 企业负责人应当具有大学专科以上学历或者中级以上专业技术职称，经过基本的药学专业知识培训，熟悉有关药品管理的法律法规及本规范。

第二十条 企业质量负责人应当具有大学本科以上学历、执业药师资格和3年以上药品经营质量管理工作经历，在质量管理工作中具备正确判断和保障实施的能力。

第二十一条 企业质量管理部门负责人应当具有执业药师资格和3年以上药品经营质量管理工作经历，能独立解决经营过程中的质量问题。

第二十二条 企业应当配备符合以下资格要求的质量管理、验收及养护等岗位人员：

（一）从事质量管理工作的，应当具有药学中专或者医学、生物、化学等相关专业大学专科以上学历或者具有药学初级以上专业技术职称；

（二）从事验收、养护工作的，应当具有药学或者医学、生物、化学等相关专业中专以上学历或者具有药学初级以上专业技术职称；

（三）从事中药材、中药饮片验收工作的，应当具有中药学专业中专以上学历或者具有中药学中级以上专业技术职称；从事中药材、中药饮片养护工作的，应当具有中药学专业中专以上学历或者具有中药学初级以上专业技术职称；直接收购地产中药材的，验收人员应当具有中药学中级以上专业技术职称。

从事疫苗配送的，还应当配备2名以上专业技术人员专门负责疫苗质量管理和验收工作。专业技术人员应当具有预防医学、药学、微生物学或者医学等专业本科以上学历及中级以上专业技术职称，并有3年以上从事疫苗管理或者技术工作经历。

第二十三条 从事质量管理、验收工作的人员应当在职在岗，不得兼职其他业务工作。

第二十四条 从事采购工作的人员应当具有药学或者医学、生物、化学等相关专业中专以上学历，从事销售、储存等工作的人员应当具有高中以上文化程度。

第二十五条 企业应当对各岗位人员进行与其职责和工作内容相关的岗前培训和继续培训，以符合本规范要求。

第二十六条 培训内容应当包括相关法律法规、药品专业知识及技能、质量管理制度、职责及岗位操作规程等。

第二十七条 企业应当按照培训管理制度制定年度培训计划并开展培训，使相关人员能正确理解并履行职责。培训工作应当做好记录并建立档案。

第二十八条 从事特殊管理的药品和冷藏冷冻药品的储存、运输等工作的人员，应当接受相关法律法规和专业知识培训并经考核合格后方可上岗。

第二十九条 企业应当制定员工个人卫生管理制度，储存、运输等岗位人员的着装应当符合劳动保护和产品防护的要求。

第三十条 质量管理、验收、养护、储存等直接接触药品岗位的人员应当进行岗前及年度健康检查，并建立健康档案。患有传染病或者其他可能污染药品的疾病的，不得从事直接接触药品的工作。身体条件不符合相应岗位特定要求的，不得从事相关工作。

第四节 质量管理体系文件

第三十一条 企业制定质量管理体系文件应当符合企业实际。文件包括质量管理制度、部门及岗位职责、操作规程、档案、报告、记录和凭证等。

第三十二条 文件的起草、修订、审核、批准、分发、保管，以及修改、撤销、替换、销毁等应当按照文件管理操作规程进行，并保存相关记录。

第三十三条 文件应当标明题目、种类、目的以及文件编号和版本号。文字应当准确、清晰、易懂。

文件应当分类存放，便于查阅。

第三十四条 企业应当定期审核、修订文件，使用的文件应当为现行有效的文本，已废止或者失效的文件除留档备查外，不得在工作现场出现。

第三十五条 企业应当保证各岗位获得与其工作内容相对应的必要文件，并严格按照规定开展工作。

第三十六条 质量管理制度应当包括以下内容：

（一）质量管理体系内审的规定；

（二）质量否决权的规定；

（三）质量管理文件的管理；

（四）质量信息的管理；

（五）供货单位、购货单位、供货单位销售人员及购货单位采购人员等资格审核的规定；

（六）药品采购、收货、验收、储存、养护、销售、出库、运输的管理；

（七）特殊管理的药品的规定；

（八）药品有效期的管理；

（九）不合格药品、药品销毁的管理；

（十）药品退货的管理；

（十一）药品召回的管理；

（十二）质量查询的管理；

（十三）质量事故、质量投诉的管理；

（十四）药品不良反应报告的规定；

（十五）环境卫生、人员健康的规定；

（十六）质量方面的教育、培训及考核的规定；

（十七）设施设备保管和维护的管理；

（十八）设施设备验证和校准的管理；

（十九）记录和凭证的管理；

（二十）计算机系统的管理；

（二十一）药品追溯的规定；

（二十二）其他应当规定的内容。

第三十七条 部门及岗位职责应当包括：

（一）质量管理、采购、储存、销售、运输、财务和信息管理等部门职责；

（二）企业负责人、质量负责人及质量管理、采购、储存、销售、运输、财务和信息管理等部门负责人的岗位职责；

（三）质量管理、采购、收货、验收、储存、养护、销售、出库复核、运输、财务、信息管理等岗位职责；

（四）与药品经营相关的其他岗位职责。

第三十八条 企业应当制定药品采购、收货、验收、储存、养护、销售、出库复核、运输等环节及计算机系统的操作规程。

第三十九条 企业应当建立药品采购、验收、养护、销售、出库复核、销后退回和购进退出、运输、储运温湿度监测、不合格药品处理等相关记录，做到真实、完整、准确、有效和可追溯。

第四十条 通过计算机系统记录数据时，有关人员应当按照操作规程，通过授权及密码登录后方可进行数据的录入或者复核；数据的更改应当经质量管理部门审核并在其监督下进行，更改过程应当留有记录。

第四十一条 书面记录及凭证应当及时填写，并做到字迹清晰，不得随意涂改，不得撕毁。更改记录的，应当注明理由、日期并签名，保持原有信息清晰可辨。

第四十二条 记录及凭证应当至少保存5年。疫苗、特殊管理的药品的记录及凭证按相关规定保存。

第五节 设施与设备

第四十三条 企业应当具有与其药品经营范围、经营规模相适应的经营场所和库房。

第四十四条 库房的选址、设计、布局、建造、改造和维护应当符合药品储存的要求，防止药品的污染、交叉污染、混淆和差错。

第四十五条 药品储存作业区、辅助作业区应当与办公区和生活区分开一定距离或者有隔离措施。

第四十六条 库房的规模及条件应当满足药品的合理、安全储存，并达到以下要求，便于开展储存作业：

（一）库房内外环境整洁，无污染源，库区地面硬化或者绿化；

（二）库房内墙、顶光洁，地面平整，门窗结构严密；

（三）库房有可靠的安全防护措施，能够对无关人员进入实行可控管理，防止药品被盗、替换或者混入假药；

（四）有防止室外装卸、搬运、接收、发运等作业受异常天气影响的措施。

第四十七条 库房应当配备以下设施设备：

（一）药品与地面之间有效隔离的设备；

（二）避光、通风、防潮、防虫、防鼠等设备；

（三）有效调控温湿度及室内外空气交换的设备；

（四）自动监测、记录库房温湿度的设备；

（五）符合储存作业要求的照明设备；

（六）用于零货拣选、拼箱发货操作及复核的作业区域和设备；

（七）包装物料的存放场所；

（八）验收、发货、退货的专用场所；

（九）不合格药品专用存放场所；

（十）经营特殊管理的药品有符合国家规定的储存设施。

第四十八条 经营中药材、中药饮片的，应当有专用的库房和养护工作场所，直接收购地产中药材的应当设置中药样品室（柜）。

第四十九条 储存、运输冷藏、冷冻药品的，应当配备以下设施设备：

（一）与其经营规模和品种相适应的冷库，储存疫苗的应当配备两个以上独立冷库；

（二）用于冷库温度自动监测、显示、记录、调控、报警的设备；

（三）冷库制冷设备的备用发电机组或者双回路供电系统；

（四）对有特殊低温要求的药品，应当配备符合其储存要求的设施设备；

（五）冷藏车及车载冷藏箱或者保温箱等设备。

第五十条 运输药品应当使用封闭式货物运输工具。

第五十一条 运输冷藏、冷冻药品的冷藏车及车载冷藏箱、保温箱应当符合药品运输过程中对温度控制的要求。冷藏车具有自动调控温度、显示温度、存储和读取温度监测数据的功能；冷藏箱及保温箱具有外部显示和采集箱体内温度数据的功能。

第五十二条 储存、运输设施设备的定期检查、清洁和维护应当由专人负责，并建立记录和档案。

第六节 校准与验证

第五十三条 企业应当按照国家有关规定，对计量器具、温湿度监测设备等定期进行校准或者检定。

企业应当对冷库、储运温湿度监测系统以及冷藏运输等设施设备进行使用前验证、定期验证及停用时间超过规定时限的验证。

第五十四条 企业应当根据相关验证管理制度，形成验证控制文件，包括验证方案、报告、评价、偏差处理和预防措施等。

第五十五条 验证应当按照预先确定和批准的方案实

施，验证报告应当经过审核和批准，验证文件应当存档。

第五十六条 企业应当根据验证确定的参数及条件，正确、合理使用相关设施设备。

第七节 计算机系统

第五十七条 企业应当建立能够符合经营全过程管理及质量控制要求的计算机系统，实现药品可追溯。

第五十八条 企业计算机系统应当符合以下要求：

（一）有支持系统正常运行的服务器和终端机；

（二）有安全、稳定的网络环境，有固定接入互联网的方式和安全可靠的信息平台；

（三）有实现部门之间、岗位之间信息传输和数据共享的局域网；

（四）有药品经营业务票据生成、打印和管理功能；

（五）有符合本规范要求及企业管理实际需要的应用软件和相关数据库。

第五十九条 各类数据的录入、修改、保存等操作应当符合授权范围、操作规程和管理制度的要求，保证数据原始、真实、准确、安全和可追溯。

第六十条 计算机系统运行中涉及企业经营和管理的数据应当采用安全、可靠的方式储存并按日备份，备份数据应当存放在安全场所，记录类数据的保存时限应当符合本规范第四十二条的要求。

第八节 采 购

第六十一条 企业的采购活动应当符合以下要求：

（一）确定供货单位的合法资格；

（二）确定所购入药品的合法性；

（三）核实供货单位销售人员的合法资格；

（四）与供货单位签订质量保证协议。

采购中涉及的首营企业、首营品种，采购部门应当填写相关申请表格，经过质量管理部门和企业质量负责人的审核批准。必要时应当组织实地考察，对供货单位质量管理体系进行评价。

第六十二条 对首营企业的审核，应当查验加盖其公章原印章的以下资料，确认真实、有效：

（一）《药品生产许可证》或者《药品经营许可证》复印件；

（二）营业执照、税务登记、组织机构代码的证件复印件，及上一年度企业年度报告公示情况；

（三）《药品生产质量管理规范》认证证书或者《药品经营质量管理规范》认证证书复印件；

（四）相关印章、随货同行单（票）样式；

（五）开户户名、开户银行及账号。

第六十三条 采购首营品种应当审核药品的合法性，索取加盖供货单位公章原印章的药品生产或者进口批准证明文件复印件并予以审核，审核无误的方可采购。

以上资料应当归入药品质量档案。

第六十四条 企业应当核实、留存供货单位销售人员以下资料：

（一）加盖供货单位公章原印章的销售人员身份证复印件；

（二）加盖供货单位公章原印章和法定代表人印章或者签名的授权书，授权书应当载明被授权人姓名、身份证号码，以及授权销售的品种、地域、期限；

（三）供货单位及供货品种相关资料。

第六十五条 企业与供货单位签订的质量保证协议至少包括以下内容：

（一）明确双方质量责任；

（二）供货单位应当提供符合规定的资料且对其真实性、有效性负责；

（三）供货单位应当按照国家规定开具发票；

（四）药品质量符合药品标准等有关要求；

（五）药品包装、标签、说明书符合有关规定；

（六）药品运输的质量保证及责任；

（七）质量保证协议的有效期限。

第六十六条 采购药品时，企业应当向供货单位索取发票。发票应当列明药品的通用名称、规格、单位、数量、单价、金额等；不能全部列明的，应当附《销售货物或者提供应税劳务清单》，并加盖供货单位发票专用章原印章、注明税票号码。

第六十七条 发票上的购、销单位名称及金额、品名应当与付款流向及金额、品名一致，并与财务账目内容相对应。发票按有关规定保存。

第六十八条 采购药品应当建立采购记录。采购记录应当有药品的通用名称、剂型、规格、生产厂商、供货单位、数量、价格、购货日期等内容，采购中药材、中药饮片的还应当标明产地。

第六十九条 发生灾情、疫情、突发事件或者临床紧急救治等特殊情况，以及其他符合国家有关规定的情形，企业可采用直调方式购销药品，将已采购的药品不入本企业仓库，直接从供货单位发送到购货单位，并建立专门的采购记录，保证有效的质量跟踪和追溯。

第七十条 采购特殊管理的药品，应当严格按照国家有关规定进行。

第七十一条 企业应当定期对药品采购的整体情况进行综合质量评审，建立药品质量评审和供货单位质量档案，并进行动态跟踪管理。

第九节 收货与验收

第七十二条 企业应当按照规定的程序和要求对到货药品逐批进行收货、验收，防止不合格药品入库。

第七十三条 药品到货时，收货人员应当核实运输方式是否符合要求，并对照随货同行单（票）和采购记录核对药品，做到票、账、货相符。

随货同行单（票）应当包括供货单位、生产厂商、药品的通用名称、剂型、规格、批号、数量、收货单位、收货地址、发货日期等内容，并加盖供货单位药品出库专用章原印章。

第七十四条 冷藏、冷冻药品到货时，应当对其运输方式及运输过程的温度记录、运输时间等质量控制状况进行重点检查并记录。不符合温度要求的应当拒收。

第七十五条 收货人员对符合收货要求的药品，应当按品种特性要求放于相应待验区域，或者设置状态标志，通知验收。冷藏、冷冻药品应当在冷库内待验。

第七十六条 验收药品应当按照药品批号查验同批号的检验报告书。供货单位为批发企业的，检验报告书应当加盖其质量管理专用章原印章。检验报告书的传递和保存可以采用电子数据形式，但应当保证其合法性和有效性。

第七十七条 企业应当按照验收规定，对每次到货药品进行逐批抽样验收，抽取的样品应当具有代表性：

（一）同一批号的药品应当至少检查一个最小包装，但生产企业有特殊质量控制要求或者打开最小包装可能影响药品质量的，可不打开最小包装；

（二）破损、污染、渗液、封条损坏等包装异常以及零货、拼箱的，应当开箱检查至最小包装；

（三）外包装及封签完整的原料药、实施批签发管理的生物制品，可不开箱检查。

第七十八条 验收人员应当对抽样药品的外观、包装、标签、说明书以及相关的证明文件等逐一进行检查、核对；验收结束后，应当将抽取的完好样品放回原包装箱，加封并标示。

第七十九条 特殊管理的药品应当按照相关规定在专库或者专区内验收。

第八十条 验收药品应当做好验收记录，包括药品的通用名称、剂型、规格、批准文号、批号、生产日期、有效期、生产厂商、供货单位、到货数量、到货日期、验收合格数量、验收结果等内容。验收人员应当在验收记录上签署姓名和验收日期。

中药材验收记录应当包括品名、产地、供货单位、到货数量、验收合格数量等内容。中药饮片验收记录应当包括品名、规格、批号、产地、生产日期、生产厂商、供货单位、到货数量、验收合格数量等内容，实施批准文号管理的中药饮片还应当记录批准文号。

验收不合格的还应当注明不合格事项及处置措施。

第八十一条 企业应当建立库存记录，验收合格的药品应当及时入库登记；验收不合格的，不得入库，并由质量管理部门处理。

第八十二条 企业按本规范第六十九条规定进行药品直调的，可委托购货单位进行药品验收。购货单位应当严格按照本规范的要求验收药品，并建立专门的直调药品验收记录。验收当日应当将验收记录相关信息传递给直调企业。

第十节 储存与养护

第八十三条 企业应当根据药品的质量特性对药品进行合理储存，并符合以下要求：

（一）按包装标示的温度要求储存药品，包装上没有标示具体温度的，按照《中华人民共和国药典》规定的贮藏要求进行储存；

（二）储存药品相对湿度为35%—75%；

（三）在人工作业的库房储存药品，按质量状态实行色标管理，合格药品为绿色，不合格药品为红色，待确定药品为黄色；

（四）储存药品应当按照要求采取避光、遮光、通风、防潮、防虫、防鼠等措施；

（五）搬运和堆码药品应当严格按照外包装标示要求规范操作，堆码高度符合包装图示要求，避免损坏药品包装；

（六）药品按批号堆码，不同批号的药品不得混垛，垛间距不小于5厘米，与库房内墙、顶、温度调控设备及管道等设施间距不小于30厘米，与地面间距不小于10厘米；

（七）药品与非药品、外用药与其他药品分开存放，中药材和中药饮片分库存放；

（八）特殊管理的药品应当按照国家有关规定储存；

（九）拆除外包装的零货药品应当集中存放；

（十）储存药品的货架、托盘等设施设备应当保持清洁，无破损和杂物堆放；

（十一）未经批准的人员不得进入储存作业区，储存作业区内的人员不得有影响药品质量和安全的行为；

（十二）药品储存作业区内不得存放与储存管理无关的物品。

第八十四条 养护人员应当根据库房条件、外部环境、药品质量特性等对药品进行养护，主要内容是：

（一）指导和督促储存人员对药品进行合理储存与作业。

（二）检查并改善储存条件、防护措施、卫生环境。

（三）对库房温湿度进行有效监测、调控。

（四）按照养护计划对库存药品的外观、包装等质量状况进行检查，并建立养护记录；对储存条件有特殊要求的或者有效期较短的品种应当进行重点养护。

（五）发现有问题的药品应当及时在计算机系统中锁定和记录，并通知质量管理部门处理。

（六）对中药材和中药饮片应当按其特性采取有效方法进行养护并记录，所采取的养护方法不得对药品造成污染。

（七）定期汇总、分析养护信息。

第八十五条 企业应当采用计算机系统对库存药品的有效期进行自动跟踪和控制，采取近效期预警及超过有效期自动锁定等措施，防止过期药品销售。

第八十六条 药品因破损而导致液体、气体、粉末泄漏时，应当迅速采取安全处理措施，防止对储存环境和其他药品造成污染。

第八十七条 对质量可疑的药品应当立即采取停售措施，并在计算机系统中锁定，同时报告质量管理部门确认。对存在质量问题的药品应当采取以下措施：

（一）存放于标志明显的专用场所，并有效隔离，不得销售；

（二）怀疑为假药的，及时报告食品药品监督管理部门；

（三）属于特殊管理的药品，按照国家有关规定处理；

（四）不合格药品的处理过程应当有完整的手续和记录；

（五）对不合格药品应当查明并分析原因，及时采取预防措施。

第八十八条 企业应当对库存药品定期盘点，做到账、货相符。

第十一节 销 售

第八十九条 企业应当将药品销售给合法的购货单位，并对购货单位的证明文件、采购人员及提货人员的身份证明进行核实，保证药品销售流向真实、合法。

第九十条 企业应当严格审核购货单位的生产范围、经营范围或者诊疗范围，并按照相应的范围销售药品。

第九十一条 企业销售药品，应当如实开具发票，做到票、账、货、款一致。

第九十二条 企业应当做好药品销售记录。销售记录应当包括药品的通用名称、规格、剂型、批号、有效期、生产厂商、购货单位、销售数量、单价、金额、销售日期等内容。按照本规范第六十九条规定进行药品直调的，应当建立专门的销售记录。

中药材销售记录应当包括品名、规格、产地、购货单位、销售数量、单价、金额、销售日期等内容；中药饮片销售记录应当包括品名、规格、批号、产地、生产厂商、购货单位、销售数量、单价、金额、销售日期等内容。

第九十三条 销售特殊管理的药品以及国家有专门管理要求的药品，应当严格按照国家有关规定执行。

第十二节 出 库

第九十四条 出库时应当对照销售记录进行复核。发现以下情况不得出库，并报告质量管理部门处理：

（一）药品包装出现破损、污染、封口不牢、衬垫不实、封条损坏等问题；

（二）包装内有异常响动或者液体渗漏；

（三）标签脱落、字迹模糊不清或者标识内容与实物不符；

（四）药品已超过有效期；

（五）其他异常情况的药品。

第九十五条 药品出库复核应当建立记录，包括购货单位、药品的通用名称、剂型、规格、数量、批号、有效期、生产厂商、出库日期、质量状况和复核人员等内容。

第九十六条 特殊管理的药品出库应当按照有关规定进行复核。

第九十七条 药品拼箱发货的代用包装箱应当有醒目的拼箱标志。

第九十八条 药品出库时，应当附加盖企业药品出库专用章原印章的随货同行单（票）。

企业按照本规范第六十九条规定直调药品的，直调药品出库时，由供货单位开具两份随货同行单（票），分别发往直调企业和购货单位。随货同行单（票）的内容应当符合本规范第七十三条第二款的要求，还应当标明直调企业名称。

第九十九条 冷藏、冷冻药品的装箱、装车等项作业，应当由专人负责并符合以下要求：

（一）车载冷藏箱或者保温箱在使用前应当达到相应的

温度要求；

（二）应当在冷藏环境下完成冷藏、冷冻药品的装箱、封箱工作；

（三）装车前应当检查冷藏车辆的启动、运行状态，达到规定温度后方可装车；

（四）启运时应当做好运输记录，内容包括运输工具和启运时间等。

第十三节 运输与配送

第一百条 企业应当按照质量管理制度的要求，严格执行运输操作规程，并采取有效措施保证运输过程中的药品质量与安全。

第一百零一条 运输药品，应当根据药品的包装、质量特性并针对车况、道路、天气等因素，选用适宜的运输工具，采取相应措施防止出现破损、污染等问题。

第一百零二条 发运药品时，应当检查运输工具，发现运输条件不符合规定的，不得发运。运输药品过程中，运载工具应当保持密闭。

第一百零三条 企业应当严格按照外包装标示的要求搬运、装卸药品。

第一百零四条 企业应当根据药品的温度控制要求，在运输过程中采取必要的保温或者冷藏、冷冻措施。

运输过程中，药品不得直接接触冰袋、冰排等蓄冷剂，防止对药品质量造成影响。

第一百零五条 在冷藏、冷冻药品运输途中，应当实时监测并记录冷藏车、冷藏箱或者保温箱内的温度数据。

第一百零六条 企业应当制定冷藏、冷冻药品运输应急预案，对运输途中可能发生的设备故障、异常天气影响、交通拥堵等突发事件，能够采取相应的应对措施。

第一百零七条 企业委托其他单位运输药品的，应当对承运方运输药品的质量保障能力进行审计，索取运输车辆的相关资料，符合本规范运输设施设备条件和要求的方可委托。

第一百零八条 企业委托运输药品应当与承运方签订运输协议，明确药品质量责任、遵守运输操作规程和在途时限等内容。

第一百零九条 企业委托运输药品应当有记录，实现运输过程的质量追溯。记录至少包括发货时间、发货地址、收货单位、收货地址、货单号、药品件数、运输方式、委托经办人、承运单位，采用车辆运输的还应当载明车牌号，并留存驾驶人员的驾驶证复印件。记录应当至少保存5年。

第一百一十条 已装车的药品应当及时发运并尽快送达。委托运输的，企业应当要求并监督承运方严格履行委托运输协议，防止因在途时间过长影响药品质量。

第一百一十一条 企业应当采取运输安全管理措施，防止在运输过程中发生药品盗抢、遗失、调换等事故。

第一百一十二条 特殊管理的药品的运输应当符合国家有关规定。

第十四节 售后管理

第一百一十三条 企业应当加强对退货的管理，保证退货环节药品的质量和安全，防止混入假冒药品。

第一百一十四条 企业应当按照质量管理制度的要求，制定投诉管理操作规程，内容包括投诉渠道及方式、档案记录、调查与评估、处理措施、反馈和事后跟踪等。

第一百一十五条 企业应当配备专职或者兼职人员负责售后投诉管理，对投诉的质量问题查明原因，采取有效措施及时处理和反馈，并做好记录，必要时应当通知供货单位及药品生产企业。

第一百一十六条 企业应当及时将投诉及处理结果等信息记入档案，以便查询和跟踪。

第一百一十七条 企业发现已售出药品有严重质量问题，应当立即通知购货单位停售、追回并做好记录，同时向食品药品监督管理部门报告。

第一百一十八条 企业应当协助药品生产企业履行召回义务，按照召回计划的要求及时传达、反馈药品召回信息，控制和收回存在安全隐患的药品，并建立药品召回记录。

第一百一十九条 企业质量管理部门应当配备专职或者兼职人员，按照国家有关规定承担药品不良反应监测和报告工作。

第三章 药品零售的质量管理

第一节 质量管理与职责

第一百二十条 企业应当按照有关法律法规及本规范的要求制定质量管理文件，开展质量管理活动，确保药品质量。

第一百二十一条 企业应当具有与其经营范围和规模相适应的经营条件，包括组织机构、人员、设施设备、质量管理文件，并按照规定设置计算机系统。

第一百二十二条 企业负责人是药品质量的主要责任人，负责企业日常管理，负责提供必要的条件，保证质量管理部门和质量管理人员有效履行职责，确保企业按照本规范要求经营药品。

第一百二十三条 企业应当设置质量管理部门或者配备质量管理人员，履行以下职责：

（一）督促相关部门和岗位人员执行药品管理的法律法规及本规范；

（二）组织制订质量管理文件，并指导、监督文件的执行；

（三）负责对供货单位及其销售人员资格证明的审核；

（四）负责对所采购药品合法性的审核；

（五）负责药品的验收，指导并监督药品采购、储存、陈列、销售等环节的质量管理工作；

（六）负责药品质量查询及质量信息管理；

（七）负责药品质量投诉和质量事故的调查、处理及报告；

（八）负责对不合格药品的确认及处理；

（九）负责假劣药品的报告；

（十）负责药品不良反应的报告；

（十一）开展药品质量管理教育和培训；

（十二）负责计算机系统操作权限的审核、控制及质量管理基础数据的维护；

（十三）负责组织计量器具的校准及检定工作；

（十四）指导并监督药学服务工作；

（十五）其他应当由质量管理部门或者质量管理人员履行的职责。

第二节 人员管理

第一百二十四条 企业从事药品经营和质量管理工作的人员，应当符合有关法律法规及本规范规定的资格要求，不得有相关法律法规禁止从业的情形。

第一百二十五条 企业法定代表人或者企业负责人应当具备执业药师资格。

企业应当按照国家有关规定配备执业药师，负责处方审核，指导合理用药。

第一百二十六条 质量管理、验收、采购人员应当具有药学或者医学、生物、化学等相关专业学历或者具有药学专业技术职称。从事中药饮片质量管理、验收、采购人员应当具有中药学中专以上学历或者具有中药学专业初级以上专业技术职称。

营业员应当具有高中以上文化程度或者符合省级食品药品监督管理部门规定的条件。中药饮片调剂人员应当具有中药学中专以上学历或者具备中药调剂员资格。

第一百二十七条 企业各岗位人员应当接受相关法律法规及药品专业知识与技能的岗前培训和继续培训，以符合本规范要求。

第一百二十八条 企业应当按照培训管理制度制定年度培训计划并开展培训，使相关人员能正确理解并履行职责。培训工作应当做好记录并建立档案。

第一百二十九条 企业应当为销售特殊管理的药品、国家有专门管理要求的药品、冷藏药品的人员接受相应培训提供条件，使其掌握相关法律法规和专业知识。

第一百三十条 在营业场所内，企业工作人员应当穿着整洁、卫生的工作服。

第一百三十一条 企业应当对直接接触药品岗位的人员进行岗前及年度健康检查，并建立健康档案。患有传染病或者其他可能污染药品的疾病的，不得从事直接接触药品的工作。

第一百三十二条 在药品储存、陈列等区域不得存放与经营活动无关的物品及私人用品，在工作区域内不得有影响药品质量和安全的行为。

第三节 文 件

第一百三十三条 企业应当按照有关法律法规及本规范规定，制定符合企业实际的质量管理文件。文件包括质量管理制度、岗位职责、操作规程、档案、记录和凭证等，并对质量管理文件定期审核、及时修订。

第一百三十四条 企业应当采取措施确保各岗位人员正确理解质量管理文件的内容，保证质量管理文件有效执行。

第一百三十五条 药品零售质量管理制度应当包括以下内容：

（一）药品采购、验收、陈列、销售等环节的管理，设置库房的还应当包括储存、养护的管理；

（二）供货单位和采购品种的审核；

（三）处方药销售的管理；

（四）药品拆零的管理；

（五）特殊管理的药品和国家有专门管理要求的药品的管理；

（六）记录和凭证的管理；

（七）收集和查询质量信息的管理；

（八）质量事故、质量投诉的管理；

（九）中药饮片处方审核、调配、核对的管理；

（十）药品有效期的管理；

（十一）不合格药品、药品销毁的管理；

（十二）环境卫生、人员健康的规定；

（十三）提供用药咨询、指导合理用药等药学服务的管理；

（十四）人员培训及考核的规定；

（十五）药品不良反应报告的规定；

（十六）计算机系统的管理；

（十七）药品追溯的规定；

（十八）其他应当规定的内容。

第一百三十六条 企业应当明确企业负责人、质量管理、采购、验收、营业员以及处方审核、调配等岗位的职责，设置库房的还应当包括储存、养护等岗位职责。

第一百三十七条 质量管理岗位、处方审核岗位的职责不得由其他岗位人员代为履行。

第一百三十八条 药品零售操作规程应当包括：

（一）药品采购、验收、销售；

（二）处方审核、调配、核对；

（三）中药饮片处方审核、调配、核对；

（四）药品拆零销售；

（五）特殊管理的药品和国家有专门管理要求的药品的销售；

（六）营业场所药品陈列及检查；

（七）营业场所冷藏药品的存放；

（八）计算机系统的操作和管理；

（九）设置库房的还应当包括储存和养护的操作规程。

第一百三十九条 企业应当建立药品采购、验收、销售、陈列检查、温湿度监测、不合格药品处理等相关记录，做到真实、完整、准确、有效和可追溯。

第一百四十条 记录及相关凭证应当至少保存5年。特殊管理的药品的记录及凭证按相关规定保存。

第一百四十一条 通过计算机系统记录数据时，相关岗位人员应当按照操作规程，通过授权及密码登录计算机系统，进行数据的录入，保证数据原始、真实、准确、安全和可追溯。

第一百四十二条 电子记录数据应当以安全、可靠方式定期备份。

第四节 设施与设备

第一百四十三条 企业的营业场所应当与其药品经营范围、经营规模相适应，并与药品储存、办公、生活辅助及其他区域分开。

第一百四十四条 营业场所应当具有相应设施或者采取其他有效措施，避免药品受室外环境的影响，并做到宽敞、明亮、整洁、卫生。

第一百四十五条 营业场所应当有以下营业设备：

（一）货架和柜台；

（二）监测、调控温度的设备；

（三）经营中药饮片的，有存放饮片和处方调配的设备；

（四）经营冷藏药品的，有专用冷藏设备；

（五）经营第二类精神药品、毒性中药品种和罂粟壳的，有符合安全规定的专用存放设备；

（六）药品拆零销售所需的调配工具、包装用品。

第一百四十六条 企业应当建立能够符合经营和质量管理要求的计算机系统，并满足药品追溯的要求。

第一百四十七条 企业设置库房的，应当做到库房内墙、顶光洁，地面平整，门窗结构严密；有可靠的安全防护、防盗等措施。

第一百四十八条 仓库应当有以下设施设备：

（一）药品与地面之间有效隔离的设备；

（二）避光、通风、防潮、防虫、防鼠等设备；

（三）有效监测和调控温湿度的设备；

（四）符合储存作业要求的照明设备；

（五）验收专用场所；

（六）不合格药品专用存放场所；

（七）经营冷藏药品的，有与其经营品种及经营规模相适应的专用设备。

第一百四十九条 经营特殊管理的药品应当有符合国家规定的储存设施。

第一百五十条 储存中药饮片应当设立专用库房。

第一百五十一条 企业应当按照国家有关规定，对计量器具、温湿度监测设备等定期进行校准或者检定。

第五节 采购与验收

第一百五十二条 企业采购药品，应当符合本规范第二章第八节的相关规定。

第一百五十三条 药品到货时，收货人员应当按采购记录，对照供货单位的随货同行单（票）核实药品实物，做到票、账、货相符。

第一百五十四条 企业应当按规定的程序和要求对到货药品逐批进行验收，并按照本规范第八十条规定做好验收记录。

验收抽取的样品应当具有代表性。

第一百五十五条 冷藏药品到货时，应当按照本规范第七十四条规定进行检查。

第一百五十六条 验收药品应当按照本规范第七十六条规定查验药品检验报告书。

第一百五十七条 特殊管理的药品应当按照相关规定进行验收。

第一百五十八条 验收合格的药品应当及时入库或者上架，验收不合格的，不得入库或者上架，并报告质量管理人员处理。

第六节 陈列与储存

第一百五十九条 企业应当对营业场所温度进行监测和调控，以使营业场所的温度符合常温要求。

第一百六十条 企业应当定期进行卫生检查，保持环境整洁。存放、陈列药品的设备应当保持清洁卫生，不得放置与销售活动无关的物品，并采取防虫、防鼠等措施，防止污染药品。

第一百六十一条 药品的陈列应当符合以下要求：

（一）按剂型、用途以及储存要求分类陈列，并设置醒目标志，类别标签字迹清晰、放置准确。

（二）药品放置于货架（柜），摆放整齐有序，避免阳光直射。

（三）处方药、非处方药分区陈列，并有处方药、非处方药专用标识。

（四）处方药不得采用开架自选的方式陈列和销售。

（五）外用药与其他药品分开摆放。

（六）拆零销售的药品集中存放于拆零专柜或者专区。

（七）第二类精神药品、毒性中药品种和罂粟壳不得陈列。

（八）冷藏药品放置在冷藏设备中，按规定对温度进行监测和记录，并保证存放温度符合要求。

（九）中药饮片柜斗谱的书写应当正名正字；装斗前应当复核，防止错斗、串斗；应当定期清斗，防止饮片生虫、发霉、变质；不同批号的饮片装斗前应当清斗并记录。

（十）经营非药品应当设置专区，与药品区域明显隔离，并有醒目标志。

第一百六十二条 企业应当定期对陈列、存放的药品进行检查，重点检查拆零药品和易变质、近效期、摆放时间较长的药品以及中药饮片。发现有质量疑问的药品应当及时撤柜，停止销售，由质量管理人员确认和处理，并保留相关记录。

第一百六十三条 企业应当对药品的有效期进行跟踪管理，防止近效期药品售出后可能发生的过期使用。

第一百六十四条 企业设置库房的，库房的药品储存与养护管理应当符合本规范第二章第十节的相关规定。

第七节 销售管理

第一百六十五条 企业应当在营业场所的显著位置悬挂《药品经营许可证》、营业执照、执业药师注册证等。

第一百六十六条 营业人员应当佩戴有照片、姓名、岗位等内容的工作牌，是执业药师和药学技术人员的，工作牌还应当标明执业资格或者药学专业技术职称。在岗执业的执业药师应当挂牌明示。

第一百六十七条 销售药品应当符合以下要求：

（一）处方经执业药师审核后方可调配；对处方所列药品不得擅自更改或者代用，对有配伍禁忌或者超剂量的处方，应当拒绝调配，但经处方医师更正或者重新签字确认的，可以调配；调配处方后经过核对方可销售。

（二）处方审核、调配、核对人员应当在处方上签字或者盖章，并按照有关规定保存处方或者其复印件。

（三）销售近效期药品应当向顾客告知有效期。

（四）销售中药饮片做到计量准确，并告知煎服方法及注意事项；提供中药饮片代煎服务，应当符合国家有关规定。

第一百六十八条 企业销售药品应当开具销售凭证，内容包括药品名称、生产厂商、数量、价格、批号、规格等，并做好销售记录。

第一百六十九条 药品拆零销售应当符合以下要求：

（一）负责拆零销售的人员经过专门培训；

（二）拆零的工作台及工具保持清洁、卫生，防止交叉污染；

（三）做好拆零销售记录，内容包括拆零起始日期、药品的通用名称、规格、批号、生产厂商、有效期、销售数量、销售日期、分拆及复核人员等；

（四）拆零销售应当使用洁净、卫生的包装，包装上注明药品名称、规格、数量、用法、用量、批号、有效期以及药店名称等内容；

（五）提供药品说明书原件或者复印件；

（六）拆零销售期间，保留原包装和说明书。

第一百七十条 销售特殊管理的药品和国家有专门管理要求的药品，应当严格执行国家有关规定。

第一百七十一条 药品广告宣传应当严格执行国家有关广告管理的规定。

第一百七十二条 非本企业在职人员不得在营业场所内从事药品销售相关活动。

第八节 售后管理

第一百七十三条 除药品质量原因外，药品一经售出，

不得退换。

第一百七十四条 企业应当在营业场所公布食品药品监督管理部门的监督电话，设置顾客意见簿，及时处理顾客对药品质量的投诉。

第一百七十五条 企业应当按照国家有关药品不良反应报告制度的规定，收集、报告药品不良反应信息。

第一百七十六条 企业发现已售出药品有严重质量问题，应当及时采取措施追回药品并做好记录，同时向食品药品监督管理部门报告。

第一百七十七条 企业应当协助药品生产企业履行召回义务，控制和收回存在安全隐患的药品，并建立药品召回记录。

第四章 附 则

第一百七十八条 本规范下列术语的含义是：

（一）在职：与企业确定劳动关系的在册人员。

（二）在岗：相关岗位人员在工作时间内在规定的岗位履行职责。

（三）首营企业：采购药品时，与本企业首次发生供需关系的药品生产或者经营企业。

（四）首营品种：本企业首次采购的药品。

（五）原印章：企业在购销活动中，为证明企业身份在相关文件或者凭证上加盖的企业公章、发票专用章、质量管理专用章、药品出库专用章的原始印记，不能是印刷、影印、复印等复制后的印记。

（六）待验：对到货、销后退回的药品采用有效的方式进行隔离或者区分，在入库前等待质量验收的状态。

（七）零货：拆除了用于运输、储藏包装的药品。

（八）拼箱发货：将零货药品集中拼装至同一包装箱内发货的方式。

（九）拆零销售：将最小包装拆分销售的方式。

（十）国家有专门管理要求的药品：国家对蛋白同化制剂、肽类激素、含特殊药品复方制剂等品种实施特殊监管措施的药品。

第一百七十九条 药品零售连锁企业总部的管理应当符合本规范药品批发企业相关规定，门店的管理应当符合本规范药品零售企业相关规定。

第一百八十条 本规范为药品经营质量管理的基本要求。对企业信息化管理、药品储运温湿度自动监测、药品验收管理、药品冷链物流管理、零售连锁管理等具体要求，由国家食品药品监督管理总局以附录方式另行制定。

第一百八十一条 麻醉药品、精神药品、药品类易制毒化学品的追溯应当符合国家有关规定。

第一百八十二条 医疗机构药房和计划生育技术服务机构的药品采购、储存、养护等质量管理规范由国家食品药品监督管理总局商相关主管部门另行制定。

互联网销售药品的质量管理规定由国家食品药品监督管理总局另行制定。

第一百八十三条 药品经营企业违反本规范的，由食品药品监督管理部门按照《中华人民共和国药品管理法》第七十八条的规定给予处罚。

第一百八十四条 本规范自发布之日起施行，卫生部2013年6月1日施行的《药品经营质量管理规范》（中华人民共和国卫生部令第90号）同时废止。

特殊医学用途配方食品注册管理办法

（2016年3月7日国家食品药品监督管理总局令第24号公布 自2016年7月1日起施行）

第一章 总 则

第一条 为规范特殊医学用途配方食品注册行为，加强注册管理，保证特殊医学用途配方食品质量安全，根据《中华人民共和国食品安全法》等法律法规，制定本办法。

第二条 在中华人民共和国境内生产销售和进口的特殊医学用途配方食品的注册管理，适用本办法。

第三条 特殊医学用途配方食品注册，是指国家食品药品监督管理总局根据申请，依照本办法规定的程序和要求，对特殊医学用途配方食品的产品配方、生产工艺、标签、说明书以及产品安全性、营养充足性和特殊医学用途临床效果进行审查，并决定是否准予注册的过程。

第四条 特殊医学用途配方食品注册管理，应当遵循科学、公开、公平、公正的原则。

第五条 国家食品药品监督管理总局负责特殊医学用途配方食品的注册管理工作。

国家食品药品监督管理总局行政受理机构（以下简称受理机构）负责特殊医学用途配方食品注册申请的受理工作。

国家食品药品监督管理总局食品审评机构（以下简称审评机构）负责特殊医学用途配方食品注册申请的审评工作。

国家食品药品监督管理总局审核查验机构（以下简称核查机构）负责特殊医学用途配方食品注册审评过程中的现场核查工作。

第六条 国家食品药品监督管理总局组建由食品营养、临床医学、食品安全、食品加工等领域专家组成的特殊医学用途配方食品注册审评专家库。

第七条 国家食品药品监督管理总局应当加强信息化建设，提高特殊医学用途配方食品注册管理信息化水平。

第二章 注 册

第一节 申请与受理

第八条 特殊医学用途配方食品注册申请人（以下简称申请人）应当为拟在我国境内生产并销售特殊医学用途配方食品的生产企业和拟向我国境内出口特殊医学用途配方食品的境外生产企业。

申请人应当具备与所生产特殊医学用途配方食品相适应的研发、生产能力，设立特殊医学用途配方食品研发机构，配备专职的产品研发人员、食品安全管理人员和食品安全专业技术人员，按照良好生产规范要求建立与所生产食品相适应的生产质量管理体系，具备按照特殊医学用途配方食品国家标准规定的全部项目逐批检验的能力。

研发机构中应当有食品相关专业高级职称或者相应专业能力的人员。

第九条 申请特殊医学用途配方食品注册，应当向国家食品药品监督管理总局提交下列材料：

（一）特殊医学用途配方食品注册申请书；

（二）产品研发报告和产品配方设计及其依据；

（三）生产工艺资料；

（四）产品标准要求；

（五）产品标签、说明书样稿；

（六）试验样品检验报告；

（七）研发、生产和检验能力证明材料；

（八）其他表明产品安全性、营养充足性以及特殊医学用途临床效果的材料。

申请特定全营养配方食品注册，还应当提交临床试验报告。

申请人应当对其申请材料的真实性负责。

第十条 受理机构对申请人提出的特殊医学用途配方食品注册申请，应当根据下列情况分别作出处理：

（一）申请事项依法不需要进行注册的，应当即时告知申请人不受理；

（二）申请事项依法不属于国家食品药品监督管理总局职权范围的，应当即时作出不予受理的决定，并告知申请人向有关行政机关申请；

（三）申请材料存在可以当场更正的错误的，应当允许申请人当场更正；

（四）申请材料不齐全或者不符合法定形式的，应当当场或者在5个工作日内一次告知申请人需要补正的全部内容，逾期不告知的，自收到申请材料之日起即为受理；

（五）申请事项属于国家食品药品监督管理总局职权范围，申请材料齐全、符合法定形式，或者申请人按照要求提交全部补正申请材料的，应当受理注册申请。

受理机构受理或者不予受理注册申请，应当出具加盖国家食品药品监督管理总局行政许可受理专用章和注明日期的书面凭证。

第二节 审查与决定

第十一条 审评机构应当对申请材料进行审查，并根据实际需要组织对申请人进行现场核查、对试验样品进行抽样检验、对临床试验进行现场核查和对专业问题进行专家论证。

第十二条 核查机构应当自接到审评机构通知之日起20个工作日内完成对申请人的研发能力、生产能力、检验能力等情况的现场核查，并出具核查报告。

核查机构应当通知申请人所在地省级食品药品监督管理部门参与现场核查，省级食品药品监督管理部门应当派员参与现场核查。

第十三条 审评机构应当委托具有法定资质的食品检验机构进行抽样检验。

检验机构应当自接受委托之日起30个工作日内完成抽样检验。

第十四条 核查机构应当自接到审评机构通知之日起40个工作日内完成对临床试验的真实性、完整性、准确性等情况的现场核查，并出具核查报告。

第十五条 审评机构可以从特殊医学用途配方食品注册审评专家库中选取专家，对审评过程中遇到的问题进行论证，并形成专家意见。

第十六条 审评机构应当自收到受理材料之日起60个工作日内根据核查报告、检验报告以及专家意见完成技术审评工作，并作出审查结论。

审评过程中需要申请人补正材料的，审评机构应当一次告知需要补正的全部内容。申请人应当在6个月内一次补正材料。补正材料的时间不计算在审评时间内。

特殊情况下需要延长审评时间的，经审评机构负责人同意，可以延长30个工作日，延长决定应当及时书面告知申请人。

第十七条 审评机构认为申请材料真实，产品科学、安全，生产工艺合理、可行和质量可控，技术要求和检验方法科学、合理的，应当提出予以注册的建议。

审评机构提出不予注册建议的，应当向申请人发出拟不予注册的书面通知。申请人对通知有异议的，应当自收到通知之日起20个工作日内向审评机构提出书面复审申请并说明复审理由。复审的内容仅限于原申请事项及申请材料。

审评机构应当自受理复审申请之日起30个工作日内作出复审决定。改变不予注册建议的，应当书面通知注册申请人。

第十八条 国家食品药品监督管理总局应当自受理申请之日起20个工作日内对特殊医学用途配方食品注册申请作出是否准予注册的决定。

现场核查、抽样检验、复审所需要的时间不计算在审评和注册决定的期限内。

对于申请进口特殊医学用途配方食品注册的，应当根据境外生产企业的实际情况，确定境外现场核查和抽样检验时限。

第十九条 国家食品药品监督管理总局作出准予注册决定的，受理机构自决定之日起10个工作日内颁发、送达特殊医学用途配方食品注册证书；作出不予注册决定的，应当说明理由，受理机构自决定之日起10个工作日内发出特殊医学用途配方食品不予注册决定，并告知申请人享有依法申请行政复议或者提起行政诉讼的权利。

特殊医学用途配方食品注册证书有效期限为5年。

第二十条 特殊医学用途配方食品注册证书及附件应当载明下列事项：

（一）产品名称；

（二）企业名称、生产地址；

（三）注册号及有效期；

（四）产品类别；

（五）产品配方；

（六）生产工艺；

（七）产品标签、说明书。

特殊医学用途配方食品注册号的格式为：国食注字TY+4位年号+4位顺序号，其中TY代表特殊医学用途配方食品。

第三节 变更与延续注册

第二十一条 申请人需要变更特殊医学用途配方食品注册证书及其附件载明事项的，应当向国家食品药品监督管理总局提出变更注册申请，并提交下列材料：

（一）特殊医学用途配方食品变更注册申请书；

（二）变更注册证书及其附件载明事项的证明材料。

第二十二条 申请人变更产品配方、生产工艺等可能影响产品安全性、营养充足性以及特殊医学用途临床效果的事项，国家食品药品监督管理总局应当进行实质性审查，并在本办法第十八条规定的期限内完成变更注册工作。

申请人变更企业名称、生产地址名称等不影响产品安全性、营养充足性以及特殊医学用途临床效果的事项，国家食品药品监督管理总局应当进行核实，并自受理之日起10个工作日内作出是否准予变更注册的决定。

第二十三条 国家食品药品监督管理总局准予变更注册申请的，向申请人换发注册证书，原注册号不变，证书有效期不变；不予批准变更注册申请的，应当作出不予变更注册决定。

第二十四条 特殊医学用途配方食品注册证书有效期届满，需要继续生产或者进口的，应当在有效期届满6个月前，向国家食品药品监督管理总局提出延续注册申请，并提交下列材料：

（一）特殊医学用途配方食品延续注册申请书；

（二）特殊医学用途配方食品质量安全管理情况；

（三）特殊医学用途配方食品质量管理体系自查报告；

（四）特殊医学用途配方食品跟踪评价情况。

第二十五条 国家食品药品监督管理总局根据需要对延续注册申请进行实质性审查，并在本办法第十八条规定的期限内完成延续注册工作。逾期未作决定的，视为准予延续。

第二十六条 国家食品药品监督管理总局准予延续注册的，向申请人换发注册证书，原注册号不变，证书有效期自批准之日起重新计算；不批准延续注册申请的，应当作出不予延续注册决定。

第二十七条 有下列情形之一的，不予延续注册：

（一）注册人未在规定时间内提出延续注册申请的；

（二）注册产品连续12个月内在省级以上监督抽检中出现3批次以上不合格的；

（三）企业未能保持注册时生产、检验能力的；

（四）其他不符合法律法规以及产品安全性、营养充足性和特殊医学用途临床效果要求的情形。

第二十八条 特殊医学用途配方食品变更注册与延续注册程序，本节未作规定的，适用本章第一节、第二节的相关规定。

第三章 临床试验

第二十九条 特定全营养配方食品需要进行临床试验的，由申请人委托符合要求的临床试验机构出具临床试验报告。临床试验报告应当包括完整的统计分析报告和数据。

第三十条 临床试验应当按照特殊医学用途配方食品临床试验质量管理规范开展。

特殊医学用途配方食品临床试验质量管理规范由国家食品药品监督管理总局发布。

第三十一条 申请人组织开展多中心临床试验的，应当明确组长单位和统计单位。

第三十二条 申请人应当对用于临床试验的试验样品和对照样品的质量安全负责。

用于临床试验的试验样品应当由申请人生产并经检验合格，生产条件应当符合特殊医学用途配方食品良好生产规范。

第四章 标签和说明书

第三十三条 特殊医学用途配方食品的标签，应当依照法律、法规、规章和食品安全国家标准的规定进行标注。

第三十四条 特殊医学用途配方食品的标签和说明书的内容应当一致，涉及特殊医学用途配方食品注册证书内容的，应当与注册证书内容一致，并标明注册号。

标签已经涵盖说明书全部内容的，可以不另附说明书。

第三十五条 特殊医学用途配方食品标签、说明书应当真实准确、清晰持久、醒目易读。

第三十六条 特殊医学用途配方食品标签、说明书不得含有虚假内容，不得涉及疾病预防、治疗功能。生产企业对其提供的标签、说明书的内容负责。

第三十七条 特殊医学用途配方食品的名称应当反映食品的真实属性，使用食品安全国家标准规定的分类名称或者等效名称。

第三十八条 特殊医学用途配方食品标签、说明书应当按照食品安全国家标准的规定在醒目位置标示下列内容：

（一）请在医生或者临床营养师指导下使用；

（二）不适用于非目标人群使用；

（三）本品禁止用于肠外营养支持和静脉注射。

第五章 监督检查

第三十九条 特殊医学用途配方食品生产企业应当按照批准注册的产品配方、生产工艺等技术要求组织生产，保证特殊医学用途配方食品安全。

特殊医学用途配方食品生产企业提出的变更注册申请未经批准前，应当严格按照已经批准的注册证书及其附件载明的内容组织生产，不得擅自改变生产条件和要求。

特殊医学用途配方食品生产企业提出的变更注册申请经批准后，应当严格按照变更后的特殊医学用途配方食品注册证书及其附件载明的内容组织生产。

第四十条 参与特殊医学用途配方食品注册申请受理、技术审评、现场核查、抽样检验、临床试验等工作的人员和专家，应当保守注册中知悉的商业秘密。

申请人应当按照国家有关规定对申请材料中的商业秘密进行标注并注明依据。

第四十一条 有下列情形之一的，国家食品药品监督管理总局根据利害关系人的请求或者依据职权，可以撤销特殊医学用途配方食品注册：

（一）工作人员滥用职权、玩忽职守作出准予注册决定的；

（二）超越法定职权作出准予注册决定的；

（三）违反法定程序作出准予注册决定的；

（四）对不具备申请资格或者不符合法定条件的申请人准予注册的；

（五）食品生产许可证被吊销的；

（六）依法可以撤销注册的其他情形。

第四十二条 有下列情形之一的，国家食品药品监督管理总局应当依法办理特殊医学用途配方食品注册注销手续：

（一）企业申请注销的；

（二）有效期届满未延续的；

（三）企业依法终止的；

（四）注册依法被撤销、撤回，或者注册证书依法被吊销的；

（五）法律法规规定应当注销注册的其他情形。

第六章 法律责任

第四十三条 申请人隐瞒真实情况或者提供虚假材料申请注册的，国家食品药品监督管理总局不予受理或者不予注册，并给予警告；申请人在1年内不得再次申请注册。

第四十四条 被许可人以欺骗、贿赂等不正当手段取得注册证书的，由国家食品药品监督管理总局撤销注册证书，并处1万元以上3万元以下罚款；申请人在3年内不得再次申请注册。

第四十五条 伪造、涂改、倒卖、出租、出借、转让特殊医学用途配方食品注册证书的，由县级以上食品药品监督管理部门责令改正，给予警告，并处1万元以下罚款；情节严重的，处1万元以上3万元以下罚款。

第四十六条 注册人变更不影响产品安全性、营养充足性以及特殊医学用途临床效果的事项，未依法申请变更的，由县级以上食品药品监督管理部门责令改正，给予警告；拒不改正的，处1万元以上3万元以下罚款。

注册人变更产品配方、生产工艺等影响产品安全性、营养充足性以及特殊医学用途临床效果的事项，未依法申请变更的，由县级以上食品药品监督管理部门依照食品安全法第一百二十四条第一款的规定进行处罚。

第四十七条 食品药品监督管理部门及其工作人员对不符合条件的申请人准予注册，或者超越法定职权准予注册的，依照食品安全法第一百四十四条的规定给予处理。

食品药品监督管理部门及其工作人员在注册审批过程中滥用职权、玩忽职守、徇私舞弊的，依照食品安全法第一百四十五条的规定给予处理。

第七章 附 则

第四十八条 特殊医学用途配方食品，是指为满足进食受限、消化吸收障碍、代谢紊乱或者特定疾病状态人群对营养素或者膳食的特殊需要，专门加工配制而成的配方食品，包括适用于0月龄至12月龄的特殊医学用途婴儿配方食品和适用于1岁以上人群的特殊医学用途配方食品。

第四十九条 适用于0月龄至12月龄的特殊医学用途婴儿配方食品包括无乳糖配方食品或者低乳糖配方食品、乳蛋白部分水解配方食品、乳蛋白深度水解配方食品或者氨基酸配方食品、早产或者低出生体重婴儿配方食品、氨基酸代谢障碍配方食品和母乳营养补充剂等。

第五十条 适用于1岁以上人群的特殊医学用途配方食品，包括全营养配方食品、特定全营养配方食品、非全营养配方食品。

全营养配方食品，是指可以作为单一营养来源满足目标人群营养需求的特殊医学用途配方食品。

特定全营养配方食品，是指可以作为单一营养来源满足目标人群在特定疾病或者医学状况下营养需求的特殊医学用途配方食品。常见特定全营养配方食品有：糖尿病全营养配方食品，呼吸系统疾病全营养配方食品，肾病全营养配方食品，肿瘤全营养配方食品，肝病全营养配方食品，肌肉衰减综合征全营养配方食品，创伤、感染、手术及其他应激状态全营养配方食品，炎性肠病全营养配方食品，食物蛋白过敏全营养配方食品，难治性癫痫全营养配方食品，胃肠道吸收障碍、胰腺炎全营养配方食品，脂肪酸代谢异常全营养配方食品，肥胖、减脂手术全营养配方食品。

非全营养配方食品，是指可以满足目标人群部分营养需求的特殊医学用途配方食品，不适用于作为单一营养来源。常见非全营养配方食品有：营养素组件（蛋白质组件、脂肪组件、碳水化合物组件），电解质配方，增稠组件，流质配方和氨基酸代谢障碍配方。

第五十一条 医疗机构配制供病人食用的营养餐不适用本办法。

第五十二条 本办法自2016年7月1日起施行。

规范性文件

粮食收购资格审核管理办法

（国粮政〔2016〕207号）

第一章 总 则

第一条 为使市场在资源配置中起决定作用和更好发挥政府作用，深入推进“放管服”改革，切实保护粮食生产者、消费者和经营者的合法权益，规范粮食收购市场秩序，确保粮食质量安全，根据《中华人民共和国行政许可法》《粮食流通管理条例》等有关法律、行政法规，制定本办法。

第二条 从事粮食收购活动的企业，应当依照《中华人民共和国公司登记管理条例》等规定办理工商登记，并经县级以上粮食行政管理部门（审核机关）审核，取得粮食收购资格。

第三条 农民、粮食经纪人、农贸市场粮食交易者等从事粮食收购活动，无需办理粮食收购资格。

第四条 国家粮食行政管理部门负责全国粮食收购资格审核工作的指导和监督检查。地方粮食行政管理部门负责本辖区内粮食收购资格的审核、管理和监督检查工作。

实施粮食收购资格许可应当遵循公开、公正、公平、便民、高效的原则。

第二章 资格申请与审核

第五条 从事粮食收购活动的企业，应当具备以下基本条件：

（一）具备经营资金筹措能力；

（二）拥有或者通过租借具有必要的粮食仓储设施；

（三）具备相应的粮食质量检验、保管能力。

省级粮食行政管理部门应当依循以上基本条件，提出符合本地实际情况的具体标准，报省级人民政府批准、公布和实施。

第六条 企业申请粮食收购资格，应当向与工商登记同级的审核机关提出，并提交下列书面材料：

（一）法定代表人（负责人）身份证明和营业执照复印件；

（二）支付收购粮款的资金筹措能力证明；

（三）仓储设施设备、质量检验仪器、计量器具等证明材料；

（四）仓储保管、质量检验人员证明材料。

第七条 审核机关应当在其政府网站、办公场所公示粮食收购资格审核的法律依据、具体条件、所需的全部申请材料、审核流程、审核期限等信息，提供有关申请材料的填写示范文本。

审核机关不得要求申请者提供与收购资格审核无关的材料，对申请者提供的涉及商业秘密的材料，审核机关应当依法保密。

申请者对审核机关公示的有关信息和示范文本有疑义的，审核机关应当及时作出说明、解释。

第八条 粮食收购资格申请可以通过信函、传真、电子邮件、网上申报等方式提出。

第九条 对属于本机关受理范围的申请事项，审核机关应当及时对申请者提交的材料进行形式审查。

对于申请材料齐全，符合法定形式，审核机关能够当场作出受理决定的，应当当场作出受理决定；不能当场作出受理决定的，应当自接到申请后的五个工作日内作出是否受理的决定。逾期不作出决定的，视为受理。

申请材料存在可以当场更正的错误的，应当允许申请者当场更正。申请者提交的材料不齐全或者不符合法定形式的，应当当场或者五个工作日内一次告知申请者需要补正的全部内容。

无论受理与否，审核机关都应当向申请者出具加盖本机关印章和注明日期的书面凭证。

第十条 自受理申请之日起，审核机关应当根据规定的条件对申请者提交的材料进行审查。

审核机关认为需要对申请材料的实质内容进行核实的，应当指派两名以上工作人员进行实地核查。实地核查结果应当由实地核查人员和被核查单位负责人或者其授权的人员签字、盖章认可。

第十一条 审核机关应当自受理之日起十五个工作日内完成审核和决定。符合规定条件的，作出准予许可的决定，颁发粮食收购许可证；不符合条件的，作出不予许可的决定，并告知申请者依法享有申请行政复议或者提起行政诉讼的权利。

第十二条 粮食收购许可证颁发后，审核机关应当按照《中华人民共和国行政许可法》的规定做好变更、延续等工作。

第十三条 粮食收购许可证有效期三年。省级人民政府另有规定的，从其规定。

第十四条 审核机关工作人员办理粮食收购资格审核时，不得收取费用，不得索取或者收受他人财物，不得牟取其他利益。

第十五条 粮食收购许可证的格式文本由国家粮食行政管理部门统一规定，由省级粮食行政管理部门印制。

第十六条 粮食收购资格在全国范围内有效。取得粮食收购资格的企业可以开展跨区域粮食收购。

第三章 监督检查

第十七条 粮食行政管理部门应当依法对粮食收购资格进行核查，按照双随机原则加强对辖区内粮食收购活动的监督检查，监督检查结果纳入粮食收购者信用记录。

第十八条 上级粮食行政管理部门应当加强对下级粮食行政管理部门实施粮食收购资格审核的指导和监督，及时纠正粮食收购资格审核中的违法违规行为。

地方粮食行政管理部门应当在每季度结束后十日内将本辖区内的上一季度的粮食收购资格审核情况报上一级粮食行政管理部门备案。

第十九条 粮食行政管理部门依照法律、行政法规规定的职责对下列内容进行监督检查：

（一）从事粮食收购活动的企业是否取得粮食收购资格；

（二）粮食收购许可证所登记的内容有无重大变化；

（三）企业有无涂改、倒卖、出租、出借粮食收购许可证的行为；

（四）粮食收购者是否遵守国家有关法律、法规和粮食收购政策。

第二十条 粮食行政管理部门依法对粮食收购者从事粮食收购活动进行监督检查时，应当将监督检查的情况和处理结果予以记录，制作《现场检查记录》，填写《粮食流通监督检查工作日志》。

第二十一条 粮食行政管理部门实施监督检查，不得妨碍粮食收购者正常的经营活动，不得索取或者收取被检查者的财物，不得牟取其他利益。

第二十二条 粮食收购者应当配合粮食行政管理部门的监督检查，并有权拒绝监督检查过程中的任何违法违规要求。

第二十三条 企业未经许可擅自从事粮食收购活动的，由粮食行政管理部门按照《粮食流通管理条例》第四十条的规定予以处罚。

第二十四条 粮食收购者有下列情形之一，情节严重的，由审核机关暂停或者取消其收购资格：

（一）未执行国家粮食质量标准的；

（二）企业收购条件发生变化，不再符合资格条件的；

（三）未及时向售粮者支付粮款，向农民“打白条”的；

（四）违反《粮食流通管理条例》规定代扣、代缴税、费和其他款项的；

（五）未按规定报送有关粮食收购数据的；

（六）接受委托从事政策性用粮的购销活动未执行国家政策的。

粮食收购者违法经营，按规定需要暂停或者取消粮食收购资格的，应当由其资格审核机关作出决定。

第二十五条 粮食行政管理部门应当按照有关规定，通过政务外网、互联网或者其他信息传递方式，将企业粮食收购资格许可、行政处罚、抽查检查结果等信息传递至同级工商部门，通过国家企业信用信息公示系统公示。

第二十六条 审核机关及其工作人员在粮食收购资格审核中，对符合法定条件的申请不予受理、不一次性告知申请者应当补正的全部内容、对符合法定条件的申请者不予许可、逾期不作出是否准予许可决定、索取或者收受财物等，按照《中华人民共和国行政许可法》《行政机关公务员处分条例》等规定追究责任。

第二十七条 粮食收购者认为粮食行政管理部门的下列行为侵犯其合法权益，可依法向同级人民政府或者上一级粮食行政管理部门申请行政复议，或者向人民法院提起行政诉讼：

（一）对符合法定条件的申请不予受理；

（二）作出的不准予、不变更、不延续粮食收购资格许可等决定；

（三）逾期未作出是否准予许可的决定；

（四）作出的罚款、暂停或者取消粮食收购资格等行政处罚决定；

（五）认为侵犯其合法权益的其他行政行为。

第二十八条 任何单位和个人发现粮食收购者违法从事粮食收购活动，有权向收购活动所在地粮食行政管理部门举报。粮食行政管理部门应当及时核实、处理，并为举报人保密。

第四章 附 则

第二十九条 省级粮食行政管理部门可根据本地情况制定具体实施细则，报省级人民政府批准，并报国家粮食行政管理部门备案。

第三十条 本办法中粮食收购是指直接向种粮农民、其他粮食生产者购买粮食的活动。向粮食经纪人购买粮食视同收购活动。

本办法中粮食经纪人是指以个人或者家庭为经营主体，直接向种粮农民、其他粮食生产者收购粮食的经营者。

本办法中“以上”“以内”包含本数。

第三十一条 本办法由国家粮食行政管理部门负责解释。

第三十二条 本办法自公布之日起施行。2004 年 7 月 9 日国家粮食局、国家工商行政管理总局印发的《粮食收购资格审核管理暂行办法》（国粮政〔2004〕121 号）同时废止。

食品检验工作规范

（食药监科〔2016〕170 号）

第一章 总 则

第一条 为规范食品检验工作，依据《中华人民共和国食品安全法》（以下简称《食品安全法》）及其实施条例，特制定本规范。

第二条 本规范适用于依据《食品安全法》及其实施条例的规定开展的食品检验工作。

第三条 食品检验机构（以下简称检验机构）及其检验人应当依照有关法律法规的规定，并按照本规范和食品安全标准对食品进行检验。但是，法律法规另有规定的除外。检验机构及其检验人应当尊重科学，恪守职业道德，保证出具的检验数据和结论客观、公正、准确、可追溯，不得出具虚假检验数据和报告。

第四条 检验机构应当符合《食品检验机构资质认定条件》，并按照国家有关认证认可的规定取得资质认定后，方可在资质有效期和批准的检验能力范围内开展食品检验工作，法律法规另有规定的除外。承担复检工作的检验机构还应当按照《食品安全法》规定取得食品复检机构资格。

第五条 检验机构应当确保其组织、管理体系、检验能力、人员、环境和设施、设备和标准物质等方面持续符合资质认定条件和要求，并与其所开展的检验工作相适应。

第六条 检验机构及其检验人员应当遵循客观独立、公平公正、诚实信用原则，独立于食品检验工作所涉及的利益相关方，并通过识别诚信要素、实施针对性监控、建立保障制度等措施确保不受任何来自内外部的不正当的商业、财务和其他方面的压力和影响，保证检验工作的独立性、公正性和诚信。检验机构及其检验人员不得有以下情形：

（一）与其所从事的检验工作委托方、数据和结果使用方或者其他相关方，存在影响公平公正的关系；

（二）利用检验数据和结果进行检验工作之外的有偿活动；

（三）参与和检验项目或者类似的竞争性项目有关系的产品的生产、经营活动；

（四）向委托方、利益相关方索取不正当利益；

（五）泄露检验工作中所知悉的国家秘密、商业秘密和技术秘密；

（六）以广告或者其他形式向消费者推荐食品；

（七）参与其他任何影响检验工作独立性、公正性和诚信的活动。

第七条 食品检验实行检验机构与检验人负责制。检验机构和检验人对出具的食品检验数据和报告及检验工作行为负责。

第八条 检验机构应当履行社会责任，主动参与食品安全社会共治。在查办食品安全案件、协助司法机关进行检验、认定，以及发生食品安全突发事件时，检验机构应当建立绿色通道，配合政府相关部门优先完成相应的稽查检验和应急检验等任务。

第九条 检验机构应当按照国家有关法律法规的规定，实施实验室安全控制、人员健康保护和环境保护，规范危险品、废弃物、实验动物等的管理和处置，加强安全检查，制定安全事故应急处置程序，保障实验室安全和公共安全。

第十条 检验机构应当明确各类技术人员和管理人员职责和权限，建立检验责任追究制度以及检验事故分析、评估和处理制度等相应工作制度，强化责任意识，确保管理体系有效运行。

第十一条 鼓励和支持检验机构围绕食品安全监管、食品产业现状和发展需求，积极开展检验技术、设备、标准物质研发，参与食品安全标准的制修订工作，加强质量管理方法研究，并利用信息技术建设抽样系统、业务流程管理平台和检验数据共享平台等信息化管理系统，不断提高检验能力、工作效率、管理水平和服务水平。

第二章 抽（采）样和样品的管理

第十二条 承担抽（采）样工作的检验机构应当建立食品抽（采）样工作控制程序，制定抽（采）样计划，明确技术要求，规范抽（采）样流程，加强对抽（采）样人员的培训考核，确保抽（采）样工作的有效性。

第十三条 检验机构应当按照相关标准、技术规范或委托方的要求进行样品采集、运输、流转、处置等，并保存相关记录。抽（采）样过程应当确保样品的完整性、安全性和稳定性。样品数量应当满足检验工作的需要。网络食品的抽取还应当按照国家相关规定做好电子版样品信息和有关凭证的保存以及样品查验工作。

风险监测、案件稽查、事故调查、应急处置等工作中的抽（采）样，应当按照国家相关规定执行。

第十四条 检验机构应当有样品的标识系统，并规范样品的接收、储存、流转、制备、处置等工作，确保样品在整个检验期间处于受控状态，避免混淆、污染、损坏、丢失、退化等影响检验工作的情况出现。样品的保存期限应当满足相关法律法规、标准要求。

第十五条 检验机构应当建立超过保存期限的样品无害化处置程序并保存相关审批、处置记录。

第三章 检　验

第十六条 食品检验由检验机构指定的检验人独立进行，检验应当严格依据标准检验方法或经确认的非标准检验方法，确保方法中相关要求的有效实施。因实际情况，对方法的合理性偏离，应当有文件规定，并经技术判断和批准以及在客户接受的情况下实施。

第十七条 检验机构应当对检验工作如实进行记录，原始记录应当有检验人员的签名或者等效标识，确保检验记录信息完整，可追溯、复现检验过程。

第十八条 检验机构应当建立检验结果复验程序，在检验结果不合格或存疑等情况时进行复验并保存记录，确保数据结果准确可靠。

第十九条 检验机构应当规范检验方法的使用管理。标准检验方法使用前应当进行证实，并保存相关记录。因工作需要，检验机构可以采用经确认的非标准检验方法，但应事先征得委托方同意。如检验方法发生变化，应当重新进行证实或确认。

第二十条 因风险监测、案件稽查、事故调查、应急处置等工作以及其他食品安全紧急情况需要，对尚未建立食品安全标准检验方法的，检验机构可采用非食品安全标准等规定的检验项目和检验方法，并符合国家相关规定的要求。

第二十一条 检验机构应当严格按照相关法律法规的规定开展复检工作，确保复检程序合法合规，检验结果公正有效。初检机构可对复检过程进行观察，复检机构应当予以配合。

第四章 结果报告

第二十二条 食品检验报告应当有检验机构资质认定

标志以及检验机构公章或经法人授权的检验机构检验专用章，并有授权签字人的签名或者等效标识。检验机构出具的电子版检验报告和原始记录的效力按照国家有关签章的法律法规执行。

第二十三条 检验机构应当严格按照相关法律法规关于检验时限规定和客户要求，在规定的期限内完成委托检验工作，出具结果报告。

第二十四条 检验机构应当建立食品安全风险信息报告制度，在检验工作中发现食品存在严重安全问题或高风险问题，以及区域性、系统性、行业性食品安全风险隐患时，应当及时向所在地县级以上食品药品监督管理部门报告，并保留书面报告复印件、检验报告和原始记录。

第五章 质量管理

第二十五条 检验机构应当健全组织机构，建立、实施和持续保持与检验工作相适应的管理体系。开展人体功能性评价的机构还应当具备独立的伦理审评委员会，建立与人体试食试验相适应的管理体系。

第二十六条 检验机构应当建立健全人员持证上岗制度，规范人员的录用、培训、管理，加强对人员关于食品安全法律法规、标准规范、操作技能、质量控制要求、实验室安全与防护知识、量值溯源和数据处理知识等的培训考核，确保人员能力持续满足工作需求。从事国家规定的特定检验工作的人员应当取得相关法律法规所规定的资格。检验机构不得聘用相关法律法规禁止从事食品检验工作的人员。

第二十七条 检验机构应当确保其环境条件不会使检验结果无效，或不会对检验质量产生不良影响。对相互影响的检验区域应当有效隔离，防止干扰或者交叉污染。微生物实验室和毒理学实验室生物安全等级管理应当符合国家相关规定。开展动物实验的实验室空间布局、环境设施还应当满足国家关于相应级别动物实验室管理的要求。

第二十八条 检验机构应当建立健全仪器设备、标准物质、标准菌（毒）种管理制度，规范管理使用，加强核查，确保其准确可靠，并满足溯源性要求。

第二十九条 检验机构应当密切关注食品安全风险信息和食品行业的发展动态，及时收集政府相关部门发布的食品安全和检验检测相关法律法规、公告公示，确保管理体系内部和外部文件有效。检验机构还应当定期开展食品安全标准查新，及时证实能够正确使用更新的标准检验方法，并向资质认定部门申请标准检验方法变更。

第三十条 检验机构应当规范对影响检验结果的标准物质、标准菌（毒）种、血清、试剂和消耗材料等供应品的购买、验收、储存等工作，并定期对供应商进行评价，列出合格供应商名单。实验动物和动物饲料的购买、验收、使用还应当满足国家相关规定的要求。

第三十一条 检验机构应当建立健全投诉处理制度，及时处理对检验结果的异议和投诉，并保存有关记录。

第三十二条 检验机构应当建立健全档案管理制度，指定专人负责，并有措施确保存档材料的安全性、完整性。档案保存期限应当满足相关法律法规要求和检验工作追溯需要。

第三十三条 检验机构应当对检验工作实施内部质量控制和质量监督，有计划地进行内部审核和管理评审，采取纠正和预防等措施定期审查和完善管理体系，不断提升检验能力，并保存相关记录。

第三十四条 检验机构应当定期采取但不限于加标回收、样品复测、人员比对、仪器比对、空白试验、对照试验、使用有证标准物质或质控样品、通过质控图持续监控等方式，加强结果质量控制，确保检验结果准确可靠。

第三十五条 检验机构应当积极参加实验室间比对试验或能力验证，覆盖领域和参加频次应当与其检验能力情况和检验工作需求相适应，并针对可疑或不满意结果采取有效措施进行改进。

第三十六条 运用计算机与信息技术或自动化设备对检验数据和相关信息采集、记录、处理、分析、报告、存储、传输或检索的，以及利用“互联网+”模式为客户提供服务的，检验机构应当确保数据信息的安全性、完整性和真实性，并对上述工作与认证认可相关要求和本规范附件要求的符合性进行完整的确认，保留确认记录。

第三十七条 承担政府相关部门委托检验的机构应当制定相应的工作制度和程序，实施针对性的专项质量控制活动，严格按照任务委托部门制定的计划、实施方案和指定的检验方法进行抽（采）样、检验和结果上报，不得有意回避或者选择性抽样，不得事先有意告知被抽样单位，不得瞒报、谎报数据结果等信息，不得擅自对外发布或者泄露数据。根据工作需要，检验机构应当接受任务委托部门安排，完成稽查检验和应急检验等任务。

第六章 监督管理

第三十八条 检验机构应当在其官方网站或者以其他公开方式，公布取得资质认定的检验能力范围、工作流程和期限、异议处理和投诉程序以及向社会公开遵守法律法规、独立公正从业、履行社会责任等承诺，并接受社会公众监督。

第三十九条 违反本规范规定，检验机构和检验人员有出具虚假检验数据和检验报告等法律法规禁止行为的，未建立食品安全风险信息报告制度不能及时上报安全风险隐患的，以及承担政府相关部门委托检验任务违反有关工作要求的，依照《食品安全法》及其实施条例等法律法规的有关规定予以追究法律责任。

第四十条 国家食品药品监督管理总局负责本规范实施的监督工作。各级食品药品监督管理部门依照本规范对承担其委托检验任务的检验机构开展监督管理工作。

第七章 附 则

第四十一条 适用本规范的检验机构主要包括政府有关部门设立的检验机构和高等院校、科研院所、社会第三方等单位所属的检验机构等依法取得资质认定的机构。

本规范所要求的检验方法证实，指检验机构提供证据证明能够正确使用标准方法实施检验；所要求的检验方法确认，指检验机构提供证据证明方法能够满足预期用途；所要求的复验是指同一检验机构对原样品进行的再次检验，以进一步确认检验结果。

第四十二条 本规范由国家食品药品监督管理总局负责解释。

第四十三条 本规范自发布之日起施行。

食品生产许可审查通则

（食药监食监一〔2016〕103 号）

第一章 总 则

第一条 为加强食品生产许可管理，规范食品生产许可审查工作，依据《中华人民共和国食品安全法》及其实施条例、《食品生产许可管理办法》等有关法律法规、规章和食品安全国家标准，制定本通则。

第二条 本通则适用于食品药品监督管理部门组织对申请人的食品、食品添加剂（以下统称食品）生产许可以及许可变更、延续等的审查工作。

食品生产许可审查包括申请材料审查和现场核查。

第三条 本通则应当与相应的食品生产许可审查细则（以下简称审查细则）结合使用。使用地方特色食品生产许可审查细则开展生产许可审查的，应当符合《食品生产许可管理办法》第八条的规定。

第四条 对申请材料的审查，应当以书面申请材料的完整性、规范性、符合性为主要审查内容；对现场的核查，应当以申请材料与实际状况的一致性、合规性为主要审查内容。

第五条 法律法规、规章和标准对食品生产许可审查有特别规定的，还应当遵守其规定。

第二章 材料审查

第六条 申请人应当具备申请食品生产许可的主体资格。申请人应当根据所在地省级食品药品监督管理部门规定的食品生产许可受理权限，向所在地县级以上食品药品监督管理部门提出食品生产许可申请。

第七条 申请材料应当种类齐全、内容完整，符合法定形式和填写要求。申请人应当对申请材料的真实性负责。申请材料的份数由省级食品药品监督管理部门根据监管工作需要确定，确保负责对申请人实施食品安全日常监督管理的食品药品监督管理部门掌握申请人申请许可的情况。

申请人委托他人办理食品生产许可申请的，代理人应当提交授权委托书以及代理人的身份证明文件。

第八条 申请人申请食品生产许可的，应当提交食品生产许可申请书、营业执照复印件、食品生产加工场所及其周围环境平面图、食品生产加工场所各功能区间布局平面图、工艺设备布局图、食品生产工艺流程图、食品生产主要设备设施清单、食品安全管理制度目录以及法律法规规定的其他材料。

申请保健食品、特殊医学用途配方食品、婴幼儿配方食品的生产许可，还应当提交与所生产食品相适应的生产质量管理体系文件以及相应的产品注册和备案文件。

食品添加剂生产许可的申请材料，按照《食品生产许可管理办法》第十六条的规定执行。

第九条 申请变更的，应当提交食品生产许可变更申请书、食品生产许可证（正本、副本）、变更食品生产许可事项有关的材料以及法律法规规定的其他材料。

食品生产许可证副本载明的同一食品类别内的事项发生变化的，申请人声明工艺设备布局和工艺流程、主要生产设备设施等事项发生变化的，应当按照本条第一款的规定提交有关材料。

申请人声明其他生产条件发生变化，可能影响食品安全的，应当按照本条第一款的规定提交有关材料。

保健食品、特殊医学用途配方食品、婴幼儿配方食品的生产企业申请变更的，还应当就申请人变化事项提交与所生产食品相适应的生产质量管理体系文件，以及相应的产品注册和备案文件。

第十条 申请延续的，应当提交食品生产许可延续申请书、食品生产许可证（正本、副本）、申请人生产条件是否发生变化的声明、延续食品生产许可事项有关的材料以及法律法规规定的其他材料。

保健食品、特殊医学用途配方食品、婴幼儿配方食品的生产企业申请延续食品生产许可的，还应当就申请人变化事项提供与所生产食品相适应的生产质量管理体系运行情况的自查报告，以及相应的产品注册和备案文件。

第十一条 许可机关或者其委托的技术审查机构（以下统称为审查部门）应当对申请人提交的申请材料的完整性、规范性进行审查。

第十二条 审查部门应当对申请人提交的申请材料的种类、数量、内容、填写方式以及复印材料与原件的符合性等方面进行审查。

申请材料均须由申请人的法定代表人或负责人签名，并加盖申请人公章。复印件应当由申请人注明“与原件一致”，并加盖申请人公章。

第十三条 食品生产许可申请书应当使用钢笔、签字笔填写或打印，字迹应当清晰、工整，修改处应当签名并加盖申请人公章。申请书中各项内容填写完整、规范、准确。

申请人名称、法定代表人或负责人、社会信用代码或营业执照注册号、住所等填写内容应当与营业执照一致，所申请生产许可的食品类别应当在营业执照载明的经营范围内，且营业执照在有效期限内。

申证产品的类别编号、类别名称及品种明细应当按照食品生产许可分类目录填写。

申请材料中的食品安全管理制度设置应当完整。

第十四条 申请人应当配备食品安全管理人员及专业技术人员，并定期进行培训和考核。

第十五条 申请人及从事食品生产管理工作的食品安全管理人员应当未受到从业禁止。

第十六条 食品生产加工场所及其周围环境平面图、食品生产加工场所各功能区间布局平面图、工艺设备布局图、食品生产工艺流程图等图表清晰，生产场所、主要设备设施布局合理、工艺流程符合审查细则和所执行标准规定的要求。

食品生产加工场所及其周围环境平面图、食品生产加工场所各功能区间布局平面图、工艺设备布局图应当按比例标注。

第十七条 许可机关发现申请人存在隐瞒有关情况或者提供虚假申请材料的，应当及时依法处理。

第十八条 申请材料经审查，按规定不需要现场核查的，应当按规定程序由许可机关作出许可决定。许可机关决定需要现场核查的，应当组织现场核查。

第十九条 下列情形，应当组织现场核查：

（一）申请生产许可的，应当组织现场核查。

（二）申请变更的，申请人声明其生产场所发生变迁，或者现有工艺设备布局和工艺流程、主要生产设备设施、食品类别等事项发生变化的，应当对变化情况组织现场核查；其他生产条件发生变化，可能影响食品安全的，也应当就变化情况组织现场核查。

（三）申请延续的，申请人声明生产条件发生变化，可能影响食品安全的，应当组织对变化情况进行现场核查。

（四）申请变更、延续的，审查部门决定需要对申请材料内容、食品类别、与相关审查细则及执行标准要求相符情况进行核实的，应当组织现场核查。

（五）申请人的生产场所迁出原发证的食品药品监督管理部门管辖范围的，应当重新申请食品生产许可，迁入地许可机关应当依照本通则的规定组织申请材料审查和现场核查。

（六）申请人食品安全信用信息记录载明监督抽检不合格、监督检查不符合、发生过食品安全事故，以及其他保障食品安全方面存在隐患的。

（七）法律、法规和规章规定需要实施现场核查的其他情形。

第三章　现场核查

第二十条 审查部门应当自收到申请材料之日起3个工作日内组成核查组，负责对申请人进行现场核查，并将现场核查决定书面通知申请人及负责对申请人实施食品安全日常监督管理的食品药品监督管理部门。

第二十一条 核查组由符合要求的核查人员组成，不得少于2人。核查组实行组长负责制，组长由审查部门指定。

第二十二条 负责对申请人实施食品安全日常监督管理的食品药品监督管理部门或其派出机构应当派出监管人员作为观察员参加现场核查工作。观察员应当支持、配合并全程观察核查组的现场核查工作，但不作为核查组成员，不参与对申请人生产条件的评分及核查结论的判定。

观察员对现场核查程序、过程、结果有异议的，可在现场核查结束后3个工作日内书面向许可机关报告。

第二十三条 核查组应当召开首次会议，由核查组长向申请人介绍核查目的、依据、内容、工作程序、核查人员及工作安排等内容。

第二十四条 核查组实施现场核查时，应当依据《食品、食品添加剂生产许可现场核查评分记录表》中所列核查项目，采取核查现场、查阅文件、核对材料及询问相关人员等方法实施现场核查。

必要时，核查组可以对申请人的食品安全管理人员、专业技术人员进行抽查考核。

第二十五条 核查组长应当召集核查人员对各自负责的核查项目的评分意见共同研究，汇总核查情况，形成初步核查意见，并与申请人进行沟通。

第二十六条 核查组对核查情况和申请人的反馈意见进行会商后，应当根据不同食品类别的现场核查情况分别进行评分判定，并汇总评分结果，形成核查结论，填写《食品、食品添加剂生产许可现场核查报告》。

第二十七条 核查组应当召开末次会议，由核查组长宣布核查结论，组织核查人员及申请人在《食品、食品添加剂生产许可现场核查评分记录表》《食品、食品添加剂生产许可现场核查报告》上签署意见并签名、盖章。申请人拒绝签名、盖章的，核查人员应当在《食品、食品添加剂生产许可现场核查报告》上注明情况。观察员应当在《食品、食品添加剂生产许可现场核查报告》上签字确认。

第二十八条 参加首、末次会议人员应当包括申请人的法定代表人（负责人）或其代理人、相关食品安全管理人员、专业技术人员、核查组成员及观察员。

参加首、末次会议人员应当在《现场核查首末次会议签到表》上签到。

代理人应当提交授权委托书和代理人的身份证明文件。

第二十九条 现场核查范围主要包括生产场所、设备设施、设备布局和工艺流程、人员管理、管理制度及其执行情况，以及按规定需要查验试制产品检验合格报告。

第三十条 在生产场所方面，核查申请人提交的材料是否与现场一致，其生产场所周边和厂区环境、布局和各功能区划分、厂房及生产车间相关材质等是否符合有关规定和要求。

申请人在生产场所外建立或者租用外设仓库的，应当承诺符合《食品、食品添加剂生产许可现场核查评分记录表》中关于库房的要求，并提供相关影像资料。必要时，核查组可以对外设仓库实施现场核查。

第三十一条 在设备设施方面，核查申请人提交的生产设备设施清单是否与现场一致，生产设备设施材质、性能等是否符合规定并满足生产需要；申请人自行对原辅料及出厂产品进行检验的，是否具备审查细则规定的检验设备设施，性能和精度是否满足检验需要。

第三十二条 在设备布局和工艺流程方面，核查申请人提交的设备布局图和工艺流程图是否与现场一致，设备布局、工艺流程是否符合规定要求，并能防止交叉污染。

实施复配食品添加剂现场核查时，核查组应当依据有关规定，根据复配食品添加剂品种特点，核查复配食品添加剂配方组成、有害物质及致病菌是否符合食品安全国家标准。

第三十三条 在人员管理方面，核查申请人是否配备申请材料所列明的食品安全管理人员及专业技术人员；是否建立生产相关岗位的培训及从业人员健康管理制度；从事接触直接入口食品工作的食品生产人员是否取得健康证明。

第三十四条 在管理制度方面，核查申请人的进货查验记录、生产过程控制、出厂检验记录、食品安全自查、不安全食品召回、不合格品管理、食品安全事故处置及审查细则规定的其他保证食品安全的管理制度是否齐全，内容是否符合法律法规等相关规定。

第三十五条 在试制产品检验合格报告方面，现场核查时，核查组可以根据食品生产工艺流程等要求，按申请人生产食品所执行的食品安全标准和产品标准核查试制食品检验合格报告。

实施食品添加剂生产许可现场核查时，可以根据食品添加剂品种，按申请人生产食品添加剂所执行的食品安全标准核查试制食品添加剂检验合格报告。

试制产品检验合格报告可以由申请人自行检验，或者委托有资质的食品检验机构出具。

试制产品检验报告的具体要求按审查细则的有关规定执行。

第三十六条 审查细则对现场核查相关内容进行细化或者有补充要求的，应当一并核查，并在《食品、食品添加剂生产许可现场核查评分记录表》中记录。

第三十七条 申请变更及延续的，申请人声明其生产条件发生变化的，审查部门应当依照本通则的规定就申请人声明的生产条件变化情况组织现场核查。

经注册或备案的保健食品、特殊医学用途配方食品、婴幼儿配方食品生产工艺发生变化的，相关生产企业应当在办理食品生产许可的变更前，办理产品注册或者备案变更手续。

第三十八条 因申请人下列原因导致现场核查无法正常开展的，核查组应当如实报告审查部门，本次核查按照未通过现场核查作出结论：

（一）不配合实施现场核查的；

（二）现场核查时生产设备设施不能正常运行的；

（三）存在隐瞒有关情况或提供虚假申请材料的；

（四）其他因申请人主观原因导致现场核查无法正常开展的。

第三十九条 因不可抗力原因，或者供电、供水等客观原因导致现场核查无法正常开展的，申请人应当向许可机关书面提出许可中止申请。中止时间应当不超过10个工作日，中止时间不计入食品生产许可审批时限。

第四十条 因申请人涉嫌食品安全违法且被食品药品监督管理部门立案调查的，许可机关应当中止生产许可程序，中止时间不计入食品生产许可审批时限。

第四十一条 现场核查按照《食品、食品添加剂生产许可现场核查评分记录表》的项目得分进行判定。核查项目单项得分无0分项且总得分率≥85%的，该食品类别及品种明细判定为通过现场核查；核查项目单项得分有0分项或者总得分率<85%的，该食品类别及品种明细判定为未通过现场核查。

第四十二条 《食品、食品添加剂生产许可现场核查报告》应当现场交申请人留存一份。

第四章 审查结果与检查整改

第四十三条 核查组应当自接受现场核查任务之日起10个工作日内完成现场核查，并将《食品、食品添加剂生产许可核查材料清单》所列的许可相关材料上报审查部门。

第四十四条 审查部门应当在规定时限内收集、汇总审查结果以及《食品、食品添加剂生产许可核查材料清单》所列的许可相关材料。

第四十五条 许可机关应当根据申请材料审查和现场核查等情况，对符合条件的，作出准予生产许可的决定。对不符合条件的，应当及时作出不予许可的书面决定并说明理由，同时告知申请人依法享有申请行政复议或者提起行政诉讼的权利。

第四十六条 作出准予生产许可决定的，申请人的申请材料及审查部门收集、汇总的相关许可材料还应当送达负责对申请人实施食品安全日常监督管理的食品药品监督管理部门。

第四十七条 对于判定结果为通过现场核查的，申请人应当在1个月内对现场核查中发现的问题进行整改，并将整改结果向负责对申请人实施食品安全日常监督管理的食品药品监督管理部门书面报告。

第四十八条 负责对申请人实施食品安全日常监督管理的食品药品监督管理部门或其派出机构应当在许可后3个月内对获证企业开展一次监督检查。对已进行现场核查的企业，重点检查现场核查中发现的问题是否已进行整改。

第五章 附 则

第四十九条 申请人试生产的产品不得作为食品销售。

第五十条 保健食品生产许可审查细则另有规定的，从其规定。

第五十一条 省级食品药品监督管理部门可以根据本通则，结合本区域实际情况制定有关食品生产许可管理的具体实施办法，补充、细化《食品、食品添加剂生产许可现场核查评分记录表》《食品、食品添加剂生产许可现场核查报告》。

第五十二条 鼓励各地运用信息化手段开展食品生产许可审查工作。

第五十三条 本通则适用于以分装形式申请的食品生产许可审查，但相关审查细则另有规定的除外。

第五十四条 本通则所称外设仓库，是指申请人在生产厂区外设置的贮存食品生产原辅材料和成品的场所。

第五十五条 本通则由国家食品药品监督管理总局负责解释。

第五十六条 本通则自2016年10月1日起施行。

农 资

行政法规

兽药管理条例

（2004年4月9日中华人民共和国国务院令第404号公布 根据2014年7月29日《国务院关于修改部分行政法规的决定》第一次修订 根据2016年2月6日《国务院关于修改部分行政法规的决定》第二次修订）

第一章 总 则

第一条 为了加强兽药管理，保证兽药质量，防治动物疾病，促进养殖业的发展，维护人体健康，制定本条例。

第二条 在中华人民共和国境内从事兽药的研制、生产、经营、进出口、使用和监督管理，应当遵守本条例。

第三条 国务院兽医行政管理部门负责全国的兽药监督管理工作。

县级以上地方人民政府兽医行政管理部门负责本行政区域内的兽药监督管理工作。

第四条 国家实行兽用处方药和非处方药分类管理制度。兽用处方药和非处方药分类管理的办法和具体实施步骤，由国务院兽医行政管理部门规定。

第五条 国家实行兽药储备制度。

发生重大动物疫情、灾情或者其他突发事件时，国务院兽医行政管理部门可以紧急调用国家储备的兽药；必要时，也可以调用国家储备以外的兽药。

第二章　新兽药研制

第六条 国家鼓励研制新兽药，依法保护研制者的合法权益。

第七条 研制新兽药，应当具有与研制相适应的场所、仪器设备、专业技术人员、安全管理规范和措施。

研制新兽药，应当进行安全性评价。从事兽药安全性评价的单位应当遵守国务院兽医行政管理部门制定的兽药非临床研究质量管理规范和兽药临床试验质量管理规范。

省级以上人民政府兽医行政管理部门应当对兽药安全性评价单位是否符合兽药非临床研究质量管理规范和兽药临床试验质量管理规范的要求进行监督检查，并公布监督检查结果。

第八条 研制新兽药，应当在临床试验前向省、自治区、直辖市人民政府兽医行政管理部门提出申请，并附具该新兽药实验室阶段安全性评价报告及其他临床前研究资料；省、自治区、直辖市人民政府兽医行政管理部门应当自收到申请之日起60个工作日内将审查结果书面通知申请人。

研制的新兽药属于生物制品的，应当在临床试验前向国务院兽医行政管理部门提出申请，国务院兽医行政管理部门应当自收到申请之日起60个工作日内将审查结果书面通知申请人。

研制新兽药需要使用一类病原微生物的，还应当具备国务院兽医行政管理部门规定的条件，并在实验室阶段前报国务院兽医行政管理部门批准。

第九条 临床试验完成后，新兽药研制者向国务院兽医行政管理部门提出新兽药注册申请时，应当提交该新兽药的样品和下列资料：

（一）名称、主要成分、理化性质；

（二）研制方法、生产工艺、质量标准和检测方法；

（三）药理和毒理试验结果、临床试验报告和稳定性试验报告；

（四）环境影响报告和污染防治措施。

研制的新兽药属于生物制品的，还应当提供菌（毒、虫）种、细胞等有关材料和资料。菌（毒、虫）种、细胞由国务院兽医行政管理部门指定的机构保藏。

研制用于食用动物的新兽药，还应当按照国务院兽医行政管理部门的规定进行兽药残留试验并提供休药期、最高残留限量标准、残留检测方法及其制定依据等资料。

国务院兽医行政管理部门应当自收到申请之日起10个工作日内，将决定受理的新兽药资料送其设立的兽药评审机构进行评审，将新兽药样品送其指定的检验机构复核检验，并自收到评审和复核检验结论之日起60个工作日内完成审查。审查合格的，发给新兽药注册证书，并发布该兽药的质量标准；不合格的，应当书面通知申请人。

第十条 国家对依法获得注册的、含有新化合物的兽药的申请人提交的其自己所取得且未披露的试验数据和其他数据实施保护。

自注册之日起6年内，对其他申请人未经已获得注册兽药的申请人同意，使用前款规定的数据申请兽药注册的，兽药注册机关不予注册；但是，其他申请人提交其自己所取得的数据的除外。

除下列情况外，兽药注册机关不得披露本条第一款规定的数据：

（一）公共利益需要；

（二）已采取措施确保该类信息不会被不正当地进行商业使用。

第三章　兽药生产

第十一条 从事兽药生产的企业，应当符合国家兽药行业发展规划和产业政策，并具备下列条件：

（一）与所生产的兽药相适应的兽医学、药学或者相关专业的技术人员；

（二）与所生产的兽药相适应的厂房、设施；

（三）与所生产的兽药相适应的兽药质量管理和质量检验的机构、人员、仪器设备；

（四）符合安全、卫生要求的生产环境；

（五）兽药生产质量管理规范规定的其他生产条件。

符合前款规定条件的，申请人方可向省、自治区、直辖市人民政府兽医行政管理部门提出申请，并附具符合前款规定条件的证明材料；省、自治区、直辖市人民政府兽医行政管理部门应当自收到申请之日起40个工作日内完成审查。经审查合格的，发给兽药生产许可证；不合格的，应当书面通知申请人。

第十二条 兽药生产许可证应当载明生产范围、生产地点、有效期和法定代表人姓名、住址等事项。

兽药生产许可证有效期为5年。有效期届满，需要继续生产兽药的，应当在许可证有效期届满前6个月到发证机关申请换发兽药生产许可证。

第十三条 兽药生产企业变更生产范围、生产地点的，应当依照本条例第十一条的规定申请换发兽药生产许可证；变更企业名称、法定代表人的，应当在办理工商变更登记手续后15个工作日内，到发证机关申请换发兽药生产许可证。

第十四条 兽药生产企业应当按照国务院兽医行政管理部门制定的兽药生产质量管理规范组织生产。

省级以上人民政府兽医行政管理部门，应当对兽药生产企业是否符合兽药生产质量管理规范的要求进行监督检查，并公布检查结果。

第十五条 兽药生产企业生产兽药，应当取得国务院兽医行政管理部门核发的产品批准文号，产品批准文号的有效期为5年。兽药产品批准文号的核发办法由国务院兽医行政管理部门制定。

第十六条 兽药生产企业应当按照兽药国家标准和国务院兽医行政管理部门批准的生产工艺进行生产。兽药生产企业改变影响兽药质量的生产工艺的，应当报原批准部门审核批准。

兽药生产企业应当建立生产记录，生产记录应当完整、准确。

第十七条 生产兽药所需的原料、辅料，应当符合国家标准或者所生产兽药的质量要求。

直接接触兽药的包装材料和容器应当符合药用要求。

第十八条 兽药出厂前应当经过质量检验，不符合质量标准的不得出厂。

兽药出厂应当附有产品质量合格证。

禁止生产假、劣兽药。

第十九条 兽药生产企业生产的每批兽用生物制品，在出厂前应当由国务院兽医行政管理部门指定的检验机构审查核对，并在必要时进行抽查检验；未经审查核对或者抽查检验不合格的，不得销售。

强制免疫所需兽用生物制品，由国务院兽医行政管理部门指定的企业生产。

第二十条 兽药包装应当按照规定印有或者贴有标签，附具说明书，并在显著位置注明“兽用”字样。

兽药的标签和说明书经国务院兽医行政管理部门批准并公布后，方可使用。

兽药的标签或者说明书，应当以中文注明兽药的通用名称、成分及其含量、规格、生产企业、产品批准文号（进口兽药注册证号）、产品批号、生产日期、有效期、适应症或者功能主治、用法、用量、休药期、禁忌、不良反应、注意事项、运输贮存保管条件及其他应当说明的内容。有商品名称的，还应当注明商品名称。

除前款规定的内容外，兽用处方药的标签或者说明书还应当印有国务院兽医行政管理部门规定的警示内容，其中兽用麻醉药品、精神药品、毒性药品和放射性药品还应当印有国务院兽医行政管理部门规定的特殊标志；兽用非处方药的标签或者说明书还应当印有国务院兽医行政管理部门规定的非处方药标志。

第二十一条 国务院兽医行政管理部门，根据保证动物产品质量安全和人体健康的需要，可以对新兽药设立不超过5年的监测期；在监测期内，不得批准其他企业生产或者进口该新兽药。生产企业应当在监测期内收集该新兽药的疗效、不良反应等资料，并及时报送国务院兽医行政管理部门。

第四章　兽药经营

第二十二条 经营兽药的企业，应当具备下列条件：

（一）与所经营的兽药相适应的兽药技术人员；

（二）与所经营的兽药相适应的营业场所、设备、仓库设施；

（三）与所经营的兽药相适应的质量管理机构或者人员；

（四）兽药经营质量管理规范规定的其他经营条件。

符合前款规定条件的，申请人方可向市、县人民政府兽医行政管理部门提出申请，并附具符合前款规定条件的证明材料；经营兽用生物制品的，应当向省、自治区、直辖市人民政府兽医行政管理部门提出申请，并附具符合前款规定条件的证明材料。

县级以上地方人民政府兽医行政管理部门，应当自收到申请之日起30个工作日内完成审查。审查合格的，发给兽药经营许可证；不合格的，应当书面通知申请人。

第二十三条 兽药经营许可证应当载明经营范围、经营地点、有效期和法定代表人姓名、住址等事项。

兽药经营许可证有效期为5年。有效期届满，需要继续经营兽药的，应当在许可证有效期届满前6个月到发证机关申请换发兽药经营许可证。

第二十四条 兽药经营企业变更经营范围、经营地点的，应当依照本条例第二十二条的规定申请换发兽药经营许可证；变更企业名称、法定代表人的，应当在办理工商变更登记手续后15个工作日内，到发证机关申请换发兽药经营许可证。

第二十五条 兽药经营企业，应当遵守国务院兽医行政管理部门制定的兽药经营质量管理规范。

县级以上地方人民政府兽医行政管理部门，应当对兽药经营企业是否符合兽药经营质量管理规范的要求进行监督检查，并公布检查结果。

第二十六条 兽药经营企业购进兽药，应当将兽药产品与产品标签或者说明书、产品质量合格证核对无误。

第二十七条 兽药经营企业，应当向购买者说明兽药的功能主治、用法、用量和注意事项。销售兽用处方药的，应当遵守兽用处方药管理办法。

兽药经营企业销售兽用中药材的，应当注明产地。

禁止兽药经营企业经营人用药品和假、劣兽药。

第二十八条 兽药经营企业购销兽药，应当建立购销记录。购销记录应当载明兽药的商品名称、通用名称、剂型、规格、批号、有效期、生产厂商、购销单位、购销数量、购销日期和国务院兽医行政管理部门规定的其他事项。

第二十九条 兽药经营企业，应当建立兽药保管制度，采取必要的冷藏、防冻、防潮、防虫、防鼠等措施，保持所经营兽药的质量。

兽药入库、出库，应当执行检查验收制度，并有准确记录。

第三十条 强制免疫所需兽用生物制品的经营，应当符合国务院兽医行政管理部门的规定。

第三十一条 兽药广告的内容应当与兽药说明书内容相一致，在全国重点媒体发布兽药广告的，应当经国务院兽医行政管理部门审查批准，取得兽药广告审查批准文号。在地方媒体发布兽药广告的，应当经省、自治区、直辖市人民政府兽医行政管理部门审查批准，取得兽药广告审查批准文号；未经批准的，不得发布。

第五章 兽药进出口

第三十二条 首次向中国出口的兽药，由出口方驻中国境内的办事机构或者其委托的中国境内代理机构向国务院兽医行政管理部门申请注册，并提交下列资料和物品：

（一）生产企业所在国家（地区）兽药管理部门批准生产、销售的证明文件。

（二）生产企业所在国家（地区）兽药管理部门颁发的符合兽药生产质量管理规范的证明文件。

（三）兽药的制造方法、生产工艺、质量标准、检测方法、药理和毒理试验结果、临床试验报告、稳定性试验报告及其他相关资料；用于食用动物的兽药的休药期、最高残留限量标准、残留检测方法及其制定依据等资料。

（四）兽药的标签和说明书样本。

（五）兽药的样品、对照品、标准品。

（六）环境影响报告和污染防治措施。

（七）涉及兽药安全性的其他资料。

申请向中国出口兽用生物制品的，还应当提供菌（毒、虫）种、细胞等有关材料和资料。

第三十三条 国务院兽医行政管理部门，应当自收到申请之日起10个工作日内组织初步审查。经初步审查合格的，应当将决定受理的兽药资料送其设立的兽药评审机构进行评审，将该兽药样品送其指定的检验机构复核检验，并自收到评审和复核检验结论之日起60个工作日内完成审查。经审查合格的，发给进口兽药注册证书，并发布该兽药的质量标准；不合格的，应当书面通知申请人。

在审查过程中，国务院兽医行政管理部门可以对向中国出口兽药的企业是否符合兽药生产质量管理规范的要求进行考查，并有权要求该企业在国务院兽医行政管理部门指定的机构进行该兽药的安全性和有效性试验。

国内急需兽药、少量科研用兽药或者注册兽药的样品、对照品、标准品的进口，按照国务院兽医行政管理部门的规定办理。

第三十四条 进口兽药注册证书的有效期为5年。有效期届满，需要继续向中国出口兽药的，应当在有效期届满前6个月到发证机关申请再注册。

第三十五条 境外企业不得在中国直接销售兽药。境外企业在中国销售兽药，应当依法在中国境内设立销售机构或者委托符合条件的中国境内代理机构。

进口在中国已取得进口兽药注册证书的兽用生物制品的，中国境内代理机构应当向国务院兽医行政管理部门申请允许进口兽用生物制品证明文件，凭允许进口兽用生物制品证明文件到口岸所在地人民政府兽医行政管理部门办理进口兽药通关单；进口在中国已取得进口兽药注册证书的其他兽药的，凭进口兽药注册证书到口岸所在地人民政府兽医行政管理部门办理进口兽药通关单。海关凭进口兽药通关单放行。兽药进口管理办法由国务院兽医行政管理部门会同海关总署制定。

兽用生物制品进口后，应当依照本条例第十九条的规定进行审查核对和抽查检验。其他兽药进口后，由当地兽医行政管理部门通知兽药检验机构进行抽查检验。

第三十六条 禁止进口下列兽药：

（一）药效不确定、不良反应大以及可能对养殖业、人体健康造成危害或者存在潜在风险的；

（二）来自疫区可能造成疫病在中国境内传播的兽用生物制品；

（三）经考查生产条件不符合规定的；

（四）国务院兽医行政管理部门禁止生产、经营和使用的。

第三十七条 向中国境外出口兽药，进口方要求提供兽药出口证明文件的，国务院兽医行政管理部门或者企业所在地的省、自治区、直辖市人民政府兽医行政管理部门可以出具出口兽药证明文件。

国内防疫急需的疫苗，国务院兽医行政管理部门可以限制或者禁止出口。

第八章 兽药使用

第三十八条 兽药使用单位，应当遵守国务院兽医行政管理部门制定的兽药安全使用规定，并建立用药记录。

第三十九条 禁止使用假、劣兽药以及国务院兽医行政管理部门规定禁止使用的药品和其他化合物。禁止使用的药品和其他化合物目录由国务院兽医行政管理部门制定公布。

第四十条 有休药期规定的兽药用于食用动物时，饲养者应当向购买者或者屠宰者提供准确、真实的用药记录；购买者或者屠宰者应当确保动物及其产品在用药期、休药期内不被用于食品消费。

第四十一条 国务院兽医行政管理部门，负责制定公布在饲料中允许添加的药物饲料添加剂品种目录。

禁止在饲料和动物饮用水中添加激素类药品和国务院兽医行政管理部门规定的其他禁用药品。

经批准可以在饲料中添加的兽药，应当由兽药生产企业制成药物饲料添加剂后方可添加。禁止将原料药直接添加到饲料及动物饮用水中或者直接饲喂动物。

禁止将人用药品用于动物。

第四十二条 国务院兽医行政管理部门，应当制定并组织实施国家动物及动物产品兽药残留监控计划。

县级以上人民政府兽医行政管理部门，负责组织对动物产品中兽药残留量的检测。兽药残留检测结果，由国务院兽医行政管理部门或者省、自治区、直辖市人民政府兽医行政管理部门按照权限予以公布。

动物产品的生产者、销售者对检测结果有异议的，可以自收到检测结果之日起7个工作日内向组织实施兽药残留检测的兽医行政管理部门或者其上级兽医行政管理部门提出申请，由受理申请的兽医行政管理部门指定检验机构进行复检。

兽药残留限量标准和残留检测方法，由国务院兽医行政管理部门制定发布。

第四十三条 禁止销售含有违禁药物或者兽药残留量超过标准的食用动物产品。

第七章 兽药监督管理

第四十四条 县级以上人民政府兽医行政管理部门行使兽药监督管理权。

兽药检验工作由国务院兽医行政管理部门和省、自治区、直辖市人民政府兽医行政管理部门设立的兽药检验机构承担。国务院兽医行政管理部门，可以根据需要认定其他检验机构承担兽药检验工作。

当事人对兽药检验结果有异议的，可以自收到检验结果之日起7个工作日内向实施检验的机构或者上级兽医行政管理部门设立的检验机构申请复检。

第四十五条 兽药应当符合兽药国家标准。

国家兽药典委员会拟定的、国务院兽医行政管理部门发布的《中华人民共和国兽药典》和国务院兽医行政管理部门发布的其他兽药质量标准为兽药国家标准。

兽药国家标准的标准品和对照品的标定工作由国务院兽医行政管理部门设立的兽药检验机构负责。

第四十六条 兽医行政管理部门依法进行监督检查时，对有证据证明可能是假、劣兽药的，应当采取查封、扣押的行政强制措施，并自采取行政强制措施之日起7个工作日内作出是否立案的决定；需要检验的，应当自检验报告书发出之日起15个工作日内作出是否立案的决定；不符合立案条件的，应当解除行政强制措施；需要暂停生产的，由国务院兽医行政管理部门或者省、自治区、直辖市人民政府兽医行政管理部门按照权限作出决定；需要暂停经营、使用的，由县级以上人民政府兽医行政管理部门按照权限作出决定。

未经行政强制措施决定机关或者其上级机关批准，不得擅自转移、使用、销毁、销售被查封或者扣押的兽药及有关材料。

第四十七条 有下列情形之一的，为假兽药：

（一）以非兽药冒充兽药或者以他种兽药冒充此种兽药的；

（二）兽药所含成分的种类、名称与兽药国家标准不符合的。

有下列情形之一的，按照假兽药处理：

（一）国务院兽医行政管理部门规定禁止使用的；

（二）依照本条例规定应当经审查批准而未经审查批准即生产、进口的，或者依照本条例规定应当经抽查检验、审查核对而未经抽查检验、审查核对即销售、进口的；

（三）变质的；

（四）被污染的；

（五）所标明的适应症或者功能主治超出规定范围的。

第四十八条 有下列情形之一的，为劣兽药：

（一）成分含量不符合兽药国家标准或者不标明有效成分的；

（二）不标明或者更改有效期或者超过有效期的；

（三）不标明或者更改产品批号的；

（四）其他不符合兽药国家标准，但不属于假兽药的。

第四十九条 禁止将兽用原料药拆零销售或者销售给兽药生产企业以外的单位和个人。

禁止未经兽医开具处方销售、购买、使用国务院兽医行政管理部门规定实行处方药管理的兽药。

第五十条 国家实行兽药不良反应报告制度。

兽药生产企业、经营企业、兽药使用单位和开具处方的兽医人员发现可能与兽药使用有关的严重不良反应，应当立即向所在地人民政府兽医行政管理部门报告。

第五十一条 兽药生产企业、经营企业停止生产、经营超过6个月或者关闭的，由发证机关责令其交回兽药生产许可证、兽药经营许可证。

第五十二条 禁止买卖、出租、出借兽药生产许可证、兽药经营许可证和兽药批准证明文件。

第五十三条 兽药评审检验的收费项目和标准，由国务院财政部门会同国务院价格主管部门制定，并予以公告。

第五十四条 各级兽医行政管理部门、兽药检验机构及其工作人员，不得参与兽药生产、经营活动，不得以其名义推荐或者监制、监销兽药。

第八章 法律责任

第五十五条 兽医行政管理部门及其工作人员利用职务上的便利收取他人财物或者谋取其他利益，对不符合法定条件的单位和个人核发许可证、签署审查同意意见，不履行监督职责，或者发现违法行为不予查处，造成严重后果，构成犯罪的，依法追究刑事责任；尚不构成犯罪的，依法给予行政处分。

第五十六条 违反本条例规定，无兽药生产许可证、兽药经营许可证生产、经营兽药的，或者虽有兽药生产许可证、兽药经营许可证，生产、经营假、劣兽药的，或者兽药经营企业经营人用药品的，责令其停止生产、经营，没收用于违法生产的原料、辅料、包装材料及生产、经营的兽药和违法所得，并处违法生产、经营的兽药（包括已出售的和未出售的兽药，下同）货值金额2倍以上5倍以下罚款，货值金额无法查证核实的，处10万元以上20万元以下罚款；无兽药生产许可证生产兽药，情节严重的，没收其生产设备；生产、经营假、劣兽药，情节严重的，吊销兽药生产许可证、兽药经营许可证；构成犯罪的，依法追究刑事责任；给他人造成损失的，依法承担赔偿责任。生产、经营企业的主要负责人和直接负责的主管人员终身不得从事兽药的生产、经营活动。

擅自生产强制免疫所需兽用生物制品的，按照无兽药生产许可证生产兽药处罚。

第五十七条 违反本条例规定，提供虚假的资料、样品或者采取其他欺骗手段取得兽药生产许可证、兽药经营许可证或者兽药批准证明文件的，吊销兽药生产许可证、兽药经营许可证或者撤销兽药批准证明文件，并处5万元以上10万元以下罚款；给他人造成损失的，依法承担赔偿责任。其主要负责人和直接负责的主管人员终身不得从事兽药的生产、经营和进出口活动。

第五十八条 买卖、出租、出借兽药生产许可证、兽药经营许可证和兽药批准证明文件的，没收违法所得，并处1万元以上10万元以下罚款；情节严重的，吊销兽药生产许可证、兽药经营许可证或者撤销兽药批准证明文件；构成犯罪的，依法追究刑事责任；给他人造成损失的，依法承担赔偿责任。

第五十九条 违反本条例规定，兽药安全性评价单位、临床试验单位、生产和经营企业未按照规定实施兽药研究试验、生产、经营质量管理规范的，给予警告，责令其限期改正；逾期不改正的，责令停止兽药研究试验、生产、经营活动，并处5万元以下罚款；情节严重的，吊销兽药生产许可证、兽药经营许可证；给他人造成损失的，依法承担赔偿责任。

违反本条例规定，研制新兽药不具备规定的条件擅自使用一类病原微生物或者在实验室阶段前未经批准的，责令其停止实验，并处5万元以上10万元以下罚款；构成犯罪的，依法追究刑事责任；给他人造成损失的，依法承担赔偿责任。

第六十条 违反本条例规定，兽药的标签和说明书未经批准的，责令其限期改正；逾期不改正的，按照生产、经营假兽药处罚；有兽药产品批准文号的，撤销兽药产品批准文号；给他人造成损失的，依法承担赔偿责任。

兽药包装上未附有标签和说明书，或者标签和说明书与批准的内容不一致的，责令其限期改正；情节严重的，依照前款规定处罚。

第六十一条 违反本条例规定，境外企业在中国直接销售兽药的，责令其限期改正，没收直接销售的兽药和违法所得，并处5万元以上10万元以下罚款；情节严重的，吊销进口兽药注册证书；给他人造成损失的，依法承担赔偿责任。

第六十二条 违反本条例规定，未按照国家有关兽药安全使用规定使用兽药的、未建立用药记录或者记录不完整真实的，或者使用禁止使用的药品和其他化合物的，或者将人用药品用于动物的，责令其立即改正，并对饲喂了违禁药物及其他化合物的动物及其产品进行无害化处理；对违法单位处1万元以上5万元以下罚款；给他人造成损失的，依法承担赔偿责任。

第六十三条 违反本条例规定，销售尚在用药期、休药期内的动物及其产品用于食品消费的，或者销售含有违禁药物和兽药残留超标的动物产品用于食品消费的，责令其对含有违禁药物和兽药残留超标的动物产品进行无害化处理，没收违法所得，并处3万元以上10万元以下罚款；构成犯罪的，依法追究刑事责任；给他人造成损失的，依法承担赔偿责任。

第六十四条 违反本条例规定，擅自转移、使用、销毁、销售被查封或者扣押的兽药及有关材料的，责令其停止违法行为，给予警告，并处5万元以上10万元以下罚款。

第六十五条 违反本条例规定，兽药生产企业、经营企业、兽药使用单位和开具处方的兽医人员发现可能与兽药使用有关的严重不良反应，不向所在地人民政府兽医行政管理部门报告的，给予警告，并处5 000元以上1万元以下罚款。

生产企业在新兽药监测期内不收集或者不及时报送该新兽药的疗效、不良反应等资料的，责令其限期改正，并处1万元以上5万元以下罚款；情节严重的，撤销该新兽药的产品批准文号。

第六十六条 违反本条例规定，未经兽医开具处方销售、购买、使用兽用处方药的，责令其限期改正，没收违法所得，并处5万元以下罚款；给他人造成损失的，依法承担赔偿责任。

第六十七条 违反本条例规定，兽药生产、经营企业把原料药销售给兽药生产企业以外的单位和个人的，或者兽药经营企业拆零销售原料药的，责令其立即改正，给予警告，没收违法所得，并处2万元以上5万元以下罚款；情节严重的，吊销兽药生产许可证、兽药经营许可证；给他人造成损失的，依法承担赔偿责任。

第六十八条 违反本条例规定，在饲料和动物饮用水中添加激素类药品和国务院兽医行政管理部门规定的其他禁用药品，依照《饲料和饲料添加剂管理条例》的有关规定处罚；直接将原料药添加到饲料及动物饮用水中，或者饲喂动物的，责令其立即改正，并处1万元以上3万元以下罚款；给他人造成损失的，依法承担赔偿责任。

第六十九条 有下列情形之一的，撤销兽药的产品批准文号或者吊销进口兽药注册证书：

（一）抽查检验连续2次不合格的；

（二）药效不确定、不良反应大以及可能对养殖业、人体健康造成危害或者存在潜在风险的；

（三）国务院兽医行政管理部门禁止生产、经营和使用的兽药。

被撤销产品批准文号或者被吊销进口兽药注册证书的兽药，不得继续生产、进口、经营和使用。已经生产、进口的，由所在地兽医行政管理部门监督销毁，所需费用由违法行为人承担；给他人造成损失的，依法承担赔偿责任。

第七十条 本条例规定的行政处罚由县级以上人民政府兽医行政管理部门决定；其中吊销兽药生产许可证、兽药经营许可证、撤销兽药批准证明文件或者责令停止兽药研究试验的，由发证、批准部门决定。

上级兽医行政管理部门对下级兽医行政管理部门违反本条例的行政行为，应当责令限期改正；逾期不改正的，有权予以改变或者撤销。

第七十一条 本条例规定的货值金额以违法生产、经营兽药的标价计算；没有标价的，按照同类兽药的市场价格计算。

第九章 附 则

第七十二条 本条例下列用语的含义是：

（一）兽药，是指用于预防、治疗、诊断动物疾病或者有目的地调节动物生理机能的物质（含药物饲料添加剂），主要包括：血清制品、疫苗、诊断制品、微生态制品、中药材、中成药、化学药品、抗生素、生化药品、放射性药品及外用杀虫剂、消毒剂等。

（二）兽用处方药，是指凭兽医处方方可购买和使用的兽药。

（三）兽用非处方药，是指由国务院兽医行政管理部门公布的、不需要凭兽医处方就可以自行购买并按照说明书使用的兽药。

（四）兽药生产企业，是指专门生产兽药的企业和兼产兽药的企业，包括从事兽药分装的企业。

（五）兽药经营企业，是指经营兽药的专营企业或者兼营企业。

（六）新兽药，是指未曾在中国境内上市销售的兽用药品。

（七）兽药批准证明文件，是指兽药产品批准文号、进口兽药注册证书、允许进口兽用生物制品证明文件、出口兽药证明文件、新兽药注册证书等文件。

第七十三条 兽用麻醉药品、精神药品、毒性药品和放射性药品等特殊药品，依照国家有关规定管理。

第七十四条 水产养殖中的兽药使用、兽药残留检测和监督管理以及水产养殖过程中违法用药的行政处罚，由县级以上人民政府渔业主管部门及其所属的渔政监督管理机构负责。

第七十五条 本条例自2004年11月1日起施行。

部门规章

农作物种子生产经营许可管理办法

（2016年7月8日中华人民共和国农业部令第5号公布 自2016年8月15日起施行）

第一章 总 则

第一条 为加强农作物种子生产经营许可管理，规范农作物种子生产经营秩序，根据《中华人民共和国种子法》，制定本办法。

第二条 农作物种子生产经营许可证的申请、审核、核发和监管，适用本办法。

第三条 县级以上人民政府农业主管部门按照职责分工，负责农作物种子生产经营许可证的受理、审核、核发和监管工作。

第四条 负责审核、核发农作物种子生产经营许可证的农业主管部门，应当将农作物种子生产经营许可证的办理条件、程序等在办公场所公开。

第五条 农业主管部门应当按照保障农业生产安全、提升农作物品种选育和种子生产经营水平、促进公平竞争、强化事中事后监管的原则，依法加强农作物种子生产经营许可管理。

第二章 申请条件

第六条 申请领取种子生产经营许可证的企业，应当具有与种子生产经营相适应的设施、设备、品种及人员，符合本办法规定的条件。

第七条 申请领取主要农作物常规种子或非主要农作物种子生产经营许可证的企业，应当具备以下条件：

（一）基本设施。生产经营主要农作物常规种子的，具有办公场所150平方米以上、检验室100平方米以上、加工厂房500平方米以上、仓库500平方米以上；生产经营非主要农作物种子的，具有办公场所100平方米以上、检验室50平方米以上、加工厂房100平方米以上、仓库100平方米以上；

（二）检验仪器。具有净度分析台、电子秤、样品粉碎机、烘箱、生物显微镜、电子天平、扦样器、分样器、发芽箱等检验仪器，满足种子质量常规检测需要；

（三）加工设备。具有与其规模相适应的种子加工、包装等设备。其中，生产经营主要农作物常规种子的，应当具有种子加工成套设备，生产经营常规小麦种子的，成套设备总加工能力10吨/小时以上；生产经营常规稻种子的，成套设备总加工能力5吨/小时以上；生产经营常规大豆种子的，成套设备总加工能力3吨/小时以上；生产经营常规棉花种子的，成套设备总加工能力1吨/小时以上；

（四）人员。具有种子生产、加工贮藏和检验专业技术人员各2名以上；

（五）品种。生产经营主要农作物常规种子的，生产经营的品种应当通过审定，并具有1个以上与申请作物类别相应的审定品种；生产经营登记作物种子的，应当具有1个以上的登记品种。生产经营授权品种种子的，应当征得品种权人的书面同意；

（六）生产环境。生产地点无检疫性有害生物，并具有种子生产的隔离和培育条件；

（七）农业部规定的其他条件。

第八条 申请领取主要农作物杂交种子及其亲本种子生产经营许可证的企业，应当具备以下条件：

（一）基本设施。具有办公场所200平方米以上、检验室150平方米以上、加工厂房500平方米以上、仓库500平方米以上；

（二）检验仪器。除具备本办法第七条第二项规定的条件外，还应当具有PCR扩增仪及产物检测配套设备、酸度计、高压灭菌锅、磁力搅拌器、恒温水浴锅、高速冷冻离心机、成套移液器等仪器设备，能够开展种子水分、净度、纯度、发芽率四项指标检测及品种分子鉴定；

（三）加工设备。具有种子加工成套设备，生产经营杂交玉米种子的，成套设备总加工能力10吨/小时以上；生产经营杂交稻种子的，成套设备总加工能力5吨/小时以上；生产经营其他主要农作物杂交种子的，成套设备总加工能力1吨/小时以上；

（四）人员。具有种子生产、加工贮藏和检验专业技术人员各5名以上；

（五）品种。生产经营的品种应当通过审定，并具有自育品种或作为第一选育人的审定品种1个以上，或者合作选育的审定品种2个以上，或者受让品种权的品种3个以上。生产经营授权品种种子的，应当征得品种权人的书面同意；

（六）具有本办法第七条第六项规定的条件；

（七）农业部规定的其他条件。

第九条 申请领取实行选育生产经营相结合、有效区域为全国的种子生产经营许可证的企业，应当具备以下条件：

（一）基本设施。具有办公场所500平方米以上，冷藏库200平方米以上。生产经营主要农作物种子或马铃薯种薯的，具有检验室300平方米以上；生产经营其他农作物种子的，具有检验室200平方米以上。生产经营杂交玉米、杂交稻、小麦种子或马铃薯种薯的，具有加工厂房1 000平方米以上、仓库2 000平方米以上；生产经营棉花、大豆种子的，具有加工厂房500平方米以上、仓库500平方米以上；生产经营其他农作物种子的，具有加工厂房200平方米以上、仓库500平方米以上；

（二）育种机构及测试网络。具有专门的育种机构和相应的育种材料，建有完整的科研育种档案。生产经营杂交玉米、杂交稻种子的，在全国不同生态区有测试点30个以上和相应的播种、收获、考种设施设备；生产经营其他农作物种子的，在全国不同生态区有测试点10个以上和相应的播种、收获、考种设施设备；

（三）育种基地。具有自有或租用（租期不少于5年）的科研育种基地。生产经营杂交玉米、杂交稻种子的，具有分布在不同生态区的育种基地5处以上、总面积200亩以上；生产经营其他农作物种子的，具有分布在不同生态区的育种基地3处以上、总面积100亩以上；

（四）科研投入。在申请之日前3年内，年均科研投入不低于年种子销售收入的5%，同时，生产经营杂交玉米种子的，年均科研投入不低于1 500万元；生产经营杂交稻种子的，年均科研投入不低于800万元；生产经营其他种子的，年均科研投入不低于300万元；

（五）品种。生产经营主要农作物种子的，生产经营的品种应当通过审定，并具有相应作物的作为第一育种者的国家级审定品种3个以上，或者省级审定品种6个以上（至少包含3个省份审定通过），或者国家级审定品种2个和省级审定品种3个以上，或者国家级审定品种1个和省级审定品种5个以上。生产经营杂交稻种子同时生产经营常规稻种子的，除具有杂交稻要求的品种条件外，还应当具有常规稻的作为第一育种者的国家级审定品种1个以上或者省级审定品种3个以上。生产经营非主要农作物种子的，应当具有相应作物的以本企业名义单独申请获得植物新品种权的品种5个以上。生产经营授权品种种子的，应当征得品种权人的书面同意；

（六）生产规模。生产经营杂交玉米种子的，近3年年均种子生产面积2万亩以上；生产经营杂交稻种子的，近3年年均种子生产面积1万亩以上；生产经营其他农作物种子的，近3年年均种子生产的数量不低于该类作物100万亩的大田用种量；

（七）种子经营。具有健全的销售网络和售后服务体系。生产经营杂交玉米种子的，在申请之日前3年内至少有1年，杂交玉米种子销售额2亿元以上或占该类种子全国市场份额的1%以上；生产经营杂交稻种子的，在申请之日前3年内至少有1年，杂交稻种子销售额1.2亿元以上或占该类种子全国市场份额的1%以上；生产经营蔬菜种子的，在申请之日前3年内至少有1年，蔬菜种子销售额8 000万元以上或占该类种子全国市场份额的1%以上；生产经营其他农作物种子的，在申请之日前3年内至少有1年，其种子销售额占该类种子全国市场份额的1%以上；

（八）种子加工。具有种子加工成套设备，生产经营杂交玉米、小麦种子的，总加工能力20吨/小时以上；生产经营杂交稻种子的，总加工能力10吨/小时以上（含窝眼清选设备）；生产经营大豆种子的，总加工能力5吨/小时以上；生产经营其他农作物种子的，总加工能力1吨/小时以上。生产经营杂交玉米、杂交稻、小麦种子的，还应当具有相应的干燥设备；

（九）人员。生产经营杂交玉米、杂交稻种子的，具有本科以上学历或中级以上职称的专业育种人员10人以上；生产经营其他农作物种子的，具有本科以上学历或中级以上职称的专业育种人员6人以上。生产经营主要农作物种子的，具有专职的种子生产、加工贮藏和检验专业技术人员各5名以上；生产经营非主要农作物种子的，具有专职的种子生产、加工贮藏和检验专业技术人员各3名以上；

（十）具有本办法第七条第六项、第八条第二项规定的条件；

（十一）农业部规定的其他条件。

第十条 从事种子进出口业务的企业和外商投资企业申请领取种子生产经营许可证，除具备本办法规定的相应农作物种子生产经营许可证核发的条件外，还应当符合有关法律、行政法规规定的其他条件。

第十一条 申请领取种子生产经营许可证，应当提交以下材料：

（一）种子生产经营许可证申请表（式样见附件1）；

（二）单位性质、股权结构等基本情况，公司章程、营业执照复印件，设立分支机构、委托生产种子、委托代销种子以及以购销方式销售种子等情况说明；

（三）种子生产、加工贮藏、检验专业技术人员的基本情况及其企业缴纳的社保证明复印件，企业法定代表人和高级管理人员名单及其种业从业简历；

（四）种子检验室、加工厂房、仓库和其他设施的自有产权或自有资产的证明材料；办公场所自有产权证明复印件或租赁合同；种子检验、加工等设备清单和购置发票复印件；相关设施设备的情况说明及实景照片；

（五）品种审定证书复印件；生产经营授权品种种子的，提交植物新品种权证书复印件及品种权人的书面同意证明；

（六）委托种子生产合同复印件或自行组织种子生产的情况说明和证明材料；

（七）种子生产地点检疫证明；

（八）农业部规定的其他材料。

第十二条 申请领取选育生产经营相结合、有效区域为全国的种子生产经营许可证，除提交本办法第十一条所规定的材料外，还应当提交以下材料：

（一）自有科研育种基地证明或租用科研育种基地的合同复印件；

（二）品种试验测试网络和测试点情况说明，以及相应的播种、收获、烘干等设备设施的自有产权证明复印件及实景照片；

（三）育种机构、科研投入及育种材料、科研活动等情况说明和证明材料，育种人员基本情况及其企业缴纳的社保证明复印件；

（四）近三年种子生产地点、面积和基地联系人等情况说明和证明材料；

（五）种子经营量、经营额及其市场份额的情况说明和证明材料；

（六）销售网络和售后服务体系的建设情况。

第三章 受理、审核与核发

第十三条 种子生产经营许可证实行分级审核、核发。

（一）从事主要农作物常规种子生产经营及非主要农作物种子经营的，其种子生产经营许可证由企业所在地县级以上地方农业主管部门核发；

（二）从事主要农作物杂交种子及其亲本种子生产经营以及实行选育生产经营相结合、有效区域为全国的种子企业，其种子生产经营许可证由企业所在地县级农业主管部门审核，省、自治区、直辖市农业主管部门核发；

（三）从事农作物种子进出口业务的，其种子生产经营许可证由企业所在地省、自治区、直辖市农业主管部门审核，农业部核发。

第十四条 农业主管部门对申请人提出的种子生产经营许可申请，应当根据下列情况分别作出处理：

（一）不需要取得种子生产经营许可的，应当即时告知申请人不受理；

（二）不属于本部门职权范围的，应当即时作出不予受理的决定，并告知申请人向有关部门申请；

（三）申请材料存在可以当场更正的错误的，应当允许申请人当场更正；

（四）申请材料不齐全或者不符合法定形式的，应当当场或者在五个工作日内一次告知申请人需要补正的全部内容，逾期不告知的，自收到申请材料之日起即为受理；

（五）申请材料齐全、符合法定形式，或者申请人按照要求提交全部补正申请材料的，应当予以受理。

第十五条 审核机关应当对申请人提交的材料进行审查，并对申请人的办公场所和种子加工、检验、仓储等设施设备进行实地考察，查验相关申请材料原件。

审核机关应当自受理申请之日起二十个工作日内完成审核工作。具备本办法规定条件的，签署审核意见，上报核发机关；审核不予通过的，书面通知申请人并说明理由。

第十六条 核发机关应当自受理申请或收到审核意见之日起二十个工作日内完成核发工作。核发机关认为有必要的，可以进行实地考察并查验原件。符合条件的，发给种子生产经营许可证并予公告；不符合条件的，书面通知申请人并说明理由。

选育生产经营相结合、有效区域为全国的种子生产经营许可证，核发机关应当在核发前在中国种业信息网公示五个工作日。

第四章 许可证管理

第十七条 种子生产经营许可证设主证、副证（式样见附件2）。主证注明许可证编号、企业名称、统一社会信用代码、住所、法定代表人、生产经营范围、生产经营方式、有效区域、有效期至、发证机关、发证日期；副证注明生产种子的作物种类、种子类别、品种名称及审定（登记）编号、种子生产地点等内容。

（一）许可证编号为“_ _（xxxx）农种许字（xxxx）

第 xxxx 号”。“＿＿”上标注生产经营类型，A 为实行选育生产经营相结合，B 为主要农作物杂交种子及其亲本种子，C 为其他主要农作物种子，D 为非主要农作物种子，E 为种子进出口，F 为外商投资企业；第一个括号内为发证机关所在地简称，格式为“省地县”；第二个括号内为首次发证时的年号；“第 xxxx 号”为四位顺序号；

（二）生产经营范围按生产经营种子的作物名称填写，蔬菜、花卉、麻类按作物类别填写；

（三）生产经营方式按生产、加工、包装、批发、零售或进出口填写；

（四）有效区域。实行选育生产经营相结合的种子生产经营许可证的有效区域为全国。其他种子生产经营许可证的有效区域由发证机关在其管辖范围内确定；

（五）生产地点为种子生产所在地，主要农作物杂交种子标注至县级行政区域，其他作物标注至省级行政区域。

种子生产经营许可证加注许可信息代码。许可信息代码应当包括种子生产经营许可相关内容，由发证机关打印许可证书时自动生成。

第十八条　种子生产经营许可证载明的有效区域是指企业设立分支机构的区域。

种子生产地点不受种子生产经营许可证载明的有效区域限制，由发证机关根据申请人提交的种子生产合同复印件及无检疫性有害生物证明确定。

种子销售活动不受种子生产经营许可证载明的有效区域限制，但种子的终端销售地应当在品种审定、品种登记或标签标注的适宜区域内。

第十九条　种子生产经营许可证有效期为五年。

在有效期内变更主证载明事项的，应当向原发证机关申请变更并提交相应材料，原发证机关应当依法进行审查，办理变更手续。

在有效期内变更副证载明的生产种子的品种、地点等事项的，应当在播种三十日前向原发证机关申请变更并提交相应材料，申请材料齐全且符合法定形式的，原发证机关应当当场予以变更登记。

种子生产经营许可证期满后继续从事种子生产经营的，企业应当在期满六个月前重新提出申请。

第二十条　在种子生产经营许可证有效期内，有下列情形之一的，发证机关应当注销许可证，并予以公告：

（一）企业停止生产经营活动一年以上的；

（二）企业不再具备本办法规定的许可条件，经限期整改仍达不到要求的。

第五章　监督检查

第二十一条　有下列情形之一的，不需要办理种子生产经营许可证：

（一）农民个人自繁自用常规种子有剩余，在当地集贸市场上出售、串换的；

（二）在种子生产经营许可证载明的有效区域设立分支机构的；

（三）专门经营不再分装的包装种子的；

（四）受具有种子生产经营许可证的企业书面委托生产、代销其种子的。

前款第一项所称农民，是指以家庭联产承包责任制的形式签订农村土地承包合同的农民；所称当地集贸市场，是指农民所在的乡（镇）区域。农民个人出售、串换的种子数量不应超过其家庭联产承包土地的年度用种量。违反本款规定出售、串换种子的，视为无证生产经营种子。

第二十二条　种子生产经营者在种子生产经营许可证载明有效区域设立的分支机构，应当在取得或变更分支机构营业执照后十五个工作日内向当地县级农业主管部门备案。备案时应当提交分支机构的营业执照复印件、设立企业的种子生产经营许可证复印件以及分支机构名称、住所、负责人、联系方式等材料（式样见附件 3）。

第二十三条　专门经营不再分装的包装种子或者受具有种子生产经营许可证的企业书面委托代销其种子的，应当在种子销售前向当地县级农业主管部门备案，并建立种子销售台账。备案时应当提交种子销售者的营业执照复印件、种子购销凭证或委托代销合同复印件，以及种子销售者名称、住所、经营方式、负责人、联系方式、销售地点、品种名称、种子数量等材料（式样见附件 4）。种子销售台账应当如实记录销售种子的品种名称、种子数量、种子来源和种子去向。

第二十四条　受具有种子生产经营许可证的企业书面委托生产其种子的，应当在种子播种前向当地县级农业主管部门备案。备案时应当提交委托企业的种子生产经营许可证复印件、委托生产合同，以及种子生产者名称、住所、负责人、联系方式、品种名称、生产地点、生产面积等材料（式样见附件 5）。受托生产杂交玉米、杂交稻种子的，还应当提交与生产所在地农户、农民合作组织或村委会的生产协议。

第二十五条　种子生产经营者应当建立包括种子田间生产、加工包装、销售流通等环节形成的原始记载或凭证的种子生产经营档案，具体内容如下：

（一）田间生产方面：技术负责人，作物类别、品种名称、亲本（原种）名称、亲本（原种）来源，生产地点、生产面积、播种日期、隔离措施、产地检疫、收获日期、种子产量等。委托种子生产的，还应当包括种子委托生产合同。

（二）加工包装方面：技术负责人，品种名称、生产地点，加工时间、加工地点、包装规格、种子批次、标签标注，入库时间、种子数量、质量检验报告等。

（三）流通销售方面：经办人，种子销售对象姓名及地址、品种名称、包装规格、销售数量、销售时间、销售票据。批量购销的，还应包括种子购销合同。

种子生产经营者应当至少保存种子生产经营档案五年，确保档案记载信息连续、完整、真实，保证可追溯。档案材料含有复印件的，应当注明复印时间并经相关责任人签章。

第二十六条 种子生产经营者应当按批次保存所生产经营的种子样品，样品至少保存该类作物两个生产周期。

第二十七条 申请人故意隐瞒有关情况或者提供虚假材料申请种子生产经营许可证的，农业主管部门应当不予许可，并将申请人的不良行为记录在案，纳入征信系统。申请人在一年内不得再次申请种子生产经营许可证。

申请人以欺骗、贿赂等不正当手段取得种子生产经营许可证的，农业主管部门应当撤销种子生产经营许可证，并将申请人的不良行为记录在案，纳入征信系统。申请人在三年内不得再次申请种子生产经营许可证。

第二十八条 农业主管部门应当对种子生产经营行为进行监督检查，发现不符合本办法的违法行为，按照《中华人民共和国种子法》有关规定进行处理。

核发、撤销、吊销、注销种子生产经营许可证的有关信息，农业主管部门应当依法予以公布，并在中国种业信息网上及时更新信息。

对管理过程中获知的种子生产经营者的商业秘密，农业主管部门及其工作人员应当依法保密。

第二十九条 上级农业主管部门应当对下级农业主管部门的种子生产经营许可行为进行监督检查。有下列情形的，责令改正，对直接负责的主管人员和其他直接责任人依法给予行政处分；构成犯罪的，依法移送司法机关追究刑事责任：

（一）未按核发权限发放种子生产经营许可证的；

（二）擅自降低核发标准发放种子生产经营许可证的；

（三）其他未依法核发种子生产经营许可证的。

第六章 附 则

第三十条 本办法所称种子生产经营，是指种植、采收、干燥、清选、分级、包衣、包装、标识、贮藏、销售及进出口种子的活动；种子生产是指繁（制）种的种植、采收的田间活动。

第三十一条 本办法所称种子加工成套设备，是指主机和配套系统相互匹配并固定安装在加工厂房内，实现种子精选、包衣、计量和包装基本功能的加工系统。主机主要包括风筛清选机（风选部分应具有前后吸风道，双沉降室；筛选部分应具有三层以上筛片）、比重式清选机和电脑计量包装设备；配套系统主要包括输送系统、储存系统、除尘系统、除杂系统和电控系统。

第三十二条 本办法规定的科研育种、生产、加工、检验、贮藏等设施设备，应为申请企业自有产权或自有资产，或者为其绝对控股子公司的自有产权或自有资产。办公场所应在种子生产经营许可证核发机关所辖行政区域，可以租赁。对申请企业绝对控股子公司的自有品种可以视为申请企业的自有品种。申请企业的绝对控股子公司不可重复利用上述办证条件申请办理种子生产经营许可证。

第三十三条 本办法所称不再分装的包装种子，是指按有关规定和标准包装的、不再分拆的最小包装种子。分装种子的，应当取得种子生产经营许可证，保证种子包装的完整性，并对其所分装种子负责。

有性繁殖作物的籽粒、果实，包括颖果、荚果、蒴果、核果等以及马铃薯微型脱毒种薯应当包装。无性繁殖的器官和组织、种苗以及不宜包装的非籽粒种子可以不包装。

种子包装应当符合有关国家标准或者行业标准。

第三十四条 转基因农作物种子生产经营许可管理规定，由农业部另行制定。

第三十五条 申请领取鲜食、爆裂玉米的种子生产经营许可证的，按非主要农作物种子的许可条件办理。

第三十六条 生产经营无性繁殖的器官和组织、种苗、种薯以及不宜包装的非籽粒种子的，应当具有相适应的设施、设备、品种及人员，具体办法由省级农业主管部门制定，报农业部备案。

第三十七条 没有设立农业主管部门的行政区域，种子生产经营许可证由上级行政区域农业主管部门审核、核发。

第三十八条 种子生产经营许可证由农业部统一印制，相关表格格式由农业部统一制定。种子生产经营许可证的申请、受理、审核、核发和打印，以及种子生产经营备案管理，在中国种业信息网统一进行。

第三十九条 本办法自 2016 年 8 月 15 日起施行。农业部 2011 年 8 月 22 日公布、2015 年 4 月 29 日修订的《农作物种子生产经营许可管理办法》（农业部令 2011 年第 3 号）

和2001年2月26日公布的《农作物商品种子加工包装规定》（农业部令第50号）同时废止。

本办法施行之日前已取得的农作物种子生产、经营许可证有效期不变，有效期在本办法公布之日至2016年8月15日届满的企业，其原有种子生产、经营许可证的有效期自动延展至2016年12月31日。

本办法施行之日前已取得农作物种子生产、经营许可证且在有效期内，申请变更许可证载明事项的，按本办法第十一条规定程序办理。

农作物种子标签和使用说明管理办法

（2016年7月8日中华人民共和国农业部令第6号公布自2017年1月1日起施行）

第一章　总　则

第一条　为了规范农作物种子标签和使用说明的管理，维护种子生产经营者、使用者的合法权益，保障种子质量和农业生产安全，根据《中华人民共和国种子法》，制定本办法。

第二条　在中华人民共和国境内销售的农作物种子应当附有种子标签和使用说明。

种子标签和使用说明标注的内容应当与销售的种子相符，符合本办法的规定，不得作虚假或者引人误解的宣传。

第三条　种子生产经营者负责种子标签和使用说明的制作，对其标注内容的真实性和种子质量负责。

第四条　县级以上人民政府农业主管部门负责农作物种子标签和使用说明的监督管理工作。

第二章　种子标签

第五条　种子标签是指印制、粘贴、固定或者附着在种子、种子包装物表面的特定图案及文字说明。

第六条　种子标签应当标注下列内容：

（一）作物种类、种子类别、品种名称；

（二）种子生产经营者信息，包括种子生产经营者名称、种子生产经营许可证编号、注册地地址和联系方式；

（三）质量指标、净含量；

（四）检测日期和质量保证期；

（五）品种适宜种植区域、种植季节；

（六）检疫证明编号；

（七）信息代码。

第七条　属于下列情形之一的，种子标签除标注本办法第六条规定内容外，应当分别加注以下内容：

（一）主要农作物品种，标注品种审定编号；通过两个以上省级审定的，至少标注种子销售所在地省级品种审定编号；引种的主要农作物品种，标注引种备案公告文号；

（二）授权品种，标注品种权号；

（三）已登记的农作物品种，标注品种登记编号；

（四）进口种子，标注进口审批文号及进口商名称、注册地址和联系方式；

（五）药剂处理种子，标注药剂名称、有效成分、含量及人畜误食后解决方案；依据药剂毒性大小，分别注明“高毒”并附骷髅标志、“中等毒”并附十字骨标志、“低毒”字样；

（六）转基因种子，标注“转基因”字样、农业转基因生物安全证书编号；

第八条　作物种类明确至植物分类学的种。

种子类别按照常规种和杂交种标注。类别为常规种的按照育种家种子、原种、大田用种标注。

第九条　品种名称应当符合《农业植物品种命名规定》，一个品种只能标注一个品种名称。审定、登记的品种或授权保护的品种应当使用经批准的品种名称。

第十条　种子生产经营者名称、种子生产经营许可证编号、注册地地址应当与农作物种子生产经营许可证载明内容一致；联系方式为电话、传真，可以加注网络联系方式。

第十一条　质量指标是指生产经营者承诺的质量标准，不得低于国家或者行业标准规定；未制定国家标准或行业标准的，按企业标准或者种子生产经营者承诺的质量标准进行标注。

第十二条　质量指标按照质量特性和特性值进行标注。

质量特性按照下列规定进行标注：

（一）标注品种纯度、净度、发芽率和水分，但不宜标注水分、芽率、净度等指标的无性繁殖材料、种苗等除外；

（二）脱毒繁殖材料按品种纯度、病毒状况和脱毒扩繁代数进行标注；

（三）国家标准、行业标准或农业部对某些农作物种子有其他质量特性要求的，应当加注。

特性值应当标明具体数值，品种纯度、净度、水分百分率保留一位小数，发芽率保留整数。

第十三条　净含量是指种子的实际重量或者数量，标注内容由“净含量”字样、数字、法定计量单位（kg或者g）或者数量单位（粒或者株）三部分组成。

第十四条　检测日期是指生产经营者检测质量特性值的年月，年月分别用四位、两位数字完整标示，采用下列示例：检测日期：2016年05月。

质量保证期是指在规定贮存条件下种子生产经营者对

种子质量特性值予以保证的承诺时间。标注以月为单位，自检测日期起最长时间不得超过十二个月，采用下列示例：质量保证期 6 个月。

第十五条 品种适宜种植区域不得超过审定、登记公告及省级农业主管部门引种备案公告公布的区域。审定、登记以外作物的适宜区域由生产经营者根据试验确定。

种植季节是指适宜播种的时间段，由生产经营者根据试验确定，应当具体到日，采用下列示例：5 月 1 日至 5 月 20 日。

第十六条 检疫证明编号标注产地检疫合格证编号或者植物检疫证书编号。

进口种子检疫证明编号标注引进种子、苗木检疫审批单编号。

第十七条 信息代码以二维码标注，应当包括品种名称、生产经营者名称或进口商名称、单元识别代码、追溯网址等信息。二维码格式及生成要求由农业部另行制定。

第三章 使用说明

第十八条 使用说明是指对种子的主要性状、主要栽培措施、适应性等使用条件的说明以及风险提示、技术服务等信息。

第十九条 使用说明应当包括下列内容：

（一）品种主要性状；

（二）主要栽培措施；

（三）适应性；

（四）风险提示；

（五）咨询服务信息。

除前款规定内容外，有下列情形之一的，还应当增加相应内容：

（一）属于转基因种子的，应当提示使用时的安全控制措施；

（二）使用说明与标签分别印制的，应当包括品种名称和种子生产经营者信息。

第二十条 品种主要性状、主要栽培措施应当如实反映品种的真实状况，主要内容应当与审定或登记公告一致。通过两个以上省级审定的主要农作物品种，标注内容应当与销售地所在省级品种审定公告一致；引种标注内容应当与引种备案信息一致。

第二十一条 适应性是指品种在适宜种植地区内不同年度间产量的稳定性、丰产性、抗病性、抗逆性等特性，标注值不得高于品种审定、登记公告载明的内容。审定、登记以外作物适应性的说明，参照登记作物有关要求执行。

第二十二条 风险提示包括种子贮藏条件以及销售区域主要病虫害、高低温、倒伏等因素对品种引发风险的提示及注意事项。

第四章 制作要求

第二十三条 种子标签可以与使用说明合并印制。种子标签包括使用说明全部内容的，可不另行印制使用说明。

第二十四条 应当包装的种子，标签应当直接印制在种子包装物表面。可以不包装销售的种子，标签可印制成印刷品粘贴、固定或者附着在种子上，也可以制成印刷品，在销售种子时提供给种子使用者。

第二十五条 标注文字除注册商标外，应当使用国家语言工作委员会公布的现行规范化汉字。标注的文字、符号、数字的字体高度不得小于 1.8 毫米。同时标注的汉语拼音或者外文，字体应当小于或者等于相应的汉字字体。信息代码不得小于 2 平方厘米。

品种名称应放在显著位置，字号不得小于标签标注的其它文字。

第二十六条 印刷内容应当清晰、醒目、持久，易于辨认和识读。标注字体、背景和底色应当与基底形成明显的反差，易于识别；警示标志和说明应当醒目，其中“高毒”以红色字体印制。

第二十七条 检疫证明编号、检测日期、质量保证期，可以采用喷印、压印等印制方式。

第二十八条 作物种类和种子类别、品种名称、品种审定或者登记编号、净含量、种子生产经营者名称、种子生产经营许可证编号、注册地地址和联系方式、“转基因”字样、警示标志等信息，应当在同一版面标注。

第二十九条 本办法第二十四条规定的印刷品，应当为长方形，长和宽不得小于 11 厘米 ×7 厘米。印刷品制作材料应当有足够的强度，确保不易损毁或字迹变得模糊、脱落。

第三十条 进口种子应当在原标签外附加符合本办法规定的中文标签和使用说明，使用进（出）口审批表批准的品种中文名称和英文名称、生产经营者。

第五章 监督管理

第三十一条 法律、行政法规没有特别规定的，种子标签和使用说明不得有下列内容：

（一）在品种名称前后添加修饰性文字；

（二）种子生产经营者、进口商名称以外的其他单位名称；

（三）不符合广告法、商标法等法律法规规定的描述；

（四）未经认证合格使用认证标识；

（五）其他带有夸大宣传、引人误解或者虚假的文字、图案等信息。

第三十二条 标签缺少品种名称，视为没有种子标签。

使用说明缺少品种主要性状、适应性或风险提示的，视为没有使用说明。

以剪切、粘贴等方式修改或者补充标签内容的，按涂改标签查处。

第三十三条 县级以上人民政府农业主管部门应当加强监督检查，发现种子标签和使用说明不符合本办法规定的，按照《中华人民共和国种子法》的相关规定进行处罚。

第六章 附 则

第三十四条 本办法自2017年1月1日起施行。农业部2001年2月26日公布的《农作物种子标签管理办法》（农业部令第49号）同时废止。

农业转基因生物安全评价管理办法

（2002年1月5日农业部令第8号公布 2004年7月1日农业部令第38号修订 2016年7月25日农业部令第7号修订）

第一章 总 则

第一条 为了加强农业转基因生物安全评价管理，保障人类健康和动植物、微生物安全，保护生态环境，根据《农业转基因生物安全管理条例》（简称《条例》），制定本办法。

第二条 在中华人民共和国境内从事农业转基因生物的研究、试验、生产、加工、经营和进口、出口活动，依照《条例》规定需要进行安全评价的，应当遵守本办法。

第三条 本办法适用于《条例》规定的农业转基因生物，即利用基因工程技术改变基因组构成，用于农业生产或者农产品加工的植物、动物、微生物及其产品，主要包括：

（一）转基因动植物（含种子、种畜禽、水产苗种）和微生物；

（二）转基因动植物、微生物产品；

（三）转基因农产品的直接加工品；

（四）含有转基因动植物、微生物或者其产品成份的种子、种畜禽、水产苗种、农药、兽药、肥料和添加剂等产品。

第四条 本办法评价的是农业转基因生物对人类、动植物、微生物和生态环境构成的危险或者潜在的风险。安全评价工作按照植物、动物、微生物三个类别，以科学为依据，以个案审查为原则，实行分级分阶段管理。

第五条 根据《条例》第九条的规定设立国家农业转基因生物安全委员会，负责农业转基因生物的安全评价工作。国家农业转基因生物安全委员会由从事农业转基因生物研究、生产、加工、检验检疫、卫生、环境保护等方面的专家组成，每届任期五年。

农业部设立农业转基因生物安全管理办公室，负责农业转基因生物安全评价管理工作。

第六条 从事农业转基因生物研究与试验的单位是农业转基因生物安全管理的第一责任人，应当成立由单位法定代表人负责的农业转基因生物安全小组，负责本单位农业转基因生物的安全管理及安全评价申报的审查工作。

从事农业转基因生物研究与试验的单位，应当制定农业转基因生物试验操作规程，加强农业转基因生物试验的可追溯管理。

第七条 农业部根据农业转基因生物安全评价工作的需要，委托具备检测条件和能力的技术检测机构对农业转基因生物进行检测，为安全评价和管理提供依据。

第八条 转基因植物种子、种畜禽、水产种苗，利用农业转基因生物生产的或者含有农业转基因生物成份的种子、种畜禽、水产种苗、农药、兽药、肥料和添加剂等，在依照有关法律、行政法规的规定进行审定、登记或者评价、审批前，应当依照本办法的规定取得农业转基因生物安全证书。

第二章 安全等级和安全评价

第九条 农业转基因生物安全实行分级评价管理。

按照对人类、动植物、微生物和生态环境的危险程度，将农业转基因生物分为以下四个等级：

安全等级Ⅰ：尚不存在危险；

安全等级Ⅱ：具有低度危险；

安全等级Ⅲ：具有中度危险；

安全等级Ⅳ：具有高度危险。

第十条 农业转基因生物安全评价和安全等级的确定按以下步骤进行：

（一）确定受体生物的安全等级；

（二）确定基因操作对受体生物安全等级影响的类型；

（三）确定转基因生物的安全等级；

（四）确定生产、加工活动对转基因生物安全性的影响；

（五）确定转基因产品的安全等级。

第十一条 受体生物安全等级的确定

受体生物分为四个安全等级：

（一）符合下列条件之一的受体生物应当确定为安全等级Ⅰ：

1. 对人类健康和生态环境未曾发生过不利影响；

2. 演化成有害生物的可能性极小；

3. 用于特殊研究的短存活期受体生物，实验结束后在自然环境中存活的可能性极小。

（二）对人类健康和生态环境可能产生低度危险，但是通过采取安全控制措施完全可以避免其危险的受体生物，应当确定为安全等级Ⅱ。

（三）对人类健康和生态环境可能产生中度危险，但是通过采取安全控制措施，基本上可以避免其危险的受体生物，应当确定为安全等级Ⅲ。

（四）对人类健康和生态环境可能产生高度危险，而且在封闭设施之外尚无适当的安全控制措施避免其发生危险的受体生物，应当确定为安全等级Ⅳ。包括：

1. 可能与其它生物发生高频率遗传物质交换的有害生物；

2. 尚无有效技术防止其本身或其产物逃逸、扩散的有害生物；

3. 尚无有效技术保证其逃逸后，在对人类健康和生态环境产生不利影响之前，将其捕获或消灭的有害生物。

第十二条 基因操作对受体生物安全等级影响类型的确定

基因操作对受体生物安全等级的影响分为三种类型，即：增加受体生物的安全性；不影响受体生物的安全性；降低受体生物的安全性。

类型 1 增加受体生物安全性的基因操作

包括：去除某个（些）已知具有危险的基因或抑制某个（些）已知具有危险的基因表达的基因操作。

类型 2 不影响受体生物安全性的基因操作

包括：

1. 改变受体生物的表型或基因型而对人类健康和生态环境没有影响的基因操作；

2. 改变受体生物的表型或基因型而对人类健康和生态环境没有不利影响的基因操作。

类型 3 降低受体生物安全性的基因操作

包括：

1. 改变受体生物的表型或基因型，并可能对人类健康或生态环境产生不利影响的基因操作；

2. 改变受体生物的表型或基因型，但不能确定对人类健康或生态环境影响的基因操作。

第十三条 农业转基因生物安全等级的确定

根据受体生物的安全等级和基因操作对其安全等级的影响类型及影响程度，确定转基因生物的安全等级。

（一）受体生物安全等级为Ⅰ的转基因生物

1. 安全等级为Ⅰ的受体生物，经类型 1 或类型 2 的基因操作而得到的转基因生物，其安全等级仍为Ⅰ。

2. 安全等级为Ⅰ的受体生物，经类型 3 的基因操作而得到的转基因生物，如果安全性降低很小，且不需要采取任何安全控制措施的，则其安全等级仍为Ⅰ；如果安全性有一定程度的降低，但是可以通过适当的安全控制措施完全避免其潜在危险的，则其安全等级为Ⅱ；如果安全性严重降低，但是可以通过严格的安全控制措施避免其潜在危险的，则其安全等级为Ⅲ，如果安全性严重降低，而且无法通过安全控制措施完全避免其危险的，则其安全等级为Ⅳ。

（二）受体生物安全等级为Ⅱ的转基因生物

1. 安全等级为Ⅱ的受体生物，经类型 1 的基因操作而得到的转基因生物，如果安全性增加到对人类健康和生态环境不再产生不利影响的，则其安全等级为Ⅰ；如果安全性虽有增加，但对人类健康和生态环境仍有低度危险的，则其安全等级仍为Ⅱ。

2. 安全等级为Ⅱ的受体生物，经类型 2 的基因操作而得到的转基因生物，其安全等级仍为Ⅱ。

3. 安全等级为Ⅱ的受体生物，经类型 3 的基因操作而得到的转基因生物，根据安全性降低的程度不同，其安全等级可为Ⅱ、Ⅲ或Ⅳ，分级标准与受体生物的分级标准相同。

（三）受体生物安全等级为Ⅲ的转基因生物

1. 安全等级为Ⅲ的受体生物，经类型 1 的基因操作而得到的转基因生物，根据安全性增加的程度不同，其安全等级可为Ⅰ、Ⅱ或Ⅲ，分级标准与受体生物的分级标准相同。

2. 安全等级为Ⅲ的受体生物，经类型 2 的基因操作而得到的转基因生物，其安全等级仍为Ⅲ。

3. 安全等级为Ⅲ的受体生物，经类型 3 的基因操作得到的转基因生物，根据安全性降低的程度不同，其安全等级可为Ⅲ或Ⅳ，分级标准与受体生物的分级标准相同。

（四）受体生物安全等级为Ⅳ的转基因生物

1. 安全等级为Ⅳ的受体生物，经类型 1 的基因操作而得到的转基因生物，根据安全性增加的程度不同，其安全等级可为Ⅰ、Ⅱ、Ⅲ或Ⅳ，分级标准与受体生物的分级标准相同。

2. 安全等级为Ⅳ的受体生物，经类型 2 或类型 3 的基因操作而得到的转基因生物，其安全等级仍为Ⅳ。

第十四条 农业转基因产品安全等级的确定

根据农业转基因生物的安全等级和产品的生产、加工活动对其安全等级的影响类型和影响程度，确定转基因产品的安全等级。

（一）农业转基因产品的生产、加工活动对转基因生物安全等级的影响分为三种类型：

类型1 增加转基因生物的安全性；

类型2 不影响转基因生物的安全性；

类型3 降低转基因生物的安全性。

（二）转基因生物安全等级为Ⅰ的转基因产品

1. 安全等级为Ⅰ的转基因生物，经类型1或类型2的生产、加工活动而形成的转基因产品，其安全等级仍为Ⅰ。

2. 安全等级为Ⅰ的转基因生物，经类型3的生产、加工活动而形成的转基因产品，根据安全性降低的程度不同，其安全等级可为Ⅰ、Ⅱ、Ⅲ或Ⅳ，分级标准与受体生物的分级标准相同。

（三）转基因生物安全等级为Ⅱ的转基因产品

1. 安全等级为Ⅱ的转基因生物，经类型1的生产、加工活动而形成的转基因产品，如果安全性增加到对人类健康和生态环境不再产生不利影响的，其安全等级为Ⅰ；如果安全性虽然有增加，但是对人类健康或生态环境仍有低度危险的，其安全等级仍为Ⅱ。

2. 安全等级为Ⅱ的转基因生物，经类型2的生产、加工活动而形成的转基因产品，其安全等级仍为Ⅱ。

3. 安全等级为Ⅱ的转基因生物，经类型3的生产、加工活动而形成的转基因产品，根据安全性降低的程度不同，其安全等级可为Ⅱ、Ⅲ或Ⅳ，分级标准与受体生物的分级标准相同。

（四）转基因生物安全等级为Ⅲ的转基因产品

1. 安全等级为Ⅲ的转基因生物，经类型1的生产、加工活动而形成的转基因产品，根据安全性增加的程度不同，其安全等级可为Ⅰ、Ⅱ或Ⅲ，分级标准与受体生物的分级标准相同。

2. 安全等级为Ⅲ的转基因生物，经类型2的生产、加工活动而形成的转基因产品，其安全等级仍为Ⅲ。

3. 安全等级为Ⅲ的转基因生物，经类型3的生产、加工活动而形成转基因产品，根据安全性降低的程度不同，其安全等级可为Ⅲ或Ⅳ，分级标准与受体生物的分级标准相同。

（五）转基因生物安全等级为Ⅳ的转基因产品

1. 安全等级为Ⅳ的转基因生物，经类型1的生产、加工活动而得到的转基因产品，根据安全性增加的程度不同，其安全等级可为Ⅰ、Ⅱ、Ⅲ或Ⅳ，分级标准与受体生物的分级标准相同。

2. 安全等级为Ⅳ的转基因生物，经类型2或类型3的生产、加工活动而得到的转基因产品，其安全等级仍为Ⅳ。

第三章 申报和审批

第十五条 凡在中华人民共和国境内从事农业转基因生物安全等级为Ⅲ和Ⅳ的研究以及所有安全等级的试验和进口的单位以及生产和加工的单位和个人，应当根据农业转基因生物的类别和安全等级，分阶段向农业转基因生物安全管理办公室报告或者提出申请。

第十六条 农业部依法受理农业转基因生物安全评价申请。申请被受理的，应当交由国家农业转基因生物安全委员会进行安全评价。国家农业转基因生物安全委员会每年至少开展两次农业转基因生物安全评审。农业部收到安全评价结果后按照《中华人民共和国行政许可法》和《条例》的规定作出批复。

第十七条 从事农业转基因生物试验和进口的单位以及从事农业转基因生物生产和加工的单位和个人，在向农业转基因生物安全管理办公室提出安全评价报告或申请前应当完成下列手续：

（一）报告或申请单位和报告或申请人对所从事的转基因生物工作进行安全性评价，并填写报告书或申报书；

（二）组织本单位转基因生物安全小组对申报材料进行技术审查；

（三）提供有关技术资料。

第十八条 在中华人民共和国从事农业转基因生物实验研究与试验的，应当具备下列条件：

（一）在中华人民共和国境内有专门的机构；

（二）有从事农业转基因生物实验研究与试验的专职技术人员；

（三）具备与实验研究和试验相适应的仪器设备和设施条件；

（四）成立农业转基因生物安全管理小组。

第十九条 报告农业转基因生物实验研究和中间试验以及申请环境释放、生产性试验和安全证书的单位应当按照农业部制定的农业转基因植物、动物和微生物安全评价各阶段的报告或申报要求、安全评价的标准和技术规范，办理报告或申请手续（见附录Ⅰ、Ⅱ、Ⅲ、Ⅳ）。

第二十条 从事安全等级为Ⅰ和Ⅱ的农业转基因生物实验研究，由本单位农业转基因生物安全小组批准；从事安全等级为Ⅲ和Ⅳ的农业转基因生物实验研究，应当在研究开始前向农业转基因生物安全管理办公室报告。

研究单位向农业转基因生物安全管理办公室报告时应当提供以下材料：

（一）实验研究报告书；

（二）农业转基因生物的安全等级和确定安全等级的依据；

（三）相应的实验室安全设施、安全管理和防范措施。

第二十一条 在农业转基因生物（安全等级Ⅰ、Ⅱ、Ⅲ、Ⅳ）实验研究结束后拟转入中间试验的，试验单位应当向农业转基因生物安全管理办公室报告。

试验单位向农业转基因生物安全管理办公室报告时应当提供下列材料：

（一）中间试验报告书；

（二）实验研究总结报告；

（三）农业转基因生物的安全等级和确定安全等级的依据；

（四）相应的安全研究内容、安全管理和防范措施。

第二十二条 在农业转基因生物中间试验结束后拟转入环境释放的，或者在环境释放结束后拟转入生产性试验的，试验单位应当向农业转基因生物安全管理办公室提出申请，经国家农业转基因生物安全委员会安全评价合格并由农业部批准后，方可根据农业转基因生物安全审批书的要求进行相应的试验。

试验单位提出前款申请时，应当按照相关安全评价指南的要求提供下列材料：

（一）安全评价申报书；

（二）农业转基因生物的安全等级和确定安全等级的依据；

（三）农业部委托的技术检测机构出具的检测报告；

（四）相应的安全研究内容、安全管理和防范措施；

（五）上一试验阶段的试验总结报告；

申请生产性试验的，还应当按要求提交农业转基因生物样品、对照样品及检测方法。

第二十三条 在农业转基因生物安全审批书有效期内，试验单位需要改变试验地点的，应当向农业转基因生物安全管理办公室报告。

第二十四条 在农业转基因生物试验结束后拟申请安全证书的，试验单位应当向农业转基因生物安全管理办公室提出申请，经国家农业转基因生物安全委员会安全评价合格并由农业部批准后，方可颁发农业转基因生物安全证书。

试验单位提出前款申请时，应当按照相关安全评价指南的要求提供下列材料：

（一）安全评价申报书；

（二）农业转基因生物的安全等级和确定安全等级的依据；

（三）农业部委托的农业转基因生物技术检测机构出具的检测报告；

（四）中间试验、环境释放和生产性试验阶段的试验总结报告；

（五）按要求提交农业转基因生物样品、对照样品及检测方法，但按照本办法第二十二条规定已经提交的除外；

（六）其他有关材料。

第二十五条 农业转基因生物安全证书应当明确转基因生物名称（编号）、规模、范围、时限及有关责任人、安全控制措施等内容。

从事农业转基因生物生产和加工的单位和个人以及进口的单位，应当按照农业转基因生物安全证书的要求开展工作并履行安全证书规定的相关义务。

第二十六条 从中华人民共和国境外引进农业转基因生物，或者向中华人民共和国出口农业转基因生物的，应当按照《农业转基因生物进口安全管理办法》的规定提供相应的安全评价材料，并在申请安全证书时按要求提交农业转基因生物样品、对照样品及检测方法。

第二十七条 申请农业转基因生物安全评价，应当按照财政部、国家发展改革委的有关规定交纳评价费和检测费。

第二十八条 农业转基因生物安全评价受理审批机构的工作人员和参与审查的专家，应当为申报者保守技术秘密和商业秘密，与本人及其近亲属有利害关系的应当回避。

第四章 技术检测管理

第二十九条 农业部根据农业转基因生物安全评价及其管理工作的需要，委托具备检测条件和能力的技术检测机构进行检测。

第三十条 技术检测机构应当具备下列基本条件：

（一）具有公正性和权威性，设有相对独立的机构和专职人员；

（二）具备与检测任务相适应的、符合国家标准（或行业标准）的仪器设备和检测手段；

（三）严格执行检测技术规范，出具的检测数据准确可靠；

（四）有相应的安全控制措施。

第三十一条 技术检测机构的职责任务：

（一）为农业转基因生物安全管理和评价提供技术

服务；

（二）承担农业部或申请人委托的农业转基因生物定性定量检验、鉴定和复查任务；

（三）出具检测报告，做出科学判断；

（四）研究检测技术与方法，承担或参与评价标准和技术法规的制修订工作；

（五）检测结束后，对用于检测的样品应当安全销毁，不得保留；

（六）为委托人和申请人保守技术秘密和商业秘密。

第五章　监督管理与安全监控

第三十二条　农业部负责农业转基因生物安全的监督管理，指导不同生态类型区域的农业转基因生物安全监控和监测工作，建立全国农业转基因生物安全监管和监测体系。

第三十三条　县级以上地方各级人民政府农业行政主管部门按照《条例》第三十九条和第四十条的规定负责本行政区域内的农业转基因生物安全的监督管理工作。

第三十四条　有关单位和个人应当按照《条例》第四十一条的规定，配合农业行政主管部门做好监督检查工作。

第三十五条　从事农业转基因生物试验、生产的单位，应当接受农业行政主管部门的监督检查，并在每年3月31日前，向试验、生产所在地省级和县级人民政府农业行政主管部门提交上一年度试验、生产总结报告。

第三十六条　从事农业转基因生物试验和生产的单位，应当根据本办法的规定确定安全控制措施和预防事故的紧急措施，做好安全监督记录，以备核查。

安全控制措施包括物理控制、化学控制、生物控制、环境控制和规模控制等（见附录Ⅳ）。

第三十七条　安全等级Ⅱ、Ⅲ、Ⅳ的转基因生物，在废弃物处理和排放之前应当采取可靠措施将其销毁、灭活，以防止扩散和污染环境。发现转基因生物扩散、残留或者造成危害的，必须立即采取有效措施加以控制、消除，并向当地农业行政主管部门报告。

第三十八条　农业转基因生物在贮存、转移、运输和销毁、灭活时，应当采取相应的安全管理和防范措施，具备特定的设备或场所，指定专人管理并记录。

第三十九条　发现农业转基因生物对人类、动植物和生态环境存在危险时，农业部有权宣布禁止生产、加工、经营和进口，收回农业转基因生物安全证书，由货主销毁有关存在危险的农业转基因生物。

第六章　罚　则

第四十条　违反本办法规定，从事安全等级Ⅲ、Ⅳ的农业转基因生物实验研究或者从事农业转基因生物中间试验，未向农业部报告的，按照《条例》第四十三条的规定处理。

第四十一条　违反本办法规定，未经批准擅自从事环境释放、生产性试验的，或已获批准但未按照规定采取安全管理防范措施的，或者超过批准范围和期限进行试验的，按照《条例》第四十四条的规定处罚。

第四十二条　违反本办法规定，在生产性试验结束后，未取得农业转基因生物安全证书，擅自将农业转基因生物投入生产和应用的，按照《条例》第四十五条的规定处罚。

第四十三条　假冒、伪造、转让或者买卖农业转基因生物安全证书、审批书以及其他批准文件的，按照《条例》第五十三条的规定处罚。

第四十四条　违反本办法规定核发农业转基因生物安全审批书、安全证书以及其他批准文件的，或者核发后不履行监督管理职责的，按照《条例》第五十五条的规定处罚。

第七章　附　则

第四十五条　本办法所用术语及含义如下：

一、基因，系控制生物性状的遗传物质的功能和结构单位，主要指具有遗传信息的DNA片段。

二、基因工程技术，包括利用载体系统的重组DNA技术以及利用物理、化学和生物学等方法把重组DNA分子导入有机体的技术。

三、基因组，系指特定生物的染色体和染色体外所有遗传物质的总和。

四、DNA，系脱氧核糖核酸的英文名词缩写，是贮存生物遗传信息的遗传物质。

五、农业转基因生物，系指利用基因工程技术改变基因组构成，用于农业生产或者农产品加工的动植物、微生物及其产品。

六、目的基因，系指以修饰受体细胞遗传组成并表达其遗传效应为目的的基因。

七、受体生物，系指被导入重组DNA分子的生物。

八、种子，系指农作物和林木的种植材料或者繁殖材料，包括籽粒、果实和根、茎、苗、芽、叶等。

九、实验研究，系指在实验室控制系统内进行的基因操作和转基因生物研究工作。

十、中间试验，系指在控制系统内或者控制条件下进行的小规模试验。

十一、环境释放，系指在自然条件下采取相应安全措施所进行的中规模的试验。

十二、生产性试验，系指在生产和应用前进行的较大规模的试验。

十三、控制系统，系指通过物理控制、化学控制和生物控制建立的封闭或半封闭操作体系。

十四、物理控制措施，系指利用物理方法限制转基因生物及其产物在实验区外的生存及扩散，如设置栅栏，防止转基因生物及其产物从实验区逃逸或被人或动物携带至实验区外等。

十五、化学控制措施，系指利用化学方法限制转基因生物及其产物的生存、扩散或残留，如生物材料、工具和设施的消毒。

十六、生物控制措施，系指利用生物措施限制转基因生物及其产物的生存、扩散或残留，以及限制遗传物质由转基因生物向其它生物的转移，如设置有效的隔离区及监控区、清除试验区附近可与转基因生物杂交的物种、阻止转基因生物开花或去除繁殖器官、或采用花期不遇等措施，以防止目的基因向相关生物的转移。

十七、环境控制措施，系指利用环境条件限制转基因生物及其产物的生存、繁殖、扩散或残留，如控制温度、水份、光周期等。

十八、规模控制措施，系指尽可能地减少用于试验的转基因生物及其产物的数量或减小试验区的面积，以降低转基因生物及其产物广泛扩散的可能性，在出现预想不到的后果时，能比较彻底地将转基因生物及其产物消除。

第四十六条 本办法由农业部负责解释。

第四十七条 本办法自2002年3月20日起施行。1996年7月10日农业部发布的第7号令《农业生物基因工程安全管理实施办法》同时废止。

附录Ⅰ

转基因植物安全评价

一、转基因植物安全性评价

1 受体植物的安全性评价

1.1 受体植物的背景资料：

1.1.1 学名、俗名和其他名称；

1.1.2 分类学地位；

1.1.3 试验用受体植物品种（或品系）名称；

1.1.4 是野生种还是栽培种；

1.1.5 原产地及引进时间；

1.1.6 用途；

1.1.7 在国内的应用情况；

1.1.8 对人类健康和生态环境是否发生过不利影响；

1.1.9 从历史上看，受体植物演变成有害植物（如杂草等）的可能性；

1.1.10 是否有长期安全应用的记录。

1.2 受体植物的生物学特性：

1.2.1 是一年生还是多年生；

1.2.2 对人及其他生物是否有毒，如有毒，应说明毒性存在的部位及其毒性的性质；

1.2.3 是否有致敏原，如有，应说明致敏原存在的部位及其致敏的特性；

1.2.4 繁殖方式是有性繁殖还是无性繁殖，如为有性繁殖，是自花授粉还是异花授粉或常异花授粉；是虫媒传粉还是风媒传粉；

1.2.5 在自然条件下与同种或近缘种的异交率；

1.2.6 育性（可育还是不育，育性高低，如果不育，应说明属何种不育类型）；

1.2.7 全生育期；

1.2.8 在自然界中生存繁殖的能力，包括越冬性、越夏性及抗逆性等。

1.3 受体植物的生态环境：

1.3.1 在国内的地理分布和自然生境；

1.3.2 生长发育所要求的生态环境条件，包括自然条件和栽培条件的改变对其地理分布区域和范围影响的可能性；

1.3.3 是否为生态环境中的组成部分；

1.3.4 与生态系统中其他植物的生态关系，包括生态环境的改变对这种（些）关系的影响以及是否会因此而产生或增加对人类健康和生态环境的不利影响；

1.3.5 与生态系统中其他生物（动物和微生物）的生态关系，包括生态环境的改变对这种（些）关系的影响以及是否会因此而产生或增加对人类健康或生态环境的不利影响。

1.3.6 对生态环境的影响及其潜在危险程度；

1.3.7 涉及到国内非通常种植的植物物种时，应描述该植物的自然生境和有关其天然捕食者、寄生物、竞争物和共生物的资料。

1.4 受体植物的遗传变异：

1.4.1 遗传稳定性；

1.4.2 是否有发生遗传变异而对人类健康或生态环境产生不利影响的资料；

1.4.3 在自然条件下与其他植物种属进行遗传物质交换的可能性；

1.4.4 在自然条件下与其他生物（例如微生物）进行遗传物质交换的可能性。

1.5 受体植物的监测方法和监控的可能性。

1.6 受体植物的其他资料。

1.7 根据上述评价，参照本办法第十一条有关标准划分受体植物的安全等级。

2 基因操作的安全性评价

2.1 转基因植物中引入或修饰性状和特性的叙述。

2.2 实际插入或删除序列的以下资料：

2.2.1 插入序列的大小和结构，确定其特性的分析方法；

2.2.2 删除区域的大小和功能；

2.2.3 目的基因的核苷酸序列和推导的氨基酸序列；

2.2.4 插入序列在植物细胞中的定位（是否整合到染色体、叶绿体、线粒体，或以非整合形式存在）及其确定方法；

2.2.5 插入序列的拷贝数。

2.3 目的基因与载体构建的图谱，载体的名称、来源、结构、特性和安全性，包括载体是否有致病性以及是否可能演变为有致病性。

2.4 载体中插入区域各片段的资料：

2.4.1 启动子和终止子的大小、功能及其供体生物的名称；

2.4.2 标记基因和报告基因的大小、功能及其供体生物的名称；

2.4.3 其他表达调控序列的名称及其来源（如人工合成或供体生物名称）。

2.5 转基因方法。

2.6 插入序列表达的资料：

2.6.1 插入序列表达的器官和组织，如根、茎、叶、花、果、种子等；

2.6.2 插入序列的表达量及其分析方法；

2.6.3 插入序列表达的稳定性。

2.7 根据上述评价，参照本办法第十二条有关标准划分基因操作的安全类型。

3 转基因植物的安全性评价

3.1 转基因植物的遗传稳定性。

3.2 转基因植物与受体或亲本植物在环境安全性方面的差异：

3.2.1 生殖方式和生殖率；

3.2.2 传播方式和传播能力；

3.2.3 休眠期；

3.2.4 适应性；

3.2.5 生存竞争能力；

3.2.6 转基因植物的遗传物质向其他植物、动物和微生物发生转移的可能性；

3.2.7 转变成杂草的可能性；

3.2.8 抗病虫转基因植物对靶标生物及非靶标生物的影响，包括对环境中有益和有害生物的影响；

3.2.9 对生态环境的其他有益或有害作用。

3.3 转基因植物与受体或亲本植物在对人类健康影响方面的差异：

3.3.1 毒性；

3.3.2 过敏性；

3.3.3 抗营养因子；

3.3.4 营养成份；

3.3.5 抗生素抗性；

3.3.6 对人体和食品安全性的其它影响。

3.4 根据上述评价，参照本办法第十三条有关标准划分转基因植物的安全等级。

4 转基因植物产品的安全性评价

4.1 生产、加工活动对转基因植物安全性的影响。

4.2 转基因植物产品的稳定性。

4.3 转基因植物产品与转基因植物在环境安全性方面的差异。

4.4 转基因植物产品与转基因植物在对人类健康影响方面的差异。

4.5 参照本办法第十四条有关标准划分转基因植物产品的安全等级。

二、转基因植物试验方案

1 试验地点

1.1 提供试验地点的地形和气象资料，对试验地点的环境作一般性描述，标明试验的具体地点。

1.2 试验地周围属自然生态类型还是农业生态类型。若为自然生态类型，则说明距农业生态类型地区的远近；若为农业生态类型，列举该作物常见病虫害的名称及发生为害、流行情况。

1.3 列举试验地周围的相关栽培种和野生种的名称、及常见杂草的名称并简述其为害情况。

1.4 列举试验地周围主要动物的种类，是否有珍稀、濒危和保护物种。

1.5 试验地点的生态环境对该转基因植物存活、繁殖、扩散和传播的有利或不利因素，特别是环境中其它生物从转基因植物获得目的基因的可能性。

2 试验设计

2.1 田间试验的起止时间。

2.2 试验地点的面积（不包括隔离材料的面积）。

2.3 转基因植物的种植资料：

2.3.1 转基因植物品种、品系、材料名称（编号）；

2.3.2 转基因植物各品种、品系或材料在各试验地点的种植面积；

2.3.3 转基因植物的用量；

2.3.4 转基因植物如何包装及运至试验地；

2.3.5 转基因植物是机械种植还是人工种植。

2.4 转基因植物全生育期中拟使用农药的情况。

2.5 转基因植物及其产品收获的资料：

2.5.1 转基因植物是否结实；

2.5.2 是机械收获还是人工收获，如何避免散失；

2.5.3 收获后的转基因植物及其产品如何保存。

3 安全控制措施

3.1 隔离措施：

3.1.1 隔离距离；

3.1.2 隔离植物的种类及配置方式；

3.1.3 采用何种方式防止花粉传至试验地之外；

3.1.4 拟采用的其他隔离措施。

3.2 防止转基因植物及其基因扩散的措施。

3.3 试验过程中出现意外事故的应急措施。

3.4 收获部分之外的残留部分如何处理。

3.5 收获后试验地的监控：

3.5.1 试验地的监控负责人及联系方式；

3.5.2 试验地是否留有边界标记；

3.5.3 试验结束后的监控措施和年限。

三、转基因植物各阶段申报要求

1 中间试验的报告要求

1.1 项目名称：应包含目的基因名称、转基因植物名称、试验所在省（市、自治区）名称和试验阶段名称四个部分，如转 Bt 杀虫基因棉花在河北省和北京市的中间试验。

1.2 试验转基因植物材料数量：一份报告书中转化体应当是由同种受体植物（品种或品系不超过 5 个）、相同的目的基因、相同的基因操作所获得的，而且每个转化体都应有明确的名称或编号。

1.3 试验地点和规模：应在法人单位的试验基地进行，每个试验点面积不超过 4 亩（多年生植物视具体情况而定）。试验地点应明确试验所在的省（市、自治区）、县（市）、乡、村和坐标。

1.4 试验年限：一般为一至两年（多年生植物视具体情况而定）。

1.5 报告中间试验一般应当提供以下相关附件资料：

1.5.1 目的基因的核苷酸序列及其推导的氨基酸序列；

1.5.2 目的基因与载体构建的图谱；

1.5.3 目的基因与植物基因组整合及其表达的分子检测或鉴定结果（PCR 检测、Southern 杂交分析或 Northern 分析结果）；

1.5.4 转基因性状及其产物的检测、鉴定技术；

1.5.5 试验地点的位置地形图和种植隔离图；

1.5.6 中间试验的操作规程（包括转基因植物的贮存、转移、销毁、收获、采后期监控、意外释放的处理措施以及试验点的管理等）；

1.5.7 试验设计（包括安全性评价的主要指标和研究方法等，如转基因植物的遗传稳定性、农艺性状、环境适应能力、生存竞争能力、外源基因在植物各组织器官的表达及功能性状的有效性等）。

2 环境释放的申报要求

2.1 项目名称：应包含目的基因名称、转基因植物名称、试验所在省（市、自治区）名称和试验阶段名称四个部分，如转 Bt 杀虫基因棉花 NY12 和 NM36 在河北省和北京市的环境释放。

2.2 试验转基因植物材料数量：一份申报书中转化体应当是由同一品种或品系的受体植物、相同的目的基因、相同的基因操作方法所获得的，每个转化体都应有明确的名称或编号，并与中间试验阶段的相对应。

2.3 试验地点和规模：每个试验点面积不超过 30 亩（一般大于 4 亩，多年生植物视具体情况而定）。试验地点应明确试验所在的省（市、自治区）、县（市）、乡、村和坐标。

2.4 试验年限：一次申报环境释放的期限一般为一至两年（多年生植物视具体情况而定）。

2.5 申请环境释放一般应当提供以下相关附件资料：

2.5.1 目的基因的核苷酸序列及其推导的氨基酸序列；

2.5.2 目的基因与载体构建的图谱；

2.5.3 目的基因与植物基因组整合及其表达的分子检测或鉴定结果（PCR 检测、Southern 杂交分析、Northern 或 Western 分析结果、目的基因产物表达结果）；

2.5.4 转基因性状及其产物的检测、鉴定技术；

2.5.5 实验研究和中间试验总结报告；

2.5.6 试验地点的位置地形图；

2.5.7 环境释放的操作规程（包括转基因植物的贮存、转移、销毁、收获、采后期监控、意外释放的处理措施以及试验点的管理等）；

2.5.8 试验设计（包括安全性评价的主要指标和研究方法等，如转基因植物的遗传稳定性、农艺性状、环境适应能力、生存竞争能力、外源基因在植物各组织器官的表达及功能性状的稳定性、与相关物种的可交配性及基因漂移、对非靶标生物的影响等）。

3 生产性试验的申报要求

3.1 项目名称：应包含目的基因名称、转基因植物名称、试验所在省（市、自治区）名称和试验阶段名称四个部分，如转 Bt 杀虫基因棉花 NY12 在河北省和北京市的生产性试验。

3.2 试验转基因植物材料数量：一份申报书中不超过5个品系，这些品系应为同一转化体，其名称应与前期试验阶段的名称或编号相对应。

3.3 试验地点和规模：应在批准过环境释放的省（市、自治区）进行，每个试验点面积大于 30 亩（多年生植物视具体情况而定）。试验地点应明确试验所在的省（市、自治区）、县（市）、乡、村和坐标。

3.4 试验年限：一次申报生产性试验的期限一般为一至两年（多年生植物视具体情况而定）。

3.5 申请生产性试验一般应当提供以下相关附件资料：

3.5.1 目的基因的核苷酸序列及其推导的氨基酸序列；

3.5.2 目的基因与载体构建的图谱；

3.5.3 目的基因与植物基因组整合及其表达的分子检测或鉴定结果（PCR 检测、Southern 杂交分析、Northern 或 Western 分析结果、目的基因产物表达结果）；

3.5.4 转基因性状及其产物的检测和鉴定技术；

3.5.5 环境释放阶段审批书的复印件；

3.5.6 各试验阶段试验结果及安全性评价试验总结报告；

3.5.7 试验地点的位置地形图；

3.5.8 生产性试验的操作规程（包括转基因植物的贮存、转移、销毁、收获、采后期监控、意外释放的处理措施以及试验点的管理等）；

3.5.9 试验设计（包括安全性评价的主要指标和研究方法等，如转基因植物的遗传稳定性、生存竞争能力、基因漂移检测、对非靶标生物的影响，食品安全性如营养成分分析、抗营养因子、是否含毒性物质、是否含致敏原，标记基因的安全性，必要的急性、亚急性动物试验数据等）；

3.5.10 以转基因植物为亲本与常规品种（或其他转基因植物品种或品系）杂交获得的含有转基因成份的植物，应当提供其亲本名称及其选育过程的有关资料，并提供证明其基因来源的试验数据和资料。

4 安全证书的申报要求

4.1 项目名称：应包含目的基因名称、转基因植物名称、安全证书应用所在适宜生态区等几个部分，如转 cry1Ac 基因抗虫棉花 XY12 在黄河流域应用的安全证书。

4.2 一份申报书只能申请转基因植物一个品系（或品种），其名称应与前期试验阶段的名称或编号相对应。品系名称应符合《农业植物品种命名规定》。

4.3 一个转基因植物品系（或品种）应当在已批准进行过生产性试验的适宜生态区申请一个安全证书。

4.4 一次申请安全证书的使用期限一般不超过五年。

4.5 申请安全证书一般应当提供以下附件资料：

4.5.1 目的基因的核苷酸序列及其推导的氨基酸序列；

4.5.2 目的基因与载体构建的图谱；

4.5.3 目的基因与植物基因组整合及其表达的分子检测或鉴定结果（PCR 检测、Southern 杂交分析、Northern 或 Western 分析结果、目的基因产物表达结果）；

4.5.4 转基因性状及产物的检测和鉴定技术；

4.5.5 各试验阶段审批书的复印件；

4.5.6 各试验阶段的安全性评价试验总结报告；

4.5.7 转基因植物对生态环境安全性的综合评价报告；

4.5.8 食品安全性的综合评价报告，包括：A）必要的动物毒理试验报告；B）食品过敏性评价试验报告；C）与非转基因植物比较，其营养成份及抗营养因子分析报告等；

4.5.9 该类转基因植物国内外生产应用概况；

4.5.10 田间监控方案，包括监控技术、抗性治理措施、长期环境效应的研究方法等；

4.5.11 审查所需的其它相关资料。

4.6 申请转基因生物安全证书的转基因植物应当经农业部批准进行生产性试验，并在试验结束后方可申请安全证书。

4.7 转基因植物在取得农业转基因生物安全证书后方可作为种质资源利用。用取得农业转基因生物安全证书的转基因植物作为亲本与常规品种杂交得到的杂交后代，应当从生产性试验阶段开始申报安全性评价。

附录Ⅱ

转基因动物安全评价

一、转基因动物安全性评价

1 受体动物的安全性评价

1.1 受体动物的背景资料：

1.1.1 学名、俗名和其他名称；

1.1.2 分类学地位；

1.1.3 试验用受体动物品种名称；

1.1.4 是野生种还是驯养种；

1.1.5 原产地及引进时间；

1.1.6 用途；

1.1.7 在国内的应用情况；

1.1.8 对人类健康和生态环境是否发生过不利影响；

1.1.9 从历史上看，受体动物演变成有害动物的可能性；

1.1.10 是否有长期安全应用的记录。

1.2 受体动物的生物学特性：

1.2.1 各发育时期的生物学特性和生命周期；

1.2.2 食性；

1.2.3 繁殖方式和繁殖能力；

1.2.4 迁移方式和能力；

1.2.5 建群能力。包括受体动物的竞争性和侵占性行为对其在环境中建群能力的影响，种群大小对繁殖和迁移能力的影响；

1.2.6 对人畜的攻击性、毒性等；

1.2.7 对生态环境影响的可能性。

1.3 受体动物病原体的状况及其潜在影响：

1.3.1 是否具有某种特殊的易于传染的病原；

1.3.2 自然环境中病原体的种类和分布，对受体动物疾病的发生和传播，对其重要的经济生产性能降低及对人类健康和生态环境产生的不良影响；

1.3.3 病原体对环境的其他影响。

1.4 受体动物的生态环境：

1.4.1 在国内的地理分布和自然生境，这种自然分布是否会因某些条件的变化而改变；

1.4.2 生长发育所要求的生态环境条件；

1.4.3 是否为生态环境中的组成部分，对草地、水域环境的影响；

1.4.4 是否具有生态特异性，如在环境中的适应性等；

1.4.5 习性，是否可以独立生存，或者协同共生等；

1.4.6 在环境中生存的能力、机制和条件，天敌、饲草（饲料或饵料）或其它生物因子及气候、土壤、水域等非生物因子对其生存的影响；

1.4.7 与生态系统中其他动物的生态关系，包括生态环境的改变对这种（些）关系的影响以及是否会因此而产生或增加对人类健康和生态环境的不利影响；

1.4.8 与生态系统中其他生物（植物和微生物）的生态关系，包括生态环境的改变对这种（些）关系的影响以及是否会因此而产生或增加对人类健康或生态环境的不利影响。

1.4.9 对生态环境的影响及其潜在危险程度；

1.4.10 涉及到国内非通常养殖的动物物种时，应详细描述该动物的自然生境和有关其天然捕食者、寄生物、竞争物和共生物的资料。

1.5 受体动物的遗传变异：

1.5.1 遗传稳定性，包括是否可以和外源 DNA 结合，是否存在交换因子，是否有活性病毒物质与其正常的染色体互作，是否可观察由于基因突变导致的异常基因型和表现型；

1.5.2 是否有发生遗传变异而对人类健康或生态环境产生不利影响的资料；

1.5.3 在自然条件下与其他动物种属进行遗传物质交换的可能性；

1.5.4 在自然条件下与微生物（特别是病原体）进行遗传物质交换的可能性。

1.6 受体动物的监测方法和监控的可能性。

1.7 受体动物的其他资料。

1.8 根据上述评价，参照本办法第十一条有关标准划分受体动物的安全等级。

2 基因操作的安全性评价

2.1 转基因动物中引入或修饰性状和特性的叙述。

2.2 实际插入或删除序列的以下资料：

2.2.1 插入序列的大小和结构，确定其特性的分析方法；

2.2.2 删除区域的大小和功能；

2.2.3 目的基因的核苷酸序列和推导的氨基酸序列；

2.2.4 插入序列在动物细胞中的定位（是否整合到染色体、线粒体，或以非整合形式存在）及其确定方法；

2.2.5 插入序列的拷贝数。

2.3 目的基因与载体构建的图谱，载体的名称和来源，载体是否有致病性以及是否可能演变为有致病性。如是病毒载体，则应说明其作用和在受体动物中是否可以复制。

2.4 载体中插入区域各片段的资料：

2.4.1 启动子和终止子的大小、功能及其供体生物的名称；

2.4.2 标记基因和报告基因的大小、功能及其供体生物的名称；

2.4.3 其他表达调控序列的名称及其来源（如人工合成或供体生物名称）。

2.5 转基因方法。

2.6 插入序列表达的资料：

2.6.1 插入序列表达的资料及其分析方法，如 Southern 印迹杂交图、PCR-Southern 杂交检测图等；

2.6.2 插入序列表达的器官和组织、表达量。

2.7 根据上述评价，参照本办法第十二条有关标准划分基因操作的安全类型。

3 转基因动物的安全性评价

3.1 与受体动物比较，转基因动物的如下特性是否改变：

3.1.1 在自然界中的存活能力；

3.1.2 经济性能；

3.1.3 繁殖、遗传和其它生物学特性。

3.2 插入序列的遗传稳定性。

3.3 基因表达产物、产物的浓度及其在可食用组织中的分布。

3.4 转基因动物遗传物质转移到其它生物体的能力和可能后果。

3.5 由基因操作产生的对人体健康和环境的毒性或有害作用的资料。

3.6 是否存在不可预见的对人类健康或生态环境的危害。

3.7 转基因动物的转基因性状检测和鉴定技术。

3.8 根据上述评价和食品卫生的有关规定，参照本办法第十三条有关标准划分转基因动物的安全等级。

4 转基因动物产品的安全性评价

4.1 转基因动物产品的稳定性。

4.2 生产、加工活动对转基因动物安全性的影响。

4.3 转基因动物产品与转基因动物在环境安全性方面的差异。

4.4 转基因动物产品与转基因动物在对人类健康影响方面的差异。

4.5 参照本办法第十四条有关标准划分转基因动物产品的安全等级。

二、转基因动物试验方案

1 试验地点

1.1 试验地点及其环境气象资料。

1.2 试验地点的生态类型。

1.3 试验地点周围的动物种类。

1.4 试验地点的生态环境对该转基因动物存活、繁殖、扩散和传播的有利或不利因素。特别是环境中其它生物从转基因动物获得目的基因的可能性。

2 试验设计

2.1 试验起止时间。

2.2 转基因动物的品种、品系名称（编号）。

2.3 转基因动物品种、品系在各试验地点的规模。

2.4 转基因动物及其产品的生产、包装和贮运方法。

2.5 转基因动物及其产品的用量，剩余部分处理方法。

2.6 转基因动物的饲养、屠宰、加工和贮运方式。

3 安全控制措施

3.1 隔离方式，并附试验设计图。

3.2 转基因动物屠宰和加工后的残余或剩余部分处理方法。

3.3 防止转基因动物扩散的措施。

3.4 试验实施过程中出现意外事故的应急措施。

3.5 试验全过程的监控负责人及联络方式。

3.6 试验结束后的监控措施和年限。

三、转基因动物各阶段申报要求

1 中间试验的报告要求

1.1 项目名称：应包含目的基因名称、转基因动物名称、试验所在省（市、区）名称和试验阶段名称四个部分，如转 GH 促生长基因鲤鱼在湖南省和上海市的中间试验。

1.2 试验转基因动物材料数量：一份报告书中转基因动物品系（材料）应当是由同种受体动物、相同的目的基因、相同的基因操作所获得的，而且每个品系（材料）应当有明确的名称或编号。

1.3 试验地点和规模：应在法人单位的试验基地进行，每个试验点规模（上限）为大动物（马、牛）10～20 头；中小动物（猪、羊等）20～40 头（只）；禽类（鸡、鸭等）100～200 羽（只）；鱼 2 000～5 000 尾等。试验地点应当明确试验所在的省（市、自治区）、县（市）、乡、村和坐标。

1.4 试验年限：一般为一至两年（世代间隔几年以上的视具体情况而定）。

1.5 报告中间试验一般应当提供以下相关附件资料：

1.5.1 目的基因的核苷酸序列及推导的氨基酸序列；

1.5.2 目的基因与载体构建图；

1.5.3 目的基因整合进动物中并表达的分子检测或鉴定结果（PCR 检测、Southern 杂交分析或 Northern 分析结果）；

1.5.4 转基因性状及其产物的检测和鉴定技术；

1.5.5 试验地点的位置地形图和养殖隔离区图；

1.5.6 中间试验的操作规程（包括转基因动物的贮运、饲养、屠宰、销毁、试验结束后的监控、意外事故的处理措施以及试验点的管理等）；

1.5.7 试验设计（包括安全评价的主要指标和研究方

法等，如转基因动物目标性状表达的稳定性、经济性能、生存竞争性、适应能力、外源功能基因在动物各组织器官的表达及功能性状的有效性等）。

2　环境释放的申报要求

2.1　项目名称：应包含目的基因名称、转基因动物名称、试验所在省（市、区）名称和试验阶段名称四个部分，如转 GH 促生长基因鲤鱼 A12 和 T19 在湖南省的环境释放。

2.2　试验转基因动物材料数量：一份申报书中转基因动物品系最多不超过 5 个，这些品系应当是由同种受体动物、相同的目的基因、相同的基因操作获得的，而且每个品系应当有名称或编号，并与中间试验阶段的相对应。

2.3　试验地点和规模：每个试验点规模（上限）为大动物（马、牛）150 头；中小动物（猪、羊等）500 头（只）；禽类（鸡、鸭等）3000 羽（只）；鱼 10 000 ~ 50 000 尾等。试验地点应当明确试验所在的省（市、自治区）、县（市）、乡、村和坐标。

2.4　试验年限：一次申报环境释放的期限一般为一至两年（世代间隔几年以上的视具体情况而定）。

2.5　申请环境释放一般应当提供以下相关附件资料：

2.5.1　目的基因的核苷酸序列及其推导的氨基酸序列；

2.5.2　目的基因与载体构建的图谱；

2.5.3　目的基因整合进动物中并表达的分子检测或鉴定结果（PCR 检测、Southern 杂交分析或 Northern 分析结果、目的蛋白的表达结果）；

2.5.4　转基因性状及其产物的检测和鉴定技术；

2.5.5　中间试验结果及安全性评价试验总结报告；

2.5.6　试验地点的位置地形图和隔离示意图；

2.5.7　环境释放的操作规程（包括转基因动物的贮运、饲养、屠宰、销毁、试验结束后的监控、意外事故的处理措施以及试验点的管理等）；

2.5.8　试验设计（包括安全性评价的主要指标和研究方法等，如转基因动物的稳定性、经济性能、生存竞争性、适应能力、外源功能基因在动物各组织器官的表达及功能性状的稳定性和有效性、基因漂移检测、对非靶标生物的影响等）。

3　生产性试验的申报要求

3.1　项目名称：应包含目的基因名称、转基因动物名称、试验所在省（市、区）名称和试验阶段名称四个部分，如转 GH 促生长基因鲤鱼 A112 在湖南省的生产性试验。

3.2　试验转基因动物材料数量：一份申报书中转基因动物品系不超过 3 个，这些品系应当是由同种受体动物、相同的目的基因、相同的基因操作获得的。品种或品系应当有明确的名称，并与以前各试验阶段的名称或编号相对应。

3.3　试验地点和规模：应在批准过环境释放的省（市、自治区）进行，每个试验点规模（上限）为大动物（马、牛）1 000 头；中小动物（猪、羊等）10 000 头（只）；禽类（鸡、鸭等）20 000 羽（只）；鱼 10 万 ~ 30 万尾等。试验地点应当明确试验所在的省（市、自治区）、县（市）、乡、村和坐标。

3.4　试验年限：一次申请生产性试验的期限一般为一至两年（世代间隔较长的视具体情况而定）。

3.5　申请生产性试验一般应当提供以下相关附件资料：

3.5.1　目的基因的核苷酸序列及其推导的氨基酸序列；

3.5.2　目的基因与载体构建的图谱；

3.5.3　目的基因整合进动物中并表达的分子检测或鉴定结果（PCR 检测、Southern 杂交分析或 Northern 分析结果、目的蛋白的表达结果）；

3.5.4　转基因性状及其产物的检测和鉴定技术；

3.5.5　环境释放阶段审批书的复印件；

3.5.6　各试验阶段试验结果及安全性评价试验总结报告；

3.5.7　试验地点的位置地形图；

3.5.8　生产性试验的操作规程（包括转基因动物的贮运、饲养、屠宰、销毁、试验结束后的监控、意外事故的处理措施以及试验点的管理等）；

3.5.9　试验设计（包括安全评价的主要指标和研究方法等，如转基因动物的稳定性、经济性能、生存竞争性、适应能力、外源功能基因在动物各组织器官的表达及功能性状的稳定性、有效性、基因漂移情况、对非靶标生物的影响、食品安全性如营养成分分析、抗营养因子、是否含毒性物质、是否有过敏性反应、急性、亚急性动物试验数据等）；

3.5.10　对于以转基因动物为亲本与常规品种杂交获得的含有转基因成份的动物，应当提供其亲本名称及其选育过程的有关资料，并提供证明其基因来源的试验数据和资料。

4　安全证书的申报要求

4.1　项目名称：应包含目的基因名称、转基因动物名称等几个部分，如转 GH 促生长基因鲤鱼 A112 的安全证书。

4.2　一份申报书只能申请转基因动物的一个品种或品系，其名称应与以前各试验阶段的名称或编号相对应。

4.3　一次申请安全证书的使用期限一般不超过五年。

4.4　申请安全证书一般应当提供以下相关附件资料：

4.4.1　目的基因的核苷酸序列及其推导的氨基酸序列；

4.4.2　目的基因与载体构建的图谱；

4.4.3　目的基因整合进动物中并表达的分子检测或鉴

定结果（PCR 检测、Southern 杂交分析或 Northern 分析结果、目的蛋白的表达结果）；

4.4.4 转基因性状及其产物的检测和鉴定技术；

4.4.5 各试验阶段审批书的复印件；

4.4.6 各试验阶段试验结果及安全性评价试验总结报告；

4.4.7 转基因动物遗传稳定性、经济性能、竞争性、生存适应能力等的综合评价报告；

4.4.8 外源基因在动物各组织器官的表达资料；

4.4.9 转基因动物对生态环境的安全性综合评价报告；

4.4.10 食品安全性检测报告：A）动物毒理试验报告；B）食品过敏性评价试验报告；C）与非转基因动物比较，其营养成份及抗营养因子分析报告；

4.4.11 该类转基因动物国内外生产应用概况；

4.4.12 该转基因动物可能的生存区域的监控方案，包括监控技术、抗性治理措施、长期环境效应的研究方法；

4.4.13 审查所需的其它相关资料。

4.5 转基因动物应当经农业部批准进行生产性试验，并在试验结束后方可申请安全证书。

4.6 转基因动物在取得农业转基因生物安全证书后方可作为种质资源利用。已取得农业转基因生物安全证书的转基因动物作为亲本与常规品种杂交得到的含有转基因成份的动物，应当从生产性试验阶段开始申报安全性评价。

附录Ⅲ

转基因微生物安全评价

根据安全性评价的需要，将转基因微生物分为植物用转基因微生物、动物用转基因微生物和其它转基因微生物。

一、植物用转基因微生物安全评价

（一）植物用转基因微生物安全性评价

1 受体微生物的安全性评价

1.1 受体微生物的背景资料：

1.1.1 学名、俗名和其他名称；

1.1.2 分类学地位；

1.1.3 试验用受体微生物菌株名称；

1.1.4 是天然野生菌种还是人工培养菌种；

1.1.5 原产地及引进时间；

1.1.6 用途；

1.1.7 在国内的应用情况；

1.1.8 对人类健康或生态环境是否发生过不利影响；

1.1.9 从历史上看，受体微生物演变成有害生物的可能性；

1.1.10 是否有长期安全应用的记录。

1.2 受体微生物的生物学特性：

1.2.1 生育期和世代时间；

1.2.2 繁殖方式和繁殖能力；

1.2.3 适宜生长的营养要求；

1.2.4 寄主植物范围；

1.2.5 在环境中定殖、存活和传播扩展的方式、能力及其影响因素；

1.2.6 对人畜的致病性，是否产生有毒物质；

1.2.7 对植物的致病性；

1.2.8 其他重要生物学特性。

1.3 受体微生物的生态环境：

1.3.1 在国内的地理分布和自然生境，其自然分布是否会因某些条件的变化而改变；

1.3.2 生长发育所要求的生态环境条件，包括温度、湿度、酸碱度、光照、空气等；

1.3.3 是否为生态环境中的组成部分，对农田土壤、植被、陆地、草地、水域环境的影响；

1.3.4 是否具有生态特异性，如在环境中的适应性等；

1.3.5 与生态系统中其他微生物的生态关系，包括生态环境的改变对这种（些）关系的影响以及是否会因此而产生或增加对人类健康和生态环境的不利影响；

1.3.6 与生态系统中其他生物（植物和动物）的生态关系，包括生态环境的改变对这种（些）关系的影响以及是否会因此而产生或增加对人类健康或生态环境的不利影响。

1.3.7 对生态环境的影响及其潜在危险程度；

1.3.8 涉及到国内非通常种植的植物物种时，应详细描述该植物的自然生境和有关其天然捕食者、寄生物、竞争物和共生物的资料。

1.4 受体微生物的遗传变异：

1.4.1 遗传稳定性；

1.4.2 质粒状况，质粒的稳定性及其潜在危险程度；

1.4.3 转座子和转座因子状况及其潜在危险程度；

1.4.4 是否有发生遗传变异而对人类健康或生态环境产生不利影响的资料；

1.4.5 在自然条件下与其他微生物（特别是病原体）进行遗传物质交换的可能性；

1.4.6 在自然条件下与植物进行遗传物质交换的可能性；

1.4.7 在自然条件下与动物进行遗传物质交换的可能性。

1.5 受体微生物的监测方法和监控的可能性。

1.6 受体微生物的其他资料。

1.7 根据本办法第十一条有关标准确定受体微生物的安全等级。

2 基因操作的安全性评价

2.1 植物用转基因微生物中引入或修饰性状和特性的叙述。

2.2 实际插入或删除序列的资料：

2.2.1 插入序列的大小和结构，确定其特性的分析方法；

2.2.2 删除区域的大小和功能。

2.2.3 目的基因的核苷酸序列和推导的氨基酸序列；

2.2.4 插入序列的拷贝数。

2.3 载体的名称和来源，载体特性和安全性，能否向自然界中不含有该类基因的微生物转移；载体构建的图谱。

2.4 载体中插入区域各片段的资料：

2.4.1 启动子和终止子的大小、功能及其供体生物的名称；

2.4.2 标记基因和报告基因的大小、功能及其供体生物的名称；

2.4.3 其他表达调控序列的名称及其来源（如人工合成或供体生物名称）。

2.5 基因操作方法。

2.6 目的基因的生存前景和表达的稳定性。

2.7 目的基因的检测和鉴定技术。

2.8 重组 DNA 分子的结构、复制特性和安全性。

2.9 根据本办法第十二条有关标准确定基因操作的安全类型。

3 植物用转基因微生物的安全性评价

3.1 与受体微生物比较，植物用转基因微生物如下特性是否改变：

3.1.1 定殖能力；

3.1.2 存活能力；

3.1.3 传播扩展能力；

3.1.4 毒性和致病性；

3.1.5 遗传变异能力；

3.1.6 受监控的可能性；

3.1.7 与植物的生态关系；

3.1.8 与其它微生物的生态关系；

3.1.9 与其它生物（动物和人）的生态关系，人类接触的可能性及其危险性，对所产生的不利影响的消除途径；

3.1.10 其他重要生物学特性。

3.2 应用的植物种类和用途。与相关生物农药、生物肥料等相比，其表现特点和相对安全性。

3.3 试验应用的范围，在环境中可能存在的范围，广泛应用后的潜在影响。

3.4 对靶标生物的有益或有害作用。

3.5 对非靶标生物的有益或有害作用。

3.6 植物用转基因微生物转基因性状的监测方法和检测鉴定技术。

3.7 根据本办法第十三条有关标准确定植物用转基因微生物的安全等级。

4 植物用转基因微生物产品的安全性评价

4.1 转基因微生物产品的稳定性。

4.2 生产、加工活动对转基因微生物安全性的影响。

4.3 转基因微生物产品与转基因微生物在环境安全性方面的差异。

4.4 转基因微生物产品与转基因微生物在对人类健康影响方面的差异。

4.5 参照本办法第十四条有关标准划分植物用转基因微生物产品的安全等级。

（二）植物用转基因微生物试验方案

1 试验地点

1.1 试验地点的气象资料，试验地点的地形，环境的一般性描述，标明试验地点的位置示意图。

1.2 试验地周围的生态类型。

1.3 释放地点周围的动物、植物种类。

1.4 释放地点的生态环境对该植物用转基因微生物的存活、繁殖、扩散和传播的有利或不利因素，特别是环境中其它生物从转基因生物获得目的基因的可能性。

2 试验设计

2.1 试验的起止时间。

2.2 试验菌株名称或编号。

2.3 拟开展试验的地点和试验面积。

2.4 生产、包装、贮存及运输至试验地的方式。

2.5 使用方法及剂量，未使用部分的处置方式。

2.6 试验植物的种植方法、田间管理措施。

3 安全控制措施

3.1 在试验地点的安全隔离措施：

3.1.1 隔离方式和隔离距离；

3.1.2 防止植物用转基因微生物扩散的措施；

3.1.3 试验过程中出现意外事故的应急措施；

3.1.4 试验期间的监控负责人及其联系方式。

3.2 试验期间和试验结束后，试验植物的取样或收获方式，残余或剩余部分的处理方法。

3.3 试验结束后的监控措施：

3.3.1 试验结束后对试验地点及其周围环境的安全监控计划；

3.3.2 试验结束后的监控年限；

3.3.3 监控负责人及其联系方式。

（三）植物用转基因微生物各阶段申报要求

1 中间试验的报告要求

1.1 项目名称：应包含目的基因名称、转基因微生物的名称、试验所在省（市、自治区）名称和试验阶段名称四个部分，如转 Cry1Ac 基因苏云金芽孢杆菌在广东省的中间试验。

1.2 试验转基因微生物菌株数量：一份报告书中菌株应当是由同一种受体微生物（受体菌株不超过 5 个）、相同的目的基因、相同的基因操作所获得的，而且每个转基因菌株都应有明确的名称或编号。

1.3 试验地点和规模：应在法人单位的试验基地进行，每个试验点面积不超过 4 亩。试验地点应当明确试验所在的省（市、自治区）、县（市）、乡、村和坐标。

1.4 试验年限：一般为一至两年。

1.5 报告中间试验一般应当提供以下相关附件资料：

1.5.1 目的基因的核苷酸序列和推导的氨基酸序列；

1.5.2 目的基因、载体图谱与转基因微生物构建技术路线；

1.5.3 受体微生物和转基因微生物的毒理学试验报告或有关文献资料；

1.5.4 试验地点的位置图和试验隔离图；

1.5.5 中间试验的操作规程（包括植物用转基因微生物的贮存、转移、销毁、试验结束后的监控、意外释放的处理措施以及试验点的管理等）；

1.5.6 根据安全性评价的要求提出具体试验设计。

2 环境释放的申报要求

2.1 项目名称：应包含目的基因名称、转基因微生物名称及代号、试验所在省（市、自治区）名称和试验阶段名称四个部分，如转 Cry1Ac 基因苏云金芽孢杆菌 NJ8 和 NY23 在广东省的环境释放。

2.2 试验转基因微生物菌株数量：一份申报书中菌株应当是由同一受体菌株、相同的目的基因、相同的基因操作所获得的，而且每个转基因菌株都应有明确的名称或编号，并与中间试验的相对应。

2.3 试验地点和规模：每个试验点面积为不超过 30 亩（一般大于 4 亩）。试验地点应当明确试验所在的省（市、自治区）、县（市）、乡、村和坐标。

2.4 试验年限：一次申请环境释放的期限一般为一至两年。

2.5 申请环境释放一般应当提供以下相关附件资料：

2.5.1 目的基因的核苷酸序列或其推导的氨基酸序列；

2.5.2 目的基因、载体图谱与转基因微生物构建技术路线；

2.5.3 受体菌、转基因微生物的毒理学试验报告或有关文献资料；

2.5.4 跟踪监测要求的资料；

2.5.5 中间试验阶段安全性评价的总结报告；

2.5.6 试验地点的位置图；

2.5.7 环境释放的操作规程（包括植物用转基因微生物的贮存、转移、销毁、试验结束后的监控、意外释放的处理措施以及试验点的管理等）；

2.5.8 根据安全性评价的要求提出具体试验设计。

3 生产性试验的申报要求

3.1 项目名称：应包含目的基因名称、转基因微生物名称及代号、试验所在省（市、自治区）名称和试验阶段名称四个部分，如转 Cry1Ac 基因苏云金芽孢杆菌 NY23 在广东省的生产性试验。

3.2 试验转基因微生物菌株数量：一份申报书中不超过 5 个转基因微生物株系（品系），这些株系（品系）应当是由同一受体菌株、相同的目的基因、相同的基因操作所获得的，而且应有明确的名称，并与以前各试验阶段的名称或编号相对应。

3.3 试验地点和规模：应在批准过环境释放的省（市、自治区）进行，每个试验点面积大于 30 亩。试验地点应当明确试验所在的省（市、自治区）、县（市）、乡、村和坐标。

3.4 试验年限：一次申请生产性试验的期限一般为一至两年。

3.5 申请生产性试验一般应当提供以下相关附件资料：

3.5.1 目的基因的核苷酸序列和推导的氨基酸序列；

3.5.2 目的基因、载体图谱与转基因微生物构建的技术路线；

3.5.3 检测机构出具的受体微生物、转基因微生物的毒理学试验报告或有关文献资料；

3.5.4 环境释放阶段审批书的复印件；

3.5.5 跟踪监测要求的资料；

3.5.6 中间试验和环境释放阶段安全性评价的总结报告；

3.5.7 转基因微生物生产和试验地点的位置图；

3.5.8 生产性试验的操作规程（包括植物用转基因微生物的贮存、转移、销毁、试验结束后的监控、意外释放的处理措施以及试验点的管理等）；

3.5.9 根据安全性评价的要求提出具体试验设计。

4 安全证书的申报要求

4.1 项目名称：应包含目的基因名称、转基因微生物名称等几个部分，如转 Cry1Ac 基因苏云金芽孢杆菌 NY23 的安全证书。

4.2 转基因微生物应当经农业部批准进行生产性试验，并在试验结束后才能申请安全证书。

4.3 一次申请安全证书的使用期限一般不超过五年。

4.4 申请安全证书一般应当提供以下相关附件资料：

4.4.1 目的基因的核苷酸序列或其推导的氨基酸序列；

4.4.2 目的基因、载体图谱与转基因微生物构建的技术路线；

4.4.3 环境释放和生产性试验阶段审批书的复印件；

4.4.4 中间试验、环境释放、生产性试验阶段安全性评价的总结报告；

4.4.5 转基因微生物对人体健康、环境和生态安全影响的综合性评价报告；

4.4.6 该类植物用转基因微生物在国内外生产应用的概况；

4.4.7 植物用转基因微生物检测、鉴定的方法或技术路线；

4.4.8 植物用转基因微生物的长期环境影响监控方法；

4.4.9 其它相关资料。

二、动物用转基因微生物安全评价

（一）动物用转基因微生物安全性评价

1 受体微生物的安全性评价

1.1 受体微生物的背景资料：

1.1.1 学名、俗名和其他名称；

1.1.2 分类学地位；

1.1.3 试验用受体微生物菌株名称；

1.1.4 是天然野生菌种还是人工培养菌种；

1.1.5 原产地及引进时间；

1.1.6 用途；

1.1.7 在国内的应用情况；

1.1.8 对人类健康或生态环境是否发生过不利影响；

1.1.9 从历史上看，受体微生物演变成有害生物的可能性；

1.1.10 是否有长期安全应用的记录。

1.2 受体微生物的生物学特性：

1.2.1 生育期和世代时间；

1.2.2 繁殖方式和繁殖能力；

1.2.3 适宜生长的营养要求；

1.2.4 适宜应用的动物种类；

1.2.5 在环境中定殖、存活和传播扩展的方式、能力及其影响因素；

1.2.6 对动物的致病性，是否产生有毒物质；

1.2.7 对人体健康和植物的潜在危险性；

1.2.8 其他重要生物学特性。

1.3 受体微生物所适应的生态环境：

1.3.1 在国内的地理分布和自然生境，其自然分布是否会因某些条件的变化而改变；

1.3.2 生长发育所要求的生态环境条件，包括温度、湿度、酸碱度、光照、空气等；

1.3.3 是否具有生态特异性，如在环境中的适应性等；

1.3.4 与生态系统中其他微生物的生态关系，是否受人类和动物病原体（如病毒）的侵染。包括生态环境的改变对这种（些）关系的影响以及是否会因此而产生或增加对动物健康、人类健康和生态环境的不利影响；

1.3.5 对生态环境的影响及其潜在危险程度；

1.3.6 涉及到国内非通常养殖的动物物种时，应详细描述该动物的自然生境和其他有关资料。

1.4 受体微生物的遗传变异：

1.4.1 遗传稳定性；

1.4.2 质粒状况，质粒的稳定性及其潜在危险程度；

1.4.3 转座子和转座因子状况及其潜在危险程度；

1.4.4 是否有发生遗传变异而对动物健康、人类健康或生态环境产生不利影响的可能性；

1.4.5 在自然条件下与其他微生物（特别是病原体）进行遗传物质交换的可能性；

1.4.6 在自然条件下与动物进行遗传物质交换的可能性。

1.5 受体微生物的监测方法和监控的可能性。

1.6 受体微生物的其他资料。

1.7 根据本办法第十一条有关标准确定受体微生物的安全等级。

2 基因操作的安全性评价

2.1 动物用转基因微生物中引入或修饰性状和特性的叙述。

2.2 实际插入或删除序列的资料：

2.2.1 插入序列的大小和结构，确定其特性的分析方法；

2.2.2 删除区域的大小和功能；

2.2.3 目的基因的核苷酸序列和推导的氨基酸序列；

2.2.4 插入序列的拷贝数。

2.3 目的基因与载体构建的图谱，载体的名称和来源，载体特性和安全性，能否向自然界中不含有该类基因的微生物转移。

2.4 载体中插入区域各片段的资料：

2.4.1 启动子和终止子的大小、功能及其供体生物的名称；

2.4.2 标记基因和报告基因的大小、功能及其供体生物的名称；

2.4.3 其他表达调控序列的名称及其来源（如人工合成或供体生物名称）。

2.5 基因操作方法。

2.6 目的基因表达的稳定性。

2.7 目的基因的检测和鉴定技术。

2.8 重组 DNA 分子的结构、复制特性和安全性。

2.9 根据本办法第十二条有关标准确定基因操作的安全类型。

3 动物用转基因微生物的安全性评价

3.1 动物用转基因微生物的生物学特性；应用目的；在自然界的存活能力；遗传物质转移到其他生物体的能力和可能后果；监测方法和监控的可能性。

3.2 动物用转基因微生物的作用机理和对动物的安全性。

3.2.1 在靶动物和非靶动物体内的生存前景。

3.2.2 对靶动物和可能的非靶动物高剂量接种后的影响。

3.2.3 与传统产品相比较，其相对安全性。

3.2.4 宿主范围及载体的漂移度。

3.2.5 免疫动物与靶动物以及非靶动物接触时的排毒和传播能力。

3.2.6 动物用转基因微生物回复传代时的毒力返强能力。

3.2.7 对怀孕动物的安全性。

3.2.8 对免疫动物子代的安全性。

3.3 动物用转基因微生物对人类的安全性。

3.3.1 人类接触的可能性及其危险性，有可能产生的直接影响、短期影响和长期影响，对所产生的不利影响的消除途径。

3.3.2 广泛应用后的潜在危险性。

3.4 动物用转基因微生物对生态环境的安全性。

3.4.1 在环境中释放的范围、可能存在的范围以及对环境中哪些因素存在影响。

3.4.2 影响动物用转基因微生物存活、增殖和传播的理化因素。

3.4.3 感染靶动物的可能性或潜在危险性。

3.4.4 动物用转基因微生物的稳定性、竞争性、生存能力、变异性以及致病性是否因外界环境条件的改变而改变。

3.5 动物用转基因微生物的检测和鉴定技术。

3.6 根据本办法第十三条有关标准确定动物用转基因微生物的安全等级。

4 动物用转基因微生物产品的安全性评价

4.1 转基因微生物产品的稳定性。

4.2 生产、加工活动对转基因微生物安全性的影响。

4.3 转基因微生物产品与转基因微生物在环境安全性方面的差异。

4.4 转基因微生物产品与转基因微生物在对人类健康影响方面的差异。

4.5 参照本办法第十四条有关标准划分动物用转基因微生物产品的安全等级。

（二）动物用转基因微生物试验方案

1 试验地点

1.1 提供试验地点的气象资料，试验地点的地形环境的一般性描述、标明试验地点的示意图。

1.2 试验地周围的生态类型。

1.3 试验地点周围的动物种类。

1.4 试验地点的生态环境对该动物用转基因微生物的存活、繁殖、扩散和传播的有利或不利因素，特别是环境中其它生物从该动物用转基因微生物获得目的基因的可能性。

2 试验方案

2.1 试验的起止时间。

2.2 动物用转基因微生物的名称或编号。

2.3 动物用转基因微生物在各试验地点的试验动物规模。

2.4 试验区域的大小。

2.5 动物用转基因微生物的应用。

2.6 动物用转基因微生物的生产、包装及贮运至试验地方式。

2.7 动物用转基因微生物的使用方法及剂量，未使用的部分的处置方式。

3 安全控制措施

3.1 试验动物的安全隔离。

3.1.1 隔离方式、隔离距离。

3.1.2 防止动物用转基因微生物扩散的措施。

3.1.3 饲养全过程的安全控制措施。

3.1.3 试验过程中出现意外事故的应急措施。

3.2 试验动物的饲养和试验结束后的处理方式。

3.3 试验结束后对试验场所的监控措施。

3.4 试验结束后的监控年限。

3.5 试验的监控负责人及其联系方式。

（三）动物用转基因微生物各阶段申报要求

1 中间试验的报告要求

1.1 项目名称：应包含目的基因名称、动物用转基因微生物及产品名称、试验所在省（市、自治区）名称和试验阶段名称四个部分，如表达鸡新城疫病毒F基因的重组鸡痘病毒基因工程疫苗在江苏省的中间试验。

1.2 试验转基因微生物材料数量：一份报告书中菌株应当是由同一种受体微生物（受体菌株不超过5个）、相同的目的基因、相同的基因操作所获得的，而且每个转基因菌株都应有明确的名称或编号。

1.3 试验地点和规模：应在法人单位的试验基地进行。每个试验点动物规模（上限）为大动物（马、牛）20头；中小动物（猪、羊等）40头（只）；禽类（鸡、鸭等）200羽（只）；鱼2 000尾。应当明确试验所在的省（市、自治区）、县（市）、乡、村和坐标。

1.4 试验年限：一般为一至二年。

1.5 报告中间试验一般应当提供以下相关附件资料：

1.5.1 目的基因的核苷酸序列和推导的氨基酸序列；

1.5.2 目的基因与载体构建的图谱；

1.5.3 试验地点的位置图和试验隔离图；

1.5.4 中间试验的操作规程（包括动物用转基因微生物的贮存、转移、销毁、试验结束后的监控、意外释放的处理措施以及试验点的管理等）；

1.5.5 试验设计（包括安全评价的主要指标和研究方法等，如转基因微生物的稳定性、竞争性、生存适应能力、外源基因在靶动物体内的表达和消长关系等）。

2 环境释放的申报要求

2.1 项目名称：应包含目的基因名称、动物用转基因微生物及产品名称、试验所在省（市、自治区）名称和试验阶段名称四个部分，如表达鸡新城疫病毒F基因的重组鸡痘病毒基因工程疫苗NF16和YF9在江苏省的环境释放。

2.2 试验转基因微生物材料数量：一份申报书中菌株应当是由同一种受体菌株、同种目的基因和同种基因操作所获得的，每个菌株应当有明确的名称或编号，并与中间试验阶段的相对应。

2.3 试验地点和规模：每个试验点试验动物规模（上限）为大动物（马、牛）100头；中小动物（猪、羊等）500头（只）；禽类（鸡、鸭等）5 000羽（只）；鱼10 000尾。应当明确试验所在的省（市、自治区）、县（市）、乡、村和坐标。

2.4 试验年限：一次申请环境释放的期限一般为一至二年。

2.5 申请环境释放一般应当提供以下相关附件资料：

2.5.1 目的基因的核苷酸序列和推导的氨基酸序列图；

2.5.2 目的基因与载体构建的图谱；

2.5.3 提供中间试验阶段的安全性评价试验总结报告；

2.5.4 毒理学试验报告（如急性、亚急性、慢性实验，致突变、致畸变试验等）；

2.5.5 试验地点的位置图和试验隔离图；

2.5.6 环境释放的操作规程（包括动物用转基因微生物的贮存、转移、销毁、试验结束后的监控、意外释放的处理措施以及试验点的管理等）；

2.5.7 试验设计（包括安全评价的主要指标和研究方法等，如转基因微生物的稳定性、竞争性、生存适应能力、外源基因在靶动物体内的表达和消长关系等）。

3 生产性试验的申报要求

3.1 项目名称：应包含目的基因名称、转基因微生物名称、试验所在省（市、自治区）名称和试验阶段名称四个部分，如表达鸡新城疫病毒F基因的重组鸡痘病毒基因工程疫苗NF16在江苏省的生产性试验。

3.2 试验转基因微生物材料数量：一份申报书中不超过5种动物用转基因微生物，应当是由同一受体菌株、相同的目的基因、相同的基因操作所获得的，而且其名称应当与前期试验阶段的名称和编号相对应。

3.3 试验地点和规模：应在批准过环境释放的省（市、自治区）进行，每个试验点试验动物规模（上限）为大动物（马、牛）1 000头；中小动物（猪、羊等）10 000头（只）；禽类（鸡、鸭等）20 000羽（只）；鱼10万尾。应当明确试验所在的省（市、自治区）、县（市）、乡、村和坐标。

3.4 试验年限：一次申请生产性试验的期限一般为一至二年。

3.5 申请生产性试验一般应当提供以下相关附件资料：

3.5.1 目的基因的核苷酸序列或其推导的氨基酸序列图；

3.5.2 目的基因与载体构建的图谱；

3.5.3 环境释放阶段审批书的复印件；

3.5.4 中间试验和环境释放安全性评价试验的总结报告；

3.5.5 食品安全性检测报告（如急性、亚急性、慢性实验，致突变、致畸变实验等毒理学报告）；

3.5.6 通过监测，目的基因或动物用转基因微生物向环境中的转移情况报告；

3.5.7 试验地点的位置图和试验隔离图；

3.5.8 生产性试验的操作规程（包括动物用转基因微生物的贮存、转移、销毁、试验结束后的监控、意外释放的处理措施以及试验点的管理等）；

3.5.9 试验设计（包括安全评价的主要指标和研究方法等，如转基因微生物的稳定性、竞争性、生存适应能力、外源基因在靶动物体内的表达和消长关系等）。

4 安全证书的申报要求

4.1 项目名称：应包含目的基因名称、转基因微生物名称等几个部分，如：表达鸡新城疫病毒F基因的重组鸡痘病毒基因工程疫苗NF16的安全证书。

4.2 一份申报书只能申请1种动物用转基因微生物，其名称应当与前期试验阶段的名称或编号相对应。

4.3 一次申请安全证书的使用期限一般不超过五年。

4.4 申请安全证书一般应当提供以下相关附件资料：

4.4.1 目的基因的核苷酸序列及其推导的氨基酸序列图；

4.4.2 目的基因与载体构建的图谱；

4.4.3 目的基因的分子检测或鉴定技术方案；

4.4.4 重组DNA分子的结构、构建方法；

4.4.5 各试验阶段审批书的复印件；

4.4.6 各试验阶段安全性评价试验的总结报告；

4.4.7 通过监测，目的基因或转基因微生物向环境中转移情况的报告；

4.4.8 稳定性、生存竞争性、适应能力等的综合评价报告；

4.4.9 对非靶标生物影响的报告；

4.4.10 食品安全性检测报告（如急性、亚急性、慢性实验，致突变、致畸变实验等毒理学报告）；

4.4.11 该类动物用转基因微生物在国内外生产应用的概况；

4.4.12 审查所需的其它相关资料。

三、其它转基因微生物安全评价

（一）其它转基因微生物安全性评价

1 受体微生物的安全性评价

1.1 受体微生物的背景资料：

1.1.1 学名、俗名和其他名称；

1.1.2 分类学地位；

1.1.3 试验用受体微生物菌株名称；

1.1.4 是天然野生菌种还是人工培养菌种；

1.1.5 原产地及引进时间；

1.1.6 用途；

1.1.7 在国内的应用情况；

1.1.8 对人类健康或生态环境是否发生过不利影响；

1.1.9 从历史上看，受体微生物演变成有害生物的可能性；

1.1.10 是否有长期安全应用的记录。

1.2 受体微生物的生物学特性：

1.2.1 生育期和世代时间；

1.2.2 繁殖方式和繁殖能力；

1.2.3 适宜生长的营养要求；

1.2.4 在环境中定殖、存活和传播扩展的方式、能力及其影响因素；

1.2.5 对人畜的致病性，是否产生有毒物质；

1.2.6 对植物的致病性；

1.2.7 其他重要生物学特性。

1.3 受体微生物的生态环境：

1.3.1 在国内的地理分布和自然生境，其自然分布是否会因某些条件的变化而改变；

1.3.2 生长发育所要求的生态环境条件，包括温度、湿度、酸碱度、光照、空气等；

1.3.3 是否为生态环境中的组成部分，对农田土壤、植被、陆地、草地、水域环境的影响；

1.3.4 是否具有生态特异性，如在环境中的适应性等；

1.3.5 与生态系统中其他微生物的生态关系，包括生态环境的改变对这种（些）关系的影响以及是否会因此而产生或增加对人类健康和生态环境的不利影响；

1.3.6 与生态系统中其他生物（植物和动物）的生态关系，包括生态环境的改变对这种（些）关系的影响以及是否会因此而产生或增加对人类健康或生态环境的不利影响；

1.3.7 对生态环境的影响及其潜在危险程度；

1.3.8 涉及到国内非通常种植（养殖）的动植物物种时，应详细描述该动物（植物）的自然生境和有关其天然捕食者、寄生物、竞争物和共生物的资料。

1.4 受体微生物的遗传变异：

1.4.1 遗传稳定性；

1.4.2 质粒状况，质粒的稳定性及其潜在危险程度；

1.4.3 转座子和转座因子状况及其潜在危险程度；

1.4.4 是否有发生遗传变异而对人类健康或生态环境产生不利影响的可能性；

1.4.5 在自然条件下与其他微生物（特别是病原体）进行遗传物质交换的可能性；

1.4.6 在自然条件下与植物进行遗传物质交换的可能性；

1.4.7 在自然条件下与动物进行遗传物质交换的可能性。

1.5 受体微生物的监测方法和监控的可能性。

1.6 受体微生物的其他资料。

1.7 根据本办法第十一条有关标准确定受体微生物的安全等级。

2 基因操作的安全性评价

2.1 转基因微生物中引入或修饰性状和特性的叙述。

2.2 实际插入或删除序列的资料：

2.2.1 插入序列的大小和结构，确定其特性的分析方法；

2.2.2 删除区域的大小和功能。

2.2.3 目的基因的核苷酸序列和推导的氨基酸序列；

2.2.4 插入序列的拷贝数。

2.3 目的基因与载体构建的图谱；载体的名称和来源，载体特性和安全性，能否向自然界中不含有该类基因的微生物转移。

2.4 载体中插入区域各片段的资料：

2.4.1 启动子和终止子的大小、功能及其供体生物的名称；

2.4.2 标记基因和报告基因的大小、功能及其供体生物的名称；

2.4.3 其他表达调控序列的名称及其来源（如人工合成或供体生物名称）。

2.5 基因操作方法。

2.6 目的基因表达的稳定性。

2.7 目的基因的检测和鉴定技术。

2.8 重组 DNA 分子的结构、复制特性和安全性。

2.9 根据本办法第十二条有关标准确定基因操作的安全类型。

3 转基因微生物的安全性评价

3.1 转基因微生物的生物学特性；应用目的；在自然界的存活能力；遗传物质转移到其他生物体的能力和可能后果；监测方法和监控的可能性。

3.2 转基因微生物对人类的安全性。

3.2.1 人类接触的可能性及其危险性，有可能产生的直接影响、短期影响和长期影响，对所产生的不利影响的消除途径。

3.2.2 广泛应用后的潜在危险性。

3.3 转基因微生物对生态环境的安全性。

3.3.1 在环境中释放的范围、可能存在的范围以及对环境中哪些因素存在影响；

3.3.2 影响转基因微生物存活、增殖和传播的理化因素；

3.3.3 转基因微生物的稳定性、竞争性、生存能力、变异性以及致病性是否因外界环境条件的改变而改变。

3.4 转基因微生物的检测和鉴定技术。

3.5 根据本办法第十二条有关标准确定转基因微生物的安全等级。

4 其他转基因微生物产品的安全性评价

4.1 转基因微生物产品的稳定性。

4.2 生产、加工活动对转基因微生物安全性的影响。

4.3 转基因微生物产品与转基因微生物在环境安全性方面的差异。

4.4 转基因微生物产品与转基因微生物在对人类健康影响方面的差异。

4.5 参照本办法第十四条有关标准划分其他转基因微生物产品的安全等级。

（二）其他转基因微生物试验方案

1 试验地点

1.1 提供试验地点的气象资料、试验地点的地形环境的一般性描述、标明试验地点的示意图。

1.2 试验地周围的生态类型。

1.3 试验地点周围的相关生物种类。

1.4 试验地点的生态环境对该转基因微生物的存活、繁殖、扩散和传播的有利或不利因素，特别是环境中其它生物从该转基因微生物获得目的基因的可能性。

2 试验设计

2.1 试验的起止时间。

2.2 转基因微生物的名称或编号。

2.3 转基因微生物在各试验地点的规模。

2.4 试验区域的大小。

2.5 转基因微生物的应用。

2.6 转基因微生物的生产、包装及贮运至试验地方式。

2.7 转基因微生物的使用方法及剂量，未使用的部分的处置方式。

3 安全控制措施

3.1 试验生物的安全隔离。

3.1.1 隔离方式、隔离距离；

3.1.2 防止转基因微生物扩散的措施；

3.1.3 试验过程的安全控制措施；

3.1.4 试验过程中出现意外事故的应急措施。

3.2 试验生物的培养和试验结束后的处理方式。

3.3 试验结束后对试验场所的监控措施。

3.4 试验结束后的监控年限。

3.5 试验的监控负责人及其联系方式。

（三）其他转基因微生物各阶段申报要求

1 中间试验的报告要求

1.1 项目名称：应包含目的基因名称、转基因微生物名称、试验所在省（市、自治区）名称和试验阶段名称四个部分。如：转×××基因×××（微生物名称）在河南省的中间试验。

1.2 试验转基因微生物材料数量：一份报告书中菌株应当是由同一种受体微生物（受体菌株不超过5个）、相同的目的基因、相同的基因操作所获得的，而且每个转基因菌株都应有明确的名称或编号。

1.3 试验地点和规模：应在法人单位的试验基地进行。每个试验点规模不超过100升（公斤）发酵产品（样品）或者陆地面积不超过4亩。试验地点应当明确试验所在的省（市、自治区）、县（市）、乡、村和坐标。

1.4 试验年限：一般为一至二年。

1.5 报告中间试验一般应当提供以下相关附件资料：

1.5.1 目的基因的核苷酸序列或其推导的氨基酸序列；

1.5.2 目的基因与载体构建的图谱；

1.5.3 试验地点的位置图和试验隔离图；

1.5.4 中间试验的操作规程（包括转基因微生物的贮存、转移、销毁、试验结束后的监控、意外释放的处理措施以及试验点的管理等）；

1.5.5 试验设计（包括安全评价的主要指标和研究方法等，如转基因微生物的稳定性、竞争性、生存适应能力等）。

2 环境释放的申报要求

2.1 项目名称：应包含目的基因名称、转基因微生物名称、试验所在省（市、自治区）名称和试验阶段名称四个部分。如转×××基因×××（微生物名称）在江苏省和河北省的环境释放。

2.2 试验转基因微生物材料数量：一份申报书中菌株应当是由同一种受体菌株、相同的目的基因、相同的基因操作所获得的，其名称或编号应与中间试验阶段的相对应。

2.3 试验地点和规模：每个试验点规模不超过1 000升（公斤）［一般大于100升（公斤）］发酵产品（样品）或者陆地面积不超过30亩（一般大于4亩）。试验地点应当明确试验所在的省（市、自治区）、县（市）、乡、村和坐标。

2.4 试验年限：一次申请环境释放的期限一般为一至二年。

2.5 申请环境释放一般应当提供以下相关附件资料：

2.5.1 目的基因的核苷酸序列或其推导的氨基酸序列图；

2.5.2 目的基因与载体构建的图谱；

2.5.3 提供中间试验阶段安全性评价试验报告；

2.5.4 毒理学检测报告（如急性、亚急性、慢性实验，致突变、致畸变试验等）；

2.5.5 试验地点的位置图和试验隔离图；

2.5.6 环境释放的操作规程（包括转基因微生物的贮存、转移、销毁、试验结束后的监控、意外释放的处理措施以及试验点的管理等）；

2.5.7 试验设计（包括安全评价的主要指标和研究方法等，如转基因微生物的稳定性、竞争性、生存适应能力等）。

3 生产性试验的申报要求

3.1 项目名称：应包含目的基因名称、转基因微生物名称、试验所在省（市、自治区）名称和试验阶段名称四个部分。如转×××基因×××（微生物名称）在山东省的生产性试验。

3.2 试验转基因微生物材料数量：一份申报书中不超过5个转基因微生物株系（品系），这些株系（品系）应当是由同一受体菌株、相同的目的基因、相同的基因操作所获得的，而且其名称应与前期试验阶段的名称或编号相对应。

3.3 试验地点和规模：应在批准进行过环境释放的省（市、自治区）进行，每个试验点规模大于1 000升（公斤）发酵产品（样品）或者陆地面积大于30亩。试验地点应当明确试验所在的省（市、自治区）、县（市）、乡、村和坐标。

3.4 试验年限：一次申请生产性试验的期限一般为一至两年。

3.5 申请生产性试验一般应当提供以下相关附件资料：

3.5.1 目的基因的核苷酸序列或其推导的氨基酸序列图；

3.5.2 目的基因与载体构建的图谱；

3.5.3　环境释放阶段审批书的复印件；

3.5.4　中间试验和环境释放阶段安全性评价试验的总结报告；

3.5.5　食品安全性检测报告（如急性、亚急性、慢性实验，致突变、致畸变实验等毒理学报告）；

3.5.6　通过监测，目的基因或转基因微生物向环境中转移情况的报告；

3.5.7　试验地点的位置图和试验隔离图；

3.5.8　生产性试验的操作规程（包括转基因微生物的贮存、转移、销毁、试验结束后的监控、意外释放的处理措施以及试验点的管理等）；

3.5.9　试验设计（包括安全评价的主要指标和研究方法等，如转基因微生物的稳定性、竞争性、生存适应能力、外源基因在靶动物体内的表达和消长关系等）。

4　安全证书的申报要求

4.1　项目名称：应包含目的基因名称、转基因微生物名称等几个部分。如：转×××基因×××（微生物名称）的安全证书。

4.2　一份申报书只能申请1个转基因微生物株系（品系），其名称和编号应当与前期试验阶段的相对应。

4.3　一次申请安全证书的使用期限一般不超过五年。

4.4　申请安全证书一般应当提供以下相关附件资料：

4.4.1　目的基因的核苷酸序列或其推导的氨基酸序列；

4.4.2　目的基因、载体图谱与转基因微生物构建的技术路线；

4.4.3　环境释放和生产性试验阶段审批书的复印件；

4.4.4　中间试验、环境释放和生产性试验阶段安全性评价试验总结报告；

4.4.5　转基因微生物对人体健康、环境和生态安全影响的综合性评价报告；

4.4.6　该类转基因微生物在国内外生产应用的概况；

4.4.7　转基因微生物检测鉴定技术；

4.4.8　转基因微生物的长期环境影响监控方法；

4.4.9　审查所需的其它相关资料。

4.5　申请安全证书的转基因微生物应当经农业部批准进行生产性试验，并在试验结束后方可申请。

附录Ⅳ

农业转基因生物及其产品安全控制措施

为避免农业转基因生物对人类健康和生态环境的潜在不利影响，特对不同等级的基因工程工作制定相应的安全控制措施。

1　实验室控制措施

1.1　安全等级Ⅰ控制措施：

实验室和操作按一般生物学实验室的要求。

1.2　安全等级Ⅱ控制措施：

1.2.1　实验室要求：

除同安全等级Ⅰ的实验室要求外，还要求安装超净工作台、配备消毒设施和处理废弃物的高压灭菌设备。

1.2.2　操作要求：

除同安全等级Ⅰ的操作外，还要求：

1.2.2.1　在操作过程中尽可能避免气溶胶的产生；

1.2.2.2　在实验室划定的区域内进行操作；

1.2.2.3　废弃物要装在防渗漏、防碎的容器内，并进行灭活处理；

1.2.2.4　基因操作时应穿工作服，离开实验室前必须将工作服等放在实验室内；

1.2.2.5　防止与实验无关的一切生物如昆虫和啮齿类动物进入实验室。如发生有害目的基因、载体、转基因生物等逃逸、扩散事故，应立即采取应急措施；

1.2.2.6　动物用转基因微生物的实验室安全控制措施，还应符合兽用生物制品的有关规定。

1.3　安全等级Ⅲ控制措施：

1.3.1　实验室要求：

除同安全等级Ⅱ的实验室要求外，还要求：

1.3.1.1　实验室应设立在隔离区内并有明显警示标志，进入操作间应通过专门的更衣室，室内设有沐浴设施，操作间门口还应装自动门和风淋；

1.3.1.2　实验室内部的墙壁、地板、天花板应光洁、防水、防漏、防腐蚀；

1.3.1.3　窗户密封；

1.3.1.4　配有高温高压灭菌设施；

1.3.1.5　操作间应装有负压循环净化设施和污水处理设备。

1.3.2　操作要求：除同安全等级Ⅱ的操作外，还要求：

1.3.2.1　进入实验室必须由项目负责人批准；

1.3.2.2　进入实验室前必须在更衣室内换工作服、戴手套等保护用具；离开实验室前必须沐浴；不准穿工作服离开实验室，工作服必须经过高压灭菌后清洗；

1.3.2.3　工作台用过后马上清洗消毒；

1.3.2.4　转移材料用的器皿必须是双层、不破碎和密封的；

1.3.2.5　使用过的器皿、所有实验室内的用具远离实验室前必须经过灭菌处理；

1.3.2.6　用于基因操作的一切生物、流行性材料应由专人管理并贮存在特定的容器或设施内。

1.3.3 安全控制措施应当向农业转基因生物安全委员会报告，经批准后按其要求执行。

1.4 安全等级Ⅳ控制措施。

除严格执行安全等级Ⅲ的控制措施外，对其试验条件和设施以及试验材料的处理应有更严格的要求。安全控制措施应当向农业转基因生物安全委员会报告，经批准后按其要求执行。

2 中间试验、环境释放和生产性试验控制措施

2.1 安全等级Ⅰ的控制措施：

采用一般的生物隔离方法，将试验控制在必需的范围内。部分转基因作物田间隔离距离见表1；

2.2 安全等级Ⅱ控制措施：

2.2.1 采取适当隔离措施控制人畜出入，设立网室、网罩等防止昆虫飞入。水生生物应当控制在人工水域内，堤坝加固加高，进出水口设置栅栏，防止水生生物逃逸。确保试验生物10年内不致因灾害性天气而进入天然水域；

2.2.2 对工具和有关设施使用后进行消毒处理；

2.2.3 采取一定的生物隔离措施，如将试验地选在转基因生物不会与有关生物杂交的地理区域；

2.2.4 采取相应的物理、化学、生物学、环境和规模控制措施；

2.2.5 试验结束后，收获部分之外的残留植株应当集中销毁，对鱼塘、畜栏和土壤等应进行彻底消毒和处理，以防止转基因生物残留和存活。

2.3 安全等级Ⅲ控制措施：

2.3.1 采取适当隔离措施，严禁无关人员、畜禽和车辆进入。根据不同试验目的配备网室、人工控制的工厂化养殖设施、专门的容器以及有关杀灭转基因生物的设备和药剂等；

2.3.2 对工具和有关设施及时进行消毒处理。防止转基因生物被带出试验区，利用除草剂、杀虫剂、杀菌剂、杀鼠剂消灭与试验无关的植物、昆虫、微生物及啮齿类动物等；

2.3.3 采取最有效的生物隔离措施，防止有关生物与试验区内的转基因生物杂交、转导、转化、接合寄生或转主寄生；

2.3.4 采用严格的环境控制措施，如利用环境（湿度、水分、温度、光照等）限制转基因生物及其产物在试验区外的生存和繁殖，或将试验区设置在沙漠、高寒等地区使转基因生物一旦逃逸扩散后无法生存；

2.3.5 严格控制试验规模，必要时可随时将转基因生物销毁；

2.3.6 试验结束后，收获部分之外的残留植株应当集中销毁，对鱼塘、畜栏和土壤等应当进行消毒和处理，以防止转基因生物残留和存活；

2.3.7 安全控制措施应当向农业转基因生物安全委员会报告，经批准后按其要求执行。

2.4 安全等级Ⅳ控制措施：

除严格执行安全等级Ⅲ的控制措施外，对其试验条件和设施以及试验材料的处理应有更严格的要求。安全控制措施应当向农业转基因生物安全委员会报告，经批准后按其要求执行。

2.5 动物用转基因微生物及其产品的中间试验、环境释放和生产性试验的控制措施，还应符合兽用生物制品的有关规定。

3 应急措施

3.1 转基因生物发生意外扩散，应立即封闭事故现场，查清事故原因，迅速采取有效措施防止转基因生物继续扩散，并上报有关部门。

3.2 对已产生不良影响的扩散区，应暂时将区域内人员进行隔离和医疗监护。

3.3 对扩散区应进行追踪监测，直至不存在危险。

表1 主要农作物田间隔离距离（参考）

作物名称 Crop Species 隔离距离（米）Isolation Distance（m）备注 Note

玉米 Zea mays L. 300 或花期隔离25天以上

小麦 Triticum aestivum 100 或花期隔离20天以上

大麦 Hordeum vulgare 100 或花期隔离20天以上

芸薹属 Brassiaca L. 1000 —

棉花 Gossypium L. 150 —

水稻 Oryza sativa L. 100 或花期隔离20天以上

大豆 Glycine max（L.）Merrill 100 —

番茄 Lycopersicum esculentum Mill 100 —

烟草 Nicotiana tabacum 400 —

高粱 Sorghum vulgare Pers. 500 —

马铃薯 Solanum tuberosum L. 100 —

南瓜 Cucurbita pepo 700 —

苜蓿 Trifolium repens 300 —

黑麦草 Lolium perenne 300 —

辣椒 Capsicum annum 100 —

主要农作物品种审定办法

（2016年7月8日中华人民共和国农业部令第4号公布

自2016年8月15日起施行）

第一章　总　则

第一条　为科学、公正、及时地审定主要农作物品种，根据《中华人民共和国种子法》（以下简称《种子法》），制定本办法。

第二条　在中华人民共和国境内的主要农作物品种审定，适用本办法。

第三条　本办法所称主要农作物，是指稻、小麦、玉米、棉花、大豆。

第四条　省级以上人民政府农业主管部门应当采取措施，加强品种审定工作监督管理。省级人民政府农业主管部门应当完善品种选育、审定工作的区域协作机制，促进优良品种的选育和推广。

第二章　品种审定委员会

第五条　农业部设立国家农作物品种审定委员会，负责国家级农作物品种审定工作。省级人民政府农业主管部门设立省级农作物品种审定委员会，负责省级农作物品种审定工作。

农作物品种审定委员会建立包括申请文件、品种审定试验数据、种子样品、审定意见和审定结论等内容的审定档案，保证可追溯。

第六条　品种审定委员会由科研、教学、生产、推广、管理、使用等方面的专业人员组成。委员应当具有高级专业技术职称或处级以上职务，年龄一般在55岁以下。每届任期5年，连任不得超过两届。

品种审定委员会设主任1名，副主任2—5名。

第七条　品种审定委员会设立办公室，负责品种审定委员会的日常工作，设主任1名，副主任1—2名。

第八条　品种审定委员会按作物种类设立专业委员会，各专业委员会由9—23人的单数组成，设主任1名，副主任1—2名。

省级品种审定委员会对本辖区种植面积小的主要农作物，可以合并设立专业委员会。

第九条　品种审定委员会设立主任委员会，由品种审定委员会主任和副主任、各专业委员会主任、办公室主任组成。

第三章　申请和受理

第十条　申请品种审定的单位、个人（以下简称申请者），可以直接向国家农作物品种审定委员会或省级农作物品种审定委员会提出申请。

在中国境内没有经常居所或者营业场所的境外机构和个人在境内申请品种审定的，应当委托具有法人资格的境内种子企业代理。

第十一条　申请者可以单独申请国家级审定或省级审定，也可以同时申请国家级审定和省级审定，还可以同时向几个省、自治区、直辖市申请审定。

第十二条　申请审定的品种应当具备下列条件：

（一）人工选育或发现并经过改良；

（二）与现有品种（已审定通过或本级品种审定委员会已受理的其他品种）有明显区别；

（三）形态特征和生物学特性一致；

（四）遗传性状稳定；

（五）具有符合《农业植物品种命名规定》的名称；

（六）已完成同一生态类型区2个生产周期以上、多点的品种比较试验。其中，申请国家级品种审定的，稻、小麦、玉米品种比较试验每年不少于20个点，棉花、大豆品种比较试验每年不少于10个点，或具备省级品种审定试验结果报告；申请省级品种审定的，品种比较试验每年不少于5个点。

第十三条　申请品种审定的，应当向品种审定委员会办公室提交以下材料：

（一）申请表，包括作物种类和品种名称，申请者名称、地址、邮政编码、联系人、电话号码、传真、国籍，品种选育的单位或者个人（以下简称育种者）等内容；

（二）品种选育报告，包括亲本组合以及杂交种的亲本血缘关系、选育方法、世代和特性描述；品种（含杂交种亲本）特征特性描述、标准图片，建议的试验区域和栽培要点；品种主要缺陷及应当注意的问题；

（三）品种比较试验报告，包括试验品种、承担单位、抗性表现、品质、产量结果及各试验点数据、汇总结果等；

（四）转基因检测报告；

（五）转基因棉花品种还应当提供农业转基因生物安全证书；

（六）品种和申请材料真实性承诺书。

第十四条　品种审定委员会办公室在收到申请材料45日内作出受理或不予受理的决定，并书面通知申请者。

对于符合本办法第十二条、第十三条规定的，应当受理，并通知申请者在30日内提供试验种子。对于提供试验种子的，由办公室安排品种试验。逾期不提供试验种子的，视为撤回申请。

对于不符合本办法第十二条、第十三条规定的，不予受理。申请者可以在接到通知后30日内陈述意见或者对申请材料予以修正，逾期未陈述意见或者修正的，视为撤回申请；修正后仍然不符合规定的，驳回申请。

第十五条 品种审定委员会办公室应当在申请者提供的试验种子中留取标准样品，交农业部植物品种标准样品库保存。

第四章 品种试验

第十六条 品种试验包括以下内容：

（一）区域试验；

（二）生产试验；

（三）品种特异性、一致性和稳定性测试（以下简称DUS测试）。

第十七条 国家级品种区域试验、生产试验由全国农业技术推广服务中心组织实施，省级品种区域试验、生产试验由省级种子管理机构组织实施。

品种试验组织实施单位应当充分听取品种审定申请人和专家意见，合理设置试验组别，优化试验点布局，科学制定试验实施方案，并向社会公布。

第十八条 区域试验应当对品种丰产性、稳产性、适应性、抗逆性等进行鉴定，并进行品质分析、DNA指纹检测、转基因检测等。

每一个品种的区域试验，试验时间不少于两个生产周期，田间试验设计采用随机区组或间比法排列。同一生态类型区试验点，国家级不少于10个，省级不少于5个。

第十九条 生产试验在区域试验完成后，在同一生态类型区，按照当地主要生产方式，在接近大田生产条件下对品种的丰产性、稳产性、适应性、抗逆性等进一步验证。

每一个品种的生产试验点数量不少于区域试验点，每一个品种在一个试验点的种植面积不少于300平方米，不大于3 000平方米，试验时间不少于一个生产周期。

第一个生产周期综合性状突出的品种，生产试验可与第二个生产周期的区域试验同步进行。

第二十条 区域试验、生产试验对照品种应当是同一生态类型区同期生产上推广应用的已审定品种，具备良好的代表性。

对照品种由品种试验组织实施单位提出，品种审定委员会相关专业委员会确认，并根据农业生产发展的需要适时更换。

省级农作物品种审定委员会应当将省级区域试验、生产试验对照品种报国家农作物品种审定委员会备案。

第二十一条 区域试验、生产试验、DUS测试承担单位应当具备独立法人资格，具有稳定的试验用地、仪器设备、技术人员。

品种试验技术人员应当具有相关专业大专以上学历或中级以上专业技术职称、品种试验相关工作经历，并定期接受相关技术培训。

抗逆性鉴定由品种审定委员会指定的鉴定机构承担，品质检测、DNA指纹检测、转基因检测由具有资质的检测机构承担。

品种试验、测试、鉴定承担单位与个人应当对数据的真实性负责。

第二十二条 品种试验组织实施单位应当会同品种审定委员会办公室，定期组织开展品种试验考察，检查试验质量、鉴评试验品种表现，并形成考察报告，对田间表现出严重缺陷的品种保留现场图片资料。

第二十三条 品种试验组织实施单位应当组织申请者代表参与区域试验、生产试验收获测产，测产数据由试验技术人员、试验承担单位负责人和申请者代表签字确认。

第二十四条 品种试验组织实施单位应当在每个生产周期结束后45日内召开品种试验总结会议。品种审定委员会专业委员会根据试验汇总结果、试验考察情况，确定品种是否终止试验、继续试验、提交审定，由品种审定委员会办公室将品种处理结果及时通知申请者。

第二十五条 申请者具备试验能力并且试验品种是自有品种的，可以按照下列要求自行开展品种试验：

（一）在国家级或省级品种区域试验基础上，自行开展生产试验；

（二）自有品种属于特殊用途品种的，自行开展区域试验、生产试验，生产试验可与第二个生产周期区域试验合并进行。特殊用途品种的范围、试验要求由同级品种审定委员会确定；

（三）申请者属于企业联合体、科企联合体和科研单位联合体的，组织开展相应区组的品种试验。联合体成员数量应当不少于5家，并且签订相关合作协议，按照同权同责原则，明确责任义务。一个法人单位在同一试验区组内只能参加一个试验联合体。

前款规定自行开展品种试验的实施方案应当在播种前30日内报国家级或省级品种试验组织实施单位，符合条件的纳入国家级或省级品种试验统一管理。

第二十六条 DUS测试由申请者自主或委托农业部授权的测试机构开展，接受农业部科技发展中心指导。

申请者自主测试的，应当在播种前30日内，按照审定级别将测试方案报农业部科技发展中心或省级种子管理机构。农业部科技发展中心、省级种子管理机构分别对国家级审定、省级审定 DUS 测试过程进行监督检查，对样品和测试报告的真实性进行抽查验证。

DUS 测试所选择近似品种应当为特征特性最为相似的品种，DUS 测试依据相应主要农作物 DUS 测试指南进行。测试报告应当由法人代表或法人代表授权签字。

第二十七条 符合农业部规定条件、获得选育生产经营相结合许可证的种子企业（以下简称育繁推一体化种子企业），对其自主研发的主要农作物品种可以在相应生态区自行开展品种试验，完成试验程序后提交申请材料。

试验实施方案应当在播种前 30 日内报国家级或省级品种试验组织实施单位备案。

育繁推一体化种子企业应当建立包括品种选育过程、试验实施方案、试验原始数据等相关信息的档案，并对试验数据的真实性负责，保证可追溯，接受省级以上人民政府农业主管部门和社会的监督。

第五章 审定与公告

第二十八条 对于完成试验程序的品种，申请者、品种试验组织实施单位、育繁推一体化种子企业应当在 2 月底和 9 月底前分别将稻、玉米、棉花、大豆品种和小麦品种各试验点数据、汇总结果、DUS 测试报告提交品种审定委员会办公室。

品种审定委员会办公室在 30 日内提交品种审定委员会相关专业委员会初审，专业委员会应当在 30 日内完成初审。

第二十九条 初审品种时，各专业委员会应当召开全体会议，到会委员达到该专业委员会委员总数三分之二以上的，会议有效。对品种的初审，根据审定标准，采用无记名投票表决，赞成票数达到该专业委员会委员总数二分之一以上的品种，通过初审。

专业委员会对育繁推一体化种子企业提交的品种试验数据等材料进行审核，达到审定标准的，通过初审。

第三十条 初审实行回避制度。专业委员会主任的回避，由品种审定委员会办公室决定；其他委员的回避，由专业委员会主任决定。

第三十一条 初审通过的品种，由品种审定委员会办公室在 30 日内将初审意见及各试点试验数据、汇总结果，在同级农业主管部门官方网站公示，公示期不少于 30 日。

第三十二条 公示期满后，品种审定委员会办公室应当将初审意见、公示结果，提交品种审定委员会主任委员会审核。主任委员会应当在 30 日内完成审核。审核同意的，通过审定。

育繁推一体化种子企业自行开展自主研发品种试验，品种通过审定后，将品种标准样品提交至农业部植物品种标准样品库保存。

第三十三条 审定通过的品种，由品种审定委员会编号、颁发证书，同级农业主管部门公告。

省级审定的农作物品种在公告前，应当由省级人民政府农业主管部门将品种名称等信息报农业部公示，公示期为 15 个工作日。

第三十四条 审定编号为审定委员会简称、作物种类简称、年号、序号，其中序号为四位数。

第三十五条 审定公告内容包括：审定编号、品种名称、申请者、育种者、品种来源、形态特征、生育期、产量、品质、抗逆性、栽培技术要点、适宜种植区域及注意事项等。

省级品种审定公告，应当在发布后 30 日内报国家农作物品种审定委员会备案。

审定公告公布的品种名称为该品种的通用名称。禁止在生产、经营、推广过程中擅自更改该品种的通用名称。

第三十六条 审定证书内容包括：审定编号、品种名称、申请者、育种者、品种来源、审定意见、公告号、证书编号。

第三十七条 审定未通过的品种，由品种审定委员会办公室在 30 日内书面通知申请者。申请者对审定结果有异议的，可以自接到通知之日起 30 日内，向原品种审定委员会或者国家级品种审定委员会申请复审。品种审定委员会应当在下一次审定会议期间对复审理由、原审定文件和原审定程序进行复审。对病虫害鉴定结果提出异议的，品种审定委员会认为有必要的，安排其他单位再次鉴定。

品种审定委员会办公室应当在复审后 30 日内将复审结果书面通知申请者。

第三十八条 品种审定标准，由同级农作物品种审定委员会制定。审定标准应当有利于产量、品质、抗性等的提高与协调，有利于适应市场和生活消费需要的品种的推广。

省级品种审定标准，应当在发布后 30 日内报国家农作物品种审定委员会备案。

制定品种审定标准，应当公开征求意见。

第六章 引种备案

第三十九条 省级人民政府农业主管部门应当建立同一适宜生态区省际间品种试验数据共享互认机制，开展引种备案。

第四十条 通过省级审定的品种，其他省、自治区、直辖市属于同一适宜生态区的地域引种的，引种者应当报所在省、自治区、直辖市人民政府农业主管部门备案。

备案时，引种者应当填写引种备案表，包括作物种类、品种名称、引种者名称、联系方式、审定品种适宜种植区域、拟引种区域等信息。

第四十一条 引种者应当在拟引种区域开展不少于1年的适应性、抗病性试验，对品种的真实性、安全性和适应性负责。具有植物新品种权的品种，还应当经过品种权人的同意。

第四十二条 省、自治区、直辖市人民政府农业主管部门及时发布引种备案公告，公告内容包括品种名称、引种者、育种者、审定编号、引种适宜种植区域等内容。公告号格式为：（X）引种〔X〕第X号，其中，第一个“X”为省、自治区、直辖市简称，第二个“X”为年号，第三个“X”为序号。

第四十三条 国家审定品种同一适宜生态区，由国家农作物品种审定委员会确定。省级审定品种同一适宜生态区，由省级农作物品种审定委员会依据国家农作物品种审定委员会确定的同一适宜生态区具体确定。

第七章 撤销审定

第四十四条 审定通过的品种，有下列情形之一的，应当撤销审定：

（一）在使用过程中出现不可克服严重缺陷的；

（二）种性严重退化或失去生产利用价值的；

（三）未按要求提供品种标准样品或者标准样品不真实的；

（四）以欺骗、伪造试验数据等不正当方式通过审定的。

第四十五条 拟撤销审定的品种，由品种审定委员会办公室在书面征求品种审定申请者意见后提出建议，经专业委员会初审后，在同级农业主管部门官方网站公示，公示期不少于30日。

公示期满后，品种审定委员会办公室应当将初审意见、公示结果，提交品种审定委员会主任委员会审核，主任委员会应当在30日内完成审核。审核同意撤销审定的，由同级农业主管部门予以公告。

第四十六条 公告撤销审定的品种，自撤销审定公告发布之日起停止生产、广告，自撤销审定公告发布一个生产周期后停止推广、销售。品种审定委员会认为有必要的，可以决定自撤销审定公告发布之日起停止推广、销售。

省级品种撤销审定公告，应当在发布后30日内报国家农作物品种审定委员会备案。

第八章 监督管理

第四十七条 农业部建立全国农作物品种审定数据信息系统，实现国家和省两级品种审定网上申请、受理，品种试验数据、审定通过品种、撤销审定品种、引种备案品种、标准样品等信息互联共享，审定证书网上统一打印。审定证书格式由国家农作物品种审定委员会统一制定。

省级以上人民政府农业主管部门应当在统一的政府信息发布平台上发布品种审定、撤销审定、引种备案、监督管理等信息，接受监督。

第四十八条 品种试验、审定单位及工作人员，对在试验、审定过程中获知的申请者的商业秘密负有保密义务，不得对外提供申请品种审定的种子或者谋取非法利益。

第四十九条 品种审定委员会委员和工作人员应当忠于职守，公正廉洁。品种审定委员会委员、工作人员不依法履行职责，弄虚作假、徇私舞弊的，依法给予处分；自处分决定作出之日起五年内不得从事品种审定工作。

第五十条 申请者在申请品种审定过程中有欺骗、贿赂等不正当行为的，三年内不受理其申请。

联合体成员单位弄虚作假的，终止联合体品种试验审定程序；弄虚作假成员单位三年内不得申请品种审定，不得再参加联合体试验；其他成员单位应当承担连带责任，三年内不得参加其他联合体试验。

第五十一条 品种测试、试验、鉴定机构伪造试验数据或者出具虚假证明的，按照《种子法》第七十二条及有关法律行政法规的规定进行处罚。

第五十二条 育繁推一体化种子企业自行开展品种试验和申请审定有造假行为的，由省级以上人民政府农业主管部门处一百万元以上五百万元以下罚款；不得再自行开展品种试验；给种子使用者和其他种子生产经营者造成损失的，依法承担赔偿责任。

第五十三条 农业部对省级人民政府农业主管部门的品种审定工作进行监督检查，未依法开展品种审定、引种备案、撤销审定的，责令限期改正，依法给予处分。

第五十四条 违反本办法规定，构成犯罪的，依法追究刑事责任。

第九章 附 则

第五十五条 农作物品种审定所需工作经费和品种试验经费，列入同级农业主管部门财政专项经费预算。

第五十六条 转基因农作物（不含转基因棉花）品种审定办法另行制定。

第五十七条 育繁推一体化企业自行开展试验的品种和联合体组织开展试验的品种，不再参加国家级和省级试验组织实施单位组织的相应区组品种试验。

第五十八条 本办法自2016年8月15日起施行，农业部2013年12月27日公布的《主要农作物品种审定办法》（农业部令2013年第4号）和2001年2月26日公布的《主要农作物范围规定》（农业部令第51号）同时废止。

规范性文件

转基因棉花种子生产经营许可规定

（2016年9月18日农业部公告第2436号公布）

第一条 为加强转基因棉花种子生产经营许可管理，根据《中华人民共和国种子法》《农业转基因生物安全管理条例》《农作物种子生产经营许可管理办法》，制定本规定。

第二条 转基因棉花种子生产经营许可证，由企业所在地省级农业主管部门审核，农业部核发。

第三条 申请领取转基因棉花种子生产经营许可证的企业，应当具备以下条件：

（一）具有办公场所200平方米以上，检验室150平方米以上，加工厂房500平方米以上，仓库500平方米以上；

（二）具有转基因棉花自育品种或作为第一选育人的品种1个以上，或者合作选育的品种2个以上，或者受让品种权的品种3个以上；生产经营的品种应当通过审定并取得农业转基因生物安全证书。生产经营授权品种种子的，应当征得品种权人的书面同意；

（三）具有净度分析台、电子秤、样品粉碎机、烘箱、生物显微镜、电子天平、扦样器、分样器、发芽箱、PCR扩增仪及产物检测配套设备、酸度计、高压灭菌锅、磁力搅拌器、恒温水浴锅、高速冷冻离心机、成套移液器等仪器设备，能够开展种子水分、净度、纯度、发芽率四项指标检测及品种分子鉴定；

（四）具有种子加工成套设备，成套设备总加工能力1吨/小时以上，配备棉籽化学脱绒设备；

（五）具有种子生产、加工贮藏和检验专业技术人员各3名以上，农业转基因生物安全管理人员2名以上；

（六）种子生产地点、经营区域在农业转基因生物安全证书批准的区域内；

（七）符合棉花种子生产规程以及转基因棉花种子安全生产要求的隔离和生产条件，生产地点无检疫性有害生物；

（八）有相应的农业转基因生物安全管理、防范措施；

（九）农业部规定的其他条件。

第四条 申请转基因棉花种子生产经营许可证的企业，应当向审核机关提交以下材料：

（一）转基因棉花种子生产经营许可证申请表（式样见附件1）；

（二）单位性质、股权结构等基本情况，公司章程、营业执照复印件，设立分支机构、委托生产种子、委托代销种子以及以购销方式销售种子等情况说明；

（三）种子生产、加工贮藏、检验技术人员和农业转基因生物安全管理人员的基本情况及其企业缴纳的社保证明复印件，企业法定代表人和高级管理人员名单及其种业从业简历；

（四）种子检验室、加工厂房、仓库和其他设施的自有产权或自有资产证明材料；办公场所自有产权证明复印件或租赁合同；种子检验、加工等设备清单和购置发票复印件；相关设施设备的情况说明及实景照片；

（五）品种审定证书和农业转基因生物安全证书复印件；生产经营授权品种种子的，提交植物新品种权证书复印件及品种权人的书面同意证明；

（六）委托种子生产合同复印件或自行组织种子生产的情况说明和证明材料；

（七）种子生产地点检疫证明；种子生产所在地省级农业主管部门书面意见；

（八）农业转基因生物安全管理、防范措施说明；

（九）农业部规定的其他材料。

第五条 审核机关应当自受理申请之日起二十个工作日内完成审核工作。审核机关应当对申请企业的办公场所和种子加工、检验、仓储等设施设备进行实地考察，并查验相关申请材料原件。符合条件的，签署审核意见，上报核发机关；审核不予通过的，书面通知申请人并说明理由。

核发机关应当自收到申请材料和审核意见之日起二十个工作日内完成核发工作。核发机关认为有必要的，可以进行实地考察并查验原件。符合条件的，发给种子生产经营许可证并予公告；不符合条件的，书面通知申请人并说明理由。

第六条 转基因棉花种子生产经营许可证设主证、副证（式样见附件2）。主证注明许可证编号、企业名称、统一社会信用代码、住所、法定代表人、生产经营范围、生产经营方式、有效区域、有效期至、发证机关、发证日期；副证注明生产种子的作物种类、种子类别、品种名称及审定编号、转基因安全证书编号、生产地点、有效期至等。转基因棉花种子生产经营许可证加注许可信息代码。

（一）许可证编号为“G（农）农种许字（xxxx）第xxxx号”，第二个括号内为首次发证时的年号，“第xxxx号”为四位顺序号；

（二）生产经营方式按生产、加工、包装、批发、零售填写；

（三）生产地点为种子生产所在地，标注至县级行政区域。

第七条 转基因棉花种子生产经营许可证有效期为5年，同时不得超出农业转基因生物安全证书规定的有效期限。

在有效期内变更主证、副证载明事项的，应当按照原申请程序办理变更手续，并提供相应证明材料。

许可证期满后继续从事转基因棉花种子生产经营的，企业应当在期满六个月前重新提出申请。

第八条 转基因棉花种子生产经营许可的其他事项，按照《农作物种子生产经营许可管理办法》有关规定执行。

第九条 本规定自2016年10月18日起施行。农业部2011年9月6日公布、2015年4月29日修订的《转基因棉花种子生产经营许可规定》（农业部第1643号公告）同时废止。

本规定施行之日前已取得的转基因棉花种子生产、经营许可证有效期不变，有效期在本规定公布之日至2016年12月31日届满的企业，其原有转基因棉花种子生产、经营许可证的有效期自动延展至2016年12月31日。

兽药非临床研究与临床试验质量管理规范监督检查办法

（2016年4月8日农业部公告第2387号公布）

第一条 为了加强和规范兽药非临床研究质量管理规范（以下简称兽药GLP）和兽药临床试验质量管理规范（以下简称兽药GCP）监督检查工作，提升兽药研究试验数据的科学性和准确性，根据《兽药管理条例》，制定本办法。

第二条 本办法适用于省级以上人民政府兽医行政管理部门依法对兽药安全性评价单位遵守兽药GLP和兽药GCP情况进行的监督检查。

第三条 农业部负责制定兽药GLP和兽药GCP检查标准，并组织实施监督检查。具体工作由中国兽医药品监察所承担。

省级人民政府兽医行政管理部门负责本行政区域内兽药GLP和兽药GCP的日常监督检查工作。

第四条 首次开展兽药安全性评价的单位，应当在开展兽药安全性评价前向农业部报告，接受农业部的监督检查。

本办法实施前已开展兽药安全评价的单位，尚未接受过农业部兽药GLP和兽药GCP检查的，适用前款规定。

第五条 农业部开展兽药GLP和兽药GCP监督检查，应当制定检查方案，成立检查组。

检查组人员从农业部兽药GLP和兽药GCP专家库中随机抽取，由3—5名人员组成，实行组长负责制。

第六条 检查组应当按照检查方案和兽药GLP或兽药GCP标准进行检查。重点检查法人资质、人员构成及培训、动物饲养及试验条件、设施设备配置及运行、试验过程质量控制、项目试验结果等情况。

第七条 实施检查时，检查人员应当对检查对象的研究、试验、管理场所进行查看，并查验有关研究、试验、工作记录等文件和资料。必要时，检查人员可以进行复制、记录、录音、录像、照相。

被检查单位应当保证所提供的资料真实、可靠，并按要求协助开展检查工作。

第八条 检查组根据检查发现的问题，填写现场检查缺陷项目表，并由被检查单位法定代表人或其授权人签字确认。

第九条 检查人员应严格遵守国家法律、法规和纪律，公正、廉洁地开展监督检查活动，不得参与有偿咨询服务，对监督检查中获知的技术或商业秘密负有保密责任。

第十条 被检查单位对现场检查人员、检查方式、检查程序及初步结论等有异议的，可当场向检查组提出或在检查结束之日起10个工作日内向农业部提出书面申诉。

第十一条 检查组应当在完成现场检查后7个工作日内向农业部提交检查报告和综合评价意见。综合评价意见由检查组全体成员签字确认。有不同意见的，应予以注明。

第十二条 农业部对现场检查报告和综合评价意见进行审查确认，并公布结果。

第十三条 未经农业部监督检查或监督检查不合格的兽药安全评价单位，其完成的研究、试验数据资料，不得用于兽药注册或兽药产品批准文号申请。

第十四条 兽药安全性评价单位应当于每年1月31日前将上年开展兽药非临床研究与临床试验工作情况报告农业部和省级人民政府兽医行政管理部门。主要人员和实验设施发生变更，或出现可能严重影响兽药GLP和兽药GCP实施的情况时，应当及时提交书面报告。

第十五条 农业部和省级人民政府兽医行政管理部门应当加强对兽药安全性评价单位的日常监督管理，对其执行国家法律、法规、标准和规范等情况进行检查，并及时公布检查结果。

第十六条 兽药安全性评价单位未按照规定进行研究试验的，按照《兽药管理条例》有关规定予以处罚；编造、修改、隐瞒数据或者提供虚假研究、试验结果的，该单位不得再从事兽药安全性评价活动，其负责人和直接负责的主管人员终身禁止从事兽药安全性评价活动。

第十七条 本办法自发布之日起施行。

农业部办公厅关于印发《2016 年农药专项整治行动方案》的通知

（农办农〔2016〕8 号）

为加强农药监督管理，保障农业生产安全、农产品质量安全和生态环境安全，根据《农业部关于加强 2016 年农产品质量安全执法监管工作的通知》（农质发〔2016〕2 号）要求，我部决定 2016 年在全国范围内组织开展“农药专项整治行动”。现将《2016 年农药专项整治行动方案》印发你们，请结合当地实际，认真贯彻落实。

农业部办公厅

2016 年 4 月 26 日

2016 年农药专项整治行动方案

为加强农药监督管理，依法打击制售假劣农药和违规使用农药行为，切实防控农药安全风险，保障农业生产安全、农产品质量安全和生态环境安全，我部决定 2016 年在全国范围内组织开展农药专项整治行动，根据《农业部关于加强 2016 年农产品质量安全执法监管工作的通知》（农质发〔2016〕2 号），特制定本方案。

一、指导思想

深入贯彻党的十八大和十八届三中、四中、五中全会精神及中央农村工作会议、全国农业工作会议的部署，围绕提质增效转方式、稳粮增收可持续的工作主线，以依法打击制售假劣农药、违规使用禁限用农药为重点，以加强农药市场监督检查、推进高毒农药定点经营、建立高毒农药可追溯体系、强化农药使用监管及安全风险监控为抓手，加大力度，强化措施，全力保障农业生产安全、农产品质量安全、生态环境安全。

二、主要任务

（一）加大禁限用农药整治力度。

针对近年高毒农药违规使用难以根治、农产品例行监测检出率较高的问题，要突出抓好高毒农药的整治工作。

一是深入推进高毒农药定点经营。在全国范围内推行高毒农药定点经营、实名购买制度，从经营环节防控高毒农药随处可买、违规使用问题。在蔬菜、水果、茶叶、中草药材等经济作物主产区及粮经作物混作区，积极推进高毒农药定点经营示范县和示范门店创建，实行定点经营、专柜销售、实名购买、台账记载、溯源管理，示范门店做到高毒农药 100% 信息可查询、100% 流向可跟踪、100% 质量有保证。

二是建立高毒农药可追溯体系。按照《中华人民共和国食品安全法》和《国务院办公厅关于加快推进重要产品追溯体系建设的意见》有关规定，尽快建立农药电子信息可追溯制度，并在高毒农药上先行先试。农药生产企业应当在产品标签或包装上标注可追溯的电子信息码（二维码或条形码），并建立生产销售电子台账。农药经营者应当配备计算机、扫码枪等电子设备，如实建立进货来源、销售去向等电子经营台账。高毒农药定点经营示范县的示范门店，应当率先经营标注可追溯电子信息码的高毒农药产品。种植大户、农民合作组织、龙头企业、家庭农场等农药使用者应当做好农药使用记录，详细记载用药产品、数量、作物、方式、时间、人员等信息。探索建立高毒农药从生产、经营到使用的全程可追溯体系。

三是严防高毒农药违规使用。认真贯彻落实《中华人民共和国食品安全法》有关规定，加强农药安全使用宣传、指导和监管，严格防控剧毒、高毒、禁限用农药在蔬菜、瓜果、食用菌、茶叶、中草药材等作物上违规使用，坚决依法打击违规使用禁限用农药的行为。

（二）依法打击制售假劣农药行为。

针对制假售假屡禁不止、违规添加其他农药成分问题比较严重，要强化农药市场监督检查，确保农药产品质量。

一是强化市场监督抽查。充分利用农药成分监测技术、农药执法信息平台，在农药销售、使用旺季，采取例行抽查与专项抽查相结合的方式，对本地区销售的农药产品开展随机抽查，同时对生物农药、烟剂开展专项抽查，确保产品质量。

二是深入生产企业重点抽查。以问题为导向，增强监督抽查的针对性和精准性。由市场抽查延伸到生产企业抽查，重点抽查近年发现存在质量问题较多或群众举报反映强烈的企业和产品。

三是依法查处制售假劣农药行为。加强日常执法检查，确保横向覆盖到每个门店、纵向追查到生产车间和田间地头，依法查处无登记证生产农药、非法添加其他农药成分、生产经营违禁及假劣农药等违法行为。

（三）大力提高农药科学使用水平。

严格落实“农产品质量安全既是产出来的也是管出来”的要求，针对一些地方农民在蔬菜、瓜果、茶叶、食用菌、中草药材上违规用药问题比较突出，要切实加强生产环节的指导和监管，深入开展专项集中治理。

一是强化农药使用监管。广泛开展宣传培训，普及科学用药知识，增强农民安全用药意识，指导农民严格按照安全用药规范和准则使用农药。加强对病虫害防治服务组织、农民合作社、种植大户、家庭农场、生产基地等规模化经营服务组织使用农药的监督检查，重点检查农药来源、真假、是否违规添加其他成分、产品是否对路、使用记录是否完整、是否按照农药安全间隔期施药，依法查处违规使用农药行为。

二是加快特色小宗作物用药登记。开展特色小宗作物病虫害发生及用药情况调查，制定完善用药短缺特色小宗作物名录、药效试验群组化名录和残留试验群组化名录。对已登记农药产品组织开展扩作登记试验，加快农药登记进程，尽快解决部分特色小宗作物病虫防治“无登记农药可用、农民用药混乱”的问题。

三是加强农药残留监测。落实农业生产经营者科学使用农药、保障农产品质量安全的主体责任，重点加强对蔬菜、水果、茶叶、食用菌等园艺作物生产基地（标准园）的农产品进行农药残留监测。

（四）切实防控农药使用安全风险。

针对近年农药使用安全事故和突发舆情时有发生问题，要加强农药使用安全风险监测和评价，采取积极应对措施。

一是加强农药使用安全风险监测。健全监测网络，完善信息报送制度，充分利用监测结果开展再评价，对高风险农药及时采取禁限用措施。今年重点对克百威、水胺硫磷、氧乐果、乙酰甲胺磷、2，4-D丁酯、莠去津等农药进行监测和再评价。

二是加强农药使用安全事故处置。一旦发生农作物药害和农产品质量安全事故，当地农业部门要及时组织有关专家进行技术鉴定，按规定启动有关应急预案，落实属地管理责任，妥善处置并上报有关情况。

三是妥善应对农药突发事件。加强农药舆情监测，及时发现、主动应对农药相关的突发舆情事件，组织专家学者解疑释惑，积极回应社会公众关切，有效防范虚假舆情扩散蔓延，努力减轻不良影响。

三、重点工作

（一）组织落实农药监督抽查任务。4月，印发农药监督抽查工作通知，明确抽检单位名单，落实例行抽查、重点抽查和专项抽查任务。4—11月，深入农药市场和相关生产企业抽样检测，通报抽查结果，立案调查处理。

（二）开展高毒农药定点经营示范县创建。4—5月，制定高毒农药定点经营试点方案，确定示范县和示范门店。10月底前，配置电子追溯相关的软硬件，推动高毒农药可追溯体系建设。

（三）推动农药可追溯体系建设。5—7月，组织举办农药管理培训班、高毒农药可追溯管理研讨会，开展农药可追溯体系建设调研，加快高毒农药可追溯体系建设。

（四）组织农药专项整治工作督查。5—9月，各地农业部门深入农药生产企业、经营门店、田间地头、监管机构等开展农药执法督导检查。

（五）组织农药风险监测评价。4—5月，印发农药风险监测评价实施方案，确定重点监测评价农药品种、高风险区域和作物等。11月底前，完成监测评价报告。

（六）组织园艺作物标准园农药残留监测。4—10月，印发园艺作物标准园农药残留监测方案，落实抽检单位、抽样地区及蔬菜、水果和茶叶标准园农药残留抽检任务。

（七）组织特色小宗作物用药登记试验。4—5月，组织印发特色小宗作物用药登记试验方案及用药短缺特色小宗作物名录、药效试验群组化名录和残留试验群组化名录，召开特色小宗作物安全用药技术交流会。各省（区、市）制定特色小宗作物用药登记药效试验方案，落实试验单位和地点，筛选确定试验作物、防治对象、农药品种等，落实试验任务。11月底前，上报相关总结材料。

（八）组织开展农药管理专题宣传。4—12月，在农药销售和使用高峰季节，因地制宜开展农药管理宣传月（周）活动，层层举办农药管理法规座谈会、培训班和知识竞赛，宣传普及农药法规及科普知识，增强农药生产者、经营者和使用者诚信守法意识，提高农药经营服务和科学使用水平。5—6月，开展卫生杀虫剂科普宣传。

四、工作要求

（一）加强组织协调。

要加强统筹协调，明确职责分工，确定农药专项整治行动牵头单位、责任人员等。加强与工商、质检、工信、公安等部门的沟通协作，做到优势互补，信息互通，资源共享。

要按照属地管理原则，层层分解任务，落实到具体单位和责任人。

（二）制定实施方案。

要根据本方案的总体要求，针对本辖区的突出问题和薄弱环节，制定详细的专项整治行动实施方案，细化职责任务、工作要求和时间进度。

（三）强化工作调度。

要及时调度农药专项整治行动进展情况，了解掌握工作落实进度，做到上情下达、下情上达，加强信息层层报送，重大案件及突发事件随时报告。各省（区、市）要于6月底、11月底前分别将本辖区农药专项整治行动上半年总结和全年总结报到我部种植业管理司。

（四）加强总结宣传。

要因地制宜做好农药专项整治行动的阶段性总结，认真总结各地做法、经验和成效，加强信息交流和宣传，营造良好工作氛围，推动农药专项整治行动顺利开展。

我国签署的自由贸易协定中的知识产权保护章节

中华人民共和国政府和智利共和国政府自由贸易协定（节录）

（2005年11月18日签订　2006年10月1日生效）

第一百一十一条　知识产权

一、知识产权合作的目标是：

（一）基于现有的、缔约双方都参加的知识产权领域的国际协定的基础，包括TRIPS协定，尤其是于2001年11月14日，在卡塔尔多哈举行的第四次WTO部长级会议上通过的《TRIPS协定与公共健康宣言》中提及的原则，和2003年8月30日通过的《关于执行TRIPS协定与公共健康多哈宣言第六条的决定》；

（二）促进经济和社会发展，尤其是对有利于缔约双方的技术生产者和使用者的新数字经济、技术创新和技术转让与传播；鼓励社会经济福利和贸易的发展；

（三）实现关于受保护标的物权利持有者的权利和使用者及社会的合法利益之间的平衡；

（四）在知识产权的保护和执行方面为权利持有者和知识产权的使用者提供确定性；

（五）鼓励杜绝和知识产权相关的构成权利滥用、限制竞争或可能阻碍新开发的转让和传播的行为和条件；以及

（六）改进知识产权的有效注册登记。

二、在缔约双方一致同意和拨定资金允许的条件下，缔约双方通过以下途径进行合作：

（一）作为研究和创新工具的知识产权使用的教育和传播计划；

（二）为公务员提供的关于知识产权的培训和专业化课程及其他机制；

（三）在下列领域进行信息交流：

1. 知识产权系统的执行，

2. 为提高知识产权及其系统的意识而发起的适当倡议，以及

3. 知识产权政策的发展，这些发展包括，但并不限于下列领域：版权法所规定的恰当的限制和除外的执行，以及和恰当保护数字化权利管理信息相关的措施的实施；

（四）在多边或地区论坛中关于知识产权的倡议的政策对话的通知；

（五）知识产权执行的联络点的通知；

（六）关于发展、提高、相关法院判决和在国会中的法案的报告；

（七）用于知识产权管理的电子系统的知识的提高；以及

（八）缔约双方可能共同决定的其他活动或倡议。

中华人民共和国政府和巴基斯坦伊斯兰共和国政府自由贸易协定（节录）

（2006年11月24日签订　2007年7月1日生效）

第十条　与边境措施有关的特别要求

一、各缔约方必须规定，任何启动程序要求海关中止放行被怀疑假冒商标的货物或者盗版的货物进入自由流通的知识产权持有者，需要向主管机关提供足够的证据来使其确信，根据进口缔约方的相关法律规定，已有初步证据证明该知识产权持有者的知识产权已经受到侵害，并且提供充分的信息让受到怀疑的货物能够被海关合理地辨认。要求提供的充分信息不应不合理地妨碍对上述程序的援用。

二、各缔约方应该给予主管机关要求申请人提供足以保护被告和主管机关以及防止滥用权利的合理的保证金或者相当的担保的权力。上述保证金或者相当的担保不应不合理

地妨碍对上述程序的援用。

三、当主管机关裁定货物系假冒商标或者盗版时，该缔约方应给予主管机关权利，以应知识产权持有者的要求向其告知发货人、进口商和收货人的姓名和地址以及受到怀疑的货物的数量。

在本条中：

（一）假冒商标的货物指包括包装在内的，在没有授权的情况下使用某一与该类货物已有效注册的商标相同的商标，或者在其基本特征方面不能与上述商标区别，并且因此根据进口缔约方的法律侵犯了所涉商标权人的权利的任何货物；

（二）盗版的货物指在没有经过知识产权持有者或者在产品生产缔约方内该权利持有者充分授权的人士同意而制造的复制品，以及直接或者间接由一个物品制造出的货物，如此种复制在进口缔约方和法律项下构成对版权或相关权利的侵犯。

四、各缔约方应该规定允许主管机关依职权启动边境措施，而不需要来自某人或者某知识产权持有者的正式申诉。上述措施应在有理由相信或者怀疑正在进口或者用于出口的货物系假冒商标或者盗版时采用。

中华人民共和国政府和新西兰政府自由贸易协定（节录）

（2008 年 4 月 7 日签订　2008 年 10 月 1 日生效）

第十二章　知识产权

第一百五十九条　定义

就本章而言：

知识产权是指《TRIPS 协定》定义的版权及相关权利，以及对商标、地理标识、工业设计、专利、集成电路布图设计及植物品种的权利。

第一百六十条　知识产权原则

一、双方认识到知识产权在促进经济与社会发展，特别是在新数字经济、技术创新和贸易方面的重要性。

二、双方认识到，需要在权利人权利与被保护标的相关用户及群体的合法权益之间实现平衡。

第一百六十一条　总则

一、各方应当建立和维持透明的知识产权体制与体系，以便：

（一）为知识产权保护和执法带来确定性；

（二）使商业合规成本最小化；

（三）通过传播思想、技术和创造性的工艺便利国际贸易。

二、各方重申对《TRIPS 协定》及双方参加的与知识产权相关的其他多边协定的承诺。

三、为本章之目的，《TRIPS 协定》经必要修改后并入本协定，构成本协定的一部分。

第一百六十二条　联系点

各方应当指定一个或多个联系点，以便就本章所涉任何问题进行沟通，并应当将该联系点的详细信息提供给另一方。双方应当将联系点详细信息的修改情况及时通知对方。

第一百六十三条　通知和信息交流

一、各方应当：

（一）通知另一方任何与知识产权有关的新生效的法律；

（二）就其在各自管理中制定的知识产权政策进行信息交流，包括有关提高知识产权权利及体系意识的适当动议；

（三）通知另一方有关知识产权体系执行中的变化和进展情况，以期促进知识产权的有效和高效的注册或授予；

（四）就加强知识产权执法及在多边和区域场合的相关倡议进行信息交流。

二、本条规定的任何信息或通知应当通过第一百六十二条所指的联系点进行沟通。

第一百六十四条　合作及能力建设

一、双方同意根据其各自的法律、法规、规章、指令及政策开展合作，以期提高在制定知识产权政策、消除侵犯知识产权的货物贸易行为方面的能力。

二、各方应当：

（一）鼓励和便利各自政府部门、教育机构及其他在知识产权领域有利益的组织之间联系及合作的发展；

（二）致力于建立和加强中国国家知识产权局（“SIPO”）及其他相关机构与新西兰知识产权局（“IPONZ”）之间的合作；

（三）在共同接受的条件下，根据可利用的资金，在以下领域开展合作：

1. 提高知识产权权利及体系意识的适当动议；

2. 将知识产权用作研究和创新工具的教育及信息传播项目；

3. 针对从事知识产权工作的公务员的培训和专业化教程。

第一百六十五条　遗传资源、传统知识及民间传说

各方可根据其国际义务，采取适当的措施保护遗传资源、传统知识和民间传说。

第一百六十六条　磋商

一、一方可随时要求与另一方举行磋商，以期就本章范

围内的任何知识产权问题寻求及时、双方满意的解决方案。

二、该磋商应当通过双方指定的联系点进行，除非双方另行商定，磋商应当在请求收到后 60 日内开始。各方应当确保其联系点能够协调和推动针对磋商问题的反馈。

三、只有在上述磋商未能解决问题的情况下，一方才可根据第十六章（争端解决）采取行动。

四、尽管有第三款规定，在磋商开始后，如果一方认为磋商不能解决问题，则其可在通知另一方后，根据第十六章（争端解决）采取行动。

五、尽管有第一款规定，当另一方已根据第十六章（争端解决）或 WTO《关于争端解决规则与程序的谅解》就有关问题采取行动后，一方可拒绝另一方根据本条就该问题进行磋商的要求，或拒绝继续与另一方就该问题进行磋商。

中华人民共和国政府与秘鲁共和国政府自由贸易协定（节录）

（2009 年 4 月 28 日签订　2010 年 3 月 1 日生效）

第十一章　知识产权

第一百四十四条　一般规定

一、缔约双方认识到知识产权在促进经济与社会发展中所起的重要作用，特别是在技术创新和贸易的全球化，以及为技术创造者和使用者的共同利益进行技术转移和传播等方面。双方同意鼓励社会经济福利和贸易发展。

二、缔约双方认识到，关于知识产权保护，应在权利人权利与使用人及社会的合法权益间实现平衡。

三、各缔约方重申双方共同参加的、包括 TRIPS 协定在内的与知识产权有关的国际协定中的承诺。

四、缔约双方将防止权利人滥用知识产权、不合理地限制竞争、限制技术转让或者对技术转让造成不利影响的行为。

五、各缔约方应当建立和维护透明的知识产权制度，以为知识产权保护和执法提供确定性。

六、缔约双方承认到 2001 年 11 月 14 日在卡塔尔多哈举行的 WTO 第四次部长级会议通过的《TRIPS 协定与公共健康宣言》和 2003 年 8 月 30 日通过的《总理事会关于执行〈TRIPS 协定与公共健康多哈宣言〉第六段的决议》确立的原则。

第一百四十五条　遗传资源、传统知识和民间文艺

一、缔约双方认识到遗传资源、传统知识和民间文艺对科学、文化和经济发展做出的贡献。

二、关于遗传资源、传统知识和民间文艺保护，缔约双方承认且重申 1992 年 6 月 5 日通过的《生物多样性公约》确立的原则和规定，并鼓励建立 TRIPS 协定与《生物多样性公约》之间相互支持关系的努力。

三、各缔约方可以根据其国际义务和国内立法，采取适当的措施保护遗传资源、传统知识和民间文艺。

四、根据将来各自国内立法的进展情况，缔约双方同意就专利申请中履行披露遗传资源的起源或者来源，和/或事先知情同意的义务，展开进一步讨论。

第一百四十六条　地理标志

一、列入附件十（地理标志）中方列表的名称为符合 TPIPs 协定第 22 条第 1 款规定的中国的地理标志。这些名称将在秘鲁境内按照秘鲁国内法律法规的规定，以与 TRIPS 协定规定一致的方式作为地理标志受到保护。

二、列入附件十（地理标志）秘方列表的名称为符合 TRIPS 协定第 22 条第 1 款规定的秘鲁的地理标志。这些名称将在中国境内按照中国国内法律法规的规定，以与 TRIPS 协定规定一致的方式作为地理标志受到保护。

三、经协商并获得缔约双方同意，双方可以将本协定给予附件十（地理标志）所列地理标志产品的保护扩展至双方的其他地理标志产品。

第一百四十七条　与边境措施有关的特别要求

一、各缔约方必须规定，任何知识产权权利人启动程序要求海关中止放行涉嫌假冒商标或者盗版的货物进入自由流通领域的，需要向主管机关提供足够的证据来使其确信，根据该缔约方的法律规定，已有初步证据证明该权利人的知识产权已经受到侵害，并且提供充分的信息让涉嫌货物能够被海关合理地辨认。要求提供的充分信息不应不合理地妨碍适用上述程序。

二、各缔约方应该给予主管机关权力，以要求申请人提供足以保护被告和主管机关以及防止滥用权利的合理的担保或者相当的保障。上述保证金或者相当的担保不应不合理地妨碍适用上述程序。

三、当主管机关裁定货物系假冒商标或者盗版时，该缔约方应给予主管机关权力，以应知识产权权利人的要求向其告知发货人、进口商和收货人的姓名和地址以及涉嫌货物的数量。

四、各缔约方应当规定允许主管机关依职权启动边境措施，而不需要来自某人或者某知识产权权利人的正式控诉。上述措施应在有理由相信或者怀疑正在进口、出口或者转运的货物系假冒商标或者盗版时采用。

第一百四十八条　合作和能力建设

一、缔约双方将在 2005 年 6 月 2 日签订的《中华人民共和国政府与秘鲁共和国政府知识产权合作协定》的框架下，根据各自相关法律、法规、规章、命令和政策，在政府间共同就加强能力建设、推动知识产权政策发展和消除侵犯知识产权的货物贸易继续开展合作。

二、在不妨碍缔约双方履行本条第一款所述协定规定的义务的基础上，双方将在协商一致的前提下并在资金许可范围内，就运用知识产权作为创新工具的教育传播项目开展合作。

三、缔约双方将在协商一致的前提下合作以交换以下信息：

（一）保持和持续利用生物多样性的情况；

（二）防止非法获取遗传资源、传统知识及其创新和实践方面的行动；

（三）有关公平分享利用遗传资源、传统知识及其创新和实践所获得的收益的国内程序；

（四）其他知识产权问题。

四、各缔约方应当鼓励和推动各自政府部门、教育机构及其他组织之间在知识产权领域开展联系与合作。

中华人民共和国政府和哥斯达黎加共和国政府自由贸易协定（节录）

（2010 年 4 月 8 日签订　2011 年 8 月 1 日生效）

第十章　知识产权

第一百零九条　原则

一、缔约双方认识到知识产权在促进经济与社会发展中所起的重要作用，特别是在技术创新、科学和贸易的全球化，以及为技术创造者和使用者的共同利益进行知识和技术转让与传播等方面。双方同意鼓励社会经济福利和贸易发展。

二、缔约双方认识到，关于知识产权保护，应在权利人权利与使用人及社会的合法权益间实现平衡。

第一百一十条　一般规定

一、各缔约方重申双方共同参加的、包括 TRIPS 协定在内的与知识产权有关的国际协定中的承诺。

二、各缔约方应当建立和维护透明的知识产权制度，以为知识产权保护和执法提供确定性，同时通过观念、技术、科学和创造性工作的传播为国际贸易提供便利。

三、缔约双方将防止权利人滥用知识产权、不合理地限制竞争、限制技术转让或者对技术转让造成不合理地阻碍或限制的行为。

第一百一十一条　遗传资源、传统知识和民间文艺

一、双方认识到遗传资源、传统知识和民间文艺对科学、文化和经济发展做出的贡献。

二、关于遗传资源、传统知识和民间文艺保护，双方承认并且重申 1992 年 6 月 5 日通过的《生物多样性公约》确立的原则和规定，并鼓励建立 TRIPS 协定与《生物多样性公约》之间相互支持关系的努力。

三、在符合《生物多样性公约》规定的前提下，各方可以根据其国际义务和国内法律，采取或者继续采取措施促进保持生物多样性，公平分享利用与保持生物多样性及持久使用其组成部分有关的传统知识、创新和实践中产生的惠益。

四、根据将来各自国内法律进展情况和国际谈判成果，双方同意就在专利申请中披露遗传资源的起源或者来源，和/或履行事先知情同意义务，对违反国内有关法律法规获取或者利用遗传资源并包括或者依赖该资源完成的发明创造授予专利权等问题，展开进一步讨论。

第一百一十二条　知识产权与公共健康

一、缔约双方认识到 2001 年 11 月 14 日举行的 WTO 部长级会议通过的《TRIPS 协定与公共健康多哈宣言》确立的原则。在解释和执行本章项下的权利和义务时，缔约双方应保证与该宣言的一致性。

二、缔约双方应当致力于执行和尊重 2003 年 8 月 30 日通过的《总理事会关于执行第六段的决议》和 2005 年 12 月 6 日在日内瓦达成的《关于修订 TRIPS 协定的议定书》。

第一百一十三条　技术创新和技术转让

一、缔约双方认识到技术和知识产权转让作为促进创新和创造性工作的手段对于实现经济发展目标的重要作用。

二、任一缔约方对知识产权的保护和执法应当有利于推动技术创新、技术转让与传播。在符合国内法律法规的情况下，缔约双方可就在各自领土内向企业与有关机构提供激励措施以推动、鼓励缔约双方间技术转让的可能性展开进一步商谈。

第一百一十四条　边境措施

一、各缔约方必须规定，任何知识产权权利人启动程序要求海关中止放行涉嫌假冒商标或者盗版的货物（在本条中：假冒商标的货物指包括包装在内的，在没有授权的情况下使用某一与该类货物已有效注册的商标相同的商标，或者在其基本特征方面不能与上述商标区别，并且因此根据进口缔约方的法律侵犯了所涉商标权人的权利的任何货物；以及盗版的货物指在没有经过知识产权持有者或者在产品生产缔约方内该权利持有者充分授权的人士同意而制造的复制品，以及直接或者间接由一个物品制造出的货物，如此种复制在进口缔约方和法律项下构成对版权或相关权利的侵

犯。）进入自由流通领域的，需要向主管机关提供足够的证据来使其确信，根据该缔约方的进口法律规定，已有初步证据证明该权利人的知识产权已经受到侵害，并且提供充分的信息让涉嫌货物能够被海关合理地辨认。要求提供的充分信息不应不合理地妨碍适用上述程序。

二、主管机关有权要求申请人提供足以保护被告和主管机关以及防止滥用权利的合理的担保或者相当的保障。上述保证金或者相当的担保不应不合理地妨碍适用上述程序。

三、当主管机关裁定货物系假冒商标或者盗版时，该缔约方应给予主管机关权力，以向知识产权权利人告知发货人、进口商和收货人的姓名、地址以及涉嫌货物的数量。

四、各缔约方应当规定主管机关有权依职权启动边境措施，而不需要来自某知识产权权利人的正式控诉。在符合与各缔约方国际义务相一致的国内法律的情况下，上述措施应在有理由相信或者怀疑正在进口或以出口为目的的货物系假冒商标或者盗版时采用。

第一百一十五条　联络点

一、各缔约方应当指定一个或多个联络点，以便就本章所涉任何问题进行沟通，并应当将该联络点的详细信息提供给另一缔约方。缔约双方应当将联系点详细信息的修改情况及时通知对方。

二、若缔约双方同意或依一缔约方请求，指定的联络点可以交换与另一缔约方有关的涉及本章项下任何问题的信息。通过联络点进行的沟通应当符合第十二章（透明度）第一百三十条（通报和信息提供）的规定。

第一百一十六条　地理标志

一、列入附件九（第一百一十六条第一款提及的地理标志）的名称为符合 TRIPS 协定第二十二条第一款规定的中国的地理标志。这些名称将在哥斯达黎加领土内按照哥斯达黎加国内法律法规的规定，以与 TRIPS 协定规定一致的方式作为地理标志受到保护。

二、列入附件十（第一百一十六条第二款提及的地理标志）的名称为符合 TRIPS 协定第二十二条第一款规定的哥斯达黎加的地理标志。这些名称将在中国领土内按照中国国内法律法规的规定，以与 TRIPS 协定规定一致的方式作为地理标志受到保护。

三、经协商并获得缔约双方同意，双方可以将本协定给予附件九（第一百一十六条第一款提及的地理标志）与附件十（第一百一十六条第二款提及的地理标志）所列地理标志产品的保护扩展至双方的其他地理标志产品。16（注16：为更大地确定性，将新的地理标志纳入附件九和十应当由自由贸易委员会协商国内相关主管机关决定。）

第一百一十七条　合作

一、双方应当在协商一致的前提下并在资金许可范围内在下列活动中开展合作：

（一）将知识产权用作研究和创新工具的教育及传播项目；

（二）为公务员提供的关于知识产权的培训和专业化教程及其他机制；

（三）就保持和持续利用生物多样性的情况交换信息；

（四）就防止非法获取遗传资源、传统知识及其创新和实践方面的行动交换信息；

（五）就有关公平分享利用遗传资源、传统知识及其创新和实践所获得的收益的国内程序交换信息；

（六）就多边和地区论坛中涉及知识产权的政策对话交换信息；

（七）能够提高对用于知识产权管理的电子系统知识认识的项目；

（八）有关关税主管机构在边境措施领域分享经验和进行协调；

（九）通过在技术机制和注册程序方面交换、分享各自可获得的信息和经验，缔约双方在地理标志注册和促进方面开展合作；

（十）就知识产权的保护和执法交换信息；

（十一）提高公众的知识产权意识；以及

（十二）缔约双方协商一致的其他活动和动议。

中华人民共和国政府和冰岛政府自由贸易协定（节录）

（2013 年 4 月 15 日签订　2014 年 7 月 1 日生效）

第六章　知识产权

第六十三条　总则

一、双方认识到知识产权在促进经济与社会发展，特别是在新数字经济、技术创新和贸易方面的重要性，同时也认识到需要在权利人的权利与被保护标的相关用户及群体的合法权益之间实现平衡。

二、就本章而言，知识产权是指世界贸易组织协议《与贸易有关的知识产权协定》（以下简称《TRIPS 协定》）定义的版权及相关权利，以及对商标、地理标识、工业设计、专利、未披露信息、集成电路布图设计及植物品种的权利。

三、各方应当建立和维持透明的知识产权制度与体系，以便：

（一）为以防侵权，包括假冒和盗版，而实施的知识产权保护和执法带来确定性；

（二）使商业合规成本最小化；

（三）通过传播思想、技术和创造性工艺，便利国际贸易。

第六十四条 国际公约

一、各方重申在《TRIPS 协定》项下的义务，《TRIPS 协定》将被纳入本协定并构成协定的一部分。双方重申在共同参加的与知识产权相关的下列其他多边协定项下的义务：

（一）1883 年 3 月 20 日签订的《保护工业产权巴黎公约》，为 1967 年斯德哥尔摩版本所修订（简称《巴黎公约》）；

（二）1886 年 9 月 9 日签订的《保护文学和艺术作品伯尔尼公约》，为 1971 年巴黎版本所修订（简称《伯尔尼公约》）；

（三）1970 年 6 月 19 日签订的《专利合作条约》，为 2001 年华盛顿版本所修订；

（四）1977 年 4 月 28 日签订的《为专利申请程序的微生物备案取得国际承认的布达佩斯条约》；

（五）1989 年 6 月 27 日签订的《商标国际注册马德里协定》；以及

（六）1957 年 6 月 25 日签订的《商标注册用商品和服务国际分类尼斯协定》，为 1979 年日内瓦版本所修订。

第六十五条 合作与信息交流

一、双方力求在知识产权领域的各个方面进一步加强合作。双方将在以下领域开展合作，包括但不限于：

（一）就与知识产权有关的信息、经验，以及对共同关注事宜的看法进行交流；

（二）就与知识产权保护和执行有关的信息进行交流；

（三）人员培训和知识产权信息系统；

（四）促进双方对彼此知识产权领域的政策、行动和经验的相互了解；

（五）促进知识产权教育，强化知识产权意识；

（六）双方可能共同决定的其他行动或倡议。

二、在本协定生效 60 天内，每一方都应指定一个或多个联系点，以便就本章所涉任何问题进行沟通，并应将联系点的详细信息提供给另一方。双方应当将联系点详细信息的修改情况及时通知对方。

三、双方指定的联络点应按照第一款负责信息交流。

第六十六条 对话与审议

一、一方可随时要求与另一方举行对话，以期就本章范围内的任何知识产权问题寻求及时、双方满意的解决方案。除非双方另行商定，该对话应在自收到请求后 60 日内，通过双方指定的联系点开始进行。只有在上述对话未能解决问题的情况下，一方才可以根据第十一章采取行动。

二、尽管有第一款的规定，在对话开始后，如果一方认为该对话未能解决问题，则其可以在通知另一方后，根据第十一章采取行动。

三、双方同意，根据任何一方向根据第十章成立的自由贸易协定联合委员会提出的要求，并经双方和自由贸易协定联合委员会的一致同意，双方可以对本章的条款进行审议，旨在进一步提高知识产权保护水平，确保本章条款的良好实施。

中华人民共和国政府和瑞士联邦政府自由贸易协定（节录）

（2013 年 7 月 6 日签定　2014 年 7 月 1 日生效）

第十一章　知识产权保护

第一节　总　则

第 11.1 条　知识产权

一、在遵循本章及缔约双方均已加入的国际协定条款的情况下，缔约双方应授予并确保充分、有效、透明和非歧视性的知识产权保护，并采取措施落实这些权利，防止权利遭到侵权、假冒和盗版。

二、在知识产权保护方面，缔约双方应给予对方不低于其给予本国国民的国民待遇。对本义务的豁免必须符合世贸组织《与贸易有关的知识产权协定》（以下简称“TRIPS 协定”）第 3 条和第 5 条实质性条款。

三、在知识产权保护方面，缔约双方应授予对方不低于其给予任何其他国家国民的国民待遇。对此项义务的豁免必须符合 TRIPS 协定的实质性条款，特别是第 4 条和第 5 条。

四、缔约双方认识到知识产权保护和执法的重要性，知识产权保护和执法能够激励研究、发展和创造性活动，这将促进经济和社会发展，并有利于知识和技术的传播。缔约双方认识到知识产权保护和执法应在权利所有人和公众的合法利益之间达到一种平衡。

五、缔约双方可采取适当措施，以阻止权利人滥用知识产权或采取行动对贸易进行不合理限制或对技术转让带来不利影响，只要这些措施符合本协定条款及缔约双方承担的国际义务。

六、缔约双方同意，应任一缔约方要求且在符合联委会缔约双方协议的前提下，回顾本章中包含的知识产权保护条款，以使条款以均衡的方式与国际知识产权发展保持同步，并确保这些条款能在本协定下在实践中运作良好。

第 11.2 条 知识产权的定义

在本协定中，“知识产权”特别包括版权及邻接权、商品和服务的商标、地理标志、工业品外观设计、专利、植物新品种、集成电路布图设计（拓扑图）以及未披露信息。

第 11.3 条 国际公约

一、缔约双方重申遵守缔约双方均已作为缔约国加入的已有国际协定中有关知识产权的承诺。这些国际协定包括：

（一）TRIPS 协定；

（二）1883 年 3 月 20 日签署、经 1967 年《斯德哥尔摩法案》修订后的《保护工业产权巴黎公约》（以下简称“《巴黎公约》”）；

（三）1886 年 9 月 9 日签署的《保护文学和艺术作品伯尔尼公约》及 1971 年《巴黎法案》对其所做修订（以下简称“《伯尔尼公约》”）；

（四）1970 年 6 月 19 日签署、经 2001 年《华盛顿法案》修订后的《专利合作条约》；

（五）1977 年 4 月 28 日签署的《国际承认用于专利程序的微生物保存布达佩斯条约》；

（六）1957 年 6 月 15 日签署的《关于供商标注册用的商品和服务国际分类的尼斯协定》及 1979 年《日内瓦法案》对其所做修订；

（七）1989 年 6 月 27 日签署的《商标国际注册马德里协定》；

（八）1996 年 12 月 20 日签署的《世界知识产权组织（以下简称“WIPO”）表演与唱片条约》（以下简称“WPPT”）；

（九）1996 年 12 月 20 日签署的《WIPO 版权条约》；以及

（十）1978 年签署的《保护植物新品种国际公约》（以下简称“1978 年 UPOV 公约”）

二、每一缔约方应尽所有合理努力批准或加入《视听表演北京条约》。

第 11.4 条 告知及信息交流

根据双边知识产权对话以及年度中瑞知识产权工作组会议确立的框架，每一缔约方应在另一缔约方提出请求时，除已有合作方式外：

（一）交流相应管理部门的知识产权政策有关的信息；

（二）将本国知识产权制度中的变化、发展及实施情况告知另一缔约方；

（三）交流有关本章中提到的各个公约的信息，或是有关知识产权协调、管理及落实、有关世贸组织和 WIPO 等国际组织活动以及有关缔约双方在知识产权相关事务上与第三方国家关系的未来国际公约的信息；

（四）考量私营利益相关者关注的知识产权问题。

第 11.5 条 知识产权与公共健康

一、缔约双方认同世贸组织部长会议于 2001 年 11 月 14 日通过的《TRIPS 与公共健康多哈宣言》中确立的原则，并确定本章条款不会影响上述宣言。

二、缔约双方重申为落实 2003 年 8 月 30 日世贸组织总理事会有关实施《TRIPS 与公众健康多哈宣言》第 6 段的决议、以及落实 2005 年 12 月 6 日于日内瓦完成的《修改 TRIPS 协定议定书》做出国际努力的承诺。

第二节 关于知识产权的效力、范围和使用标准

第 11.6 条 版权和相关权利

一、在不违背缔约双方均已签署的国际协议的义务的情况下，每一缔约方应根据各国法律法规向作品、表演、录音录像和广播节目的相应作者、表演者、录音录像制作者以及广播机构提供并确保充分和有效的保护。计算机程序应受版权保护。

二、除缔约双方均已签署的国际协议所提供的保护外，每一缔约方应：

（一）比照 WPPT 第 5、6、7、8、10 条对视听表演的表演者提供并确保保护；和

（二）比照 WPPT 第 11、12、13、14 条对录像制品制作者提供并确保保护。

三、广播电台或电视台有权禁止未经其许可的下列表演行为：

（一）转播其节目；和

（二）将其节目制作成录音录像制品并复制这些录制品。

四、每一缔约方可以根据其国家立法对音像表演的表演者、录像制品制作者和广播机构的保护提供与其根据国家立法对文学和艺术作品的版权保护相同的限制和例外。

五、每一缔约方应确保作者在其经济权利之外，甚至在转让其经济权后仍享有该作品的署名权，并有权反对任何对其作品进行有损其名声或声誉的修改、歪曲、篡改或其他贬损行为。

六、第五款中授予作者的权利在其死后继续保留，至少到其经济权利期满为止，并应可由被要求提供保护的缔约方的国家立法所授权的个人或机构行使。

七、第五款和第六款所赋予的权利经必要修订后适用于现场听觉、视觉或视听表演或录音录像制品中表演的表演者。

八、依本协定授予表演者的保护期，应自表演发生之年年终算起，至少持续到50年期满为止。

九、依本协定授予录像制品制作者的保护期，应自该录像制品发行之年年终算起，至少持续到50年期满为止；或如果录像制品自录制完成起50年内未被发行，则保护期应自录制完成之年年终起至少持续50年。

十、依本协定授予广播机构的保护期，应自该广播发生之年年终算起，至少持续到50年期满为止。

十一、在《伯尼尔公约》第7条和第7条第2款规定的豁免可适用的情况下，缔约一方可被免除第八、九和十款规定的义务。

第11.7条 商标

一、缔约双方应对产品和服务的商标所有者予以充分有效的保护。任何能将一个企业的商品或服务同其他企业的商品或服务区别开来的符号或符号组合均可构成商标。此类符号，特别是包含单词组合的词、人名、字母、数字、图案元素、商品的形状、声音及颜色组合以及任何此类符号的组合，均有资格注册为商标。如果符号本质上不能够区分出相关的商品或服务，缔约双方可根据实际使用所取得的独特性确定其可注册性。作为注册的一个条件，缔约双方可要求符号是从视觉上能够辨认的。

二、缔约双方应重申以下建议所包含的原则的重要性：保护工业产权巴黎联盟大会和WIPO大会于1999年通过并采用的《WIPO关于驰名商标保护规定的联合建议》以及保护工业产权巴黎联盟大会和WIPO大会于2001年通过并采用的《WIPO关于在因特网上保护商标权以及各种标志的其他工业产权的规定的联合建议》。

三、缔约双方应授予注册商标的所有权人专有权，以阻止所有第三方未经该所有权人同意在贸易过程中对与已注册商标的货物或服务相同或类似的货物或服务使用相同或类似符号，如此类使用会导致混淆的可能性。在对相同货物或服务使用相同符号的情况下，应推定存在混淆的可能性。上述权利不得损害任何现有的在先权利，也不得影响缔约双方以使用为基础提供权利的可能性。

四、在注册商标在相应缔约方为驰名商标的情况下，倘若一个商品或服务商标是复制、摹仿或者翻译驰名商标而且其使用可表明这些商品或服务与注册商标所有者有关联，而且注册商标所有者的利益很可能因如此使用受到损害，则第三款的保护不局限于相同或类似货物或服务。

第11.8条 专利

一、缔约双方应在其国家法律中至少确保：如果发明是新颖的、有创造性并且可以进行产业应用，缔约国应对包括生物技术和草药在内的所有技术领域的发明予以充分和有效的专利保护。

二、对缔约双方而言，这意味着对发明专利的保护与TRIPS协定第27.1条规定的保护水平一致。另外，根据TRIPS协定第27.2条规定，缔约双方可排除如下情况的可专利性：

（一）人体或动物体的诊断、治疗和外科手术方法；本条款不应适用于前述任何方法中所使用的产品，尤其是物质或者组合物；

（二）植物或动物品种或者用于生产植物或动物的主要是生物学的方法；本条款不适用于微生物方法或者由此生产的产品。

第11.9条 遗传资源和传统知识

一、缔约双方认识到遗传资源和传统知识对科学、文化和经济发展的贡献。

二、缔约双方承认并重申于1992年6月5日通过的《生物多样性公约》中确立的原则，就遗传资源和传统知识而言，鼓励为促进TRIPS协定和《生物多样性公约》之间互相支持的关系做出努力。

三、根据每一缔约方的国际权利与义务以及国内法律，缔约双方可采取或者维持促进生物多样性保存，以及公平地分享遗传资源和传统知识的使用所带来的利益的措施。

四、当发明直接以发明人或者专利申请人获取的遗传资源或者传统知识为基础时，缔约双方可要求专利申请人根据国内法律、法规指明上述遗传资源的来源，如国内法律有所规定，专利申请人还应指明上述传统知识的来源。

五、如果专利申请不满足第四款的要求，缔约双方可设定申请者纠正缺陷的期限。如果缺陷没有依照本款在规定的期限内得以纠正，缔约双方可驳回该申请或视为该申请被撤回。

六、如果在授予专利后发现申请没有披露来源或蓄意提交了虚假信息或违反了其他相关法律法规，缔约双方可规定适当的法律后果。

第11.10条 植物新品种保护

一、缔约双方应给予植物新品种育种者充分和有效的保护，不得低于1978年《国际植物新品种保护公约》规定的保护水平。

二、与受保护品种繁殖材料有关的至少以下行为应获得育种者授权：

（一）以商业销售目的进行生产或繁殖；

（二）以商业传播为目的进行准备；

（三）许诺销售；

（四）销售或其他市场行为；

（五）进口或出口。

三、育种者可为其授权设置条件与限制。

四、例外情况：

（一）育种者的权利不得扩大至

1. 以实验为目的所做的行为；以及

2. 以培育其他品种为目的所做的行为和上述第二款提到的涉及此处所指其他品种的行为。

（二）在合理限度和保护育种者合法利益的范围内，每一缔约方可以限制育种者的权利以允许农民在其自有土地上以繁殖为目的使用其通过在自有土地上种植受保护品种而获得的产品。

五、缔约双方应将第一款和第二款的规定适用于至少是本章附件九列表 A 中所列的属/种。如果缔约一方在其国家层面对附件中未提及的其他任何属/种给予保护，根据国民待遇和最惠国待遇原则，缔约双方的任何育种者应自动享有保护相关属/种的可能性。

六、根据缔约一方要求，本协定生效后每两年，缔约双方将：

（一）讨论纳入其他属/种问题，如果保护仅限于某些属/种；并且

（二）当达成一致意见时，相应修改/扩充附件九。此外，缔约双方同意在本协定生效两年后，就其在各自植物新品种保护体系内给予实质衍生品种保护进行信息交换，以期审查更全面的保护制度的可能性，也包括与实质衍生品种有关的更全面的保护制度的可能性。

第 11.11 条　未披露信息

一、缔约双方应依据 TRIPS 协定第 39 条保护未披露信息。

二、对于申请人为获得药品和农用化学品上市审批向主管部门提交的未披露试验数据或其他数据，自批准该上市许可之日起至少 6 年内，缔约双方应禁止其他申请人在药品（包括化学实体和生物制品）和农业化学品上市许可申请中依赖或参考上述未披露试验数据或其他数据。

三、为了避免对涉及脊椎动物的农业化学品进行不必要的重复试验，只要给予第一申请者充分补偿，可以允许他人依赖或参考这些数据。

第 11.12 条　工业品外观设计

一、缔约双方应确保其国家法律通过规定至少 10 年的保护期给予工业品外观设计充分和有效的保护。

二、如果工业品外观设计被认定为实用艺术作品并符合各自国内法中版权保护所需的一般条件，则缔约双方应为工业品外观设计提供版权保护。保护期限自作品创作起应不少于 25 年。

第 11.13 条　地理标志

一、缔约双方应确保其国内法给予地理标志充分和有效的保护手段。

二、在本协定中，“地理标志”是用于明确商品原产于缔约一方的领土，或领土内的一个区域或一个地方的标志，且该商品的特定质量、声誉或其他特性本质上归因于其地理来源。

三、在不妨碍 TRIPS 协定第 22 条和第 23 条的情况下，缔约双方应采取所有必要措施，在符合本协定的情况下，确保对第二款所涉及的用于指示原产自缔约双方领土的商品的地理标志给予相互保护。每一缔约方应赋予利益相关方法律手段以防止这些地理标志用于并非原产自上述地理标志所指明地域的相同或类似商品。

第三节　知识产权的取得与存续

第 11.14 条　知识产权的取得与存续

缔约双方的知识产权取得形式为权利被授予或注册，应确保授权或注册程序与 TRIPS 协定，特别是第 62 条保持一致。

第四节　知识产权执法

第 11.15 条　总则

缔约双方应按其各自国家法律为属于本协定第 11.2 条项下的权利提供执法规定，其至少应与 TRIPS 协定，特别是第 41 至 61 条的规定处于同一水平。

第 11.16 条　中止放行

一、缔约双方应当采取程序，使有正当理由怀疑进口或出口货物可能发生侵犯专利权、工业品外观设计、商标权或版权情况的权利人，能够根据国内法律法规，以书面形式向主管的行政或司法当局提出由海关当局中止放行该货物进入自由流通的申请。

二、当主管部门有正当理由怀疑某些货物的进口或出口将侵犯专利权、工业品外观设计、商标权或版权，缔约双方应当允许其根据国内法律和法规自己主动采取行动并中止放行货物。

三、为了让权利人能够根据第一款提交申请，缔约双方应当授权海关部门通知权利人。

四、诚然，缔约双方没有义务将第一或第二款规定的中止放行程序应用到因权利人同意投放到它国市场的货物的自由流通中。

五、在依据第一或第二款实施中止的情况下，中止放行产品的缔约一方的主管部门应根据其国内法律法规通知权利人该中止行为，包括提供必要的已知信息以便权利人执行权利，如发货人或收货人的名称和地址、进口商或出口商，如果适用，还要提供有问题产品的数量。

六、每一缔约方应当确保其行政或司法主管部门在权利人的请求下，有权根据第一或第二款决定已被中止放行的产品将被扣押，直到侵权纠纷得到最终裁定。

七、如果主管部门已经做出涉嫌货物侵犯知识产权的裁定，每一缔约方应当提供程序以便权利人能够尝试追回并补偿与其行使权力相关的可能已经产生的成本和开支，以及本规定中提供的补救措施。

第 11.17 条　检查权

一、主管部门应当给予中止货物的申请人以及其他与该中止相关的人员以机会，检查已被中止放行或已被扣留的货物。

二、当检查货物时，主管部门可以取样，并根据相关方的现行规则在权利人的要求下，将其移交或送交给权利人供其分析以及为后续程序提供便利。如果情况允许，完成技术分析后，并且在适用的情况下，在货物被放行或解除扣押之前，样本必须归还。对样品的任何分析应当在权利人全权负责下进行。

三、嫌疑侵权货物的申报人、持有人或所有者可在检查中出席。

第 11.18 条　责任声明，保证或等价担保

主管部门应当有权要求申请人声明在有关情况下对所涉人员承担责任，或在合理情况下提供足以保护被告和主管部门或防止滥用的保证金或同等的担保。此类保证金或同等的担保不应无理阻止对这些程序的援用。

第 11.19 条　执法行动—民事救济

每一缔约方应规定：

（一）在民事司法程序中，其司法机关应有权责令明知或有充分理由知道自己从事知识产权侵权活动的侵权人，向权利人支付足以补偿其因该侵权所受损害的赔偿。

（二）在确定知识产权侵权损害数额时，其司法机关尤其应当考虑实际损害，或者建立一种公平的授权费用。

（三）在侵权纠纷中，司法主管部门可在权利人的请求下，对他们已经发现的侵犯知识产权的货物采取适当措施，以及在适当的情况下，对主要用于制造或生产这些货物的材料和设备采取适当措施。这类措施应当包括从商业渠道最终移除或彻底销毁。在考虑纠正措施请求时，应当考虑侵权的严重性、所给予的救济以及第三方的利益之间的均衡性。

第 11.20 条　临时措施和禁令

一、每一缔约方应当保证其司法机关有权采取及时及有效的临时措施：

（一）防止侵犯任何知识产权，特别是防止侵权商品进入其管辖范围内的商业渠道，包括结关后立即进入的进口商品；

（二）保存有关被指控侵权的相关证据。

二、在适当情况下，特别是在任何延迟可能给权利人造成不可弥补的损害，或者存在证据被销毁的显而易见的风险时，司法机关有权视情不听取当事人陈述而采取临时措施。在请求临时措施时，司法机关应当迅速行动并不得无故拖延地做出决定。

三、每一缔约方应当保证在涉及知识产权执法的民事司法程序中，其司法机关有权责令缔约一方当事人停止侵权，除其他事项外，防止涉及知识产权侵权的进口商品在结关后立即进入其管辖范围内的商业渠道。

第 11.21 条　执法措施—刑事救济

每一缔约方应当规定至少将适用于具有商业规模的蓄意假冒商标或盗版案件的刑事程序和处罚。

第五节　产地标记和国名

第 11.22 条　产地标记和国名

一、缔约双方应当保证在其国内法中对于所有商品和服务的产地标记、国名和国旗给予充分和有效的保护手段。

二、为了本协定的目的，“产地标记”是直接或间接指明商品或服务的原产地域。

三、关于商品或服务的产地标记的使用，缔约双方应当在其国内法中提供充分和有效的手段，以防止对并非来源于此标记所标示的地方的商品或服务使用此类标志。

四、缔约双方应当为利益相关方提供法律手段阻止任何不正确或误导地使用、或者把缔约一方的国名注册为商标、公司名称或协会名称。

五、缔约双方应当为利益相关方提供法律手段阻止缔约一方的国徽、国旗和其他国家徽记在不符合该缔约方法律和法规所规定的条件下被使用或注册为商标或公司名称或协会名称。这种保护应当还适用于与缔约双方国徽、国旗和其他国家徽记相混淆的标识。

中华人民共和国政府和大韩民国政府自由贸易协定（节录）

（2015 年 6 月 1 日签订　2015 年 12 月 20 日生效）

第十五章　知识产权

第一节　一般规定

第 15.1 条　目标

一、本章目标为：

（一）通过知识、技术和创造性作品的传播，促进国际贸易以及经济、社会和文化发展；

（二）为知识产权权利人及使用者提供知识产权保护和执法方面的确定性；及

（三）促进知识产权执法，尤其是要消除侵犯知识产权的货物贸易并激励研究。

二、缔约双方认识到知识产权保护和执法应在权利人和公众的合法利益之间达到一种平衡。

第 15.2 条　总则

一、缔约双方应根据本章条款以及双方已加入的国际协定，给予并确保对知识产权进行充分、有效、透明及非歧视的保护，并提供应对侵权、假冒和盗版的知识产权执法措施。

二、对于本章包括的各类知识产权，缔约双方在知识产权保护方面给予对方国民的待遇不得低于其给予本国国民的待遇。对此项义务的豁免必须符合《与贸易有关的知识产权协定（TRIPS）》第 3 条与第 5 条的实质性条款，以及《世界知识产权组织表演和录音制品条约》（以下简称为“WPPT”）第 4（2）条。

三、在与本协定的规定及缔约方的国际义务相一致的前提下，缔约方可以采取适当措施，以阻止权利人滥用知识产权或者阻止对贸易进行不合理限制或对技术的国际转让带来不利影响的行动。

第 15.3 条　国际协定

缔约双方重申遵守缔约双方均已作为缔约国加入的已有国际协定中有关知识产权的既有承诺。这些国际协定包括：

（一）TRIPS 协定；

（二）《保护工业产权巴黎公约》（1967）（《巴黎公约》）；

（三）《保护文学和艺术作品伯尔尼公约》（1971）（《伯尔尼公约》）；

（四）《专利合作条约》（1970），1979 年修正；1984 年和 2001 年修改；

（五）《国际承认用于专利程序的微生物保存布达佩斯条约》（1977），1980 年修正；

（六）《商标注册用商品和服务国际分类尼斯协定》（1957），1979 年修正；

（七）《商标国际注册马德里协定有关议定书》（1989）；

（八）《世界知识产权组织表演和录音制品条约》（1996）；

（九）《世界知识产权组织版权条约》（WCT）（1996）；

（十）《保护录音制品制作者防止未经许可复制其录音制品公约》（1971）；

（十一）《国际植物新品种保护公约 1978》（以下简称为“1978 UPOV 公约”）；及

（十二）《建立世界知识产权组织公约》。

第 15.4 条　更广泛的保护

各缔约方可以但没有义务在其国内法中规定比本章要求更为广泛的知识产权保护和执法，只要此类更为广泛的保护不与本章相抵触。

第 15.5 条　知识产权与公共健康

一、缔约双方认同世贸组织部长会议于 2001 年 11 月 14 日通过的《TRIPS 协定与公共健康宣言》（WT/MIN（01）/DEC/2）中确立的原则，并确定本章条款不会影响上述宣言。在解释和实施本章权利义务时，缔约双方有权依据《TRIPS 协定与公共健康宣言》。

二、缔约双方重申为落实 2003 年 8 月 30 日世贸组织总理事会有关实施《TRIPS 协定与公共健康多哈宣言》第六段的决议，以及落实 2005 年 12 月 6 日于日内瓦完成的《修改 TRIPS 协定议定书》做出国际努力的承诺。

第二节　版权和相关权

第 15.6 条　版权和相关权的保护

一、在不违背缔约双方均已签署的国际协定的义务的情况下，各缔约方应根据其法律法规及本章规定向作品、表演、录音制品和广播的相应作者、表演者、录音制品制作者以及广播组织提供并确保充分和有效的保护。

二、各缔约方应规定作者、表演者、录音制品制作者和广播组织有权授权或禁止以任何方法或形式复制他们的作品、表演、录音制品和广播。

三、各缔约方应规定广播的保护期不得少于广播首次播出之日起 50 年，无论是以有线还是无线方式播出，包括通过有线电缆或卫星。

第 15.7 条　广播和向公众传播

一、就广播或任何公众传播而言，表演者和录音制品制作者对以商业为目的的录音制品的直接或间接使用享有获得报酬的权利。

二、各缔约方应授予广播组织专有权，以授权或禁止：

（一）对其广播的转播；

（二）对其广播的录制；及

（三）对未经其同意而制作的其广播录制品的复制。

第 15.8 条 技术措施的保护

一、各缔约方应规定适当的法律保护和有效的法律救济，制止对任何有效的技术措施进行规避，这种规避是相关人员在明知或有合理理由应知其在追求这种目标的情况下仍实施的行为。

二、为本章之目的，技术措施是指在正常的操作过程中，为了禁止或限制在作品、表演或录音制品方面未经各缔约方国内立法所规定的版权和相关权权利人授权的行为而设计的任何技术、设备或零件，包括阻止或限制访问互联网上的作品的访问控制措施。

三、各缔约方可以根据其立法和第 15.3 条提及的相关国际协定对实施第一、第二款之内容的措施规定限制和例外。

第 15.9 条 权利管理信息的保护

一、各缔约方应规定适当和有效的法律保护，制止任何人明知或有合理理由应知其行为会诱使、促成、便利或包庇对于本章或《伯尔尼公约》、《世界知识产权组织版权条约》（WCT）和《世界知识产权组织表演和录音制品条约》（WPPT）所涵盖的权利的侵害，仍故意从事以下行为：

（一）未经授权移除或改变任何电子权利管理信息；或

（二）明知电子权利管理信息已未经授权被移除或改变，仍未经授权向公众传播作品、作品复制品、表演、录制的表演或录音制品的复制品。

二、为本章之目的，权利管理信息是指权利人提供的任何识别本章所指的作品、表演或录音制品、作者或任何其他权利人的信息，或有关作品、表演或录音制品使用条件的信息，以及代表此种信息的任何数字或代码。

三、当任何此类信息与本章所指的作品、表演或录音制品的复制品有关，或在该作品、表演或录音制品向公众传播过程中出现时，本章第二款应适用。

第 15.10 条 限制与例外

各缔约方应将对专有权的限制和例外规定限于某些特殊情况，使之不影响作品、表演、录音制品或广播的正常使用，也不会不合理地损害权利人的正当利益。

第三节 商 标

第 15.11 条 商标保护

一、缔约双方应给予商品或服务的商标权利人以充分和有效的保护。

二、缔约任何一方都不得将标记必须视觉上可以感知作为一项注册条件，也不得仅以标记由声音构成为由而拒绝注册一项商标。

三、各缔约方应规定，注册商标所有人应当享有专有权，以阻止在贸易活动中所有第三方未经其同意，在同一种或类似商品或服务上使用可能会造成混淆的与已注册商标相同或近似的标记。在对同一种商品或服务上使用相同标记的情况下，应推定存在混淆的可能。上述权利不得损害任何现有的在先权利，也不得影响缔约方在使用的基础上授予权利的可能性。

四、各缔约方应规定具有欺骗性的标记不得作为商标使用且不得注册为商标。

第 15.12 条 商标权的例外

各缔约方可对商标所赋予的权利规定有限的例外，例如合理使用描述性术语，条件是此种例外要考虑到商标所有人和第三方的正当利益。

第 15.13 条 驰名商标

一、缔约任何一方不得要求将下列情形作为认定商标为驰名商标的条件：商标已在缔约方或其它司法管辖区注册，已包含在驰名商标目录中，或者在先已被认定为驰名商标。

二、在注册商标在相应缔约方为驰名商标的情况下，倘若一商标的使用是复制、摹仿或者翻译驰名商标，并且其使用表明这些商品或服务与注册商标所有者存在联系，致使注册商标所有人的利益可能受到损害，则本条项下的保护不得被局限于同一种或类似商品或服务。

三、各缔约方应规定适当措施以拒绝或撤销注册，以及禁止在关联商品或服务上使用与驰名商标相同或近似商标，如果这种商标的使用可能导致混淆、误认，且此类使用可能损害该驰名商标所有人的利益。

第 15.14 条 商标的注册和申请

一、各缔约方应设路商标注册机制，该机制应当包括：

（一）向申请人提供商标注册驳回理由的书面通知，可以是电子文本；

（二）申请人享有以下机会：回复商标主管机关的有关通知，对初步驳回决定提出复审，以及对最终驳回决定申请司法审查；

（三）利害关系人享有以下机会：在注册前对商标注册

申请提出异议，以及对已经获得注册的商标提出撤销或无效宣告申请；及

（四）异议程序或撤销程序的决定是书面形式的，并说明理由。书面决定可以是电子文本。

二、各缔约方应提供：

（一）商标的电子申请、处理、注册及维持机制；及

（二）向公众公开的有关商标申请和注册的电子数据库，包括在线数据库。

第四节 专利和实用新型

第 15.15 条 专利保护

一、在符合第二款和第三款的前提下，所有技术领域的任何发明，不论是产品还是方法，只要是新颖的、包含创造性并且能在产业上应用的，都可以获得专利。

二、各缔约方为了保护公共秩序或公德，包括保护人、动物或植物的生命或健康，或者为了避免对环境造成严重损害，有必要制止某些发明在其领土内进行商业上实施的，可以将这些发明排除在可获专利之外，只要这种排除并非仅仅因为该缔约方的法律禁止其实施。

三、各缔约方还可以排除下列各项的可专利性：

（一）医治人或者动物的诊断、治疗和外科手术方法；及

（二）植物和动物（微生物除外），和生产植物或动物的主要是生物学的方法（非生物学方法和微生物学方法除外）。

四、各缔约方可以对专利的专有权规定有限的例外，只要在顾及第三方合法利益的前提下，该例外不会不合理地与专利的正常利用相冲突，也不会不合理地损害专利所有人的合法利益。

五、各缔约方可以根据国内法律法规为申请人提供专利申请的加快审查，缔约方同意就此议题加强合作。

第 15.16 条 实用新型

一、考虑到缔约双方均建立了实用新型制度，为了促进缔约双方权利人和公众对实用新型制度的了解和利用，以及保持权利人和公众之间的利益平衡，缔约双方同意通过交换有关实用新型法律法规的信息和经验，在实用新型法律框架方面加强合作。

二、在缔约方没有规定实质审查的情况下，在实用新型侵权纠纷中，法院可以要求原告出具由有权机构基于现有技术检索所做的评价报告，作为审理实用新型侵权纠纷的证据。

第五节 遗传资源、传统知识和民间文艺

第 15.17 条 遗传资源、传统知识和民间文艺

一、缔约双方认识到遗传资源、传统知识和民间文艺对科学、文化和经济发展做出的贡献。

二、缔约双方承认并且重申于 1992 年 6 月 5 日通过的《生物多样性公约》（本条中以下称为“公约”）中确立的原则，尊重《生物多样性公约关于获取遗传资源和公平公正分享其利用所产生惠益的名古屋议定书》的要求，特别是有关事先知情同意和公平、公正分享惠益的要求。就遗传资源和传统知识，缔约双方鼓励为促进 TRIPS 协定和公约之间互相支持的关系做出努力。

三、根据各缔约方的国际权利与义务以及国内法律，缔约双方可采取或者保持促进生物多样性保存以及公平分享利用遗传资源和传统知识所产生的惠益的措施。

四、根据未来多边协议或各自国内法的进展，缔约双方同意进一步讨论遗传资源事宜。

五、认识到专利和其它知识产权可能对公约的实施产生影响，缔约双方将根据国内法和国际法在此领域开展合作，以确保此类权利对公约目标起到支持而非阻碍作用。

第六节 植物新品种保护

第 15.18 条 植物新品种保护

一、缔约双方应遵守对方关于植物新品种保护的规则，并对植物新品种育种者给予充分和有效的保护。

二、缔约双方将加强植物新品种测试的合作，以提高效率。

三、至少涉及受保护品种繁殖材料的下列活动应获得育种者授权：

（一）以商业为目的的生产或繁殖（扩繁）；

（二）以商业繁殖为目的的处理；

（三）许诺销售；

（四）销售或其它市场行为；及

（五）进口或出口。

第七节 未披露信息

第 15.19 条 未披露信息

缔约双方应依据 TRIPS 协议第 39 条保护未披露信息。

第八节 工业品外观设计

第 15.20 条 工业品外观设计

一、缔约方应确保其国内法律给予工业品外观设计充分

和有效的保护，规定至少10年的保护期。

二、受保护的工业品外观设计的所有人应当至少有权阻止第三人未经其同意而以商业为目的制造、许诺销售、销售、进口带有或者体现受保护外观设计的物品。

三、各缔约方可以对受保护的外观设计规定有限的例外，只要在顾及第三方合法利益的前提下，该例外不会不合理地与受保护外观设计的正常利用相冲突，也不会不合理地损害受保护外观设计的所有人的合法利益。

第九节　知识产权的取得与存续

第15.21条　知识产权的取得与存续

缔约方的知识产权取得形式为权利被授予或注册，应确保授权或注册程序与TRIPS协议、特别是第62条保持一致。

第十节　知识产权的执行

第15.22条　一般义务

一、各缔约方应当规定，与知识产权执法有关的最终司法判决和普遍适用的行政裁决应以其国家语言公布，或者如公布不可行，采取其它公众可以获取的方式，以使政府和权利人能够知悉这些判决和裁决。各缔约方可根据法律法规规定例外情况，如裁定中有关商业秘密或个人隐私的信息不应当公开。

二、各缔约方公开关于其努力在民事、行政和刑事制度中提供有效知识产权执法的信息，包括缔约方为此目的可能收集到的任何统计信息。

第15.23条　作者身份推定

在版权或相关权的民事、行政和刑事程序中，各缔约方应当规定这样一种推定，即在缺乏相反证据的情况下，以通常方式表明其姓名的人是该作品、表演、录音制品或广播的权利人。

第15.24条　民事和行政程序和救济

一、各缔约方应当使权利人可以利用涉及任何知识产权执法的民事司法程序。

二、各缔约方应当规定：

（一）在民事程序中，其司法机关应当有权命令侵权人向权利人支付：

1. 足以弥补权利人因侵权行为而蒙受的损害的损害赔偿金；或

2. 可归因于侵权行为的侵权人利润，且可以推定该利润为（一）1. 所指的损害赔偿金额。

（二）在确定知识产权侵权行为的损害赔偿金时，司法机关可以尤其考虑被侵权货物或服务的价值。这一价值可根据市场价格、建议零售价格或者权利人提出的其它合理价值衡量方法计算。

三、在民事司法程序中，各缔约方至少应当针对受版权或相关权保护的作品、录音制品和表演以及针对商标假冒，建立或维持预先确定的损害赔偿金，其可由权利人选择。预先确定的损害赔偿金数额应当足以对未来的侵权行为构成威慑，并且足以完全弥补侵权行为对权利人所造成的损害。

四、各缔约方应当规定，除特殊情况外，在涉及版权或相关权侵权行为、专利侵权行为或商标侵权行为的民事司法程序结束时，其司法机关应当有权命令败诉方向胜诉方支付法院成本或费用以及合理的律师费用。

五、在版权或相关权侵权行为以及商标假冒行为的民事司法程序中，各缔约方应当规定，其司法机关应当有权命令扣押被控侵权的货物和任何主要用于生产侵权货物的材料和工具，并且至少就假冒商标行为而言有权命令扣押与侵权有关的文件证据。

六、各缔约方应当规定：

（一）在民事程序中，经权利人请求，在适当情况下应当销毁已被认定是盗版或假冒的货物；

（二）其司法机关应当有权命令，主要用于制造或制作此类盗版或假冒货物的材料和工具应当迅速予以销毁且不给予任何补偿，或以使进一步侵权的风险最小化的方式将其排除在商业渠道之外且不给予任何补偿；

（三）关于假冒商标货物，除非在例外情况下，仅仅去除非法附着的商标尚不足以允许将这类货物投放商业渠道。

七、各缔约方应当规定，在涉及知识产权执法的民事司法程序中，其司法机关为了收集证据应当有权在其认为合适的时候命令侵权人向司法机关提供与侵权行为有关的任何信息，在必要且不损害对方商业秘密时，可向权利人提供。

八、各缔约方应当规定，如违反关于保护诉讼中产生或交换的机密信息的司法命令，其司法机关有权对民事司法程序的当事人、他们的律师、专家或者受到法庭管辖的其他人采取制裁措施。

九、各缔约方可以允许使用替代性争议解决程序处理涉及知识产权的民事纠纷。

第15.25条　临时措施

一、各缔约方应规定其司法机关在适当情况下，有权基于临时措施请求单方做出迅速反应。

二、各缔约方应当规定，其司法机关有权要求原告提供有关临时措施的可合理获得的任何证据，以使司法机关能够有足够把握地相信，原告权利正在受到侵犯或者此种侵权行为即将发生；其司法机关有权责令原告提供足以保护被告及防止滥用的保证金或同等保证，但不应不合理地妨碍诉诸这些程序。

第 15.26 条 有关边境措施的特殊要求

一、各缔约方应当根据国内法规定，采取程序使有正当理由怀疑在一个自由贸易区进口、出口、转运、存放及在保税仓库存放侵犯知识产权货物的行为有可能发生的权利人，能够向行政或司法主管机关提出书面申请，要求海关中止放行此类货物进入自由流通或者扣留此类货物。

二、各缔约方应当根据国内法预先规定，在进口、出口、转运以及进入包括自由贸易区在内的保税区环节，如提供足够的信息（例如涉嫌侵权的进口商或出口商、涉嫌侵权的货物的识别方法），权利人可以请求海关保护其权利。如海关发现与权利人请求保护的权利相关的涉嫌侵权货物，可以告知权利人包括出口商和进口商名称、进口商地址、产品说明、数量和申报价格等在内的细节，并可给予权利人申请启动中止放行货物程序的机会。

三、各缔约方应当规定，其主管机关应当有权要求申请中止放行涉嫌侵权货物程序的权利人提供足以保护被告和主管机关并防止滥用的合理保证金或同等担保。各缔约方应当规定，保证金或同等担保不得不合理地妨碍诉诸此类程序。

四、各缔约方应当规定，如存在货物正在侵犯第一款规定的知识产权的明显证据，其主管机关可在没有私人或者权利人正式申诉的情况下依职权中止放行货物。

五、各缔约方可以规定，已经被其海关中止放行且根据第一款规定被没收的侵犯知识产权货物应当被销毁，但例外情况除外。对于假冒商标货物，仅去除非法附着的商标尚不足以允许将这类货物投放商业渠道。

六、各缔约方应当规定，当就实施知识产权边境措施确定申请费、商品保管费或处路费时，这些费用的设定数额不应不合理地妨碍诉诸这类措施。

第 15.27 条 刑事程序和救济

一、各缔约方应当规定刑事程序和处罚，至少适用于具有商业规模的故意假冒商标或者盗版案件。

二、各缔约方应当根据国内法律法规，规定适用于具有商业规模的故意未经授权复制电影院放映的电影作品或其部分内容的刑事程序和处罚。

三、各缔约方应当规定：

（一）包括监禁和罚金在内的足以预防未来侵权的处罚，与消除侵权者金钱利润诱因政策相一致；

（二）其司法机关应当有权命令扣押涉嫌假冒或盗版货物、用于实施侵权行为的任何相关材料和工具、任何与侵权行为有关的文件证据和任何可追踪至侵权行为的资产；

（三）其司法机关应当有权命令：

1. 没收或销毁所有假冒或盗版货物；且

2. 没收或销毁主要用于制造盗版或假冒货物的材料和工具。

各缔约方应当规定本项规定的没收和销毁不应对被告做出任何形式的赔偿。

第 15.28 条 反网络版权重复侵权的措施

各缔约方应采取有效措施，以减少在互联网或其它数字网络上的版权和相关权的重复侵权行为。

第 15.29 条 提供侵权人信息的要求

各缔约方可以设路行政或司法程序，以使已经发出有效侵权指控通知的版权人或相关机构能够从服务提供商那里迅速获取其所掌握的识别被控侵权人的信息。

第十一节 其它条款

第 15.30 条 合作

在本协定建立的框架之下，应对方的要求，并在已有合作形式之外，各缔约方应：

（一）就各自行政机关的知识产权政策交换信息；

（二）提供技术协助和培训课程；

（三）就本国知识产权制度执行方面的改变和发展通知对方；

（四）巩固在包括下列领域内的合作伙伴关系：

1. 在打击跨境知识产权犯罪时，应对方提出的证据收集、技术援助和信息分享的请求提供必要的合作；

2. 关于网络版权执法的交流与合作；

3. 关于节约能源和绿色技术方面的技术转移；

4. 缔约方有共识的其它领域。

（五）考虑工商业提出的知识产权问题。

第 15.31 条 知识产权委员会

一、根据第 19.4 条（委员会和其它机构），缔约双方特此成立知识产权委员会（本条款中以下简称“委员会”）。

二、为有效执行和实施本章之目的，委员会职能应包括但不限于：

（一）审查和监督本章的执行和实施；

（二）讨论如何促进缔约双方间的合作；

（三）就知识产权法律、制度和其它共同关心的问题交流信息；

（四）实施其它可能被联合委员会赋予的职能；及

（五）对可能产生的有关本章解释和适用问题的纠纷寻

求解决途径。

三、委员会应当在本协定生效后1年内召开会议，并在此后每年召开会议，除非缔约方另有共识。委员会应当向联合委员会通报每次会议的结果。

中华人民共和国政府和澳大利亚政府自由贸易协定（节录）

（2015年6月17日签订 2015年12月20日生效）

第十一章 知识产权

第一条 目的和原则

本章旨在通过知识产权保护和执法，提升贸易和投资的利益。双方认识到：

（一）建立和维持透明的知识产权制度、促进和维持充分有效的知识产权保护和执法为知识产权权利人和使用者提供了确定性；

（二）知识产权保护和执法应该有助于促进技术创新及技术的转让与传播；

（三）知识产权保护促进经济社会发展，并能减少对国际贸易的扭曲和阻碍；

（四）知识产权制度应该支持开放、创新和高效的市场，包括通过知识产权的有效创造、使用、保护和执法，适当限制和例外，以及权利人、使用者的正当利益和公共利益之间的适当平衡；

（五）知识产权制度本身不应该构成合法贸易的障碍；

（六）可以采取适当措施，防止权利人滥用知识产权，或采取不合理地限制贸易、反竞争或对国际技术转让有不利影响的做法，只要此类措施与《与贸易有关的知识产权协定》及本章的规定相一致；以及

（七）可以采取适当措施，保护公共健康和营养，只要此类措施与《与贸易有关的知识产权协定》及本章的规定相一致。

第二条 定义

就本章而言，除非有相反意向出现：

（一）知识产权是指《与贸易有关的知识产权协定》中定义和描述的版权及相关权利，以及关于商标、地理标识、工业设计、专利和集成电路布图设计（拓扑图）、植物品种和未披露信息的权利；

（二）一方国民，就相关权利而言，包括该方符合《与贸易有关的知识产权协定》第1.3条所列协定规定的保护标准的实体；

（三）《与贸易有关的知识产权协定》是指《世贸组织协定》附件1C中的《与贸易有关的知识产权协定》；以及

（四）世界知识产权组织（WIPO）是指世界知识产权组织。

第三条 义务为最低义务

各方应至少使本章的规定生效。一方可以，但无义务，提供比本章要求更为广泛的知识产权保护和执法，只要此种额外保护和执法不违反本协定的规定。各方应享有在其自身法律制度和实践中以适当方式执行本章规定的自由。

第四条 国际协定

各方确认对《与贸易有关的知识产权协定》以及其他双方均为缔约方的关于知识产权的多边协定的承诺。

第五条 国民待遇

一、对于本章中所涵盖的知识产权，各方在知识产权保护方面给予另一方国民的待遇不得低于其给予本国国民的待遇，但符合《与贸易有关的知识产权协定》和世界知识产权组织主持制定的双方均为缔约方的多边协定中例外的除外。

二、就本条而言，“保护”包括影响知识产权的可获得性、取得、范围、维持和实施的事项，以及本章涵盖的影响知识产权使用的事项。

三、一方在司法和行政程序方面可以减损本条第一款的规定，包括要求另一方国民在其领土内指定服务地址，或在其领土内指定代理，只要此类减损：

（一）为确保与符合本章的法律法规相一致所必须；并且

（二）不以对国际贸易构成变相限制的方式实施。

四、本条第一款不适用于世界知识产权组织主持制定的有关知识产权取得和维持的、双方为缔约方的多边协定中的程序规定。

第六条 透明度

一、为提升知识产权制度运作的透明度，各方应使其已授权或已注册的发明专利、实用新型、工业设计、植物品种保护、地理标识和商标数据库在互联网上可获得。

二、另外，各方应努力公开发明专利、商标、植物品种保护和地理标识申请，并使其在互联网上可获得。

第七条 知识产权和公共健康

一、双方认识到世贸组织部长级会议于2001年11月14日通过的《〈与贸易有关的知识产权协定〉与公共健康宣言》（以下简称《多哈宣言》）中确立的原则，并确认本章的规定不影响《多哈宣言》。

二、双方重申在落实2003年8月30日世贸组织总理事会关于实施《多哈宣言》第6段的决定以及2005年12月6日订于日内瓦的《修改〈与贸易有关的知识产权协定〉议

定书》的国际努力中做出贡献的承诺。

第八条 权利用尽

本章的任何规定都不得影响各方就是否允许以及在何种条件下允许知识产权权利用尽做出决定的自由。双方同意进一步讨论专利权用尽的相关事宜。

第九条 获得和维持程序

各方应：

（一）继续加强知识产权的审查和注册制度，包括完善审查程序和质量体系；

（二）向申请人提供书面通知，说明拒绝授予或者注册知识产权的理由；

（三）向利益相关方提供对授予或注册知识产权提出异议、或者对既有知识产权提出撤销、取消或者无效的机会；

（四）要求对上述关于异议或者撤销、取消和无效的决定以书面形式说明理由；并且

（五）就本条而言，“书面”和“书面通知”包括电子形式。

第十条 专利申请的修改、更正及意见陈述

各方应根据各自国内的法律、法规和规章，向专利申请人提供就其申请进行修改、更正和意见陈述的机会。

第十一条 18个月公布

发明专利申请自申请日起满18个月后，有优先权日的自最早优先权日起满18个月后，各方应立即公布并且通过互联网向公众提供该申请，除非该申请已经提前公布或者已撤回、放弃或被驳回。

第十二条 作为商标的标识类型

双方同意就可作为商标的标识类型的保护方式开展合作，包括视觉和声音标识。

第十三条 证明商标和集体商标

各方应对集体商标和证明商标提供保护。

第十四条 驰名商标

双方应至少根据《与贸易有关的知识产权协定》第16.2条和第16.3条以及1883年3月20日订于巴黎的《保护工业产权巴黎公约》第6条之二的规定，对驰名商标提供保护。

第十五条 地理标识

各方承认地理标识可以通过商标制度或专门制度或其它法律途径得到保护。

第十六条 植物育种者权利

双方应通过其主管部门进行合作，鼓励和便利对植物育种者权利的保护和开发，以期：

（一）更好地协调双方有关植物育种者权利的监管体系，包括加强对共同关注物种的保护，进行信息交换；

（二）减少植物育种者权利审查体系间不必要的重复程序；并且

（三）推动改革和进一步完善国际间有关植物育种者权利的法律、标准和实践，包括在东南亚地区内。

第十七条 遗传资源、传统知识和民间文艺

一、双方可以根据其国际义务和国内法律，采取适当措施保护遗传资源、传统知识和民间文艺。

二、双方同意根据多边协定和各自国内法律未来的发展，进一步讨论遗传资源、传统知识和民间文艺的相关问题。

第十八条 未披露信息的保护

一、在保证进行有效保护、反对不正当竞争的过程中，各方应根据本条第二款对未披露信息给予保护。

二、自然人和法人应有可能防止其合法控制的信息在未经其同意的情况下以违反诚实商业行为的方式向他人披露，或被他人取得或使用，只要此类信息：

（一）是秘密的，即作为一个整体或就其各部分的精确排列和组合而言，该信息尚不为通常处理此类信息的人群范围所普遍知晓，或不易为其获得；

（二）因其秘密而具有商业价值；并且

（三）在此种情况下，已由其合法控制人采取合理措施以保持其秘密性。

第十九条 著作权集体管理

各方应促进建立适当的著作权集体管理组织，并且鼓励其以高效、公开透明和对其成员负责的方式进行运作。

第二十条 服务提供商责任

各方可以采取适当措施，在互联网服务提供商根据其法律法规采取行动防止访问版权侵权材料的情况下，限制互联网服务提供商因其用户使用其服务或设施而为发生的版权侵权承担侵权责任，或针对这种情况的可用救济进行限制。

第二十一条 执法

一、各方承诺采取有效的知识产权执法体系，以消除侵犯知识产权的货物贸易和服务贸易。

二、各方根据《与贸易有关的知识产权协定》，至少应对具有商业规模的恶意假冒商标或版权盗版行为规定刑事程序和处罚。可使用的救济应包括足以起到威慑作用的监禁和（或）罚金，并应与适用于同等严重犯罪所受到的处罚水平一致。

第二十二条 边境措施

一、各方应确保对于权利人启动中止放行涉嫌使用假冒商标的商品或盗版商品的程序要求不得不合理地妨碍使用

这些程序。

二、当其主管部门认定货物为假冒商标商品或盗版商品（或者已扣留可疑货物），各方应规定其主管部门有权至少将发货人、收货人的姓名、地址、以及涉案货物数量告知权利人。

三、各方应规定其海关对于进口或出口的涉嫌假冒商标的商品或盗版商品可依职权启动边境措施。

四、各方应确保其法律、法规或政策允许相关主管部门在接到信息或投诉时根据其法律采取措施，防止假冒商标商品或盗版商品出口。

五、对于少量非商业性货物的进出口，双方可排除适用本条。

第二十三条 一般性合作

一、应另一方要求，各方应交流以下信息：

（一）各自政府有关知识产权政策的信息；

（二）国家知识产权制度的变化及实施情况的信息；以及

（三）有关知识产权管理和执法的信息。

二、应另一方要求，各方应考虑私营利益相关方感兴趣的知识产权问题。

三、双方将考虑，在已建立的合作框架下就共同感兴趣的领域继续合作，以在彼此管辖范围内改善知识产权制度的运作，包括行政程序。合作内容可以包括，但不一定限于：

（一）分享开展专利审查工作；

（二）知识产权执法；

（三）提高公众的知识产权意识；

（四）提高专利审查质量和效率；以及

（五）降低获得专利授权的复杂性和成本。

四、各方将根据本章第七条考虑另一方在公共健康危机时提出的帮助请求。

第二十四条 协商机制—知识产权委员会

一、就本章的有效执行和实施而言，双方特此设立知识产权委员会（以下简称“委员会”）。

二、委员会的职能应为：

（一）审查和监督本章的执行和实施；

（二）讨论与本章涵盖的知识产权相关的任何问题；以及

（三）向自贸协定联合委员会报告其调查结果。

三、委员会应由各方代表组成。

四、委员会应按双方商定的时间、地点和形式举行会议。

附　　录

Appendix

2016年反侵权假冒工作大事记

1. 3月17日，全国打击侵权假冒工作电视电话会议在京召开，国务院副总理汪洋出席会议并讲话。他强调，打击侵权假冒是实现创新驱动发展的重要保障，是推进供给侧结构性改革的重要抓手，是保持经济持续健康发展的重要支撑。要以发展新理念为指导，更加注重打建结合，更加注重依法治理，更加注重能力建设，更加注重社会共治，更加注重统筹协调，绵绵用力，久久为功，积小胜为大胜。

2. 4月15日，国务院办公厅印发《关于深入实施"互联网+流通"行动计划的意见》。该意见从12个方面对"互联网+流通"行动计划做了具体部署。意见中明确要求营造诚信经营公平竞争环境，不断创新监管手段，采取合理的监管方式，加强事中事后监管，加大对侵权假冒、无证无照经营、虚假交易等行为的打击力度。

3. 5月4日，国务院办公厅印发《2016年全国打击侵犯知识产权和制售假冒伪劣商品工作要点》（国办发〔2016〕25号）。明确了2016年将开展的七个方面、27项重点工作。

4. 5月11日，国务院办公厅印发《2016年食品安全重点工作安排》（国办发〔2016〕30号），对2016年全国食品安全重点工作作出部署。《工作安排》从健全法规标准入手，突出源头严防、过程严管、违法严惩，加快完善统一权威监管体制，提升食品安全治理能力和水平，切实维护广大人民群众"舌尖上的安全"。

5. 6月12日，国务院印发《关于建立完善守信联合激励和失信联合惩戒制度，加快推进社会诚信建设的指导意见》（国发〔2016〕33号），指出要进一步加快推进社会信用体系建设，加强信用信息公开和共享，依法依规运用信用激励和约束手段，构建政府、社会共同参与的跨地区、跨部门、跨领域的守信联合激励和失信联合惩戒机制，促进市场主体依法诚信经营，维护市场正常秩序，营造诚信社会环境。

6. 6月14日，2016全国食品安全宣传周主场活动暨第八届中国食品安全论坛在京举行。国务院副总理、国务院食品安全委员会副主任汪洋出席论坛并讲话。2016年食品安全宣传周的主题为"尚德守法，共治共享食品安全"。

7. 7月8日，国务院办公厅印发《〈国务院关于新形势下加快知识产权强国建设的若干意见〉重点任务分工方案的通知》，根据各相关部门职责，对各项任务进行了细化分工。通知提出，要充分发挥全国打击侵犯知识产权和制售假冒伪劣商品工作领导小组作用，加强知识产权保护，调动各方积极性，形成工作合力。

8. 7月25日，国务院副总理汪洋在京主持召开全国打击侵权假冒工作领导小组第十次全体会议。他强调，打击侵权假冒事关广大群众切身利益，事关创新型国家建设，事关中国国际形象。要坚持以新发展理念为指导，坚持问题导向，坚持依法治理、打建结合、技术支撑、统筹协作、社会共治的原则，保持持续高压态势，推动打击侵权假冒工作不断取得新成效。

9. 1月8日，国家工商总局发布《关于促进网络服务交易健康发展规范网络服务交易行为的指导意见（暂行）》，规范网络服务交易行为，促进网络服务交易健康发展。

10. 1月19日，国家工商总局发出《关于开展2016年红盾护农行动的通知》，通知指出，开展农资市场专项整治，查处销售假冒伪劣农资坑农害农行为；强化农资质量监管，切实提高农资产品质量可追溯能力；强化技术支撑，不断提高监管效能。进一步促进行政执法和刑事司法的衔接，形成打击销售假劣农资违法行为的合力。

11. 1月21日，国家工商总局打击侵权假冒工作领导小组召开第七次全体会议。国家工商总局副局长、领导小组组长刘俊臣主持会议并强调，要进一步提高认识，切实把思想和行动统一到党中央和国务院决策部署上来，努力开创"十三五"时期打击侵权假冒工作新局面。

12. 1月，中国国际贸易促进委员会召开新闻发布会，介绍2015年中国贸促会积极落实国家知识产权战略，参加全国"双打"工作和"清风"行动；参与商务部中美、中俄、金砖知识产权工作机制。与国家知识产权局加强战略合作，构建海外知识产权风险预警和防范机制。成功举办2015年金砖国家知识产权论坛以及国际工商知识产权峰会等活动。

13. 2月2日，2016年全国质检系统执法打假工作会议在京召开。会议回顾总结"十二五"时期和2015年执法打假工作，研究部署今后一个时期的重点工作。

14. 2月29日，农业部、最高人民法院、最高人民检察院、工业和信息化部、公安部、工商总局、质检总局、供销合作总社八部门联合召开2016年全国农资打假专项治理行动电视电话会议，动员各地、各部门迅速行动起来，深入开展农资打假专项治理行动，保障春耕生产，维护农民权益，为农业稳粮增收保驾护航。

15. 2 月，中国知识产权维权援助与举报投诉网（www.12330.gov.cn）正式上线试运行，设有维权援助、快速维权、举报投诉、侵权判定等栏目，为我国知识产权保护提供了专业的“绿色通道”。

16. 3 月 21 日，最高人民法院发布《关于审理侵犯专利权纠纷案件应用法律若干问题的解释（二）》。根据该解释，基于国家利益、公共利益的考量，对于专利权纠纷中的被告，人民法院可以不判被告停止侵权行为，但其应向原告支付相应的合理费用。该解释于 2016 年 4 月 1 日施行。

17. 3 月，公安部治安管理局下发通知，部署在 2016 年继续深入组织开展食药打假“利剑”行动，整体推进食品、药品、农资、建材、烟草等各领域打假工作，不断深化“打四黑除四害”工作成效。

18. 4 月 9 日，以“保护知识产权、促进创业创新”为主题的中国知识产权保护高层论坛在北京开幕。来自国内外的 600 余名与会代表围绕专利、版权、商标等领域的知识产权保护热点问题进行深入交流，凝聚共识，共同探索知识产权保护的新路径。

19. 4 月 20 日，由国家知识产权局、中央宣传部等 23 个部门联合主办的 2016 年全国知识产权宣传周活动在人民网启动。2016 年宣传周活动的主题是“加强知识产权保护运用　加快知识产权强国建设”。

20. 4 月 21 日，最高人民法院在浙江杭州发布《中国法院知识产权司法保护状况（2015 年）》，并发布《2015 年中国法院 10 大知识产权案件》和“50 件典型知识产权案例”。

21. 4 月 26 日，农业部办公厅印发《2016 年农药专项整治行动方案》（农办农〔2016〕8 号）。方案将推进高毒农药定点经营和建立农药电子信息追溯制度列为重点任务，强调要对农药使用风险进行评估和对突发舆情重点关注。要打击制假售假、违规添加其他农药成分问题。

22. 4 月 26 日，海关总署发布《2015 年中国海关知识产权保护状况》，全面介绍中国海关 2015 年开展知识产权保护工作相关情况。据统计，2015 年中国海关共采取知识产权保护措施 2.5 万余次，查扣进出口侵权嫌疑货物 2.3 万余批，涉及商品 7 000 余万件。

23. 4 月 26 日，国家版权局在京举办中国网络版权保护大会。工信部、公安部、国家网信办等相关部门负责人及来自版权产业界的代表，共同探讨了“数字网络发展与版权保护”等热点话题。会上，国家版权局公布了 2015 年度全国打击侵权盗版十大案件。

24. 4 月 26 日，“2016 中国反侵权假冒经验交流会暨北京侵权伪劣物品检验鉴定技术创新联盟会员大会”在北京国家会议中心召开。会议表彰了《2015 年度十大维权打假先进单位》，《2015 年度十大维权打假先进法律服务机构》，《2015 年度十大维权打假优秀卫士》，《2015 年度互联网 + 时代最佳商业创新奖》。

25. 4 月 27 日，国家质检总局发布《关于印发〈2016 年“质检利剑”行动工作方案〉的通知》（国质检执〔2016〕204 号），决定以空气净化器、电饭煲、智能马桶盖、智能手机、玩具、儿童及婴幼儿服装、厨具、家具等 10 种消费者普遍关注的消费品为重点，继续组织开展“质检利剑”行动。

26. 5 月 4 日，国家工商总局印发《2016 网络市场监管专项行动方案》。针对网络市场存在的突出违法问题，国家工商总局于 5 月至 11 月在全国范围内开展重点整治，进一步落实网店实名制，督促平台经营者自查自纠，对违法违规的网络经营者实施网络违法失信惩戒。

27. 为实施国家知识产权战略，推进林业知识产权工作，全面总结 2015 年林业知识产权工作的主要进展和成果，5 月 5 日，由国家林业局科技发展中心、国家林业局知识产权研究中心编著的《2015 中国林业知识产权年度报告》正式出版。

28. 5 月 6 日，最高人民检察院发布 2015 年度保护知识产权十大典型案例，其中涉及假冒注册商标案件 4 起，侵犯商业秘密、侵犯著作权案件各 2 起，其余 2 起案件涉及商标、专利使用权。

29. 5 月 6 日，2016 美国大使知识产权圆桌会议在京举行。本次会议的主题是“商标：打造全球品牌”。此次会议邀请了有关政府部门、社会组织、中外企业、专家学者等知识产权保护工作各界人士共 140 人参加。全国“双打办”柴海涛副主任就“商标与合作发展策略”议题发言，并与美国驻华大使临时代办 Kaye Lee 女士围绕加强商标权保护及打击互联网领域侵权假冒行为等问题交换了意见。

30. 5 月 12 日，商标行政执法与司法保护联动高层论坛在北京举办，来自国家工商总局、全国打击侵权假冒工作领导小组办公室、最高人民法院、最高人民检察院、公安部、海关总署、地方工商和市场监管部门、知识产权研究机构、企业和商标代理机构等代表参加了本次论坛。全国打击侵权假冒工作领导小组办公室柴海涛副主任重点介绍了执法司法联动打击商标侵权问题的有关情况，针对互联网经济下的商标保护问题给出应对，并就打击假冒伪劣如何实现社会共治提出意见和建议。

31. 5月13日，国家质检总局印发了《质量品牌提升行动计划（2016）》，提出通过为期一年的集中行动，使消费品、进出口商品、服务业、地理标志产品等重点领域产品、服务质量得到显著提升。

32. 5月，国家邮政局发出通知，转发国务院办公厅印发的2016年全国打击侵犯知识产权和制售假冒伪劣商品工作要点，并对2016年邮政行业打击侵犯知识产权和制售假冒伪劣商品工作进行部署。通知指出，做好邮政行业打击侵权假冒工作，支持配合相关部门依法查处侵权假冒行为，对于切断侵权假冒商品传递渠道，遏制侵权假冒违法行为蔓延势头，具有重要意义。

33. 6月7日，国家知识产权局知识产权发展研究中心在京举办新闻发布会，发布《2015年中国知识产权发展状况报告》等有关研究成果。报告从知识产权创造、运用、保护、环境4个方面，对全国及各省级区域2015年知识产权发展状况和2010—2015年知识产权发展状况进行了比较全面客观的评价和分析。

34. 6月24日，国务院知识产权战略实施工作部际联席会议办公室印发《2016年深入实施国家知识产权战略加快建设知识产权强国推进计划》。计划共确定了六方面重点任务、99项工作措施，并为每一项工作措施细化分工、明确责任，全面推进2016年国家知识产权战略实施工作。

35. 6月28日，国家互联网信息办公室发布《移动互联网应用程序信息服务管理规定》，明确移动互联网应用程序提供者应当严格落实信息安全管理责任，建立健全用户信息安全保护机制，依法保障用户在安装或使用过程中的知情权和选择权，尊重和保护知识产权。

36. 6月29日，国家质检总局召开专题新闻发布会，发布了“十二五”进口食品质量安全状况，并公布了《“十二五”进口食品质量安全状况（白皮书）》。

37. 7月6日，国际刑警组织中国及中亚地区知识产权保护大会在连云港市开幕。本次会议围绕“共同保护知识产权”的主题，邀请“一带一路”沿线国家就打击知识产权领域犯罪交流经验，进一步推动我国与“一带一路”沿线国家执法安全合作。

38. 7月7日，国家工商总局发布了《网络市场监管工作年度报告（2015年）》，报告显示，2015年，全国工商和市场监管部门受理网络购物投诉14.58万件，同比增长87.3%，与“十一五”末期相比增长了77.67倍，连续两年排在服务类投诉首位。

39. 7月7日，由最高人民法院主办的“全国法院知识产权审判工作座谈会暨全国法院知识产权审判‘三合一’推进会”在江苏省南京市举行。截至6月底，全国共有6个高级人民法院、95个中级法院和104个基层法院先后开展了试点工作，积累了丰富经验，形成了各具特色的工作模式。

40. 7月12日，国家版权局联合国家网信办、工信部、公安部在京召开新闻发布会，宣布正式启动“剑网2016”专项行动，突出整治三类作品、重点查处四个平台、规范巩固三个成果。

41. 7月13日，为贯彻落实《食品安全法》，规范网络食品交易行为，保证网络食品安全，国家食品药品监督管理总局毕井泉局长签署第27号令《网络食品安全违法行为查处办法》，该办法于2016年10月1日起施行。

42. 7月14日，最高人民检察院制定并印发《关于充分发挥检察职能依法保障和促进科技创新的意见》，强调对重大侵犯知识产权犯罪案件、重大妨害科技创新职务犯罪案件实行挂牌督办。

43. 7月21日，国家知识产权局、国家工商总局、国家版权局、商务部、北京市人民政府和世界知识产权组织（WIPO）在京联合举办的“一带一路”知识产权高级别会议。

44. 7月，国家知识产权局与北京市、天津市、河北省共同签署《关于知识产权促进京津冀协同发展合作会商议定书》，标志着“一局三地”知识产权促进京津冀协同发展合作会商机制正式建立。

45. 7月起，国家质检总局组织全国质量技术监督部门开展食品接触用不锈钢制品执法打假“质检利剑”行动，范围包括食品电水壶、电压力锅、电饭煲等接触用不锈钢制品，从线上到线下进行全面排查，重点抽查铅、铬、镍、镉、砷等元素是否超标。

46. 8月8日，国务院办公厅函复国家工商总局，同意建立由工商总局牵头的消费者权益保护工作部际联席会议制度，联席会议由国家工商总局、国家发改委、中国消费者协会等22个部门和单位组成，国家工商总局为牵头单位。

47. 8月22日，由全国打击侵权假冒工作领导小组办公室主办的打击互联网领域侵权假冒网络展览正式上线。本次展览依托中国打击侵权假冒工作网，运用互联网平台和数字化表现手段，打造虚拟的网上展览空间，展示了各地区、各有关部门近年来在治理互联网领域侵权假冒方面开展的工作和成效。

48. 8月，文化部部署开展第二十六批违法违规互联网文化活动查处工作，26家网络文化经营单位因为提供含有禁止内容的网络游戏等互联网文化产品、未采取技术措施预防未成年人沉迷网络、未要求网络游戏用户使用有效身份证件进行实名注册、终止运营网络游戏未提前公告等问题被列入查处名单。

49. 9月6日，国家林业局印发《2016年加快建设知识产权强国林业实施计划》。计划指出，要组织开展打击侵犯林业植物新品种权专项行动，要加强林业知识产权双边和多边交流合作，参与中韩、中日韩等自贸区知识产权谈判，参与东亚植物新品种保护论坛活动，加强与欧盟的植物新品种保护合作等。

50. 9月19—20日，全国打击侵权假冒工作领导小组办公室赴英参加国际刑警组织第十届国际知识产权犯罪执法大会，本次大会的主题是“十年经验总结”。

51. 3月28日，为了有效保护在中国销售的国外地理标志产品，规范国外地理标志产品名称和专用标志在华使用，国家质检总局发布《国外地理标志产品保护办法》。

52. 9月27日，为保障《消费者权益保护法》七日无理由退货规定的实施，进一步明确和落实电子商务经营者义务，保护消费者合法权益，促进电子商务健康发展，国家工商总局起草《网络购买商品七日无理由退货实施办法》向社会公开征求意见。

53. 9月27—28日，全国打击侵权假冒工作领导小组办公室在北京举办全国打击侵权假冒两法衔接业务培训班。

54. 9月，国家发改委、国家食品药品监管总局等28个部门共同达成合作备忘录，对食品药品生产经营严重失信者开展联合惩戒。这将对加快推进食品药品领域信用体系建设，建立健全失信联合惩戒机制具有重大意义。

55. 9月，国家质检总局会同中宣部、国家发改委、教育部等有关部门以及中华全国工商业联合会、中国国际贸易促进会等行业协会共42家单位共同部署开展2016年全国“质量月”活动。“质量月”活动由从质量提升、质量整治、质量宣传和群众性质量活动4大方面，开展200余项活动。国家发改委会同多部门共同开展“质量诚信建设专项行动”；工信部组织开展质量标杆评比活动；公安部深入推进打假“利剑”行动；农业部开展以“讲诚信提质量提升可追溯农产品市场供给水平”为主题的农垦系列活动；商务部开展“诚信兴商宣传月”活动；海关总署持续深入推进中国制造海外形象维护“清风行动”；国家工商总局开展“红盾质量维权行动”和互联网领域侵权假冒专项治理工作；国家林业局组织开展林产品质量提升活动；国家知识产权局开展电子商务领域专利执法维权“闪电+”专项行动。

56. 10月19日，国家工商总局印发《关于加强互联网领域消费者权益保护工作的意见》。该意见强调，国家工商总局决定用3年左右时间，开展网络消费维权重点领域监管执法，有效遏制互联网领域侵权假冒行为。

57. 10月21日，中国驻洛杉矶总领事馆经商室举办中美知识产权交流活动，全国打击侵权假冒办公室赴美“打击侵权假冒执法监督能力培训班”，全体学员和美政商界代表共50余人参会。

58. 10月，第六次金砖国家经贸部长会议通过了《金砖国家知识产权合作机制工作职责》，金砖国家知识产权合作机制正式建立。

59. 11月4日，国家质检总局执法司下发《关于开展“双十一”消费品电商领域执法打假集中行动的通知》（质检执函〔2016〕71号），决定即日起至11月15日在全国开展“双十一”消费品电商领域执法打假集中行动。

60. 11月9日，国家知识产权局印发《关于加快建设知识产权强市的指导意见》，提出以知识产权与城市创新发展深度融合为主线，以加强知识产权保护和运用为主题，以改革和创新为动力，以知识产权强县（区）、强局、强企建设为抓手，建设一批创新活力足、质量效益好、可持续发展能力强的知识产权强市。

61. 11月14日，国家版权局发布了《关于加强网络文学作品版权管理的通知》。这是国家版权局加强网络文学版权保护的一项重要举措，对规范网络文学版权秩序具有重要意义。

62. 11月15日，由世界知识产权组织、国家工商总局联合主办的商标品牌和马德里国际商标体系成立125周年纪念活动在山东省青岛市举行。

63. 11月16日，国务院法制办公布《中华人民共和国消费者权益保护法实施条例（送审稿）》，向社会征求意见。送审稿明确，“自然人、法人或其他组织以牟利为目的的购买、使用商品或接受服务的，不适用本条例”。

64. 11月21日，第十届中国专利周开幕，主题为“加强知识产权运营，开拓知识产权强企之路”。

65. 11月25日，国家质检总局公布“质检利剑”打假专项行动10大典型案例，包括湖北旺隆富肥业有限公司制售伪劣化肥案、广东假冒“海康威视”“大华”等企业产品造假窝点案等货值大、影响大的案件。

66. 11月29日，最高人民法院发布《最高人民法院关于充分发挥审判职能作用切实加强产权司法保护的意见》，提出加强产权保护的十大司法政策，依法制裁知识产权违法犯罪，加大知识产权司法保护力度。

67. 11月30日，国家知识产权局出台《关于严格专利保护的若干意见》，此次出台的意见，将网络专利保护列为重点之一，具体措施包括：强化网络交易平台的保护责任，加强网络交易平台政企合作，完善电子商务领域专利执法协作机制，严格跨境电子商务的专利执法监管等。

68. 12月9日，国务院办公厅发函，同意建立由国家工商总局牵头的网络市场监管部际联席会议制度，进一步加强网络市场监管，促进网络市场持续健康发展。

69. 12月14日，中国海关知识产权保护展示中心（青岛）正式向公众开放，中心与中国海关博物馆（海关与知识产权专题展厅）、中国海关知识产权保护展示中心（义乌）共同构成中国海关知识产权保护对外宣传的一馆两翼。

70. 12月20日，“2016中国反侵权假冒创新战略联盟年度总结大会暨日中知识产权保护战略联盟专题研讨会”在京召开。